2015浙江统一战线年鉴

THE ALMANAC OF ZHEJIANG UNITED FRONT

中共浙江省委统战部 编

杭州出版社

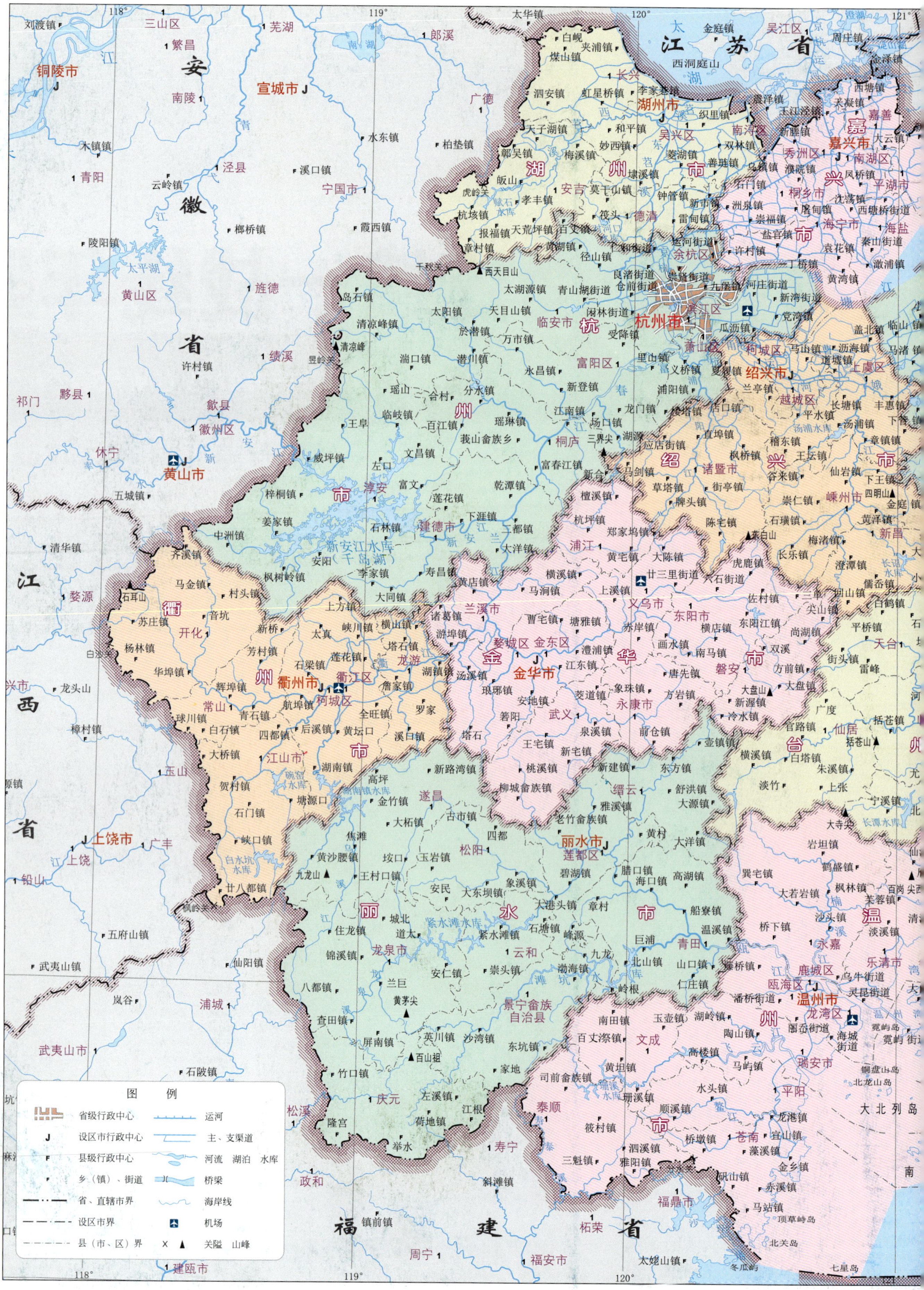

安徽省
江苏省
江西省
福建省
铜陵市
宣城市
黄山市
上饶市
湖州市
嘉兴市
杭州市
绍兴市
金华市
衢州市
丽水市
温州市
台州市
三山区
芜湖
繁昌
郎溪
南陵
广德
泾县
宁国市
青阳
旌德
黄山区
绩溪
祁门
黟县
歙县
徽州区
休宁
婺源
德兴市
玉山
广丰
上饶
铅山
武夷山市
浦城
松溪
政和
寿宁
周宁
福安市
柘荣
福鼎市
建瓯市
长兴
安吉
德清
吴兴区
南浔区
余杭区
临安市
富阳区
桐庐
淳安
建德市
萧山区
柯桥区
越城区
上虞区
诸暨市
嵊州市
新昌
天台
仙居
浦江
兰溪市
义乌市
东阳市
磐安
永康市
武义
婺城区
金东区
开化
常山
江山市
衢江区
柯城区
龙游
遂昌
松阳
莲都区
缙云
青田
云和
龙泉市
景宁畲族自治县
庆元
文成
泰顺
苍南
平阳
瑞安市
鹿城区
瓯海区
龙湾区
乐清市
永嘉
秀洲区
南湖区
桐乡市
海宁市
海盐
平湖市
新安江水库（千岛湖）
太湖
太平湖
紧水滩水库
西天目山
清凉峰
大北列岛
南麂列岛
七星岛
北关岛
118°
119°
120°
121°
图　例
省级行政中心
设区市行政中心
县级行政中心
乡（镇）、街道
省、直辖市界
设区市界
县（市、区）界
运河
主、支渠道
河流　湖泊　水库
桥梁
海岸线
机场
关隘　山峰

浙江政区 浙江省位于我国东南沿海，以境内最大的河流钱塘江旧称浙江得名。简称浙。浙江北连江苏、上海，西界江西、安徽，南接福建，东临东海。省会杭州市。

浙江历史悠久，新石器时代就已经有人类在此活动。春秋时为越国地，今绍兴曾经为越国的都城。秦统一后，浙江分属会稽、闽中两郡。公元129年，东汉以钱塘江为界，将会稽郡一分为二，东为会稽郡，西为吴郡。今浙江省当时分属会稽、吴、丹阳三郡。三国时为东吴所有。两晋到南朝均为扬州属地。隋在浙江境内分置吴、余杭、宣城、遂安、会稽、东阳、永嘉7郡。公元758年，唐设浙江东道、浙江西道两节度使，浙江作为政区名称始于此。五代时吴越国以杭州为国都。宋置两浙路，今浙江境内当时有11州65县，南宋定都杭州改称为临安。元设江浙行省，分杭州、建德、湖州、嘉兴、绍兴、庆元、婺州、衢州、台州、温州、处州11路。明称浙江行省，辖杭、嘉、湖、宁、绍、台、金、衢、严、温、处11府及安吉州。清初地方政区制度承袭明朝。康熙初年，改称为浙江省。新中国成立后，本省行政区划进行了多次调整。

图书在版编目（CIP）数据

浙江统一战线年鉴. 2015 / 中共浙江省委统战部编.
— 杭州：杭州出版社, 2015.9
ISBN 978-7-5565-0333-9

Ⅰ.①浙… Ⅱ.①中… Ⅲ.①统一战线工作—浙江省
—2015—年鉴 Ⅳ.①D613-54

中国版本图书馆CIP数据核字(2015)第221190号

浙江统一战线年鉴 2015

中共浙江省委统战部编

责任编辑：李利忠

封面设计：熊德强

出版发行：杭州出版社

（杭州市西湖文化广场32号6楼　电话：0571-87998150）

印　　刷：杭州恒力通印务有限公司

（杭州市仓前工业园区东莲街17号　电话：0571-88853911）

开　　本：889mm × 1194mm　1/16

印　　张：32.25

插　　页：77

字　　数：1065千字

印　　数：3350

版　　次：2015年9月第1版

印　　次：2015年9月第1次印刷

书　　号：ISBN 978-7-5565-0333-9

定　　价：120.00元

1
2 3
4

(1)1月15日至20日，浙江省政协十一届二次会议在杭州召开。省领导夏宝龙、李强、乔传秀、王辉忠等出席会议，与会的浙江省政协委员认真讨论了会议相关报告，并提交了许多提案。

(2)省委书记、省人大常委会主任夏宝龙在会上作重要讲话。

(3)省政协主席乔传秀代表政协第十一届浙江省委员会向大会作工作报告。

(4)会议增选孙文友为浙江省政协副主席。

1
2 4
3

(1)(2)(3)12月31日，省政协、省委统战部在省人民大会堂举行各界人士新年茶话会。夏宝龙、李强、王辉忠、周国富、潘云鹤和老同志沈祖伦、柴松岳、刘枫、李金明等出席。省政协主席乔传秀主持茶话会。出席茶话会的还有在杭省委常委、省人大常委会、省政府、省政协有关领导和老同志，在浙全国人大、全国政协有关同志，在杭“两院”院士，各民主党派省委会、省工商联和有关团体负责人，无党派人士代表，省直有关部门负责人和各族各界代表等。

(4)省委书记、省人大常委会主任夏宝龙在会上致新年贺辞。

1
2
3

(1)(2)9月5日下午，省委书记、省人大常委会主任夏宝龙参加全省宗教界人士中秋座谈会，看望我省宗教界人士，与宗教界人士欢聚一堂，一同庆祝中秋佳节，畅叙“两美”浙江建设美好前景，并希望我省宗教事业健康发展，为建设美丽浙江、创造美好生活多作贡献。

省领导王辉忠、袁家军、赵一德、冯明、孙文友等出席。会上，7位宗教界代表作了发言，省佛教协会负责人宣读了全省宗教界参与“两美”建设倡议书。

(3)9月23日上午，浙江省暨杭州市庆祝人民政协成立65周年大会在省人民大会堂隆重举行。省委书记、省人大常委会主任夏宝龙出席会议并讲话。省委副书记、省长李强，省委副书记王辉忠等出席。省政协主席乔传秀主持大会。省四套班子其他领导，省高院院长、省检察院检察长，浙江大学党委书记，历届省政协主席、副主席，在杭省直各单位、省级各民主党派和省工商联负责人，省军区、省武警总队负责人，在浙全国政协委员、在杭省政协委员，杭州市四套班子领导干部和社会各界代表等共约800人出席会议。

1	2
3	4
5	

(1)(2)(3)(4)省统一战线暑期读书会7月9日下午起在杭州举行。会前，省委书记、省人大常委会主任夏宝龙看望了参加读书会的代表。省委副书记王辉忠一同看望并在读书会上作形势报告。省委秘书长赵一德，省政协副主席、省委统战部部长孙文友一同看望并出席读书会。各民主党派省委会、省工商联负责人和无党派人士代表等参加读书会。

(5)6月3日下午，省委副书记王辉忠到致公党浙江省委会进行工作调研。副省长、致公党浙江省委会主委郑继伟汇报工作；省政协副主席、省委统战部部长孙文友，省委副秘书长张才方，省委统战部常务副部长金长征参加调研。

1

2

3

(1)(2)7月10日至11日，在省统一战线暑期读书会期间，省统战系统举办了第二届廉政文化宣传教育书画作品及教育基地展示活动。全国政协副主席、中国民主促进会中央常务副主席罗富和，省委副书记王辉忠，省政协副主席、省委统战部部长孙文友，各民主党派省委会、省工商联负责人和无党派人士代表参观了展览。参观展览的还有省委统战部常务副部长金长征，副部长汤为平、蒋学基、吴振宇、冯志礼、楼炳文、李剑飞等。

(3)12月31日，省委副书记王辉忠赴省委统战部调研，听取省政协副主席、省委统战部部长孙文友的工作汇报，充分肯定我省统一战线为经济社会发展做出的积极贡献。

(1)(2)(3)(4)2月20日，全省统战部长会议在杭召开，省委副书记王辉忠出席会议并作重要讲话，省政协副主席、省委统战部部长孙文友作工作报告，省委统战部常务副部长金长征主持会议。

1 2
3 4

1
2
3
4

(1)9月28日下午，我省统一战线庆祝新中国成立暨多党合作制度确立65周年座谈会在杭州举行。省委副书记王辉忠在会上强调，要深刻领会习近平总书记关于统一战线工作的一系列重要讲话精神，进一步继承和弘扬我省65年来多党合作的成功经验，坚定不移地走中国特色社会主义道路，始终不渝地坚持和完善中国共产党领导的多党合作和政治协商制度，为建设“两美”浙江，为谱写“中国梦”的浙江篇作出更大贡献。各民主党派省委会、省工商联负责人和无党派人士代表吴晶、成岳冲、陈小平、蔡秀军、姚克、郑继伟、姒健敏、张泽熙、南存辉、杜卫分别发言，各民主党派省委会、省工商联负责人，无党派人士代表和老同志代表参加座谈会。

(2)(3)12月16日，全国无党派人士优良传统座谈会和全国党外知识分子工作会议暨网络人士统战工作交流研讨会在杭州召开。中央统战部副部长陈喜庆、省委副书记王辉忠出席并讲话。省政协副主席、省委统战部部长孙文友致辞。会上，我省介绍了无党派人士“树立精神坐标、发扬优良传统”主题活动开展情况。

(4)10月31日，省委副书记王辉忠赴省社会主义学院调研。王辉忠副书记深入到教学现场，看望了在校的党外县（处）级干部培训班的学员；参观了多党合作历史图片展和多功能情景模拟实验室；与浙江社院领导班子成员和各处室负责人座谈，听取学院工作情况汇报并作重要讲话。

1 2
3
4
5

(1)3月20日，浙江省光彩事业促进会三届一次理事会在杭举行。省委副书记王辉忠出席并讲话；省政协副主席、省委统战部部长孙文友致辞并当选省光彩事业促进会三届理事会会长，省委统战部副部长、省工商联副主席李剑飞主持会议，省工商联主席南存辉作工作报告。

(2)浙江省光彩事业促进会三届一次理事会举行会长、副会长会议。

(3)一年一度的浙江海外联谊会迎春团拜会1月12日在珠海举行。来自香港、澳门、台湾和海外的300多名乡贤、朋友欢聚一堂。省委副书记王辉忠出席并致辞。香港浙联会会长李德麟，澳门纺织商会理事长王世民，台湾浙江乡亲联谊总会副总会长夏汉容，西班牙中国和统会会长徐松华在会上致辞。他们表示要为早日实现祖国完全统一和中华民族伟大复兴的中国梦，为浙江与香港特区、澳门特区、台湾地区的美好明天共同努力。省和各市有关部门负责人参加团拜会。

(4)9月2日，省委副书记王辉忠在省委副秘书长张才方等陪同下，赴省委统战部调研并召开座谈会。省政协副主席、省委统战部部长孙文友汇报我省统一战线2014年以来工作总体情况以及下半年打算。

(5) 2月10日，浙江省宗教界人士新春座谈会在杭举行。省委副书记王辉忠和省委常委、常务副省长蔡奇在座谈会上分别代表省委、省政府向全省宗教界人士和广大信教群众致以新春祝福。省政协副主席、省委统战部部长孙文友出席座谈会，省委统战部副部长、省民宗委主任冯志礼主持会议。

(1)1月6日，省委副书记、省长李强召开座谈会，听取各民主党派省委会、省工商联负责人和无党派人士对《政府工作报告》（征求意见稿）的意见和建议。各民主党派省委会、省工商联负责人和无党派人士代表计时华、成岳冲、陈小平、蔡秀军、姚克、梁细弟、姒健敏、张泽熙、南存辉、杜卫参加了会议。

(2) 12月24日，省委副书记、省长李强在省政协副主席、省委统战部部长孙文友的陪同下，来到他的联系点民革浙江省委会调研，听取了民革浙江省委会主委吴晶的工作汇报，并就民革浙江省委会进一步搞好参政议政工作作重要指示。

(3) 3月15日，全国政协十二届二次会议精神报告会在杭举行。省政协主席乔传秀出席会议并讲话，省政协副主席陈加元主持会议，省政协副主席汤黎路传达全国政协十二届二次会议精神。省政协副主席陈艳华、张泽熙、陈小平、吴晶、蔡秀军、孙文友，秘书长陈荣高出席会议。浙江省政协委员、省政协和省委统战部机关干部参加报告会。

(4)8月4日，浙江省高级人民法院院长齐奇向各民主党派省委会和省工商联负责人、无党派代表人士通报2014年上半年全省法院主要工作情况。省政协副主席姚克、吴晶、张泽熙和省委统战部常务副部长金长征等出席通报会并讲话。

1
2
3
4

(1)(2)(3)4月2日，庆祝景宁畲族自治县成立30周年暨2014中国畲乡“三月三”活动在景宁隆重开幕。副省长朱从玖宣布开幕。全国人民代表大会民族委员会、国家民族事务委员会祝贺团团长魏国雄，省政协副主席、省委统战部部长孙文友致辞。

开幕仪式后，《中华民族一家亲》大型文艺晚会举行。活动期间还举行了30周年成就展，畲族服饰设计大赛、特色产品展推会、民族工作大会、大型盘歌会等30多项文化展示体验活动。

(4) 4月25日，省统一战线助推嘉善县域科学发展示范点建设活动推进会在嘉善召开，总结回顾过去一年全省统一战线助推活动情况，明确2014年省级统战系统各单位助推工作的具体目标任务。

(5) 3月17日，全省统一战线开展坚持和发展中国特色社会主义学习实践活动推进会暨浙江省社会主义学院2014年春季开学典礼在杭州召开。省政协副主席、省委统战部部长孙文友出席会议并作动员讲话。省人大常委会副主任、九三学社省委会主委、省社会主义学院院长姒健敏讲话。省政协副主席、农工党省委会主委姚克代表各民主党派、工商联和无党派人士发言。各民主党派省委会、省工商联和省知联会负责人吴晶、成岳冲、陈小平、穆建平、张泽熙、南存辉、陈焕昌等参加会议。

1

2

3

(1)7月9日上午，2014年台湾大学生夏令营在浙江开营。省政协副主席、省台联会长张泽熙在会上致辞，省政协副主席、省委统战部部长、省海外联谊会会长孙文友宣布开营并向台湾大学生授营旗。开营后，台湾大学生们前往杭州、绍兴、湖州等地参观学习。

(2) 5月15日，全省2014年第一次市委统战部长例会在余姚市召开。会议围绕推进国家治理体系和治理能力现代化，对如何开展统一战线理论创新和实践创新进行了深入探讨。省政协副主席、省委统战部部长孙文友出席会议并作重要讲话。省委统战部常务副部长金长征主持。省委统战部副部长汤为平、蒋学基、吴振宇、冯志礼、楼炳文、李剑飞出席了会议。

(3) 5月15日，全省统一战线推进基层协商民主现场会在余姚召开。会议总结交流了前一阶段我省一些地方统战部门在推进基层协商民主工作中的做法，并就统一战线如何进一步推进基层协商民主发展进行了探讨和部署。与会人员现场观摩了余姚市梁弄镇下山移民工程议事协商过程，参观了协商民主宣教基地——浙东敌后各界临时代表大会旧址。省政协副主席、省委统战部部长孙文友出席会议并作重要讲话。

会议由省委统战部常务副部长金长征主持。省委统战部副部长汤为平、蒋学基、吴振宇、冯志礼、楼炳文、李剑飞以及各处室负责人，各市、县（市、区）委统战部部长参加了会议。宁波市、余姚市、杭州市上城区、温州市鹿城区、温岭市等五个市、区（市）委统战部作了会议交流发言。

1 | 2
3
4
5
6

(1)5月20日，省政协副主席、省委统战部部长孙文友一行赴浙江大学调研统战工作。浙江大学党委副书记邹晓东等参加座谈并陪同考察。图为考察党外人士喻景权领衔的“工厂化设施农业”创新团队实验室。

(2) 5月21日，省政协副主席、省委统战部部长孙文友一行赴浙江工业大学调研统战工作。浙江工业大学党委书记梅新林介绍了学校发展情况，党委副书记何智蕴汇报统战工作。

(3) 6月25日，省政协副主席、省委统战部部长孙文友赴湖州调研统战工作，湖州市委常委、统战部长崔凤军等陪同。

(4) 7月16日，省政协副主席、省委统战部部长孙文友赴台州市调研基层民主协商工作。台州市委常委、临海市委书记柯昕野，台州市政协副主席、统战部部长周五来等陪同调研。

(5)4月2日至3日，省政协副主席、省委统战部部长孙文友一行先后到景宁畲族自治县、丽水市莲都区进行调研，并召开座谈会。

(6) 7月28日，省政协副主席、省委统战部部长孙文友赴松阳县，就民族乡镇经济社会发展情况进行调研。

1 | 2
3
4
5

(1)5月19日，2014“浙台基层交流周”（文创交流）活动在杭举行。省政协副主席、省委统战部部长、浙江海外联谊会会长孙文友出席活动并讲话。省委统战部副部长、省政协港澳台侨和外事委员会主任汤为平主持活动仪式。台湾基层交流访问团团长陈志弘也在活动仪式上致辞。

(2) 3月27日上午，省宗教界“寻梦中国·正言正行”主题教育实践活动启动仪式在杭州举行。国家宗教事务局副局长陈宗荣，浙江省政协副主席、省委统战部部长孙文友出席会议并讲话。省委统战部副部长、省民宗委主任冯志礼主持仪式。

(3)(4) 9月22日，浙江海外联谊会在嘉善召开五届一次常务理事会暨“同根海联·智汇嘉善”专题活动，来自港澳台海外及省、市有关部门的80余位常务理事参加了会议。这是省委统战部助推嘉善县域科学发展示范点建设工作演好“连续剧”、打造“升级版”，进一步加大力度、突出重点、探索创新、深化提升的又一重大举措。省政协副主席、省委统战部部长孙文友作工作报告，省委统战部副部长、省政协港澳台侨和外事委员会主任汤为平主持会议。省委统战部副部长、省社会主义学院党组书记蒋学基，省委统战部副部长吴振宇参加会议。

(5)浙江海外联谊会资源委员会与嘉善县归谷科技园区签订了合作框架协议，为双方优势互补和政策、项目、资金、技术、人才有效对接打下了坚实基础。

1 | 2

3 | 4

(1)6月5日上午，省黄埔军校同学会在杭州举行纪念黄埔军校建校90周年及省黄埔军校同学会成立30年座谈会。省政协副主席、省委统战部部长孙文友出席会议并讲话，省委统战部副部长汤为平主持。省黄埔军校同学会理事、同学及亲属后代和台湾退役将领浙江参访团成员等50余人聚会杭州。

(2) 11月22日，省政协副主席、省委统战部部长孙文友会见俄罗斯中国和平统一促进会访问团一行。省委统战部副部长、省政协港澳台侨和外事委员会主任汤为平出席会见。访问团由俄罗斯部分华侨华人社团负责人组成。省政协委员、俄罗斯中国和平统一促进会会长虞安林任团长。在浙期间，访问团先后赴杭州、温州等地参观考察。

(3) 3月21日，省委统战部、省工商联在杭召开深入开展非公有制经济人士理想信念教育实践活动电视电话会议，省政协副主席、省委统战部部长孙文友出席会议并作重要讲话。全国政协常委、省工商联主席南存辉传达省委副书记王辉忠重要批示精神。省委统战部副部长、省工商联党组书记李剑飞主持会议。

(4) 12月26日，全省2014年第二次市委统战部长工作例会在杭召开。省政协副主席、省委统战部部长孙文友出席并讲话，省委统战部常务副部长金长征主持会议，11个市委统战部部长在会上汇报了工作。

(1)12月8日至13日，台湾少数民族基层交流参访团一行应浙江中国和平统一促进会和浙江海外联谊会之邀访问浙江，参加“2014浙台基层交流周”活动。浙江统促会秘书长汤为平会见并宴请参访团一行。

(2) 12月4日，中国和平统一促进会和浙江中国和平统一促进会在杭州联合举办2014年台情研讨会。中国和平统一促进会执行副秘书长杭元祥、副秘书长方乃纯，省委统战部副部长、浙江中国和平统一促进会秘书长汤为平出席研讨会。省委统战部、省台办、省工商联、省侨联、浙江台湾研究会、浙江大学台湾研究所等省直涉台单位职能处室负责人参加会议。

(3) 5月20日，由香港贸易发展局和省委统战部联合主办，浙江省新生代企业家联谊会承办的香港—浙江青年企业家沙龙会在杭州举办。省委统战部副部长汤为平，香港贸发局内地关系事务主管温少文等出席此次活动并分别致辞。

(4) 中华海外联谊会第十七期海外华侨华人中青年代表人士国情研修班于11月17日至21日在浙江温州举办。中央统战部三局副局长、中华海外联谊会副秘书长许光任，省委统战部副部长、浙江海外联谊会执行副会长汤为平出席研修班并讲话。来自17个国家和地区的42名海外华侨华人参加了此次研修班。

1 2
3
4

(1)(2)(3)11月18日至20日，苏浙沪新生代企业家峰会—“浙江行”活动在嘉善、湖州隆重举行。此次活动由苏浙沪三地统战部、工商联共同创办，三省（市）新生代企业家联谊会定期联合主办。近百名来自上海、江苏、浙江的新生代企业家汇聚一堂，分享了各自在人力资源的运用和企业管理上的经验，共同探讨了企业文化建设的重要性。省委统战部常务副部长金长征，省委统战部副部长、省工商联党组书记李剑飞，上海市工商联副主席高开云，江苏省工商联副主席桂德祥等领导出席此次活动。

(4)(5) 5月28日下午，省统战系统监察工作联席会议暨全省统战系统廉政文化教育基地推进会在绍兴召开。省委统战部常务副部长金长征主持会议并讲话，农工党省委会、绍兴市委统战部在会上作了交流发言。省统战系统有关单位、各市委统战部有关负责人参加会议。

1 2
3 4
5

(1)11月6日至7日，省委统战部常务副部长金长征一行到丽水调研统战工作。

(2) 10月22日，省委统战部常务副部长金长征一行到德清县就基层统战工作进行调研。

(3) 6月12日，省委统战部举行报告会，邀请浙江省委组织部常务副部长于跃敏作报告，省委统战部常务副部长金长征主持报告会。

(4) 5月16日，“同根海联·共话家国”主题论坛在省社会主义学院顺利举办。省委统战部常务副部长金长征出席活动并讲话，副部长汤为平、蒋学基出席本次活动。省新生代企业家联谊会会长宗馥莉，副会长黄鹤飞、潘云峰以及黄东良、陈永胜、张佳男、冯海波、张珊珊、金叶、应森杰等10位企业家作为我省新生代企业家代表参加了此次活动。

1
2
3
4

1 2
3
4
5

(1)11月14日，以“对接中国（上海）自由贸易试验区，促进长三角地区联动发展”为主题的第六届苏浙沪知联会论坛在江苏常州举办。中央统战部六局副局长张明出席论坛并讲话。省委统战部常务副部长金长征，省知联会会长、杭州师范大学校长杜卫及有关理事、专家学者等20余人参加论坛。

(2)(3)9月15日至19日，由浙江中国和平统一促进会和浙江中华文化学院联合主办的第四期浙籍海外统促会负责人国情研修班如期完成各项课程及考察活动，70名学员圆满结业。省政协副主席、民革浙江省委会主委吴晶，省委统战部副部长汤为平、蒋学基及省社院领导梁细弟等均高度重视研修班工作，多次出席有关活动，与学员深入交流。中国统促会副秘书长杭元祥、中央社院副院长黄易宇、原省长吕祖善等亲自授课，给予研修班大力支持，给参学侨胞极大鼓励。

(4) 10月9日，省委统战部副部长、浙江中华文化学院党组书记、常务副院长蒋学基为全省首个县级中华文化学院——青田中华文化学院授牌。

(5) 9月17日，由浙江中华文化学院主办、浙江省华侨华人研究会协办的“中华文化与浙江发展国际研讨会”在杭隆重举行。全国人大财经委员会副主任、原浙江省省长吕祖善为研讨会作了《越地长歌—璀璨的浙江历史文化》的主题报告。中华文化学院副院长黄易宇，省委统战部副部长、浙江中华文化学院常务副院长蒋学基出席研讨会开幕式并讲话。来自15个国家和地区40余位以文赴会和特邀的有关中华文化、侨务方面的专家学者、海外华侨华人代表、外国友人出席了本次研讨会。

1
2 3
4

(1) 9月25日，浙江省委统战部机关党委举办统战文化讲堂，邀请民进会员、中国美院硕士生导师何鸿讲了《美术鉴赏与人文素养》一课。浙江省委统战部常务副部长金长征、副部长吴振宇和部机关干部到场听讲。

(2)10月21日至24日，浙江省新生代企业家培训班在上海财经大学顺利举办。此次培训为期四天，全省约50多位新生代企业家齐聚一堂，认真学习了“国际金融形势与中国金融对策”、“国学智慧与人际关系”、“现代企业投融资策略与风险防范”等课程。学习期间，全体学员还积极参与现场考察教学，进一步互动交流，分享经验。

(3)(4) 8月12日，由中国光彩事业促进会，新疆维吾尔自治区党委、政府，新疆生产建设兵团共同主办的“中国光彩事业南疆行”活动在新疆喀什举行。我省组织了8位企业家参加本次活动。浙江代表团一行还走访了新疆浙江商会，了解浙商在疆创业情况。

1 2
3
4
5

(1)(2)1月21日，第九届浙江省非物质文化遗产节暨“浙江好腔调”系列活动启动仪式在临安举行。省新生代企业家联谊会会长、杭州宏胜饮料集团有限公司总裁宗馥莉代表新生代企业家致辞。联谊会理事、杭州兴耀控股集团有限公司总裁黄东良代表联谊会非物质文化遗产保护基金，向此次活动捐赠100万元，用于支持和补助部分剧团送戏进农村文化礼堂。

(3) 为增进会员之间的联系走访，促进会员企业行业内、行业间的学习交流，推动创新合作、实现互利共赢，11月7日，省新生代企业家联谊会开展了“互访互学—‘德意’行”活动，组织新生代企业家赴德意集团进行走访交流学习。

(4)5月27日，省新生代企业家联谊会第二期文化大讲堂在杭州浙商博物馆顺利举办。娃哈哈集团有限公司董事长宗庆后为新生代企业家授课并与他们进行了互动。全省130多位新生代企业家参与此次活动。

(5) 8月9日上午，我省10余名新生代企业家组团赴德清开展考察交流活动。在德清县领导的陪同下，企业家们先后参观考察了下渚湖国家湿地公园、德清经济开发区（高新区）和砂村集中开采区矿地综合开发利用项目。

1
2
3
4

(1) 7月2日，省知联会向嘉善县第二实验小学捐赠价值20多万元的净水设备，并组织一批环保科技、生态农业等领域的专家再赴嘉善县，以实际行动共建美好家园。本次活动也拉开了省知联会参与“两美浙江”建设、开展系列社会服务活动的序幕。

(2)2月25日，省委统战部举办省统战系统处级干部学习习近平总书记讲话培训班，邀请省委党校等单位的老师为学员们讲课。通过培训，使学员们对习近平总书记的讲话加深了理解，提高了认识。

(3) 3月26日，省委统战部机关党委举办“统战文化讲堂”，邀请浙江工业大学教授王福和作了题为《经典阅读的当代思考》的报告。

(4)12月5日，紧扣台湾“九合一”地方公职人员选举后第一时间节点，浙江中国和平统一促进会及时组织召开台海形势报告会，邀请厦门大学台湾研究院院长、博士生导师刘国深教授，为统战系统全体党员干部作了一场“九合一”选后两岸关系和平发展战略分析的专题报告。省委统战部副部长汤为平主持报告会，统战系统全体党员干部听取报告。

1 | 2
3 | 4
5 | 6

(1)1月15日至19日，中国人民政治协商会议第十一届浙江省委员会第二次会议在杭州隆重举行。民革界别的委员们认真讨论和审议各项报告，为科学发展谋创新之举，为民生福祉建务实之言。

(2)1月21日，民革浙江省委会监督委员会正式成立。

(3)9月30日，民革浙江省委会举行浙江省法律援助中心民革工作总站揭牌仪式。总站成立后，下设天健援助工作站、大宇援助工作站、泽大援助工作站、金道援助工作站。

(4)4月15日，民革浙江省委会召开坚持和发展中国特色社会主义学习实践活动推进会，会上对首届浙江民革十大骄傲人物进行颁奖并召开先进事迹宣讲会。

(5)12月2日至8日，民革浙江省委会组织台湾摄影师在杭州、江山、丽水等地采风。活动所到之处，16位台湾摄影师与民革“丽舸光影”摄影团成员一起披朝露踏暮雪，采风交友，切磋技艺，结下了深厚友谊，也用影像展现了浙台文化的深入交流。

(6)9月19日至22日，民革浙江省委会主办“大美青花·诗画江南”2014浙赣陶艺作品“五水共治”公益展。参与此次公益展的作品共有123件，其中40余件参与拍卖，所得善款用来支持浙江丽水庆元县百山祖镇的“五水共治”工作。

(1)“盟员之家”作为民盟浙江省委会组织建设的一大亮点，多次得到民盟中央和各级党委统战部门的肯定与指导。为更好地指导“盟员之家”的有序建设，提升其精神内涵，民盟省委会于2014年4月2日在江山市召开了全省“盟员之家”工作经验交流会暨江山“盟员之家”揭牌仪式。

(2)2014年民盟浙江省委会突出浙江特色，扎实开展坚持和发展中国特色社会主义学习实践活动，全省各级民盟组织和广大盟员积极参加“学盟章、读盟史”竞赛活动，共举行现场知识竞赛初赛30余场、决赛2场，500余位盟员参赛，1500余位盟员观赛。

(3)2014年民盟浙江省委会与省红十字会合作成立“民盟浙江省委会红十字烛光博爱专项基金”，并于10月29日签署捐赠协议。基金规模已达200余万元，主要用于民盟开展各类社会慈善公益活动以及对遭受重大自然灾害的省内外受灾地区及其灾民开展人道主义救援行动。

1 2
3 4

(4)民盟浙江省委会继续打造“盟声·议政”品牌，2014年先后举行了“美丽浙江”建设、“法治中国”、“依法治校”等系列“盟声·议政”座谈会和“盟声·议政—构建浙江现代职业教育体系”论坛，累计组织盟员专家学者300余人次参与系列活动，提交论文近百篇。

1 2 3 4

(1)8月6日上午，省政协副主席、民建浙江省委会主委陈小平代表民建浙江省委会通过省红十字会向云南昭通地震灾区捐款10万元用于抗震救灾。

(2)10月29日至31日，第二期民建省、市领导班子培训班在重庆举行。省政协副主席、民建浙江省委会主委陈小平，副主委郭吉丰、张明华、郑亚莉，各市（区）委会主委、副主委、秘书长等36人参加培训班。培训期间，学员们参观了中国民主建国会成立纪念碑、民主党派历史陈列馆、抗战历史遗址博物馆等地。图为参观民主党派历史陈列馆。

(3)7月30日至8月1日，省政协副主席、民建浙江省委会主委陈小平赴衢州调研，并就坚持和发展中国特色社会主义作主题宣讲。

(4)《推进我省行政审批制度改革的建议》是民建浙江省委会向省政协十一届二次大会提交的团体提案，被列为省政协重点提案，由省长李强领办。6月27日，结合提案办理，民建浙江省委会组织民建界省政协委员和会内专家到嘉善县，就此主题开展考察调研。

1 2
3 4
5

(1)3月21日，民进浙江省委会在杭州举办开展坚持和发展中国特色社会主义学习实践活动动员会暨报告会。

(2)6月25日，民进浙江省委会举行了《开明之风—浙江民进前辈录》项目启动仪式。

(3)7月1日至4日，2014年民进全省基层组织负责人培训班在省社院举行，全省各基层组织负责人、部分机关专职干部共76人参加了培训。

(4)11月23日至24日，民进浙江省委会统战理论研究会在杭州召开专题理论研讨会，研讨主题为“中国特色社会主义参政党：新论断、新要求”。

(5)民进浙江省委会2014年参加了省政协的“五水共治”民主监督活动。图为8月20日至22日，民进省委会组织民进界别省政协委员和监督组成员，赴舟山市开展民主监督活动。

1 2
3
4
5

(1)12月31日，省委书记夏宝龙与农工党省委会负责人座谈。夏宝龙通报了2014年我省经济社会发展情况，认真听取省政协副主席、农工党浙江省委会主委姚克所作的情况介绍，省委常委、省委秘书长赵一德，省政协副主席、省委统战部部长孙文友等参加座谈。

(2)7月14日，农工中央生物技术与药学工委在杭州召开创新药物临床应用和市场环境建设研究座谈会。全国人大常委会副委员长、农工党中央主席陈竺出席会议并作重要讲话。省人大常委会副主任、九三学社省委会主委、省社会主义学院院长姒健敏，省政协副主席、农工党省委会主委姚克出席会议。

(3)10月18日，作为农工党浙江省委会参与省统一战线服务嘉善县域科学发展示范点建设重点项目之一，农工党党员、富通集团董事局主席王建沂投资50多亿的富通集团光通信全产业链项目落户嘉善县西塘镇。

(4)5月21日，农工党浙江省委会举办“中国梦·农工情”演讲比赛。12名选手紧扣“中国梦·农工情”主题，结合本职工作，阐述了自己对“中国梦”的深刻理解和美好憧憬。

(5)8月5日，农工党浙江省委会带领文艺团到武警省府警卫中队慰问演出，与武警官兵们共庆中国人民解放军建军87周年。

(1)11月18日至21日，致公党中央常务副主席蒋作君，副主席杨邦杰、王珣章先后到浙江调研，致公党浙江省委会主委郑继伟，副主委林强、杜时贵、杨杨等陪同调研。

(2) 6月17日下午，致公党浙江省委会副主委范谊、秘书长章月燕走访浙江师范大学。

(3) 8月6日，致公党红十字救灾博爱基金捐赠20万元支援云南昭通地震灾区，致公党省委会副主委杨杨，致公党省委会委员沈建国出席捐赠仪式。

(4)4月19日上午，致公党省委会联合浙江大学党委统战部、浙江大学环境与资源学院在浙大紫金港校区举办“‘五水共治’，有你有我”宣传践行活动。致公党省委会副主委王坚出席活动并讲话。

1 | 2
3 | 4
5

(5) 10月底，致公党对外联络工作会议对近年来在海外联络工作中涌现的先进集体和先进个人进行表彰，致公党省委会荣获“致公党对外联络工作先进集体奖”，章月燕、史哲明、潘佩聪、叶佳星四人荣获“致公党对外联络工作先进个人奖”。

1
2
3

(1)12月28日，《开国林垦部长》学习宣传活动暨梁希纪念馆开馆仪式在湖州市梁希森林公园举行。图为九三学社中央常务副主席邵鸿在开馆仪式上致辞。

(2)1月13日至14日，九三学社浙江省委员会七届三次全体会议在杭州召开。

(3)10月24日，省人大常委会副主任、九三学社省委会主委姒健敏，九三学社省委会副主委李有泉带领部分社省委会常委组成的考察组赴结对帮扶点——金华市婺城区塔石乡实地考察。

1 2
3
4
5

(1)4月23日至25日，省政协副主席、台盟省委会主委张泽熙率领省政协台盟台联界别政协委员组成的浙江省政协“五水共治”专项民主监督第五监督组，专程赴衢州及所辖龙游县开展“三级政协联动、万名委员同行、助推五水共治”民主监督活动。图为考察龙游凯丰纸业有限公司。

(2)6月11日至17日，省政协副主席，台盟省委会主委张泽熙率领浙江省新农村建设考察团赴台湾参访交流。图为6月13日在屏东科技大学就有关休闲观光农业等问题开展座谈交流。

(3)6月24日，台盟浙江省委会在嘉善县召开“2014台盟台商助推嘉善县域科学发展推介会”。省政协副主席、台盟省委会主委、省台联会长张泽熙，副会长郑博光、陈清玲等出席会议。20余位台商代表应邀参加了推介会。

(4)7月9日上午，“2014年台湾大学生浙江夏令营”开营式在杭州之江饭店隆重举行。图为省政协副主席、台盟省委会主委、省台联会长张泽熙致辞。

(5)9月17日至18日，台盟省委会与省台办、东方通信集团在缙云主办“助推农村电子商务发展培训班”，为来自景宁畲族自治县、缙云县及龙泉市三地结对帮扶乡镇村的40余位学员开展培训。

1 2
3
4
5

(1)11月25日至12月3日，省工商联组织浙江省企业赴印度、土耳其和希腊成功举办“携手浙商——丝绸之路行”活动。图为11月26日上午（当地时间），在印度举办中国浙江—印度企业交流合作大会，省委书记、省人大常委会主任夏宝龙出席。

(2)1月13日至14日，省工商联十届三次执委会议在杭州召开。

(3)7月15日至16日，省工商联十届三次常委会议在温州召开。

(4)12月16日至17日，省工商联十届四次执委会议在舟山召开。

(5)7月30日，全国政协常委、省工商联主席、正泰集团董事长南存辉，省委统战部副部长、省工商联党组书记李剑飞带领正泰集团、富通集团、娃哈哈集团、中南建设集团、圣奥集团、广厦集团、现代集团7家知名民营企业和浙江中昌环保集团有限公司、舟山达人环保科技有限公司2家环保企业，赴龙游县横山镇检查结对村的生活污水治理工作，进一步推动“千企联千村，合力治污水”专项行动。

(1) 8月13日，全省侨界助推新农村建设工作交流会在杭州召开。

(2) 5月8日，中国侨联、浙江省侨联在杭州联合举办“文明中华·和谐家国2014年侨界名媛共话中华好风尚”主题活动，同时发布《侨界文明公约》。

(3) 5月9日，浙江省侨联成立50周年纪念大会在杭州隆重召开。

1
2
3

1 2
3 4
5 6

(1)6月5日，省黄埔军校同学会理事、同学及亲属后代和台湾退役将领浙江参访团成员等50余人聚会杭州，隆重纪念黄埔军校建校90周年。省政协副主席、省委统战部部长孙文友出席会议并讲话，省委统战部副部长汤为平主持座谈会。

(2)6月4日，省黄埔军校同学会召开三届二十三次会长办公会议，会长刘渊和副会长楼吉康、符丕盛出席，省委统战部副部长汤为平主持会议。审议通过由张兵同志担任秘书长。

(3)2014年春节期间，省黄埔军校同学会秘书长吴喻华上门走访看望黄埔军校同学。

(4)6月13日，省黄埔军校同学会秘书长张兵上门看望刘渊会长，询问会长健康生活情况，并向刘会长汇报了近期同学会的工作情况。

(5)6月30日，省黄埔军校同学会党支部走访黄埔二代、全国劳模陈励君女士创办的华日集团，学习华日集团优秀基层党务工作。

(6)7月，省黄埔军校同学会秘书长张兵陆续赴杭州、温州、宁波、金华、台州、衢州等地上门慰问黄埔抗战老兵。图为慰问赴缅抗战老兵徐逸容。

(1)10月31日，省委副书记王辉忠专程赴省社会主义学院调研并亲切看望在院学员。

(2)2月24日至25日，第一次全省社会主义学院院长会议在省社院召开。省人大常委会副主任、九三学社省委会主委、省社会主义学院院长姒健敏，省政协副主席、省委统战部部长孙文友先后出席会议并作重要讲话。

1
2

1
2
3
4

(1)11月22日至24日，俄罗斯中国和平统一促进会会长虞安林率代表团一行18人访问浙江。中国统促会副秘书长宋为专程陪同访问，浙江统促会全程安排考察。

(2)4月3日，由省委统战部主办，浙江统促会承办的2014年省统战系统对台工作会议在杭召开。

(3)9月20日，省委统战部副部长、省政协港澳台侨和外事委员会主任、浙江中国和平统一促进会秘书长汤为平会见了巴西中国和平统一促进会访问团一行。

(4)10月28日，省委统战部副部长楼炳文会见了来自法国、德国、意大利、奥地利、匈牙利、挪威、丹麦、克罗地亚等欧洲部分海外和统会会长。

(1)1月12日，杭州海外联谊会在深圳举行迎春团拜会。市领导和杭州海外联谊会负责人与来自港澳台的乡贤、朋友，以及在深圳创业的杭州企业家代表共300余人欢聚一堂，共迎马年新春佳节。

(2)2月19日上午，杭州市委统战部召开党的群众路线教育实践活动总结大会暨深化作风建设动员会。

(3)3月27日，杭州统一战线服务深化改革推进创新发展座谈会召开，会议向全市统一战线成员发出“我为杭州建功立业”实践活动倡仪书；出台了《关于杭州统一战线服务深化改革推进创新发展的意见》。

(4)3月25日下午，第26期杭州市各民主党派中青年骨干培训班在杭州市社会主义学院举行开班典礼，47名学员参加这次为期一月的培训。

(5)3月8日，杭州海联会代表团赴港出席杭州旅港同乡会2014年度大会。

1 2
3
4
5

1 2
3
4
5

(1)4月29日，杭州市党外人士实践锻炼基地在杭州市下城区揭牌。

(2)4月30日上午，杭州市新生代企业家联谊会“五水共治”联系点暨莪山畲族乡集镇污水处理厂项目启动仪式在桐庐举行。杭州市新生代企业家助力桐庐莪山畲族乡“五水共治”，捐款30万元。

(3)5月4日下午，杭州市委、市政府召开全市实体经济大会，50名优秀中国特色社会主义事业建设者获颁金牌。

(4)5月9日，杭州市召开多党合作工作联席会议，研究如何更好地落实和发挥民主党派的参政党职能，建立杭州市多党合作工作联席会议制度。

(5)5月19日至23日，杭州旅港同乡会一行80余人来杭访问，畅叙乡情，共谋发展。

(1) 6月8日至12日，杭州市在西柏坡、兰考焦裕禄干部学院举办各民主党派、工商联领导干部和无党派人士代表读书班。

(2) 7月22日，杭州市知识分子联谊会网络与信息专业人士分会成立，并举办了网络与信息发展论坛。

(3) 8月24日，美国杭州商会在洛杉矶成立，杭州市政协副主席、市委统战部部长董建平率团到会祝贺。

(4) 10月17日至20日，受杭州市委统战部邀请，港澳青年代表团一行40余人赴杭州江干、富阳等地与当地青年企业家进行交流。杭州市委副书记杨戌标在此期间会见了港澳青年代表团。

(5) 10月25日，杭州市委组织部、市委统战部举办党外领导干部从政履职座谈会暨党外局级领导干部研讨班结业式，6名党外领导干部交流了从政履职经验和感受。

1 2
3 4
5

1
2
3
4 5

(1)12月29日，我省首个为少数民族居民服务的公益性社会组织——杭州同心少数民族服务中心在杭州市下城区东新街道新颜苑社区举行揭牌仪式。该中心两项服务活动“少数民族融入城市生活综合计划”和“民族村农副产品进社区”也同时启动。

(2)7月17日，杭州市下城区举行以统战文化为主题的“同心文化公园”开园活动暨“同心文化宣传基地”揭牌仪式。

(3)杭州市拱墅区依托“纸指天下”传媒，创新统战宣传工作。

(4) 8月3日，临安天目国学文化学会成立。

(5)9月28日，中央民族工作会议暨国务院第六次全国民族团结进步表彰大会在北京京西宾馆召开，桐庐县莪山乡荣获“全国民族团结进步模范”称号。

(1)8月1日上午，宁波市委、市政府举行纪念邓小平同志“把全世界的‘宁波帮’都动员起来建设宁波”指示发表30周年座谈会。十一届全国人大常委会副委员长路甬祥出席会议并讲话；省委书记、省人大常委会主任夏宝龙对宁波市举行纪念邓小平同志“宁波帮”指示发表30周年系列活动作批示；省委常委、市委书记刘奇在会上讲话。座谈会由市委副书记、市长卢子跃主持，中央人民政府驻香港特别行政区联络办公室经济部部长孙湘一，市领导王勇、唐一军、余红艺，十三届市政协主席王卓辉等出席会议。

(2)1月11日，宁波海外联谊会新春团拜会在深圳举行，来自香港、澳门、台湾等地的宁波乡贤欢聚一堂，畅叙乡情乡谊，共话发展大计。

(3)3月6日，宁波市召开统一战线坚持和发展中国特色社会主义学习实践活动动员会，推动全市统一战线坚持和发展中国特色社会主义学习实践活动深入、扎实、持续、有效开展。

(4)4月28日上午，宁波市委副书记余红艺走访各民主党派市委会机关、到市委统战部调研工作，并围绕各民主党派参政议政、自身建设和进一步推进统一战线工作创新发展等进行座谈交流，听取意见建议。

(5)2月14日，宁波市党风廉政建设及反腐败工作情况通报会举行，市委常委、市纪委书记李会光代表市委、市纪委，向各民主党派、工商联和无党派人士通报了2013年全市反腐倡廉建设情况及2014年工作安排，市委统战部常务副部长谢群华主持会议。

1 2
3
4
5

1 2
3
4
5

(1)2月21日，宁波市委召开全市统战部长会议，学习贯彻党的十八大、十八届三中全会和全国统战部长会议精神，总结2013年统战工作，部署2014年工作任务。

(2)3月18日，宁波市统战宣传调研工作会议召开。

(3)3月31日，宁波市民族宗教界代表人士季度读书会召开，全市各民族宗教团体副秘书长以上人员参加。市委统战部常务副部长谢群华出席会议并讲话。

(4)4月11日，宁波市第二期创二代企业家培训班暨“五水共治”项目捐资仪式在余姚市梁弄镇举行，这标志着宁波市“创二代”联谊会“红色之旅”系列活动正式启动。100余位“创二代”企业家参加此次活动。

(5)4月29日上午，宁波统战系统在余姚鹿亭乡“同心实践基地”开展大型惠民活动，内容包括送教、送医、送药、送科技等，给老区群众送去了关怀和实惠。

1 2 3 4 5 6

(1)5月17日上午，宁波市新联会联合江东区知联会、新联会在滨江商业广场举行“追梦新城、同心同行”——走进江东大型公益活动启动仪式暨广场志愿服务。

(2)5月23日，宁波市统战理论学会举行宁海分会成立大会。

(3)6月16日下午，由宁波市委组织部（市委两新工委）、市委统战部和市工商联联合主办，市“创二代”联谊会承办的“企业家精神与社会责任”主题沙龙在宁波电视中心第三演播厅举行。20余位市“创二代”和甬商企业家参与了活动。

(4)7月31日上午，宁波海外联谊会在宁波召开六届一次理事会。

(5)8月14日上午，“鄞州银行杯”大学生创业大赛总决赛落下帷幕。闯入决赛的优秀创业项目获得了不少投资人的青睐，其中的21个创业项目现场获得了8561万元的投资意向。

(6)8月18日至20日，宁波市统一战线暑期读书会在象山举行。

1 | 2
3 | 4
5 | 6

(1)9月29日下午，宁波市政府召开全市对口联系会议，交流经验表彰先进，扎实推进市政府工作部门与各民主党派、工商联对口协商工作。

(2)10月22日，宁波市统战理论学会召开“统战性社团功能定位及其作用发挥”理论研讨会。

(3)10月29日，宁波市规划局召开规划工作对口协商会，征求各民主党派、工商联和无党派人士代表意见。

(4)11月20日下午，为期两天的宁波市第九次归侨侨眷代表大会圆满完成各项议程后落下帷幕。会议选举产生了市侨联第九届委员会。

(5)11月13日下午，香港甬港联谊会第十三期“家乡贫困学生助学金”发放仪式在宁波举办。

(6)11月28日下午，宁波市网络界人士联谊会召开成立大会。会议选举市人大常委、市党外知识分子联谊会副会长、浙江万里学院电子信息学院院长梁丰为会长。

1	2
3	
4	
5	

(1)年初，温州市召开全市统战部长会议，对全年统战工作提出明确要求。

(2)4月2日，浙江省首届畲族风情旅游文化节暨温州市第五届瓯越“三月三”畲族风情旅游节在泰顺县隆重开幕。

(3)4月4日，世界温州人联谊总会三届二次暨温州市海外联谊会四届二次理事大会、温州中国和平统一促进会一届二次理事大会召开。

(4)4月4日，“世界温州人与温州发展”报告会举行，近300位海内外温商和专家学者齐聚一堂，共谋温州转型发展和温商回归发展大计。

(5)4月17日，温州市委统战部召开动员会，全面部署全市统一战线开展坚持和发展中国特色社会主义学习实践活动动员会。

1
2
3
4 5

(1)6月20日，温州市举行“温商回归”法律服务团成立暨百名律师进商会法律服务“温商回归”公益活动启动仪式，将充分发挥法律专业优势，为“温商回归”工作出谋划策、保驾护航。

(2)6月27日，温州市举办统战讲坛，专题学习马克思主义宗教观。

(3)7月14日，第五期世界温州人新生代国情研修班在上海社会主义学院举办，69名来自全国各地及海外的温州新生代企业家参加此次培训班。

(4)2014年，温州市委统战部深入开展“港澳台海外乡贤看温州”活动。图为匈牙利温州商会回乡考察。

(5)7月18日至20日，中央社会主义学院中华文化教研部主任李道湘，省委统战部副部长、省社院党组书记蒋学基一行赴温州市就“海外华侨华人对中华文化的认同感”和“中华文化‘走出去’以及中华文化在海外华侨华人社会的传承”两个主题开展调研。

1 2
3 4
5
6

(1)2014年，温州市委统战部继续组织党外人士围绕重点工作开展专题考察协商活动，为温州各项事业发展积极建言献策。图为市委统战部组织党外人士考察温州市养老服务业综合改革试点工作。

(2)10月13日，温州市党外代表人士理论研修班在重庆大学开班。

(3)2014年，温州市成功开展行业协会商会承接政府职能转移工作，经验做法受中央统战部、全国工商联推广。图为温州行业协会商会承接政府职能转移工作培训会。

(4)2014年，温州市在全市宗教界深入开展了“同心同行·共建和谐”活动。图为“同心同行·共建和谐”活动工作推进会。

(5)10月21日，由温州市委统战部主办的“第三届世界温州人年度人物”评选活动正式启动。

(6)10月21日，浙江佛学院（筹）温州佛学院顺利挂牌，对外发布招生公告。

1 2
3
4
5

(1)10月26日，温州市民主党派坚持和发展中国特色社会主义学习实践广场社会服务活动在世纪广场举行，各民主党派的医生、律师、专业科技人员、文艺工作者等近200人在现场为市民提供服务。

(2)11月4日，世界温州人微笑联盟成立五周年大型公益医疗活动启动，中外唇腭裂方面医疗专家为100名患儿提供了全方面的医疗救助。图为世界温州人微笑联盟荣获“第二届中华慈善突出贡献奖”。

(3)11月10日，第九届世界温州人经济理论研修班在广州中山大学开班。

(4)11月13日至16日，浙江省第五届少数民族传统体育运动会在温州召开。

(5)11月28日，温州市召开第四届优秀中国特色社会主义事业建设者表彰大会，对29名温州市优秀中国特色社会主义建设者进行表彰。

(1) 1月11日，湖州市港澳乡亲迎春团拜会在深圳举行。

(2) 2月27日，湖州市统战干部理论集中学习培训启动。

(3) 3月20日，湖州市在首批27个佛道教场所试点启动“文明敬香”活动。

(4) 3月31日，湖州市各民主党派、无党派人士坚持和发展中国特色社会主义学习实践活动动员会暨学习辅导会召开。

(5) 4月23日至24日，“全省各市、县区新生代企业家联谊会会长湖州行”活动成功举行。

1 2
3 4
5

(1) 5月5日，湖州市非公有制经济企业家圆桌会议制度启动，每季邀请市委市政府主要领导、经济金融专家与全市非公有制经济代表人士进行面对面座谈交流。

(2) 7月24日，湖州市统战部长会议召开。

(3) 7月25日，湖州市网络界人士联谊会成立。

(4) 8月15日，湖州市新生代企业家联谊会成立暨“311”领航计划启动仪式举行。

(5) 8月19日至20日，湖州市统一战线读书会召开，会议围绕“统一战线服务国家治理体系和治理能力现代化建设”进行交流研讨。

1	2
3	
4	
5	

(1) 10月11日，湖州市无党派实职领导干部座谈会召开。

(2) 7月25日，湖州海外联谊会第五届理事会一次会议召开，市委常委、统战部部长崔凤军当选为新一届海联会会长。

(3)6月26日，由湖州市佛教协会主办，吴兴区佛教协会、晟舍利济禅寺承办的湖州市第四届汉传佛教讲经交流会隆重举行。

(4)6月28日，湖州市吴兴区民族团结进步促进会成立暨第一次会员代表大会顺利召开。

(5) 10月31日，湖州市南浔区工商联召开经济新常态下企业转型发展研讨会。

1	2
3	4
	5

1

2

3

4

(1) 4月，德清县举办“游子情 故乡行”系列活动之聚力“五水共治、共建美丽德清”捐赠仪式，近40位在外创业打拼的德清游子为家乡“五水共治”捐款共计26万元。

(2) 9月，德清县广泛开展民族团结进步宣传月活动。

(3) 5月14日，湖州市帮扶结对少数民族村工作会议在安吉召开。湖州各县（区）、市级民主党派机关、高校、有关企业与安吉县两个少数民族村确定结对帮扶关系，举全市之力把少数民族村建设成为经济发展、文化繁荣、民族团结、社会和谐、生态优美的美丽乡村精品示范村。

(4) 9月5日，安吉县召开宗教界人士中秋座谈会。县委书记单锦炎出席会议并做了重要讲话。县领导陆为民、张云威、侯献荣，县宗教界代表人士及民宗局、政协民族宗教和港澳台侨事务委员会、公安局、开发区（递铺街道）等单位负责人参加了会议。

1
2
3
4 5

(1) 2月18日，省政协副主席、省委统战部部长孙文友一行到嘉兴，调研统战工作和省统一战线助推县域科学发展示范点建设情况，并参观了沈钧儒纪念馆。嘉兴市政协主席高玲慧，市政协副主席、市委统战部部长朱静绮分别汇报嘉兴经济社会发展情况和统战工作。

(2) 10月21日，省委统战部常务副部长金长征一行赴嘉兴市调研统战工作，重点听取民主党派、党外知识分子工作，并考察海创分会、恒基建设集团、乍浦瑞祥寺等地。

(3) 9月18日，嘉兴市政协副主席、市委统战部部长朱静绮赴桐乡市高桥镇开展“双千双百”走访服务，先后到浙江永和胶粘制品股份有限公司、金凯悦针织面料有限公司，及桐乡平安养生养老综合服务社区等走访座谈。

(4) 10月16日，嘉兴市政协副主席、市委统战部部长朱静绮赴嘉兴市秀洲区和经济开发区调研市领导重点联系项目，先后赴浙江万昇制版有限公司、巨力自动化设备（浙江）有限公司走访座谈。

(5) 3月27日至28日，全省“民间信仰与社会治理”研讨会在嘉兴市秀洲区召开，省民宗委副主任陈振华，中国社科院世界宗教研究所所长卓新平，以及民间信仰、文化宗教领域的专家学者参加了研讨会。与会人员观摩了“中国江南网船会”活动，出席了两场以“民间信仰与社会治理”为主题的专题研讨会。

1
2
3
5 4

(1) 9月13日，嘉兴市侨苑书画社在运河画院内成立揭牌，标志着浙江省市级首家侨苑书画社成立。

(2) 5月16日，嘉兴市召开全市统一战线“五水共治同心行动”暨“同心建功”活动推进会，各民主党派、工商联和党外知识分子联谊会负责人，非公有制经济、侨务、宗教界代表人士参加。

(3) 6月24日，嘉兴建华企业家协会成立，现场组织企业家及会员进行了浙江民建思源帮扶资金第一轮募集，筹得善款近10万元。

(4) 6月27日至28日，以“幸福回‘嘉’，共筑梦想”为主题的嘉兴市首届浙（禾）商大会召开，近400名海内外浙(禾)商代表汇聚一堂，签约项目26个，总投资额达144.2亿元。

(5) 9月17日上午，嘉兴市侨联邀请来自美国佐治亚理工学院、北京大学、东南大学、哈尔滨工业大学组成的中美水环境治理专家团来嘉兴市“行医问诊”，了解嘉兴水环境治理情况，对接相关治水项目，推动全市“五水共治”工作。

1 | 2
3
4
5

(1) 10月24日，由民盟嘉兴市委会、民进嘉兴市委会、农工党嘉兴市委会联合主办的“同心之路”美术书法作品联展在市图书馆开展。嘉兴市领导刘冬生、高玲慧、孙贤龙等出席开幕式。市政协副主席、市委统战部部长朱静绮致开幕词。

(2) 10月26日，嘉兴市委统战部、农工党嘉兴委会联合市司法局、嘉广集团等，赴嘉兴市统一战线“同心”服务基地——南湖区新丰镇杨庄村开展广场咨询服务活动，并与镇、村干部座谈对接帮扶经济薄弱村工作。

(3) 12月4日，由嘉兴市委统战部，各民主党派市委会、市工商联和市党外知识分子联谊会，重庆中国民主党派历史陈列馆，嘉兴南湖风景名胜区管委会联合举办的“光辉历程”——中国民主党派历史陈列暨嘉兴多党合作事业发展回顾展览在南湖革命纪念馆举行。

(4) 为落实伊斯兰教“斋月”前各项准备工作，进一步提高“斋月”期间清真寺的保障与服务水平，6月26日，嘉兴市委统战部（市民宗局）前往市清真寺调研。

(5) 2月23日，嘉兴长三角海创俱乐部举办2014年新春音乐会。来禾创业创新的海外高层次人才、侨界人士、侨商代表、嘉兴长三角海创俱乐部会员500余人参加。

1 2
3
4

(1)9月4日至5日，绍兴市各民主党派、工商联负责人和无党派人士代表暑期读书会在绍兴市社会主义学院举行。市委书记钱建民出席开班仪式并讲话。市政协副主席、市委统战部部长倪善贵主持开班仪式。读书会期间，与会人员还听取了“五水共治”、“上海自贸区建设与区域经济发展”等专题讲座，参观了市统战系统廉政教育基地。

(2)岁末年初，绍兴海外联谊会迎春团拜会在深圳举行。香港中文大学副校长、香港中文大学（深圳）校长、中国工程院院士徐扬生，市领导尹永杰、倪善贵，绍兴乡贤车越乔、章传信、高月明、车弘健等300余人汇聚一堂，共叙乡情，共话发展。

(3)3月29日上午，首届“佛教书道发展论坛——兰亭雅集”系列活动开幕。来自全国各地的高僧大德、书法名家相聚绍兴兰亭景区，一同曲水流觞，泼墨赋诗。4月1日至7日，绍兴美术馆展出百余幅题材广泛、风格迥异的当代僧人书画家优秀书画作品。

(4)4月下旬，绍兴市工商联组织召开越商大会分组恳谈会。各异地商会代表，市外境内绍籍知名民营企业家代表及来绍投资规模较大的新越商代表百余人参加分组座谈，共同为家乡建设献计献策。市委副书记尹永杰出席会议并讲话，市政协副主席、工商联主席何小玲等领导一并出席会议。图为恳谈会场景。

1

2

3

(1)4月下旬，绍兴市知联会召开第二次会员大会，大会选举产生了新一届理事会。王惠中当选会长。

(2)6月17日，炉峰禅寺会同有关单位开展“我们e起来——携手水城美容师，协力同心清三河”共建美丽水城活动。寺院向绍兴越城区、高新区、袍江新区范围内的588名河道保洁工，每人赠送一份暑期劳保用品。图为净芳法师亲手将劳保用品送至保洁工人手中。

(3)12月12日，绍兴市越城区第四次归侨侨眷代表大会召开，会议选举产生了新一届区侨联领导机构，35名同志当选为第四届侨联委员。

1
2
3 4

(1)4月12日上午，绍兴市民宗局举行绍兴市少数民族“万人互助”行动启动仪式。绍兴市少数民族“万人互助”行动计划，以“团结互助、共谋发展”为主题，旨在帮扶全市少数民族困难群众，促进全市民族团结进步。

(2)9月，绍兴市 “统一战线同心治水迎国庆暨廉政文化”书画展在绍兴美术馆举行，市领导钱建民、陈长兴、何加顺、倪善贵和各民主党派市委会主委余利明、车晓端、陈伯怀、胡少云、丁晓燕等参观了本次书画展。

(3)11月13日，绍兴市柯桥区委统战部组织全区统战系统“同心·三下乡”走进平水镇宋家店村活动，服务群众。

(4)岁末年初，绍兴市召开党风廉政建设情况通报会，市委常委、纪委书记傅祖民向市各民主党派、工商联和知联会通报了全市2014年反腐倡廉建设工作情况及2015年反腐倡廉建设工作重点。

1 2
3
4
5

(1) 11月27日，全国政协副主席何厚铧，全国人大常委会常委、澳门特区立法会主席贺一诚等到金华参观访问。

(2)5月28日，省政协副主席、省委统战部部长孙文友到金华调研统一战线工作。

(3) 3月7日，金华召开全市统战部长会议，市委副书记陶诚华就加强全市统一战线工作作重要讲话。

(4) 10月21日，第四届中国(义乌)世界侨商大会、第三届中国（义乌）世界采购商大会在义乌开幕。图为大会主题会议现场。

(5) 2月24日，金华市委统战部召开党的群众路线教育实践活动动员部署会。市委督导组到会指导群众路线教育实践活动。

(1) 10月9日，金华市委举办新一届民主党派领导班子读书会。

(2) 2月7日，金华市委统战部部长陶国兴到市委统战部就职交接。

(3) 4月21日，金华市委统战部部长陶国兴走访慰问中山路社区困难群众。

(4) 4月,金华市委统战部领导陶国兴等部到全市47个民族村走亲连心。

(5) 8月19日，金华市召开全市各民主党派关于组织建设若干问题座谈会。

(6) 12月3日，金华市召开全市基层统战委员培训班，就基层协商民主作专题辅导。

1	
2	
3	5
4	6

(1) 3月31日，金华市统一战线举行“同心·公益”行动。图为在水源地开展清除垃圾暨文明劝导活动。

(2) 6月13日，金华市委统战部组织各民主党派开展“畜禽养殖污染治理、助推‘五水共治’”联合调研和专题协商。

(3) 10月21日，义乌市新联会与马来西亚总商会青年分会座谈。

(4) 8月，由东阳市委市政府主办、东阳市委统战部承办的“海外东阳籍博士教授回家乡助发展”活动在东阳举行。活动共邀请到来自美国、日本、加拿大、澳大利来、德国、法国等6个国家在内的44位东阳籍博士教授参加。8月6日，在“海外东阳籍博士教授回家乡助发展”座谈会上，40余名海外东阳籍博士教授齐聚一堂，为东阳经济社会发展把脉开方。

1
2 4
3

(1)9月3日，全国侨联副主席、省政协副主席、民革省委会主委、省侨联主席吴晶在三衢书画院与衢州市委和民革衢州市委会主要领导亲切交流。

(2)9月3日，衢州市柯城区举行“信安街道侨界空巢老人服务中心启动仪式暨迎中秋”联欢会，全国侨联副主席、省政协副主席、省侨联主席吴晶，市领导朱建华、余广宇、吕玉茹等出席仪式。

(3)6月11日，省政协副主席、省委统战部部长孙文友在“江山盟员之家”调研，衢州市领导江汛波、陈锦标、马东泉参加调研。

(4)6月12日，省政协副主席、省委统战部部长孙文友在衢州市柯城区府山街道城站社区调研，市领导陈新、马东泉参加调研。

(5)8月4日至6日，省委统战部常务副部长金长征在衢州调研指导统战工作，衢州市政协副主席、市委统战部部长余广宇参加调研。

1
2
3 4
5

1
2 5
3
4

(1)2月9日，衢州市委书记陈新约谈各民主党派、无党派人士代表。

(2)3月19日，衢州市召开全市统战部长会议，市委副书记江汛波讲话，市政协副主席、市委统战部部长马东泉作工作报告。

(3)8月27日，衢州市召开全市统一战线坚持和发展中国特色社会主义学习实践活动暨助力打造生态屏障建设幸福衢州推进会，市委副书记江汛波讲话，市政协副主席、市委统战部部长余广宇主持会议并作小结讲话。

(4)9月24日，衢州市召开全市统一战线网络界人士联谊会成立大会，市政协副主席、市委统战部部长余广宇出席会议并讲话。

(5)12月26日至30日，衢州市举办少数民族增收创业培训班。

1 | 2
3 | 4
5
6

(1)9月5日，香港江山旅港同乡会十周年庆典暨第三届理事会就职典礼在香港举行。

(2)5月13日，衢州市工商联（总商会）召开五届四次执委（扩大）会议，市委副书记江汛波讲话，市领导朱建华、马东泉出席会议。

(3)3月17日，衢州市举办侨企“五水共治 共建生态家园”捐款仪式。

(4)6月16日，衢州市举办第二届“魅力衢商”评选表彰活动。

(5)6月27日，衢州市举办第一期基督教“发挥正能量、共筑中国梦”主题活动培训班。

(6)7月30日，省工商联知名企业家衢江行活动座谈会在衢州市衢江区召开。

1 5
2
3
4

(1)11月6日，衢州市政协副主席、市委统战部部长余广宇到柯城区调研火车站片区城中村整体搬迁改造项目情况。

(2)9月5日，常山县召开党外干部从政履职座谈会，全县在职副科以上党外干部交流如何履岗尽职、争当党外好干部。

(3)9月2日，衢州市政协副主席、市委统战部部长余广宇到开化县调研，实地考察少数民族村建设、非公有制经济发展、社区统战工作和基层商会建设等工作。

(4)8月21日，衢州市佛教协会为开化县树范民族村“五水共治”捐款20万元。

(5)9月17日，开化县组织民主党派、知联会、工商联、台侨留联、宗教界和少数民族群众等参加统战代表人士走进公检法系列活动。

1
2
3
4

(1)(2)10月23日，普陀山观音法界奠基典礼在舟山朱家尖隆重举行。第十一届全国政协副主席、全国工商联名誉主席黄孟复，副省长、舟山新区党工委书记、舟山市委书记孙景淼，国家宗教事务局副局长蒋坚永，省政协副主席汤黎路，省政协副主席、省委统战部部长孙文友，全国政协常委、全国工商联副主席徐冠巨，及省属有关部门领导和周江勇、钟达、江建国等市四套班子领导出席了奠基典礼。出席奠基典礼的还有中国佛教协会副会长明生、祜巴龙庄勐、觉醒、湛如、妙江、纯一和台湾佛教界明空、净耀等境内外诸山长老、境外友好佛教团体组织和护法居士等共1500余人。

(3)(4)4月9日，中央统战部副部长、全国工商联党组书记全哲洙在省政协副主席、省委统战部部长孙文友陪同下，在舟山对科技型中小微企业开展调研。调研组通过深度访谈、约谈等形式调研了舟山市浙江虹达特种橡胶制品有限公司、浙江内燃发电设备制造有限公司、定海通发塑料有限公司、浙江成路造船有限公司、舟山达人环保有限公司、浙江炜驰机械集团有限公司、浙江欣亚磁电发展有限公司、浙江远大电子开发有限公司8家科技型中小微企业，对企业的发展现状、转型升级中的问题和困难以及舟山市对扶持中小微企业的措施举措进行重点了解，并对舟山市支持中小微企业通过技术创新加快转型升级以及为中小微企业排忧解难的做法给予了充分肯定。

1	2
3	4
5	6

(1)(2)1月12日，舟山市2014年香港乡亲迎春团拜会在深圳隆重举行。舟山市领导与全市在港7个同乡社团的120多名乡贤、朋友欢聚一堂，畅叙乡情友情，共话美好未来。副省长、舟山新区党工委书记、舟山市委书记孙景淼致辞。

(3)2月12日，副省长、舟山新区党工委书记、舟山市委书记孙景淼主持召开座谈会，和省委督导组副组长黄秋生，舟山市委常委、统战部部长忻海平等一起，围绕党的群众路线教育实践活动，听取舟山市各民主党派、工商联和无党派代表人士的意见建议。

(4)8月20日，2014年舟山市统一战线读书会在舟山新城举行。副省长、舟山新区党工委书记、舟山市委书记孙景淼在会上强调，各民主党派、统战团体，要深入贯彻落实市委六届五次全会精神，进一步认清形势、统一思想，充分发挥统一战线的作用，为加快新区发展、实现“两美”目标作贡献。市委常委、统战部部长忻海平主持会议并作总结讲话。市领导冯淑仙、徐燕峰、张永奎、黄洁明、陈松菊、张昌义、道慈参加会议。

(5)(6)2月27日，舟山市委副书记、市长周江勇，舟山市委常委、统战部部长忻海平率团赴港参加香港舟山同乡会第十三届理事会就职典礼暨2014年春茗联欢晚会，周江勇市长向名誉会长颁发证书并发表致辞。

1 2
3
4
5

(1)5月23日，舟山市统战文化研究中心第一次工作会议在浙江海洋学院举行。会议通报了2014年研究中心的相关课题任务，并为研究员颁发了聘书。市委常委、统战部部长忻海平出席会议。

(2)10月21日至23日，由大成企业研究院举办的大成企业沙龙在舟山举行，沙龙的主题是“突破、变革、创新——民营企业转型升级路在何方”。

(3)11月2日，首届杨咏曼奖学金颁奖暨杨咏曼图书馆揭牌仪式在浙江海洋学院隆重举行。舟山市委常委、统战部部长忻海平，浙江海洋学院党委书记周克非和香港舟山同乡会交流访问团一行等出席。

(4)(5)普陀山第十二届观音文化节于11月19日至21日在普陀山隆重举行，继续以“自在人生、慈悲情怀”为主题，相继在普济禅寺举办“点亮心灯”传灯祈愿法会，在宝陀讲寺举办“澄怀味象·圆通无碍”两岸四地佛教书画展，在普济禅寺举办“弘法利生”讲经法会，在法雨禅寺和慧济禅寺举行“佛顶顶佛”朝拜法会。

(1)(2)2月8日，省政协副主席、省委统战部部长孙文友赴天台走访慰问在天台的省政协委员。

(3)7月16日上午，省政协副主席、省委统战部部长孙文友赴临海调研基层民主协商工作。

(4)5月27日，浙江省佛学院天台宗佛学院（筹）揭牌奠基仪式在天台成功举办。

1

2

3

4

(1)7月23日至24日，2014年台州市统一战线读书会召开。市委书记吴蔚荣、市委副书记葛益平出席会议并作重要讲话。

(2)7月30日，台州市召开践行群众路线推进统一战线特色村建设现场会，并向9个特色村进行授牌。

(3)10月29日，2014中华济公文化节暨海峡两岸交流基地授牌仪式在天台举行。图为国台办交流局副局长严中洲（右）向天台县副县长叶玲君（左）授予海峡两岸交流基地牌匾。

(4)5月30日，台州市成立民主党派“五水共治”专家服务团和监督员队伍，并颁发聘书。

(5)9月28日至29日，秦旺仁增参加中央民族工作会议暨国务院第六次全国民族团结进步表彰大会，被授予“全国民族团结进步模范个人”荣誉称号。

1	3
2	4
	5

1
2
3
5 4

(1)3月4日，台州市举办“统一战线与群众路线”大讲堂（第一期）专题理论报告会。

(2)12月3日，台州市成立网络界人士联谊会。

(3)12月4日，台州市召开“五水共治”专题民主协商会，组织民主党派深入开展对“五水共治”的建言献策和民主监督。

(4)台州市启动民主党派及党外人士挂职锻炼基地工作，图为8月18日挂职锻炼对接会合影。

(5)8月，台州市统一战线艺术团编演“五水共治”主题小剧场话剧《钓鱼》，并组织巡回下乡演出。

1
2
3 4

(1)5月29日，大型文艺汇演“中国梦·民族情”在台州市椒江剧院开展，民族团结进步宣传月活动同时启动。

(2)11月20日，台州市路桥区社会主义学校在区委党校举行揭牌仪式。

(3)11月20日，浙江佛学院（筹）天台宗佛学院路桥校区揭牌仪式在台州市路桥区举行。

(4)12月30日，浙江道教学院揭牌仪式在台州市天台县中国道教南宗祖庭桐柏宫举行。

1	4
2	5
3	

(1)6月12日至13日，全国政协副主席、国家民委主任王正伟赴丽水调研民族工作。

(2) 8月6日至8日，省委统战部副部长、省政协港澳台侨和外事委员会主任汤为平一行，到丽水市专题调研统战工作。

(3)11月6日至7日，省委统战部常务副部长金长征一行赴丽水调研统战工作。图为金长征与丽水市网联会班子成员合影。

(4)4月2日，省委统战部副部长、省民宗委主任冯志礼出席景宁畲族自治县全县民族工作大会并讲话。

(5)10月8日至9日，丽水市举行“根·魂·梦”——中华文化和华侨华人社会国际学术研讨会。

1 2
3
4 5

(1)8月13日，丽水市网络界人士联合会成立大会召开。会议选举产生了市网联会一届理事会常务理事、会长、副会长、秘书长。

(2)11月17日，丽水市代表团在浙江省第五届少数民族传统体育运动会上圆满实现了“三个第一”目标，载誉归来。

(3)1月17日，青田县举行“百个侨团助百村——侨牵母亲河”治水行动启动仪式。

(4)2月11日，“亲情中华·欢聚青田”文艺巡演活动走进青田。

(5)11月7日，丽水市知联会工作交流会暨基层知联会建设推进会在青田县召开。

1

2

3

4

(1)10月18日，庆元县举行统一战线运动会。来自县知联会、基层知联分会、县侨联、新生代企业家联合会、服务行业商会、非公有制经济企业等统战团体及赞助企业的16支代表队，160多名运动员参加了比赛，并邀请丽水市知联会第五分会参加。

(2)11月13日，庆元县举行“同心共圆菇乡梦”全县党外人士书画作品展。展览为期15天，近100幅书法绘画作品均出自该县党外人士之手。

(3)11月26日，“友好中华侨联五洲”访问团到缙云县参观考察。

(4)12月10日至12日，景宁畲族自治县举办了“全国畲族精英人才畲乡行活动”。来自北京、福建等地的省内外各领域畲族精英人才，以及来自宝岛台湾的蓝姓宗亲代表共40余位畲家儿女精英齐聚一堂，共话畲乡发展。其间，举办了全国畲族精英人才助力畲乡发展座谈会。

1
2
3 4

(1) 9月26日上午，浙江大学举行统一战线各界人士国庆座谈会。浙大统一战线各界人士代表相聚一堂，同庆祖国65岁华诞，共谋学校改革发展。

(2)12月28日，浙江师范大学举办以“迎新年 聚合力 促发展”为主题的统战趣味运动会。

(3)5月23日，民盟宁波市（北高教园区）教授议事会成立大会在宁波大学举行，与会人员合影留念。

(4)10月29日下午，浙江理工大学侨联、留联会第二届会员大会召开。大会选举产生新一届侨（留）联领导班子成员，李加林担任侨联主席，王兆青担任留联会会长。

1
2
3
4

(1)5月23日，杭州电子科技大学留联会和安吉县留联会签订合作共建协议。

(2)10月31日，浙江工商大学举行第六批特邀监察员聘请仪式，校纪委书记顾玮向第六批特邀监察员颁发了聘书，并向第五批特邀监察员颁发了荣誉证书。

(3)6月19日，浙江农林大学知联会与衢州龙游县石佛乡结对共建“同心•知联服务基地”。

(4)12月26日，以“情暖侨心·相约财大”为主题的2014浙江归国留学人员迎新联欢会在浙江财经大学举行。来自浙江大学、中国美术学院、浙江工业大学等15所高校以及省海外高层次人才联谊会共计200余名归国留学创业人员齐聚浙江财经大学，喜迎新年。

1
2
3
4

(1)12月4日，嘉兴学院无党派知识分子联谊会顺利完成换届，图为二届一次会员大会合影。

(2)5月30日，省政协副主席、民建省委会主委陈小平赴浙江外国语学院调研指导工作。

(3)9月18日，杭州师范大学党委副书记黎青平和党外代表人士一起赴临安青山湖科技城考察交流。

(4)11月25日，中国国民党革命委员会衢州学院支部成立,会议选举产生了第一届民革衢州学院支部委员，徐明当选为主委，毛玲灵当选为副主委。

(1)7月2日，绍兴文理学院归国华侨联合会暨留学人员和家属联谊会正式成立。

(2)9月26日，民革台州学院支部在其支教基地玉环清港镇新民小学开展爱心捐赠活动。

(3)6月13日，全国政协副主席、国家民委主任王正伟，省政协副主席、省委统战部部长孙文友，丽水市委书记王永康，丽水学院党委书记肖建中为丽水学院民族学院揭牌。

(4)9月26日，农工党宁波工程学院支部成立，聂利亚任支部主任。图为在成立大会上，农工党宁波市委会主委陈为能（右）为聂利亚（左）授印。

1 3
2 4

前　言

《浙江统一战线年鉴》是中共浙江省委统战部主办、全省各级统战部门和省级统战系统各单位共同参与编纂的系统性专业年鉴，是逐年记载浙江统战工作在各个领域的落实情况和浙江统一战线发展变化的史册，具有公报性、科学性和权威性，是各级党政领导、统战系统各单位和社会各界了解浙江统一战线的大型资料工具书，也是沟通统一战线各界人士、加强与港澳台和海外"三胞"联系的纽带。编纂《浙江统一战线年鉴》兼有统战宣传、工作交流、修志存史的多重作用，现实意义和长远意义都十分显著。

2014年，在省委的正确领导下，全省统一战线深入学习贯彻习近平总书记系列重要讲话精神，认真贯彻落实党的十八届三中、四中全会精神和省委十三届五次、六次全会及全国统战部长会议精神，围绕省委实施"八八战略"、推进"两富"、"两美"浙江和法治浙江建设的总体部署，着眼全省工作大局，突出重点、破解难点，精心谋划、扎实推进，进一步巩固和发展了全省统一战线团结、民主、稳定、和谐的良好局面。一是不断巩固共同思想政治基础，组织统一战线广大成员认真学习贯彻中共十八届三中、四中全会特别是习近平总书记系列重要讲话精神，支持民主党派、无党派人士深入开展坚持和发展中国特色社会主义学习实践活动，组织非公有制经济人士开展理想信念教育实践活动，进一步增强中国特色社会主义道路自信、理论自信、制度自信。二是着力服务经济社会发展，支持党外人士围绕全面深化改革、全面推进法治浙江建设的重大问题深入调研、建言献策，以各种形式积极参与"五水共治"、"三改一拆"、浙商回归和嘉善县域科学发展示范点建设，积极引导和促进非公有制经济健康发展和非公有制经济人士健康成长，继续推进"光彩事业"发展，为推动经济社会发展作出了积极贡献。据不完全统计，仅工商联系统开展的"千村联千村、全力治污水"专项行动，就有1218家企业参与，共结对902个行政村，出资总额16.2亿元。三是扎实做好民族宗教工作。认真贯彻落实中央民族工作会议精神，协助省委省政府召开全省民族工作会议，深入实施新一轮少数民族低收入群众增收帮扶行动计划。积极探索宗教事务的法治化管理，引导宗教与社会主义社会相适应。协助省政府办公厅出台《关于加强民间信仰事务管理的意见》，积极开展民间信仰事务管理的实践和探索。四是积极推进统战工作创新发展，开展了新生代企业家、网络界人士联谊会、社会组织统战、推进基层协商民主发展、商会协会承接政府部分职能转移等工作，扎实做好港澳台海外统战工作和党外后备干部建设工作，不少工作走在前列、创出亮点，进一步彰显了统一战线的独特优势和作用。

浙江统战工作取得的新成绩，无疑为《浙江统一战线年鉴》的编撰提供了极其丰富的内容。《浙江统一战线年鉴》(2015年卷)真实记录了2014年全省统一战线各个领域各个方面的工作及取得的新成绩，向社会展示浙江统一战线的新面貌。全书分为10个部分、100余万字，同时配有彩色照片200余幅，并收入若干统计数据和资料，以文字、图片和数据形式形象立体全方位地记载和反映我省省级统战系统20个部门、11个市委统战部、90个县(市、区)委统战部、30多个高校和企业统战工作机构2014年度开展统战工作的情况，力求形象、明了、准确和实用。在编纂过程中，我们始终坚持以邓小平理论、"三个代表"重要思想、科学发展观和"四个全面"战略布局为指导，牢牢把握大团结大联合的主题，突出浙江统一战线紧紧围绕全省工作大局，发挥优势，开拓创新，在为经济建设、政治建设、文化建设、社会建设和生态文明建设以及为促进祖国和平统一大业方面所作的努力和贡献，突出浙江统战工作认真贯彻落实党的各项统战政策和有关重要会议、文件精神的基本情况,突出全省各级统战部门以及各民主党派、工商联、有关人民团体当年工作的主要成绩。

《浙江统一战线年鉴》(2015年卷),在确保年鉴权威性、公正性、规范性和连续性的前提下,注重信息的多样性和大容量。希望它能向广大统战干部和统一战线成员提供学习交流、相互借鉴、检索查阅的园地;更希望它能为展示、宣传浙江统一战线,为总结经验、启迪思想、扩大影响,进而推动浙江统一战线工作不断迈上新的台阶发挥应有的作用。

《浙江统一战线年鉴》(2015年卷)的编纂始自2015年3月,终于7月。其间得到了省委统战部领导的重视和关心,得到了全省各级统战部门、民主党派、工商联及有关人民团体的密切配合,得到了浙江省地方志办公室、杭州出版社等社会各方面的大力支持,在此一并致谢。由于年鉴编纂、出版、发行工作牵涉面广、周期长、工作量大,囿于经验、水平及其他客观条件,难免有疏漏和不妥之处,恳请见谅并指正。

凡　例

一、本书是中共浙江省委统战部组织、全省各级统战部门和省级统战系统各单位共同参与编纂的一部大型工具书。其宗旨是通过文字、图片及数据资料，全面、翔实、系统地记录上年度浙江统一战线的发展情况，力求客观真实地反映浙江统一战线的全貌，为社会各界了解浙江统一战线开启一扇窗口，为我省各级统战部门和各民主党派、工商联、有关团体开展工作提供最新的信息，为全省统战干部和统一战线成员交流借鉴提供准确可靠的资料，推动浙江统战工作不断迈上新的台阶、取得新的成效、产生新的影响。

二、本书的主要内容，由浙江省省级统战系统各部门，市、县(市、区)委统战部，有关高校、科研院所、企业统战工作机构以及统战对象较为集中的省直部门和中介机构等，指定专人组成编写组撰稿，并经各该部门领导审核。

三、本书编撰的基本准则是：实事求是，客观准确，本着对工作、对读者、对后人负责的态度，一切用事实说话，原则上不进行自我评价或引用当地党委、政府领导人的评价言词。

四、本书收录2014年的基本情况，各单位正文内容中继续保留历史沿革、市情县情校情院情厂情、统战资源等内容，但反映2014年的最新变化。

五、本书从纵横两方面记录2014年全省统战工作的基本情况，纵向反映从省、市到县级统战工作的基本情况，横向反映各个领域统战工作以及省级统战系统各部门和高校、科研院所、国有企业等相关单位统战工作的基本情况。编写过程中难免出现交叉重复的内容，凡遇此种情况，特别是遇到有差异的地方，均依从工作的实际承担单位提供的情况，依从下级部门提供的情况，以免引起混乱。

六、本书对入编内容作了严格划定：省级部门全面反映统战系统各单位情况；省级以下以各级统战部门的情况为主。重点收录各地各部门一年内各地统一战线发生的大事、要事，兼顾特色。对各地各部门从事的非统一战线范畴的工作的收录作如下限定：这些工作必须以统一战线干部或成员为主体；必须在2014年的工作全局中占有相当分量。

七、为客观、科学地反映2014年全省统一战线大事要事，编辑部对省委统战部和各地、各单位提供的大事记进行了筛选、整合。

八、为充分体现各个单位每年的工作特色，本着年鉴编纂中“多细化少概括，突出史记的作用”的原则，本书的体例基本采取篇目、类目、条目的梯级编辑法，内容尽可能条目化。各单位正文内容均采用条目编写法，一事一条，重要事件具体化。

九、全省统一战线组织和人员名录力求系统、实用、简明。领导班子成员的入编，完全尊重当地意见，不作统一规定。2014年12月31日以后发生的职务变更，不在本书收录之列。省级各统战组织的名单为最新换届产生的名单或2014年的变化，往届名单不再收录。

十、“浙江省统一战线成员岗位建功”(先进个人)和“浙江统一战线成员获得自然科学、社会科学成果奖励”两项名单的收入，均确定在国家级和省部级，凡浙江省各部、委、办、厅、局及以下授予的表彰奖励，不在收录之列。“浙江省统一战线成员岗位建功”(先进个人)情况由各撰写单位如实提供，限于条件，本书编辑时不再核实；自然科学、社会科学成果获奖情况由各民主党派省委会、省工商联等有关团体和高校、科研院所、国有企业及各市委统战部提供，但编辑时以国务院和浙江省人民政府的表彰公告为准。

十一、统计数据表力求既反映统战工作的真实全貌，又便于操作、查阅和应用。各种统战资源和统战对象统计数据，精确到县（市、区）和各部门、各单位。统计表主要收录2014年全年的数据；有些项目无法作全年统计，其数据反映的是到2014年年底的状况。有些统计数据，由于来源和使用的角度不同，统计方法和项目的内涵不同，同一项目或名称的数字可能不完全一致，甚至有重大出入的地方，编辑时参考省级统计部门提供的数据作了适当更改。

十二、文件、讲话、论文、特色经验等资料的收录，力求重点突出、内外有别，做到实用、简明、便查、不涉密。

十三、照片的收录，除广告外，重点反映上年全省统一战线的特色和亮点，同时兼顾平衡（原则上每个单位都有图片形象）。

十四、本书注重年鉴的实用和收藏价值，不搞领导序跋或题词。

编委会和编辑部人员名单

目 录

4.高等院校统战工作机构

5.科研院所、国有企业统战工作机构

6.名录

7.评比奖励

8.统计表格

9.领导讲话

10.文件·文献

1. 浙江统一战线概览

2014年浙江省统一战线资源概览

浙江省是全国重点统战工作省份之一，特别是改革开放30多年来，随着经济社会的发展，统一战线新领域、新对象和新情况不断出现，决定着统一战线面更广，成员更多，资源更加丰富。以下反映的是截至2014年年底的情况。

·民主党派·

浙江省现有中国国民党革命委员会、中国民主同盟、中国民主建国会、中国民主促进会、中国农工民主党、中国致公党、九三学社、台湾民主自治同盟等8个民主党派省委会，69个市级委员会，41个县（市、区）级委员会，140个基层委员会，188个总支部，2344个支部（小组）。截至2014年底，全省共有民主党派成员54964名。

·工商联（商会）·

浙江全省共有县级以上工商联组织102个，其中，省级组织1个，市级组织11个，县级组织90个；全省工商联建立商会组织2975个，其中，行业商会715个，乡镇商会619个，街道商会314个，园区商会44个，异地商会765个，市场商会34个，楼宇商会31个，村商会351个，其他102个；全省工商联会员有215790个，其中企业会员178134个，团体会员2760个，个人会员34677个。非公有制经济人士担任省、市两级工商联（商会）主席6人。

·少数民族·

浙江省是一个少数民族成分较多的民族散杂居省份，设有全国唯一的畲族自治县——景宁畲族自治县，18个畲族乡（镇）和437个少数民族行政村，根据第六次全国人口普查统计，少数民族人口总数达121.5万人。

随着浙江省经济社会的快速发展，外来少数民族越来越多，已成为全国城市民族工作的重点省份。据统计，到2014年，全省外来少数民族流动人口已达203万多，55个少数民族齐全。其中在浙流动人口数达万人以上的少数民族有16个，十万人以上的有6个（苗族55.5万，土家族47.3万，布依族26.9万，侗族17.1万，壮族14.5万，彝族14.1万）。流动人口分布仍主要集中在经济发达的大中城市，其中温州和宁波市分别达到44万和41万，金华和台州市分别为26万，杭州市21万，绍兴市19.5万，嘉兴市14.7万，湖州市8.6万，丽水市4.8万，舟山市2万，衢州市0.8万。

·宗教·

浙江省是全国宗教工作重点省份之一，佛教、道教、伊斯兰教、天主教、基督教五大种宗教齐全。佛教传入本省有1800余年历史，浙江在历史上曾被称为“东南佛国”，有全国重点寺院13座。道教传入本省也有1800余年历史，全国道教“十大洞天福地”中本省有三个。伊斯兰教有近1400年历史，杭州凤凰寺为东南沿海伊斯兰教四大古寺之一。天主教于明万历年间正式传入本省，至今已有近400年历史，浙江是全国天主教传播最早的省份之一。基督教传入本省的历史较短，至今约有150多年。全省有可统计的五种宗教信徒209万人，其中基督教180多万人，天主教17万人，伊斯兰教11.7万余人（汉传佛教和道教信徒难以统计）。全省有宗教教职人员2.5万余人（其中认定备案近万人），经批准登记的宗教活动场所9774处。2014年新创省级和谐寺观教堂490所，累计创建达标场所5984所。全省共有省、市、县三级爱国宗教团体348个；经批准的宗教院校6所（含筹建2所），其中浙江省佛学院（筹）有3所独立运行的分院；有培训中心32处。

·港澳台同胞和海外侨胞·

浙江省是全国港澳台和海外统战工作的7个重点省份之一。浙江历来与港澳有密切的联系，祖籍是浙江的港澳同胞约有30.93万人，居住在省内的港澳同胞眷属有21.19万人，其中不乏工商巨头和社会名流。特别是改革开放以来，浙江与港澳的关系在经济发展、文化交流、亲情往来方面更加密切。截至2014年，在香港有浙江人士同乡会92个。2014年浙江累计批准港资企业9188家，投资总额近1609亿美元，注册资本近955.7亿美元。

在台的浙江籍同胞超过100万人，在浙台胞亲属超过20.5万人。2014年，浙江全省批准台资企业1672家，总投资额约45.4亿美元，注册资本约28.5亿美元。

据浙江省侨情调查最新统计，浙江籍华侨华人数约为171.11万人，分布在全世界180个国家和地区，其中欧洲约占54.2%，北美洲占19.6%，亚洲占20.8%。居住在省内的归侨2118人，侨眷91.02万人。全省有侨资企业2.11万余家。浙江现有归国留学人员5.67万人，海外留学人员8.96万人。涉侨群体（不计海外留学人员、归国留学人员）占全省人口的5.7%。由浙江籍华侨华人为主（含港澳），或以浙江籍华侨华人为主要骨干的社团现有735个，分布在68个国家和地区。

·非公有制经济人士·

改革开放30多年，浙江省非公有制经济发展较快，截至2014年底，全省共有私营企业112.3万家，注册资金4.06万亿元，注册资本在1000万元以上的有96753家；全省有个体工商户286.9万户，资金数额约1948.1亿元。2014年全省共有10265家工商联会员企业投入光彩事业、新农村建设以及社会公益慈善事业，总投资额22.55亿元，慈善捐款22.55亿元。在2014年举行的第四届全国非公有制经济人士优秀中国特色社会主义事业建设者表彰大会上，浙江省有6人获第四届全国非公有制经济人士优秀中国特色社会主义事业建设者荣誉称号。在2014年全国500强民营企业中，浙江省有138家，占27.6%，连续16年居全国首位。

浙江全省非公有制经济人士中，有中共十八大代表1名。截至2014年底，有各级人大代表3791名，其中全国人大代表15名；各级政协委员6809名，其中全国政协委员4名。2014年，浙江省已组建党组织的非公有制企业突破31万家，已建党组织4.4万个，非公党员55万，党组织组建率突破95%。浙江11个市、90个县（市、区）全部建立“两新”工委，全省共有

3047家企业党组织被列为“双管企业”（由“两新”工委与属地党委“双重管理”）。

据不完全统计，近年，浙江人在全国经商办企业超过640万人，投资总额超过4万亿；在海外，有150多万浙商分布在130多个国家和地区；省外浙商共创办各类企业26万多家、各类专业市场2000多个，投资总规模超3万亿元，其中从浙江输出的资本约1.3万亿元。近年来，浙江积极实施“省外浙商回归工程”，鼓励浙商回归创业反哺家乡。

·党外干部·

截至2014年底，全省县以上政府及工作部门领导班子中，党外干部共1059名。其中副省长1名，省政府工作部门正副厅长9名；副市长11名，市政府工作部门正副局长126名，副县（市、区）长91名；全省法、检两院党外副职共有67名，其中省高级法院副院长1名，省检察院副检察长1名，市中级法院副院长5名，县（市、区）法院副院长24名，市检察院副检察长4名，县（市、区）检察院副检察长32名；全省本科院校党外领导干部19名，省部属科研院所党外领导干部5名。

全省各级人大常委会党外副主任111名，其中省人大常委会副主任1名，市级人大常委会副主任11名，县级人大常委会副主任99名。全省各级政协党外副主席199名，其中省政协副主席5名，市级政协副主席50名，县级政协副主席144名。

浙江省加强党外后备干部队伍建设，继续实施“十百千工程”，即要求党外后备干部数达到：省级后备干部10名，市（厅、局）级后备干部100名，县（处）级后备干部1000名。

·党外知识分子·

浙江省全面实施创新驱动发展战略，加快建设创新型省份。各级党委、政府高度重视做好知识分子工作，尊重知识、尊重人才，采取积极措施引进各类人才。浙江省党外知识分子约380万，是党外知识分子人才资源较为丰富的省份。全省出国留学人员超过10万人，在册归国留学人员2万余人。在浙党外“两院院士”9名，党外长江学者13名，党外省特级专家18名。省内各级政府部门中，无党派正厅级干部4人，副厅级干部18人。2014年，浙江省无党派人士中，全国人大代表10人，全国政协委员7人，省人大代表102人，省政协委员116人，其中无党派人士界别20人。全省各类知联会组织1243家，实现了省市县三级和本科高校的全覆盖，其中新联会70家，网联会41家，新居民联谊会14家，基层知联会组织975家，成员总数超过4万人。

·社团组织和民办非企业单位·

进入新世纪，随着改革开放的不断深入和经济社会的多元化，社团组织和各类民办非企业单位成为统战工作的新领域。浙江社团组织和民办非企业单位发展较快。2014年，经登记备案的社会组织数量突破12万个，正式登记的社会组织40201个，每万人拥有社会组织数达到7.3个。

2014年浙江省统一战线工作综述

2014年，在浙江省委、省政府的领导下，浙江省统一战线工作坚持以邓小平理论、“三个代表”重要思想、科学发展观为指导，认真贯彻落实党的十八大，十八届三中、四中全会和省委十三届五次、六次全会及全国统战部长会议精神。围绕省委、省政府工作大局，按照省委“八八战略”、“两美”浙江和法治浙江建设的总体部署，全面落实2014年省委、省政府明确的重点工作。全省统一战线着力凝聚人心、汇聚力量，充分发挥统一战线的优势作用，全方位服务浙江省经济建设、政治建设、文化建设、社会建设、生态文明建设和党的建设，为巩固党的执政基础和群众基础，建设物质富裕精神富有现代化浙江作出了贡献。

一、开展系列教育实践活动，夯实统一战线政治思想基础

一是认真学习贯彻党的十八届三中、四中全会精神和习近平总书记系列重要讲话精神。全省统一战线以会议学习、个人学习、交流学习等形式，通过下发学习文件、资料、刊物，举办讲座、培训、征文、报告会等活动进一步加强对中共中央精神的学习和理解，教育引导全体党员深刻领会十八大精神，夯实统一战线共同思想政治基础，不断增强全省统一战线广大成员对中国特色社会主义的道路自信、理论自信、制度自信。

二是推进统一战线思想教育实践活动。全省各民主党派和无党派人士积极开展坚持和发展中国特色社会主义学习实践活动。各民主党派结合自身特点制定学习实践活动方案，组织丰富多样的学习实践活动形式，开展了主题学习、基层宣讲、交流研讨、基地建设等一系列富有特色、贴近实际的学习实践活动；成功承办全国无党派人士优良传统座谈会，进一步宣传我省无党派人士及党外知识分子的先进事迹，表彰全省知联会105家先进集体和115位先进个人。在非公有制经济人士中深入开展以"四信"为主要内容的理想信念教育实践活动，通过教育培训、报告会、现场交流会、开辟"最美浙江人·浙商好故事"专栏等方式，在全省非公有制经济人士中不断扩大影响力和覆盖面。坚持将理想信念教育实践活动与具体工作相融合，探索建立活动长效机制。浙江省有6人获评第四届全国非公有制经济人士优秀中国特色社会主义事业建设者荣誉称号。在宗教界开展以爱国主义为主题的"寻梦中国·正言正行"教育实践活动，全年共举办各级宗教教职人员培训班270期、培训2.15万余人次。

二、组织全省统一战线助推浙江经济社会发展

继续深入开展统一战线助推嘉善县域科学发展示范点建设。召开省统一战线助推嘉善县域科学发展示范点建设活动推进会，制定《2014年深入开展省统一战线助推嘉善县域科学发展示范点建设活动实施方案》，明确了62项具体任务。省统一战线集合统战系统优势资源，组织各专家学者调研考察，为助推示范点建设出谋划策；积极牵线搭桥，集合优势资金力量推进嘉善产业发展。一年来，省统一战线在嘉善共开展各类活动94次，富通集团光通信全产业链项目、"浙江华侨产业基金"项目、中华两岸文化创意产业园项目等相继落户嘉善。同时，在农业、金融、科教、医卫、文化、生态建设、对外交流等方面都取得了新的成果。

全力推进"五水共治"、"三改一拆"等重点工作。全省统一战线以各种形式积极参与"五水共治"。发动专家学者、特约人员、政协委员等通过专题调研、治水监督、技术指导等形式投身"五水共治"；发动非公经济人士通过出资捐款、认领承包等方式参与"五水共治"。全省工商联三级联动，组织开展了"千企联千村、合力治污水"专项行动，组织民营企业考察、结对镇村，共有6651家企业参与治水，出资16.79亿元，结对1366个行政村。浙江宗教界开展"五水共治·五教同行"活动，发出宗教公益慈善活动倡议，全省宗教界捐资1300万元、结对50个民族村，开展污水治理帮扶。全力推进"三改一拆"工作，做好涉宗教领域违建拆除工作。全省各级民宗部门召集宗教界代表人士，通过约谈走访和召开座谈会等做好代表人士思想工作，开展"三改一拆"宗教领域拆违的思想建设，做好信教群众教育说服工作；在全省宗教界做好拆违工作督导和政策指导，积极妥善开展舆论引导，形成积极正面的拆违舆论氛围。

三、推进党外代表人士队伍建设，促进多党合作和政治协商制度化、规范化和程序化

一是加强党外后备干部的选拔、培养、使用。在开展"两部联合、三级联动"党外后备干部预备人选推荐基础上，与省委组织部共同开展党外厅局级后备干部预备人选考察，建立96名党外厅局级后备干部名单。积极开展党外代表人士教育培训工作，省委统战部研究制定2014年党外代表人士教育培训计划，省本级共举办各类党外县处级干部培训班35期，培训学员3579人次。会同省委组织部制定《关于推进浙江省党外代表人士实践锻炼基地工作的实施办法（试行）》、《党外干部工作联席会议制度》，18名党外代表人士通过上挂、下派等方式，到省直有关单位、县（市、区）政府、实践锻炼基地、外省市挂职锻炼，推进了党外干部培养选拔工作的制度化、规范化建设。

二是各民主党派开展“五大系列”活动。各民主党派充分发挥自身优势和作用，开展系列重点课题调研、系列民主监督、系列专题协商、系列社会服务、系列社会宣传。通过参与各类党外人士情况通报会、专题协商会、征求意见座谈会等，广大党外人士积极履行参政议政、民主监督职能。各民主党派和无党派人士围绕我省全面深化改革、推进法治浙江建设、“两美”浙江建设等重大战略部署，深入开展专题调研和协商，利用“两会”、信息报送等平台反映社情民意、建言献策，全年形成了200余篇调研报告和168篇意见建议。围绕“五水共治”、“三改一拆”等省委省政府重点工作进行专家学者现场督察、召开特约人员会议，有效促进民主监督。拓宽社会服务渠道，开展助教帮困、医卫咨询、文化传播、捐款救灾、生态保护等公益主题服务活动。其中，民革省委会的“博爱·牵手”活动，民盟省委会的“明眸工程”、农村教育烛光行动、黄丝带帮教计划，民建省委会的“思源工程”，民进省委会的“同心·彩虹行动”，农工党省委会的“中国环境与健康宣传周”、“国际科学与和平周”系列活动、致公党省委会的致公党红十字合作系列社会服务活动，九三学社省委会的“九三科技服务月”、“九三科技讲堂”，台盟省委会的台商帮扶调研和献计活动等一系列有特色、有品牌的社会服务活动，进一步助推浙江经济社会发展。

四、引导浙商创业创新、回归发展，助推非公有制经济“两个健康”发展

一是积极引导浙商创业创新、回归发展。“创业创新闯天下，合心合力强浙江。”引导创业创新、浙商回归是助推浙江经济发展的一项有力举措。全省统战系统继续发挥资源密集、联系广泛的优势，加强与海内外浙商的联系，积极营造良好的投资商贸环境，推动经贸投资政策落地，为服务企业在浙发展、助推海内外浙商来浙投资提供有力支持。各地统战部门、工商联（商会）、侨联等通过组织举办各类投资推介会、洽谈会、交流论坛，设立产业中心、创业基地等，积极招引海外侨商、省外浙商回归考察、洽谈、投资，助推了省内一批有影响的产业和项目落地。省委统战部配合省工商联组织企业赴印度等国家举办“携手浙商——丝绸之路行”大型经贸活动，组织开展“知名浙商走进温州”、民企500强舟山群岛新区行等活动。积极筹建浙商文化中心，扎实推进“十万浙商进百区”工作，重点落实百家浙商企业及其回归项目盯引工作，推动富通集团光通信全产业链在内的14个项目加快落地。省侨联联合中国侨联、杭州市政府举办“创业中华·相约杭州”2014侨界海外精英创业创新峰会，联合中国侨联、义乌市政府举办第四届中国（义乌）世界侨商大会。助推“浙商回归”项目中欧城在桐庐奠基开工、浙江迪拜城入驻杭州佰富时代中心、“侨商回归浙江中心”项目在江干区正式启动、侨企欧纬时尚创意有限公司和华侨中国新型城镇化基金在杭成立、伊佳林开心梦工场在嘉兴开园、凯蒂猫家园在安吉落成等，引导侨商回乡投资创业。致公党省委会牵线引介新加坡城市污水处理工艺，继续推进“海外浙商·致公峰会”相关项目的后续跟踪服务。与此同时，统战系统各单位创新服务举措，积极帮助企业解决创业创新中的实际问题。开展“玻璃门”、“弹簧门”、“旋转门”等制约非公有制经济发展问题的调研，引导和帮助非公有制经济人士实现企业转型升级。有效对接银行、保险等金融机构，深化银企合作；搭建企业家与专家学者的交流合作平台，推进校企合作，为企业提供信息、法律、融资、人才、政策等方面问题的解决之道。

二是大力弘扬“光彩精神”，协助非公经济人士健康成长。积极引导非公有制经济人士履行社会责任，弘扬“光彩精神”，践行社会主义义利观。各地统战部门组织非公经济人士成立公益慈善基金会、爱心协会等，开展项目资金帮扶、结对共助、捐款，继续深化“光彩事业革命老区行”、“情系老区献爱心”等帮扶活动。省光彩事业促进会召开三届一次理事会，完成换届工作，启动新一轮“光彩事业山区行”活动，以丽水、衢州两地农村低收入群众为帮扶重点，共帮扶对接81个项目，帮扶资金共计1600万元，项目惠及6个县50个乡镇（街道）81个行政村。同时，进一步推进全省新生代企业家联谊会建设，省内9个市和48个县（市、区）建立了新生代企业家联谊组织，8000余名新生代企业家进入各级党委统战部门的工作视野。通过开展“文化大讲堂”活动，邀请杰出浙商为新生代企业家作报告，促进新老浙商思想交流，省委统战部与香港贸发局共同举办“香港－浙江青年企业家沙龙会”、苏浙沪新生代企业家峰会等一系列活动，帮助新生代企业家健康成长。

五、切实加强民族宗教工作，全力维护民族宗教领域和谐稳定

一是深化民族团结进步工作，促进少数民族地区建设。全省开展了民族团结进步模范集体和个人的评选活动，在全省民族工作会议上表彰了浙江省民族团结进步模范集体30个、模范个人55名。启动了《浙江省少数民族权益保障条例》的修订工作。在温州、金华、丽水等地分别开展旅游节、服饰设计大赛、畲歌畲语比拼、文化走亲等畲族少数民族旅游文化活动，进一步打响了畲族“三月三”节庆活动品牌，展现少数民族文化风情，促进文化经贸交流发展。举办少数民族传统体育运动会，进一步发扬少数民族传统体育文化。实施新一轮少数民族低收入群众增收帮扶行动计划，结对帮扶100个民族村，确定帮扶项目172个，到位帮扶资金1257万元。全面实施“低收入农户收入倍增计划”，全年帮扶龙游县共7个村，实施帮扶项目9个，落实帮扶资金120万元、引进帮扶资金370万元、发展特色产业1200亩、受益农户580户。推动《关于进一步加快民族乡（镇）经济社会发展的意见》（浙政办函〔2013〕98号）有关政策落实到位。推广“微组织、微热线、微窗口、微平台”为主要内容的少数民族流动人口服务管理新模式。加强同少数民族干部的联系，认真统计浙江省少数民族干部基本情况，组织一批各类少数民族干部培训班，提高其参政议政水平。

二是积极引导宗教与社会主义社会相适应。探索开展宗教事务法制化管理，省委统战部协助省委办公厅出台《关于加强民间信仰事务管理的意见》。组织省宗教界开展“寻梦中国·正言正行”主题教育实践活动，启动“寻梦中国·正言正行”论坛，推进“五水共治·五教同行”公益活动。深入开展和谐寺观教堂创建活动，推行省级宗教团体负责人评价机制。省天主教“两会”顺利完成换届工作，浙江佛学院（筹）正式挂牌。稳妥做好天主教朝圣相关工作、“三改一拆”涉及宗教违法建筑处置等工作。鼓励和支持全省宗教界致力于社会公益慈善事业，一年来，宗教界共向社会捐款捐物达4395万余元；各地广泛开展讲经交流、神学思想研讨、新卧尔兹巡讲等活动207次；积极推动宗教文化建设，全年共组织开展各类宗教文化活动154场，受众影响近36万余人。

六、不断拓展联谊交流深度广度，提升港澳台海外统战工作实效

一是不断深入浙台两地来往交流。浙江省海外联谊会联合省台湾同胞联谊会举办第二届浙台基层交流周，促成台湾文创产业界人士在浙考察合作、台湾少数民族参访团来浙参访联谊，并组团赴台湾回访首届浙台基层交流周参与单位。两会同时联合举办了台湾大学生夏令营，邀请岛内98名学子来浙参观联谊。开展纪念黄埔军校建校90周年系列活动，接待台湾退役将领访问团来浙访问。民革省委会深化组统交流，文化搭台举办两岸书画联展、中秋民俗文化活动，邀请台湾摄影家来浙采风，并多次接待台湾参访团，促进浙台交流交往；致公党省委会着力引资引智，与各市委会开展多种形式“侨”“海”交流，推进海外侨商回归发展；台盟省委会深化“海峡两岸（浙江·景宁）山区经济发展研讨会”浙台交流品牌项目，主委张泽熙率浙南山区新农村考察团赴台考察，深化农业等产业的学习交流。省台联一年来共接待来访台胞30余批、400多人次，积极协助在浙台胞、台商、台生解决实际问题，进一步密切与知名台胞的沟通联系。各地市纷纷组织交流活动，推动与台湾地区的经贸、文化往来。

二是着力涵养港澳及海外统战资源，深化联谊交友。举办“同根海联”系列活动，以同根文化主题整合港澳台海外统战资源，开展“同根海联·情系家国”迎春团拜会、“同根海联·共话家国”主题文化论坛、“同根海联·智汇嘉善”专题活动、“同根海联·情系三农”主题帮扶行动等形式多样、内容丰富的联络联谊活动，深化情感交流、服务合作发展。举办港澳浙籍青年代表人士中华文化专题研修班、第四期浙籍海外统促会负责人国情研修班等，进一步凝聚共识、增进了解。为港澳台侨胞解决实际困难、提供相关便利。组团赴港澳参加苏浙沪各界人士庆国庆65周年庆典活动，省委副书记王辉忠率队拜访港澳两地知名人士、浙籍乡贤和相关机构。全年省委统战部共接待港澳台海外代表人士来访35批504人次，共组团出访18批53人次。省侨联继续在服务经济、传承文化上下功夫，深化“侨商回家”工程，着力吸引海外菁英人才、招引侨商回归发展，助推多个重大项目在浙开工落成；举办“文明中华·和谐家国2014侨界名媛共话中华好风尚”等多场侨界文化交流活动，推广中华文化在海外的影响力。继续深化与港澳青年及青年组织的联络，与港澳青年开展交流互访，省委副书记王辉忠会见并宴请了香港青年菁英访浙团一行。省内各地市纷纷举办港澳浙籍乡亲迎春团拜会、新春联谊等，推动本地联谊会、同乡会加强建设，拜访港澳名人及乡贤，与相关社团座谈交流；接待港澳及海外参访团来浙交流考察；加强与海外社团的交流联络，为海外浙籍华侨华人回归发展牵线搭桥；开展国情培训，加深同胞们对家乡的了解；开展爱侨助企，帮助解决侨资、台资企业实际困难，有条件的市县积极筹措成立港澳及海外同乡会、联谊会、联合会等社团组织。同时，各地市统战部门配合省侨办做好全省侨情调查工作，圆满完成了截至2013年底的各地侨情数据的统计和上报。

七、积极开展统一战线理论创新和实践创新

一是抓好实践创新，推进统战工作创新发展。全省统一战线面临新形势、新任务，主动适应改革发展的新常态，探索开展统战创新实践、积极推广试点经验。以温州为试点，探索开展网络新媒体从业人员、网络意见人士的统战工作。总结推进网络界人士联谊会建设经验，在全省建立29家网联会，有理事1600余人，对加强舆论引导、实现有序政治参与、维护社会稳定、助推网络经济形成积极促进力量。《以网络界人士联谊会为载体探索统一战线参与网络虚拟社会治理的新途径》获全国统战工作实践创新成果奖。开展社会组织统战工作试点，调研掌握全省社会组织总体情况，联合省民政厅下发《浙江省开展社会组织统战工作试点方案》，确定20家有代表性的社会组织开展试点。召开了全省统一战线推进基层协商民主现场会，总结推广各地统战部门在推进基层协商民主工作中的成功做法，在基层群众反映诉求、化解矛盾、创新治理、促进和谐等方面发挥了积极作用。临海市白水洋镇发展基层协商民主的做法被不少中央媒体列为中央60项改革任务中已启动并见效的39项代表性事例之一。推动省工商联开展商（协）会承接政府职能转移工作，通过现场观摩、经验交流、政策解读和专家讲评，及时总结推广一批典型经验。温州市工商联推动31家商（协）会完成了承接职能资格申请，意向承接21个部门、287项（次）职能；瓯海区完成两家行业协会与政府8个部门签订25项政府职能转移协议。省长李强、省委副书记王辉忠对此项工作给予充分肯定。

二是抓好调查研究，巩固统战理论宣传阵地。开展统战工作大调研和统战工作创新成果总结推广，重点在九个方面开展探索研究和试点。2014年全国统战理论政策研究和工作实践创新成果评选中，有4项实践创新成果获奖，4篇理论研究成果分获一、二、三等奖。继续与浙江卫视等媒体合作办好“浙商·义行天下”和“浙商·新力量”电视宣传专栏，全年分别录播24期和50期。省委统战部获得全国统战信息工作省级党委统战部先进单位一等奖，杭州市委统战部和宁波市委统战部分获信息直报点先进单位一等奖。

八、总结党的群众路线教育实践活动，全面推进自身建设

一是巩固党的群众路线教育活动成果。省委统战部围绕作风建设建章立制，对现有规章制度进行全面梳理并出台19项规章制度。召开群众路线教育实践活动总结大会，抓好整改方案和整改措施落实；开展党的群众路线教育实践活动整改落实“回头看”和学习践行“部机关精神”活动，向省统战系统11家单位征求意见，共收集了15条意见。成立部机关主题建设活动领导小组及办公室，制定《省委统战部“优作风、强服务、促规范”主题建设活动的实施方案》，持续推进机关作风建设深入开展。

二是深入开展帮扶共建实践。围绕省委省政府中心工作，组织党员干部捐款助推“五水共治”专项行动，省委统战部组织的10个党支部党员干部共捐款56140元。积极参与“三改一拆”“五水共治”专项督查工作，组织党员下基层助推五水共治专项工作约60多人次。组织机关党支部（总支）与农村（社区）基层党组织结对帮扶共建活动，先后组织约160人次下基层开展帮扶共建活动。

三是继续加强党风廉政建设。加强警示教育，强化政治纪律。利用网络媒体、党员会议、宣传栏、手机短信等多种形式，开展省统战系统廉政宣传教育工作。加强廉政文化建设，营造风清气正的工作氛围。举办第二届统战系统廉政文化书画作品展示活动，展示活动共展示了90多幅廉政书画作品。在全省统战系统开展廉政文化教育基地的创建活动。在杭州、温州、湖州、嘉兴、绍兴、金华、衢州成立11个第一批省统战系统廉政文化教育基地。开展正风肃纪自查自纠工作，组织开展自查、抽查和明查暗访。

（胡方亚、王幼君）

2014年浙江省统一战线大事记

·一月份·

2日，省政协副主席、省委统战部部长孙文友走访省侨联，省委统战部副部长吴振宇陪同。

3日，民进省委会九届三次全会召开，省委统战部副部长吴振宇出席并讲话。

3日至4日，省政协副主席、省委统战部部长孙文友赴北京向中央统战部汇报工作，省委统战部领导徐宇宁、楼炳文、杨卫敏陪同。

5日至6日，全国统战部长会议召开，省政协副主席、省委统战部部长孙文友出席，省委统战部副巡视员、研究室（宣传办）主任杨卫敏参加。

6日，台州市海外联谊会三届一次理事大会召开，省政协副主席、省委统战部副部长汤为平等出席大会。大会选举产生了新一届领导班子和理事，台州市政协党组副书记、副主席，市委统战部部长周五来当选为会长。

6日，省委副书记、省长李强主持召开《政府工作报告》征求意见座谈会，征求省级各民主党派、工商联负责人及无党派人士的意见建议，省委统战部常务副部长徐宇宁参加。

6日，台州市海外联谊会三届一次理事大会召开，省委统战部副部长汤为平出席。

7日，绍兴市委召开各民主党派、工商联、无党派人士座谈会，市委统战部部长倪善贵、副部长何国梁出席会议。

7日，嘉兴市政协副主席、嘉兴市委统战部部长朱静绮赴嘉善接待全国政协委员、香港金鹰控股有限公司主席陈仲尼先生。

7日至9日，浙江省天主教第八次代表会议在杭召开，省委副书记王辉忠会见全体与会代表，并与省天主教爱国会、省天主教教务委员会新一届领导班子成员座谈，省委常委、常务副省长蔡奇出席会见和座谈活动，省委统战部部长孙文友在闭幕式上讲话并出席会见和座谈活动，省委统战部副部长、省民宗委主任冯志礼全程出席会议和有关活动。

8日，绍兴市委统战部部长倪善贵赴南京参加南京绍兴商会成立大会。

9日，台盟省委会四届三次全会召开，省委统战部副部长吴振宇出席并讲话。

9日，致公党省委会五届三次全会召开，省委统战部副部长吴振宇出席并讲话。

9日，温州市委召开党外人士座谈会，听取各民主党派、工商联负责人及无党派人士意见建议。

10日，嘉兴市委召开民主协商会，与各民主党派、工商联和无党派人士及各人民团体主要负责人，民主协商市“两会”期间重要人事安排。嘉兴市领导鲁俊、胡海峰、连小敏参加，嘉兴市政协副主席、市委统战部部长朱静绮主持协商会。

10日，省委统战部机关全体干部职工大会召开，宣布省委关于部领导调整的决定，金长征任省委统战部常务副部长，徐宇宁不再担任省委统战部常务副部长职务。

10日，湖州市民族宗教界人士新春团拜会举行。

10日至13日，绍兴市海外联谊会在深圳召开迎春团拜会。

11日，湖州市港澳乡亲迎春团拜会举行。

11日，宁波市海外联谊会新春团拜会在深圳举行。

12日，金华市港澳台侨迎春团拜会在广东珠海举行。

12日，杭州市丽水商会第二届理事会一次会员大会暨丽水生态产业集聚区（开发区）投资环境推介会在省人民大会堂举行。省政协副主席陈艳华，丽水市委书记、市人大常委会主任王永康，杭州市副市长谢双成，省人大常委会原副主任孔祥有，省政协代秘书长陈荣高，省委副秘书长、省直机关工委书记施利民等到会祝贺。丽水市委常委、统战部长廖思红主持推介会。

12日，温州市网络界人士联谊会举行2014年度年会暨“网络与生活”主题沙龙活动。

12日，浙江海外联谊会第十六届迎春团拜会在珠海举行，省委副书记王辉忠出席并致辞，省委统战部领导孙文友、汤为平、吴喻华参加。

12日，杭州市委统战部在深圳举行杭州海外联谊会迎春团拜会。

12日，舟山市2014年香港乡亲迎春团拜会在深圳举行。副省长、舟山新区党工委书记、市委书记孙景淼致辞。

13日，九三学社省委会七届三次全会召开，省委统战部副部长吴振宇出席并讲话。

13日，民盟省委会十一届三次全会召开，省委统战部副部长楼炳文出席并讲话。

13日，民建省委会八届三次全会召开，省委统战部副部长楼炳文出席并讲话。

13日，香港浙江政协委员联谊会会议召开，省委统战部副部长汤为平参加。

15日，温州市召开党风廉政建设情况通报会，市纪委向各民主党派、无党派人士通报温州市2013年党风廉政建设和反腐败工作情况。

18日，浙江省和平统一促进会海外理事座谈会召开，省委统战部部领导汤为平、吴喻华参加。

20日，中共中央党的群众路线教育实践活动第一批总结暨第二批部署电视电话会议召开，省委统战部部领导孙文友、金长征、蒋学基、冯志礼、李剑飞参加。

21日，民革省委会十二届三次全会召开，省委统战部副部长吴振宇出席并讲话。

22日，绍兴市政府召开民主党派、工商联和无党派人士座谈会。绍兴市市长俞志宏就政府工作报告征求意见。绍兴市委统战部部长倪善贵、副部长何国梁参加。

22日，中国国民党革命委员会温州市第十一届委员会第四次全体（扩大）会议召开。

22日，中国民主建国会温州市第十一届委员会第六次全体会议召开。

22日，金华市侨联五届五次全会召开，蓝跃军同志当选为金华市侨联第五届委员会主席。

23日，省委常委、常务副省长蔡奇走访九三学社省委会，省委统战部常务副部长金长征陪同。

23日至24日及28日，省委统战部常务副部长金长征走访各民主党派省委会机关，并与各民主党派省委会领导班子及机关干部座谈。

24日，衢州市创业创新杰出衢商“光荣父母”座谈会召开，共授予22位衢商父母“创业创新杰出衢商光荣父母”荣誉。市委副书记、市长沈仁康作主旨演讲。

24日，全省民族宗教工作电视电话会议召开，省委常委、常务副省长蔡奇出席并讲话，省政协副主席、省委统战部部长孙文友出席，省委统战部副部长、省民宗委主任冯志礼通报2013年民族宗教工作情况及2014年工作安排。

24日，全省统战宣传思想工作会议召开，省委统战部副部长楼炳文参加。

25日，副省长、舟山新区党工委书记、舟山市委书记孙景淼走访普陀山佛协，向普陀山佛协的各位法师表示新春问候，市委常委、市委统战部部长忻海平陪同。

26日，全省党的群众路线教育实践活动第一批总结暨第二批部署会议召开，省委统战部领导孙文友、金长征、蒋学基、冯志礼、李剑飞参加。

1月27日至2月7日，省委常委、杭州市委书记龚正，杭州市委副书记、代市长张鸿铭，杭州市人大常委会党组书记王金财，市政协主席叶明，杭州市委常委、秘书长徐勤华，杭州市政协副主席张鸿建、何关新、董建平、汪小玫，相继走访市委统战部和各民主党派市委会、市工商联机关，听取各民主党派情况介绍，并向大家送上新春祝福。杭州市委统战部领导金志强、徐祖德陪同。

28日，省委统战部常务副部长金长征走访慰问中科院院士苏纪兰、段树民和中国工程院院士杨华勇。

·二月份·

7日，金华市委统战部长陶国兴到市委统战部就职交接。

7日，嘉兴市举行党外人士新春座谈会，邀请各民主党派、工商联主要负责人和无党派代表人士欢聚一堂，共谋发展，畅叙友谊。嘉兴市领导鲁俊、高玲慧、胡海峰、连小敏、李跃出席，嘉兴市政协副主席、市委统战部部长朱静绮主持。

8日，省政协副主席、省委统战部部长孙文友赴天台走访慰问在天台的省政协委员。

10日，浙江省宗教界代表人士新春座谈会召开。省委副书记王辉忠和省委常委、常务副省长蔡奇出席并分别讲话，省政协副主席、省委统战部部长孙文友出席，省委统战部副部长、省民宗委主任冯志礼主持。

11日，省委统战部党的群众路线教育实践活动总结大会召开，省委统战部部长孙文友出席并作总结，副部长汤为平主持，部领导蒋学基、楼炳文、吴喻华、杨卫敏参加。

11日，由中国侨联、浙江省侨联共同主办，中共青田县委、县人民政府、丽水市侨联协办的“亲情中华·欢聚青田”文艺巡演活动走进青田。

12日，浙江省支持浙商创业创新领导小组第三次会议召开，省政协副主席、省委统战部部长孙文友参加。

12日，省委统战部常务副部长金长征与有关民主党派省委会领导班子成员谈心。

12日，浙江省侨联举行“亲情中华·欢聚杭州”文艺汇演，省委统战部副部长汤为平出席。

12日，全国“非公有制经济人士理想信念教育实践活动”视频会议召开，省委统战部副部长、省工商联党组书记、省“两新”工委副书记李剑飞参加。

12日，副省长、舟山新区党工委书记、舟山市委书记孙景淼主持召开座谈会，就党的群众路线教育实践活动听取舟山市各民主党派、工商联和无党派代表人士的意见建议。省委督导组副组长黄秋生，舟山市委常委、市委统战部部长忻海平参加。

13日，绍兴市群众路线教育实践活动动员大会召开，市委统战部部长倪善贵，副部长黄文刚、何国梁参加。

14日，宁波市党风廉政建设及反腐败工作情况通报会举行，市委常委、市纪委书记李会光代表市委、市纪委向各民主党派、工商联和无党派人士通报了2013年全市反腐倡廉建设情况及2014年工作安排，市委统战部常务副部长谢群华主持。

16日，舟山市海外联谊会换届大会召开，省委统战部副部长汤为平出席。

19日，嘉兴市侨联举办第二期“侨智聚禾”海创精英论坛，邀请市侨商会常务副会长、平湖国际进口商品城董事长陈坚作题为《全面深化改革是凝聚侨商力量、感召浙商回归的原动力》讲座，部分侨商代表、侨联委员和留联会会员参加论坛。

19日，杭州市委统战部召开党的群众路线教育实践活动总结大会暨深化作风建设动员会。市政协副主席、市委统战部部长董建平作总结讲话和动员部署，市委督导组组长顾红庆出席会议并对市委统战部开展党的群众路线教育实践活动取得的成果给予充分肯定。

20日，全省统战部长会议召开，省委副书记王辉忠出席并讲话，省委统战部部长孙文友作工作报告，常务副部长金长征主持，部领导汤为平、蒋学基、吴振宇、冯志礼、楼炳文、李剑飞、吴喻华、杨卫敏参加。

21日，浙江省基督教两会常委（扩大）会议召开，省委统战部副部长、省民宗委主任冯志礼出席。

21日，台州市委统战部（市民宗局）党的群众路线教育实践活动部署会召开，全面启动党的群众路线教育实践活动。

21日，湖州市委统战部启动部署党的群众路线教育实践活动。

21日，宁波市委召开全市统战部长会议。市委副书记、市人大常委会主任王勇出席会议并讲话，市委统战部常务副部长谢群华作工作报告。

24日，纪念卫温船队远航台湾1984周年暨遗迹考古研讨会在浙江大学召开。

24日，绍兴市“五水共治”动员大会暨创建全国文明城市工作会议召开，绍兴市委统战部副部长何国梁参加。

24日，金华市委统战部召开党的群众路线教育实践活动动员部署会。

24日，各民主党派省委会专职副主委联席会议召开，省委统战部常务副部长金长征出席并讲话。

24日，香港浙江省同乡会联合会新春团拜会召开，省委统战部副部长汤为平出席。

24日，全省民宗局长会议召开，省委统战部副部长、省民宗委主任冯志礼出席并讲话。

24日，中央统战部在北京召开统一战线参与毕节试验区建设工作联席会议第六次全体（扩大）会议，省委统战部副部长楼炳文参加。

24日，衢州市民族宗教工作会议召开，衢州市副市长朱建华参加会议并讲话。

24日至25日，全省社会主义学院院长会议召开，省委统战部部长孙文友看望与会代表并讲话，省委统战部副部长，省社院党组书记、常务副院长蒋学基作工作报告。

25日，温州市委副书记、市长陈金彪主持召开党外人士座谈会，听取各民主党派、工商联负责人及无党派人士对2014年政府工作报告（征求意见稿）的意见建议。

25日，温州市委常委、副市长、市委统战部部长陈浩主持召开座谈会，就市委开展党的群众路线教育实践活动，征求市各民主党派、工商联和无党派人士代表的意见。

26日，衢州市委统战部党的群众路线教育实践活动动员大会召开，市政协党组副书记、副主席、市委统战部长马东泉作动员发言。

27日，舟山市委副书记、舟山新区党工委副书记、市长周江勇，舟山市委常委、统战部部长忻海平率团赴港参加香港舟山同乡会第十三届理事会就职典礼暨2014年春茗联欢晚会，市长周江勇向名誉会长颁发证书并发表致辞。

27日，温州市委统战部召开党的群众路线教育实践活动动员部署会。温州市委常委、副市长、市委统战部部长陈浩出席会议并作动员讲话，温州市委第十五督导组组长盖爱萍到会参加。

27日至28日，省政协副主席、省委统战部部长孙文友与各民主党派省委会主委协商沟通民主党派省委会领导班子后备人选推荐工作。

28日，温州市知联会、市新联会召开二届三次、一届三次理事大会暨学习十八届三中全会精神报告会。

28日，省委对台工作会议召开，省委统战部常务副部长金长征，省委统战部副部长、省民宗委主任冯志礼参加。

28日，全省“两新”工委书记会议召开，省委统战部副部长、省工商联党组书记、省“两新”工委副书记李剑飞参加。

28日，丽水市统战部长（民宗局长）会议召开。丽水市委书记王永康出席会议并作重要讲话，市委常委、市委统战部长廖思红主持并作全市统战工作报告，副市长陈重出席。

·三月份·

1日，温州市律师协会党委统战工作站成立。

1日，全国省级统战部长碰头会召开，省政协副主席、省委统战部部长孙文友参加。

3日，全省对台工作会议召开，省委统战部副部长、省政协港澳台侨委主任汤为平参加。

3月5日，金华市委副书记陶诚华，市政协党组成员、市委统战部部长陶国兴等应邀出席香港金华同乡会新春联谊会。

6日，宁波市召开统一战线坚持和发展中国特色社会主义学习实践活动动员会。宁波市委副书记、市人大常委会主任王勇出席会议并讲话，市委统战部常务副部长谢群华主持。

7日，绍兴市各民主党派、工商联负责人和无党派人士座谈会召开，市委统战部部长倪善贵参加。

7日，金华市召开全市统战部长会议，市委副书记陶诚华就加强全市统一战线工作作重要讲话。

7日，丽水市首个为侨服务中心——丽水市莲都区为侨服务中心正式揭牌。该服务中心将协助侨联，为归侨侨眷提供权益维护、信访接待、法律咨询等保障服务，并协办公证、预约医院体检等综合服务。

7日，温州市召开全市统战部长会议。

8日，杭州旅港同乡会在香港举行2014年度大会暨新春联欢晚会。杭州市委常委佟桂莉，市政协副主席、市委统战部部长董建平率代表团赴港祝贺，市委统战部领导徐祖德参加。

12日，绍兴市委统战部召开市各民主党派、工商联、知联会负责人座谈会，征求对部（局）领导班子“四风”问题的意见建议，市委统战部副部长何国梁主持。

12日，杭州市委统战部邀请部分市统一战线“咨政建言”专家库专家和各界代表召开智慧城市建设专家座谈会，围绕“智慧杭州”建设建言献策，市委统战部领导金志强参加。

13日，舟山市统战部长会议召开。

17日，全省统一战线开展坚持和发展中国特色社会主义学习实践活动推进会暨浙江省社会主义学院2014年春季开学典礼，省政协副主席、省委统战部部长孙文友出席并讲话，常务副部长金长征、副部长蒋学基参加。

17日，金华市委统战部举行党的群众路线教育实践活动有关交流活动。

19日，衢州市统战部长会议召开。衢州市委副书记江汛波，衢州市政协党组副书记、副主席、市委统战部部长马东泉出席会议并讲话。

20日，浙江省光彩事业促进会三届一次理事会暨“光彩事业山区行”活动启动仪式举行，省委统战部部长孙文友出席会议并讲话，副部长汤为平、李剑飞参加，会议选举孙文友为会长，李剑飞为副会长。

20日，海宁市浙商回归项目集中开工仪式举行，省政协副主席、省委统战部部长孙文友出席。

21日，全省非公有制经济人士理想信念教育实践活动电视电话会议召开，省政协副主席、省委统战部部长孙文友出席并讲话，副部长李剑飞参加。

21日，省知联会二届二十二次会长（扩大）会议召开，省委统战部常务副部长金长征参加。

25日，各民主党派省委会专职副主委联席会议召开，省委统战部常务副部长金长征参加并就“五水共治”、“浙商回归”相关工作进行交流。

27日，杭州市委统战部召开杭州统一战线“服务深化改革、推进创新发展”座谈会，制订下发《关于杭州统一战线服务深化改革、推进创新发展的意见》，市各民主党派、工商联、市知联会联合发出“我为杭州建功立业”的倡议。市委统战部领导董建平、金志强、徐祖德参加。

27日，2014年省宗教界“寻梦中国·正言正行”主题教育实践活动启动仪式暨“五水共治·五教同行”公益活动签约仪式举行，省政协副主席、省委统战部部长孙文友出席并讲话，省委统战部副部长、省民宗委主任冯志礼参加。

28日，全省推进“三改一拆”涉及宗教违法建筑处置工作视频会议召开，省政协副主席、省委统战部部长孙文友，省委统战部副部长、省民宗委主任冯志礼参加。

29日，绍兴市委统战部开展首届僧人书法家兰亭雅集活动。

31日，宁波市民族宗教界代表人士季度读书会召开。市委统战部常务副部长谢群华出席会议并讲话。

31日，湖州市各民主党派、无党派人士坚持和发展中国特色社会主义学习实践活动动员会暨学习辅导会召开。

·四月份·

1日，金华市知联会、新联会在金华市婺城区苏孟乡建立“五水共治”服务基地。

1日至3日，省委统战部副部长、省民宗委主任冯志礼到丽水调研民族宗教工作，并参加景宁畲族自治县成立30周年庆祝大会暨2014中国畲乡“三月三”活动开幕式、景宁畲族自治县民族工作大会。

2日至4日，省政协副主席、省委统战部部长孙文友到丽水调研统战工作，并参加景宁畲族自治县成立30周年庆祝大会暨2014中国畲乡“三月三”活动开幕式。

2日，民盟全省“盟员之家”工作经验交流会在江山市召开，浙江省首家以“毛泽东与民盟”为主题的“盟员之家”——“江山盟员之家”揭牌成立，这是迄今为止全国规模最大的以“毛泽东与民盟”为主题的“盟员之家”。

2日，浙江省首届畲族风情旅游文化节暨温州市第五届瓯越“三月三”畲族风情旅游节在泰顺县开幕，国家民委文化宣传司巡视员李建辉等相关领导出席开幕式。

3日，全省统战系统对台工作座谈会召开，省委统战部副部长汤为平参加。

4日，召开世界温州人联谊总会三届二次暨温州市海外联谊会四届二次理事大会、温州中国和平统一促进会一届二次理事大会。温州市委副书记马晓晖当选世界温州人联谊总会第三届理事会会长，市委常委、副市长、市委统战部部长陈浩担任常务副会长。同时，陈浩同志被选为温州市海外联谊会第四届理事会会长和温州中国和平统一促进会第一届理事会会长。

4日，“世界温州人与温州发展”报告会举行，来自世界各地的温籍工商界精英和学者代表汇聚一堂，共谋发展。

8日，绍兴市委统战部召开市各民主党派、工商联和人民团体负责人、无党派人士座谈会，征求作风建设意见建议，绍兴市委统战部部长倪善贵主持。

8日，台州市委书记吴蔚荣主持召开台州市各民主党派、工商联及无党派人士代表座谈会，征求《中共台州市委关于认真学习贯彻党的十八届三中全会精神，全面深化改革的决定》（征求意见稿）的意见建议。

8日至9日，省委统战部常务副部长金长征赴京向中央统战部汇报相关工作。

9日，中央统战部副部长、全国工商联党组书记全哲洙率全国工商联调研组赴舟山调研，省政协副主席、省委统战部部长孙文友陪同。

9日至11日，省委统战部副部长、省民宗委主任冯志礼赴温州督查“三改一拆”涉及宗教违法建筑处置工作。

10日，省政协副主席、省委统战部部长孙文友赴京向中央统战部汇报“三改一拆”涉及宗教违法建筑处置工作情况。

10日，省委统战部常务副部长金长征与河北省委统战部考察团一行座谈交流。

10日，嘉兴市召开县（市、区）统战部、各民主党派、工商联负责人和无党派人士代表两个座谈会，听取对市委统战部领导班子和领导干部个人“四风”问题，及部机关教育实践活动开展情况的意见建议。嘉兴市委统战部领导朱静绮、张颖杰参加。

11日，宁波市第二期创二代企业家培训班暨“五水共治”项目捐资仪式在余姚市梁弄镇举行，100余位“创二代”企业家参加此次活动。宁波市委“两新”工委书记、组织部副部长贺威平出席会议并讲话。

12日，省政协副主席、省委统战部部长孙文友会见澳门特区政府经济财政司司长谭伯源先生一行。

12日，查济民纪念馆开馆仪式举行，省委统战部副部长汤为平参加。

13日，省委统战部副部长汤为平赴澳门看望贺定一女士。

15日至16日，杭州市召开全市统战部长会议，市委统战部领导董建平、金志强、邵根松、徐祖德参加。

17日，香港舟山同乡会会长邓杨詠曼一行到舟山考察，举行浙江海洋学院杨詠曼图书馆、杨詠曼奖助学金捐资签约仪式。

14日至18日，省委统战部部长孙文友赴中央党校参加省部级干部学习贯彻习近平总书记系列重要讲话精神第七期研讨班。

14日至16日，全国政协副主席黄孟复一行在浙江调研，省委统战部副部长汤为平陪同。

15日，民革省委会举行坚持和发展中国特色社会主义学习实践活动推进会暨浙江民革骄傲人物先进事迹推介会，省委统战部常务副部长金长征参加。

中旬，温州市委统战部开展“走亲连心解忧”活动，广泛听取意见和建议，为基层群众解决实际困难和问题。

16日，省委统战部副部长、省民宗委主任冯志礼赴杭州督查“三改一拆”涉及宗教违法建筑处置工作。

16日至18日，金华市少数民族村书记培训班举行，全市47个民族村书记、2个民族乡镇长参加。

17日，温州市召开统一战线开展坚持和发展中国特色社会主义学习实践活动动员会。温州市委常委、副市长、市委统战部部长陈浩出席会议并讲话。

18日，省委统战部常务副部长金长征与江西省委统战部学习考察团一行座谈。

18日，省委统战部副部长楼炳文会见香港中医学会浙江访问团一行。

21日，全国政协常委、民革中央副主席、民革中央妇青委主任、天津市政协副主席、民革天津市委会主委田惠光到衢州，开展推进社会养老健康产业发展调研活动。衢州市政协党组副书记、副主席、市委统战部长马东泉，市政协副主席、民革市委会主委欧阳建华等参加调研。

21日，民进中央2014年第一期民进市、县级组织主委培训班开班式举行，省政协副主席、省委统战部部长孙文友参加。

21日，省检察院特约检察员颁聘大会召开，省委统战部常务副部长金长征参加。

22日，省政协副主席、省委统战部副部长孙文友会见富通集团董事局主席王建沂，省委统战部常务副部长金长征一同会见。

23日，省委统战部常务副部长金长征赴浙江工业大学看望省知联会常务理事、省政协委员马凤森教授。

23日，台州市委副书记葛益平主持召开民主党派、工商联负责人和无党派人士代表座谈会，征求对市委常委会及个人“四风”方面突出问题的意见建议。

23日至24日，全省各市、县区新生代企业家联谊会会长湖州行活动成功举行。

25日，湖州市首家镇级新居民和谐促进会——吴兴区织里镇新居民和谐促进会成立。

25日，浙江省统一战线助推嘉善县域科学发展示范点建设活动推进会举行，省委统战部领导孙文友、金长征、汤为平、蒋学基、吴振宇、冯志礼、楼炳文、李剑飞、杨卫敏参加。

26日，全国政协委员尼玛泽仁工笔画像《观音菩萨》捐赠仪式在普陀山举行，省政协副主席、省委统战部部长孙文友参加。

28日，台州市开展民主党派同心同行，助推“五水共治”活动，省委统战部常务副部长金长征参加。

28日上午，宁波市委副书记余红艺走访各民主党派市委会机关、到市委统战部调研工作，并围绕各民主党派参政议政、自身建设和进一步推进统一战线工作创新发展等进行座谈交流，听取意见建议。市委副秘书长陆志孟、市委统战部常务副部长谢群华等陪同走访调研。

29日上午，宁波市统战系统在余姚鹿亭乡“同心实践基地”开展送教、送医、送药、送科技等在内的大型惠民活动。

29日，台州市举行第九届民主党派文化月活动启动仪式暨“五水共治”专题报告会，省委统战部常务副部长金长征、台州市委副书记葛益平出席会议。

30日，全省推进“三改一拆”涉及宗教违法建筑处置工作会议召开，省政协副主席、省委统战部部长孙文友参加。

30日，杭州市新生代企业家联谊会“五水共治”联系点暨莪山畲族乡集镇污水处理厂项目启动仪式在桐庐举行，市、县新生代企业家联谊会和商会共为此项目捐款50万元，市委统战部部领导董建平、邵根松、徐祖德出席。

·五月份·

4日，杭州全市实体经济大会召开，杭州市50名优秀中国特色社会主义事业建设者获颁金牌。杭州市委统战部领导董建平、邵根松、徐祖德参加。

4日，省委统战部常务副部长金长征与有关民主党派省委会主委约谈。

4日，省委书记、省人大常委会主任夏宝龙考察浙商博物馆，省委统战部副部长、省工商联党组书记李剑飞陪同。

5日，省政协副主席、省委统战部部长孙文友走访省知联会副会长、浙江文创集团董事长钱峰。

5日，省“三改一拆”、“五水共治”督查组召开第二次情况汇报会，省委统战部副部长楼炳文参加。

5日至9日，全国人大常委会副委员长、农工党中央主席陈竺率领农工党中央调研组一行到浙江考察调研，省委统战部领导孙文友、金长征、吴振宇分别陪同考察。

6日，省委副书记王辉忠赴京出席香港百贤教育基金会“亚洲未来领袖奖学金计划”新闻发布会，省政协副主席、省委统战部部长孙文友陪同。

6日至16日，杭州市委统战部在市委党校举办了二期学习贯彻习近平总书记系列讲话精神培训班，统战系统处级干部近100人参加，市委统战部常务副部长金志强出席开班典礼并作动员讲话，副部长徐祖德出席结业典礼。

6日至9日，省委统战部副部长楼炳文赴温州督查“三改一拆”、“五水共治”工作。

7日，全省党外特约信息员培训班开学式举行，省委统战部副部长、省社院党组书记蒋学基参加。

7日至8日，全国人大常委会副委员长、农工党中央主席陈竺率农工党中央调研组一行到台州就“卫生立法推动医药卫生体制改革”进行调研，并在天台召开座谈会。

8日，省政协组织政协委员视察嘉善县域科学发展示范点建设活动情况，省政协副主席、省委统战部部长孙文友参加。

8日，省侨联举行“侨界名媛论坛”活动，省委统战部常务副部长金长征参加。

8日，省审计厅举行第六届特约审计员聘任仪式，省委统战部常务副部长金长征参加。

9日，中央组织部、中央统战部和国家民委三部委相关人员到嘉兴市调研民族工作，与在嘉兴挂职的少数民族干部座谈。嘉兴市委统战部副部长、市民宗局局长陈国华参加调研、座谈。

9日，省侨联举行成立50周年纪念大会暨“2014文明中华·和谐家国——侨界名媛欢聚浙江”活动启动仪式，省政协副主席、省委统战部部长孙文友出席，省委统战部副部长汤为平参加。

9日，省委统战部副部长汤为平会见欧洲杭州华人华侨妇女联合会访问团一行。

9日，温州市委统战部召开座谈会，就开展党的群众路线教育实践活动，向担任人大代表或政协委员的温州市有关民主党派、无党派、少数民族、宗教界、非公经济、港澳台海外代表人士征求意见。

13日，衢州市工商联五届

四次执委（扩大）会议召开。衢州市委副书记江汛波讲话，副市长朱建华，市政协党组副书记、副主席、市委统战部长马东泉出席会议。

14日，湖州市帮扶少数民族村工作会议召开。

14日，温州市委统战部开展“坚定理想信念、增强党性观念、强化党的纪律、敢于担当克难”专题学习会，深入推进党的群众路线教育实践活动。

14日，嘉兴市召开全市统一战线集中学习会，邀请省委党校副校长郑元仓教授，为统战部机关党员、干部和各民主党派、工商联负责人、无党派人士代表作题为《坚持和发展中国特色社会主义，坚定三大自信》的辅导报告。

15日，全省统一战线推进基层协商民主现场会暨2014年第一次市委统战部长工作例会召开，省政协副主席、省委统战部部长孙文友出席并讲话，省委统战部领导金长征、汤为平、蒋学基、吴振宇、冯志礼、楼炳文、李剑飞、杨卫敏参加。

15日至18日，浙江中华文化学院、浙江海外联谊会联合举办港澳青年代表人士中华文化专题研修班，省委统战部副部长汤为平参加开班仪式，并与学员一同赴德清考察。

16日，全国政协副主席、农工党中央常务副主席刘晓峰出席农工党中央在富阳举办的“政府和司法系统厅级实职干部培训班”，省委统战部领导孙文友、吴振宇陪同，吴振宇参加开班仪式。

16日，嘉兴市召开全市统一战线“五水共治·同心行动”暨“同心·建功”活动推进会，各民主党派、工商联和党外知识分子联谊会负责人及非公经济、侨界、宗教界代表人士参加。嘉兴市政协副主席、市委统战部部长朱静绮出席并讲话，嘉兴市委统战部领导浦金英、陈国华、陈林根参加。

16日，浙江海外联谊会举办“同根海联·共话家国”中华文化主题论坛，省委统战部领导金长征、汤为平出席。

16日，省委统战部副部长、省民宗委主任冯志礼赴宁波督查“三改一拆”涉及宗教违法建筑处置工作。

17日上午，宁波市新联会联合江东区知联会、新联会在滨江商业广场举行“追梦新城　同心同行”——走进江东大型公益活动启动仪式暨广场志愿服务。宁波市新联会同时举行了“爱·孝”公益基金募捐，共募集善款15.9万元。

16日至19日，由欧美同学会·中国留学人员联谊会主办的“创新驱动　留学报国”发展论坛在淳安举行。17日，省政协副主席、省委统战部部长孙文友出席论坛并致辞。

17日上午，浙江佛学院（筹）揭牌暨雪窦山弥勒佛学院、温州佛学院、天台宗佛学院授牌仪式在宁波奉化雪窦山弥勒佛学院举行。宁波市委副书记、市长卢子跃，省委统战部副部长、省民宗委主任冯志礼，中国佛教协会教务部主任宏度法师为“浙江佛学院（筹）”校牌揭牌。

19日至21日，省委统战部副部长、省工商联党组书记李剑飞赴河南参加中国光彩事业促进会四届五次理事会暨“中国光彩事业信阳行”活动。

19日至24日，“浙台基层交流周”文化创意交流访问团来浙考察，省委统战部部长孙文友会见访问团一行，省委统战部领导汤为平、吴振宇、楼炳文分别陪同。

20日，香港查氏企业集团向浙江大学教育基金会捐赠4000万人民币，省政协副主席、省委统战部部长孙文友出席捐赠仪式并致辞，省委统战部副部长汤为平参加。

20日，省政协副主席、省委统战部部长孙文友走访省知联会会长、杭州师范大学校长杜卫。

20日，由香港贸易发展局和浙江省委统战部联合主办，浙江省新生代企业家联谊会承办的香港－浙江青年企业家沙龙会在杭州举行。省委统战部副部长汤为平，香港贸发局内地关系事务主管温少文等出席此次活动并分别致辞。

20日，杭州旅港同乡会一行80余人来杭州参加国情教育培训班，杭州市委统战部副部长徐祖德参加。

23日，宁波市统战理论学会宁海分会成立大会举行。宁波市委统战部副部长、市统战理论学会会长叶剑辉出席会议并讲话。

23日，舟山市统战文化研究中心第一次工作会议举行。会议通报了2014年研究中心的相关课题任务，并为研究员颁发了聘书。市委常委、宣传部部长、统战部部长忻海平出席会议。

26日，湖州全市宗教界人士骨干培训班开班。

27日至28日，省政协副主席、省委统战部部长孙文友赴义乌参加中国－西亚北非“未来发展愿景”对话会及“新丝绸之路起点－义乌”经贸洽谈会。

27日，省委统战部常务副部长金长征走访富通集团。

27日，浙江佛学院（筹）天台宗佛学院揭牌暨教学楼奠基仪式在台州天台举行，省委统战部副部长、省民宗委主任冯志礼参加。

28日，省统战系统监察工作联席会议暨全省统战系统廉政文化教育基地推进会召开，省委统战部常务副部长金长征参加。

28日，温州市委统战部组织部分党外人士对温州市实体经济发展情况开展专项考察协商活动，并听取党外人士的建议和意见。

28日至30日，宁波市委统战部和各民主党派市委会联合在复旦大学举办全市各民主党派参政议政骨干培训班。宁波市委统战部常务副部长谢群华作开班动员。

29日，全省宗教工作座谈会召开，省委统战部部长孙文友出席并讲话，省委统战部副部长、省民宗委主任冯志礼参加。

29日，律师行业统战工作座谈会召开，省委统战部常务副部长金长征参加。

30日，省委常委、组织部部长胡和平走访九三学社省委会，省委统战部领导孙文友、金长征陪同。

30日，省统一战线组织党外专家赴嘉善召开县域科学发展指标体系座谈会，省委统战部常务副部长金长征参加。

30日，台州市成立民主党派“五水共治”专家服务团和监督员队伍。

·六月份·

3日，省委副书记王辉忠走访致公党省委会，省委统战部领导孙文友、金长征陪同。

3日，省委统战部副部长汤为平会见巴西统促会会长尹楚平和巴西里约统促会会长陈雄彬。

3日，省委统战部副部长吴振宇赴浙江大学看望管理学院副院长贲圣林教授。

3日至6日，省委统战部副部长楼炳文赴绍兴督查“三改一拆”、“五水共治”工作。

3日至20日，省社会主义学院举办2014年民主党派中青年骨干培训班，省委统战部常务副部长金长征参加结业仪式，副部长蒋学基参加开学式，副部长吴振宇为培训班授课。

4日，省政协副主席、省委统战部部长孙文友会见台湾退役将领浙江参访团一行，省委统战部副部长汤为平参加。

5日，嘉兴市侨联举办第四期“侨智聚禾”海创精英论坛，邀请丹麦奥尔堡大学发展与国际关系研究中心主任李形博士作题为《当今时代背景下中国梦世界性的必然趋势》的讲座，嘉兴学院相关专家教授参加论坛。

5日，浙江省黄埔军校同学会理事、同学及亲属后代和台湾退役将领浙江参访团成员等50余人聚会杭州，隆重纪念黄埔军校建校90周年。座谈会由省委统战部副部长汤为平主持，省政协副主席、省委统战部部长孙文友出席会议并讲话。

5日，湖州市委常委、市委统战部部长崔凤军做客湖州在线，以“发挥统战优势　凝聚民心民智　服务改革发展”为主题，与广大网友进行在线交流。

7日，台湾高雄市旗山区广福里、内门区内丰里参访团到衢州市常山县青石镇砚瓦山村、马车村，开展交流活动。青石镇砚瓦山村与旗山区广福里，青石镇马车村与内门区内丰里分别签订了交流意向协议。

8日至12日，杭州市委统战部在兰考、西柏坡举办市各民主党派、工商联领导和无党派人士读书班。市委统战部部长董建平作动员讲话，市委统战部领导金志强、杨志刚参加。

8日，嘉兴市第四届汉传佛教讲经交流会举行，来自全市各大寺院的8位法师为信众讲经。

嘉兴市委统战部领导陈国华、陈根林参加。

10日，全省港澳统战工作部署会召开，省委统战部部长孙文友出席，副部长汤为平参加。

10日，省委统战部常务副部长金长征走访省知联会会长杜卫和省侨联副主席、省知联会副会长、杭州绿盛集团董事长林东。

11日至13日，省委统战部副部长汤为平赴港拜会香港浙江省同乡会联合会。

12日至13日，全国政协副主席、国家民委主任王正伟到丽水调研民族工作，省政协副主席、省委统战部部长孙文友，中国侨联副主席朱奕龙，省委统战部副部长、省民宗委主任冯志礼陪同调研。丽水市委书记王永康陪同调研并汇报丽水民族工作情况。

15日至16日，省政协副主席、省委统战部部长孙文友接待海南省政协考察团一行并与海南省政协考察团座谈交流。

16日，浙江省第五期宗教界代表人士研修班开班式举行，省委统战部副部长、省民宗委主任冯志礼参加并授课。

17日，省委统战部副部长汤为平会见香港查懋声先生一行。

18日，省委统战部副部长吴振宇走访农工党省委会副主委张波。

18日至19日，省政协副主席、省委统战部部长孙文友陪同全国政协社会和法制委员会“健全残疾人权益保障制度”调研组考察调研。

19日，省委统战部常务副部长金长征与省民政厅厅长尚清、副厅长梁星心商讨开展社会组织统战工作试点工作。

19日，省委统战部常务副部长金长征走访省知联会副会长、浙江文创集团董事长钱峰和省知联会副会长、浙江万邦工程管理咨询有限公司总经理邵铭法。

19日至20日，省委统战部副部长、省民宗委主任冯志礼督查“三改一拆”涉及宗教违法建筑处置工作。

20日，省政协副主席、省委统战部部长孙文友走访中南集团、万事利集团，看望部分省新生代企业家并座谈。

20日，温州市“温商回归”法律服务团成立，服务团将组织成员前往温商企业，开展法律政策宣传和咨询座谈会，为温商企业发展和温商回归投资提供专项的法律服务。

23日，省政协副主席、省委统战部部长孙文友与安徽省政协考察团座谈交流。

24日，省政协副主席、省委统战部部长孙文友出席湖州市浙商回归项目集中开工仪式并听取湖州市浙商回归工作汇报。

24日，省委统战部举行首期网络界人士理论研讨班开班式，省委统战部常务副部长金长征参加。

24日，丽水市委副书记、市长黄志平到市民宗局调研指导工作，并召开座谈会专题听取工作汇报。

24日至25日，中央统战部调研组到浙江调研，考察省知联会副会长陈海斌企业——浙江迪安诊断技术股份有限公司，并赴浙江大学看望管理学院副院长贲圣林教授。省委统战部常务副部长金长征向调研组汇报浙江省开展网络界人士统战工作和社会组织统战工作试点情况并陪同调研。

25日，台州市首家县级网络界人士联谊会——黄岩区网络界人士联谊会成立。

26日，省委副书记王辉忠会见旅港乡贤曹其镛、曹罗碧珍夫妇，省委统战部常务副部长金长征参加。

27日，浙江省人民政府举行、表彰仪式奖励曹其镛、曹罗碧珍夫妇，省委统战部副部长楼炳文参加表彰仪式。

下旬，温州市委统战部组织民主党派成员赴泰顺革命老区开展学习走访慰问活动。

27日至28日，嘉兴市首届浙（禾）商大会召开，近400名海内外浙（禾）商代表汇聚一堂。开幕式上，嘉兴市侨商会监事长、嘉兴中润实业控股集团董事局主席戴其丰，与秀洲区人民政府签订了1.05亿美元的汽车配件项目合同。

28日，省知联会二届二十三次会长会议召开，省委统战部常务副部长金长征参加。

28日，浙江大学举行仪式，授予香港永新企业有限公司副董事长曹其镛先生浙江大学“名誉校董”。省委统战部副部长汤为平出席仪式。

30日，“2014天下浙商家乡行”活动在杭启动。省委书记、省人大常委会主任夏宝龙在会前看望了浙商代表，省委副书记王辉忠，省政协副主席、省委统战部部长孙文友一同看望并出席浙商回归重大项目签约仪式。

30日，金华市委召开座谈会，就《市委关于建设美丽金华创造美好生活的决定》征求党外人士意见，市委副书记陶诚华主持。

30日，舟山市委统战部召开专题民主生活会。市委常委、统战部长忻海平主持会议，班子全体成员参加会议，市委党的群众路线教育实践活动第十督导组组长徐荣木及全体组员到会指导。

·七月份·

1日，省委统战部副部长吴振宇走访党外人士。

1日至2日，温州市委统战部举行党外知识分子骨干培训班，来自市级和全市各县（市、区）、在温高校的知联会、新联会、网联会近90名学员进行为期两天的学习培训。

3日，全省“三改一拆”涉及宗教违法建筑处置工作推进会召开，省政协副主席、省委统战部部长孙文友，省统战部副部长、省民宗委主任冯志礼参加。

3日，杭州市委召开市民主党派、工商联主要负责人和无党派人士代表座谈会，听取对市委十一届七次全会《关于大力发展智慧经济的若干意见》的意见建议，市委统战部领导董建平、金志强参加。

4日，湖州市委统战部联合市委组织部等部门出台《湖州市新生代企业家培养“311”领航计划》，助推新生代企业家健康成长。

5日，嘉兴市侨联举办第五期“侨智聚禾”海创精英论坛，邀请旅美医学博士冯武威作题为《脑中风的治疗预防和康复新进展》的学术报告，来自全市二级以上医疗机构的医护人员150余人参加论坛。

7日，丽水市委书记王永康，市委副书记、市长黄志平，市委常委、市委统战部部长廖思红一行到省民宗委，就相关工作进行交流座谈，并专题汇报丽水市“三改一拆”涉宗违法建筑处置工作情况。

9日至11日，全省统一战线暑期读书会召开，省委书记夏宝龙、省委副书记王辉忠出席并讲话，全国政协副主席罗富和、省委党校副校长徐明华作辅导报告，省委统战部领导孙文友、金长征、汤为平、蒋学基、吴振宇、冯志礼、楼炳文、李剑飞、杨卫敏参加。

9日至13日，浙江海外联谊会和浙江省台湾同胞联谊会共同举办“2014年台湾大学生浙江夏令营”，省政协副主席、省委统战部部长孙文友出席开营仪式，省委统战部副部长汤为平参加开营和闭营仪式。

10日，省委港澳统战工作领导小组（扩大）会议召开，省委副书记王辉忠出席并讲话，省委统战部领导孙文友、汤为平参加。

14日，第五期世界温州人新生代国情研修班在上海社会主义学院举办，69名来自全国各地及海外的温州新生代参加此次培训班。

14日至16日，省政协副主席、省委统战部部长孙文友赴临海指导党的群众路线教育实践活动，全程参加县委常委会专题民主生活会，看望慰问机关党委和本人结对贫困户黄三菊老人，开展统一战线推进基层协商民主工作调研。

15日，“中国寻根之旅”夏令营浙北分营在嘉兴市开营，来自世界各地的20多名华裔青少年参加集营活动。嘉兴市委统战部领导参加开营仪式。

18日，杭州市委统战部组织召开杭州市知识分子联谊会网络与信息专业人士分会成立仪式暨网络与信息发展论坛，并发出“自觉履行自媒体时代的社会责任”倡议书，杭州市政协副主席、市委统战部部长董建平出席并讲话。

18日至22日，第八届中国民族商品交易会在内蒙古呼和浩特市举办，丽水市政府首次组团参加本届交易会。丽水市委常委、市委统战部长廖思红参加交易会有关活动，并参观考察丽水在蒙企业。

18日至19日，香港浙籍乡贤座谈会在深圳举行，省委统战部领导孙文友、汤为平参加。

18日至20日，中央社会主义学院中华文化教研部李道湘主任、省委统战部副部长蒋学基一行到温州就“海外华侨华人对中华文化的认同感”和“中华文化‘走出去’以及中华文化在海外华侨华人社会的传承”两个主题开展调研。

22日，衢州市委常委、市委组织部长陈玲玲代表市委宣布余广宇同志担任中共衢州市委统战部长。

22日，杭州市知识分子联谊会网络与信息专业人士分会成立仪式暨网络与信息发展论坛召开，省委统战部常务副部长金长征参加。

22日至24日，省委统战部副部长汤为平赴港参加香港政协委员联谊会座谈会并走访李达三先生等浙籍乡贤。

23日至24日，2014年台州市统一战线读书会召开。台州市委书记吴蔚荣、市委副书记葛益平出席会议并作重要讲话。

24日，湖州市统战部长会议召开。

25日，省委统战部副部长汤为平会见香港工业专业评审局主席陈秩龙一行。

25日，绍兴市非公经济人士理想信念教育主题报告会召开。

25日，湖州市网络界人士联谊会成立。

30日，践行群众路线推进台州市统一战线特色村创建工作现场会在温岭市召开。

30日至31日，民盟浙江省委会主委、省科技厅副厅长成岳冲到衢州调研。衢州市政协副主席、市委统战部长余广宇参加调研。

31日，金华召开全市统战部长例会，就基层协商民主试点工作作动员部署。

31日上午，宁波市海外联谊会六届一次理事会召开。省委统战部副部长、浙江海外联谊会执行副会长汤为平到会祝贺。市委副书记、宁波海外联谊会名誉会长余红艺出席会议并讲话。副市长、宁波海外联谊会名誉会长王剑侯等出席会议。会议选举产生宁波海外联谊会第六届理事会组成人员，市政协副主席、市委统战部部长胡建岳当选为宁波海外联谊会第六届理事会会长。

31日，舟山市工商联召开六届三次常委会，市委常委、市委统战部部长忻海平到会讲话。

·八月份·

1日上午，宁波市委、市政府举行纪念邓小平同志“把全世界的‘宁波帮’都动员起来建设宁波”指示发表30周年座谈会。十一届全国人大常委会副委员长路甬祥出席会议并讲话；省委书记夏宝龙对宁波市举行纪念邓小平同志“宁波帮”指示发表30周年系列活动作批示；省委常委、宁波市委书记刘奇在会上讲话。座谈会由市委副书记、市长卢子跃主持，中央人民政府驻香港特别行政区联络办公室经济部部长孙湘一，市领导王勇、唐一军、余红艺，十三届市政协主席王卓辉等出席会议。

3日，云南鲁甸地区发生6.5级地震，普陀山佛教协会召开常务理事会，决定向灾区捐赠200万元善款用于灾后恢复重建。

4日，省级各民主党派、工商联主要负责人和无党派代表人士通报协商会召开，省政协副主席、省委统战部部长孙文友参加。

4日，省高院向民主党派省委会、省工商联和无党派人士通报全省法院上半年工作情况，省委统战部常务副部长金长征参加情况通报会。

4日，省委统战部副部长楼炳文会见贵州毕节市招商引资工作组。

5日至8日，中央统战部、国家宗教局联合调研组来浙江调研，省委书记夏宝龙会见调研组一行，省委统战部部长孙文友参加座谈和会见，省委统战部副部长、省民宗委主任冯志礼全程陪同。

12日，浙江省人民政府参事室（浙江省文史研究馆）举行馆员聘任仪式，省委统战部副部长吴振宇参加聘任仪式。

13日，丽水市网络界人士联合会成立大会召开。会议选举产生了市网联会一届理事会常务理事、会长、副会长、秘书长。

14日上午，“鄞州银行杯”大学生创业大赛总决赛落下帷幕。21个创业项目现场获得了8561万元的投资意向。宁波市委副书记余红艺、副市长万亚伟、市政协副主席崔秀玲等出席了总决赛，市委统战部常务副部长谢群华主持了总决赛开幕仪式。

14日，中共中央委员、中国侨联党组书记、主席林军到青田调研侨界助推新农村建设工作。中国侨联副主席、省政协副主席、省侨联主席吴晶，丽水市委书记王永康，市委常委、统战部长廖思红和青田县有关领导陪同调研。

15日，湖州市新生代企业家联谊会成立暨“311”领航计划启动仪式举行。

15日，九三学社省委会第三十一次思想政治工作会议召开，省委统战部常务副部长金长征参加。

18日，全省“三改一拆”工作推进会召开，省委统战部领导孙文友、金长征、蒋学基、冯志礼、楼炳文参加。

18日至20日，宁波市统一战线暑期读书会在象山举行。宁波市委副书记余红艺参加会议并讲话。市委统战部常务副部长谢群华主持开幕式。

19日至20日，湖州全市统一战线读书会在德清召开。

19日，省天主教、基督教团体负责人座谈会召开，省政协副主席、省委统战部部长孙文友，省委统战部副部长、省民宗委主任冯志礼参加。

19日，丽水市各民主党派、工商联负责人和无党派代表人士暑期读书会举行。丽水市委书记王永康出席会议并作重要讲话，市委常委、统战部长廖思红主持会议。

20日，2014年舟山市统一战线读书会举行。副省长、新区党工委书记、市委书记孙景淼出席并讲话，市委常委、市委宣传部长、市委统战部部长忻海平主持会议。

20日，省委统战部副部长汤为平接待香港胡国赞先生一行。

20日，金华市网络界人士联谊会成立。

20日，丽水市瓯江流域遭遇50年一遇洪水袭击，全市范围内不同程度受灾，其中莲都、松阳、青田等地受灾严重。灾情发生后，丽水市统战系统迅速响应，全力支持和参与抗洪救灾和灾后恢复工作。

8月22日至9月26日，金华市六个民主党派市委会进行换届。

25日晚，宁波市江东区工商联联合区文广局举行“世纪东方杯”民星擂台秀系列展演之“创业激扬·公益芬芳”江东区工商联（总商会）、江东区“创二代”联谊会专场晚会。

26日，湖州市佛教协会第五次代表大会召开。

27日，湖州市宗教文化与旅游发展项目研讨会召开。

27日，衢州市统一战线坚持和发展中国特色社会主义学习实践活动暨助力打造生态屏障建设幸福衢州推进会召开。衢州市委副书记江汛波讲话，市政协副主席、市委统战部长余广宇主持会议。

29日，衢州市非公经济代表人士座谈会召开。衢州市政协主席俞流传出席会议并讲话，市政协副主席、市委统战部长余广宇主持会议。

29日，衢州市侨联六届五次全委（扩大）会议及留学人员和家属联谊会三届四次理事会召开。衢州市委副书记江汛波讲话，市政协副主席、市委统战部长余广宇出席会议。

31日，香港莲都同乡会、香港青田同乡会成立大会暨第一届理事会就职典礼在深圳举行，会议分别选举产生同乡会第一届理事会，叶美春、陈开朗当选两地同乡会会长，丽水市委常委、市委统战部长廖思红出席就职典礼并讲话。

·九月份·

1日，香港苏浙沪各界人士迎国庆六十五周年庆典活动举行，绍兴市委统战部副部长钱肖华率团出席，并走访绍兴市旅港同乡会。

2日，省委副书记王辉忠到省委统战部部调研并召开座谈会，部领导孙文友、金长征、蒋学基、吴振宇、楼炳文、李剑飞、杨卫敏参加。

2日，省委副书记王辉忠考

察浙商总部中心项目，省委统战部副部长、省工商联党组书记李剑飞陪同。

3日，温州召开2014海峡两岸经贸交流暨苍商回归发展大会。十届全国人大常委会副委员长、中国关心下一代工作委员会主任顾秀莲，国家民委副主任丹珠昂奔等领导出席会议。

3日，金华市委统战部召开全市统一战线中秋座谈会。

3日，衢州市柯城区举行“信安街道侨界空巢老人服务中心启动仪式暨迎中秋”联欢会。全国侨联副主席、省政协副主席、省侨联主席吴晶，市领导朱建华、余广宇、吕玉茹等出席仪式。

3日，台州市陈安宝纪念馆开馆。

4日，绍兴市举行统战系统暑期读书会，绍兴市委统战部领导班子出席。

5日，省宗教界人士中秋座谈会召开，省委书记夏宝龙出席并讲话，省委副书记王辉忠主持，省委统战部领导孙文友、金长征、冯志礼参加。

5日，杭州市委统战部与市政协办公厅联合举办2014年杭州市各界人士中秋茶话会。省委常委、市委书记龚正致辞，省政协副主席张泽熙，市领导张鸿铭、王金财、杨戌标、徐立毅、董建平等出席，市政协主席叶明主持。

9日，省社院举行2014年党外县（处）级干部培训班和第三期海外归国留学人员理论研究班开班仪式，省委统战部副部长、省社院党组书记蒋学基、省委统战部副部长吴振宇参加。

9日至14日，浙江省代表团赴港、澳参加苏浙沪同乡会庆国庆65周年活动，孙文友、汤为平、李剑飞参加。

9日至19日，省委统战部常务副部长金长征出访俄罗斯、芬兰。

13日，嘉兴市侨苑书画社在运河画院内成立并揭牌，同时举办澳籍华人著名画家姚迪雄、著名书法家童亚辉画展。省政协副主席、省侨联主席吴晶，嘉兴市领导刘冬生、高玲慧、连小敏出席。

15日，中国和平统一促进会执行副秘书长杭元祥来杭调研工作，省委统战部领导汤为平、吴振宇接待并陪同。

15日至19日，浙江省和平统一促进会和浙江中华文化学院联合举办第四期海外浙籍统促会负责人国情研修班，省委统战部副部长汤为平、蒋学基参加开班式。

17日，中美水环境治理专家一行应邀来嘉兴市考察，与嘉兴市治水办、环保、农经、建委等相关部门座谈，并实地考察油车港污水处理厂和嘉善县洪溪污水处理厂。嘉兴市政协副主席、嘉兴市委统战部部长朱静绮参加座谈并讲话。

18日至19日，中国和平统一促进会第九届理事大会召开，省政协副主席、省委统战部部长孙文友、省委统战部副部长汤为平参加。

20日，嘉兴市党外知识分子联谊会海外留学回国创业人员联谊分会、新的社会阶层联谊会分会、网络界人士联谊分会成立，并邀请市委党校副校长徐连林作题为《中国特色社会主义新阶段新理念》的辅导报告。

21日，庆祝中国人民政治协商会议成立65周年大会和中国人民政协理论研究会第二届会员代表大会暨理事会召开，省政协副主席、省委统战部部长孙文友参加。

22日，浙江省海外联谊会召开五届一次常务理事会议，省委统战部领导孙文友、汤为平、蒋学基、吴振宇参加。

22日，省知联会二届二十四次会长会议召开，省委统战部常务副部长金长征参加。

22日，副省长熊建平考察浙商总部中心项目，省委统战部副部长李剑飞陪同。

23日，浙江省暨杭州市庆祝人民政协成立65周年大会举行，省委统战部领导孙文友、金长征、汤为平、吴振宇、杨卫敏参加。

23日，省委统战部副部长汤为平分别会见巴西中国和平统一促进会访问团和香港方浩然一行。

23日，省统战系统廉政文化教育基地（绍兴马寅初故居）挂牌仪式举行，省委统战部副部长楼炳文参加。

24日，衢州市统一战线网络界人士联谊会成立大会召开，会议选举产生了联谊会第一届理事会会长、副会长、秘书长和常务理事等。市政协副主席、市委统战部长余广宇出席成立大会。

25日，省委统战部副部长汤为平会见荷兰侨领胡志光先生一行。

27日，依爱夫游戏装文化产业有限公司打造的伊佳林开心梦工场举行开园典礼。省政协副主席、省侨联主席吴晶，省侨联党组书记岑国荣，省外侨办副主任王通林，嘉兴市领导梁群、连小敏、朱静绮应邀出席。嘉兴市委统战部领导浦金英、娄新生参加，并为开心梦工场授牌——嘉兴海外留学人员归国创业创新基地。

27日至29日，中央民族工作会议暨国务院第六次全国民族团结进步表彰大会召开，13人获民族团结进步模范个人称号，8个集体获民族团结进步模范集体称号，省政协副主席、省委统战部部长孙文友，省委统战部副部长冯志礼参加表彰大会。

28日，省统一战线庆祝新中国成立暨多党合作制度确立65周年座谈会召开，省委副书记王辉忠出席并讲话，省委统战部领导金长征、汤为平、吴振宇、楼炳文参加。

29日下午，宁波市政府召开全市对口联系会议。宁波市委常委、常务副市长寿永年出席会议并讲话。

29日，温州市委统战部组织部分党外人士，对温州市养老服务业综合改革试点工作开展情况进行专项考察协商。

·十月份·

4日，全国政协副秘书长、民盟中央专职副主席徐辉赴江山市调研指导民盟基层组织建设工作。

8日，中央党的群众路线教育实践活动总结大会电视电话会议召开，省委统战部领导孙文友、金长征、汤为平、冯志礼、李剑飞参加。

8日，省委中央民族工作会议精神传达会召开，省委统战部领导孙文友、金长征、汤为平、吴振宇、冯志礼、楼炳文、李剑飞、杨卫敏参加。

9日，金华市委举办新一届民主党派领导班子读书会。

9日至10日，由中华海外联谊会青委会、中华文化学院举办，浙江海外联谊会、浙江中华文化学院协办，中共丽水市委统战部和青田县委承办的“根·魂·梦”——中华文化和华侨华人社会国际学术研讨会在青田举行。省政协副主席、省委统战部部长孙文友，省委统战副部长蒋学基参加。

10日，以香港中银国际控股集团公司副董事长林广兆先生为团长，中联办协调部副部长郭亨斌为顾问的香港工商界人士访问团一行18人抵达绍兴，绍兴市政协副主席、市委统战部部长倪善贵接待访问团一行。

10日，绍兴市委统战部召开市各民主党派、工商联负责人会议，市纪委常委吴海洋通报“转职能、转方式、转作风”情况。

10日，全省党的群众路线教育实践活动总结大会召开，省委统战部领导孙文友、金长征、冯志礼、李剑飞参加。

10日至15日，金华市委统战部组织民主党派领导班子成员在北京大学举办“民主党派领导班子高级研修班”。

11日，省委副书记王辉忠会见香港工商界代表人士浙江访问团一行，省委统战部领导孙文友、汤为平参加。

11日，省台联八届常务理事（扩大）会议召开，省委统战部副部长汤为平参加。

13日，温州市党外代表人士理论研修班开班仪式在重庆大学举行。

13日，中央社院第32期民主党派干部培训班开班式在省社会主义学院举行，省委统战部副部长、省社院党组书记蒋学基参加。

14日至15日，全国妇联系统港澳执委、特邀代表一行到浙江考察并召开座谈会，省委统战部部长孙文友会见代表团，省委统战部副部长出席座谈会。

15日，2014年湖州市各民主党派骨干培训班开班。

15日至17日，省政协副主席、省委统战部部长孙文友，省委统战部常务副部长金长征接待民主党派湖北省委会、湖北省工商联主要负责人和无党派代表人士浙江学习考察团一行。

16日，省政协副主席、省委统战部部长孙文友接待全国政协副主席、民建中央常务副主席马培华一行。

16日，全国政协原副主席黄孟复到浙江调研，省委统战部副部长汤为平陪同。

17日，全省统战调研宣传工作座谈会召开，省委统战部领导楼炳文参加。

17日，由杭州市人民政府主办，杭州市委统战部与市工商联、市西博办承办的第十三届中国杭州西湖国际博览会暨经贸科技合作大会“500强企业暨新生代企业家论坛”隆重举行。市委副书记、市长张鸿铭出席并讲话，市领导张建庭、张必来等出席，市政协副主席、市委统战部部长董建平主持。

17日至20日，受杭州市委统战部邀请，港澳青年代表团一行40余人赴江干、富阳等地与当地青年企业家进行了交流。杭州市委副书记杨戌标在此期间会见了港澳青年代表团，市委统战部领导董建平参加。

17日，金华市委统战部（民宗局）、市侨联召开党的群众路线教育实践活动总结大会。

18日，富通集团光通信全产业链项目签约仪式在嘉善举行，孙文友、李剑飞参加。

20日，2014年全省民主党派特约人员研讨班开班仪式举行，省委统战部领导金长征、蒋学基参加。

20日，全省港澳统战工作会议召开，省委统战部副部长汤为平参加。

20日，省委统战部副部长吴振宇为2014年全省党外县处级干部培训班授课。

20日，常务副省长袁家军赴景宁调研，省委统战部副部长、省民宗委主任冯志礼陪同。

21日，“第三届世界温州人年度人物”评选活动正式启动。

21日，省委统战部领导孙文友、汤为平会见澳门仁协之友联谊会浙江考察团一行。

21日，浙江佛学院（筹）温州佛学院挂牌仪式举行，省委统战部副部长、省民宗委主任冯志礼参加。

21日，丽水市委常委、市委统战部长廖思红率丽水市党政代表团赴新疆新和县考察对口援疆工作，看望慰问援疆干部人才，并参加新疆丽水商会成立活动。

21日至23日，由大成企业研究院举办的大成企业沙龙在舟山举行。副省长、舟山新区党工委书记、市委书记孙景淼在欢迎会上致辞。

21日至23日，香港金华同乡会组团到金华参加“2014年黄大仙文化国际旅游周”。

22日，台州市委统战部（市民宗局）召开党的群众路线教育实践活动总结大会。

23日，普陀山观音法界奠基典礼在舟山举行。第十一届全国政协副主席、全国工商联名誉主席黄孟复，副省长、新区党工委书记、市委书记孙景淼，国家宗教事务局副局长蒋坚永，省政协副主席汤黎路，省政协副主席、省委统战部部长孙文友，全国政协常委、全国工商联副主席徐冠巨等出席奠基典礼。

24日，嘉兴市各民主党派、工商联和党外知识分子联谊会召开主委（主席、会长）联席会议。市政协副主席、市委统战部部长朱静绮参加。

24日，杭州市委组织部、市委统战部举行党外领导干部从政履职座谈会暨党外局级领导干部研讨班结业式。市委常委、组织部长张仲灿，市政协副主席、市委统战部部长董建平出席座谈会并讲话。市委统战部常务副部长金志强主持会议。

24日，全省统战调研宣传暨《年鉴》工作座谈会召开，省委统战部领导楼炳文、杨卫敏参加。

26日，温州市民主党派坚持和发展中国特色社会主义学习实践广场社会服务活动在世纪广场举行，各民主党派的医生、律师、专业科技人员、文艺工作者等近200人在现场为市民提供服务。

27日，省委书记夏宝龙、副书记王辉忠、秘书长赵一德等会见百贤教育基金会理事会主席曹其镛先生一行，省政协副主席、省委统战部部长孙文友陪同。

27日，浙江省海外交流协会举行理事会换届大会，省委统战部副部长汤为平参加。

28日，第十八届浙江旅外乡贤聚会举行，省政协副主席、省委统战部部长孙文友参加。

28日，省委副书记王辉忠出席浙江大学亚洲青年交流中心落成典礼，省委统战部领导孙文友、汤为平陪同。

28日，各民主党派省委会专职副主委、省工商联专职副主席、无党派人士代表十八届四中全会精神学习会召开，省委统战部常务副部长金长征参加。

28日，省委统战部副部长汤为平会见香港舟山同乡会浙江考察团一行。

28日，全国台联2014年台湾民情学术研讨会暨2014年台联系统台湾民情研讨会举行开幕式，省委统战部副部长吴振宇参加。

28日，省委统战部副部长楼炳文会见浙籍海外和统会会长一行。

29日，温州市委统战部召开党的群众路线教育实践活动总结大会。

29日，省委统战部副部长汤为平会见百贤教育基金会理事会主席曹其镛先生一行。

29日，省委统战部副部长汤为平会见香港大新集团董事长王守业先生一行。

29日，宁波市规划局召开规划工作对口协商会，征求各民主党派、工商联和无党派人士代表意见建议。市委统战部常务副部长谢群华出席通报会并讲话。

30日，湖州市各民主党派基层组织工作经验交流会暨主题教育推进会召开。

31日，副省长、新区党工委书记、市委书记孙景淼在市行政中心会见了由香港舟山同乡会会长邓杨詠曼女士率领的香港舟山同乡会考察交流团一行。

·十一月份·

4日，省委统战部副部长、省民宗委主任冯志礼会见第41期新疆爱国宗教人士参观团。

4日，2014年世界温州人微笑联盟温州站大型公益医疗活动在温州医科大学启动。

5日，省政协副主席、省委统战部部长孙文友走访省侨联。

6日，省政协副主席、省委统战部部长孙文友走访民革省委会。

6日，省委统战部副部长冯志礼会见新疆生产建设兵团爱国宗教人士参观团。

6日至7日，丽水市知联会工作交流会暨基层知联会建设推进会召开，省委统战部常务副部长金长征参加并开展调研。

6日至12日，绍兴市委统战部组织旅港同乡会会长到福建厦门学习考察旅港社团工作经验。

7日，丽水市知联会工作交流会暨基层知联会建设推进会在青田县召开。丽水市委常委、市委统战部部长廖思红出席会议并讲话。

10日，省政协副主席、省委统战部部长孙文友会见香港包达三基金会主席包言正先生一行，省委统战部副部长汤为平参加。

10日，省政协副主席、省委统战部部长孙文友会见原全国政协委员、澳门皇都酒店董事长王孝行先生一行，省委统战部副部长汤为平参加。

11日，原全国政协委员、澳门皇都酒店董事长王孝行先生一行赴海宁、桐乡考察，省委统战部副部长汤为平陪同。

11日，省社会主义学院“2014年宗教界中青年骨干培训班”开班，省委统战部领导蒋学基、冯志礼参加开班仪式。

12日，省委统战部举行廉政故事报告会暨省统战系统廉政文化教育基地授牌仪式，省委统战部常务副部长金长征参加。

13日下午，香港甬港联谊会举行第十三期“家乡贫困学生助学金”发放仪式。香港甬港联谊会会长徐鸣翔带领近二十位甬籍乡贤参加发放仪式，宁波市原副市长、宁波甬港联谊会会长吕国荣、宁波甬港联谊会常务副会长金伟出席，宁波甬港联谊会副会长王智明主持活动。

13日至17日，浙江省第五届少数民族传统体育运动会在温州举行。中共浙江省委常委、省人民政府常务副省长袁家军、国家民族事务委员会文化宣传司司长武翠英出席开幕式。

14日，全省统战部门办公室主任研讨会暨信息员培训班举行，省委统战部副部长楼炳文出席。

14日，第六届苏浙沪知联会主题论坛在常州举行，省委统战部常务副部长金长征参加。

17日，中华海外联谊会第十七届海外华侨华人中青年代表人士研修班在温州开班，来自四大洲17个国家的42名海外华侨华人中青年代表人士参加研修班，省委统战部副部长汤为平出席开学典礼。

18日，杭州市委统战部与市工商联举办第五届杭州市“优秀社会主义事业建设者”先进事迹报告会。

18日至20日，苏浙沪新生代企业家峰会——“浙江行”活动在嘉善、湖州举行，省委统战部领导金长征、李剑飞分别参加。

中旬，台州市椒江区大陈镇胜利村与台湾高雄市旗津区实践里缔结友好关系村。

19日，金华市召开全市港澳工作研讨会。

20日下午，宁波市第九次归侨侨眷代表大会落幕。会议选举产生了市侨联第九届委员会，李承成当选市侨联主席。

20日，湖州全市少数民族村结对帮扶工作推进会召开。

20日，省委统战部常务副部长金长征会见欧美同学会调研组一行。

20日，省委统战部副部长汤为平会见工党（台湾）中央党部党主席郑昭明先生一行。

22日，省政协副主席、省委统战部部长孙文友会见俄罗斯中国和平统一促进会访问团一行，省委统战部副部长汤为平参加。

23日，台北三门同乡会成立。

24日至25日，第四届全国非公有制经济人士优秀中国特色社会主义建设者表彰大会召开，浙江省有6人获第四届全国非公有制经济人士优秀中国特色社会主义事业建设者荣誉称号，省委统战部副部长吴振宇参加表彰大会。

25日，省政协副主席、省委统战部部长孙文友会见浙江大学贲圣林教授。

25日，嘉兴市留学人员和家属联谊会第三次会员代表大会召开。省侨联副主席、嘉兴市委常委、组织部长连小敏，嘉兴市政协副主席、市委统战部部长朱静绮到会祝贺并致辞。

26日至27日，“2014友好中华·侨联五洲”活动在丽水举行，柬埔寨诺罗敦·施里武亲王等来自5个国家的国际友人和侨胞到丽水参观访问。

27日，省台联常务理事（扩大）会召开，省委统战部副部长汤为平参加。

27日，杭州市委统战部召开各县（市）、区特色统战工作研讨会，各县（市）、区交流了统一战线服务深化改革、推动创新发展、党外人士队伍建设、社会组织统战工作等各地特色亮点工作。

27日，由温州市委组织部、统战部联合举办的全市党外中青年干部培训班在市社会主义学院开班。

28日下午，宁波市网络界人士联谊会召开成立大会。会议选举宁波市人大常委会常委、市党外知识分子联谊会副会长、浙江万里学院电子信息学院院长梁丰同志为会长。

28日，由归国华侨澳门银润控股集团董事长廖春荣先生投资的凯蒂猫家园落成典礼在安吉举行，省委统战部副部长汤为平参加。

28日，温州市召开第四届优秀中国特色社会主义事业建设者表彰大会，对优秀中国特色社会主义建设者进行表彰。

29日，金华市委统战部牵头组织六个市级民主党派在婺城区塔石乡开展“中国梦·山村情”社会服务活动。

29日至30日，省政协副主席、省委统战部部长孙文友陪同全国政协副主席、澳门原特首何厚铧一行在杭考察。

·十二月份·

2日至3日，2015年丽水市统战工作务虚会在缙云召开，丽水市委常委、市委统战部长廖思红出席会议并讲话。

3日，台州市网络界人士联谊会成立。

3日至6日，中央统战部召开民主党派工作座谈会暨省级组织领导班子后备干部队伍建设情况沟通会，省委统战部领导金长征、吴振宇分别参加。

4日，各民主党派台州市委会与相关部门举行“五水共治”专题民主协商座谈会。

4日，2014年台情研讨会召

开，省委统战部副部长汤为平参加。

4日，嘉兴市委召开专题民主协商会，就推进法治政府和服务型政府建设，深化行政审批层级一体化改革，与嘉兴市各民主党派进行专题协商。市各民主党派相关负责人及有关参政议政骨干代表，市委、市政府相关部门和单位有关负责人参加会议。

4日，由嘉兴市委统战部，嘉兴市各民主党派、工商联和党外知识分子联谊会，重庆中国民主党派历史陈列馆，嘉兴南湖风景名胜区管委会联合举办的“光辉历程”——中国民主党派历史陈列暨嘉兴多党合作事业发展回顾展览在南湖革命纪念馆举行。嘉兴市委常委、常务副市长梁群出席开幕式并致辞。

5日，嘉兴市党外知识分子联谊会召开二届一次会员大会，会议听取并审议了市知联会第一届理事会所作的工作报告，选举产生了市知联会新一届理事会及领导班子。市领导胡海峰、张志伟、柴永强、朱静绮及各民主党派主委、工商联主席出席开幕式。

5日，温州市党外人士学习贯彻中共十八届四中全会精神暨2014年度先进表彰会议召开。

上旬，温州市宗教界开展的“同心同行·共建和谐”活动工作推进会召开。

7日，中央政治局常委、全国政协主席俞正声在上海召开宗教工作座谈会，省委统战部领导孙文友、冯志礼参加。

8日，省委举行十三届六次全会精神党外人士通报会，省委副书记王辉忠出席并讲话，省委统战部领导孙文友、金长征、吴振宇、楼炳文参加。

8日，“2014浙台基层交流周”活动举行，省委统战部副部长汤为平参加并会见台湾少数民族基层交流参访团一行。

8日，省级涉台部门和专家座谈会召开，省委统战部副部长汤为平参加。

10日，省基督教“两会”纪念全国基督教“三自”爱国会成立60周年研讨会和浙江神学院建院30周年庆典举行，省委统战部副部长、省民宗委主任冯志礼参加。

11日至18日，中央统战部举办港澳经济社会研讨班，省委统战部副部长汤为平参加。

12日，衢州召开全市留学人员和家属联谊会第四次会员代表大会。大会选举产生新一届留联会理事会成员，沈华当选为会长。

16日，杭州市委召开各民主党派、工商联主要负责人和无党派人士代表专题座谈会，征求《关于全面深化法治杭州建设的若干意见》的建议，杭州市委统战部领导董建平参加。

16日至17日，全国无党派人士优良传统座谈会、全国党外知识分子工作会议暨网络人士统战工作交流研讨会在杭州举行，中央统战部副部长陈喜庆、省委副书记王辉忠出席并讲话，省政协副主席、省委统战部部长孙文友致辞，省委统战部领导金长征、楼炳文参加。

17日，省工商联十届四次执委会在舟山举行，省委统战部领导孙文友、李剑飞参加。

17日，全省基本侨情调查工作总结会议召开，省委统战部副部长吴振宇参加。

17日，金华市召开全市统战部长工作例会。

17日，绍兴市统战部长会议召开。

19日，各民主党派省委会、省工商联主要负责人和无党派代表人士通报协商会举行，省委统战部领导孙文友、吴振宇参加。

22日，九三学社原中央常委、浙江省政协原副主席、九三学社省委会原主委阙端麟先生遗体告别仪式举行，省委统战部副部长吴振宇参加。

22日，省委统战部副部长、省民宗委主任冯志礼会见中央统战部、国家宗教局联合调研组一行。

22日至24日，省委统战部副部长蒋学基赴丽水开展“走亲连心”活动。

23日，民进省委会九届四次全会召开，省委统战部常务副部长金长征参加。

24日，省委副书记、省长李强走访民革省委会机关，省政协副主席、省委统战部部长孙文友陪同。

24日，省政协副主席、省委统战部部长孙文友走访省天主教“两会”和省基督教“两会”并进行圣诞节慰问。

26日，2014年全省第二次市委统战部长工作例会召开，省政协副主席、省委统战部部长孙文友出席并讲话，省委统战部领导金长征、汤为平、吴振宇、楼炳文、李剑飞参加。

26日，省委召开各民主党派、工商联主要负责人和无党派代表人士征求意见座谈会，省委副书记王辉忠出席并讲话，省委统战部常务副部长金长征参加。

29日，浙江道教学院（筹）在天台县桐柏宫举行揭牌暨奠基典礼。

30日，台州市委印发文件，决定周先苗同志任市政协党组成员、中共台州市委统战部部长；免去周五来同志的中共台州市委统战部部长职务。

30日，舟山市政协、市委统战部在新城举行各界人士新年茶话会。副省长、新区党工委书记、市委书记孙景淼出席并讲话，市政协主席江建国主持茶话会。

31日，省委书记夏宝龙与农工党省委会领导班子谈心交友，省委统战部领导孙文友、金长征参加。

31日，省委副书记王辉忠到省委统战部调研并听取工作汇报，省委统战部领导孙文友、金长征、汤为平、蒋学基、吴振宇、楼炳文、李剑飞参加。

31日，2015年浙江省各界人士新年茶话会举行，省委统战部领导孙文友、金长征、汤为平、蒋学基、吴振宇、楼炳文、李剑飞参加。

31日，省知联会二届二十五次会长会议召开，省委统战部常务副部长金长征参加。

2.省级统战系统

中共浙江省委统战部

·全年主要工作·

【综述】 省委统战部内设办公室、党派处、民族宗教处、联络处、干部处、经济处、党外知识分子处、政策理论研究室（统战宣传办公室）、省统战系统监察室等9个职能处室和机关党委。同时，主管省黄埔军校同学会、省中华职业教育社和浙江中国和平统一促进会、浙江海外联谊会、省光彩事业促进会、省商会、省知识界人士联谊会、省留学人员和家属联谊会、省新生代企业家联谊会、省民建企业家协会、省统一战线理论研究会及《情系中华》杂志。

2014年底，部机关编制66名，部长、副部长8人（其中3人分别兼任省民宗委主任、省工商联党组书记和省社会主义学院党组书记），副巡视员1人。部机关党委下设部机关8个党支部，以及各民主党派省委会机关中共支部、省台联、省侨联、省黄埔军校同学会等4个支部和省社会主义学院党总支，党员235人。

2014年，全省统一战线深入学习贯彻习近平总书记系列重要讲话精神，认真贯彻落实党的十八届三中、四中全会精神和省委十三届五次、六次全会及全国统战部长会议精神，围绕省委实施“八八战略”、推进“两美”浙江和法治浙江建设的总体部署，着眼全省工作大局，突出重点、破解难点，精心谋划、扎实推进，进一步巩固和发展了全省统一战线团结、民主、稳定、和谐的良好局面。

【召开全省统战部长会议】 2014年2月20日，全省统战部长会议在杭州召开。会议的主要任务是，深入贯彻落实习近平总书记系列重要讲话精神以及十八届三中全会、全国统战部长会议和省委十三届四次全会精神，总结2013年工作，研究部署2014年任务。省委副书记王辉忠出席会议并作重要讲话，省政协副主席、省委统战部部长孙文友作工作报告。各市、县（市、区）委统战部部长，省直机关工委、团省委统战部部长，省委教育工委统战处处长，省部属高校、科研院所、企业党委统战部部长及省直有关单位党委（党组）负责人等共180余人参加会议。

【开展系列教育实践活动】 组织全省统一战线成员深入学习贯彻党的十八届三中、四中全会和习近平总书记系列重要讲话精神，夯实统一战线共同思想政治基础。召开坚持和发展中国特色社会主义学习实践活动推进会，在全省民主党派和无党派人士中精心组织开展坚持和发展中国特色社会主义学习实践活动；召开全省非公有制经济人士理想信念教育实践活动电视电话会议，在非公有制经济人士中深入开展以“四信”为主要内容的理想信念教育实践活动；在宗教界开展以爱国主义为主题的“寻梦中国·正言正行”教育实践活动。召开各民主党派省委会、省工商联负责人和无党派代表人士十八届四中全会精神学习会。以参政党建设和“两美”浙江建设为主题召开省统一战线暑期读书会。召开建国65周年暨多党合作制度确立65周年座谈会。积极开展党外代表人士教育培训工作，省本级共举办全省党外县（处）级干部培训班等各类班次62期，培训学员3579人，积极教育引导统一战线成员坚定中国特色社会主义的道路自信、理论自信和制度自信。

【合力参与“五水共治”】 组织引导全省统一战线以各种形式积极参与“五水共治”，充分发挥参谋员、指导员、服务员、宣传员、监督员、信息员的作用。牵头组织各民主党派省委会负责人、治水专家以及省市特约人员开展“五水共治”专题民主监督活动，为各地“五水共治”建言献策；引导各民主党派和无党派人士以专题调研、民主监督、技术服务、捐款捐物等各种形式投身“五水共治”。全省工商联系统开展“千企联千村、合力治污水”专项行动，6651家企业参与，结对1366个行政村，出资总额16.79亿元。全省宗教界开展“五水共治·五教同行”活动，结对50个民族村，筹资1300万元用于水源地保护和污水治理。

【合力推进“三改一拆”涉及宗教违法建筑处置工作】 按照省委省政府“三改一拆”工作总体部署，引导全省各级统战民宗部门积极开展政策指导、工作督导、舆论宣导和代表人士思想引导。以召开宗教界代表人士座谈会、走访约谈等各种方式，积极做好代表人士的思想工作，充分发挥宗教界代表人士做信教群众工作的独特作用。做好向中央统战部、国家宗教局的汇报沟通以及中央调研组来浙的汇报工作。

【引导浙商创业创新、回归发展】 配合省工商联组织企业赴印度等国家举办“携手浙商——丝绸之路行”大型经贸活动，组织开展“知名浙商走进温州”、民企500强舟山群岛新区行等活动，大力推动在外浙商回浙考察、洽淡和投资。积极筹建浙商文化中心。扎实推进“十万浙商进百区”工作，重点落实百家浙商企业及其回归项目盯引工作，推动富通集团光通信全产业链在内的14个项目加快落地。

【持续助推嘉善县域科学发展示范点建设】 召开省统一战线助推嘉善县域科学发展示范点建设活动推进会，提出助推示范点建设要“演好连续剧、打造升级版”，制定《2014年深入开展省统一战线助推嘉善县域科学发展示范点建设活动实施方案》，明确了62项具体任务。一年来，省统一战线在嘉善共开展各类活动94次，富通集团光通信全产业链项目、“浙江华侨产业基金”项目、中华两岸文化创意产业园项目等相继落户嘉善。同时，在农业、金融、科教、医卫、文化、生态建设、对外交流等方面都取得了新的成果。

【推进多党合作和政治协商制度化、规范化、程序化发展】 围绕传达贯彻省委十三届六次全会精神，就依法保护环境和法治浙江建设召开党外人士情况通报会和专题协商会，省委副书记王辉忠到会听取意见建议。协助做好省委常委民主生活会征求党外人士意见座谈会、省政府工作报告征求意见座谈会、省纪委党风廉政建设工作情况通报会、省高级人民法院和省人民检察院工作情况通报会等相关工作。进一步建立完善党外人士向省委反映意见建议的直通车制度和意见建议反馈制度，落实党委出题、党派调研、政府采纳、部门落实的调研工作机制。积极帮助协调解决省委领导在走访中民主党派省委会反映的机关编制、财务开支等问题。支持民主党派、无党派人士充分履行好参政议政职能。一年来，各民主党派和无党派人士紧紧围绕浙江省全面深化改革、推进法治浙江建设、“两美”浙江建设等重大战略部署，深入调查研究，积极建言献策，全年形成了200余篇调研报告和168篇意见建议，不少成果获得了中央领导和省委省政府领导的批示肯定，被省委省政府决策采纳。

【扎实做好民族宗教工作】 协助省委省政府召开全省民族工作会议，贯彻落实中央民族工作会议精神，会议表彰了浙江省民族团结进步模范集体 30 个、模范个人 55 名。实施新一轮少数民族低收入群众增收帮扶行动计划，结对帮扶 100 个民族村，确定帮扶项目 172 个，到位帮扶资金 1257 万元。推动《关于进一步加快民族乡（镇）经济社会发展的意见》（浙政办函〔2013〕98 号）有关政策落实到位。推广“微组织、微热线、微窗口、微平台”为主要内容的少数民族流动人口服务管理新模式。加强少数民族干部和民宗干部的培训，全省共举办少数民族干部培训班 69 期、培训 2560 余人次，举办民宗干部培训班 191 期、培训 6500 人次。深入开展和谐寺观教堂创建活动，推行省级宗教团体负责人评价机制。指导省天主教“两会”顺利完成换届。指导浙江佛学院（筹）正式挂牌。举办第五期宗教界代表人士研修班、第四期省宗教界中青年骨干培训班。协助省政府办公厅制定出台《关于加强民间信仰事务管理的意见》。

【拓展港澳台海外统战工作】 组团参加香港苏浙沪各界人士庆国庆 65 周年庆典活动和澳门苏浙沪同乡会庆国庆 65 周年庆典活动。举办台湾大学生夏令营、第二届浙台基层交流周、纪念黄埔军校建校 90 周年系列活动，接待台湾退役将领访问团来浙访问。召开“‘根·魂·梦’中华文化和华侨华人社会国际学术研讨会”，举办“同根海联·情系家国”迎春团拜会、“同根海联·共话家国”主题文化论坛、浙江海联会五届一次常务理事会暨“同根海联·智汇嘉善”专题活动等一系列活动。举办港澳浙籍青年代表人士中华文化专题研修班、第四期浙籍海外统促会负责人国情研修班等。

【积极引导和促进非公有制经济健康发展和非公有制经济人士健康成长】 开展“玻璃门”、“弹簧门”、“旋转门”等制约非公有制经济发展问题的调研，引导和帮助非公有制经济人士实现企业转型升级。浙江省共有 6 人入选第四届“全国优秀中国特色社会主义事业建设者”，协调宣传部门在《浙江日报》等主流媒体上对优秀中国特色社会主义事业建设者的事迹进行了大力宣传。推进全省新生代企业家联谊会建设，在杭州、宁波、温州等 9 个市和乐清、慈溪等 48 个县（市、区）建立新生代企业家联谊组织，8000 余名新生代企业家进入各级党委统战部门的工作视野。开展“文化大讲堂”活动，邀请宗庆后、南存辉等杰出浙商为新生代企业家作报告，促进新老浙商思想交流，与香港贸发局共同举办“香港—浙江青年企业家沙龙会”、苏浙沪新生代企业家峰会等一系列活动，帮助新生代企业家健康成长。召开省光彩事业促进会三届一次理事会，完成换届工作，启动新一轮“光彩事业山区行”活动，以丽水、衢州两地农村低收入群众为帮扶重点，围绕农村生活污水治理，共帮扶对接 81 个项目，帮扶资金共计 1600 万元，项目惠及景宁、庆元、松阳、龙泉、常山、开化等 6 个县 50 个乡镇（街道）81 个行政村。

【加强党外代表人士队伍建设】 根据中央统战部《关于协助民主党派做好 2014 - 2017 年省级组织领导班子后备干部队伍建设工作的意见》要求，做好八个民主党派省级组织领导班子后备干部的推荐考察工作，确定了民主党派省级组织领导班子后备干部名单。建立了省级党外代表人士后备人才库。会同省委组织部制定《关于推进浙江省党外代表人士实践锻炼基地工作的实施办法（试行）》、《党外干部工作联席会议制度》，18 名党外代表人士通过上挂、下派等方式，到省直有关单位、县（市、区）政府、实践锻炼基地、外省市挂职锻炼。

【召开全省统一战线推进基层协商民主现场会】 2014 年 5 月 15 日，省委统战部在余姚市召开了全省统一战线推进基层协商民主现场会，总结推广各地统战部门在推进基层协商民主工作中的成功做法。省政协副主席、省委统战部部长孙文友出席会议并讲话。会议范围涵盖全省各市、县（市、区）委统战部部长。宁波市、余姚市、杭州市上城区、温州市鹿城区、温岭市等五个市、区（市）委统战部作为全省典型进行了大会交流发言。会议掀起了全省各地统一战线推进基层协商民主发展的热潮，浙江省各地统一战线充分发挥自身资源、网络、功能、渠道优势，不断丰富和创新载体，探索出了统一战线参与民主决策、民主管理、民主监督、民主自治等四种实践模式，在反映诉求、化解矛盾、创新治理、促进和谐等方面发挥了积极作用，引起了各方面的关注，其中临海市白水洋镇发展基层协商民主的做法被不少中央媒体列为中央60项改革任务中已启动并见效的39项代表性事例之一。

【推动统一战线理论创新和实践创新】 开展统战工作大调研，深入掌握全省统战部门建设和工作情况，总结方法和对策。开展统战工作创新成果总结推广活动，进一步推进实践创新和理论创新，浙江省在2014年度全国统战理论政策研究和工作实践创新成果评选中获奖数量和质量均在全国名列前茅，共有4项实践创新成果获奖，分别是：浙江省委统战部《以网络界人士联谊会为载体探索统一战线参与网络虚拟社会治理的新途径》、温州市委统战部《探索行业协会商会承接政府职能转移工作》、宁波市北仑区委统战部《制度化“协作共建”破解基层多党合作难题》、江山市委统战部《借助“同名”乡村关系实现基层对台交流合作新突破》；共有4篇理论研究成果获奖：其中一等奖1篇，为浙江省委统战部课题组的《新的社会阶层人士分众统战研究》，二等奖2篇，为宁波市委统战部调研组的《关于商（协）会承接政府职能转移的实践与思考》和浙江省统一战线理论研究会课题组的《从“冷”“热”两条线谋划统战工作——习近平同志在浙江工作期间统战工作重要论述和思想研究》，三等奖1篇，为浙江省社会主义学院的《新生代企业家的价值取向与政治引导》。同时，省委统战部重视抓好9个方面问题进行探索研究或试点：统一战线如何推进基层协商民主发展，商会承接政府职能转移探索，统战性社会组织在社会建设中扮演的角色，对新居民群体统战工作的探索，对宗教中间地带的转化、分化、软化探索，加强民间信仰事务规范化管理，如何破解民主监督的薄弱环节，对网络统战工作的探索，加强海外统战工作功能区建设。召开全省商会协会承接政府职能转移工作研讨会，温州市的探索实践被中央统战部评为2014年度全国统战工作实践创新成果。积极探索网络新媒体统战工作，推动网联会建设，在全省10个市和18个县（市、区）成立了网联会，共有理事1600余人；召开全省网络界人士统战工作现场观摩研讨会、举办全省首期网络界人士理论研讨班；中央统战部在浙江召开全国党外知识分子工作会议暨网络人士统战工作交流研讨会，浙江省网络统战工作的经验做法被评为2014年度全国统战工作实践创新成果。与省民政厅共同制定《开展社会组织统战工作试点方案》，筛选确定20家有代表性的社会组织开展试点；与省司法厅联合下发《加强律师行业统战工作的实施意见》。与浙江卫视等媒体合作办好“浙商·义行天下”和“浙商·新力量”两个电视宣传专栏，全年分别录播24期和50期。省委统战部获得全国统战信息工作省级党委统战部先进单位一等奖，杭州市委统战部和宁波市委统战部分获信息直报点先进单位一等奖。

【深化部机关自身建设】 召开省委统战部党的群众路线教育实践活动总结大会，抓好整改方案、整改措施的落实到位，制定完善省委统战部领导班子工作规则、重要情况通报和报告制度等19项工作制度。做好群众路线教育实践活动“回头看”工作，专题召开座谈会，听取各民主党派、工商联、无党派人士及其他省级统战系统单位的意见，进一步丰富和完善相关规章制度。注重加强部机关文化建设，概括提炼了“讲政治信念坚定、讲学习增强素质、讲团结凝心聚力、讲民主和谐包容、讲责任敢于担当、讲创新求真务实、讲服务乐于奉献、讲自律争作表率”的“八讲”部风。 （胡方亚）

·办公室·

【综述】 办公室是综合性处室，主要负责省委统战部内外的联系与综合协调工作，保证机关业务和行政工作的正常运转；负责文书处理和信息、督查工作；承担部分综合性的文字工作；负责会务、机要、信访、档案、财务、固定资产管理、接待、保卫、保密、信息化等工作。

2014年底，办公室共有干部、工勤人员14人，主任：谢辉。

【综合协调工作】 做好省委副书记王辉忠走访民主党派省委会、省工商联机关以及部机关的协调服务工作。做好部主要领导参加全国“两会”、全国统战部长会议，赴中央统战部汇报工作，参加中央统战部有关会议，赴外省统战部考察调研和到市、县（市、区）调研以及出席有关重要内外事活动的协调服务工作。做好部主要领导调整的各项协调服务保障工作。做好部领导与各民主党派省委会、相关部门、党外代表人士联谊交友活动的协调服务工作。做好外省统战部来浙考察调研的协调工作。做好部集中调研活动的协调服务工作。做好与中央统战部、省委办公厅等有关方面的日常沟通协调工作。

【办会工作】 完成全省统战部长会议、省统一战线暑期读书会、全省市委统战部长工作例会、全省统一战线推进基层协商民主现场会、省统一战线庆祝新中国成立65周年暨中国共产党领导的多党合作和政治协商制度确立65周年座谈会、省委十三届六次全会精神通报会等重要会议的筹办任务，配合做好全国无党派人士优良传统座谈会、全国党外知识分子工作会议暨网络人士统战工作交流研讨会、浙江省暨杭州市庆祝人民政协成立65周年大会、浙江省各界人士新年茶话会、浙江海联会迎春团拜会等一系列会议的会务工作。认真做好部务会议、部机关办公会议以及其他日常性会议的组织筹备及会务工作。

【办文工作】 起草向省委常委会汇报材料、省委王辉忠副书记来部调研汇报材料、全省统战部长会议工作报告和部领导在省统一战线暑期读书会上的总结讲话、在全省市委统战部长工作例会、在全省统一战线推进基层协商民主现场会上的讲话、在省统一战线助推嘉善县域科学发展示范点建设活动领导小组会议上的讲话、在全体干部职工大会上的讲话以及部年度工作总结等重要文稿20多篇。起草全国统战工作实践创新成果申报材料、部集中调研工作汇报、《浙江年鉴》部工作情况、《浙江统一战线年鉴》部主要工作及办公室综述等材料20多篇。做好部机关文件的核稿工作。做好部分以部和部办公室名义下发的重要文件的制定工作。做好文件的签收、登记、分办、批办、承办等工作。编发部机关办公会议通报12期、每月大事记12期。

【信息工作】 举办全省党外特约信息员培训班、全省统战部门办公室主任研讨会暨信息员培训班，传达贯彻全国统战系统办公室主任研讨会暨信息员培训班精神，谋划加强和改进浙江省统战信息工作的新思路、新举措。加强与中央统战部有关部门及各地各单位的联系交流，及时了解信息需求，加大信息报送数量，提高重点信息质量，全年共上报信息1660条，被中央统战部采用156条，多条信息得到中央领导批示，省委统战部信息工作再次获得全国统战信息工作先进单位一等奖，继续走在全国前列。

【行政、后勤保障工作】 认真学习贯彻上级各项财务政策规定，制定出台部机关《财务管理办法》。强化经费预算管理，按要求编制部机关经费预决算，做好预算执行分析。坚持厉行节约，有效降低“三公”经费支出，做好预决算公开、三公经费公开、部门行政经费公开的相关准备工作。做好日常财务管理，保证部机关工作正常运转。完成会计执法大检查相关工作、开展公务支出审计自查工作并做好“小金库”专项检查工作。加强固定资产管理，做好固定资产采购更新、变更登记、维护保养、清理报废工作。加强政府采购工作，推进社会化公开竞争性谈判，有效节约采购资金。积极与省接待办、省警卫局、各市和有关县（市、区）以及在杭相关单位协调，完成全年有关接待任务。做好机关工作用车、办公设备等保障服务工作，做好公车改革相关准备工作。做好住房公积金、住房补贴、医疗保险等管理工作。做好重大节假日期间的值班以及安全保卫有关工作。做好收发、文印、劳动卫生等方面工作，保障部机关各项工作正常开展。

【信访、提案和督查工作】 按照国务院《信访条例》及有关制度要求，认真做好来信来访的接待处理工作，全年共处理群众来信来访51人（件）次。做好省委统战部承办的省“两会”人大建议、政协提案的协调处理工作，全部按时办结。做好中央统战部、省委和部领导批示及有关工作的督查。

【机要、档案工作】 做好中央、国务院和省委、省政府，以及省级有关单位来文来电的日常处理工作。认真做好文件管理、印章管理、文件收发传递、领导活动的联系落实、部务会议记录和纪要起草工作。全年编发部务会议纪要10期、每周重要活动安排54期。加强档案管理，对档案工作情况进行综合检查分析，并将整改情况报送省档案局。完成2013年度形成的文件资料的收集归档，做好整理编目工作。整理省委统战部2000年前文书档案1578卷、资料120本移交省档案馆。征集整理习近平、张德江、赵洪祝同志在浙江工作期间有关统战工作批示、照片、讲话及摘要约10万字。

【保密、信息化工作】 加强保密教育，提升部机关干部保密意识。继续做好保密技术防护专用系统配备和登记备案工作，加强部机关计算机的日常保密检查和维护。完成有关保密专项检查自查工作。做好涉密载体介质和保密废纸的销毁工作。起草报送省委统战部信息化工作情况汇报，按要求完成省委统战部网络安全自查并将有关情况报经信委（网信办）。积极规划部机关信息化尤其是涉密内网建设工作，确定初步方案。积极协调开展电子政务内网涉密终端铺设安装工作。积极保障“情系中华”新版网站的建设和维护更新，并做好其中“基层动态”栏目的更新发布。做好部机关网络扩容调试、检查测试、日常维护等工作。

【省统一战线助推嘉善县域科学发展示范点建设活动协调工作】 牵头召开省统一战线助推嘉善县域科学发展示范点建设活动推进会，起草2014年深入开展省统一战线助推嘉善县域科学发展示范点建设活动实施方案。省委统战部被增补为省统一战线助推嘉善县域科学发展示范点建设活动领导小组成员单位。积极完成领导小组办公室日常联络工作，协调落实各项助推活动。全年共协调省统战系统各单位在嘉善开展活动94次。协调联系省发展规划研究院完成省助推办重点课题《浙江省县域科学发展比较研究》。召开嘉善县域科学发展评价指标体系座谈会。牵头联系拍摄省统一战线助推嘉善工作宣传片。

【部党的群众路线教育实践活动有关工作】 为确保党的群众路线教育实践活动制度化、长久化，积极围绕作风建设建章立制，牵头对部机关现有规章制度进行全面梳理、修订、完善，共出台19项规章制度。办公室承担了包括领导班子工作规则、重要情况通报和报告制度、公文处理工作细则、统战信息工作考核办法等12项具体规章制度的制定工作。派员参加省委督导组和部党的群众路线教育实践活动领导小组办公室工作。配合做好部领导班子专题民主生活会，参与起草部务会议对照检查材料。

【党内法规和法治建设相关工作】 根据省委办公厅关于党内法规和规范性文件清理工作有关要求，协调有关处室按要求做好省委13个党内法规和规范性文件的清理工作，按时完成清理审核结果汇总上报工作。根据省委办公厅关于党内法规和规范性文件备案工作有关要求，做好省委统战部党内法规和规范性文件备案工作。做好“法治浙江”建设有关工作的联系落实，提出省委统战部对《2015年全面深化法治浙江建设工作要点（审议稿）》的修改意见报送省委办公厅，上报省委统战部2014年贯彻落实省委建设法治浙江决策部署情况和2015年法治建设工作思路及法治建设调研报告。

【其他工作】 组织支部党员认真学习党的十八届三中、四中全会、习近平总书记系列重要讲话精神和省委十三届六次全会精神，学习贯彻全国统战系统办公室主任会议精神和全省党委秘书长、办公室（厅）主任会议精神，牢固确立“前哨”“后院”意识。强化思想教育和交流谈心，加强干部队伍建设和管理，积极营造民主、团结、和谐的内部氛围。随部领导开展“走亲连心”活动，召开办公室支部专题组织生活会。结对帮扶临海市贫困户黄三菊老人。完成2013年度全省统一战线基本数据统计报送工作。参加在北京召开的“统一战线参与毕节试验区建设联席会议第六次全体（扩大）会议”，与毕节市有关部门对接交流，接待毕节来访，协助贵州市招商局举办生态农业专场招商会。加强工、青、妇工作，做好统战系统计划生育工作。完成部领导交办的其他工作。（胡方亚）

·党派处·

【综述】 民主党派工作处主要负责联系各民主党派省委会和民主党派中有代表性的人物和工作骨干，贯彻执行党对民主党派的工作方针、政策；针对坚持和完善中国共产党领导的多党合作和政治协商制度，以及民主党派工作中的新情况、新问题开展调研并提出意见；协助民主党派积极发挥作用，认真履行参政议政、民主监督的职能；协助民主党派加强自身建设，培养新一代代表人物，健全参政党机制；负责组织推动民主党派开展为经济与社会发展服务工作；帮助民主党派解决工作中的实际困难；协同有关部门推荐安排特约人员。

2014年，党派处有干部6人，处长：张军

【完善和落实多党合作的各项制度】 做好省委省政府召开的党外人士协商会、通报会等联络服务工作。协助省纪委、省高级人民法院和省人民检察院分别召开各民主党派省委会、省工商联主要负责人和无党派代表人士情况通报会，做好参会人员落实以及信息编写等工作。完成省委领导与各民主党派省委会、省工商联谈心交友的名单调整工作，并协助做好省委省政府领导与省级民主党派、工商联负责人谈心交友以及走访活动，认真做好谈心会的组织协调及会议发言的记录工作；完成省委统战部领导与各民主党派省委会领导谈心交友调整工作，确定省委统战部领导分工联系各民主党派重点人物名单，并协助部领导与部分民主党派省委会负责人开展谈心活动。认真做好特约人员工作，主动加强与省审计厅和省检察院的沟通联系，完成省检察院第六届特约检察员和省审计厅第六届特约审计员换届人选的推荐工作。

【支持各民主党派履行职能发挥作用】 支持各民主党派充分发挥自身优势和作用，围绕中心、服务大局，提高履职能力，扩大社会影响。引导民主党派不断完善参政议政的相关机制，充分调动本党派成员积极性，更好地发挥党派的整体作用。协助民主党派围绕省委、省政府中心工作开展调研，并为相关党派的调研提供支持和帮助。协助各民主党派省委会做好“生态环境保护”专题协商课题的调研工作，并协同相关处室组织召开协商通报会。组织各民主党派省委会领导、专家及特约人员赴湖州开展“五水共治”专题民主监督活动。协助各民主党派开展社会服务工作。召开各民主党派省委会专职副主委联席会议，就助推嘉善县域科学发展示范点建设、“五水共治”、浙商回归、第二轮少数民族增收帮扶等工作进行了认真部署。

【协助民主党派加强自身建设】 突出重点，抓好落实，协助民主党派加强自身建设。一是进一步加强思想建设。积极协助各民主党派省委会开展坚持和发展中国特色社会主义学习实践活动；总结梳理学习实践活动开展以来的有关工作、做法经验、成效影响以及意见建议等，形成材料并上报中央统战部。做好省委召开的建国65周年暨多党合作制度确立65周年座谈会相关工作，进一步传承优良传统，增进政治共识，团结和引导广大党外人士真正成为中国特色社会主义的亲历者、实践者、维护者和捍卫者。二是进一步加强组织建设。协助各民主党派省委会贯彻落实好组织发展的三个《纪要》文件精神，把好民主党派组织发展的入口关；认真做好民主党派组织发展的报表统计、分析和研究工作；加强对市级党派工作的指导，协助部分市委统战部做好有关民主党派市委会换届或领导班子调整工作。三是进一步加强制度建设。协助各民主党派省委会抓好内部运行机制建设，健全领导班子议事规则、班子职责分工、联系基层组织等制度，进一步增强工作的规范化和科学化。坚持并完善各民主党派省委会专职副主委联席会议制度、秘书长联席会议制度和联络员制度，参加各民主党派省委会的有关会议，及时了解情况，解决问题，反映信息。

【协助做好民主党派省级组织领导班子后备干部队伍建设工作】 根据中央统战部下发的《关于协助民主党派做好2014－2017年省级组织领导班子后备干部队伍建设工作的意见》，会同省委组织部，在民主推荐、调研了解、征求各方意见的基础上，经省委领导同意，建立了一份民主党派省级组织领导班子后备干部名单，并赴北京参加民主党派省级组织领导班子后备干部队伍建设情况沟通会，与民主党派中央、中央统战部就我省民主党派后备干部人选产生过程、重点人物情况、下一步培养计划等进行沟通协商。

【协助做好省级民主党派、工商联负责人暑期读书会工作】 协助做好省级民主党派、工商联负责人暑期读书会的筹备工作，承担了起草暑期读书会方案、部领导讲话的基础材料准备、各民主党派省委会参会人员的通知和协调、邀请有关专家到会讲课等工作。

【培训工作】 重视民主党派骨干成员的培养，成功举办

2014年民主党派中青年骨干培训班，共有50位各民主党派省委会省委委员参加学习。进一步加强民主党派特约人员队伍建设，首次举办2014年民主党派特约人员研讨班，共有48位省、市特约人员参加研讨学习。认真指导各民主党派省委会办好各类培训班，积极做好中央统战部举办的有关民主党派培训班浙江省学员的落实工作。

【调研信息工作】 积极参加部机关大调研活动，深入杭州、宁波等地了解浙江省民主党派工作的现状、存在的问题，并进行了有针对性的分析研究。积极探索民主监督的有效途径，在赴实地调研和问卷调查的基础上，对参政党民主监督进行了深入调研，并形成调研报告《关于如何破解民主党派民主监督薄弱环节的几点思考》上报中央统战部，获中央统战部重点调研课题一等奖。

【图片集编辑工作】 为了进一步促进浙江省多党合作制度的落实，展示浙江省多党合作事业发展的成果，同时也是对一年来浙江省多党合作发展历程进行回顾和总结，编辑出版《多党合作在浙江——2013年实录》图片集。

【接待工作】 协助做好民主党派中央在浙江召开有关会议的联络协调工作。协助做好农工党中央主席陈竺、民革中央副主席修福金、民革中央副主席田惠光、民进中央副主席罗富和、农工党中央副主席刘晓峰、致公党中央常务副主席蒋竹君等领导来浙调研或工作期间的接待服务工作。

【其他工作】 协助做好中央统战部调研组就习近平总书记在浙期间关心重视多党合作工作的情况访谈；协助相关处室收集整理有关中央领导习近平、赵洪祝同志的图像资料；起草有关浙江省协商民主的文字材料报省委办公厅法治处；协同相关处室做好民主党派省委会机关干部的考察工作；协助机关党委做好“促作风、强服务、促规范”主题活动。协助各民主党派省委会开好每年一次的全会，认真做好各民主党派省委会联络员工作；完成统战对象的春节慰问工作，指导轮值党派做好新春团拜活动的筹备工作；做好省政协全会的有关情况反映的采编工作。

【加强处室自身建设】 积极开展学习型支部的建设，坚持定期学习中央和省委的有关文件精神，加强政治理论学习，交流中央统战部、兄弟省市统战部和省内各市委统战部的党派工作情况，对工作中遇到的新情况、新问题，及时研究解决；认真做好“民主党派工作交流”简报的编辑和印发工作。深入学习“部机关精神”，努力将“部机关精神”融入日常工作和学习中。

（陈　豹）

·民族宗教处·

【综述】 2014年，民族宗教工作以十八大、十八届三中全会和省委十三届四次全会精神为统领，认真贯彻党的民族宗教工作基本方针，积极主动应对民族宗教领域出现的各种问题，突出助推浙江省民族乡（镇）经济社会发展，民族宗教界代表人士队伍建设，民族宗教工作协调机制建设，涉及民族、宗教因素突发性事件的防范和处置四个重点，扎实工作、积极进取、勇于创新，较好完成年度工作任务。

民族宗教处2014年实有干部5人，处长：倪卫东

【继续开展少数民族低收入群众增收帮扶行动】 2014年是新一轮“少数民族低收入群众增收帮扶行动计划”组织实施的关键一年，自2013年下半年动员部署后，各有关单位进行了任务对接，帮扶行动全面启动。2014年2月和11月，重点从领导重视、建立组织、任务对接、责任落实、项目推进和先进典型推荐情况等几方面对帮扶工作进行自查和抽查，不断推进帮扶工作取得实效。全年共确定帮扶项目172个，已到位帮扶资金1256.66万元（其中慰问贫困群众25.15万），另有达成意向的帮扶资金120余万元。

【全面实施“低收入农户收入倍增计划”】 根据浙委办〔2014〕8号文件通知要求，省委统战部继续结对帮扶龙游县并担任帮扶团组组长单位，按照省委、省政府扶贫工作的统一部署，认真研究部署工作计划方案，全面实施“低收入农户收入倍增计划”。全年帮扶龙游县共7个村，实施帮扶项目9个，落实帮扶资金210万元、引进帮扶资金370万元、发展特色产业1200亩、受益农户580户。被浙江省贫困地区与革命老区建设领

导小组评为“省级扶贫结对工作先进单位”。

【积极推动各地贯彻落实省政府98号文件精神】 会同省民宗委，赴温州、丽水、金华等民族工作重点地区，开展民族工作大调研，特别是检查各地贯彻落实省政府《关于进一步加快民族乡（镇）经济社会发展的意见》情况（浙政办函〔2013〕98号），对落实民族乡镇每年省财政转移支付200万元问题进行了明确。

【继续抓好少数民族干部教育培养工作】 抓住新春、中秋座谈和省人大政协“两会”等时机，加强同少数民族干部的联系，认真统计浙江省少数民族干部基本情况，不断充实人才资料库。注重选拔政治可靠、品德良好、工作业绩突出、有一定代表性的少数民族干部参加各类培训班，打好人才储备基础。9月份，组织一批以省、市两级人大代表、政协委员为主的中青年少数民族干部培训班，在集中学习党的民族方针政策和了解全省民族工作形势任务的基础上，认真研讨如何弘扬繁荣民族文化，更好地发挥少数民族代表人士在经济社会发展中的独特作用。通过教学，不断提高参政议政水平。以实践教学的方式，深入民族地区探寻畲族文化发展和特色村寨建设等情况，提高学习效果。

【参与宗教领域重大问题的协调研判】 省宗教工作协调小组和省宗教工作联席会议机构合并后，办公室设在统战部，2014年主要进行以下几项重要工作的协商研判：全省“三改一拆”涉及宗教违法建筑处置工作；高校校园抵御宗教渗透工作；会同六部门签发《关于进一步制止和处理乱建大型露天宗教造像的通知》等。

【配合做好宗教界代表人士爱国主义教育活动】 从讲政治、讲大局的高度，以高度的责任心和使命感，认真做好中央统战部首期宗教界人士研究生班、第41期新疆爱国宗教人士参观团、新疆建设兵团第三师爱国宗教人士参观团、青海省藏区佛教考察团、中国藏语系高级佛学院第十届“拓然巴”来浙参观考察的接待工作，为宗教和睦、民族团结、和谐发展贡献力量。

【重点参与省“三改一拆”涉及宗教违法建筑处置工作】 专门选派干部进驻省“三改一拆”办公室，参与工作督查、“推磨式”检查验收等工作。认真做好宗教界代表人士的思想工作，为宗教领域稳妥推进“三改一拆”工作营造良好环境。

【积极指导省伊斯兰教协会开展工作】 会同省民宗委，完成对省伊协领导班子的届中业绩评估，进一步完善各项规章制度，指导省伊协积极参加“五水共治·五教同行”慈善公益活动。参加省伊斯兰教协会会长、常委、委员会议，参与研究工作计划方案和重大问题的处理，会同有关部门组织伊斯兰教代表人士培训班和新“卧尔兹”讲经交流、主麻日以及“古尔邦”节、开斋节庆祝活动等。

【指导省级宗教团体办好宗教院校】 与省民宗委共同研究协商，提出浙江佛学院（筹）领导班子和浙江省道学院（筹）建议人选及浙江神学院和浙江基督教研修中心有关人事方案，提交部务会议讨论通过。参加浙江佛学院（筹）揭牌仪式和浙江佛学院（筹）天台宗佛学院、弥勒佛学院、温州佛学院挂牌仪式。会同省民宗委做好浙江神学院成立三十周年的回顾总结及教学评估调研。

【搭建丰富平台载体，引导宗教与社会主义社会相适应】 会同省民宗委组织省宗教界“寻梦中国·正言正行”主题教育实践活动，启动“寻梦中国·正言正行”论坛，推进“五水共治·五教同行”公益活动。深入开展和谐寺观教堂创建活动，参加省宗教星级场所评审委员会，对2013年度省和谐寺观教堂进行星级评定。支持浙江神学院开展爱国主义教育活动，支持基督教召开第14次神学思想研讨会，支持基督教宣讲团开展全省巡讲，促进神学建设成果在讲台供应上的转化。支持省佛协开展第二届全省汉传佛教讲经交流活动、支持省道协开展全省第二届玄门讲经交流活动，支持省伊协开展以“中道思想”为主题的新“卧尔兹”巡讲活动。在第四期省宗教界中青年骨干培训班上首次尝试五大宗教同台进行讲经讲道交流。

【做好宗教界代表人士培训工作】 主要是做好中央统战部第九期爱国宗教界人士研修班学员推荐工作，同时重点做好浙江省宗教界代表人士的培训工作。上半年在省社会主义学院举办以省、市级政协委员和人大代表为主的第五期宗教界代表人士研修班，下半年举办第四期省宗教界中青年骨干培训班，侧重加强省宗教界中青年一代的培养，关注年青一代宗教代表人士的成长和培养。

【加强日常联谊交友】 通过多种形式加强与宗教界人士的联谊交友。配合做好省级宗教团体负责人参加省委、省政府新春团拜活动相关工作；做好就省两会期间民族宗教界政协委员和人大代表的服务联络工作；做好省民族宗教界代表人士春节慰问工作；加强与省宗教界代表人士的约谈，及时掌握思想动态，做好引导工作。

【推行省级宗教团体负责人评价机制】 在会同省民宗委研究制定省级宗教团体负责人考核评价办法并先行在省佛协试点的基础上，2014 年在省级五大宗教团体全面推行考评机制，成立考评工作组，在常委（常务理事）范围内对省佛协、基督教"两会"、省伊协、省道协领导班子开展民主测评工作，考评结果反馈给班子成员，为省级宗教团体届中评估和换届工作打好基础。

【对浙江省宗教领域重点问题开展调研】 一是对浙江省宗教领域工作开展大调研，总结回顾五年工作。二是配合省委政策研究室起草《浙江宗教问题调研》初稿。三是会同省有关部门对有关情况进行调研。四是会同省民宗委及高校专家对浙江神学院 30 年办学情况进行评估调研。五是加强对杭州、嘉兴、绍兴、义乌等重点城市伊斯兰教工作的调研指导，做好伊斯兰教活动场所管理工作。六是深入调研外来流动穆斯林群众服务管理工作情况。4 月和 7 月，按照中央领导有关批示精神，陪同中央统战部联合调研组，分别赴杭州、宁波、绍兴、舟山、义乌等地，对城市民族工作和外来流动穆斯林的服务管理工作进行调研，并形成调研报告上报中央统战部和国家民委。 （赵句宝）

·联络处·

【综述】 联络处主要职能是负责联系香港、澳门和海外有关社团及代表人士；联系台湾有关社团及代表人士和社会各界人士；协同有关部门做好定居台胞及其他台胞、台属工作；负责联系省侨联、省台联、省黄埔军校同学会、浙江中国和平统一促进会；联系省级民主党派、工商联和统一战线其他有关团体的港澳台海外统战工作。

2014 年，联络处有干部 5 人，处长：王高瞻。

【综述】 2014 年，深入贯彻十八届三中、四中全会和习近平总书记系列重要讲话精神以及省委十三届五次、六次全会精神，高举爱国主义旗帜，着眼"两个范围联盟"建设，精心设计工作载体，高度重视工作实效，大力团结港澳台海外朋友，努力增强港澳台海外人士对国家和民族的认同感，积极引导港澳台海外人士发挥作用，在维护国家主权、安全和发展利益、保持港澳繁荣稳定大局、促进两岸关系和平发展及服务浙江经济社会建设等方面取得了新的成绩。

【创新工作品牌，举办"同根海联"系列活动】 以"同根海联"为工作主线，以同根文化为工作主题，以浙江海外联谊会青年委员会、资源委员会、公益基金委员会为平台，策划实施"同根海联"系列活动，积极整合和涵养浙江港澳台海外统战工作资源。

2014 年 1 月 12 日，在珠海举办"同根海联·情系家国"迎春团拜会。省领导、省直有关部门负责人与 300 余名港澳台海外乡贤、朋友欢聚一堂、喜迎新年，拉开了"同根海联"系列活动的序幕。省委副书记王辉忠讲话，省政协副主席、省委统战部部长孙文友主持团拜会。全国政协委员、省政协常委、香港浙江省同乡会联合会会长李德麟，省政协常委王世民，旅台湾同乡联谊总会副总会长夏汉荣，省政协常委、西班牙中国和平统一促进会会长徐松华致辞。

2014年5月16日，与浙江中华文化学院在杭州联合举办“同根海联·共话家国”主题文化论坛。来自港澳和省内的60余名青年代表人士共同探讨青年人在传承中华文化、振兴中华民族中的历史使命，推动了“同根海联”活动走向深入。论坛编印了纪念画册，省政协副主席、省委统战部部长孙文友为画册题词。

2014年9月21日至23日，在嘉善举行浙江海联会五届一次常务理事会暨“同根海联·智汇嘉善”专题活动，组织浙江海联会常务理事考察当地发展环境，为嘉善发展献计献策。活动中，浙江海联会资源委员会与嘉善县归谷科技园区签订了框架合作协议，并由嘉善县政府聘请部分海联会常务理事担任县政府顾问，建立起浙江海联会助推嘉善科学发展的长效机制。

大力实施“同根海联·情系三农”主题帮扶行动，通过海联公益基金汇聚来自港澳台海外的公益捐款，帮助浙江少数民族及农村地区改善民生和农民增收，集中力量支持光彩事业山区行“五水共治”项目。全年共核拨人民币205万元支持三农建设。其中，150万元支持衢州、丽水两地的“五水共治”和“光彩行”项目共9个；人民币55万元支持“光彩事业温州行”项目。

【巩固传统品牌活动】 着眼贯彻“一国两制”方针需要，着眼“两岸一家亲”理念，深化和巩固传统品牌活动。一是做好省领导赴港澳出席同乡会庆典的服务保障工作。9月9日至14日，省委副书记王辉忠率团赴港澳出席苏浙沪人士庆国庆活动，拜访港澳浙籍乡贤和有关机构。9月9日至11日，代表团一行赴澳门出席澳门苏浙沪同乡会庆祝国庆65周年活动。在澳期间，代表团拜会了澳门特别行政区行政长官崔世安、澳门中联办，以及旅澳浙籍乡贤贺一诚、曹其真、王孝行、贺定一、叶一新等。9月11日至14日，代表团一行由澳门赴香港，出席香港苏浙沪各界人士庆国庆65周年活动和香港浙联会理事代表座谈会。省委副书记王辉忠分别致辞。在港期间，代表团拜会了全国政协副主席、香港特别行政区原行政长官董建华和香港中联办、香港浙联会、香港新界乡议局、香港王宽诚教育基金会，以及旅港浙籍乡贤范徐丽泰、李达三、胡鸿烈、包陪庆、李和声、陆增祺、曹其镛、金乐琦、董建成、周亦卿等，看望了香港浙联会青年委员会成员。

二是举办第二届浙台基层交流周活动。5月19日至24日，浙江海联会与省统促会联合举办了以文化创意产业交流为主题的浙台基层交流周（文创交流）活动。35位台湾文创界人士参加活动，考察了浙江省文创产业，并与有关部门、企业签订了合作协议。12月8日至13日，浙江海联会与省统促会联合举办了以“乡里相亲、浙台同心”为主题的交流周活动，台湾少数民族基层交流参访团一行12人赴浙参访，并与浙江少数民族群众举行联谊。

三是举办台湾大学生浙江夏令营活动。7月9日至13日，浙江海外联谊会与省台联联合举办台湾大学生浙江夏令营活动，邀请岛内98名学子参加。开营式上，省政协副主席、省委统战部部长孙文友授营旗并宣布开营。省政协副主席、省台联会长张泽熙致辞。在浙期间，台湾大学生一行赴各地参观，并与浙江高校学生联谊。

【强化代表人士队伍建设】 一是加强培训，提升代表人士队伍素质。5月14日至18日，举办了港澳青年代表人士中华文化专题研修班。来自港澳的37名浙籍青年代表参加。11月17日至21日，协助中央统战部在温州举办了中华海外联谊会第十七期海外华侨华人中青年代表人士国情研修班。来自17个国家和地区的42名华侨华人代表参加。二是积极引导，推动代表人士发挥“双重积极作用”。省两会期间，召开了香港地区省政协委员座谈会。7月18日至19日，省政协副主席、省委统战部部长孙文友赴深圳，召集香港浙籍同乡社团负责人座谈。40余名香港浙籍同乡社团负责人参加。三是统筹资源，加大代表人士政治安排力度。会同干部处做好港澳海外地区省政协常委安排有关工作。

【精心开展联谊交友】 共接待港澳台海外代表人士来访35批504人次，覆盖了工商、妇女、青年、文化等多个重点领域。接待了香港工商界代表人士访问团、全国妇联系统港澳执委和特邀代表访问团、香港舟山同乡会浙江考察团、香港包达三基金会访问团、香港中医学会访问团、澳门仁协之友联谊会浙江考察团、台湾文化创意交流访问团、工党（台湾）访问团、欧洲华侨妇女访问团、荷兰胡志光佛教回国考察团、俄罗斯中国和统会访问团等重点团组及曹其镛、胡国赞、王守业、王孝行等众多知名人士。共组团出访18批53人次。港澳方面，组团赴港参加香港浙联会新春团拜会、香港浙江政协委员联谊会座谈会等活动；台湾方面，组团赴台湾回访首届浙台基层交流周参与单位；海外方面，组团赴韩国、澳大利亚、新西兰、芬兰、俄罗斯、安哥拉、南非等国参加同乡社团庆典。

【热情服务港澳台海外朋友】 多方了解港澳台海外朋友需求，积极协调有关部门予以帮助和解决。如积极协助曹其镛先生捐赠1亿美元在浙江设立百贤教育基金，做好省委副书记王辉忠、省政协副主席、省委统战部部长孙文友赴北京出席香港百贤教育基金会亚洲领袖人才奖学金计划新闻发布会的服务工作；为中华海联会名誉理事、旅日爱国台胞林伯耀先生一行赴温州与当地日本侵华战争受害者及家属交流提供便利；及时向生活困难的定居台胞发放补助；多次看望“两航起义”人员；帮助黄埔同学解决实际问题；处理香港达进电路板信访案件等。

【做好理论研究和信息工作】 一是举办学术研究活动。10月9日至10日，协助中央统战部、中华文化学院在青田举办“根·梦·魂——中华文化与华侨华人社会”国际学术研讨会。来自16个国家和地区的80余名专家学者和华侨华人代表出席会议。中华文化学院党组书记叶小文出席并作主题报告。二是深入开展调查研究。多次赴香港、上海、深圳及宁波、温州、嘉兴、丽水等地调研。共形成了海外统战工作功能区建设、省级海外联谊会工作、海外侨胞建制安排问题、当前港澳台海外统战工作重点问题等四份调研材料。三是加大信息搜集力度。于年初启动全省港澳台海外统战工作信息联动机制，全年共向中央统战部报送信息37条。

【不断加强处室建设】 一是抓政治学习。通过集中学习、个人自学、走访统战成员等方式，认真学习习近平同志系列重要讲话精神，进一步巩固群众路线教育成果，坚定处室同志的政治信念，不断提升政治理论和业务工作水平。二是抓工作机制。完善了处室例会制度，建立了每月一悟制度、AB岗制度等，确保了处室工作科学规划、合理分工、精准执行。 （袁　成）

·干部处·

【综述】 干部处的主要职能是负责党外代表人士的政治安排和担任政府及司法机关领导职务的党外人士的选拔、培养、考察、推荐等工作；负责党外后备干部和党外代表人士队伍建设工作；承担党外干部、统战干部和中共党内领导干部统一战线理论方针政策培训的统一规划、协调；协助民主党派省委会、省工商联、省侨联、省社会主义学院进行干部管理；协助管理市委统战部部长；负责部机关和省黄埔军校同学会机关干部人事、机构、编制及离退休干部的管理；办理部机关及有关单位出国（境）人员的政审、备案等手续；管理部机关和省统战系统有关单位干部档案和党外人士的档案资料。

2014年，干部处有干部8人，处长：李保东。

【党外后备干部队伍建设工作】 在开展“两部联合，三级联动”的党外后备干部预备人选推荐工作的基础上，结合浙江省省管后备干部集中调整工作，与省委组织部共同开展对党外厅局级后备干部预备人选的考察，根据考察情况，经多方沟通协商，建立了96名党外厅局级后备干部名单。根据中央统战部要求和部领导的指示，配合有关处室做好八个民主党派省级组织领导班子后备干部的推荐工作，并及时与省委组织部相关处室进行沟通协商，与党外厅局级后备干部预备人选一并进行考察，形成民主党派省委会领导班子后备干部名单。

【党外代表人士培养锻炼工作】 会同有关部门和相关处室研究制定2014年教育培训计划，共举办党外人士培训班35期，培训学员2000余人次。其中干部处主办了党外县（处）级干部培训班，为期2个月，共培训学员37名。为进一步规范教育培训工作，研究制定了《浙江省委统战部教育培训管理办法》，推进了统一战线教育培训的制度化、规范化建设。

根据中央统战部《全国党外代表人士实践锻炼基地工作管理办法（试行）》（统办发〔2012〕24号）文件精神，在深入调研、总结各地经验的基础上，研究起草《关于推进浙江省党外代表人士实践锻炼基地工作的实施办法（试行）》，征求省委组织部意见后，经部务会议审定，下发各市委统战部，进一步规范了实践锻炼基地建设。继续通过上挂、横挂、下派等多种方式，推进党外代表人士实践锻炼工作，共选派11名民主党派省委会干部、无党派代表人士到省直有关厅（局）挂职锻炼，选派4名党外代表人士到县（市、区）政府挂职担任副县（市、区）长，选派1名党外代表人士到嘉善县党外代表人士实践锻炼基地挂职锻炼，向中央统战部推荐1名党外代表人士到甘肃挂职担任地级市副市长。

【党外代表人士安排使用工作】 根据港澳统战工作需要，与省政协、省委组织部沟通后，向省委提出扩大省政协常委会组成人员规模并适时增补省政协港澳常委的建议，省委常委会原则同意，在省政协十一届三次全会上增补港澳常委3名。抓住省管后备干部集中调整的契机，结合我省党外干部安排现状，进行综合分析，研究提出一批适合在省政府工作部门、省属高等院校担任领导职务和适合担任党外厅局级正职的党外干部人选，为部领导当好参谋。结合省台联换届人事安排工作，经民主推荐、考察和多方沟通协商，拟将一批年纪较轻、各方面表现突出、有较强代表性的台胞安排进新一届省台联理事会和领导班子。

【党外代表人士管理服务工作】 牵头制定2014年党外人士春节慰问方案，组织开展对在杭的部分党外人士进行补助慰问活动，共慰问补助党外人士346名，其中补助50名，慰问296名。根据《省委统战部领导与省级各民主党派、工商联和无党派人士谈心交友分工安排》，陪同分管领导走访部分党外代表人士，了解他们的思想工作和生活状况，听取意见建议。认真贯彻落实《关于党外代表人士监督暂行办法》的有关规定，积极配合相关处室做好对党外代表人士的日常管理工作。

【党外代表人士工作机制建设工作】 为深入贯彻落实《中共中央关于加强新形势下党外代表人士队伍建设的意见》和浙江省《实施意见》精神，增进部门间的协调配合，与省委组织部联合印发了《省委组织部省委统战部党外干部工作联席会议制度》，明确了两部的职责、参会人员、议事规则等，进一步推进了党外干部培养选拔工作的制度化、规范化建设。

【部机关和系统单位干部队伍建设工作】 根据上级统一部署，协助完成部群众路线教育实践活动总结大会的相关工作，起草《党的群众路线教育实践活动整改落实“回头看”方案》，认真配合开展整改落实工作，并及时向省委实践办汇报“回头看”落实情况。根据部领导意见，会同有关处室研究提出“部机关精神”初稿，在广泛征求部机关各处室、省统战系统单位和各市委统战部意见的基础上，形成56字的“省委统战部机关精神”，部领导审核同意后，下发《关于开展学习践行“部机关精神”活动的通知》，要求广大机关干部切实转变作风，立足岗位，努力学习践行“部机关精神”。

举办省统战系统新进公务员

培训班，培训学员 50 名。同时，积极督促机关干部参加浙江领导干部网络学院省直机关分院的学习。加强干部的实践锻炼，除选派部机关 1 名处级干部到遂昌任县委常委、副县长外，积极与有关高校、基层统战部联系，努力为部机关、系统单位机关缺少基层工作经历的同志创造柔性挂职的条件。坚持德才兼备、以德为先的原则和好干部的标准，积极推进部机关干部和系统单位处级干部的选拔任用工作。一年来，共完成部机关 4 名副调研员的选拔、1 名试用期满处级干部的转正工作；共协助系统单位完成 14 名处级干部的选拔、19 名试用期满处级干部的转正工作。

组织开展了部机关处及处以下工作人员 2013 年度考核工作，根据推荐结果和民主测评情况，报部务会议研究确定了 9 名“优秀”等次人选和 8 名部机关表扬人选，并按规定进行表扬奖励。根据省委组织部的要求，做好部机关和省统战系统单位 137 名处级领导干部个人有关事项的集中报告工作。协助省委组织部做好领导干部个人有关事项报告随机抽查核实工作，并根据要求对有关材料进行了补报或重新填写。为进一步加强部机关公务员日常管理工作，根据相关通知要求，研究起草《省委统战部机关公务员平时考核管理办法》，依托“日志式管理平时考核系统”，开展部机关公务员平时考核的试运行工作。

【其他日常工作】 围绕加强党外代表人士队伍建设工作积极开展调查研究，完成题为《新形势下加强党外代表人士发现储备机制建设》的调研报告。积极参与部机关集中大调研工作，研究起草有关调研报告。牢牢树立主动服务意识，切实做好老干部工作。除组织好每月一次的老干部学习外，组织部机关离退休老同志开展形式多样的参观考察活动。对于生病住院的老同志做到经常性看望，今年陪同部、处领导共探望、慰问生病老同志近 20 次。做好每月部机关（含省黄埔军校同学会机关）干部职工工资报送工作，完成 10 名干部职务晋升工资调整和 4 名新调入干部的工资录入工作。指导审核民主党派机关做好省管干部工资变动工作，向省委组织部报批 9 名省管干部工资变动请示报告。全年共办理部机关、统战系统干部因公（因私）出国（境）政审备案 27 人次，办理个人因私护照、港澳通行证政审 33 人次。办理省管干部因私出国报批、备案手续 9 人次。根据省委组织部的要求，做好 2014 年部机关和统战系统单位工作人员配偶、子女移居国（境）外有关情况的摸底、统计工作，及时报省委组织部。做好档案文书管理工作。共接转干部档案 11 份，并对归档材料中有关信息进行重新审核，确保干部档案信息的完整和准确。同时，对 2013 年度处室工作中形成的文件进行整理并分类归档，归档文件共计 314 份。

【加强自身建设】 按照部机关党委统一部署，结合工作实际，就加强思想、组织、作风建设等方面制定支部工作计划，每月开展支部学习活动，重点是继续抓好教育实践活动整改落实，不断巩固深化活动成果。与龙游县沐尘乡沐尘村开展支部结对共建活动，积极联系有关部门，为沐尘村开展新农村建设提供各方面支持。坚持每周一次的处务会议制度和每月一次的学习制度，认真学习中央和省委的一系列方针政策，以及统一战线的基本理论。特别是对新颁布的《党政领导干部选拔任用工作条例》等最新干部人事政策文件的学习，进一步吃透了政策，提高了政策运用水平。坚持高标准、严要求，带头严格执行改进工作作风的各项规定。要求处室同志在工作中严格按规章制度办事，按组织程序办事，树立正气、严守纪律，努力做到公道对待干部、公平评价干部、公正使用干部。

（徐海江）

·经济处·

【综述】 经济处负责开展对非公有制经济领域统战工作方针政策的调查研究并提出政策性意见和建议；联系、培养非公有制经济代表人士，并开展思想政治工作，调查了解代表人士情况，反映他们的思想动态、意见、要求和建议；做好非公有制经济代表人士政治安排的选拔、推荐和考察工作；负责光彩事业和扶贫工作的联系和协调，承办省光彩事业促进会的日常工作；负责省新生代企业家联谊会工作；指导各市非公有制经济统战工作；联系、指导省工商联工作，反映其意见和建议。

2014年，经济处有工作人员5人，处长：闵涛。

【凝聚共识、服务中心，加强非公有制经济代表人士队伍建设】 着眼长效机制，继续深入开展理想信念教育实践活动。与省工商联共同组织召开“深入开展非公有制经济人士理想信念教育实践活动电视电话会议”。通过教育培训、报告会、现场交流会、开辟“最美浙江人·浙商好故事”专栏等方式，将活动向基层延伸，不断扩大影响力和覆盖面。探索建立活动长效机制，实现理想信念教育实践活动常态化。

注重典型树立，开展“全国优秀建设者”评选推荐。根据评选表彰工作要求和省委副书记王辉忠指示，成立省评选委员会，召开省评选表彰机构工作会议和各市委统战部分管副部长工作部署会。严格按照“推荐申报”、“地方评审”、“审批确定”规范程序并做到“二审三公示”。倪良正、郑坚江、徐云明、蒋文标、胡大有、黄廉熙6名人选获得此项荣誉称号，并赴京参加表彰大会。在评选表彰期间，联合部宣传办、省工商联，做好宣传工作。通过浙江日报和各市主要媒体对推荐人选进行了大力宣传，向全社会展示了非公有制经济人士的良好精神风貌。

立足村企结对，强势推进“千企联千村、合力治污水”专项行动。配合省工商联广泛组织非公有制经济人士以捐助、投资、认建等途径参与农村污水治理，实现全省千家以上企业参与千个以上行政村农村生活污水治理，做到企业结对治水项目、资助资金落实到具体村，确保专项行动取得实效。与浙江电视台等新闻媒体合作，挖掘、树立、宣传先进典型，发挥典型的示范引领作用，把专项行动引向深入。截至2014年底，全省已有6651家企业参与专项行动，结对1366个村，捐资16.79亿元。

提升服务水平，努力推进浙商创业创新。加强与省内外浙商联系，及时了解企业发展需求，提高服务针对性。一是充分利用国家推进丝绸之路经济带和海上丝绸之路建设的契机，结合浙江省改革发展、转型升级的实际需要，配合省工商联组织企业赴印度等国家举办“携手浙商——丝绸之路行”大型经贸活动，组织开展“知名浙商走进温州”、“浙江省中国民营企业500强舟山群岛新区行”活动，大力推动浙商回归考察、洽谈、投资和项目落地。二是积极推动商会协会承接政府职能转移。联合省工商联加强理论研究，派员参加工作研讨会，加强与政府有关部门协调沟通，进一步推进商会规范化、标准化建设，为更好地承接政府职能转移、服务广大浙商、促进非公有制经济健康发展打下坚实基础。

重视后备队伍建设，为非公有制经济代表人士参政议政提供途径。深入贯彻落实中发〔2012〕4号文件及浙江省实施意见（浙委〔2012〕125号）精神，根据部工作要求，经过考察、综合评价，在全省范围内发现了一批优秀非公有制经济代表人士后备人选，为非公有制经济代表人士队伍培养打下了良好人才基础。

【健全网络，搭建平台，抓好新生代企业家的教育培养】 推进组织建设，扩大新生代企业家统战组织覆盖面。通过走访调研，与当地新生代企业家进行座谈，鼓励有条件地区抓紧组织建设，完善运作机制。截至2014年底，全省11个市90个县（市、区）中，已有9个市48个县（市、区）建立新生代企业家统战组织，其中宁波、嘉兴、丽水三市已实现全覆盖。全省共有8000余名新生代企业家进入各级党委政府的培养视野和工作格局。

开展学习培训，加强对新生代企业家的政治引导。一是在省社院、上海财大举办三期培训班，共计培训近300人次。通过培训，引导新生代企业家坚定理想信念，促进地区间新生代企业家组织的交流。二是开展“文化大讲堂”活动。邀请宗庆后、南存辉等老一辈杰出浙商为全省新生代企业家授课，帮助新生代企业家更好地实现自我提升、促进新老浙商之间的思想交流和理念分享。三是开展新生代企业家互访互学活动。促进新生代企业家同行业、跨行业间的学习交流，增进相互间的感情。

组织考察交流，促进地区间新生代企业家的互联互通。一是开展跨省交流活动：组织开展了浙江省新生代企业家代表与江苏新生代企业家代表团座谈会、香港——浙江青年企业家沙龙、苏浙沪新生代企业家峰会——“浙江行”等活动。二是深化省内交流活动：结合助推嘉善科学发展中心工作，开展省新生代企业家联谊会部分成员与嘉善新生代企业家交流结对活动。

创新载体设计，引导新生代企业家积极承担社会责任。一是联合省文化厅共同举办第九届浙江省非物质文化遗产节暨“万场大戏送乡亲”活动，捐赠100万元用于支持和补助部分剧团送戏进农村文化礼堂，并组织金华等7个地区的新生代企业家参加当地的展演活动。二是引导新生代企业家积极投身到“五水共治”工程等省委省政府重点工作中，鼓励全省新生代企业家关注农村治水，关注社会民生。

重视平台搭建，做好宣传展示工作。与浙江经视合作，做好“浙商新力量”栏目系列访谈嘉宾的推荐工作；在风云浙商颁奖典礼上展示新生代企业家团体形象。在部网站中设置“新生代企业家联谊会”专栏，作为展示浙江省新生代企业家群体的官方平台。编印省新生代企业家联谊会宣传画册，通过联谊会官方微博、短信平台、微信公共号、QQ群和翼聊等平台加强宣传。

【深化拓展、提升影响，积极开展光彩事业各项工作】 召开省光彩会三届一次理事会暨“光彩事业山区行”活动启动仪式。根据省光彩会换届工作方案，召开省光彩会三届一次理事会，选举产生常务理事145名，其中会长1名，第一副会长1名，副会长45名，秘书长1名，省政协副主席、省委统战部部长孙文友当选会长，南存辉等46名企业家当选副会长。会后，召开省光彩会三届理事会第一次会长会议。随后，“光彩事业山区行”活动启动仪式正式举行，省委副书记王辉忠出席活动。此次活动共帮扶对接81个项目，帮扶资金共计1600万元。项目惠及景宁、庆元、松阳、龙泉、常山、开化等6个县50个（乡镇）街道81个行政村。在启动仪式上，对在光彩事业方面有突出贡献个人和单位进行了表彰，授予倪良正等2名同志“浙江省光彩事业特殊贡献奖”，授予徐冠巨等36名同志“浙江省光彩事业贡献奖”，授予杭州市委统战部等11个单位“浙江省光彩事业组织奖”。

配合中央统战部做好光彩事业有关工作。做好中国光彩会四届五次理事会议有关工作；组织企业家理事参加中国光彩事业“信阳行”、“南疆行”等活动；做好表彰推荐工作：浙江省宗庆后、徐冠巨、南存辉、王建沂获“光彩事业20周年突出贡献”荣誉证书，帅新武、徐红素获光彩事业国土绿化奖。

做好省光彩会日常工作。做好省光彩会三届理事会第一次会长会议纪要的印发、光彩资金募集、下发表彰决定等工作。做好省光彩会社团年检有关工作。

【认真细致、统筹协调，做好其他各项经济领域统战工作】 做好调研工作。一是围绕发展混合所有制经济，推动浙江省民营经济健康发展的主题，深入开展调查研究，《关于鼓励发展非公有制资本控股的混合所有制企业调研报告》被中央统战部五局评为2014年度经济领域统战工作课题研究优秀成果“一等奖”；二是与研究室合作完成《我省民间投资“三门”问题对策研究》课题报告，并上报中国统一战线理论研究会；三是与省工商联组成联合调研组，赴杭州、嘉兴、绍兴、金华调研经济领域统战工作和工商联工作；四是派员参加省社院“新生代企业家的价值观取向与政治引导”课题组，赴湖北省、云南省调研新生代企业家教育培养和组织建设情况，调研报告获中央统战部2014年度统战工作课题研究优秀成果三等奖。

做好信息工作。一是根据中央统战部要求，完成浙江省非公有制经济代表人士对十八届三中、四中全会关心问题及建议，对习近平总书记重要讲话、理想信念报告会等活动反映情况的汇总上报工作。二是根据部工作要求，做好部官方网站非公经济版块信息发布工作。做好省政协十一届二次会议第661号（“关于加强对新生代浙商培养的建议”）和第729号（“关于加强新生代企业家队伍建设的若干建议”）提案答复工作。

做好综合评价工作。配合党外代表人士后备队伍建设、省光彩会换届、全国优秀建设者评选表彰、省工商联执常委增补等，做好非公有制经济代表人士综合评价工作。根据中央统战部要求，和干部处共同完成非公有制经济人士政协委员及非公有制经济代表人士综合评价相关问题调研，并报中央统战部。

做好慰问接待服务工作。对有关非公有制经济代表人士和原工商业者开展春节慰问；做好中央统战部副部长全哲洙、副局长刘玉江等领导调研座谈的协调接待工作；做好河北省、山西省、湖北市、毕节市等其他省市来浙考察学习有关接待工作。抽调人员参加省政协全会服务工作、省工商界人士座谈会组织工作和省委省政府春节团拜会有关服务工作。

其他方面工作。做好省促进“两个健康”工作领导小组和省非公有制经济代表人士综合评价工作领导小组合并的相关工作；做好企业高级经理人职业素养专题研修班、全国民营重点骨干企业主要负责人专题研修班、全国工商联第三期学习班学员选调工作；派员参加中央统战部非公有制经济领域统战工作研讨班、2014年民主党派省委会领导班子后备干部人选、省管市县党政后备干部考察工作、全省2014年第一次市委统战部部长工作例会、全国社会扶贫工作电视电话会议、2014省统战系统新进公务员培训班等；推荐杭州锅炉集团股份有限公司为发展混合所有制经济案例，完成省民营企业优秀案例修改工作。

【加强学习、规范建设，切实提升自身能力水平】 加强支部建设。严格落实党章规定开展各项支部活动，组织全处全体党员认真学习党的十八届三中、四中全会精神，习近平总书记重要讲话，中纪委全会精神和上级有关文件精神。参加部机关党的群众路线教育实践活动总结大会，不断巩固深化教育实践活动成果，切实转变工作作风，提升工作效能。做好党员民主评议工作，开展“责任与担当”大讨论，使责任意识、担当精神内化于心、外化于形。派员参加省级统战系统学习习近平总书记讲话精神培训班、讲书大赛、机关干部生活状况座谈会等。

加强处室内部建设。加强制度建设、规范工作程序。坚持落实工作责任制、保密制度、学习制度，加强上下班、请销假制度，保证处室工作规范有序开展；加强业务学习和理论探讨，提高工作能力。每周定期或不定期地组织处室全体人员开展学习讨论活动，熟悉统战工作方针、政策、法规，注重资料收集，了解经济发展形势和非公有制经济人士动态，不断提高业务水平。

（卢　敏）

·党外知识分子处·

【综述】 党外知识分子处主要职责是：联系、培养和举荐无党派代表人士和党外知识分子代表人物；开展对无党派代表人士工作调研并提出政策性意见；了解和反映党外知识分子情况，提出政策性意见建议，督促检查贯彻落实情况；负责教育、科技、文化、国有大型企业党外知识分子统战工作；出国和归国留学人员统战工作；新的社会阶层人士（自由择业知识分子）统战工作。

2014年，党外知识分子处有干部5人，处长：林金德。

【探索推进网络界人士统战工作】 在温州试点工作基础上，总结浙江省推进网络界人士联谊会建设经验，提出实现网联会在各市及部分市县组织全覆盖的目标。在省委统战部持续推动下，全省已建立29家网联会（其中市级10家、县（市、区）级19家），在加强网络舆情引导、实现有序政治参与、维护社会和谐稳定、助推网络经济等方面取得初步成效。举办首期网络界人士理论研讨班，来自全省各市38名新媒体从业人员和网络意见人士参加培训，取得较好效果。12月16日，中央统战部在杭州召开全国党外知识分子工作会议暨网络人士统战工作交流研讨会，播放专题宣传片，由浙江省5家单位作经验介绍，浙江省网联会建设得到中央统战部领导的高度肯定。《以网络界人士联谊会为载体探索统一战线参与网络虚拟社会治理的新途径》获全国统战工作实践创新成果奖。

【扎实开展无党派人士学习实践活动】 浙江省承办全国无党派人士优良传统座谈会，并作大会交流发言，26位无党派人士列席会议，向中央统战部报送3名无党派人士先进事迹。召开全省无党派人士、党外知识分子坚持和发展中国特色社会主义学习实践活动中期推进会暨省知联会二届四次常务理事会，以省知联会名义对全省101家先进集体、105名“学习之星”、“行业之星”、“建言之星”、“奉献之星”，10名“杰出知联之星”进行表彰，策划出版《同心追梦创辉煌——浙江省知识界人士联谊会人物风采录》，介绍展示省知联会65位理事的先进事迹。杭州市检察院副检察长冯仁强同志圆满完成赴甘肃武威市挂职副市长任务，推荐2名无党派人士到省直单位挂职，加大实践锻炼力度。

【无党派人士参政议政、民主监督情况】 年初以省政协无党派人士界别名义提交了《提升发展县域城市，加快推进新型城镇化》和《大力发展健康服务业，推进健康浙江战略》的集体提案，其中关于发展健康服务业的提案在省政协十一届二次会议上作大会发言。组织无党派代表人士参加省委、省政府、省政协以及省纪委、省人民检察院、省高级人民法院举办的各类通报会、专题协商会、座谈会等共计20人次。积极参与“五水共治”活动，组织无党派人士界别委员参与“三级政协联动、万名委员同行、助推五水共治”民主监督工作，据不完全统计，无党派人士界别委员参与“五水共治”调研考察暗访监督共计24人次55.5天，走访了18个市、县(市、区)，取得较好的监督成效。

【启动社会组织统战工作试点】 根据中央统战部办公厅《关于开展社会组织统战工作试点的通知》(统办函〔2014〕36号)精神，用两年时间，在北京、辽宁、浙江、山东、湖南、广东六省市开展社会组织统战工作试点。多次与省民政厅民间组织管理局进行沟通协调，了解全省社会组织特别是省级社会组织的分布、分类、数量以及管理等情况，走访调研多家社会组织，多次召开座谈会，与省民政厅联合下发《浙江省开展社会组织统战工作试点方案》，并参加中央统战部召开的社会组织试点中期交流会，形成汇报材料报省领导。

【加强律师行业统战工作】 贯彻落实《中央统战部 司法部党组关于印发〈关于加强律师行业统战工作的意见〉的通知》(统发〔2013〕8号)精神，与省司法厅联合下发《关于加强律师行业统战工作的实施意见》，着力加强党外律师代表人士队伍建设，促进律师队伍健康成长和律师行业健康发展。协助中央统战部组织“同心·律师服务团”浙江省同心志愿律师赴海南省乐东县开展对接帮扶。

【加强留学人员工作】 学习贯彻习近平总书记在欧美同学会成立100周年庆祝大会上的重要讲话精神。举办第三期归国留学人员理论研究班，对浙江省归国留学人员加强联系和培养。推荐1名海创会理事参加第六期全国归国留学人员代表人士研讨班。运用好下沙海创园这一平台，通过在调研时发现人才和“以留引留”等措施，引进高端海归人才，做好协调和服务工作，全年引进企业在谈的有5家，办理落户注册的2家。协助欧美同学会举办“创新驱动留学报国发展论坛”，省政协副主席、省委统战部部长孙文友出席并讲话；协助欧美同学会调研组在杭州、温州召开座谈会；参加全国留学人员团体会长、秘书长工作座谈会。

【省知联会继续推动建言献策】 探索建立省知联会调查研究奖励工作办法，明确《强化重点生态功能区建设，打好“五水共治”攻坚战》、《统战性社会组织在社会治理中承担的角色》等四个重点课题，形成课题调研成果。组织23名理事参加以“对接中国(上海)自由贸易试验区，促进长三角地区联动发展”为主题的第六届苏浙沪知联会主题论坛，共提交7篇论文，其中3位代表分别作了主题发言，获与会者好评。举办第三期省新的社会阶层人士主题论坛，以“新的社会阶层人士在社会治理中的优势与作用”为主题，邀请中介组织、省律协中的知名律师、省内社会科学界专家等47人参加，产生了较好的社会反响。

【省知联会建立社会服务长效机制】 健全完善社会服务机制，研究确定浙江省4个村作为省知联会定向慰问帮扶点，明确帮扶项目和责任人，通过三至五年的努力，在集体经济发展、公共基础设施建设、农民增收致富等方面取得明显成效。参与全省“光彩事业山区行”活动，共结对帮扶齐溪镇丰盈坦村农村生活污水处理工程、岭里村农村生活污水处理工程、宗坑村农村生活污水处理工程等3个项目，提供帮扶资金150万。开展省知联会“感恩‘三老’、慰问‘两户’”活动，由省知联会领导带队分赴11个市慰问，共送出慰问金28.5万元，慰问272人。组织省知联会同心·文化教育服务团开展“走亲连心 走进幸福”文艺下乡活动。参与助推嘉善科学示范点建设，做好省知联会理事捐助嘉善学校净水设备项目的联系对接工作，邀请上海市知联会外企分会成员赴嘉善开展调研。举办第五届“服务理事、服务学生”人才洽谈会，举办“知联毅行”、摄影采风活动等各类联谊活动。

【加强支部建设】 巩固和发展党的群众路线教育实践活动成果，发挥支部的战斗堡垒作用，继续做好支部与淳安县瑶山乡幸福村支部心连心结对工作。全年支部四次走进幸福村，赠送图书100多册、慰问困难户38户、助养爱心猪22头、修建林道2.3公里、送文化下乡、邀请专家进行农业技术指导、看望对越自卫反击战的退伍老兵等等。走访处室结对的两个少数民族低收入群众帮扶村，帮助解决帮扶资金共10.8万元，并慰问22人，送去慰问金2.7万元。支部被省直机关工委评为“先进基层党支部”，并参与省直机关党委组织的“我的群众观是怎样践行的”及“正能量·读好书”三味书院讲书活动，均取得较好成绩。

【加强省知联会机制平台建设】 制定秘书处人员绩效管理考核制度、会长会议轮值制度等，进一步规范制度建设。省知联会获得公益性捐赠税前扣除资格，被省民政厅评为5A级社会组织。全年编辑《知联报》12期，更新知联网站信息240余条，群发短信660余条，2万多人次。开通省知联会微信公众号、省新联论坛（新联会）微信群、省海创会微信群三大群体的网络平台，加强与理事的联系沟通。（张 蓉）

·政策理论研究室（统战宣传办公室）·

【综述】 政策理论研究室工作职能：负责统一战线理论、政策的综合性研究；协调、组织统战部门的调研活动；承担统战工作综合性重要文件、重要文章的起草；负责统战部门的宣传工作，协调统战系统的宣传活动；联系并运用各种社会宣传媒介宣传统一战线，配合有关部门开展海外的统战宣传工作；了解全省统战报刊、网站情况，进行指导。

政策理论研究室（统战宣传办公室）在职干部7人，主任：杨卫敏（兼）。

2014年，在部领导班子的重视关心下，在分管副部长的直接领导下，研究室（宣传办）全面贯彻落实科学发展观，深入学习宣传贯彻党的十八届三中、四中全会和省委十三届五次、六次全会精神，深入学习习近平总书记重要讲话特别是关于统一战线重要讲话精神，为迎接中央统战工作会议的召开，配合部领导抓好大调研和总结等工作，承担了大量部重要文稿的起草和修改，全年共完成各类文稿达97万字。同时做好宣传思想工作、基地建设、义行天下电视新闻专栏摄制等工作，求真务实，以人为本，开拓进取，创出亮点，较好地完成了各项任务，主要包括以下十个方面：一是完成各种重要文稿的起草。承办了省委主要领导、省委分管领导、部主要领导大量重要讲话、省委统战部各类汇报材料，工作要点、责任分解、宣传工作要点，起草省委统战部各类征求意见建议稿。二是为迎接中央统战工作会议召开，积极参与由部领导亲自带队的大调研活动，起草部主要领导调研讲话稿，参与部集中调研并完成总报告和3个分报告，并赴湖北省交流工作经验。三是做好课题工作。制定实施全省调研课题计划，印发《2014年全省统一战线调研课题参考目录》；参与做好省委统战部重点课题特别是基层协商民主、商会承接政府部分职能转移、新阶层人士分众化统战等课题，参与起草2014年度中央社院的委托省社院课题，研究报告《统一战线推进基层协商民主的实现途径研究——以浙江为例》获得全国一等奖。完成新的社会阶层人士分众统战研究调研报告。整理收集习近平同志在浙江期间关于统战工作相关讲话和材料，并撰写习近平同志在浙江工作期间有关统战工作论述的调研报告；完成并上报省委重点调研课题，完成省政协课题《党际协商》研究，完成调研报告《关于浙江省党际协商的调研与思考》，该处副主任许军署名文章《浙江：党际协商是协商民主的重要组成部分》在10月22日《浙江日报》专版刊登；撰写省委宣传部、省社科联《中国梦与浙江实践课题研究》分课题调研报告；等等。四是加强基地建设。充分发挥中国统战理论研究会非公有制经济人士统战工作理论研究基地和省统一战线理论研究会的作用，做好中央统战部研究室和《中国统一战线》杂志副总编来浙调研相关接待工作，召开专家和地市统战部负责同志参加的座谈会，起草我省研究基地近年来工作情况向中央统战部研究室汇报材料。积极向中央统战部报送我省研究基地每月工作动态、2014年研究基地工作总结、评比量化考核申报表，上报中央统战部研究室和中国统一战线理论研究会蓝皮书有关浙江省非公有制经济人士统战工作研究成果。五是做好2014年度全国统战理论政策研究和工作实践创新成果的组织报送工作，共上报工作实践创新成果19篇，理论政策研究11篇。经评选，浙江省获奖数量和质量均在全国名列前茅。共有4项实践创新成果获奖，分别是：浙江省委统战部《以网络界人士联谊会为载体探索统一战线参与网络虚拟社会治理的新途径》、温州市委统战部《探索行业协会商会承接政府职能转移工作》、宁波市北仑区委统战部《制度化“协作共建”破解基层多党合作难题》、江山市委统战部《借助“同名”乡村关系实现基层对台交流合作新突破》。我省共有4篇理论研究成果获奖。其中一等奖1篇，为浙江省委统战部课题组的《新的社会阶层人士分众统战研究》；二等奖2篇，为宁波市委统战部调研组的《关于商（协）会承接政府职能转移的实践与思考》和浙江省统一战线理论研究会课题组的《从“冷”“热”两条线谋划统战工作——习近平同志在浙江工作期间统战工作重要论述和思想研究》；三等奖1篇，为浙江省社会主义学院的《新生代企业家的价值取向与政治引导》。六是积极做好创新成果推介，创办《研究与探索》刊物。修订全省工作评奖评审办法和实施细则，并作为部制度印发；完成中央统战部办公厅《关于开展统战工作实践创新成果评选及推广问题调研的通知》；对2014年浙江省报送全国理论创新和实践创新成果进行通报表扬，并创办《研究与探索》刊物积极推介；全面整理总结了浙江省2000－2013年以来统战工作创新成果和理论政策研究优秀成果，并上报中央统战部。七是注重调研成果的转化和应用。编辑出版了《浙江统战理论文选》第27集，约60万字。分批向中央统战部《调研报告》、《参阅资料》和省委有关刊物推荐稿件，多篇文章被中央和省委采纳。今年1月，中央统战部《中国统一战线》杂志刊登省委统战部《浙江统一战线探索推进基层协商民主四种形式》一文。此文经修改后向中中央统战部网站报送，并在浙江省统一战线工作部网站和《情系中华》杂志刊登。2014年，浙江省4篇文章（其中省委统战部1篇）被中央统战部《统一战线理论研究成果蓝皮书》（2013年）收录，分别为：《基层协商民主在浙江的实践形式及主要启示》（浙江省委统战部课题组）、《民建基层组织结构优化与机制创新研究》（民建浙江省委会课题组）、《统一战线视域下的新媒体时代和谐表达》（浙江金华职业技术学院课题组）、《新生代非公有制经济代表人士成长规律和培养路径研究》（宁波市委统战部 余海大）；《习近平在浙江期间统战思想研究》被省委党史研究室《党史研究参考》全文刊登，省委党史研究室认为此文极具咨政价值，提供给省委四套班子并印发给各市主要领导，同时上报中央。八是认真抓好浙江省统一战线重大活动的宣传报道。同时，积极做好全国第四届优秀社会主义建设者评选表彰活动的宣传报道方案等。注重借助《浙江日报》、《联谊报》、浙江卫视、浙江在线、浙江之声、“浙江发布”等主流媒体，统战工作内容得到了大量报道，宣传力度进一步加大。该处获得了中央统战部中国统一战线杂志社颁发的2014年“中国统一战线宣传先进单位”。按照中央统战部要求做好基层统战干部先进典型宣传稿件的征集，浙江省共报送3个典型。上报省委宣传部全省网评员队伍名单、省委统战部微博微信公众平台建设工作事宜的说明、浙江省统一战线意识形态工作形势研判及对策建议，上报外宣办2013年省委统战部对外口径问答，向省委办公厅报送省委统战部关于进一步加强和改进意识形态工作督查自查报告。九是继续抓好刊物和网站宣传阵地建设。省委统战部“情系中华”网站全面改版，新网站成功运行；《情系中华》、《浙江统战》合并后，继续发挥杂志的宣传渠道作用；组织做好《非公有制经济人士研究》新刊的编撰出版，2014年度共出版4期；做好《浙江统一战线年鉴（2014）》的策划、编纂、发行和《浙江统一战线年鉴（2015）》的征订工作；全面启动《浙江通志》有关内容的编撰工作。十是处室自身建设不断加强。积极开展党员学习，积极参与部机关党委、工会、团委活动、心理健康俱乐部的活动，处室为基层临海贫困老人捐款。认真开展党员评议总结，起草处室总结和计划，严格执行中央和省委各项制度，完善财务管理制度，建立了固定资产登记制度。全面总结处室过去五年工作，并起草了今后五年工作思路。

【为迎接中央统战工作会议开展全省大调研】 为迎接中央

统战工作会议召开，积极参与部大调研活动。3月至7月，陪同部主要领导赴全省各市及浙大、浙工大调研，并起草调研讲话稿10篇；8月，全处大部分同志参与省委统战部赴各地集中调研，起草修改完成调研总报告和三个分报告，全面分析统一战线面临的新情况新问题，摸清底数、理清思路、明确方向，为召开省委统战工作会议和出台《条例》实施意见打下了基础；12月，陪同部主要领导等赴湖北省等兄弟省份调研，开展工作经验交流，并做好湖北省工作经验交流会相关会议记录及整理工作。起草部主要领导在《中国共产党统一战线工作条例》征求意见座谈会上的发言准备材料，并准备省委统战部向省委常委会汇报中央统战工作会议精神文稿和部主要领导在中央统战工作会议上的发言材料；起草省委统战部5年工作总结等；做好起草浙江省贯彻《中国共产党统一战线工作条例》实施意见相关准备工作。

【召开全省统一战线推进基层协商民主现场会】 2014年5月15日，省委统战部在余姚市召开了全省统一战线推进基层协商民主现场会，总结推广各地统战部门在推进基层协商民主工作中的成功做法。省政协副主席、省委统战部部长孙文友出席会议并作重要讲话。会议范围涵盖全省各市、县（市、区）委统战部部长。宁波市、余姚市、杭州市上城区、温州市鹿城区、温岭市等五个市、区（市）委统战部作为全省典型进行了大会交流发言。会议掀起了全省各地统一战线推进基层协商民主发展的热潮，浙江省各地统一战线充分发挥自身资源、网络、功能、渠道优势，不断丰富和创新载体，探索出了统一战线参与民主决策、民主管理、民主监督、民主自治等四种实践模式，在反映诉求、化解矛盾、创新治理、促进和谐等方面发挥了积极作用，引起了各方面的关注。如临海市委统战部在白水洋镇开展的民主协商被不少中央媒体列为中央60项改革任务中已启动并见效的39项代表性事例之一。余姚推进基层协商民主建设的做法，被中央统战部评为统战工作实践创新成果。

【深入开展“浙商义行天下”宣传活动】 在部主要领导的亲自参与、策划下，宣传浙江省非公有制经济人士积极承担社会责任事迹的“浙商义行天下”电视专栏步入正轨。积极与浙江广电集团就摄制、播出事宜进行会商协调，策划部署“浙商义行天下”栏目的摄制、播出和宣传工作取得实效，基本保持了每月两期的模式，得到了各地踊跃参与和积极配合，成为统一战线宣传系统的一大宣传品牌，并有效提高了栏目的时效性和可看性。2014年，共拍摄24期，其中赴黑龙江拍摄一期，社会影响力不断扩大。

【召开全省统战调研宣传工作座谈会和全省统战调研宣传暨年鉴工作座谈会】 会议学习传达了中央、中央统战部和省委有关会议精神，总结回顾过去一年来统战调研、宣传和信息工作的成绩与经验，研究部署下一阶段统战调研、宣传和信息工作的主要任务。省委统战部副部长楼炳文出席会议并讲话。省委统战部副巡视员、研究室（宣传办）主任杨卫敏作有关工作说明。全省11个市委统战部、各民主党派省委会、省工商联以及省直有关单位代表在会上作了交流发言。省委统战部各处室相关人员出席会议。

【创办《研究与探索》新刊】 为了进一步学习贯彻全国统战工作会议和《中国共产党统一战线工作条例》精神，加强对统战工作中出现的新情况、新问题的理论研究和实践探索力度；同时着眼于在有关评比表彰奖项调整后，继续激发各地创新活力，努力打造推进浙江省统一战线理论创新和实践创新成果转化平台，省委统战部创办了《研究与探索》刊物。发行范围涵盖中央统战部办公厅、研究室，省委办公厅（二处），省委统战部领导及各处室；全省各市、县（市、区）委统战部，省直机关工委、团省委统战部，省委教育工委统战处，省部属高校、科研院所和企业党委统战部；各民主党派省委会、省工商联，省民宗委、省侨联、省台联、省黄埔军校同学会、省社会主义学院等。同时，每期增发给该成果主创单位的上级组织党委（如各市、县（市、区）委，高校、科研院所和企业党委，省直有关部门党组）以及统战系统各单位主要领导和分管领导。对观点及做法独到的创新成果，经部主要领导同意后，可专报省委分管领导乃至主要领导。2014年12月出版试刊，2014年共发行3期。

【部“情系中华”网站全面改版，新网站进入试运行】 浙江省委统战部新网站于2014年7月正式改版，网站内容包括：基层动态、多党合作、民族宗教、港澳台海外、浙江中国和平统一促进会、浙江省黄埔军校同学会、非公经济、党外知识分子、机关建设、图片新闻、新闻资讯、理论园地、人物风采、专题、《情系中华期刊》等15个大板块。在新网站的首页还可以链接中央和各地的统战系统、各民主党派的网站；主要新闻媒体和省级相关组织的网站。网站的改版，大大提升了网站的信息容量，系统更趋于稳定，运行速度更快，操作更加简便，内容更加丰富多样，成为省委统战部联系各民主党派、无党派等社会各界人士的宣传交流平台。

【合刊后的《情系中华》杂志运行良好】 为了使杂志更贴近中心、贴近统战、贴近基层、贴近读者，2014年，《情系中华》与《浙江统战》实现资源整合即两刊合并，浓缩了原《情系中华》的各栏目，有优势的栏目继续保留，同时发挥并刊后时效性强的特点，增加了关于工作性的栏目容量，使杂志集指导、可读、宣传、服务于一体，成为推动统战工作的有力助手。如“权威发布”主要报道省领导关心、理解、支持统战工作，直接关系到统战工作在社会上的影响；“诤友之声”是省级各党派建言献策的平台；“基层连线”为基层统战工作或人物宣传方面搭建平台；而“书记谈统战”、“部长论坛”、“实践创新”等栏目为年鉴的编撰预先累积了素材。在部领导及社领导的关心和支持下，《情系中华》杂志通过不断改版目前已达到良好的效果，2015年的征订工作也取得进一步的突破。

【《非公有制经济人士研究》新刊正式出版发行】 作为全国唯一一本专门研究非公有制经济人士的刊物，《非公有制经济人士研究》立足浙江、放眼全国，致力于对非公有制经济人士进行理论研究与实践探索，努力打造成为一本层次高、内容全面、实用性强的非公有制经济人士研究综合性刊物。本刊为大16开本，共80页，主要内容有非公有制经济领域高层信息，实时动态、原创的研究报告和理论文章、专家视点以及优秀的非公有制经济人士案例，重点突出理论性、指导性、实用性，同时强调可读性。刊物以季刊形式发行，2014年共编辑出版《非公有制经济人士研究》4期，并制订完善了相关编校制度。

【全面启动浙江通志相关卷的资料阶段工作】 指导协助各民主党派省委会和省工商联参与《浙江通志·民主党派与工商联卷》的资料收集整理工作，联络协调省方志办对各参编单位的沟通指导。并完成《浙江通志·中国共产党卷》的篇目定稿，进入资料收集整理阶段。（胡慧蕾）

·机关党委·

【综述】 中共浙江省委统战部机关委员会主要负责部机关和省级统战系统各单位党组织的思想、组织、作风、制度建设及反腐倡廉工作，领导部机关工、青、妇等群团组织工作。本年度调入正式党员13名，调出7名，死亡1名，截至2014年12月31日共有正式党员235名。部机关党委所属1个党总支（省社会主义学院党总支）、12个党支部（办公室党支部、党派处党支部、民宗经济处党支部、联络处党支部、干部处党支部、党外知识分子处党支部、研究室（宣传办）党支部、部机关离退休人员党支部、省级民主党派机关中共党支部、省侨联党支部、省台联党支部、省黄埔军校同学会党支部）。

2014年部机关党委书记：金长征（兼），专职副书记：李煜蔚，党委委员：何剑锋、张军、张维仁、李保东、陈清玲、詹建平；机关纪委由李煜蔚、李小平、林孝双3人组成，李煜蔚同志兼任机关纪委书记。

2014年在部委的正确领导和省直机关工委的工作指导下，机关党委按照省直机关工委提出的“管好党员、管好干部、管好首脑机关”总要求，以建设学习型服务型创新型基层党组织为工作目标，紧紧围绕部中心工作，按照坚定理想信念，提高党员素质，服务基层群众，创新组织建设为主线，组织所属各党支部深入开展学习贯彻党的十八届三中、四中全会精神，习近平总书记系列重要讲话精神、省委十三届五次全会精神，着力提升省统战系统基层党组织建设科学化水平，狠抓作风建设，严明政治纪律，为推动浙江省统战工作再创佳绩，提供了坚强的组织保证。

【深入学习贯彻习近平总书记系列重要讲话精神，切实增强

党员干部的理想信念和责任担当】 按照省直机关工委的工作部署，组织各党支部深入开展学习“习近平总书记在兰考县委常委扩大会议上的重要讲话”、“三严三实”、《之江新语》、《习近平总书记系列重要讲话读本》等文件精神的学习讨论活动。根据省委组织部《关于做好全省县处级以上领导干部学习贯彻习近平总书记系列讲话精神集中轮训工作的通知》要求，首次举办省统战系统处级干部学习习近平总书记系列重要讲话精神专题培训班。培训班采取专题授课辅导、个人自学和分组讨论等形式，以习近平总书记系列重要讲话精神为主要内容，深入学习领会习近平总书记关于治国理政的新思想新观点新要求。围绕统战工作重点，把学习党的十八届三中全会精神和省委十三届四次全会精神有机结合起来，重点安排了《微博时代与危机管理》、《学习贯彻习近平总书记系列重要讲话精神》、《我国协商民主的由来及发展前瞻》、《全面深化改革，加快转型升级》等专题辅导课。通过学习培训，大家一致认为这次培训很及时、很有必要，明确了政治方向，增强了战略思维和定位，为开创统战工作新局面增添了动力和目标。在学习中央三中全会、习近平总书记系列重要讲话精神活动中，部领导率先垂范，部中心组多次组织专题学习扩大会，学原文、谈体会、议工作，组织省统战系统处级干部及全体党员开展学习大讨论。常务副部长徐宇宁带头给省统战系统党员干部上《让网络空间清朗起来——当战士不当绅士》的主题党课，为党员干部理清思路，坚定信念。副部长楼炳文的“以学习习近平总书记系列重要讲话的实际成效开创全省统一战线的新局面”体会文章，获省直机关中心组学习体会征文二等奖。党派机关支部的傅灿荣同志荣获省直机关微型党课大赛一等奖，并代表省直机关参加全省“第五届微型党课”大赛，荣获三等奖。继续开展党建网络平台的学习考核，不断充实党建网络学习平台的课件和学习内容，本年度共增加课件35个。为使各支部相互学习，共同提高，编辑《机关党建工作交流》18期，《读书心得交流》2本，用以激发各支部抓党建工作的主动性和积极性。

【扎实开展“优作风、强服务、促规范”主题建设活动】 按照省直机关“优作风、强服务、促规范”主题建设活动的总部署，机关党委书记、常务副部长金长征第一时间向部机关处长和党派机关的支部书记传达会议精神，并做动员讲话。按照工委的要求，成立部机关主题建设活动领导小组及办公室，制定《省委统战部“优作风、强服务、促规范”主题建设活动的实施方案》，持续推进机关作风建设深入开展。为进一步推进机关“优作风、强服务、促规范”主题活动，巩固深化党的群众路线教育实践活动成果，组织全体党员开展“责任与担当”大讨论，引导党员干部做到知行合一，努力践行党的群众路线，积极争当基层群众满意的好公仆、好党员。党外知识分子处党支部童志华获省直机关“我的群众观是怎样践行的”优秀征文二等奖。按照习近平总书记“三严三实”的工作要求，结合部群众路线教育实践活动回头看的契机，对省委统战部机关作风建设方面存在的问题和需要改进的方面，向省统战部系统11家单位征求意见，共收集了15条意见，牵头组织做好意见的梳理上报工作，并进行反馈整改措施的落实工作。围绕省委省政府中心工作，组织全体党员干部捐款助推“五水共治”专项行动，由省委统战部组织的10个党支部党员干部共捐款56140元。积极参与“三改一拆”“五水共治”专项督查工作，组织党员下基层助推“五水共治”专项工作约60多人次。

【深入推进机关党支部结对帮扶共建活动】 为巩固党的群众路线教育实践活动的成果，按照中央和省委《关于加强基层服务型党组织建设的意见》、《关于完善党员干部直接联系群众制度的意见》的要求，继续组织机关党支部（总支）与农村（社区）基层党组织结对帮扶共建活动，先后组织约160人次下基层开展帮扶共建活动。通过近二年来有实效、接地气的帮扶工作，得到了基层老百姓的交口称赞。办公室党支部与临海市多年上访户黄三菊老人结对后，妥善解决了她的生活保障问题，她专门送来一面“情系百姓，为民解忧”的锦旗，表达了对党组织的感激之情；党派处支部与柯桥区委统战部支部联合调研提出“汇聚统战合力，助推美丽乡村建设”专项活动，把握民生动态，总结基层经验，为领导决策提出了行之有效的工作建议；省台联党支部结对环北新村社区党委，开展侨情调查、参加社区志愿者义务指路活动，做好“五水共治”宣传，编撰并向社区居民发放了1000册“节水生活手册”，指导群众开展“抓节水”活动；省侨联党支部坚持“党建带侨建”工作新模式，大力弘扬“甘于奉献、善于创新、乐于相助、勇于争先”浙江侨联精神，开展了与兰亭镇紫洪山村党总支和侨企浙江华日集团党总支结对共建主题实践活动，捐赠了“文澜侨心书库”、开展了“捡珍珠”公益爱心接力等工作，把机关党建工作与全局工作紧密结合，切实提高机关党建工作的实效性。党外知识分子处党支部与淳安县瑶山乡幸福村党总支结对，不仅帮助部分村民基本实现了脱贫致富，还开展了赠送科技图书、结对慰问困难户、助养“爱心猪”、集资修建林道、文化下乡、邀请专家进行农业技术指导等活动，2014年该支部被评为省直机关先进基层党组织。省委统战部这项工作的开展，得到了省直机关工委的肯定，在省直机关工作会议上做了经验交流发言。结对帮扶工作的开展既加深了机关干部与普通老百姓的情谊，也增强了机关年青党员干部做群众工作的本领和信心，使得机关党员的奉献意识提高了，工作主动性增强了，工作作风转变了。

【推动党风廉政建设“两个责任”的落实】 按照省纪委、省直机关纪工委的工作要求，一是加强警示教育，强化政治纪律。利用网络媒体、党员会议、宣传栏、手机短信等多种形式，开展省统战系统廉政宣传教育工作，在重要节假日前及时把中央、省委和省纪委的通知要求，传达到每一位党员干部，并要求各支部负责人切实负起监督责任，做到教育在先、警示在先、预防在先。利用交通部违纪案例，及时对党员做好警示教育，从中吸取教训，切实打消侥幸之心、观望之念，确保清正廉洁过节。二是加强廉政文化建设，营造风清气正的工作氛围。结合省统战系统廉政书画作品展示活动，组织党员干部和统战系统机关干部观看廉政书画作品；利用统战系统廉政文化教育基地的资源优势，组织党员干部到余杭区听廉政故事，创新廉政教育方式，推进廉政宣传教育常态化。三是开展正风肃纪自查自纠工作。会同省统战系统监察室、干部处等部门，对部机关和省级民主党派机关组织开展自查、抽查和明查暗访，全年共抽查了5次，做到抓早抓小，举一反三，努力做到守土有责，守土负责，守土尽责，切实履行好机关纪委的监督责任。

【切实发挥群团组织作用，积极营造团结和谐纯洁健康的工作氛围】 为帮助机关干部排解工作、生活压力，创办了省统战系统“心连心”心理健康俱乐部、“连心书吧”、省统战系统心理健康QQ群，为机关干部提供心理健康书籍，组织健康有趣的文体活动。组织完成省统战系统175名机关干部的心理健康体检工作。为提升机关正能量，化解干部职工心中的不良情绪和心结，努力改变机关思想政治工作的有效性，不定期地开展心理健康交流和讲座，今年共组织了3期分享式沙龙交流。为纪念“五四”运动95周年，进一步增强团员青年爱国奉献、爱岗敬业意识，指导团委开展“团队合力·感受正能量”“走进警营·放飞青春”系列庆祝活动，通过活动使团员青年收获了知识，提高了凝聚力。积极支持部机关工会组织开展课间操、网球培训等体育活动。组织发动党员，积极参加省直机关妇委会组织的“正能量·读好书”讲书大赛，部机关妇委会获优秀组织奖，6名参赛选手中获银奖1名、优胜奖3名。组织省统战系统干部职工积极参加省直机关工委组织的“五水共治 美丽浙江”摄影作品展、喜迎建国65周年书画作品展、省直机关“我和我的祖国”大合唱比赛等文体活动，进一步增强机关的文化氛围，提高党员干部的文化素养。（李煜蔚）

·监察室·

【综述】 统战系统监察室主要职责是：检查部机关和省统战系统成员单位在遵守和执行法律、法规、政策和各项决定、命令中的问题；开展廉政教育，促进全省党外干部的廉政建设，负责部机关和省统战系统单位廉政、效能情况的监察工作；受理对部机关和省统战系统单位机关及其公务员违反行政纪律行为的控告、检举，调查处理部机关和省统战系统单位机关及其公务员违反行政纪律的行为；受理部机关和省统战系统单位机关公务员不服主管行政机关给予处分决定的申诉，以及法律、行政法规规定的其他由监察机关受理的申诉；承办部务会议和上级监察机关交办的工作。

2014年，监察室有干部2

人，7月起，主任马招法任遂昌县副县长（挂职），部机关党委专职副书记李煜蔚负责（兼）监察室工作。

2014年，监察室以邓小平理论、“三个代表”重要思想和科学发展观为指导，学习贯彻党的十八大和十八届三中、四中全会精神、习近平总书记系列重要讲话精神和中纪委全会精神，以及省委全会、省纪委会议精神，坚持标本兼治、综合治理、惩防并举、注重预防的方针，围绕部的中心工作部署，狠抓反腐倡廉建设，深化作风建设，加强自身建设，扎实开展履职监督工作，推动了省统战系统监察工作的深入开展，有力地保障了省统战事业的健康发展。

【制定惩防体系实施细则】 深入学习贯彻中央和省委关于建立健全惩治和预防腐败体系2013－2017年工作规划，结合省委统战部及统战系统惩防制度建设和作风建设调研情况，在征求省统战系统监察工作联席会议成员单位和处室意见后，制定印发《浙江省委统战部建立健全惩治和预防腐败体系2013－2017年实施细则》及《浙江省委统战部2013－2017年惩防体系建设工作任务分解意见》，强化规划部署，推进部机关党风廉政建设工作。

【创建省统战系统廉政文化教育基地】 为贯彻落实中央和省关于纪检监察工作的会议精神，进一步加强廉政文化建设，促进浙江省统一战线可持续发展，2014年在全省统战系统开展廉政文化教育基地的创建活动。3月，印发通知部署工作，5月，在绍兴市组织召开省统战系统监察工作联席会议，对省统战系统廉政文化基地前期创建的情况进行交流，推进部署创建省统战系统廉政文化教育基地的工作。全省统战系统各单位高度重视、精心组织，积极申报。有的单位在原有设施基础上充实、改建廉政文化内容，进一步整合资源、突出了廉政与统战的主题。有的单位以申报省统战系统廉政文化教育基地为契机，专门发出通知，开展省级统战系统廉政教育基地的评选推荐工作，扩大参与面。经过近半年时间的推荐和评选，11个地市和8个省级民主党派省委会，共报送各类廉政文化教育基地16个。按照文件通知要求，结合统战工作实际，省委统战部经过实地考察和征求意见，初步评选了11个主题鲜明、特色突出、社会知名度高、在全省具有较大影响的廉政文化教育基地，并在省统一战线读书会期间对创建成果进行展示，得到了部领导的肯定。9月，部务会议研究通过确定，并通报公布了11个第一批省统战系统廉政文化教育基地。它们是：余杭廉政故事创作演讲基地（杭州）、温州革命历史纪念馆（温州）、苏步青故居（温州）、民革党员之家（湖州）、沈钧儒纪念馆（嘉兴）、褚辅成史料陈列室（嘉兴）、马寅初故居（绍兴）、艾青百廉主题文化馆（金华）、江山清漾毛氏文化村（衢州）、陈安宝烈士纪念馆（台州）、亭旁起义纪念馆（台州）。

【举办全省统战系统廉政文化书画作品展】 为加强廉政文化建设，强化反腐倡廉的预防作用，突出廉政宣传教育，组织开展廉政书画作品征集展示活动。7月10日，在全省统战系统征集廉政书画作品，举办第二届统战系统廉政文化书画作品展示活动，展示活动共展示了90多幅廉政书画作品，中国民主促进会中央常务副主席罗富和，省委副书记王辉忠，省政协副主席、省委统战部部长孙文友参观了展览，各民主党派省委会主委、副主委，省工商联主席、专职副主席，无党派人士代表，省委统战部领导及各处室负责人，各市委分管统战工作负责人、统战部部长，以及省统战系统部分机关干部参观了展览。

【调研信息工作】 开展省统战系统监察工作的研究，主要对省级民主党派监督委员会工作的探索实践课题进行调研。3月，会同农工党省委会组织召开医疗机构农工党员负责人座谈会。6月，向中央统战部一局报了《搭设平台建机制 合力联动促落实》的调研材料，主要从监察室成立以来开展的主要工作、取得的成效、各民主党派的反映三个方面汇报了有关工作情况。8月，组织召开民主党派省委会监督委员会监察工作座谈会，对监督委员会成立以来开展工作的经验做法进行了交流，对今后如何履行好监督职责的工作方法进行了探讨。组织省统战系统加强廉政文化建设的调研，着力开展省统战系统廉政文化教育基地的创建和廉政书画作品的征集展示活动。

注重信息工作，处室荣获全省统战信息工作三等奖。一年来共编撰简讯简报信息10多篇，其中信息有被上级部门编用。编撰印发省统战系统监察工作联席会议成员单位开展工作的简报和民主党派省委会监督委员会成立及积极开展工作的经验做法文章，向统战部主办杂志提供了省统战系统廉政文化建设展示活动有关刊登素材。

【做好日常监察工作】 以上级有关廉政建设工作文件精神为指导，在调研并征求统战系统监察工作联席会议成员单位意见的基础上，制定印发了《省统战系统2014年监察工作要点》，部署全年工作，分解落实监察工作职责。

做好信访案件处理工作。2014年，收到上级批转群众来信4件次，对群众来信中的问题均按照信访内容进行了相关核查和处理，并向上级纪检监察部门报结。

创新廉政教育形式，创建廉政教育新平台，加强省统战系统廉政教育，推进廉政文化建设。11月，组织省统战系统党员干部共计90余人，赴省统战系统廉政文化教育基地——余杭廉政故事创作演讲基地，聆听廉政故事，进行廉政宣传教育。12月，专门组织编印了《廉政提醒手册》口袋书，下发系统每个党员和干部传阅，提醒党员干部准确把握。完善统战系统廉政教育网络短信平台，每逢重要节假日，给省统战系统监察工作联席会议成员单位处以上领导和部机关干部发慰问短信和廉政提醒，加强了廉政教育，努力在抓早、抓小上做工作。

深化作风建设，强化监督检查工作。认真贯彻上级精神，全年特别是在重要时间节点，强调严格落实中央和省委关于作风、纪律方面的有关要求。加强对中央、省委关于改进工作作风的办法、省统战系统关于改进工作作风的具体规定落实情况，以及重点岗位及关键环节的监督检查，全年开展正风肃纪明察暗访共5次，没有发现违反规定的事件。

【协助做好部机关其他工作】 派员参加省委省政府“五水共治”和“三改一拆”第8督查组，对建德市、平阳县、绍兴市越城区的“三改一拆”“五水共治”工作进行督查。

参与部机关4名副调研员的民主推荐票的统计工作；做好党外人士春节慰问有关工作；参与部贯彻“优作风、强服务、促规范”主题建设活动的实施方案起草和部署检查；参加民主党派省级组织领导班子后备干部考察工作；协助做好领导干部个人有关事项报告内容的录入工作；参与领导干部个人有关事项报告个人抽查情况的监督。（范亚明）

浙江省民族宗教事务委员会

·民族工作·

【综述】 浙江省是少数民族散杂居省份。根据第六次人口普查统计，全省有少数民族人口121.5万人，设有全国唯一的畲族自治地方——景宁畲族自治县，有18个畲族乡镇和437个少数民族行政村。此外，据有关部门统计，到2014年，全省有外来少数民族流动人口203万多，55个少数民族成分齐全；浙江省已经成为全国城市民族工作的重点省份。

2014年的民族工作主要在以下几个方面开展：

【围绕“同步小康走在前列”目标，加快推进少数民族和民族地区发展】 以“98号”文件为抓手，在政策引领上下功夫。围绕省政府办公厅《关于进一步帮扶民族乡（镇）加快发展的意见》（浙政办函〔2013〕98号）的贯彻落实，省民宗委在杭州市桐庐县召开全省民族乡（镇）工作现场会，就加快民族乡（镇）发展进行专题研究部署。在省政协的助推下，省政府围绕“98号”文件的落实进行了专题督查，省财政同意从2014年起安排给每个民族乡（镇）的200万元转移支付由“存量分配”转变为“增量转移”，从源头上解决了资金到位问题。

以发展资金为抓手，在产业发展上下功夫。在省民宗委的协商推动下，省财政安排的少数民族发展资金由2000万元增加到2500万元。中央财政拨付的少数民族发展资金由2013年的1632万元，增加到2014年的1932万元。共计安排重点项目63个，其中特色村寨项目36个。

以特色村寨为抓手，在畲寨“两美”上下功夫。一方面将特色村寨建设项目作为重点项目予以倾斜，加大投入和扶持力度，另一方面出台《浙江特色畲寨建设规范指导意见》，目前共有15个少数民族村列入《“十二五”时期全国少数民族特色村寨保护与发展名录》，6个畲族村受到国家民委“中国少数民族特色村寨”命名挂牌。

以“五水共治”为抓手，在帮扶援助上下功夫。在宗教界广泛开展了“五水共治·五教同行”活动，全省宗教界共计捐资1300万元，分两批对50个民族村的污水治理项目开展结对帮扶。

【围绕“民族团结进步走在前列”，广泛开展民族团结进步创建活动】 一是做好调查研究。省民宗委组织全省民宗干部开展民族工作大走访大调研活动，对全省1个自治县、18个民族乡镇、437个民族村及相关社区、企业、学校进行了全覆盖大走访。联合省社科院，开展了“全省少数民族和民族地区发展报告”（全省民族工作蓝皮书）课题研究。

二是组织评先推优。以召开全省民族工作会议暨全省民族团结进步表彰大会为契机，在全省开展了民族团结进步模范集体和个人的评选活动。

三是完善权益保障。在省人大的支持协助下，启动了《浙江省少数民族权益保障条例》的修订工作，对全省少数民族权益保障工作做了一次系统的调研和梳理。

【突出特色，打造精品，不断引领民族工作创新发展】 精心打造城市民族“四微”工作新格局。在城市民族工作“三进”的基础上，积极探索以“微组织、微窗口、微热线、微平台”为载体的工作抓手，着力构建浙江少数民族流动人口服务管理体系新格局。

不断开拓弘扬少数民族传统文化新天地。一是打响了畲族“三月三”节庆活动品牌。2014年“三月三”期间，会同省旅游局在泰顺县举办了浙江省首届畲族风情旅游节暨“瓯越三月三”节庆活动。景宁畲族自治县借三十周年县庆之机，综合“三月三”节庆活动、2014第二届中国（浙江）畲族服饰设计大赛以及“中华文化一家亲”文化走亲等活动，给全省人民带来了一场畲族风情文化大餐。二是成功举办浙江省第五届少数民族传统体育运动会。展示了浙江省少数民族传统体育特色和运动水平，为2015年全国少数民族传统体育运动会发现和储备了人才。三是加强民族文化的对外交流。指导苍南县成功举办了“中华一家亲·2014海峡两岸各民族中秋联欢暨经贸洽谈活动”。苍南县被国家民委命名为“海峡两岸少数民族交流与合作基地”。

【进一步提升做好民族宗教工作的能力和水平】 进一步推进了民族宗教法制建设和依法行政工作。开展了《浙江省少数民族权益保障条例》、《浙江省宗教事务条例》等地方性法规修订的调研梳理工作，对民族宗教方面法律法规中不适应全面深化改革要求的条款提出了修改建议；部署开展了“宗教政策法规学习月”活动，并与杭州市民宗局、桐庐县民宗局联合举行了送法下乡活动；深入进行审批制度改革，按照建设政务大厅总体要求，对省、市、县民宗部门行政许可审批和非行政许可审批事项进行了梳理、统一和规范，按时完成权力清单制度和浙江政务服务网建设各项工作任务。

进一步加强全省民宗系统自身建设。重点抓好习近平总书记系列讲话精神和省委十三届五次、六次中全会精神的学习，组织了中心组5个专题的学习，举办了6期崇学堂，机关干部政治素养和理论水平有了明显提高；开展了“优作风、强服务、促规范”主题建设活动，狠抓了“四风”整治和整改措施的落实，机关作风建设有了明显改善；制订出台了《2014年民族宗教工作考核办法（试行）》，确定了年度各地重点攻坚工作项目，举办了新任民宗局长培训班，开展了机关处级干部选任和干部轮岗交流。一年来，全省共举办民宗干部培训191期、培训6500余人次，共举办少数民族干部培训班69期、培训2560余人次。制定下发了《省民宗委党组2014年度党风廉政建设和反腐败工作实施意见》，签订了“三书两报告”，进一步强化了机关党风廉政建设。组织民宗系统网络评论员队伍，培训了机关红色网军。在新浪、腾讯开设了官方微博。浙江省宗教信息管理系统正式投入运行，完成了宗教信息管理系统二期项目，开发建设了信息报送管理系统。积极抓好信息调研和宣传报道工作，全年组织报送各类信息2000余条，编发信息专报207期，在省民宗委门户网站刊载信息4300多条，在《中国民族报》编发12期“浙江宗教月刊”，信息工作被国宗局评为先进集体。

【王正伟来浙江调研民族工作】 6月12日至13日，全国政协副主席、国家民委主任王正伟到浙江丽水暨景宁畲族自治县调研民族工作。12日下午，王正伟在丽召开座谈会，听取浙江省及丽水市、宁波市、义乌市、景宁畲族自治县民族工作情况汇报。王正伟充分肯定了浙江省在城市民族工作和民族地区发展工作方面的探索和创新，他认为浙江各级领导高度重视民族工作，民族工作创新多、亮点多，民族地区发展水平明显提升，少数民族群众收入显著提升，许多工作走在全国前列。王正伟一行还专门前往丽水学院和景宁民族中学、景宁中国畲族博物馆，视察民族高等教育及民族体育发展成果、畲族文化传承发展情况。

省政协副主席、省委统战部长孙文友主持了汇报会。省民宗委主任冯志礼、副主任吴彩星以及丽水市、景宁畲族自治县有关领导陪同调研。

【李强参观景宁畲族自治县成立三十周年生态文明成果展】 3月28日上午，“生态畲乡·美丽景宁”——景宁畲族自治县成立三十周年生态文明成果展在浙江自然博物馆举行。

省委副书记、省长李强参观成果展。成果展分畲乡概貌、组织领导、生态创建、生态文化、生态产业、生态家园、未来篇七部分，全面宣传展示景宁三十年来生态建设取得的重大成果和畲乡发生翻天覆地的变化，展现景宁秀美山水、畲汉人民携手共创生态新畲乡的美丽画卷。

【王辉忠到省民宗委调研民族宗教工作】 12月30日上午，省委副书记王辉忠在省委副秘书长张才方等陪同下，专程到省民宗委调研民族宗教工作。省民宗委党组书记、主任冯志礼向省委副书记王辉忠一行汇报了国家民委主任会议和全国宗教工作会议精神、2014年民族宗教工作情况及2015年的工作安排。

王辉忠在听取工作汇报后，肯定了省民宗委和全省民宗系统广大干部在过去的一年里所做的工作和取得的成绩，并对如何做好2015年的民族宗教工作提出了要求。

【葛慧君视察文成县西坑畲族镇敖里社区美丽乡村建设】 7月23日，省委常委、省委宣传部长葛慧君一行赴文成县敖里民族社区让川村视察美丽乡村建设成果及“乡村综合体”创建进度。让川村2014年的工作重点是村口驿站、千年古樟树观景台、水车池塘、农家乐、民宿等，带动乡村旅游和村民发家致富。让川村紧紧围绕畲族特色、农耕文化、古民居古树，打造独具特色的乡村综合体。

【龚正调研杭州民族宗教工作】 7月14日，省委常委、杭州市委书记龚正专题调研杭州市民族宗教工作。龚正实地考察了南星街道美政桥社区、基督教鼓楼堂和佛教净慈寺、灵隐寺，询问了“七彩美政民族园”和宗教场所的建设、管理和宗教界人士的工作、生活等情况。

【省委省政府领导一行赴畲乡景宁慰问】 1月8日，省委常委、省委组织部长胡和平，副省长黄旭明一行，到景宁慰问困难群众、基层干部、武警官兵，向大家致以新年的问候和祝福。胡和平对发展生态有机农业表示肯定，并表示省委、省政府会一如既往支持民族地区发展，推动少数民族群众增收致富奔小康。

【袁家军一行到省民宗委调研】 8月14日上午，省委常委、常务副省长袁家军在省政府副秘书长夏海伟等陪同下，专程到省民宗委看望机关干部并进行工作调研。

省民宗委副主任吴彩星、倪忠扬、陈振华、莫幸福及省民宗委党组成员倪卫东等参加了调研座谈会。

【袁家军赴景宁调研指导工作】 10月20日下午，省委常委、常务副省长袁家军带领省政府副秘书长夏海伟、省民宗委主任冯志礼一行，到景宁畲族自治县调研指导工作。

袁家军一行先后实地考察了畲族博物馆、东弄民族村、金山垟畲族安置特色小区、畲乡桥系改造和县城立面改造项目等。

【黄旭明到莲都区老竹畲族镇指导防汛救灾工作】 7月9日，副省长黄旭明到老竹畲族镇榴溪村专题调研水利设施损毁、农村道路损毁、农业受灾等情况。黄旭明一行到莲都区老竹镇受灾最严重的榴溪村实地查看了受灾情况，并了解受灾群众生活和农房受淹损毁情况。黄旭明肯定了莲都区委、区政府在遇到特大洪涝灾害时，反应迅速，措施有利，并提出两点希望：一是加强服务与管理。镇、村两级干部继续做好思想安抚工作，认真做好灾情汇报和救助工作；二是引导群众自强自救。积极向上争取更多的资金和物资支持，对受损的河道、道路、水、电及时修复，争取早日恢复受灾群众的生产生活。

【陈加元到文成县西坑畲族镇调研指导“五水共治”工作】 6月10日，省政协副主席陈加元一行到文成县西坑畲族镇调研指导“五水共治”工作，实地走访察看了西坑畲族镇让川村、梧溪村等处溪流水质情况，详细了解农村生活污水治理工作开展情况。调研中，陈加元还对当地的“治水”工作进行现场指导。他指出，“五水共治”是一项民生工程，要扎实推进农村生活污水治理，将“治水”工作与旅游产业、文化产业相结合，把潜在优势转化为现实优势，把生态优势转化为经济优势，以“绿水青山就是金山银山”的理念，依靠生态推动发展，带动农民增收致富。

【汤黎路一行到省民宗委调研】 1月6日下午，省政协副主席汤黎路到省民宗委进行调研。省民宗委主任冯志礼汇报了2013年民族宗教工作情况及2014年的工作考虑。汤黎路在听取汇报后，肯定了省民宗委2013年以来所做的工作。在调研活动中，省民宗委与省政协民宗委就2014年民族宗教工作进行了沟通研究。

【孙文友一行到省民宗委调研民族宗教工作】 2月14日，省政协副主席、省委统战部部长孙文友，省委统战部常务副部长金长征等一行5人专程到省民宗委调研民族宗教工作。省委统战部副部长、省民宗委主任冯志礼汇报了全省民族宗教的概况、2013年的民族宗教工作、当前民族宗教领域存在的突出问题以及2014年工作安排。

孙文友肯定了省民宗委所做的工作，提出了四个方面的要求：一是要进一步提高对民族宗教工作重要性的认识，进一步增强做好民族宗教工作的紧迫感。二是工作中要突出重点，主攻难点。三是要着力抓好少数民族代表人士、宗教界代表人士和民宗工作干部三支队伍建设。四是要积极探索，不断创新，打造品牌，使浙江的民族宗教工作始终走在全国前列。

【孙文友到衢州调研城市民族工作】 6月19日，浙江省政协副主席、省委统战部部长孙文友一行到衢州市柯城区府山街道城站社区调研指导城市民族工作。

孙文友一行参观了社区民族团结之家的“三室二厅一站一中心一长廊”，听取了城站社区关于强化微组织、开通微热线、开设微窗口、建设微平台、认领微心愿的工作汇报。衢州市委、市政协、市委统战部，柯城区委、区委统战部领导陪同调研。

【孙文友在松阳调研】 7月28日，省政协副主席、省委统战部部长孙文友赴松阳就民族乡镇经济社会发展情况进行调研。孙文友一行先后到板桥畲族乡金村、大毛科麒上自然村和象溪镇靖居口村等地，考察民族特色村寨建设、休闲养生民宿及茶产业项目、光彩事业山区行项目建设情况，并对松阳县的特色产业、古民居和宗教历史建筑等进行了调研考察。期间，还举行了简短的捐赠仪式，省委统战部和浙江海外联谊会共向松阳县捐赠“五水共治”项目帮扶资金75万元。

【全省民族宗教工作电视电话会议在杭召开】 1月24日下午，全省民族宗教工作电视电话会议在杭州召开。省委常委、常务副省长蔡奇出席并作讲话。省政协副主席、省委统战部部长孙文友出席了会议，省民宗委主任冯志礼通报了2013年民族宗教工作情况及2014年工作安排。

蔡奇强调，全省民族宗教工作要按照中央和省委的决策部署，振奋精神、开拓创新、凝心聚力、攻坚克难，通过扎实有效的工作，将广大少数民族群众和宗教界人士的智慧和力量凝聚到干好“一三五”、实现“四翻番”的决策部署上来，为建设“两富”现代化浙江作出新的更大贡献。他要求，当前和今后一个时期，民族工作要紧紧围绕“共同团结奋斗、共同繁荣发展”这一主题，积极推动政策落地、特色发展和民生改善，进一步促进少数民族和民族地区加快发展，不断完善和健全民族团结进步创建机制、城市民族工作机制、民族矛盾处理机制，进一步营造民族团结进步良好氛围。宗教工作要围绕提高依法治理能力这一核心，紧紧抓住做信教群众工作这个根本，将群众路线贯穿于宗教工作全过程，着力在日常管理、规范管理、依法管理上下功夫。他要求各级党委、政府要高度重视民族宗教工作，正确把握全省民族宗教工作的形势和任务，按照党的十八届三中全会总目标和省委十三届四次全会要求，把民族宗教工作摆上重要议事日程，为做好新形势下民族宗教工作创造必要条件。要着眼大局，把握政策法规，充分调动最大多数人的积极性。要坚持问题导向，创新工作方法，切实提升民族宗教事务治理能力。

【庆祝景宁畲族自治县成立30周年暨2014中国畲乡“三月三”活动开幕】 4月2日晚，庆祝景宁畲族自治县成立30周年暨2014中国畲乡“三月三”活动在景宁隆重开幕。

副省长朱从玖宣布开幕。全国人大民族委员会、国家民族事务委员会祝贺团团长魏国雄，省政协副主席、省委统战部部长孙文友，丽水市委副书记、市长黄志平分别致辞，省委统战部副部长、省民宗委主任冯志礼等省级相关部门负责人及丽水市领导等出席了开幕式。全国人大民族委员会、国家民族事务委员会，省委、省政府为自治县成立30周年发来贺电贺信。开幕仪式结束后，举行了“中华民族一家亲”大型文艺晚会。

【浙江省第五届少数民族传统体育运动会在温州举行】 11月13日晚，浙江省第五届少数民族传统体育运动会开幕式在温州市体育中心举行。中共浙江省委常委、省人民政府常务副省长袁家军宣布运动会开幕。国家民族事务委员会文化宣传司司长武翠英代表国家民委宣读贺信。浙江省委统战部副部长、省民族宗教事务委员会主任冯志礼，温州市委副书记、市长陈金彪致辞。浙江省体育局局长孙光明主持开幕仪式。浙江省人民政府副秘书长夏海伟，浙江省民族宗教事务委员会党组副书记、副主任吴彩星，浙江省体育局副局长应祖明等出席开幕式。开幕式上，举行了运动员、裁判员入场仪式，运动员、裁判员代表进行了宣誓和文艺演出。

11月16日下午，浙江省第五届少数民族传统体育运动会胜利闭幕。浙江省民族宗教事务委员会党组副书记、副主任吴彩星致闭幕词。浙江省人民政府副秘书长李云林宣布本届运动会闭幕。

本届少数民族传统体育运动会共设立10个竞赛项目和2类9个表演项目奖项。杭州市代表团、宁波市代表团、温州市代表团、湖州市代表团、嘉兴市代表团、绍兴市代表团、金华市代表团、衢州市代表团、舟山市代表团、台州市代表团、丽水市代表团、景宁畲族自治县代表团等参赛的12个代表团都获得了组织奖，温州市代表团、景宁畲族自治县代表团、丽水市代表团、宁波市代表团等4个代表团获得体育道德风尚奖。

【义乌市创新城市民族工作在全国民委会议上作经验交流】 1月8日，浙江省义乌市在国家民委召开的2013年民族关系分析会暨少数民族流动人口服务管理工作座谈会上作交流发言，这是全国唯一一个县级单位作交流发言。义乌市的经验与做法引起了国家民委领导和与会人员的高度关注。

近年来，义乌市外来少数民族流动人口增长很快，2013年达到近10万人。义乌市委、市委政府高度重视外来少数民族流动人口的服务管理工作，着力建立积极有为的组织领导机制，完善平等互助的基本公共服务机制，创新参与式管理的社会化城市民族工作机制，形成外来少数民族流动人口服务管理齐抓共管的格局。积极搭建社区融入平台、创业共享平台、参政议政平台，使服务管理工作更好惠及少数民族群众。通过不断探索与实践，努力使外来少数民族群众服务地方经济社会发展，流入地满意；服务民族地区经济发展，流出地满意；服务国际贸易综合改革试点，外国客商满意。

【开展行政执法统计推进全省民宗系统依法行政工作】 1月16日，为总结分析浙江省民宗系统行政许可、行政处罚的实施情况，推动本系统依法行政工作，开展了本系统2013年行政许可、行政处罚的统计和分析工作。

据统计，2013年，浙江省民宗系统接受行政许可申请共1021件，其中受理1013件，不予受理8件，受理率达99.2%，在受理的事项中，经审查准予许可1013件，许可率达100%。所有受理事项均按规定的许可程序进行审核，并在规定的期限内作出许可决定。全系统无重大行政许可备案事项。在行政许可事项中，非通常宗教活动的许可占了绝大多数。

从统计数据看，2013年接受的许可申请比上年度减少172件，减少约14%，在2013年所有行政许可事项中，省本级承担

44件，占总数的4.3%，市、县两级民宗部门共承担977件，占总数的95.6%。大量的行政许可事项由基层民宗部门作出。

2013年，在民宗系统承担的13项行政许可项目中，举办非通常宗教活动的审批超过770起，占总的行政许可审批的绝大多数，并呈逐年增长趋势，这对加强非通常宗教活动管理提出了要求。

行政处罚量少，没有行政争议。2013年，全省民宗系统共承办行政处罚案件6件，其中适用简易程序3件，一般程序3件。行政处罚中警告1件、罚款3件，罚没款总额34300元，其他处罚2件（责令停止活动）。

【省少数民族知识分子联谊会赴建德市大同镇高桥畲族村慰问】 1月28日，省少数民族知识分子联谊会前往建德市大同镇高桥畲族村，在建德市统战、民宗部门领导的陪同下，向92岁的畲族女民歌手蓝桂凤和智障孤寡老人钟德清送上慰问金，向村民送上联谊会成员书写的40余幅春联，表达了联谊会成员对畲汉村民的新春祝福。

【嘉兴回民公墓设计方案论证会顺利召开】 3月18日，嘉兴市政府会同市民宗、国土、建设等部门召开了深化“原回民墓设计方案”论证会，市有关部门、规划设计院及本市穆斯林群众代表60余人参加了论证会。会上各位领导专家对新的意见建议进行了认真的讨论和评议。

【绍兴产业援疆实现开门红】 3月20日，为充分发挥阿瓦提县棉花资源优势，实施资源转换战略，经绍兴市援疆指挥部牵线搭桥，绍兴华通色纺有限公司与阿瓦提县人民政府在柯桥区就投资建设精梳棉纺项目达成合作协议。协议明确，华通色纺有限公司将在阿瓦提县工业园区投资2.8亿元人民币，新建7.5万锭精梳棉纺项目。

【省民宗委举办全省新任民宗局长培训班】 3月24日至28日，省民宗委与省社会主义学院联合举办了2014年全省新任民宗局长培训班。来自全省各市、县（市、区）的39名新任民宗局长参加了培训。

省民宗委党组书记、主任冯志礼作了开班动员讲话。党组副书记、副主任吴彩星和副主任莫幸福分别就民族、宗教工作到班授课，讲述了民族宗教方面的政策理论和经验做法。培训班还邀请了省民宗委机关处长、相关专家学者、基层民宗局长授课，组织学员参加了全省宗教界“寻梦中国·正言正行”主题教育实践活动启动仪式暨“五水共治·五教同行”公益活动签约仪式。学员们就如何做好新形势下民族宗教工作进行了讨论并作大会交流发言。

【武义县举办第二届畲族“三月三”风情展演暨首届畲语畲歌大比拼活动】 4月1日，武义县第二届畲族“三月三”畲族风情展演暨首届畲语畲歌大比拼活动在壶山公园广场举行。来自全县的畲族歌舞演员与5000千多名畲汉群众一起引吭高歌，歌唱畲乡巨变，赞美幸福生活。省民宗委副主任莫幸福致辞并宣布活动开幕，金华市民宗局，武义县政府、县政协领导及有关部门单位、乡镇（街道）主要领导参加了活动。部分相关的省、市、县畲族知名人士应邀出席了开幕式。展演活动现场，向荣获“2013年度浙江省民族团结小康村”称号的熟溪街道蜈蚣形村、白姆乡横山村颁发了奖牌。举办了武义县“民生大篷车”相关服务展示，“5分钟学畲语”有奖问答游戏等活动。

【浙江省首届畲族风情旅游文化节在温州泰顺县举行】 4月2日，浙江省首届畲族风情旅游文化节暨温州市第五届瓯越“三月三”畲族风情旅游节在泰顺县开幕。国家民委文化宣传司、省民宗委、省旅游局、温州市委、市政府、市政协领导出席了开幕式。

自2010年开办以来，瓯越“三月三”畲族风情旅游节已先后成功举办四届，已成为温州市畲族文化的重要品牌和载体。为做大和提升畲族“三月三”文化节庆品牌，本次活动由浙江省民族宗教事务委员会、浙江省旅游局、温州市民族宗教事务局、泰顺县人民政府联合主办，活动以“中国梦·山哈情”为主题，全面展示瓯越浓郁独特的畲乡风情，彰显畲族传统文化的原生态魅力。当天，在畲乡司前和竹里两个乡镇，民众们穿着民族盛装，对唱山歌，与来自天南地北的2万余名游客一起，欢度畲族的传统节日“三月三”。

【2014第二届中国（浙江）畲族服饰设计大赛】 2013年11月，第二届中国（浙江）畲

族服饰设计大赛启动报名工作，至2月初征稿结束，共有815人参赛，收到作品2415件。此次大赛除广泛吸引北京服装学院、中国美术学院、武汉纺织大学等60余所国内服装院校学生和多位省十佳服装设计师的投稿外，还有国外设计师也来参赛，参赛稿件数量大幅增长，参赛作品更注重实用性。

此次大赛由国家民族事务委员会文化宣传司指导；省民族宗教事务委员会、省经济和信息化委员会主办；丽水市民族宗教事务局、景宁县人民政府、省服装行业协会承办。旨在弘扬畲族民族文化，推进畲族服饰文化与当今时尚的有效融合。4月3日，2014第二届中国（浙江）畲族服饰设计大赛总决赛在景宁影城举行。国家民族事务委员会文宣司、省民族宗教事务委员会、台湾原住民发展协会和景宁县领导等出席。

30名设计师通过独特视角呈现出90套创意民族服装新品，令民族特色元素融入时尚生活，为观众呈上一场“畲华盛宴”。兰金美等六位优秀选手分获本届畲族服饰设计大赛金、银、铜奖，另外5位选手同时也获得本届大赛优秀奖。中国年轻服装设计师们在传统文化元素与现代服饰融合上带给我们的一股新风潮与新时尚。

活动现场，来自台湾的原住民发展协会为观众带来了台湾少数民族传统的服饰展示、景宁龙凤民族服饰有限公司、景宁畲山凤民族工艺品开发有限公司、景宁金美畲族服饰设计有限公司也现场展示了景宁本土畲族服饰。

【全省民族乡（镇）工作现场会在杭州桐庐召开】 4月24日，省政府在桐庐县召开全省民族乡（镇）工作现场会，就加快民族乡（镇）发展进行专题研究部署。全省民族乡（镇）负责人，民族乡（镇）所在市及县（市、区）有关领导，省级有关单位及对口结对的经济发达县（市、区）领导出席了会议。省政府副秘书长夏海伟作了讲话，省委统战部副部长、省民宗委主任冯志礼主持了会议。

会议要求进一步明确民族乡（镇）经济社会发展的总体思路。长远目标就是争取到2020年全省民族乡（镇）人均国内生产总值和农民人均纯收入等指标基本接近全省平均水平。近阶段发展目标，争取到2017年，全省18个民族乡（镇）的农民人均国内生产总值和农民人均纯收入要在“十一五”基础上翻一番以上，其中人均纯收入要不低于所在县（市、区）平均水平。与此同时，全省建设1个走在全国民族乡（镇）前列的模范乡镇，争取打造全国畲族第一乡，力争5个左右的民族乡（镇）进入全国畲族乡镇前十强。财政帮扶方面，省财政每年安排每个民族乡（镇）200万元少数民族转移支付。会上桐庐县介绍了支持民族乡（镇）发展的做法，有关单位就下阶段如何帮扶民族乡（镇）作了发言，结对帮扶单位与民族乡（镇）签订了帮扶备忘录。

【绍兴市纳西族妇女和锡琼获省劳动模范称号】 4月29日上午，绍兴市纳西族妇女和锡琼参加了浙江省庆祝“五一”国际劳动节暨劳模先进表彰大会，并荣获浙江省劳动模范称号。和锡琼现为柯桥区福全镇福全山村村委委员、妇女主任、乡村医生，绍兴市与柯桥区少数民族联谊会副会长，省级民族团结进步模范个人。

【中央三部委联合调研组赴湖州调研选派干部挂职锻炼工作】 5月8日，国家民委人事司司长杨逢春率领国家民委、中央统战部、中央组织部三部委的相关人员，在省民宗委副主任吴彩星的陪同下，到湖州调研在湖挂职的选派干部工作与生活情况。

湖州市高度重视中央三部委选派干部挂职锻炼工作，近年来，已累计接收7批次共42名干部来湖挂职。座谈会上，在湖州挂职锻炼的四川藏族干部仁青扎西等4位同志汇报了在湖州的工作生活情况。杨逢春对湖州在这方面的工作给予了充分的肯定，同时希望挂职干部要珍惜机会，把挂职期间学习到的好理念、好资源、增长的才干带回去，以便为派出地做更大的贡献。

【省内首个“民族学”本科专业落户丽水学院】 根据《教育部关于公布2013年度普通高等学校本科专业备案或审批结果的通知》（教高〔2014〕1号），丽水学院申报的“民族学”和“生态学”2个本科专业获准招生。其中，“民族学”专业填补了省内高校本科专业空白。该专业将于今年秋季正式招生，学制4年，学生毕业将授予法学学位，拟培养从事党政部门、企事业单位的应用型、复合型和创新型人才。丽水学院是华东地区唯一一个设立民族学院的高校。

【绍兴首届新疆班在全省内地西藏新疆中职单招单考中创佳绩】 6月26日，2014年高考高职单考单招网上志愿填报正式开始。2014年高考，绍兴市首届新疆班学生张浩琛以三门总分244分的好成绩获得了全省内地西藏新疆中职单招单考第一名，蔡玉荣获得第二名，全省前十名中有六名学生来自绍兴职教中心新疆班，上线率达82%。

【宁波市两个援疆项目获2014年度“钱江杯”奖】 6月19日，浙江省住房和城乡建设厅公布了2014年度浙江省建设工程“钱江杯”奖（优质工程）评选结果，宁波市援疆项目——库车宁波双语教师培训中心教学楼和库车县机场路连接线拓宽改造工程（宁波大道）名列其中，这是该两个工程项目在2013年荣获“天山杯”后再获殊荣。

【“中华一家亲·2014海峡两岸各民族中秋联欢暨经贸洽谈活动”在温州市苍南县举办】 9月2日至9月5日，“中华一家亲·2014海峡两岸各民族中秋联欢暨经贸洽谈活动”在温州市苍南县举办。中国关心下一代工作委员会主任顾秀莲，国家民委副主任丹珠昂奔、国家民委港澳台办主任俸兰，省民宗委主任冯志礼，省民宗委党组副书记、副主任吴彩星，省台办副主任、巡视员林呈生，市长陈金彪等出席活动。

此次活动由国家民委、国务院台办、浙江省人民政府指导，由中共苍南县委、苍南县政府、中华民族团结进步协会主办，中国民族贸易促进会等协办。活动包括开幕式及文艺晚会、海峡两岸经贸交流洽谈会、海峡两岸少数民族特色产品展销、少数民族民俗风情展演、大型畲族祭祖仪式等一系列交流合作活动。其中海峡两岸民族特色产品展销会，共有境内外70多家知名企业参展，共设110多个展位，还专设了台湾商品展示区。多项经贸洽谈活动共吸引了300多位全国各地的企业家和100多位台湾企业家参与，共达成投资苍南意向25个，签约资金超过200亿元。

9月2日晚，两岸各族少数民族同胞奉献了精彩的中秋联欢晚会，表达了对祖国统一、实现中国梦的美好愿望。同时，苍南县被正式授牌为“海峡两岸少数民族交流与合作基地”。

【浙江省城市民族“四微”工作推进会在宁波北仑召开】 9月19日，浙江省城市民族“四微”工作推进会在宁波北仑召开。会议专题总结推广在宁波市北仑区试点开展以“微组织、微热线、微窗口、微平台”为主要内容的少数民族流动人员服务管理创新工作的成果和经验，研究交流城市少数民族工作“四微”建设的内涵和要求，并就以“四微”为抓手，全面推进全省城市民族工作作出明确的部署和要求。省民宗委党组副书记、副主任吴彩星同志到会并讲话。全省各地市民宗局民族工作分管负责人和少数民族流动人口超过5万人的县（市、区）民宗局主要负责人共计40余人参加了会议。

会前，与会人员实地参观考察了北仑区大碶街道学苑社区和戚家山街道青峙社区两个“四微”工作试点社区。

【全省8家单位和13名个人荣获全国民族团结进步模范集体和个人荣誉称号】 中央民族工作会议暨国务院第六次全国民族团结进步表彰大会于9月28日至29日在北京召开。在本次大会上，来自浙江省民族团结工作战线的8个模范集体和13名模范个人受到了国务院表彰。

【全省6个畲族村获首批中国少数民族特色村寨命名挂牌】 10月13日，国家民委公布首批中国少数民族特色村寨命名挂牌名录村寨名单，杭州市桐庐县莪山畲族乡中门民族村、温州市平阳县南雁镇堂基村、湖州市安吉县章村镇郎村村、丽水市莲都区大港头镇利山村、景宁畲族自治县东坑镇深垟民族村和大均乡李宝民族村等6个畲族村获此殊荣。

除首批命名挂牌的这6个特色村寨外，还有14个畲族村（含上述6个畲族村）列入《“十二五”时期全国首批少数民族特色村寨保护与发展名录》，这些特色畲寨对推动少数民族特色村寨保护与发展工作起到重要的示范带动作用。

【省民族工作调研组在温州丽水等地调研民族工作】 9月21日至25日，由省委政策研究室、省委统战部、省人大民侨委、省民宗委、省政协民宗委等组成的省民族工作调研组专程到温州、丽水等地开展民族工作“大走访、大调研”活动。省委统战部副部长、省民宗委主任冯志礼，省政协民宗委主任沈雪生，省人大民侨委副主任张宝贵，省民宗委党组副书记、副主任吴彩星等参加调研。

调研组先后听取了温州市政府、丽水市政府、云和县政府等对民族工作的有关汇报，实地调研考察了鹿城区庆年坊社区及康奈集团民族工作，云和县雾溪安溪特色村寨、特色产业发展，遂昌民族村特色产业、农村电子商务建设等。

【省民族工作调研组召开民族工作座谈会】 根据省委“深入贯彻落实中央民族工作会议精神，开展民族工作‘大走访、大调研’活动”的要求，10月27日下午，由省委政策研究室、省委统战部、省人大民侨委、省民宗委、省政协民宗委等组成的省民族工作调研组召集政法、发改、教育、农业、公安、财政、人力社保等10家单位的有关负责人召开座谈会。会议由省委统战部副部长、省民宗委主任冯志礼主持，省政协民宗委主任沈雪生、省民宗委党组副书记、副主任吴彩星等参加座谈会。

会上，各有关单位负责人围绕各自工作实际，在完善法制建设，强化少数民族权益保障和城市流动少数民族管理服务；加大扶持力度，强化政策引领和财政金融扶持；围绕农民增收，强化民族地区发展内生动力；注重传承创新，强化民族文化的繁荣发展及与经济建设相互促进；推进分工协作，强化各部门民族工作意识建立有效协作机制和绩效考核机制；优化结构素质，强化民族干部人才培养使用；全国一盘棋，强化对口支援力度和绩效等方面，提出了大量中肯且切实可行的意见和建议。

【武义少数民族特需用品定点生产企业再获殊荣】 11月19日，2014第七届“金芽奖·陆羽奖”中国茶品牌与杰出茶人颁奖典礼在广州举行。武义县少数民族特需用品定点生产企业——浙江武义骆驼九龙砖茶有限公司“骆驼九龙”品牌获得中国黑茶最具竞争力品牌。这是省内黑茶品牌首次荣膺该奖项。

【国家民委考察北仑民族团结进步创建活动进社区实施情况】 11月22日下午，国家民委监督检查司司长陈乐齐一行，赴北仑考察指导民族团结进步创建活动进社区实施情况。陈乐齐一行先后考察了青峙社区、学苑社区民族工作“四微”（微组织、微窗口、微热线、微平台）创建工作。

【《三月三的歌》喜获省农村文化礼堂群众文艺展演金奖】 11月22日，莲都区畲族歌舞《三月三的歌》荣获“2014年浙江省农村文化礼堂群众文艺展演活动”金奖。本次活动是由浙江省文化厅、浙江日报报业集团主办，集中展示近年来农村文化礼堂业务建设成果，推进“两美”浙江建设。

【浙江省民宗系统信息工作会议在安吉召开】 12月4日至5日，省民宗委在安吉召开全省民宗系统信息工作会议，就近年来全省民宗信息工作情况进行了回顾总结，并对2015年民宗信息工作进行了部署。省民宗委副主任陈振华出席会议并讲话，有关专家就如何做好民宗信息工作进行了辅导授课，杭州、温州、湖州市民宗局及北仑、路桥、景宁县（区）民宗局分别在会上作了经验交流。全省各市民宗局分管局长、信息员，各信息直报点分管领导或信息员共40余人参加了会议。

会上，还正式开通了“浙江省民宗委信息报送管理系统”，并组织了操作培训。

【杭州市同心少数民族服务中心成立】 12月29日下午，杭州市下城区东新街道新颜苑社区“杭州同心少数民族服务中心”成立，省民宗委党组副书记、副主任吴彩星参加仪式并就推动新时期城市民族工作作了讲话。

杭州同心少数民族服务中心由浙江省少数民族企业家协会、杭州市下城区东新街道新颜苑社区居民委员会、广大热心民族公益事业的少数民族群众和汉族群众自发组成，是从事非营利性社会服务活动的社会组织，服务中心由新颜苑社区和少数民族人士共同出资建立，旨在为少数民族同胞提供多样化的社会服务。当日，该服务中心的两项服务活动——“少数民族融入城市生活综合计划”和“民族村农副产品进社区”也正式启动。

【景宁“凤凰古镇”项目入选全省重大产业项目库】 景宁县外舍景畲古镇（凤凰古镇）项目入选2014年省重大产业项目名单135个项目库之列。该项目是新城区建设的重要部分，主打畲族风情、总投资16亿元的旅游景区，整体建筑采用传统畲族建筑风格，通过组团式建筑布局，形成以商业为主导功能的全商业性建筑。（徐钢泓）

·宗教工作·

【综述】 浙江省是全国宗教工作重点省份之一。佛教、道教、伊斯兰教、天主教和基督教五大宗教齐全，历史悠久，信徒众多。全省有可统计信徒209万，其中基督教180多万人，天主教17万人，伊斯兰教11.7万余人；汉传佛教和道教信徒人数难以统计。全省有宗教教职人员2.5万余人（其中认定备案近万人）。全省经批准登记的宗教活动场所9774处。省级爱国宗教团体7个，市、县两级爱国宗教团体341个。

2014年的宗教工作主要在以下几个方面开展：

【积极开展“寻梦中国·正言正行”主题教育实践活动】 在杭州举办了活动启动仪式及“寻梦中国·正言正行”论坛，组织了省级宗教团体负责人红色之旅活动；全省各地对宗教教职人员进行了大轮训，全年共举办各级宗教教职人员培训班270期、培训21500余人次；积极鼓励和支持全省宗教界致力于社会公益慈善事业，着力打造浙江省宗教公益慈善品牌，一年来，宗教界共向社会捐款捐物达4395万余元；引导宗教界人士和信教群众对教义教规作出符合社会发展进步要求的阐释，指导各地广泛开展讲经交流、神学思想研讨、新卧尔兹巡讲等活动207次；积极推动宗教文化建设，组织征集近年来佛道教文化活动影音资料，指导舟山、宁波积极打造“观音法界”和“弥勒道场”等精品项目。全年共组织开展各类宗教文化活动154场，受众影响近36万余人；加强对网络宗教的引导，建立了宗教界新闻发言人制度，指导宗教界开设了实名微博并建立了一支网络评论员队伍，举办了首期网络法师、网络道士培训班。

【依法推进“三改一拆”涉及宗教违法建筑处置工作】 根据省委省政府的要求，统一思想和行动，重方法、讲策略，依法推进“三改一拆”涉及宗教违法建筑处置工作，实现了预期目标。

【积极落实“文明敬香”新举措】 根据国家宗教局要求，结合浙江实际，制定下发了《关于进一步推动文明敬香、建设生态寺观的通知》，并在全省佛道教重点工作推进会上进行了专题部署。杭州市在市属八大寺院推行的文明敬香活动得到了省领导的肯定、宗教界的拥护和社会各界的好评。省佛教协会、省道教协会向全省佛道教界发出了文明敬香的倡议书，要求全省佛道教界主要宗教活动场所通过开设宣传专栏、发放宣传资料、开展文明劝导等方式，广泛做好信众游客的宣传引导工作，较好地树立了全省佛道教界的良好形象。

【佛道教专项整治】 贯彻落实十部门文件精神继续开展佛道教活动场所专项治理工作，在各级民宗部门的共同努力下，通过资源整合、借势借力借威，以典型案例为突破口，攻坚克难，佛道教领域的“治乱”、“治假”、“治过热”工作取得了明确成效，佛道教领域乱象得到有效遏制，依法管理宗教事务工作得到进一步加强。根据国家宗教局有关文件精神，重点指导宁波和余姚民宗局切实做好天下玉苑景区西隐禅寺的管理体制问题。

【做好伊斯兰教工作】 开展了全省流动穆斯林状况的专题调研，重点指导了绍兴柯桥区加强对流动穆斯林的管理工作，下发了《关于加强流动穆斯林有关服务与管理的工作提示》，审定转发了《浙江省清真寺民主管理试行办法》、《浙江省伊斯兰教教职人员资格认定办法》、《浙江省伊斯兰教教职人员聘任管理办法》，浙江省在全国流动穆斯林工作座谈会上作了典型发言。加强伊斯兰教协会的团体建设，对省伊协班子进行了考核；指导省伊协召开“中道思想”座谈会，开展新“卧尔兹”巡讲活动，做好朝觐工作。

【做好天主教基督教工作】 1月7日至9日，省天主教第八次代表会议召开，选举产生了新一届省天主教“两会”领导班子，一批爱国爱教的教职人员和信徒骨干进入省天主教“两会”的领导班子。加强教育引导，举办培训班20多期，培训5000多人次。加强对基督教界人士的教育引导工作，继续推进神学思想建设，促进基督教中国化，引导基督教界深刻认识依法开展宗教活动的重要性。

【进一步规范宗教团体和宗教院校建设】 组织对有关宗教团体领导班子年度工作进行了考核，建立健全团体负责人定期约谈机制，指导宗教团体加强对人事、财务、安全、对外交流等日常事务的管理，进一步提高宗教团体规范化管理水平。积极推动宗教院校建设，研究确定浙江佛学院（筹）和浙江道教学院（筹）的管理体制和领导班子，指导省佛协和宁波、台州等地顺利举办揭牌和授牌仪式。

【规范管理民间信仰事务】 在梳理和总结了温州、台州、嘉兴、宁波等地多年来对民间信仰事务管理的丰富工作实践和成功经验的基础上，研究出台了《浙江省人民政府办公厅关于加强民间信仰事务管理的意见》（浙政办发〔2014〕113号）及配套文件《浙江省民间信仰活动场所登记编号管理办法》（浙民宗发〔2014〕63号），在全国范围内率先探索对全省民间信仰事务进行规范管理。《意见》和《办法》建立了一套从无到有的管理制度，理清了一些模糊认识，明确了管理方式和职责，为将来民间信仰事务立法打下基础。

【夏宝龙中秋看望宗教界人士】 9月5日下午，省委书记、省人大常委会主任夏宝龙参加全省宗教界人士中秋座谈会。王辉忠、袁家军、赵一德、冯明、孙文友等出席。会上，7位宗教界代表作了发言，省佛教协会负责人宣读了全省宗教界参与"两美"浙江建设倡议书。

夏宝龙代表省委、省政府向全省宗教界人士和广大信教群众致以节日的问候和诚挚的祝福，祝大家中秋节快乐。在肯定广大宗教界人士为全省改革发展和现代化建设作出的积极贡献后，夏宝龙指出，党中央高度重视宗教工作，要深入学习贯彻习近平总书记关于宗教工作的重要讲话精神，不断探索宗教与社会主义相适应的新途径和新方法，推动宗教同国家发展相适应、同人民愿望相适应、同时代精神相适应。

夏宝龙强调，推动宗教事业更好发展、发挥宗教界积极作用，要始终坚持爱国与爱教相统一，自觉维护国家统一，维护社会主义制度，维护民族团结。要落实好宗教信仰自由政策，依法开展宗教活动，通过依法依规办教来推动宗教事业健康发展。要进一步发挥宗教界在服务社会、造福世人方面的作用，继续多做善事好事，更好地承担社会责任。同时要切实加强爱国宗教团体自身建设，不断提高办教能力和水平，推动家庭和美、宗教和顺、民族和睦、社会和谐。要坚持独立自主自办原则，重视培养爱国爱教的教职人员队伍，在独立自主、平等友好、互相尊重的基础上，积极开展对外交流，增进同各国人民包括宗教界之间的了解和友谊，为维护国家主权、促进两岸统一、世界和平作出更大贡献。

【全省宗教界代表人士新春座谈会在杭举行】 2月10日下午，全省宗教界代表人士新春座谈会在杭州举行。省委副书记王辉忠，省委常委、常务副省长蔡奇出席会议并讲话，省政协副主席、省委统战部部长孙文友出席会议，省委统战部副部长、省民宗委主任冯志礼主持会议。

省委副秘书长张才方、省政府副秘书长夏海伟、省民宗委党组副书记、副主任吴彩星，副主任倪忠扬、陈振华、莫幸福，省民宗委党组成员倪卫东参加了会议。

【省天主教第八次代表会议召开】 1月7日至9日，省天主教第八次代表会议在杭召开。省委副书记王辉忠会见了全体代表，并与省天主教爱国会、省天主教教务委员会新一届领导班子成员座谈。省委常委、常务副省长蔡奇出席，省委统战部部长孙文友，省委副秘书长张才方，省政府副秘书长夏海伟参加了会见，省委统战部副部长、省民宗委主任冯志礼主持了座谈。

会议审议通过了修改后的《浙江省天主教爱国会章程》、《浙江省天主教教务委员会章程》。方法全当选为浙江省天主教爱国会主任，徐吉伟当选为浙江省天主教教务委员会主任。

【袁家军到灵隐寺指导工作】 8月31日，浙江省委常委、常务副省长袁家军在省民宗委主任冯志礼的陪同下，到灵隐寺指导工作。

副省长袁家军听取了灵隐寺关于历史传承以及近年来以文化建寺，通过教风建设、文化研究、公益慈善、国际交流等形式，弘扬佛教文化，让佛教的正能量服务于社会的文明与发展的汇报。

袁家军希望灵隐寺僧人在吃透传统文化的基础上，要多讲经弘法，引导大众正信正行；努力学修，提升自身的佛学理论水平；加强人才建设，培养新一代的高僧大德。希望灵隐寺两序大众在坚持爱国爱教、弘扬佛教慈悲精神方面，为实现社会和谐与中华民族伟大复兴的中国梦多作贡献，同时也要加强管理，使灵隐寺在国内外越来越有影响力。

【袁家军赴省天主教、基督教“两会”调研】 11月4日，浙江省委常委、常务副省长袁家军赴省天主教“两会”和省基督教“两会”调研。省政府副秘书长夏海伟，省民宗委主任冯志礼、副主任莫幸福等陪同。

袁家军一行走访了杭州基督教鼓楼堂和杭州天主堂，并与省天主教“两会”主要负责人、省基督教“两会”主要负责人进行座谈。袁家军要求：一是继续高举爱国爱教旗帜，自觉服从国家利益。二是要强化宗教团体建设，完善制度，培养人员。三是要坚持民主办教原则，加强依法规范管理。

【冯明赴温州调研民间信仰事务管理工作】 4月15日至16日，省人大常委会副主任冯明在省人大民侨委主任瞿素芬、副主任张宝贵，省民宗委副主任陈振华的陪同下，到温州调研民间信仰事务管理工作。

冯明听取了温州市关于民间信仰事务管理的工作汇报，并实地参观了鹿城区青龙道观。冯明肯定了温州市前期对民间信仰事务管理所做的有益探索，并就做好下一步工作提出了要求：在满足群众信仰需求的基础上要加强场所管理、加强活动规范、加强文化引导。同时指出要依照现有的法律，突出依法主旋律，扎实、稳妥地管理好浙江省的民间信仰事务。

【孙文友视察绍兴市炉峰禅寺】 6月6日下午，浙江省政协副主席、省委统战部部长孙文友一行专程到绍兴市炉峰禅寺，实地进行视察调研。炉峰禅寺（戒珠寺）方丈热情接待孙文友一行，并就炉峰禅寺的历史渊源、改革开放后古刹重兴、和谐寺院建设及生态管理等一一作了介绍。孙文友一行先后瞻仰了九龙壁、三门殿、天王殿、大雄宝殿等殿堂，赞叹寺院的庄严清净，并深入寺院文宣办、财务办、档案室等，了解佛教文化宣传、加强财务监督、规范档案管理等情况。

【孙文友到奉化雪窦寺调研佛教名山建设工作】 6月17日，浙江省政协副主席、省委统战部长孙文友一行到奉化雪窦寺调研佛教名山建设工作。

孙文友部长实地视察了雪窦寺并听取了佛教名山建设进程和雪窦寺历史的情况汇报，对雪窦寺现有的建设框架、建筑风格、寺庙管理和佛教名山建设宏伟目标表示认同。

【全省宗教界“寻梦中国·正言正行”主题教育实践活动启动仪式暨“五水共治·五教同行”公益活动签约仪式在杭举行】 3月27日上午，全省宗教界“寻梦中国·正言正行”主题教育实践活动启动仪式暨“五水共治·五教同行”公益活动签约仪式在杭州举行。国家宗教事务局副局长陈宗荣，省政协副主席、省委统战部长孙文友出席会议并讲话。省民宗委、省政协民宗委领导等出席了会议。省级各宗教团体主要负责人，各宗教院校负责人，杭州佛学院、浙江省神学院部分师生、省民宗委机关干部和参加签约仪式的各有关宗教活动场所代表、民族村负责人共250人参加了会议。

启动仪式上，国家宗教局副局长陈宗荣肯定了浙江民族宗教工作理念先行，创新方法，在全国宗教工作战线干在实处，走在前列。省政协副主席、省委统战部部长孙友文指出，“中国梦”不仅是国家之梦、民族之梦、公民之梦，更是全体宗教界共同的梦想。他强调，全省宗教界人士要不忘护国兴教、济世行善、立德修身，以宗教界的正言正行，共同奏响时代的最强音，为建设“两富”现代化浙江，实现中华民族伟大复兴的“中国梦”作出贡献。

启动仪式后，举行了“寻梦中国·正言正行”论坛，由来自全省各宗教界的9位代表人士，分别从教义教规、思想认识、神学思想、宗教实践等多角度，阐述了我国各宗教自身建设与中国梦伟大事业的内在关联，探讨了宗教界在实现中国梦伟大事业中的努力方向和途径。

仪式最后，各宗教团体相关负责人和部分宗教活动场所代表为浙江省“五水共治”行动进行了捐款，共捐助公益慈善资金620万元，并现场举行了第一批“五水共治·五教同行”公益活动签约仪式，为10个结对民族村各捐资50万元，用于开展污水治理和水源地保护。

【浙台两地佛教界人士反邪

教研讨会在杭举办】 9月19日，由浙江、台湾两地佛教界共同参与的“两地佛教界人士爱国反邪教研讨会”在杭州举办。浙江、台湾两地佛教界等人士，以正本清源、匡正祛邪为主题，共同研讨发言。

省委副书记王辉忠出席会议并讲话，他对研讨会的举办表示祝贺，并提出宗教界要爱国爱教，旗帜鲜明地反对邪教，浙台两地宗教界要加强宗教学术等交流，发挥正能量，为实现中华民族伟大复兴共同做出自己的贡献。

台湾佛光山开山宗长星云法师作主旨发言，他指出佛教界要发挥社团优势，驱邪显正，引导人们向上、向善、向美的目标迈进，努力促进社会和谐。

在研讨会上，省佛教协方丈怡藏、灵隐寺方丈光泉，普陀山法雨寺监院信光分别做了研讨发言，围绕佛教与邪教的区别，佛教应发挥什么作用，以及浙江佛教界在反邪教工作中的实践等几个方面，坚持用佛教的智慧来匡正祛邪，表明了佛教界人士要爱国爱教，反对邪教的鲜明立场。

省民宗委主任冯志礼、副主任倪忠扬，各市民宗局负责人，各市佛协会长，杭州佛学院的部分师生参加了这次会议。

【第二批道教教职人员的认定备案工作开始】 1月2日，省道教协会对各市县上报的拟认定的道教教职人员进行了审核，并上报省民宗委备案。这标志第二批道教教职人员的认定备案工作的开始。这次上报的待备案的教职人员有以下几个特点：一是全真、正一道都有，但全真占多数；二是年轻道士占多，大部分是六十年代至八十年代的；三是这批道教教职人员的认定备案是在去年基础上的进行的，标志着认定备案工作步入常态化轨道。

【第二届全国创建和谐寺观教堂先进集体和先进个人】 在2013年12月17日召开的全国宗教工作会议上，中央统战部和国家宗教局表彰了第二届全国创建和谐寺观教堂先进集体和先进个人，本省14个宗教活动场所和5名个人分别被评为第二届全国创建和谐寺观教堂先进集体和先进个人。14个先进集体分别是慈溪市五磊讲寺、温州市护国寺、湖州市白雀山法华寺、桐乡市福严禅寺、永康市南都禅寺、衢州市衢江区东岳山禅寺、舟山市祖印禅寺、台州市椒江区崇梵寺、丽水市云和县慧云寺、杭州市抱朴道院、温州市鹿城区南门天主教堂、宁波市江东基督教圣教堂、绍兴县柯桥基督教堂、台州市黄岩区基督教城关堂；5名先进个人分别是：宁波天童禅寺方丈释诚信、杭州市玉皇山福星观道长董中基、嘉兴清真寺寺管会主任唐相如、天主教温州教区司铎麻显士、温州市柳市教堂堂委会主任郑利华。

【卓新平所长一行来浙调研民间信仰】 3月5日，中国社会科学院世界宗教研究所卓新平所长一行三人来浙调研民间信仰，省民宗委副主任陈振华陪同到嘉兴、台州、金华、宁波等地的民间信仰场所进行实地调研。

【省宗教界与民族村结对开展“五水共治·五教同行”公益慈善活动】 3月13日，各省级宗教团体为了响应省委省政府关于“五水共治”的决策部署，联合发出了浙江省宗教界开展“五水共治·五教同行”宗教公益慈善活动倡议书，倡议宗教团体及活动场所实践保护环境、优化生态的善行。

【宁海召开浙江慈云佛学院概念性发展规划评审会】 3月25日，宁海县召开浙江慈云佛学院概念性发展规划评审会。浙江慈云佛学院班子成员及相关人员参加了本次会议。

【浙江省宗教团体建立新闻发言人制度】 4月3日，浙江省出台了《浙江省宗教团体新闻发言人制度》，明确了宗教团体建立新闻发言人制度的指导思想、基本内容和工作要求，重点规定了全省性宗教团体新闻发言人制度的组织机构、新闻发言人的基本条件和主要职责、新闻发布的工作机制等。同时，由各宗教推荐产生了各自的新闻发言人。

宗教团体新闻发言人今后将通过定期或不定期举办新闻发布会、通气会，接受记者采访，提供新闻稿件以及线上交流等多种方式，向新闻媒体和社会公众发布宗教界权威信息，通报各宗教重要工作开展、重大活动举办、重点任务推进等有关情况。

【中央统战部、国家民委、国家宗教局来浙调研伊斯兰教工作】 4月15日至18日，中央统战部二局副局长袁莎等一行来浙调研流动穆斯林服务与管理工作。

调研组一行实地走访了义乌、杭州、宁波等地伊斯兰教清真寺、活动场所及有关学校、街道社区，与当地穆斯林群众代表、场所管委会、学校老师、街道社区干部和群众代表举行了座谈，详细询问了各地穆斯林群众和新疆内高班学生的工作、学习、生活情况和存在困难，提出了指导意见。在与各地统战、民宗部门的座谈交流中，调研组对浙江在维护社会稳定、促进民主团结、加强流动穆斯林服务与管理等工作中所取得的成绩予以了肯定。

【中央统战部首期宗教界人士研究生班学员赴宁波杭州考察】 4月26日至28日，中央统战部首期宗教界人士研究生班学员一行24人，赴宁波、杭州宗教场所进行了考察。中央统战部和省委统战部有关人员陪同考察。

【中国国民党副主席黄敏慧一行参观灵隐寺】 5月2日上午，中国国民党副主席黄敏慧一行率29位台湾政界、商界知名人士前往杭州灵隐寺参观考察。灵隐寺方丈带领客人参观了天王殿、大雄宝殿、药师殿等地，仔细介绍各殿情况和佛教知识。黄敏慧在大雄宝殿和药师殿分别上香。

【第七届中国宁波国际茶文化节禅茶乐茶会举行】 5月9日晚，第七届中国宁波国际茶文化节"禅·茶·乐"茶会在宁海广德寺举行。来自海内外茶学界的专家学者、佛教界人士等100余人参加了茶会。茶会上，进行了茶道、古琴等艺术表演。本次活动旨在搭建禅茶文化的宣传平台，展示禅茶文化的丰富内涵。

【王太华一行视察绍兴市戒珠讲寺】 5月25日上午，全国政协文史和学习委员会主任王太华一行，实地考察绍兴历史文化名城建设情况，并到戒珠讲寺视察。

【浙江佛学院（筹）揭牌仪式在宁波奉化举行】 5月17日上午，浙江佛学院（筹）揭牌暨雪窦山弥勒佛学院、温州佛学院、天台宗佛学院授牌仪式在宁波奉化雪窦山弥勒佛学院举行。省市各相关部门领导、佛教界人士、学术界人士及广大信众约600人出席了仪式。

浙江佛学院（筹）是2013年12月经国家宗教事务局批准筹建的四年制全国性佛教高等院校，由浙江省佛教协会主办，下设雪窦山弥勒佛学院、温州佛学院、天台宗佛学院3所相对独立的分院。雪窦山弥勒佛学院由宁波市佛教协会、奉化市佛教协会、奉化资圣禅寺承办；温州佛学院由温州市佛教协会、鹿城区佛教协会、文成县佛教协会、文成县安福寺、温州太平寺承办；天台宗佛学院由台州市佛教协会、路桥区佛教协会、天台山佛教协会、天台山万年禅寺、路桥区兴福寺承办。

【浙江省伊斯兰教中道思想座谈会在杭州召开】 5月28日至29日，浙江省伊斯兰教协会在杭州召开了伊斯兰教中道思想座谈会。省伊斯兰教协会、各地清真寺、礼拜点相关人员20余人，学习了习近平总书记的重要讲话精神以及国家宗教局、中国伊斯兰教协会的相关文件材料。省委统战部、省民宗委有关负责人出席了会议。

【浙江省首批网络法师、网络道士队伍集中亮相】 5月26日，浙江省首批53名网络法师、网络道士队伍在省社会主义学院亮相，集体参加网络知识培训，省佛协、省道协有关负责人和各市宗教业务干部一并参加培训。省民宗委副主任倪忠扬出席培训班并作动员讲话。

【浙江佛学院（筹）天台宗佛学院揭牌暨教学楼奠基典礼仪式在天台山万年禅寺举行】 5月27日上午，浙江佛学院（筹）天台宗佛学院揭牌暨教学楼奠基典礼仪式在天台山万年禅寺举行。省民宗委主任冯志礼、副主任陈振华参加了典礼仪式。仪式由国清讲寺方丈允观大和尚主持。

【浙江省宗教界人士研修班】 6月16日，2014年浙江省宗教界人士研修班在省社会主义学院举办，省民宗委主任冯志礼、党组成员倪卫东出席开班仪式。全省五大宗教界代表40余人参加此次研修班。冯志礼为全体学员作了《宗教政策和宗教工作》的专题讲座。

【浙江省道教协会第二届玄门讲经活动隆重举行】 7月17至18日，由浙江省道教协会主办的全省第二届玄门讲经活动在杭州举行。浙江省委统战部副部长、省民宗委主任冯志礼，省民宗委副主任倪忠扬，中国道教协会副会长丁常云等应邀出席。来自全省的280多位道长和信徒参加了开幕式。

活动于7月18日在杭州圆满落幕。省民宗委副主任倪忠扬出席闭幕式并为获奖选手颁奖。

在为期两天的讲经交流活动中，12位参赛的道长、居士围绕“寻梦中国，正言正行；阴骘行化，利物利人”的主题，对《文昌帝君阴骘文》进行了阐释。经评定，温州潘敬元道长获弘道奖，杭州夏崇容、台州邓法炜等2位道长获畅玄奖，杭州李崇进道长、台州龚嗣炫居士、杭州徐崇平道长等3人获明经奖。在本次讲经交流活动期间，省道协将各地17幅抄经作品在现场进行了展示，并评选出一、二、三等奖抄经作品，其中，杭州靖崇成、葛崇恩道长分别获得抄经一等奖和特别奖。

【浙江道教学院（筹）专业培养方案研讨会在天台县召开】 7月22日，浙江道教学院（筹）专业培养方案研讨会在天台县召开。省民宗委、省教育厅等出席会议。中国道教协会，浙江省道教协会等道教界代表及相关专家学者应邀参加。

本次研讨会的目的是共同研讨浙江道教学院两个新专业的培养方案，科学合理地进行课程设置，为浙江道教学院发展开好局、起好步打下良好基础。

【中外穆斯林欢度2014年开斋节】 7月29日上午，杭州凤凰寺举行2014年开斋节会礼，3000余名中外穆斯林欢聚在清真寺庆祝节日。省民宗委、省委统战部、省伊协相关人员与各族穆斯林群众一起欢度佳节，并致以节日慰问。

参加庆祝活动的不仅有杭州本地的回族群众，还有青海、甘肃、新疆等地来杭经商的回族、维吾尔族穆斯林群众，以及来自巴基斯坦、尼泊尔、苏丹、埃塞俄比亚等国的外国穆斯林。仪式从8点半开始到9时许结束，国内外各族穆斯林互祝开斋节吉庆。

宁波、温州、湖州、嘉兴等地清真寺、礼拜点也举行了隆重的开斋节庆祝活动。

【松阳非遗道教音乐《月宫神韵》出版】 6月13日，列入第三批省级非物质文化遗产保护名录的松阳非遗项目道教音乐月宫调《月宫神韵》正式出版。该书选录105首自唐流传至今的松阳本地叶法善道教音乐。这些音乐从图书馆资料、民间艺人及各种道教活动采录，内容涉及宫廷音乐、法事音乐、道场音乐等。

【浙江省启动宗教建筑规范编制和完善宗教活动场所权证工作】 8月20日，《浙江省宗教建筑规范》编制和完善宗教活动场所权证工作会议在杭州召开，标志着本省宗教建筑规范编制和完善宗教活动场所权证工作正式启动。省民宗委、省国土厅、省建设厅有关领导，全省各宗教团体相关负责人及秘书长，省建筑设计研究院有关专家参加了会议。

针对目前宗教领域的现实，省有关部门以全面开展《浙江省宗教建筑规范》编制和完善宗教活动场所权证两项工作为主要抓手，不断加强对宗教事务的依法管理。

参加会议的佛教、道教、伊斯兰教、天主教、基督教省级团体负责人就两项工作的许多细节问题进行了讨论，针对一些细节问题询问了相关部门的意见，并结合宗教领域实际提出了许多积极的意见和建议。

【浙江省举办天主教“两会”委员培训班】 9月2日至5日，省委统战部和省民宗委在浙江省社会主义学院举办了全省天主教“两会”委员培训班。省天主教“两会”全体委员以及各市民宗局的有关干部共70余人参加了培训。省民宗委党组成员倪卫东在开学式上作了动员讲话。

本期培训班是自2014年初省天主教“两会”成功换届后举办的首次全体委员培训。培训内容紧紧围绕统一思想、明确责任、加强两会自身建设、完善“两会”内部机制、深化民主办教等方面开展。培训期间，就中国梦与中国道路、“两美”浙江建设、宗教与社会主义社会相适应、国际形势与外交战略等专题进行了辅导。9月4日下午组织培训人员前往华立集团参观学习了“卓越领导力——华立软实力”40多年来的发展情况。

【浙江省汉传佛教讲经交流会在杭州隆重举行】 9月10日至11日，2014年浙江省汉传佛教讲经交流会在杭州灵隐寺隆重举行。本次讲经交流会由浙江省佛教协会主办、杭州市佛教协会协办、杭州灵隐寺承办，有来自全省各地的法师、居士代表

300余人参加。省民宗委副主任倪忠扬，省民宗委党组成员倪卫东，省佛协副会长、国清寺方丈允观法师，省佛协副会长、灵隐寺方丈光泉法师等应邀出席讲经交流会开幕式。

来自全省各地的20位讲经法师围绕"正言正行正能量"主题，对《普门品》、《阿弥陀经》、《金刚经》等8部佛教经典进行了讲解。11日下午，讲经交流会在佛教四众弟子的"三宝歌"中落幕，省佛协副会长、天台国清讲寺方丈允观法师在闭幕式上对本次讲经交流会作了总结。

【省伊协举行2014浙江朝觐人员行前培训暨欢送会】 9月17日上午，省伊协在杭州凤凰寺隆重举行2014浙江朝觐人员行前培训暨欢送会。省民宗委有关负责人，省伊协、杭州凤凰寺及6名朝觐人员出席活动。

【中国（奉化）雪窦山弥勒文化节】 9月19日，2014中国（奉化）雪窦山弥勒文化节开幕式在浙江奉化溪口雪窦山国家风景名胜区举行。来自香港、澳门及台湾在内的两岸三地政界、商界、文化界、演艺界、佛教界、旅游界及新闻界5000多名海内外人士云集奉化，参加此次由浙江省佛教协会、奉化雪窦山资圣禅寺、中华文化促进会共同主办的活动。

国家宗教事务局副局长蒋坚永，中华文化促进会副主席金坚范先生，省委统战部副部长、省民宗委主任冯志礼，省民宗委副主任倪忠扬先生，省台办副主任张正庸，宁波市委市政府领导；佛教界高僧大德及文化界、学术界、工商界、旅游界和新闻界人士；宁波打造雪窦山佛教名山协调小组成员单位领导；尼泊尔阿尼哥协会主席、秘书长一行等出席开幕式。开幕式上，举行"瓷弥勒捐赠"仪式。开幕式后，举行了"慈源圣光"开幕盛典。

弥勒文化节期间，安排了浙江佛学院海峡两岸佛教文化交流中心奠基仪式、"奉心而化——心理学与弥勒文化的整合"海峡两岸学术研讨会、"以慈化瓷"——两岸陶艺文化论坛、万人百寺祈福供斋系列活动、第三届中国弥勒文化暨太虚大师思想学术研讨会、尼泊尔天冠弥勒佛像安奉开光活动、"结缘弥勒、应梦奉化"——上海自贸区知名企业家缘聚奉化、"慈禅茶悦"——中秋供佛赏月雅集及"转山礼佛雪窦祈福"——大型户外徒步大会等系列活动。

【省民宗委举办省级宗教团体负责人"红色之旅"读书班】 9月22日至25日，省级宗教团体负责人"红色之旅"读书班在杭州、嘉兴、井冈山三地举办。

9月22日上午，举行读书班开班典礼。省政府副秘书长夏海伟出席并讲话。省委统战部副部长、省民宗委主任冯志礼主持开班典礼。省级宗教团体负责人共70余人参加了开班典礼。同日下午，"红色之旅"读书班全体学员专程前往嘉兴南湖纪念馆参观学习，并瞻仰了南湖红船。

在井冈山学习期间，学员们向井冈山北山烈士陵园的革命先烈敬献了花圈，参观了井冈山革命博物馆及大井毛主席旧居、茨坪革命旧居群、黄洋界哨口等，重走了红军挑粮小道，听取了关于"井冈山斗争与井冈山精神的内涵启示"和"宗教中国化的成功、挑战和前瞻"的专题讲座。

【浙江省宗教信息管理系统正式投入运行】 9月26日，在省级宗教团体负责人"红色之旅"读书班开学典礼上，举行了浙江省宗教信息管理系统开通仪式。

省民宗委于2012年正式启动宗教信息管理系统建设，经过近2年的系统开发、数据录入和补充完善，浙江省宗教信息管理系统现已基本完成，至启动时数据库已录入合法登记的宗教活动场所9746处，登记备案的宗教教职人员9496人。该系统于2014年6月投入试运行，经过近3个月的检验、调试，现投入正式运行。

【浙江佛学院暨海峡两岸佛教文化交流中心举行奠基仪式】 9月20日，浙江佛学院暨海峡两岸佛教文化交流中心奠基仪式在浙江奉化溪口雪窦山大慈文化园区块举行。国家宗教事务局副局长蒋坚永，宁波市委副书记、市长卢子跃，省委统战部副部长、省民宗委主任冯志礼，省民宗委副主任倪忠扬，奉化市委统战部长何剑波，中国佛教协会咨议委员会副主席松纯长老，中国佛教协会咨议委员会副主席无相长老，中国佛教协会副会长觉醒大和尚，中国佛教协会副会长心澄大和尚等出席仪式，宁波市副市长万亚伟主持仪式。

中国佛教协会副会长心澄大和尚宣读中国佛教协会的贺信，台湾佛光大学校长杨朝祥教授致辞。浙江省佛教协会会长、奉化雪窦寺方丈怡藏大和尚介绍了浙江佛学院及海峡两岸佛教文化交流中心筹办情况。

【南海普陀荷兰精舍代表团来访】 9月26日上午，省民宗委主任冯志礼会见前来杭州、舟山参访佛教活动场所的南海普陀荷兰精舍一行9人代表团，双方进行了亲切交谈。

代表团团长胡志光代表荷兰中国佛教文化交流协会感谢冯志礼的会见，介绍了南海普陀荷兰精舍情况，并邀请冯志礼方便时候前往考察。荷兰精舍系旅荷华侨佛教徒自筹资金在荷兰建设的佛教活动场所，承担着凝聚荷兰华人佛教徒、开展文化交流的作用。

【全省各地穆斯林庆祝2014年度古尔邦节】 10月4日，全省各地10万穆斯林集会庆祝伊斯兰教传统节日——古尔邦节。在杭州，4000余名中外穆斯林齐聚凤凰寺参加节日庆祝活动。省民宗委副主任吴彩星到凤凰寺向参加会礼的全体穆斯林致以节日的祝福和问候。

宁波、嘉兴、衢州、温州、绍兴、台州、丽水、义乌等地的穆斯林群众当日也在各地举行了会礼和庆祝活动。

【浙江省出台加强民间信仰事务管理的意见】 10月10日，浙江省出台了《浙江省人民政府办公厅关于加强民间信仰事务管理的意见》（浙政办发〔2014〕113号）。《意见》通过制度顶层设计，对民间信仰场所人员、活动、安全、基建、财务等方面进行了规范，填补了民间信仰事务管理的空白。

【宗教活动场所权证工作推进会】 10月15日，全省完善宗教场所权证工作推进会在杭召开。省国土厅、省建设厅及相关处室、省民宗委有关人员和杭州市、温州市及相关县（市、区）国土局有关负责人参加了会议。会议对10个试点宗教活动场所土地权证办理情况进行了座谈，并针对现实情况进行了分析，提出了建议。

【舟山市举办“南海观音 慈应宝岛”活动】 10月13日到14日，舟山市举办了“南海观音 慈应宝岛”活动，台湾中国佛教会452名迎请团成员和其他信众共1000余人乘坐“宝瓶星”号邮轮从台湾直航来普陀山迎请观音宝像，同时举行佛像开光法会，共同祈福世界和平，国泰民安。

【浙江佛学院（筹）温州佛学院正式挂牌】 10月21日，浙江佛学院（筹）温州佛学院挂牌仪式暨天圣山安福寺落成开光大典在文成县天圣山安福寺举行。省民宗委主任冯志礼，副主任倪忠扬，中国佛学院常务副院长湛如大和尚，普陀山佛学院院长道慈大和尚，浙江省佛教协会会长怡藏大和尚及来自省、市、县统战、民宗等有关部门的领导，文成县四套班子有关领导，来自海内外的诸山长老、大德法师、社会贤达、护法善信等参加活动。

【杭州基督教青年会举行100周年庆典活动】 10月18日至20日，杭州基督教青年会举办建会一百周年庆典活动。杭州市政协副主席张鸿建、董建平，省民宗委副主任莫幸福以及来自海内外基督教界的嘉宾，共计260余人参加了庆典仪式。

参加仪式的领导和嘉宾观看了《杭州基督教青年会建会100周年历史回顾》专题片，回顾了杭州基督教青年会百年来所开展的社会公益慈善事业和社会服务工作。庆典活动结束后，来自海外、港澳台地区和国内基督教青年会的一百多名嘉宾还参观了杭州基督教青年会会所、新西湖景区、大运河古文化街区、清河坊历史街区。

【南海普陀观音法界举行奠基典礼】 10月23日，南海普陀观音法界奠基典礼在舟山朱家尖举行。第十一届全国政协副主席、全国工商联名誉主席黄孟复，浙江省副省长、舟山新区党工委书记、舟山市委书记孙景淼，国家宗教事务局副局长蒋坚永，省政协副主席汤黎路，省政协副主席、省委统战部部长孙文友，省委统战部副部长、省民宗委主任冯志礼，省民宗委副主任倪忠扬等出席了奠基典礼。

出席本次奠基典礼的佛教界人士有中国佛教协会副会长明生、祜巴龙庄勐、觉醒、湛如、妙江、道慈等高僧大德，以及佛教界诸山长老、境内外友好佛教团体组织和护法居士等共1500余人。中国佛教协会会长传印长老专门为观音法界奠基题写了“观音法界、无上清凉”的题词。中国佛教协会领导、境外佛教团体代表、居士代表分别致辞表示祝贺，海内外佛教团体还发来了贺电贺信。

观音法界是普陀山观音文化园的核心，规划区域位于舟山市普陀区朱家尖白山景区一带，总面积约9平方公里，其中“观音法界”占地2150亩。期间，出席典礼的主要领导、法师和嘉宾还为观音法界奠基进行了剪彩和培土。奠基典礼结束后，还举行了观音宝像捐赠签约仪式。北京东方瑰宝艺术品有限公司向普陀山佛教协捐赠了500尊珍贵佛像和佛教法器，这些佛像和法器将永久安奉于观音圣坛。

【首届天童禅宗文化研究交流会开幕】 10月28日，由天童禅寺主办的天童禅宗文化研究交流大会在宁波隆重开幕，国内外佛教诸山长老、大德法师、专家学者、护法居士共一千余人共襄盛举。省民宗委副主任倪忠扬为天童禅宗文化研究交流基地授牌。

首届天童禅宗文化研究交流大会以“演天童禅文化，促世界大祥和”为主题，旨在通过对禅学和禅宗文化的研讨交流，挖掘弘扬禅宗文化的正能量，积极探索佛教与社会主义社会相适应的途径。本次交流大会共收到佛教研究论文近50篇，全部齐集出版。会议期间，主办方还选取了其中26篇论文用于大会交流发言。期间还在寺院举行了“天童书院”揭牌仪式，并开展禅书笔会。

【南海观音文化节暨两岸四地佛教书画展】 11月20日，由普陀山佛教协会主办的第十二届中国普陀山南海观音文化节暨两岸四地佛教书画展在普陀山宝陀讲寺开幕，省民宗委副主任倪忠扬等出席了开幕式并剪彩。

这次两岸四地佛教书画展以“缘法两岸四地，弘扬佛教文化”为主题，展出了来自中国大陆及港、澳、台“两岸四地”近百位高僧大德、法师的121幅书画精品。文化节还相继举办“点亮心灯”传灯祈愿法会、“弘法利生”讲经法会以“佛顶顶佛”朝拜法会等活动。

【浙江佛学院（筹）天台宗佛学院路桥校区揭牌仪式】 11月20日，浙江佛学院（筹）天台宗佛学院路桥校区揭牌仪式在台州路桥兴福寺举行。省民宗委副主任陈振华出席揭牌仪式并讲话。中国佛教协会会长传印长老发来贺词并赠送了墨宝。仪式由浙江佛学院（筹）天台宗佛学院副院长、台州兴福寺住持闻开法师主持。

中国佛教协会、浙江省佛教协会、福建省佛教协会、台州市佛教协会有关负责人，浙江佛学院（筹）、福建佛学院女众部、浙江佛学院（筹）天台宗佛学院有关负责人以及省市部分佛教寺院高僧大德到场祝贺。

【奉化大慈禅寺药师殿落成开光法会暨浙江佛学院雪窦山弥勒佛学院女众部揭牌仪式】 11月21日，奉化大慈禅寺举行药师殿落成、药师佛像开光暨浙江佛学院雪窦山弥勒佛学院女众部揭牌仪式庆典法会。省民宗委副主任倪忠扬、浙江省佛教协会会长、雪窦寺方丈怡藏及佛教界人士、学术界人士等出席。

【浙江省举行宗教活动场所标识挂牌启动仪式】 11月27日，浙江省宗教活动场所标识挂牌启动仪式在杭州灵隐寺举行。浙江省委统战部副部长、省民宗委主任冯志礼，省民宗委副主任倪忠扬、陈振华和杭州市民宗局领导出席启动仪式。省五大宗教团体负责人，各市佛教协会负责人，杭州市属五大宗教活动场所负责人以及杭州佛学院的学僧代表、居士代表，共约270余人参加了启动仪式。

2014年4月，国家宗教事务局在其门户网站上率先向社会公布了浙江省和北京、上海、山东等4省市的佛教、道教活动场所基本信息。根据国家宗教事务局的统一部署和要求，浙江省组织了宗教活动场所标识挂牌工作，并预计在2015年4月底前全省佛道教活动场所的标识牌悬挂到位。

【2014年度全省创建和谐寺观教堂490所】 2014年开展以“教风”为主题的和谐寺观教堂创建活动，共新增省级达标场所490所，累计创建达标场所5984所。

【省民宗委组团赴土耳其、沙特、阿联酋开展宗教事务交流】 11月16日至25日，应土耳其、沙特阿拉伯及阿联酋的邀请，省民宗委主任冯志礼率部分市地民宗负责人等一行6人，赴上述三国进行了为期10天的友好访问。此次交流访问，进一步了解了土耳其、沙特、阿联酋三国宗教事务管理、宗教文化发展等方面的情况，为宗教事务管理和依法治理工作提供了可资借鉴的做法。

【省人大常委会审议通过对《浙江省宗教事务条例》的修改】 11月28日，浙江省第十二届人民代表大会常务委员会第十四次会议通过对《浙江省宗教事务条例》相关内容的修改，修改后的《浙江省宗教事务条例》自11月28日起施行。

【省基督教"两会"举办纪念中国基督教三自爱国运动委员会成立60周年暨庆祝浙江神学院建院30周年暨基督教中国化研讨会】 12月9日至11日，纪念中国基督教三自爱国运动委员会成立60周年暨庆祝浙江神学院建院30周年暨基督教中国化研讨会在杭州召开。省民宗委主任冯志礼，中国基督教协会会长高峰牧师、省级宗教团体代表、兄弟省（市）基督教"两会"代表和国内基督教研究专家学者等应邀出席。全省各地基督教"两会"负责人、浙江神学院历届毕业生代表共计850余人参会。

会议回顾了"三自"爱国运动会60年的历程，浙江基督教界老一辈牧长们前赴后继，使得浙江基督教神学思想建设一直走在全国的前列，也得到了党和政府的肯定和社会各界的尊重。浙江神学院自1984年建校以来，践行"纯洁、信实、和好、喜乐"的院训，坚持培养爱国爱教、信仰纯正的传道人员，为浙江乃至全国基督教输送了千余名教牧人员。2011年，浙江神学院被国家宗教局审核批准为四年制本科高等宗教院校。

【澳门基督教参访团考察浙江基督教圣爱儿童自闭症康复中心】 12月12日，澳门基督教参访团考察访问了浙江省基督教圣爱儿童自闭症康复中心和浙江神学院，省民宗委副主任莫幸福陪同考察。

由中央政府驻澳门联络办公室协调部组织的澳门基督教参访团考察人员一行29人，在浙江省基督教圣爱儿童自闭症康复中心观看了康复教学流程，并与中心教师、学生家长进行了交流。参访团一行对康复中心的教学理念、师资力量和硬件设施高度肯定，并表示回澳门后会开展一系列宣传活动，增加中心的影响。参访团还访问了浙江神学院，莫幸福向参访团介绍了神学院的发展历史和教学成就，组织参访团和神学院师生开展了交流互动活动。

【爱尔兰总统一行到杭州灵隐寺参观】 12月13日，在杭州访问的爱尔兰总统迈克尔·希金斯及夫人一行40人到灵隐寺参观，并与灵隐寺僧人一起过堂用斋，体验中国佛教寺院文化。灵隐寺按照佛教仪规迎接希金斯总统一行。省民宗委主任冯志礼、副主任倪忠扬，杭州市民宗局参与接待和会见。

此次爱尔兰总统希金斯访问灵隐寺是继蒙古国总统查希亚·额勒贝格道尔吉、柬埔寨首相洪森、斐济总统奈拉蒂考之后，2014年第四位造访灵隐寺的外国首脑。

【国家财政部、国家宗教局调研普陀山佛教场所财务监督管理工作】 12月17日至18日，国家财政部副部长胡静林、国家宗教局办公室主任陈红星等一行8人在省财政厅副厅长罗石林等陪同下，到舟山普陀山调研佛教活动场所财务监督管理工作，全面了解普陀山佛协及所属寺院财务管理体制、财务监督机制的运行情况。

调研组在普陀山普济禅寺召开了座谈会。胡静林听取了有关情况汇报，对普陀山佛协的财务监督管理工作给予了肯定。胡静林一行还走访了慧济寺、法雨寺、南海观音等场所，并听取了各场所财务管理情况的汇报。

【浙江道教学院（筹）揭牌仪式暨奠基典礼】 12月30日，浙江道教学院（筹）揭牌仪式暨奠基典礼在天台山桐柏宫举行。省民宗委副主任陈振华及各级领导、相关部门负责人、道教界人士、学术界人士及广大信众共计700余人出席仪式。

国家宗教局四司副司长赵忠海，省民宗委副主任陈振华，中国道教协会副会长黄信阳，中国道教协会秘书长王哲一，浙江省道教协会会长董中基，浙江道教学院院长张高澄等共同为浙江道教学院（筹）揭牌。（徐钢泓）

中国国民党革命委员会浙江省委员会

【综述】 2014年，民革浙江省委会在中共浙江省委和民革中央领导下，认真学习贯彻中共十八大和十八届三中、四中全会精神，积极落实民革中央各项工作部署，解放思想，开拓创新，圆满完成"向心、助力、牵手、强基”四大工程各项目标任务。

【开展学习实践活动】 制定开展坚持和发展中国特色社会主义学习实践活动实施方案，召开学习实践活动推进会，分别举行学习贯彻中共十八届四中全会精神座谈会和学习习近平总书记在文艺工作座谈会上的讲话精神座谈会。召开常委会议专题研究思想宣传工作，邀请有关领导和专家作专题辅导报告，向全省党员发出“文明上网、发好声音”倡议书。完成浙江民革前辈史料采集工作，开展2013年浙江民革骄傲人物先进事迹宣讲活动，在《团结报》上刊发10位骄傲人物专题报道，评选出2014年浙江民革骄傲人物。在各类媒体刊出文章近200篇，团结报浙江记者站被团结报社评为优秀记者站三等奖，1名同志荣获优秀记者特别奖。

【开展参政党理论研究】 召开参政党理论研讨会，征集理论研究文章50余篇。组织党员参与中共浙江省委统战部开展的统战大课题研究、省社会主义学院参政党建设和履职案例课题招标，完成了“基于统战视角的新的社会阶层人士分类、特征与归口研究”、“新的社会组织及其从业人员分类与统战工作研究”、“海外留学归国创业人员研究”3个子课题和5个案例编写工作。

【参与高层协商议政】 参加中共浙江省委、省人大、省政府、省政协和有关部门召开的党外人士协商会、座谈会、情况通报会10次。参加省委征求党外人士意见座谈会；参加省人大《浙江省社会养老服务促进条例（草案）》立法协商；参加省政协专题协商会，分别围绕“两美”浙江建设、法治浙江建设、深化行政审批制度改革、加快政府职能转变、社会养老等提出意见建议；参加省委统战部组织的专题协商会，对省委省政府2015年工作和生态保护提出意见建议。

【做好建言献策工作】 在省政协十一届二次会议上，共提交团体提案18件、大会书面发言12篇，其中《关于行政审批改革提质提速的建议》被列为省政协重要提案，得到省长李强批示；《强化内河综合整治，促进水清流畅人水和谐》被列为省政协“五水共治”专题重点提案，得到省领导王建满批示并领办；《关于我省政策性农业保险可持续发展的几点建议》被列为省政协重要提案，得到副省长黄旭明批示；《关于减少医患矛盾促进医患和谐的几点建议》被列为省政协重要提案，由省政协副主席姚克督办。《关于加快推动我省“网上强省”建设的建议》被列为大会口头发言。民革界别委员在省政协十一届省委会2份团体提案、6份个人提案被评为省政协优秀提案。通过政协平台提出的一系列意见建议在浙江省方针政策中得到体现，如关于“农村土地流转现状及建议”在省政府办公厅《关于完善农村土地承包制度搞活承包经营权权能的意见》中得以吸纳。省委会1份调研报告荣获全省政协系统优秀调研报告。

【开展专题调研】 召开法治浙江、司法领域改革专题研讨会，开展专题调研26次，2份调研材料被民革中央作为提案提交全国政协。配合民革中央主席万鄂湘开展汽车节能技术专题调研；关于“加快我国停车立法”的建议得到中央领导俞正声批示；承担民革中央“海峡两岸（温州）民营经济创新发展示范区建设”专题调研，调研报告得到中央领导张高丽批示，示范区建设的有关方案已获国家发改委、国台办批复并报国务院；省委会荣获为民革中央提案工作作出贡献先进集体。

【做好信息工作】 全年共编报信息202期，被民革中央、省政协、中共浙江省委统战部采用119条次。省委会荣获民革全国反映社情民意信息工作先进集体，2名同志被评为先进组织者和先进工作者。

【推广法律援助服务】 与省司法厅合作，将民革法律援助咨询服务纳入政府法律援助工作机制，成立浙江省法律援助中心民革工作总站，下设天建、大宇、泽大、金道4个援助工作站，温州、湖州、金华、衢州、舟山、台州、丽水及嘉善等市、县也相应建立了法律援助工作站。全省共办理援助案件160例，受益群众324人次，开展法律咨询和普法活动133次。

【开展“博爱·牵手”活动】 将“百名教师牵手乡村学校”、“百名医生牵手基层医院”及传统的扶贫帮困工作融入民革中央“博爱·牵手”活动，打造“伸出博爱之手——民革基层组织牵手困难群众活动”新品牌，采取多种形式关爱抗战老兵、民革困难老党员和社会弱势群体。全省基层组织全年共开展“博爱·牵手”活动 215 次，捐款捐物 232.56 万元，受益群众 12200 人次。评选出浙江省“博爱·牵手”活动 2 个组织奖和“十佳先进集体”，湖州市长兴总支荣获民革中央“博爱·牵手”活动“十佳基层组织”称号。

【深化结对帮扶工作】 举办“大美青花 诗画江南”浙赣陶瓷艺术作品公益拍卖活动，助力丽水庆元百山祖镇 3 个结对村的“五水共治”工作。做好温州平阳新联村少数民族低收入群众结对帮扶工作，继续在松阳县三都乡中心小学发放逸仙奖学金。举办“笔境·嘉善”文化遗产进基层、创意艺苗计划进嘉善活动，开展民主党派促进县域科学发展实效性研究，将助推嘉善县域科学发展示范点建设工作落到实处。联合省侨办赴建德、文成开展送医下乡慰侨活动。截至 2014 年底，全省帮助贫困地区引进各类资金 33715.5 万元，实施各类扶贫项目 43 个，资助家庭困难学生 1165 名。

【提升长征办学水平】 支持浙江长征职业技术学院坚持服务民营中小微企业的办学特色，学院被授予第四届“黄炎培优秀学校奖”称号。在杭州长征业余学校设立了浙江省老龄文艺大学民革教学点，开展中医养生、书法、国画等教学活动。支持浙江长征财经进修学院继续稳健办学。

【拓展公益服务渠道】 8 支社会服务团开展活动更加规范有序，围绕助教帮困、医卫咨询、经济文化、生态环境等多个领域举办公益服务活动 37 场。携手浙江图书馆举办“民革党员走进‘文澜讲坛’系列讲座”14 场，并组织党员到基层图书馆巡讲。

【深化祖国统一交流活动】 定期召开涉及台湾形势和两岸关系的座谈会；组织开展纪念抗战胜利 69 周年活动；举办“翰墨雅韵”两岸书画联展、“同一个月亮　同一个梦想”中秋民俗文化活动；邀请台湾摄影家来浙江省杭州、衢州、丽水采风，接待高雄市妇女会参访团、高雄市路竹扶轮社参访团和台湾四海青商会参访团来浙参访。

【强化组织建设】 全年共发展党员 332 人，截至 2014 年底，全省共有 5470 名党员。全年举办骨干培训班 2 期，受训骨干党员 121 人次，推荐参加民革中央、中共中央统战部、中共浙江省委统战部举办的培训班 30 余人次。民革金华市委会顺利换届并隆重纪念成立 30 周年，台州市委会完成换届，杭州、宁波市委会完成届中调整，省直浙江大学委员会等基层组织完成换届，新成立了省直属邵逸夫医院支部、省肿瘤医院支部、浙江传媒学院支部、宁波国家高新区综合支部等基层组织，浙江工业大学、浙江师范大学、义乌、乐清、柯桥、德清等总支委员会变更为基层委员会。

【加强队伍建设】 全省党员中担任各级人大代表、政协委员共计 821 人，任县处级及以上政府部门和司法机关领导职务 56 人，其中任厅局级实职 5 人，正处级实职 14 人。选派 2 名党员分别到台州路桥区和省人社厅挂职锻炼。积极推荐党员参与行风政风监督。全省党员中担任各级特邀约人员共计 177 人。

【开展党内监督】 成立内部监督委员会，制定了内部监督工作条例和监督委员会工作规则，重点围绕学习宣传、日常监督、制度建设开展工作。

【加强机关建设】 召开全省机关干部培训会，制定省委会机关公务员平时考核办法，启动机关干部“日志式”管理。推荐 1 名机关干部下派挂职锻炼，引进 3 名干部充实机关队伍。

【抓好“民革 e 家”建设】 “民革 e 家”信息平台已进入试运行阶段，旨在搭建一个覆盖全省各级组织和广大党员的网络平台，利用大数据挖掘和分析形成“民革指数”，服务参政议政需要，指导民革各项工作。

（王晓红）

中国民主同盟浙江省委员会

【综述】 2014 年，民盟浙江省委会在中共浙江省委和民盟中央的领导下，在中共浙江省委统战部的指导下，深入学习贯彻中共十八大和十八届三中、四中全会精神，扎实启动坚持和发展中国特色社会主义学习实践活动，以开展“学盟章、读盟史”竞赛活动和“基层组织建设年”活动为抓手，围绕中心，服务大局，内强素质，外树形象，较好地完成了各项目标任务。

2014年，全省民盟组织共发展新盟员604名，发展率5.6%（净增率4.8%），盟员总数达到11365名。全省新成立总支、支部12个，基层组织总数达到298个，其中基层委员会24个、总支51个、支部218个、小组5个。在省政协十一届二次会议上，省委会共提交大会发言15件，团体提案7件，其中3件被列为重点提案。省级层面参与各种形式的社会服务活动达400余人次，15所学校及数千群众从中受益。

【紧跟形势步伐，认真学习中共十八届三中、四中全会精神】 民盟省委会历来重视政治理论学习，通过报告会、座谈会、研讨会等形式，组织和号召全省各级民盟组织和全体盟员深入学习中共十八大和十八届三中、四中全会及习近平总书记系列重要讲话精神，以进一步增强共识、坚定信心，理解改革、支持改革，切实把思想和行动统一到中共中央的重大决策部署上来。省委会还分别传达和学习了中共浙江省委十三届五次、六次全会关于“两美”浙江和法治浙江建设的决定。省委会班子成员认真参加省统一战线暑期学习会，发表交流学习心得。参政党理论研究会积极参与民盟中央课题招投标活动，《法治视角下的协商民主制度建设》获准立项。华夏书画学会第五届理事会顺利产生。浙江民盟艺术团与浙江公安边防总队杭州边防检查站开展联谊活动。杭州市委会主办的“自媒体时代参政党民主监督”专题研讨会选题新颖、讨论深入，受到广泛关注。

【突出浙江特色，扎实开展坚持和发展中国特色社会主义学习实践活动】 民盟省委会和各市委会、省直工委均成立了学习实践活动领导小组，制定了具体实施方案，并选定“学盟章、读盟史”作为2014年活动的自选项目，得到民盟中央的肯定。一是学习引导，强化认知。省委会邀请盟内外专家、学者分别就盟章、盟史以及参政党理论等开展专题辅导报告5次，编印《学习资料》5期。各级盟组织也纷纷组织学习培训，据不完全统计，全年共举办培训班55个，参加人数1787人；举办宣讲117场，参加人数3367人；召开各类报告会、座谈会348次。二是拓展渠道，营造氛围。在网站、杂志等开设学习实践活动专栏，及时报道最新动态，大力宣传成功经验和先进典型，全年共刊发专题报道103篇，宣传先进典型47人。探索建立微信公众号“浙盟微报”等新媒体宣传渠道，全年共发布“盟务春秋”、“盟务速递”、“盟员风采”、“群英论见”、“学习园地”等专栏文章301篇。三是载体互动，高潮迭起。全省各级盟组织认真落实“学盟章、读盟史”专项竞赛活动计划，通过广泛发动、周密组织，共举行现场知识竞赛初赛30余场、决赛2场，500余位盟员参赛，1500余位盟员观赛，省直工委、衢州市委会分获两场决赛一等奖。收到学习体会210篇，评选出优秀作品36篇。四是巡回指导，注重实效。省委会领导班子带头学习并分赴各市委会和省直工委下属基层组织开展巡回宣讲，指导推动各地开展好学习实践活动。经过一年的努力，学习实践活动取得了初步成果，反映活动的《继承民盟优良传统 深入开展学习实践活动》一文被民盟中央网站、《中央盟讯》、《情系中华》杂志等录用。嘉兴市委会、杭州市委会、省直工委、宁波市委会等4个组织荣获“民盟思想宣传工作先进集体”称号。

【围绕激发活力，积极实施“基层组织建设年”活动】 民盟省委会周密部署、扎实推进，通过了一系列行之有效的措施，“强组织、增活力”，取得初步成效。一是探索建立新盟员培训新模式。为新盟员培训班建立三年班集体活动制度，确立机关固定联系人，在培训结束三年内继续以原班级为单位组织学习交流、调研考察等活动，增强新盟员对组织的归属感。杭州、温州、丽水等市委会均开展了相关活动。二是建立入盟对象培训新机制。作为试点的省直工委全年举办入盟对象培训班4期，90位入盟对象通过观看盟史资料纪录片、听取《中国民主同盟章程》专题解读报告和社情民意信息撰写辅导讲座等，更好地了解民盟、认同民盟，取得较好的效果。三是试行基层组织盟务工作评价新办法。新的《基层组织盟务工作评价办法》通过思想建设、组织建设、参政议政、宣传工作、社会服务等方面的指标考评，引导基层组织明确盟务工作的方向和重点，促进基层组织生活正常化和规范化。省委会荣获民盟中央颁发的“民盟基层组织建设人才建设奖”，绍兴市柯桥区基层委员会等16个基层组织被授予“民盟基层组织建设先进基层组织”称号。据不完全统计，全年有136名盟员荣获国家级、省级各类奖励或荣誉，其中盟员徐玲玲获得全国五一劳动奖章，成荣芬获得全国优秀教师称号，董石麟获得浙江省科学技术奖重大贡献奖等。

【坚持因地制宜，稳步推进“盟员之家”和盟员传统教育基地建设】 “盟员之家”作为民盟省委会组织建设的一大亮点，多次得到民盟中央领导的肯定与指导。为更好地指导“盟员之家”的有序建设，提升其精神内涵，省委会于2014年4月在江山市召开全省“盟员之家”工作经验交流会，提出按照盟员倍感亲切的“温馨之家”、盟员相互学习提高的“成长之家”、盟员施展才华的“有为之家”、盟员履职尽责的“议政之家”、为其他盟组织提供经验的“榜样之家”等要求，鼓励条件成熟的地方积极创建“盟员之家”，从而进一步解决基层组织生活场地缺乏的困难，加强盟务工作的规范化、制度化建设。截至2014年底，全省共建有“盟员之家”40余个。此外，省委会继续深入挖掘盟史资源，精心收集整理资料，2014年在宁波童第周故居、上虞胡愈之故居等正式挂牌“盟员传统教育基地”，引导广大盟员缅怀民盟先贤、继承优良传统、加强自身建设，不断凝聚力量，履职尽责。

【紧扣中心工作，坦诚发表意见建议】 一是积极参与高层协商。民盟省委会领导班子成员参与政党协商、政协协商，围绕“两美”浙江建设、法治浙江建设、深化行政审批制度改革、健全养老服务体系等重大议题开展协商建言。协商前，积极运用专题调研、“盟声·议政”座谈会、专家咨询等形式，广泛征求盟员意见建议，凝聚集体智慧，不断提高协商建言水平。二是立足政协平台建言献策。省政协十一届二次会议上，省委会提交的《进军海洋油气产业——点燃浙江发展海洋经济新引擎》被选为大会口头发言，3件重点提案得到省政府及有关部门的认真办理，其中《关于培养造就一流的浙江产业技术工人的建议》被省政府有关部门出台的《关于深化改革加快推进技能人才队伍建设的若干意见》、《浙江省技工院校学籍管理办法》、《浙江省技能人才自主评价办法》等文件充分吸纳。三是积极反映社情民意。编印《参政议政专报》3期，其中《关于加快划定我省生态保护红线的建议》获李强省长、省委副书记王辉忠批示，《我省留守儿童“四无”问题突出令人担忧》获省委副书记王辉忠两次批示，《治理大气污染亟需推进燃煤机组“近零排放”》获省委副书记王辉忠、常务副省长袁家军、副省长毛光烈批示。探索建立信息宣讲制度，全年开展信息宣讲活动13次，参与盟员累计400余人次，有力地调动了基层盟员参与信息工作的积极性。全年共有453名盟员报送信息1157件，其中全国政协采用11件，中央统战部采用7件，民盟中央、省政协、省委统战部等采用294件，报送信息获省委、省政府领导批示10件。

【强化纵横结合，不断拓宽集聚盟内智慧的渠道】 通过“1+7+X”自主调研模式的设计，围绕《关于加快划定我省生态保护红线的建议》的重点调研课题和《关于进一步加快我省现代职业教育发展的建议》等7个重要调研课题，健全上下联动，强化双轮驱动，充分发挥专委会和市委会的基础骨干作用，协同推进各项调研工作。2014年，各专委会共报送调研报告15篇，反映社情民意信息214件；开展省市联动调研20余次，收到调研报告30余篇，顺利完成了全年的重点、重要调研课题任务。继续打造“盟声·议政”品牌，先后举行了“美丽浙江”建设、“法治中国”、“依法治校”等系列“盟声·议政”座谈会和“盟声·议政——构建浙江现代职业教育体系”论坛，累计组织盟员专家学者300余人次参与系列活动，提交论文近百篇。积极参与“五水共治”专项民主监督活动，根据省政协“三级政协联动、万名委员同行、助推五水共治”的安排，民盟界别组作为第三监督组，先后赴温州、台州开展民主监督活动3次，深入治水一线，及时发现问题，坦率交换意见，许多对策建议被当地政府采纳。

【整合专家资源，着力形成建言献策的骨干网络】 为更好发挥履职的整体优势，提高履职的针对性和实效性，民盟省委会以专业为纽带，组建了经济、教育、文化等7个专家团队，聘请了29名参政议政首席专家和138名专家团队成员，通过邀请参与调研、信息咨询、稿件把关等方式，扩大参政议政骨干队伍，提升调查研究的质量。5月在省社会主义学院举办参政议政骨干培训班，课程设计精心、突出实务，效果显著。培训期间，51名盟员共完成调研报告4篇、社情民意信息12件。截至年底，共有29位学员提交信息83件，16件被民盟中央、省政协、省委统战部采用，2件被全国政协转送国家有关部委办局参阅，1件被中央统战部《零讯》单篇录用。

【尝试浙沪联袂，协力助推嘉善县域科学发展示范点建设】 民盟省委会领导多次率领盟内外专家，赴嘉善召开专题座谈会、开展调研和服务。利用盟内教育资源优势，在嘉善柳州民工子弟学校、嘉善新世纪学校和嘉善第二高级中学挂牌“教育帮扶基地”，促成宁波慈溪育才教育集团、杭州长河高级中学分别与嘉善新世纪学校和嘉善第二高级中学缔结“助推友好合作学校”，并签署合作协议。利用盟员资源，资助嘉善柳州民工子弟学校建设图书馆。邀请上海市委会专家考察团在嘉善召开上海民盟组织助推嘉善示范点建设座谈会，并于9月底正式签署《沪浙民盟助推嘉善县域科学发展示范点建设合作协议书》。按照协议，省委会和上海市委会将紧密合作，充分利用两地民盟人才荟萃、信息丰富、参政渠道通畅等优势，为推动区域合作，做好产业融合、民生共享和体制跨越“三篇文章”，促进嘉善示范点建设献计出力。目前，双方已召开“嘉善交通接轨上海”专题座谈会等，就有关具体工作沟通协调。

【大胆改革创新，探索建立社会服务聚资用资新平台】 民盟省委会积极开展对口帮扶、“农村教育烛光行动”、“明眸工程”、“黄丝带帮教计划”和应急救灾等社会服务工作。在省委会的组织协调下，利用盟内资源为毕节市长春堡镇干堰小学捐款20万元用于增添教学设备，募集15万元捐款用于龙泉竹垟畲族乡际上村的际上至吴公康庄路改建工程，安排甘肃岷县的10余位初中老师到杭州第十五中学教育集团接受培训，积极参与云南鲁甸地震支援救灾工作等。杭州市委会、绍兴市委会、浙江工商大学总支等3个组织获得“民盟社会服务工作先进集体”荣誉称号，盟员王勤美、沈宏邦、谢丽娟、张菊华获得“民盟社会服务工作先进个人”荣誉称号。2014年省委会与省红十字会合作成立“民盟浙江省委会红十字烛光博爱专项基金”，并于10月29日签署捐赠协议。基金规模已达200余万元，主要用于民盟开展的各类社会慈善公益活动以及对遭受重大自然灾害的省内外受灾地区及其灾民开展人道主义救援行动。

【强化制度建设，有序推进盟内规章“立、改、废”工作】 为适应新形势、新任务的要求，民盟省委会对原有的37项盟内规章进行了重新评估，按照保留、修改、废止以及新制订等几个方面，逐一筛选，并根据评估结果，着手相关制度的修改和拟订工作。2014年修订完成《民盟省委会会议制度》并经省委会十一届十次常委会议审议通过。新制定《民盟浙江省委会参政议政工作年度测评表彰办法(试行)》，对各市委会、省直工委、各专委会和省直属各基层组织参政议政工作进行客观测量、科学评价，健全激励机制，将参政议政工作纳入规范化、制度化轨道。

【面向基层基础，致力形成团结、实干、服务新氛围】 民盟省委会领导班子成员分别带领调研组赴各市委会和部分省直基层组织进行走访调研，与基层盟员“零距离”接触、“面对面”交流，并就后备干部队伍建设和盟员人大代表、政协委员、特约人员履职情况进行了专题调研。省委会机关干部按计划分批深入基层；结合学习习近平总书记系列重要讲话精神，开展“每人讲一课”活动。召开机关工作会议，评选表彰民盟浙江省优秀专职盟务工作者，汇编相关经验交流材料，形成学先进、作贡献的良好工作氛围。 （葛　颖）

中国民主建国会浙江省委员会

【综述】 2014年在中共浙江省委和民建中央的领导下，民建省委会认真履行参政党职能，为浙江省全面推进深化改革、促进经济社会的健康发展作出了积极贡献。

【开展生动活泼的主题教育

实践活动】 制定开展坚持和发展中国特色社会主义学习实践活动实施方案，指导各地开展活动，省委会领导分头到各市作主题宣讲。建设传统教育基地。积极推动民建创始人之一施复亮故居改造提升工程，省委会和金华市委会共为工程捐款近220万元。协助包达三基金会开展民建浙江省委会第一任主委包达三的史料收集和专题片拍摄等工作，专题片在香港凤凰卫视播出。召开民建全省宣传思想工作会议，举办全省思想理论建设研讨班，开展全省民建会员思想状况问卷调查等，有力促进宣传思想工作的有效开展。认真组织学习贯彻中共十八届四中全会精神。

【开展思想理论研究】 围绕思想建设经验和民建70年规律开展理论研究，形成课题成果15篇，其中5篇论文被评为优秀课题。在民建中央2014年度优秀理论研究成果评比中，《民建思想建设的历史、传统及启示》获一等奖，3篇论文获二等奖，省委会获优秀组织奖。积极开展参政党建设和履职案例研究，7个课题获省社会主义学院立项，其中4项被评为优秀案例。

【增强新闻宣传实效】 召开省“两会”民建代表委员新闻媒体见面会，发布介绍参政议政内容。在省级以上公开发行的报刊、杂志上刊发民建相关报道500多篇。探索新媒体在思想宣传工作中的应用。目前各级组织建立的微信群、QQ群等日常工作交流平台约90个。

【加强领导班子作风建设】

健全各级组织的领导体制、工作体系和工作机制，坚持集体领导和分工负责相结合的领导制度。召开常委会4次，主委会议4次，研究落实民建省委会的重要工作。在重庆举办第二期省、市领导班子培训班。落实领导班子联系市委会及基层组织制度。领导班子成员分赴所联系市委会，围绕学习实践活动、民建会史和民建的优良传统教育开展宣讲。举行领导班子谈心会，客观评价成绩、剖析问题，开展批评与自我批评。全国政协副主席、民建中央常务副主席马培华到会指导。

【稳步推进组织发展】 制定《2014年全省组织发展指导性计划》和《民建浙江省委会发展会员规程》。新成立民建温州永嘉县支部、台州玉环县支部、杭州湾新区支部，筹建浙江财经大学支部、杭州电子科技大学支部。杭州下城区、上城区、海宁市、嘉兴财经、嘉善县、湖州吴兴区、浙江工业大学等7个总支更名为基层委员会。获民建中央2014年省级组织管理信息系统工作评比一等奖。截至2014年12月底，全省共有会员7868名，全年发展新会员445名，发展率6.2%，净增率5.2%。

【加大系统培训力度】 实施《民建浙江省2013－2017年会员教育培训规划》，依托省社院开展各类培训。举办省市领导班子培训班、全省基层组织主委培训班、宣传骨干培训班、青年企业家会员培训班、基层组织参政议政骨干培训班和省属新会员培训班共6个培训班。推荐1位省委会副主委参加中央统战部民主党派干部进修班、推荐7位骨干参加省委统战部中青班、7位特约员参加省委统战部民主党派特约人员研讨班。

【分类指导市级组织建设】

总结近年来各市组织建设经验，向民建全国市级组织建设研讨会提交《强人才，优机制，提高市级组织履职能力和成效》专题介绍材料。指导帮助金华市委会换届、台州市委会届中增补副主委。新增丽水环保支部为“省基层组织学习交流基地”。

【推进会内监督】 落实程序性监督机制。省监督委员会派员参加杭州、台州、金华届中增补和换届大会，以及杭州、宁波、温州、绍兴、嘉兴、丽水等市委会届中述职评议、领导班子谈心会、民主生活会，参与全程监督。建立领导干部述职述廉报告档案，要求省、市组织领导班子和担任副处以上政府及司法机关领导干部每年向省监督委员会提交述职述廉报告。

【规范机关工作制度】 严格执行“八项规定”，改进机关工作作风，认真贯彻省委、省政府关于会议、出差、接待、课题研究、定点采购等新规定，促进机关工作的制度化、规范化。完善机关办公月会制度，细化工作落实。出台《民建省委会机关联系省属工委基层组织制度》，机关干部联系省属基层组织落实到人。落实机关处室联系各专委会制度，协助参政议政、社会服务、党建理论、妇女委员会、老龄委员会等各专业委员会发挥平台作用，开展形式多样的活动。举办全省机关干部暑期读书会，汇编机关干部文集，研讨建设学习型、服务型、创新型机关。

【在各级“两会”上建言献策】 据不完全统计，民建浙江省会员中的各级人大代表、政协委员在各级“两会”上共递交提案、议案、建议、大会发言1100多件。在全国“两会”上，提交10件建议、11件提案。车晓端代表向全国人大会议提交的《关于加强全口径预算决算审查监督的建议》，受到国家财政部充分肯定。陈小平委员在全国政协会议上提交的《城镇化过程中加强我国（古村落）传统村落保护的对策建议》受到有关部委重视，应邀参加全国政协专题协商会，作开展美丽乡村建设，推动传统村落保护口头协商发言。在省“两会”上，共提交人大议案1件、建议11件，政协团体提案13件、个人提案74件、大会发言材料21篇。

【广泛参与政治协商】 省委会主要领导4次参加中共省委省政府高层协商会，对中共省委常委会工作、省政府工作报告、党风廉政建设和“两美”浙江建设等提出10多项建议。首次召开民建界别协商会，组织界别委员围绕机器换人开展调研并提出相关建议。应邀参加省人大常委会关于制定社会养老服务促进条例的立法协商会，提出具体修改建议。

【发动会员参与“五水共治”】 省委会向全省各级组织和会员发出倡议，号召广大会员积极主动投身“五水共治”，共建美丽浙江。省委会领导陈小平、车晓端、张明华，常委赵跃进分别担任温州飞云江、绍兴西小江、余姚方家路江，黄岩西江河河长，参与一线治水。围绕“五水共治”反映社情民意，编发信息10余篇。会员企业家积极捐款助推“五水共治”。据不完全统计，全省会员共为“五水共治”捐款3600多万元。

【探索常态化参政议政工作机制】 召开全省参政议政工作会议，总结交流参政议政工作。省委会全年立项课题28项，重点课题分别由省委会副主委担任课题组长。参与省政协“发展混合所有制经济”重点课题调研。组织省政协委员和会内专家赴嘉善县就“深化行政审批制度改革”主题开展调研，在省政协专题协商会上提出进一步推进改革的5条建议。

参与民建中央互联网金融、民间资本和民间金融两个重点专题研究。选送优秀调研成果13篇报送民建中央。《防范化解中小企业担保链风险的建议》、《防范地方投融资平台过度举债相关建议》两篇建议材料被民建中央采用，转化为民建在全国政协会议上的团体提案。省委会被民建中央评为参政议政工作先进单位特等奖。

【改进反映社情民意信息工作】 一年来，各地来稿515篇，编发80期，直（转）报148篇，被上级录用和领导批示289篇次。其中会员江衍妙反映的《“众筹”成为小微文化科技企业重要融资渠道亟待引导和规范》获得国家领导批示。另有4篇信息获得省领导批示。向省委省政府报送信息专报《关于当前我省“稳增长，调结构”的若干主要问题和对策建议》。在全国政协评出的两年度30篇优秀社情民意信息中，浙江省民建会员反映的《尽快禁止销售散装食用油》、《警惕新一轮“互保联保”危机恶化》、《以“资产证券化”为突破口推进金融改革》3篇信息入选，受到通报表彰。省委会获民建中央反映社情民意信息工作特等奖。

【积极发挥民主监督作用】 每年二次参加“两院”征求意见会，就处理担保连保问题、“两院”干部队伍建设等提出建议。担任各级人大代表、政协委员的会员积极提交提案、议案，参加各级人大、政协组织的执法检查、委员视察活动，围绕“五水共治”、“三改一拆”等中心工作，认真履行监督职能。全省140位骨干会员担任省市各类特约员，认真参与政风效能建设、审计回访等工作，发挥民主监督作用。

【助推会员企业转型发展】 以论坛、讲座、沙龙等形式，指导会员企业提升发展观念，理清发展思路。先后举办“上海自贸区建设”专题讲座，“大数据产业发展论坛”。组织会员企业参加“浙江省首届金融论坛”、“浙江民企新春论坛”、第九届中国民营经济科学发展论坛等。组织民建会员企业举办浙江大学专场校园招聘会。350余名毕业生与民建会员企业达成就业初步意向。组织会员企业家参加第六届北京投资洽谈会、走进中东欧、拉美浙江机电展和台湾健康展，“中国——加拿大经贸合作洽谈会”。组织民建企业家赴日进行商务考察，推动浙江企业与日本企业在技术、管理领域的交流与合作。结合统一战线助推嘉善科学发展观示范县建设工作，帮助推动以色列爱可声（ESPRO）公司落户嘉善。省委会和有关市委会还积极帮助部分会员企业争取政府、银行和法院的支持，化解“两链”风险。

【打响“思源工程”社会服务品牌】 省委会在第一时间通过省红会向云南鲁甸地震捐款10万元。会员企业泰力公司捐赠1000万元成立泰力“思源·圆梦”慈善基金。组织会员企业“向中华思源工程扶贫基金会黔西老年活动中心项目”、“爱的分贝”等项目定向捐赠。继续开展全省“思源工程——百名困难会员暖心行动”，把组织的温暖送到困难会员手中。会员宣碧华资助全省困难老会员从10名增加到12名。据不完全统计。全省累计扶贫帮困资金达1300多万元。省委会被民建中央评为年度社会服务优秀单位。（张菊萍）

中国民主促进会浙江省委员会

【综述】 2014年，民进浙江省委会认真贯彻民进中央“有思有行、集智聚力、顺势而为、开拓创新”的工作方针，围绕中共浙江省委、省政府的中心工作，把坚持和发展中国特色社会主义学习实践活动主线贯穿到各项工作当中，增强建设中国特色社会主义参政党的责任感和使命感，以组织建设主题年为契机，切实加强自身建设，提升整体素质，团结依靠全省各级组织和广大会员，认真履行参政议政、民主监督职能，积极开展社会服务，各项工作都取得了新的成绩，顺利完成了省委会九届三次全会提出的年度工作任务。

【深入开展坚持和发展中国特色社会主义学习实践活动】 省委会按照民进中央的部署，制订了学习实践活动实施方案及工作计划，成立了领导小组和办公室，召开了动员会进行部署。一年来，活动领导小组多次进行专题研究，并组织开展实地调研，分赴地方组织和基层组织倾听基层会员对推进学习实践活动的意见，了解会员的思想动态。省委会始终把深入学习中共十八大和十八届三中、四中全会精神，学习习近平总书记系列重要讲话精神，作为学习实践活动的核心内容，积极发挥领导班子的领学和带动作用，召开中心组学习会和班子谈心会、主委会议、常委会议开展集体学习，带头撰写发表学习体会和理论文章，到地方和基层组织授课宣讲。省委会通过多次邀请专家举行专题报告会，编发活动简报和学习资料，开展地方组织学习实践活动经验交流等系列活动。

【加强宣传平台和机制建设，积极探索宣传思想工作新思路新方法】 浙江民进网站完成改版，及时开通“浙江民进”微信订阅号，《开明》会刊进一步提高采编和发行水平，再一次获得民进中央年度单项工作先进表彰。进一步推进宣传思想工作机制建设，制定通讯员考核激励制度，举办全省通讯员培训班，有效提升了宣传队伍政治素质和业务水平。

【开展参政党理论研究，加强理论建设】 组织开展理论征文活动，征集论文62篇，并以“中国特色社会主义参政党：新论断、新要求”为主题，召开了理论研讨会，充分交流理论研究的成果。积极组织参与民进中央理论研究征文和课题招标，《参政党在推进国家治理体系和治理能力现代化中的作用研究》获得立项；组织参与省政协理论研究会征文活动并提交论文13篇；组织参与省社院2014年度课题招标，共有3个课题中标并顺利结题。

【加强会史研究和会史宣传工作】 配合民进中央积极开展“民进70年情缘：岁月钩沉”主题征稿活动，征得稿件17篇。启动《浙江民进前辈录》的编撰，《浙江通志·民主党派与工商联卷》民进篇编纂工作进入资料的搜集阶段。多篇口述会史文章在《民主》《情系中华》等刊物和民进中央网站刊登。

【加强领导班子自身建设】 认真落实各项会议、决策制度，召开6次主委会议，4次常委会议，提高了民主决策、科学决策的水平，开展领导班子谈心活动，全面贯彻民主集中制，体现了良好的工作作风，领导集体保持了高度的团结和谐。

【加强后备干部和代表人士队伍建设】 根据《民进中央关于做好2014—2017年省级组织领导班子后备干部队伍建设工作的意见》，完成省委会领导班子后备干部推荐工作。举办第六期全省基层组织负责人培训班，实现了对全省500多个基层组织负责人培训的全覆盖。举办了省直中青年骨干培训班。推荐20人次参加民进中央、省委统战部等单位举办的培训班。推荐15位会员分别担任省人力社保厅、省审计厅、省高院特约人员。推荐1名会员横向挂职锻炼。对省委会工作机构进行届中人员调整，为代表人士和骨干会员提供更多发挥作用的平台。分类召开座谈会，举办议政论坛，开展交流考察等活动，加强对代表人士的服务和联络。到2014年底，全省会员中，54人担任副处以上政府和司法部门实职，2人担任省辖市政府副职，5人担任县（市、区）政府副职。担任县（市、区）及以上各级人大代表、政协委员共1072人次，占全省会员的11.8%。

【以“组织建设年”为契机，全面加强组织建设】 一年来共发展会员408名，发展率4.67%，目前全省共有会员9076人。全面加强会员会籍管理工作，提高了组织工作的规范化和信息化水平。深入开展“创先争优”活动，3个地方组织、26个基层组织和26名基层组织负责人荣获会中央表彰。开展基层组织负责人谈基层组织建设活动，征集稿件54篇。新成立民进桐庐支部，区域性基层组织达到52个。省委会监督委员会积极稳妥地开展会内监督。推进学习型参政党机关建设，完善各项工作制度，为建设“阳光、高效、规范、和谐”的服务型机关奠定了坚实的基础。

【积极发挥政治协商、民主监督作用】 一年来省委会领导积极参与党际协商、立法协商、界别协商、提案协商等各类协商活动，参加省委、省政府、省政协、省委统战部组织召开的各类座谈会、情况通报会、征求意见会、调研视察活动等十余次，围绕“五水共治”、“三改一拆”、“两美”浙江建设、深化行政审批改革、环境保护、养老立法、建设法治浙江等重大决策、重大问题，诚恳地发表政见，坦诚建言献策，提出了建设性的意见建议。积极开展民主监督，参与省政协“三级政协联动、万名委员同行、助推五水共治”专项民主监督活动。省委会作为第四监督组，先后7次在杭州、宁波、舟山等地开展调研，实事求是地反映“五水共治”取得的成绩和存在的问题，提出了许多切实可行的意见建议。民进省委会担任各级各类社会特约职务的会员，认真参与民主监督工作，发挥了积极作用。

【认真履行参政议政职能】 在省政协十一届二次会议上，省委会提交8件大会发言、9件团体提案和4件民进组提案。其中2件被确定为重点提案，3件为大会口头发言，《关于实施大数据战略，推动创新型省份建设的建议》获得副省长毛光烈批示，《关于完善校长教师交流机制的几点建议》由副省长郑继伟领办，取得了较好的办理效果。省委会报送的建议案《关于大力发展混合所有制经济，加快建设我省产权交易共同市场的建议》和《关于及时修订浙江省法治政府建设实施标准及考核评价体系（试行）的建议》，分别获得省委书记夏宝龙、省委副书记王辉忠的批示。省委会向民进中央报送的《关于实施基本药物零差价制度后尽快稳定村医队伍的提案》和《关于促进民营医院健康发展的提案》，被选为民进中央提交全国政协十二届二次会议的党派提案，并被评为民进中央2014年度参政议政成果二等奖。

【反映社情民意信息工作再创佳绩】 全年共编发《浙江民进信息》371期，其中《对完善委员约束激励机制的两点建议》等2篇信息被全国政协综合采用，《空白职业资格证书短缺问题亟待解决》等6篇信息被全国政协转送各有关部委办局，另有64篇信息被民进中央采用、41篇信息被省政协采用或转送，《落实我省农民建房新政策存在四大困难应予重视》等6篇信息获得省领导批示，省委会连续三年获民进中央信息工作先进单位，在省政协、省委统战部信息工作考核中均名列前茅。

【全面推进社会服务工作】 制订对贵州金沙县的“同心·彩虹行动”五年帮扶计划，开展安龙县帮扶工作的前期调研，与当地五所小学签订了“向阳花书屋”三年援建协议。向甘肃铜匠庄小学捐赠图书200余册，向甘肃藏区拉布村小学捐赠人民币10万元和价值6万元生活设备。继续参与省委、省政府“山海协作工程”系列活动，坚持每月组织专家赴衢州衢江区妇幼医院义诊并指导工作。“开明讲堂”走进临安和衢州。结对帮扶天台县平桥镇龙官村、溪头洋村，向两村各捐赠5万元，为当地旅游开发提供专家支持，并捐赠价值5万余元的图书2600余册建立了“向阳花书屋”。响应省委统战部“新一轮少数民族低收入群众增收帮扶行动计划”，对接帮扶平阳朱山村，捐赠15万元资金。全力打造“助推嘉善县域科学发展示范点建设”升级版，继续帮扶嘉善二院提升医疗技术水平及管理水平，在嘉善中学挂牌成立民进省委会艺术培训基地，助推嘉善文化艺术发展。省委会社会公益服务有序进行。“民进公益项目基金”资助两名先心患儿完成心脏病康复手术，大力倡导“微公益”，基层组织和会员走进社区、贴近群众的公益活动项目不断涌现。

【完善社会服务工作平台】 加强浙江民进企业家联谊会的自身建设，组织会员参加浙江经济新年报告会、民进中央与中央社院联合举办的民进企业家培训班、2014年民进企业家联谊会联席会议和“微公益”交流座谈会、重庆大渡口区引资考察团等活动。承办了江浙沪企业家联谊会联席会议，举办了企业家联谊会年会暨成立十周年交流论坛。在中央社院举办了第二期民进浙江省新社会阶层人士理论培训班，培训50余人。继续打造提升开明画院品牌，完成浙江开明画院换届，积极推动嘉兴、舟山、台州等地成立开明画院。继续与省台湾事务办公室联合举办第五届“唯一杯”浙台往来摄影大奖赛。 （姚礼群）

中国农工民主党浙江省委员会

【综述】 2014年，农工党省委会在中共浙江省委和农工党中央的领导下，坚持以邓小平理论、“三个代表”重要思想、科学发展观为指导，认真学习贯彻中共十八大，十八届三中、四中全会和习近平总书记系列重要讲话精神，中共浙江省委十三届五次、六次全会精神和农工党十五大、十五届二次全会精神，把深入开展坚持和发展中国特色社会主义学习实践活动贯穿到各项工作当中，按照农工党中央的工作部署，围绕中共省委省政府的中心工作，切实加强自身建设，积极履行参政党职能，各项工作均取得了新进展。

2014年，全省共发展农工党党员452名，平均年龄38岁，党员净增长率为4.5%。截至2014年底，全省共有党员9155名，其中医药卫生、环境保护和人口资源界占56.1%，文教界占18.4%，科技界占6.8%，其他界别占18.7%；中高级职称以上占89%。

【积极参与政治协商】 参加全国政协双周协商座谈会，就“厘清养老和医疗边界，防控医养结合的医保基金风险”发言。围绕“两美”浙江建设、全面深化法治浙江建设、深化行政审批制度改革等，参与专题协商。参加《浙江省社会养老服务促进条例》立法协商。参与省统战系统“生态环境保护”重点课题调研。参加中共省委十三届六次全会精神党外人士情况通报会，对2015年中共省委、省政府工作提出建议。中共省委书记夏宝龙与农工党省委会领导班子谈心交友。

【做好提案议案工作】 全国“两会”上，提交提案11件，议案、建议15件，提案《促进规模化经营，规范林权流转市场》被推荐到经济界、农业界联组讨论会上发言，浙江林权流转的创新做法得到李克强总理肯定；《改革我国药品审评缴费模式，促进医药产业发展》等三个建议被数十家媒体转载。省“两会”上，提交团体提案9件、大会发言材料12篇，农工党界别组团体提案和大会发言材料各2篇，个人提案35件、议案建议29件。其中《完善医疗纠纷解决机制，防范暴力伤医不断升级》被选为大会口头发言并被列为重点提案，《全面实施农业面源污染防治，加快建设美丽浙江》被省政协并案为重点提案并评为优秀提案；往年提交的《突出公立医院公益性质，破解“看病难看病贵”》也被评为优秀提案。

【深入开展专题调研】 协助农工党中央“卫生立法推动医药卫生体制改革”专题调研，同步开展“优化产业布局，保护长江流域水环境”课题调研。就浙江省核电发展情况展开调研。参与省政协重点课题“建立完善养老服务体系加快发展老年服务产业”调研，完成《加快推进我省养医融合的对策建议》并在省政协常委会上口头发言。农工党界别组赴省食药局开展对口协商，并实地调研浙江省餐厨废弃物处理情况。2篇调研报告专报中共省委省政府，其中《关于改革中药饮片定价机制促进中医药健康发展的建议》得到省长李强等4位省领导批示。省委会获农工党中央2013年优秀调研报告组织工作奖，1篇调研报告获优秀调研报告一等奖，2篇获三等奖。

【扎实推进信息编报工作】 共编报《浙江农工信息》317则。被全国政协录用16则，省政协录用18则，省政协民情热线录用12则，中央统战部录用14则，省委统战部录用161则，农工党中央录用58则。《对当前经济形势的总体判断和对下半年经济形势的预判及建议》等4则信息获国家领导人批示，《推进分级诊疗和双向转诊制度的几点建议》等6则信息获省领导批示。

【学习实践活动形式丰富】 农工党省委会主委姚克参加省各民主党派“坚持和发展中国特色社会主义学习实践活动”推进会并代表各民主党派发言。致公省委会宣讲团以“坚定政治信念、解放思想、推动改革”为主题，先后赴衢州、丽水、湖州、嘉兴等市委会和省直宣讲；举办全省“中国梦·农工情”演讲比赛和征文比赛，派两位代表赴京参加农工党中央演讲比赛；各市委会主委总结交流学习实践活动阶段性成果；赴南京雨花台烈士纪念馆，参加由中国美院支部党员创作的《邓演达主持农工党一干会议》油画捐赠仪式。全省各级组织创建各类学习实践活动教育基地近四十个，制定《中国农工民主党浙江省委员会开展坚持和发展中国特色社会主义学习实践活动2013—2017年工作规划》。

【宣传工作注重实效】 积极构建“大宣传、大教育”格局。据不完全统计，在省级以上报刊发表宣传稿件125篇，同比增长14.4%。在农工党中央网站增设的“省市动态”和“基层连线”上，报送信息。继续开辟“走基层”栏目，采访丽水、台州、金华等地基层组织。组织党员文艺骨干赴临安市天目镇，送去以“情系新农村，同心中国梦”为主题的节目。举办近70位宣传干部和党员骨干参加的全省宣传和理论研究骨干培训班。

【理论党史研究有新成果】 积极向农工党中央、省政协理论研究会、中共省委统战部等报送理论成果。制定《农工党浙江省委会理论研究优秀成果奖励办法》。有序开展《浙江通志·民主党派与工商联卷》的编纂工作，完成《民主革命时期中国农工民主党的武装斗争》（浙江篇）的撰写和《多党合作在浙江2013年度》农工党部分的图文选送工作。荣获农工党中央“2013年度理论研究工作组织奖”，2篇论文分获二等奖和三等奖。3篇论文分获2013年度省统战系统优秀成果二等奖、三等奖和优秀奖。在2014年度浙江社院参政党建设和履职案例招标中，5个案例中标，3个被选为优秀案例。

【组织工作稳健有发展】 坚持和完善领导班子联系基层制度、领导班子谈心会制度、述职和民主评议制度等。起草了2014年组织发展规划。召开全省组织工作会议，传达农工党中央关于实施人才强党战略的精神，部署浙江省实施人才强党战略的具体工作。举办全省专职干部培训班。完成全省组织建设情况摸底工作。完成2014年中央代表性人士数据库浙江省代表性人士信息的修改和补充工作。杭州淳安县支部、湖州长兴县支部、省直环境能源支部等一批基层组织成立。

继续开展创建星级支部、特色支部活动。

【党内监督工作稳妥展开】 制定监督委员会2014年度工作计划。安排监督委员会委员参与省辖市委员会的届中述职、民主推荐工作。召开由任浙江省医疗机构负责人的农工党党员参加的座谈会，开展廉政自律教育。配合有关部门筹建廉政文化（廉政故事）中心，农工党余杭总支浙江省统战系统廉政教育基地正式挂牌，成为省统战系统第一批11个廉政教育基地之一。

【服务嘉善示范点建设再添重笔】 组织专家到浙江省继续医学教育（嘉善）培训基地进行医疗诊治规范巡讲；组织协调省肿瘤医院专家定期到嘉善县第一人民医院门诊、查房、疑难病例会诊和手术，组织急救专家与嘉善县第一人民医院交流；组织、参与举办华东首届结直肠癌微创与综合治疗学术论坛；承接嘉善县现代农业科技示范项目——尚品创意农业产业园的规划编制工作。党员企业富通集团与嘉善县签署合作协议，投资 50 多亿元的富通集团光通信全产业链项目正式落户嘉善县西塘镇。

【帮扶工作稳步推进】 进一步完善调整龙泉市龙渊街道坛步村五年帮扶规划，帮助成立坛步畲族村经济合作社；帮助办妥危房整修相关手续审批；帮助申请落实专项资金 10 万元，对坛步村进行规划、整治和改造。拟订省委会对青田县祯旺乡五个村的帮扶五年规划和年度计划，首批帮扶资金 50 万元已交付祯旺乡；指导帮助该乡启动绿色食品品牌创建工作。

【社会服务常规工作有序开展】 制定并印发《中国农工民主党浙江省委员会关于加强社会服务工作的指导意见》。积极组织协调全省各级组织开展第七届“中国环境与健康宣传周”和第 26 届“国际科学与和平周”系列活动。与宁波市委会在宁波市江北区慈城中学联合开展“国际科学与和平周”社会服务活动；与湖州市委会、德清县基层委员会联合，开展“两美”浙江建设联系点工作。农工党界别组赴衢州市庙下乡严村村参与“五水共治 共建生态家园”活动，一委员个人向龙游县政府捐款 20 万元。 （章 祺）

中国致公党浙江省委员会

【综述】 2014 年，在中共浙江省委和致公党中央的正确领导下，致公党省委会高举中国特色社会主义伟大旗帜，深入学习贯彻中共十八大，十八届三中、四中全会精神和习近平总书记系列重要讲话精神，围绕省委、省政府中心工作，团结带领全省党员凝心聚力、认真履职，服务全面深化改革大局，为“两美”浙江建设发挥了积极作用。

【全面推进坚持和发展中国特色社会主义学习实践活动】 根据致公党中央的部署和要求，省委会及时成立了学习实践活动领导小组，统一思想，精心组织，制定、落实活动方案。省委会领导带头分赴联系点指导学习实践活动，开展了联系一个地方组织、讲一次课、写一篇文章的三个“一”活动。各地方组织积极行动，与自身履职工作相结合，开展了形式多样的学习实践活动。省委会利用一刊一网一简报，对全省各级组织的学习情况开展交流指导，开辟“网上学习园地”，定期召开学习实践活动领导小组办公室会议，总结阶段性成果，推动学习工作深入开展。

【积极参与民主协商，提高建言献策水平】 一年来，省委会共参加高层协商 5 次，专题协商 5 次，界别协商 1 次。在《政府工作报告》征求意见高层协商会上，省委会提出了“破除改革面临的机制体制障碍”等 15 条建议。在“建设美丽浙江 创造美好生活”等专题协商会上，省委会积极建言，提出了一系列高水平、高质量的意见建议。

【充分利用“两会”平台，履职有为有效】 全国“两会”期间，省委会积极向致公党中央报送调研材料，《关于进一步加强县乡村卫生人才队伍建设》等 4 件调研材料被致公党中央采用，并作为团体提案提交全国两会，采用数位列全国第二。其中，《关于加强海外中国公民、华侨人身安全的提案》被列为外交部 2014 年唯一承办的政协重点提案，得到外交部部长王毅的充分肯定；《完善残疾儿童康复体系 提升有效康复服务水平》的建议受到全国政协的高度重视，省委会副主委杜时贵受邀参加全国政协双周座谈会并发言。致公党 2 位全国人大代表、1 位政协委员认真履职，共提交建议 14 件、提案 6 件。省“两会”上，省委会提交省政协团体提案 9 件，大会发言 7 件，党员中的省人大代表、政协委员提交委员个人提案 29 件、代表建议议案 11 件。团体提案《建设完善企业“走出去”服务体系变“产能过剩”为“产业优势”》和《关于加强水环境常态化监管系统建设的提案》被列为重点提案，分别由副省长梁黎明和省政府顾问王建满领办。

【深入开展重点课题调研，多项成果获表彰】 2014 年省委会确定重点调研课题 16 个，内容涉及全面深化改革、法治浙江建设、经济转型升级、“两美”浙江建设等各个方面。《关于进一步促进民办教育综合改革和发展的建议》等十个课题获得“致公党中央2013年参政议政优秀成果”，表彰数列全国第二。《关于优化省属科研院所配置 加快区域创新体系建设的研究报告》被评为全省政协系统优秀调研报告二等奖。

【认真做好社情民意反映工作】 全年编发社情民意信息168条，被上级有关部门采用108条。其中，中央统战部采用8条、全国政协办公厅采用3条，致公党中央采用26条、政协信息专报采用4条、民情热线采用11条、省委统战部采用56条。《大宗商品外贸企业反映融资难问题突出 呼吁风险控制避免“一刀切”》获得中央领导的肯定和批示。

【助推“两美”浙江建设，开展“五水共治 致公在行动”系列活动】 这是2014年省委会服务大局的一项重点任务。省委会向全省各级组织下发了倡议书，策划制作了“五水共治 有你有我”宣传漫画册和宣传展板，发动全省党员积极参与治水宣传、践行、建言献策、志愿服务和监督活动。省委书记夏宝龙对宣传漫画册作出批示，宣传展板被省“治水办”列为各地巡回展出的宣传品之一。4月，省委会联合浙江大学统战部、浙江大学环资学院、浙江大学委员会举办“五水共治 有你有我”宣传践行活动，取得了良好的效果，各级组织也不断创设载体、开展丰富多彩的活动。编发“五水共治 致公在行动”信息专报，及时反映工作动态，征求意见建议。广大成员主动深入基层摸实情、察实况，针对治水、护水过程中群众关心、关注的生态保护热点问题，梳理了一批有价值的意见建议。同时，充分发挥致公党的“侨海”优势，提供了一批海外先进的治水护水经验。全年编发信息专报8期，获得夏宝龙、乔传秀、王辉忠等19批次的省领导批示。此外，省委会还积极开展“五水共治”民主监督工作。各级致公党政协委员、水利建设相关专家学者，围绕城市防洪排涝体系、农村污水处理建设等开展民主监督。

【深化海外联谊工作，助推创业创新促发展】 10月，北美致公协会访问团访问杭州，致公党杭州市委会和萧山基层委承接开展了实地考察、座谈交流，向海外学子推荐浙江投资环境及人才引进政策。

开展多种形式“侨”“海”交流活动。牵线引介新加坡城市污水处理工艺；继续做好“海外浙商·致公峰会”相关项目的后续跟踪服务。杭州市委会走访海归企业、关注海归企业家创业创新。宁波市委会参与举办“海外清华学子·宁波鄞州行”活动，为海外高层次人才参与宁波现代化建设营造环境、搭建平台。温州市委会发挥党员海外关系的优势，在温商回归、海内外文化艺术交流等工作中发挥桥梁作用。嘉兴市委会与嘉兴市涉侨部门建立工作联系交流机制，组织党员对海外侨商在嘉兴投资所遇到的新情况、新问题开展调研。

海外联谊工作获致公党中央表彰，省委会荣获“致公党对外联络工作先进集体”称号，章月燕、叶佳星、史哲明、潘佩聪等同志获“致公党对外联络工作先进个人”称号。

【创新工作方式，提高社会服务实效】 省委会深化与省红十字会的合作，打造社会服务品牌。8月，“致公党红十字救灾博爱基金”援手云南鲁甸地震灾区，20万救助款支持灾区群众抗震救灾。致公党红十字应急救护培训志愿服务队启动基层系列活动，首站走进淳安县威坪镇，为当地群众上了一堂精彩的应急救护知识培训课程，受到广泛好评。参与对口帮扶贵州毕节试验区工作，与毕节市七星关区卫生局签订结对帮扶协议，2014年起对七星关区市西卫生服务中心18名医务人员开展轮训；选派致公党员赴毕节参与致公党中央开展的“致福送诊”活动；联合杭州市景芳中学为毕节市杨家湾镇小学开展爱心捐书活动，共收到学生捐赠的各类优秀课外读物1883册。开展省统一战线助推嘉善县域科学发展示范点建设活动。省委会组织教育、卫生领域专家及企业家代表赴嘉善举行合作洽谈，促成杭州育才教育集团与嘉善初中的教育合作，引荐民营企业家投资创办国际幼儿园。浙江工业大学建工学院与嘉善县就城市规划、新型城镇化建设急需的相关人才培养等方面达成合作意向，并与嘉善县住建局签订了战略合作协议。开展新一轮少数民族低收入群众增收帮扶行动与欠发达地区帮扶工作，落实丽水市龙泉县小梅镇骆庄村防洪堤修建项目帮扶资金30万元。永嘉县岩头镇7个行政村的帮扶工作也在逐步展开。此外，各级组织和广大党员结合各自实际纷纷开展形式多样的公益活动。

【切实强化自身建设，全面提高履职水平】 全面推进“人才兴党”战略，全年发展新党员119名，其中，有“侨海”关系的占83.8%，中上层人士占90.53%。加强党员队伍建设，举办新党员培训班和中青年骨干党员培训班，90名党员参加了培训。抓好后备干部培养，输送8名优秀党员参加中央统战部、致公党中央等部门的培训，推荐骨干党员到省商务厅挂职锻炼。创新基层组织建设，指导萧山基层委创建省统一战线现场教学示范点；调整、充实丽水市支部领导班子，新建慈溪支部。浙大委员会湖滨支部、宁波市委会被致公党中央评为先进集体，7名党员分别被评为优秀党员和优秀组织工作者。规范组织工作，成立致公党浙江省第五届委员会监督委员会，逐步探索和开展党内监督。加强与主流媒体合作，宣传报道工作保持良好态势。发挥“一网一刊”的宣传主阵地作用，及时反映工作亮点和党员的良好精神风貌。全年编发《浙江致公》杂志4期，“浙江致公”网站共发布各类消息、文章、文件等共计893篇，70多篇高质量稿件报道稿被省级以上主流媒体和主流网络媒体转载，进一步提升了致公党的良好形象。

【完善制度建设，提高机关综合服务能力】 认真贯彻落实中共中央和浙江省委关于作风建设的文件精神，对机关公文、财务、公务用车、会议安排等内部管理制度进行了修订和完善。实施日志式管理制度，切实改进工作作风。继续开展机关同志每月读两本书活动，开设每月一期的学习沙龙活动，组织机关干部参加网络学院的学习，促进学习型机关建设。首次举办全省机关建设工作经验交流会，互相学习，取长补短，提高机关工作效率。

（钱　真）

九　三　学　社
浙江省委员会

【综述】 2014年，九三学社浙江省委员会以建设高素质的中国特色社会主义参政党为政治使命，深入学习贯彻中共十八大和十八届三中、四中全会精神，学习习近平总书记系列重要讲话精神，围绕中共浙江省委、省政府中心工作，切实加强自身建设，不断提高履职水平，各项工作取得了新的成绩。

【开展丰富多彩的中国特色社会主义学习实践活动】 2014年是开展中国特色社会主义学习实践活动的第一年，社省委专门成立了领导小组，制定下发了《九三学社浙江省委员会关于开展坚持和发展中国特色社会主义学习实践活动的实施方案》，所属各级组织结合自身实际，制定了相应的活动计划，开展了丰富多彩的学习实践活动。有专题培训、座谈会、报告会、读书会、论坛、宣讲活动和征文、书画展等多种形式的主题学习活动；有积极探索服务转型升级、服务深化改革、服务民生改善、服务社会和谐等多种形式的主题实践活动；有围绕省委、省政府重大决策部署，针对综合改革、城乡体制改革、金融体制改革、“五水共治”“三改一拆”等重大问题开展的专题调研，提出高质量的参政议政材料。

【开展和参与重大事件纪念活动】 2014年2月，全国人大常委会决定9月3日为中国人民抗日战争胜利纪念日。为纪念这一特殊日子，社省委与省委宣传部、省民政厅、省军区政治部等联合开展了以“铭记历史·珍爱和平·圆梦中华”为主题的“9·3”中国人民抗日战争胜利纪念日暨九三学社建社纪念日活动，并在全省举办为期三个月的“牢记历史 不负使命”书画摄影巡回展。与此同时，各市委会也纷纷开展了系列纪念活动。2014年底，湖州梁希纪念馆正式开馆，并专设“梁希与九三学社”主题馆，为九三学社增添了一个社史和爱国主义教育基地。

【推进社内外宣传工作】 配合社省委开展的各类学习活动和社务工作，以及在集中履行参政党职责的“两会”期间，运用社省委网站、《浙江九三》及外界宣传媒体，加强宣传工作。增设“坚持和发展中国特色社会主义学习实践活动”“学习贯彻中共十八届三中、四中全会”等专栏。据不完全统计，被社中央网站和省级以上媒体采用的稿件分别为350余篇与180余篇，有3件作品获得社中央优秀新闻作品奖。社省委荣获了社中央2013－2014年度新闻宣传工作二等奖。

【加强参政党理论研究】 定期召开了思想建设理论研究中心年会，交流探讨理论研究工作的热点和难点，对进一步加强社史研究进行专门培训。立项课题《基于认同度的统战工作绩效测评及综合激励模式构建》报送中央统战部。《从三十年思想政治工作会议经验探索思想建设的基本规律及发展趋向》按时结题并高质量报送省社会主义学院，被评为2014年度优秀课题。

【加强领导班子建设】 在省委统战部指导下，通过社内民主推荐，完成了新一轮社省委领导班子后备干部队伍的组织考察工作。按照社章及有关组织文件，严格规范组织程序，指导社金华市委会等圆满完成换届工作，规范有序地调整了社宁波市委会、台州市委会领导班子成员。

【做好组织发展工作】 2014年组织工作继续贯彻落实社中央提出的“人才强社”战略，坚持组织发展工作与社的自身建设、履行职能相结合的原则。截至2014年12月31日，全省共有11个市级地方组织，7个县级地方组织，472个基层组织，全省共有社员10394名，高、中级职称比例为96%，科技、高教、医卫主体界别比例为83.5%，平均年龄55.8岁。2014年新建基层组织39个，共发展社员496名，净增率为4%。

【促进基层组织建设】 修订出台了《九三学社浙江省基层组织工作条例》《九三学社浙江省基层组织设置和换届工作细则》，进一步推动全省基层组织的制度化、规范化建设。推动九三学社温州市委会与九三学社大连市委会结为友好市委会并开展交流活动。继续推进省直基层和县级组织结对，数量增至46个，共建工作再现成果。如，省农科院支社和社苍南县委会共同推动省农科院，在苍南县设立了“五水共治”工程技术研究中心苍南分中心，并被社省委确定为“省直基层和县级组织结对共建活动示范基地”。将省直基层组织划为5个片区，每片区各自组织开展活动，极大地促进了省直基层的横向联系。

【参加高层政治协商】 九三学社省委会领导参加了由省委、省政府、省政协、省委统战部组织的专题协商会，围绕省委十三届六次全会重大决策、《政府工作报告（征求意见稿）》、加快政府职能转变、大力发展混合所有制经济、“两美”浙江建设、发展养老服务业等专题积极议政建言。在深化行政审批制度改革、科学立法和法治GDP考核等方面提出的意见建议受到有关方面的关注与重视。

【用好“两会”平台积极建言献策】 九三学社全国和省人大代表共提交全国和省人大代表议案、建议案54件，全国和省政协个人提案56件。其中，《关于推进人民政协协商民主的几点建议》等2篇被九三学社中央选用为参政议政提案。《关于推进人民政协协商民主的几点建议》等材料获社中央参政议政成果奖。《完善粮食补贴政策，保护农民种粮积极性》被省人大列为优秀建议案。在省政协十一届二次会议上共提交团体提案5件、大会发言5篇，九三学社界别提案3篇。其中，《大力培育科技型中小企业 推进我省创新驱动发展》被列为重点提案，由副省长毛光烈领办并作出批示，提案中提出的不少建议被纳入支持科技型中小企业发展的决策。《保障我省优质水供水安全刻不容缓》被列为省政协“五水共治”专题重点提案之一，由省政府顾问王建满领办。

【信息工作再创佳绩】 由九三学社省委会报送的《当前“五水共治”存在的问题及建议》等11篇信息获省领导批示。全年共报送信息418篇，其中，被全国政协采用9篇、社中央采用74篇、省委统战部采用104篇、省政协信息处采用21篇、民情热线采用32篇。九三学社省委会荣获社中央信息工作二等奖、全省政协系统信息工作先进单位二等奖、全省统战信息工作优秀单位二等奖。2名社员被评为全省政协信息工作先进个人，1名机关干部荣获“九三学社中央优秀信息员”称号。

【民主监督工作不断推进】 通过专题协商、现场督查、提案信息等多种渠道，加强民主监督工作。特别是围绕省委、省政府的“五水共治”工作，多次选派社内政协委员和专家学者参与相关督查暗访，召开特约人员会议，交流工作经验，充分发挥他们的民主监督作用。

【拓宽“九地合作”本地化阵营】 九三学社省委会把助推嘉善县域科学发展示范点建设作为一项重大的政治任务，把“基于嘉善县产业转型升级的公共政策评价及优化方案设计”作为调研课题，积极探索“可看、可听、可复制、可推广”的县域经济科学发展模式。协助推进省精神卫生中心嘉善分中心的建立。组织专家为嘉善县科技“十三五”规划开展调研和建言献策。继续开展“九桐合作”系列活动。先后组织42名医卫专家参加桐庐“百姓日”和桐庐县人民医院义诊活动，多名社内教育、农林、医卫专家赴桐庐学校、社区、农村，开展科普讲座、医学咨询，共计6场次，听众近1000人。

【继续发挥科技服务品牌效应】 进一步做好“九三科技服务月”“九三科学讲堂”两个自主品牌。其中，九三学社省委与九三学社绍兴市委会合作开展了院士企业行、医卫名家讲座、省级医卫专家进乡村等系列活动。各地通过“九三科技讲堂”“九三讲师团”“红十字应急救护培训志愿服务队”“同心讲师团”等平台和载体，举办形式多样的社会服务活动。据不完全统计，在全年的各类主题社会服务活动中，全省各级九三学社组织共举办各类活动110余场次，参加服务专家近8200人次，服务群众3.4万余人次，发放各类宣传资料27100余份。

【扎实做好多项帮扶工作】 按照2013年底制订的助推平阳畲龙村增收帮扶5年计划，社省委与平阳县畲龙村结对。按照年初省委、省政府作出的关于做好新一轮扶贫结对工作通知，社省委与金华市婺城区三个村结对。部分九三学社省委常委组成的调研组分别赴平阳县和金华市婺城区，深入到乡镇村落走访、田间地头考察。经省、市、县（区）社组织三级联动，完成了2014年的帮扶计划；为畲龙村争取到扶贫款、物业项目资金、茶叶示范基地资金共64万元；协助提供婺城区三个结对村30吨建筑水泥，争取到建设项目资金和移动网络开通款共69万元。继续做好丽水市莲都区老竹镇的结对工作。据不完全统计，全省各级九三学社组织在各类扶贫帮困活动中，共捐款35万余元，赠送价值5.9万余元药品。九三学社省委联系促成的浙江省三所优质小学与贵州省威宁县相关小学的结对帮扶工作有序开展；再次组织人员赴该县二塘中学扶贫助学，捐赠相机10台、结对款7万元。

【以高效管理为目标推进机关建设】 推荐机关干部参加省委、省政府有关部门举办的专题学习，组织干部网络学习，机关干部更新知识趋于常态化。加强干部培养、使用，推荐1名处级干部参加九三学社中央举办的机关干部培训班；安排1名处级干部参加处级公务员任职班学习；推荐1名干部至省厅挂职锻炼。出色承担了社省委各类会议会务工作，并做好社中央领导和兄弟省级组织的来访接待，配合完成相关课题的调研任务，组织机关干部就相关社务工作开展专题调研和工作交流。

【社员立足岗位建功立业】 广大社员立足岗位，做出了骄人贡献，为组织赢得了荣誉。在国家科学技术奖励大会上，浙江省社员孙宗修、刁宏燕、马向阳、王一平参与的研究成果分别获国家科学进步特等奖、一等奖、二等奖和技术发明二等奖。有49位社员主持或参与的50项科技项目受到省政府表彰，其中一等奖7项，另有7名社员获浙江省第十七届哲学社会科学优秀成果奖。浙江省社员潘伟民获“全国五一劳动奖章”，郑户南等10位社员获得“浙江省劳动模范”荣誉称号。社员朱德峰获“全国农业先进个人”荣誉称号。社员叶真带领中国政府应急医疗队出色完成了对菲律宾的救灾援助，荣立浙江省政府集体一等功。（周　舟）

台湾民主自治同盟浙江省委员会

【综述】 2014年，台盟省委会认真学习贯彻中共十八大和十八届三、四中全会精神及习近平总书记系列重要讲话精神，紧紧围绕中共浙江省委十三届四、五、六次全会确定的目标、任务，以深入开展坚持和发展中国特色社会主义学习实践活动为抓手，认真履职，圆满完成了省委会四届三次全会各项任务，为助推实施“八八战略”、“两创”、“两富”、“两美”总战略做出了新贡献，为巩固和深化两岸关系和平发展做出了新成绩。

【扎实开展学习实践活动】 3月，台盟省委会成立了学习实践活动领导小组和办公室，制定学习实践活动方案与2014年度计划，召开学习实践活动动员会，传达学习贯彻全国政协十二届二次会议精神，发动全省盟员开展坚持和发展中国特色社会主义学习实践活动。通过召开专题学习会、下发文件通知及学习资料等方式，组织全省盟员深入学习中共十八大和十八届三中、四中全会，全国“两会”，习近平总书记系列重要讲话和中共浙江省委第十三届党代会四、五、六次全会等精神，省委会领导班子成员分赴各支部作学习实践活动辅导讲座7场，盟员听课率达80%。组织发动学习实践活动交流体会征文活动，合计上报台盟中央学习实践活动征文20篇，上报学习实践活动优秀盟员先进事迹材料2篇，编辑学习实践活动简报（电子版）9期，下发《依法治国学习读本》、《台盟》等各类学习书刊600余册。

【加强组织建设】 10月，台盟省委会举办“2014年台盟台联中青年骨干培训班”，近30名中青年盟员、台胞骨干参加学习培训。全年，台盟省委会共推荐专职领导、基层组织负责人与盟员等5批10人次，制定《台盟浙江省委会基层组织经费管理办法》，推进基层支部组织工作的制度化、规范化；年初，成立台盟省委会监督委员会，制定《台盟浙江省委会监督委员会工作规则（试行）》，加强内部监督。台盟省委会严格遵守中央“八项规定”、省委“28条办法”、“六项禁令”等有关规定，制定“日志式”管理新规定《台盟浙江省委会、浙江省台联机关公务员平时考核办法（试行）》，加强了机关建设。

【参与高层协商献计献策】 全年台盟省委会领导参加省委、省政府等各级部门组织的各类高层协商会共10次，先后围绕“中共浙江省委关于建设美丽浙江创造美好生活的决定”、“中共浙江省委关于全面深化法治浙江建设的决定”、“省政府深化行政审批制度改革、加快政府职能转变”等高层协商议题，在深入开展调查研究的基础上，认真参与协商讨论，积极提交发言材料，反映界别意见建议。

【深入开展课题调研】 一年来，台盟省委会大力开展各类课题调研工作，分别围绕“推动浙台两地大交流大合作”、建设“两美浙江”、“社会治理和政府职能转变”及助推浙江经济发展等主题，相继就“加强生物质资源转化 推动新能源发展”、“新安江流域环境补偿机制实施”、“积极推动建设对台经贸合作区”、“深化浙台两地金融合作”等课题开展调研，其中完成台盟中央课题调研3个。台盟省委会机关积极研判两岸关系和平发展趋势，提交台盟中央等上级部门台情研究论文4篇，分别就有关“两岸签订‘和平协定’”、“台湾民众对拓展国际空间期待”、“‘两岸一家亲’理念实践意义”、“进一步搞好台胞青年千人夏令营活动”等提出意见建议，并针对台湾“太阳花学运”新情况在《台湾民情研究》发表研讨论文1篇。

【重视“两会”提案建议质量】 台盟省委会与盟员各级人大代表、政协委员在各级人大、政协会议上，认真履职，共提交省委会团体提案8件，省、市人大建议11件，全国政协提案4件，省、市政协个人提案43件。其中《建设高效智能可持续的打击防范电信（网络）诈骗系统的建议》、《构建新型农业经营体系，推进美丽乡镇建设》分别被列为省政协重点提案，《弘扬乡土文化，让教育更具感召力》等2件提案被评为省政协优秀提案。《关于行政执法联动机制的建议》被评为杭州市政协优秀提案，《加快实施全市城乡居民医保一卡通》被列为衢州市政协专委会重点督办提案，《关于制定我省“精神卫生法实施办法”的建议》被列为省人大第35号议案。其中《建设高效智能可持续的打击防范电信（网络）诈骗系统的建议》由省委常委刘力伟领衔督办，并被省政协选为创新网络直播办理，点击网民达11万。全年省委会参政议政成效突出，获得台盟中央省级参政议政先进集体三等奖、省级组织参政议政突出进步奖及参政议政个人进步奖1人；省政协反映社情民意信息工作先进单位三等奖，省政协履职优秀委员1人。杭州市政协台胞界别还获得市政协五星级界别荣誉。

【注重信息工作时效性】 省委会围绕中心服务大局，结合“五水共治”、中共十八届四中全会的召开、纪念抗战胜利69周年等大事要事，积极收集和整理信息与社情民意，共编辑《台胞信息》43期，被台盟中央、省政协、省委统战部等单位采纳共计19篇。其中《台盟浙江省委会关于“生态环境保护”长效机制建设的几点建议》得到省委书记夏宝龙、副书记王辉忠的批示，《关于加强饮用水安全管理的建议》得到了副省长黄旭明的批示。获得本年度省政协反映社情民意工作先进单位三等奖。

【加大民主监督力度】 台盟省委会全年围绕省委省政府“五水共治”这一重要举措积极开展民主监督工作。组织由界别省政协委员组成的省政协“五水共治”民主监督第五监督组，先后于4月与9月，两次开展“三级政协联动、万名委员同行、助推五水共治”专项民主监督活动。共察看6个县（市、区）、14个乡镇（街道）、15条河流（江、溪）、3个区域交接断面及水质自动监测站、9家企业，形成民主监督汇报材料及总结材料2件，专报1件，并得到省委常委、常务副省长袁家军的批示；杭州、衢州、温州、嘉兴等地政协委员纷纷参与了当地“五水共治”民主监督等活动；盟员中各级特约监督员认真履职，积极开展有关国税及群众路线教育等专项民主监督活动。

【深化浙台交流合作】 6月，台盟省委会组织景宁、缙云、龙泉等浙南山区乡村干部、涉农企业负责人组成浙江省新农村考察团，在台盟省委会主委张泽熙率领下赴台参访考察，重点围绕生态效益农业、城镇生活废弃物回收处理、养老服务产业等内容，与岛内相关协会组织、高校及从业人员进行广泛深入交流，不断深化“海峡两岸（浙江·景宁）山区经济发展研讨会”浙台交流品牌项目。7月，举办“2014年台湾大学生浙江夏令营”，为来自岛内38所高校的98名台湾大学生营员安排了丰富多彩的参观与交流活动，全年共计接待来访台胞近30余批400多人次，台盟省委会机关赴台交流3人次。基层支部对台交流成果突显，协助召开首届“两岸家政人才培养研讨会”，并赴台开展校际交流及参加“两岸人格教育与服务 精神培养研讨会”等。

【务实开展献爱心与扶贫活动】 一年来，台盟省委会努力落实台盟新一轮少数民族低收入群众增收帮扶行动计划。慰问对口联系点丽水龙泉市查田镇小砻坑村特困户群众、组织台商开展帮扶调研等，为村民改造升级自来水供水管线，建设避灾中心、文化活动中心等项目，帮助筹集款项资金15万元。5月，台盟省委会参与台盟中央赴贵州省赫章县社会服务调研暨捐赠活动，捐助该县教育基金5万元，捐赠学习用品等价值1万余元。6月，台盟省委会携同20余位在杭台商，赴嘉善召开“助推嘉善县域经济发展推介会”，为该县经济发展献计献策。9月，台盟省委会与省台办、东方通信集团在缙云主办“助推农村电子商务发展培训班”，培训景宁县、缙云县及龙泉市三地结对帮扶乡镇村学员40余位，上述帮扶少数民族工作受到了台盟中央表彰。

【推进台胞工作常态化】 台盟省委会春节举办台商餐叙会，中秋邀请在杭高校台生参加台胞茶话会，密切与台商台生联系，了解台商投资经商困难与问题，了解台生学习生活等情况，宣传介绍浙江经济社会发展情况，使台商台生更好地融入浙江。5月，还组织在杭台生和台籍大学生赴安吉，开展以“美丽浙江”为主题的考察活动，增进台生对浙江了解。台盟省委会重视做好本省盟员台胞工作，举办在杭台胞电影迎春会、老盟员老台胞迎春聚会，开展节俭慰问活动。年初，省委会领导与机关干部深入衢州、温州、台州等地，开展“走亲连心”慰问盟员台胞活动，宣传解读相关政策，听取意见建议。省委会还结合庆祝建国65周年，专程赴杭州、余姚、上虞等地慰问离休台胞，送去组织关爱。

【努力扩大宣传效应】 台盟省委会大力宣传参政议政、对台交流、“五水共治”、社会服务等重点工作与重要活动，全年累计在《团结报》、《浙江日报》、《联谊报》、《情系中华》、《台盟》等省级以上报刊与网站发表稿件47篇，图片31张。《浙江通志·民主党派与工商联卷》相关章节撰写工作正式启动，完成了大事记、大事年表及有关重点人物简介。还分别向《中国政协－台盟专刊》、《多党合作在浙江－2013年实录（台盟篇）》等画册提供稿件与图片，扩大了台盟社会影响。台盟省委会不断创新宣传工作思路。4月，台盟省委会机关派员参加杭州环北新村社区“五水共治”圆桌会议，献计社区“五水共治”。8月，编辑出版

《“五水共治”节水生活手册》，并专程进该社区向居民赠送1000册。台盟省委会还选派台盟台联界别2位省政协委员，分别作客浙江在线、民生论坛等网络电视节目，畅谈“五水共治”促进转型升级及“全民治水”。一年来，支部宣传工作取得新进展，杭州市两支部联合开展“五水共治”考察活动在《联谊报》见报，嘉兴支部积极参与筹办《光辉的历程——中国民主党派历史陈列暨嘉兴多党合作事业发展回顾展》等，扩大了基层支部社会影响。同时，台盟省委会以盟员为本办好《浙江台盟台联通讯》，做到展示省委会阶段性工作成果与反映基层支部动态并举，力求栏目出新，稿件出新，图文并茂，以社会主义核心价值观引领盟员思想，用反映盟员身边事的方式，拉近与盟员的距离，不断提高办刊质量。

（瞿雄章）

浙江省工商业联合会（浙江省商会）

【综述】 2014年，在省委、省政府的正确领导下，在全国工商联和省委统战部的有力指导下，省工商联充分发挥职能作用，认真践行“两个健康”工作主题，深入开展非公有制经济人士理想信念教育实践活动，积极推进“千企联千村、合力治污水”专项行动，成功举办“携手浙商——丝绸之路行”活动，扎实推进浙商创业创新，稳步推进商（协）会承接政府职能转移，切实加强工商联自身建设，各项工作有序有效开展。

【深入开展非公有制经济人士理想信念教育实践活动】 根据全国工商联统一部署，深入开展以“四信”为主要内容的理想信念教育实践活动。召开电视电话会议进行全面部署，制订出台实施意见；坚持将理想信念教育实践活动与具体工作相融合；组织全省工商联领导干部专题交流研讨；开展“最美浙江人·浙商好故事”主题宣传活动，联合省委宣传部等单位在《浙江日报》开辟“最美浙江人·浙商好故事”专栏，努力实现覆盖面、吸引力、创新点、实效性新突破。此项工作在全国工商联探索建立非公有制经济人士思想政治工作长效机制座谈会上作经验交流，并得到省委副书记王辉忠两次批示。

【积极推进“千企联千村、合力治污水”专项行动】 围绕省委、省政府“五水共治”决策部署，省市县工商联三级联动，以农村污水治理为突破口，组织开展“千企联千村、合力治污水”专项行动，动员广大浙商以村企结对为重点，以捐助、投资、认建等多种途径，积极参与农村污水治理。省工商联将龙游县横山镇作为联系点，组织正泰集团、富通集团、娃哈哈集团、中南建设集团、圣奥集团、广厦集团、现代集团7家知名民营企业实地考察并分别出资50万元参与7个行政村污水治理。截至12月底，全省各级工商联发动民营企业认捐治水资金16.79亿元，组织动员6651家民营企业参与“五水共治”捐资和农村污水治理工作，结对行政村1366个。

【不断提高调查研究和参政议政工作水平】 围绕混合所有制经济发展、中小微企业技术创新、商（协）会承接政府职能转移、非公有制经济人士理想信念教育长效机制、商（协）会协同社会治理研究、信息化建设等内容开展调研，形成调查报告16篇，其中《更加重视中小微企业技术创新，加快推进民营经济转型升级》、《鼓励发展非公有资本控股的混合所有制企业》得到省委、省政府主要领导批示；《浙江省创新开展商会协同社会治理实践》得到全国工商联高度肯定，《中华工商时报》两次报道，推广浙江经验；《浙江省小微企业“保生存谋发展”》调研报告获得全省政协系统优秀调研报告一等奖；《关于拓宽市场准入，扩大民间有效投资的调研报告》获得全省政协系统优秀调研报告三等奖。认真履行参政议政职能，在省政协十一届二次会议上作《如何在更高层次上推动民营经济健康发展》的大会发言；《关于尽早对我省3D打印产业进行战略部署的建议》、《关于在我省推广更高效的市场化治污治理模式的建议》、《关于政府向行业协会、商会购买服务的建议》3个提案得到省领导批示，并被评为省政协优秀提案。开展民营中小微企业监测服务工作，在线监测企业239家，并在全国工商联专题工作会议上介绍经验。做好上规模民营企业调研工作，浙江省138家企业入围“中国民营企业500强”，连续16年居全国首位。协助全国工商联完成“国办发 8 号文件”、“企业投资自主权和示范项目”贯彻落实情况的第三方评估工作。

【扎实推进浙商创业创新工作】 推广“银行 + 商会 + 企业”金融服务模式，与省建行续签战略合作协议，承诺在 2015—2017 年向会员企业特别是小微企业提供不少于 400 亿元意向性融资支持。会同省中行、省建行发行“浙江商会联名卡”、“浙商单位结算卡”，联合中国银行、平安银行等金融机构开展调研，为小微企业量身定制金融服务产品。充分发挥省小微企业金融促进会作用，成立互助基金 68 家，为 5200 多家小微企业下放贷款 60 亿元。推荐 6 家企业获得全国工商联科技奖、25 个项目获得全国工商联科技进步奖。组织开展经贸交流活动 32 批次。落实百家浙商企业及其回归项目盯引工作，推动 14 个项目加快落地。促进对外交流合作，与希腊、卢森堡 2 个国家驻沪总领事馆和印度工商联合会等 6 个国外主流商会和经贸机构签订友好合作协议；与 20 余家境外机构举办涉外经贸活动 27 场。加强与中国出口信用保险公司浙江分公司的合作，为 1300 多家企业“走出去”发展提供金融服务。与省司法厅共同出台《关于进一步加强商会人民调解工作的意见》和《关于建立商会法律顾问制度的意见》，得到全国工商联充分肯定。积极发挥浙商律师服务团作用，开展“法律服务走进商会”活动，帮助企业做好法律风险防范，为企业挽回经济损失 2 亿余元。与省人力社保厅共同抓好义乌市工商联、诸暨市步森集团开展全国劳动争议调解示范点建设。积极筹建浙商文化中心，加强与有关单位沟通协调，确定选址，优化方案，项目进展顺利。成功举办第一期浙江工商领袖圆桌会议，为浙商创业创新积极建言献策。

【切实加强“五好”县级工商联建设】 制定出台“五好”县级工商联建设工作实施方案，积极推动全省工商联商会组织健康有序发展，工商联会员队伍不断壮大，全省已初步建立覆盖面广、建设规范、作用明显的组织体系。截至 12 月底，会员数量 215790 个，基层商会 2975 个，行业商会 715 个，异地商会 765 个，“五好”县级工商联达标单位 61 个。宁波市鄞州区、德清县被命名为全国工商联“五好”县级工商联示范点。坚持发展与规范并重，制定出台《浙江省工商联商会建设标准（试行）》、《商会规范化建设工作规程》和《商会规范化建设评估标准》，促进商（协）会规范化和标准化建设。积极推进商会党建工作，全省工商联系统商（协）会共建立党组织 1076 个，较 2013 年增长 24.4%。大力推进工商联数据库建设，执常委数据库、组织数据库和商会数据库得到完善和更新，省市级数据库录入率 100%，县级数据库录入率 97%。

【稳步推进商（协）会承接政府职能转移】 召开商（协）会承接政府职能转移工作研讨会，认真总结并及时推广一批典型经验，通过现场观摩、经验交流、政策解读和专家讲评等形式，指导和推动试点工作向纵深开展。加强理论研究，形成的《商（协）会承接政府职能转移的实践与思考》在《中华工商时报》、《政策瞭望》、《联谊报》等媒体全文刊登。全省各地积极探索，以点带面，因地制宜，逐步推开，取得了阶段性成效。温州市工商联推动 31 家商（协）会完成了承接职能资格申请，意向承接 21 个部门 287 项（次）职能；瓯海区完成两家行业协会与政府 8 个部门签订 25 项政府职能转移协议。省长李强、省委副书记王辉忠对此项工作给予充分肯定，并明确指出要认真总结试点经验，适时推广各地好的做法。

【成功举办“携手浙商——丝绸之路行”活动】 认真贯彻落实国家建设“丝绸之路经济带”和“海上丝绸之路”战略，通过“商会搭台、政府支持、中介服务、企业唱戏”的形式，11 月 25 日至 12 月 3 日，组织浙江省企业赴印度、土耳其和希腊成功举办“携手浙商——丝绸之路行”活动。在印度举办中国浙江—印度企业交流合作大会、产业对接会、古吉拉特邦工业园区投资考察等 14 场活动，省委书记夏宝龙亲临大会并作主旨演讲，印度外交部国务部长、商工部长、财政部长、工商联合会会长出席有关活动，400 余名浙印工商界人士参加大会。会上，省工商联与印度工商联合会签订了友好合作协议，浙印企业签订 11 个合作项目，签约总金额 25.11 亿美元。这是浙江省迄今在境外举办的规格最高、规模最大的经贸交流活动。通过这次活动，在推进实施“一带一路”战略中刮起了浙商旋风、打响了浙商品牌、树立了浙江形象。对此项工作，省委书记夏宝龙批示：民营企业应该在“一带一路”中发挥重要作用。省委副书记王辉忠批示：活动有声有色，要继续跟进抓落实。

【全面加强自身建设】 巩固深化党的群众路线教育实践活动成果，认真开展整改落实“回头看”工作，对照中央和省委规定要求、各项承诺落实情况以及第二批活动单位反映的意见建议，着重在整改落实上下功夫；以省委巡视为契机，主动查找问题，认真抓好整改，建立健全作风建设长效机制。深入开展“服务企业、服务基层”集中行动，以“新春走基层”、“基层走亲连心”活动等多种形式，努力帮助企业解决实际困难和问题。严格落实中央“八项规定”、省委“六个严禁”等要求，加大机关规章制度的执行和监督力度，提高机关规范化水平。推进办公自动化建设，建立省工商联机关OA协同办公系统，提高工作效率。加强干部教育培训、实践锻炼、轮岗交流，开展机关副处长岗位竞争上岗，着力加强机关干部队伍建设。充分发挥机关党委和工、青、妇等组织的基础作用，努力在机关形成积极向上、团结和谐的良好氛围。

（金　芳）

浙江省台湾同胞联谊会

【综述】 2014年，省台联在中共浙江省委的领导下，在全国台联和省委统战部的具体指导下，以邓小平理论、“三个代表”重要思想、科学发展观为指导，与各位理事以及全省台胞同心协力，开拓创新，适应形势，发挥优势，深入开展对台工作；积极开展调查研究，不断提高参政议政水平；强化服务，不断推进基础性工作；增强对台宣传研究水平，不断扩大影响；注重学习，不断加强自身建设，圆满完成了八届五次理事会提出的各项任务，各方面工作都取得了新的成绩。

【扩大与岛内外各阶层人士的联系】 一年来，省台联共接待来访台胞30余批400多人次，机关2批3人次赴岛内外开展交流。先后接待了高雄市左营区妇女会参访团、台湾嘉义大学、台湾夏潮联合会组织的第四届“创意中国研习营”来杭开展文化创意产业发展调研，以及浙台基层交流周文创访问团、2014年世界工艺文化节台湾参访团等团队，并与旅居海外的台胞知名人士保持密切沟通。

【2014年台湾大学生浙江夏令营】 围绕“龙脉相传，情系中华”主题继续与浙江海外联谊会联合举办“2014年台湾大学生浙江夏令营”，分别邀请来自台湾岛内的98名营员参加。在隆重的开营式上，省政协副主席、省委统战部部长、海外联谊会会长孙文友宣布开营并向营员代表授营旗，省政协副主席、省台联会会长张泽熙致辞。在为期一周的夏令营活动中，围绕浙江特色文化资源和商品经济，省台联组织他们参观游览了杭州西湖、绍兴兰亭、南浔古镇等历史文化古迹、主题博物馆，体验浓郁的江南风土人情，感受浙江的经济活力和创造精神。营员们还赴浙江体育职业技术学院参观交流，开展联谊互动，进一步增进了两岸青年大学生之间的情感和友谊。

【增进与浙江台商、台生的感情】 省台联利用各个传统节日举办形式多样的联谊活动，与台商、台生沟通信息，加深感情。如春节前夕，举办台商座谈联谊活动，在共贺中华民族传统节日、迎春送福的同时了解台商在投资经商、生产生活中面临的困难与问题。一年来，省台联多次协助台商、台胞向省高院等反映经济纠纷、人身权益等问题，积极维护台胞的合法权益。在春季，组织在杭台生和台籍大学生赴安吉竹海参观，增进台湾青年大学生对祖国大陆的了解及对中华文化和中华民族的认同感。省“两会”期间，推荐了3名台商代表旁听政协会议。

【提升调查研究水平】 省台联坚持把服务国家发展大局和对台工作大局作为出发点，将调查研究作为参政议政的重要抓手，围绕社会热点难点问题、关系台胞合法权益和亟待解决的问题，积极反映社情民意。一年来，省台联先后承接完成了“科技管理体制改革对策研究”等重点课题的调研，完成了“更好地发挥社会组织在社会治理中的作用”等7篇调研报告。省台联还紧密关注台湾政局和台湾民情民意的变化趋势，今年共撰写了《让品牌更闪亮，让成效更突显

——进一步搞好台胞青年千人夏令营活动意见建议》，《台湾民众对拓展国际空间的期待思考》，《亲情为本文化连心，共圆两岸中国梦——从浙台文化交流看“两岸一家亲”理念的实践意义为开展对台工作提出意见建议》等三篇台情研究论文，为做好对台工作建言献策。

【认真履职，积极建言献策】 在省政协十一届二次会议和省人大十二届二次会议上，省台联提交团体提案8件，台湾省籍人大代表、政协委员共提交了个人议（提）案26件。在全国政协十二届二次会议上，全国政协常委、省台联会长张泽熙提交3件个人提案。省台联与委员个人提案涉及到国家经济社会发展的各个方面，特别是有很多提案是促进两岸关系和平发展的意见和建议，引起了社会的广泛关注。市级人大代表提交人大建议10件，各市、县（区）两级政协委员共提交政协提案18件。省台联重视反映社情民意信息工作，紧紧围绕党委、政府中心工作和人民群众关注的热点、难点问题，及时向有关部门提出意见建议。一年来，共编辑台胞信息43期，被上级部门采用19件，其中2件分别得到常务副省长袁家军、副省长王旭明的批示，获评“全省政协系统信息工作先进单位三等奖”。

【丰富“台胞之家”内涵】 通过开展各种联谊活动，搭建沟通平台，深入基层，强化服务，切实做好浙江省台籍同胞工作。一是搭建沟通桥梁。在春节、中秋节、重阳节等传统节日，省台联都会组织老中青台胞开展丰富多彩的联谊活动，如春节、中秋组织台胞参加茶话会互相交流；组织在杭台籍大学生赴安吉参观考察；重阳节组织老台胞品集体茶赏花等。各地理事也利用传统节日组织当地台籍同胞举办迎春茶话会、中秋茶话会等，叙乡情，话发展。二是关心基层台胞。坚持做好老台胞、困难台胞、患病台胞的探访慰问工作。各地理事也多次在传统节日期间看望当地困难台胞。三是关注中青年台胞培养。省台联通过各种途径为中青年台胞搭建平台。推荐1人参加中央党校的“台湾省籍干部培训班”，推荐1人参加中央统战部的“民主党派中青年干部培训班”，推荐5人参加台盟中央“台盟基层组织负责人培训班”，推荐3人列席省政协会议，推荐1人参加省委统战部的中青年骨干培训班，推荐2人参加民主党派特约人员研讨班，通过各种途径和平台，进一步培养优秀台胞的参政议政意识和能力。

【提高对台宣传水平，不断扩大影响】 把对台宣传和台情研究作为争取台湾民心和把握台胞心态的有效载体，通过包括互联网在内的媒体，加大宣传力度。一年来，省台联在省级以上报刊杂志上发表宣传文章18篇，图片18张，在网络媒体上刊登宣传报道22篇、发表图片41幅，撰写台情研究论文4篇。一是及时宣传涉台交流中的大事要事。省台联举办的台湾大学生浙江夏令营等活动，均邀请《浙江日报》、浙江电视台和《联谊报》等主流新闻媒体采访报道。省台联撰写的大型涉台活动的宣传文章在全国台联网、中国台湾网、浙江在线等网络媒体上刊登，增强涉台活动宣传效应。二是借助媒体，扩大对外宣传影响力。通过加强与全国台联、省政协、省委统战部和省台办等部门刊物、网站以及省内主流媒体的联系，了解宣传口径，积极向其投稿，《台联通讯》、《浙江日报》、《联谊报》、《情系中华》等媒体、全国台联网站等均刊登台联稿件。浙江卫视、浙江日报等媒体记者还对参加省“两会”的台籍人大代表、政协委员进行采访报道。三是办好刊物，加强平台建设。《浙江台盟台联通讯》栏目设置更加丰富，进一步加强人文历史教育和台胞中的代表人物、优秀事迹的宣传力度。

【注重学习，加强自身建设】 省台联以思想建设为核心，以组织建设为重点，不断完善工作机制，为台联工作的开展和可持续发展提供有力保障。一是加强理论学习，抓好思想建设。省台联继续为全省理事、台胞骨干征订《统战年鉴》、《情系中华》杂志，同时及时组织台胞和机关同志开展学习党的十八届三中、四中全会等重要会议精神，努力提高台胞、台联机关干部的政策理论水平和对局势的洞察能力。省台联还积极响应省委统战部、省政协等上级部门的要求，认真组织机关同志参加统战文化大讲堂、省政协崇学讲堂的系列报告会，并鼓励大家通过省委党校、省领导干部网络学院省直分院的网络学习平台进行自学。二是重视队伍培养，抓好组织建设。着力抓好领导班子队伍、中青年台胞队伍和机关工作者队伍等三支骨干队伍建设。一年来，省台联领导班子成员参加省委、省政府召开的全省领导干部会议、电视电话会议等10余次，并组织传达贯彻中央和省委、省政府有关会议精神；举办中青年骨干培训班，30余名学员参加了培训。培训期间，学员们专题学习了"习总书记系列讲话、盟章盟史、参政议政、互联网背景下的公共事务与舆情应对"等内容，同时考察了建德，与建德民建新安江支部进行交流；全年通过公务员考试录用1人，进一步充实机关队伍；推荐机关人员参加上级部门组织的政治理论、信息、宣传等各类业务培训26人次，组织机关全体干部开展网络学院的学习和相关考试，不断提高工作业务能力和水平。三是不断改进作风，加强队伍建设。研究制定了《浙江省台联机关公务员平时考核办法（试行）》，不断加强机关的日常规范管理。省台联支部深入扎实开展党的群众路线教育实践活动和树立和践行社会主义核心价值观活动。省台联支部不断深化与杭州市下城区天水街道环北新村社区党委建立的结对帮扶共建关系，积极参与社区扶贫帮困和基层服务活动并通过各种方式反映基层群众的呼声与诉求，为民排忧解难。（王英特）

浙江省归国华侨联合会

【综述】 浙江是侨务资源大省，全国大侨乡，又是改革开放后的新侨乡。据最新侨情普查显示，浙江籍海外华侨华人、港澳同胞有202.04万人，居住在省内的归侨、侨眷、港澳同胞眷属112.42万人，归国留学人员5.67万人，海外留学人员8.96万人，在海外规模大、实力强、有活力、有影响的浙籍侨团有735个，有11025名浙籍侨胞在全球68个国家和地区担任侨团正（副）会长。2014年是八届省侨联的收官之年。一年来，在省委、省政府的正确领导下，省侨联认真学习贯彻中央、省委一系列会议和文件精神，以党的群众路线教育实践活动为动力，团结带领全省广大侨界群众和干部职工，始终遵循为中心大局服务和为侨服务这一根本，在国内海外工作和老侨新侨工作并重基础上，积极拓展海外工作和新侨工作，开拓进取，扎实工作，完成了年初既定的工作目标和任务。

【学习贯彻中央和省委重大会议精神】 全省各级侨联组织广大侨联干部和归侨侨眷，通过报告会、座谈会、研讨会等方式，运用侨联网站、《钱江侨音》等平台，认真学习宣传习近平总书记系列重要讲话、全国"两会"、十八届四中全会、中国侨联"九代会"和省委十三届五次、六次全会等一系列重要会议精神。特别是认真学习四中全会关于全面推进依法治国若干重大问题的决定，认真学习《关于加强和改进党的群团工作的意见》，深入学习国家副主席李源潮在浙江群团工作调研座谈会上对浙江省侨联工作的重要指示精神，省委书记夏宝龙对新侨工作的重要批示精神，创新开展新侨工作；系统学习省委十三届五次、六次全会精神，以深入实施"八八战略"为总领，在助推"两富"和"两美"浙江建设和深化法治浙江建设中，发挥侨联组织应有作用。

【宣传贯彻中央《意见》和省委《通知》精神】 3月10日，中共中央办公厅印发的《关于加强和改进新形势下侨联工作的意见》（中办发〔2014〕20号，以下简称中央《意见》），为做好新形势下侨联工作指明了前进方向。中央《意见》下发后，省侨联积极争取省委下发了《贯彻落实中央〈意见〉的通知》（浙委办〔2014〕70号），各级侨联通过主席会、常委会、全委会、研讨会、培训会等，以辅导报告、专题讲座、橱窗展板等多种方式进行广泛宣传、认真贯彻。省侨联发放了《意见学习问答读本》2000多册，在《钱江侨音》和浙江侨联网站开设专栏专题宣传，全省侨界学习宣传贯彻中央《意见》和省委《通知》精神如火如荼，全省上下形成了推进侨联事业新发展的生动局面。

【巩固和拓展群众路线教育实践活动成果】 在2013年开展党的群众路线教育实践活动基础上，省侨联党组认真开展互学互查、整改落实活动，建立了联系基层侨联、服务侨商发展、服务经济建设等长效工作机制，得到了省委督导组、基层侨联和侨界群众的肯定和点赞。认真做好市、县侨联开展第二批群众路线教育实践活动的指导工作，省侨联机关专门派出一名干部赴天台县开展督导工作。以"严格党内生活，严守党的纪律，深化作风建设"为主题，召开省侨联党组民主生活会，开展批评和自我批评，进一步改进机关作风和服务，提振干部职工精气神，增进做好新形势下侨联工作的新动力。

【服务经济发展有实招】 深化“侨商回家”工程，年初走访省建行、省中行等金融机构和实体，探讨“侨银合作”运作新模式。联合中国侨联、杭州市政府举办“创业中华·相约杭州”2014侨界海外精英创业创新峰会，联合中国侨联、义乌市政府举办第四届中国（义乌）世界侨商大会，促成人才、技术与资金有效对接。助推“浙商回归”项目中欧城在桐庐奠基开工、浙江迪拜城入驻杭州佰富时代中心、“侨商回归浙江中心”项目在江干区正式启动、侨企欧纬时尚创意有限公司和华侨·中国新型城镇化基金在杭成立、伊佳林开心梦工场在嘉兴开园、凯蒂猫家园在安吉落成等，引导侨商回乡投资创业。组织侨资企业赴京参加“科博会”，浙江省20位侨界精英喜获第五届中国侨界贡献奖，省侨联获“首届新侨创新创业成果展”优秀组织奖。举办全省侨界助推新农村建设工作交流会，“华侨村官”成为全国侨界独特现象。举办“牵手侨企 相约高校”就业招聘会，近80家侨资企业提供了1600多个就业岗位。组织高校高层次人才赴瑞安开展“为国服务暑期志愿团活动”，为侨乡发展献策出力。留联会以“招才引智”为切入点，与杭州钱江经济开发区联合主办人才对接交流会，探索高校与企业人才开发合作新模式。

【助推文化传承有实绩】 成功举办“文明中华·和谐家国 2014侨界名媛共话中华好风尚”主题活动，首次以三字韵语形式发布《侨界文明公约》，受到了《人民日报》、新华网、香港卫视等主流媒体的大幅报道，在海内外侨界产生积极影响。与中国侨联、国家汉办联合举办“亲情中华·汉语桥”浙江夏令营活动，推进华文教育，涵养侨务资源。与中国侨联、青田县政府联合摄制涉侨题材电影故事片——《华侨村官》，联合中国侨联在杭州、温州、青田等侨乡开展“亲情中华”新春慰问巡演活动，与浙江卫视联合在绍兴、宁波举办流动大舞台文艺演出，举行《侨联与你心心相连》歌曲著作权捐赠仪式，唱响浙江侨联会歌。举办“中国梦·侨联情”暨全省侨界“最美现象”演讲比赛，弘扬侨界正能量。致力侨务外宣，首次举办海外华文媒体代表座谈会，推进浙江侨联网站和《钱江侨音》等侨刊乡讯及省侨联“亲情中华”微信群平台建设。赴嘉兴、湖州、温州、丽水等地举办姚迪雄、童亚辉书画巡展，举办侨界书法高研班，支持嘉兴市侨联成立首家市级侨苑书画社等。

【参与社会建设有实效】 积极响应省委、省政府“五水共治”号召，实施“侨爱中华”主题活动，成立侨爱公益基金会，设立“治水365专项基金”，目前，全省侨界共向“五水共治”累计捐赠人民币近3亿元。在全省建立11个农村生活污水治理示范点，有效发挥了示范、带动和辐射的作用，得到了地方党委政府和群众的普遍好评。助推浙江锦麟公益基金会成立并捐建新农村书屋，以文化资源反哺乡村。争取欧洲华商扶贫基金会支持，为革命老区遂昌县山枣坪村捐建农村机耕路。引导侨企华日集团向松阳敬老院捐赠15台冰柜并为低保家庭赠送650万元“家庭补贴优惠卡”。发挥《侨情专报》反映社情民意“直通车”作用，全年报送《侨情专报》61期，其中有16篇得到了中央和省领导重要批示，连续5年蝉联全国侨联信息工作特等奖。发动侨界人大代表、政协委员围绕中心大局和社会建设建言献策，全国“两会”上，浙江省全国侨界代表、委员就海峡两岸民营经济创新发展示范区、东海渔业资源联合开发和管护等7个方面提出提案和建议；省“两会”期间，15位省政协侨界委员以提案形式，形成了涉及“五水共治”、大气治污等10多个层面的提（议）案。

【联络联谊结侨缘】 坚持国内、海外“两个并重”，多层次、多渠道、多形式开展联络联谊工作。组织青年总会、侨界文协、留联会、侨界名媛会等“四大”社团共同开展新春大联欢活动，以回顾展望为主题，共话新春、共谋发展。举办2014年会暨创业创新青年大讲堂系列活动，组织经贸、金融、法律等领域专家赴温州、台州等地开展“访侨企送服务”活动。做好群众工作，组织老归侨代表、省直机关侨界代表和省侨联侨友社成员赴桐庐和遂昌开展探访新农村活动，感受美丽乡村建设。深入开展“送温暖”活动，春节前后走访慰问近100多名侨界群众，发放慰问金、慰问品计 10.8 万元。首次以电影招待会的方式组织开展老归侨侨眷、留学人员及家属欢度中秋活动。加强与上海、江苏、江西、福建、青海等兄弟省市侨联的横向联络，增进合作，共谋发展。

【致力“两个”拓展工作】 积极推进新侨工作，一年来先后接待了美国教育访问团、欧洲华人华侨妇联会代表团、台湾中华侨联总会等海外侨团近 45 批 400 多人次。实施“友好中华侨‘联’五洲”主题活动，邀请柬埔寨亲王等 8 位国际友人来浙江观光旅游，以“听、走、看、品、联”等方式多角度感受体验中华文化，感知中国，了解浙江。在嘉兴成立由来自 26 个省、市、自治区 80 余位省外浙籍侨商代表组成的浙江省省外浙籍侨联之友联谊会，搭建开展浙商回归、侨商回家活动的又一重要平台。举办“情暖侨心、相约财大”归国留学人员迎新联欢活动等。大力拓展海外联谊，先后组团赴美国、冰岛、爱尔兰和新加坡、新西兰、斐济进行侨务访问，慰问侨胞、走访侨企、调研侨情、书画巡展，宣传“两美”浙江建设，传播浙江好声音；组团赴宝岛台湾开展联谊交流、走亲连心；派员随省侨情调研团出访法国、德国、荷兰，开展海外侨情调研，感召浙商回归。密切与浙籍海外统促会的联络，就侨务对台、海外统战工作进行深入交流等。

【依法维护侨益聚侨心】 实施“亲情中华”主题活动，组织省侨联法顾委赴绍兴、宁波等地开展送法律下乡活动，开展侨法宣传和咨询服务。支持温州市侨联参与基层法院涉侨案件工作的研讨，有序推进特邀海外调解员这一创新制度的落实。邀请法顾委律师为全省示范性基层侨联干部作《十八届四中全会精神与依法维护侨益工作》知识讲座。组织参加“法治中国　你我同行——侨商杯”全国侨联系统法律知识竞赛活动。探讨新形势下侨商维权工作，侨商会承办第六届长三角地区侨商组织秘书长暨法律维权联席会议。一年来，各级侨联共受理侨界群众来信来访 1921 起，办结率达到 88.9%。

【召开省侨联成立五十周年纪念大会】 5 月 9 日，省侨联在杭州隆重召开成立五十周年纪念大会，中国侨联和省委、省人大、省政府、省政协领导及省级有关单位、兄弟省市侨联的负责同志，各级侨联和海外侨界代表共三百多人参加大会，省委副书记王辉忠、中国侨联副主席乔卫等应邀出席纪念大会并作重要讲话，高度评价省侨联成立五十年来的业绩和贡献。会议系统回顾了浙江省侨联所走过的光辉历程，展望了侨联事业的美好前景，在海内外侨界产生了深远影响。为庆祝五十华诞，省侨联制作了五十周年专题片——《足迹》，拍摄了《侨联与你心心相连》MTV，讲述侨界好故事，传播侨联好声音。

【筹备浙江省第九次归侨侨眷代表大会】 成立省侨联换届工作领导小组及办公室，加强对换届工作的领导，并细化工作分工，落实责任到人。加强与省委办公厅、省委组织部、省委统战部等有关部门的联络沟通，汇报协商省侨联换届工作方案、组织方案及组织人事安排。起草《九代会工作报告》（讨论稿）、代表名额分配、先进评选表彰等文稿材料，做好前期文稿起草。精心准备五年来工作情况汇报材料，积极争取省委重视支持，就八届省侨联换届工作向省委常委会作出专题汇报。召开各市侨联主席工作例会和八届七次全委会议，就九代会筹备工作做出全面部署。

【加强自身建设】 争取省委重视下发了《贯彻落实中央〈关于加强和改进新形势下侨联工作的意见〉的通知》（浙委办〔2014〕70 号），有力地推动中央《意见》在浙江省贯彻落实过程的细化、实化和本地化。积极与省外侨办、省统计局联合开展全省基本侨情调查。举办全省示范性基层侨联干部培训班，推进基层侨联干部能力建设。建立完善海外侨胞信息资料库。支持杭州、宁波、湖州等市侨联开展换届工作，协助把好领导班子人选关。推动侨联知识进党校、进高校，指导绍兴文理学院成立侨（留）联，抓好省直机关侨（留）联工作，做好《浙江通志》侨联相关卷内容的编撰等。加强机关党支部建设，认真开展书写“闪光言行”、党员进社区、结对共建等系列活动，营造创先争优浓厚氛围。 （方　红）

浙江省黄埔军校同学会

【综述】 黄埔军校同学会

以“发扬黄埔精神，联络同学感情，促进祖国统一，致力振兴中华”为宗旨，是爱国统一战线的重要组织，是推动祖国统一的重要力量。浙江省黄埔军校同学会现有会长1名、副会长2名、秘书长1名组成会长办公会议，领导会务工作；有理事15人（原30人，其中15人去世），组成理事会。机关内设办公室，现有在职干部8人。

2014年，浙江省黄埔军校同学会深入贯彻党的十八届三中全会和习近平总书记系列重要讲话精神，高度重视黄埔精神和品牌重塑，激发黄埔情缘在两岸交流中的纽带作用，以“做台湾人民工作”为落脚点，并扎实推进浙江对台统战工作大平台建设，各项工作成效显现。

【用好黄埔军校“金字招牌”】 一是发挥黄埔工作优势，做好“四个一”：召开了一次黄埔军校同学会可持续发展专题座谈会，举办了一次纪念黄埔军校建校90周年活动，编辑出版了一本全面反映浙江省黄埔同学生活和记录浙江省黄埔军校同学会发展历程的画册《黄埔缘、两岸情纪念画册》，筹办了一次海峡两岸黄埔同学共庆母校90周年华诞的座谈会。二是首次组团赴港出席第五届“中山·黄埔·两岸情”论坛，邀请国学大师、黄埔教官南怀瑾之孙南品仁先生随团访问，与到场的中央和香港特区有关部门负责人，台湾退役将领、知名黄埔后代、香港知名社团领袖、各地黄埔军校同学会代表、两岸四地知名学者和青年精英代表，及媒体负责人等200余人充分接触。三是全面着手进行黄埔史料抢救与收集工作，向全省同学下发专题通知，广泛征集纪实文章、图片等史料，入户采访抗战老兵和黄埔同学，广泛征求省政协文史委、省委统战部研究室、民革省委会等有关单位意见，召开有关人士座谈会，集思广益，多方取经，坚持把黄埔史料抢救与收集工作抓紧、抓实、抓好，该项工作得到省委统战部主要领导的充分肯定。

【挖掘黄埔情缘的战略资源】 挖掘黄埔品牌的内在价值，围绕“爱国、革命”的黄埔精神核心意义，以增进互信、深化交流为导向，把“两岸一家亲”理念深入人心，充分运用黄埔情缘在两岸军人间的血脉基因关联，搭建了两岸黄埔退役军人的交流桥梁，邀请了10位有黄埔渊源的台湾海、陆、空三军退役将领，由原台湾空军副总司令傅慰孤带队来访浙江，与这10位退役将领代表建立了深厚友谊，掌握了其在台社团的基本信息，为今后继续以黄埔情缘为桥梁，深入推进两岸退役军界的交流交往开拓了渠道。

【关爱工程弘扬黄埔精神】 一是积极推动黄埔工作进社区，结合各街道、社区的反馈意见，以省委统战部的名义发文，在杭州五大主城区内全面推进黄埔同学工作进社区。二是集中开展上门慰问活动，做到“五必到”。新年必到，赴全省各地上门看望省黄埔军校同学会理事和部分黄埔同学，进行新春慰问；年中必到，夏日高温期间，分赴各地开展送清凉活动，为省黄埔军校同学会理事送上消暑用品；百岁必到，对百岁以上黄埔同学，专程上门披挂绶带，庆祝寿辰；生病必到，对生病住院黄埔理事，及时上门看望；有困难必到，对生活困难黄埔理事和部分黄埔同学，专资慰问。全年累计走访入户80余次。三是务实开展会务工作，保证会员权益和服务。秘书长定期上门向会长汇报重点工作，接待各市黄埔军校同学会负责人，听取工作介绍，适时召开会长办公会议，协助总会做好全国第五次会员代表大会的代表、理事推荐和会议召开相关工作，并及时处理了2件黄埔同学信访案件。

【练好机关内功强素质】 落实“八项规定”和机关作风建设，认真学习贯彻习近平总书记中办重要讲话精神。按照部领导指示精神，练好内功、提升素质。2014年6月，实现了新老秘书长的更替，为“两会”机关配备了更加年轻、富有活力的领导班子。通过强调“甘于奉献、善于创新、乐于相助、勇于争先”的工作精神，通过抓学习培训，全面提升机关日常办公工作面貌，展现了高效、热情、敬业、奉献的机关新风尚。

（黄鹂鹂）

浙江中国和平统一促进会

【综述】 浙江中国和平统一促进会是由赞成中国统一的浙江籍或与浙江有渊源的各界人士自愿结成的具有独立法人地位的非营利性社会组织。宗旨是：高举爱国主义旗帜，团结一切拥护中国和平统一的海内外同胞，推动台湾海峡两岸的民间交流与往来，反对制造“台湾独立”、“两个中国”、“一中一台”等分裂中国的活动，促进早日实现中国和平统一。主要承担四大任务：

一是广泛联系大陆、港澳台和海外浙江籍或与浙江有渊源的各界人士及相关团体；二是促进海峡两岸民间经贸、文化、教育、科技、学术、新闻出版、体育、艺术、旅游等方面的交流和交往；三是加强与港澳台和海外的中国和平统一促进会的联系；四是开展多种形式的宣传工作，扩大影响，增进共识。

浙江中国和平统一促进会设理事会和常务理事会，经第二届理事会选举产生会长1名，执行副会长1名，副会长8名，秘书长1名和常务理事43名，并聘请副秘书长3名，现共有理事125名。浙江中国和平统一促进会内设秘书处，与浙江省黄埔军校同学会办公室合署办公，有机关干部8人。

2014年，浙江中国和平统一促进会以“做台湾人民工作”为落脚点，秉持“两岸一家亲”理念，通过以侨促台，团结广大岛内同胞和海外侨胞，扩大两岸同胞共识，广泛凝聚海内外反“独”促统力量，扎实推进浙江对台统战工作大平台建设，各项工作卓有成效。

【统筹对台统战工作资源】 召开统战系统对台工作会议，传达中央统战部对台工作会议和省委对台工作会议精神，省委统战部领导对全年对台工作进行了部署；与中国统促会联合召开台情研讨会，就“九合一”选后岛内局势和两岸关系形势专题研讨，20余位国内、省内知名专家学者到场，形成信息专报报省委和省委统战部；邀请厦门大学台研所所长刘国深作台海形势报告，为统战系统全体干部报告台海新情况、新问题、新趋势。

【壮大海外反“独”促统力量】 举办第四期浙籍海外统促会负责人国情研修班，来自25个国家和港台地区的70名学员参训，安排了浙江经济、台海形势、国际外交、反“独”促统、“一国两制”五个专题课程，组织学员参加“中华文化与浙江发展”国际研讨会，考察浙江华侨产业发展基金，赴桐庐、淳安开展“‘两美’浙江——五水共治”专题考察，活动得到了省委副书记王辉忠批示肯定。通过发现和物色人才，向中国统促会推荐了51名优秀海外代表人士作为第九届理事建议人选。

【积极拓展侨胞人脉网络】 省“两会”期间，召集参会海外理事举行座谈会；全省乡贤聚会期间，部领导会见了参会的海外统促会会长；指导巴西统促会编印出版《全球华侨华人促进中国和平统一大会（2013·里约）纪实》，并邀请其组团回国赴丽水、义乌、杭州等地参访；接待俄罗斯统促会代表团在浙参访；通过微信群组等网络社交方式，主动与海外侨胞互动交流，在更大范围内了解侨情，引导热心反独促统人士进入统促会平台对话，扩大宣传。一年以来，先后在杭接待了来自30多个国家和地区的130余位海外统促会和有关侨团负责人。

【深入开展两岸基层交流】 举办第二届“浙台基层交流周”系列活动。5月，举办了浙台基层交流周（文创交流）活动，邀请35位台湾文创行业基层人士来访浙江，参访了浙江系列知名文创产业园区、在嘉善中华两岸文创园召开项目交流会，现场签订友好合作协议；12月，邀请台湾少数民族基层代表团12人访问浙江，以少数民族基层组织建设为切入点，安排考察杭州珠儿潭社区和丽水景宁畲族自治县，并就基层社区和少数民族自治进行互动交流，观看少数民族特色表演，与当地少数民族互动联欢，走访台资企业，出席首届杭州市两岸亲子文创作品展开幕式，并参观了中国畲乡博物馆、景宁规划展览馆、良渚博物馆、陈诚故居等地。

【构建台胞代表人士队伍】 一是发挥代表人士在两岸交流中的穿针引线作用，通过将杭州市台商协会、在台民间社团及有关代表人士引入“浙台基层交流周”合作平台，发现和培养人才。二是注重发展新的代表人士，在台湾来访嘉宾中物色对象。4月，专程组团赴岛内，对去年来访“浙台基层交流周”的重点社团和重要嘉宾进行回访，深化了交流。一年以来，在杭深入接触了海峡两岸统促会会长郭俊次、台湾中华侨联总会秘书长郑致毅、台湾“国防大学”空军学院前院长等50余位来访台胞代表，并通过持续参与台湾大学生浙江夏令营活动，广泛接触台湾青年代表。三是加大培训力度和用好建制安排。把思想认同、政治成熟的代表人士吸纳入统促会理事队伍，并加大对他们的培训力度。举办的国情研修班首次邀请多位台湾学员参加。

【构建宣传新格局】 一是建立信息专报制度，向上反映情况。及时了解掌握台情民心动态、侨情侨声等情况，向统促会领导及有关单位报送，2014 年共报送四期，其中三期得到省委副书记王辉忠批示肯定。二是提升优化门户网站，对外反映信息。门户网站及时更新内容、优化版面，并在省委统战部网站的子栏目同步发布，全年累计发布各类信息 120 条。三是开辟微信公众平台，提升传播能力。建设浙江统促会微信公众号，以“关注台海形势、传递统促资讯、联结全球侨社、深化两岸交流、促进和平统一”为功能定位，创建统促会新的资讯宣传平台。

（黄鹂鹂）

浙江省社会主义学院

【综述】 2014 年，浙江社院高举中国特色社会主义伟大旗帜，以邓小平理论、“三个代表”重要思想和科学发展观为指导，深入学习贯彻党的十八大和十八届三中、四中全会精神和习近平总书记系列重要讲话精神，围绕“四个全面”战略布局，进一步贯彻落实《中共中央关于加强新形势下党外代表人士队伍建设的意见》、《2010 - 2020 年党外代表人士教育培训改革和发展纲要》，在省委的正确领导下，按照“高层次、正规化、有特色”和“落实领导、融入时代、成为主流”的社院建设要求，以坚持正确政治方向为一体，以教学培训、理论研究为“两翼”，以队伍建设、宣传协调、后勤保障、信息化建设为“四轮”，整体推进学院正规化建设，在打造升级版社院中取得了新的成绩。

【坚持把握政治方向】 学院工作突出“围绕中心，服务大局”，紧跟中央战略布局，按照省委省政府重点工作部署，紧密结合统一战线实际，把教学培训和理论研究的过程作为学习领会中央和省委重大部署的过程。党的十八届三中、四中全会先后召开，学院及时丰富全面深化改革的课程内容，组织广大学员深入领会三中全会《决定》内涵，提高他们投身全面深化改革的自觉性；积极贯彻四中全会《决定》提出的把宪法法律列为社会主义学院必修课的要求，聘请法律专家学者在不同班次开设系列法律课程，及时把教学布局拓展为以坚定走中国特色社会主义道路为主题，以基础理论、政治素养、统战政策、法律知识、能力培养为内容的“一个主题，五个方面”。在省委作出建设“两美浙江”的决策后，学院及时组织学员到“五水共治”、“三改一拆”的现场进行实践教学，取得了较好的效果。

【明确“打造升级版”工作思路，争取各级领导支持】 根据中央社院对浙江社院提出的“打造升级版、争当排头兵”的要求，在前期开展调研、广泛征求意见和深入讨论的基础上，提出了“一体两翼四轮”的升级版工作思路，并组织制定实施意见。2014 年 10 月，省委副书记王辉忠专程赴学院调研，对学院工作作了充分的肯定，并提出社院要强化政治共识教育、突出教学科研工作的针对性、实效性和时代性的殷切要求。省政协副主席、省委统战部部长孙文友两次出席学院召开的会议并作指导讲话。学院领导班子就省委副书记王辉忠来院调研的相关情况专程赴北京向中央社院领导班子作工作汇报，争取中央院领导的重视和支持，并及时组织全院贯彻落实领导的要求。

【不断丰富班次类型】 全年共举办各类培训班次 62 期，共培训 3579 人次，班次数量和培训规模均达学院独立办学以来的最高，充分发挥了党外代表人士的培训主阵地作用。教学培训工作中紧密结合统战工作需求，开展分众培训，细化培训对象，突出重点和新型班次，首次举办了党外特约信息员培训班、网络界人士培训班、民主党派特约人员研讨班等班次。首次承接民主党派中央组织的培训班次，举办了民进中央“全国民进地市主委培训班（第一期）”、农工党中央“农工党全国理论骨干培训班”；圆满完成中央社院第 32 期民主党派干部班在浙江阶段培训任务，进一步扩大了学院在全国统一战线教育培训中的美誉度和影响力。

【探索开发参政议政情景模拟系列课程】 依托多功能情景模拟实验室自主开发的“省政协重点提案办理会”和“《政府工作报告》征求意见座谈会”等“参政议政情景模拟系列”课程，成为学院的特色品牌课程。

【积极发挥民主党派实践教学基地作用】 对民主党派实践教学基地坚持“建、管、用”并重的原则，注重规范化建设、动态化管理、经常性使用，12个基地全年共承接学院组织的现场教学18次。为推动基地建设，学院继续开展对基地的考评与奖励，并举办了第二期省统一战线教育培训实践教学基地现场教学研讨班，对基地如何组织开展现场教学进行了专题培训。

【充分发挥网络学习平台的延伸作用】 网络学习平台2014年新增课件176个，新增学员帐号950个。现有总课件数408个，学员注册数1875人，总访问学习数63118人次，建立了民盟、民建、民进省委会工作站，成为全省统一战线教育培训工作的重要补充力量。部分班次充分利用网络学习平台课程，采取“课前自学+课堂学习”的模式，使课堂得到延伸，取得较好效果。

【优化专兼职师资队伍】 成立院“教学指导委员会”进一步推动教学工作的开展。全年共邀请120位兼职教师授课，其中新教师30人，更新率25%；全年安排各类讲课280次，涉及125个专题，其中新专题40个，更新率超过30%。专职教师队伍扩大到5名，并通过参与教学管理、定向科研、专题培训、挂职锻炼等多种形式，促使专职教师不断成长。

【启动全省社院系统特色课程建设项目建设工作】 以中国特色政党制度、多党合作、参政党建设理论与实践为主题，面向全省社院系统批准立项16个特色课程建设项目，举办了第二期全省社院系统教学培训工作研讨班，着力打造一支适应全省统一战线教育培训需求的社院教学师资队伍。

【强化咨政功能，突出服务大局】 学院组织开展和积极参与了一系列体现时代特征、具有现实意义的理论研究。全年共有12项课题获各级立项，已通过结项评审的有11项，获省以上嘉奖10项；由理论研究成果转化的5则咨政信息获省委书记夏宝龙，省委副书记王辉忠，副省长梁黎明，省政协副主席、省委统战部部长孙文友等省领导的批示，是省社院获得省部级以上科研奖项和省领导对咨政报告批示数量最多的一年，提出的不少意见建议得到采纳、产生实效。

【研究力量多领域响亮发声】 全年共发表论文19篇，其中在权威期刊发表1篇，在《团结报》等国家级报刊发表6篇。在扎实的理论研究基础上，学院的两名中青年学者先后接受《环球时报》、《团结报》采访，分别就“中梵关系”、“统一战线在推进国家治理体系和治理能力现代化进程中的地位和作用”等统一战线相关领域问题发表重要观点；还受省委统战部委托赴上海出席中央统战部领导主持召开的统一战线工作系列座谈会，以专家学者的身份分别就民族宗教工作和参政党建设相关问题进行座谈、提供建议。

【与知名学术研究机构展开合作】 分别与上海高校智库复旦大学宗教与中国国家安全研究中心联合举办“宗教与中国国家建设和对外战略”研讨沙龙，与中共中央党校党建部政党制度教研室、中国统一战线理论研究会统战基础理论上海（复旦）研究基地联合举办“多党合作与国家治理”研讨沙龙，并与上海（复旦）研究基地正式签署科研教学合作备忘录，就联合开展课题研究、联合举办学术活动、合作培养教研人才、开展教学合作、推进专题资料库建设、定期联谊交流等六方面达成合作协议。

【推出首期参政党建设与履职案例招标】 组织参政党建设与履职案例招标、写作培训和研讨，立项的30个案例顺利结题，为打造“参政党建设与履职案例库”奠定了基础，也为参政党建设研究提供了实践范本。

【继续推出研究中心丛书】 编辑出版“参政党建设研究丛书”第八辑《参政党与中国现代文明发展》和“宗教与社会研究”丛书的第一辑《宗教与社会和谐》，分别由民建中央主席陈昌智和中央社院党组副书记周宁作序。

【设立首批统一战线理论与实践调研点】 在全省有关市、县（区）设立首批9个调研点，分属参政党建设研究、基层协商民主研究、宗教与社会研究、非公有制经济人士研究、海外统战研究等五个研究方向，有效整合全省统一战线理论研究力量，推动学院统一战线理论重点学科方向建设。

【拓宽海外代表人士培训渠道】 首次以“家国文化”为主题，举办了港澳青年代表人士中华文化专题研修班，以“反独促统”为主线，举办了第四期浙籍海外统促会负责人国情研修班，得到了省委副书记王辉忠等领导的充分肯定。通过与国外浙籍侨团组织和孔子学院、华文学校合作“送教出国”，赴俄罗斯、瑞典两国举办了研修班，得到了两国华侨华人社团的广泛好评。

【积极开展中华文化研讨交流】 首次主办了中华文化与浙江发展国际研讨会，首次协助中华海联会、中华文化学院在侨乡青田举办了“根·魂·梦”——中华文化和华侨华人社会国际学术研讨会，均取到了良好成效。会上，全国首家县级中华文化学院——青田中华文化学院成立挂牌，还聘请了12位优秀海外华侨华人代表为“中华文化传播青年大使”。接待了来访的巴西中国和平统一促进会、俄罗斯中国和平统一促进会等华侨华人社团，积极开展海外统战工作。

【加强队伍建设】 学院队伍进一步充实，省委对院领导班子作出了调整，推荐晋升省管干部2名；处级干部队伍得以优化，提拔正处长1名；科级干部队伍建设获得加强，选派年轻干部分别到街道和省委信访办锻炼；教师队伍得到充实，通过公开招聘引进专职教师2名。巩固党的群众路线教育实践活动成果，结合省有关规定，对学院已有的制度、内部规范等进行全面梳理，共修订或新订了26项制度，使各项规章制度达到了37项，形成了相对完整和稳定的制度体系。在建章立制的同时，明确了制度执行情况的督查办法，形成了一套可执行、可监督、可检查、可问责的长效机制。

【加强校园建设和后勤保障】 改善校园环境和住宿环境，继续加强“两网、两室、一平台”（学院内外网，多媒体教学监控实验室、多功能情景模拟实验室以及网络学习平台）建设，充分发挥虚拟网、短信平台作用，扩大校园无线网络覆盖范围，完善数字图书馆建设。进一步优化后勤管理模式，加强两个校区宾馆的日常监管和财务监管，做好后勤保障。

【加强全省社院指导协作】 年初召开了第一次全省社会主义学院院长会议，传达贯彻第九次全国社会主义学院院长会议和全省统战部长会议精神，总结交流工作经验，研究部署2014年的工作思路和举措，进一步推进全省社会主义学院正规化建设与发展。省政协副主席、省委统战部部长孙文友看望与会代表并作指导讲话，省人大常委会副主任、九三学社省委会主委、省社会主义学院院长姒健敏出席会议并作主旨报告。11月，召开了第一次全省社院系统科研工作会议，加强全省社院系统科研工作指导力度。 （徐晨怡）

浙江省人民政府参事室（浙江省文史研究馆）

【综述】 2014年，省政府参事室、省文史研究馆在省委省政府的正确领导下，认真学习贯彻党的十八大，十八届三中、四中全会和省委十三届五次、六次会议精神，巩固深化党的群众路线教育实践活动成果，团结带领参事、馆员、特约研究员和机关工作人员，积极参政咨询、建言献策，开展文史研究、统战联谊活动，加强机关自身建设，各项工作都取得了明显成效。

【参政咨询成果不断上台阶】 按照建设新型智库的目标要求，坚持围绕中心、服务大局，把参政咨询作为工作的重点，努力发挥智囊团和思想库的作用。2014年全年共呈报《意见与建议》79篇，其中综合经济类18篇，科教文卫类16篇，社会管理类18篇，体制创新类16篇，三农类11篇，共获得省领导批示96人次，批示率达121.5%。与往年相比，参事件数量创下历史新高，质量和批示率也上了新的台阶，为省委、省政府科学民主决策提供了重要参考。除了传统的建言方式，省政府参事室积极创新，通过召开“两美浙江建设中的垃圾治理”和“治理体系治理能力现代化视野下的法治浙江建设”两个研讨会，举办“参事沙龙”集思广益等形式，进一步拓宽参政咨询渠道，提升参事工作影响力。组织召开了参事、馆员座谈会，邀请常务副省长袁家军参加，面对面与参事、馆员、特约研究员进行互动和交流，并听取对浙江省经济社会发展和全面深化改革工作的的意见和建议，收到了很好的效果。

【文史工作亮点不断呈现】 成功主办“千峰翠色”中国当代青瓷艺术展暨学术研讨会，这是国内第一次以青瓷为主题的展览，对弘扬和传承具有浙江特色的青瓷艺术意义重大、影响深远。积极助推浙江文化“走出去”，组织馆员赴南美开展文化交流，并在巴西圣保罗成功举办以“浙江丹青国色”为主题的书画作品展，在当地引起强烈的反响，进一步增进浙江与南美在文化艺术领域的交流与合作。充分发挥馆员的名人大家作用，组织开展形式多样的文化交流和艺术创作活动，如与贵州省文史馆共同发起首届“浙黔文化合作论坛”，深入挖掘地域文化资源，促进地区间文化交流与合作；积极组织馆员参与央馆组织的书画作品创作，分别有十位馆员的作品入选了“文史翰墨”首届中华诗书画展，有五位馆员的作品入围《中华优秀传统美德100句》书法作品。开展艺术作品下基层活动，顺利举办《千古诗情——从长安到临安唐宋诗词书画长卷》台州展，力促地方文化繁荣。充分发挥馆员学养深厚的优势，开展农村文化生态建设的调研课题，从文化资政角度对政府工作提出意见和建议。

【队伍结构不断优化】 2014年有9名参事离任，2名馆员解聘，新聘任了13名参事和5名馆员，都是专业人才或者学者型领导干部，形成了参事、馆员队伍新陈代谢的良性机制，使整个队伍的专业结构、知识结构和年龄结构得到进一步优化。建立特约研究员制度，首聘了6名特约研究员，有效弥补参事队伍因规模、结构、党派等限制造成的力量不足，也为参事的选聘提供了人才储备。进一步加强参事、馆员、特约研究员学习培训，全年共举办学习会13次，通过专题授课、实地考察、座谈研讨等形式，不断拓宽参政知情的渠道。如结合聘任仪式，邀请省长李强介绍浙江省当前经济形势；邀请副省长毛光烈做浙江省物联网发展讲座；组织参事、馆员到玉皇山、浙报集团、中国水利博物馆、长兴县等地参观考察；组织十八届四中全会精神学习研讨等等，都取得了很好的效果。同时，还组织召开参事、馆员读书会，对新聘任的参事、馆员进行业务培训，切实帮助他们完成角色转变。2014年，在省政府参事室推动下，省编办同意在杭州市政府研究室增挂“杭州市政府参事室”的牌子，这是浙江省首个市一级的参事工作机构，为今后参事工作更好地向市县延伸奠定了基础，开了好头。

【宣传联络工作不断加强】 一方面，强化原有宣传平台。编辑《资政崇文》4期，累计寄送1500余家单位和领导。改版升级了机关门户网站，调整和增设了“视频点播”等8个版块，新创办编辑《网站导读》3期，并启用“二维码”等新兴宣传工具。全年共在《浙江日报》、《人民论坛》、《国是咨询》、浙江卫视、人民网等各类媒体刊物上刊发稿件650余篇，同比增加29%。另一方面，积极拓展宣传阵地。组织召开“党组领导+参事馆员+15家新闻媒体单位”面对面交流的恳谈会，建立了良好的宣传合作机制；与浙江日报就“就地城镇化”课题，赴海盐、诸暨、德清等地展开联合调研，并在浙报上对调研成果进行了陆续报道；与浙江经济网合作，在该网专设“参事观点”一栏，对优秀参事建议进行报道宣传；与《浙江工人日报》进行协商，开辟类似“参事风采”专栏，对优秀参事进行典型宣传。同时，抓住大型活动的时机来深入开展宣传。成功主办“颂雅·春江”首届浙江省公务员书画邀请展，在全省党政机关公务员中引起了热烈的反响，进一步扩大了室（馆）的社会影响力和知名度。继续推进“上中下”联络工作机制，并着重以“沉下去”形式进一步加强对市县联络员的联系与交流。采取“党组领导+参事（馆员）+市县联络员+机关工作人员”模式，对10个地市进行了分片召开联络工作会议，面对面地倾听基层在推进工作中存在的困难和问题，并组织参事进行深入调研形成报告送省领导参阅，有效地解决了一些长期困扰基层的问题。 （李　平）

浙江省直属机关工作委员会统战部

【综述】 2014年，省直机关统战工作高举中国特色社会主义伟大旗帜，以邓小平理论、三个代表重要思想、科学发展观为指导，深入贯彻党的十八届三中全会、四中全会和习近平总书记系列重要讲话精神以及省委十三届五次、六次全会和全省统战部长会议精神，紧紧围绕省委的“八八战略”，进一步适应新常态、服务新常态，紧紧围绕省委中心工作，坚持思想引领，服务深化改革，着力开拓创新，促进社会和谐，加强队伍建设，为建设物质富裕精神富有的现代化浙江做出新的贡献。一年来，工委统战部高度重视省直机关的统一战线工作，把注意力放在基层，通过工作调研、跟踪检查等，切实加强领导和指导；着重抓好党的十八届三中、四中全会精神的学习贯彻；重视党外人士的培养，通过不同途径和方式，积极为省直党外人士创造良好的学习和成长环境；加大对党外代表人士的宣传力度；创新活动载体，注重发挥党外人士作用，组织开展送文化下乡活动；加强党外监督工作，拓展监督渠道，组织党外监督员参与省正风肃纪等工作；扎实推进省直机关知联会工作，新吸收了12位知联会会员，定期开展主题学习活动。

【认真谋划2014年省直机关统战工作】 为精简会议、转变作风，2014年一改以往召开统战工作会议的做法，采取下发工作要点的形式，部署统战工作任务。着力抓好党的十八届三中、四中全会精神的学习贯彻，指导省直各有关单位从实际出发，采取举办培训班、学习会、形势报告会等形式，组织党外知识分子学习党的十八届三中全会有关文件，深刻领会精神实质，努力践行社会主义核心价值观。党的十八届四中全会召开后，各单位迅速组织党外代表人士认真学习，加强思想引领，把党外人士的思想引导到自觉贯彻党的路线方针政策上来。

【加大对党外代表人士的宣传力度】 工委统战部联合省委统战部《情系中华》杂志社对蛟龙号首席科学家、九三学社国家海洋二所支社主委王春生的先进事迹进行了专题采访报道，同时王春生还作为2014年第5期《情系中华》封面人物予以宣传。浙江省九三学社杂志也进行了转载。

【加强党外人士的监督】 积极组织省直机关作风建设党外监督员对机关作风建设进行明查和暗访。在2013年开展的党的群众路线教育实践活动的基础上，2014年继续加大明查暗访力度，组织党外监督员会同机关效能监督员共出动了35次，223人次，对杭州市区近100家宾馆、饭店、会所、农家乐等消费场所、12家窗口单位和8家单位的上班工作纪律等进行暗访。中秋、国庆双节期间，重点对送节礼情况进行专项督查，共检查单位83家（次）。先后在浙江卫视曝光9次，浙江日报报道11次。同时创新工作载体，拓宽监督渠道，使党外监督工作落到实处。2014年，省直机关工委统战部对群众关心、关注的热点问题组织党外监督员参与了监督。一是对重大案件审理过程进行参与和监督。主要是对省高院第二法庭诈骗罪（刑事二审）一案参与庭审，根据最高人民法院相关司法解释和兄弟省市的优秀做法，对省高院庭审过程中的戒具使用规范等问题提出了两点建议，即被省高院领导和刑二庭庭长采纳。二是参与政府大宗商品采购的监督。组织省直机关党外监督员先后参与对《浙江京昆艺术中心灯光、音响设备等项目采购》等八个项目的招投标过程的监督，共提出了7点意见建议，均被采纳。三是关注大中型项目招投标，推动竞价公平。于2014年10月初与浙江省重点工程招标投标办公室商定计划与方案，并于11月6日组织省直机关作风建设党外监督员参与大中型项目招投标监督，对开辟电子化招投标、节约纸张，以及专家评审前置等方面，提出了意见、建议，均被采纳。相关领导对党外监督员工作充分肯定，并希望能将党外监督制度化、常态化，有效促进工作开展。

【扎实推进省直机关知联会工作】 注重搞好省直机关知联会的自身建设，确保知联会的正确方向。一是召开省直机关知联会会长会议。审议通过了知联会2014年工作计划并讨论同意吸收了12位知联会新会员。二是组织召开省直机关知联会培训会。组织省直机关知联会会员在临安举办了一次以“坚持和发展中国特色社会主义”为主题的学习会，加强对省直知联会会员的思想引领。会议讨论并确定小组交流制度，定期开展主题学习活动。三是组织省直知联会会员开展小组联谊活动。省直机关知识界人士联合会秘书处组织第二、三、四、五小组进行“坚持和发展中国特色社会主义学习实践活动”主题交流会，会上就省直机关知联会发展规划、无党派人士作用发挥路径、小组主题交流活动开展方式等多个问题进行交流探讨。拓宽了会员之间事业交流与互助的空间，对发挥无党派人士作用、加强交流、增进友谊、促进工作起到了良好作用。四是指导科研院所成立知联会组织。指导中国农业科学院水稻研究所成立知识分子联谊会。

【参与国际文化交流活动】 工委统战部与省侨联的同志一起赴美国等地与当地华人、华侨联谊交友，向他们介绍祖国的发展变化，激发他们的拳拳爱国之心。同时，在美国加州还举办了一次中华书画展，传播中国文化，也使美国当地民众充分领略中华文化的深厚底蕴。

【搞好统战工作调研】 为更具有针对性、富有创造性、体现实效性地开展省直机关统战工作，探索发挥党外代表人士作用的新平台、新途径、新方法，工委统战部赴国家海洋二所、省农科院、中国农科院水稻研究所、省高院、省级机关事务管理局、省发改委、省商务厅等单位进行调研，征询他们对统战工作的意见、建议，较好地指导面上统战工作的开展。此外，还向省直机关部分党外人士发放调查问卷，参与省直机关第五次作风建设进行民主评议，共发放了80份调查问卷表，收回80份，回收率达100%。之后，工委统战部对调查问卷情况进行了统计和分析。

【协助做好省直机关侨（留）联会的有关工作】 参与搞好省直机关侨（留）联会工作。一是参与研究省直机关侨（留）会工作，确定了2014年侨（留）会工作任务。二是协助举办省直机关侨（留）联会座谈会。三是积极协助省直机关侨（留）联会开展小组交流活动，增进友谊。

【其他工作】 向省委统战部上报了2014年统战工作实践创新奖申请材料；完成省直机关知联会年审工作；参与全国党建研究会的有关会务工作；调整充实统战工作信息员队伍等。

（徐耀平）

共青团浙江省委统战部

【综述】 共青团浙江省委统战部、浙江省青联秘书处主要是研究、指导民族地区团的工作和青年统战工作；组织国（境）内外青少年交流和联谊工作；指导省级青年社团开展工作；负责省青年联合会秘书处日常工作的职能部门。浙江省青年联合会是全省各族各界青年和青年团体的联合组织，现由13个省级青年团体和各市青年联合会组成，省青联的委员由各族各界杰出青年或青年代表担任，现有第十届委员会委员516人，其中常委84人，副主席15人，现任主席为团省委副书记苗伟伦。省青联秘书处为省青联的日常工作机构，副秘书长7人，现任秘书长为团省委统战部部长何相涯。

2014年，团省委统战部认真学习贯彻落实党的十八届三中、四中全会，全国青联十一届五次常委（扩大）会议和省委十三届五次全会精神，紧紧围绕团省委十三届六次全会工作部署，高举爱国主义、社会主义旗帜，按照浙江共青团建设“六大工作体系”和省青联推进“青春五大行动”的总体要求，以“双网互动”为总揽，强引导、助改革、优服务、重覆盖、转作风，最广泛地团结和凝聚海内外各族各界青年，努力为浙江省全面深化改革再创体制机制新优势、建设“两美”浙江作出积极贡献。

【以团结青年和增强认同感为目标，着力加强统战工作】 加强各族青少年思想引领，认真学习贯彻党的十八届三中、四中全会精神，通过开展中国特色社会主义宣传教育和“我的中国梦”主题教育实践活动，用社会主义核心价值体系教育引导各族各界青年不断增强中国特色社会主义道路自信、理论自信、制度自信。举办2014年浙江杰出青年走进高校、企业、机关活动，共有750余名青年分享学习了杰出青年的励志故事。组织参与了团中央关于在青少年中深入开展“我为核心价值观代言”主题宣传教育活动。对口支援民族地区工作方面，围绕团中央、省委、省政府对口支援工作的安排和要求，加强与新疆、西藏、青海、四川阿坝和木里县援建指挥部、援建地团委的联系协作，制定了共青团对口支援工作项目共62项。与青海团省委签定了《关于对口支援青海海西州工作协议书》；向阿克苏团地委捐献价值6万元的希望小学梦想操场捐助金、10万元的贫困大学生助学金，并为该校100名贫困小学生发放总计5万元的助学金，同时浙江省省直机关青联艺术团为浙江援疆干部、老师、医生等送上文艺节目并与阿克苏当地青年艺术家们进行了深入的交流；通过资源整合，筹集到资金20万元，用于新疆阿克苏地区青年创业人员赴浙江参加电子商务培训活动。完成了“培养计划”民族地区干部挂职工作。完成了第14批“博士服务团”的考核工作。青年社会组织工作方面，建立了省、市两级青年社会组织数据库，建立工作机制，健全工作机构，建立服务机制，有序实施引导。增设了省青联青年社会组织界别，促进青年社会组织健康有序发展。召开了全省共青团青年社会组织工作会议。积极参与了团中央开展的“缤纷夏日·快乐童年”—青年社会组织为留守儿童暑期送欢乐公益行动、“增绿减霾”捐款等活动。做好青年宗教工作。

【以助力经济社会发展为中心，不断服务青少年成长成才】 动员广大青联委员以最大的热情支持全面深化改革的各项举措，努力集中青联委员智慧，突出浙江省近期要重点突破的改革项目开展研讨调研、建言献策活动，力争形成具有建设性的意见建议。实施青年浙商回归工程，建立健全在外创业青年的联系联络机制，通过联络感情、传递信息、搭建平台、做好服务等，凝聚在外青年浙商回报桑梓、反哺家乡。开展了《浙江省青年统战工作服务浙商回归工程的路径研究》的课题工作。动员广大青联委员踊跃投身“助力治水青春建功”志愿服务、产业提升、倡树新风等行动。围绕推进浙江产业集聚区和主体功能区建设，以“青联委员经贸考察区域行”活动为重点，积极开展促成青年浙商与地方政府、与地方企业项目合作对接的洽谈活动，为青年浙商助力地方经济社会建设搭建平台。在广大青联委员中大力宣传“七条底线”，营造健康向上的网络环境，自觉抵制违背“七条底线”的行为。扎实推进“浙江青年就业创业行动”，为大学生提供技能培训、就业见习、创业指导、资金扶持等帮助，引导青年顺利就业创业。深入开展“爱心青春接力”活动，动员各级青联组织和广大青联委员，重点与农村留守儿童、贫困地区青少年等开展“爱心结对”活动，帮助做好学业辅导、亲情陪伴、感受城市、自护教育、爱心捐赠等工作。

【以深化交流和服务大局为目的，进一步推进港澳台青年统战工作】 组织接待香港青年菁英访浙团，举行浙港青年精英座谈会，省委副书记王辉忠会见并宴请香港青年菁英访浙团一行。继续深化与港澳台地区青年及青年组织的联络。做好为期一个月的“香港大学生暑期内地实习活动”，为44名来浙实习的香港大学生联系实习岗位、安排丰富多彩的业余文化生活。9月，派出了以省青联荣誉主席周艳为团长的浙江青年代表团赴香港参加香港青年联会会庆活动，看望部分在港省青联委员，走访调研相关企业，加强了与香港青联、委员的联系和沟通。吸纳2名澳门地区委员加入省青联第十届委员会。加强浙澳两地青年的交流与合作，与中华新青年协会组织的51名澳门大学生，就服务大学生就业创业工作举办浙江—澳门青年座谈会。参与省台办两岸（浙江）青年论坛及联欢晚宴活动，与台湾青商总会代表团举行座谈，两地青年就未来合作与发展取得了进一步了解和共识。

【以夯实基础扩大影响为目的，全面抓好青联组织建设】 加强队伍建设，调动省青联领导班子的积极性，谋划工作。召开省青联界别组长、秘书长联席会，对2014年全省青联重点工作进行了部署，确定了省青联会员团体领办省青联重大项目工作的情况。通过学习、调研等方式，加强了秘书处工作人员对上情和下情的了解，提高了工作的水平。引导青联委员倡树良好社会风尚，继续开展“四青八爱”活动，逐步建立青联委员走进青年、联系青年、服务青年、影响青年的有效机制，切实转变和改进青联委员的作风。召开省青联十届三次常委（扩大）会议，省政府党组副书记、顾问王建满出席会议并作重要讲话，增设了省青联青年社会组织界别组。加强机制建设，运用省青联属地召集人制度，通过召集人定期传达和通报团省委、省青联的工作情况和相关信息。完善各级青联组织和各界别组之间的沟通协调机制，牵头做好团省委机关下属协会2013年度社会组织年检工作。加强文化建设，引导青联委员回报社会、奉献爱心，积极参与和谐社会建设，增强青联委员的社会责任感。开展“爱心委员”、“热心委员”、“活力委员”、“优秀组长”、“优秀团体”、“优秀项目”、“优秀荣誉委员”的评选活动，努力营造平等真诚、和谐开放、创先争优的良好组织氛围。举办2014年青联运动会。加强新媒体技术在青联工作中的运用，继续完善省青联APP、微信群等，不断提升委员参与活动的积极性和组织的影响力。

（杨　楠）

浙江省委教育工作委员会统战处

【综述】 2014年全省高校统战工作根据中央和省委的部署，以党的十八大，十八届三中、四中全会和习近平总书记系列重要讲话精神为指导，以进一步加强新形势下浙江省高校党外干部队伍建设为重点，扎实推进高校统战工作。

【举办全省高校党外中层后备干部培训班】 2014年12月1日至12月4日举办了首次全省高校党外中层后备干部培训班。来自全省本科高校的60余位党外中层干部就高等教育改革发展形势、浙江省党外代表人士队伍建设的实践与思考、提案与信息、中国特色社会主义参政党的科学内涵和政治责任、民主与国家治理现代化等方面内容进行了培训。期间，邀请统战部长和党外代表人士作经验介绍，并召开座谈会深入探讨加强党外干部队伍建设交流培训的对策思路。

（唐玲丽）

3. 市、县(市、区)委统战部

杭　州　市

·杭州市委统战部·

【综述】 2014年，杭州市委统战部深入贯彻党的十八大和十八届三中、四中全会，习近平总书记系列重要讲话精神，紧紧围绕中央和省、市委关于改革发展、依法治国的各项重大部署，以促进政党、民族、宗教、阶层、海内外同胞五大关系和谐为目标，着力在深化思想引领、加大整合联动、推动工作创新、加强自身建设上下功夫，广泛凝聚全市统一战线的力量，为服务杭州建设美丽中国先行区、实现高起点上的新发展提供重要的力量支持。

【开展服务深化改革　推进创新发展主题活动】 1月29日，《人民日报》刊发杭州市委统战部部长董建平的文章，题为《驱动改革创新的重要力量》；3月27日，召开杭州统一战线服务深化改革、推动创新发展座谈会，制订下发《关于杭州统一战线服务深化改革、推进创新发展的意见》，市各民主党派、工商联、市知联会联合发出"我为杭州建功立业"的倡议，引导全市党外人士争做改革创新的先行者、转型发展的推动者、社会和谐的维护者、民生慈善的奉献者。活动中涌现出杭州统一战线十大杰出人物和十大建功立业模范人物，开展了事迹宣讲活动，《杭州日报》以专版形式对统一战线服务改革创新的先进人物进行宣传。全市统一战线围绕改革创新主题搭建了"建功立业"、"最美人物巡回宣讲"等形式多样的活动载体。

【为"杭改十条"献计出力　提升参政实效】 完善统一战线咨政建言专家库机制，制定专家库运行工作规则，召开"智慧城市"、"创投引企"等专题建言会，提出的意见建议得到市委主要领导批示；专家库工作被写入全市人才工作报告。牵头做好民主党派、工商联调研工作，围绕经济发展、社会治理、五水共治、民生改善提出8项重点课题，召开市各民主党派、工商联与市有关部门对口协商暨重点调研成果发布会，推进调研成果转化和协商民主广泛、多层、制度化发展。2014年，市各民主党派共提交提案议案436件，撰写调研报告160篇，上报各类信息1392篇，被采用687篇。

【完善统一战线社会服务统

筹机制】 进一步完善统一战线社会服务统筹机制，《人民日报》于5月28日刊登长篇通讯《蒲公英在发芽》，介绍杭州市建立统一战线社会服务统筹机制的实践创新成果，2014年杭州新增社会服务基地48个，市各民主党派在社会服务中支教23次，受益7390人次，义诊2148人次，举办咨询服务82场，培训1598人次，捐款捐物合计515.6万元。

【服务“五水共治”和“三改一拆”】 积极发动全市统一战线发挥资源优势为“五水共治”捐资出力，共搭建“五水共治”服务载体近30项，捐款近2.9亿元。指导帮助做好“三改一拆”涉及宗教违法建筑处置和宗教界的宣传引导工作。

【开展坚持和发展中国特色社会主义学习实践活动】 以加强中国特色社会主义参政党建设和党外人士践行群众路线为主题，举办民主党派、工商联领导干部和无党派人士兰考读书班，听取焦裕禄干部学院的辅导报告，参观革命圣地西柏坡，学员撰写学习体会40篇。杭州市统一战线在开展中国特色社会主义学习实践活动中，共召开报告会、座谈会111次；组织宣讲49场，参加4940人（次）；举办培训班49个，参加培训人数20209人；建立学习实践活动基地85个，为民主党派解决专项经费45万元。

【加大对党外代表人士的培养选拔】 在市社会主义学院举办民主党派中青年骨干、基层知联会负责人、党外局级领导干部、基督教两会负责人培训班各一期，参加学员162名；围绕国情形势教育和中国特色社会主义理想信念教育，协助举办4期统一战线爱国主义系列讲座。抓好部分民主党派主委、副主委、秘书长补选和市工商联领导班子调整工作；完成市政协十届三次会议选举，调整17名、增补20名市政协委员，加强市政协委员届中考核和履职管理；做好20名青联委员换届推荐考察工作。指导杭州中华职教社完成换届，民革市委会主委叶鉴铭当选第五届社务委员会主任。

【成立杭州市首个党外干部实践锻炼基地】 在杭州市下城区成立首个党外干部实践锻炼基地，培养对象主要是具有专业优势和发展潜力的党外中青年骨干，以市级机关、高校、科研院所、国有企业中的民主党派、无党派人士为主体，任期半年，首批选拔了3名民主党派市委会机关干部赴下城区基层单位挂职。

【召开党外领导干部从政履职座谈会】 强化党外干部履职管理，首次与市委组织部联合召开党外领导干部从政履职座谈会。来自市人大、政府、政协、法检两院、国企、高校的党外局级领导干部55名参加座谈，6名代表在会上作交流发言，畅谈履职体会，进一步提升了党外干部的履职意识和责任意识，促进了合作共事。

【维护民族宗教领域和谐稳定】 走访宗教活动场所，看望慰问宗教界代表人士，召开宗教团体负责人座谈会，对有关寺院住持人选进行民主评议，支持各教加强教风建设；指导伊斯兰教协会开展解经讲经；协助做好省天主教两会换届工作；加强市道协、基督教两会换届后领导班子建设；指导举办全市僧众大会；支持市基督教青年会举行建会100周年纪念大会。积极引导宗教界服务社会，协助宗教界开展“推动文明敬香、建设生态寺观”，宗教慈善周，“五水共治、五教同行”和玄门讲经等活动。帮助协调崇一堂、灵隐寺、海潮寺、凤凰寺、灵顺寺、龙居寺等宗教活动场所困难问题。赴松阳4个少数民族村开展结对帮扶工作调研和抽查，召开帮扶工作座谈会，落实帮扶资金65万，扶持项目7个。

【加强非公有制经济代表人士队伍建设】 协助市委市政府下发民营企业经营者队伍建设规划。在全市实体经济大会上表彰50名第五届非公有制经济人士优秀社会主义事业建设者，5位优秀企业家进行了巡回宣讲；市政协委员、圣奥集团董事长倪良正获第四届全国非公有制经济人士优秀中国特色社会主义事业建设者称号。推进新生代企业家队伍的传承与创新，完成“加强新生代企业家政治引领的思考与建议”调研报告；主办新生代企业家论坛，发出《携手创新业 共筑中国梦》的倡议，获西博会最具创新奖；通过开展“政企”、“银企”对接，会员企业学习参观及对外交流，打造新生代企业家宣传教育、素质提升、政企合作、人才储备、组织推荐、社会责任六大平台；《中国统一战线》、《中国工商》、《接力》杂志专程来杭采访报道新生代企业家培育经验。

【推进党外知识分子工作】 完善党外知识分子工作的联系会议制度和工作制度，开展“社会组织统战工作”和“新的社会阶层人士服务国家治理能力现代化的优势与作用”课题调研，完成调研报告。协助杭州市无党派人士挂职的甘肃武威市在杭召开招商推荐会，助推两地经贸交流。加强基层知联会组织全覆盖，共建立46个知联会分会，56个基层知联会组织，知联会会员数达到1934人。

【成立杭州市知联会网络与信息界专业人士分会】 从网络舆情、信息经济管理部门和与网络信息产业紧密相关的企业物色人选42名，于7月22日成立杭州市知联会网络与信息界专业人士分会，发出履行社会职责倡议书，举办了“网络与信息发展”论坛和智慧经济、信息经济发展研讨会，作7场主题演讲，服务信息经济和智慧经济发展，凝聚网络界的正能量。指导区、县（市）探索网络统战工作新路子，4个区、县（市）成立网络界人士联谊会。

【搭建港澳台海外统战工作联谊平台】 召开港澳统战工作会议。指导欧洲杭州联谊总会、杭州旅港同乡会等港澳和海外同乡会、联谊会加强社团建设，推进有条件的区、县（市）成立香港同乡会组织共5个。举办杭州海外联谊会深圳迎春团拜会。市领导率团赴港访问，参加杭州旅港同乡会年度大会，拜访在港政协委员，与港澳同乡代表座谈交流。举办80余名乡亲参加的同乡会骨干国情培训班，通过专题辅导和参观“美丽杭州”建设成果，激发爱国爱港爱乡的感情，激励他们为家乡建设和香港繁荣稳定作出新贡献。组织港澳青年代表团访问杭州，开展两地青年座谈交流活动；帮助香港杭州青年会成立驻杭联络处，搭建香港青年来杭投资兴业桥梁。参与全市侨情调查；海外联谊会赴台开展文化交流活动；召开台商代表座谈会，走访台商企业联谊会，了解台商在杭投资和经营状况，认真做好台侨的联络联谊工作。

【开展“大调研、大走访、大服务、大落实”活动】 巩固群众路线教育实践成果，围绕“深入基层调研、走访统战成员、为民服务解难、落实长效机制”扎实开展部机关“统战工作大调研”和统战系统干部“凝心聚力大走访”活动。部机关干部先后就统战领域10个方面问题进行39次调查研究活动，召开各类座谈会39次，走访基层联系点38个，形成调研报告4篇和相关文件制度1项，宣传推广指导基层特色工作8项，帮助反映协调困难问题7项。全市各级统战干部在“凝心聚力大走访”活动中，共走访党外人士812人（次），了解问题和建议173个，帮助协调反映152个。通过“大调研、大走访”，基本摸清了统战工作关键领域、重点环节及新情况新问题的现状，进一步密切了与基层统战成员的联系，树立了统战部门的良好形象。

【推进特色统战工作】 召开全市统战部长会议，研讨统战工作的新情况新问题。对基层统战特色工作进行分类指导，部领导带队深入基层统战部门、海创园、科技园、科技城、新生代企业、宗教团体等走访调研，召开特色统战工作研讨会，指导各区、县（市）形成了具有针对性和创造性的亮点品牌和特色统战工作。

【开通“杭州统一战线”官方微博、微信】 2014年11月开通市委统战部“杭州统一战线”新浪官方微博和腾讯微信公众平台，成立“两微”工作编辑部，制订工作实施办法，成立30人组成的宣传员队伍，积极探索网络统战工作的新思路，拓宽统一战线宣传渠道。13个区、县（市）统战部有9个开通官方微博和微信。 （谢红珠）

·上城区委统战部·

【综述】 2014年，上城区统一战线认真贯彻落实党的十八大和省、市、区委全会精神，在省、市委统战部和统战系统单位的指导下，紧紧围绕区委各项决策部署，以深入开展第二批党的群众路线教育实践活动为契机，以“民生统战推进年”为主题，深化同心实践行动、服务全面深化改革，引领开展坚持和发展中国特色社会主义学习实践活动，鼓励统一战线成员在本职岗位上建功立业，为建设现代化美丽上城作出新的贡献，全面完成各项目标任务。

【全面深入开展党的群众路

线教育实践活动】 2014年，区委统战部根据中央、省、市、区委部署，推进“转变工作作风、深化基层调研、坚持科学发展、服务统战成员”，切实加强统战干部马克思主义群众观点和党的群众路线教育，以贯彻落实中央八项规定和上级有关要求作为切入点，着重把握三个环节六项重点工作，突出“真、深、实”，确保规定动作做到位，自选动作显特色，努力使教育实践活动各项工作抓紧抓实、抓出成效，切实解决统战成员、群众和统战干部反映强烈的突出问题，提高新形势下做好统战工作的能力。

【学习贯彻党的十八届四中全会和习近平系列讲话精神】 2014年，通过部长办公会议、领导班子会议、专题学习会议集体学和个人自主学习，撰写、交流学习心得体会等方式，组织领导班子成员和全体干部深入学习贯彻党的十八届四中全会精神和习近平系列讲话精神。

【加强和完善多党合作制度】 2014年，上城区委正式下发两个文件，一是《关于建立区领导与区各民主党派结对联系制度的通知》，二是《关于加强和完善政府有关部门与民主党派、无党派对口联系制度的意见》，进一步明确和细化了区四套班子主要领导、区委常委以及区各有关政府部门与区各民主党派之间的结对联系形式和要求，完善和推进了多党合作有关制度的落实。区委召开区委常委会党的群众路线教育实践活动征求民主党派意见座谈会、政府工作报告征求民主党派意见等会议，推动了多党合作和政治协商的落实和提升。

【区领导结对联系党外代表人士】 春节前后，区四套班子领导缪承潮、陈瑾、丁晓芳、余勇、袁建祥、黄爱芳、刘一明、麻承荣、沈民、陈秋芳、叶素、楼复进、管光尧等，走访慰问了31位民主党派、工商联、无党派人士，代表区委、区政府向统一战线广大成员，致以诚挚的问候和祝福，并表示衷心的感谢。2014全年，区领导多次与党外代表人士沟通联系，听取意见建议，鼓励他们进一步深入开展调查研究，积极参政议政，实践社会民生服务，齐心协力，共绘上城美丽画卷。

【政府部门召开民主党派政情通报会】 2014年，协调组织召开区人力社保局向民进上城区基层委员会、区教育局向九三学社上城区基层委员会、区民政局向民建上城总支、区财政局向致公党上城总支、区卫计局向民革上城总支、区住建局向民盟上城区基层委员会、区市场监管局向农工党上城区基层委员会等七场通报会，打造聚焦点，注重针对性。通过由民主党派邀请结对联系区四套班子主要领导和区委常委参加政情通报会并讲话，提高了民主党派履职实效，增进了区领导、区政府有关部门对统一战线工作和党外人士的认识和了解，为党外人士参政议政、民主监督积极创造了条件和舞台。

【引领开展坚持和发展中国特色社会主义学习实践活动】 1月14日，召开全区民主党派、无党派人士坚持和发展中国特色社会主义学习实践活动动员会，区政协副主席、区委统战部长袁巧玲出席并讲话。区委统战部副部长、区工商联党组书记陈砚菁，区各民主党派负责人、无党派人士代表参加了会议。2014年全年，各民主党派、工商联和知联会充分发挥主体作用，“自觉、自主、自为”开展各具特色的学习和实践活动，进一步加强基层组织和成员学习和实践中国特色社会主义动力。

【推进基层协商民主探索】 充分发挥居住、工作在基层辖区的统一战线党外人士、新阶层人士、归侨侨眷了解基层、融入基层、群众认知的优势，主动介入、有效参与、体现作为，推进基层协商民主决策、管理、民主和自治实践探索。5月份，该项创新实践工作被选为杭州市区、县（市）唯一代表在全省推进基层协商民主现场会上作交流发言。9月24日，《人民日报》第20版刊发《杭州——基层协商民主火起来》文章，对上城区在基层协商民主中充分发挥统一战线成员和社团作用，促进基层群众在社区治理和公共事务管理中依法自治进行宣传报道，《杭州日报》、《上城报》等报纸和相关网站进行转发报道。

【建123机制，打造“四微”民族工作金品牌】 以凝聚“一会”组织（上城区少数民族联谊会）搭民族融合新平台、深化“两园”建设（南星街道“七彩美政民族园”和穆兴小学“民族理解文化园”）、树民族文化传承新品牌、拓展“三化”（“管理网格化、引导社会化、服务常态化”）工作促民族管理新格局。总结提炼“微组织”、“微平台”、“微机制”和“微服务”的“四微”模式，发挥好纽带、宣传、规范、亲民作用，开启城市民族工作新路子。上城区南星街道美政桥社区和杭州市回族穆兴小学校长王静分别被评为浙江省第五次民族团结进步表彰大会模范集体和个人。

【发挥宗教扬善传统服务社会民生】 积极牵线联系净慈寺和清波街道结对打造“宗教慈善周”，针对性地关爱、帮助社区行动不便或独居、空巢的高龄老人。另一方面，组织宗教教职人员参加体检，关爱教职人员，双向服务构建宗教和谐。挖掘宗教文化，梳理上城区宗教历史，与浙江大学合作完成《杭州市上城区宗教文化遗迹调查与保护现状研究》的宗教课题，对辖区内的45处宗教遗迹保护利用情况、存在的问题和下一步工作对策进行了探索。

【召开第三次归侨侨眷代表大会】 5月7日，上城区侨联召开第三次归侨侨眷代表大会，选举产生区侨联第三届委员会委员31名，常务委员15名，选举陈励君为主席，毛健儿、林东、王容峰、俞蒙、隋俊华为副主席，吕火良为秘书长。区侨联三届一次全委会聘请陈少华为荣誉主席，丁德坤、毕敏、冰凌等为海外顾问。

【团结港澳台同胞和海内外华人华侨】 经全面高效的基本侨情调查，上城区共有归侨侨眷和海内外华人华侨、港澳同胞2万余人，留学人员及其家属1.3万余人。认真接待办理涉台、涉侨来电来访，在全区范围内开展慰问港澳台同胞亲属和归侨侨眷活动，全年累计走访慰问159户，送上慰问金和慰问款共计4万余元。开展侨领侨商“回家看看”和走访台资企业活动，听取意见建议，为台、侨企业解决实际困难，加大上城区在海内外侨界的宣传和影响，鼓励和吸引更广泛的台商、侨商参与上城区经济社会建设和发展。

【建设党外知识分子之家】 2013年以来，上城区知联会开设“上城知联”微信公众号平台，设立活动之家，开展争创“知联之星”和“理事大走访”活动，重点打造“知联大讲堂”品牌，先后进学校、进园区开展宣讲，承办“五水共治·美丽上城”高峰论坛，组织“民族风情、宗教文化”主题摄影巡回展、登山比赛。2014年，区知联会被评为浙江省优秀知联会，新联分会副会长周立钢被评为浙江省知联会“行业之星”。

（吕火良）

·下城区委统战部·

【综述】 2014年，下城区统一战线深入贯彻落实党的十八届三中、四中全会和区委九届六次全会精神，认真开展党的群众路线教育实践活动，围绕全区经济社会发展大局，着力增强思想共识，发挥优势作用，推进工作创新，转变工作作风，巩固和发展最广泛的爱国统一战线，取得了明显的工作成效。再次荣获中国统一战线宣传工作先进集体荣誉称号。统战信息工作分别荣获全省统战系统二等奖和全市统战系统一等奖的佳绩。

【统一战线思想政治基础更加巩固】 制定《下城统一战线坚持和发展中国特色社会主义学习实践活动实施方案》、《下城区统一战线开展服务深化改革，推进创新发展活动实施方案》，向全区统战团体发出《在全区统一战线开展“我为下城建功立业”实践活动的倡议书》，树立正确的导向，区新联会副会长何军被评为杭州市统一战线十大杰出人物之一。组织统战成员积极参加服务社会、服务民生实践活动。积极响应省委、省政府倡导的“五水共治”行动，向临安太湖源镇众社村（少数民族村）捐资5万元，用于该村水源保护和生态治理。在联合浙江省公羊会公益救援促进会举办的平安云backey智能定位器公益捐赠签约仪式上，区新联会副会长、杭州市公羊会会长何军代表杭州市公羊会公益基金会斥资25万元，认购了500台“backey智能定位器”，并通过媒体捐赠给杭州市失智、残障人士和困难独居的孤寡老人等特殊群体。区新联会出资5万元认购了100台智能定位器，赠送给下城有需求的统战人士。此次活动，浙江电视台“义行天下”栏目等杭城各大媒体进行了宣传报道。

【围绕中心服务大局作用更加突出】 在全省率先创建全区8个街道党工委和各民主党派、知联会共建结对机制，并大力开展全区统一战线“同心·商议团”

活动。多次举办海外招商对接会、举办杭州民建走进下城——下城区投资环境推介会，邀请南非浙江总商会会长李家鼎一行赴区跨境电子商务园参观考察，带领近百名区新阶层代表人士和海外代表人士走进创新创业新天地、浙江（杭州）人力资源产业园两大园区开展项目对接活动，主动参与下城区“浙商回归”、“三进”工作。经牵线搭桥，现有6家企业正积极筹备落户相关事宜，涉及资金达2亿元人民币。开展了全区民营企业用工需求摸底调查，并联合共建结对单位浙江工业大学党委统战部和区工商联、知联会、新联会等统战组织，在浙工大屏峰校区首次举办下城区骨干民营企业浙工大人才招聘会。

【党外代表人士队伍建设更加扎实有力】 以区委名义出台《2014－2018年下城区党外干部队伍建设规划》、《区委领导与区各民主党派、工商联和知联会联系制度》，制定《下城区关于建立导师帮带制度，积极培养党外干部的实施办法》，并联合区委组织部召开培养党外干部导师帮带动员会。配合市委统战部挂牌成立了浙江省首个党外人士实践锻炼基地，区教育局、天水街道、文晖街道分别接纳前来挂职锻炼的首批3位来自民革、民盟、民建市委会机关的党外干部，进行为期半年的实践锻炼。

【民族宗教领域更加和谐稳定】 成立全省首家由在杭少数民族人士参与建设，为少数民族服务的专业公益性社会组织——杭州同心少数民族服务中心。与此同时，该服务中心的“少数民族融入城市生活综合计划”和“民族村农副产品进社区”两项服务活动也正式启动。东新街道新颜苑社区被国家民委命名为全国民族团结进步创建活动示范单位，成为浙江省唯一获此殊荣的基层单位。下城区被市民宗局确定为“民族工作进社区”和“民族工作进校园”试点城区。积极配合市、区有关职能部门做好涉及宗教场所的“三改一拆”工作，开展民间信仰点和非法宗教聚会场所的排查、整改工作，妥善处置化解涉及外来少数民族流动人员的矛盾纠纷及基督教东新聚会点迁建工作。

【港澳台和海外统战工作特色更加明显】 在全区范围内开展基本侨情调查工作和台资企业调查工作，并建立“一网二站三库”。认真贯彻落实区委书记陈卫强关于“将侨情调查成果转化为生产力”的批示精神，在全区范围实施“金桥同心”爱侨助企行动，对有意到下城创业发展的侨商、台商，做到服务靠前、主动招商、部门联系，最大程度确保项目对接紧盯不放，促成合作意向10余个。精心组建3个考察团赴台、赴港开展基层交流考察活动，通过与台湾台北、高雄、南投和香港等地有关负责人的对接座谈，进一步加强下城与台、港的合作交流，增进感情，促进经贸往来。

【统战文化阵地建设更加有力】 以同心文化为载体推动工作创新，达到“以文化人、以文聚人、以文促统”的统战成效。建立了全市首个“同心文化公园”、“同心文化基地”和“统战文化书场”，建在石桥街道的同心文化公园主要由“同心”主题雕塑、“同心文化”宣传连廊和统战政策宣传橱窗等构成。“同心文化基地”——桐荫堂公益书院坚持每两周一次，为统战人士及群众进行公益讲座，被评为浙江省优秀同心·知联服务基地。建在朝晖街道的“统战文化书场”，用杭州评话艺人现场说书的形式宣传统战文化和知识，在《中国统一战线》杂志上专版宣传。

【建立全市首个“同心文化公园”】 7月17日，下城区举行了以统战文化为主题的“同心文化公园”开园活动。市委统战部副部长徐祖德，区政府副区长、民建市委会副主委洪明，区政协副主席、区委统战部部长周钢到现场参观指导，并为“同心文化公园”暨“同心文化宣传基地”揭牌。“同心文化公园”由下城区委统战部，石桥街道党工委、办事处，杭州市草荡小区建设指挥部联合共建。公园主要由“同心”主题雕塑、“同心文化”工艺木雕宣传连廊和统战政策宣传橱窗等主体建筑构成。

【举办杭州民建走进下城——下城区投资环境推介会】 10月28日，由下城区支持浙商创业创新促进下城发展工作领导小组、民建杭州市委会、下城区委统战部主办，文晖街道党工委、办事处承办，下城区商务局、杭州民建会员企业家联谊会协办的“杭州民建走进下城——下城区投资环境推介会”隆重举行。下城区委书记陈卫强，市委统战部常务副部长金志强、民建杭州市委会主委、市民族宗教事务局局长郭清晔出席推介会并讲话。区相关职能部门和街道主要负责人作了投资环境推介、政策解读和辖区招商资源情况介绍。会议现场达成了在下城产业园内筹划建立民建企业家主题创业园、开展“OTO”项目的风险投资、建立企业与园区的系统对接和共同实施“社区金融”项目等5个合作意向。

【成立下城区新生代企业家联谊会】 12月26日，下城区新生代企业家联谊会正式成立，宋敏敏当选首届会长。该会是由辖区优秀的非公有制经济年轻代表人士自愿组成的联合性、地方性、非营利性社会组织。它代表着下城区最具创业创新活力、引领新商业变革的一支新生力量，在“浙商回归”战略中扮演着重要角色。在成立大会上，举办了“浙商创业创新”主题活动。副会长卢艳峰代表新生代企业家发出“传承、担当、实干、创新、奉献”充满正能量的倡议。副会长、盈盈理财副总裁熊伟作了《什么是互联网金融及盈盈理财的商业模式》主题演讲。新生代企业家们现场与相关街道签约，杭州园意电子商务有限公司、杭州坤盛资产管理有限公司两家电商、金融类优质企业落户天水街道和东新街道。

【成立杭州同心少数民族服务中心】 12月29日，浙江省首个为少数民族居民服务的公益性社会组织——杭州同心少数民族服务中心在下城区东新街道新颜苑社区举行揭牌仪式。该中心两项服务活动“少数民族融入城市生活综合计划”和“民族村农副产品进社区”也同时启动。由少数民族人士参与运作的同心少数民族服务中心承担六大职能：一是协助省、市、区民族工作部门宣传贯彻党的民族政策和宗教政策，主动了解倾听少数民族居民在工作、学习和生活等方面的意见和要求，及时反映民族政策的执行落实情况。二是组织和调动各方力量，为少数民族居民提供咨询类服务、生活类服务、文化类服务、综合素质提升类服务。三是维护和传承少数民族传统文化，组织多种形式的民族文化、体育等活动，为少数民族居民提供联络感情、交流思想、丰富生活、增进友谊的平台。四是积极拓展民族工作视野，寻求与少数民族地区的多方位合作与发展。五是为少数民族居民提供就业指导、法律援助、心理疏导、结对助学等帮扶服务。六是承办业务主管单位及相关组织委托的事项。

【开展“金桥同心”爱侨助企1133行动促侨情成果转化】 下城区的基本侨情调查工作历时一年，经精心准备、科学组织、深入摸底、全面排查、设点登记、走家入户、数据录库等环节，全区共排摸涉侨家庭5102户，涉侨对象15711人，台侨资企业276家，重点人士403人，并迅速组织力量对调查数据进行科学论证分析，形成较高质量的调研报告等研究成果，率先在杭州市完成基本侨情调查工作。为进一步贯彻落实上级会议精神和区委书记陈卫强“将调查成果充分运用好，转化为生产力”的要求，下城区迅速行动，以侨情调查大数据为支撑，在全区范围内积极开展“金桥同心”爱侨助企1133行动。建立了“一网二站三库”，即全区66810侨情动态监控网、海内外联络站以及全区侨情调查数据库、侨界人才库、涉侨项目库，并对有意到下城创业发展的侨商、台商，做到服务靠前、主动招商、部门联系，最大程度确保项目对接紧盯不放，促成合作意向10余个。

（徐　红）

·江干区委统战部·

【综述】 2014年，江干区统战工作坚持以科学发展观为指导，深入贯彻落实党的十八届三、四中全会精神，紧紧围绕区委、区政府工作大局和群众路线教育主线，积极发挥统一战线独特优势，为促进江干区经济社会各项事业发展提供了有力支持。

以政治引领为抓手，提升民主协商实效水平。抓好民主党派思想组织建设。引导开展学习、交流、议政活动，致公党江干支部举行了学习党的十八届三中全会报告会，民建各支部开展了“议政日”活动，区知联会开展了“社会广义核心价值观”等知联“微讲堂”活动。协助民建江干基层委员会、农工党江干总支成立了新的支部，启动农工党江干总支换届暨基层委员会成立工作，对知联会领导班子进行了调整，率先在全市主城区成立了知联会网络与信息专业人士分会。充分发挥党外人士的作用。制订出台了《关于建立江干区政协委员退出机制的实施办法（试行）》，及时调整政协委员，开展了新任政协委员的集体谈话工作。会同区纪委联合召开党风廉政年度通报会，会同区委群众路线活动办公室召开意见征求会。积极引导民主党派和知联会开展社会服务，建立了“同心凯旋”统一战线社会服务基地，开展了学雷锋、无偿献血、社会服务等活动40次，服务群众1万余人，捐赠爱心款21.7万元。进一步加强党外干部队伍建设。下发了《江干区党外代表人士队伍建设规划（2014－2016年）》，并组织相关单位负责人召开全区党外干部队伍建设座谈会。召开两部联席会议，研究确定党外后备干部名单。会同区委办安排区委领导走访了区各民主党派和知联会负责人。推荐三名区知联会成员参加上级部门组织的的无党派人士培训班。

以专项整治为抓手，不断推进民宗领域和谐稳定，推进城市少数民族工作。开展少数民族“三进”工作，推动了少数民族工作进天成学校等“三进”工作。做好了区少数民族团结促进会的有关筹备工作，组织江干区三个社区与桐庐县三个少数民族村开展结对活动。召开少数民族联络工作座谈会，征集意见建议30余条。对全区清真拉面馆情况进行了全面摸底，解决少数民族群众子女就学5人，办理少数民族成分变更预审6件，切实保障少数民族群众的合法权益。打造民族特色企业品牌。在浙宝电气集团率先开展了打造民族特色企业品牌为主题的少数民族工作进企业活动，引导企业创新开设少数民族之家、民族团结联谊会、确定少数民族节日、组建民族艺术团和制定落实少数民族职工优惠政策等措施，积极发挥非公有制企业统战工作优势，有力推进民族团结进步。依法加强宗教事务管理。加强了节日期间宗教活动场所和大型宗教活动的安保工作，开展了节前安全大检查。组织民宗干部和宗教场所负责人50余人举办了宗教活动场所消防安全培训班。进一步加强了宗教活动场所规范化管理工作，制定了安全、财务管理等10项相关制度和民间信仰点管理办法。积极开展了宗教活动场所文明燃香工作。开展了“宗教政策法规学习月”活动，发放安全手册1000余册。在宗教界部署开展了“五水共治、五教同行”活动。积极稳妥做好了宗教活动场所“三改一拆”工作。落实好了3处基督教聚会点的拆迁及安置工作，及时处理了2起信访件。

以基层交流为抓手，促进两岸关系和平发展。围绕中心，夯实对台工作基础。组织对台干部参加各类培训，定期向区委常委会进行专题汇报。开展了全区台情调查，明确了各镇、街道对台工作上的主要职责和任务，加强了基层对台工作网络建设。进一步梳理了对台工作政策、法规和职责、权限。认真做好赴台就学陆生的备案和教育管理工作。精心组织，开展好两岸交流工作。接待了台湾埔里妇女会、台湾高雄师范大学刘庭杨和台湾耕莘医院院长邓世雄等参访团9批186人。在笕桥镇与埔里镇结对的基础上，组织笕桥镇6名居民代表赴埔里镇与当地民众开展交流；推荐区重点社区干部5人参加市民政局组团赴台开展培训和社区工作交流。助推区人民医院与台湾耕莘医院、笕桥小学与台湾埔里国小结对交流。耐心细致，积极排忧解难。通过主动走访了解台商诉求，召集相关征迁部门和单位在台企现场办公、现场解答台商有关问题，协调处理了梅苑宾馆等4起台商、台企纠纷。举办了“涉台企业政策和企业法律风险防范”知识讲座，召开了全区服务台商台胞工作会议，介绍江干区文创产业的政策、规划，积极助推台商把握时机。解决了两名台胞子女入学困难问题。

以联络联谊为抓手，增强海内外同胞凝聚力。发挥侨务优势，强化服务大局能力。大力实施聚侨工程，积极做好侨商回归工作，推动了侨商回归浙江中心、浙江华侨产业基金等10余个项目在江干落地。助推江干的外宣工作，组织江干青年企业家代表与来访的30余位港澳青年企业家举办了江干智慧经济合作交流论坛，组织20余位江干青年企业家代表赴港举办了“智慧江干论坛”，广泛宣传江干投资环境。加强联络联谊，扩大侨务工作的影响力。开展了重大节假日走访慰问工作，组织区侨眷侨属100余人参加杭州市侨界迎新联欢会和省侨联周年庆的艺术展，组织参加市留联系统羽毛球比赛并荣获冠军。加强与港澳的联系交流，邀请香港青年来江干并举办了第三届两地青年交流峰会，组织江干青年企业家赴港举办了第四届两地青年交流峰会。先后接待了2个澳门参访团，组织参访了江干区的特色企业，并与江干区企业家和青年代表进行了深入的交流。协助做好了澳洲华裔相济会在江干区的华文交流活动，并与江干区采荷二小签订了合作协议。抓好基础工作，提升为侨服务水平。举行了江干区第三次归侨侨眷代表大会，选举产生了以陈剑华为主席包括5位副主席、15位常委、31位委员的新一届侨联领导班子，并聘请了20余位侨联海外顾问。开展了全区基本侨情调查，累计排摸5218户，共完成调查涉侨人员4.5万余人，涉侨重点人士500余人，涉侨企业650余家。举办了“315国际消费者权益日宣传活动”，开展了侨界八个最美现象和最美侨胞推荐工作，推荐的两位侨界企业家荣获“杭州市侨界十大杰出人物”。接待处理了20余起涉侨纠纷活动，解决好了10余起华侨子女入学问题。

【江干区第三次归侨侨眷代表大会】 2014年12月8日，江干区第三次归侨侨眷代表大会召开。省侨联副主席张维仁、市侨联主席章燕、区委书记盛阅春等区四套班子主要负责人出席会议。代表大会及随后的全委会选举产生了以陈剑华为主席，包括5位副主席、15位常委、31位委员的新一届侨联领导班子，并聘请了20余位侨联海外顾问。

【江干区知联会成立网络与信息专业人士分会】 2014年11月17日，江干区举行区知识分子联谊会网络与信息专业人士分会成立仪式。网联会旨在充分发挥互联网和信息产业领域党外人才更好地智力优势和社会影响力，为江干的信息经济、智慧经济发展献计出力。

【台湾埔里镇妇女会参访团来江干参访】 2014年2月26日至3月2日，台湾南投县议员黄志学和南投县埔里镇妇女会理事长潘良英女士率埔里镇妇女会成员共25人来江干区参观交流。在活动安排中，重点突出了基层交流这一特色，利用笕桥与埔里结对的平台，组织台胞与笕桥镇就社会服务、社区建设、小学教育、邻里互访等方面开展交流。

【江干区打造民族特色企业品牌】 江干区在浙宝电气集团率先开展了打造民族特色企业品牌为主题的少数民族工作进企业活动，引导企业创新开设少数民族之家、民族团结联谊会、确定少数民族节日、组建民族艺术团和制定落实少数民族职工优惠政策等措施，积极发挥非公有制企业统战工作优势，有力推进民族团结进步。 （谷晓成）

·拱墅区委统战部·

【综述】 2014年，以贯彻落实区委《关于加强和改进新形势下统一战线工作的实施意见》为主线，以开展统战文化深化年、基层组织建设年、队伍作风提升年“三大年”活动为载体，围绕服务全面深化改革、助推产城融合发展，实施统战工作项目化管理，各方面工作都取得了新的成效。

【围绕中心凝心聚力有新作为】 合力助推“五水共治”。全区统一战线积极响应区委号召，组织实施“献智出资·五水共治”专项行动，召开专题建言献策座谈会，征集意见建议20余条；引导统战各界人士为拱墅区“五水共治”捐款78.8万余元。农工党党员刘明峰主动包河治水，受到社会广泛赞誉。积极融入“三改一拆”。按照上级“三改一拆”和“无违建”社区创建工作总体部署，积极做好涉及宗教违法建筑处置的宣传、教育、指导服务和规范管理工作。全面完成“三改一拆”涉及宗教违法建筑处置工作任务。参与服务社会民生。举办“拱墅统战·同心讲坛”，组织区各民主党派和无党派代表人士走近部门、走进基层，深化“百名党外人士百日服务基层”集中行动，组织区各民主党派和统战各领域成员走访结对社区、企业、困难群众70余家（户），为基层群众办实事、提供服务30余件（次），征求到意见建议31条，现场解决7条。深化推进城乡统筹。统战部与区科技、教育、卫生、文化四大部门联手，利用各党派组织资源，实施以“文化走亲”、“名师支教”、“医疗帮扶”、“科普下乡”为主要内容的“同心”协作四大项目，助力桐庐县打造莪山中国“畲族第一乡”。连续五年做好与武义县柳城畲族镇下圩村的结对帮扶工作。认真做好人事安排。扎实做好推荐提名、民主协商、组织考察等各个环节工作，圆满完成了区政协委员届中调整工作任务。与此同时，新提拔科级以上党外干部14名，其中副科6名、正科7名、副处1名。

【促进五大关系和谐有新举措】 夯实共同思想政治基础。把学习贯彻党的十八大，十八届三中、四中全会和习近平总书记系列重要讲话精神作为贯穿全年工作的重大政治任务，通过举办培训班、讲座、报告会等形式，引导党外人士做坚持和发展中国特色社会主义的亲历者、实践者、维护者、捍卫者，进一步坚定道路自信、理论自信和制度自信。推进多党合作制度化、规范化、程序化发展。区领导身体力行落实与党外人士联系交友制度，协商会、恳谈会、通报会等各项制度得到进一步完善和落实。认真做好群众路线教育实践活动中党外人士意见征集工作。政府有关部门同民主党派工商联对口联系制度有效运行。建立部领导与党外人士交心交友制度，深化各民主党派与社区结对共建机制。以“两创”活动（党派工作创新、组织建设创优）为抓手，支持和帮助民主党派加强组织建设，首次召开民主党派基层组织建设经验交流会，推进党派基层组织规范化建设。完成致公党基层组织换届工作，新发展民主党派成员 15 名。做好民族宗教工作。认真贯彻落实党和国家少数民族政策，依法加强对宗教事务的管理，出台了《关于进一步加强民间信仰活动场所规范管理工作的通知》。香积寺、基督教城北堂和张大仙庙顺利交接、纳入管理。做好民族宗教领域维稳工作，参与处理涉及民族宗教领域的信访维稳问题 9 起。深化宗教界“爱心助残”结对帮扶活动，引导宗教与社会主义社会相适应。拓展港澳台侨工作。深化对台基层交流，区领导出访台湾南投县开展对接、推动工作。南投县集集镇参访团一行来拱墅区参观考察，“两岸邻里节·拱墅行”活动成为拱墅区对台工作“金名片”。开辟入岛宣传，邀请台湾主流媒体《联合报》、台湾中天电视台访问拱墅区。以“新侨驿站”为阵地，举办海归人士成功创业经验讲座、智慧经济讲座、观影恳谈沙龙等活动，进一步拓展新侨联谊交流平台。圆满完成全区基本侨情调查工作，促进调查成果转化利用，积极做好筹建拱墅籍“旅港同乡会”前期工作。完成区侨联、区“三胞”亲属联谊会换届工作。抓好组织网络建设和基层创建工作，新建街道、社区侨联组织 23 家，大塘巷社区荣获“全国社区侨务工作示范单位”称号。

【与时俱进探索创新有新进展】 抓文化引领。坚持办好“开卷五分钟”读本《统战文化·月月谈》，全年共刊出 12 期。建立“同心”会客厅。打造区、街道、社区三级“统战文化墙”。创新理念，建设“同心传万家”公共传媒平台。成功举办首届全区统一战线运动会。组织开展百名党外代表人士“沿着运河看拱墅”活动。抓工作规范。建立健全“宗教工作三级网络两级责任制”、“培养选拔党外领导干部联席会议制度”、“统一战线宣传工作协调机制”、“基层商会规范化建设”等一系列制度和机制，使拱墅区统一战线各领域工作更加科学规范有效。抓基地团队。元谷文化创意实践、湖墅学校残障儿童帮扶、和睦医院健康保健服务、运河学校民工子弟教育、舒羽咖啡馆新侨回归创业、区计生指导站人口计生服务六大“同心”基地正式授牌、全面运行。组建医疗专家、法律专家、教育专家、创业导师四个“同心”服务团队，聘任 56 位专家志愿者，服务团队进企业、进社区、进学校形成常态，为企业、为群众提供各类专业化服务，提升了统战工作社会认可度。

【拓展统战宣传新载体】 与时俱进，依托信息时代新媒质——“纸指天下”，通过二维码和微信平台创新统战宣传工作，在全市范围布点 100 个，宣传群众 2 万人次。延伸统战工作触角，拓展统战知识宣传，在部机关、湖墅街道、小河街道和大关街道，成功打造区、街道和社区三级“统战文化墙”。

【建立“同心·会客厅”】 在部机关办公资源相当紧张的情况下，挤出 50 平方米的办公用房，投入 10 多万元资金建设“同心·会客厅”，提供给统战各领域组织用作学习、交流、会议、座谈的场所，为统战各领域组织提供力所能及的服务。

（王一军　吴　芳）

·西湖区委统战部·

【综述】 2014 年，西湖区统战工作在上级统战部门和区委、区政府的正确领导下，深入学习贯彻党的十八届三中、四中全会和习近平总书记系列讲话精神，着力在服务中心工作、促进社会和谐、开展社会服务等方面下功夫，不断开拓统战工作新局面，为西湖区经济社会发展作出了积极的贡献。2014 年，区侨办荣获全省侨情调查工作先进集体，区工商联荣获全国工商联 2014 年度工商联（商会）工作优秀案例奖、浙江省“五好”县级工商联、市工商联系统综合先进等荣誉称号。

【促进五大关系和谐有新成效】 在全区各民主党派、无党派人士中深入开展坚持和发展中国特色社会主义学习实践活动，在非公有制经济人士中深入开展以“四信”为主要内容的理想信念教育实践活动，在宗教界开展“宗教政策法规学习月”活动。组织开展“学习实践活动心得大家谈”活动和中国特色社会主义学习理论知识的函授教育活动，积极开展党外代表人士教育培训工作，举办各类培训班12期，培训学员500余人，积极引导统一战线成员坚定中国特色社会主义的道路自信、理论自信和制度自信。

多党合作和政治协商制度不断加强。进一步健全政治协商通报制度，协助区委召开征求党外代表人士意见座谈会和区政府工作报告征求意见座谈会，共征求到9个方面27条意见建议，将意见建议进行任务分解，反馈到区属相关部门督办，做到反馈有声，落实有力。进一步完善联系交友制度，区委常委联系走访各民主党派和无党派人士。组织开展对党外代表人士、困难统战人士的走访慰问，关心他们的生活。协调解决各民主党派、团体所需的人员、经费、场地等困难。各民主党派、无党派人士撰写各类调研文章、提案议案、社情民意、工作信息等530多篇，被采纳和获批示的意见建议71篇，在中央级报刊杂志发表论文8篇。在2014年的区“两会”期间，有4个提案获得区政协优秀提案。

【党外代表人士建设不断发展】 顺利完成区知联会换届工作，成立了西湖区网络界人士联谊会和新的社会阶层人士联谊会。积极落实《2014－2018年杭州市西湖区党外干部队伍建设规划》，建立了党外后备干部信息库，加强了区管党外后备干部的推荐和培养。重视党外代表人士的教育培训。2014年以来，先后选派50余名党外人士参加主题教育活动和培训班。对全区73名党外后备干部进行了培训，提高党外干部的能力和素质。举办政银企金融创新论坛、企业财务高管培训、新生代企业家高级人才等培训班，全年有300多名企业人才参与培训。

【服务中心工作有新作为】 全区统一战线积极响应省市区委的号召，向全区统战各界发出参与“五水共治”活动的倡议，各民主党派和无党派人士以专题调研、民主监督、技术服务、捐款捐物等各种形式投身“五水共治”。有10多家非公有制企业参与了西湖区的“五水共治”活动，累计中标金额达2935万元。全区统战系统和统战部机关干部积极为“五水共治”捐款近100万元。

【合力助推引资引智工作】 加强内引外联，采取“走出去，引进来”的办法，吸引海内外客商到西湖区投资兴业。2014年，在“浙商回归”工作中，协助引进企业5家，实际到位资金1.85亿元。引进波兰肖邦音乐艺术中心落户之江凤凰创意园；利用省市侨商会积极引进省侨商大厦落户翠苑原杭师大地块。通过以侨引侨，时趣信息、快迪科技等项目，完成了多轮融资，投资总额超过6亿美元。

【民族宗教工作不断规范】 深入开展民族团结进步创建活动，与建德3个少数民族村结对。认真做好少数民族成分更改和外来少数民族子女入学入托协调工作，协助调处兰州拉面馆等纠纷8起。扎实做好宗教工作，认真督查落实《2014年度西湖区宗教活动场所消防安全目标管理责任书》，积极开展宗教活动场所重大节日和汛期前安全大检查。开展“和谐寺观教堂”创建和星级活动场所评比，全区18处宗教活动场所达到区级评比标准，有力推进了宗教活动场所加强自身建设。积极推进“三改一拆”涉宗违建处置工作。按照全省统一部署，会同相关镇街、村社广泛调查摸清底数、周密组织、稳妥实施，全区共处置宗教场所28处，合计3620平方米。西湖区的做法受到中央统战部、国家宗教局和省市宗教部门的充分肯定。

【非公有制经济领域“两个健康”有效落实】 制定促进非公有制经济领域“两个健康”计划的落实，积极开展“企业服务年”暨“十送服务进民企”活动。区担保中心共为辖区20家企业提供融资担保21笔，担保金额为7610万元。成立“杭州市西湖区企业法律服务中心”。聘任专业法律人士加入法律服务团队，开通微信公众账号，拓宽法律服务的渠道，切实帮助企业解决法律难题。为执委以上企业家提供免费健康体检。编辑《西湖商道》刊物；开展联谊活动，帮助企业解决大龄青年的个人问题。重视新生代企业家的成长进步，筹建了新生代企业家联谊会。

【对台和侨务工作不断提升】顺利完成区侨联换届工作。选举产生了新一届侨联领导班子。侨联领导班子突出了老侨新侨并重，国内海外并重，结构梯次配备更趋合理。侨情调查工作全市领先。西湖区共有涉侨家庭8593户，涉侨人员42430人。重点人士460人，涉侨企业618家。制定并实施了“千侨万眷暖心工程”三年行动计划，联系侨务组织84个，走访侨企130多家，慰问困难侨眷273人，帮助侨胞眷属协调解决归国定居办理、子女入托上学、老人公寓进驻、拆迁赔偿、房屋购置等事项27项，办结归国华侨定居12人，接待欧美、港澳华侨华人参观考察12批次共130多人。

对台交流交往形势喜人。举办第五届“杭台西湖邻里节”，南投县竹山镇7个里与西湖区文新街道德嘉社区等7个社区签订了《杭台两岸社区（邻里）结对协议书》，就两地社区文化建设、民主管理等方面建立了长效互动机制。组织经贸、文创产业、邻里回访、基层交流考察团等赴台开展基层交流活动3批次，做好陆生赴台的行前教育，赴台手续的办理，以及开展暑期五项主题教育活动，办理商务赴台交流培训20批次，积极妥善处理台商投诉协调，确保了社会和谐稳定。

【社会服务有新成效】“同心奉献·美丽幸福西湖385行动”深入推进。建立西湖区统战系统“同心奉献·385行动”拓展基地，定期组织和选派医疗专家驻点免费门诊，为困难家庭5－12岁的儿童免费验配眼镜，对超过50岁以上的老年人免费检查眼睛。同时，统战系统向22名贫困生发放助学金5万元，赠送慈善款3万元，为困难群众“点亮百颗微心愿”。区侨联艺术协会和区少数民族艺术协会分别为困难地区送文化大戏。社会公益事业活动绽放光彩，组建“就业创业服务队”，为20名大学生解决就业问题。开展了“走进福利中心、美化绿色家园”的助老活动。开展助老、助残、助困、助学”为主题的“四助”活动，设立帮扶基金，进行接对帮扶。开展“手牵手、心贴心、真诚关爱留守儿童”活动。一年来，全区统战系统各界帮扶捐款累计近1100万元。 （刘小明）

·高新（滨江）区委统战部·

【综述】 2014年，杭州高新区（滨江）统战工作在区委的正确领导和市委统战部的精心指导下，以党的十八届三中、四中全会和习近平总书记系列重要讲话精神为指引，围绕区委四届五次全会作出的全面深化改革总体部署和区委四届六次全会的要求，开拓创新、凝聚力量，努力促进政党、民族、宗教、阶层、海内外同胞关系和谐与社会稳定，为高新（滨江）区全面建设世界一流的高科技园区作出积极贡献。

【召开全区统战工作会议】 4月17日，召开全区统战工作会议，进一步深化全区统一战线各领域工作。区党委副书记俞少平出席会议并讲话，区政协副主席、区委统战部部长余静漪作工作报告。会上，全区统一战线发出“我为高新（滨江）建功立业”实践活动倡议书，号召全区统一战线担负增进共识的新使命、担负献计出力的新责任、担负改革发展的新任务。

【4位党外代表人士入选杭州市统一战线服务改革发展“群英谱”】 1月8日，高新区（滨江）统一战线中，民盟盟员、长河高级中学校长毛伟民，民建会员、侨联副主席、留联会、海高会会长、安恒信息技术有限公司总裁范渊，九三学社滨江基层委员会副主委、恒生电子董事长蒋建圣获得2014“杭州统一战线杰出人物”荣誉称号，农工党滨江支部主委罗红英获得“杭州统一战线建功立业模范”荣誉称号。

【加强统战成员联系走访】开展大走访活动，协助区委制发《关于区党委领导联系走访民主党派人士及工商联、侨联、知联会负责人的通知》，健全机关领导班子联系基层制度，深入开展“十个一”、“在职党员进社区”等活动。结合基本侨情调查，统战成员、政协委员大走访等工作，全年走访35个社区、党外政协委员、统战成员等278人次，联系走访江三社区，实现联系基层经常化，服务统战对象制度化。

【全力培育“同心”品牌】

大力实施“同心”工程，积极培育“同心”品牌，进一步指导民主党派、知联会建设“同心”基地。民建基层委在拓森科技园、杭州低碳科技馆分别建立“同心”基地；民进总支在闻涛社区建立“同心基地”，三支部在滨兴学校建立“同心·学校”；致公党支部在高新实验学校建立“同心基地”；九三学社基层委在西陵社区建立“同心·九三科技讲堂”，九三学社三支社与新州社区共建社区，目前全区有统一战线同心基地7处。开展“同心115”工程，各民主党派纷纷在同心基地开展活动服务社会、议政座谈等活动35场次。其中，民建基层委员会“五水共治”、民进总支“同心教育”、农工党支部“爱心工程进高墙”、九三学社基层委员会“互联网经济论坛”等大型公益性服务品牌已经初具成效，实现了“同心基地”建设与打造社会服务精品项目的有机结合。各民主党派结对社区14家、对口协商单位9家，开展了40场次活动，受惠市民数万人。

着力开展“同心·知联”建设，成立区知联分会，健全完善知联会会议、学习制度和工作规则，召开区知联会会长扩大会议3次，开展小组活动8次，举办科技企业融资策略会等主题交流活动，组织赴上海杨浦学习考察基金会运作模式，举办了科创辅导中心和创投基金座谈会。

【举办创业之路系列主题论坛】 以“创业之路”为主题，聚焦智慧经济，充分发挥统战面宽资源丰富特点，不断扩大影响，分别与区工商联、九三学社市委会、市网联会、区知联会等联合举办“互联网金融主题研讨会”、“信息经济和网络经济交流峰会”、“民企大讲堂”、“科技企业融资策略研讨会”等6期大型主题论坛，每期都聚集200－300余名行业精英参加，共举办了50多场主题演讲、4场圆桌诊断会议，为高新企业分享、交流提供平台，社会影响力和成效比较好。

【加强党外干部队伍建设】 为进一步健全统一战线社会组织建设，积极培育社会力量，制定出台了《2014－2018年滨江区党外干部队伍建设规划》，建立党外代表人士综合信息库，进一步做好民主党派后备人员遴选，做好党外优秀人才吸收工作。2014年，共召开2次组统两部联席会议、3次民主党派负责人座谈会、4次政情通报会（协商会），还举办了党外干部培训班，先后选送31名党外人士参加省市社会主义学院培训。深入调查研究，共撰写提案、议案、调研报告和社情民意55篇，上报17篇，其中9篇调研报告得到区委主要领导批转。

【加强民主党派班子建设】 协助民主党派加强领导班子建设。举办了一期党外干部培训班，选送31名党外人士参加省市社会主义学院培训，经常与党派负责人谈心谈话，召开了党派负责人座谈会2次，并到各单位了解党外干部岗位工作情况，加大对各民主党派骨干的培养力度，营造多党合作良好氛围。民盟支部被市委会评为“先进支部”，九三学社基层委三支社被市委会评为“五星级支社”，民进滨江总支部被民进中央授予“民进全国组织建设先进基层组织”荣誉称号。

【积极助力“五水共治”工作】 在2014年“五水共治”的专项行动中，联合各民主党派举办了“呵护美丽江堤·推进五水共治·共建生态文明”志愿服务活动（民进总支）、“中国环境与健康宣传周大型为民服务暨五水共治优环境”主题实践活动（农工党）、“五水共治·助力动漫嘉年华”（民建）等3项大型活动。向全区非公有制经济人士发出“支持五水共治·共建美丽滨江”的倡议。在省工商联的“千企联千村，合力治污水”活动中，康恩贝集团累计投入治水资金650万，中南集团结对龙游横山镇会泽里村，对全村523户实施生活污水处理，盾安集团党委发起五水共治捐款活动，承担更多社会责任。各民主党派成员分别以监督员、志愿者身份深入开展“五水共治”监督、调研、志愿服务等活动。

【着力抓好非公有制经济统战工作】 继续贯彻落实《关于加强和改进新形势下工商联工作的实施意见》，深入开展理想信念教育实践活动，共走访企业180余家，开办“滨江民企大讲堂”5期，并成立区商会仲裁联络站，组织开展“商业秘密司法保护实务”培训。加大开展浙商进园区活动力度先后接待了意大利中国商会、新加坡浙商协会等5批次浙商考察活动，积极推动浙商回归考察、洽谈、投资，2013年营业收入总额100亿以上的吉利、盾安、中南、华三、歌山等5家企业入选2014年民营企业500强。着眼“两个健康”加强非公有制经济代表人士队伍建设。通过走访洽谈、专题调研等活动，“送策上门”了解企业经营发展状况，掌握非公有制经济人士的思想动态，共走访企业180余家；建立非公有制经济代表人士培训长效机制，结合企业关注的热点难点，通过开办“滨江民企大讲堂”5期、成立滨江区商会仲裁联络站、加强非公有制企业党建工作和文化建设等方式，着力提升民营企业家综合素质和能力；进一步夯实工商联组织基础，支持工商联创造性开展工作，凭借扩展组织网络、组建行业商会、加强基层商会建设等手段，成立白马湖行业商会，被浙江省工商联评为“五好工商联”。

【成立新生代企业家联谊会】 12月23日，杭州高新区（滨江）新生代企业家联谊会暨第一次理事大会召开，全区52位新生代企业家理事代表参加会议，兴耀集团黄东良当选为会长，为滨江区服务企业健康发展和促进青年企业家成长成才、提升创业创新意识和能力搭建平台。

【做好民族宗教领域维稳工作】 建立宗教稳定与综治维稳工作衔接新机制，完善宗教领域隐患和矛盾定期排查机制，加强消防安全常态培训和宣传，加强重大活动、节日的安全检查管理。通过调查摸底、走访督查、协调处置，顺利完成“三改一拆”涉宗教违法建筑专项整治各项工作任务。

【积极开展少数民族结对帮扶工作】 按照上级统战系统要求开展少数民族村结对帮扶工作，与松阳县委统战部召开结对工作协商会3次，开展了慰问、送电脑等活动，并牵线联系艺福堂茶业、区供销社等涉农企业促成资源整合，做好板桥畲族乡大毛科村、临安市三个少数民族村的结对帮扶工作。

【成立区民族团结促进会】 12月30日，召开民族团结促进会成立大会暨第一次代表大会。来自全区各条战线的79位少数民族同胞代表参加会议，推选沙宗山为杭州高新区（滨江）民族团结进步促进会第一届理事会会长。

【成立留学人员和家属联谊会、海外高层次人才联谊会】 为构建与海归高层次人才、留学人员沟通、联谊和服务的平台，开拓海归人才工作新局面，11月29日，成立海高会、留联会，进一步促进海外高层次人才之间的横向联系，优势互补和资源整合。

【开展引资引智工作】 以“凝聚侨心、汇集侨智、发挥侨力”为目标，在海创基地设立“侨之家”基地，浙江省“华侨华人创业创新示范基地”落户海创基地。2014年，区侨联举办海外华商投资洽谈会专场活动，接待了旅法侨社会长联合代表团、北美华人生物医药协会考察团、加拿大华商会等团体，承办了第六届华人华侨会长会议浙江行活动，吸引180多位海外华侨华人专业协会会长来滨江区参观考察。在“招商引资、招才引智”工作上，协助做好“5050”人才评审，牵头开展海归人才服务月系列活动及“健康周”活动，协助做好各类侨界人才招聘会，配合实施引进海外高层次人才的“5050”计划。

【基本侨情调查实现预期目标】 自全省启动开展基本侨情调查工作以来，统战部（侨办）牵头组织开展基本侨情调查，召开了基本侨情调查工作推进会、调查员培训会，开展入户调查和登记入册，做好查漏补缺工作，梳理掌握企业侨情数据，建立完善侨情数据库，切实掌握重点人士、重点侨团和侨资企业情况，全区基本侨情调查工作实现预期目标，建立侨情调查数据库，滨江区涉侨人士3456人，其中居住在本地的涉侨人士2898人，居住在海外的涉侨人士558人，重点涉侨人士642人，侨资企业1511家，涉侨家庭1336户。

【服务侨商回归推动创新创业】 2014年，先后接待美国泽维亚大学参访团、浙台基层交流周台湾参访团、意大利中国商会、新加坡浙商协会等5批次10个国家或地区的150多人到访，进一步实施“侨商回归工程”，区侨联兼职副主席徐以兵获得第三届杭州市“侨界十大杰出人物”称号。

【关心侨眷维护侨益】 深入实施“归侨侨眷关爱工程”，做好“四有”人士和困难归侨侨眷的服务工作，为归侨侨眷子女入学入托开具证明13份，走访困难归侨侨眷15户，为归侨侨眷协调解决房屋渗漏等10余个问题，处理归侨侨眷信访10余件，切实维护侨胞合法权益。

【开展党的群众路线教育实践活动】 组织开展“早读晚学”、“群众路线大家谈”、“中国梦”讨论等教育活动，开展集中学习活动15场次。部务领导班子成员按照“四必谈、一约谈”要求，认真开展谈心谈话活动，组织开展理想信念教育专题学习讨论会，认真撰写对照检查材料。坚持开门搞活动，聚焦“四风”问题，通过设立意见箱、走访、调研、发放意见征求表和召开座谈会等形式途径，征集意见建议148条次。针对“四风”问题，制定班子整改方案，提出20条具体整改措施，修改制定调查研究、联谊交友、学习教育、机关建设等14项制度，巩固整改成果。（王连均）

·萧山区委统战部·

【综述】 2014年，萧山区统战工作坚持围绕中心服务大局，团结和联合社会各方力量，坚持做到助推发展出实力、建言献策求实效、服务群众重实际、维护和谐见实招，为着力推进三大主线作出了积极贡献。

【区领导看望各民主党派、工商联、无党派人士】 2014年1月29日，市委常委、区委书记俞东来，区委常委、统战部长沃岳兴看望滨江区各民主党派、工商联、无党派人士。2月25日，区长卢春强，区委常委、统战部长沃岳兴走访滨江区各民主党派、工商联、无党派人士，并进行座谈交流。座谈会上，民盟区委会主委申屠敏、民进区委会主委陈金良、民建区基层委主委赵忠炎、农工党区基层委主委黄晓燕、致公党区基层委主委方军、九三学社区基层委主委董华恩、民革萧山支部主委邵银梅、区工商联主席戚建尔、区知联会会长董茶仙介绍了2013年工作情况和2014年工作思路。

【全区组织、宣传、统战工作会议召开】 4月2日，萧山区组织、宣传、统战工作会议召开。市委常委、区委书记俞东来讲话，区委副书记许岳荣主持会议，区委常委，统战部长沃岳兴作工作报告。会议总结了2013年全区统战工作情况，部署2014年统战工作任务。

【深入开展党的群众路线教育实践活动】 萧山区委统战部以贯彻落实中央八项规定、省市区委有关作风建设的规定为切入点，精心组织开展党的群众路线教育实践活动。紧密联系统战工作实际，深入开展了“联镇进村入企访”、“三个一百民情访”、“党外人士月月访”、“台侨资企业联系访”等富有统战特色的基层大走访活动，有效落实定点联系、定期走访、蹲点调研等措施，巩固和拓展了统战工作的群众基础。切实改进工作作风，对“四风”方面存在的突出问题进行了自我批评和相互批评，统战工作质效显著提升。

【推进协商民主制度】 萧山区委统战部积极探索协商民主实践，着力完善了具有萧山特色的“四步走”专题协商机制，进一步规范了“选题决策、调研论证、协商议政、督查落实”等协商环节。全年先后召开“推进‘双创’工作，打响湘湖品牌”、“深化平安创建工作，构建和谐稳定萧山”为议题的专题协商会议次，牵头进行集中调研5次，小组调研29次，完成会议主题发言13篇次，提出各类建议43条，为区委区政府科学民主决策提供了依据和参考。

【推动多党合作事业发展】 萧山区委统战部坚持“同心”思想引领，大力推进制度建设，进一步加强了多党合作和政治协商的制度化、规范化、程序化建设。在民主党派和无党派人士中开展了坚持和发展中国特色社会主义实践活动，在宗教界开展了爱国主义宣传活动，在非公有制经济人士中开展了“四信”理想信念教育，在港澳台和海外人士中开展了爱国主义和中华文化宣传教育，广大统战成员的道路自信、理论自信和制度自信得到进一步增强。全年通过主题报告会、读书研修班、专题辅导讲座等形式开展各类教育培训49次，1826人次参加；出台党外干部队伍建设五年规划，扎实推进“123工程”，指导督促党外干部较为集中的部门调整充实党外干部，初步建立了党外代表人士履职情况考评体系。着力完善对口联系，各民主党派、知联会与对口联系单位全年共召开各类联系座谈49次，对口协商20次。着力落实结对交友，积极协助区领导加强与党外人士的沟通联系，全年共开展走访慰问48人次，开展交心、谈心62人次。着力加强自身建设，引导和协助各民主党派加强了基层组织规范化建设，受到省市统战部高度评价。着力深化建言献策，全年提交提案、议案195件，完成调研课题40余篇，形成重点联合调研课题6个。继续做好党外人士社情民意征集工作和《民情汇》编印工作，全年共收到社情民意信息240余条，编印整理报送信息56条。

【推动民族团结进步】 萧山区委统战部着力深化民族工作“三进”（进村（社区）、进企业、进学校）举措，继续加大帮扶力度，民族关系更加团结巩固。加大对少数民族家庭的扶持力度，组织各类职业技能培训10期，培训少数民族同胞近600人次，同比增长20%。继续实施少数民族帮扶工程，在少数民族困难家庭和困难学生中大力开展帮扶活动，落实资金40.25万元。认真贯彻落实中央民族政策，切实维护少数民族同胞合法权益，多措并举推进民族工作“三进”，受到省市主管部门高度肯定。

【维护宗教关系和谐稳定】 萧山区委统战部认真贯彻党的宗教工作基本方针，加强宗教工作的依法管理，宗教领域保持团结和谐稳定。着力突出属地管理，依托“三级网络、两级责任制”，加强与宗教重点镇街及有关部门的联系，及时处置和化解了涉及宗教领域的矛盾纠纷。配合做好“三改一拆”相关工作。推动“文明敬香”工作，通过下发倡议书、制作宣传板、召开现场会等形式，着力营造氛围，优化宗教活动场所环境。落实星级场所评比，以星级宗教活动场所考评为载体，扎实开展平安场所创建活动，闻堰莲华寺等6处场所先后通过市“三星级宗教活动场所”考评。

【非公有制经济和新阶层人士工作】 萧山区委统战部积极开展调研工作，丰富服务非公有制经济手段，推动经济转型升级。深入开展全区上规模民营企业调研工作，完成对全区80家年度营业收入总额5亿元以上的民营企业调研。举办各类专题培训班共11期，累计培训企业管理人员1000余人次。积极发挥法律维权服务中心等平台作用，开展融资、咨询等各项服务，帮助企业解决实际困难，积极应对和化解“两链风险”。全年组织100余家（次）会员企业参加意大利-浙江企业合作交流洽谈会、“携手浙商·丝绸之路行”等活动，积极拓展发展空间。进一步规范了基层知联会、新联会的活动，区知联会荣获“省级先进集体”荣誉称号。深化基层商会、行业商会和异地商会建设，积极开展商会自身建设与功能拓展。在全区统战资源较丰富的3家非公有制企业试点建立了统战工作联络站，统战工作在非公有制经济领域的影响力和渗透力进一步增强。

【密切海内外同胞关系】 萧山区委统战部以开展全区侨情调查工作为抓手，以开展各类经济文化交流活动为载体，拓展合作交流渠道，推进海内外同胞关系和谐。完成侨情调查工作，全面收集涉侨基础数据，在杭州地区率先开发侨情管理系统，建立起“动态、实时、共享”的侨情资料库。全年共接待来自30多个国家和地区的700余名海外华侨华人、港澳台同胞到萧山区参观考察。成功举办海外华裔青少年萧山寻根之旅，海外高层次人才、侨企侨商代表座谈会、两岸茶产业发展交流会、“青年侨商萧山行”、“2014杭州海峡两岸产业发展推进会”等活动，促成“玉郎文化创意园”（由香港玉郎集团开发，计划总投资6亿元）等20余个项目达成合作意向，全年牵线搭桥引进海外高新技术项目6个，12名海外高层次人才落户萧山。新建英国伦敦海外人才联络工作站，延伸引才引智工作手臂。全年新批台资企业2家，增资企业4家，增资总额达5036万美元。优化为侨服务举措，依托归侨侨眷活动中心，为侨界群众开展各类服务活动。新建北干街道和进化镇2个基层侨联。开展了走访100名侨界代表人士、100家侨港资企业的“双百行动”，努力做好为侨服务工作。

【社会服务工作】 萧山区委统战部围绕“三个转变、三个结合、三个优化”目标，进一步深化社会服务“六个一”品牌建设，全面开展统一战线社会服务星级基地创建活动，到2014年底，全区三星级以上的共建基地已达到70%以上，其中四星级和五星级基地分别达到了30%和20%。积极支持各民主党派和无党派人士深化社会服务，累计开展服务246批次，受益群众达4.2万人次。

【参与社会公益事业】 萧

山区委统战部广泛调动统战成员投身社会公益事业，积极参与光彩事业、捐资助学活动。各民主党派、知联会依托共建基地开展捐资助学活动，累计金额达到508万元。引导旅港同乡会成员回报社会，协助做好“200新苗培育计划”、“金润泉先生奖学基金”等公益项目的运作，累计资助奖励300余人次。鼓励非公有制经济人士投身公益事业，全年累计捐款7540.95万元。

【统战宣传工作】 萧山区委统战部通过开展特色统战工作专题宣传报道等活动，进一步扩大了统一战线的社会影响力。同时，完善调查研究工作机制，加强统战工作实践与理论的结合，在全区镇街及统一战线成员中开展了统战理论政策调研课题申报工作，并将优秀调研成果汇编成册。加强信息报送工作，全年向上级统战部门、《萧山信息》和各类媒体报送信息200余条。开展统战宣传活动，在《萧山日报》连续4周对特色统战工作进行专题宣传报道。开通“萧山统战”微信公众平台，多角度宣传统一战线理论政策。大力推进侨务外宣，与美国《伊利华报》等7家知名的海外华文媒体合作，在海外宣传介绍萧山区经济社会发展情况，提升萧山海外知名度。（陈烨丹）

·余杭区委统战部·

【综述】 2014年，余杭区委统战部深入学习贯彻党的十八大和十八届三中、四中全会精神，习近平总书记系列重要讲话精神，把坚持和发展中国特色社会主义作为思想引领的主线，把“改革助势、转型助拳、科创助力”作为服务中心的主题，把在协商民主和社会治理中发挥作用作为自身改革创新的重点，把践行党的群众路线作为做好工作的保障，凝聚人心，发挥优势，扎实开展各项工作。

【落实多党合作和政治协商制度】 做好对部分区政协常委、委员人事调整工作。积极发挥党外人士在街道民主协商议事会议制度中的作用。完善“统一选派民主监督员”工作制度。建立完善各级党政领导干部与党外代表人士联谊交友制度。各民主党派、工商联负责人和无党派人士代表先后参加区政府工作报告、区委党的群众路线教育实践活动征求意见会和列席区委、区政府重要工作会议活动8次，各民主党派召开专题议政会9次。报送社情民意97篇，在省、市和区级人大、政协会议上提交议案和提案130件。选送5名党外人士到市社会主义学院参加学习培训，150余名党外人士参加区社会主义学院培训。

【新建和完善党外代表人士组织平台】 成立余杭区新生代企业家联谊会，为会员搭建增进联系交流、提升自身素质和促进健康成长的平台；成立余杭区网络界人士联谊会，搭建网络统战新平台，对推动余杭信息经济、智慧经济发展具有重要意义；成立余杭区侨商协会，建立侨资企业、侨商之间的沟通交流平台；召开余杭区第六次归侨侨眷代表大会，做好区侨联换届工作，扩大侨联规模，加强侨联组织建设；推动现代农业合作示范基地申报省级对台经贸合作示范区，设立台湾农产品余杭展销中心；组织实施异地商会联谊会，成立兰州余杭商会等。

【开展“三助”实践活动】 将“三助”（改革助势、转型助拳、科创助力）作为统一战线围绕中心、服务大局的主题，以“三助”实践活动为载体，以同心服务团、志愿者服务队、服务实践基地等为平台，通过发倡议、搞培训、一线调研、劳动实践等，组织动员统一战线服务深化改革、助推创新发展，积极发挥宣传动员、示范带动、参谋监督、服务实践作用，如组织民主党派和统战团体开展“送医下乡”、法律讲堂、社区结对共建、服务企业等活动，各民主党派和统战团体全年共开展社会服务活动30余次。12月份举办全区统一战线“三助”建言会，各民主党派、工商联、无党派人士代表，围绕全区中心工作和社会关注的热点难点，从9个方面的调研课题提出了许多有价值、有见地的真知灼见，展示了良好的参政议政水平。

【开展统一战线助推“五水共治”活动】 区委统战部联合民主党派、统战团体，发出“五水共治·统一战线在行动”倡议书，动员统战成员争当“五水共治”的宣传者、践行者、志愿者、建言者和督促者。统战成员积极为“五水共治”捐款，统战成员企业和个人共为“五水共治”捐款3600多万元。建立统一战线“五水共治”志愿者队伍，每个民主党派联系一条河道，开展河道保洁、生态修复等行动。组织统一战线围绕“五水共治”开展调研，向区委、区政府提交调研报告、建言献策70余篇。组织民主党派、政协委员开展“五水共治”视察活动，履行民主监督职能。

【港澳台及海外统战工作】 积极利用侨务资源招才引智，在美国、巴西等国家建立16个侨务招才引资海外联络点，先后引进接待海外人士10余批次到余杭考察洽谈。开展以“海归梦中国梦”为主题的侨务外宣，并取得较大影响，10月，描写海归人才在余杭创业经历的报告文学集《海归梦中国梦》一书出版发行，中央电视台中文国际频道对此进行了报道。顺利完成基本侨情调查，并通过省检查组的抽查。深化余台交流，推进产业合作，举办“梅乡携手 合作共赢”为主题的与台湾南投县信义乡的基层交流活动，余台双方多次来往互动，共同探讨两岸梅产业的发展。真诚服务台侨商。结合党的群众路线教育实践活动，开展对海创企业、侨资企业、台商企业的走访联系活动，全年共走访台、侨资企业100多家，帮助协调和解决企业以及台、侨商生产生活中的困难和问题十多个。

【开展阵地建设　丰富侨界文化】 2014年在塘栖镇建成归侨侨眷活动中心，年底时开展归侨侨眷趣味运动会，12月，塘栖镇人民政府被国务院侨办授予2014年“全国侨法宣传角”称号；在闲林街道建成余杭区侨界文化展示基地，展示侨界书画作品、才艺作品；1月份组织开展“余杭区侨界书画家服务未来科技城”活动，8位知名书画家共为未来科技城企业及员工送出春联450余幅、“福”字300多张；4月份在第十三届中国茶圣节上，成功举办以“展示侨界书画水平，弘扬径山禅茶文化”为主题的“径山禅意书画展”。通过阵地建设和开展活动，丰富归侨侨眷文化生活，服务社会和群众。

【海归创业博士丁列明登《福布斯》杂志封面人物】 2014年1月出版的《福布斯》杂志中文版，刊发文章《中国最具潜力企业——丁列明攻克肺癌》，及海归创业博士丁列明照片，成为余杭区首个登上《福布斯》杂志封面人物的企业家。该期杂志详细介绍了丁列明及其领导的浙江贝达药业有限公司回国创业的经历。

【民族工作】 开展民族镇、村对口帮扶工作。余杭区与温州市文成县西坑畲族镇结对，区委统战部与文成县玉壶镇洪地畲族村结对，建立帮扶工作机制，形成帮扶工作思路，落实帮扶经费110万元。做好区内少数民族结对帮扶工作，帮助少数民族农户发展养殖业。做好少数民族困难家庭和群众的走访慰问活动，全年共走访慰问少数民族群众13户，发放各类慰问金和慰问品5万余元。做好亚洲残疾人运动会盲人门球资格锦标赛穆斯林参赛人员的服务保障工作。

【宗教工作】 抓好“三改一拆”涉及宗教和民间信仰活动场所违法建筑专项整治工作，共拆除违法建筑90处，整改民间信仰场所124处。做好宗教活动场所安全工作，维护宗教领域稳定。积极推进宗教事务管理的“三化”，即宗教事务管理“社会化”、宗教团体作用“实体化”、民间信仰场所管理“规范化”。区民宗局联合区反邪教协会在余杭街道舟枕基督教堂建立了杭州地区首个基督教反邪教警示教育基地。（丁庆伟）

·桐庐县委统战部·

【综述】 2014年，桐庐县委统战部在县委的领导和省委、市委统战部的指导下，认真贯彻落实党的十八大和十八届三中、四中全会精神，紧紧围绕全面深化改革和推动创新发展这一大局，积极实施“三项工程”，广泛凝聚社会各界力量，努力服务于全县经济社会发展，为“中国最美县”建设发挥了统战部门积极的作用。桐庐县委统战部在2014年度县综合考评中被评为优秀单位。

【积极拓展组织网络】 知联会开展基层全覆盖工作，在各乡镇（街道）、重大平台、重点行业建立17家知联分会，年底会员总数达479人。不断推进商会组织建设，新建异地商会1家、村级商会3家；全县已建基层商会37个，其中异地商会8个、村级商会10个。新成立民进桐庐支部，发展会员10名。新建第六个“侨之家”。

【继续深化“同心服务”品牌】 县知联会开展“知联6+1，服务畲村发展”活动，在7

个畲村建立服务基地，累计开展了上门司法调解、居家养老设施建设、农技指导培训等服务20次，为畲村发展献计15条，被省委统战部评为“浙江省优秀知联会”。县工商联开展“非公有制经济人士基层行”活动，在钟山乡夏塘村建立服务基地，募捐10多万元支持村民饮用水工程建设。农工党桐庐总支在革命老区新合乡建立服务基地，开展支教、送医等帮扶服务。宗教界在百江镇金塘坞村建立服务基地，募捐14.23万元支持该村“五水共治”。侨界人士努力服务侨村建设，在瑶琳镇永安村建立服务基地，海外顾问团为侨村发展提出意见建议37条，协助村两委处理纠纷13起。

【建立“桐庐情·亲桐庐”工作机制】 广泛收集在外创业、工作的桐庐人及与桐庐有渊源的知名人士信息，建立了数据库，对1700余人的信息实行动态管理，并梳理出重点知名人士230人，整理编制重点人士通讯录，为相关单位及领导提供招商引才信息。依托报刊媒体，对桐庐县重点知名人士和统战成员优秀人士的创业事迹进行宣传报道。同时，牵头各部门、各乡镇（街道）开展乡贤联络联谊活动，在中秋、国庆等节日广泛开展走访、座谈、联谊、美丽乡村考察等活动，在第二届桐商大会、科技人才周等活动中也发挥了积极作用。

【着力发挥经济统战作用】 发挥工商联优势，出台《关于加强市外桐庐商会建设促进桐商创业创新的实施意见》，加大了对异地商会建设资金和组织保障力度。制定全县基层商会规范化建设考核标准，明确基层商会规范化建设16项具体要求。举办银商融资合作座谈会，引导金融机构与基层商会直接融资合作，缓解会员企业融资难题。发挥桐商服务中心作用，完善桐商信息资源库建设，成功承办了第二届“桐商大会”，开展了首届杰出桐商评选活动。引导非公有制经济人士参与社会公益活动，认筹“五水共治”公益金7000多万元，募集市县乡三级商会“五水共治”捐款60多万元。县工商联被评为浙江省“五好”县级工商联。引导和组织侨企投身家乡建设，全县侨企认筹“五水共治”公益金共258万元。

【支持莪山打造“中国畲族第一乡”】 县委统战部积极指导民族乡村建设，深入实施“彩虹工程”，助力莪山畲族乡创建“中国畲族第一乡”。9月28日至29日，中央民族工作会议暨国务院第六次全国民族团结进步表彰大会举行，对1496个全国民族团结进步模范集体和模范个人进行了表彰，莪山畲族乡人民政府获得“全国民族团结进步模范集体”荣誉称号。

【争取少数民族发展资金】 2014年，县委统战部不断推动少数民族乡村发展，编制完成2014－2016年少数民族村发展项目库，收录7个民族村发展项目共21个。全年争取到各级少数民族帮扶资金259万元。其中，中央及省级130万元、市级60万元、县级配套资金60万元、市文化发展专项资金9万元。加大对民族资金的监管力度，会同县财政局对少数民族乡村2013年度省少数民族资金的使用及账目规范情况进行核查。

【开展“三改一拆”涉及宗教违法建筑处置】 自2013年12月底正式启动该项工作，截至2014年7月底全面完成处置任务，并通过浙江省民宗委、杭州市民宗局的检查考核。对县内所有宗教及民间信仰场所建立集照片、场所面积、建造时间等信息的电子档案。推动县委办出台了《关于加强民间信仰活动场所规范管理工作的通知》，完善民间信仰场所长效管理机制，加强后续巡查和监督。

【完成基本侨情调查】 从2013年8月启动，到2014年5月结束，历时10个月。分为准备动员、组织调查、汇总登记三个阶段，并建立侨情调查数据库。据调查，桐庐县居住海外涉侨人士共876人，其中华侨、华人570人，常住港澳人员88人，海外留学人员218人。居住本县涉侨人士共1528人，其中归侨37人，归国留学人员70人，侨眷及海外留学人员眷属1421人。县侨办被评为杭州市基本侨情调查工作先进集体。

【完成侨联和留联会换届】 5月19日，顺利召开了第五次归侨侨眷代表大会，完成了侨联换届，以投票方式选举产生19名委员，其中主席1名，副主席4名，常委6名。完成了留联会换届，以举手表决方式选举留联会会长1名，副会长7名，秘书长1名。通过侨联和留联会的换届，搭建了沟通交流的平台，为更好的服务于侨胞侨眷奠定了良好的基础。

（贾丹丹　洪继国）

·淳安县委统战部·

【综述】 2014年，在县委的坚强领导和上级统战部门的指导下，淳安县委统战部扎实开展党的群众路线教育实践活动，紧紧围绕全县中心，牢牢把握大团结、大联合主题，进一步贯彻落实《关于加强县级统战工作的意见》精神，履行统战工作职能，教育引导统战成员，保持宗教和谐稳定，帮助民族经济发展，加强海外团结联谊，勇于探索、狠抓落实，不断发展壮大最广泛的爱国统一战线，为助推“秀水富民”作出了积极贡献。

【抓好党外代表人士队伍建设】 1月21日，举办全县无党派人士党外知识分子坚持和发展中国特色社会主义学习实践活动学习班，邀请专家宣讲十八届三中全会精神；组织部分统战分管领导、党外领导干部、后备干部及创二代代表到市社会主义学院参加为期三天的培训学习，邀请专家就统战、民宗、涉侨、涉台业务进行专题授课；推荐3名党外后备干部参加市社会主义学院专题轮训；会同组织部联合下发《关于建立党外干部工作联席会议制度》。

【发展民主党派组织　扩大统战影响】 3月13日和5月9日，农工党和民盟淳安县支部委员会分别成立，并组织开展一系列有影响的活动。农工党党员到畲族小学开展捐资助学，走进中小学校园开展“关爱青少年健康”等系列科普活动；免费为学生健康体检；发动全体党员到瑶山乡何家村看望慰问80岁以上老人。民盟开展“送温暖、送服务、送教育”进乡村，到安阳乡中心小学举行“送温暖、献爱心”捐资助学活动，到偏远的白马小学、枫树林镇小、夏峰完小，举办“相约中国梦，你我共成长”等公益活动。

【举办春节团拜和中秋茶话会】 1月10日与县政协联合举办春节团拜会，邀请侨眷、留学生家属代表、定居台胞、台资、侨资企业代表及民族宗教界人士参加。9月4日举行中秋茶话会，邀请台属、侨界、海归创二代、民主党派、新社会阶层、民族宗教界代表参加。

【积极推进少数民族村建设】 做好少数民族村－千岛湖镇富泽村美丽乡村精品村的提升工作，帮助千岛湖镇富泽村打造畲族文化品牌，省人民政府授予该村“民族团结进步模范集体”荣誉称号。在市民宗局牵线搭桥下，该村与杭州上城区南星街道美政桥社区结成工作对子。

【保障少数民族合法权益】 严格执行国家关于少数民族考生加分优惠政策和民族成份变更的相关规定，今年共为13名少数民族考生提供了加分审核服务，为10人次办理了少数民族成份变更手续。关心淡竹畲族小学，开展“六一”走访慰问活动，该校在与杭州市伊斯兰教协会结成帮扶对子的基础上，又同杭州回族穆兴小学结成帮扶对子。

【依法加强对宗教事务的管理和宗教文化建设】 指导县佛教协会抓好换届的各项准备工作。投资300余万建成佛教协会办公用房（佛教文化景点）。结合宗教文化发展旅游产业，指导千岛湖龙川湾景区建设规模较大的千岛湖禅修中心，改造蜜山禅寺，助推淳安的旅游产业。会同“610”办公室对各乡镇分管领导、宗教活动场所负责人和传道人进行反邪知识培训。

【侨情调查平稳有序】 开展县内基本侨情调查，公安、统计、司法等相关部门紧密配合，多次组织发动社区、乡镇负责人和普查员进行业务培训，并赴宁波、杭州开展业务学习交流活动，分乡镇、分社区对全县华人、华侨、侨眷进行全面普查登记，2014年底完成数据录入工作，侨情数据库基本建成，为淳安县实施人才战略打下了良好的基础。

【助力工程再深化】 抓好“村企结对共建新农村”工作，促成26家侨资企业与淳安县的20个行政村结成帮扶对子，落实项目23个，实现各类帮扶资金178万元。在2013年“百名侨商携手百家低收入农户助农活动”的基础上，2014年又开展“助学、助医、助残、助老、助增收”系列公益行动。因开展五水共治，大力整治畜禽养殖的需要，海归人士认购草猪由去年的210头减为22头，但仍以高于市场价一倍（25元一斤）的价格回收，让农户直接增收近50万元。

【为侨服务有新进展】 为2户涉侨计划生育对象办理了允许生育手续；为一名巴西华侨解决了多年来久拖未决的房屋所有权确权登记事项；接待和处理了9起涉侨来信来访，使涉侨问题能够得到及时妥善解决，没有出现越级上访、重复上访现象。

【深入涵养侨资源】 接待海外华侨华人专业协会会长共30人来千岛湖考察；接待美国浙江同乡会一行来淳安考察休闲养老产业；8月份协助做好国侨联（侨办）组织的西欧和北美120名华侨子女千岛湖夏令营活动；举办18个国家和地区54位浙籍海外统促会负责人国情研修班，开展"秀美淳安、五水共治"专题考察；协助做好国家、省、市侨务系统大型活动落户千岛湖的相关工作；全年共接待海外侨界人士800人次。

【加强对台交流】 台湾民宿协会副会长、清境花园度假山庄总经理施武忠一行三次来千岛湖，现场考察，洽谈合作意向。6月和8月，分别邀请淳安旅台同乡会和遂安旅台同乡会来家乡参观考察。8月，台北书院院长林谷芳先生一行来千岛湖考察，推介淳安1800多年的历史文化，实地考察淳安文化事业发展，达成建立台北书院千岛湖分院的初步合作意向。9月，台湾高青摄影协会，在千岛湖开展为期一周的摄影创作，考察团一行，深入梅峰观岛、芹川古村落等最具千岛湖特色和淳安文化气息的地方开展摄影创作，摄影作品于10月份在台湾"两岸摄影展"上展出。10月15日至16日，接待2014"两岸人文对话"考察团。组织参加第六届"两湖论坛"。

【结合群众路线教育，开展"三认"服务】 结合群众路线教育实践活动开展了认人、认情、认事的走访，在走访中及时、主动、稳妥地处理了台胞潘丽娟求助事宜，从根本上解决快雪时晴农庄项目违章建筑问题，最大限度保护台胞权益。同时对原黄埔军校17期毕业生缪烈祖和何绍森等6位抗战老兵及遗属进行上门走访慰问。（汪志红）

·建德市委统战部·

【综述】 2014年，建德市委统战部认真学习贯彻党的十八届三中、四中全会和全省统战部长会议精神，按照建德市委十三届六次全会的部署，牢牢把握大团结大联合主题，着眼"五大关系"和谐，在"五水共治"中充分发挥统战组织和成员的作用，在加强思想引领、推进合作共事、增强社会活力、弘扬创新精神上下功夫，广泛凝聚统一战线力量，提振精气神，深化三个年，为建德创业再出发作出了应有的贡献。

2014年，建德统战系统获得多项新荣誉：各民主党派、工商联、知联会获得国家级先进集体1个、省级先进集体3个、杭州市级先进集体10个，其中民进建德市文化支部荣获"民进全国组织建设先进基层组织"荣誉称号。建德市委统战部获得了2014年度杭州市统战理论调研优秀成果三等奖，杭州市统战信息工作二等奖。

【指导开展中国特色社会主义学习实践活动】 在统一战线中深入开展坚持和发展中国特色社会主义学习实践活动。民革开展"七个一"活动，民盟开展"学盟章，读盟史"和"基层组织建设年"活动，民建开展实践活动专题辅导，民进开展《建德民进三十年》编写工作，市工商联开展服务民营企业"进、帮、助"活动，无党派人士开展社会服务基地创建等活动，形式多样，内容务实，富有成效。

【开展"五水共治·五者同行"活动】 向全市统一战线发出争当"五水共治"的宣传者、践行者、志愿者、建言者和督促者的倡议，开展"五水共治·五者同行"活动。据不完全统计，全市统战组织和成员累计捐款1900余万元，其中非公有制经济组织捐款1855万元、统战成员捐款46万余元；依托政协组织平台和双月座谈会、统一战线民情观察员等载体，以"五水共识"等为主题，提交议案提案30余件，发表各类建言献策文章30余篇，为市委市政府推进"五水共治"工作提供民意支持。组建统一战线同心专家服务团7个，成员181名，深入开展志愿服务"五水共治"，积极参与清洁河道、治污护水等活动。

【推进多党合作制度完善落实】 协助市委加强多党合作的制度化、规范化和程序化建设，完善落实市委常委联系民主党派工商联制度和联系交友制度，市委常委、党员副市长联系民主党派无党派代表人士制度。全年召开各类工作情况通报会、座谈会8次，走访党外人士64人次。完善落实重点镇街党（工）委成员联系重点统战成员制度，新安江街道、洋溪街道、梅城镇、寿昌镇都制定了联系重点统战成员制度，并开展了联系工作。

【畅通统一战线协商民主渠道】 围绕党风廉政建设、旅游工作、“五水共治”和创新社会管理、梅城古城保护与利用等主题，召开双月座谈会6次，推进各民主党派工商联无党派人士知情知政、建言献策。进一步落实政府部门与民主党派工商联对口联系制度并召开现场会，全年对口联系单位共召开各类联系会、座谈会30次，开展有针性的对口协商15次。加强参政议政调查研究，各民主党派、工商联和无党派人士围绕市委群众路线教育实践活动、市政府工作报告等提出意见建议28条，提交提案、议案158件，完成调研课题12个。全年共收到党外人士社情民意信息152余条，编印整理报送信息58条，领导批示件7条。开展协商议政联动履职活动，拓展党际协商平台，与市政协联合组织各民主党派工商联和无党派人士开展视察、座谈会2次，“关于做好梅城古城保护与利用的建议”得到了时任市长陈震山的批示肯定。

【加强非公有制经济人士教育引导】 加强非公有制经济代表人士思想政治工作，指导工商联开展坚持和发展中国特色社会主义学习实践活动。建德市3名杭州市第五届优秀社会主义事业建设者受到杭州市委市政府的表彰，1名非公有制经济人士被列入浙江省151第一层次人才培养。市工商联创建“建商大讲堂”培训品牌，开办建商健康讲堂、建商风险讲堂、建商管理讲堂等三大系列课程，培训人数达1300余人次。深化“企业新生代”培养，开展“十年树木、百年树企——新安彩虹创业林”活动，开设“企业新生代实践基地”。

【拓展服务发展民营企业平台】 市工商联加强与民生银行合作，将市“小微企业互助管理资金”从建德市互助金“小池”并入浙江省互助金“大池”，有效降低企业风险；加强与建设银行合作，扩展李家商会“助保贷”业务模式；加强与工商银行合作，架起工商银行服务义乌市建德商会桥梁，做好异地建商的融资服务；与市国税局合作，开办“建商税案讲堂”，为企业提供税务查前辅导、税案解读等服务。成立电动车商会、义乌市建德商会。

【促进民族村经济社会发展】 制定2014年至2016年各民族村经济发展申报项目30个，录入杭州市民宗局少数民族乡村经济发展项目库。全年各民族村共申报15个项目，争取到中央、省、杭州市扶持资金169万元。做好杭州市“社村结对共建”民族村（学校）的联络服务工作，来自杭州城区的5个社区和德天实验小学，分别与建德市5个少数民族行政村和大同民族小学开展结对共建。

【依法规范管理宗教事务】 指导各乡镇（街道）落实宗教工作二级网络建设、安全责任制签订、场所日常安全检查等工作。牵头负责“三改一拆”涉及全市宗教违法建筑的排查摸底工作，指导和配合乡镇（街道）做好涉及宗教违法建筑的整治推进实施工作。加强宗教教职人员队伍建设，9名宗教骨干被省、杭州市认定为宗教教职人员。初步建立基督教“两会”神职人员派驻制、教区负责人联系制、专职人员轮值制、班子工作例会制、堂点安全责任制和重大事项报告制等六项规范管理制度。协调完成《玉泉净月》纪录片的摄制及推荐宣传。举办第一届玉泉禅茶节，弘扬佛教文化、茶文化，促进建德茶产业和旅游业的发展。

【完成基本侨情调查】 调查结果显示，建德市有涉侨家庭1421户，省内涉侨人数2949人，海外涉侨人员2251人（其中香港同胞130人），涉侨总人数5200人，有重点涉侨人士214人，侨资企业21家，华侨华人参与的海外社团16个，华文学校3所，华文媒体1家。建德市侨情调查工作得到杭州市充分肯定。

【实施侨务助力工程】 运用基本侨情调查成果，联系建德籍海归博士、浙大环保教授官宝红为家乡“五水共治”工作助智献策，走访20多家企业，为市政府与浙大环资学院签订合作建立环保科技创新创业中心协议牵线搭桥。联系建德籍留日工学博士赵城琦为梅城古城、洋溪老街、新叶古民居古村落保护利用献计出力。

【加强党外代表人士队伍建设】 协助市委出台《2014——2018年建德市党外干部五年规划》，进一步规范工作程序，细化工作举措。协助民主党派做好届中述职评议工作。依托市社会主义学院举办48人参加的党外干部骨干培训班、88人参加的党外知识分子培训班各1期，推荐55名民主党派成员、工商联会员、无党派人士参加省、杭州市社院（党校）组织的学习培训。协助民主党派发展新成员25名。指导成立市知联会梅城分会、寿昌分会。全年市委新提拔党外干部3人。（龚志坚）

·富阳市委统战部·

【综述】 2014年，市委统战部以"同心·共绘富春山居图"为主线，推进"服务深化改革、共建美丽富阳"主题年活动，凝心聚力、真抓实干，打造统一战线推进富阳发展新篇章。加强统战干部自身建设，开展党的十八届四中全会精神学习宣讲活动和争创"学习型、服务型、创新型"统战干部活动。加强统一战线人士的教育引导，邀请省委党校教授举办专题报告会，围绕"同心·共绘富春山居图"建言献策。开通"富阳统战"微信公众平台和《同心同行》专题电视栏目，扩大宣传党外人士风采的途径。加强富阳与台湾的交流，发挥国家级"海峡两岸交流基地"平台作用。加强侨务工作，促使侨务工作为富阳经济服务。加强对基层统战工作的指导，促进统战工作向基层延伸。抓好《关于加强乡镇（街道）基层统战工作的意见》贯彻情况的督促检查，推进统战工作进机关、进社区、进农村、进企业、进学校，涌现出富春的基层侨联组织拓展、春江的少数民族之家、龙门的龙门展示馆建设、大源的宗教场所规范管理、湖源的"石头花开"特色教育以及洞桥的打造施肩吾对台交流平台等一大批体现创新、颇具特色的基层统战工作品牌。

【党外代表人士队伍建设】 截至2014年末，富阳市有党外代表人士208名，其中市四套班子领导联系党外人士66名。4月，以"服务深化改革、共建美丽富阳"为主题，启动坚持和发展中国特色社会主义理论学习活动，举办"中国特色社会主义理论知识竞赛"。引导党外人士助推"五水共治"，当好治水宣传员、监督员、咨询员，发动统战部所联系的企业、个人捐款超过1800万元。在全省率先开展党外人士综合评价探索，建成党外人士综合评价系统软件，初步实现党外人士管理评价的规范化、机制化、可考核化。民主党派建设渐趋规范，今年以来新发展党派成员13名，建立了党派、团体负责人季度联席会议制度，定期交流工作，增进政治共识；指导农工党富阳总支完成5个基层支部的换届工作。全市29家知联分会开展了"同心·知联服务月"、"知联大讲堂"等活动，依托"助力飞天梦"还促成杭州市模型无线电运动中心与常安镇小学结成帮扶，形成党外知识分子弘扬主旋律、传递正能量的可喜局面。引导民主党派成员积极参政议政，两会期间共提交建议和提案达40余件，其中农工党富阳总支提交的《统一数字地理信息系统促进地下管线建设管理》的提案被列为市政协重点提案。民盟盟员卢立平《关于在背街小巷整治中充分挖掘文化内涵、打造特色文化提升改造品质》的建议得到了市建设局、规划局的高度重视并具体实施。

【国家级"海峡两岸交流基地"交流活动】 5月11日，由中国奥委会和中华台北奥委会联合举办、富阳市人民政府承办的"第五届海峡两岸体育产业研讨会"在国家级"海峡两岸交流基地"东洲街道黄公望隐居地举行，中华台北奥委会代表团、浙江省体育总会及众多体育产业专家和企业代表欢聚一堂，共同探讨海峡两岸体育产业发展、合作大计。创新交流载体，举办"因为公望"2014公望富春主题文化周、台湾士林美食富阳嘉年华、"海峡两岸国际标准舞公开赛"、"海峡两岸书画家雅集"等一批有影响、上规模的活动，新增4个海峡两岸签约结对单位，挂牌成立22个海峡两岸交流基地合作单位。富阳先后接待台湾工业总会知识产权访浙代表团，南投县民间乡公共造产考察团，台湾新党原秘书长李胜峰先生及夫人，台湾中华古琴学会会长袁中平先生，国民党中常委、蒋介石孙媳蒋方智怡等方氏后裔，杭州市政协港澳海外委员等共计27余批次300多人次台胞来富参访。另有宁波市台办、余姚市台办、天台县台办等兄弟单位前来交流取经，使黄公望隐居地日渐成为台胞及社会各界人士造访浙江乃至长三角的一个重要节点，海峡两岸交流基地的集聚效应日益凸显，进一步提升富阳在外知名度和影响力。

【富台两地交流】 4月19日，“茶香飘千里 两岸亲一家”2014富阳安顶云雾茶文化节开幕，台湾南投县南投市及民间乡的茶农代表和书画家代表应邀参加此次盛会，通过互品香茗、茶叶展销、茶园问计和书画雅集等活动，以茶为媒，共叙两岸同胞情。5月30日至6月3日，举办“石头花开”两岸青少年石头画创作交流活动，南投市平和国小21位师生与湖源乡中心小学师生进行为期5天的交流，增进情谊。7至8月，市长黄海峰、市政协主席陆洪勤分批率团访问台湾南投市，与南投负责人在双方经贸、文化和基层交流合作等方面达成进一步共识；9月，南投市调解委员会在陈同烈主席率领下抵富参访，参观洞桥镇人民调解委员会、洞桥村和文村村的村级司法服务室、村级“权力清单”公示栏、乡风文明荣辱榜等，并签订结对交流协议书。

【香港富阳同乡会成立】 9月，在市委的重视下，建立富阳市港澳统战工作领导小组，旨在加强香港和富阳两地在经贸、文化、科技等方面的交流。11月29日，香港富阳同乡会在香港正式成立。该同乡会是杭州五县市中第一个成立的，现有会员70人。大会选举产生第一届理事会会长、副会长、秘书长等。富通集团副总裁、富通集团（香港）公司总裁何兴富当选会长。工银（亚洲）战略投资部兼财务部总经理陈冶军当选副会长。富通（香港）高科桥光通信公司运营经理任国栋当选秘书长。

【开展全市基本侨情调查工作】 2013年8月至2014年8月，按照省、市的统一部署，富阳市扎实开展全市基本侨情调查工作。根据调查显示，富阳籍海外华侨华人、港澳同胞4885人，海外留学人员940人；居住在富阳的归侨侨眷、港澳同胞眷属、海外留学人员眷属5749人，归国留学人员620人，海内外重点人士184人，涉侨企业152家，海外人士主要分布在五大洲30余个国家和地区。相较2008年全市侨情普查掌握的数据，海外涉侨人员增长了46.2%，市内涉侨人员增长了55.3%，海外留学人员增长71.8%。此次调查重点掌握了一批海外侨胞、港澳同胞中政治上有地位、经济上有实力、学术上有造诣、社会上有影响的“四有”人士和海外富阳籍重点侨（社）团的情况，为下一阶段培育和发展对我友好力量，更好地为侨服务和为富阳市经济社会发展服务。

【发挥台侨招商平台作用】 为切实抓好市委统战部招商引资工作，积极响应市委、市政府招商引资竞赛活动，2014年3月，市委统战部成立招商引资竞赛活动领导小组。同月，领导小组研究出台侨台招商实施办法和年度计划，明确全年工作任务，侨台招商重点，完善工作细则和项目推进计划。全年联系邀请30余批侨团、70余名海外华商参加2014海外华商杭州投资洽谈会富阳专场等活动，吸引海外高新技术、高端人才回富创业。与墨西哥侨领周露开展多次交流，协助其在市科技局成功申报一项国家专利。牵线中视新影文化产业投资有限公司“影视基地项目”来富阳市考察对接，在实地察看交流的基础上，目前正与市商务局对接洽谈中。同时，发挥对台工作优势，做好“杭州铂泰”台企增资迁建服务工作，做好“以台引台”。积极开展杭州爱丽芬有限公司“两岸文创产业试验园”项目联系工作，为项目落地做好服务工作。牵线中视新影文化产业投资有限公司“影视基地项目”来富阳市考察。

【联络联谊工作】 国庆前夕，市委统战部组织百名统战成员“喜看富阳新变化、同心合力推发展”参观调研活动，增进与各界人士的交流联络。做好接待工作，全年接待各民主党派、华人华侨、港澳同胞、留学生代表、宗教界人士、少数民族人士等90余批，2800余人次。开展关爱行动，春节期间向全市100余位统战代表人士和重点困难人员送出慰问金及物品总计6万余元。

【基层统战工作】 市委统战部抓好《关于加强乡镇（街道）基层统战工作的意见》贯彻情况的督促检查，推进统战工作进机关、进社区、进农村、进企业、进学校。全市涌现出富春街道的基层侨联组织拓展、春江街道的少数民族之家、龙门镇的龙门展示馆建设、大源镇的宗教场所规范管理、湖源乡的“石头花开”特色教育以及洞桥镇的打造施肩吾对台交流平台等一大批体

现创新、颇具特色的基层统战工作品牌。（应　丽）

·临安市委统战部·

【综述】　2014年，临安市委统战部认真贯彻落实党的十八大和十八届三中、四中全会、习近平总书记系列重要讲话精神和上级统战工作精神，紧紧围绕市委、市政府工作大局，充分发挥统一战线优势作用，深化思想引领、注重整合联动、推动工作创新，促进统一战线“五大关系”和谐。

【巩固政治共识　积极建言献策】　以读书会、交流会、培训会、联谊会为重点，认真组织统一战线成员开展中国特色社会主义学习实践活动，夯实共同的政治思想基础。以“人才助发展　同心绘蓝图”为主题，召开党外人才座谈会，共商临安发展大计。以党外代表人士通报会为形式，加强对两院工作的建言献策，以开展民主党派、工商联与相关部门对口联系为方式，进一步强化深化多党合作意识。全年提交提案、议案、调研报告和社情民意283件，为市委市政府科学决策发挥了积极作用。

【发挥统战优势　服务中心大局】　开展统一战线服务“五水共治”活动，按照每年重点支持一个少数民族村的目标，2014年为太湖源众社村筹措、捐助、争取项目资金145万元，并按示范工程的要求，邀请党外人才专家免费设计、重点指导，力争成为“五水共治”的样板村。发挥台侨招商平台作用，组织开展“走进科技城、汇聚侨力量”活动，组织海外侨团侨领、侨商、台商和高端人才来临参观考察、投资洽谈，助推了科技城建设。全力抓好“三改一拆”涉及宗教违法建筑处置工作。

【推动工作创新　优化社会服务】　启动实施统一战线“暖心”工程，开展“同心温暖1+1”孤儿圆梦行动，为全市17名散居孤儿提供学业帮扶资金。同时，各民主党派、侨界爱心人士还结对全市76位贫困学生，为他们提供就学就医等帮助，通过社会实践，进一步扩大统一战线的影响力和知名度。深化“同心”实践社会服务基地建设，全年开展活动11次，惠及群众1万余人。市知联会多年帮扶外来务工子女学校的好做法被《人民日报》宣传报道。“暖心”工程创新做法得到杭州市委统战部主要领导的肯定和批示。

【统筹各项工作　促进社会和谐】　推进少数民族特色村创建，全年实施项目39个，投入资金1300多万元。开展“律师进少数民族村”服务工作，提供免费法律咨询30余次。加强宗教团体人员的管理，做到场所安全、人员安全、政治安全。加强非公有制经济人士队伍建设，成立临安市新生代企业家联谊会，保障非公有制经济持续健康发展。西子富沃德、天恒、福斯特企业负责人被评为杭州市优秀社会主义事业建设者。深化社区为侨服务工作，全面完成基本侨情调查，建立基本侨情数据信息库。通过各项工作的统筹，有效促进社会和谐。

【同心温暖“1+1”主题实践活动】　创新关爱帮扶形式，开展“同心温暖1+1”孤儿圆梦行动，进行上门走访，开设夏令营，动员统战人士和统战团体结对帮扶17名未成年散居孤儿，为每位提供不少于每年7000元的帮扶资金直至完成大学学业，帮助他们圆一个读书梦。统战成员在给予资金帮扶的同时，也为孩子们送去亲情般的关爱：开展四季新衣活动，换季时节及时为结对孤儿送去温暖新衣，走进孤儿家中，全面深入了解孤儿生活、学习情况，并为孤儿建立温暖档案；在孩子生日、过新年时为他们送去礼物和祝福，帮助他们树立理想信念，鼓励他们自立自强；开展温暖送医活动，依托全市统一战线医疗卫生资源，为孤儿家庭患者提供医疗和健康服务。

【召开党外人才中秋座谈会】　2014年9月4日，临安市党外人才中秋座谈会召开。市领导与100多位党外人才代表座谈交流，同庆中秋佳节，共话临安发展。党外人才代表一行还实地参观了青山湖科技城，听取了科技城建设发展情况介绍，并通过《美丽临安》专题片了解临安基本情况。在座谈交流时，多位党外人才代表表示，通过这样的活动，充分感受到临安的发展活力和发展前景。代表们还在提升旅游业发展水平、加强科技城配套设施建设、发展生态农业、“五水共治”等方面提出了意见建议。

【临安天目国学文化学会成

立】 2014年8月3日，临安天目国学文化学会正式成立。临安市委统战部为该社团的业务主管单位。学会已吸纳首批会员130余名。该学会将发挥人才荟萃、智力密集的优势，用优秀传统文化来凝聚人心，更好地学习和践行社会主义核心价值观，通过“国学堂”、“国学刊物”、“好家风”、“传统文化进礼堂”等载体，让国学进村、进企业、进学校、进课堂，让更多孩子和社会各界人士学国学、用国学，促进临安文化文明的健康发展。

（安婷婷）

宁 波 市

·宁波市委统战部·

【综述】 2014年，全市统一战线工作在上级统战部门指导和市委领导下，深入贯彻落实党的十八大及十八届三中、四中全会和习近平总书记系列重要讲话精神，紧紧围绕市委重大决策部署，巩固深化党的群众路线教育实践活动成果，开拓进取，狠抓落实，各领域统战工作取得了新的进展，为推进全面深化改革、促进宁波市率先实现“两个基本”，建设“四好示范区”做出了积极贡献。

【服务全面深化改革取得实效】 一是聚焦改革重点任务建言献策。以服务全面深化改革为特色，围绕市委市政府“双驱动四治理”决策部署、经济社会转型发展三年行动计划，协助市各民主党派、工商联、无党派人士确定30个重点调研课题，开展调研，建言献策，许多意见建议被政府及其部门采纳落实。二是助推经济社会发展贡献力量。下发《关于发挥统一战线优势助力“五水共治”的通知》，积极引导统一战线成员争做“五水共治”的宣传者、献策者、建设者、监督者。市“创二代”联谊会在余姚梁弄镇举行“五水共治”项目捐资仪式，向该镇东溪村捐赠50万元。探索开展商（协）会承接政府职能转移工作，深入开展调研，在宁海、余姚、镇海等地培育商（协）会承接试点，其中宁海商会企业服务中心着力帮助中小微企业解决自身发展面临的劳动、安全、科技、政策等一系列服务问题，得到中央、省委统战部充分肯定，省工商联在宁海专题召开研讨会。市委统战部“关于商（协）会承接政府职能转移的实践与思考”的调研报告荣获全国统战理论政策研究创新成果二等奖。推动基层商会互助资金会和各级小微企业互助合作促进会的规范运行、作用发挥，缓解中小微企业融资难题，全年宁波市各类商会融资平台帮助企业融资70亿元；其中各级小微企业互助合作促进会两年累计服务小微企业8451家次，累计投放贷款102.78亿元。推进“十万浙商进百区”活动，组织100多家工商联会员企业参与有关经贸交流活动，全市各级统战部门牵线签订海外合作项目（意向）142个，服务引进项目64个，合同引进外资94.5亿元，实际引进外资24.78亿元。三是着眼民生改善开展惠民活动。举全市统战系统之力，推进余姚鹿亭美丽乡村建设。开展“微心愿”圆愿、送医送教送科技送文化等惠民活动，受惠群众1500余人（次）。发挥海外联系广泛优势，牵线港澳台海外“宁波帮”捐资公益项目，全年各级统战部门引进港澳台海外捐赠项目67个，计4900余万元人民币。发挥各级光彩会作用，组织开展“光彩爱心月”、“光彩海岛行”、“光彩灾区行”等活动，实施光彩定向捐助项目，全年落实资金130余万元。

【多党合作事业得到发展】 一是健全完善民主协商机制。代拟了《中共宁波市委关于进一步加强同民主党派无党派人士政治协商的意见》和《民主党派市委会直接向中共宁波市委提出建议制度》。组织引导各民主党派、工商联和无党派人士积极参与政治协商、民主监督，全年协助市委、市政府召开协商会、座谈会、情况通报会6次。建立健全市委领导与各民主党派、工商联主要负责人和无党派人士无主题座谈会制度，召开无主题座谈会，并形成会议纪要。二是规范深化对口联系工作。协助市政府出台《关于建立市政府工作部门与市各民主党派工商联对口协商制度的试行办法》，推动《办法》贯彻落实。协同市发改委、住建委、规划局、卫生局等举行对口协商，就新型城镇化、城市建设发展规划等征求有关民主党派、工商联和无党派人士意见建议。协助市政府办公厅召开全市对口联系工作会议，总结经验，表彰先进，推动对口联系工作深入开展。三是支持民主党派加强自身建设。支持市各民主党派、无党派人士深入开展坚持和发展中国特色社会主义学习实践活动，通过举行读书会、社会服务经验交流会，开展“歌颂伟大祖国·增强三个自信”征文，举办20期各类党外人士培训班，不断巩固团结奋斗的共同思想基础。建立走访民主党派成员集中单位制度，走访4家医院和7所学校，分别与基层党组织负责人和党外人士座谈交流，听取意见建议，解决实际问题。加强民主党派领导班子建设，协助各民主党派市委会做好领导班子及成员届中述职评议工作，完成民盟市委会主委、九三学社市委会专职副主委调整工作。

【民族团结宗教和谐局面得到巩固】 一是深化民族团结进步创建工作。认真学习贯彻中央民族工作会议精神，积极开展“民族团结进步宣传月”活动，宣传党的民族政策和城市民族工作典型经验；探索开展以“微组织、微窗口、微热线、微平台”为主要内容的少数民族流动人口服务管理体系建设工作，以北仑为试点，新建“四微”组织62个。为此，全省城市民族“四微”工作推进会在北仑召开，推广宁波市做法。鼓励和支持少数民族群众自主创业，组织少数民族十佳致富能手巡回演讲，带动其他少数民族群众发展生产。做好与丽水市10个少数民族村的结对帮扶，已落实帮扶项目10余项，资金160余万元。二是推进宗教事务依法管理。进一步完善宗教工作协调机制，加强宗教领域重点、难点和突发性事件的协调处置工作。做好宗教活动场所建设和非通常性宗教活动的行政许可工作，推进平安场所、和谐寺观教堂创建，开展生态宗教场所创建试点，召开佛教、基督教场所管理经验交流会，推动场所民主管理。全年新增省和谐寺观教堂57家，市平安场所141家；全市948处登记宗教活动场所中，现有480家创建省和谐寺观教堂，创建率50.6%；创建平安场所609家，创建率64.2%。加强爱国宗教团体和宗教教职人员队伍建设，开展“寻梦中国·正言正行”主题教育实践活动，组织召开民族宗教界人士季度读书会，邀请专家讲授国际国内形势、环境保护与“五水共治”、佛教对中华文化的影响等，引导发挥宗教界的积极作用。做好对各宗教团体班子的考核，组织市各宗教团体赴新疆库车县开展以履行社会责任为主题的学习考察，捐资11.5万元帮扶当地农村贫困“四老”人员。弘扬宗教文化正能量，支持开展弥勒文化研究，建立天童禅宗文化研究基地，推动雪窦山佛教名山建设，浙江佛学院雪窦山弥勒学院挂牌。三是扎实做好“三改一拆”涉及宗教场所违法建筑处置工作。坚持分类处置，狠抓督查落实，重点做好政策指导、工作督导、舆论宣导和代表人士思想引导等工作，稳妥推进专项整治工作。

【非公有制经济领域统战工作扎实推进】 一是深入开展理想信念主题教育活动。在宁波电视台举办“企业家精神与社会责任”主题沙龙，开设“甬商义行”电视新闻专栏，在《宁波日报》开设“商会的转型力量”、“甬商好故事”专栏，宣传示范商会和非公有制经济代表人士先进典型，以他们的正能量引导非公有制经济人士坚定“四信”。二是成功举办了大学生创业大赛。首创由统战性社团市“创二代”联谊会承办大学生创业大赛，吸引在校大学生、大学毕业五年以内的创业者、留学归国创业人员等带着323个项目参赛，经专家团网评、预赛产生30个项目进入决赛，其中21个项目获得8561万元创投资金。协调江东区政府制定一整套优惠政策，协调鄞州银行为大赛项目安排1亿元创业融资贷款授权，并配备15名专业金融专家，为大学生创业者提供“从资金支持、政策支持、智力支持到行动支持的创业就业服务生态链”。目前，16个项目已与投资方与项目负责人对接成功，7个项目已落地。此外，市“创二代”联谊会与浙江万里学院签署合作协议，共办创业实践本科班，为该班提供实习场所、实验项目和校外辅导，10名“创二代”成员被聘为客座教授。三是加强工商联（商会）和市“创二代”联谊会建设。扎实推进市工商联（商会）领导机构建设，将市工商联执委会委员规模由235人扩大为310人、常务委员规模由79人扩大为125人，市商会副会长规模由22人扩大为28人，届中增补执委47名、常委17名、市商会副会长3名，推荐异地商会优秀负责人进入商会领导机构。加强基层商会建设，深入开展“示范商会”创建工作，全市涌现了6家基层示范商会。抓好市“创二代”联谊会组织建设，在江东区召开全市基层“创二代”联谊会建设现场推进会。全市152个乡镇（街道），已有82个建立了

“创二代”联谊会，各级“创二代”联谊会成员达到 2850 人。实施“创二代”培育工程，开设“创二代”大讲堂，举办全市“创二代”联谊会骨干培训班，组织赴广西百色开展“红色之旅”，向田阳县巴别乡中心小学捐赠价值 32 万元的生活和教学用品。成立宁波市“创二代”公益基金会，募集公益基金 213 万元。

【港澳台海外统战工作深化拓展】 一是隆重举行了邓小平“宁波帮”指示发表 30 周年系列纪念活动。协助市委举办纪念邓小平同志关于“把全世界的‘宁波帮’都动员起来建设宁波”指示发表 30 周年系列活动，召开纪念邓小平“宁波帮”指示发表 30 周年座谈会，邀请港澳台“宁波帮”代表，海外侨领及海归人士代表，市内外甬商代表等 250 余人参加。在“宁波帮”博物馆为首批“宁波帮”代表人士铸塑像，并举行揭幕仪式。二是加强港澳台海外联络联谊。拓宽港澳台联谊渠道，成功举办香港“宁波帮”中青年代表人士国情研修班、台北宁波同乡会“二、三代”菁英返乡参访、香港“活力宁波·薪火相传”家乡行等活动。拓展与港澳台专业社团的联谊交往，组织市律师协会在港举办甬港两地律师交流活动；组织市会计师协会赴台湾进行专业交流，搭建甬港、甬台专业社团交流平台。三是圆满完成宁波海外联谊会换届。召开宁波海外联谊会六届一次理事会，选举产生新一届理事会成员，在人员结构、地域代表等方面实现新突破，体现了广泛性和代表性。

【党外知识分子领域统战工作有序开展】 积极探索在专业协会建立党外知识分子联谊会，率先在全省成立了市律师界知联会。以新媒体从业人员和网络活跃人士为重点，成立市网络界人士联谊会，指导推动 8 个县（市）区分别成立网联会，市县两级共有理事 472 人。以“追梦新城·同心同行”为主题，集中两个月时间开展新联会走进江东大型活动，举办高校毕业生人才专场招聘会；“爱·孝”公益基金现场募捐 18.6 万元，帮扶革命老区家庭困难学生及困难老人；“爱心传递·助梦学子”活动走进朝晖民工子弟学校，为 30 名学生提供助学资金 2.4 万元。召开高校与县（市）区知联会合作共建现场推进会，推动 9 个县（市）区知联会和 8 所高校知联会对接，签订共建合作框架协议。推进知联会（新联会）自身建设，建立完善会长轮值制度，论坛沙龙、教育培训、调研交流等各项制度，成立经济、社科、医卫、科技、教育文化、社会管理和生态环境 7 个工作委员会，并与新联会 7 个理事小组进行对接，进一步丰富了工作内容。

【党外代表人士培养选拔工作切实加强】 一是协助市委出台《实施意见》重要政策措施分工方案。《分工方案》将《实施意见》细化为 81 项具体分工举措，落实到全市 70 余家市直单位和 11 个县（市）区。二是开展专项督查。首次探索以通报形式向 11 个县市（区）委书记、副书记、组织部长反馈各地党外人士政治安排和实职安排情况；联合市委督查室、组织部、宣传部等单位组成三个督查组，分别对 6 个县（市）区和 4 家市级部门进行实地督查，形成督查通报。据统计，截至 2014 年 12 月，宁波市级配备党外领导干部的政府部门共 12 个（含金融办），其中正职 4 名；各县（市）区党外人士担任政府领导班子副职及配备党外干部的政府工作部门均达标，政府部门和司法机关共配备党外领导干部 145 名，其中正职 15 名，司法机关 5 名；各县（市）区乡镇（街道）政府配备党外领导干部 39 名，其中正职 3 名。三是加强实践锻炼。会同组织部门在鄞州区建立首个宁波市党外代表人士实践锻炼基地，首批选派 5 名优秀党外人士到政府部门和街道担任实职，任期半年。全年共安排 23 名党外干部到市重点工程、重大项目、信访部门挂职锻炼，占同类挂职人数 10% 以上。四是推进党外人士服务中心规范运行。继续推进各县（市）区党外人士服务中心规范运行，整合“教育培训、联络联谊、志愿服务、队伍建设、统战宣传”功能。推动党外人士服务中心建设的做法得到中央统战部的充分肯定。

【统战工作基层基础不断巩固】 一是积极推进基层协商民主。将其纳入市委民主法治领域改革工作重要内容，推动基层协商民主试点扩面，出台《推进基层协商民主的指导意见》。全市已有 1/3 乡镇（街道）围绕基层重大公共事务、公共决策、公益事业、公众利益和民生热点难点等“四公一热”问题，通过民主协商议事会、民主恳谈会等平台，推动建立了人大代表、政协委员、有关专家、人民团体、社会组织等各界人士参与的协商机制。省委统战部在余姚召开全省统一战线推进基层协商民主现场会，推广宁波市的做法。二是深化统一战线示范点创建工作。严格创建标准，搞好第一批基层统战工作示范点“回头看”，实地指导第二批示范点创建工作。三是培育实践创新案例。选编创新案例，培育基层统战工作创新点，通过创新成果评选，推动成果转化应用，提升全市基层统战工作整体水平。四是加强统战调研宣传信息工作。推行统战理论政策研究课题招标，举行中标及委托课题中期评估会，召开“统战性社团功能定位及其作用发挥”理论研讨会；加强统战宣传，完善新闻发言人制度；信息工作继续保持先进，荣获全国、全省统战信息工作一等奖。五是加强统战部门自身建设。巩固深化群众路线教育实践活动的成果，抓好各项整改措施的落实，精简会议文件。推动学习型机关建设，坚持每季度举办一期《统战论坛》，开展“开卷有益·书香机关”读书月活动，举办《邓小平时代》读书体会交流会、统战知识竞答等活动，在2014年度机关党建工作目标管理综合考评中被评为优秀单位。深入开展民主评议机关活动，在评议中被市委、市政府授予作风建设先进单位称号。 （石雅洁）

·海曙区委统战部·

【综述】 2014年，在区委的正确领导下，全区统战工作以深入开展党的群众路线教育实践活动为引领，紧紧围绕区委重大决策部署，凝心聚力，开拓创新，实现服务发展有新作为，服务民生有新举措，服务和谐有新行动，为加速推进“四个领跑”战略、基本建成和谐发展的现代化中心城区作出了新的贡献。

【周密组织安排，深入开展党的群众路线教育实践活动】 认真组织开展以加强马克思主义群众观教育为主要内容的学习教育活动，统战部14名党员干部全程参加了学习教育活动全过程。紧紧抓住学习教育、听取意见，查摆问题、开展批评，整改落实、建章立制三个重点环节，扎实推进各项工作有序开展，在保证规定动作做到位基础上，突出统战特色。通过建立由各民主党派、无党派人士组成的监督小组、组织革命传统教育、实施统战部机关干部“两强一提升（强能力、强素质、提升形象）”工程等活动，确保教育实践活动取得了较好的预期实效。

【服务中心大局，助推区域经济社会全面协调可持续发展】 组织开展“创业大学生项目对接会”，出资50万元在宁波大学成立大学生创业基金。接待丹麦中国总商会、香港（海曙）联谊会商务考察三批18人次，成功落户2个项目。成功举办海曙区招才引智洽谈会，成功引进省千人才1名，申报宁波市“3315”创业创新团队项目1个。首次开展校地知联会结对共建活动，为发挥高校在服务地方经济社会发展中的智力和平台优势搭建新的载体。发动百家企业、商会和企业家认购区公益创投项目118个，对接创投资金130万元。一年来累计为云南鲁甸及区公益创投项目捐赠款物达1000余万元。召开全区基层协商民主推进会，在南门街道澄浪社区、西门街道汪弄社区、城隍庙商圈开展基层民主协商工作试点。

【突出教育引导，夯实统一战线和多党合作的共同思想政治基础】 深入开展坚持和发展中国特色社会主义学习实践活动，引导民主党派、工商联和无党派人士等统一战线成员增强中国特色社会主义道路自信、理论自信和制度自信。组织68名党外代表人士赴上海交大进行培训，提高了党外代表人士的政治把握能力、参政议政能力、组织领导能力和合作共事能力。通过举办党风廉政建设和经济社会发展情况通报会、区委常委与党外代表人士结对交友座谈会、组织开展区情、社情考察等系列活动，为党外代表人士知情问政、履职议政搭建平台。

【健全工作机制，努力推进党外代表人士队伍建设】 协助区委转发了《中共宁波市委关于加强新形势下党外代表人士队伍建设的实施意见》，协助区委、区政府制定出台《海曙区民主党派基层组织直接向中共海曙区委提出建议制度》、《关于进一步健全区委常委与党外代表人士联谊交友制度的意见》、《关于进一步扩大建立政府部门与民主党派对口联系制度的通知》等三个规范性文件。建立组统联席会议制度，制定组统联席会议议事规则，就涉及党外代表人士培养、选拔、任用的重要政策、重要问题和重要事项进行专题学习、讨论、商议。健全调研常态化机制，发挥党派智力优势，围绕区委“四个领跑”战略，开展联合课题调研，完成《海曙区民主党派调研文集》汇编。

【促进两个健康，加强非公有制领域统战工作】 广泛深入开展以“四信”为主要内容的理想信念教育，认真探索常态化培训机制，创设《月湖讲堂》栏目，邀请国内外知名专家学者开设讲座，着力提升民营企业家的综合素质和能力。切实加强非公有制企业服务工作，妥善做好共同基金转轨工作，认真开展“甬商义行”、“甬商好故事”宣传评选活动。加大“创二代”教育引导工作，通过组织培训、联谊交流等形式引导发挥回馈社会的积极性和主动性，努力实现由“创二代”向“红二代”的转变。街道“创二代”组织实现全覆盖。持续做好城隍庙商圈、南站综合商圈、新星商圈统战工作站工作，成立电商园区统战工作站。

【加强服务管理，维护民族宗教领域和谐稳定】 举办民族团结进步宣传展板巡展、民族知识宣传进社区、进幼儿园、民族文化节等活动，扎实开展民族团结创建活动。积极做好城区流动少数民族工作服务工作，丽水对口帮扶工作取得新进展，落实脱贫项目2个，投入帮扶资金32万。成立全市首支少数民族护河队和穆斯林志愿者队伍，为“五水共治”捐款20.6万元。举办宗教界人士培训班、佛教僧伽书法培训班、居士专题学习会，在宗教界开展以爱国主义为主题的“寻梦中国·正言正行”教育实践活动，共培训教职人员200余人次。加强依法管理，有序做好涉及宗教活动场所违建拆迁安置工作。

【深化联络联谊，进一步增强港澳台海外统战工作】 认真开展台企服务推进月活动，帮助台商推进投资额为1000万元的月子中心筹建工作，促成海曙明视康眼科与台湾最大的眼科连锁机构——大学眼科的合作，实现协议并购金额5000万元。指导做好市台协海曙联谊分会的组织建设，成功举办“海曙台商动起来”联谊活动。开展全区涉台资源调查统计摸底工作，顺利完成区台联会换届工作。加强赴台就读大学生工作，邀请3名台湾大学生来海曙参加“同桌（班）的你海曙行”暑期联谊活动，促进两岸青年大学生间的感情交流。进一步涵养侨务资源，建立“港澳专库、国别专库、研究生及以上学历专库、有一定成就的海外人士专库”，成立海外归国留学人员创业发展促进会和澳大利亚悉尼侨务联络站。加强与在港乡亲的联络联谊工作，成功完成香港（海曙）联谊会的换届工作。切实加强基层侨务工作示范点建设，北郊社区被评为国侨办侨法宣传角。

【召开全区政情暨党风廉政建设情况通报会】 1月2日下午，全区政情暨党风廉政建设情况通报会召开。区委常委、纪委书记柴高坤，区委常委、常务副区长谭国洪分别通报2013年度海曙区党风廉政建设情况及经济社会发展情况。区政协副主席、区委统战部部长赵剑光主持通报会，各界人士代表60余人参加会议。

【举行校地知联会结对共建签约仪式】 4月10日，区知联会与宁波工程学院知联会举行校地知联会结对共建签约仪式。双方本着资源共享、优势互补的原则，就重点做好人才培训与应用技术服务、联合课题调研和宣传、理论研究和社会实践、助学帮扶和社会服务等四个方面的内容，签订了《结对共建框架协议书》。市委统战部副部长俞小勋、宁波工程学院党委副书记陈方猛、海曙区委副书记毕东华及校地双方统战部、知联会领导出席。

【举办“同桌（班）的你海曙行”暑期交流活动】 7月21日至25日，组织策划了“同桌（班）的你海曙行”交流活动，邀请台湾铭传大学姜信宇等3名大学生来海曙进行为期5天的参访交流。在为期5天的时间里，区台办先后安排台湾同学到天一阁、奉化溪口、余姚河姆渡、王阳明故居等地参访，通过组织三江夜游、集中座谈交流，与赴台陆生结对游览市容市貌、社区环境等活动，让台湾同学真实客观地了解海曙的人文及经济社会发展情况。

【召开全区基层协商民主推进会】 8月11日下午，区委统战部召开了全区基层协商民主推进会暨统战工作会议，区政协副主席、区委统战部部长赵剑光出席会议，会议由区委统战部副部长、区工商联党组书记李兰主持，8个街道的分管副书记、统战干部，7个民主党派负责人和统战部、工商联机关干部近30人参加了此次会议。西门街道、南门街道、江厦街道分管副书记先后对本街道基层协商民主开展情况进行了经验交流。

【赴上海交通大学举办党外代表人士培训班】 9月24日至26日，海曙区党外代表人士培训班在上海交通大学举行，60余位与区委常委结对交友的党外代表人士、区管党外干部、入选区四优四育工程的党外干部、区属各民主党派班子成员、区党外知识分子联谊会及创二代联谊会街道分会会长等党外代表人士参加了此次培训。区政协副主席、区委统战部部长赵剑光主持开班仪式并作动员讲话。

【成立九三学社海曙区基层委员会】 12月16日，九三学社宁波市海曙区基层委员会成立。会议选举产生了第一届基层委员会领导班子，许瑾瑾当选主委，施惠祥、夏焕文、王数当选副主委。中共海曙区委常委、纪委书记柴高坤代表区委向新成立的九三学社宁波市海曙区基层委员会和新当选的领导班子成员表示祝贺，希望基层委员会和广大社员进一步加强自身思想建设、组织建设和作风建设，切实围绕“十二五”规划以及区十三次代表大会提出的目标任务，发挥自身优势，助推海曙区在全市率先基本实现现代化。

【召开全区第七次归侨侨眷代表大会】 12月18日，海曙区召开第七次归侨侨眷代表大会。宁波市侨联党组书记、主席李承戍，海曙区委副书记、政法委书记毕东华，副区长国宇，区政协副主席、区委统战部部长赵剑光等出席会议。会议听取和审议了区侨联第六届委员会工作报告，选举产生了区侨联第七届委员会成员，钱军当选新一届海曙区侨联主席，金昌卿、袁涌泉、喻亚盈当选副主席。

【成立区知联会卫生分会】 12月23日，区党外知识分子联谊会卫生分会正式成立。区卫生局局长张文莲出席成立大会，区委统战部副部长陈伟到会祝贺。大会选举产生了海曙区党外知识分子联谊会卫生分会第一届领导班子，白云街道社区卫生服务中心主任陈秀丽同志当选为知联会会长。首届大会共有会员34名。（周国平）

·江东区委统战部·

【综述】 2014年，江东区统一战线工作在区委的正确领导和市委统战部的有力指导下，认真贯彻落实党的十八大、十八届三中全会精神以及中央、省、市统战工作会议精神，按照区委八届七次全会的部署和要求，坚持强基础、求创新、抓实干，在谋发展促转型上有新突破，在聚人心强队伍上有新提升，在惠民生助和谐上有新举措，各项工作取得较好成效，为江东区改革发展大局和推动现代化核心城区建设作出了积极贡献。

【全面深入开展群众路线教育实践活动】 组织召开部机关开展党的群众路线教育实践活动动员会，研究成立部机关群众路线教育实践活动领导小组，周密部署实施方案和工作安排。在部门内认真召开8次全体机关干部集中学习会，深入开展谈心交心活动，反复修改完善对照检查材料，高质量开好专题民主生活会，严格制定整改措施。到明楼街道明南社区开展“党群连心·结对走亲”活动，累计走访群众150余人，召开座谈会10次，累计征求到意见建议152条，认领微心愿43个、社区奉献岗11个；通过基层蹲点、调查问卷表、调研座谈会等形式，向非公有制经济企业、民主党派基层组织、宗教界人士、少数民族群众以及侨界人士共500多人征求意见，累计收到建议150余条。经部务会议研究，将意见建议汇总、梳理、归并为4大类25个问题，同时对5个整改项目明确牵头领导和责任科室，进行先行先改。通过教育实践活动，使机关党员干部思想得到深刻洗礼，党内政治生活得到明显净化，“四风”顽疾得到有效遏制，统战对象关切得到及时回应，制度刚性约束得到切实加强，为统战各项工作有序有力开展提供了坚实保障。

【坚持围绕中心，在服务区域经济社会发展中力求更大作为】 充分发挥统一战线人才荟萃、智力密集、联系广泛的独特优势，不断为促进江东区经济转型、社会和谐添助力、增后劲。区工商联与北京东城区、天津河西区签订了友好协议，新增区网商商会、策划产业商会、天使海商会三家团体会员。截至11月底，通过各级商会组织共引进企业328家，实际到位资金16.5亿元，引进的企业数和资金额同比均有大幅提升；通过区、街道两级融资平台，共为全区850多家中小微企业提供各类转贷、放贷资金6.2亿元，切实缓解企业融资问题。区侨联成功引进香港中文大学能量收集技术智能机电项目，该项目的“多功能磁流变阻尼器产业化”技术获得了国家级创业创新大赛奖项和国外专利授权。区创二代联谊会联合组织部拍摄了微电影《牵手》，并参加全省非公有制组织微视屏大赛；举行了太阳花公益基金捐赠活动，天伦置业有限公司向基金捐赠100万元，用于资助贵州希望小学及继续实施环卫工人“爱心早餐”等项目，并设立“助创基金”，用于帮扶贫困大学生创业。切实提升做好新形势下民族工作的认识和能力，认真总结民族工作方面的新经验，正确认识和处理各民族特别是汉族和少数民族的关系，牢牢把握各民族团结奋斗、共同繁荣发展的主题，积极推进民族团结进步事业向前发展。全力配合省委“三改一拆”涉及宗教场所违章建筑专项整治行动，落实“早预防、早发现、早处置”工作举措，确保全区宗教场所“零违建”，顺利通过省委专项组验收，得到省民宗委发专文表扬。

【强化同心思想，不断推进党外代表人士队伍建设】 代区委草拟《中共江东区委关于加强新形势下党外代表人士队伍建设的实施意见》、《工作分解方案》，以及《区政府有关部门与民主党派江东基层组织对口联系制度的意见》，建立了区7个民主党派基层组织与18个政府部门对口协商制度。开展全区党外科级干部调查工作，了解掌握了全区50余名党外科级干部的基本情况。同时，根据基本侨情调查的成果，在文化界、经济界、专业界等各方面排摸物色重点人物，分别建立了三个类别的重点名单，从中联系发展为江东经济建设服务的投资顾问、引才顾问、专业顾问，在社团建设、招商选资工作中发挥了积极作用。目前江东区已建立起500名规模的党外代表人士后备队伍数据库，涵盖了民主党派、工商联、无党派、少数民族、宗教、港澳台海外等领域，并实行科学动态管理。江东区已发展7个民主党派基层组织，包括5个总支部、25个支部、394个成员。全区共有72名党外中层干部，现有的143名区管后备干部中，党外干部15名，占10.5%。区党外代表人士服务中心利用1500平方场地的资源优势，精心谋划开辟了同心文化长廊、同心成果展示厅、同心志愿联盟等十大功能区域，累计对外组织开展同心治水等系列公益活动和同心迎春、同心惠民服务等主题活动30余次，受到广大党外人士喜爱和好评。

【加强统战群团组织建设，着力培育特色，打造品牌】 以“追梦新城、同心同行”为主题，在市新联会的指导下，区知联会大力开展了七大公益行动。即大型广场志愿服务活动，通过健康义诊、红娘牵手、法律咨询等形式，服务现场群众200余人；举办高校毕业生人才专场招聘会，邀请33家企业推出400多个就业岗位，吸引市内600余名高校毕业生参与应聘。此外还包括举办“宁波知联论坛”——财富公益讲座、“爱·孝”公益资金捐赠、“爱心传递·助梦学子”走进江东朝晖实验学校、“创业手拉手·师傅指迷津”结对高校创业学生等活动。10月份，区知联会与浙大宁波理工学院签订结对共建合作框架协议，双方将在文化创意、电子商务、技术服务等领域开展合作。成立全市首个在楼宇建立的海外留学归国人士联谊组织——“和丰海创会”，吸引20多位来自12个国家的留学归国人员加入。成立至今接待了“新加坡卓越集团”等多批次海外侨团、侨企考察江东投资发展环境。在成立江东区网络界人士联谊会的基础上，成立了全市首个楼宇网联会——江东区网络界人士联谊会和丰创意广场分会，首批会员单位25家，成为江东网络统战先锋。成立区侨界人士服务中心，探索建立起制度管理体系、二室一基地、侨法宣传角、侨务惠民直通车以及同心生活馆“五位一体”发展模式，打造全方位、立体化、多层次为侨服务工作体系。

【着眼新形势，扎实做好港澳台和海外联络联谊】 组织三批次由街道、社区工作者组成的团队赴台交流，期间参访了台南部分基层社区，与当地民众进行了深入有效地沟通交流，并举行了社区结对签约仪式。11月份在香港成立了香港宁波江东联谊会。启动实施“侨情一百计划”，目前已掌握了20余位新的海创重点人士。

【区委统战部获全省统战工

作创新奖】 区委统战部申报的《引导支持“创二代”成立新生代公司，探索服务社会新路径》课题获得2014年度全省统战工作创新奖。近年来，区委统战部以浙江太阳花公益发展中心为平台，引导“创二代”成员市场化运作，探索出一条既符合时代特征又具有江东特色的公益服务之路。自宁波新生代投资管理有限公司成立以来，累计投入120万余元，开展大小志愿服务项目36个，受益群众达2500余人次。

【区网络界人士联谊会成立】 10月23日，江东区召开网络界人士联谊会成立大会，审议通过了《江东区网络界人士联谊会章程》，选举产生了第一届理事会，浙江共生互联科技有限公司刘晓得当选会长。区网络界人士联谊会主要是由新媒体从业人员、网络意见人士、网络产业从业人员等3方面的代表人士41人自愿组成的具有统战性、自律性、联谊性的非营利性社会团体，该会在区委统战部的领导下，将围绕网络行业的健康发展和网络界人士的健康成长，开展统战性的联谊、宣传、培训、咨询和服务等活动。

【与北京东城区、天津河西区工商联缔结友好关系】 10月份，区工商联组织企业家赴北京、天津考察，与北京东城区、天津河西区的工商联签署了缔结友好关系协议。此次与东城区工商联、河西区工商联签约是今年实施“走出去”战略、向北布点的重要举措，重在进一步学习吸收先进地区的工作理念和发展思路，提升水平、放大优势、赶超先进，也为推进打造“异地商会联盟”奠定基础。

【区侨界人士服务中心成立】 9月，区侨界人士服务中心挂牌成立，位于东胜街道樱花社区新时代小区，占地1500平米，与区党外人士服务中心共建共享。今后，区侨界人士服务中心将探索建立制度管理体系、二室一基地、侨法宣传角、侨务惠民直通车以及同心生活馆“五位一体”发展模式，打造全方位、立体化、多层次为侨服务工作体系。

【香港宁波江东联谊会成立】 11月30日，香港宁波江东联谊会成立庆典暨首届理事会就职仪式在香港铜锣湾柏宁酒店举行。市委统战部副部长胡学健、区委副书记杨慧芳受邀出席并致辞，香港中联办社联部等社会各界代表人士共70余人到场祝贺。联谊会首届理事会成员20人，由社会各界“江东帮、帮江东”的代表人士和年轻新秀组成，将积极推进在金融、科技、文化教育、社区建设等方面与家乡的交流合作，共同推动家乡发展再上新台阶。

【市新联会“追梦新城、同心同行”走进江东大型公益活动启动】 5月17日，宁波市新联会联合江东区知联会、新联会在滨江商业广场举行“追梦新城、同心同行”——走进江东大型公益活动启动仪式暨广场志愿服务。此次活动包含了大型广场志愿服务、高校毕业生人才专场招聘会、“五水共治”大型宣传倡议、“宁波知联论坛”——财富公益讲座、“爱·孝”公益资金捐赠、“爱心传递·助梦学子”走进江东朝晖实验学校、“创业手拉手·师傅指迷津”结对高校创业学生等七个方面的活动。

（韩海军）

·江北区委统战部·

【综述】 2014年，江北区统一战线工作以科学发展观为指导，深入贯彻党的十八大及十八届三中、四中全会精神，破解难点、完善机制、推进基础建设，凸现工作亮点，为实现江北区经济社会跨越发展，建设宜居宜业的现代化中心城区提供强大的力量支持。

【侨台工作体现特色，切实服务发展大局】 拓展联络联谊，服务发展大局。一是推进对台交流。按照省、市委的统一部署，江北区先后组织4个团组赴台湾，促成高雄市三民区等三个区82个里与江北区社区（村）结成对子，搭建沟通交流平台；与高雄市中华两岸关系发展促进会等建立了长期友好合作关系。二是挺进海外，引资引智。成立墨西哥（江北）侨务工作联络站、新西兰（江北）文化交流中心。配合搞好2014年美南中国专家协会联合会中国行暨宁波（江北）人才项目洽谈及对接活动，举办甬港精英青年企业家江北行活动及第二届海外华裔青少年“中国寻根之旅”夏令营活动等，促进信息、人才、文化交流。三是推进侨情调查成果转化工作。走访慰问重点归侨侨眷，跟进联络，并将其中的代表人士的事迹汇编成书——《走向海外的江北人》，弘扬创业精神，激励后人。四是创树典型。开展侨法宣传“进社区”活动。慈城镇望京社区被评为“全国社区侨法宣传角”。

【促进和谐稳定，积极做好民族宗教工作】 一是认真做好涉及宗教和民间信仰场所违法建筑的拆改工作，完成了年度工作任务。二是推进民族和佛教文化建设。扶持东方民族歌舞团弘扬民族文化，拓展演艺渠道。在国内外演出30余场，树立品牌，扩大了影响力。连续十年发行《宝庆丛书》，共在全国刊印发行59种达十八万册。三是深入开展和谐寺观教堂、平安宗教场所及生态寺院建设。有18个场所达到“两创”目标，有3个场所正在实施提升改造。四是深入开展“民族工作进企业”、“民族工作进学校”工作，促进民族和谐团结。

【注重服务，强化引导，促进非公有制经济“两个健康”】 一是深入开展商会承接政府部分职能工作，先后在白沙、孔浦两个商会实施试点，着重理顺商会与政府部门在职能设置、企业管理等方面的关系，指导商会主动协助党委、政府承接必要的社会责任，全力推进经济社会发展。二是按照“四信”教育的要求，加强典型宣传和培训教育。先后推出了三个典型在市级以上媒体宣传报道，引导促进企业发展和奉献社会的精神。在复旦大学举办了企业家综合素质培训班。三是着力培植壮大新生代企业家队伍。推出“蓝天下的翅膀”社会公益品牌，引导企业精神助推创业创新。

【贯彻中央四号文件精神，推进党外代表人士队伍建设】 一是按照中央四号文件的要求，区委、区委办下发了相关文件及实施方案，并明确了相关的责任分工，对加强党外干部队伍建设作出了全面部署，提出了明确的要求。二是全面建立党外知识分子联谊组织，实施了各街道（镇）知联组织全覆盖。三是开展了新一轮无党派人士的认定工作，为党外干部的选拔、培养、任用奠定了人才基础。

【着力提升基层统战工作的能力和水平】 一是在各街道（镇）全面开展协商民主工作，总结提供成功案例。初步形成了如“微言社”、“一点三线”等亮点特色。二是继续在统战性组织和社团中开展“同思谋发展，同心强作为”活动，并进行成效评估，引导各社团凝心聚力促发展。

【香港江北联谊会周年庆联欢活动在深圳举办】 1月，香港江北联谊会周年庆联欢活动在深圳举办。区侨办精心安排了三句半《我们一岁啦》、诗朗诵《大商之海》等节目，全方位展示江北区优越的投资环境、深厚的历史文化以及香港乡贤反哺家乡的事迹。活动现场还举行了江北香港联谊中心揭牌仪式。

【美南中国专家协会联合会中国行暨宁波（江北）人才项目对接洽谈活动】 4月，配合做好2014年美南中国专家协会联合会中国行暨宁波（江北）人才项目对接洽谈活动，20多位美南中国专家携带科技项目与江北辖区110余家企业进行了现场对接洽谈。

【妙音精舍“法华莲社”成立】 6月5日，妙音精舍“法华莲社”成立，副区长林大吉，区政协副主席、区委统战部长徐培荣，区民宗局长刘建平，省佛教协会会长怡藏大和尚等到场并致贺词。普陀山全山首座长老道生亲自为“法华莲社”授牌。

【举办第二届海外华裔青少年“中国寻根之旅”夏令营活动】 7月，在慈湖中学举办第二届海外华裔青少年“中国寻根之旅”夏令营活动，来自德国、法国、西班牙、美国、香港、日本等国家和地区的61位海外华裔青少年，接受为期11天的中国传统文化中最有特色的书法、剪纸、武术等课程，领略了传统年糕制作、中国结编制等特色民俗。

【江北区网络界人士联谊会成立】 8月4日上午，江北区网络界人士联谊会成立大会顺利召开，区政协副主席、区委统战部部长徐培荣及18名江北区网络界人士出席会议。会议投票选举了宁波大学商学院教授俞立平为江北区第一届网络界人士联谊会会长，选举庄耀明、陈韧剑为副会长，杨勇为秘书长，潘莉莎为副秘书长。

【美国（江北）华人学者联络站网站正式运行】 8月19日，美国（江北）华人学者联络站网站正式运行。网站分为“创业江北”、“璀璨江北”、“江北风光”三大板块，并设有“站务动态”、“江北资讯”、“联络站概况”、“互动交流”、“在线留言”五大栏目，方便海外华侨华人及时了解家乡情况、政府政策和侨务工作动态，推荐引资引智，成为江北密切与海外华侨华人社团和海外人才联络联谊的网络平台。

【墨西哥（江北）侨务工作联络站成立】 9月25日，江北区侨办与墨西哥中华企业家协会签署协议书，正式建立墨西哥（江北）侨务工作联络站，由知名侨领、墨西哥中华企业家协会主席、墨西哥东方集团有限公司总裁包荣林先生任负责人，联络站将致力于墨西哥与江北之间的联络联谊，这也是江北区第二个海外侨务工作联络站。

【举办“笔墨相亲”两岸书画家作品联展活动】 9月，江北区政协书画院与台北宁波同乡会在台北市联合举办了“笔墨相亲”两岸书画家作品联展活动，共展出两岸30余位书画家近50幅书画、篆刻作品。台北宁波同乡会名誉理事长毛葆庆，理事长李汝麟，区政协主席干伯铨，94岁高龄的台湾著名美术家张杰，及两岸书画名家30余位人士相聚一堂。两地书画家即兴挥毫泼墨，妙绘丹青，进行“笔墨”交流，取得了较好成效。

【组织非公企业家综合素质培训班】 10月15日至18日，由区工商联主办的江北区复旦大学企业家综合素质培训班在复旦大学邯郸校区开班，40余名非公有制企业家参加培训。

（姚春生）

·镇海区委统战部·

【综述】 2014年，镇海区统战工作在区委正确领导下，坚持围绕中心、服务大局，突出重点、攻坚克难，求真务实、探索创新，各领域工作取得新的进展。

【发挥优势，凝心聚力，服务经济社会平稳健康发展】 举办香港镇海两地青年创业创新论坛，成立“紫荆花”侨爱基金，分5年募集资金1000万元；邀请清华博士考察团赵丙来一行来镇海考察创业创新环境。积极引导统战成员参与“五水共治”行动，非公有制企业参与“五水共治”捐款额达3500余万元；积极为非有制公企业协调解决“融资难”问题，基层商会企业转贷互助资金、联合担保公司和小微企业互助促进会共为425家企业融资转贷35.6亿元。接受侨（港）胞捐赠项目7项，捐赠额900余万元人民币；成立光彩事业基金。

【完善机制，拓展平台，推进党外代表人士队伍建设】 建立区级部门与民主党派、工商联、无党派人士（知联会）对口联系制度，建立统战性社团秘书长联系会议制度，完善民主党派工作经费安排办法和统战理论调研制度。在全市率先建立162人的党外人大代表候选人、政协委员后备队伍；积极发现、培养、推荐党外干部人选，新增区管党外干部3人，政法机关配备党外干部取得突破；举办第八期党外代表人士培训班；指导民盟支部换届并成立总支部；补充认定区级无党派人士13人。成立区新联会、网联会，完成区海联会、知联会换届，成立澥浦、招宝山、骆驼、蛟川4个知联分会，依托知联“同心”志愿服务基地开展服务活动，完成党外代表人士服务中心建设。

【促进团结，依法管理，加强民族宗教工作】 加强少数民族困难户和少数民族发展项目帮扶，全年共安排少数民族帮扶资金10.9万元，并与丽水市云和县石塘镇高定村结对；推进招宝山街道总浦桥社区和蛟川街道俞范社区“民族工作进社区”建设；开展民族团结进步宣传月活动。落实宗教团体和场所安全工作主体责任，全年宗教领域保持安全稳定良好局面；在全市率先完成“三改一拆”涉及宗教违法建筑拆除改造任务；建立健全“校地协作、区域联动、运转高效、稳定和谐”的校地民族宗教工作联动和信息共享机制。组织开展教职人员“端正学风，端正教风”教育培训。

【夯实基础，扩大交流，加强港澳台海外联络联谊】 以纪念邓小平同志关于“宁波帮”指示发表30周年为契机，开展“宁波帮”系列专题宣传；在招宝山街道挂牌成立“庄阿姨侨台联服务工作室”；举办“情系家乡”、“侨务讲堂”、台商联谊会中秋联欢会等侨台品牌活动；成立台联会木球队和台胞台属志愿者服务队。先后3次赴港，4次赴台，并赴上海、深圳等地广泛联络港澳台海外人士；接待港澳台海外来宾 34 批，341 人次；拓展了民建创始人包达三先生的后人包鸿璟先生等新的海外资源，组织“台湾同学来我家”等活动，加强镇台两地大学生交流，镇海与高雄两地基层交流数增至 39 个。引进团员青年志愿者打造“1＋3”为侨服务机制，开展侨企（留企）协会成立两周年系列活动、“侨企台企服务月”活动，切实帮助港澳台侨胞及其眷属解决困难和问题。

【教育引导，积极创新，提升非公有制经济领域统战工作】 深入开展非公有制经济人士理想信念教育实践活动，增强“四信”；开展第一届区优秀中国特色社会主义事业建设者评选表彰活动。探索基层商会承接政府职能转移工作，形成骆驼商会“一个基金，九大平台”和紧固件行业协会“五大服务”模式，骆驼商会成立人民调解委员会；做好非公有制企业党建工作，建立骆驼商会党委。支持区工商联创建省级“五好工商联”，强化基层商会建设，做好市级“示范商会”创建工作，镇（街道）商会全面完成换届，实现全区“创二代”组织全覆盖。

【夯实基础，统筹推进，提高统战工作科学化水平】 指导招宝山和骆驼街道开展基层统战工作示范点复评和创建工作；推进基层协商民主建设，召开镇（街道）基层协商民主交流会，探索建立招宝山街道“三维自治、六事工作法”等基层协商民主模式。结合统战部实际，推进党的群众路线教育实践活动；严格落实中央八项规定和省、市、区委关于加强作风建设的有关规定，建立完善机关内部 10 项规章制度并严格执行；落实党风廉政建设责任制，强化领导班子党风廉政建设主体责任。完成机关党支部换届，深入做好“连心解忧”工作，加强统战干部学习培训，做好老干部、信息宣传工作。

【举行邵逸夫先生追思会】 邵逸夫先生祖籍浙江镇海，2014 年 1 月 7 日逝世，享年 107 岁。为表达家乡人民对邵逸夫先生的缅怀之情，1 月 23 日下午，区委、区政府在邵逸夫先生的母校——中兴中学举行邵逸夫先生追思会。区委书记薛维海出席追思会并讲话，区长魏祖民等区领导出席，副区长张颖主持。邵逸夫先生亲属代表、庄市街道侨联工作人员代表、中兴中学校长等分别发言追思追忆。邵逸夫先生自 1986 年以来，先后在家乡镇海助建中兴中学、邵氏康乐园、骆驼中学教学楼等，共计 4 个项目，342 万元人民币。

【区委召开重点商（协）会负责人座谈会】 4 月 15 日，区委书记薛维海主持召开重点行业协会座谈会。区工商联、区创二代联谊会等 10 余家商（协）会负责人，20 个党政部门主要负责人参加。会议听取了各商（协）会负责人对会员企业生产经营情况的汇报，以及对区委、区政府及相关部门工作的意见建议。薛维海书记对商（协）会的积极作用表示肯定，希望进一步引导会员增强发展信心，集中发展主业，加强接班人培养，健全现代企业制度，实现企业持续健康发展，并积极回报社会。

【成立光彩事业基金】 5 月 23 日，区委统战部、区工商联在区慈善总会建立光彩事业基金。根据协议，基金首期注资 100 万元，由区委统战部、区工商联发动镇海非公有制企业、非公有制经济人士和港澳台海外人士自愿捐赠，用于扶贫济困、助学、关爱老年人等慈善救助项目，体现非公有制经济人士致富思源、富而思进的社会责任感和港澳台海外人士回报家乡、造福桑梓的情怀。

【高雄民众走进镇海区居民家庭】 5 月 5 日，台湾高雄市前金区基层交流团一行 25 人，来到镇海区招宝山街道胜利路社区等 5 户普通居民家中作客，实现两地民众“零距离”交流。25 位台湾同胞直观地了解了镇海居民的家庭生活和居住情况，品尝了精心烹制的东海小海鲜、宁波汤圆和地道的黄酒，感受了浓浓的两岸同胞情。

【探索建立党外人大代表候选人、政协委员后备人选推荐机制】 为完善党外人大代表候选人、政协委员后备人选发现、遴选机制，2014 年 4 月以来，区委统战部探索建立了“三分”、“四定”、“五步法”党外人大代表候选人、政协委员后备人选推选机制。“三分”即实行“分条”、“分块”与“分类”推荐相结合，确保推荐对象的广泛性。四定”即定人数、定对象、定条件、定名额，确保人选与工作需要的适应性。“五步法”即事前沟通，形成共识；完善方案，明确任务；民主集中，择优推荐；比较分析，拟定名单；班子研究，确定人选，确保人选产生程序科学性。通过这一机制，推选产生了首批162名区级党外人大代表候选人、政协委员后备人选。

【建立香港镇海青年联谊会“紫荆花”侨爱基金】 7月30日，香港镇海青年联谊会在镇海建立“紫荆花”侨爱基金，总额为1000万元。该基金是镇海区目前海外慈善基金中规模最大、每年到位资金最多的，在宁波全市名列前茅。1000万元资金将分五年到账，由联谊会成员自行筹集，主要用于镇海区的社会公益事业、项目建设，助困、助老、助学、助医等。香港镇海青年联谊会有成员约40人，现任会长为顾兆田先生之子顾东华。

【首批宁波帮人士塑像在镇海揭幕】 7月31日，“薪火永传”首批宁波帮人士塑像揭幕仪式在宁波帮博物馆举行。此次揭幕的塑像是改革开放以来，为宁波作出特别贡献的9位宁波帮代表人士，分别是：贝时璋、王宽诚、邵逸夫、谈家桢、卢绪章、董浩云、包玉刚、曹光彪、李达三，其塑像将依照他们的生辰顺序，永久伫立于宁波帮博物馆的时光隧道。

【区新的社会阶层人士联谊会、网络界人士联谊会成立】 10月24日，区新的社会阶层人士联谊会成立，该会会员以金融、会计、法律等服务行业新的社会阶层代表人士为主，首届会员21人。11月19日，区网络界人士联谊会成立，该会由新媒体从业人员、网络信息从业人员等方面代表人士组成，首届会员37人。区政协副主席、区委统战部部长胡文安出席了两次成立大会并讲话。 （叶美法）

·北仑区委统战部·

【综述】 2014年，全区统一战线围绕区委、区政府重大决策部署，以着力服务全面深化改革，着力破解重点难点问题，着力提升工作成效水平为重点，以争先创优、改革创新的精神扎实推进各领域工作取得新进展，为推进“率先基本实现现代化，建设幸福美好新家园”的奋斗目标做出了积极贡献。

【以全力服务科学发展全面凝聚共识为引领，进一步激发深化改革发展的新动力】 一是深入学习贯彻中共十八届三中、四中全会精神和习近平总书记系列重要讲话精神，通过举办各民主党派成员、工商联和无党派人士学习报告会，不断提高政治把握、参政议政和合作共事能力。在“创二代”企业家中举办第六期总裁特训班，引导非公有制经济人士增强定力、激发活力、释放助力、提升能力。组织宗教界人士深入开展爱国主义、社会主义教育活动，不断促进宗教与社会主义社会相适应，积极为全面深化改革、推进依法治国营造了良好的社会氛围。二是大力支持民主党派、工商联和无党派人士着眼服务科学发展和全面深化改革，紧紧围绕经济社会发展重大问题和涉及群众切身利益等问题，建睿智之言、献务实之策，共提交建议、提案100余件，为党委政府提供科学决策依据。三是开展“五者同行·五水共治”等系列行动，共有300多人次参加携手共创生态区活动，400多家非公有制企业自发签订《“五水共治”自律公约》，积极营造出广泛参与、合力攻坚、共建共享的全民治水氛围。四是积极开展“进村入企解难题促发展”等活动，通过走访非公有制企业、侨台资企业，及时帮助解决实际困难。合理处置各类台商诉求33件，侨胞信访10起，协调解决21名台商、台干子女择校就学问题，为侨胞侨眷办实事5起。建立台协北仑地区联谊会沟通协调机制，完善台商权益保障联席会议制度。走访台企170余家，编印政策宣导手册，举办台资企业政策法规专题辅导3场，近200家企业300余人次参加。联合举办“情结践善、心念追梦”宝地（北仑）宝岛（台湾）书画作品展暨慈善义拍会，邀请9名知名台湾书画家开展两地艺术交流，21幅作品累计筹得善款228.8万元用于北仑慈善事业，开创全市慈善事业新模式。

【以积极增进团结合作推动协商民主为载体，进一步构筑多党合作事业的新格局】 深入推进民主党派基层组织与中共基层组织协作共建，深入推动全区9个乡镇（街道）党（工）委及19个社区党组织与7个民主党派18个（总）支部全面结成共建对子。及时调整区党政领导班子成员与民主党派、工商联及无党派代表人士联系交友制度，共结对31名党外人士。落实区政府部门与民主党派、工商联对口联系制度。积极探索参与基层协商民主的实现方法和途径，组织和引导各民主党派、工商联和无党派人士主动参与政治协商、专题协商、对口协商、提案办理协商。建立街道（乡镇）协商议事平台，完善协商民主工作机制，推动和引导参与基层协商议事。规范聘请民主党派、工商联和无党派人士担任各类特约监督员制度，共有23名党外代表人士担任7个部门的特约监督员。协助成立九三学社北仑基层委员会。协助各民主党派基层组织完善工作程序，落实工作制度，推动工作开展。深化走访交流、联系交友和恳谈座谈制度，增进与民主党派成员相互了解和协调配合。认真贯彻落实中央及省、市委文件精神，及时制定出台实施意见。依托区社会主义学院举办民主党派干部培训班、无党派代表人士培训班、新的社会阶层人士培训班3期，共计培训各类党外代表人士近300人次。率先成立全区网络界人士联谊会，并纳入分会管理。完成知联会及新联会换届，组织小组、分会、委员会开展活动30多次，认定25名知联会理事为无党派人士。依托新浦社区“知联会同心服务基地”，为社区假日学校开展文化素质教育活动60多场次。

【以不断加强联络联谊深化交流合作为路径，进一步争创港澳台海外统战新优势】 举办香港北仑青年联谊会成立四周年会员大会和庆典活动，并召开香港北仑青年联谊会一届四次理事会议，增补有关成员，增设妇女委员会。共接待海外客人33批次232人次。联合北仑新区时刊开办“北仑海外留学人员风采”专栏7期。在“侨法进社区”活动基础上，全面推广“侨法宣传角”建设，搭建“侨台之家”等活动交流平台。深化拓展基层交流内容，促进两地家庭户结对交流。接待2批48人台湾基层交流团组回访，新结对交流社区（村）10个。目前已有7个团组82人赴台交流，共与高雄28个社区（里）签定新结对协议，共接待台胞台商22批共计236人次。以华侨新生代和新华侨为重点，拓展海外联谊领域。组织30余名香港北仑青年联谊会成员与北仑青年企业家，举办“凝心聚力30周年，同心共圆北仑梦”第三届仑港青年企业家创业创新论坛。通过美国、加拿大侨务工作联络点等渠道，向新生代介绍经济社会发展情况，以增进感情，鼓励参与家乡建设。

【以着力推动创新发展促进和谐和睦为目标，进一步开创民族宗教工作的新局面】 一是城市民族工作创新深入发展。积极开展微组织、微窗口、微热线、微平台“四微”建设试点，全省民族工作“四微”建设现场推进会在北仑召开。协助完善民族校本课程《最炫民族风》汇编，并被评为全省第四批普通高中推荐选修课程。围绕“家园文化”主题，做好新疆班学子民族团结进步宣传。搭建传统节日平台，促进各民族和谐共融，搭建各类爱心平台，积极营造各民族团结互助氛围。二是宗教规范管理依法有序推进。推进民间信仰场所管理规范化，全面调查掌握基本情况，开发信息管理系统，实现信息化管理。抓好“和谐寺观教堂”创建及星级评定。开展宗教政策法律法规宣传月和安全生产月活动。三是加强新形势下宗教团体及活动场所负责人队伍建设，制订出台考核办法。出台《全区教职人员和广大信教群众中开展争做“六个楷模”评选活动》实施意见。举办“五水共治”慈善公益活动，共计募集公益基金16万余元。

【以有效激活市场主体搭建服务平台为抓手，进一步促进非公有制经济工作有新成效】 以“人才提升工程”为载体激发企业发展活力。独立或会同组织企业家沙龙和培训辅导，联合台湾健峰培训学校组织“品质为王、效率为上”总裁培训班，帮助企业家加强品质管理、提高经营效率；举办“微利时代全面提升企业盈利能力”培训沙龙，引导企业家强化成本管理，实施技术创新。以“小微互助基金”为载体拓展金融服务平台。深化与民生银行合作，对信用融资项目“共同风险基金体”相关产品完善升级。减轻企业融资风险，累计发放近700次，贷款金额9.5亿元。以“中小企业服务中心”为载体创新服务模式。与民建北仑总支部共同成立全省首个工商联与民主党派合作建立的企业服务平台“北仑区中小企业服务中心”。以基层“示范商会”创建为载体加强自身建设。以新碶商会作为培塑典型带动基层商会进一步规范做优。加强新生代企业家联谊会建设，指导各街道（乡镇）成立基层分会并实现“全覆盖”。按照全省县市“五好”工商联标准，固强补弱，全面加强自身建设。出台基层商会管理导则、区总商会财务管理办法等长效机制，促进工商联工作规范运行。

【以切实加强基础基层以及自身建设为重点，进一步提升统战工作科学化新水平】 按照区委统一部署，深入开展党的群众路线教育实践活动，树立为民务实清廉新形象。组织集体学习会8次、专题学习讨论3次，讲座交流4次；围绕“开门纳谏、广开言路”抓调研找问题，开展走访、座谈20余次，联系服务群众200多人次，发放征求意见表300多份，汇总共性意见建议33条次，制定五方面16条班子集体整改措施。深化街道（乡镇）基层统战工作示范点建设，印发创建考核评审细则。对新碶、大碶首批两个基层示范点开展“回头看”，做好督查指导，推进制度化、规范化建设。按照“六有”要求，指导小港、霞浦街道开展新一轮创建。进一步推动基层统战工作实践创新，努力强化创新成果的宣传、推广和应用。不断加强统战部门自身建设，加强实践创新，强化信息宣传，着力提高解决实际问题的能力和水平。

【区新生代企业家联谊会成立】 1月3日，北仑区新生代企业家联谊会成立。市委统战部副部长、市工商联党组书记余海大，区委副书记邬志刚到会祝贺并讲话。邬志刚为联谊会授牌。区新生代企业家联谊会是由全区年轻的非公有制经济人士为主组成的非营利性社会组织，成员包括已在父辈企业中顺利接班和正在接班的企业家、在北仑自主创业的优秀新生代企业家、在北仑创业大学生中的优秀人才、留学归国在北仑创业的人员等。联谊会旨在搭建一个服务企业健康发展和促进青年企业家成长成才、提升创业创新意识和能力的平台。会议选举产生了会长、副会长、秘书长、副秘书长、常务理事，宁波雪龙集团有限公司总经理贺频艳当选首任会长。

【北仑知联会启动系列公益行动助力“五水共治”共建生态示范区】 4月13日，由区委统战部、北仑党外知识分子联谊会主办，区生态办、五水共治办及银泰城协办的“同心同行·五水共治”共建生态示范区系列公益活动启动。来自该知联会的300余名会员历时近一个月，利用周末休息时间走水源地、登森林步道、捡拾垃圾，查找水源污染，反映环境问题，以实际行动助力“五水共治”。

【海基会董监事访问团来北仑访问】 9月2日，台湾海基会董事长林中森先生带领海基会董监事访问团一行15人，在国台办综合局局长郑崇阳、省台办主任裘小玲、市台办主任施金国的陪同下来到北仑考察台资企业。区委副书记、代区长、开发区管委会副主任胡奎热情接待了参访团一行，并陪同考察了台塑关系企业（宁波厂区）和永冠能源科技集团。

【全省首家民主党派中小企业服务中心成立】 9月27日，区中小企业服务中心成立庆典暨“融资城网络”宁波经济技术开发区服务中心授牌仪式在宁波职业技术学院举行。省政协常委、民建省委会副主委郭吉丰，副市长、民建市委会主委张明华，副区长徐斌，区政协副主席蒋素春，区政协副主席、区委统战部部长袁侠等出席仪式。区中小企业服务中心由民建北仑区总支部设立，是非营利性的社会组织，在区委统战部领导下，为北仑区域内的中小企业提供经济、科技、法律、贸易、金融、财税等方面的咨询、培训服务。“融资城网络”宁波经济技术开发区服务中心的设立旨在引进互联网融资新概念，发展地方融资平台。

【第六届卓越总裁特训班举办】 10月30日，为期4天的北仑区第六届卓越总裁特训班在上海交通大学顺利结束。来自全区的50余名企业家参加培训。副区长刘文科在开班仪式上作了动员讲话。培训班由区委统战部、区社会主义学院、区工商联、区民营企业协会、新的社会阶层人士北仑培训基地共同举办。

【宝地宝岛书画家作品火热义拍】 11月14日，“情结践善 心念追梦”宝地宝岛书画家作品慈善义拍会在北仑图书馆开拍。市慈善总会会长陈云金，副巡视员赵伟光，区委常委、宣传部长杨劲，区人大常委会副主任王国铭，区政协副主席、慈善总会会长蒋素春，区政协副主席、区委统战部部长袁侠，区政协副主席颜力、副区级领导黄选民等出席了此次拍卖会。据了解，北仑区共有70多家爱心企业参与了此次慈善义拍会，原有16件拍品捐献给了拍卖会，后又追加了5件拍品，全部被爱心企业高价拍得。21件作品共拍得善款200余万元，将全部用于助困、助医、助学、助孤、助老、助残和关爱“好人”等公益项目。

【北仑知联会二届一次理事大会召开】 11月20日，北仑党外知识分子联谊会二届一次理事大会召开。区委副书记邬志刚，副区长刘文科，区政协副主席、区委统战部部长袁侠出席会议。会议听取并审议通过第一届理事会工作报告，审议通过《区知联会章程（修正案）》。会议选举产生新一届常务理事和会长、副会长、秘书长，刘文科当选为会长。

【第三届仑港青年企业家创业创新论坛举行】 11月29日，第三届北仑·香港青年企业家创业创新论坛举行。来自香港北仑青年联谊会及区内的近30位北仑籍青年企业家，市委统战部、市侨办、市侨联等部门有关负责人及区相关部门人士参加。区政协副主席、区委统战部长袁峡出席论坛并致辞。论坛中，两地青年分别从不同行业、不同视角交流分享了个人及企业在创业创新中的经验与体会，令与会的两地青年企业家受益匪浅。

（周燕国）

·鄞州区委统战部·

【综述】 2014年，鄞州区统一战线工作在区委的正确领导和上级统战部门的指导下，坚持以科学发展观和党的十八大，十八届三中、四中全会精神为指导，立足统一战线五大关系和谐，围绕中心，服务大局，团结和联合社会各方力量，进一步助推区域民主政治建设，服务经济转型发展，扩大对外开放交流，维护社会和谐稳定，推动非公有制经济健康发展。

【党外代表人士工作】 稳步推进党外代表人士队伍建设。根据省、市文件精神，进一步完善党外代表人士队伍建设的实施意见，指导各民主党派加强基层组织建设，完善党外代表人士及党外干部数据库。全区7个民主党派基层组织共增加成员23名，总数达到374名；区知联会考察发展会员230名，总数达到500余名，各镇乡（街道）实现了知联分会的全覆盖；新认定无党派人士100余名，总数达到近400名。强化党外干部的物色培养，完成新一轮党外干部考察摸底，推荐25名优秀党外干部进入后备干部名单。举办两期党外代表人士培训班和一期党外干部培训班，组织120名党外代表人士，59名优秀党外干部参加了系统培训。进一步畅通党外人士参政议事渠道。坚持并完善同党外人士的对口联系和定期通报制度，组织召开党外各界人士座谈会8次，邀请150余人次参与座谈。建立统战系统领导干部与各界代表人士联系交友制度，党外人士参政议事渠道进一步得到拓宽。积极引导党外人士就民生社会热点问题开展调研献策，在两会上共提交各类政协提案120余件，在数量和质量上都比往年有了较大提高。深入推进新媒体和网络界人士统战工作。进一步建立健全区网络界人士联谊会工作机制和组织保障机制，物色发展会员3名，组织开展了“看古村古树赏樱花美景”红色印记山村旅游资源考察、下应湾底村新村建设考察、“走进新媒体（动漫）产业基地”等各类活动，进一步增强了团队凝聚力。注重新媒体和网络界从业人士参政议政能力的培养，召开了“五水共治”、“三改一拆”情况通报会，号召网联会成员发挥自身特长，做好网上舆情分析引导，在维护和促进社会和谐稳定中发挥正能量。在2014年召开的全国网络代表人士统战工作会议中，鄞州区网络界人士统战工作作为先进典型进行了交流发言。

【民族宗教事务管理】 促进民族团结、和谐共融。深化民族团结进步工作，依托社区（企业）服务窗口和平台，打造“微平台”和“微窗口”，为外来少数民族开展各类咨询及就业、计划生育等服务。指导区民族联开展“大手牵小手 团结一家亲”、“甬动爱心 援藏行动”、“云和大溪畲族乡对口帮扶行动”等民族团结联络联谊活动。积极落实民族政策，主动对接教育部门，设立中考民族身份确认服务专线。组织开展困难少数民族家庭走访慰问活动，为108户少数民族困难家庭发放了慰问金5.4万元。提升宗教事务管理水平。深化和谐寺观教堂创建活动，新创建市级平安宗教活动场所3处，全区平安宗教场所达标率75.3%，和谐寺观教堂达标率79%。基督教各堂（点）财务软件应用电算化管理和佛教寺庵的会计代理工作进一步完善，实现了教职人员认定、备案、社会保障工作及佛教寺庵住持遴选和基督教堂堂委任职工作机制常态化。严格安全工作主体责任，制定出台《鄞州区宗教活动场所安全管理暂行办法》，对宗教场所安全管理的要求更加明确。抓好宗教界代表人士政治引领。在全区宗教界人士中广泛开展“寻梦中国·正言正行”主题教育实践活动，引导宗教界人士践行社会主义核心价值观。成功举办“天童禅宗文化”系列活动，在全国乃至海外产生较大影响。

【港澳台及海外联络联谊】 引才引资服务区域经济发展。以侨商回归工程为主线，浙洽会、“宁波帮”30周年等经贸活动为依托，协助引进宁波侨汇融资租赁公司等6个侨资项目落户鄞州，总投资额3930万美元，实到外资2335万美元。以区海创服务中心、海外人才创业服务窗口为平台，引进专业人士59名，推荐4个项目入选区“精英引领计划”，为鄞州区经济转型升级作出了积极贡献。以侨为媒促进社会民生改善。积极引导侨界冠名基金和侨界企业参与“五水共治”、“美丽鄞州建设”，全区20多家侨界企业共捐款4200余万元。海外联络联谊彰显活力。全年共接待海外及港澳地区华人华侨经贸文化交流考察团1200余人次，开展合作交流活动18场次。欧洲华商会中国总部落户鄞州，宁波市海外英才联谊会鄞州分会正式成立，鄞州区同海外代表人士的合作交流进一步稳固提质。深化鄞港两地联谊交流。通过鄞港两地新春恳谈会、香港鄞州同乡会四周年庆典、鄞港青年香港交流合作等一系列活动，进一步增进了在港乡亲社团对家乡的情感，为两地经贸文化深入交流起到了积极的作用。强化服务凝聚侨界向心力。举办第九届侨界企业就业推介会，帮助70家侨企解决250余名用工需求。区侨务部门会同海创服务中心推出“贴心保姆式”服务，走访企业105家，推荐申报区精英引领计划项目10个。签约中国银行鄞州分行，为侨界企业争取到每年5亿元人民币的授信支持。同时，进一步推进基层侨务组织建设，相继在中河、首南等14个镇（乡）街道建立了首批侨务工作站。深化侨情调查成果的综合应用，通过走访、慰问、结对等方式帮助在鄞侨界人士解决实际问题344件，制订出台《鄞州区生活困难的高龄华侨实施特殊补助的办法》，体现区委、区政府对侨界人士的人文关怀。

【对台基层结对交流取得新突破】 全年完成与高雄市对口交流区结对签约36个，其中村（社区）、里结对32个，完成总体目标56.3%。成功组织“高雄里长鄞州行”、鄞州基层交流团赴高雄边远山村以及台南“社区营造论坛”等互访交流活动，进一步促进了两岸民俗文化、社区管理的了解和认同，互相学习借鉴在基层服务管理方面好的经验做法。两地经贸文化交流合作不断加深。全年共接待来自台湾各类交流考察团15批次，250余人次。协助举办第六届“海峡论坛·两岸基层调解员联谊交流会”、首届宁波高雄“双港论坛”联欢晚宴、“鄞州旅游杯”海峡两岸四地围棋友好邀请赛等一系列重要活动，赴台开展纪念沈光文诞辰402周年文化交流活动，鄞台两地各领域、各界别交流合作深度和广度进一步得到拓展。扎实开展台资企业服务月活动，通过人才专场招聘会、电子商务培训班、政策咨询会、台商座谈会等活动支持、帮助台资企业科学发展。帮助台商解决办证、子女就学等困难25起。举办“迎新春招待酒会”、中秋联欢会、“游四明山水、赏杖锡樱花”、第二届“周市杯”慢投垒球比赛、“两岸结亲探亲”、台联会理事首次赴台考察交流等各类活动，增进与台胞、台眷的情感交流。

【非公有制经济领域统战工作】 帮助非公有制企业排忧解难。在融资服务方面，总结推广四种中小微企业融资服务模式，搭建22家融资服务平台，稳步推进与民生银行合作的小微企业互助合作促进会建设，为800余家企业发放贷款约12亿元，有效缓解中小微企业融资难问题。在人才服务方面，组织或参与3场用工招聘会，帮助区内95家非公有制企业解决1000余个岗位用工问题。帮助企业申报省千人计划人才1名，服务外专企业10余家，推荐成功入孵企业10余家，夯实企业发展后劲。商会组织建设取得新进展。优化会员队伍，会员企业总规模达到3117家，规上企业占70%；异地商会4家，行业协会3家，建立友好商会28个，商会组织发展基础不断夯实壮大。推进示范商会建设。塘溪镇商会、中河街道商会成功创建为市级示范商会。商会大厦建设进展顺利。基层商会大厦建设稳步推进，中河街道、高桥商会大厦已动工建设，瞻岐镇、姜山镇、首南街道、横街镇商会大厦项目建设用地已落实，钟公庙街道、石碶街道、鄞江镇商会大厦已立项，横溪镇商会人才公寓楼项目即将竣工。异地商会大厦建设成果显著，总建筑面积 2.5 万平方米，总投资约 2 亿元的鄞州区异地商会大厦正式落户鄞州区，吸引近 30 家有实力的鄞商企业入驻，促进了“鄞州经济”与“鄞州人经济”的良性互动发展。深入开展非公有制经济人士理想信念教育活动。制定出台《2014 年鄞州区理想信念教育实践活动实施意见》，创新活动载体，丰富活动内容，引导广大非公有制经济人士践行社会主义核心价值体系。启动“文化进企业——暖流工程”，向会员企业提供五项文化服务，进一步增强了企业的凝聚力和非公有制经济转型发展的信心。引导非公有制经济人士积极投身“五水共治”。向全区非公有制企业发出助力“五水共治”的倡议书，号召非公有制企业广泛参与，切实履行社会责任。全区 1200 余家企业热情参与“五水共治”捐款活动，已累计到账资金 2.46 亿元，位列全市第一。

【统战理论研究与基层协商民主】 调研宣传工作再创佳绩。开展社会化的统战理论研究，全年共完成调研课题和理论文章 10 余篇，在各类报刊、杂志、网络媒体上发表新闻稿件 400 余篇，其中《浙商回归工程的实践与思考》获得市统战理论政策研究优秀成果一等奖。同鄞州电视台合作拍摄的《同心鄞州》人物传奇获市统战宣传优秀成果一等奖。《禅宗文化的传承与创新》获市统战创新工作二等奖。基层协商民主探索取得成效。深入开展基层协商民主路径研究和机制摸索，联合万里学院专家、教授共同开展基层协商民主调研，在对全区“六镇乡三街道”调研的基础上，对鄞州区基层协商民主工作的现行做法进行总结，并就推进鄞州区基层协商民主提出初步意见建议，形成调研报告并向区委做了汇报。区委拟将此项工作列为“法治鄞州”建设十项重点工程之一。

【市党外代表人士挂职锻炼基地成立】 11 月 4 日，由市委统战部、市委组织部与鄞州区委联手共建的宁波市首个“党外代表人士挂职锻炼基地”在鄞正式签约成立。5 名宁波市党外中青年干部到鄞州区挂职锻炼。首批选派的 5 名党外中青年干部将分别赴区教育局、区住建局以及下应、潘火、钟公庙三个街道办事处挂职，为期半年。

【党外人士服务中心全面升级】 12 月，区党外人士服务中心在区综合活动中心升级启用，全区 7 个民主党派以及区知联会、网联会、留创会等统战团体有了专用办公室以及公用会议、活动场地，面积达到 330 余平方米，综合硬件水平达到全市领先。软件配套同步跟进，建立健全运行机制和活动机制，招聘专职工作人员，实现专项资金保障，确保服务中心进一步发挥实效，真正成为“党外人士之家”。

【基层协商民主进鄞州系列活动】 由鄞州区委统战部和宁波广电集团新闻频道合作的“基层协商民主”进鄞州系列活动是围绕群众关心的切身问题，借助“两代表一委员”以及社会各界代表人士，通过在镜头前面对面的协商对话，引导各利益相关方以理性的方式来解决基层存在的各类矛盾，同时也为基层党委、政府的决策提供有效支持。该系列活动策划在全区 6 个有代表性的镇乡（街道）分批次举办，旨在培育基层党委、政府以及群众基层协商民主意识，强化基层协商民主宣传，为该项工作在鄞州的推进奠定良好的基础。

【非公有制企业捐款助力“五水共治”】 3 月，区工商联向全区广大非公有制企业发出积极投身“五水共治”倡议书，号召全区非公有制企业主做好“五水共治”的带头践行者、宣传监督者、爱心奉献者。倡仪发出之后，全区各基层商会约百余家非公有制企业积极响应，纷纷捐资出力。在 3 月 28 日召开的全区城乡一体化改革发展暨农村工作会议上，共有 42 家企业（个人）当场认捐 1.2 亿元，这为引导更多非公有制企业和非公有制经济人士参与“五水共治”起到了表率作用，此后区内各地又有许多企业与个人陆续投身该项活动，累计捐款到账 2.46 亿元。

【欧洲华商会中国总部落户鄞州】 4 月 23 日，欧洲华商会中国总部项目在鄞州区举行启动仪式。该商会成立于 2013 年，是由欧洲各国著名华商和华社团体组成的全欧性民间团体，现有会员企业（华社）200 多家。欧洲华商会中国总部将是该商会的一个常设机构，今后将为推动中国和欧洲在经贸、科技、文化等领域合作交流提供纽带。启动仪式上，欧洲华商会与宁波市工商联签订友好商会协议，与招商银行宁波分行签订战略合作协议。

【举行天童禅宗文化研究交流大会】 10月，首届“天童禅宗文化研究交流大会”在鄞州区举办，“天童禅宗文化研究交流基地”正式授牌。来自日本、韩国、美国、德国、荷兰等九个国家和国内的诸山长老、大德法师、专家学者及佛学院学生、护法居士五百多人参加大会。共收到海内外专家、学者、佛教界大德法师研讨论文47篇，其中有24篇论文在大会上进行交流发言，深刻地论述了佛教禅宗文化和天童禅寺历代高僧卓越的功业以及对社会的贡献。“天童禅宗文化研究交流”是鄞州区委统战部结合天童景区建设项目主推的核心载体，旨在彰显宗教界代表人士在践行社会主义核心价值体系中的积极作用。（张　迪）

·余姚市委统战部·

【综述】 2014年，全市统一战线深入贯彻落实党的十八届三中、四中全会和上级专线会议精神，紧紧围绕全市改革发展大局和市委重大决策部署，坚持服务中心、服务基层、服务统战成员导向，着力谋发展、助改革、促和谐、优队伍、强双基，各项工作狠抓落实、有序推进，取得了积极成效。

【践行群众路线展现新面貌】

年初以来，统战系统按照市委教育实践活动总体部署，立足多形式学习教育、多层面意见征求、多举措深入整改，着力把每一个规定动作做到位，每一个自选动作抓扎实。活动开展以来共发放意见征求表350份，召开各类统战对象座谈会9次，机关党员干部走访各界统战人士和基层群众412名，村（社区）81个、企业49家，征集意见建议32条。部机关领导带头整改、分工落实了6大类17项具体整改内容和措施，及时出台了一批内部规范管理制度、完善了一批密切联系基层和统战人士制度、建立了一批作风建设长效机制。较上年同期，减少各类会议40%，减发各种文件50%，削减评比达标表彰项目50%，压缩三公经费65%，活动期间，累计落实民生实事项目9个，牵头落实资金550万元，解决群众实际困难86件次。

【服务经济发展取得新成效】

全市统一战线共组织招引40多批浙商姚商、23个海内外工商社团及其50多家会员企业来姚考察投资。浙商姚商回归实际到位资金51.46亿元，完成全年目标的285.89%，吸引促成24个高层次人才创业创新团队及姚籍海归人才来姚创业，450多位市内外姚籍甬籍企业家投身余姚市公益事业，累计出资和实物捐赠4500万元。有效发挥小微企业互助合作促进会融资作用，共为全市小微企业提供互助合作贷款2亿多元。加快推进鹿亭同心实践基地建设，三年累计落实帮扶项目41个，到位项目帮扶、扶贫帮困资金976万元，牵头招商引资5100万元。积极推进商协会发展改革，顺利完成总商会、企业家协会整合和经济类商协会承接政府职能转移的试点工作。

【创新社会治理注入新活力】

根据年初全市基层协商民主建设推进会工作部署，紧扣“三个全面、三个融入”目标要求，实现了基层协商民主组织平台乡镇街道、重点村社区、主要行业协会组织全覆盖，全面推开了基层协商民主“三化”建设十项重点工作，各层面、各领域议事协商活动更加规范有序。全省统一战线推进基层协商民主现场会在余姚市召开，基层协商民主余姚做法得到肯定推广。网络统战工作进一步深化拓展，成立了宁波大市首个县级网络界人士联谊组织和两个乡镇街道网联会，搭建了“同心微余姚”微信公众平台，统一战线网管员、网评员、网络志愿者、“网络社区名人”四支队伍建设不断规范，统战领域网络舆情处理机制更加健全，社会组织统战、分众统战、新市民统战、民间信仰场所规范化管理等一批创新试点扎实推进。

【党外队伍建设得到新加强】

协助市委出台了《关于加强新形势下党外代表人士队伍建设的意见》，从目标任务、工作举措、组织协调、考核督查等各方面强化对党外代表人士队伍建设的顶层设计。抓好党外后备队伍建设，在2014年全市后备干部选拔、挂职锻炼、中青班学习、中层干部竞聘中坚持按不少于10%比例进行落实。出台《关于开展“五型”知联建设活动的实施意见》，深入推进知联会的规范提升和组织延伸工作，深化“10 + N”统战同心服务联盟建设，今年已累计为近3000人次群众提供帮扶济困、助学助医、助教助老等志愿服务，捐款捐物570余万元。切实加强各民主党派组织建设，协助把好新成员入口关，新发展成员15名。积极推进民主党派参政议政，各民主党派、工商联共向市人大、政协提交各类议案提案、意见建议70余件，其中《扶持家庭农场发展、促进农业转型升级》的提案得到国务院副总理汪洋的重要批示。进一步拓宽统一战线联系各界群众、收集社情民意和服务公共决策的方法途径，建立“统一战线社情民意观测站”36个，收到各类调研报告、社情民意32篇。

【基层基础工作有了新提升】 以“网格管理、双向服务”和重点工作项目化推进、对帐式考核为抓手，进一步推进了统战工作“五基本”规范化建设；从平台载体、网络机制和项目功能等建设入手，组织开展统战工作特色示范系列创建活动。其中，阳明街道、梁弄镇、泗门镇、低塘街道完成宁波级基层统战工作示范点复评或创建，新命名9家统战宣教基地；深入实施统战文化品牌建设，指导培育了100家企业文化示范点，编印了《市10家企业文化建设先进典型经验汇编》，成立了河姆渡镇统战文化研究会；充分利用余姚市特色文化资源和“五大建设”成果，以港澳台和海外基层组织人士、新生代人士为重点邀请对象，组织开展“创二代重温红军路”、“国侨办创业创新团队余姚行”、“一社一品两岸基层社里交流”等活动，进一步密切两岸三地文化经贸合作交流。

【王阳明故居创建成为省对台交流基地】 王阳明故居是余姚市著名的人文景点和城市窗口。2014年10月31日，在阳明先生诞辰之日，余姚市王阳明故居作为省级对台交流基地正式授牌。基地在姚台两地交流交往中发挥着桥梁纽带作用，成为两岸同胞血脉相连、情感相通、文化相融的载体和聚点。

【“同心微余姚”微信公共平台正式开通】 2014年9月20日，市委统战部正式开通“同心微余姚”微信公共平台，该平台分布设置了微工作、微头条、微政策、微人物、微故事、微知识、微分享、微信箱八大功能板块，通过统一战线全方位工作动态、经验做法、建言献策、互动交流，做到第一时间发布、第一时间知晓和第一时间互动。此外，平台还将根据重要时间节点和重点工作需要适时推出专栏。

【国侨办重点华侨华人创业团队余姚行活动举行】 9月21日至23日，宁波市侨办和余姚市委市政府举行了2014国侨办重点华侨华人创业团队余姚行活动，来自美国、加拿大、日本、意大利等10多个国家和地区的70余名国侨办重点华侨华人创业团队负责人和海外侨领参加了活动。国侨办副主任庄荣文、宁波市副市长王剑侯、余姚市市长奚明在开幕式上分别致辞，宁波市委常委、组织部部长杨立平，浙江省外侨办副主任王通林，宁波市侨办主任陈瑜及余姚市领导毛宏芳、诸晓蓓、叶枝利、李森苗、韩柏顺等参加了相关活动。活动期间，北京大学国家发展研究院副院长黄益平作了宏观经济形势主旨演讲。湖北微模式科技发展有限公司等5家华侨华人创业团队负责人作了交流发言。此外，还举行了园区参观考察活动和项目对接洽谈会，达成14个项目意向。

【香港余姚联谊会举行成立五周年庆典】 2014年11月9日，香港余姚联谊会成立五周年庆典在香港举行。余姚市委副书记诸晓蓓出席庆典并讲话。中联办协调部及香港浙江同乡会联合会、香港宁波同乡会、香港甬港联谊会等20多家同乡社团负责人和香港各界姚籍港胞共160余人参加庆典。来自余姚的艺术家和香港余姚联谊会的文艺骨干表演了精彩的节目。

【全市统一战线合力助推“五水共治”】 2014年，市委统战部积极引导动员广大统战人士参与五水共治。全市35位党外代表人士作为五水共治宣传员、监督员全程参与治水各环节宣传监督工作，同时，发动非公有制企业累计捐款500万元设立“五水共治”冠名基金，港胞捐赠120余万元用于鹿亭乡中姚村、实验小学、余姚中学、牟山镇青港小学水毁工程修复；成功引介姚籍海归水环境专家章卫军与市水利局共同开展“余姚市饮用水原水水质监测预警应急决策支持技术研究”，该项目荣获浙江省2014年度水利科技创新奖；同时先后举办了“探寻姚江源保护母亲河”、“五水共治”报告会、“小鱼治水·清源洁水行动”、“揭浊扬清水环境”摄影比赛等“五水共治”系列活动，在全市统一战线营造亲水、爱水、护水的良好氛围。

【余姚市乡镇（街道）基层协商民主议事平台建设实现全覆盖】 近年来，由余姚市委统战部牵头，按照基层协商民主制度化、规范化、程序化建设要求，推进了基层重大公共事务民主议事协商的组织平台建设。在充分挖掘本地政治、经济、文化精英人士、“两委员一代表”、统一战线代表人士、各类社会组织等各阶层、各界别群体的基础上，在街道探索搭建了街道参议会，承担重大公共事务的议事协商、建言咨政、民主监督职能，弥补了街道无“人代会”、“党代会”等法定议事平台的制度缺陷。在乡镇探索建立了公共决策咨询委员会，依托各方面专家学者和区域各领域精英人士，更好地拓宽决策思路、寻求发展良策。截至2014年7月底，余姚市21个乡镇（街道）基层协商民主议事平台建设已实现全覆盖。据统计，各乡镇公共决策咨询委员会、街道参议会共吸收各界会员724人，其中聘请市外顾问41人，统战代表人士207人，安排落实年度协商计划议题212个。

【余姚开展经济类商协会承接政府部分职能转移试点】 为落实政府权力清单制度，推进政府向社会力量购买服务和加快行业协会商会改革发展，2014年7月初，余姚市成立了商协会转移试点联席会议制度，由市长担任总召集人，统战部长担任副召集人，明确各职能部门分工，积极稳妥、有序规范推进经济类商协会承接政府职能转移试点。以综合性、单项性试点相结合，积极推进政府职能转变，提升社会治理能力。试点对商协会承接政府有关职能的基本条件作出明确，根据《余姚市社会组织评估办法》，获得3A以上的商协会具有承接资格，5A商协会可优先承接。同时对商协会法人治理结构、行业影响力和代表性、近三年社会诚信记录、硬件办公设施等作出了明确要求。试点对政府职能转移方式和程序进行规范，主要以职权清退、授权转移、委托转移、购买服务四种方式开展承接，同时规范设计了确定事项、审核批准、发布公告、签订协议、事项交接、后续监管一整套工作流程。首批商协会承接职能目录主要包括开展行业统计、起草行业政策规划、承包会展会议等16项内容。

【余姚市探索基层统战工作量化考核模式】 为有效提升基层统战工作年度考核的针对性和可操作性，余姚市委统战部在明确2014年统战工作抓重点、创特色、破难题、谋创新等四方面主要内容的基础上，创新考核办法，推出了以“定人、定时、定事、定绩”为标准，以项目化推进为主要途径，探索统战工作量化考核模式。

【余姚市网络界人士联谊会成立】 2014年1月，余姚市网络界人士联谊会（简称网联会）成立，首届会员62人，主要由网络社区名人、新媒体从业人员、网络管理人员等三方面代表人士自愿组成，网络名人、活跃网友、知名微博微信主、网络版主等网络意见人士占80.3%。余姚市委统战部将以座谈、联谊、问政等形式，深化网联会工作，扩大网联会的社会影响力。

【余姚市创设“社情民意观测站”】 为进一步探索统一战线联系各界群众、收集社情民意和服务公共决策的方法途径，余姚市委统战部在市域内选取部分行政村（社区）、企事业单业和社会组织，设立统一战线“社情民意观测站”。“社情民意观测站”的主要职责是：统筹安排党外人士、党派团体骨干成员和统战干部联系社群工作；制定公布年度社情民意观测和同心实践志愿服务计划；牵头落实统一战线社情民意调研、社会互动协商事项和同心志愿服务各项事务；收集整理、分析研究社情民意并形成“社案”；及时向市委市政府和市委统战部汇集转达民意诉求；协调有关单位化解处理利益诉求，向联系社群通报反馈有关社情民意采纳办理情况。建立了联系社群、收集民意工作机制，重大“社案”民主协商机制，重大“社案”协同办理、集转报送和结果反馈机制，同心志愿服务项目化管理机制。

【全省统一战线推进基层协商民主现场会在余姚市举行】 2014年5月15日下午，全省统一战线推进基层协商民主现场会在余姚市举行。省政协副主席、省委统战部部长孙文友，宁波市委副书记余红艺，省委统战部常务副部长金长征，以及余姚市领导诸晓蓓、李森苗、蒋璟璟出席会议，毛宏芳、奚明等看望与会代表。与会人员先后参观了梁弄镇民主议事协商项目——梁冯村下山移民安置小区和协商民主宣教基地——梁弄镇正蒙学堂。近年来，余姚市基层协商民主工作以广泛、多层、制度化发展为目标，以制度化、程序化和规范化建设为重点，有效发挥统一战线优势，取得了积极成效。目前，余姚市基本形成了市委领导、统战牵头、部门协同、上下联动、各界参与的工作格局，各乡镇（街道）基本实现了制度多层面推广、协商多领域开展、平台多渠道建立的阶段性目标。

【余姚市委出台关于加强新形势下党外代表人士队伍建设实施意见】 2014年5月，余姚市委出台《关于加强新形势下党外代表人士队伍建设实施意见》，文件着眼贯彻实施《余姚市中长期人才发展规划纲要（2011－2020）》从目标任务、工作举措、组织协调、考核督查等各方面强化对党外代表人士队伍建设的顶层设计。

【拍摄民族工作专题片、举办民族团结宗教和谐摄影大赛】 为充分展示余姚市少数民族文化特色、深入推进民族宗教工作“五进”活动，2014年4月，市民宗局联合余姚电视台制作反映余姚市民族工作的专题片《唱响民族互融曲·同走和谐发展路》，该专题片通过介绍余姚市民族工作“进乡镇（街道）、进学校、进企业、进社区、进农村”五进活动的生动实践，为大家在展现少数民族群众创业创新方面优异表现的同时，也感受到五十六个民族团结互融、共建余姚美好家园的和谐氛围。同步开展民族团结宗教和谐摄影大赛。大赛历时9个月，共收到94名摄影爱好者的近400幅参赛作品。本次摄影大赛以“民族团结宗教和谐”为主题，以展现余姚市各族群众和广大信教群众参与余姚现代化建设为重点，突出反映少数民族创业创新、宗教界救灾帮困内容。

【基层“创二代”联谊会组织实现全覆盖】 继2012年12月成立了余姚市“创二代”联谊会后，市工商联便着手动员部署乡镇（街道）“创二代”组织全覆盖工作。经近两年的努力，终于实现基层“创二代”联谊会全覆盖，形成完整的组织网络，并采取完善制度、培训交流、服务社会等方式，有效解决了“创二代”群体缺乏组织活动载体、教育引导困难等问题。加上已组建的余姚市经济开发区、中国塑料城、中国裘皮城，余姚市共建立基层“创二代”联谊会组织24家，吸收会员482名，其中家族传承395人，自主创业87人，大专以上学历463人。

【第一轮宁波市统一战线鹿亭同心基地建设圆满结束】 为促进鹿亭乡的“美丽乡村”建设工作，打造“同心实践”工作品牌，两级统战部门和当地党委、政府紧扣中心工作和民生问题，有效整合统战资源，集中优势力量，通过助教助医、科技兴农、扶贫帮困、合作开发等方式，大力推进“鹿亭同心实践基地”建设。三年累计落实帮扶项目41个，到位项目帮扶、扶贫帮困资金976万元，牵头招商引资5100万元。

【余姚市探索开展社会组织统战工作】 2014年初，余姚市委统战部立足拓展统战工作领域、协调社会治理，积极开展社会组织统战工作试点。进一步健全了社会组织统战组织领导和牵头协调体系，建立健全市、乡镇（街道）二级社会组织及新社会阶层统战工作联席会议制度、统战部门与相关部门联系会商机制，以建设枢纽性社团、发展统战性社团、依托党政主管社团和培育民间草根社团为抓手，以点带面统筹推进社会组织培育发展、代表人士发现培养、社会组织作用发挥，在摸底调研基础上出台了《关于切实加强新时期社会组织统战工作的实施意见》。

【余姚成功举办第一届姚台社里美食节】 2014年6月24日至25日，以“牵手家庭同乐、共享姚台美食”为主题的“姚台社里美食节”系列活动在余姚成功举办，活动邀请了台湾10户家庭、6家食品公司的30多名台胞来余姚参加，市台商联谊会理监事、市台联会理事、城区四街道社区干部居民等也参加了本次活动，参与总人数达100余人。在为期两天的“姚台社里美食节”活动中，两岸社区居民一起观看了文艺演出，参加了姚台农产品展，采摘了余姚杨梅，并与余姚市社区家庭牵手结对，开展交流活动，促成了台湾食品落户余姚设立专卖点和文创产业项目的合作意向等。

【姚台“阳明文化缘”交流活动在余姚举行】 2014年10月30日至11月1日，以“文化传情、社里牵手、旅游牵线”为主题的姚台“阳明文化缘”交流活动在余姚举行。活动作为第三届国际阳明学研讨会子活动之一，也是全省对台交流的重点项目，以“文化传情、社里牵手、旅游牵线”为主题，举办了阳明学术研讨交流、省级对台交流基地王阳明故居授牌仪式、社区基层交流联谊活动、旅游项目对接签约、新农村建设考察签约等系列活动。邀请到了台湾著名学者、中华工商业联合会、台湾旅行社、高雄基层民众等近四十多位台湾同胞以及海协会、省台办、宁波市台办等各级领导前来参加，与余姚市文化、经贸、社区各界人士开展了热络的互动交流。

【余姚市支持推动民主党派开展坚持和发展中国特色社会主义学习实践活动】 一年来，通过组织召开民主党派“坚持和发展中国特色社会主义”学习会，邀请专家作专题辅导、暑期读书会、学习交流会、“好书伴我行”读书月等活动，促使成员深入学习习近平总书记系列重要讲话精神，不断增进思想共识。同时，建议市政府完善出台了《进一步加强和完善政府有关部门与民主党派工商联对口联系制度的意见》，召开政府部门与民主党派对口联系工作会议。一年来各民主党派共提交各类议案、提案、意见建议70余件，其中农工党余姚支部提交的《期盼三中全会破解家庭农场发展的土地流转难题》得到国务院副总理汪洋的重要批示。通过组建由各民主党派和统战团体共同参与的“10+N”统战同心志愿服务联盟，为同心服务基地提供菜单式志愿服务活动。2014年有4名党派干部参加挂职锻炼，有1名党派干部参加该市中青年干部培训班，有1名党派成员提拔为副局级干部。

【余姚市新的社会阶层人士联谊会成立】 2014年12月，余姚市新的社会阶层人士联谊会（简称新联会）成立，首届会员42人，主要是由民营科技企业的创业人员和技术人员、受聘于外资企业的管理技术人员、个体户、私营企业主、中介组织的从业人员和自由职业人员中的代表人士组成。新联会将通过组织会员开展学习交流、联络联谊、建言献策、服务社会等活动，将新的社会阶层人士凝聚在党的周围，促进他们健康成长、创业发展。 （陈狄君）

·慈溪市委统战部·

【综述】 2014年，慈溪市统一战线通过完善制度机制建设、强化思想政治引导、创新社会治理方式、加强理论研究创新，有力提升了基层统战工作的社会化、科学化水平。该市的村（社区）统战工作规范化建设工作被评为宁波市委统战部创新工作一等奖，《基层协商民主制度化的慈溪实践与探讨》调研报告获得宁波市统战理论政策研究优秀成果一等奖，市民族宗教局被国务院授予“全国民族团结进步模范集体”荣誉称号，市工商联被评为宁波市工商联系统创新工作二等奖，市侨办获宁波市侨办系统先进集体称号，市台办被评为全国对台宣传工作先进单位，民盟荣获中国民主同盟基层组织建设先进基层组织，民建获民建宁波市社会服务工作先进集体，致公党获宁波市宣传、组织工作先进支部，九三学社获宁波市组织建设、社会服务先进集体，海创会获浙江省优秀海创会等荣誉称号。

【坚持中国特色社会主义道路，多党合作事业再谱新篇章】 一是强化理想信念教育。启动了统一战线学习实践中国特色社会主义、服务“三个年”活动，组织开展了党的十八大，十八届三中、四中全会精神和习近平总书记系列重要讲话精神学习教育系列活动，举办党外人士素质提升班、党外领导干部暑期读书班，邀请中央社院教授李小宁来慈作《巩固和发展最广泛的爱国统一战线》和《统一战线与协商民主》专题讲座，协助市委举办题为《当前与未来的台海形势》的“慈溪论坛”专题报告会，组织开展“情系英魂　传承薪火”清明祭扫、“同心同行在中国特色社会主义大道上”统一战线主题征文和“美丽中国·你我同行”党外人士风采图片展等活动。二是强化党外代表人士队伍建设。组织开展了党外人士在行政、事业单位任职情况调查，联合市委组织部制定出台了《关于实施党外优秀年轻干部“3612同心育苗工程”的实施意见》。协助市委制定出台了《关于调整市四套班子主要负责人、市委常委及党员副市长同民主党派、工商联、无党派代表人士联系交友名单的通知》，探索建立了党外代表人士工作沟通联系制度、民主党派及知联会主要负责人联席会议制度，健全完善了党外代表人士表彰激励机制。先后成立了中国致公党慈溪市综合支部和市金融系统知联会，并协助民盟、民建做好了换届工作。三是发挥统一战线优势服务中心大局和社会民生。积极发动统一战线成员发挥自身优势助力“五水共治”行动，全市累计有1640余家企业参与“五水共治”募捐活动，涉及捐赠资金达3.7亿元。引导统一战线成员积极履行参政议政职责，“两会”期间，各民主党派、工商联和无党派人士共计提交各类提议案366件。召开了党外代表人士市重点工作进展情况通报会，协助市政府办开展了市政府有关部门与各民主党派、市知联会对口联系工作督查并召开座谈会。开展了党外代表人士“进百家门、听百家言、帮百家事”三百活动，定期组织统一战线广大成员开展结对帮扶、医疗卫生、法律咨询、农技辅导等服务活动70余次，受益群众达8000余人。

【集中力量抓好落实推进，基层统战工作社会化水平再上新台阶】 一是全面推进基层协商民主工作。将基层协商民主工作和村（社区）统战工作规范化建设纳入了文明村考核内容。11月召开了基层协商民主工作推进会，各镇（街道）、村（社区）均建立了以“三定五步”法为内容的基层协商民主工作机制，镇村两级协商民主小组成员分别达279人及4244人。累计举行镇（街道）民主协商会议26次、村（社区）民主协商会议758次，主题协商682件次，解决群众反映大的问题560多个，落实相关意见建议950余条，有力推进了道路、桥梁、水利等镇村两级重点工程及土地征用、房屋拆迁工作的实施。二是着力推进企业统战工作规范化建设。全市有163家企业开展了企业统战工作，成立企业知联会、统战人士联谊会、民族联等统战社团组织82个，有38家企业申报创建“同心”思想示范基地，其中12家企业创建达标。11月召开了非公有制企业统战工作座谈会，有20家企业进行了交流发言。三是深入开展新市民统战工作。召开了新市民联谊员培训会，对25名年度优秀新市民联谊员进行了表彰。启动了以汇聚“新力量”、传递“新服务”、电眼“微留意”、点亮“微心愿”为主要内容的新市民联谊员“与慈溪同呼吸、共发展”主题教育实践活动，引导他们更好地服务慈溪、融入慈溪。分批次组织新市民联谊员开展了“亲水、惜水、护水，共建美丽慈溪”专项联谊活动。

【深化民族宗教工作“五个一”工程，民族宗教领域和谐稳定再保新态势】 一是强化教育宣传和人才培育工作。启动中国特色社会主义宗教理论学习实践活动，举行中国特色社会主义宗教理论学习会，累计向各镇（街道）、各民族宗教团体、宗教活动场所及基层民族宗教服务组织下发民族宗教理论读物1000余册。开展综治双月、宗教政策法规宣传月、民族团结进步创建宣传月、“和谐宗教　平安慈溪”宣传等活动，举办“同心同行·共筑中国梦”慈溪佛教界首届书画展。启动了宁波市级10名、本市级100名、镇（街道）级1000名的“十百千”民族宗教界后备人才库建设，并举行了各民族宗教团体中青年骨干培训班。二是加大少数民族群众服务力度。积极做好少数民族低收入群众结对帮扶工作和少数民族发展项目补助工作，累计为全市173户少数民族低收入农户发放医疗、助学等补助款逾18万元，并促成36名低收入群众转产就业，对18个项目下发补助资金30余万元。做好民族更改和少数民族中高考加分审核工作，全年共为141名少数民族中考考生和78名高考考生出具证明。三是做好宗教领域和谐稳定工作。推进和谐寺观教堂创建、生态场所建设活动，继续推进宗教活动场所管理规范化工作。首创全市首支宗教界安全宣传志愿者队伍，全年共开展各类宣传活动112次，发放安全宣传资料2.5万余册。充分发挥村（社区）和谐促进会民族与宗教事务工作委员会的前沿阵地作用，化解基层民族宗教领域的矛盾和不稳定因素80余个，及时上报动态信息55条。四是做好“三改一拆”涉及宗教违章建筑处置工作及违法建筑防控长效管理机制试点工作。对全市涉及宗教违法建筑的数量、类型、结构、面积等进行了全面调查摸底，发挥市镇村三级网络及各宗教团体的作用，加强对信教群众的教育引导，构建了涉及宗教场所违建实时动态监控机制，并积极探索开展宗教和民间信仰活动场所服务管理长效机制试点工作。

【坚持引导与服务并重，“两个健康”工作再添新内涵】 一是深化非公有制经济人士理想信念教育实践活动。结合主席会长会议、市创二代联谊会理事长会议，认真开展非公有制经济人士理想信念教育实践活动，组织创二代成员赴上海自贸区等地开展了学习培训和“红色接力”主题教育活动。加大非公有制经济人士创业创新宣传力度，以公牛集团为典型拍摄了专题片并入选《甬商义行》电视栏目。二是服务非公有制企业健康发展。着力发挥慈溪市应急专项资金的重要作用，去年累计转贷1264笔次，转贷金额达到56.9亿元。加强与民生银行、渣打银行慈溪支行的联系协作，依托小微企业互助合作基金会等载体积极拓展小微企业融资服务平台建设。稳步推进村级商会建设，2014年新成立村级商会3家。中小企业服务中心投入运行，为全市中小企业提供信息、人才、法律事务、科技、融资等综合性服务。三是积极参与招商引智活动。着力做好与异地商会的项目对接工作，积极推介慈溪市各大产业平台，帮助企业了解相关政策措施。杨梅节期间，邀请海外青年英才开展走进慈溪活动，并在慈成立了宁波市海外青年英才联谊会慈溪联络站和美国斯坦福大学上海校友会慈溪联络站，赴美国、加拿大举办海外高层次人才智力项目对接活动。

【加强交流交往，港澳台联络联谊再注新活力】 召开美国慈溪同学会第一次代表大会暨夏令营活动。去年共接待来访海外人士59人次，充实完善侨情数据库138人，组织海内外侨界联谊活动10场次。举办了在慈台商中秋联欢、迎新酒会等一系列台商台胞台属交流联谊活动。以台湾慈溪联谊会和台联会为平台，邀请台湾慈溪联谊会第二次返乡团、高雄基层交流团近60人来慈省亲考察。组织城区街道23个社区（村）赴高雄开展了基层友好交流，与高雄有关区里签订友好交流合作协议。

【启动统一战线学习实践中国特色社会主义、服务“三个年”主题活动】 3月17日，市委统战部召开全市统一战线学习实践中国特色社会主义、服务“三个年”活动动员会，对学习实践活动进行动员部署，并听取各民主党派、无党派代表人士的意见建议。民盟市基层委员会、民建市基层委员会、九三学社慈溪支社副主委、市知联会副会长以上成员参加了会议。市委常委、统战部部长张建人出席会并作动员讲话。

【启动新市民联谊员“与慈溪同呼吸、共发展”主题教育实践活动】 6月4日，市委统战部联合市流动人口服务管理工作领导小组办公室出台了《关于开展新市民统战代表人士和谐促进联谊员“与慈溪同呼吸、共发展”主题教育实践活动的通知》，通过创设新市民联谊员“双新双微”活动载体，引领新市民积极投身服务于“三个年”活动。

【基督教两会顺利换届】 4月28日，召开了市基督教两会第九次代表大会，选举产生新一届领导班子。在代表大会开幕式上，市委常委、统战部长张建人出席并讲话。

【举行“海外青年英才慈溪行”活动】 6月24日下午，海外青年英才走进慈溪暨宁波市海外青年英才联谊会慈溪联络站和美国斯坦福大学上海校友会慈溪联络站成立仪式在慈溪市举行。市委副书记孙百南应邀参会并致辞，会议由市委常委、统战部长张建人主持，副市长胡建国出席会议。

【中国致公党慈溪市综合支部成立】 7月18日，中国致公党慈溪市综合支部成立大会顺利召开，会议选举慈溪市汇丽机电有限公司总经理、市人大代表罗宇为致公党慈溪市综合支部主任，同时选举产生了副主任3人。致公党慈溪市综合支部是继民盟慈溪市基层委员会、民建慈溪市基层委员会和九三学社慈溪市综合支社之后，慈溪市成立的第四个民主党派基层组织。

【美国慈溪同学会成立】 7月26日，美国慈溪同学会第一次代表大会暨夏令营活动在慈溪举行。市委常委、统战部长张建人到会祝贺并讲话，省政协常委、省海外高层次人才联谊会会长姚纳新到会作报告，北美慈溪同乡会会长卢国文，市委组织部副部长、市人才办主任赵录平，市侨办主任、侨联主席黄建岳，市海创会会长罗宇和部分留美家长代表到会祝贺，90多名留美学生参加了本次活动。

【2014国际家族企业论坛在慈举办】 11月15日，2014国际家族企业论坛在慈溪举办，论坛以“家族财富与百年传承”为主题，探讨了东西方文化交融环境下现代家族企业精神财富新内涵，围绕儒商伦理、家族财富新内涵、家族企业健康和财富管理展开了思想激辩与高峰对话。

【举办“同心同行·共筑中国梦”慈溪佛教界首届书画展】 11月3日至9日，在市图书馆举办了“同心同行·共筑中国梦”佛教界首届书画展。本次书画展以“同心同行·共筑中国梦”为主题，书画作品题材多样，共展出作品百余件，同时收录了其中的108幅作品集结成册，呈现了慈溪市佛教多元的文化特色和较强的时代风貌。

【香港慈溪联谊会换届】 11月8日，香港慈溪联谊会全体会员代表在港欢聚一堂，召开第二次会员代表大会，组织联谊会按期换届并举行庆典活动。中共慈溪市委书记卞吉安，中共宁波市委统战部副部长胡学建，中共慈溪市常委、统战部长张建人，慈溪市人大常委会副主任龚建长等有关领导参加了庆典活动。

【实现基层协商民主工作全覆盖】 慈溪市按照习近平总书记“有事多商量、遇事多商量、做事多商量”的要求，坚持协商于决策之前和决策之中，扎实推进基层协商民主制度化、规范化、程序化建设，打造了以“提议、对话、协商、决策、监督”为特征的基层重大事务民主协商的“慈溪样板”。截至12月份，全市各镇（街道）、村（社区）在宁波大市范围内率先实现基层事务协商民主全覆盖，累计举行民主协商会议784次，参加协商对象达4520多人次，解决群众反映问题460多个，落实相关意见建议830余条，有力推进了道路、桥梁、水利等镇村两级重点工程及土地征用、房屋拆迁工作的实施。 （罗　伟）

·奉化市委统战部·

【综述】 2014年，奉化统一战线工作在奉化市委的领导和上级统战部门的指导下，深入贯彻落实党的十八大和十八届三中、四中全会精神，紧紧围绕中心工作和发展大局，统筹协调和正确处理政党、民族、宗教、阶层、海内外同胞等五大关系，积极探索，扎实工作，引导全市广大统一战线成员为奉化市加快推进“三大建设”作出了积极贡献。奉化市委统战部被中央统战部宣传办评为全国宣传工作先进单位、荣获宁波市统战工作创新奖、宁波市重大统战活动创意奖等；奉化市工商联被评为省“五好”县级工商联；奉化市侨联被评为省侨联先进集体、宁波市侨联先进集体、宁波市基本侨情调查工作先进集体；奉化市民宗局被评为宁波市民族宗教工作先进单位、宁波市民族宗教系统安全工作先进单位；奉化市台办被评为宁波市对台工作综合先进单位，宁波台办、中央台办“两刊”对台宣传工作先进单位等；民建奉化总支被评为宁波市社会服务先进集体；市知联会被评为宁波市优秀知联会。

【完善统战工作网络组织夯基础】 2014年底，中共奉化市委出台文件，要求进一步加强新形势下统一战线工作，对今后一段时期奉化市的统一战线工作作出了重要的指导。市统战服务中心建成运行，服务中心4名干部全部到位。在新一轮中层干部选聘中，全市各镇、街道积极配备宣统员。溪口镇、岳林街道开展了基层统战工作示范点建设，统一战线推进基层协商民主等工作取得较好实效。

【积极推进多党合作事业促发展】 2014年，市委市政府组织召开民主协商会（通报会、座谈会）3次，就市委常委会民主生活会等事项听取民主党派、无党派等人士的意见建议。市政府调整了政府部门与民主党派、工商联的对口联系方案，并就政府部门与民主党派、工商联的对口联系工作作出具体规定。市级中共领导干部与民主党派、工商联及无党派人士的联系交友制度执行良好。全市各级各部门积极创造条件，支持民主党派、无党派人士开展社情民意的调查研究。2014年市“两会”中党外人士提出各类建议、提案和社情民意60余件，为市委市政府工作提供了重要的参考。

【加强党外代表人士队伍建设扩领域】 大力支持各民主党派、无党派人士深入开展坚持和发展中国特色社会主义学习实践活动，组织开展了统一战线“同心同行”主题实践活动。在南京社会主义学院组织举办了“2014年党外人士”培训班，36名党外代表人士参加培训。组统两部党外干部工作联席会议制度发挥积极作用，26名党外干部列入市管副局级后备干部，1名党外干部新提拔担任政府部门正职，全市市管党外领导干部共达21名。

【发挥工商联重要职能作用助发展】 指导市工商联与民生银行、包商银行等金融机构合作，为全市工商企业授信10亿元，发放贷款2.3亿元。积极参与“浙商回归”工作，成功引进奔驰4S店等项目，成功引荐创业创新团队。在非公有制经济人士中开展了理想信念教育，开展了第四届奉化市优秀中国特色社会主义事业建设者评选表彰活动。积极引导非公有制企业和非公有制经济代表人士参与市委市政府中心工作，为“五水共治”捐款2000多万元。试点开展了工商联（商会）承接政府职能转移工作，积极探索工商联（商会）服务企业的新方式。

【发挥侨务侨情资源优势强实力】 全面完成了基本侨情调查工作，编印出版了《海外奉化人》一书。莼湖镇、西坞街道新成立了基层侨台联组织，拓展了基层侨台工作领域。开展了与美国宁波同乡会、上海商会等海外知名社团的联谊联络，进一步拓展了海外统战工作。积极参与“双招双引”工作，成功引进瑞豪服饰等项目。积极开展海外引才工作，引荐3个海外高层次人才创业团队参加“凤麓英才”计划评选，其中2个项目成功入选奉化市“凤麓英才”D类和E类项目。借助宁波浙成科技咨询有限公司资源，成立“市留创服务中心”，为海归人才来奉创业创新提供全面服务。

【深化奉台交流合作内涵增交往】 成功举办了国台办重点规划交流项目——“第四届海峡两岸清明文化论坛”和省台办重点交流项目——“第三届海峡两岸家庭婚姻论坛暨婆媳文化节”，以及“两岸弥勒文化交流系列活动”——“海峡两岸学术研讨会”、“以慈化瓷”两岸陶艺文化论坛、“海峡两岸佛教文化交流中心奠基仪式”等活动，吸引了包括来自台湾、香港及澳门在内的两岸四地政界、商界、文化界、演艺界、佛教界、旅游界及新闻界等5000多名嘉宾参加活动。组织农业、经贸、文化、旅游等7个团组80人访问台湾。

【健全民族宗教工作机制促和谐】 成功举办“点燃心中梦想·构筑美好人生”各族妇女联谊活动。全力帮扶困难少数民族群众，补助100余户（人），发放困难补助费5多万元，帮扶种植项目一个，补助2万元。组织宗教工作协调小组定期分析和研究宗教工作中的重点难点问题，宗教工作协调合作机制不断完善。进一步加强了宗教活动场所安全管理，通过全市宗教场所消防安全大排查，共排查出安全隐患60余条，并进行及时整改。进一步规范宗教场所工程建设和非通常宗教活动的管理，全年没有发生安全责任事故。全面启动了“雪窦山佛教名山”建设工作，开展了名山建设总体策划和启动地块概念方案研究，确定了总体规划布局。争取到上级对名山建设工作的大力支持，其中宁波市对奉化市名山建设确定的每年1个亿的支持资金，首期1亿已经到位。成功举办了“2014年中国（奉化）雪窦山弥勒文化节”，浙江佛学院暨海峡两岸佛教文化交流中心顺利奠基开工。

【举行各族妇女联谊会】 3月2日，市民宗局和市妇联联合在市妇女儿童活动中心的梦想剧场举行“点燃心中梦想·构筑美好人生”各族妇女联谊会。来自奉化市33个民族的120名少数民族妇女代表欢聚一堂，共庆即将到来的“三八”妇女节。

【全市统战工作会议召开】 3月19日，召开全市统战工作会议，会议全面总结了2013年统战工作亮点和成绩，部署安排了2014年主要工作任务，统战系统130多名统战干部参加会议。市委常委、统战部长何剑波出席会议并作重要讲话。

【市委统战部召开党的群众路线教育实践活动动员大会】 3月4日，市委统战部（市侨办、市民宗局）、市台办召开党的群众路线教育实践活动动员会议。会议传达学习了全市深入开展党的群众路线教育实践活动动员会精神，对市委统战部（市侨办、市民宗局）、市台办深入扎实开展好党的群众教育实践活动作了全面动员。市委常委、市委统战部部长何剑波作动员讲话，市委教育实践活动第七督导组组长严裕文作指导讲话，市委统战部副部长王倍龙对部机关（市侨办、市民宗局）、市台办教育实践活动进行工作部署。

【打造“雪窦山佛教名山、弘扬弥勒文化正能量”现场协调会召开】 3月12日，宁波市市长卢子跃、常务副市长寿永年率市政府有关部门、单位负责同志在溪口风景区管委会召开“打造雪窦山佛教名山、弘扬弥勒文化正能量”现场协调会。市领导张文杰、陈志昂、周世君、何剑波、宋达军及有关单位负责人、雪窦寺方丈参加会议。

【市工商联“浙商回归　奉商先行”活动启动】 3月19日，为进一步深化省工商联“十万浙商进百区”活动，奉化市工商联紧紧围绕市委市政府中心工作，加大招商引资力度，启动“浙商回归　奉商先行”活动，进一步完善“浙商回归”体制机制。

【市工商联邀请专家举行经济形势分析会】 3月19日，奉化市工商联举行执委扩大会议暨经济形势分析会，邀请国家信息中心首席经济师范剑平教授作题为《2014年“两会”与中国经济形势走向》专题分析会。奉化市工商联主席袁丽华主持会议。市工商联执委及基层商会副会长以上企业家200余人参加了会议。

【市工商联组织开展“百企进百村联百河”行动】 3月21日，为积极响应省委省政府提出的“五水共治”重要指示，根据市委市政府统一部署，市工商联决定在奉化市基层商会、工商联会员企业全面开展“百企进百村联百河”助力“五水共治”行动。

【“第四届海峡两岸清明文化论坛”举行】 3月22日，由上海市公共关系研究院、财团法人章亚若教育基金会、奉化市人民政府主办的“第四届海峡两岸清明文化论坛”在奉化市溪口银凤度假村举行。中国国民党副主席蒋孝严、国民党中常委、台南市党部主委谢龙介、台湾知名媒体人周玉蔻、2012感动中国年度人物高秉涵以及台湾各界专家、学者、抗战名人后代、台商等50人前来奉化参加。进一步推动了两岸文化交流，发挥了奉化对台工作资源优势。

【市统战部召开群众路线教育实践活动党外代表人士座谈会】 4月14日，市委统战部召开党外人士座谈会，征求各民主党派、无党派人士及非公有制经济界人士对市委统战部领导班子及班子成员在加强作风建设方面的意见建议。

【市委统战部开展“同心同行”主题实践活动】 4月16日，市委统战部组织召开全市统一战线“同心同行”主题实践活动报告会。学习借鉴党的群众路线教育实践活动的成功经验，积极引导奉化市统一战线成员领会和强化党的群众路线意识，做到与党和政府“思想上同心同德、目标上同心同向、行动上同心同行”，为助推全市经济社会发展发挥积极作用。

【南三县省人大代表在奉举行联组活动 为雪窦山打造佛教名山建言献策】 5月15日至16日，省十二届人大代表奉化、宁海、象山小组在奉化市举行联组活动，视察指导雪窦山打造佛教名山工作。省人大常委会副主任袁荣祥、宁波市人大常委会副主任翁鲁敏以及市人大常委会主任周涛、副主任葛素梅以省人大代表身份参加了联组活动。市领导张文杰、陈志昂、王海国、宋达军陪同，全国人大代表傅企平应邀出席。代表一行实地视察了岳林寺、佛学院、雪窦寺，并举行座谈会。

【浙江佛学院（筹）在奉化雪窦寺揭牌设立】 5月17日，浙江佛学院（筹）在奉化雪窦寺揭牌设立，浙江佛教协会会长、奉化雪窦寺住持怡藏法师出任院长。浙江佛学院（筹）下属雪窦山弥勒佛学院、温州佛学院、天台宗佛学院三个学院当日同时挂牌成立，均为四年制本科学历佛教高等院校，将面向全国招生。

【第三届海峡两岸婚姻家庭论坛暨两岸婆媳文化节成功举行】 8月1日至4日，由海峡两岸婚姻家庭协会、宁波市人民政府主办，海峡两岸婚姻家庭服务中心、奉化市人民政府承办的第三届海峡两岸婚姻家庭论坛暨两岸婆媳文化节在奉化举行。论坛以“一家牵两岸，两岸一家亲”为主题，来自海峡两岸的220余名两岸婚姻家庭代表、服务团体代表及有关部门代表齐聚一堂，从经营婚姻家庭、维护合法权益、营造友善环境等角度，探讨维护家庭幸福、提升利益福祉的经验与体会。

【2014年甬台两地青年大学

生夏令营一行来奉】 8月18日，2014年甬台两地青年大学生夏令营一行40人来奉参访，宁波市台办副主任吴其通、奉化市台办主任应丰杰等领导陪同。

【宁波雪窦山佛教协会成立大会暨第一次代表会议召开】 9月2日，宁波雪窦山佛教协会成立暨第一次代表大会在奉化溪口雪窦寺举行。浙江省民宗委副主任倪忠扬；宁波市政府副秘书长张霓、宁波市委统战部副部长谢群华、宁波市民宗局长张慧珍；奉化市委常委、统战部长何剑波，市人大常委会副主任李忠明，市政协副主席俞伦，宁波雪窦山风景区管委会副主任楼正进；浙江省佛教协会会长怡藏、宁波市佛教协会会长诚信及奉化市民政局、民宗局负责同志应邀出席会议。来自全市寺院的住持、僧众及居士代表共计100余人参加会议。

【2014年中国（奉化）雪窦山弥勒文化节隆重开幕】 2014年9月19日晚20时，由浙江省佛协、奉化雪窦山资圣禅寺、中华文化促进会共同主办的2014中国（奉化）雪窦山弥勒文化节开幕式在浙江奉化溪口雪窦山隆重举行。来自包括港澳台在内的两岸三地政界、文化界、佛教界等各界人士5000余名云集奉化，参加此次活动。

【浙江佛学院暨海峡两岸佛教文化交流中心奠基仪式举行】 9月20日，浙江佛学院暨海峡两岸佛教文化交流中心奠基仪式在大慈文化园区块举行。省政府党组成员、宁波市委副书记、市长卢子跃下达奠基指令，宁波市副市长万亚伟主持奠基仪式。

【第三届中国弥勒文化暨太虚大师思想学术研讨会举行】 9月20日至21日，第三届中国弥勒文化暨太虚大师思想学术研讨会在溪口银凤度假村举行。来自海峡两岸及美、韩、马来西亚、波兰等国的40多位专家学者和宗教界人士围绕“雪窦名山”这一宗旨，以太虚大师及其人间佛教思想、雪窦山与“弥勒信仰”、人间佛教思潮在台湾的发展等为主要议题展开研讨。

【市委统战部召开群众路线教育实践活动总结大会】 10月21日，市委统战部召开党的群众路线教育实践活动总结大会。贯彻落实中央、省、市党的群众路线教育实践活动总结大会精神，总结市委统战部教育实践活动情况，对进一步巩固扩大教育实践活动成果、推进从严治党、加强作风建设进行部署。

【成立留创服务中心】 为充分发挥奉化市侨务部门优势，支持和帮助海外华侨华人、港澳同胞、留学归国人才来奉创新创业发展，搭建引进、服务人才新平台，经多方协调，10月16日，奉化市留创服务中心正式挂牌成立。

【召开各民主党派负责人座谈会】 11月27日下午，市委统战部组织召开各民主党派、无党派团体负责人座谈会。民革市委会主委葛素梅、民建总支部主委陈彩凤、市知联会会长周海飞、民盟支部主委邬旭光等应邀参加座谈。会议由市委统战部副部长王倍龙主持，市委常委、统战部长何剑波出席会议并讲话。

【《海外奉化人》编印出版】 11月底，由市侨办、市侨联和奉化日报合作编写的《海外奉化人》出版。为配合市委市政府引进海外高层次留学人才，服务“人才强市”战略，褒扬奉化籍海外重点人士心系祖国、情牵家乡的精神，进一步团结和凝聚侨界力量，市侨办、市侨联在侨情调查基础上，和奉化日报合作，与散居在世界各地的100多位奉化籍海外重点人士及回国创业的海外高层次人才进行了联系征稿。该书共收录文章103篇，人物照片200多幅，介绍了奉化籍海外重点人士及回国创业的海外高层次人才的成长经历、主要成就。市委书记张文杰为该书作序。

【召开第四届优秀中国特色社会主义事业建设者表彰大会】 12月23日，奉化市召开第四届优秀中国特色社会主义事业建设者表彰大会。宁波市委统战部副部长、工商联党组书记余海大，奉化市领导张文杰、陈志昂、周涛、卓厚佳、何剑波、宋达军、何黎斌、林平海出席会议。 （邬锡明）

·宁海县委统战部·

【综述】 2014年，宁海县统一战线工作在县委的正确领导和上级统战部门的指导下，牢牢把握大团结、大联合的主题，着力搭建平台、创新机制、夯实基础，统战各领域工作均得到扎实推进，较好地发挥了围绕中心，服务大局的作用。首先是线上工作有突破。县民宗局、县工商联、县知联会被评为省级先进集体，侨台工作也分别荣获市级单项先进。其次是创新工作有突破。获得1个省级创新奖和3个市级创新一等奖，其中“商会承接政府职能转移”被评为全省十大统战工作实践创新成果之一；“加强宗教和民间信仰事务管理”被评为全市统战工作创新一等奖；“宁海商会打通服务‘最后一公里’”被评为全市统战宣传优秀成果（创意）奖一等奖；“商会人民调解委员会工作”被评为全市工商联系统工作创新一等奖。再次是理论研究有突破。共向市统战理论学会报送了3篇论文，其中《宁海县外来流动穆斯林现状及问题研究》荣获市统战理论政策研究优秀成果一等奖。

【着力服务中心大局】 部署开展“统一战线坚持和发展中国特色社会主义教育实践活动”，进一步增强对党外人士的政治引领能力。组织开展统一战线“坚持同心同行，助力‘五水共治’”活动，得到民主党派、无党派、工商联，以及民宗、侨、台系统的积极响应，其中基层商会认捐“五水共治”资金1.55亿元，截至2014年底实到资金7021.44万元；县侨联率先在桑洲坑口村开展了全省生活污水治理试点工作。成立宁波市统战理论学会宁海分会，围绕县委中心工作积极开展工作调研，首批完成16个课题的研究，有3篇入选县政协九届四次会议发言材料，有效发挥了建言献策作用。

【着力服务改革发展】 切实发挥与港澳台海外联系密切的优势，积极开展引资引智工作，全年共接待来自世界中华宁波总商会、香港宁波同乡会等同乡社团的客人10来批次200余位。特别是年底，在香港举办了“2014宁海香港投资环境暨重大项目推介会”，与香港贸发局、华英伦集团有限公司、香港中国旅游协会等达成了4项合作协议。积极做好“浙商回归”工作，占地30亩投资5亿元的宁海商会大厦正式签约；用地60亩投资8亿元的首个总部经济项目－中国·宁海家具产业总部正式动工。商会承接政府职能转移工作走在全省前列，于2014年6月30日承接召开“浙江省工商联商会协会承接政府职能转移工作研讨会”。该项工作也得到了中央编办、全国工商联，以及省政协副主席、省委统战部部长孙文友等领导的高度评价，经验做法被中央4套、《中国统一战线》、《中国工商时报》等媒体杂志广泛报道。此外，与浙江工商职业技术学院合作，在全市率先开展知联会“校地合作共建”探索，承办了全市现场会，并作《着眼优势互补，促进互利共赢——着力打造知联会校地合作新模板》的典型发言。

【着力夯实基层基础】 深入推进市、县两级基层统战示范点创建，挖掘形成长街镇“村务评说会”、西店镇“聊天长廊”、深甽镇“宗教和民间信仰事务管理协商对话机制”等5个基层协商民主特色做法报市委统战部。深入贯彻中央民族工作会议精神，有效推进滨溪社区、金桥社区、华孚纺织和深甽阿诺丹等民族团结示范点创建。切实强化侨台部门服务，探索成立“市台湾同胞投资企业协会宁海联谊会”和“县侨联法律顾问委员会”。扎实推进商会人民调解委员会建设，被市司法局、市工商联列为全市试点。成立宁海县同心志愿（公益）服务中心，推出“治水监督员”、“同心假日学校”、“快乐义工队”等6大公益服务项目，有效传递党外人士的公益正能量。

【部署开展“统一战线坚持和发展中国特色社会主义教育实践活动”】 3月27日，召开宁海县统一战线坚持和发展中国特色社会主义学习实践活动动员大会。县委副书记褚孟形，县人大常委会副主任、民进宁海支部主委赵秀萍，县政协副主席、县委统战部部长张水仙，县政协副主席、民建宁海支部主委王鸿飞出席会议。根据活动的统一部署，包括民盟、民建、民进等3个民主党派基层基层组织，以及县知联会、留联会、台联会、佛教协会等10来个统战社团都制定了相应的实施意见和年度计划，并结合自身特点和优势开展了系列教育实践活动，如民盟宁海总支开展“助推五水共治，建设美丽宁海”活动，民建宁海支部在宁海职教中心建立“微创业”基地等等，活动开展良好。

【成立了宁波市统战理论学会宁海分会】 5月23日，举行宁波市统战理论学会宁海分会成立大会。市委统战部副部长、市统战理论学会会长叶剑辉，县政协副主席、县委统战部部长张水仙出席会议。协会通过吸收各民主党派和统战社团的骨干成员、县社会主义学院教研骨干、新闻传媒和人文研究领域的知名人士、部分乡镇宣统委员等，形成了一支党内与党外、统战系统内与统战系统外、理论工作者与实际工作者、中青年与老同志相结合的统战理论研究队伍，总人数为45人。围绕破解民生重点热点难点问题，探索统战工作新途径新方法和新路子，首批完成16个课题的研究工作，其中《宁海县外来流动穆斯林现状及问题研究》荣获市统战理论政策研究优秀成果一等奖。

【承办了浙江省工商联商会协会承接政府职能转移工作研讨会】 6月30日，“浙江省工商联商会协会承接政府职能转移工作研讨会”在宁海召开。全国政协常委、省工商联主席南存辉，省委统战部副部长、省工商联党组书记李剑飞，全省各市工商联主要领导，宁海县委副书记、代县长杨勇，县政协副主席、县委统战部部长张水仙出席会议。研讨会上，县商会企业服务中心作了题为《积极承接政府职能 扎实有效服务企业》的交流发言。

【成立了宁海县同心志愿(公益)服务中心】 8月11日，为进一步整合资金、人才、项目，以同心志愿服务大队为依托，成立宁海县同心志愿（公益）服务中心，充分发挥服务大队服务发展、服务民生的作用。2014年，该中心公益项目包括治水监督员、快乐义工队、同心假日学校、向日葵心理咨询、同心结对助学、“微创业”基地建设等6大公益服务项目，有效传递了统一战线的公益正能量。内容涵盖助推“五水共治”、帮助癌症患者、关爱留守儿童、帮扶困难学生等。县政协副主席、县委统战部部长张水仙出席。

【举办了2014宁海香港投资环境暨重大项目推介会】 12月4日，在香港举办了2014宁海（香港）投资环境暨重大项目推介会。中联办经济部副部长杨文明、香港贸易发展局副总裁周启良、香港旅游发展局副总干事叶贞德、亚洲旅游交流中心副主任张坚钟，县领导褚银良、李抱、徐云等出席会议。推介会向与会的近百位嘉宾介绍了宁海的总体概况、旅游资源和重点招商项目，并与香港贸发局、华英伦集团有限公司、香港中国旅游协会、中旅（香港）签署了四项合作协议，投资总额达1亿美元。

【承办宁波市校地知联会合作共建推进会】 12月24日，宁波市校地知联会合作共建推进会在宁海召开。市委统战部常务副部长谢群华，宁海县委副书记林坚出席会议。会上，县知联会会长何建春作了题为《着眼优势互补，促进互利共赢——着力打造知联会校地合作新模板》的交流发言。

【部署统一战线“坚持同心同行，助力‘五水共治’”活动】 着眼于配合全县的“五水共治”工作，专门印发了宁统〔2014〕6号《关于开展统一战线“坚持同心同行，助力‘五水共治’”活动的通知》。活动得到了民主党派、工商联、无党派，以及民宗、侨、台等方面人士的积极响应，其中基层商会认捐“五水共治”资金1.55亿元，截至年底实到资金7021.44万元；县侨资侨属企业已捐助380万元，并在桑洲坑口村开展了全省生活污水治理试点工作，有效助推了全县的“五水共治”工作，树立了统战人士关心和服务社会的良好形象。

【开展了基层协商民主试点工作】 结合市县两级基层统战示范点创建，在长街镇、西店镇、深甽镇、力洋镇和跃龙街道开展了基层协商民主试点工作，并提炼形成了长街镇“村务评说会制度”、西店镇“聊天长廊”、深甽镇“宗教和民间信仰事务管理协商对话机制”、力洋镇“小微权力清单制度”、跃龙街道“社区理事会”等5个典型案例报送市委统战部。特别是长街镇的“村务评说会制度”，在全市基层协商民主建设研讨会上作典型发言，得到了省市统战部门领导的肯定。 （杨拥政）

·象山县委统战部·

【综述】 2014年，象山县统战部门坚持以党的十八大和十八届三中、四中全会精神为指引，以开展党的群众路线教育实践活动为契机，着力破局创新，推动工作落实，加快统战社团组织建设，搭建统战宣传新型载体，做大做深对台统战工作品牌，积极推进浙商（象商）回归、基层协商民主试点、“三改一拆”涉及宗教和民间信仰场所违法建筑处置、象山商会大厦建设等重点工作，统战工作整体水平得到有效提升，先后获得市统战工作创新奖、市侨务工作特色创新奖、市侨联系统先进单位等荣誉称号。

【开展坚持和发展中国特色社会主义学习实践活动】 4月24日，召开全县统一战线坚持和发展中国特色社会主义学习实践活动动员会，制定下发实施方案，明确开展系统学习、岗位建功、建言献策、服务奉献等系列活动。据统计，全年各民主党派基层组织、工商联、知联会共开展学习教育活动43次，服务社会21次，形成高质量调研报告7篇，县内媒体跟踪宣传报道20余篇，取得了很好的社会影响。7月起，创新建立党外人士建言献策绿色通道，牵头创刊《观察与建议》简报，广泛征集民主党派成员、知联会会员关于经济社会发展的意见建议，累计编发4期，录用投稿文章7篇，直接送达县委、县政府主要领导和相关副县级以上领导审阅，得到多位领导的批示肯定。

【加强党外代表人士队伍建设】 完善非公有制经济代表人士数据库，增补县工商联（商会）九届执委会委员3名，总规模达到151名。协助各民主党派组织做好成员发展工作，全年发展党派成员10人。开展县“知联之星”评选，县知联会5位会员获评县“知联之星”。做好党外后备干部培养工作，向组织部门推荐县第九届中青班党外学员4名，挂职锻炼党外干部2名。举办党外人士专题培训班，组织51名党外代表人士赴上海交大培训。会同县纪委开展纪委委员、党外代表人士开展第五次廉情问询，对县农办、县风景旅游局和县水利局等单位负责人进行问询和测评。

【优化非公有制经济服务水平】 推进商会大厦建设，完成投资1.7亿元，累计投资达4.3亿元。规范融资服务，指导15家基层商会互助资金会完成二级法人社团登记注册，3家完成备案；18个镇乡（街道）商会互助资金会为322家企业周转资金超7.8亿元。促成日杂百货、数码、广告等商会与中国银行、宁波银行等金融机构合作，进一步推动“银企合作”。

【加强商会基层组织建设】 新成立第3家异地商会——杭州市象山商会，指导帮助8个商会完成换届工作。截至年底，全县会员总数达到1939家，比2013年新增159家。不断规范基层商会建设，丹西商会被授予市级示范商会，14家基层商会获评3A级以上评估等级，其中有1家5A级、7家4A级。健全完善商会考核评价体系，首次将基层商会工作列入镇乡街道年度工作目标管理考核内容，首次开展全县工商联系统工作创新奖评比活动。

【拓宽民族工作渠道】 指导建立晓塘乡少数民族联谊小组，向4户规模种植的少数民族家庭发放生产扶助资金3万元。春节期间慰问走访少数民族家庭10户，向125户少数民族贫困家庭发放困难补助金5万元。做好少数民族民族成份认定和咨询工作，协助教育部门做好少数民族学生中考19人、高考1人加分政策的落实，更改民族成份2人。

【依法管理宗教事务】 开展“安全生产宣传月”活动，签订安全生产责任书，发放安全管理登记簿176册。深入开展以“教风”为主题的平安和谐寺观教堂创建活动，部署启动换发宗教场所登记证工作，新增宗教档案规范管理达标单位3处、市平安宗教场所16处、省和谐寺观教堂5处、省星级场所3处。加强宗教团体和教职人员队伍建设，做好佛教教职人员认定备案初审上报工作，开展“寻梦中国·正言正行”主题教育实践活动，帮助县佛教协会建立基础档案资料库。

【夯实侨务工作基础】 完善“海内外象山人”数据库，建立侨留资企业信息子库，成立美国芝加哥海外工作联络站。完成县留联会换届，指导丹东街道塔山社区开展全国侨法宣传角创建工作。举办“浙江侨情与侨务工作”专题讲座，开展华侨回国定居办理工作。深入开展“走亲连心、为侨服务”活动，帮助解决归侨侨眷升学、就业等问题20余件，向200余户困难归侨、侨眷、侨界空巢老人、困难群众等发放慰问款物11万元。

【加快统战社团组织建设步伐】 加快推进知联基层组织建设，指导成立15个乡镇（街道）知联分会和高塘岛乡知联联谊小组，实现全县镇乡街道基层知联组织全覆盖。牵头成立县知联会教育分会、新的社会阶层人士联谊会和县网络界人士联谊会。

【出台《关于加强新形势下统一战线工作的实施意见》】 开展大量前期调研，把贯彻中央、省、市关于加强县级统战工作和党外代表人士队伍建设的文件精神与象山县“统情”、推进基层协商民主建设的最新要求紧密结合，草拟形成《关于加强新形势下统一战线工作的实施意见》(初稿)。分批召开意见征求会、组统联席会议，充分吸收各单位意见建议。12月，提交县委常委会审议通过后正式下发。

【承办“2014年两岸渔业产业项目合作对接会”】 5月28日，2014年两岸渔业产业项目合作对接会在象山举行。国务院台办副主任龚清概、台湾省渔会理事长黄一成、中国水产流通与加工协会常务副会长兼秘书长崔和、两岸交流基金理事长王福卿等出席开幕式并致辞。会上，举行了浙台（宁波象山）渔业合作示范区授牌仪式，签订了“两岸渔业示范基地项目战略合作框架协议”和“宁波高雄渔业交流与合作意向书”，拟在水产繁育、远洋渔业、水产贸易等9个领域开展全面合作。该活动在央视四套“海峡两岸”栏目播出，两岸主流媒体刊出报道稿件20余篇。

【牵头推进浙商（象商）回归】 依托香港象山联谊会、异地商会、象山籍归国人士联谊会等县外统战社团，积极开展“以商引商”、“以企引企”等活动，协同招商部门在杭州举行象山投资促进恳谈会和投资环境说明会。全年累计接待海外侨胞、侨商、高层次人才来象考察达280余人次，有针对性引荐海外高层次人才创业项目14个，签订合作意向5个，签订合作项目4个。

【开展基层协商民主改革试点】 将基层协商民主建设纳入象山县2014年度50项重点改革项目之一，择取6个乡镇（街道）开展试点工作。8月，组织有关镇乡（街道）的17位乡镇、村（社区）干部到余姚梁弄考察基层协商民主工作开展情况。在前期调研基础上，草拟形成《关于推进基层协商民主机制建设的指导意见》初稿。12月，根据基层协商民主改革试点情况，及时总结提炼经验，向宁波市委统战部上报典型案例3个。

【积极参与“五水共治”】 发出《致全县工商联会员企业的公开信》，牵头组织全县五水共治“5518”三年行动暨募捐动员大会的募捐环节，19家基层商会和16家企业公开举牌认捐14690万元。其中丹西商会三年内认捐1500万元，完成1135万元，居全县基层商会之首。

【深入开展理想信念教育实践活动】 制订下发理想信念教育实践年度活动方案，以“象商好故事”宣传活动为重点，利用县级新闻媒体和统战部、工商联自办宣传阵地，深入挖掘、树立、推广非公有制经济人士和企业典型。与《今日象山》等媒体联合开设专栏，从8月份起连续采访报道了28位优秀企业家的典型事迹。

【举行渔山岛村民去台60周年暨“如意往来”揭碑仪式】 7月18日，在石浦镇渔山岛隆重举行渔山岛村民去台60周年暨“如意往来”揭碑仪式，以纪念60年前渔山岛人去台往事，见证两岸血缘深情。其中，“如意往来”碑由国民党荣誉副主席蒋孝严先生亲笔题字。省台办副主任陈正仁，市台办主任施金国，县委常委、统战部长黄敏求，县委常委、副县长沈红屹，渔山岛村代表和富冈新村代表参加揭碑仪式。

【举办“甬台”木球文化交流暨第三届两地木球邀请赛】 10月9日，2014年“甬台”木球文化交流暨第三届两地木球邀请赛在象山县中国渔村举行，来自台北科技大学、宁波市木球协会、宁波工程学院等的14支代表队、131名运动员参加比赛。宁波市台办主任施金国，象山县委常委、统战部长黄敏求出席并致辞。 （吴永建）

温　州　市

·温州市委统战部·

【综述】 2014年，温州统战工作认真贯彻省委、市委关于加强统一战线工作的一系列重要文件精神，围绕温州“赶超发展、再创辉煌”战略目标，坚持和发展“温州模式”，凝聚共识抓改革，服务大局促发展，创新方式增和谐，夯实基础强保障，统一战线各领域工作取得明显成效。

【多党合作政治基础不断巩固】 深入实施多党合作汇智聚力工程，在全市各民主党派、工商联、无党派人士中组织开展坚持和发展中国特色社会主义学习实践活动，举办了民主党派坚持和发展中国特色社会主义学习实践广场服务活动，组织7个民主党派的医生、律师、科技等专业人员现场为市民服务。开展2014年度党外人士建功示范典型评选，带动更多党外人士立足岗位建功立业。探索发展广泛多层制度化的协商民主，研究提出《关于进一步规范同民主党派、无党派人士政治协商的意见》。积极推进党外人士参政议政工作，在市“两会”期间提交议案329件，占总数51.2%；提交提案115件，占总数的38.7%，一批提案议案得到市委市政府主要领导批示肯定，“关于海峡两岸（温州）民营经济创新发展示范区建设”建议得到了中央政治局常委张高丽的批示。深化“诤友建言”活动，7个民主党派形成了63个课题调研成果。借助民主党派中央力量，为温州市深化重点领域改革把脉献策。探索建立“温州市统一战线智库”，首批聘请116名专家，设立经济发展、法律、农业农村、教育文化、医疗卫生、科学技术等六个小组，专业提供智力支持和社会服务。总结鹿城等地基层协商民主试点经验，引导各地创建了一批基层民主协商示范点。组织党外人士围绕重点工作开展专题考察协商活动，分别就实体经济发展、养老服务业综合改革试点等工作开展专项考察协商。组织特约人员开展部门行风专项督查行动，召开落实特约人员和对口联系制度座谈会，推动各党派市委会领导主动走访对口联系单位，民主监督工作实效不断提高。

【服务实体经济发展成效明显】 组织开展“港澳台海外乡贤看温州”活动，先后邀请香港温州工商会、匈牙利温州商会等组团回温投资考察，共接待侨团（社团）9批次280多人次，与匈牙利温州商会等侨团组织联合签订3年内100亿回归投资框架协议。牵头成立温州市“温商回归”法律顾问团，为在外温商回乡发展和台商创业创新提供法律保障。成功举办“世界温州人与温州发展”主题论坛，形成《加强内外温商互动平台和机制建设的研究》等报告，为助推温商回归献计献策。成功开展行业协会商会承接政府职能转移“1+4”试点，形成了政府职能“转得出”、社会组织“接得住”、转出职能“用得好”的治理模式，该模式获全国统战工作创新奖、全国工商联十大创新奖，省长李强、省委副书记王辉忠给予批示肯定，并参评“第三届浙江省公共管理创新案例”。加强行业协会商会规范化、示范化、实体化“三化”建设，创成20家市级规范化协会商会和20家示范点，建立信息及时反馈、问题快速反应“商会直通车”平台。开展非公有制经济人士理想信念教育实践活动，先后举办“2014中国民营经济大家谈”网络讲座、“经济活动中行政责任风险防范”主题温商论坛、“2014浙商大会暨移动互联网峰会”等培训活动。评选出温州市第四届优秀中国特色社会主义事业建设者，对29名优秀建设者进行表彰。开展第三届世界温州人年度人物评选活动，评选出十大年度人物，激励世界温州人助推温州赶超发展。

【民族宗教领域保持和谐稳定】 在民族工作方面，成功举办浙江省第五届少数民族传统体育运动会、浙江省首届畲族风情旅游文化节暨第五届瓯越“三月三”畲族风情节。指导省市30个结对帮扶村申报实施重点帮扶项目，全年投入帮扶资金1000多万元。温州市民宗部门被国务院授予“全国民族团结进步模范集体”荣誉称号。在宗教工作方面，积极做好“三改一拆”涉及宗教和民间信仰场所违法建筑的依法处置工作。在全市宗教界深入开展“同心同行·共建和谐”活动试点，共有394个宗教场所开展试点，宗教政策法规宣讲教育7.2万人次，谈心交心2.1万人次，帮助试点场所和信教群众解决实际问题723个。深化“和谐寺观教堂”创建活动，申报创建和谐寺观教堂209处，申报省级四星、五星级场所15处。浙江佛学院（筹）温州佛学院顺利挂牌。依法处置多起非法宗教活动，有效维护了民族宗教领域的和谐稳定。在民间信仰管理方面，完善加强民间信仰事务管理的政策体系，探索实行民间信仰活动场所备案管理，温州市民间信仰先行先试的政策措施和实践经验被省政府出台的文件全面吸收借鉴。

【社会服务品牌效应日益扩大】 实施社会服务品牌示范工程，引导各民主党派市委会深化“一党派一品牌”创建，扩大了民主党派社会服务工作品牌效应，其中“明眸工程”成为温州市唯一获中央财政支持的社会服务项目，民盟支部被授予“全国民族团结进步模范集体”荣誉称号。发挥党外专业人才优势，累计建立同心知联服务基地100个、服务团24个、服务队152支，完善了“服务团+服务基地+服务机制”的服务模式，开展社会服务活动375次，累计捐款捐物670多万元。启动党外知识分子“乡村读书计划”慈善帮扶工程，牵线市区优质学校与农村薄弱学校结对共建。举办“微笑工程·善行天下”大型慈善活动，为福建宁德、湖南永州等地120多名贫困患儿实施了免费唇腭裂修复手术，世界温州人微笑联盟荣获第二届“中华慈善突出贡献奖”。组织上海温籍医学专家赴苍南开展“送服务、家乡行”活动，为500多名困难群众提供免费医治。凝聚协会商会合力，303家行业协会商会参与“百会联百村、合力治污水”活动，认捐到位资金占全市自愿筹资总额的六分之一，结对治水品牌成功打响。

【党外代表人士队伍建设得到加强】 开展党外代表人士四项制度建设试点工作，指导鹿城区率先出台《关于辞去、撤销、增补区政协常委、委员的若干规定（试行）》，文成县制定了《关于进一步加强党外干部工作的意见》（讨论稿），民进市委会建立关于做好市人大代表、市政协委员和市委会领导班子建设等方面三项制度，在永嘉县开展了党外正职与党组织合作共事的制度化建设工作。加强党外代表人士教育培训工作，举办党外代表人士统战理论高级研修班、党外中青年干部培训，不断提升党外代表人士的整体素养。加强党外代表人士后备干部队伍建设，向组织部门推荐党外和少数民族后备干部初步人选110多名。选送18名党外和少数民族科级干部到市直部门或乡镇街道挂职锻炼，并建立完善集中学习、定期沟通等七项制度。协助各民主党派市委会加强领导班子建设，完成了民主党派市委会届中考核工作。加大党外干部实职安排力度，县（市、区）政府工作部门科级党外领导干部达到94人，39.2%的乡镇（街道）领导班子中配备了党外干部。

【港澳海外联络联谊得到加强】 组织召开世界温州人联谊总会、温州海外联谊会、温州中国和平统一促进会理事大会，三个机构和队伍建设得到进一步加强。加强港澳爱国同乡社团建设，成立香港温州同乡会泰顺分会、洞头分会，实现香港温州同乡会县（市、区）分会全覆盖。积极搭建海内外温州人学习交流平台，举办第九期世界温州人经济理论研修班、第五期世界温州人新生代国情研修班。通过组团赴港台、邀请海外侨团回温等方式，加强联谊交流活动，不断增进港澳台海外温籍同胞爱国爱乡情怀。探索推进海外功能区建设，建立温籍海外侨团、代表人士数据库，成功承办中华海外联谊会第十七期海外华侨中青年代表人士研修班，来自四大洲17个国家40位海外精英参加了培训。组织召开全市统战系统对台工作会议，顺利完成21个对台合作项目，形成了对台经贸、文化等多领域开放合作交流的新格局。组织温州中国和平统一促进会青委会成员开展“关爱黄埔老人”活动，走访慰问黄埔老人。

【基层统战领域拓展纵深推进】 推进知联会组织向乡镇（街道）、学校、企业延伸工作，基层知联会覆盖面进一步扩大，成立乡镇（街道）知联会121个、企业知联会18个、学校知联会19个，知联会组织新增了31.7%。在律师行业开展统战工作运行机制建设，成立市律协统战工作站，建立主要由各民主党派和无党派人士律师组成的党外知识分子工作委员会，组建县（市、区）律师统战工作联络员队伍，构筑全市律师统战工作网络。开展组织机构网络化、阵地建设一体化、基础管理信息化、运行机制规范化、活动开展经常化、统战品牌特色化等“六化”建设，指导县（市、区）创建“六化”示范点19个。指导各地抓好基层统战品牌创建，评选出两岸南怀瑾国学交流平台等10个基层统战品牌，成为全省统战工作新亮点，构建起学有样板的基层统战创新格局。

【行业协会承接政府职能转移工作】 2014年，温州市成功开展行业协会商会承接政府职能转移“1+4”试点，形成了政府职能“转得出”、社会组织“接得住”、转出职能“用得好”的治理模式。其中，鞋革协会较好地承接起6家职能部门转移的8项职能；市服装商会承接打造“中国纺织服装品牌中心城市”职能，“中国纺织服装品牌中心城市示范基地”正式挂牌；市眼镜商会承接商务局的行业贸易壁垒预警职能，设立了企业预警联络点、海外预警联络点和预警工作网站，成功调解18件贸易纠纷并达成还款协议；市金属协会牵头建设金属大厦、行业互助基金等平台，被授予“诚信中国·信用建设特别贡献单位”；市建筑材料协会全年评审中、初级职称281名。目前，中央统战部、全国工商联已推广温州做法，该模式获全国统战工作创新奖、全国工商联十大创新奖；省长李强、省委副书记王辉忠给予批示肯定；《温州市行业协会商会承接政府职能转移》参评“第三届浙江省公共管理创新案例”，已通过两轮专家评审和实地考察，《今日浙江》专题刊发了温州市做法。

【在全市宗教界深入开展“同心同行·共建和谐”活动试点】 10月20日，全市宗教界开展“同心同行·共建和谐”活动试点工作交流会召开，会议指出，要以联系交心进场所、政策法规进场所、优质服务进场所、依法管理进场所、和谐创建进场所“五进场所”为抓手，着力解决当前宗教领域存在的突出问题，用两年左右时间，按照“试点——扩大试点——面上铺开”的步骤，深入开展“同心同行·共建和谐”活动。截至年底，全市共有394个宗教场所开展试点，帮助试点场所和信教群众解决实际问题775个。

【开展第三届世界温州人年度人物评选活动】 10月份，温州市委统战部启动第三届世界温州人年度人物评选活动，经单位推荐、个人自荐、初评产生20位候选人并公示后，通过公众投票，部门、专家、媒体代表投票和评审委员会投票，产生了2名特别荣誉奖和10名年度人物。此次评选活动规格高、涉及面广，获奖人物中既有被组委会誉为“温州模式的缩影”的正泰集团股份有限公司董事长南存辉，面对家乡召唤毅然将总投资近50亿元的多个项目落地温州的青山钢铁董事局董事长项光达；既有扎根海外、不忘桑梓的全德华侨华人联合总会荣誉主席、浙江省侨联副主席冯定献，也有不舍探索职业高峰，摘取累累硕果的温州医科大学校长、国家眼视光工程技术研究中心主任瞿佳，充分地彰显了“温州人”精神。陈一新、陈金彪、陈笑华、包哲东等温州市四套班子主要领导全部出席了颁奖典礼。

【深化“一党派一品牌”社会服务品牌创建行动】 一年来，民革设立“博爱牵手”基金会，开展关爱黄埔老人、抗战老兵行动；民盟的“明眸工程”相继走进湖南娄底、四川凉山，帮助500名贫困眼病患者重见光明；民建动员基层组织、会员企业开展“思源·圆梦”系列社会服务工作；民进市委会与民工子弟学校共建“同心圆梦基地”，“民进好声音”组织艺术团多次赴偏远乡村开展送文化下乡活动；农工党“心心工程”新救助51位贫困的心脏病患者；致公党打响送温暖活动社会服务品牌；九三学社“水晶宝宝”及时救治了一批早产儿。其中“明眸工程”成为温州市唯一获中央财政支持的社会服务项目，民盟支部被授予“全国民族团结进步模范集体”荣誉称号。

【弘扬民族传统体育文化】

11月13日至16日，温州市成功承办浙江省第五届少数民族传统体育运动会，浙江省委常委、省人民政府常务副省长袁家军出席运动会开幕式，温州代表团取得团体第二的好成绩，并获得体育道德风尚奖和组织奖。4月2日，浙江省首届畲族风情旅游文化节暨温州市第五届瓯越“三月三”畲族风情旅游节在泰顺县隆重开幕，民众们穿着民族盛装，对唱山歌，与来自天南地北的2万余名游客一起，欢度畲族的传统节日“三月三”，打响了温州畲族文化品牌。

【温州市民主党派坚持和发展中国特色社会主义学习实践广场社会服务活动】 10月26日，温州市委统战部联合各民主党派市委会在世纪广场举行“凝聚净友力量助推赶超发展”——温州市民主党派坚持和发展中国特色社会主义学习实践广场社会服务活动。各民主党派的医生、律师、专业科技人员、文艺工作者等近200人在现场为市民提供服务。活动设名医义诊、法律咨询、日常生活科普、乡土文化展演宣传等内容。据统计，活动现场提供医疗咨询1625人次，法律咨询176人次，科普宣传517人次，分发文化书籍3000多册。

【微笑联盟成立五周年大型慈善活动】 11月4日，2014年世界温州人微笑联盟成立五周年暨大型公益医疗活动在温州医科大学启动，中外唇腭裂方面医疗专家再次聚首，为130名患儿提供全方面的医疗救助。五年来，微笑联盟先后举办了7次大型活动和10余次中小型救助活动，爱心步伐从温州走向了四川广元、浙江台州、黑龙江齐齐哈尔、福建漳州、贵州毕节等地，筹集善款1300万元，免费为1600余例患儿实施手术，成功举办6届唇腭裂夏令营活动，帮助百余名患儿进行心理辅导，让他们不仅从嘴上，更从“心”里重拾微笑。2014年9月世界温州人微笑联盟获得第二届中华慈善突出贡献奖项目奖。

【世界温州人与温州发展报告会】 4月4日，“世界温州人与温州发展”报告会在温州市人民大会堂举行，邀请美国商务部前助理部长黄建南、香港亚太经济研究院副院长郑文正等国内外专家作主题演讲，近300位来自世界各地的温籍工商界精英和学者代表汇聚一堂，共谋温州转型发展和温商回归发展大计。

（蔡姬辉）

·鹿城区委统战部·

【综述】 2014年，鹿城区统一战线工作紧紧围绕区委、区政府中心工作，扎实进取，奋发有为，取得了显著成效，在全市考核中统战再次名列第一，对台开放并列第一，民宗工作位列第二。基层民主协商、网络统战、基层侨务、城市民族、对台交流等多项工作分别在全国、全省相关会议上作典型发言，工商联工作获全省先进集体。

深入开展党外人士中国特色社会主义学习实践活动，夯实共同政治思想基础，坚定三个自信。协助组织召开各类协商会、座谈会、通报会9次，党外代表人士围绕中心工作、热点、难点问题开展参政议政，共提出意见、建议52项，提案、议案147件，完成调研课题35个。开展党外人士民主监督工作提质行动，组织召开鹿城区特约人员工作会议，进一步落实鹿城区特约人员工作。全面实施党外代表人士“321”工程，建立健全党外人士人才库（领军人选35人、骨干人选187人、后备人选87人），并实施分级动态管理。全面落实党外人士政治安排和实职安排工作政策，安排正科（局）级实职领导干部2名。指导部分区属民主党派、联谊会完成届中调整或换届工作，切实加强自身建设。2014年，鹿城区各党派基层组织分获省、市级先进基层组织荣誉称号，知联会、网联会被评为省级优秀联谊会。

深化城市民族“三进”工作，提升了4处模范服务站，联手打造少数民族实时动态管理平台，并妥善解决伊斯兰教临时聚会点安置问题。以“文明敬香”为主题开展取缔大蜡烛行动，深化和谐寺观教堂创建活动。依法加强宗教管理，稳妥推进“三改一拆”涉宗处置工作。开展宗教界“同心同行·共建和谐”专项宣教活动，在成功试点基础上再选定22个宗教场所进行拓面，以“五个注重”有效推进“五进场所、十项举措”，建立三项联系交心制度，开展政策法规与专题宣讲56场次，谈心交心1498人次，积极引导宗教与社会主义相适应。

深入开展非公有制人士“四信”教育活动，在全市率先建立“四信教育基地”，在企业、基层商会建立5个“四信教育”示范点，组织320余名非公人士参加学习教育。指导建立4家应急转贷资金管委会，助力中小企业融资。深化基层行业协会“三化”建设，出台了基层商会管理和调解机制，完成省级五好商会创建工作，两家街道商会获“温州市基层商会示范点”称号。加强与异地商会联系，接待了内蒙古赤峰、深圳罗湖区工商联等考察团11批次。引导企业参与光彩事业，成立“富民公益基金”和“新邦慈善基金”，共捐助善款1223余万元。

广泛宣传、多措并举，顺利完成全区基本侨情台情调查工作，完善四个数据库，进一步涵养港澳台海外资源。举办“聚焦美丽温州－2014年海外华文媒体采风活动”鹿城点观摩活动。接待高雄市基层参访团一行，区妇联与冈山区妇女会、南塘社区与冈山区仁义里进行了结对。举办2014“中国寻根之旅”夏令营活动，来自9个国家或地区的70多名华裔青少年参加了活动。做好侨界留守儿童、留守老人关爱工作，鹿城区侨界留守儿童心理辅导站落户温大幸福工坊。提早受理“三侨生”身份认定工作，办理中高考155件。优化华侨回国定居办理工作，实现“一网式”服务，缩短办理时限，开通微信查询服务，全年共受理1623件，办结1569件。开展“侨商大走亲”和侨台资企业服务月活动，累计走访侨台资企业60余家，侨领、台商80余人，共同研究分析企业碰到的困难和问题。组织7个交流团和1个民间探亲团赴台交流，并率先启动“百名温商看台湾”活动，组织35名鹿城籍温商赴台考察。

【稳步推进协商民主制度建设】 2014年10月10日，区委印发《关于进一步规范同民主党派、无党派人士政治协商的意见（试行）》，这是鹿城区继2013年11月率先出台《关于推进基层民主协商议事工作的指导意见（试行）》之后，推进协商民主建设的又一具体举措。2014年7月18日，区委统战部联合区政协党组、区委组织部出台《关于辞去、撤销和增补区政协常委、委员的有关规定（试行）》，力推政治协商的制度化、规范化、程序化。

【深化党外人士社会服务品牌】 深入开展“帮村扶企助社区”和社会服务月活动，各党派、联谊会及其成员组织开展大小服务社会活动269次，直接得到捐资救助的群众和学生362人，累计捐资爱心款376.82万元。深化“一党派一品牌”活动，民建鹿城会员企业泰力实业有限公司捐赠1000万元设立“泰力思源圆梦慈善基金”，饮水思源，回报社会。2014年，“帮村扶企助社区”被区委、区政府评为“鹿城区机关十大服务品牌”。

【继续推进网络界人士统战工作】 在组建鹿城区网联会的基础上，切实加强指导，搭建学习提升、互动共赢、服务奉献、议政建言等“四大平台”，充分调动网络界人士的积极性和能动性。组织网络经济会员沙龙等活动，12名会员参加中央、省、市委统战部的学习会。充分发挥网络优势，推出微信订阅号20期。加强政治引导，鼓励建言献策，提交提案28个、调研课题8个。12月份，鹿城区在全国网络界人士统战工作研讨会上做了典型发言，走在全国前列。

【基层侨务工作成效显著】 在街镇社区侨务工作分站全覆盖的基础上，全面深化社区侨务工作，进一步拓展外延，扩充内涵，提升为侨服务的能力和水平。2014年2月，鹿城区在全省社区侨务工作推进会上做典型发言，并承办全省社区侨务工作现场观摩会，参观了松台街道“侨之家”、桂柑社区侨务工作分站、五马街道侨务工作站等几个国家级的示范点，得到上级领导的充分肯定。

【积极打造对台交流品牌】 以“传承、创新、时尚”为主题，举办为期一周的鹿城台湾青年文化节活动，主要包括两岸文化创意产业合作对接会、两岸传统民间工艺与青年时尚文创市集和两岸（鹿城）青少年围棋交流赛等三大版块，约135名台胞参加。率全市之先在台北和高雄两地分别设立工作联络站，区广电新闻出版局与台北簪缨国乐团、区鼓楼绘迹光年动漫文化工作室与台湾默剧团文化工作室签订了合作意向书，共同组建“两岸青年乐团”和“两岸青年文创工作室”。2014年，鹿城区还成功承办了全市对台工作现场会。

【助推“五水共治”成效显著】 成立了统战系统“五水共治”工作领导小组，制定了《鹿城区统战系统“四大行动”，助推“五水共治”的实施方案》，积极动员统一战线成员开展“五水共治·侨界同行”、“五水共治·五教同行”、“百企联百村·合力治污水”、“五水共治·e行动”等系列活动。如举办慈善捐款、书画拍卖、誓师大会、成立护河队、视察监督等活动。建立区统战团体结对联系市、区级重点河道治理机制，各统战团体与26处重点河道进行结对，配合各级河长参与河道治理。2014年，全区统战系统开展宣传、视察、实践等相关活动100余次，提出建议125条。

【助推“温商回归”成效显著】 牵线搭桥，促使全美温州博士协会办事处落户鹿城。开展“名媛故乡行”、“侨商家乡行”等系列活动，邀请并接待法国、德国等海外华侨回乡创业考察团8批次，做好项目招商推介工作。落实区领导联系侨团、侨领、侨资企业制度，定期走访并协调解决回归投资问题。召开对台暨海峡西岸经济区工作会，协同举办百名台商会长看温州暨温台产业合作对接会。在全省率先建立在外温商服务联络处6个，为在外鹿城籍温商提供本地政策、信息服务。（周　远）

·龙湾区委统战部·

【综述】 2014年，龙湾区委统战部在区委区政府的正确领导下，紧紧围绕全区经济社会发展的大局，牢固树立“同心、民主、包容、共赢”工作理念，坚持强化服务，求真务实，开拓创新，努力为“两美龙湾”建设凝聚共识，汇聚力量，全区统战工作呈现新局面，取得新成效。

【强化思想引领有新方法】 坚持以实现中华民族伟大复兴为共同理想追求，先后组织各民主党派、联谊会主要负责人、非公有制经济人士、参政议政骨干等党外人士在省社会主义学院、温州市委党校共举行4期培训班，深入学习多党合作和十八届三中全会、四中全会精神，以及习近平总书记系列讲话精神，引导党外人士与党同心同向同行。在全区宗教界广泛开展“寻梦中国·正言正行”主题教育实践活动，通过微博、QQ、微信等网络载体宣传“爱心梦”、“和谐梦”，以宗教界的正言正行占领宗教领域意识形态主阵地。注重以革命传统凝聚共识，组织各民主党派、联谊会负责人、非公有制经济人士赴上海中共一大会址、延安、洞头开展红色之旅。

【服务经济社会发展有新成效】 以服务社会经济发展为统揽，充分发挥统战工作优势，助推引进华侨商务大厦、国际机电城、温州鹏达国际物流股份有限公司等项目20个，协议引进资金81.1亿元。沟通中行温州分行为侨资企业提供10亿元的贷款授信，积极破解企业融资困境。成功促成网联会和高新区签约，承租电商大楼9000多平方米，创立了网联会产业基地。组织各民主党派、联谊会开展民生服务活动12次，受惠人数650多人次。深入发动统战成员积极参与“五水共治”，共捐款120万，统战成员通过其他途径捐款1000多万。着力推进基层协商民主工作，各街道都建立了1个以上示范点。

【落实多党合作制度有新气象】 积极拓宽民主监督渠道，建立民主党派联系区重点项目和民主党派重点课题联合调研制度，成立党外人士区重点工作民主监督团，聘任27名民主监督员，联合区考绩办，分批依次开展民主监督，进一步丰富参政议政的形式。大力开展社会调研，全年组织21个社会调研课题，围绕新居民学校现状和存在问题开展联合调研。大力支持党外人士建言献策，全年党外代表人士“两会”提交提案、议案98件，大会发言材料40篇，建言献策25条。指导民进龙湾支部升格为总支，农工党龙湾支部升格为基层委。

【维护社会稳定有新举措】 稳妥推进“三改一拆”涉宗违法建筑处置工作。在全市率先启动“同心同行·共建和谐”活动试点工作，提炼总结的“五个三”工作法（“三结对”抓帮教、“三建设”办实事、“三扶持”助帮困、“三规范”强管理、“三进场所”促和谐）为全市提供了有益的经验。

【开展联谊交流工作有新收获】 深入开展爱国主义和中华文化宣传教育活动，全年共举办联络联谊活动4场次，接待侨胞180多人次，拓展联系重点人士、专业人才53人次，在德国新增一处海外侨务工作联络站。深化两岸古堡文化交流活动，邀请台南郑道聪一行在永昌堡开展“同源林”植树活动，举办“永昌堡人才现象研讨会”。推动龙湾第一医院与台湾振兴医院开展合作，促进两地医疗卫生对口交流协作。积极申报永昌堡为省级海峡两岸对台文化交流基地。落实对台交流交往工作要求，接待了高雄基层参访团等来龙湾台胞台商100多人次。

【加强党外代表人士队伍建设有新平台】 深入开展坚持和发展中国特色社会主义学习实践活动，进一步筑牢民主党派和无党派人士与党同心同向同行的思想根基。充分发挥新生代企业家联谊会的平台作用，引导新生代企业家健康成长，促进企业传承。率全省之先成立龙湾区新居民党外代表人士联谊会，促进新老居民融合发展。推动知联工作进学校、进企业、进医院，实现知联会街道分会全覆盖。12月17日，中央统战部在杭州召开网络人士统战工作交流研讨会，龙湾区委统战部作为特邀代表在大会上做典型发言。第十一期《中国统一战线》杂志专门刊文介绍龙湾区探索开展网络界人士统战工作经验。

【统战工作科学化水平有新提升】 扎实开展党的群众路线教育实践活动，紧紧聚焦“四风”问题抓整改，统战部班子和全体人员的理想信念进一步增强，作风建设进一步强化。大力加强基层统战组织“六化”建设，进一步深化完善网格化管理服务体系，在全市率先出台推进基层统战“六化”建设实施意见，召开推进会，每个街道都建立了1个以上“六化”建设示范点。进一步健全了《区党员领导联系党外人士制度》、《统战干部联系宗教场所宗教界重点人士制度》，大力强化部班子成员联系6个街道统战工作，有力促进统战工作任务的落实。建立了龙湾区侨联委员密切联系群众制度，进一步密切侨联委员同侨界群众的血肉联系。

【龙湾区成立全省首家县级新居民党外代表人士联谊会】 经过前期3个月的调查摸底，4月17日，龙湾区新居民党外代表人士联谊会成立。联谊会下设信息互动交流、法律援助咨询、从业素质提升、民俗文化学习、参政议政传递等平台，通过各平台功能作用的发挥，大力促进新老居民的联谊互助，促进社会和谐，服务龙湾经济社会发展。12月份，实现新居民党外人士联谊会街道分会全覆盖。

【举行“海外温商回归投资考察”活动暨项目签约仪式】 7月28日，来自18个国家和地区的近40名海外侨商走进龙湾，实地考察投资环境，并与龙湾区政府现场签订有效期为5年，总额达60亿元的回乡投资框架协议书。其中，华侨商务大厦、康龙总部大楼和中心区地块开发等3个项目，签下投资意向书，投资金额近11亿元。作为激励与保障措施，当天还举行了中国银行温州分行授信侨资企业签约仪式，中国银行温州分行与龙湾侨资企业签订了首期10亿元的贷款授信，为龙湾实体经济转型升级提供资金保障。

【龙湾区网联会产业基地挂牌成立】 成立网联会以来，理事成员企业一直希望能有一处相对集中、面积充裕的场所更好地开展交流合作、经营活动。区委统战部抓住温州高新技术产业开发区启动电商大厦项目的契机，在区委常委、统战部长池晓荣多次过问和协调下，10月28日，龙湾区网络界人士联谊会产业基地在温州高新技术产业开发区电商大楼挂牌成立，龙湾区副区长张崇波为基地揭牌。产业基地总面积约9000平方米，享受高新区有关税收和租金优惠。入驻的11家理事成员企业预计2015年可实现销售（经营）额40亿元以上，有力助推龙湾网络经济发展。

（王海平）

·瓯海区委统战部·

【综述】 2014年，瓯海区委统战部以“做优、创新、争先”为总抓手，大统战、大团结、大服务格局已然形成。瓯海区工商联率全省之先牵头设立区治水公益基金的举措受到省委书记夏宝龙的批示肯定。荣获省美丽侨乡，2014年度全省工商联系统先进单位和全省“五好”县级工商联荣誉，全省外事工作先进集体。民进瓯海总支获得“全国先进组织”荣誉称号。积极稳妥地依法处置涉宗“三改一拆”，实现无投诉、无反弹、无重大舆情。海内外统战服务功能区建设和基本侨情调查工作受到省委统战部、省侨办领导的肯定和表扬。一是围绕中心大局提高精准服务。组织开展了瓯海区“强党性·筑同心·共建美丽水乡”统一战线服务社会活动，助力建设丽岙街道白门渎“同心园”滨水休闲公园。争取区委领导高度重视，依法开展涉宗“三改一拆”工作。多次接待法华工商联合会、苏州温州商会等来瓯参观考察企业文化、招商项目、人才引进洽谈，统战资源助力“两大回归”进一步取得成效。指导建立美国、法国、德国等3个海外人才联络站。二是推进多党合作制度“三化”建设。协助区委出台《关于进一步加强多党合作制度化、规范化、程序化建设的实施意见》。建立了党外人士3个学习实践基地。积极支持各民主党派、无党派人士深入调查研究，形成调研报告11篇，开展实事督查和专项视察25次。积极协助区无党派人士联谊会顺利进行了更名换届。三是确保民族宗教领域和谐稳定。全面落实推进民族“三进”工作，落实与平阳县青街畲族乡王神洞畲族村和泰顺县筱村镇北坑村结对帮扶资金。建立区四套班子领导一对一联系宗教界代表人士制度，引导宗教界同心同行共建和谐，指导开展和谐寺观教堂创建和星级场所评选。开展了宗教场所权证办理试点工作。四是海内外统战工作亮点纷呈。开展了瓯海·台湾周，指导举办第四届琦君文化节“同游塘河·共建家园”活动游泳友谊赛，邀请台南市乡城歌仔戏剧团参加两岸戏曲艺术交流活动。积极促成台湾中小企业总会与温州市国家大学科技园创建海峡两岸中小企业合作示范园。推出办前“预审”提质、审中“引导”提速、材料“瘦身”提效等“三举措”，推进华侨身份恢复提质提速。设立丽岙、仙岩等5个领事保护联络处，加强海外华侨领事权益保护。通过“以内促外，引外助内”途径和方式，推进海内外统战服务功能区建设。五是新社会阶层人士统战工作大胆创新。率全国之先开展行业协会商会承接部分政府职能转移试点创新工作。开展“一十百帮扶”工程解决企业融资难。深化非公有制人士理想信念教育。六是践行群众路线自身建设出成效。引导统战部班子成员点对点开展“走亲连心，解忧促和”活动，认领微心愿，带头参加基层蹲点调研，整改措施扎实到位。开通瓯海统战微信公众平台，开展了2014年度统一战线先进典型人物评选，建立起431人的瓯海区统一战线志愿者队伍。

【开展瓯海区“强党性·筑同心·共建美丽水乡”统一战线行动】 统战资源服务“五水共治”成效显著。开展了瓯海区“强党性·筑同心·共建美丽水乡”统一战线服务社会活动，在聚力治水捐资活动启动仪式上，现场收到捐款343.5万元。区民主党派、无党派代表人士积极为“五水共治”开展调研，提出意见建议，联合新联会、知联会捐助治水金额289.29万元。区工商联牵头设立区治水公益基金，引导非公有制经济人士开展“联企结村、合力治水”，发动各会员企业及协会商会捐助治水基金近7000万元。区宗教界人士积极开展“五水共治·五教同行”活动，捐资173万。区侨联和基层侨联共捐赠82万，区侨界青联会捐资30万元。5月22日，全市海外侨胞助推“五水共治”活动现场会在丽岙杨宅成功召开，市慈善总会侨爱分会向杨宅村“五水共治”项目捐赠10万元。区委统战部牵头整治建设的丽岙街道白门渎沿岸占地50多亩地的“同心园”滨水休闲公园成为当地居民茶余饭后健身娱乐好去处。

【创建海峡两岸中小企业合作示范园】 依托温州市国家大学科技园平台，积极创建海峡两岸中小企业合作示范园。致力引进台湾在科技、文创等方面的先进技术理念，同时为台湾中小企业提供服务，为两地合作搭建平台，于“2014浙江·台湾合作周”瓯海分会场期间，邀请台湾中小企业总会理事长林慧瑛参访团一行38人到瓯进行了参观考察、交流座谈，台湾中小企业总会与温州市国家大学科技园还签订了合作协议，由温州市国家大学科技园和台湾中小企业总会共同建设海峡两岸中小企业合作示范园。

【宗教场所权证办理试点工作】 作为全省宗教活动场所产权办理试点工作三个试点县市区之一。制定了《瓯海区完善宗教活动场所权证试点工作方案》，建立宗教活动场所产权办理试点工作联席会议制度。区委书记厉秀珍亲自召集有关部门召开协调会，推动宗教活动场所权证办理试点工作。区委副书记黄波、常委叶军、副区长潘小林等区领导多次走访规划、国土等相关部门，组织权证办理相关单位到三个试点场所实地查看，召开会议征求意见。目前梧田街道塘西村陈圣观权证已经成功办理，其他两个试点场所的权证办理工作正在办理之中。

【牵头启动政府职能转移创新】 率全省之先，走在全国前列，瓯海区工商联作为牵头单位启动了县级政府向社会组织转移职能试点工作。经过充分的调研走访、意见征求和会议讨论，拟定了政府职能转移的实施方案，明确了转移目录、工作要求、权力义务和约束机制。8月1日，瓯海区举行了政府职能转移签约仪式。区人力社保、住建、经信等7个行政部门与区建设和汽摩配2个行业协会签署了《政府向社会组织转移职能工作协议书》，共计25项政府职能移交到了2个经济类行业协会。经过了近四个月的实践，该项工作进展顺利，两协会职能承接有序开展。如区人力社保局转移的初级职称评定职能，建设协会和汽摩配协会经过培训会和评定会，分别已经向申报人发放各三批次初级专业技术资格证书。职能转移工作取得了良好的社会成效，引起了省内外的关注。职能转移加快了政府职能转变，开启了政府职能“瘦身”、“健身”，实现政府华丽“转身”。人民网、中华工商时报、浙江日报、温州商报等媒体进行了专题报道。

【推进海内外统战服务功能区建设】 由瓯海区委统战部牵头，以做好侨务工作为核心，以组建境内、境外两大平台为基础，以健全海外统战工作网络为保障，以海外侨胞为主要服务对象，以引进资金、引进技术、引进人才为目标，不断形成支持和促进瓯海经济社会发展的工作体系。海内外统战服务功能区建设获得了省统战实践成果创新奖。

【推进多党合作制度“三化”建设】 出台《中共温州市瓯海区委关于进一步加强多党合作制度化、规范化、程序化建设的实施意见》。协助瓯海区委、区政府等召开各类协商会等10次。指导14个镇（街）、经济开发区建立了党政领导与重点党外代表人士联谊交友制度及党外代表人士信息库，并在新桥街道金蟾社区开展了基层协商民主示范点创建工作。（曾 东）

·乐清市委统战部·

【综述】 2014年，乐清市统战工作在乐清市委的坚强领导和上级部门的正确指导下，围绕年初目标任务，工作扎实有序推进，成效显著。

【多党合作、党外代表人士队伍建设取得新成效】 认真落实六项制度，有效推进多党合作。组织引导各民主党派、工商联、无党派人士开展坚持和发展中国特色社会主义学习实践活动。完成“一党派一专题”调研课题18个。首次举办以“分级诊疗制度改革”为主题的议政协商沙龙活动。开展基层协商民主示范点创建工作。引导各民主党派、工商联、知联会、新联会围绕中心建言献策，提出提案、议案205件、大会发言20篇，督查重点项目5个。举办“同心·民生帮扶”社会服务月系列活动，开展现场义诊、政策咨询等大型广场活动和为期1个月的“送服务下乡”活动，共开展社会服务活动23场次，服务6000余人次，落实帮扶资金20余万元。组织实施党外代表人士队伍建设“321”工程，重视党外干部源头培养、实践锻炼，积极推荐党外干部。

【民族宗教工作得到新加强】 扎实推进新一轮少数民族低收入群众增收帮扶工作。依法稳妥有力推进“三改一拆”涉及宗教违法建筑专项整治。扎实推进宗教界“同心同行·共建和谐”专项宣传教育活动，深入开展“五进场所”系列活动。梳理问题50个，解决问题12个。率先制定实施《关于进一步依法加强宗教事务管理的实施意见》。认定备案教职人员394名，建立健全宗教团体后备人才库，爱国爱教力量不断壮大。申报创建三星级宗教活动场所10处、和谐寺观教堂124处。举办宗教文化公益讲座6次，全面开展“文明进香”、创建“生态寺院”活动。妥善处理涉及宗教的问题。与此同时，积极引导宗教界开展“五水共治·五教同行”活动，捐款124.6万元。

【非公有制经济领域统战工作取得新突破】 积极引导非公有制经济健康发展和非公有制经济人士健康成长。举办乐商论坛1期、各类培训班10期，参加学习3000多人次。推荐4名非公有制经济人士为温州市优秀中国特色社会主义建设者，组织开展第四届乐清市优秀中国特色社会主义建设者评选活动。成立中小企业专家智库，帮助企业化解难题10余个。开展招工帮扶专项行动，帮助引进技术管理人员50多人。组织开展“百企联百村·合力治污水”专项行动，引导20多个基层商会为“五水共治”捐资5862万元。同时，建立基层商会党的指导员制度和法律顾问制度，创成“五好”基层商会7个，市工商联荣获全省“五好”县级工商联称号。

【港澳台海外统战工作迈出新步伐】 世界乐清人联谊总会牵头抓总作用不断凸显，完善2000多人的世界乐清人数据库，走访联谊总会成员，发布世界乐清人发展动态，组织召开世界乐清人联谊总会年会，通过多种举措，深化内外互动，服务两大回归。推动乐清海峡两岸经济合作试验区平台建设，深入开展对台经贸科技文化交流合作，对接完成“浙江·台湾合作周”和“百名台商会长看温州”乐清系列活动。举办乐清·高雄两岸经贸合作交流洽谈会。推动台资项目温州童乐医院完成供地、乐清阿里山现代都市农业休闲园区完成规划编制等工作。组织赴台商务考察50批次150余人，接待台湾嘉宾来乐参访8批次300余人。建立台商权益保障服务工作联席会议制度。启动省级对台交流平台创建工作，建立乐清海峡两岸南怀瑾国学交流基地，开展“南怀瑾国学奖”中学生征文比赛。扎实开展侨情调查工作，新增和掌握一批侨界名人。牵头制定《关于进一步加强海外乐清籍知名人士作用发挥的实施意见》（乐委办〔2014〕64号）。跟踪服务落实5个海外引才引智引资项目，推动美国美地方舟医疗管理股份有限公司与市人民医院合作建设远程医疗诊断与咨询服务平台。实施侨爱工程，扎实开展“百侨助百村”、“助学圆梦”活动。支持开展“侨联青年与法同行”等活动。

【基层基础得到新巩固】 基层统战网络不断拓展，新建基层知联会2个，建立党外人士咨政团、政情咨询团、社会服务团、基层协商民主示范点各1个，成立社区少数民族“四微”服务平台3个、社区非公有制经济联合会1个，建成社区“侨务之家”3个、镇街海外领事保护联络处4个。基层统战品牌建设成效明显，创成镇街品牌17个、市（县）级2个，其中，乐清海峡两岸南怀瑾国学交流品牌列入温州品牌。录制《统战之窗》电视专题片12期，拍摄浙江卫视《义行天下》节目1期。省非公有制经济人士统战理论乐清研究基地作用不断凸显。积极上报统战信息，简报、网站、手机报、微博、微信“五位一体”的宣传新格局基本形成。

【成立中小企业专家咨询团】 3月13日，成立由质监、工商、税务等政府工作部门11位专家学者组成的中小企业发展专家咨询团，上门出点子，坚持“一企一策”，为企业提供专业咨询、解困服务。目前已为企业提供各类咨询30次，化解难题10余个。

【实施“百企联百村·合力治污水”专项行动】 3月份以来，引导非公有制企业积极参与“五水共治”活动，组织开展“百企联百村·合力治污水”专项行动。截至目前，已有40家企业结对15个村，20个基层商会组织会员企业参与了认捐，捐资共达到5862余万元。另外，乐清市工商联主席陈道荣捐资1200万元。

【开展海外高层次人才乐清行活动】 依托世界乐清人联谊总会，牵线搭桥引进海外高层次人才、智力、资金项目，积极开展引资引智聚才工作，效果明显。10月10日，促成美国美地方舟医疗管理股份有限公司创始人胡纪晨与市人民医院合作建设医疗远程诊断与咨询服务平台，共享海外高端医疗资源。11月5日，全美温州博士协会会长兼留美“博士团”团长黄乐建，带领10多位留美博士回到乐清访问交流，带来了7个新项目，与40多家企业、行业协会、医疗单位进行了对接洽谈，通过洽谈，“多功能MEMS气体流量传感器”、“可控多孔硅表面处理技术及其应用”等5个新项目达成合作意向。

【创建乐清海峡两岸南怀瑾国学交流基地】 2014年以来，启动省级乐清海峡两岸南怀瑾国学交流基地创建工作。6月份，开展“南怀瑾国学奖”中学生征文比赛，征集台湾学生有关南怀瑾国学的文章编印成册。9月26日，投入近2000万元重修南怀瑾故居，设立南怀瑾生平展示厅、视听室、陈列室、书画室、阅览室等。在新建的市图书馆大楼三楼设立1500平方米的南怀瑾书院。举行“南园秋高”论坛，邀请台湾乐清同乡会学者参访、南怀瑾先生弟子、上海道南书院院长张耀伟等参加论坛。出版《南怀瑾故园书》。协助中央电视台、南怀瑾文教基金会拍摄《先生，南怀瑾》专题片。

【启动“同心·民生帮扶”社会服务月活动】 10月18日上午，在晨沐广场启动了乐清市统一战线“同心·民生帮扶”社会服务月活动。这次社会服务月的内容有现场义诊、政策咨询、法律咨询、食品安全检测、环保宣传、传统文化宣传、经典诵读书籍赠送、书画现场演示等广场活动，还有法律知识进学校、名师进课堂、名医进社区等“送服务下乡”系列活动。共开展社会服务活动23场次，服务6000余人次，落实帮扶资金20余万元。

【开展“协商·议政”沙龙活动】 12月18日下午，举行首期统一战线“议政·协商”沙龙，沙龙由乐清市委统战部主办，农工党市基层委员会、市新联会承办。这次沙龙活动主要是通过搭建平台，引导各阶层人士参与协商议事、议政建言，进一步拓宽党外人士建言献策渠道，真正发挥统一战线在协商民主中的重要作用。以当前全省分级诊疗改革试点工作为契机，鼓励医疗卫生专业人士开展前期调研，形成初步意见建议。邀请政府工作部门负责人、人大代表、政协委员、群众代表等30多人，开展面对面协商活动。梳理汇总观点15条，部分建议得到市委市政府领导肯定并被采纳，作为全市分级诊疗改革文件对策。 （周宏省）

·瑞安市委统战部·

【综述】 2014年，瑞安市统一战线深入学习贯彻习近平总书记系列重要讲话精神，紧紧围绕市委“打造品质之城、建设幸福瑞安”的一系列重大决策部署，积极投身瑞安改革发展实践，扎实进取，奋发有为，在服务科学发展和实现自身科学发展方面取得了新的成绩。

【以服务瑞安改革发展为重点，在发挥优势服务中心工作上有新作为】 一是合力参与“五水共治”工作。各民主党派、无党派人士围绕“五水共治”这一主题，深入开展民主监督和建言献策。市工商联组织开展“商会联村治污水”活动，全市工商界累计认捐3400余万。市侨办、市侨联积极引导“侨力”参与“五水共治”，广大侨企、侨胞为治水捐资达1892万元。二是合力推进“三改一拆”涉宗违法建筑处置工作。三是合力助推“两大回归”。全年邀请400余名海外侨商、台商代表参加各类招商引资推介活动，促成加拿大侨商投资生产风能机塔架法兰产品和新加坡侨商投资的普洛斯瑞安物流园两个侨商落地项目，温州龙德汽车配件有限公司等两个台资项目落户瑞安。由市侨办牵头，组织海外侨商100余人就“瑞安侨商总部经济大楼”项目进行实地考察，多次召开项目落地协商会，为瑞商总部经济回归打好基础。

【以发挥党外人士作用为抓手，在多党合作事业上有新发展】 一是全面落实多党合作各项制度。调整完善了谈心交友、特约人员、对口联系等制度，协助市委召开各类协商通报会8场次。支持民主党派、工商联和无党派人士充分履行参政议政和民主监督职能，组织党外人士对城市治堵工程等八个民生项目进行实事督查工作；各民主党派、工商联、无党派人士联谊会围绕教育、医疗、金融等发展热点问题，提交集体和个人提案180余件，完成重点调研课题9个，为市委、市政府的科学决策提供了重要的参考依据。二是精心打造统战社会服务品牌。各民主党派、无党派开展“五下乡”等社会服务活动40多次，受惠人数达2000人次以上。深化“同心服务基地”创建工作，全市6个民主党派、无党派和新联会全部创建“同心服务基地”。三是推进党外代表人士队伍建设。在全市各民主党派、无党派人士中开展了坚持和发展中国特色社会主义学习实践活动。实施党外代表人士队伍建设“321”工程，形成300名的党外代表人士队伍。在市委的重视下，配备了2名党外正职领导干部，5个镇（街）和8个政府部门班子配备了党外领导干部。

【以创新和改进工商联工作为动力，在服务“两个健康”上有新突破】 一是主动破解非公有制经济发展难题。化解资金链担保链问题被评为省工商联“十大亮点工作”，化解华泰集团担保链风险被列为省14个化解“两链”问题典型案例。向市政府争取“退二进三”、“分栋分层分割、担保代偿企业税前列支”等政策，帮助企业盘活资产，缓解资金周转的压力。依托全市24家镇街商会、行业协会商会工作经济法律服务站（今年新建10个工作服务站），为50家企业进行专项法律体检。二是积极引导非公有制经济人士健康成长。深入开展非公有制经济人士理想信念教育实践活动，市工商联作为基层代表在全省理想信念教育实践活动电视电话会议上发言，3位企业家获温州市“优秀社会主义事业建设者”荣誉称号。三是扎实推进基层商会组织建设。开展“五好”工商联创建，市工商联成为温州市首批通过验收的县级“五好”工商联，莘塍商会获评温州市示范化基层商会。成立温州市第一家村级商会——柏树村商会。稳步推进商（协）会承接政府职能转移工作，13家商（协）会完成了承接职能资格申请。

【以促进和谐社会建设为目标，在维护民族宗教领域稳定上有新成效】 一是大力推进民族团结进步事业发展。深入实施新一轮少数民族低收入群众增收帮扶计划，落实省、温州和本市帮扶资金90万元，安排发展项目10个。开展了以“六个一”活动为载体的“民族团结进步宣传月”活动。在玉海街道东丰社区和安阳街道进源社区开展城市民族团结进步社区示范创建活动，开展以“微组织、微窗口、微热线、微平台、微心愿”为主要内容的少数民族流动人口服务管理创新工作试点。二是加强民族宗教事务依法管理。全年宗教领域无发生重大非法宗教活动，无发生重大群体性事件，无发生重大安全事故。深化和谐寺观教堂创建和星级宗教场所评选活动，全年创建省级和谐寺观教堂达标场所25处，创建三星级宗教活动场所9处。全面开展大蜡烛专项整治和文明敬香活动，成功举办温州市现场会。三是深入开展“同心同行·共建和谐”专项宣传教育活动。建立市、镇（街道）两级班子领导干部联系宗教团体负责人和重点宗教活动场所机制，包括市委书记在内的18名四套班子成员分别联系19名宗教团体负责人和19处宗教活动场所。全市累计走访3740户，谈心交心3129人次，梳理问题126个，解决58个，活动取得了明显成效。

【以拓展港澳台海外统战工作为要求，在深化联谊、优化服务上有新举措】 一是圆满完成基本侨情调查工作。市侨办被评为省侨情普查工作先进集体，数据抽查验收办法和数据录入服务外包新模式得到省委常委秘书长赵一德同志、副省长梁黎明同志的肯定，为全省各地所借鉴。二是加强海外侨团和代表人士队伍建设。指导12个侨团成立或完成换届工作，成立了侨商会青年联谊部。举办第四期海外侨领研习班暨中华传统文化知识讲座。三是深化联谊交流活动。全年邀请和接待港澳台胞、侨胞侨属2500余人次，举办新春联谊会等各类联谊活动7场次。举办海外华裔青少年寻根之旅夏令营，启动第二期“行动中的青年－意大利青年中意文化交流项目”，市玉海中学和莘塍实验小学分别与意大利萨瑟蒂职业高中、圣托里诺学校签订友好合作协议。成功举办2014海峡两岸（瑞安）林尹国学交流活动，建立林尹国学交流基地和林尹著作陈列馆，台湾“中华电视台”全程对该活动进行报道。市渔民协会与高雄市兴达港渔会签订合作协议。四是优化涉侨服务工作。做好华侨回国定居、三侨生身份认定等工作，全年受理侨务审批1657件，接受各类业务咨询4821批次，华侨回国定居办理时限由原来的35个工作日缩短至20个工作日。推进社区侨务工作，在枫岭社区开设全市第三个出入境管理服务站，玉海、永安、高楼等社区侨务工作站建立侨文化活动中心。

【举办海峡两岸（瑞安）林尹国学交流活动】 2014年9月27至29日，瑞安市举办了2014海峡两岸（瑞安）林尹国学交流活动，台湾嘉宾有35人，内容主要有林尹国学交流基地启动仪式、林尹国学交流基地授牌、与台湾景伊文化艺术基金会签订合作意向书、林尹国学研究座谈会、2场交流讲座、海峡两岸（瑞安）书画展、国学（学术）研讨会等。今后将利用林尹国学交流基地这个平台与台湾进行文化等多方面的长期对接交流。

【开展党外人士实事督查民生工程活动】 9月16日，由瑞安市委统战部和市考绩办牵头，组织开展了党外人士民生工程实事督查活动。市委常委、统战部长陈世尧领队，全市六个民主党派和无党派人士联谊会负责人等组成督查组，围绕治堵工程和治水工程中的六个项目进行了督查。督查组一行人到工程项目实地进行了查看，并与相关部门单位和项目负责人等进行了交流座谈，提出了许多积极的意见。

【建立应急服务机制化解资金“两链”问题】 针对瑞安市部分非公有制企业受联保互保、民间借贷影响而出现危机的情况，瑞安市工商联成立临时应急服务协调小组，协调研究避险方案，并与市金融办一起担任“市风险企业帮扶和银行不良贷款处置工作领导小组”组长单位，负责处理日常工作，就规模以上企业发展中的难点问题，以“一事一议”的方式，提交市政府作专题研究、协调解决；就企业业续贷、压贷等问题牵头协调银行，帮扶解决资金链问题。2014年，成功帮扶企业62家。其中，中国华泰塑胶集团有限公司重组工作，被浙江省列为14个化解“两链”问题的典型案例，温州市委书记陈一新要求将华泰经验作为重点，在温州全市进行推广。（徐 斌）

·永嘉县委统战部·

【综述】 2014年，永嘉县统战工作在县委的直接领导和市委统战部的精心指导下，在全县统战各界人士的全力配合和大力支持下，紧紧围绕创新主线，突出重点、彰显亮点，全面推进各项工作落实，取得了显著成效。

【服务中心工作取得新成就】 一是做好引资引智工作。大力开展招商引资，签约项目总投资近14亿元人民币。协助引进2名高层次人才入选省“千人计划”。二是服务实体经济发展。积极开展全县非公有制经济人士“四信”理想信念教育活动。县侨联帮扶中心“抱团取暖”帮扶11家中小企业的做法，得到了省、市、县领导的充分肯定。评选出陈继权等17名县级“优秀中国特色社会主义建设者”。

【多党合作事业工作形成新常态】 一是成立民建永嘉支部。5月21日，民建永嘉支部成功建立，为永嘉县多党合作事业发展增添了新成员。二是落实好六项制度。全年召开协商通报会5次，县处级党外干部及县重点党外代表人士参加县内外重大事项活动20余次，开展对口联系政府部门13个，17个县直部门单位聘请了65名特约人员。组织党外人士对“五水共治”、三江防洪堤坝、三江立体城和县垃圾焚烧厂等四大项目建设开展实事督查。乌牛街道的基层协商民主试点工作取得阶段性成效。三是支持开展社会服务活动。一年来，县农工党开展“送暖献爱”、送教、送医下乡、“基层服务”等系列服务社会活动；县知联会、县新联会、基层商会等统战团体组织开展“送温暖、送健康”等活动。组织开展“百会联百村，合力治污水”活动，引导商会及工商界人士筹资1228万元支援“五水共治”。

【党外代表人士队伍建设得到新加强】 一是健全完善了全县党外代表人士“321”工程数据库和“563”党外后备干部数据库。目前，永嘉县共有党外代表人士330名，党外后备干部365名，科级党外领导干部21名。全年新提任正科职、副科职党外干部各1名。二是开展了合作共事试点工作。为探索党组织与党外领导干部合作共事机制，选择县市场监督管理局作为试点单位，进行建章立制，目前已形成了一项议事规则和三项会议制度。三是加强了党外代表人士教育培训工作。开展了党的十八届三中、四中全会精神专题学习教育活动，举办了第二期世界永嘉人暨党外代表人士高级研修班。

【民族宗教工作彰显新成效】 一是推进民族团结进步事业。积极推进民族团结进步创建“六进”工作，以“微组织、微窗口、微热线、微平台”建设为抓手推动城市少数民族工作提档升级。成功承办省第五届少数民族传统体育运动会的秋千比赛项目。推进小长坑民族村美丽乡村建设，项目总投资额达500多万元。二是做好涉宗违法建筑整治工作。三是开展“同心同行·共建和谐”扩大试点工作。在圆满完成沙头黄村基督教堂试点工作的基础上，继续将18个镇（街）53个场所纳入扩大试点范围。开展了民间信仰活动场所规范化管理，为下一步登记工作打下基础。

【港澳台海外统战工作打开新局面】 一是开展爱国主义和中华文化宣传教育活动。承办“聚焦美丽温州——海外媒体采风”活动，共有23个国家60多家媒体记者莅临永嘉考察；成功举办为期20多天的侨界留守儿童快乐营活动；永嘉昆剧团赴香港进行专场演出；温州市首批“侨务文化基地”在永嘉书院挂牌成立。二是开展多维联谊交流工作。全年组织开展涉侨联谊交流活动34批次1192人次，永台基层联谊交流17个批次234人。三是支持侨（社）团组织建设。指导荷兰永嘉同乡会等海外侨团的换届工作，圆满完成基本侨情调查工作。

【自身建设得到新提升】 扎实开展党的群众路线教育实践活动，切实纠正“四风”方面存在的突出问题。提出“四风”问题整改23条，整改完毕23条。全年“三公”经费开支减少40%，文件精简15%，开展了县委统战部重点调研课题活动和基层统战品牌创建工作，修订了《绩效考核办法》，规范了内部考核制度。

【服务中心积极开展招商引资工作】 实施“永商回归”工程，分别签约了原生态仿野生铁皮石斛种植项目、温州艺原工艺品有限公司等9个侨资台资项目，总投资13.75亿元人民币和200万美元，项目到位资金1.73亿元人民币。

【开展党组织与党外领导干部合作共事试点工作】 2014年下半年，在县市场监督管理局开展试点活动，围绕人、财、物处置和重大事项决策、执行，建章立制，制定了一项议事规则和三项会议制度，取得了阶段性成效。

【开展“同心同行 共建和谐”试点工作】 2014年8月，在沙头黄村基督教堂开展试点工作，不久进行了扩大试点，并建立了县党员干部联系宗教场所和信众的工作制度。征订党报1160份赠送给全县的宗教场所，率先完成试点宗教场所的权证办理工作。

【顺利完成侨情调查工作】 根据全省安排，开展永嘉县历史上首次科学系统的基本侨情调查工作。经永嘉县实际调查，永嘉共有海外华侨华人、港澳同胞6.58万人。

【完成县第八次侨代会换届选举工作】 10月28日，县侨联八次侨代会在县人民大会堂胜利召开，会议选举产生了新一届侨联班子。 （李光训）

·洞头县委统战部·

【综述】 2014年，洞头统战工作在县委的正确领导和上级统战部门的指导下，全面贯彻落实党的十八大和十八届三中、四中全会精神，以党的群众路线教育实践活动为契机，抓好统战干部队伍建设，围绕中心工作，激发工作活力，各项工作都取得了新进展。

【践行党的群众路线教育，强化统战队伍建设规范管理】 一是扎实开展群众路线教育实践活动。活动开展以来，组织部机关全体成员集中学习18次，广泛开展谈心交心，深刻进行对照剖析，共查摆部领导班子“四风”方面突出问题25个，严格落实整改措施，切实开展作风整改。二是着力提升统战工作队伍素质。坚持和完善日常学习、走访调研、财务管理等各项制度，深入开展“五型”机关和“百名领导千名干部读书班”活动，结合“三改一拆”、“五水共治”等重点工作，树立学习工作化、工作学习化理念。三是进一步强化作风建设。以“正风肃纪”活动为契机，强化岗位效能督查，切实提高机关工作效率和服务水平，以“学习型、思考型、创新型、实干型”为目标，制定绩效考核实施办法。

【依法加强宗教事务管理，切实维护民宗领域稳定和谐】 一是做好“三改一拆”涉及宗教违法建筑处置工作。再三摸清核查工作底数，严格甄别处置。工作期间，全县未发生一起群体性事件，未发生一起在互联网上发布负面信息的情况，未发生一起影响宗教界的不利事件。二是开展“同心同行·共建和谐”活动。洞头县于9月份开展活动试点工作，10月份进入试点拓展阶段，制定以打造交心连心、知法守规、暖心稳心、和谐创建、宗教净地“五大工程”为重点的活动实施意见，加强日常指导，开展政策宣讲，进行结对帮扶，活动期间共开展宣讲17场，座谈28场，受宣讲教育人次达4000余人，帮助解答解决问题50余个，有效增进党和政府同宗教界人士的友谊。三是深化“和谐寺观教堂”创建工作。开展“文明敬香建设生态寺院”活动，进一步健全宗教活动场所的消防、财务制度，实现全县登记场所银行立户率达90%，提升场所自我管理水平。四是全力推进民族团结进步各项工作。制定《关于开展洞头县少数民族群众帮扶活动的实施意见》，全面实施少数民族学生“扬帆计划”和少数民族模范社区创建补助计划。

【畅通三方对话渠道，不断增强服务非公有制企业工作能力】 一是搭建政府、企业、媒体三方交流平台。邀请洞头县影响力较大的20余家非公有制企业、《温州日报》、《东方时尚岛》等主流媒体共同参加“百岛商人”论坛和媒体与企业宣传座谈会，有力推动政府、媒体与企业三方之间直接对话，形成良好互动。二是进一步强化基层商会建设。召开县工商联七届六次执委会，与县发改局共同出台《关于进一步加强异地洞头商会建设的实施意见》，并通过元觉商会、霓屿商会、大门商会组织召开在外知名人士座谈会，引导在外知名人士支持和服务家乡经济建设。三是着力提高参政议政水平。2014年县“两会”期间，组织工商界人大代表、政协委员座谈，发挥参政议政作用，共提交涉及工业经济、产业发展和民生建设等各类提案、议案11件。

【重视同心教育培养，提升党外人士队伍素质】 一是不断深化“同心”教育活动。组织党外知识分子、新的社会阶层人士学习十八大、十八届三中及四中全会精神，深入实施统战部长约谈党外干部制度，对党外干部开展经常性思想教育和管理。二是重视提高党外干部履职能力。组织党外人士视察全县无障碍设施建设情况，查看治水重点建设项目及河道治理情况，组织做好议案、提案工作。三是加强党外代表人士队伍建设。充实党外人才数据库，建立了20名党外领军人选、100名骨干人选、80名后备人选基本信息数据库，同时积极选拔推荐党外骨干人士参加各类学习培训活动。

【创新联动工作载体，海外统战工作格局进一步拓展】 一是健全港澳台海外人员信息库。完成侨情调查工作，健全重点人士数据库，促成1批次海外学子回乡考察，并于9月份成立香港洞头同乡会。二是提升服务侨界工作质量。将县、街道（乡镇）、社区三级侨务干部纳入街道（乡镇）平安综治网格内，开展季度走访工作，优化华侨回国定居办理工作流程，实现华侨申请到拿证一站式代办服务，进一步开展侨法宣传活动，全年共发放侨法宣传资料1200余册、光碟150盘，为涉侨人士提供法律服务80余件。三是树立华文教育品牌。开展“同沐书香、共享母语，向海外学子捐赠蒲公英图书馆”活动，全年捐赠海外中小学适读书籍1000余册，引导海外留学生、华裔新生代前往华文教育基地洞头先锋女子民兵连纪念馆参观。四是加强对台经贸旅游文化交流。成功举办“第五届洞头妈祖平安节”活动，吸引20余位台胞和近2000名游客前来参加，举办两岸半屏山经贸文化交流活动，积极对接温州市“百名台商会长看温州暨温台产业合作对接会”活动，邀请高雄市两岸友好经贸交流会等台企台商到洞头考察。

【加强同心同力引导，统战服务品牌进一步深化】 全面启动“五水共治·爱心同行”慈善活动，组织非公有制经济界和宗教界人士捐款，募得捐款20余万。同时，落实联侨归心工程，完善洞头县贫困归侨侨眷、空巢老人资料库，实施侨务干部挂钩结对制度，建立“空巢热线”，开展一对一的暖巢行动，全年共慰问侨眷55户，在侨界发起救助大门镇白血病患者爱心助医活动，筹得善款5.9万。积极组织党外知识分子、新社会阶层人士开展“同心·送温暖”活动，全年共慰问敬老院老人126人。

【统战团体服务社会大行动】 3月17日，洞头县委统战部正式启动2014年度统战团体服务社会大行动。活动期间，县委统战部在全县工商企业界、宗教界开展“五水共治·爱心同行”慈善活动，共募得捐款20余万元；积极落实联侨归心工程，共慰问归侨侨眷55户，争取侨界助医善款5.9万元，助学基金80余万元；组织党外知识分子、新的社会阶层人士积极开展“同心·送温暖”活动，共慰问敬老院老人126人。

【圆满完成侨情调查工作】 2013年10月至2014年4月，洞头县成立侨情调查领导小组，设立县级侨情调查办公室，组建了一支100余人的调查员队伍，投入资金20多万元，保障调查工作顺利开展。采取“一课三查”形式，形成较为全面及准确的涉侨人员、涉侨企业、重点人士数据库。

【做好“三改一拆”涉及宗教领域违法建筑处置工作】 2014年2月开始，在全县范围内再三进行排查摸底，全面建立宗教活动（民间信仰）场所“一场所一档案”、“一违建一档案”，不断细化甄别标准，采用“一庙、一堂、一策、一议”的方式，分类做好处置工作，于7月份全面完成涉及违建的宗教活动场所处置工作，并于10月22日，顺利通过全省“三改一拆”涉及宗教领域违法建筑处置工作推磨式检查。

【举办“百岛商人”论坛】 4月16日，洞头县工商联（总商会）举办“百岛商人”论坛，县工商联主席洪玮围绕“生态文明建设与企业环境社会责任”做主题发言，行业商会负责人、企业代表、涉工部门领导约50人参加会议，县委书记姜增尧出席，县委统战部长张释忠等参加会议。

【第五届洞头妈祖平安节】 4月22日，第五届洞头妈祖平安节开幕。此次活动以“同谒妈祖·共享平安”为主题，活动内容包括开幕式、妈祖祈福大典平安宴暨民俗表演等主题活动以及系列剧式微电影《情归妈祖》、妈祖平安文化体验活动、花岗古村亲子农家乐体验活动等，来自宝岛台湾的20余位同胞和全国各地近2000名游客、信众欢聚一堂，共谒妈祖、共享安福。中华妈祖文化交流协会代表为沙角天后宫授理事单位牌。

【“同心同行·共建和谐”专项宣传教育活动试点工作】 9月份在北岙基督教堂开展“同心同行·共建和谐”先行试点，10月份开始，共在全县分类遴选18个场所开展试点拓展工作，县四套班子全部同宗教团体、宗教活动场所及宗教界人士进行挂钩联系。活动开展以来，已举办宗教政策大宣讲17场，场所座谈28场，共谈心谈话1900余人次，受宣讲教育人次达4000余人，帮助解答解决问题50余个。

（欧阳红杏）

·文成县委统战部·

【综述】 2014年文成县统战系统围绕县委、县政府中心工作，牢牢把握大团结大联合主题，围绕建设宜游宜居生态县的奋斗目标，凝心聚力，合力推进文成统战工作开创新局面。

【服务大局】 深入开展城市联络站筹建工作，延伸统战工作手臂，促进“两个十万文成人”回归。新建广西柳州城市联络站，在已建成的城市联络站开展规范化建设，切实密切两地联络联谊交流。协助有关部门做好文成华侨商会筹建、总部经济大楼建设和文成华侨产业园、华侨商品特色街区谋划工作。加强与在外文商的沟通联谊，开展“亲情乡情招商”，组织开展商会、侨团返乡考察活动。全年协助引进侨资项目4个，分别是荷兰花卉观光旅游度假养生基地、百丈漈洞式电梯、百丈漈旅游服务中心商务度假酒店和文成县玉壶镇金大地中药材专业合作社。对台合作特色平台——文成天湖旅游度假区，总投资80亿元，已于2014年8月28日通过了省级部门的联审。在春节、清明节等知名人士返乡高峰期间，通过走访慰问，召开座谈会，增进感情。加强“世界文成”官方微信公众平台建设，定期发布文成经济社会发展情况、招商引资项目和优惠政策，及时反馈在外文成人经商、重大活动等信息，微友已达1万余名，覆盖国外70多个国家或地区，国内40多个城市。推进“光彩事业革命老区行”活动项目扫尾工作，并以此次活动为媒介，积极整合各类政策资源，努力拓宽帮扶领域，在低收入农户奔小康工程特扶项目上配套扶持资金4000多万元。充分发挥侨资民资充裕等比较优势，积极搭建帮扶平台，指导成立了“文成县侨界爱心协会”，鼓励和引导华侨、非公有制经济人士积极参与社会公益事业。据不完全统计，今年全县已募集1614.7万元公益资金，其中“五水共治”专项资金354.7万元，助学结对贫困学生30多人，慰问困难群众280人。

【多党合作】 加强党外干部队伍建设，党外实职领导干部比例明显增加，其中党外正职（正科级）领导4名，8个政府部门已配备党外领导干部。10个乡镇中有8个政府领导班子中配备党外领导干部，党外后备干部比例达到14.16%。温州市在文成县开展党外干部培养选拔任用试点工作，为此县委统战部为县委起草了《关于加强党外干部工作的实施意见》，完善了党外干部管理各项制度。

【民族宗教】 10月21日至23日，成功举办浙江佛学院（筹）温州佛学院挂牌仪式暨天圣山安福寺落成大典活动，全国各地佛教界代表及居士、信徒共计5万余人参加。文成县委统战部受到县政府通报嘉奖。深入开展“同心同行·共建和谐”活动，以联系交心、政策法规、优质服务、依法管理、和谐创建进场所的“五进场所”为抓手，以各级领导干部分别联系各级宗教团体负责人的“五级联系”制度为措施，以落实联系交友、素质提升、关心关爱、矛盾纠纷化解、帮扶解困的“五项制度”为保障，在全县30个宗教场所落实“五进五联五落实”制度，帮助梳理问题75个、解决问题58个。完善宗教工作机制，健全信息报送队伍，全面掌控宗教动态信息。加强对全县宗教活动场所、教职人员、大型宗教活动的管理，开展宗教和民间信仰场所消防安全隐患大排查2次，审批非通常宗教活动4起。申报“和谐寺观教堂”5个，推荐三星级以上宗教活动场所9处。全力推进“三改一拆”涉宗违法建筑处置工作。涉宗违建处置工作任务基本完成。创建省级民族团结进步小康村1个。指导黄坦、西坑举办“三月三”畲族风情节，组织参加温州市第五届瓯越“三月三”畲族风情节。抓好培头民族小学双语教学基地建设。争取并落实少数民族专项资金和结对帮扶资金807万元。荣获浙江省第五届民族团结进步模范集体。建立少数民族干部数据库。举办少数民族乡村干部和种养殖大户培训班，培训人员240余人次。

【港澳台海外统战】 协助县法院进一步完善特邀海外调解委员会制度，跨海受理涉侨案件。今年通过文成县海外调解委员会成功办结65件涉侨案件。牵头协调制定《关于改革和规范农村宅基地审批管理的通知》，将回乡（原籍）定居的港澳台侨胞列入使用农村宅基地范围，解决了港澳台侨胞返乡建房难问题。协助开展招商引资功勋人物评选表彰活动，提高文商回归功勋人物社会、政治待遇。继续做好华侨回国定居受理工作，安排专人提供“一站式”、“代办制”等优质服务。深入开展“暖巢行动”，软硬件两手抓，努力提升港澳台侨孤寡老人养老服务水平。成功举办“亲情中华·侨界留守儿童快乐营”、“华裔青少年·寻根之旅”夏令营、“2014‘亲情中华·汉语桥’夏令营”等活动。邀请温州香港同乡会40余人来文参观考察。建立“港澳台文成同乡会”微信群，与40多位台商台胞建立微信互联，搭建情感交流新桥梁。出台《文成县加强对台工作体制机制建设的意见》，健全县、镇（乡）和部门对台领导机构，建立对台重点工作分工责任制和部门对台协作机制。牵头邀请台湾著名学者、国学大师曾仕强莅临文成，聘请其担任刘伯温文化发展总顾问，为刘基故里的规划发展助力。组织人员赴台考察，宣传文成县佛教文化、伯温文化，联系对接现代农业、现代旅游业、现代服务业、养生养老产业。借“百名台商会长看温州暨温台合作对接会”和“2014浙江台湾合作周”活动之机，邀请台商50多人到文成交流访问。台湾鼎新集团、开泰百货有了初步投资意向，台湾旅游观光协会嘉义县、南投县协会与洞头县百丈漈飞云湖旅游开发有限公司签订经贸合约。深入开展侨情调查。进一步健全和完善洞头县侨情数据库资料，扎实做好调查后续工作，管理好数据，搭建好平台，运用好成果，让“死数据”变成“活信息”，更好地服务于党委、政府中心工作。

【部机关建设】 深入开展党的群众路线教育实践活动。通过边学边查边整边改，有效解决了“四风”问题。据统计，共印发各类文件20个，比去年同期减少20个，同比下降50%；共举办各类会议活动4次，同比下降40%。“三公”经费合计6.39万元，比去年同期减少12.71万元，同比下降67%。加强统战工作机制建设。完善出台了《统战系统工作例会制度》等规范制度，确保建章立制的长效与实效。与县司法局合作，创新调解委员会机制，先后在条件成熟的电工协会、农家乐协会、南田商会、玉壶商会成立了调解委员会。

（徐　俊）

·平阳县委统战部·

【综述】 2014年，中共平阳县委统战部在县委的坚强领导和市委统战部的精心指导下，紧扣县委中心工作，凝聚思想共识，汇集发展力量，服务深化改革，着力开拓创新，增进社会和谐，为助推县域经济社会发展作出新的成绩。

【助力“五水共治”、“美丽乡村建设”等中心工作】 全年为“五水共治”、“美丽乡村建设”等中心工作争取各级资金和累计捐款680万元。指导工商联开展“会村联手，共治污水”活动，发动基层商会分别对接10个村、10条河；指导宗教界开展“五水共治，五教同行”活动。指导开展2个民族特色村寨建设和1个旧村改造项目，成功申报堂基村为全国民族特色村寨建设名录。

【服务“两大回归”工程】 协助招商引资工作，全年引进项目2项，总投资额为6亿元人民币。协助建立3家应急转贷机构，服务企业融资。全年邀请海外侨（社）团和在外创业平阳人回乡投资考察10批次355人次，大力宣传“平商回归”优惠政策和推介平阳招商引资项目，服务“平商回归”和实体经济回归。

【推进多党合作六项制度落实】 全年召开党外人士协商会和情况通报会等6次，县领导与党派成员交友谈心23人次，落实“同心约谈”制度，约谈300多人次；落实8个部门与各党派对口联系制度，落实特约监督员制度，开展专题监督、行风监督活动6次。开展基层协商民主工作，研究制定《平阳县基层民主协商实施办法（试行）》和《平阳县各民主党派民主协商办法（试行）》。

【引导党外人士咨政建言】 指导党外人士完成调研课题11篇。在各级“两会”上，组织党外人士提交提案议案143条，其中，《全力推进塘河综合治理 共建美丽浙南水乡示范区》等5件被列为县重点提案；组织召开党外人士座谈会，征求意见建议8条；组织党外人士考察和督查重点工程4次。

【拓展港澳台海外联络联谊】 探索推进海外统战功能区建设，建立海外侨务联络员制度，聘任14个国家和地区的23名海外侨胞和留学人员担任海外侨务联络员；邀请香港温州同乡会、台北市温州同乡会参观革命圣地山门、“爱国棋王”谢侠逊、数学泰斗苏步青故里腾蛟，进一步深化爱国主义和中华文化的宣传教育。

【扎实开展党的群众路线教育活动】 组织集中学习30多次，参加人数320人次。征集各类意见和建议45条次，涉及“四风”方面问题5条。全面梳理修订完善各项制度，新增制度8项，修订3项。

【创建全市首个省级统战廉政文化基地】 整合爱国统一战线杰出代表苏步青先生廉洁淡泊、勤奋爱国事迹，深入挖掘提炼具有统战特色的廉政文化资源，申报并积极创建苏步青故居统战廉政文化基地。2014年9月，省委统战部将苏步青故居列为第一批“浙江省统战系统廉政文化教育基地”。

【开展坚持和发展中国特色社会主义学习实践活动】 组织召开坚持和发展中国特色社会主义学习实践活动动员会，制定下发实施方案，并指导各党派制定了具体实施方案。组织150多人的大型学习辅导讲座；在《新平阳》刊登各党派主委心得体会5篇，各党派开展实践活动120多场次。

【建立“一党派一品牌”服务机制】 整合各民主党派、工商联、无党派联谊会和新联会特色和优势，指导组建8支同心服务队，开展以“一党派一品牌”为载体的社会服务。全年共开展义诊、助学、科技、法律、帮扶活动50多场次，累计投入资金101万元，受益群众5205人。

【开展少数民族地区“三帮三促”行动】 启动新一轮少数民族增收帮扶行动计划，牵头组织省民主党派与平阳县6个民族村结对扶贫项目20多个，已落实帮扶资金70多万元。组织开展百名“同心圆梦”助学行动，资助少数民族地区和革命老区贫困学生110人，发放助学金20万元，是历年来规模最大、资助人数最多的一次。

【开展“同心同行 共建和谐”试点和扩大试点工作】 以“四大行动，十大载体”为主抓手，在试点的基础上，在10个镇（乡）范围内遴选了30个宗教场所，开展扩大试点活动，各级干部与信教群众交心谈心2300多次，组织政策法规宣传6500多人次，排查出72名信教党员，成功转化52人、劝其退党9人、党内除名3人、正在整顿教育8人。

【深化“两岸南麂人”系列活动品牌】 开展以“乡亲乡音故乡情、两岸两庙血肉亲”为主题的高雄屏东鳌江五显大帝信俗文化交流活动，这是继台湾屏东、基隆南麂同胞1958年回乡寻根后的又一次重大交流活动。5月，台湾苗栗县建功小学师生参访团一行38人到平阳县小开展访问交流活动，开创台湾小学生来温访问交流的先例。

（徐素玲）

·泰顺县委统战部·

【综述】 2014年，泰顺县统战工作在县委的正确领导和市委统战部的正确指导下，深入贯彻党的十八大和十八届三中、四中全会精神及习近平总书记系列重要讲话精神，紧紧围绕泰顺县经济社会发展的目标任务，按照“树品牌、显特色、创新局、求发展”的工作思路，开拓创新，锐意进取，夯实基础，不断开创泰顺县统战工作新局面。

【党外人士工作有新推进】 召开了2次党外代表人士座谈会，向党外代表人士通报了泰顺县党的群众路线教育实践活动开展情况和当前经济社会发展情况，就县委如何搞好群众路线教育实践活动听取了党外代表人士的意见和建议。及时调整了党员领导干部与党外代表人士联谊交友制度。做好县知联会换届筹备工作，引导会员开展改善民生的送科技、送法律、送温暖等各类社会服务活动12次，受惠人数228人次。引导党外代表人士议政建言29条，开展实事监督项目8个，调研考察5次。举办了党外干部培训班1期，培训学员32名。推荐挂职锻炼和参加上级教育培训党外领导干部各2名。推荐14名党外干部作为县管后备干部，推荐2名市管干部到重庆学习。此外，重视少数民族干部的选拔培养，推荐15名少数民族干部作为县管后备干部，举办民族乡村干部培训班2期，培训学员140人次，选派10多名少数民族干部、民族村干部参加省市培训。

【民族工作有新发展】 完成新一轮三年特扶民族项目编制，争取特扶项目资金500万元，用于建设左溪、竹里和玉塔三个民族特色村寨。争取省市专项结对帮扶资金605万元。其中，省专项资金310万元，市专项资金130万元，“五水共治、五教同行”宗教公益慈善资金70万元，省市统战系统结对民族村帮扶资金95万元。成功举办浙江省首届畲族风情旅游文化节暨温州市第五届瓯越“三月三”畲族风情旅游节和首届畲歌大赛。完成了《瓯越畲乡泰顺》画册制作，发行3000册。召开全县第六次民族村工作联席会议。组织参加省第五届民族传统体育运动会并获得优异成绩。修订出台了《关于进一步加快少数民族和民族乡村经济社会发展的若干意见》。

【宗教和民间信仰工作有新突破】 与各乡镇签订宗教工作目标管理责任书10份，签订宗教场所安全管理责任书121份，签订纳入管理民间信仰场所安全管理责任书96份。深入开展“同心同行·共建和谐”活动，成立领导小组和制订实施方案，组织召开有关宗教团体班子成员会议和试点工作交流会；建立县四套班子主要领导、县委常委、县四套班子分管民宗工作领导、统战民宗干部及乡镇领导班子成员联系宗教活动场所和宗教界代表人士制度，全县共有28处试点场所开展活动，取得了一定的成效。深入开展“三改一拆”涉及宗教和民间信仰场所违法建筑处置工作。完成三星级宗教活动场所评选和省级和谐寺观教堂达标创建各5处。补充宗教信息管理系统基础数据，进一步完善数据库。

【助推经济转型升级有新作为】 协助县委、县政府成功举办第二届全国泰商大会。积极开展非公有制经济人士理想信念教育实践活动，举办3期培训班，培训学员120多人次，推荐四贤茶业有限公司董事长吴文彬为第四届优秀中国特色社会主义事业建设者。召开了政企互动座谈会，通报全县工业经济运行情况。深入开展“进村入企大走访”活动，出台了《泰顺县工商联驻会领导联系民营企业制度》，共走访联系民营企业55家。深入开展“五好”工商联创建活动。加强基层商会规范化建设，完成了乡镇商会年检和彭溪镇商会创市级基层商会示范点工作。引导非公有制经济人士、在外泰商开展感恩回报社会行动和公益慈善行动，积极开展“百名泰商结百村”活动，实现129名泰商与102个行政村的结对帮扶，累计捐款6829万元。引导非公有制经济人士参与“百会联百村，合力治污水”，工商联执委企业、乡镇商会会员企业已为全县“五水共治”捐款累计800余万元。

【港澳台海外统战工作有新提高】 全力推动对台经贸、文化方面的合作交流，共邀请台湾商贸投资考察团等8个批次的台胞台商来泰顺县考察，促成台湾中华地方美学建筑协会与泰顺县廊桥文化协会缔结友好协会，台湾南投县、嘉义县观光协会与泰顺县风景旅游协会缔结友好协会。全力推进对台招商引资工作，促成台湾春景茶叶有限公司与泰顺民盛茶叶有限公司等3个项目签订正式协议。邀请5个批次的侨领到泰顺县参观考察，促成侨爱工程项目2个、捐赠资金30万元，资助泰顺县贫困学生22名、共3.75万元。成立了香港温州同乡会泰顺分会和泰顺在台招商联络处。在中秋、春节等传统节日期间，共走访看望台胞台属、归侨侨眷35人次。发放台胞爱泰顺育才基金9.3万元，资助泰顺县93名贫困的高中生。做好侨情调查工作，完成数据的录入、统计、汇总等工作，建立健全侨情资料库、港澳台海外侨团数据库和港澳台海外代表人士数据库。

【基层统战工作有新提升】 扎实开展党的群众路线教育实践活动，及时制定了相应的实施方案、成立了领导小组，召开了党的群众路线教育实践活动动员大会，认真组织学习和起草对照检查材料，及时召开民主生活会，积极开展批评与自我批评，抓好整改落实，建立长效机制，党的群众路线教育实践活动取得了阶段性的成果。确定5月份为“统战系统调研月”，确定调研课题15个。深入开展基层品牌建设，创成基层统战品牌10个。研究制定《2014年乡镇统战（民宗）工作考核实施细则》。积极开展部门职权清理推行权力清单制度工作，完成了民宗、台侨部门职权与行政审批事项梳理工作。

【成功举办浙江省首届畲族风情旅游文化节暨温州市第五届

瓯越“三月三”畲族风情旅游节】 4月2日，浙江省首届畲族风情旅游文化节暨温州市第五届瓯越“三月三”畲族风情旅游节在泰顺隆重开幕。活动当天的系列畲族民俗展示表演，吸引了万余游客参观。国家民委文化宣传司巡视员李建辉，省民宗委党组副书记、副主任吴彩星，省旅游局副局长许澎，温州市委常委、统战部长陈浩，温州市副市长郑朝阳，温州市政协副主席戴祝水，以及泰顺县委书记张洪国、县长董旭斌等出席开幕式。

【成功举办第二届全国泰商大会】 4月4日，泰顺县召开了第二届全国泰商大会，在大会上，授予15家泰商回归企业“回乡创业奖”荣誉称号，授予泰顺县雅阳教育发展基金会、五洲国际控股有限公司“爱心公益奖”，授予王尢德等17名泰商“爱心公益奖”荣誉称号，并为他们颁发优质服务卡。举行了泰顺县在外招商联络处授牌仪式，向联络处主任颁发聘书；举行泰商公益捐赠举牌仪式及项目签约仪式，48名泰商为泰顺慈善公益事业共捐款4651.5万元，成功签约5个项目，总投资56.7亿元。

【成立香港温州同乡会泰顺分会】 8月18日，香港温州同乡会泰顺分会在香港成立，县委书记张洪国为同乡会会长、副会长等进行了授牌。同时，11月在上海召开了香港温州同乡会泰顺分会第一届理事会议，在会上正式成立了泰商投资联盟，还举行了泰联基金泰商回归签约仪式。 （吴瑞东）

·苍南县委统战部·

【综述】 2014年，在县委的正确领导和市委统战部的有力指导下，全县统战系统紧紧围绕县委县政府建设“浙江美丽南大门”中心工作，汇聚人心谋思路、凝心聚力促发展、千方百计保稳定、与时俱进谋创新，苍南县统战工作实现新的突破。

【坚持主动作为，服务经济转型升级有新举措】 一是实施苍南商人回归服务工程。以“海峡两岸少数民族交流与合作基地”命名为契机，积极参与海峡两岸经贸合作洽谈交流暨苍商回归发展大会；依托苍南人联谊总会、香港苍南同乡会、留联会等平台，2014年以来共邀请港澳海外侨商客商商务考察、经贸合作21批400多人次，落实项目3个，总投资超10亿元。二是实施“同心·服务社会”品牌打造工程。引导广大非公有制经济人士围绕省委省政府“五水共治”决策部署，组织开展“商会联村居·合力治污水”活动，实际到位资金5800多万元。组织开展“同心·服务家乡”企业家结对到家乡活动，帮助企业与农村对接发展项目20多个；成功发起苍南新联会乡村读书计划，捐献6家爱心书屋、2.5万多册图书，受益师生达2000多人次。组织各民主党派、无党派开展送医、送教、送科技、送文化、送法律“五下乡”活动和全面小康共建行动，有100多人次参加、受益群众2000多人。

【强化思想引领，多党合作事业迈上新台阶】 一是同心教育实践扎实有效。开展各类“同心”教育活动10多场次，400多人次参加；开展坚持和发展中国特色社会主义学习实践活动、非公有制经济人士理想信念教育活动和“同心同行 共建浙江美丽南大门”大型知识竞赛活动；成功评选出20名苍南县第四届中国优秀特色社会主义事业建设者；组织130多名党外代表人士到复旦大学参加高级研修班，有效促进统一战线成员同党在思想上同心同德、在目标上同心同向、在行动上同心同行。二是协商共治更趋深入。以“统战成员大家谈”活动为载体，有序推进苍南县多党合作、政治协商、民主监督的规范化、制度化；组织各民主党派、工商联、无党派人士和统战团体开展进公安、进消防、进民政等系列民主监督活动，就养老服务业情况进行专项考察协商；提交30多条议政建言材料，为党委政府科学决策、有效施策提供了有益参考；提交提（议）案160多件，其中多件提（议）案得到省、市县主要领导的批示和肯定。三是党外人士队伍建设更具实效。组织实施苍南县党外代表人士队伍建设“262”工程，先后走访100多名党外代表人士。

【强化依法管理，民族宗教工作领域取得新突破】 一是民族团结进步事业健康发展。开展民族特色村寨建设，新增省级民族团结进步小康示范村1个，新增创建民族团结进步模范社区2个，打造民族民俗风情园1个；浙闽台（苍南）民族花海生态园经国家民委批复为海峡两岸少数民族交流会与合作基地的示范园；顺利举办畲族“三月三”、“九月九”传统民俗活动；举办全县少数民族干部培训班、少数民族农村经济管理大专班和少数民族群众电子商务培训班，切实加强少数民族代表人士队伍建设。二是宗教领域难点工作有效破解。强化全县统战系统领导干部马克思主义宗教观，进一步提升政治意识、政权意识、阵地意识；及时制止宗教场所突发事件10多起；制定《宗教团体负责人评价工作实施方案》，成功推进全县宗教界“同心同行·共建和谐”宣教试点扩面工作，建立县四套班子领导干部密切联系宗教团体负责人、县四套班子成员进教堂宣讲等“五个一”责任捆绑工作机制和联系交心进场所、政策法规场所等“五进场所”活动；深入开展以“教风年”为主题的和谐寺观教堂星级创建活动；举办6期宗教界人士政策法规培训班，参训人员1000多人。三是民间信仰事务管理有效规范。按照“四个一批”要求，对全县1553处民间信仰活动场所进行实地调查、甄别分类和专项整治，成功缩减20%；顺利完成农村文化礼堂改造53处，共2.5万多平方米；推进民间信仰事务管理规范化建设，在全市率先成立县民间信仰工作联络处。

【强化交流联谊，港澳台海外统战工作呈现新亮点】 一是对台经贸文化交流工作深入开展。举办海峡两岸经贸合作洽谈交流暨苍商回归发展大会、海峡两岸民族特色产品展销会、“中华一家亲”海峡两岸各民族中秋联欢晚会、少数民族民俗风情展演暨畲族祭祀仪式；举行海峡两岸茶文化交流暨第九届温州（苍南）开茶节、第三届浙台（苍南）妈祖文化节、第二届浙台陈靖姑信俗文化交流节、2014海峡两岸（苍南）财神文化节暨第二届世界财神论坛；创新开展海峡两岸（苍南）社会组织公益交流活动。据统计，2014年来苍参观文化交流、旅游观光、商务考察和经贸合作的台湾团组有60多批150多人次，实际利用台资2366万美元，引进新项目10个、签约项目15个，总投资达28.44亿元，有效促进苍台两地文化交流更加活跃、形式更加多样、交流领域更加广泛。二是港澳海外统战工作扎实开展。完成基本侨情入户调查工作，挖掘涉侨信息4000多条，健全苍南县海外侨情资料数据库；依托香港苍南同乡会等统战平台实施苍商侨商回归服务工程，开展各类招商引资、联谊交流工作。据统计，2014年以来共邀请港澳海内外客商侨商来苍文化交流、旅游观光、商务考察和经贸合作共计20多批300多人次。

【拓宽基层网络，统战系统自身建设打开新局面】 拓展统战基层基础系统，成立县民间信仰工作联络处、县网络界联谊会，形成县、乡（镇）、社区三级侨务、民宗工作网络。推进统战管理信息化，加强统战QQ群、微博、公众微信等统战工作网络信息沟通平台管理；做强做精苍南统战网，联合电视台推出“苍南党外人士风采录”电视栏目24期，编发《苍南统战》简报24期；精心策划统战大讲坛——温州名嘴话苍南电视系列节目4期。

【苍南县网络界人士联谊会成立】 7月25日，苍南县网络界人士联谊会成立。县委副书记麻胜聪，县委常委、宣传部长林森森，县委常委、统战部长胡长虹出席会议。县网络界人士联谊会由网络企业代表、网络管理人、自媒体编辑、新媒体从业人员等70多人组成。

【举办“中华一家亲”系列活动】 9月3日至4日，举办海峡两岸经贸合作洽谈交流暨苍商回归发展大会、海峡两岸民族特色产品展销会、“中华一家亲”海峡两岸各民族中秋联欢晚会、少数民族民俗风情展演暨畲族祭祀仪式，邀请1200多名具有代表性苍商，与各地客商签约项目25个，投资总额超200亿元。

【“乡村读书计划”启动】 9月3日，温州市党外知识分子“乡村读书计划”启动暨“苍南新联会乡村读书计划”工作现场会在矾山镇工人文化宫召开。会议由县委常委、统战部长胡长虹主持。来自市、县新联会等统战团体的成员和学校师生代表共有800多人参加工作现场会。

（项友成）

湖　州　市

·湖州市委统战部·

【综述】 过去的一年，全市统战工作在市委的正确领导和省委统战部的精心指导下，认真学习贯彻党的十八届三中、四中全会和省市全委会精神，紧贴市委、市政府工作中心，以开展党的群众路线教育实践活动为契机，围绕服务科学发展、推进民主政治、促进社会和谐、夯实基层基础等工作重点，求真务实、履职实干，统一战线各领域工作扎实有序推进。

【以服务科学发展为主题，经济领域统战工作进一步深化】

毫不动摇地鼓励、支持和引导非公有制经济发展，着力深化服务，进一步促进非公有制经济"两个健康"发展。一是全力服务浙（湖）商回归。充分发挥统一战线资源密集、联谊广泛的优势，组织开展"金苹果"奖评选活动，动员广大统战干部、成员为湖州市招商引资、招才引智牵线搭桥、献计出力。市委统战部牵线促成浙江传媒学院与吴兴区签署战略合作框架协议，开展文化产业交流合作。南浔区委统战部、上海南浔商会成功牵线上海电影艺术学院分校区落户南浔。启动实施"知名非公有制经济代表人士湖州行"系列活动，通过"请进来、走出去"，对湖州市重点园区和招商项目进行宣传推介，最大范围地动员海内外浙湖商和高层次人才回乡创业。今年来，已先后承接和开展苏浙沪新生代企业家湖州行、深圳名企·上市公司湖州行等活动，邀请了成都湖州商会等7个考察团来湖考察投资环境；据不完全统计，全市统战系统全年累计引进招商引资项目21个，总投资达90亿元；二是积极助推转型升级。启动实施"全市非公有制经济企业家圆桌会议制度"，每季度邀请市委市政府领导、经济金融专家与全市非公有制经济代表人士进行面对面座谈交流，探讨分析当前经济形势及应对策略，努力帮助非公有制企业正确判断形势，坚定发展信心，破解发展难题。联合市工商联组织开展"部长（主席）非公有制经济服务日"、"百名统战干部、成员联系百家民营企业"等活动，通过现场调解、蹲点调研、上门走访等形式，帮助非公有制企业协调解决实际问题，助推加快发展。截至目前，共召开圆桌会议3次，举办服务日4次，为非公有制企业协调解决实际问题20余个。深入开展商会承接政府职能试点工作，确定市电器工业商会为承接政府职能试点单位。积极搭建中小企业服务平台，德清县依托商会大厦，吸纳实体和挂牌入驻公司162家，建成全省最大的社会中介服务中心，运行5个多月来，承接中介服务业务573批次，平均中介服务时间减少30%以上，收费比原先下降10%－30%，被评为第二批省中小企业公共示范平台和第四批国家级中小企业公共示范平台；三是着力促进非公有制经济人士健康成长。注重非公有制经济人士思想政治引导工作，深化开展理想信念教育实践活动，围绕"中国梦·湖商行"主题，组织举办了专题培训班、助推转型升级报告会。加强对新生代企业家的跟踪培养，联合市委组织部、市经信委等七部门联合出台《湖州市新生代企业家培养"311"领航计划》，通过建立市领导导师帮带机制、举办"30人创新论坛"、开展挂职锻炼等十项举措，促进新生代企业家素质提升。吴兴区编印出版《创二代·吴兴新锐》，集中展示16位"创二代"企业家创业创新风貌，为创二代健康发展营造良好舆论环境。大力弘扬工商奉献精神，组织开展"义行天下·湖商感恩"、"千企联千村·合力治污水"等社会公益活动，树立非公有制经济人士良好社会形象。截至目前，全市已有159家非公有制企业通过认捐、投资、认建等形式，投入污水治理资金8300多万元。

【以推进民主法治为目标，多党合作制度建设进一步规范】

坚持以推进民主法治为目标，切实加强多党合作制度建设。一是有序推进协商民主。坚持落实和完善协商通报、谈心交友、对口联系、特约人员等各项多党合作制度，不断扩大有序政治参与。2014年来，共协助市委、市政府召开各类情况通报会、协商会8次。加强对口联系工作，推动21个政府部门与民主党派、工商联建立对口联系工作机制，60余名民主党派、无党派人士被有关部门聘为监察员、检察员、审计员、督导员。以"金点子"活动为载体，建立完善民主党派、工商联直接向市委提出建议制度，积极畅通建言献策渠道。全年共收到金点子675个，刊出《金点子专报》20期82个，有7个金点子得到省市领导的重要批示。有序推进基层协商民主建设，以吴兴区织里镇为试点，指导组建新居民和谐促进会，探索开展"书记面对面"、"民主恳谈会"等基层协商民主有效形式，进一步拓宽基层群众利益诉求表达渠道，促进新老居民共建共融，截至目前，已成功协调解决各类纠纷20余起。此项工作得到了省政协副主席、省委统战部长孙文友，省委统战部常务副部长金长征等领导的充分肯定；二是加强党外代表人士队伍建设。启动实施民主党派、无党派人士坚持和发展中国特色社会主义学习实践活动，组织召开市各民主党派、工商联主要负责人暑期读书会和各民主党派基层组织经验交流会，切实增强统一战线成员坚定走中国特色社会主义道路的决心和信念。重视党外干部的教育培养，牵头召开全市无党派实职领导干部座谈会，赴党外人士相对集中的卫生、教育、文化等系统开展党外干部“家访”，零距离掌握信息、了解情况，帮助解决实际困难。联合市委组织部对78名市管副处级党外后备干部实施“一人一策”针对性培养举措，建立民主党派后备干部到对口联系单位挂职锻炼制度，加快党外后备干部成长步伐。协助市委对各县区贯彻落实中发〔2012〕4号和省市委实施意见精神进行专项督查调研，推动县区有关政策指标落实。截至目前，市级机关党外实职领导干部17人，县区担任副科以上的党外实职干部98人，其中乡镇（街道）配备党外人士14人；三是着力引导新阶层人士有序参与。充分发挥新的社会阶层人士统战工作联席会议制度作用，密切与统战工作有关社团的联系，调整充实了新的社会阶层人士数据库。重视基层知联会组织建设，以德清县为试点，探索开展知联会“进乡镇、进街道”工作，实现全覆盖。注重统一战线网络阵地建设，组建成立网络界人士联谊会并实现县区全覆盖，有效拓宽网络意见人士统战工作抓手。积极参与网上正能量的传播和弘扬，安吉县组建统一战线网评员队伍，较好发挥了统一战线在平衡网络舆论中的重要作用。

【以促进发展、维护稳定为目的，民族宗教工作进一步加强】 坚持以促进发展、维护稳定为目的，依法依规管理宗教事务，努力促进民族宗教和谐稳定。一是促进少数民族团结进步。始终把加快民族村发展作为工作重点，协助市委制定出台《关于开展少数民族村结对帮扶工作方案》，组织全市各县区、民主党派、高校和龙头企业结对帮扶湖州市两个少数民族村，助推民族村经济发展再提速。截至目前，已为民族村争取中央和省补助资金100万元，落实结对单位帮扶资金180万元，结对项目8个。认真贯彻落实国家民族优惠政策，努力为少数民族同胞提供优质服务和帮助。2014年来共为98名符合条件的少数民族同胞子女办理了民族成份变更手续，为112名少数民族考生办理了中、高考加分手续。加强城市少数民族流动人口管理，以吴兴区为试点，建立民族团结促进会，探索构建“管理网格化、引导社会化、活动常态化”的城市少数民族服务管理新模式，切实提升城市民族工作水平。二是依法管理宗教事务。全面贯彻落实党的十八届四中全会精神，坚持用法治思维、法治方式推进宗教工作，促进宗教场所管理规范化。深化开展“和谐寺观教堂”创建活动，全市新增“和谐寺观教堂”35个。以首批27个佛道教场所为试点，组织开展“文明敬香、建设生态寺观”活动，倡导三炷清香礼佛（神），推动宗教活动场所由香火兴寺向文化兴寺转型升级。指导市佛协聘请专职财务人员进驻市直场所，并建立财务监控系统，推动宗教场所财务监管工作常态化。吴兴区在全市率先推行佛教场所负责人履职承诺（辞职）制和宗教事务重大事项报告制，有效提升宗教团体和宗教场所负责人规范化水平。注重宗教团体自身建设，深入开展“寻梦中国·正言正行”主题教育实践活动，凝聚宗教正能量。启动实施“佛教大师培养计划”，组织首批佛教界骨干赴西北大学佛教研究所进修，举办宗教界骨干人士培训班，完成市佛教协会和市天主教爱国会的换届工作。广泛挖掘宗教文化的积极因素，出台《湖州市宗教文化与旅游发展纲要》，组织实施八大重点工程，着力打造一批具有鲜明地域特色和品牌文化的宗教旅游景点。鼓励和支持宗教界人士发扬爱国爱教、服务社会的优良传统，组织开展“五水共治、五教同行”等社会公益活动，全年累计捐款146万元，树立了宗教界良好的社会形象。今年4月，寿圣寺方丈释界隆当选湖州市首届慈善大使。三是扎实推动宗教工作攻坚破难。重视宗教场所建设，积极推进太平庵迁建、府庙维修及仁王护国禅寺修复工程，启动天主教新堂辅助用房建设，做好天主教新堂搬迁和复堂的前期准备工作。扎实开展“三改一拆”涉及宗教违法建筑专项处置工作。

【以整合资源为抓手，港澳

台海外统战工作进一步拓展】坚持以整合海外资源为抓手，着力深化港澳台海外统战工作，努力为敦睦乡情乡谊、促进祖国统一作出贡献。一是港澳联络联谊不断深化。切实加强与港澳乡亲的联络联谊，年初在深圳举办了湖州市港澳乡亲迎春团拜会；5月，市委常委、统战部部长崔凤军亲自带队，赴港参加香港浙联会专业人士委员会就职典礼，并拜访了香港中华厂商联合会、香港中华出入口商会、香港经贸商会等三大爱国爱港社团，进一步凝聚了港澳同胞乡情乡谊。重视旅港同乡会建设，不断完善工作网络，指导成立湖州旅港同乡会长兴、安吉、吴兴分会，实现全覆盖；二是对台交流交往不断推进。认真做好对台工作，积极推动湖台两地经贸合作。今年来，共邀请接待台商来湖考察18批150余人次，组织企业商务团和文化交流考察团赴台29批75人次，交流的深度和广度不断增加。促进两岸民间交流与合作，组织举办第三届湖台邻里节；认真做好陆生服务工作，组织成立"湖州在台学生联谊会"；深入开展台湾社团人物情况调查，初步建立了与湖州相关的台湾重点社团和重要人物基础数据库；三是海外统战工作不断拓展。坚持以"乡情、亲情、友情"为纽带，切实加强与海外代表人士、重要社团的有效对接，积极拓展海外统战资源，广泛发动海外华侨华人来湖创业发展。2014年，全市统战系统共邀请来自西班牙、丹麦等境内外侨商700多人次来湖作投资考察，引荐投资项目23个，其中签约13个，协议利用外资1.85亿美元。注重发挥文化媒介作用，进一步密切与海外华侨华人的联络联谊。市侨联举办"中华情·翰墨缘"、"海外华裔青少年中华寻根之旅夏令营"等活动，长兴县出版发行《乡音一曲》，全面展示了海内外游子的精神风貌。认真贯彻侨务政策，扎实做好侨情调查，顺利完成全市涉侨家庭户上门走访登记、数据处理和梳理汇总工作。注重真情服务，通过走访、座谈等手段及时了解侨商在湖投资创业困难，并努力为其解决实际问题。2014年，共受理各类来信来访48件（次），帮助侨商挽回经济损失2000多万元。

【以督查考核为路径，基层统战基础进一步夯实】 坚持以教育实践活动为契机，以督查考核为路径，自觉践行群众路线，着力夯实统一战线基层基础。一是践行群众路线，深化服务长效。坚持理论武装，建立长效学习机制，深化学习教育实效。全年共组织召开专题学习会27次，专题报告会5场，党课教育4次；坚持践行群众路线，建立基层六联工作机制，深化服务基层活动。全年共走访基层120多人次，组织召开各类座谈会9个，为统战成员和基层群众办实事20余件；坚持主动整改落实，严肃党风党纪，深化长效机制建设。组织召开专题民主生活会和组织生活会，开展党员干部党性体检，深化整改落实22项，制定出台作风建设方面的制度机制9项。在教育实践活动群众满意度测评中，满意率为100%。二是加强督查指导，推动工作落实。深入贯彻落实省、市委关于加强基层统战工作的文件精神，协助市委开展县区统战工作专项督查，切实强化各县区委统战意识，推动解决基层统战部门实际困难。完善考核激励机制，结合年度统战工作实际，细化出台《2014年度县区统战工作考核办法》，有针对性地将统战领域需要解决的重难点问题及时纳入考核内容，通过强化考评逐年突破统战工作的薄弱环节，促进工作任务落实；三是加强队伍建设，提升整体素质。组织开展全市统战干部集中学习培训，每月邀请统战领域的知名专家学者围绕统一战线基本理论政策和相关法律法规进行专题授课，帮助全市统战干部开阔视野，提升理论修养和政策水平。2014年邀请了原国台办副主任王在希、浙江大学公共管理学院院长郁建兴等知名专家学者就台海形势、国家治理体系和治理能力现代化、协商民主及五大宗教教义教规等主题进行集中学习培训7次，受训人员达800多人次；充分发挥机关党总支的作用，扎实推进"文明机关"创建和廉政风险防控机制建设，在全体党员干部中开展廉政警示教育、"三思三观"大讨论等系列活动，努力树立部（局）机关和统战干部的良好形象；四是加强调研宣传，扩大统战影响。依托市统战理论研究会平台，探索建立统战理论社会化研究机制，围绕"推进基层协商民主、民间信仰事务规范化管理"等15个课题，开展社会公开招标，努力形成一批有质量的研究成果，推动实践创新与成果转化。重视宣传信息工作，充分发挥好"一网两刊"的宣传主阵地作用，加强与电视台、报社、湖州在线等新闻媒体的合作，在湖州日报专题版面开设党外代表人士专访，在腾讯网、新浪网上开设“太湖同舟”湖州统战官方微博，完成2期“浙商义行天下”的拍摄工作，并在浙江卫视新闻栏目播出，统一战线的社会影响力不断扩大。

【非公有制经济服务日】 1月30日，由市委统战部、市工商联联合发文，建立“部长（主席）非公有制经济服务日”制度。通过咨询预约、诉求梳理、接待处理、办理督办等环节，建立统战部长、工商联主席主动服务非公有制企业的机制，进一步加强与非公有制经济人士的沟通交流，切实帮助非公有制企业解决生产经营活动中遇到的现实困难与实际问题，全力助推非公有制经济转型升级、加快发展。全年共举办非公有制经济服务日4次，共接待处理企业问题20余个，通过涉及相关部门承办，工商联专职副主席负责督办的形式进行协调处理，办结问题20个。

【非公有制经济代表人士圆桌会议】 3月3日，由市委统战部发文建立全市非公有制经济企业家圆桌会议制度。组织全市25名知名非公有制企业家，并邀请市领导参加，以圆桌会议形式传达学习中央、省市有关经济发展政策，交流对当前经济形势的判断分析及应对策略、对企业自身发展的总体思路与目标愿景和对湖州市经济工作的意见或政策性建议。目的是进一步密切市委、市政府与非公有制经济代表人士的联系，为市委市政府决策提供有益参考，同时更好地服务湖州市非公有制经济的健康发展和非公有制经济代表人士的健康成长。2014年共组织召开以“增强企业核心竞争力”、“信息经济与智慧产业”、“如何打造百年企业”等为主题的四次圆桌会议，邀请省经信委总工程师厉敏、浙江大学管理学院副院长陈凌等专家作专题讲座。市委书记马以、市长陈伟俊、市委副书记金建新等市领导参加。同时，通过圆桌会议共梳理汇总企业家反映的工作建议22条、普遍问题8条、具体问题10条。

【新生代企业家培养“311”领航计划】 为进一步加强湖州市新生代企业家的培养工作，由湖州市委统战部牵头与组织部、宣传部、工商联、经信委、财政局、人力社保局等七家单位联合制定出台了《湖州市新生代企业家培养“311”领航计划》。以年龄在45周岁以下、具有较大发展潜力的“民企创二代”和自主创业的青年企业家为主要培养对象，以湖州市新生代企业家联谊会、新湖商商会会员和国家、省“千人计划”引进人才为重点，采取建立导师制度、举办创新论坛、开展挂职锻炼等多种培养手段和针对性措施，让一大批新生代企业家尽快脱颖而出，力争到2017年，培养领航新生代企业家30名左右，骨干新生代企业家100名左右，辐射1000名左右新生代企业家，形成一个“政治上有方向、经营上有本事、责任上有担当、文化上有内涵”的新生代企业家群体。8月15日，湖州市新生代企业家联谊会成立暨“311”领航计划启动仪式在长兴超威电源有限公司举行。市委常委、统战部部长崔凤军为市新生代企业家联谊会授牌；市领导金建新、崔凤军分别为“导师培育机制”学员颁发学员证，并向领航企业家授旗和颁发徽章。

【全市统战部长会议】 7月24日，全市统战部长会议在长兴县召开。会议总结回顾全市统一战线上半年有关工作情况，研究部署下半年工作任务。市委常委、统战部部长崔凤军出席会议并讲话。会上，各县区委统战部和湖州经济技术开发区、湖州师范学院、湖州职业技术学院统战部分别作了交流发言。

【全市统一战线读书会】 8月19日到20日，全市统一战线读书会在德清召开。会议深入贯彻全省统一战线读书会和市委七届六次全会精神，认真学习研究统一战线服务国家治理体系和治理能力现代化建设的功能优势和实现途径，进一步统一思想、增进共识，努力开创湖州市多党合作和统一战线工作新局面。市委常委、统战部部长崔凤军参加会议并讲话，副市长李建平通报了上半年全市经济运行和社会发展情况。会上，邀请浙江大学公共管理学院院长、教授郁建兴作题为“从社会管理到社会治理”的专题讲座，市各民主党派、工商联主要负责人围绕“加强参政党建设，服务国家治理体系和治理能力现代化”主题，进行了交流发言。

【“金点子”建言献策活动】 畅通参政议政渠道，引导组织民主党派、工商联和无党派人士围绕“湖州生态文明城市建设”主题，组织开展了“金点子”建言献策活动。全年共收到“金点子”675个，刊出《金点子专报》20期，有7个金点子得到省市领导的重要批示。

【建功立业“金苹果奖”评选活动】 充分发挥各民主党派人才荟萃、资源密集、联谊广泛的优势，在原有“金点子”建言献策的基础上，进一步注重提升咨政建言实效，于2014年专门推出建功立业“金苹果”奖评选活动，鼓励广大党派成员围绕引资引智、科技创新和“五水共治”等方面出思路、引项目、见成效。民进市委会报送的“莫干山镇御庭度假区”项目获2014年度“金苹果奖”。

【湖州市佛教协会换届】 8月26日，湖州市佛教协会第五次代表大会召开。会议听取和审议了市佛教协会第五届代表会议筹备工作报告、第四届理事会工作报告，讨论和修改了《湖州市佛教协会章程》，并选举产生了市佛教协会新一届领导班子。慈满法师当选新一届会长，界隆当选为第一副会长，宗慧、智根、莲寺、常进、印可法师当选为副会长，兴达法师为秘书长。

【“文明敬香，建设生态寺观”活动】 自5月1日起，湖州市在首批27个佛道教活动场所组织开展了“文明敬香，建设生态寺观”活动，倡导三炷清香礼佛（神），推动宗教活动场所由香火兴寺向文化兴寺转型升级，得到了广大市民与信众的广泛认可。

【湖州市南浔学研究会成立大会暨首届理论研讨会召开】 12月27日，湖州市南浔学研究会成立大会暨首届理论研讨会在南浔举行。省内外众多专家、学者以及南浔“四象八牛”后代齐聚一堂，共同研究和探讨南浔学，推动南浔区域文化研究向纵深、全面发展。浙江省政协副主席、省委统战部部长孙文友出席会议并作讲话。湖州市委副书记金建新为研究会授牌。大会审议通过了南浔学研究会第一届理事会常务理事、会长、副会长、秘书长名单，并聘任研究会名誉会长、顾问、特约研究员。省社科联原党组书记陈永昊当选为南浔学研究会会长。会议当天，还组织开展以“浔商和南浔名人研究”及“城市复兴和南浔学”为主题的研讨会。

【省政协副主席、省委统战部部长孙文友来湖调研统战工作】 6月25日上午，省政协副主席、省委统战部部长孙文友来湖调研统战工作，市委常委、统战部部长崔凤军等陪同。孙文友充分肯定了近年来湖州统战工作所取得的成绩，特别是以织里镇为试点开展的新居民群体统战工作和为服务非公有制经济发展组织实施的“圆桌会议”、“新生代企业家培养311领航计划”等工作，特色明显、成效显著，值得推广和借鉴。

【启动帮扶少数民族村专项行动】 2014年以来，湖州市高度重视少数民族工作，专门制定出台了《开展少数民族村结对帮扶工作方案》，积极组织动员各县区、高校和企业结对少数民族村，举全市之力帮扶少数民族村发展，力争通过4年时间，把民族村建设成为经济发展、文化繁荣、民族团结、生态优美的特色民族村寨。5月14日帮扶少数民族村工作会议首次召开，研究部署落实结对帮扶各项工作任务。市委常委、统战部部长崔凤军出席会议并讲话。

【中国特色社会主义学习实践活动】 3月31日，湖州市召开民主党派、无党派人士坚持和发展中国特色社会主义学习实践活动动员会暨学习辅导会。会议深入学习贯彻中央和省、市委有关会议精神，启动部署湖州市民主党派、无党派人士坚持和发展中国特色社会主义学习实践活动。省委统战部副巡视员、研究室（宣传办）主任杨卫敏应邀作“我国协商民主的由来及发展前瞻”专题辅导报告。各民主党派市委会专职副主委、各基层组织负责人，市知联会常务理事及党派机关共150多人参加会议。

【市委常委、统战部部长崔凤军做客湖州在线对话网友】 6月5日，市委常委、统战部长崔凤军来到湖州在线视频演播室，参与“用脚步丈量民情、扬正气凝聚民心”市领导在线访谈节目，以“发挥统战优势 凝聚民心民智 服务改革发展”为主题，与广大网友进行在线交流。

（施静龙）

·吴兴区委统战部·

【综述】 2014年，吴兴区统战工作在区委的正确领导下，以开展党的群众路线教育实践活动为抓手，牢牢把握大团结大联合主题，发挥优势，凝心聚力，奋发进取，为促进全区经济社会协调可持续发展作出了积极贡献。

【以思想引领为先导，多党合作有新推进】 以“两会”、“金点子”为平台，引导各民主党派、知联会成员积极参政议政，共收到提案38件、“金点子”86例，工商联提出的《关于扶持和发展实体经济的建议》列入区领导领办的10件重点提案。民盟、民进区总支被评为2014年“全国先进基层组织”。加强统战网络阵地建设，于10月成立区网络界人士联谊会，充分发挥网络界人士民主监督和议政建言作用。加强对接协调，健全完善区委常委与民主党派、工商联负责人谈心交友，区政府领导及相关部门与民主党派、工商联对口联系制度。加强与区委组织部沟通，协同做好党外干部培养，积极推荐使用党外干部，全区4个乡镇（街道）和16个区级部门领导班子中配备党外干部23人，11所中小学和4家医院领导班子中安排党外干部17人，近期可提拔使用优秀党外后备干部17人，占总数的11.1%。

【以强化职能为重点，助推经济有新发展】 积极参与2014吴兴科技经贸洽谈会活动，参与海口市湖州商会、杭州市湖州商会成立筹备；深入排摸吴兴籍在沪企业家、知名人士，为筹建上海市吴兴商会打好基础。邀请11位重量级在沪湖商参加2014吴兴区支持浙商创业创新（上海）恳谈会。开展“中国梦·企业梦”主题实践活动、“下基层、访企业、强党建、促发展”走访服务，进一步深化“中国梦·企业梦”理想信念教育。强化宣传，引导非公有制经济代表人士履行社会责任，投身“义行天下”感恩行动和公益慈善事业，总捐款达300多万元。通过“千企联千村、合力治污水”专项行动、“村企同心同行、共建美丽乡村”活动，发动非公有制企业参与“五水共治”和美丽乡村建设，共认捐827万元，涌现了大港村与大港集团、青山村与康诚石矿等结对共建先进典型。加强“创二代”教育培养，通过组织学习交流等，积极引导争做肯实干、善创新、勇担当的实践者。编辑出版《创二代·吴兴新锐》，集中展示16位“创二代”企业家创业创新风貌。把握电商发展趋势，于7月成立区电子商务商会，吸纳会员企业136家，为打造省级电子商务示范区奠定基础。指导成立织里镇工商联（总商会），全力助推织里经济发展。

【以规范化管理为抓手，民宗工作有新成效】 6月建立全市第一个民族团结进步促进会，高新区、乡镇街道建立分会，吸纳会员370名，为维护少数民族合法权益提供保障。在全市建立首家潜庄社区民族学校，成为宣传民族政策、传播民族知识、巩固和发展社会主义民族关系的有效载体。充分发挥少数民族联络员作用，走访了解少数民族同胞生活、就业和子女入学等情况，办理少数民族考生审核2名、民族成份变更审核20名，协调解决外来少数民族子女入学4名。落实遂昌县、安吉县2个结对少数民族村帮扶资金25万元。深入开展宗教政策法规学习宣传月和“寻梦中国·正言正行”教育实践活动，全力抓好宗教界人士教育培训工作。在全市率先推行佛教场所负责人履职（辞职）承诺制和宗教事务重大事项报告制，努力提升宗教场所规范化管理水平。出台《吴兴区宗教活动管理办法（试行）》，实施重大宗教活动社会稳定风险评估机制。扎实开展宗教场所环境专项整治、和谐寺观教堂和星级宗教场所创建，全区有52个宗教场所完成和谐寺观教堂创建。在4个重点宗教场所试点开展“文明敬香、建设生态寺观”活动。全市第四届汉传佛教讲经交流会在吴兴区筹办。区道教协会、区基督教三自爱国会完成换届，基督教协会成立。

【以加强联络联谊为切入点，港澳台侨工作有新进展】 认真开展侨情调查，完成登记涉侨家庭1236户、4566人，侨资企业106家，重点人士111人，区侨办被评为省侨情调查工作先进集体。开展寻找侨界“最美侨乡”、“最美海归”等8个“最美”系列推荐活动，埭溪镇芳山村被授予省级“最美侨乡”称号。接待“浙台基层交流周”文创活动台湾各界代表35人，利用“湖笔文化节”契机，接待台湾文创产业客商18人，全年接待台商15批78人次，赴台考察交流组团3批9人，有效促进两地文化交流和合作。深入台资企业，扎实推进台资企业服务月活动，达成签约项目5个、引进台湾农民专家4人，有台商美国爱博考斯公司投资地面光伏发电等7个项目签约，协议外资总投资2.85亿美元，市外内资21亿元。美国归国博士生投资厚膜热能芯片技术及产业化项目入围南太湖精英计划A类创业项目。编制招商项目参加浙洽会“海外华商浙江投资贸易专场洽谈对接会”，邀请30多位海外侨领莅临吴兴考察并赴温州参加全国海外中青年侨领研修班经贸活动。建立台商权益保障工作联席会议制度，有效加强台商投诉处理工作。做好来信来访接待工作，回复30多件，其中疑难问题2件。办理“三侨生”加分1人、华侨回国定居7人，慰问困难台属12户。充分发挥旅港同乡会作用，保持经常性联络，切实加强港澳统战工作。顺利完成区留学人员和家属联谊会换届和区海外人士意大利联络站设立。扎实推进飞英街道余家漾社区与龙泉街道白鱼潭社区省侨务工作示范单位建设。

【以创新实践为着力点，特色示范有新突破】 以“体现特色、管理自治、强化服务、延伸触角”为定位，于4月建立织里镇新居民和谐促进会，加强政治引导，畅通诉求渠道，维护合法权益，促进新老居民融合。成功举行书记、镇长“面对面”等协商，协调解决纠纷20余起。此项工作得到省政协副主席、省委统战部部长孙文友，省委统战部常务副部长金长征等领导的充分肯定。落实高新区、乡镇街道同心服务、统战人士联谊会建设等创新项目13个。坚持创建标准，落实部班子成员“一对一”指导，推动工作做深创特。围绕“建网络、强服务、争示范”的目标要求，着力在巩固提升“一街一品”特色上下功夫，不断延伸社区商会、少数民族工作站、侨台之家等社区统战示范点的工作触角，努力提高服务社区统战对象的能力。（戴国新）

·南浔区委统战部·

【综述】 2014年，全区统战工作在区委的正确领导和市委统战部的精心指导下，全面贯彻落实科学发展观，认真学习贯彻党的十八届三中全会和省、市统战部长会议及区委三届六次全会精神，紧紧围绕“奋战五年、再造南浔”和“重振南浔辉煌”的总目标，以“四求、四创”为抓手，强队伍、聚人心，助发展、促和谐，重学习、转作风，扎实推进南浔区统一战线事业的科学发展，为加快推进现代化生态型水乡魅力之城建设，奋力开创南浔科学发展新局面而努力奋斗。

【立足同心理念，汇聚统一战线服务发展的助力】 重视科学理论武装，加强思想政治引导，坚持用社会主义核心价值体系引领全区统战思想建设，用中国特色社会主义理论武装统一战线头脑；动员区各民主党派、工商联、知联会充分发挥各自人才荟萃、智力密集的优势，开展科技、文化、卫生“三下乡”服务。全年各民主党派共计到华侨村、横街等地开展医疗、文艺、书画“三下乡”服务11次；深化“村企结对共建”活动，按照“五有”目标，重点抓好44个集体经济边缘村村企结对工作，加大共建力度，不断拓展共建内涵；深化宗教“心连心共育文明新风尚”活动和侨台“心连心三助”活动，引导他们在参与魅力水乡建设和扶贫济困等方面有新作为。

【推进多党合作制度建设，善谋统一战线助推发展的良策】 完善落实多党合作的各项制度，积极引导各民主党派、工商联、知联会结合自身优势，确定调研课题，为经济社会发展献计出力。紧紧围绕“重振南浔辉煌”总目标，在统战成员中深化推进以招引一个项目、助推一个工程、服务一家重点企业、联系一个魅力水乡村建设、落实一个重点调研课题、反映一批社情民意“六个一”为载体的“重振南浔辉煌我尽职”主题活动，并完善考评反馈等制度。围绕全区改革发展大局，精心组织和引导统战各界人士建有用之言、献务实之策、尽发展之力，为党委政府科学、民主决策提供有益参考，今年提交各类提案议案和意见建议72条，其中民盟沈琪勤的《借司法改革契机明确基层法律服务地位》被全国政协综合录用。

【依法规范管理民族宗教事务，营造统一战线服务社会和谐的氛围】 加强宗教领域的安全隐患排查工作，认真组织指导佛道教四个场所开展“文明进香、创建生态寺观”活动的试点工作。严格规范大型或非通常宗教活动的管理，确保全年12场次大型或非通常宗教活动安全有序。积极弘扬“禅”文化，在善琏镇永欣寺成功承办了“笔都善琏、书画永欣”为主题的市第六届禅茶大会。认真做好宗教领域矛盾纠纷的调处化解工作。共接待来信来访来电40余件，及时处理各种苗头性、倾向性问题，有效化解不稳定因素，未发生因调处不当而影响社会和谐稳定事件。积极稳妥地做好“三改一拆”涉及宗教和民间信仰场所违法建筑处置工作。认真完成了推行行政权力清单制度和行政审批制度改革工作，承诺减少时间事项4项，缩短审批时限51%。实施宗教代表人士培养“百人计划”，加强对宗教骨干人士的教育培训工作。积极弘扬“善”文化，助推“五水共治”，2014年共参与“五水共治”捐款11.7万元。深入贯彻落实《浙江省少数民族权益保障条例》和《城市民族工作条例》，落实好党和国家民族优惠政策，为少数民族子女升学做好服务工作，共办理民族成分变更初审10人，为11人出具中、高考加分证明。做好丽水遂昌县妙高街道东门村和安吉县章村镇郎村村两个少数民族村结对帮扶工作，资助帮扶款25万元。认真抓好社区民族工作站平台建设，通过建立台账制度、联系联络协调服务等工作措施，不断探索城市少数民族工作。

【切实加强海外联谊交流，搭建统一战线服务招商引资的平台】 对接联系香港应善良福利基金会捐建100万元，用于双林庆同公园的修缮工作；支持指导叔蘋奖学金资助南浔中学一名英语教师赴美留学深造，继续弘扬“得诸社会、还诸社会”精神。配合区人大、区政府相关部门对全区侨资企业发展和权益保障情况进行走访调研，并召开调研座谈会，进一步健全和完善部门联系机制，努力营造良好的投资环境。根据省市统一部署和要求，于6月顺利完成了全区基本侨情调查工作，并成功通过验收。发挥海外联谊社团作用，以湖州旅港同乡会南浔分会为平台媒介，加强同旅港乡贤的对接联系，在旅港乡贤中扩大对南浔经济社会发展新面貌的知晓度。深入开展“台资企业服务推进月”活动，关心关爱困难台属、归侨侨眷，为他们提供力所能及的帮助，进行走访慰问18户，送上慰问金及慰问品，营造关心关爱台属、侨眷的良好氛围。协助台湾中天电视台和台湾联合报有关“大陆魅力城市”专题采访和古镇历史文化古迹的拍摄工作，有效扩大了南浔的美誉度和知名度。认真开展浔台文化经贸交流活动。共接待了台湾经贸考察团、文化考察团等两个团组，参观考察了南浔投资环境和文化旅游等项目。同时，组织协助做好南浔区有关团组到台湾洽谈文化创意和产业项目。

【扎实做好非公有制经济领域统战工作，助推非公有制经济转型升级】 深化“百名统战干部、成员联系百企”活动，结合“走亲连心”活动，深入走访全区115家常执委以上非公有制经济企业，及时了解企业生产经营情况，努力解决非公有制企业特别是中小微企业所面临的融资难、用工难等实际问题。进一步密切与民生银行、工商银行的合作，巩固提升银企合作成果。精心筹备认真举办以“凝心聚力谋发展 奋力拼搏建强区”为主题的新浔商论坛·暨南浔区工商联三届二次执委会议。组织举办经济论坛及讲座，于7月联合宣传部举办了“际会叶檀暨湖企经济发展巅峰论坛”，邀请了知名财经评论家、财经专栏作家叶檀来浔就实体民营企业发展的挑战和机遇问题作了讲座，共有130多位企业家参加。充分利用工商联的网络优势和“浔商、湖商、浙商”的亲缘优势，引导更多的客商到南浔参观考察，共接待香港中华出入口商会、上海南浔商会、开圣影视文化传媒有限公司、河南省漯河市临颍县工商联、安徽祁门工商联等18个考察批次，为南浔区的招商引资工作搭建了一个新平台，并且获得了较大的成效。2014年4月30日，在上海南浔商会的牵线搭桥下，上海电影艺术学院与南浔区签署了合作框架协议，将设立上海电影艺术学院南浔校区，致力于加强学校与区域建设发展中的产学研合作。深入调研，摸清情况，认真筹备并成立了南浔区新生代企业家联谊会。

【加强党外代表人士队伍建设】 以使用为重点，做好实职安排。认真贯彻落实中共中央〔2012〕4号、省委〔2012〕125号、市委〔2013〕16号文件精神，切实加强党外代表人士队伍建设，增强党外人士培养使用力度，全区共有19名党外人士担任副科以上实职，其中正科2名，有1/3以上镇政府（南浔经济开发区管委会）领导班子配备党外干部。以培训为先导，加强思想引领。会同区委组织部于5月7日至9日在市社会主义学校举办了第三期南浔区党外代表人士培训班，来自全区30名民主党派和无党派学员参加了培训，进一步提升党外代表人士的综合素质，坚定了走社会主义道路的决心。以换届为契机，协助输送人才。积极搭建无党派人士与民主党派交流平台，为民主党派明年的换届工作做好人事准备，向民主党派市委会推荐3名无党派副科级领导干部加入民主党派。同时积极推荐党外干部参加上级组织的培训，从理论素质到业务水平，为党外干部成长积极争取机会。充分发挥组织部、统战部两部联席会议制度的优势，及时沟通情况，交换意见，形成合力，充实后备人才库，积极探索为党外人士提供实践锻炼的机会和条件。筹备并成立了南浔区网络界人士联谊会和南浔区新阶层人士联谊会。

【扎实开展“村企结对五水共治”专项行动】 积极响应区委区政府关于动员全社会力量打赢“五水共治”攻坚战的号召，按照《湖州市工商联“千企联千村、合力治污水”专项行动实施方案》的总体要求，以“千企联千村、合力治污水”为载体，以村企结对为主渠道，通过向各执委企业发放“积极参与‘五水共治’全力打造魅力水乡”倡议书等形式，动员会员企业通过认捐、投资、认建等多种形式积极参与“五水共治”专项行动。2月9日，在吴兴区召开的“五水共治”誓师大会上，区工商联副主席单位浙江彩蝶实业有限公司代表全区非公有制企业作了表态发言。全区共计有80家企业与67个行政村结对，共同做好五水共治工作。截至统计时，全区非公有制经济企业共认捐2445万元，已到账金额为1558万元。

【加强浔商队伍建设，服务“浔商回家”工程】 进一步深入挖掘“海内海外南浔人”资源，充实完善了347人的南浔区在外浔商信息台账。定期向296名在外南浔籍乡贤代表人士发送“乡情”短信，并在新春前夕向在外南浔人寄上贺岁明信片，大力宣传支持浔商创业创新的优惠政策、平台保障和服务举措，传递家乡关心关爱之情，营造尊商、亲商、兴商的良好氛围。推动回归工程成果转化，建立支持浔商回归创业创新长效机制，及时掌握信息，把握动态，加强同相关部门协调对接，主动作为，真情服务，大力推动回归工程出实效。2014年以来，吴兴区共有到位浙商回归省外资金17.45亿元，浙商回归市外省内资金4.42亿元。

【服务兴会】 精心组织好以新常态下企业转型升级发展为主题的2014年南浔区企业家新春联谊会和2014年南浔区港台侨外及浙浔商回归投资企业家迎中秋联谊会等活动。深入走访全区工商联执委以上非公有制企业，及时了解企业生产经营情况，进一步密切与民生银行、工商银行的合作，努力为中小微企业提供服务。关心关爱企业家身心健康，进一步落实为企业家体检的长效服务机制，于5月和9月分别组织区工商联执委以上企业家赴杭州进行健康检查。认真贯彻落实浙劳社老〔2002〕150号文件精神，定期走访并慰问生活困难的原工商业者及遗属。

（陈逸凡）

·德清县委统战部·

【综述】 2014年，德清县统战工作在县委的正确领导和省、市委统战部的精心指导下，按照“改革当先、聚焦落实、注重质量、转变作风”的要求，紧扣“学习贯彻党的十八届三、四中全会精神”主线，围绕“促进县域经济发展和促进社会和谐稳定”两大目标，坚持维护核心、凝聚人心、服务中心，巩固和壮大爱国统一战线，充分发挥了统一战线在服务科学发展、服务社会和谐建设中的重要作用。

【凝聚共识、注重引导，推进多党合作事业发展】 开展“同心·思想引领、凝聚共识”行动，多形式学习十八届三中、四中全会精神和省市县的决策部署。开展坚持和发展中国特色社会主义道路学习实践活动及“同心共筑中国梦”系列学习活动。积极推动全县统一战线围绕中心工作开展参政议政、建言献策，完成“两会”提案、议案68件(集体15件、个人53件)。积极开展“金点子”活动，6个党派意见建议申报市“金苹果奖”。选择禹越镇开展基层协商民主试点工作。深入推进党外代表人士“236”规划建设，深化党外代表人士定期走访、联系交友、恳谈通报等制度。实行民主党派、工商联、知联会负责人季度例会制度。成立德清县地理信息产业园知联会，率先在全市实现全县各乡镇（开发区）知联会全覆盖。开展网络界人士统战工作，率先在全市成立德清县网络界人士联谊会。

【围绕中心、服务发展，汇聚力量助推德清经济转型】 开展“同心·浙商回归、牵线搭桥”行动，举办“游子情·故乡行”和“省新生代企业家德清行”等系列活动，全年推荐选商引资项目信息50余条，其中“以企引企”意向项目24个；推荐“南太湖精英计划”线索3条，入选B类项目1个。充分发挥商会大厦总部经济功能，目前已有金融、电子商务等多个行业20多家企业入驻。加快在外德商信息库建设。着力服务非公有制经济健康发展，开展给民营企业送政策活动。成立县围巾商会、本县外地商会四川武胜商会和安徽商会。德清县中小企业公共服务中心5月正式对外运营，荣获第四批国家级和第二批省级中小企业公共示范平台。围绕“311”领航计划，切实加强新生代企业家的教育培养。深入推进非公有制经济人士理想信念教育和“品质德商－素质提升工程”。引导非公有制经济人士积极投身公益活动，全年共向县慈善总会捐款1600余万元。积极筹建德商文化展览馆，引导企业开展企业文化建设。

【整合资源、发挥优势，服务社会民生和城乡统筹发展】 以“同心·关注民情、服务民生”行动为载体，深入开展基层统战“心连心工程”。建立德清县统一战线专家志愿服务团，全年共为群众服务3000余人次。举办2014浙大·德清统一战线同心服务企业·助推“两美建设”活动，切实帮助基层企业解决了“燃眉之急”。举办“关注民情 服务民生”2014德清县民主党派社会服务周。完善民主党派服务基层“三联三帮”机制，推行“三有三访”制度。开展“同心·五带一比、五水共治”行动，推动全县广大统战成员共同治水。举办“聚力五水共治 共建美丽德清”捐赠活动，近40位在外德清游子为家乡“五水共治”捐款26万元。深化“村企同心同行、共建和美家园”活动，召开“千企联千村、合力治污水”专项行动推进会。积极与省侨联沟通对接，帮助武康镇对河口村东岑坞受赠一套“介质复合型人工湿地污水生态处理系统”设备。

【主动服务、加强管理，保持民族宗教领域和谐稳定】 开展民族团结进步宣传活动，推进城市民族工作“进社区、进学校、进企业”。积极做好与少数民族村结对帮扶。落实少数民族各项优惠政策。健全完善宗教工作三级组织网络，落实宗教目标责任制考核工作。开展宗教场所“大检查、大整治”行动。开展以“教风”为主题的“和谐寺观教堂”创建活动、星级宗教活动场所和平安宗教活动场所评选工作。推进宗教“三个专项”工作。贯彻落实省市县推进权力清单制度。开展“同心·共建平安、共促和谐”行动，及时化解涉及民族宗教领域范围内的矛盾纠纷。积极引导宗教界开展“五水共治·五教同行”和“慈善周”等系列活动。贯彻落实省市“三改一拆”涉及宗教和民间信仰场所违法建筑处置工作系列会议精神，按照“四个一批”和“八个必拆”进行分类处理。

【深化交流、联谊连心，加强港澳台和海外统战工作】 大力推进德台两地经贸、文化、旅游等重点行业领域的交流合作，全年共批准台资项目2个，签约和接洽项目各1个。莫干山镇燎原村被省台办确定为全省对台工作基层交流点，与台湾南投市永兴里达成结对意向。开展涉台服务月活动。圆满完成全县基本侨情调查工作，荣获全省先进。开展全省社区侨务示范点建设，乾元镇北郊社区荣获国务院侨办颁发的“侨法宣传角”。加强海外功能区建设，完善海外人才回乡联络站。在河南省郑州市举办德清县异地商会联谊活动。刊出《德清新闻》“海内海外德清人”专栏21期。通过多种形式加强与海内海外德清人的联系，鼓励在外德清人为家乡发展献计出力，全年提供选商引资引智项目信息33条。

【夯实基础、强化作风，不断提升统战队伍能力水平】 深入推进统战工作“五进”，深化统战工作规范化和基层示范点创建，各乡镇（开发区）均新增创建基层统战工作示范点，新增10家同心服务基地。举办2014年全县基层统战干部培训班。深入开展党的群众路线教育实践活动，扎实推进整改落实和建章立制，用制度建设夯实活动成果。组织部机关干部开展“四进四送”服务基层活动。实施统战工作“三化”绩效评价机制。推行周一夜学和统战“微课堂”制度。在统战部机关开展“五比五创”活动。编发《统战信息》8期、《德清新闻－统战专刊》6期，编印《2014德清统一战线》

画册。完善统一战线网站，建立“德清统战”新浪和腾讯官方微博。积极推动统战成员、干部开展调查研究，服务德清县经济社会发展。（王于超）

·长兴县委统战部·

【综述】 2014年，长兴县委统战部在县委的正确领导和湖州市委统战部的精心指导下，认真学习贯彻党的十八大和十八届三中、四中全会，习近平总书记系列重要讲话和省市县全委会精神，围绕县委、县政府中心工作，以党的群众路线教育实践活动为契机，解放思想、创新破难，凝心聚力、履职实干，各项工作扎实有序推进。

【贯彻群众路线，坚定理想信念】 围绕县委《实施意见》设计具体活动，把开展教育实践活动与做好统战工作相结合。开展“三思三观”学习教育活动和“坚定理想信念、敢于担当克难”主题教育活动。广泛征集反映“四风”方面问题及工作意见建议，将征集到的意见建议落实牵头领导领办，业务科室承办，实施“领办实事、化解难题”专项行动。召开专题民主生活会，班子成员围绕“四风”方面存在的问题，认真作对照检查，开展批评和自我批评，认领相关责任。围绕领导班子和领导个人具体整改事项任务和整改时限要求，查找梳理问题、制定整改方案、落实整改措施、构建长效机制。

【助推非公有制经济“两健”发展】 发挥统一战线优势，助推浙（长）商回归，做好招商引资工作。开展“工业经济开门红”专题调研活动，组织统战部、工商联班子成员和统战干部走访企业，为非公有制企业健康发展提供信息、法律、融资、人才等服务。推进校企合作，深化湖州职业技术学院与县工商联战略合作，促进重庆大学与天能集团之间关于锂电池的研发与合作。邀请湖州职业技术学院的专家、教授巡回培训，举办14个培训班，参训人员达1000余人。将“海归”子女纳入“创二代”培养体系，组织“创二代”成员赴诸暨洁丽雅集团等民企考察，组织“创二代”到井冈山干部学院开展革命传统教育实践活动。引导非公有制企业投身“五水共治”，74家企业共认捐3500万元。组织84家企业结对84个行政村，开展“百企联百村、合力治污水”行动。开展“村企同心同行·共建美丽乡村”行动，在实现全覆盖的基础上，推进重点扶持村的结对共建。基层商会覆盖率达100%，会员达3082名。成立重庆（成都）长兴商会、长兴驻北京商会，组建长兴陶业（酒坛）商会、电子商务商会。抓好7个异地商会制度建设。推进长兴商会大厦建设，并于2014年8月底结顶。

【各民主党派发挥作用】 举办中国特色社会主义学习实践活动主题报告会，邀请市委常委、统战部部长崔凤军授课。协助做好书记、县长与党派成员“面对面”交流活动，多名政协委员围绕“深化环境治理、建设工业强县”等主题提出意见建议，县委、县政府召开情况通报会，18个责任部门认领相关责任，督促协商成果转化落实。开展基层统战“心连心工程”，办好民主党派、知联会联合社会服务（实践）基地，年接待师生和社会人员1.5万余人次。提升党外代表人士民主监督、参政议政的能力，县“两会”期间共上交提案、议案68件，在县政协八届三次大会上，8名党派骨干作了现场汇报，得到县主要领导的充分肯定。指导民主党派加强自身建设，民革、民盟完成换届，成立农工党长兴县支部委员会。成立长兴县网络界人士联谊会。民革长兴总支获民革中央十佳基层组织。

【维护民宗领域和谐稳定】 推进“少数民族低收入群众增收帮扶行动计划”，落实遂昌、安吉和桐庐等县少数民族村帮扶专项资金30万元。以雉城街道城市少数民族服务站为载体，探索少数民族服务管理新模式。完成13名高考生的少数民族成份确认，受理民族成份变更申请10份。2014年6月，首届新疆内地中职班60名学员毕业。开展以教风为主题的“和谐寺观教堂”创建活动，成功创建7处场所。召开县佛教协会第四次代表会议，选举产生了新一届佛协班子。引进道教人才，成立县道教协会。与国安部门合力做好反渗透工作。推进“文明敬香”活动。鼓励宗教界人士参与社会公益慈善事业，共为“五水共治”捐款14万元。根据全省统一部署和要求，做好“三改一拆”涉及宗教违法建筑处置工作。探索民间信仰点综合管理有效办法，按照“四个一批”原则，整改规范民间信仰点管理。

【通过民间方式巩固港澳台海外统战】 在深圳成立湖州旅港同乡会长兴分会。召开县侨联第六次代表大会。会同县文联、作协等单位，编辑出版散文集《乡音一曲》，省政协副主席、省侨联主席吴晶题写书名。参与筹备首届中国（长兴）民宿文化节，配合做好“台湾·长兴”海峡两岸民宿发展研讨会暨中国乡村度假“湖州模式”高峰论坛相关会务工作。组织好湖州侨商会参访团来长兴开展“侨企看侨企”活动。依托浙江茶乾坤食品股份有限公司，成立“侨联之家”。根据全省统一部署，开展侨情调查，建立侨情数据库。

【夯实基层统战工作基础】 开展中层干部全员竞争上岗。加强机关廉政效能建设，在全县“勤廉指数”考评中名列前茅。推进廉政风险防控机制建设。指导乡镇（街道、园区）落实分管领导，配备统战委员。社区统战工作纳入街道和社区党组织工作日程。村居有统战工作联络员和信息员，建有党委的非公有制企业有人负责统战工作。完善乡镇（街道、园区）统战工作目标管理考核机制。重视统战宣传信息工作，全年向市委统战部（市民宗局）上报信息稿件145条（篇），省侨联、省民宗委等统战系统录用调研宣传信息120条（篇）。 （王　全）

·安吉县委统战部·

【综述】 2014年，全县统战工作在上级统战部门的指导和县委的领导下，围绕县委、县政府工作大局，务实创新，开拓进取，多党合作事业稳步推进，民族宗教领域和谐稳定，与海内外同胞的联系进一步密切，阶层关系更加和谐，统一战线重要法宝作用进一步发挥，为促进安吉县经济社会更好更快发展作出了新的贡献。

【坚持思想引领　进一步夯实统一战线共同思想政治基础】 一是积极探索符合统战对象特点的教育培训新路子。年初，面向统战对象开展问卷调查，调整思想政治教育模式。共举办了4期200余人次参加的各类教育培训，先后组织统战成员、统战干部参加市委统战部和省社会主义学院培训等107人次。二是探索开辟网络统战阵地。建立新浪竹乡统战、腾讯安吉统战认证微博，邀请统一战线成员与其他相关人士加入粉丝团队，通过微博互动，及时传递统战政策、了解民意。加大统战相关网络舆情监控力度，积极争取财政支持，安排专项资金建立网评员队伍。三是加强新生代企业家思想政治教育。组织开展“我与企业家面对面”活动，部领导牵头工商联轮值主席、班子成员分片走访全县4个片区90多家会员企业，召开企业负责人恳谈会，引导企业家坚定信念、增强信任、提振信心、注重信誉。

【服务深化改革　积极为助推安吉改革发展凝心聚力】 一是深化建言献智服务。县两会期间统战条线共提交个人提案40件、集体提案17件。全年共提交调研报告、意见建议和社情民意38件，收集金点子32个，涉及相关部门12个，已办理反馈10个。二是加大招商引智助推力度。为天子湖兀泉山庄项目引进美籍华人投资方，牵线引进奥普浴霸工业园项目，引进江西省三清山旅游集团在山川投资落伽山风情旅游度假区项目，引进美籍华人张维维的乳腺癌早期诊疗临床研发和服务项目，入围“南太湖精英计划”C类项目。三是发挥工商联在经济统战中的作用。推进安商大厦工程建设，抓好联建企业认建资格条件政策协调和工程交叉施工。抓好全省“千企联千村、合力治污水”专项行动落实，1家异地商会、11家基层商会落实45家会员企业约50多万元捐助资金。省外海外浙（安）商对家乡农村污水治理捐赠累计120万元。四是鼓励、引导统一战线成员积极参与民生改善。开展了“光彩事业山区行”活动，组织各类专家志愿团开展“三下乡”活动。借助省电视台“义行天下”栏目平台，大力宣传非公有制经济人士履行社会责任的典型事迹，丰陵液化气公司潘国平的“爱心接力”专题片在浙江卫视《新闻联播》和新农村频道播出。

【立足制度建设　充分发挥统一战线在推进协商民主中的重要作用】 一是加强民主监督和政治协商制度建设。突出“五水共治”、“山青水净”主题，会同有关乡镇、部门，开展专题民主恳谈协商会、党委书记与政协委员“面对面”交流、“倾情参与五水共治、助力建设美丽递铺”民主协调恳谈会等系列活动，建立健全民主监督小组联系制度、工作交流制度、工作巡视制度、联络员制度和信息宣传制度。二是推进多党合作制度建设。制定了《关于建立健全民主党派、工商联、无党派代表人士向县委提出建议制度和反馈机制的实施意见》文件，建立健全党外人士意见建议提出和反馈机制，提高协商成效。三是加大党外代表人士工作力度。采取经常性培训和选派一线实践锻炼的办法，会同县委组织部，组织民主党派负责人和部分党外代表人士参加“美丽乡村大讲坛”，安排96名党外干部参与蹲点调研、领衔破难及联村联户等经常性服务活动，调动发挥党外干部工作积极性。

【注重层层推进　全面加强党外代表人士队伍建设】　一是深入贯彻湖委发〔2013〕16号文件。针对党外代表人士队伍建设中后备干部培养、党外干部配备比例等方面的不足，今年已经与组织部门开展三次会商，为落实湖委发〔2013〕16号文件要求打好基础。二是支持民主党派和知联会加强自身建设。完善各民主党派与县政府有关部门对口联系制度，定期召开民主党派负责人和知联会季度例会，督促民主党派和知联会进一步加强自身建设。三是加强党外代表人士教育、实践锻炼和管理工作。积极探索党外干部进行挂职锻炼的新途径，选派民主党派社员到省委会挂职锻炼。组织开展了4批90余人的干教主体班次培训，进一步强化了党外代表人士履职能力。

【坚持依法管理　扎实做好新形势下民族宗教工作】　一是实施建设幸福畲村三年助推计划。在市委统战部大力支持下，开展了全市16家单位为期四年结对帮扶民族村活动，为民族村理清发展思路，增强发展实力起到了重要推动作用。为两个民族村争取中央和省补助资金110万元。二是狠抓民间信仰点规范管理。依法开展宗教和民间信仰场所违法建筑处置工作。三是积极引导宗教服务和谐社会。落实“五水共治、五教同行”宗教慈善活动，发放“五水共治”倡议书5000余份和倡导文明敬香宣传牌120块，组织宗教界开展“五水共治、五教同行”捐款活动，筹资51万元用于“五水共治”项目。

【深化联络联谊　着力增强港澳台海外统战工作活力】　一是认真扎实抓好侨情调查工作。共入户登记涉侨户数917户、3217人。发挥侨情调查外延效益，编印百名安吉籍海外博士以上人士名册，为全县招商引资提供服务。二是开展侨台企业服务年活动。走访全县186家侨台资企业，协调解决矛盾纠纷和问题困难10余起。帮助协调解决东方基因经济纠纷和融资1300万元。三是认真抓好安吉与台湾乡村经济文化交流工作。在山川乡高家堂村与南投县鱼池乡中明村结为姐妹村的基础上，二村共同投资300万兴建了“潘兴茶厂”，于5月份开始了试生产。全年接待4批30多名台湾同胞到安吉参观、访问、调研。

【转变工作作风　进一步加强统战干部队伍自身建设】　一是加强学习型机关建设。组织参加了全市统战干部4次集中学习，邀请了全省法制宣传员张建民开展了法制讲课、组织了总书记兰考讲话精神的集中学习，先后参加各类讲座、教育6次，开展“五问安吉、五问统战”大讨论，做到在学习中认真听、深入思、敞开谈。二是认真开展群众路线教育实践活动。成立活动领导小组，制定实施方案，广泛征求意见建议，召开专题民主生活会开展批评与自我批评，强化整改措施落实，修订完善了4项工作制度。三是加强对全县统战工作的指导。召开全县统战工作例会，部署全年工作任务，进一步明确党委统一领导、统战部牵头协调、各有关部门和团体各负其责的统战工作机制，强化了宗教事务管理方面的“属地管理”原则。加强对乡镇、街道统战工作的指导，及时解决工作中的困难和问题，完善乡镇、街道统战工作考核办法。（陈美红）

嘉　兴　市

·嘉兴市委统战部·

【综述】　2014年，嘉兴市统一战线坚持以邓小平理论、“三个代表”重要思想、科学发展观为指导，认真贯彻党的十八大和十八届三中、四中全会精神，认真学习习近平总书记系列重要讲话精神。紧扣党委中心工作，突出抓好同心实践，以教育引导聚人心，以协商民主聚智慧，以创业创新促发展，汇聚建设“两美”嘉兴的强大合力，统一战线各领域工作不断取得新成绩。

【紧扣活动主旨，巩固思想政治基础】 围绕为民务实清廉主题，严格抓好教育实践活动每个环节。坚持开门问诊，共收集意见建议196条，逐条对照检查；贯彻整风精神，共整理18类“四风”方面存在的突出问题，逐一议深议透；注重对症下药，共明确首批15项、33条具体措施，逐项整改落实；抓好建章立制，共制定14个专项制度，并下放了8项行政许可和行政确认事项。通过集中性的教育实践活动，真正达到了“照镜子、正衣冠、洗洗澡、治治病”的目的，推动了重点难点问题的解决和各项工作的落实。

【围绕中心工作，助推侨商侨智回归】 建站布网引智，完善海外人才站（点）建设（目前嘉兴市已在海外建有2站11点），邀请高层次人才组团来嘉兴考察洽谈，推动了一批高科技项目的落户。在遴选入围第五批“精英引领计划”130余个项目中，近2/3是由海外人才工作站（点）推荐。服务联盟安商，牵头建立侨商服务联盟，并由市委、市政府“两办”出台意见，在商事登记、财税融资，到海关商检、出入境等方面，优化对侨商投资企业的服务，打造政策集成、资源集约、服务集中的综合平台。“六大社团”聚力，成立市侨苑书画社、市侨界名媛会、市侨界青年会，完成市留联会换届，加上已有的市侨商会、长三角嘉兴海创俱乐部，形成聚集侨力、涵养侨智、吸引侨资“金名片”。

【完善协商民主，巩固多党合作格局】 围绕“行政审批层级一体化改革”专题，把依法治国作为建言献策的重要内容，将协商民主做深做精。专题民主协商得到嘉兴市委和各民主党派的认同，中央统战部《中国统一战线》杂志专门介绍嘉兴市的做法。会同市委组织部做好各民主党派届中述职评议工作，支持各民主党派加强中国特色社会主义参政党建设。

【创新社会治理，规范民宗事务管理】 以民族团结进步创建活动为载体，引导外来流动少数民族自觉遵守国家法律和城市管理规定，探索具有嘉兴特色的城市民族工作新路。以宗教活动场所“和谐寺观教堂”建设为抓手，参与“平安嘉兴”创建，被嘉兴市委、市政府评为2004－2013年度平安创建工作先进单位。年内，嘉兴市省级“和谐寺观教堂”创建达标场所达到72%，继续保持省内领先。在教职人员和信教群众中进行政策和法规教育，以“宗教政策法规学习月”活动为抓手，举办宗教界人士培训17期，累计参训人员1398人次。

【培育代表人士，团结新的社会阶层】 以知联会、新联会为平台，突出抓好党外新生代人士培育工程。召开市知联会换届大会，优化组织架构、扩充人员规模，把更多的党外优秀精英吸纳进来。市知联会分别成立了海外留学回国创业人员、新的社会阶层、网络界人士联谊分会，适应分众统战工作的需要，稳步向专业化推进新生代党外知识分子工作。有效发挥市、县两级新生代企业家联谊会组织作用，举办中央社会主义学院研修班、上海财经大学传承与创新发展高级研修班等各类培训、论坛、讲座等，参与首届浙（禾）商大会、胡润全球禾商财富榜首发峰会、新生代企业家北京行等经贸活动，推动非公有制企业代际传承顺利进行。

【顺应侨情发展，涵养港澳台海外统战资源】 引导香港同乡会加强自身建设，做好港澳工商界、中产阶层、专业人士、青年等旅居港澳乡亲工作，着力完善人心、力量和平台三位一体布局。运用侨情调查成果，深入分析海内外侨情的新变化，针对“四有”重点人士大幅增加的现状，重点关注海外侨领，重视加强代表人士队伍建设。依托美国、英国、新西兰和澳大利亚海外联谊组织，牵线中阿文化艺术交流、新春音乐会等“友好中华”主题活动，举办寻根之旅海外青少年夏令营，以侨为桥不断拓宽了海内外民间交往交流的渠道。

【抓牢自身建设，有效夯实基础工作】 加强对基层统战工作的指导，改进县（市、区）考核办法，营造“你追我赶”干事创业的氛围。积极做好统一战线助推嘉善县域科学发展示范点建设活动。围绕作风转变抓常态，深入联系村（社区）查民情、解民忧，提前一年帮助经济薄弱村完成脱贫工作。完善部领导与党外代表人士联系交友制度，深入统一战线各基层团体、组织和场所，协调解决实际困难。坚决执行“八项规定”和省委、市委“六项禁令”、“28条办法”，严格遵守《党员领导干部廉洁从政若干准则》等党纪条规，维护统战系统和统战部门在党外人士中的良好形象。

【奏响“同心”治水最强音】 深入开展“五水共治·同心行动”，发动各党派、各阶层、各团体和各宗教的力量，采用投资捐助、结对认领、定点指导、建言献策等形式，结成了统一战线各界人士治水攻坚的“联合阵线”。致公党市委会关于“治理污水要‘控、减、净’三措并举”、农工党市委会关于“警惕基层‘五水共治’带来的二次污染”等建议，得到了省领导的批示。活动中，涌现了一批治水先锋，侨商蔡国伟被授予“护水先锋”。在面上推动的同时，省、市、县三级联动，指导干窑镇范东村王家浜开展了污水处理、村容村貌整治工作。“同心”治水既取得了良好的社会效果，又扩大了“同心·建功”品牌的社会认知，有效提升了统战工作与中心工作的关联度。

【切实做好宗教违法建筑拆改工作】 坚持依法拆违和思想引导工作两手抓，坚守工作底线，争取各方理解，并组织力量一线指挥、全程参与现场督导，做好工作。

【抓好党外人士中国特色社会主义学习实践活动】 各民主党派、工商联和知联会都相继开展主题征文、演讲比赛、书画联展等活动。沈钧儒纪念馆、褚辅成史料陈列室同时被命名为浙江省统战系统廉政文化教育基地，成为党外人士接受传统教育的一个重要平台。市委统战部牵头举办统战大讲堂，组织中国特色社会主义理论学习的“主题课”；与重庆中国民主党派历史陈列馆联合，在南湖革命纪念馆举办了“中国民主党派历史陈列暨嘉兴多党合作事业发展回顾展”，各民主党派、工商联和无党派人士分期分批组织前去观展。

（管　超）

·南湖区委统战部·

【综述】 2014年，南湖区委统战部以深入开展党的群众路线教育实践活动为契机，围绕中心、服务大局，充分发挥统一战线各方面的积极作用和独特优势，为构建“五彩南湖”、全力打造江南水乡现代田园城区作出了新的贡献。

【同心引领，思想政治基础更加牢固】 开展“坚持和发展中国特色社会主义”学习实践活动。在解放街道的凌塘社区和菜花泾社区试点建立社区协商民主议事会。引导民主党派发挥好“同心·服务组”的作用，开展了民工子弟学校送教，慰问社区孤寡老人，法律、税务和工商法规咨询等双服务活动。坚持完善党外后备干部柔性挂职制度，进一步增强党外后备干部基层工作经验。

【发挥优势，非公有制经济健康持续发展】 通过“同心·建功”、感恩行动、光彩事业等活动，引导非公有制经济人士积极参与社会公益事业。做好浙商公益项目统计，完成捐赠达4.1亿元。重视新生代企业家的教育培养。发挥工商联平台作用，开展律师结对、银企对接、经贸洽谈等活动，助推企业发展。开展“企业联村，共治污水”专项行动，为“五水共治”捐款700多万元，动员会员企业提供就业岗位，为生猪养殖户转产解决就业岗位。

【依法管理，民族宗领域和谐稳定】 为少数民族学生提供身份证明、变更民族成份。协助处理少数民族纠纷。排摸南湖区少数民族人口及分布，目前全区少数民族户籍人口总数3833人，民族成份37个。以“深化平安宗教活动场所创建”活动为总抓手，进一步推进宗教场所规范化建设。对全区所有开放宗教场所的登记证进行检查。以行政审批层级一体化改革为契机，要求各类宗教活动严格履行报批手续。做好涉及宗教违法建筑专项整治工作。协助区佛教协会及基督教两会换届。

【凝聚侨心，发挥侨力有新作为】 开展侨情普查，全区共有归侨、侨眷、港澳居民眷属、归国留学人员、留学人员及家属2264户，共计7676人，“四有”人士124人，侨企56家。密切联系海内外侨胞侨眷，接待了海外高层次人才8批次200余人，海外华侨10批次400余人。成立“海外情缘工作室”，为在海外的学子及归国留学人员牵线搭桥。开展了“留学·创业”系列论坛及“弘扬传承中华文化”专题论坛。举办留学人员及家属联谊会10余场。在南湖街道万洲社区设立基层侨务工作站，进行侨法宣传。

【学习实践，自身建设得到新提升】 在统战干部中牢固树立政治意识、大局意识、责任意识和法治意识。深入开展党的群众路线教育实践活动，举办统一战线大课堂。修订完善了《统战部理论学习中心组及党支部学习制度》、《民主党派、工商联和无党派人士联系交友制度》、《区委统战部请休假制度》、《区委统战部谈心谈话制度》，出台了《区委统战部联系统战成员"六必访"制度》、《区委统战部部务会议议事规则》、《区委统战部公务接待制度》，不断提高执行力和工作效能。加强党风廉政建设，切实改进工作作风，不断提升履职能力和水平。

【试点社区协商民主议事会】 为有效推进基层协商民主，在解放街道凌塘社区和菜花泾社区试点，建立社区民主协商议事会，积极探索实践社区民主协商议事工作。通过整合社区居民代表大会、业主委员会、社区议事会等多种资源，进一步扩大了参与协商的主体，明确了协商的内容、协商的形式和协商结果的落实。从而有效发挥基层民意表达、利益协调、决策参考的积极作用，共同推进协商管理，促进社区和谐。

【开展"企业联村，共治污水"专项行动】 引导非公有制经济人士自觉履行社会责任，积极参与社会公益事业。在工商联会员企业中开展"企业联村，共治污水"专项行动，为"五水共治"捐款700多万元。并动员会员企业提供就业岗位，为生猪养殖户转产解决就业岗位。

【指导宗教团体换届】 区佛教协会及基督教两会分别于4月9日及7月28日召开了第三次代表大会，选举产生了新一届领导班子。血印禅寺监院果因法师当选为区佛教协会第三届理事会会长，曹庄教堂姚张明牧师、七里店教堂陈梅丽牧师分别连任基督教协会会长和三自爱国会主席。

【完成基本侨情调查工作】 全区基本侨情调查工作自2013年9月启动以来，通过媒体宣传、张贴海报、召开工作会议、电话回访等形式进行了广泛宣传。经过2个多月的入户调查、1个多月的查漏补缺和1个月的数据输入，现已建立南湖区侨情信息库，目前南湖区涉侨家庭2264户，涉侨员近8000人。

（计梦娇）

·秀洲区委统战部·

【综述】 2014年，秀洲区委统战部围绕中心，服务大局，凝心聚力，认真履职，较好地完成了各项工作任务，为巩固和发展爱国统一战线作出了新的贡献。区委统战部荣获区级机关部门工作目标责任制考核一等奖。

【多党合作事业取得新进展】 各民主党派、工商联、无党派人士联谊会创新履职、加强自身建设，与19个政府部门开展对口联系活动。深入开展民主党派调研月活动，形成16篇高质量调研报告，较好地发挥了参政议政、民主监督的作用。成立区社会主义学校，在全区民主党派和无党派人士中精心组织开展坚持和发展中国特色社会主义学习实践活动，开展"同心·促和谐"、"同心·三下乡服务"、"同心·送温暖工程"等内容丰富、形式多样的联络联谊活动，营造"同心"向上的和谐氛围。各民主党派、无党派人士积极参与"五水共治"，主动捐款捐物，充分发挥参谋员、服务员、宣传员、监督员作用。以"党派活动周"为载体，组织各民主党派、工商联、无党派人士深入农村、社区、企业、学校、农户，开展走访慰问、视察调研、便民服务、结对帮扶、送医送药下乡等14项活动，服务群众500多人次。

【民族宗教工作取得新突破】 深入开展民族团结进步宣传教育活动，加强少数民族新居民服务管理，在全省率先建立少数民族人士长效关爱机制。开展民族团结进步"进学校、进社区、进企业"试点工作，充分保障少数民族合法权益。与武义县柳城畲族镇青坑村开展民族结对帮扶工作。以整治"教风"为主线，深化和谐寺观教堂创建工作。开展"寻梦中国·正言正行"教育实践活动，积极引导宗教团体主动服务社会，充分发挥宗教界正能量。开展宗教信息管理系统数据库建设，顺利通过考核验收。扎实开展"三改一拆"涉及宗教领域违法建筑处置工作。

【工商联工作取得新成效】 在秀洲区非公有制经济人士中深入开展理想信念教育实践活

动、坚持和发展中国特色社会主义学习实践活动。在《嘉兴日报》秀洲版开辟“创业创新闯天下，共筑共圆秀商梦”栏目，宣传非公有制企业转型提升和非公有制经济人士的先进典型事迹，发挥示范引领作用。举办出口退税政策辅导、企业内部风险控制等培训班，不断提升非公有制经济人士的政治理论素养。组织开展第三个“小微企业金融服务月”活动，为小微企业转型升级和创新发展提供资金保障。联合举办百家企业“二次创业”人才大型招聘活动，推出就业岗位1000多个，达成用工意向1500多人。积极开展“五好”县级工商联创建活动，荣获全省“五好县级工商联”荣誉称号。建立区机械行业商会，组建新塍镇联合发展商会互助资金会。在全市率先组织开展区行业商会、基层商会评价工作。组织指导全区工商联会员企业开展“百企联百村、合力治污水”专项行动方案，区首届优秀社会主义事业建设者捐赠386万元，区工商联执委捐赠520万元。修订完善区2014年“浙商回归”公益项目捐赠办法，圆满完成市下达的公益项目捐赠任务。继续协调推进商会大厦招商引资工作。

【港澳台海外统战工作取得新拓展】 赴港成功举办香港秀洲同乡会成立七周年庆典活动，成功创建全国“侨法宣传角”。举办2014年“中国寻根之旅”华裔青少年夏令营活动，组织台商台胞开展“融入秀洲·乡村踏青行”活动。建立区台协青年会，在秀洲区建立嘉兴市海外留学人员归国创业创新基地，与安徽省芜湖市镜湖区侨联缔结为友好侨联。开展侨资台资企业大走访活动，举办秀洲“台商沙龙”，预防法律风险，保障合法权益。深化海外高层次人才引进工程，增进海智与民资、侨资的合作对接。圆满完成全区基本侨情调查工作任务。协助妥善解决新洲国际大酒店相关经营问题。认真做好台商子女就学服务工作，协调解决9名台商子女就学问题。组织赴台公务团组6批，促进秀台两地交流合作。举办市第四届“两岸邻里节”秀洲行活动，新塍镇沙家浜村与台湾南投县鹿谷乡签订两岸邻里友好结对意向书，缔结为友好村庄。全年接待海外华侨和台胞18批次，220多人次，不断提高秀洲知名度。

【统战部门自身建设有了新提高】 扎实开展党的群众路线教育实践活动，坚定理想信念，坚持聚焦“四风”问题，以整风精神开展批评与自我批评，认真查摆问题，做到真抓实改，并抓好建章立制工作。主动参与平台建设、项目推进、效能提升活动，主动与港澳台同胞、海外侨胞联谊联络，寻找合作商机。以“进企入会”走访服务活动为载体，重点解决企业在融资、市场、人才、信息等方面的困难和问题。主动参与“五水共治”、“三改一拆”、生猪养殖减量提质等重点工作。健全完善区、镇（街道）、村（社区）统战工作网络，广泛开展调查研究，形成《关于做好“五水共治”的几点建议》、《秀洲区推进机器换人工作的调查研究与对策建议》等一批高质量理论调研文章。

【秀洲区圆满完成侨情普查工作】 为准确把握侨情动态，完善侨情数据资料，自2013年10月下旬开始，秀洲区在全区开展了侨情普查工作。成立了以区委副书记为组长的区基本侨情调查工作领导小组，出台区基本侨情调查工作方案，明确各相关单位的工作职责。召开全区基本侨情调查工作动员部署会，以村（居）为单位，以基层侨联干部、侨眷积极分子为骨干，选聘一定数量、了解侨务政策的村（居）干部、居民，配足配好调查员队伍。发挥媒体优势，通过广播、网络等形式开展基本侨情调查宣传工作，使全区基本侨情调查工作得到社会各阶层认同和支持。据普查统计，秀洲区现有涉侨家庭823户，涉侨总人员2613人，重点人士71人，侨资企业63家。

【秀洲区“四举措”做好“百家企业”人才人力资源招聘活动】 为解决台资、侨资、民营企业人才人力资源紧缺的矛盾，2月15日上午，秀洲区工商联（总商会）、区台办、区侨办会同区人力资源和社会保障局，成功举办了“百家企业”人才人力资源招聘活动。共108家企业参加招聘，推出岗位1000个，最终达成用工意向1500个。

【召开党的群众路线教育实践活动动员部署会】 3月6日，秀洲区委统战部召开党的群众路线教育实践活动动员部署会，对部群众路线教育实践活动进行全面动员部署，并对部领导班子和党员领导干部进行民主评议。区委统战部全体在职党员干部、职工，部分离退休老同志代表参加会议，区委第九督导组出席会议。区委统战部副部长、区工商联党组书记徐水林主持会议。会上，区政协副主席、区委统战部部长徐文祥作党的群众路线教育实践活动动员部署，区委第九督导组组长邵集在会上讲话。

【秀洲区召开全区统一战线开展坚持和发展中国特色社会主义学习实践活动动员部署会】 4月11日下午，秀洲区召开全区统一战线开展坚持和发展中国特色社会主义学习实践活动动员部署会。会议主题为认真贯彻中央统战部和省委统战部关于在各民主党派、工商联、无党派人士中开展坚持和发展中国特色社会主义学习实践活动的总体部署，进一步落实《中共嘉兴市委统战部关于印发〈嘉兴市统一战线开展坚持和发展中国特色社会主义学习实践活动意见〉的通知》精神，全区各民主党派、无党派人士联谊会、新生代创业者联谊会代表共50多人参加了会议。市委统战部副部长、工商联党委书记陈兴隆，区政协副主席、区委统战部部长徐文祥到会并讲话。会议由区委统战部副部长、工商联党组书记徐水林主持。

【海外高层次人才一行参访秀洲】 4月21日下午，参加2014嘉兴国际人才交流与合作大会的30多名海外高层次人才来秀洲区参观浙江科技孵化城（嘉兴）展示中心、上海交大（嘉兴）科技园和嘉兴光伏高新技术产业园，详细了解园区规划、产业定位和人才政策等。区委常委、组织部部长王永法，区委统战部副部长、区侨办主任施根荣等陪同参访。随着“聚智秀洲”品牌的打响，秀洲区出台了一系列优惠政策，对创业创新领军人才和重点创新团队予以扶持，在诸多领域搭建与专家学者合作交流的平台，借专家学者之“智”推动秀洲经济社会又好又快发展，加快建设“两富”现代化田园新秀洲。

【秀洲区开展第三个“小微企业金融服务月”活动】 为进一步深化党的群众路线教育实践活动，进一步服务企业、服务基层，区工商联、区侨办、市银行业协会联合开展了第三个“小微企业金融服务月”活动。“小微企业金融服务月”活动从5月份开始启动，分调查摸底、银企对接、跟踪落实等三个阶段。银企对接活动，为银行了解企业、企业选择银行提供了对接平台，进一步增进了银行与小微企业的合作，提振了小微企业的发展信心，促进了小微企业持续健康发展。

【秀洲区成立台协秀洲区联谊会青年会】 8月22日，秀洲区举行台协秀洲区联谊会青年会成立庆典活动。区政协副主席、区委统战部部长徐文祥，区委统战部副部长、区台办主任施根荣，台协秀洲区联谊会会员单位等30余人参加了庆典活动。目前青年会的台商、台干已有20多名。区台办主任施根荣向青年会成立表示祝贺，他希望青年会要进一步发挥桥梁和纽带作用，紧紧围绕联系政府、服务台商，开拓创新、奋发有为，引导年轻台商、台干更多参与社会活动，更好地促进两岸青年的交流交往，为台资企业与秀洲经济社会共同繁荣发展贡献力量。

【秀洲区召开各界人士中秋茶话会】 9月3日上午，区委、区政府在区会展中心召开各界人士中秋茶话会。区委书记朱海平，区人大常委会主任冯家俊，区政协主席张少初，区委常委、常务副区长吴炳芳、区政协副主席、区委统战部部长徐文祥等领导出席茶话会。会议由区委副书记徐建役主持。

【秀洲区举办2014年区党外干部培训班】 10月16日至17日，秀洲区举办2014年党外干部培训班，各民主党派、无党派人士联谊会领导班子成员，部分党外干部，各镇、街道党委（党工委）统战委员，区委统战部有关人员，共65人参加了培训。进一步提升了秀洲区党外干部的统战理论水平，为更好地发挥党外干部作用，推进全区统战工作打下了坚实基础。

【秀洲区委统战部召开党的群众路线教育实践活动总结大会】 10月21日，区委统战部召开党的群众路线教育实践活动总结大会。区委统战部全体在职党员干部、职工，部分离退休老同志代表参加会议，区委第九督导组出席会议。区委统战部副部长、区台办、区侨办主任施根荣主持会议。区政协副主席、区委统战部部长徐文祥作党的群众路线教育实践活动总结，区委第九督导组组长邵集到会并讲话。

【秀洲区民营企业家徐云明获全国优秀社会主义事业建设者荣誉称号】 11月25日，第四届全国非公有制经济人士优秀中国特色社会主义事业建设者表彰大会在北京举行。来自全国各行各业的100位非公有制经济人士和其他新的社会阶层人士获得"优秀建设者"荣誉称号，秀洲区民营企业家徐云明获此殊荣。

【秀洲区举行香港秀洲同乡会成立七周年庆典活动】 12月7日，香港秀洲同乡会成立七周年庆典活动在香港名爵酒店举行。区委书记朱海平，区政协副主席、区委统战部长徐文祥，区委统战部副部长、区侨办主任施根荣等一行6人专程赴港参加庆典活动。香港嘉兴同乡会会长周利春、香港秀洲同乡会会长罗卫民等80余位旅港乡亲到会，庆典活动由区委统战部副部长、区侨办主任施根荣主持。朱书记致辞对香港秀洲同乡会成立七周年表示祝贺。在港期间，朱书记一行多次拜见秀洲旅港乡亲并进行了座谈交流。（陈国香）

·嘉善县委统战部·

【综述】 2014年，嘉善县委统战部深入学习贯彻党的十八大和十八届三中、四中全会精神及习近平总书记系列重要讲话精神，认真开展党的群众路线教育实践活动，适应全面深化改革的新形势新要求。在县委的正确领导和上级统战部门的精心指导下，以承接省统一战线资源为重点，以助力"五水共治"、"三改一拆"等中心工作为抓手，凝心聚力，开拓创新，为嘉善县加快建设县域科学发展示范点作出了新贡献。荣获嘉善县域科学发展示范点建设及综合配套改革优秀部门一等奖，并在2014年度部门工作目标责任制考核中被评为良好单位。

【承接省统一战线助推示范点建设活动】 协助召开省统一战线助推嘉善县域科学发展示范点建设活动推进会，根据省委统战部列出的32项助推任务，制定《2014年嘉善县承接省统一战线助推县域科学发展示范点建设活动的任务分解》，明确责任单位和责任人。引进浙江省精神卫生中心嘉善县分中心医疗平台，牵线浙江省立同德医院与嘉善县康慈医院建立精神卫生服务协作关系，成立民进浙江省委会艺术培训基地，协助建成全省首个县级民革组织法律援助工作站，做好省市行政审批权力下放承接工作。借助省统一战线专家为县域科学发展评价指标体系"把脉问诊"，牵线沪浙民盟签署参与嘉善科学发展示范点共建协议。

【助力"五水共治"、"三改一拆"攻坚工作】 积极参与省侨联确定的全省11个农村污水治理联系点之一的干窑镇范东村王家浜的美丽乡村示范点建设，帮助做好选点、启动、协调和推进工作。省侨联捐赠价值30万的"介质复合型人工湿地污水生态处理"设备，浙江侨爱公益基金捐资50万元用于河道治理，现王家浜的美丽乡村形象已初步显现。指导嘉善县各民主党派、无党派人士联谊会参与"五水共治"专题民主监督活动，指导县工商联开展"百企联百村、合力治百河"活动，截至11月底，全县非公有制企业捐资"五水共治"1170余万元。全面开展"三改一拆"涉及宗教场所违章建筑的处置，制定《嘉善县"三改一拆"涉及宗教领域违法建筑处置工作实施方案》，共拆除违章建筑6处。响应生猪养殖业转型升级集中攻坚行动和全面禁烧秸秆工作，派员到大云镇曹家村蹲点，共推动10户养猪专业大户签约并拆除违章猪棚。

【服务引资引智工作】 2014年以来，县委统战部门牵线开展招商引资、招才引智活动20余次，组织和协助组织、邀请800余名优秀浙商、高端人才到善投资考察。承办苏浙沪新生代企业家高峰会、上海中青年知识分子联谊会外企分会、"浙台基层交流周"台湾文创交流访问团等交流洽谈活动，邀请一大批有实力浙商前来嘉善投资考察。协助推动引进富通集团光通信"全产业链"、"浙江华侨产业基金"、浙江广厦住宅产业化项目等优质浙商项目入户嘉善县。

【推进协商民主发展】 协助县委与党外人士召开协商会、情况通报会、意见征求会12次。安排党派主要负责人随县委主要领导调研，县党政领导联系结对29名党外代表人士。协助做好政府工作报告意见征求会，政府部门与各民主党派、工商联、无党派人士联谊会，以及与政协界别对口联系工作。

【加强党外代表人士队伍建设】 在全县各民主党派、工商联、无党派人士联谊会中开展坚持和发展中国特色社会主义学习实践活动。统筹做好党外代表人士的教育、培养、选拔和任用工作，2014 年新提拔党外副科级领导干部 3 名，实现了省里提出的三分之一镇政府（街道办事处）领导班子中配备党外干部的要求。实现全县乡镇（街道）无党派人士联谊会分会全覆盖和党员领导干部与党外代表人士交友结对制度全覆盖。

【支持党外人士履职】 市、县领导多次对嘉善县各民主党派、无党派人士联谊会提交的提案作出批示。民盟县基层委员会获得民盟中央“先进基层组织”称号，4 个民主党派组织荣获嘉兴市统一战线“同心·建功”先进集体称号，县无党派人士联谊会姚庄分会获得 2014 年度浙江省优秀基层知联会称号。

【推进民族团结，促进宗教和谐】 严格把好少数民族成分变更、中高考民族成分审核关，全年为少数民族办理其子女民族成分变更 6 人，为嘉善籍少数民族考生提供中、高考民族成分证明 8 份，办理少数民族户籍证明 1 份。继续指导柳州学校开展民族团结进步创建工作，其经验做法被嘉兴市民宗局推荐到省民宗委及国家民委。推进宗教场所规范化管理，今年嘉善县有 2 处宗教场所成功申报为省和谐达标场所（市三星级场所），截至 12 月底，全县 26 处宗教活动场所有 17 处达到市三星级宗教场所标准，达标率 65%。认真做好各宗教场所的安全工作，妥善处理宗教矛盾纠纷，有力维护了宗教领域的和谐稳定。

【推进宗教善文化建设】 4 月，县委统战部、县民宗局与县委宣传部三家单位联合下发《关于开展“宗教界文化建设年”系列活动的实施方案》，指导全县宗教界深入开展宗教善文化活动，引导宗教人士向善、慈善、弘善。2014 年全县宗教界共捐款 40 余万元。

【协调做好经济统战工作】 继续在非公有制经济人士中开展理想信念教育实践活动，举办首届全县“杰出善商”评选活动。推进承接部分政府职能转移，指导形成《开展政府部分职能向行业协会商会转移工作实施意见》，确定木业协会和钮扣商会作为试点行业协会先行先试，明确了 4 大分类、15 项具体职能的职能转移内容。加强新生代企业家培养，组织一批新生代企业家在省社会主义学院开展为期 3 天的培训、考察交流活动。

【扎实开展侨务工作】 2014 年接待了 500 多人来善考察。顺利完成全县侨情调查工作。在西塘镇朝南埭社区设立嘉善县首个社区侨务工作站，其创建的“侨法宣传角”被评为全国社区侨务侨法宣传角。加强基层侨联指导工作，指导干窑镇探索开展“党建带侨建”工作，成立“侨之家”和“侨友窑乡会”。县侨办与嘉善农商银行建立“涉侨惠贷”绿色金融服务平台，为涉侨人士提供便捷的理财和贷款通道。

【着力加强自身建设】 深入开展党的群众路线教育实践活动，以查摆和解决“四风”问题为重点，深刻剖析存在问题及其根源，有针对性提出整改措施，建立长效机制。活动期间，组织开展集中学习 9 次，开展大讨论 3 次，领导班子查摆收集到问题 46 个，提出整改措施 14 条，建立长效机制 13 条。组织全县统战系统深入学习实践党的十八届四中全会精神，加强与联系村、社区的结对共建。提升统战理论宣传信息水平，在《嘉兴日报》嘉善版整版刊登《携手共圆嘉善梦——省统一战线助推嘉善县域科学发展示范点建设纪实》，制作省统一战线助推嘉善县域科学发展示范点建设活动专题片 2 期。

（王维方）

·平湖市委统战部·

【综述】 2014 年，全市统战工作在平湖市委的领导和嘉兴市委统战部的指导下，深入贯彻落实党的十八大和十八届三中、四中全会精神，充分发挥统一战线优势作用，围绕市委市政府中心工作，服务大局谋发展，凝心聚力促和谐，为推进平湖经济社会全面走上科学发展之路发挥了积极作用。当湖街道朝阳路社区获 2014 全国侨务工作明星社区，市知识分子联谊会获浙江省优秀知识分子联谊会，市工商联获全省工商联系统先进单位，首批全省“五好”县级工商联，市台胞台属联谊会获嘉兴市台联工作先进集体。

【积极服务市委市政府中心工作】 一是注重为招商引智牵线搭桥。开展“上海留学生企业协会生物医药、光机电产业专家平湖行”、“上海市欧美同学会专家平湖行”、“省外浙籍侨联之友联谊会平湖行”活动，邀请美国、加拿大、日本等国家（地区）120多名高层次人才和侨商来平湖考察投资创业环境，并主动对接海外知名专家学者，列出近20项技术需求“菜单”与企业对接。接待重点台商10批次200多人到平湖开展项目考察，全市新批台资项目5个，增资项目7个，总投资2.46亿美元。二是着力帮扶联挂村解难题惠民生。开展“服务基层、联村到户”活动，访遍钟埭街道新群村131户农户，为村全体党员上“微型党课”4次。开展“吹响同心集结号”系列为民服务活动，提供义诊、教育咨询、中医养生保健讲座等一批志愿服务项目。发起“依爱夫亮灯工程”，安装66盏路灯解决钟埭街道新群村村民夜间出行困扰。三是助推“五水共治”成效明显。发出《全市统一战线“五水共治”倡议书》，开展“五水共治·台商同行”、“五水共治·侨来搭桥”、“千企连千河·共建美丽金平湖”、“五水共治·宗教同行”等活动，鼓励统战成员认建捐资4430余万元。开展“我为五水共治献一策”金点子活动，收到建言献策50余条，农工党一党员的《警惕“五水共治”带来二次污染》的意见建议获副省长黄旭明批示。

【巩固和发展多党合作事业】 组织党风廉政建设、“三改一拆”、交通运输（公交建设）工作等情况通报会10次，完善各民主党派、工商联和无党派人士联谊会与15个政府部门对口联系机制，明确对口联系的范围、主要内容和要求；15名市级党员领导干部与46名民主党派、工商联和无党派人士联谊交友；34名党外人士组成15个民主监督小组担任平湖15个政府部门（单位）民主监督员。深化民主党派主要负责人参加重大调研活动机制，各民主党派主委受邀参加市委书记牵头的“进企业破难题”、农村污水处理等调研活动。全年党外人士提出意见建议180多条，形成调研报告8篇。对民盟平湖市总支、民进平湖市委会、农工党平湖市总支三个民主党派领导班子开展届中回访工作。

【抓好对民族宗教事务的依法管理】 做好对武义县桃溪镇锦源村少数民族低收入群众的增收帮扶工作。做好少数民族中高考学生身份证明、变更工作，为34人出具少数民族身份证明，为8人变更民族成分。全年审批许可的10场宗教活动均安全有序。全市共拆除宗教领域违法建筑12处，违章建筑面积812平方米，转作其他用途和关停37处1916平方米。开展“宗教政策法规学习月”、宗教慈善周、“寻梦中国·正言正行”、民族团结进步宣传等活动。

【不断推进非公有制经济统战工作】 开展非公有制经济人士理想信念教育实践活动，组织非公有制经济人士赴浙江大学、香港理工大学、中央社会主义学院等高等院校研修学习。完成好非公有制经济人士综合评价工作，做好嘉兴市第五届优秀中国特色社会主义事业建设者推荐评选工作。举办新生代企业家管理和传承创新专题研修班；组织新生代企业家参加商会大会、浙洽会，参加中国国际日用消费品博览会等活动；与宁波慈溪“创二代”联谊会进行交流并结成友好组织；组织“忘年交”、“传帮带”活动，邀请政府部门负责人、父辈企业家、律师等专业人士传授经验。支持工商联成功创建全省首批“五好”县级工商联。完成新埭商会、新仓商会换届工作。支持工商联参与劳动关系三方协调机制。鼓励和引导非公有制经济人士回报社会，累计开展公益项目22个，捐赠金额6.2亿元。

【深化对台工作】 举办第4届“平湖·南投——两岸邻里节”，邀请台湾南投县鹿谷乡村民来平湖交流访问；平湖西瓜灯应邀赴南投参加2014“马耀南投”元宵灯会。钟埭街道新群村与鹿谷乡竹丰村结对为两岸友好村。接待台湾南投县代理县长陈志清，台湾大学经济学博士、中央电视台《海峡两岸》节目特邀评论嘉宾邱毅，金门县议员周子杰等重点人物及重点社团来平湖参访。完善台资企业资料库，赴台湾、东莞等地举办平湖投资环境推介会。开展“政策进台企”系列活动，组织台资企业参加新环保法、人力资源管理、社会保险政策等专题讲座。组织台商赴江苏淮安等地参观考察，组织台商参加嘉兴市台商沙龙、两岸同胞裹粽子友谊赛等活动。

【深化侨务工作】 做好陈意子（林书豪外婆）、大数据专家冯雷、医学博士冯武威等重点华人华侨来平湖探亲考察接待工作。举办“梦想·传递·分享——聆听我的留学故事”交流活动，邀请海外在读留学生为平湖学子讲述海外留学经历。妥善处理侨胞侨眷有关落实生活补贴、“三侨生”认定、华侨证明等方面的求助20余件，及时反馈“双非儿童”问题。在“乌克兰危机”和“越南打砸中资企业事件”期间，及时排摸了解情况，开通热线电话、电邮，及时传递国内外讯息。走访企业20多家，了解企业经营发展情况和海创人士的工作生活情况。开展好中华寻根之旅夏令营浙北分营活动，帮助30名华裔青少年学习中文。及时将调查结果转换为基本侨情调查数据库，并完成基本侨情调查分析。开展“侨务培训进社区”活动，指导当湖街道朝阳路社区成功创建2014全国侨务工作明星社区。

【深化“筑同心·建功业”活动】 深入开展“同心送温暖”、“同心解难题”、“同心送服务”等活动110多次，引导统战成员立足岗位建功，自觉担负起转型升级、创新发展的重任。支持统战成员积极投身扶贫帮困、支持新农村建设等促进社会和谐的生动实践，开展“爱心包包”、“爱心助学”、“爱心衣服”等形式多样的同心聚力活动，走访困难群众300余户，解决帮扶资金38万元，资助20名贫困学生上学。

【宣传“同心”先进典型】 在全市统战成员中发掘推选出一批先进典型事迹，在电视台、报刊、互联网上进行宣传。省委统战部、浙江卫视《新闻联播》“浙商义行天下”栏目宣传报道平湖市非公企业家热心公益、传承传统文化的典型事迹；浙江电视台国际频道“黄金时间”栏目宣传报道新生代企业家工作和基本侨情调查工作，浙江经视《风云浙商面对面》栏目专题采访报道平湖市浙商回归典型人物；在平湖电视台策划“新生代企业家风采”专题片、“海归创业在平湖”系列报道，在《南湖晚报·平湖周刊》策划报道27期“对话精英”栏目，集中宣传平湖市新生代企业家、海归企业家创业干事的优秀事迹。

【加强无党派人士联谊会（知联会）工作】 按照“合心、合智、合力”的目标要求，发动无党派人士联谊会会员开展“圆梦微心愿，汇聚正能量”服务社会活动，帮扶孤寡老人、困难户。召开会员所在单位中共党组织负责人座谈会，开展走访各乡镇分会负责人活动，听取他们对联谊会工作的意见建议。

【开展群众路线教育实践活动】 组织机关干部深入开展党的群众路线教育实践活动，切实遵守中央“八项规定”和省委“六个严禁”，认真对照“四风”查找问题，整改到位，建立健全了统战干部网上工作日志制度、统战系统部门工作每月点评制度、统战部重点工作每季度督查通报制度，坚持工作部署与跟踪督查配套推进。开展干部蹲点调研、义务劳动、结对帮扶、当社工等活动，支持干部职工积极参与五水共治、创卫、维稳、三改一拆等中心工作630多人次。

【下发《2014年度全市基层党委（党工委）党建工作综合考核统战工作评分细则》】 明确全年统战工作内容和要求，并进行考核。健全统战工作创新机制，指导基层党委（党工委）探索基层统战、部门统战工作的新机制、新方法。定期召开统战工作例会，听取统战工作汇报，指导解决相关问题。为平湖市第14期中青班学员讲授统战工作知识，提高全市中青年干部对统战工作的了解和认识。

【加强对统战工作和统战方针政策的宣传】 努力使平湖市的统战工作在报纸上有稿、电台上有声、电视上有影、网络上有文。坚持办好平湖统战手机报，巩固统战宣传新阵地，得到省委统战部领导充分肯定。2014年以来，平湖市统战工作做法在省级以上媒体刊登的有160多篇。《情系中华》、《钱江侨音》、《浙江对台工作》、《浙江侨声报》、《浙江民族与宗教》、中国网、新华网、中新网、中国日报网等媒体都对平湖市统战工作的做法予以了报道。 （马亮春）

·海盐县委统战部·

【综述】 2014年，全县统一战线在县委的正确领导和上级统战部门的指导下，坚持以邓小平理论、“三个代表”重要思想、科学发展观为指导，深入贯彻落实习近平总书记系列讲话精神，按照县委、县政府“四个年”的工作要求，围绕中心，发挥优势，为推动海盐县统一战线工作，建设“三优”海盐作出了积极贡献。全县有民盟海盐县总支、民进海盐县总支、农工党海盐县总支、九三学社嘉兴市海盐支社四个民主党派组织，共有成员183人。全县党政机关中副科级以上党外领导干部21名。县工商联（总商会）有会员企业1200家，镇区基层商会9个，异地商会1家（即温州海盐商会）。全县有批准开放的宗教活动场所14处，教职人员共52人。全县现有少数民族5733人，其中少数民族常住人口1230人，少数民族新居民4503人。县委统战部举办了全县统战干部培训班，完成了民宗、侨办、台办权力清单的梳理，在全县目标责任制综合考评中列为先进单位。

【坚持多党合作制度】 县委出台《关于加强结构性干部队伍建设的实施意见》，为党外干部的培养成长创造了条件。县委、县政府就人事安排、全县经济社会发展等情况分别召开4次情况通报会，就“五水共治”、“三改一拆”情况、政府工作报告分别召开3次征求意见会，让党外人士了解情况，积极参政。县委、县政府的党员领导与30名党外代表人士结对交友。全年召开民主党派主委联席会议4次，研究讨论党派工作。对口联系工作不断深化，坚持民主党派和对口联系单位每年有一个活动计划，有一次深度交流，有一个共同调研课题。各民主党派基层组织建设强化，新发展民主党派成员13名。在党外人士中全面推进坚持和发展中国特色社会主义学习实践活动，及时做好引导、组织、协调、宣传、推动等工作。各民主党派、知联会都相继制定实施意见，进行专门布置。抓好各民主党派、无党派代表人士的学习，举办了党外人士暑期读书会，与浙江大学党委统战部联合举办党外知识分子培训班，各民主党派、知联会开展了一系列有影响、有意义的学习教育活动。各民主党派负责人到先进地区学习考察实践活动的具体做法，进行革命传统教育和爱国主义教育。各民主党派进一步下沉到基层，共组织开展社会服务活动30多次，均取得良好社会效果，获得多项荣誉。其中，民盟海盐总支获得市参政议政工作先进集体，民进海盐总支获得省优秀基层组织称号，农工党海盐总支被评为市宣传信息工作先进集体，九三学社海盐支社被评为省社会服务先进基层组织，县知联会连续两年获得省优秀知联会称号等。

【依法维护民族宗教领域和谐稳定】 深化平安宗教场所创建，做好日常安全检查和节日期间集中安全检查。依法审批大型和非通常性宗教活动，全年共办理行政许可13件。目前已成功创建省级和谐寺观教堂8个，市级13个，县级15个。继续加强宗教场所财务监督管理工作，委托会计师事务所对全县宗教团体和宗教场所进行财务检查，并出具审计报告。对各场所开展固定资产清查登记工作。在各宗教场所开展反邪教宣传活动，各基督教堂陆续开展以反对“全能神”邪教为主题的讲道活动。宗教领域“三改一拆”工作圆满完成，先后拆除了各镇（街道）三批5处非法烧香点。目前已成功创建省级和谐寺观教堂8个，市级13个，县级15个。各寺院以自主讲经法会强化教风建设。落实佛教寺院负责人任职制度和宗教教职人员社保政策，对试用期满的两名寺院负责人进行考核，同意1人正式任职并颁发任期制证书，1人延长试用期。对新任的3名寺院负责人颁发试用期证书开始试用。做好少数民族事务审批，办理民族成分变更3件，为5名少数民族学生高考加分办理证明手续。在全县6所中小学校开展民族团结进步宣传活动。

【积极发挥侨台资源特殊优势】 发挥海外人脉资源优势，服务全县招商引资工作，主动承担起客商引荐、联系服务等牵线搭桥工作，邀请海外侨商、台商来盐考察，促进浙商回归。配合县人力社保局、县人才办举办“智赢海盐”精英创业大赛，邀请境外学者来盐指导，吸引海内外高层次人才。联合县农经局承办“海峡两岸现代农业论坛”，促成多项合作协议的签署。吸引台湾企业参展第二届海盐县农博会。帮助侨台企业排忧解难，省、市侨台办领导和县领导多次到侨台资企业走访，企业求助均得到解决。举办台资侨资企业迎春酒会、中秋联谊会和台商联谊会等多项活动，帮助台商侨商更加熟悉海盐、热爱海盐。是年，顺利完成全县基本侨情调查工作，全面掌握了各项侨情数据，共有847户涉侨家庭。县侨办荣获全省基本侨情调查工作先进集体。县台办对在盐台资企业中台籍青年干部、常住台商基本情况摸底调查，建好资料库。香港同乡会工作顺利开展，10月25日在港隆重举行成立十周年庆典。

热情接待回乡探亲的侨胞台胞，累计接待回乡探亲港澳台侨胞100余人。侨办、台办和澉浦镇侨台联继续利用《海盐人》、《家乡之声》简报做好面向港澳台、海外乡亲和国内重点乡亲的宣传。为全县侨眷、台属、留学生家属举办了“留学人员就业创业讲座”、侨界英语培训班、心血管健康讲座。在三个社区分别举办了台海形势报告会。

【引导非公有制经济健康发展】 加大服务企业力度，县总商会与县理工学校、县商贸学校共同举办毕业生、实习生推介会，全县100多家非公有制企业参会，500多名学生落实了就业实习意向。认真参与协调劳动关系三方会议，组织开展企业爱员工、员工爱企业的“双爱”活动调研督查工作，省工商联党组成员、副主席尹健到海盐对此项工作专题调研。组织全体工商联常委、执委赴台州永太科技公司和湖州市长兴县的超威集团参观学习。开展企业家素质提升工程，从3月起至12月，举办了8次讲座。选送5名非公有制经济人士赴中央社会主义学院培训。在全县非公有制经济人士中开展了第三届优秀社会主义事业建设者评选表彰活动，黄忠明等十名非公有制经济人士被县委县政府授予“海盐县优秀社会主义事业建设者”称号。推选嘉兴市第三届“十大风云人物”。在新生代中开展“民企中国梦”大讨论活动。录制了《对话海盐发展》之《传承与开拓》节目在海盐电视台播出。组织新生代联谊会全体会员赴多家企业学习。对新生代加强守法教育，邀请县法院有关领导作企业法律风险防范讲座，教育年轻企业家守法经营。

【深入开展党的群众路线教育实践活动】 在党的群众路线教育实践活动中，部领导班子利用听报告、深交流、讲党课等形式带头开展理论学习。每名干部撰写学习体会并开展讨论。在“基层日”活动中，加强对联系村秦山街道许油车村的走访，为联系村搞好服务。县委统战部长郑其良到澉浦镇永新村兼任“第一书记”，带头下村工作。领导班子积极向党外人士征求意见，共征求到意见建议31条，95条次。部领导班子和每名班子成员认真撰写了对照检查材料，开展谈心交心，召开了专题民主生活会，以整风精神开展了批评和自我批评。在整改落实中，制定整改方案，提出了12项整改落实的制度建设任务，内容涉及学习、会议、接待等各方面。

【凝心聚力投身“五水共治”】 全县统一战线凝聚各方力量，贡献集体智慧。全体干部积极参与“出金点子”、清理河道义务劳动和公益捐款等活动。各民主党派和党外知联会认真开展治水工作专项调研，提出建议。县工商联向全县非公有制经济人士发出了“百企联百村，合力治百河”的行动倡议，非公有制经济人士专项捐款超过480万元，认领河道150条（段），有270名非公有制经济人士担任河长。宗教界开展公益慈善行动，县佛协向各宗教活动场所和信教群众发出倡议，开展河道保洁、环境绿化、宗教放生和公益捐款等系列活动。

【党外人士作用凸显】 4个民主党派分别对“农村生活污水治理”、“创新科技园平台建设”等8个课题开展调研。农工党海盐县总支撰写的关于家庭农场发展的社情民意上报到国务院，获得国务院领导的批示。在全县2013年度优秀调研成果评比中，农工党海盐县总支调研成果获得一等奖，民进海盐县总支调研成果获得二等奖，民盟海盐县总支、县知联会调研成果获得三等奖，统战系统已成为县内调研参政的重要力量。浙江大学党外知识分子联谊会与县党外知识分子联谊会的合作更加紧密，浙大知联会的专家纷纷来到基层与相关企业开展合作项目，在农业方面取得很多合作成果。

（谭泽芳）

·海宁市委统战部·

【综述】 2014年，海宁市委统战部深入开展党的群众路线教育实践活动，团结带领广大统一战线成员，牢牢把握大团结、大联合的主题，凝心聚力、积极履职，各项工作取得了新进展，为助推改革发展、建设美丽海宁发挥了新作用、作出了新贡献。

【开展“同心”系列活动】 指导各民主党派、工商联、知联会开展坚持和发展中国特色社会主义学习实践活动；组织各宗教团体、宗教场所开展“爱国爱教”、“寻梦中国·正言正行”和“五水共治·五教同行”等活动；在非公有制经济人士中开展理想信念教育活动；开展第五届优秀社会主义事业建设者评选表彰活动，10 名非公有制经济人士获殊荣，推荐 4 名非公有制经济人士参加“嘉兴市第五届优秀社会主义建设者”评选。召开全市统战系统理论辅导会，与市委组织部、市社会主义学校联合举办无党派代表人士培训班。

【服务改革发展大局】 做好侨台资企业投资项目牵线搭桥工作，开展“海宁市归国留学生英才奖”评选活动，举办第十届海外博士论坛，走访侨台资企业 40 余家。发动统一战线参与“五水共治”，部领导不定期到许村镇督查指导“清三河”工作，向结对村龙联村派驻 1 名副部长作为第一书记、1 名中层干部作为农村工作指导员；市工商联（总商会）面向非公有制企业发起“百企联百户、合力治污水”活动倡议；侨界政协委员为治水工作捐款 55.7 万元。各民主党派、统战团体组织开展结对助学、散居孤儿援助、书籍捐赠等社会服务活动，农工党海宁市总支成立法律援助工作站和社会医疗服务站。

【深化多党合作事业】 组织党外人士履职建言，协助市委召开党外人士意见征求会 2 次，与市政协共同承办 2014 年中秋恳谈会。坚持和完善中共市领导结对党外代表人士，政府部门和民主党派、知联会对口联系，民主党派、工商联、知联会联席会议等制度。完善民主监督员制度，推选 26 名民主党派新成员充实到 14 个民主监督小组。加强党外人士队伍建设，落实组织部、统战部联席会议制度，举荐提拔党外人士担任政府部门副科级领导干部 1 名，全市任职的副科（局）级以上党外领导干部 29 名，其中副处级 4 名、正科级 5 名、副科级 20 名。会同组织部开展“担当型”优秀党外干部推荐活动。完成市政协委员届中调整工作。支持和帮助民主党派发展新成员 9 名。

【依法管理民族宗教事务】 持续推进民族团结进步事业，做好新疆内地高中班涉及民族信仰方面的政策落实工作，做好海宁籍嘉兴回民墓征迁工作，为 18 名对象办理民族变更手续，为 10 名少数民族中考、高考学生办理身份确认和加分证明。加强宗教事务依法管理，依法有序推进宗教违法用地整改工作。在全省率先开展佛教场所用地、建筑测绘工作。开展宗教活动场所安全隐患“大排查、大整治”专项行动，举办佛教场所消防技能竞赛和灭火逃生大演练。建立外来少数民族人员基本信息库和民间信仰点数据库，对假僧、游僧从事非法宗教活动进行整治，开展宗教场所平安创建活动，全市“和谐寺观教堂”达标率为 90%。

【深化港澳台海外统战工作】 成功举办查济民先生诞辰 100 周年纪念活动。开展香港海宁同乡会联络联谊活动，部署香港乡情调查工作，成立香港海宁籍青年创业联谊会。邀请和接待多名国外专业协会高层专家和社团侨领到海宁考察交流。全面完成基本侨情调查工作，出台基层侨联组织和社区侨务工作站规范化建设实施意见。强化涉台宣传和多层交流，举办 2014 年台商新座谈会，组织台胞参加嘉兴端午节“两岸同胞情”活动，成功举办海宁市第三届台资企业运动会和“得伟杯”少儿现场写生大赛。

【开展党的群众路线教育实践活动】 2 月至 10 月，海宁市委统战部以部领导班子和领导干部为重点，以“照镜子、正衣冠、洗洗澡、治治病”为总要求，以“为民务实清廉”为主题，聚焦形式主义、官僚主义、享乐主义和奢靡之风，围绕“学习教育、听取意见，查摆问题、开展批评，整改落实、建章立制”3 个基本环节，开展党的群众路线教育实践活动，共征求意见建议 54 条，新修订和制定规章制度 17 个，全年下发业务性文件同比减少 19%，“三公”经费及会议、培训费同比减少 75.7%。

【开展“担当型”优秀党外干部推荐活动】 为发现一批在各领域中敢带头、有担当的优秀党外后备干部，推进多党合作事业发展，市委组织部和市委统战部联合开展了“担当型”优秀党外干部推荐活动。各有关部门党组织、各民主党派和知联会共推荐 85 名党外干部报名参加，经资格审核、文章评分、素质测评和面试等环节，最终 7 名对象入围考察，为党外人士队伍建设打下良好基础。

【举办纪念查济民先生诞辰 100 周年活动】 4 月 12 日，海宁市成功举办查济民先生诞辰 100 周年纪念活动，举行了查济民纪念馆揭幕仪式和纪念查济民先生诞辰 100 周年座谈会，杨振宁、孙家栋等顶尖科学家和清华大学、浙江大学等15所国内知名大学的领导，以及香港查氏亲属、查氏集团负责人等近100人应邀出席纪念活动。活动扩大了海宁市在科学教育界高层次人士中的影响。

【完成浙江省基本侨情调查工作】 在2013年10月启动调查的基础上，年内深入家庭走访调查，认真排摸疏理情况，至6月底，海宁市全面完成基本侨情调查工作，并充实完善了侨情资源数据库。海宁市侨联、海宁市侨联秘书长黄永华分别被评为浙江省基本侨情调查工作先进单位和先进个人。

【举办第三届台资企业运动会】 5月17日，海宁市台办、海宁市文体局和海宁市台商联谊会在海宁市体育中心联合举办海宁市第三届台资企业运动会。运动会共设乒乓球、篮球、羽毛球、游泳、拔河、50米迎面接力、飞镖、双人背夹球等8个比赛项目，全市14家台资企业的338名运动员参加比赛。

【完成统战团体集中换届工作】 对换届统战团体新一届领导班子人事安排进行研究，为统战团体今后五年的健康运作提供了基础保障。指导市台联、市留联会、市知联会完成换届工作；会同市工商联（总商会）开展基层商会换届工作，开展换届试点，全年共有4个基层商会完成换届，积极推选海宁籍优秀企业家担任南京、兰州、郑州等异地嘉兴商会职务。（沈永忠）

·桐乡市委统战部·

【综述】 2014年，桐乡市委统战部坚持从统战工作实际出发，发挥统一战线优势和作用，在夯实基础、凝聚共识、增强活力、提升水平上下功夫，不断提高统战工作科学化水平，为建设美丽幸福新桐乡凝聚了人心、汇集了力量。

【党外人士队伍建设谱写新篇】 在民主党派和无党派人士中开展坚持和发展中国特色社会主义学习实践活动，举办党外干部十八大、十八届三中全会和习近平总书记系列讲话精神学习会，举办党外干部（人士）管理与能力提升培训班，召开民主党派、知联会专题学习会。强化党外干部基层锻炼，采取岗位交流、住村、“一线成长工程”锻炼、赴外地挂职等形式，帮助党外干部积累工作经验。深入开展“同心·服务”活动，做好“同心·服务”活动两周年总结，全年开展各类活动30余次，服务群众5000余人。组织党外人士专题调研“五水共治”、旧城改造，举办全市文化系统党外人士座谈会，出刊5期《党派建言》。安排调整43名特约人员。发挥党派工作联络室联络、服务、协调的职能作用。

【民宗领域和谐稳定有效巩固】 在宗教界开展以爱国主义为主题的“寻梦中国·正言正行”教育实践活动，组织举办第十三期爱国爱教培训班、基督教“两会”教牧义工培训班、第二届汉传佛教讲经交流会、宗教界“政策法规学习月”和第二次“宗教界人士看桐乡”活动。加强民宗领域安保工作的督查与落实，有力保障APEC会议、“亚信峰会”、首届世界互联网大会及春节等期间的平安稳定。深化“星级平安场所”、“和谐寺观教堂”评创活动，首次在福严寺举行紧急疏散和灭火演练。开展民族团结进步“三进”工作，成功举办“民族团结手拉手，兄弟姐妹一家亲”民族文艺宣传汇演活动。规范场所建设许可审批，督促祇园寺、香海寺、濮院基督教堂等场所做好修建、改建的相关设计和审批工作。

【港澳海外统战工作更具活力】 开展联络联谊，做好海外重要团组和知名华侨华人的来访接待工作，全年接待海外华侨、华人、港澳同胞18批次，200余人。服务涉侨对象，组织开展“送健康暖侨心”、归国留学人员交流互动、侨界人士考察浙商回归重点项目等活动。在梧桐街道试点成立“梧桐侨心苑”，开设微信公众平台，推出侨务政策、实用英语、出国咨询等服务。在梧桐街道杨家门社区、崇福语溪社区成立侨务工作站，开创社区侨务工作新局面。牵线桐乡市旅居日本的全日本华人书法家协会主席晋鸥先生回家乡设立艺术馆事宜，进一步加强中日文化交流，提升了桐乡本土文化艺术水平。桐台两地交流合作全面拓展。助推台企转型升级，组织开展以“服务台商转型发展、深化桐台产业合作”为主题的走访服务月活动，共走访台资企业87家次。做好赴台交流工作，共组织4个公务团组进行赴台考察交流，促进桐台两地农业、旅游、经贸等领域多个项目的投资合作。组织开展第四届两岸邻里节桐乡站活动，邀请南投县鹿谷乡的 20 多位基层民众来桐乡市参访交流，鹿谷乡竹林村与桐乡市元丰村结为友好村。做好台胞台属联络服务工作。

【非公有制经济“两个健康”有力促进】 召开全市协会商会和执委企业座谈会，指导成立民营企业法律服务中心，推动成立首个桐乡市温州商会人民调解委员会，组织开展光彩事业第十五次结对助学活动。在非公有制经济人士中进一步深入开展理想信念教育实践活动，开展第五届桐乡市优秀社会主义建设者评选活动，抓好新生代企业家培养教育。推进协会商会规范化建设，分行业协会商会、异地商会、基层商会等层面进行分类考核，指导成立桐乡市杭州商会等 5 个协会商会，在市工商联（总商会）党委下面建立中共桐乡市电子商务行业联合委员会（二级党委），成为嘉兴首个电商联合党委。

【统战部门自身建设全面加强】 扎实开展党的群众路线教育实践活动，共梳理出 37 条（213 条次）涉及“四风”的问题，提出 5 个方面 18 项的整改措施，逐一整改到位，组织开展的“同心·服务团”活动被评为全市群众路线教育活动特色案例。加强统战干部队伍建设，深化每月专题夜学、《工作半月谈》、“我为大家上一课”等制度，组织开展“美丽幸福新桐乡”大讨论，征集到“金点子”200 余条，积极推荐机关干部参加全市年轻干部“多岗锻炼、一线实战”成长工程和住村锻炼，做好“结民亲”、社区共建、“红色义工”、夜巡防等活动，共结对困难户 12 户，认领并按群众需求帮助完成 5 个“微心愿”。

【成立嘉兴首支基层民宗工作专职队伍】 在市委组织部、统战部和市民宗局、基层党委协调下，桐乡市在 12 个镇（街道）建立民宗工作协调小组，明确办公室主任为民宗专职干部，实现了全市基层民宗工作协调小组和民宗专职干部全覆盖。基层民宗干部不再由各镇（街道）统战委员兼任，转由民宗工作专职干部负责具体工作，在嘉兴地区属首创。同时组织开展民宗专兼职干部业务培训，提升基层民宗干部的业务能力。

【圆满完成全市基本侨情调查】 认真组织开展全市基本侨情调查工作，在嘉兴地区率先在全市机关事业单位中进行详细排查摸底，并充分利用短信、广播、电视、网络、电子屏等途径全方位开展宣传。全市共参与调查的涉侨家庭 1277 户，海外涉侨总人数 1533 人；市内归侨侨眷 977 人，海外留学人员家属 1151 人，港澳同胞眷属 141 人；归国留学人员 414 人；侨港资企业 58 家。通过调查，重点掌握了全市侨情变化的新特点和海内外侨胞的新需求。

【举办全市首届国际时装设计师培训班】 经过市侨办（侨联）的牵线搭桥，桐乡市在濮院举办了为期 4 天的首期高级服装设计师培训班，邀请来自意大利的原范思哲总设计师莫拉罗为濮院 30 多家毛衫企业的设计师进行系统培训和辅导，助推桐乡市毛衫产业的自主创新、品牌设计和转型升级。

【全力推进对台招商工作】 积极开展对台招商，指导桐乡市企业和有关部门赴台开展商务活动，组织举办广东·桐乡产业对接会，并邀请台商来桐举办桐乡市对台产业推介会活动，组织市政府经贸考察团专程赴台湾开展招商活动。重点对今日集团的台湾兰花项目、福建晋江台商协会的休闲观光项目和桐乡台商赖先生的台湾水果园项目进行跟踪和洽谈。目前台湾水果园项目已经在建设之中，休闲观光农业项目已签订投资协议，投资约 4 亿元的兰花项目也顺利签约，并已破土动工。还通过“以企引企”的方式，服务高桥镇引进台湾帝凯农业鲜切花项目落户。

（李博文）

绍　兴　市

·绍兴市委统战部·

【综述】 2014 年，绍兴市统一战线工作在市委的正确领导和省委统战部的全面指导下，认真学习贯彻十八届三中、四中全会精神，切实按照“重点工作重抓不放形成新亮点、常规工作常抓不懈形成新常态、内部建设齐抓共管形成新气象”的工作基调，扎实开展党的群众路线教育实践活动，充分发挥统一战线独特优势和作用，全面促进“五大关系”和谐，不断提升统战工作科学化水平，为进一步促进绍兴市经济社会平稳较快发展提供了应有保证。

【扎实开展党的群众路线教育实践活动】　建立路线教育活动办公室。2月初，成立以部长为组长的教育实践活动领导小组及其办公室。办公室认真制定实施方案和学习计划，提出边学边查“照镜子”、边查边做“正衣冠”、边做边改“洗洗澡”、边改边整“治治病”等四方面要求和静下来、认真学习，摆进去、剖析自己，跳出来、否定自我，走出去、寻找差距，沉下去、建章立制等五个重点环节，确保教育实践活动扎实推进、有序开展。

路线教育活动丰富多彩。按照班子成员领学、专家学者导学、党员干部践学和领导小组督学的要求，2月至9月，组织开展集中学习12次、专题党课1次、统一战线大讲坛和专家讲座5次、研讨交流3次，处室长业务交流5次，确保做到以学习的不断深入，推动认识的不断提高和思想的高度统一。

路线教育活动成效明显。2月至9月，通过征求意见询谈、深入基层座谈、召集成员恳谈等形式，组织召开12场次恳谈、座谈会，蹲点调研20余个乡镇、企业等，走访慰问13户困难群众，共征求到意见建议165条(328条次)，其中反映“四风”方面问题119条。领导班子相互提出74条意见建议，达到了加加油、鼓鼓劲、红红脸、出出汗的效果。按照“科学制定整改措施、切实解决实际问题、努力做到群众满意”的要求，制定出台《关于加强部（局）领导班子自身建设的实施意见》和《开展“六项集中行动”的实施方案》，修订完善《领导干部联系服务党外代表人士有关规定》和《加强机关内部管理的若干规定》等规章制度，全面落实8个方面26条整改措施，确保整改落实讲实效、管长效。

【服务“五水共治”有特色】　3月，制定下发《关于开展“统一战线同心治水行动”实施意见》，全面引导党外代表人士积极推进同心治水宣传引导行动、同心治水建言献策行动、同心治水捐助认建行动、同心治水志愿公益行动、同心治水民主监督行动；部署开展“生态美好·宗教担当”系列活动，

【精心组织第三届宗教“慈善周”活动】　鼓励和引导宗教界为“五水共治”等重点工程结对捐款，进一步发挥宗教界人士的优势和作用，年内全市宗教界为“五水共治”等重点工程捐善款100余万元。

【开展各民主党派、工商联围绕“五水共治”和“两重”战略工作活动】　落实各民主党派、工商联在“五水共治”中任务，营造统一战线合力共治的良好氛围；积极参与“河长制”管理实施工作，科学指导上虞区隐潭溪水环境综合治理，进一步改善溪流水质；积极开展“走进企业、帮困解难”走访调研活动，大力协助结对帮扶企业转型升级。

【建立统战廉政建设机制】　3月，组织成立以部长为组长的廉政建设工作领导小组，研究起草《绍兴市统一战线关于加强廉政建设的若干意见》，切实把廉政建设工作列入目标管理，进一步发挥统战部在党风廉政建设中的主体责任。

【创建一批廉政教育基地】　年初，将马寅初故居（风节园）开辟建立为绍兴市统战系统廉政教育基地，收集编写马寅初廉政故事，总结提炼马寅初廉政精神，组织全市统战成员学习参观马寅初故居，打响马寅初廉政品牌。创建工作得到了省委统战部领导的肯定，提炼的马寅初精神一文在《情系中华》上特约刊发。5月，全省统战系统监察工作联席会暨统战系统廉政文化教育基地推进会在绍兴市召开，马寅初故居被命名为全省统战系统廉政文化教育基地。下半年，又明确胡愈之故居、周恩来祖居为新的廉政教育基地。

【树立一批廉政典型】　《榜样的力量——绍兴市民主党派和无党派人士践行社会主义核心价值体系风采录》共收录了82名党外干部的先进事迹，有计划地利用绍兴统战门户网站、《绍兴日报》和绍兴手机报广泛宣传统一战线勤政廉政的先进事迹，积极开展廉政文化进机关活动，进一步加强广大统战成员的廉政教育和廉政意识。

【开展一系列廉政文化活动】　9月下旬，组织举办全市“统一战线同心治水迎国庆暨廉政文化”书画展，积极营造统一战线廉洁自律氛围，增强全市统战系

统勤政廉政意识和拒腐防变能力。并通过开展“廉文荐读”、征集廉政警句箴言等开展一系列廉政文化活动。

【多党合作等有关制度进一步落实】 督促检查全市各级党委政府和统战部门贯彻落实多党合作相关制度情况，强化对各区、县（市）党委统战工作目标责任制的考核，协助市委、市政府召开市领导与市各民主党派、工商联负责人和无党派代表人士谈心交心座谈会、征求意见会和党风廉政建设情况通报会等活动。年内召开各种座谈会、通报会5次。

【组织开展“届中总结、民主评议”工作】 9月，市委统战部开展“届中总结、民主评议”工作，分别与133名代表开展个别谈话，推荐产生各党派主委、副主委后备人选34名、市管近期可使用县处级党外后备干部和优秀乡科级后备人选各10名，为市各民主党派2016年的换届工作奠定了坚实的思想基础和组织基础。同时，对民进市委会的主要领导进行调整。

【切实加强党外代表人士队伍建设】 指导市各民主党派和无党派人士积极开展坚持和发展中国特色社会主义学习实践活动，进一步坚定了党外代表人士的理想信念；制定市级机关党外中层干部职数配备的实施意见，进一步从制度上落实党外代表人士教育培训和培养使用等工作；9月，组织举办市各民主党派、工商联负责人和无党派代表人士暑期读书会；10月，组织举办全市党外科级干部培训班和民主党派、知联会骨干培训班等。

【市知联会顺利换届】 4月下旬，市知识界无党派人士联谊会召开第二次会员大会，大会选举产生了新一届理事会。换届后，紧紧围绕“同心、知联”主题开展社会服务为主的各项活动。其中，六名教师志愿者赴贫困偏远山区小学开展为期三周的“帮扶小侯鸟、学习传统古典”义教活动，受到了当地群众的一致好评。

【积极开展民族团结进步创建活动】 有两名少数民族同志被评为国务院第六次全国民族团结进步模范个人荣誉称号，绍兴西藏民族中学被国务院命名为“全国民族团结进步创建活动示范单位”。

【启动实施全市少数民族家庭“万人互助”行动】 2014年4月12日，市委统战部、市民宗局举行绍兴市少数民族“万人互助”行动启动仪式。“万人互助”行动计划，以“团结互助、共谋发展”为主题，旨在帮扶绍兴市少数民族困难群众，促进绍兴市民族团结进步。该活动开展以来，年内走访慰问少数民族困难家庭55户、助学12户。以帮扶少数民族贫困家庭为抓手，组织少数民族联谊会和党外代表人士赴结对县松阳开展“三下乡”、结对帮扶等活动；落实各类帮扶资金35.25万元，进一步推进新一轮少数民族低收入群众增收帮扶行动。

【参加全省第五届少数民族传统体育运动会取得好成绩】 11月13日至14日，全省第五届少数民族传统体育运动会在温州举行。绍兴市代表队获得2个一等奖、28个二等奖、21个三等奖，总成绩位列全省第三名。

【大力推进和谐寺观教堂创建和星级场所评选工作】 年内，全市已创建成功达标场所340处，占总数的74.9%，其中市级和谐场所268处、省级29处、国家级6处，四星级场所3处。今年新上报达标场所36处、星级场所2处（五星级、四星级各1处）。

【举办首届“佛教书道发展论坛暨首届兰亭雅集”系列活动】 3月29日上午，由中国大众文化学会、绍兴市统战理论学会、市佛教协会、越城区佛教协会联合主办，越城区荷花禅寺承办的首届“佛教书道发展论坛——兰亭雅集”系列活动开幕。来自全国各地的大德高僧、书法名家相聚绍兴兰亭景区，一同曲水流觞，泼墨赋诗。“佛教书道发展论坛——兰亭雅集”系列活动，旨在展示当代有代表性的僧人书画家取得的艺术成就，呈现佛教界良好的形象和佛教书法的历史底蕴，推进当代僧人书法艺术的进步和发展。除在兰亭景区展出21幅我国当代僧人书画家的书画代表作品外，还举行了“禅与书”专题论坛，以发掘当代僧人书画界涌现的新生力量，广泛探讨当代僧人书画艺术的发展趋势。4月1日至4月7日，绍兴美术馆展出百余幅题材广泛、风格迥异的当代僧人书画家优秀书画作品。

【圆满承办传授护国兴教三坛大戒法会】 由浙江省佛教协会主办、绍兴市佛教协会协办、炉峰禅寺承办的传授三坛大戒法会自10月16日开始，经过为期一个月的精进修习，11月14日在炉峰禅寺隆重举行圆戒仪式，来自全国25个省（市、区）的325名戒子，次第授受沙弥戒、比丘戒、菩萨戒，喜获中国佛教协会颁发的戒牒。

【市工商联顺利换届】 新一届工商联执常委规模分别从上届146名、75名增加至199名、99名，非公有制企业副会长从16名增加至24名，较好地调动了非公有制经济代表人士的积极性。

【协助做好越商回归工作】 配合做好第五届越商大会有关工作，指导工商联在广西举办2014绍兴商会年会工作，制定出台“两新”组织党建工作方案。积极筹备第四届绍兴市优秀中国特色社会主义事业建设者评选表彰工作。

【海外联谊工作进一步拓展】 组织参加绍兴各旅港同乡会在香港举行的新春联欢活动，组织举办深圳·绍兴海外联谊会迎春团拜会，切实做好出席市“两会”的海外政协委员、特邀委员赴滨海新城考察调研等工作，全面落实来绍参加2014年公祭大禹陵活动的港澳代表人士的有关接待工作。

【组织同乡会会长参观红色根据地】 11月中旬，市委统战部组织绍兴旅港同乡会会长赴福建等红色革命根据地开展爱国主义教育，学习福州、厦门等地在旅港社团工作方面的经验。

【定期召开各旅港同乡会会长专题会议】 规范和充实海外乡情资料，进一步增强旅港乡贤分析形势、判断形势和爱国爱港的责任感、使命感。进一步加大重点工作力度。制定出台港澳统战《实施意见》，建立完善例会制度，并在深圳举办了有108名联络员参加的港澳有关工作业务培训班，进一步提高骨干人员的业务工作能力，确保了乡情资源的持续扩大和乡情资料完整性的有效提升。

【调研成果丰硕】 年内形成调研成果15篇，《转型视角下统战工作挑战、困境对策研究》一文，获绍兴市委调研成果优秀奖；《关于宗教在构建和谐绍兴中发挥正能量的调查与思考》一文，获省民宗委优秀奖。《绍兴民族工作现状及对策建议》、《积极探索推进网络统战工作》、《佛教与中国传统文化》等理论成果在《团结报》、《情系中华》和《浙江民族与宗教》等报刊发表。

【统战宣传常态化、制度化】 做好每月一期的绍兴统战手机报和每季度一版的《绍兴日报》统战专刊的编发工作，积极宣传绍兴市统一战线特色亮点工作。年内有16篇文章在省、市两级媒体刊物中发表。

【信息工作上新台阶】 充分依托省委、省委统战部和市委、《绍兴统战信息》等信息平台，着力做好统战信息工作。全年编印12期《绍兴统战信息》，42条信息被市委办等信息刊物录用，1条信息被省委办刊用，3条信息被转报到中办。统战部获绍兴市委信息考核优秀奖。

【自身建设进一步加强】 以创建学习型机关为载体，坚持学以致用、学以促用和学用相长的原则，认真学习党的十八届三中、四中全会和习近平总书记系列重要讲话精神，全面践行群众观点、群众路线，积极开展“读书月”活动，认真组织“学习‘三思三观’、反对‘四风’问题”等交流研讨会3次、处室长业务知识交流5次、集中专题学习16次、“绍兴论坛”、“夜学讲坛”等学习20余次、撰写学习心得30余篇，进一步在学习中提升了干部队伍的政治素养和理论水平。建立完善统战干部外派、下派机制，先后派出3人到重点工程、重大活动挂职锻炼半年以上，多人次参加各类综合性培训教育，鼓励和指导统战干部积极参与干部考察和各类会议活动的组织协调，进一步在实践中锻炼了干部队伍的综合能力和水平。（马林虎）

·越城区委统战部·

【综述】 2014年，越城区委统战部按照区委区政府的总体要求、上级统战部门的统一部署和年初工作思路，围绕中心，服务大局，抓规范、抓完善、抓落实，较好地完成了年度各项任务。

【认真抓好干部党派工作】

2014年越城区在干部党派工作方面重点做好了七方面工作。一是新建完善联系制度。调整完善了区委常委、党员副区长联系党外干部制度和部领导联系党外人士制度，共联系党外干部、党外人士20名；新建实施了镇街、区级部门党员领导联系党外人士制度，区属8镇街和9个部门党员领导干部共联系党外人士149名。二是调整充实党外后备干部数据库。到目前为止，全区共有党外后备干部53人，其中区管副科级后备干部27人。三是举办了一期党外人士培训班。共有55位党外人士参加了培训。四是对《中共越城区委关于加强新形势下党外代表人士队伍建设的实施意见》、《越城区党外干部培养选拔管理实施办法》及区委组织部、统战部联席会议制度的贯彻落实情况进行了一次检查督查。五是积极向区委组织部推荐党外干部。六是主动加强与市级各民主党派、知联会的联系。对各民主党派市委会进行了一次走访，向他们通报了区四届政协党派委员的届中考评结果，交流了情况，核对了数据。协助各民主党派加强在越城区的基层组织建设。七是与区委办联合召开一次党外人士半年度全区工作情况通报会，并征求对区委全委会工作报告的意见建议。

【认真抓好港澳侨工作】 一是圆满完成了侨情调查工作任务。全区调查出涉侨人员家庭共1600多户，人口7043人，海外人数3188人，重点人士177人，侨资企业68家，侨（社）团组织1个。二是认真做好侨联换届工作，选举产生了越城区第四届侨联委员会，涉及大越城17个镇街。三是做好为侨服务工作。利用传统节日走访慰问归侨侨眷和重点人士7户，慰问金额1.2万元。接待和处理来信来访3起，帮助侨胞办理归国定居事项1件。四是认真做好联络联谊工作。春节前夕向海外人士寄送贺卡650余封，电子邮件50余封；邀请越城籍40位旅港乡贤参加市委、市政府在深圳举办的绍兴海外迎春团拜会；邀请香港越城同乡会一行20余人参加了深圳越城商会成立大会。五是努力做好市侨联事权下放对接工作，先后两次到袍江开发区和高新区联系衔接。六是全力做好香港专项工作，圆满完成上级下达任务。七是协助香港绍兴越城同乡会进一步加强组织建设，协商确定了同乡会换届有关事宜。八是积极做好基层侨务阵地建设。帮助、指导鉴湖镇等镇街、燕甸园社区、府山社区等村社区创建国侨办“侨法宣传角”、“全国社区侨务工作示范单位”和省“星级社区”、示范性基层侨联组织的相关工作。

【认真抓好民族宗教工作】 2014年以来，越城区民族宗教工作在区委区政府的领导和市民宗局的指导下，以安全稳定、团结进步、规范有序、服务社会为重点，认真履行依法管理职能，保持了民族宗教领域的和谐安全稳定，为越城区的经济社会发展发挥了应有的作用，重点做好了以下四方面工作。一是积极稳妥地处理好遗留问题。处理云栖寺一期建设工程款纠纷工作，推进隐山寺建设，完成佛教协会的换届。二是做好了涉及宗教违建的处置工作。全区共有涉及宗教违建和民间信仰场所206处（其中涉及宗教违建1处），共拆除和整改违建场所63处，计18480平方米。三是开展了少数民族联谊活动。年初开展了少数民族困难学生的帮扶活动。4月份开展了“手拉手踏春行”活动，6月份举行少数民族“万人互助”捐款活动，10月份举行了赴外地考察少数民族地方特色文化活动。四是加强了民族宗教事务管理。召开安全工作会议，开展安全生产大检查。继续深化了“和谐寺观教堂”创建工作，今年有四个场所申报省级达标验收，确保全区达标场所总数不少于80%。

【认真抓好经济领域统战工作】 2014年统战部坚持“凝心聚力、内聚外联”工作主题，围绕越城区经济社会建设，全力助推非公有制经济健康发展和非公有制经济人士健康成长，加强组织建设，搭建服务平台，优化发展环境，支持创业创新，重点做好了四方面工作。一是开展理想信念教育，不断提高非公有制经济代表人士素质。开展以“四信”教育为主的非公有制经济人士理想信念教育实践活动，选择浙江绍兴希望包装有限公司和绍兴天龙锡材有限公司作为典型，以点带面，全面推进。开展了第四届“绍兴市优秀中国特色社会主义事业建设者”评选活动。二是宣传推介越城，助推越城区经济社会事业发展。组织越商参加绍兴市第五届越商大会，北京市绍兴越城商会举行了“乌篷船进中央党校活动”和“大话绍兴”活动，极大地扩大了越城区的知名度。三是组建基层商会，商会组织建设有了新突破。2014年先后在灵芝镇、陶堰镇、东浦镇开展商会组建筹备工作，三镇分别于6月、9月和11月正式成立商会，实现商会全覆盖。四是搭建服务平台，助推“两个健康”发展。积极引导非公有制经济人士投身社会公益事业，开展了“千企联千村，合力治污水”活动，开展了为家乡建设事业捐款活动，共计捐款400余万元。

【创新方法对区政协委员届中考评】 区四届政协委员届中考评工作是一项创新工作，也是一项重点工作。一是开展评议走访。会同区政协办公室，历时三个月，对全区210名政协委员进行了届中考评，通过“一述职、四评议、七走访”即：委员个人进行两年述职，政协机关、镇街、界别和居住社区分别评分，走访公安、检察院、法院、计卫局、纪委、控违拆违办、镇街工委等七个部门，最后得出总评分。二是做好反馈工作。通过书面告知单将考核结果反馈给个人、镇街、界别组和各民主党派市委会。三是开展组织处理。提议区政协党组并经区政协常委会研究，对涉及违法犯罪的1人和长期失联的1人给予撤销委员资格的处分；对长期无法履行委员职务的1人同意其辞去区政协委员职务；对长期不参加活动的1人给予书面通报的处分；对综合得分靠后的8名委员进行诫勉谈话。

【认真抓好党的群众路线教育实践活动】 第二批党的群众路线教育实践活动开展以来，越城区委统战部在区委督导组的指导下，按照“照镜子、正衣冠、洗洗澡、治治病”的总要求，高标准、严要求抓好了各项工作。一是抓好学习教育、听取意见环节。部全体机关干部认真学习区委要求的必读书目、习总书记重要讲话，观看八部电影。组织各界别人士参加座谈会和各镇街、部门统战线负责人座谈会。采用书面和口头形式广泛征求了意见建议，共征求到意见建议62条。二是抓好查摆问题、开展批评环节。对征求到的意见建议进行了全面查摆梳理，共梳理出问题32个，并根据问题认真撰写了对照检查材料，按要求开好了民主生活会和组织生活会。三是抓好整改落实、建章立制环节。按照区委要求，坚持问题导向，推进立行立改。部班子成员先后2次进行集体讨论，研究整改方案及具体措施，同时加强制度建设，对现有制度进行了全面梳理，新建和完善了9项制度。

（杨叶飞）

·柯桥区委统战部·

【综述】 2014年，绍兴市柯桥区统一战线以党的十八大和十八届三中、四中全会精神为指导，紧紧围绕区委“突出转型升级，致力科学发展”的工作主题，深入开展党的群众路线教育实践活动，扎实推进各领域统战工作，发挥优势，为推动区域经济、城乡、社会转型升级作出了积极贡献。

【多党合作事业扎实推进】 组织党外代表人士参加2013年度全区经济社会情况和党风廉政建设情况和2014年半年度经济社会情况通报会，组织召开《政府工作报告》征求意见座谈会，积极组织党派开展调研，形成27个调研报告，区委书记对其中的8篇作了批示肯定，许多重要意见和建议被区委区政府采纳。区各民主党派和知联会代表共50人参加了2014年度柯桥区民主党派行风集中评议会，并现场测评。民族宗教工作和谐稳定。继续深化宗教活动场所管理工作，表彰了区级和谐宗教场所68处。全面完成全区宗教活动场所和民间信仰场所违建专项整治工作，拆改率达到41%，超额完成整治148处场所的预定目标。联络联谊工作继续拓展。进一步做好核实、补充工作，不断充实“天南地北绍兴人”信息库，对6名上海和杭州“天南地北绍兴人”联谊会柯桥籍成功人士事迹在区电视台进行了宣传。是年，新成立了加拿大温哥华、俄罗斯莫斯科两个海外同乡联络站，至今已成立了7个海外同乡联络站。社团统战工作不断夯实。按照有专人、有经费、有场地、有制度、有活动的“五有”目标要求，巩固统战社团基础，保持统战社团活力，省委统战部常务副部长金长征一行调研指导柯桥区统战工作，对“安昌模式”和大山西村利用商会组织助推新农村建设和公益事业的做法表示了充分肯定。非公有制经济工作得到加强。组织开展非公有制经济人士理想信念教育实践活动，全面参与五水共治，积极开展“百企联百村，合力治污水”主题活动，以星级商会创建活动为载体，促进各商会进一步增强自身建设管理，发挥异地商会作用，引导在外越商通过项目、资本、智力等多渠道参与柯桥区经济社会建设。调研信息宣传不断提升。加强对新时期统战工作的调研，充分运用各种宣传媒体，多渠道、多形式宣传统一战线理论和方针政策，普及统战知识。加强统战信息工作，全面提高信息工作和理论水平。

是年，绍兴市柯桥区委统战部的《民主党派民主监督“十法”的实践与探索》荣获全省统战工作实践创新成果，民盟区基层委再次荣获全国民盟先进基层组织称号，区知联会被评为“浙江省优秀知联会”，区少数民族联谊会会长和锡琼荣获全国民族团结进步模范个人荣誉称号。

【扎实开展党的群众路线教育实践活动】 2014年，区委统战部认真开展党的群众路线教育实践活动。组织部署会并专题学习辅导，组织参观了商阿大事迹陈列馆、一钱太守纪念馆、周恩来风范园，自编《党的群众路线教育实践活动200问》并组织测试等活动，举行了“三思三观”、“三严三实”、“四干四问”、“我向身边典型学什么”专题学习讨论会，做好部（局）“严纪律、正作风、作表率”集中行动有关工作。开展“进村入企大走访”，征求意见，做到即知即改。走访联系结对宋家店村，帮助解决村重点建设项目部分资金、寻求发展思路，走访慰问老党员和困难群众。

【推进党外代表人士队伍建设】 2014年，出台了《关于开展党外后备干部预备人选推荐工作实施方案》和《民主党派基层组织领导班子后备人选推荐工作方案》。区委书记、区长徐国龙主持召开统战工作专题座谈会，积极做好党外干部的实职安排和政治安排。推荐了15名优秀党外干部后备人选，3名新提拔为正局职领导，3名新提拔为副镇职领导。举办了区各民主党派、知联会新成员参加的“2014年全区统战工作培训班”。

【“五水共治”献计出力】 2014年，区统一战线积极助推“五水共治”。各民主党派和知联会开展调研，献计献策，力求破解“五水共治”难点问题。同时，履行民主监督职能，推进“五水共治”的项目有效落实。积极发挥商会、侨商会、海创会、海外同乡联络站、台商台属联谊会、天南地北绍兴人联谊会等平台作用，组织动员海内外越商通过捐助、投资、认建等途径，参与“五水共治”。据不完全统计，全区非公有制企业为“五水共治”工程捐款累计达5000余万元，全区侨界会员企业向“五水共治”工程捐款人民币482.12万元。

【支持做好民主党派结对共建】 2014年，民建区基层委与民建北京市朝阳区委会缔结友好单位，开创了我省民主党派组织跨省“结对共建”的先河。农工党区基层委、九三学社区基层委分别与农工党浙工大支部、九三学社中国计量学院委员会结对共建。区各民主党派开展对少数民族贫困地区的结对帮扶工作，与丽水松阳县石牌门村结对，已提供帮扶资金15.5万元，还专题赴结对村开展慰问走访调研活动。

【新增14家镇（街）基层知联分会】 2014年，柯桥区积极做好知联会的扩面规划，通过走访、辅导和商量，创造条件成立镇（街）知联会分会。漓渚镇、柯桥街道、钱清镇、杨汛桥镇、夏履镇、马鞍镇、稽东镇、湖塘街道、平水镇、华舍街道、齐贤镇、福全镇、兰亭镇、王坛镇相继成立镇（街）知联会分会，继2013年安昌镇成立首家镇级知联会分会以来，柯桥区镇（街）基层知联分会已达15家。

【深化民主党派“同心·实践活动”】 2014年，继续深化民主党派“同心·实践活动”，指导区各民主党派建立社会服务机制。加强区各民主党派、工商联和知联会联合建立的“同心·服务三农”宋家店基地建设。是年，区知联会和湖塘街道陌坞村共同举行了“同心·知联社会服务实践基地”挂牌仪式，农工党区基层委、浙江工业大学支部“服务‘三农’基地”在湖塘街道岭下村建立。组织了2014统战系统赴平水宋家店“三下乡”活动，服务群众500余人次。

【广西“天南地北绍兴人”联谊会成立】 1月5日，广西“天南地北绍兴人”联谊会成立暨迎新团拜会在广西南宁邕江明珠广场举行，80多名在桂柯桥籍知名人士欢聚一堂。吴水土当选为联谊会会长。

【柯桥区香港同乡会第二届理事就职典礼举行】 3月2日，柯桥区香港同乡会成立三周年暨第二届理事就职典礼在香港举行。区委副书记马芳妹，区政协副主席、区委统战部部长裘江新应邀出席庆典活动。著名港胞倪伟虎先生连任同乡会会长。绍兴小百花越剧团专程赴港为旅港乡贤表演了精彩节目。

【云南“天南地北绍兴人”联谊会成立】 12月5日，云南“天南地北绍兴人”联谊会成立大会在昆明召开，柯桥区在云南创业工作的70余名精英人士参加了成立大会，云南洪尧园林绿化工程有限公司董事长徐洪尧当选为联谊会会长。至此，柯桥区“天南地北绍兴人”联谊会达到了7家。

【在沪绍籍医学专家回柯桥大型义诊】 9月20日，上海“天南地北绍兴人”联谊会、上海柯桥区商会组织在沪绍籍医学专家“情系家乡 金秋义诊”活动在绍兴市中心医院举行，来自上海长海医院、中山医院、华山医院、市北医院、第一人民医院、瑞金医院、解放军455医院、静安中心医院的20多名绍籍上海名医自愿免费给家乡人问诊，吸引众多市民前来，累计接诊人数达500余人次。

【启动少数民族“万人互助”行动】 5月30日上午，柯桥区少数民族“万人互助”行动启动仪式举行。区少数民族联谊会发出倡议，实施以“团结互助、共谋发展”为主题的绍兴市少数民族“万人互助”行动。区佛教协会、绍兴朝鲜族同乡会等单位和少数民族群众现场捐款人民币3万余元。

【举行第二届汉传佛教讲经会】 5月26日，柯桥区第二届汉传佛教讲经交流会在安康寺“三味讲堂”隆重举行。法师们通过讲经交流会形式，相互切磋，取长补短，交流心得，分享体会。柯桥区许多寺院纷纷开展了讲经交流活动。

【台湾岭东科技大学代表考察访问】 3月5日，台湾岭东学院总执行长张台生带队的考察团一行来柯桥区考察，就两地情况、科技合作框架等事宜进行了深入交流，并到浙纺院和纺织创意中心现场考察。

【绍兴台北同乡会、夏氏宗亲会参访】 4月20日，绍兴台北同乡会、夏氏宗亲会参访团一行来柯桥参观新农村建设。参访团一行与安昌镇安昌社区工作人员进行了座谈交流，双方就绍台两地新年风俗进行了交流讨论。参访团还参观了绍兴师爷纪念馆、安昌民俗风情馆、中国银行旧址、安康寺和安昌古镇风貌，感受古老淳朴的水乡地方风情。

【举行绍台纺织产业科技合作交流活动】 7月30日至31日，绍台纺织产业科技合作交流活动在柯桥区举行。省台办主任裘小玲，市委副书记、市长俞志宏，区委书记、区长徐国龙参加开幕式。浙江省现代纺织工业研究院与台湾逢甲大学纺织与材料工业研究中心签署了《绍台纺织产业科技合作关系备忘录》，并进行了“绍兴纺织产业台湾专家辅导中心”的授牌仪式。

【召开历届赴台就读大学生座谈会】 8月22日上午，柯桥区台办组织召开柯桥区历届赴台就读大学生代表座谈会。市台办副主任张飚等领导参加。

【海外同乡联络站成立签约仪式举行】 4月23日，柯桥区举行加拿大温哥华、俄罗斯莫斯科两家海外同乡联络站成立签约仪式。侨领们还前往中国轻纺城展示中心、柯桥区非物质文化遗产馆参观考察。至此，柯桥区已成立了澳大利亚墨尔本、新西兰奥克兰、奥地利维也纳、意大利罗马、阿联酋迪拜等7个同乡联络站。

【“亲情中华·流动大舞台”走进柯桥兰亭】 8月24日晚，由中国侨联、省侨联、浙江电视台主办，区委、区政府、市侨联协办，兰亭镇党委政府、区文广新局和区侨联承办的“亲情中华·流动大舞台”文艺表演走进柯桥区兰亭，为兰亭群众带去了一场视觉与文化的盛宴。

【海外侨领组团参加2014柯桥国际纺博会】 10月24日，2014中国柯桥国际纺织品博览会（秋季）在中国轻纺城国际会展中心开幕。绍兴市俄罗斯同乡会副会长孙淑静，绍兴市新西兰同乡会副会长王君，柯桥区阿联酋迪拜同乡联络站站长诸生仗等海外侨商侨领和港胞贤达章其尧、孙宝花应邀与会。侨领们赴中国轻纺城中央商务区建设指挥部办公室，听取中纺CBD项目推介及柯桥区商贸三产发展项目介绍，还赴大香林景区，参观了兜率天宫、稽山书院。（钟兴友）

·上虞区委统战部·

【综述】 2014年，上虞区统一战线工作根据省、市统一战线工作的总体部署，围绕全区中心工作，深入学习贯彻党的十八大和十八届三中、四中全会精神，扎实推进群众路线教育实践活动，强化思路创新，强化能力建设，强化工作落实，推动统一战线工作取得新成效。

【全面凝聚合作共识】 区委出台《关于加强新形势下党外代表人士队伍建设的实施意见》，明确新形势下党外代表人士队伍建设的总体要求和具体措施；严格准入标准，做好民主党派新成员入会（社）前的考察和政治审核工作，先后对7名新成员进行考察；举办党外干部培训班，指导各民主党派、知联会加强对中共十八届三中、四中全会精神，党的群众路线教育实践活动和习近平系列讲话的学习贯彻，全年培训170人次，不断增强民主党派、无党派人士坚持和发展中国特色社会主义的道路自信、理论自信、制度自信。

【加强民主党派规范化建设】 深化对口联系，各民主党派、知联会对联系的政府部门进行走访，并就课题调研等征求意见建议。加强协作共建，5月份，浙江工商大学党委统战部部长杜敏一行到上虞开展交流座谈讲座；民盟与浙江工业大学签订了协作协议；区知联会深化了与浙江工商大学的结对共建关系。坚持联席会议制度，组织召开民主党派、知联会联席会议暨情况通报会，加强互动交流，推动工作开展。引导各民主党派、知联会进一步加强内部建设、创新工作载体，提升规范化建设水平。11月3日，民盟举行“胡愈之故居”开放仪式，民盟中央副主席郑惠强和上虞区委书记孙云耀等领导现场揭牌。

【切实抓好宗教违法建筑处置工作】 一是摸清底数，3至5月份，对辖区内各类宗教、民间信仰场所进行调查摸底，建立场所基本情况台账。二是借力助推，把处置工作与“五水共治”、“三改一拆”、新农村建设、无违建乡镇创建等重点工作结合起来，全力助推专项处置工作。

【全面提升民族工作水平】 积极推进民族工作进校园活动。在盖北镇小开展试点，举办少数民族服饰走秀、“东西南北”美食节、民族政策、民族知识进宣传窗等活动，营造“民族一家亲”氛围，活动照片被《浙江省民族宗教》杂志封面采用。组织少数民族联谊会召开一届三次理事会暨“万人互助”行动启动仪式，组织少数民族联谊会与宗教界人士开展以“菩提心·民族情·中国梦”为主题的中秋联谊连心文艺活动，进一步增强团结互助氛围。做好民族乡镇结对帮扶工作，加强与松阳县板桥畲族乡的结对交流，落实70万元帮扶款；落实与松阳县象溪镇下坑源少数民族聚居村的6万元结对帮扶款。

【虞商回归工程不断深化】 注重加强与各地分会的联系交流，刊发《虞商联谊报》，定期开展会长、秘书长工作交流，鼓励和引导各地分会开展规范化建设，做到组织健全、制度健全、运作规范，并能因会制宜，组织召开年会、会长会议、来虞考察等，不断满足广大虞商需求，进一步增强分会的吸引力和凝聚力。区委发文表彰上虞区第二届“杰出虞商”30名，全面形成亲商、安商、扶商的良好氛围，引导更多的在外虞商加入到发展“回归经济”的行列中。2014年，虞商回归到位资金50亿元，位列各县（市、区）前茅。

【积极促进“两个健康”】 积极抓好互助基金安全有效运转，完善办法，重抓互助基金转贷安全，互助基金的使用效益和服务面比2013年有大幅增加，全年转贷总额突破30亿元，完成年转贷12亿目标的250%。至2014年底，“企业互助基金”转贷尚未有一起风险产生。注重提升非公有制经济人士综合素质，积极推进非公有制经济人士理想信念教育实践活动，动员组织非公有制经济人士踊跃参与“五水共治”活动，会员企业已到账捐款达5488万元。全方位推进非公有制企业服务工作，推荐6家民营企业入选全国民营企业500强榜单，数量位居全省县市前茅；认真做好上虞区2名绍兴市优秀中国特色社会主义建设者推选工作。

【有序发展基层商会】 区委统战部联合区工商联开展基层商会建设调研活动，对13个乡镇（街道），2个开发区和2个行业商会开展专题调研，完成调研报告，并由区政协主席会议专题研究后上报区委。通过专题调研，既摸清了家底、掌握了实情，又扩大了宣传、统一了认识，基层商会建设出现了良好势头：汤浦镇商会、上虞宁波商会已正式挂牌成立，上虞裘皮商会正式批复登记，永和、江西上虞商会等正着手开展筹备工作，小越、曹娥、百官、道墟、丰惠及杭州湾经济开发区等可望在二年内成立，三年实现乡镇商会全覆盖的目标可期。

【全面完成基本侨情调查任务】 全区累计收集、录入侨眷4491名，海外侨胞2501名，重点企业87家，重点人士147名。区基本侨情调查工作得到了省侨办督查组的充分肯定。一是抓考核。将该项工作列入统战部对全区乡镇（街道）、部门（单位）的目标责任考核，有效提升了全区各级对该项工作的重视程度。二是抓摸排。自行设计《上虞区涉侨人员摸排表》，发动全区乡镇街道及部门全面摸排，汇总上报，并对涉侨信息进行整理分类，反馈基层，为入户调查掌握系统的第一手资料。三是抓宣传。在各村（居）公共场所、主要路口大量张贴宣传海报的基础上，调查前夕，在《上虞日报》第一版刊登了《致涉侨家庭（人员）的一封公开信》，在上虞电视台22个频道的黄金强档，选择三天时间，用滚动字幕的办法进行滚动播放宣传，取得了较为明显效果。四是抓落实。重点对全区400多名镇、村（居）调查员进行有效培训，确保其掌握侨情调查业务知识，明确工作要求和待遇。五是抓督查，在入户调查阶段，基本上每周1次对各乡镇街道的调查进度和填表质量进行分析督查，有力促进了侨情调查工作任务的全面落实。

【深入开展对台合作交流】 对台经贸工作有新发展，台资企业不断发展壮大，并呈现出技术领先、管理规范、“亩产率”高、劳资纠纷少、发展稳健等特点，有6家进入全区百强，2014年度纳税200万元以上进入排行榜的有15家，缴税1.47亿元。2014年，国台办主任张志军、省台办协调处处长林洪等领导先后对上虞区部分台资企业进行了走访调研，进一步深化了与台商的联系。积极拓展台南基层交流渠道，以上浦东山谢氏文化为独特资源优势开展与台湾南部基层的对接交流，接待台南新营区龙虎官天恩堂祭扫谢安墓，并与上虞区东山文化研究会和谢氏后裔开展良好交流；11月，副区长方静带领区教育文化考察交流团，专程赴台南新营区龙虎官天恩堂拜访，并就东山谢氏文化的传承和发扬光大开展了广泛交流，为融入南部基层交流找到了难得的突破口。为台服务工作有新推进，进一步完善台商联谊会工作机制，坚持每月一次台商聚会、一季度一次理事会，承办绍兴市推进台商投资服务月暨政策法规辅导讲座，对全区台资企业及投资商的基本情况进行摸底登记，协助开展台商联谊会换届工作，全面提升为台服务水平。

【扎实推进党的群众路线教育实践活动】 按照“照镜子、正衣冠、洗洗澡、治治病”的总要求，围绕为民务实清廉的主要内容，聚焦“四风”突出问题，联系工作实际，扎实完成了教育实践活动各项任务，取得了比较明显的成果。一是做到“四个到位”，即思想认识到位、方案制定到位、工作落实到位、建章立制到位。二是注重“四个结合”，即注重与落实有关规定和会议精神相结合、注重与发挥统战部的自身优势相结合、注重与推动中心工作相结合、注重立足当前与着眼长远相结合。三是坚持“四个贯穿始终”，即坚持领导带头贯穿始终、坚持学习教育贯穿始终、坚持“高标准严要求”贯穿始终、坚持常查常改贯穿始终。通过扎实有效地开展群众路线教育实践活动，目前区委统战部班子核心作用进一步强化，机关整体形象进一步树立，干部思想认识进一步提高，中心工作成效进一步扩大，实现了“两手抓、两促进”，推动了统一战线全体干部职工作风的全面提升。

【举办上虞区各界人士中秋茶话会】 9月5日，区政协、区委统战部联合举办上虞区各界人士中秋茶话会。区政协主席卢一勤主持茶话会，区委副书记陈坚致辞，区人大常委会副主任徐光华，副区长方静，区政协副主席赵畅、徐光仁、吴建平、傅亚文、章颖芳、蒲伟明出席茶话会。驻虞省政协委员、市政协委员代表，各民主党派、工商联、知联会负责人，非公有经济人士代表，“三胞”眷属，侨台资企业代表，宗教界代表等应邀出席，并开展座谈。

【成立江西虞商联谊会】 12月25日，江西虞商联谊会成立仪式在南昌市隆重举行。区政府副区长王永表，区政协副主席、区委统战部部长蒲伟明，相关部门领导，各地虞商联谊会负责人及50多名江西虞商出席成立大会。孙岳羊当选为会长。

（赵苗君）

·诸暨市委统战部·

【综述】 诸暨拥有丰富的统一战线工作资源，现有工商联（总商会）1个，有会员1765个；民主党派3个，总成员人数377人；宗教团体3个，宗教活动场所124个，宗教教职人员71人；在诸暨定居的少数民族有34个，少数民族群众3697人。

2014年，诸暨市委统战部（民宗局）围绕"建设经济高端、城市智慧、生态优美、城乡一体、和美幸福的现代化新诸暨"的目标，创新思路，谋划亮点，自觉融入发展大势，积极深入基层实践，扎实开展聚心聚力、助推助跑的工作，为"艰苦创业、幸福民生"提供优良环境。

【扎实开展党的群众路线教育实践活动】 重点开展了三个主题教育活动——"重读焦裕禄、学习焦裕禄"和"向身边的先进典型学习"教育活动，"三严三实、三思三观"教育活动，宗旨意识切实增强。班子和班子成员个人按照衡量尺子严、查摆问题准、原因分析深、整改措施实的要求，深入分析"四风"问题的深层次原因，坚持边查边改、即知即改。按要求开展"八项专项整治"、"六项集中行动"，深入推进21项专项整治工作，取得明显成效：压缩"三公"经费8万元，同比下降40%，其中公务接待费用下降80%；取消和下放行政审批事项9项，占比45%；开展单位内部刊物、杂志和各类简报自查，只保留《诸暨统战》；取消对乡镇（街道）的统战工作考评办法、统战信息考评办法等。坚持开门搞活动，虚心听取群众意见，主动接受群众监督。开展"大走访、大调研"活动，深入结对村、联系点开展蹲点调研，慰问困难群众，听取意见建议。精心组织召开统战部领导班子专题民主生活会和党支部组织生活会。

【加强联谊会建设，助推诸暨市"回归经济"持续发展】 2014年新成立陕西、青海、银川、黑龙江等地诸暨人联谊会（商会）。会同市商务局、城东建管委赴厦门、上海、陕西等地举办诸暨市招商推介会三次，介绍诸暨投资环境、区位优势、产业基础和重大项目，吸引更多的在外诸商回归家乡、建设家乡。将联谊会年会活动与诸暨市商贸城开业及"三节"系列活动有机结合，邀请各地联谊会（商会）代表近百人，全程参加活动；组织各地联谊会代表参加绍兴越商大会，在外诸商迎春茶花会、座谈会等，激发回归热情。按照浙（诸）促进办〔2014〕3号文件要求，认真开展省外诸商信息调查采集工作，完成超过2000名诸商资料的搜集。在诸暨电视台财经频道中开辟"诸商足迹"栏目，每月两期，反响良好，开通"诸暨人"微信平台，第一时间宣传诸暨经济社会发展的正能量。建立市领导联系各地诸暨人联谊会（异地商会）会长及在外知名诸商制度，积极营造"亲商、爱商、助商"氛围。和城东建管委牵头引进大连万达集团，于10月份动工建设。

【完成第三次非公有制经济代表人士综合评价工作】 健全完善诸暨市综合评价机制，拓宽评价工作面，先后组织21家评价单位和各镇乡负责人召开了全市非公有制经济综合评价工作动员大会、培训会、领导小组成员单位协调会等，对全市108位非公有制经济代表人士的思想素质、信用等级、社会活动等方面做出综合评价，建成全面、详实数据库，形成分析报告，引导诸暨市非公有制经济健康发展和非公有制经济代表人士健康成长。

【引导在外诸暨人关注和参与家乡公益事业】 组织和引导诸暨在外人士参与"五水共治"活动，寄送倡议书，组织捐款活动，各地诸暨人共捐款100.78万；开展"木柁精神大讨论"、"旅游宣传语征集"等活动，丰富诸暨人文。

【加强与民主党派合作共事】 组织召开民主党派、无党派代表党的群众路线教育实践活动征求意见座谈会，支持民主党派在诸暨市教育实践活动中扮演好"献计者"和"监督者"两个角色。制定出台《关于继续开展民主党派"创优"活动的指导意见》、《诸暨市民主党派"同心同行"、助力"五水共治"主题实践活动实施方案》等文件，召开全市民主党派"创优"暨助力"五水共治"主题实践活动工作推进会议，将主题实践活动作为2014年度民主党派创优活动的主要载体。积极开展“我为‘五水共治’献一策”活动，通过社情民意、提案等形式共献计36条，其中“东白湖水库源头活水的保护现状及建议”在全市“五水共治”工作座谈会上作了中心发言，得到市主要领导的肯定。

【支持民主党派加强自身建设】 积极推进民主党派支部规范化建设，夯实基层基础，省委统战部常务副部长金长征8月份到农工党市委会陶朱支部活动室参观调研，充分肯定诸暨市民主党派支部规范化工作成绩。“两会”期间，各民主党派共提交集体提案7条，占政协集体提案总数的50%，个人提案67条，列入重点提案3条，获优秀提案6条，为市委、市政府科学决策提供参考。

【加强党外代表人士队伍建设】 搭建无党派人士工作平台，成立诸暨市党外知识分子联谊会。认真贯彻《组织部、统战部关于党外干部培养、教育、使用的联席会议制度》、《两部领导联系党外干部制度》，召开组织部、统战部两部党外干部联席会议，系统分析现状和差距，明确工作目标，制定扎实措施。先后对市两期挂职锻炼干部选派人选就党外干部进行了推荐，还对中青班培训对象、部门、镇乡（街道）副职、法院、检察院领导班子培养人员等进行专门推荐，2014年共有3名党外干部被提拔使用。

【加强宗教活动场所内部管理】 组织召开2014年“和谐寺观教堂”暨星级场所创建活动推进会，着重针对“规模小、基础差、人员少”的场所加强指导和辅导，全市已创建省级先进单位4个，达标场所89个；开展宗教教职人员认定备案工作，形成管理台帐，实行动态管理；强化宗教活动场所民主管理组织，调整负责人3处，健全管理组织10余处。

【进一步规范行政行为】 在政务信息网上公开涉及民族宗教行政权力项目，接受全社会的监督；委托下放5项行政权限，并做好放权培训辅导工作；落实浙江政务服务网在线咨询与诉讼处置工作，明确专人负责。

【加强少数民族结对工作】 先后赴龙游县沐尘畲族乡、松阳县象溪镇上梅村开展调研活动，做好产业对接和资金扶助工作；启动“万人互助行动计划”。

【拓展港澳台及海外统战工作】 相继在纽约、洛杉矶和东京成立美国东部、美国西部和日本诸暨同乡会，诸暨市海外同乡会总数已达7个，处于绍兴县级市首位。健全海外联谊会工作机制，积极推动诸暨与港澳台地区及海外华侨华人社团在各领域的交流与合作。开展全面、系统、科学的基本侨情调查工作，及时、全面把握诸暨市海外侨情新特点和新变化。（赵　策）

·嵊州市委统战部·

【综述】 2014年，嵊州市统一战线工作按照省委、绍兴市委和嵊州市委的工作部署和要求，围绕中心、服务大局，充分发挥统一战线独特优势，切实按照“抓创新、重特色、出亮点、求实效”的总体要求，为加快“推进跨越发展、共创共享幸福嵊州”汇集最广泛的力量。

【服务中心工作大局】 全力响应和参与五水共治、三改一拆、“两美”嵊州等重点工作，发挥统一战线广泛联系优势，配合做好内外宣传和走访倡议，鼓动嵊州30强等企业出资献力，促成浙江绿城集团和上海嵊籍企业家，为五水共治各捐1000万元。香港“丹桂基金”三年来共计捐赠1亿多元港币建造嵊州市新医院。

【完善多党合作制度】 组织各党派（团体）认真开展中国特色社会主义学习实践活动，突出强化政治共识，推动形成学习实践活动长效机制；引导按参政党的性质、地位履行职能，充分发挥人才优势和智力优势，深入开展参政议政调研，通过“两会”平台建言献策，共提交建议、提案100余件。健全完善《统战部与各党派（团体）联络联谊季度例会》等制度，协助审计局完成5名特约审计员换届聘任，促进民主监督工作有效开展。

【推进基层组织规范化建设】 指导农工党嵊州市委会总结梳理以“党员之家”建设为载体的基层组织规范化建设经验，成功承办农工党绍兴市委会推广交流现场会，6个县（市）区50多人参与现场交流。制定下发《关于进一步推进全市各民主党派（团体）基层组织规范化建设的实施意见》，在全市党派（团体）中，从“思想、组织、制度、职能、阵地”五个方面，按照“普及基本型、争当示范型”要求，全面推进规范化建设，基本形成自身建设有规范、年度工作有计划、联络联谊有主题、重要活动有报道的“四有”氛围。

【创建统战廉政文化新基地】 会同省、绍兴市委统战部发扬嵊州名人马寅初先生的高风亮节。5月28日在嵊州市召开全省统战系统廉政文化教育推进会，马寅初故居被列为省、绍兴市统战廉政文化教育基地，一年来，共接待全省统战系统考察6批次，统战廉政文化建设有了新基地。

【打造社会服务新品牌】 引导各党派（团体）把开展社会服务作为参政议政的延伸和拓展，注重突出特色，发挥优势，创新平台，不断提升服务水平。农工党长期践行“医者父母心”主体价值观，新成立“健康教育与促进协会”，着力打造服务社会新名片。民建积极倡导全民公益理念，发动会员企业投身“思源工程”，在慈善、扶贫、帮困等方面捐资出力，真心回报社会。知联会深化农技、卫生、教育3个基地建设，努力打造“知联·同心服务”品牌，逐步建立常态化服务机制，新建知联·企业财务服务基地，进一步拓展服务领域。各党派（团体）全年开展培训、咨询、义诊、接纳就业、慈善捐款等多种形式的社会服务活动，直接受益人员超过3000人次。

【增强民族宗教团体自我运转能力】 积极创造条件，实现民族宗教团体有场地办公、有专人做事、有经费办事、有制度管事“四有”工作保障。重点帮助指导各团体制定班子成员职责分工、财务管理、议事会议等各种内部管理制度，为团体规范有效运转，逐步提高自我管理、自我服务能力，打下了工作基础。

【构建少数民族困难家庭帮扶工作机制】 以少数民族联谊会为工作平台、同心基金为帮扶资金渠道、三助行动（助学助业助困）为帮扶项目的少数民族困难家庭帮扶工作，已筹集100万“同心基金”基本金。首期推出10万余元帮扶15名少数民族大学生、3名高中生、16户困难家庭。

【开展全省基本侨情调查】 克服基本侨情原始资料少、信息搜集难度大、人员分散的困难，在各乡镇（街道）普查员的共同努力下，共调查收集到涉侨人士6328条信息，其中海外人数3302人，海外重点人士154人，华侨投资企业80家。

【建立海外联络联谊新平台】 成功开发“情系嵊州海外联谊网站”，建立加拿大温哥华和澳大利亚墨尔本嵊州海外同乡联络站，同时建立微信群，现有骨干成员38名，极大拓展了联谊平台。积极组织和参与各种经贸活动，邀请港澳和海外客商来嵊州考察访问，一年来，共接待173人次。成功举办嵊州旅港同乡会九周年庆典大会，近400名乡贤欢聚一堂，共话嵊港两地美好未来。

【创新服务经济新模式】 会同工商联继续推进以“精益强身”为主题的服务会员工作，目前已举办5期培训，进一步提高了企业精细化管理水平。与嵊州锦程人才公司举办了“2014年春季大型人才招聘会”和“2014年大中专结业生人才招聘会”，共6天时间，设展位300余个，各类进场求职人员近5000人。

【开展党的群众路线教育实践活动】 始终把群众观点和群众路线贯穿于工作中，以教育实践活动促进中心工作，以工作成绩检验教育实践活动成果，取得了比较明显的成效。出台一系列内部管理制度，分“党风廉政建设篇、作风建设篇、内部管理篇、工作机制篇”四个大篇，汇编成《嵊州市委统战部制度汇编》，有效提升机关效能。

（邢燕君）

·新昌县委统战部·

【综述】 2014年，新昌县委统战部在县委的正确领导和上级统战部门的指导下，认真学习贯彻党的十八大、十八届四中全会和各级统战工作会议精神，围绕中心、服务大局，凝聚人心、汇聚力量，充分发挥统一战线优势作用，各项工作扎实推进，为“两美”新昌建设作出了积极贡献。

【扎实开展第二批党的群众路线教育实践活动】 按照“照镜子、正衣冠、洗洗澡、治治病”的总体要求，坚持把教育实践活动融入统战工作实际，认真开展学习、广泛听取意见、深刻查摆问题，共梳理出“四风”问题26条、49条次。严肃认真地开展批评和自我批评，以制度建设为重点抓好整改落实。

【指导民建、工商联、无党派人士积极参政议政】 在县政协九届三次会议上，民建会员提交提案32件，工商联会员提交提案55件，知联会会员提交提案30件，其中重点提案5件（占总数5/9），大会发言5人次（占总数5/8）。积极配合县委召开座谈会，听取民主党派、工商联和无党派人士对县委常委会班子及班子成员在“四风”方面突出问题的反映和意见建议，充分发挥建言献策和参政议政作用。

【加强党外代表人士队伍建设】 加强与组织部的联系沟通，重新调整了两部领导分工联系党外干部名单，协助县委调整了县委常委、党员副县长联系党外代表人士名单，并向县委提交了关于近期新昌县党外干部配备培养的建议。提拔了正科级党外领导干部1名、副科级1名，并有1位党外副科级领导干部作了岗位交流，新昌中学配备了1名党外副校长。积极推荐人员参加市委统战部组织的党外科级干部培训班和民主党派、知联会骨干培训班。

【支持民主党派、知联会加强自身建设】 在全县民主党派、无党派人士和党外知识分子中开展坚持和发展中国特色社会主义学习实践活动，按照工作部署组织专题学习活动。严把成员“入口关”，今年共发展民建新会员4人。11月14日，县知联会召开第二届会员大会，选举产生了新一届理事会，王敏慧当选为会长。积极参加社会服务活动，县知联会开展春节慰问贫困户、“共圆大学梦”等活动，发放慰问款物2.5万元。一位副会长在“五水共治”中捐款250万元。

【“三改一拆”涉及宗教和民间信仰场所违法建筑专项整治工作顺利完成】 10月8日，召开专题会议，就“三改一拆”涉及宗教和民间信仰场所违法建筑专项整治工作及加强民间信仰场所规范化管理进行迎检部署，提出工作要求。加强与各乡镇（街道）、“三改一拆”办和城管局等单位的联系配合，合力推进“三改一拆”涉及宗教和民间信仰场所违法建筑专项整治工作。

【依法管理宗教事务】 继续深入开展和谐寺观教堂创建活动，按照市对县考核和谐寺观教堂创建需达80%的总体要求，50处宗教活动场所参加2014年和谐寺观教堂创建活动。做好绍兴市佛协第五次代表会议代表推荐工作。

【深入挖掘佛教文化】 加强佛教文化交流，台湾佛教协会副会长明光法师率领海明禅寺寻根溯源参访团来大佛寺交流访问。指导大佛寺佛教文化研究会办好佛学刊物《来共点》，共出版4期。做好茶禅结合文章，指导大佛寺配合“2014中国茶业大会第八届新昌大佛龙井茶文化节”举行“大佛龙井茶礼佛”仪式。

【引导民族宗教界参与慈善公益事业】 新昌县宗教界积极响应“五教同行、五水共治”等活动号召，为“五水共治”捐款129066元。指导县少数民族联谊组完成互助网络联络框架搭建，建立互助基金，纳入绍兴市少数民族“万人互助”计划。上门慰问新昌捐献器官少数民族第一人——罗羽录家属。

【抓好民族团结进步事业】 指导县少数民族联谊组完善组织结构，正常开展活动。继续开展少数民族低收入群众帮扶工作，向结对村松阳县象溪镇毛弄村提供3万元帮扶资金。做好为少数民族人员服务工作，为22人变更少数民族成份，20名少数民族考生获得加分。

【完成全县基本侨情调查工作】 完成侨情调查入户登记和数据录入工作，根据调查结果统计，新昌县现有涉侨家庭834户，各类涉侨人员3099人，其中海外华侨华人、港澳同胞1082人，海外留学人员299人，重点人士62人，涉侨企业45家，海外侨团1家。

【开展港澳台和海外统战工作】 2014年举行侨界联谊活动4次，参加活动的海外侨胞、港澳同胞和归侨侨眷达80余人次。部长和分管副部长先后3次赴深圳、香港开展联络联谊活动，部长专题赴福建学习考察旅港社团建设经验，充分发挥旅港同乡会在香港专项工作中的作用。7月，组织新昌旅港同乡会“寻根之旅”夏令营一行24人回乡开展联谊活动，增进新生代港胞对祖籍地的了解和感情。11月，组织旅港同乡会90多人到广东潮汕开展联谊活动。做好港澳同胞、海外侨胞、留学人员及其眷属接待工作，共接待近200人次。认真处理来信来访，共办理涉侨信访1件次，接待来办、来电政策咨询17人次，为侨解难事、办实事10件。

【开展第三轮非公有制经济代表人士综合评价工作】 认真开展调查摸底，全面掌握全县非公有制代表人士的基本情况，扩大评价范围，把已作和拟作各级人大代表、政协委员和工商联执委及部分非公有制经济代表人士共计102人作为评价对象。

【指导异地商会、基层商会发挥作用】 在宁波、杭州、上海、金华建立异地商会的基础上，在北京筹建第五家异地商会。4月和6月，上海、杭州、绍兴市新昌商会、同乡联谊会先后两次组织医疗专家回乡开展大型义诊活动。积极探索乡镇商会运作机制，实行会长轮值制度，大市聚商会完成换届工作。基层商会举办运动会、捐资助学等活动，增进交流、回报社会。

【引导非公有制经济人士助力“五水共治”】 协助县委组织召开在外新商、乡贤新春恳谈会，发出倡议，号召广大非公有制经济人士积极参与家乡“五水共治”等社会公益活动。在首批募捐5100万元的基础上，再次发动捐助活动，上海、杭州、宁波、金华等新昌商会以及新昌籍企业家、乡贤捐款累计200多万元。

【钦寸水库移民安置工作有序推进】 根据钦寸水库工程建设指挥部工作部署，认真做好新昌县委统战部移民安置户工作。2014年底，新昌县委统战部联系的移民安置户已全部完成择地工作，移民建房、过渡安置、动迁协议签订和拆房等工作基本完成。（张芳芳）

金　华　市

·金华市委统战部·

【综述】 2014年，金华市统一战线紧紧围绕大团结大联合主题，认真贯彻省委统战部工作部署和要求，迎难而上、克难攻坚，创新思路、服务发展，顺利完成6个民主党派市委会换届工作，民主党派自身建设得到加强；统一战线推进基层协商民主试点工作扎实推进，取得成功经验和良好成效；扎实开展宗教工作“基层基础建设年”活动，圆满完成“三改一拆”涉及宗教场所违法建筑处置工作；积极开展统一战线服务保障“五水共治”八项行动，在助推市委市政府中心工作中发挥了积极作用；创新非公有制企业“菜单式”服务新模式，为金华市非公有制经济转型升级提供了有效服务；港澳台和海外统战工作得到加强，联络联谊进一步拓展和深化；积极贯彻中央民族工作会议、五个全省民族工作会议精神，加快推进民族乡村经济社会发展，各领域统战工作取得了良好成效，有力服务了“两富”、“两美”金华建设。

【开展统一战线服务保障“五水共治”八项行动】 发动和组织全市统一战线投身水环境整治，全力服务省委、市委中心工作。组织市级各民主党派联合开展“畜禽养殖污染治理”专题调研和专题协商，积极建言献策；开展了“千企联千村、合力治污水”专项行动，村企结对385个，全市非公有制企业及个人共捐款30176.7万元；帮助和指导民族村开展“五水共治”行动，列入省级结对的5个民族村落实治水项目资金130万元；建立“五水共治”同心·知联梅溪服务基地，建立法律、宣传、技术咨询、文化服务四支服务队，开展水法、防洪法普及宣传；组织“同心·知联”系列行动，共计开展了农村医疗行、教育行、温暖行等活动17次213人次，送书籍、医药、农资等共计32万元，受到基层群众的欢迎。

【扎实推进多党合作事业】 8月22日至9月26日，民革、民盟、民建、民进、农工党、九三学社等六个民主党派市委会陆续召开代表大会，选举产生新一届领导班子，顺利实现新老交替、政治交接。换届结束后，又及时举办了市级民主党派领导班子读书会，组织新班子成员赴北京大学培训。整个换届工作得到了省政协副主席、省委统战部部长孙文友，市委书记徐加爱，市委副书记陶诚华的批示肯定。会同市委组织部，对全市党外干部队伍情况进行了调查，并围绕加强党外干部发现、培养、使用、管理四个环节拟制相关意见。主动做好向市委和组织部推荐优秀党外干部工作。2014 年，市本级有 2 位党外干部提拔为政府工作部门正职，市人大内设机构各新配了 2 名党外副职，新提拔 4 名党外专职副主任。以“服务赶超发展、助推多党合作”为主题，精心组织各民主党派开展坚持和发展中国特色社会主义学习实践活动。

【精心指导基层开展协商民主试点】 将基层协商民主作为市委 2014 年全面深化改革重点突破的项目之一。迅速制定试点方案，召开全市部长例会进行部署，在全市 22 个乡镇（街道）、44 个行政村（社区）开展试点。部领导带队，深入县（市、区）、各试点单位调研指导，并联合市委党校，开展《统一战线推进基层协商民主的实践和思考》研究，加强对试点工作的理论研究。举办了全市基层统战工作研讨会，邀请余姚市委统战部领导来金授课，介绍余姚推进基层协商民主工作的情况。经过试点，金华市形成了诸如永康的“现场协商民主”、兰溪的“专题协商民主”、金东的“区域化协商民主”、武义的“村务监督协商民主”等模式，这些做法结合实际、各有特色，都较好地回答了“协商什么、与谁协商、怎样协商、协商结果如何落实”的问题。

【扎实开展宗教工作“基层基础建设年”活动】 坚持以问题为导向，计划用三年时间，分整治、规范、提升三个阶段，在全市部署开展宗教工作“基层基础建设年”活动。今年重点抓好“整治年”的各项工作，坚决落实省、市部署要求，“三改一拆”涉及宗教场所违法建筑处置工作行动迅速、成效明显，受到了省、市领导和省督查组的充分肯定。加强对基层干部和党员群众宗教政策法规和知识的学习培训，印发《宗教政策法规和宗教基本知识学习资料》5500 册，举办宗教问题和宗教工作研讨班、宗教骨干人士培训班等。在精心筹备的基础上，顺利完成市佛教协会换届工作。

【加快推进民族乡村经济社会发展】 中央民族工作会议召开后，金华市迅速学习传达，市委常委会专门研究了全市的贯彻意见。分层次举办培训班，加强会议精神的学习宣传。贯彻落实省政府办公厅 98 号文件，指导兰溪、武义出台配套实施意见，加快民族乡村经济社会发展。开展新一轮“少数民族低收入群众增收帮扶行动计划”，落实帮扶资金 101 万元，上报省级少数民族特色产业项目 3 个。积极推进全市民族团结进步创建活动，上报省级特色村寨建设重点项目 3 个。组团参加全省第五届少数民族传统体育运动会，参加了蹴球、押加等 5 个项目，获得一等奖 3 名，实现了金牌“零突破”。

【推进党外知识分子统战工作】 按照“五有”要求加强知联会建设，年初在永康召开了全市基层知联组织建设工作专题会议，年中在东阳召开了现场会，强化工作指导，推进任务落实。全年共新建立基层知联分会 82 个、知联小组 5 个、服务团队 33 个。除金东区、市开发区外，全市已经实现基层知联组织全覆盖。全市现有市、县两级知联会组织 10 个、新联会组织 8 个、网联会组织 2 个、基层分会及专业小组 93 个，总人数 4471 名。加大网络统战工作的探索力度，成立了金华市网络界人士联谊会，建立了网络统战工作联席会议制度，将网络经济界人士纳入统战工作视野，加强思想教育和引导，将他们团结凝聚在党委、政府周围，发挥好正能量作用。

【探索创新非公有制企业“菜单式”服务新模式】 采取问卷调查、征求意见、座谈等方式，在全面了解企业需求信息的基础上，围绕为企业提供精准有效服务，精心设计推出了“菜单式”服务模式，主要包括政策解读、教育培训、融资贷款、企业文化、法律服务、企业管理、税收财务、投资考察、产业合作、校企合作、员工招聘、联络联谊、公益慈善、其他需求等 14 大类和若干个小项的服务。“菜单式”服务得到企业界的普遍欢迎和好评，省政府办公厅以专报形式肯定了金华市的这一做法。组织新生代企业家赴上海自贸区参观考察，开展万里扬“车间精细化管理”现场学习活动，举办企业家“贤内助”培训班和新生代企业家培训班、清华大学总裁班，累计培训 1000 多人，提升了非公有制经济人士素质，服务了非公有制企业的转型发展。

【加强港澳台和海外统战工作】 发挥黄大仙在港澳及东南亚等地区的影响力，组织开展了多形式的海外交流活动。2014

年，金华市举办了“金华市黄大仙文化旅游周”，邀请港澳台各界10多个团体360余名乡亲及信众，参观金华山、开展祭拜祈福活动，在相互交流中增进了文化共识，在海内外引起良好反响。发挥香港高端人才联谊会的平台作用，加强招才引智工作，邀请海外人才回乡参加工科会等科技洽谈和人才引进等大型活动，为相关项目的落地做好全程跟踪服务。组织港澳台及侨胞赴金义都市新区、义乌国际商贸城开展经贸考察活动。

【扎实开展党的群众路线教育实践活动】 按照中央、省委和市委的统一部署，2月24日，市委统战部召开动员部署会，10月17日，召开总结大会，整个活动历时8个月，分“学习教育、听取意见，查摆问题、开展批评，整改落实、建章立制”三个阶段压茬进行。期间，组织集中学习22次，开展“三思四问”、“四个扪心自问”、“坚定理想信念，敢于担当克难”等主题大讨论4次，领导班子讲党课12次；召开座谈会59个，上门征求503次，发放征求意见函66份，发短信418条，共征求到意见建议208条次。针对查摆的问题，制定了《市委统战部党的群众路线教育实践活动领导班子整改方案》，提出了20项具体整改措施。对部机关现有规章制度进行全面梳理，确定7项制度进行修订，新增贯彻群众路线、加强作风建设的工作制度4项。坚持一手抓活动，一手抓工作，将教育活动中激发出来的精气神转化为推进和落实工作的强大动力。市级民主党派换届、宗教场所违法建筑“三改一拆”、统一战线推进基层协商民主等各项重点工作扎实推进，得到省市领导的充分肯定；推进基层统战工作规范化建设，建立了基层统战工作联系点制度，推动工作向基层延伸；建立创新工作、重点工作项目化管理制度，强化了抓工作落实的机制，推动年度各项重点工作的有效落实。

【召开全市“三改一拆”涉及宗教场所违法建筑处置工作现场推进会】 5月14日，召开了全市“三改一拆”涉及宗教场所违法建筑处置工作现场推进会。省民宗委党组副书记、副主任吴彩星，市委书记徐加爱，市委副书记陶诚华，副市长林丹军、祝伦根，市政协党组成员、市委统战部部长陶国兴等参加会议。徐加爱书记作重要讲话，祝伦根副市长主持会议。各县（市、区）委副书记、负责“三改一拆”工作的主要领导，统战部部长、民宗局局长参加会议。

【市网络界人士联谊会成立】 8月20日，金华市网络界人士联谊会成立大会召开。浙江云安阁科技有限公司总裁范渊当选为会长。选举产生理事31人，其中新媒体行业3名，电子商务行业4名，软硬件基础服务行业6名，社交游戏类行业4名，国家千人计划人才1名，其他人士13名；本科以上学历22名，其中硕士2名，博士1名；平均年龄41岁。

【首次集中培训“新一代”年轻企业家】 为提高“新一代”年轻企业家承接企业发展、加快转型升级的能力，推动“工业强市”战略的深入实施，9月23日，市委统战部、市工商联在上海财经大学举办了为期4天的金华市“新一代企业传承与创新发展培训班”，共有55名民营企业接班人、大学生优秀创业者和留学归国创业者参加了此次培训。市政协党组成员、市委统战部部长陶国兴出席开学典礼并讲话。10月9日，又组织50名非公有制经济人士参加“清华大学总裁研修班”。

【组团参加全省少数民族运动会创佳绩】 11月13日至17日，浙江省第五届少数民族传统体育运动会在温州举行。金华市代表团在全省少数民族运动会上共获得一等奖3个、二等奖9个、三等奖18个，实现了“金牌”零的突破。在全省12支代表队中，金华市代表团一等奖总数、奖牌总数均列全省第四，为历届全省少数民族运动会最好成绩，被省民宗委、省体育局联合表彰为“浙江省第五届少数民族传统体育运动会组织奖”。

（吴天福）

·婺城区委统战部·

【综述】 2014年，婺城统战工作在区委、区政府的正确领导下，发挥统一战线凝聚人心、汇聚力量的优势，较好地完成了年度工作任务。2014年，民进婺城总支再一次被民进中央评为先进基层组织，党外知识分子联谊会被省知联会评为先进基层知联会，区侨联被评为省级先进集体。

【多党合作共事能力进一步提升】 加强民主党派婺城基层组织、区知联会自身建设。协助民革婺城总支换届，顺利实现政治交接。根据省、市关于加强基层党外知识分子联谊会的要求，对全区党外知识分子情况进行调查摸底，分行业特点，建立了教育、卫生、企业3个基层知联分会，实现了全区基层知联会有效覆盖。顺利进行区知联会换届，选举常务理事22名。

【助推民族村经济社会全面发展】 争取到省级少数民族扶持项目3个、扶持资金35万元，市级少数民族扶持项目2个、资金30万元。所有项目资金全部到位，做到专款专用。加强与市机关部门的沟通与协调，做好与所帮扶民族村的项目对接、技术支持、资金帮扶等工作。

【注重夯实宗教基层基础工作】 对照省政府办公厅浙政办发〔2013〕105号文件要求，扎实开展“三改一拆”涉及宗教场所违法建筑处置工作，对全区民间信仰场所进行整治，超额完成省、市下达的处置任务，并通过了全省推磨式检查验收。开展了宗教工作“基层基础建设年”活动，健全了区、乡、村三级宗教工作网络，乡镇（街道）明确1名领导分管宗教工作，确定1名干部主管宗教工作。宗教工作任务重的村确定一名村“两委”成员负责宗教工作，确保工作任务有人抓、出现问题有人负责，从组织建设、制度建设上抓规范、打基础，确保宗教领域和谐稳定。

【侨务侨联工作取得新成绩】

较好地完成婺城区基本侨情调查工作。新建立基层侨联3家，整合提升社区“侨之家”5家，新建和提升侨法宣传角6处，城东街道八咏楼社区荣获国侨办（国家级）侨法宣传角荣誉称号。服务人才引进，侨商回归工作。接待日本金华总商会访问团及留美经济学会会长等重点海外侨领侨团来婺考察。

【加强基层商会建设】 新组建婺城区信息行业商会3家，建立深圳异地商会党支部1家，完成汤溪餐饮行业商会等2家基层商会的换届。协调争取深圳、北京商会会长、秘书长列席婺城区“两会”，架起更多“婺商”与婺城区经济发展联系沟通的桥梁。深入调研，推进合作。根据当前中小企业融资难、融资成本高、资金紧缺情况，主动协调金融单位，推动银企合作，帮助企业解决贷款融资8.76亿元，涉及中小企业581家。

【开展基层协商民主试点】

区委高度重视试点工作，区委书记办公会议专题听取汇报，区委办转发了基层协商民主指导意见，明确试点单位。通过广泛宣传、建立组织、制定实施意见、开展民主协商等程序，对竹马乡铁路货场搬迁征地遗留问题等进行了有效尝试，对八咏楼社区居民关心热点难点问题进行了面对面的民主协商交流，取得较好的效果。婺城区基层民主协商试点工作，为基层解决问题提供了一种新途径、新办法、新思路，为全区的基层民主协商工作提供了经验。

【助推“五水共治”活动成效明显】 向全区基层商会、非公有制企业、广大归侨侨眷等统战对象发出倡议，开展“五水共治”。工商联采取“一企一村”、“一企多村”或“多企一村”等形式，开展“千企联千村合力治污水”活动。发动非公有制企业带头为“五水共治”捐款800多万元。组织4家基层商会与金华饮用水源头——沙畈乡4个村结对，做好治水项目对接。区侨联通过发倡议，发动侨资企业和侨界人士捐款200多万元，区民宗局发动宗教界和广大信教群众，为“五水共治”捐款8万余元。各党派组织开展植树造林等活动。

【开展访贫问苦活动】 开展关爱帮扶“三老、两户”重点对象的走访慰问活动，走访“三老两户”100余户，送去慰问金达20多万元。区侨界人士开展送温暖活动，走访慰问困难归侨、侨眷、海外重点人士家属、优秀特困学生63名，送去慰问金及慰问品价值6万元。

（李静华）

·金东区委统战部·

【综述】 2014年，区委统战部以党的群众路线教育实践活动为契机，认真贯彻省、市统战部长会议精神，紧紧围绕区委、区政府“五水共治”、“无违建区创建”、“环境卫生整治”等重大决策部署，坚持思想引领，着力开拓创新，促进社会和谐，积极助推金东大开发、大建设、大发展、大转型和“两美金东”建设。一年来，全区统战系统向“五水共治”捐款近680万元，民建金东总支部向施复亮故居提档升级工程捐款26万元，曹宅镇安国寺被评为省级和谐寺观教堂，邢翰学获省“杰出知联之星”，民盟盟员徐玲玲获全国五一劳动奖章，全市宗教违法建筑处置工作现场会5月14日在金东区召开，区“艾青百廉主题文化馆”被授予首批“浙江省统战系统廉政文化教育实践基地”。

【多党合作工作】 4月份，区委下发了《关于调整区委领导、区机关部门对口联系民主党派、工商联、无党派人士安排的通知》。各民主党派、工商联和无党派代表人士积极履行建言献策、民主监督职能，区“五水共治”民主监督工业污染源、农村污染源、生活污染源、水利设施建设等五个监督组组长均由民主党派、工商联负责人和民主党派骨干担任。各监督组利用微信“随手拍”等手段，开展明察暗访，发现并落实整改问题130个，提出建议意见42条，为消灭黑臭河、治理垃圾河，贡献了力量。全年新提拔党外干部5人，其中机关部门正职2人。

【宗教工作】 认真开展“宗教工作基层基础建设年活动”，开展宗教法律知识培训学习月活动，举办了“抓安全、促和谐、保稳定、强教风”为主题的全区宗教骨干政策法规培训班。扎实开展“三改一拆”涉及宗教违法建筑处置工作，高标准承办了全市“三改一拆”涉及宗教违法建筑处置工作现场会，并以此为契机，扎实抓好全区“三改一拆”涉及宗教违法建筑处置工作。开展了“宗教慈善周活动”，筹集慈善公益资金12.6万元，开展捐资助学和服务居家养老中心活动。

【非公有制经济领域统战工作】 区工商联动员1000多家会员企业参与“五水共治”，开展了“百企联百村、合力治污水”行动，区内会员企业捐助“五水共治”共计668万元，村企结对20家，26家企业参与水库洁水养殖，参与垃圾河和村镇环境整治企业130多家，200多家企业拆除违章建筑共计2万多平方。以创建“美丽厂区”活动为抓手，部领导分3轮走访了60家骨干企业，了解企业发展中存在的突出问题，并及时将有关意见建议上报区领导，为区委、区政府出台企业应急周转金政策、金义新区苍南商会创办电子商务区等决策提供服务。借助金华市诚信投资企业这一平台，为金东区260多家小微企业置换贷款资金5亿多元，帮助区小微企业解决了融资难问题。建立区工商联律师法律服务机制，会同区司法局及有关律师事务所，筹建成立了区工商联律师法律服务室，为会员企业提供法律服务。12月18日，金东区新生代创业者商会成立。

【基层协商民主试点工作】 区委统战部在深入调研的基础上，制定了《金东区统一战线推进基层协商民主试点工作方案》，选择在赤松镇开展协商民主“三诊”议事制度试点。该镇以区域党委为主体，建立了以坐诊、出诊、会诊“三诊”制度为主的联席会议制度、有事说事碰头会议制度、项目责任分工制度，形成了“组织共建、资源共享、事务共商、难题共解、发展共促”的良好氛围。并运用“三诊”制度，较好地解决了杭长高铁、金丽温铁路扩能改造及新屋村41户农户拆迁和双门村至洞殿下自然村的水泥路硬化、黄大仙景区旅游开发等民生问题。

【港澳和海外统战工作】 4月份，基本完成了侨情数据录入工作，5月份重点开展了侨情调查的查漏补缺和重点人士调查工作，建立和完善了侨情信息数据库。数据显示，金东区海外华人华侨和留学生比2009年调查结果增加58%，分布在美、英、法、日、澳等21个国家和地区，其中香港、澳门的金东籍同胞37人，有归侨侨眷、侨胞侨属（含港澳和留学生亲属）数百人。向区人才办推荐申报并入选金华市“双龙计划”“科技创新创业团队”项目1个。认真做好金华黄大仙旅游节、浙江省第18届旅外乡贤聚会、华侨侨领和香港同乡同胞来金接待工作。

【以党的群众路线教育实践活动为抓手加强自身建设】 区委统战部按照区委要求，周密部署，精心组织，活动取得了积极成效。活动中，部机关7名党员干部，共走访慰问农户数38户，走访慰问贫困学生10名，走访政协委员、民主党派成员、侨胞侨属及其他统战对象60多人次，帮助群众解决实际问题30多个，专题分析梳理归纳了四个方面14大类35条次意见和建议。对夜学制度、上下班纪律、人员去

向牌进行了规范，进一步完善制定了《金东区委统战部机关八项制度》，全年三公经费同比下降30%。（杨贤平）

·兰溪市委统战部·

【综述】 2014年，兰溪市委统战部在兰溪市委的正确领导和金华市委统战部的具体指导下，深入学习贯彻党的十八大，十八届三中、四中全会和省、金华市统战部长会议精神，紧紧围绕市委工作中心，突出重点、体现特色，各项工作扎实开展，取得了较好的成效。市民宗局获得“全国民族团结进步模范集体”荣誉称号。

【多党合作工作】 完善专题议政，全年共召开四次专题议政会，分别就“推行权力清单制度，深化政府职能改革”、“抓好‘两退两进’，提高土地资源要素优化配置和利用率”、“开展‘五水共治’，促进兰溪发展”等4个协商专题征求党外人士意见建议；深化重点调研，形成6篇高质量调研报告；继续开展“建功建言，服务‘十二五’”竞赛，并对10位党外人士进行了表彰；5月举办了以“坚持和发展中国特色社会主义”为主题的党外代表人士骨干培训班，135位党外代表人士参加培训；8月召开了党外人士暑期读书会，市委书记亲自参加并通报全市上半年经济社会发展情况；建立了民主党派人士到对口联系部门挂职锻炼制度，选派4名民主党派人士到对口联系部门挂职锻炼；建立民主党派、工商联、知联会等统战团体领导班子成员年度测评制度；协助市委落实市委常委走访联系各民主党派、统战团体制度，在市委主要领导带头下，市委常委分别走访各自联系的民主党派和统战团体；开展市委加强统一战线系列文件贯彻落实情况的督查；在诸葛镇、梅江镇和市卫生局开展基层协商民主试点；筹备成立了兰溪市网络界人士联谊会，首批会员25人。

【民族工作】 认真贯彻浙江省人民政府办公厅《关于进一步加快民族乡（镇）经济社会发展的意见》精神，积极实施新一轮少数民族帮扶行动计划，主动加强与省民宗委、省交通厅、义乌市政府、嘉兴市委统战部、桐乡市委统战部、义乌市委统战部及东阳市委统战部等单位对接联系，并继续开展“三联帮扶”民族村活动，共落实帮扶资金250余万元。争取民族重点项目1个，民族特色村寨项目1个。指导水亭乡举办第四届“三月三”风情节，畲族婚嫁习俗被列为兰溪市第六批非物质文化遗产代表作名录，畲族特色村寨建设取得新进展。做好全省少数民族运动会兰溪市参赛项目训练和后勤保障工作，在第五届浙江省少数民族传统体育运动会上，取得两个第一名的好成绩，实现兰溪市参加历届省民运会金牌零的突破。认真做好城市民族工作和少数民族成份审核更改工作。

【宗教工作】 3月份率先完成330国道、47省道和45省道旁的“三沿两侧”宗教标志物的处置工作，5月份全面完成了全市18处宗教标志物的处置工作，兰溪市委副书记蔡艳代表兰溪市在全省电视电话会议上作经验介绍。做好全市民间信仰场所的调查摸底工作，建立电子档案，把握政策，集中力量，打好“三改一拆”涉及宗教及民间信仰场所违法建筑处置工作攻坚战，整个处置工作平稳有序，顺利通过省、金华市考核验收。召开佛教场所负责人会议和基督教两会主要负责人会议，签订了消防安全工作责任书，在重大节假日前，组织力量对兰溪市部分重点宗教场所进行安全检查。继续推进和谐寺观教堂创建活动，年内4处宗教场所达到创建标准、3处场所荣获三星场所称号。加强宗教人士培训，协助市基督教“两会”举办传道人义工培训班，共有90多人参加，认真组织宗教界代表人士参加金华市宗教骨干培训班。

【非公有制经济领域统战工作】 完成了乡镇街道商会换届工作，成立兰溪市新生代企业家商会和湖北兰溪商会。配合市委、市政府举办浙商回归暨总部经济项目集中签约仪式和武汉科技合作暨浙商回归项目签约仪式。开展“服务企业、服务基层”活动，牵头帮扶重点风险企业1家。评选表彰市第二届优秀中国特色社会主义事业建设者13名，会同市委宣传部和新闻媒体开展优秀中国特色社会主义事业建设者事迹系列宣传活动。开展“同心·送温暖”活动，组织全市非公有制经济人士走访慰问“三老”、“两户”，捐助款物共计60余万元。

【港澳台和海外统战工作】 完成省委省政府统一部署开展

的“基本侨情”调查工作。建立了兰溪市留学生、博士硕士高级人才等侨情数据库。12 月，顺利召开兰溪市第四次归侨侨眷代表大会，全市归侨侨眷和侨届新生代代表 80 余人参加会议，会议选举产生了兰溪市第四届侨联委员会。指导云山街道枣树社区成功创建国家级“侨法宣传角”，指导云山街道枣树社区成立了社区基层侨联。积极协助香港兰溪同乡会顺利换届。注重加强新侨民、新生代代表人士工作，接待了美国浙江商会会长、巴西金华同乡会会长和香港兰溪同乡会会长等一批兰溪籍重点海外人士。召开侨台眷属共庆中秋、共创中国梦迎中秋茶话会。推荐 2 名重点侨属参加第四期浙籍海外和统会负责人国情研修班；组织华侨子女 9 人参加中华寻根之旅夏令营活动。继续密切与美国“手牵手”教育基金会联系，积极引进海外捐赠。

【服务助推“五水共治”】 制定出台《统一战线服务推动“五水共治”专项行动实施方案》。组织开展了“五水共治”金点子征集活动，共收到金点子 22 条。组织各民主党派、工商联、知联会等统一战线团体广泛开展专题调研、主题宣传以及垃圾清理、植树绿化、河道整治等活动共计 53 次。市侨联向侨企和侨联委员发放《投身“五水共治”、建设幸福家园》倡议书 100 余份，组织“五水共治”主题文艺演出 8 场。市民宗局组织开展“五水共治、五教同行”专项行动，募集资金 70 万元。

【群众路线教育实践活动】 市委统战部紧扣为民务实清廉主题，以“凝心聚力助赶超，服务群众促和谐”为载体，以部领导班子和领导干部为重点，紧紧抓住“强素质、转作风、有作为”这一核心，扎实开展部领导班子党的群众路线教育实践活动。坚持把学习贯穿活动始终，采取周一夜学、专题讲座、领导带头讲党课、观看教育影片、警示教育、短信课堂等形式学习，同时扎实开展“坚定理想信念、敢于担当克难”主题教育和“三思四问”大讨论活动。活动期间发放书面征求意见函 120 份，召开乡镇统战团体负责人座谈会 16 次，召开了市级统战团体征求意见会和各民主党派及无党派人士座谈会。共征求 5 大类 19 个方面意见建议，梳理出部班子在“四风”方面的问题 13 项。对群众反映强烈的突出问题，部领导班子坚持立说立改、即知即改、边整边改。健全完善了《统战部部务会议工作规则》、《统战部部务会议现场办公制度》、《统战部工作例会制度》等 11 项制度。

【开展市委加强统一战线工作系列文件落实情况的督查】 按照市委办文件精神，在全市镇乡（街道）、市机关各部门中部署开展对《中共兰溪市委关于进一步加强新形势下统一战线工作的实施意见》等四个文件贯彻落实情况自查工作。各镇乡（街道）、市机关各部门根据自查表逐项进行自查，写出书面自查总结，报统战部汇总，共收到自查表及自查总结 49 份。在此基础上组织开展重点督查，先后对 14 个镇乡（街道）进行现场督查，并召开市委文件贯彻落实情况部门汇报会，对宣传部、经信局、教育局、科技局、人劳局、水务局、农业局、文化局、卫生局等九个重点部门以座谈会形式进行督查，与组织部召开党外干部工作联席会议，专题研究党外干部队伍建设问题。（占　华）

·东阳市委统战部·

【综述】 2014 年，东阳市委统战部认真学习贯彻落实党的十八届三中、四中全会和市委十四届五次、六次全会精神，紧紧围绕市委中心工作，认真组织开展党的群众路线教育实践活动和以“学决定增共识创业绩”为主题的实践活动，在凝聚人心、激发活力、汇聚力量等方面，为“强市名城”现代化东阳建设作出积极的贡献。2014 年度，市委统战部被东阳市委市政府评为先进集体，市侨办被浙江省委外侨办、省统计局、省归国华侨联合会评为全省基本侨情调查工作先进单位。

【学习贯彻十八届三中、四中全会精神】 把学习和贯彻党的十八届三中、四中全会精神作为统一战线工作的首要政治任务。坚持每周一晚上、周五下午学习制度，组织干部集中学习上级文件精神和党的理论知识。举办全市统一战线骨干成员暑期读书会，全市各民主党派、工商联和有关统战团体 110 余名骨干成员参加。举办全市统一战线学习贯彻十八届四中全会精神专题学习会，各民主党派、工商联和有关统战团体 210 位骨干参加，邀请浙江大学马克思主义学教授、博士生导师段治文作专题辅导报告。

【开展党的群众路线教育实践活动】 按市委统一部署要求，扎实开展党的群众路线教育实践活动，安排集体学习41次、召开班子会议4次，对征求到的64条意见建议进行了原汁原味地反馈、梳理，合并归纳为29条，并采取个人主动认领、集体分析认领的办法，抓好4大项共24小项整改任务。对《市委统战部部务会议议事规则》、《部机关学习及工作例会制度》、《调研信息工作考核奖励办法》、《车辆管理使用制度》及《部工会活动制度》等工作制度进行了修订和完善。

【开展“学决定增共识创业绩”活动】 “学决定、增共识、创业绩”主要组织了“三个十”活动：一是开展“同心·送温暖”、“统一战线为‘五水共治’践行出力捐款”、“千名统战成员共创卫”、“我为‘五水共治’转型升级献一策”、“双学”读书班、“加强和改进民主党派组织建设”座谈会、“特约人员看效能”、“双展”演讲比赛、“立足本职创业绩”等十项活动；二是各民主党派基层委员会分别在裘家岭、庙后村、石桥村、白云初中、金村小区、东阳技校等创建十大同心基地，并开展了看得见、摸得着教育实践活动；三是评选表彰全市统一战线十大同心实践模范人物。

【推进多党合作】 协助市委制定下发《中共东阳市委关于加强新形势下党外代表人士队伍建设的实施意见》，进一步完善党外代表人士的培养选拔机制。经与各民主党派充分协商、市委同意，印发了《东阳市各民主党派关于加强组织建设若干问题座谈会纪要》。组织各民主党派、工商联负责人和无党派代表人士召开情况通报会、座谈会9次，协助各民主党派考察发展新成员25名。发动各民主党派、工商联、无党派人士围绕“五水共治”、“三改一拆”、“五城同创”等市委市政府的中心工作，积极建言献策。

【非公有制经济领域统战工作】 利用会员企业短信平台、QQ群，召开基层商会会长、秘书长例会等方式，在非公有制经济人士中开展理想信念教育。组织开展“千企联千村、合力治污水”专项行动，会员企业和界别政协委员共捐助治水基金3800余万元。组织开展“服务企业、服务基层”集中行动，进一步深化“进千企送服务促转型”活动，为会员企业银企对接、定制金融产品以及贸易保险、保理融资等提供服务。

【知联分会实现全覆盖】 按照省、金华市基层知联会建设的要求，从4月份开始，历时3个月，组织5个工作指导组，到乡镇（街道）联系指导300余人次，召开推进会、现场会6次，如期实现知联分会全覆盖。5月27日，金华市基层知联会建设现场会在东阳召开，东阳市基层知联分会建设做法得到金华市委统战部领导的充分肯定。

【东阳人联谊总会工作】 重视加强商会建设，经市委市政府两办专题会议审议、东阳人联谊会（商会）二届二次会长会议讨论，出台了《关于进一步加强市外东阳人联谊会（商会）建设促进东阳人经济回归的实施意见》。加强联谊交流平台建设，筹建杭州、深圳、青海、福州、成都、厦门、苏州、嘉兴等地东阳商会。指导基层商会组建商会人民调解委员会，提高商会化解矛盾纠纷的能力。各商会主动承接政府部分职能，其中衢州东阳商会、西安东阳商会等被当地政府评为5A级社会组织。“四大”回归活动成效明显，宁波东阳商会会长蒋伟平控股的浙江欣旺科技材料有限公司与中国科学院宁波材料研究所合作，投资2亿人民币的年产10000吨GMT复合材料项目正式签约。继续办好《东阳人》杂志，编印《东阳人》杂志9期5万余册，编印《东阳联谊动态》简报19期1500多份。

【民族宗教工作】 认真开展外来少数民族情况调查，主动加强与少数民族重点人员的沟通，指导少数民族外来务工人员较多的单位、企业做好服务和管理工作，及时排查化解涉及民族因素的矛盾纠纷，维护其合法权益，为3名少数民族人员办理了民族成份更改手续，为13名少数民族学生出具了少数民族成份证明。认真配合相关部门做好“三改一拆”涉及宗教违法建筑处置工作。引导宗教界参与慈善公益活动，为“五水共治”累计捐款40万余元。

【港澳海外统战工作】 重

视培养侨团新生力量，指导成立美国东阳联谊会和香港东阳商会。发挥涉侨组织优势和海外侨团作用，由坦桑尼亚华侨、中华总商会副会长冯瑛丹投资6亿元人民币的檀香精雕工艺品和檀香油项目落户东阳。加强日常联络联系，传统佳节走访慰问重点侨属80余人，向重点华侨华人和港澳同胞寄送贺年卡和慰问信120余份，并组建“海博东企汇”微信群。认真做好来信来访工作，一年来共收到信访件3件，接待来访人员26人次，走访涉侨企业22家，帮助协调解决难题5个。开展了“东阳籍海外博士教授回家乡服务企业助发展”活动，完成全市基本侨情调查工作和市侨联换届工作。

【开展“东阳籍海外博士教授回家乡助发展”活动】 8月6日至8日，来自美国、日本、加拿大、澳大利亚、德国、法国等6个国家的44位东阳籍博士教授，回东阳参加“东阳籍海外博士教授回家乡服务企业助发展”活动。44位院士博士教授分别到11个企业对接互动，解决了7个技术难题，达成合作项目1个，技术合作6项，技术合作意向8项。（胡自力）

·义乌市委统战部·

【综述】 2014年义乌市委统战部凝聚人心，汇聚力量，调动统一战线各方力量，投身国际贸易综合改革，全力维护民族宗教领域和谐稳定。立足义乌统战格局，研究实施创新发展，做到了作风改进、素质提高、社团活跃，伊斯兰教工作稳步推进，民族宗教领域创新有为、共建和谐。研究成果获省委统战部通报表彰，其中《相融共生、互促互荣、和谐发展——义乌外来商人群体社会融入研究》获一等奖，《新形势下促进外来少数民族和谐融入义乌的调研与思考》、《义乌留学人员地位与作用发挥研究》获三等奖。

【创新工作举措，助推民主政治发展】 推进各民主党派组织运行规范化，在党员活动经费、办公场所方面给予充分保障。推进民主党派调查研究制度化，每个民主党派确定一个以上的年度调研课题开展调研，经过筛选确定涉及城乡集聚区建设、农村土地流转、五水共治等方面调研课题7个，调研成果通过相关渠道直送政府部门，为政府决策提供参考。推进民主党派参政议政常态化，2014年度市委统战部举办了民主党派参政议政能力提升培训班，出台《民主党派组织、无党派人士提出建议制度和反馈机制》等文件，为民主党派更好地参与政府部门决策和进行民主监督提供支持。

【加强与少数民族联谊，推动民族融合发展】 重要节日走访慰问少数民族代表人士100多人次。组织少数民族同胞开展丰富多彩的联谊活动，举办“凝聚杯”民族篮球赛等。邀请10名少数民族代表旁听政协会议，听取意见建议。

【伊斯兰教工作有序推进，宗教界保持稳定态势】 进一步规范重大节日及活动安保工作。重新制定了详细的《义乌市伊斯兰教主麻日安全保卫工作方案》、《义乌市伊斯兰教开斋节安全保卫工作方案》、《义乌市伊斯兰教古尔邦节安全保卫及相关工作方案》等，专门成立安保工作领导小组，明确“定岗、定人、定责、定时”要求。将“寻梦中国、正言正行”和“五水共治、五教同行”主题活动融入结合到历次理论学习、宗教培训、骨干座谈、讲经讲道、公益慈善、舆论引导、团体建设等常规工作中去，进一步发挥宗教界人士和信教群众在促进经济社会和文化繁荣发展中的积极作用，以宗教界的正言正行促进形成风清气正的社会风气，与人民群众共筑中国梦，共建共享义乌国际商贸特区大平台。相继举办宗教界代表人士培训班近10场次，累计培训宗教界人士1000余人次。

【启动国民党抗战老兵认定和救助工作】 为迎接抗战胜利70周年，在全省范围内率先启动国民党抗战老兵的资料收集和认定工作。通过电视、报纸等传统媒体以及微信、微博、论坛等新媒体进行宣传报道，首次从政府层面公开向社会征集国民党抗战老兵的线索和资料，引起社会公众的重视并得到网络舆论的支持。掌握的国民党籍抗战老兵人数从14人增加至35人，会同民政局、财政局、慈善总会等对生活在农村和城镇无固定收入来源且家庭生活困难的原国民党军队抗战老兵，给予生活困难补助。该项工作对有效扩大爱国统一战线阵营、增进党派互信和认同、推动与台湾的沟通交流和扩大统一战线影响力具有积极的促进作用。

【探索基层协商民主新方式】 结合义乌市已在全市各街道推行“议政会”制度的实际，出台《关于在全市各镇推行基层重大公共事务决策民主议事协商工作的指导意见》，并在大陈镇进行试点，大陈镇党委政府已选聘30余名人大代表、政协委员及各界社会精英担任民主协商委员，并就大陈镇旅游规划进行了首次协商。总结提炼廿三里街道东塘村村务听证会做法为村一级基层民主协商的样板。

【推进党外知识分子联谊会分会建设】 按照知联会基层组织全覆盖的要求，结合义乌实际情况，以纵横交错、条块结合的方式开展知联会基层组织全覆盖工作，在稠城街道、江东街道、北苑街道、佛堂镇等6个镇街道以及卫生、法律、互联网等4个行业系统组建10个知联会分会，人数将近500人，基本涵盖全市各个领域。尤其是互联网分会首创实际会员和网络虚拟会员结合的方式，将在虚拟空间发挥巨大作用的知名网友纳入联谊组织，予以正面团结和引导。

【推进民主党派社会服务经常化】 充分发挥民主党派人才荟萃、资源丰富的优势，整合以民主党派人士为主体的统一战线成员200余人，组建同心医疗卫生、创业创新、公益慈善等7个同心服务团，并成立佛堂稽亭卫生服务站、柳青民工子弟学校、淘源电子商务园、知联书屋等6个同心服务基地。先后组织开展送医送药下乡、群众微心愿认领、参与五水共治、慰问黄埔同学等同心活动10次，参与人数近400人次，受惠群众近2600人次。

【第四届中国（义乌）世界侨商大会】 10月21日至22日，由中国侨联支持，中国侨商联合会、中国侨联青年委员会、浙江省侨联共同参与主办，义乌市政府主办的第四届中国（义乌）世界侨商大会在义乌举行。中国侨联副主席、省政协副主席、省侨联主席吴晶参加大会并致词。本次参会的211名侨商来自40多个国家和地区。大会期间，28个展位现场直接零售额约80万元，达成供货订单600多万元。

【涉宗教违法建筑“三改一拆”】 自开展“三改一拆”涉宗教违法建筑处置工作以来，统战（民宗）牵头协调“三改一拆”办、规划、建设、林业、行政执法局、国土及各镇街等，群策群力，依法依规、积极稳妥推进处置工作。（宋　倩）

·永康市委统战部·

【综述】 2014年，永康市统一战线在永康市委的直接领导和上级统战部门的具体指导下，认真贯彻党的十八大和十八届四中全会精神，扎实推进统一战线各项方针政策的贯彻落实，着力营造统战氛围、打造统战亮点、彰显统战职能，积极促进永康“二次出发、创新驱动”，打造经济社会发展的“升级版”。

【经济统战工作务实创新】 一是积极发挥非公有制企业帮扶“领头人”作用。开展“走企连心解难题”、“一企一服务”活动，全年走访工商联、新联会、留联会的120多家非公有制会员企业以及30多家侨资侨属、台资台属企业，召集42家中小企业成员与银行、政府部门召开政银企座谈会，面对面了解企业生产经营中存在的困难，让各项惠企政策有效落地，切实帮助20多家非公有制企业协调解决具体问题。二是着重培养新生代企业家，促进非公有制经济的可持续发展。筹备建立永康市新生代企业家商会，促进新生代创业者从“社会人”成为“组织人”，通过平台作用加以团结引导。设立新生代企业家讲坛，不定期邀请名家给永康市新生代创业者授课，与新生代创业者共同探讨非公有制企业转型升级新思路。选拔代表人士，届中增补2名新生代企业家为政协委员，突出新生代企业家代表人士的政治安排和荣誉奖励。三是引导发挥工商联职能作用。建立工商联法律服务中心，帮助非公企业降低经营风险，维护会员合法权益。引导非公企业家投身光彩事业，五金城商会、中小企业发展促进会、温州企业联合会等行业商会的非公有制经济企业家积极参与爱心助学、扶危济困、灾害救助等各类公益性活动，实现各类捐赠物资达200多万元，惠及困难群众1100多人。

【多党合作事业稳步推进】 一是加强政治引导规范组织建设。定期召开民主党派负责人例会，组织召开民主党派工作例会、党外人士定期学习会。在民革总支试点的基础上，全面推开党派成员、支部履职考核制度，建立完善民主党派支部和成员考核量化评分机制，作为年终评价评优的标准，促进基层民主党派工作规范开展。二是推进党外代表人士队伍建设和党外后备干部队伍建设。建立市委组织部、统战部党外干部工作联席会议制度。加大党外领导干部实职安排力度，新提拔1名政府组成部门副职，在花街镇配备1名党外副镇长。完成“无党派人士”认定工作，全市合计126名。加大党外监督力度，抽调4名民主党派成员联合市纪委开展“党外人士看效能”活动，重点督查了市水务局百日攻坚项目——白磡溪整治工程。全面完成16个镇（街道、区）知联分会建设。三是积极发挥党外优势服务经济社会发展。在各民主党派、统战团体中开展了“同心建言”活动，筛选出其中优秀稿件以《统战信息专报》的形式上报给市委主要领导参考。指导各民主党派开展一系列异彩纷呈的社会服务活动11次。

【民族宗教和谐稳定】 一是加强宗教团体建设，营造和谐宗教工作氛围。完成市基督教两会组织各教堂换届工作和市佛教协会换届工作。开展“寻梦中国，正言正行”主题教育实践活动，不断增强教职人员爱国爱教、民主办教的意识。二是开展宗教和民间信仰场所“三改一拆”专项治理工作，推进宗教场所规范化管理。三是以维稳工作为重点，扎实推进平安永康建设。开展“安全生产月”活动，做好节日期间安全稳定工作；开展“除隐患、保安全”专项行动，检查宗教活动场所消防工作，落实安全防范措施；开展以“发挥正能量，共筑中国梦”为主题的宗教政策法规学习月活动；结合反邪教警示教育，配合相关职能部门开展专项整治“百日会战”行动；开展非通常宗教活动安全检查，落实安全预案和防范措施；完善《永康市民族宗教突发性事件应急预案》，对照预案内容落实安全防范工作。

【海外统战不断深化】 一是围绕中心，服务发展的水平不断提升。充分发挥海外引才工作站和海外留学人员联络站作用，全年邀请4批70人次海外侨领侨商、港商来永考察、项目对接。动员引领广大侨界群众参与“美丽乡村”建设，广泛开展“侨企助村、侨干联村”活动，全年侨资侨属企业用于支持“美丽乡村”建设的资金达80余万元。举办“政银企手拉手对接”活动和“科技创新与五金产业发展”等论坛，邀请侨界创业成功人士座谈交流，为侨资侨属企业寻求发展商机、创办经济实体提供机会和平台。二是维护侨益，为侨服务的能力明显增强。与司法部门建立联席会议机制，及时通报涉侨案件，帮助解决侨界群众涉法问题。加强对侨界人大代表、政协委员的联系和服务，组织侨界群众和海外侨胞围绕市委、市政府的中心工作或重大事项建言献策，全年共提交提（议）案25件，其中2件提案被列为市政府的重点提案。三是加强联谊，海外新生的力量日益壮大。海外联谊范围不断扩展，全年接待来永经贸考察、旅游探亲、文化交流的海外侨团、侨领侨胞和港澳同胞100多人次。在密切联系老朋友的基础上，突出了华侨新生代、新华侨、海外高层次人才及其社团的联络，拓展了永康市的外联空间。四是真干实干，侨务工作的成效更加突出。开展了一次全市基本侨情调查工作，比较真实地掌握了侨情动态，建立了全市侨情调查电子数据库。开展了基层侨联、留联会组织规范化建设，全市16个镇（街道、区）建立了侨（留）联组织，所辖的59个工作片建立了侨（留）联小组，733个村（居）聘请了联络员，实现了基层留联会组织的全覆盖。

【开展村务现场民主协商】 今年以来，永康统战部积极探索建立和健全基层协商民主制度，以村务现场民主协商为突破口，牢牢抓住“现场”和“村务”两大特点，积极稳妥地开展了多次试点，以市委名义下发《中共永康市委关于全面推进村务现场民主协商工作的意见》，明确了“村民说事”、“协商议事”、“监督办事”、“民主评事”四环节的协商方式和程序。全市16个镇（街道、区）结合各自实际情况，共计进行了30多次民主协商，有效地化解了基层矛盾、有力地促进了基层民主科学决策、走实了联系服务群众的“最后一公里”。

【打造浙商回归创业创新园】 浙商回归创业创新园是永康市委统战部会同相关部门打造的“浙商回归”新平台，也是服务在外浙商回归创业的一项重要举措。“浙商回归创业创新园”位于永康市龙山镇，总投资达40

多亿元，到2020年将累计开发建设面积约7平方公里。2014年已完成一期800亩用地的征地、土地平整、污水管网铺设、园区入园口改造提升、通道绿化等前期工作，园区道路框架已基本拉开，首批总投资20亿元的23家企业均已落地在建。

【党外人士看效能】 “党外人士看效能”是永康市委统战部会同纪委联合开展的重点工作督查活动。在督查工作中，将明察与暗访、重点督查与全面督查、定期督查与不定期督查相结合，一看精神面貌，二查效能建设，三召集各阶层人士参加座谈会，走部门、访企业、下农村，重点对已开展和正在开展的效能工作进行现场暗访，干部队伍中的“庸、懒、散、奢”问题得到了有效整治。

【民主党派履职考核】 在民革永康总支试点的基础上，在其他民主党派间全面推开党派成员、支部履职考核制度。履职考核按内容分为党派活动参与率、参政议政与信息宣传、本职工作、社会服务四大类。根据考核结果，在各民主党派中评选五至十名优秀党员、一名优秀总支委员、一个优秀支部，并给与优秀党员、优秀总支委员、优秀支部一定奖励。考核结果将作为市委统战部培养后备干部、推荐政协委员、评选各类先进的重要参考依据。经过一年多来的试行，党派活动中党员参加活动热情大为提高，支部活动形式更加丰富，参政议政也更加热烈。

【建言“直通车”制度】 党外代表人士重要建言“直通车”制度，主要是在全市“两会”闭会期间，各民主党派、工商联、无党派人士提出的涉及全市经济社会发展的意见和建议，没有列入年度提案、议案、建议的，可以使用由市委统战部统一印制的带有“直通车”字样的专用信函，向市委办公室提交，由市委办公室把关后报市委书记及分管市领导审批。经市委主要领导批示后，交相关部门办理。同时，设立约见、承办、催办、督办、反馈、走访等其他环节，确保获领导批示的党外人士建议进一步落实。通过建立并完善永康市党外代表人士重要建议“直通车”制度，来充分发挥党外代表人士民主监督、参政议政的作用，进一步为党外代表人士重要建议提供畅通、快捷的平台。

【关注海外回国新生代创业者成长】 通过积极发挥留学生及家属联谊会作用，引导海外留学归来“新生代创业者”回永创业，并着手筹备建立“新生代创业者”联谊组织，为有过留学经历的“创二代”企业家搭建专门交流联谊平台。在此基础上，设立“新生代创业者”讲坛，组织开展专题系列性“走进梦想”报告会，邀请一批优秀人才讲述创业经历、分享创业感悟、传递创业激情，力求在更大范围、更广领域、更高层次上吸引海外人才参与永康的经济建设。

（朱宇天）

·浦江县委统战部·

【综述】 2014年，在县委的正确领导和市委统战部的具体指导下，认真学习贯彻落实党的十八大和十八届三中、四中全会精神，深入开展党的群众路线教育实践活动，围绕中心，发挥优势，创新思路，改进作风，增强活力，全面提升统战工作科学化水平，为推进浦江“两美”建设作出新贡献。

【扎实有效开展党的群众路线教育实践活动】 党的群众路线教育实践活动开展以来，县委统战部按照中央、省、市委的统一部署，在县委的正确领导和县督导组的指导下，按照“照镜子、正衣冠、洗洗澡、治治病”的总要求，紧紧围绕“为民务实清廉”的活动主题，聚焦“四风”突出问题，紧密联系工作实际，圆满完成了学习教育、听取意见；查摆问题、开展批评；整改落实、建章立制三个环节的工作，达到了预期目标。

【引导统一战线成员积极参政议政建言献策】 积极引导统一战线成员围绕浦江县经济社会发展的热点难点问题开展实地调研，提出了许多高质量的提案建议，如《关于解决部分山区企业用地困难的建议》、《培育电子商务产业，促进经济转型升级》、《加强绗缝产业监管力度，促进企业转型升级》的提案得到了有关领导和部门的高度重视。

【探索推进基层协商民主的试点工作】 在花桥乡及两个村实行了基层协商民主先期试点工作。成立了试点工作指导组，制订了《关于推进基层协商民主工作的实施意见》，并按照试点实施意见，指导基层乡协商民主委员会、公共决策咨询委员会和村协商民主议事会，围绕各辖区内近期正在开展的重大公共事务进行广泛的协商民主，取得了良好成效。

【认真开展宗教工作“基层基础建设年”活动】 深入开展和谐寺观教堂创建活动，全县已有31处已达标场所，其中四星级场所1处，三星级场2处所，二星级场所3处。加强宗教事务管理，对组织管理不健全，消防安全措施落实不到位的宗教场所，及时督促，确保宗教场所安全稳定，促进宗教活动规范有序。完善了网络数据信息，将全县宗教场所的历史沿革、改（建）时间、建设规模、教职人员情况等逐一核实登记，建立起电子档案。

【扎实推进基层统战工作组织网络建设】 在全县412个行政村和18个社区建立了统战工作联络员队伍，实现了基层统战网络的全覆盖，有效地解决基层统战断层问题，使县委统战部与各村之间有了直接联系沟通的渠道，做到统战工作上下不断线，事情有人问，工作有人做。加强基层知联分会建设，成立了教育系统、卫生系统和各乡镇街道知联分会。做好基层商会换届和侨联分会组建工作，对全县15个基层商会进行了换届，建立昆明浦江商会、义乌浦江商会、四川浦江商会和宁波浦江商会4家异地商会，在两个乡镇成立基层侨联分会。

【组织开展“五水共治、文明卫生”创建活动】 一是深入联系乡镇、联系村和重点企业开展“治水护水我诺我行”主题宣传、蹲点调研、“清三河”志愿服务和“五水共治”民主监督随手拍的活动，对发现问题及时进行反馈，以负责任态度督促相关单位（村）落到实处；二是积极开展“百企联百村、合力治污水”活动。年初下发了“百企联百村、合力治污水”专项活动实施方案和《助力“五水共治”，共建美丽浦江》的倡议书，号召广大浦商慷慨解囊，出钱出力，共有92家企业为“五水共治”活动捐款196.5万元。

【加强风采宣传，增强凝侨聚力】 联合浦江报社，通过QQ、微信、电话等多种方式对10名浦江籍海外重点人士进行深入采访，并在《今日浦江》上开辟专栏，褒扬他们勤奋刻苦、自强不息的拼搏精神，展示他们爱国爱乡、自主创业的风采和业绩，进一步激发凝侨心、汇侨智、凝侨力的作用。 （项红芳）

·武义县委统战部·

【综述】 在县委、县政府的领导及上级统战部门的指导下，武义县委统战部紧紧围绕“打造中国温泉名城、构建东方养生胜地”的总体目标和“生态立县、工业强县、旅游富县、科技兴县”发展战略，围绕中心、服务大局，统战工作取得了新进展。

【党派工作】 加快基层知联会组织建设，4月24日下发了《关于加快建立无党派知识分子联谊会基层组织的通知》。6月19日，召开了建立无党派知识分子联谊会基层组织工作全县会议。7月30日，武义县第一个乡镇知联会分会西联乡分会正式成立。全年有王宅、坦洪等11个乡镇完成了分会成立工作，新吸收会员300多人，壮大了知联会队伍。积极开展活动，年初组织新联会赴西联乡开展“同心·送温暖”惠民活动，组织江建飞、阮义美、王群等3名会员到浙江行政学院参加了培训。9月底召开知联会一届三次会议，选举产生了知联会新的领导班子，并组织全体会员赴天台考察学习。做好调研考察服务工作。8月5日，民盟中央参政议政部巡视员张冠生一行在民盟省委领导的陪同下到武义县开展调研工作，实地考察了千家驹藏书阁。积极开展基层协商民主试点，选择了后陈村和王宅镇二个地方进行了试点。

【港澳台海外统战工作】 圆满完成基本侨情调查工作，省委常委、省委秘书长赵一德对全省基本侨情调查工作作出批示，充分肯定了武义县基本侨情调查工作的做法和取得的成绩，林蔚国、吴晓法荣获全省侨情调查先进个人称号。加强联谊联络，5月组织侨务干部赴深圳开展同乡联谊会活动，成立了深港武义老乡微信群。热忱为侨服务，组织3名外华侨子女参加了“中国寻根之旅”夏令营金华分营活动；组织邀请在杭州参加第十八届浙江旅外乡贤聚会的50多位海外侨胞、港澳同胞来武义参观考察，启动应急机制，做好武义县在乌克兰、越南学习、工作、生活人员进行紧急排查工作，及时同他们的国内亲属建立了电话联系。

【宗教工作】 一是做好“三改一折”涉及宗教场所违章建筑工作。成立了武义县涉及宗教和民间信仰活动场所违法建筑处置工作领导小组，出台了《武义县“三改一拆”涉及宗教和民间信仰活动场所违法建筑处置工作实施意见》，对“三改一拆”涉及宗教和民间信仰场所违法建筑整治工作实行督查，列入乡镇（街道）“无违建”创建的考核内容。二是依法加强宗教事务管理。编印《宗教工作手册》，发放至乡镇村管理人员及场所负责人；开展寺观教堂规章制度建设和安全生产、消防隐患等排查；依法发放宗教活动行政许可，全年发放非通常宗教活动许可8份。三是全面推进“和谐寺观教堂”创建工作。县政府出台了《关于加强民间信仰事务管理的意见》、民宗局下发了《关于加强宗教场所安全生产和消防安全》的通知，进一步落实和谐寺观教堂创建和星级宗教活动场所评选工作。高度重视延福寺的保护修复工作，成立专门工作小组，出台整体方案，有序推进古建筑修复工作。10月、11月，省政协副主席、省委统战部部长孙文友，省民宗委主任冯志礼、省民宗委副主任倪忠扬等分别到武义县调研指导民族宗教工作，对修复工作提出了宝贵意见。

【民族工作】 一是推进民族文化传承。4月1日，在壶山公园举办了武义县第二届畲族“三月三”畲族风情展演暨畲语畲歌大比拼活动，中央电视台新闻联播节目中联播快讯播出；与县人力社保局联合举办了“武义县首届畲乡风情旅游服务技能培训班”，全县26个民族村选送的50余人参加培训；完成了白姆乡横山村美丽畲族特色村寨、坦洪乡阳坑塘村山哈村寨、柳城畲族镇周处村民族文化中心和文化广场等建设。二是加强民族服务工作。县委出台了《关于进一步加快少数民族和民族镇村经济社会发展的若干意见》；柳城畲族镇江下村畲族古风情游乐园和白姆乡横山村灵芝基地等获得国家民委专项补助90万元，4个全省低收入民族村获得帮扶结对资金40万元。11月，武义县22名少数民族运动员参加了浙江省第五届少数民族传统运动会，取得了优异成绩。

【工商联工作】 以“五对接”为平台，进一步挖掘武义超市文化内涵，扩大武义超市对县域经济的影响，整合武义超市资源。制定了《武义超市发展至2018年规划》，举办了“第二届中国超市产业联合发展峰会”，举行了报告文学《超市部落》及《武义超市经济发展二十年》画册首发式。加强培训工作，在无锡、靖江和武义本地分5期组织400余人培训。加强商会建设，1月3日，邀请上海外高桥保税区投资实业有限公司总经理来武义为新一代创业者作《上海自贸区建设与自贸区政策解读》报告会；5月15日，武义县工商联七届五次异地商会会长、秘书长会议在上海自贸区召开，进一步规范异地商会的建设，并组织会员到上海自贸区实地考察；5月28日，无锡市滨湖区武义商会注册成立。注重规范基层商会和行业协会建设；8月中旬，组织会员到台州学习精益化模式的生产经验。

【“主题实践”活动】 一是建组织抓学习。2月28日出台了《中共武义县委统战部党的群众路线主题教育实践活动实施方案》，2月24日成立了实践活动领导小组，聘请项林峰同志为“群众观察员”，9月进行了支部换届。每位党员干部都原原本本研读完3本必读书：《论群众路线——重要论述摘编》、《厉行节约、反对浪费——重要论述摘编》、《党的群众路线教育实践活动学习文件选编》等必读书目，共组织了24次12天的集中学习。二是查问题寻根源，8月15日召开专题民主生活会，班子成员逐一开展自我批评，共提出相互批评意见28条。8月22日召开了党组织专题组织生活会，达到了“红红脸、出出汗”的效果。三是立方案抓整改，共梳理了7个方面15项内容、28条整改清单，已全部整改落实到位。

（蓝雪花）

·磐安县委统战部·

【综述】 2014年，磐安县委统战部在县委的坚强领导和市委统战部的正确指导下，以十八大精神为引领，以党的群众路线教育实践活动为契机，紧紧围绕建设“品质山城、秀美乡村、幸福磐安”这一总目标，坚持思想指引，加强队伍建设，服务深化改革，促进社会和谐，为磐安县经济、社会发展做出了新的贡献。

【开展党的群众路线教育】 坚持领导带头示范，一级抓一级，层层抓落实。走访农户102户，发放《意见征求表》478份，征集到意见101条（合并后为33条），列出一步到位、马上整改的具体问题31个，需要快步推进、限时整改的难点问题3个，齐步跟进、联动整改的问题2个。制订了《工作人员有错无为问责办法》等九个内部管理制度。

【开展基层协商民主试点工作】 出台了《好溪最美河流建设项目规划基层协商民主试点工作方案》，选取有关专家、两代表一委员、镇村干部、普通群众及有意愿参与的网民为协商对象，召开座谈会、组织实地参观调研、论证会、入户走访、网上征求意见等方式，在项目规划的前期调研、中期设计、后期评审三个阶段充分开展民主协商。试点工作于10月底结束。

【出版两部专著】 1月出版了《磐安寺观》，以图文并茂的方式，对磐安县境内主要寺观的历史沿革、信仰特点、宗教活动、保护情况等作了全面的介绍；5月出版了《磐安县统战志》，对1952至2013年间磐安县统战工作进行全面总结，重点记录了磐安县委统战部重建近30年来党的统一战线工作史料。

【非公有制经济工作】 开展"浙（磐）商回归"，配合县政府达成回归初步意向13家。开展"333就业服务日"活动，动员近百家民营企业参加了以"送岗位、送服务、送政策"为主要内容的活动招聘会。落实非公有制经济人士的政治待遇，推荐了4名异地商会会长担任县政协委员。

【党外知识分子工作】 加强党外知识分子学习培训，举办了十八大精神学习讲座、读书会和健康知识、肿瘤预防讲座。开展调研考察活动，组织了县知联会、新联会会员到金磐开发区、磐安工业园区、金华多湖中央商务区等地参观企业、开展调研活动。

【民族工作】 做好少数民族考生资格审查，审核确认少数民族高考考生5名、中考考生6名，审核报批更改少数民族成份5名。贴心走访少数民族特困户，共走访少数民族特困户15户，送去慰问金7900元。做好先进少数民族推荐工作，胡宅乡岭头村的易如花被省政府评为省第五届民族团结进步模范个人。

【宗教工作】 全力推进"三改一拆"涉及宗教场所违法建筑治理工作，在全市率先出台了《民间信仰活动场所整治工作实施方案》。加强宗教团体建设，举办了三期佛道教骨干培训班和三期基督教培灵会，参训人数360余人。开展创建2013年度"和谐寺观教堂"工作考核，评出先进集体5个、先进个人10名。

（王宏波）

衢州市

·衢州市委统战部·

【综述】 2014年，在中共衢州市委的正确领导和省委统战部的关心指导下，全市统一战线认真学习贯彻党的十八大，十八届三中、四中全会和习近平总书记系列重要讲话精神，紧紧围绕党委、政府中心工作，发挥优势、履职尽责、凝心聚力、开拓创新，积极推动各领域统战工作的全面落实。荣获2014年度衢州市直机关部门最佳满意单位。

【扎实做好统一战线服务中心工作】 积极组织全市统战成员围绕党委政府中心工作开展建言献策活动，全年共形成对策建议、调研文章、会议发言200余篇（条）。全市统战系统各单位通过"光彩事业山区行"等平台，向省工商联、省光彩会、省海联会、省知联会等争取到五水共治项目33个，帮扶资金1200余万元。动员全市工商联会员企业、侨资企业、宗教界人士等参与五水共治，全年捐资3600多万元。组织市县两级统战成员开展"五水共治"专项民主监督，有576名党外人士参与其中，提出意见建议240多条。协助政府职能部门做好全市"三改一拆"宗教场所违法建筑专项治理工作。

【夯实统一战线共同思想政治基础】 全市统一战线始终同中央、省委、市委保持高度一致，通过读书会、巡回演讲、学习考察、专题培训班、研讨座谈等形式认真学习贯彻重要会议及文件精神。精心制定开展坚持和发展中国特色社会主义学习实践活动方案。召开全市统一战线坚持和发展中国特色社会主义学习实践活动暨助力打造生态屏障建设幸福衢州推进会。同时，在民族宗教界开展马克思主义民族观和宗教观教育，在非公有制经济人士中开展以“四信”为主要内容的理想信念教育，在港澳台和海外人士中开展爱国主义和中华文化宣传教育。

【不断推动多党合作事业持续发展】 强化制度建设，市委关于多党合作和政治协商的一系列制度执行更加规范到位，党际协商更加频繁，谈心交友制度不断完善，市委书记陈新连续三年约谈民主党派主要负责人。制定出台《关于建立中共衢州市委统战部、各民主党派市委会联络联谊工作制度的意见》。在巨化集团公司、衢江区、龙游县等地开展统一战线推进基层协商民主试点工作。指导各民主党派开展争创先进基层组织和基层组织结对共建活动。

【切实抓好党外代表人士队伍建设】 及时调整充实“1626党外后备干部工程”数据库。加大党外干部培养选拔使用力度，全市共举办各类培训班15期，培训学员757人次，全年选派67名党外干部挂职锻炼。市本级新提拔副处级以上党外干部3名，各县（市、区）新提拔副科级以上党外干部18名，转岗交流21名。

【扎实做好党外知识分子工作】 加强市县两级知联会组织网络建设，全市全年新建基层知联会10家。成立衢州市统一战线网络界人士联谊会。加强同心知联服务团建设，全年共举办各类讲座9次，现场咨询5场次，座谈会4场次。创新举办衢州知联英语沙龙，继续深化“校市合作”活动。全年组织举办中华传统文化公益讲坛7期，大型文学讲座6场，开展送书法进校园、进警营、“同心·送温暖”等活动10余次。

【认真做好民族宗教工作】 做好全市民族发展项目实施，争取国家民委少数民族发展中央补助项目3个，落实资金140万元；加大对少数民族乡村的帮扶力度；总结城市民族工作经验，建立“一卡三档五机制七到位”工作模式；加强民族特色文化建设。扎实推进宗教场所规范化建设，继续开展对市直宗教场所的财务审计和管理制度督查落实；牵头召开宗教工作联席会议，稳妥应对宗教领域突发事件，努力做好天主教专项工作；开展平安综治双月宣传活动，深化“和谐寺观教堂”创建活动；加强宗教界人士教育培训，分别举办佛教界“切实抓好道风建设，发挥佛教积极作用，为民族复兴、圆中国梦做贡献”主题培训班和基督教“发挥正能量，共筑中国梦”主题培训班。

【深入开展非公有制经济领域统战工作】 积极鼓励和引导社会组织（商会）承接政府转移职能。创新开展商会调解工作，开展联企联防联治。引导商会加强非公有制企业劳动争议预防调解能力建设。开展银企对接活动，发挥商会牵线搭桥作用，为非公有制企业解决融资难困境。向非公有制企业推介“浙江网上技术市场”、“网上科工会”等网络平台的科技项目信息。引导非公有制企业家参与光彩事业，全市工商联系统共投资农业产业化项目100余个，投资额超5000万元，捐款捐物2200多万元。开展红色教育“党员日”、“重温誓词表决心、锤炼党性再争先”等活动。举办学习领会习总书记治国理政的重要思想报告会和企业创新管理与传承讲座。指导市新生代企业家联谊会开展“赴龙游光明铁道控股有限公司游学”、“红五环集团创业创新分享会”等活动。积极与上级统战部门和新闻媒体对接，大力宣传衢州市优秀企业家。完善统战部领导工商联党组和指导工商联工作机制，积极帮助商会推进党建标准化建设，指导完善标准体系，健全组织生活会等制度。积极开展异地商会建设，指导筹建衢州市农产品网商协会。

【有序推进港澳台和海外统战工作】 连续8年开展“四个一”为主要内容的联络联谊活动，向港澳同胞和海外华侨华人传递祝福和问候。市本级、江山市、龙游县香港同乡会顺利换届。积极配合相关部门开展乡情调查，认真完成数据对碰和查漏补缺。深化对台交流合作，首次与高雄市开展“邻里节”活动，持续深入开展以“同名同根永结同心”为主题的结对交流活动。

【切实加强统战部门和统战干部队伍建设】 一是扎实开展党的群众路线教育实践活动。部机关围绕上级会议、文件、领导讲话、必读书目开展集中学习12次。围绕“奔跑起来吧，我的衢州”大讨论，在全市统一战线中开展“八问八讲八比，实干高效快跑”活动。积极动员全市统战成员开展“我为衢州发展献一策”活动，形成20多条金点子。扎实推进基层“走亲连心大走访”活动，通过多种形式向广大干部群众征集到意见建议129条次。召开质量较高的专题民主生活会。全年会议同比减少33%，文件减少50%，清理超标办公用房73平方米，“三公经费”下降31%。二是深入开展统战工作“双学双比”活动。在全市全面开展统战工作“双学双比”活动，将全市统战系统分为三个系列，分门别类进行专题考核。依据全年统战工作任务，建立包括9个大项68个单项的指标综合评价体系，年底由市委统战部成立专项考核组，实地查看后逐项评分。按照最终得分高低，对被考核单位进行排名并全市通报，进一步推动全市统战系统成员对标进位，有效营造了“比学赶帮超”的良好氛围。三是认真抓好统战调研宣传信息工作。不断完善统战调研宣传信息工作考核和督查制度，连续5年召开专题会议进行专门部署，全年共形成较高质量的统战理论调研文章47篇。对《衢州统战信息》进行改版，创新统战宣传工作载体，建立起市委统战部网站、微博、微信“三位一体”的统战宣传新体系。

（詹兰荣　郑　航）

·柯城区委统战部·

【综述】 2014年，在衢州市委统战部的有力指导和柯城区委的正确领导下，柯城区委统战部认真学习贯彻习近平总书记系列重要讲话和党的十八大，十八届三中、四中全会精神，紧贴中心工作，着力夯基提质，巩固发展“五大关系”，为助力柯城“加快奔跑”营造氛围、凝聚力量。

柯城区委统战部搭建全省首个“‘健康、活力、温馨’平台服务空巢侨眷”获2014年度全市统战工作创新奖，柯城区民宗局获全市民族宗教重点攻坚工作考核先进单位，柯城区侨联获全市侨联系统先进集体，荷花街道荷西苑社区获全市首个2014年度全国社区侨务工作明星社区。区工商联被省工商联评为全省“五好”县级工商联。

【扎实践行群众路线】 一是坚持深查细照，从实查摆问题。通过召开座谈会、恳谈会的形式主动征求意见，共征求到“四风”方面问题147条次。班子查摆“四风”问题共36条，班子个人查摆85条，谈心交心30余人次，交流意见17条次。二是坚持动真碰硬，从严开展批评。班子对照检查材料由主要领导亲自把关，班子成员均自己动手撰写个人对照检查材料；部班子在专题民主生活会上共查摆“四风”问题27个，自我批评意见51条，相互批评意见6条。三是坚持逐项整改，突出建章立制。一方面抓好“废、立、改”工作，结合统战工作实际，完善制度1项，新建制度5项；另一方面制定班子活动整改方案和班子专项整治方案，集中精力解决短期见效问题，及时跟踪长期复杂问题。

【助推发展成效明显】 一是多种渠道服务发展。依托工商联积极为非公有制企业提供服务，聘请9个部门（单位）为商会顾问单位，开展“企业服务月”活动，帮助企业解决实际困难。组织3家企业参加第115届广交会。召开区工商联三届三次执委会，表彰了9位非公有制经济领域的“优秀中国特色社会主义事业建设者”。扎实推进统战部联系项目——火车站片区城中村整体搬迁改造项目，进村入户全力做好调查摸底、复核确认、公开公示等工作，用时60天即完成100%农户的签约工作。发挥统一战线联系广泛的特点和优势，积极开展招商引资工作。二是帮扶建设“美丽乡村”。继续支持殿前村综合办公楼建设项目，争取省里帮扶资金，指导殿前村流转土地75亩，引进总投资165万元的特早熟蜜桔种植项目；指导北二村继续实施投资220万元的中药材种植项目。组织工商联会员企业结对石梁镇坎底村、航埠镇航埠村，开展“五水共治”帮扶工作，发动侨资企业、留学生家属企业捐资参与“五水共治”事业，组织区各宗教团体发起“五水共治·三教同行”慈善捐款活动。全区统一战线各领域共为“五水共治”捐款100多万元。组织民族村干部和畲族群众60余人次参加市、区各级农业技能培训班。三是传承弘扬民族文化。4月举办以“祭祖”为主题的2014·畲族“三月三”风情文化节。积极扶持发展衢州安康民族工艺饰品有限公司。指导府山街道城站社区举办民族团结摄影图片展。

【同心氛围不断浓厚】 一是积极推进联谊工作。7月份赴香港参加港澳柯城同乡联谊联欢会活动。积极与回乡探亲及参加市“两会”的港澳柯城籍同胞建立联系，做好接待服务、走访慰问工作。指导荷花街道荷西苑社区成功创建全市首个“全国社区侨务工作明星社区”。9月指导信安街道承办全区侨界空巢老人服务中心启动仪式暨迎中秋联欢会。二是积极抓好党派和知联会工作。召开民主党派和知联会工作座谈会，传达贯彻上级会议精神，回顾总结2014年工作和部署2015年工作。安排党派专项工作经费共14万元。严把党外成员质量关，注重吸收知识层次较高、政治素养较好、有较强事业心和使命感的中青年人士加入，全年共发展新党员9名。三是积极支持开展参政议政活动。广泛发动和积极组织民主党派、工商联和无党派人士及柯城籍寓外人士深入开展调查研究、建言献策，2014年“两会”期间党外人士共提交提案30余件。

【民宗领域和谐稳定】 积极沟通有关单位稳步推进省级文保单位——麻蓬天主教堂的修缮翻新工作；协调职能部门妥善处置航埠镇彭村天主教堂土地收储问题；落实宗教领域“三改一拆”工作；组织召开全区宗教场所负责人工作会议，与宗教活动场所负责人签订安全管理目标责任书；推进石室乡沙埠教堂和横路教堂开展“和谐寺观教堂”创建工作；积极帮助协调市绿色产业集聚区内花园教堂迁建工作；扎实做好中（高）考加分等工作；认真做好权力清单梳理工作，共梳理民族宗教行政审批事项39项，取消非行政许可审批事项1项。

【统战基础更加坚实】 一是召开全区统战工作会议。3月召开全区统战工作会议，全面总结了2013年统战工作，部署2014年的重点工作和任务，区委书记祝晓农高度肯定统一战线各领域工作，并对下一步工作提出要求。二是深化基层统战平台建设。探索建设衢化街道基层民主协商平台“同心联谊会”，在全区各街道推广“民族团结之家”的成功经验。三是开展基本侨情调查。深入基层排查，全面掌握情况，全区现有港澳同胞、侨眷侨属1600余户，4500余人。四是加强党外干部培养。新提拔正科级党外干部1名，选派到基层挂职锻炼党外干部1名。完善党政领导干部联系党外代表人士制度，15名区领导分别结对联系1名党外干部。 （邵文超）

·衢江区委统战部·

【综述】 2014年，在区委的正确领导和上级统战部门的关心指导下，衢江区统一战线认真学习贯彻党的十八大和十八届三中、四中全会精神，紧贴中心工作，找准目标定位，着力开拓创新，服务发展大局，积极推进各领域统战工作的全面落实，为衢江“四个一”建设营造了氛围，凝聚了共识，增添了助力。区民宗工作获全市民宗工作综合考核第一名，区委统战部被评为全市统战工作先进集体，获全省统战工作实践创新奖。

【助推经济社会加快发展】 一是发挥优势，积极建言献策。全区广大统战成员围绕“五水共治”、“三改一拆”、“四个一”建设等重点工作广泛调研、广建良言、广献良策，为区委区政府科学决策提供参考。2014年，全区统战成员共上报专题调研文章近30篇。各民主党派、工商联、无党派人士积极参政议政、履行职责，在2014年全区“两会”期间共撰写议（提）案70多件。二是紧扣发展，服务经济建设。搭建招商新平台，成立衢江区杭州商会；拓宽招商渠道，开展在外创业人士“四个一”活动；动员非公有制经济代表人士发挥各自优势，开展以商招商，举办省工商联知名企业家衢江行活动。积极参与项目“四赛”，组织党外人士和非公有制经济人士开展项目谋划，共入库区重大项目15个。三是关注民生，参与社会事业。汇聚“五水共治”共建生态家园的共识和力量，向广大统战成员发放倡议书。区工商联开展“百企联百村，合力治污水”活动；宗教界开展“五水共治，五教同行”活动；各民主党派开展“五水共治”民主监督、主题宣传等活动。据不完全统计，2014年统一战线成员为衢江区“五水共治”捐资250余万元。民主党派发挥界别优势，积极开展送医、扶农、助学、帮残等社会活动。民盟支部举办暑期公益夏令营，为留守儿童、家庭困难学生和外来务工人员子女的暑期生活增添了色彩；民进总支对接省级优质医疗资源，在区妇保院开办“民进医卫专家工作站”；农工党支部、九三学社支社大力开展联农结对活动。

【推进各统战领域工作上台阶】 一是着力提升多党合作水平。在全区统一战线开展坚持和发展中国特色社会主义学习实践活动，增进统一战线的思想共识。深化“同心”主题实践活动。推进知联会基层组织建设，在全市率先实现知联会基层组织全覆盖。先试先行，探索推进基层协商民主建设，为全市推广积累经验。二是促进民宗领域和谐稳定。扎实开展民族团结进步小康村宣传创建工作，破石村被国务院授予第六届全国民族团结进步模范集体。做好少数民族特色村寨建设和古村落保护工作，外焦村特色村寨项目被列入全国少数民族特色村寨保护与发展名录；破石村被列入省首批古村落保护目录。深入开展新一轮少数民族低收入群众增收帮扶行动，帮助3个民族村落实帮扶资金150万元。推动民族村经济快速发展，2014年全区共实施民族村项目22个，总投资3100万元。稳妥做好“三改一拆”涉及宗教违法建筑处置工作，该项工作作为典型在省委、省政府召开的推进会上发言交流。开展以“教风”为主题的和谐寺观教堂创建和省级星级宗教场所评选工作，大洲东岳山禅寺荣获全国第二届“和谐寺观教堂”创建先进集体；大乘寺被评为浙江省四星级宗教活动场所。探索民间信仰规范化管理和宗教网格化管理，切实维护宗教领域和谐稳定。三是促进非公有制经济“两个健康”。深入开展以“信念、信任、信心、信誉”为主要内容的非公有制经济人士理想信念教育实践活动，引导他们争做合格的中国特色社会主义事业建设者；通过组织调研、举办培训、考察学习等形式，提升非公有制经济人士企业经营管理、履行社会职责等各方面的能力素质；做好新生代企业家教育培训工作，成立新生代企业家联谊会。加大对非公有制企业服务支持的力度，搭建银企合作平台，2014年共为小微企业发放贷款300多笔约1.4亿元；发挥法律服务中心作用，做好企业法律维权、咨询服务工作。四是发展壮大港澳台和海外爱国力量。开展全区基本侨情调查工作。扎实推进社区侨务工作，开辟新的侨务宣传服务阵地。举办首届衢台“邻里节”活动，进一步加深两岸民众的友好合作交流。衔接做好2批次27人赴台农业考察，促进衢台农业对接合作。五是加强党外代表人士队伍建设。在省社院举办第二期党外中青年骨干培训班，培训学员42人次；选派4名党外干部到省、市重要部门顶岗挂职；坚持和完善“三述两评”综合评价机制，将评价结果作为党外人士政治安排、荣誉安排、社会安排和实职安排的重要依据，党外干部实职安排实现新突破，2014年新提拔使用党外干部7名，有3名党外干部转岗到重要岗位任职。

【构建基层统战工作新格局】 一是抓好网络建设。在乡镇（街道、办事处）成立以党（工）委书记任组长的统战工作领导小组和由副书记任组长的民族宗教工作领导小组，实现领导体系全覆盖；在村（社区）配备统战工作联络员和民族宗教信息员，实现统战工作队伍区、乡、村三级全覆盖；扎实推进统战工作进农村、进企业、进社区、进学校、进社团，在条件成熟的地方成立商会、知联分会、协商民主顾问团等统战组织和团体，实现各级各类组织全覆盖。二是抓好平台建设。以“两室一厅”为基本构架，建立乡镇统战综合服务中心，实现“党委政府服务统战对象，统战对象服务社会”，推进乡镇统战工作规范化建设。创新运作平台，树立项目化理念，开展统战工作项目化运作，探索“统战工作项目化、项目工作具体化、具体工作操作化”的新模式。三是抓好队伍建设。深入开展党的群众路线教育实践活动，进一步完善规范单位内部管理制度，切实解决统战部班子和党员干部“四风”突出问题，促进干部转变作风。建立“周记实、月点评、季通报、年综评”的督考机制，推进了全区统战工作的全面落实，形成了“比、学、赶、超”的良好氛围。在全区乡镇（街道、办事处）配备专职统战干事；举办乡镇（街道、办事处）统战干部业务培训班，组织统战委员和统战干事系统学习统战理论业务知识，增强做好本职工作的本领。（周　臻）

·龙游县委统战部·

【综述】 2014年，县委统战部紧紧围绕县委、县政府中心工作，以党的群众路线教育实践活动为契机，引领广大统战成员，与县委在思想上同心同德、目标上同心同向、行动上同心同行，在整合统战资源助推中心工作、同心基地建设等各项工作中取得了新进展，较好地完成了全年统战工作任务。

【整合资源服务中心工作有了新提高】 一是整合统战人才资源服务中心工作。由民进和九三学社牵头，组织教育战线党外人才完成编著地方课程教材《美丽龙游我的家》，向全县小学生发放；争取省农林大学知联会在沐尘畲族乡和石佛乡设立“同心实践基地”，20多名专家、学者分赴两乡开展“五水共治”和乡村旅游的相关规划设计工作。二是整合统战经济资源服务中心工作。通过召开首届龙商大会、龙商杂志发行、微信平台建设等工作，让更多的龙商知龙游、爱龙游，在助推“五水共治”中73名企业家认领137座水塘。三是整合县外资源助推中心工作。争取县外各类项目到位资金662万元，实施民族扶持、五水共治、基础设施、美丽乡村等建设项目共计31个。

【夯实基础数据服务统战创新有所突破】 一是完善协商民主机制。全县已有24个政府部门与各统战团体建立对口联系，新聘请特约人员9名。二是完善县委常委联系民主党派和统战团体制度。加强县委常委对党派联系和指导，常委一对一关心、关爱促进党派工作有了新起色。三是严把入口关、强化成长教育引导。开展党外青年干部和人才调查，明晰党外才俊底子，与党派共同建立培养机制，举办近三年来加入各民主党派和知联会新成员培训班。四是加强基层统战工作建设。建立组织部、统战部关于党外干部工作联席会议制度。协助县委完成党外干部实职安排4名，交流党外干部5名，党外代表人士政治安排7名。五是积极开展1009专项工作，圆满完成国家和省交办的任务；圆满完成全省基本侨情调查和近千户侨情资料收集录入工作，做好接待境外工商社团和友人来访工作。六是做好涉及宗教场所“三改一拆”工作，规范民间信仰场所建设，为文旅融合、乡村旅游发展获得空间。

【“同心基地”助推统战成员才干发挥】 一是研究制定“同心”行动三年规划，整合统战资源，调集统战力量，开展结对帮扶，促进基地经济社会发展。二是从民主党派中抽调部分业务骨干组成项目推进组，与各乡镇党委一起争取政策、项目、资金，合力推进工作开展。三是以产业论谈为载体，引导非公有制经济人士建设以产业帮扶为重点的“同心光彩事业基地”，即组织引导非公有制企业对接本地特色优势产业，帮助指导建设特色产业园，助力农民创业致富。

【扎实开展党的群众路线教育实践活动】 活动期间，广泛征求意见建议，认真查摆问题，召开高质量的民主生活会，找准了问题，亮出了不足，找到了努力方向，营造了团结干事的良好氛围。认真做好办公用房清退、三多事项清理、制度文件“学清立改停”等工作。全年会议同比减少17%，文件减少21%，改进不完善政策制度2件，三公经费明显下降，共压缩30%用于认领清洁水塘。

【村企共建清洁百塘取得实效】 积极引导非公有制经济人士参与“五水”共治，向全县各行业协会、商会及其会员发出《热情伸出援手认领水塘，助推美丽生态家园建设》倡议。引导企业家发扬义行天下精神，以亲缘、地缘等为纽带，回老家认领一口水塘，养护一泓清水，形成了企业家认同、积极参与，百姓欢迎，乡村配合的良好态势。73名企业家承担了137座水塘治理工作，4名企业家主动担任河段长。

【扎实开展基本侨情调查工作】 在领导力量保障、工作力量保障、财力物力保障的基础上，建立五大工作机制，圆满完成侨情调查工作。积极开展联谊、教育、引导工作，进一步凝聚侨心，促进侨界的团结与和谐。

【促进非公有制经济人士新成长】 一是开展非公有制经济人士理想信念教育实践活动。邀请全国政协常委、省工商联主席、正泰集团董事长南存辉来龙游做专题报告。二是组织开展多种形式培训。全年组织民营企业代表人士各类培训4次，培训534人次，协会商会开展各种培训700多人次。三是搭建信息发布学习交流平台。开通“龙游总商会”微信公众平台和“天下龙游人”微信交流群。该平台已发布信息110期、200多条次。四是弘扬“光彩事业”。协助龙游永康商会与大街乡贺田村开展帮扶结对活动，捐资10万元建造美丽乡村观光步行道项目。协助举办2014浙江狮子会奉献服务队龙游助学资助活动。

（雷忠根）

·江山市委统战部·

【综述】 2014年，江山市统战工作深入学习贯彻十八大，十八届三中、四中全会精神和习近平同志系列讲话精神，紧紧围绕市委、市政府工作大局，服务全面深化改革，增进共识、凝聚力量、助推发展、促进和谐、夯实基础，全面提升统战工作科学化水平。《借助“同名”乡村关系实现基层对台交流合作新突破》获得2014年度全国统战工作创新成果奖，江山市委统战部获得全省统战信息工作先进单位三等奖。

【举办第3个统一战线日活动暨暑期读书会】 以“凝聚改革共识、汇集发展力量”为主题，由统一战线暑期读书会、江山统战微信公众平台开通等7项活动组成，进一步扩大统一战线的社会影响。读书会上，各民主党派、工商联、党外知识分子联谊会代表结合《习近平关于全面深化改革论述摘编》一书，畅谈对改革的认识与看法，凝聚改革共识。

【深化党外人士“同心比贡献”活动】 在党外人士中开展以抓招商、谋项目、出点子等为主要内容的“同心比贡献”活动，并评选颁发各奖项，公布年度党外人士十件喜事，激励和引导各民主党派、党外知识分子联谊会争先创优。民盟江山支部和民进江山总支分别荣获全国民盟和全国民进先进基层组织。《江山市民主党派开展“同心”比贡献活动》入选2014年度省社会主义学院参政党建设和履职案例优秀课题。

【建设党外人士之家图片展馆】 建设占地面积200平方米、墙面布展11处的党外人士之家图片展馆。这是全省首家县级多党合作图片展馆，共分为携手立国篇、合作建国篇、共同兴国篇、党外代表人士队伍建设在江山四大块，图文并茂地展示中国共产党与各民主党派亲密合作、并肩战斗历史事件以及江山市多党合作丰硕成果，为党外人士营造一个氛围浓厚的温馨之家。

【建立党外代表人士同心实践锻炼基地】 授予民盟江山支部与盟员企业——浙江江山源光电气有限公司合作共建的“盟员之家”为党外代表人士同心实践锻炼基地，这是江山市第一家企业党外代表人士实践锻炼基地，也是衢州市首个“盟员之家”。民盟中央专职副主席徐辉，省政协副主席、省委统战部长孙文友等莅临“盟员之家”指导工作。

【助推新生代企业家健康成长】 在《今日江山》开设《“创二代”风采》专栏，宣传10位“创二代”企业家的创业故事；组织新生代企业家，赴万里扬集团考察学习，前往江西瑞金、于都革命烈士纪念馆等地学习考察，开展革命传统教育。

【加强异地商会组织建设】 成立江山市广东商会、中国轻纺城（绍兴柯桥区）江山商会，选举产生商会领导班子，凝聚江山籍寓外非公有制企业家力量。

【组团参加2014年“台湾灯会”活动】 借助新塘边镇日月村与台湾南投县日月村建立“同名”友好合作关系，派出文化交流团赴台参加2014“台湾灯会”活动，宣传推介江山。江山市《借助“同名”乡村关系推动基层对台交流合作新突破》的做法，得到省政协副主席、省委统战部长孙文友批示“在全省统战系统适度推广”，并获全国统战工作实践创新成果奖。

【举行江山旅港同乡会十周年庆典】 举行香港江山旅港同乡会十周年庆典暨第三届理事会就职典礼，香港江山旅港同乡会全体成员及各兄弟县、区香港同乡会，江山市广东、深圳商会等代表100多人参加会议。

【开展基本侨情调查工作】 开展进村入户侨情调查和数据录入工作。通过普查，全市涉侨家庭共有1114户，归侨、侨眷等2839人，海外江山籍华侨华人、留学生2384人。在全省基本侨情调查工作推进会上，江山市作典型交流发言。代表衢州地区接受全省基本侨情调查质量抽查，荣获全省基本侨情调查先进单位。

【助力“五水共治”工作】

争取价值30多万元的“介质复合型人工湿地污水生态处理”设备1套，用于贺村镇永兴坞村农村污水治理；积极开展“百企联百村、合力治污水”活动，据不完全统计，全市非公有制企业为“五水共治”捐款资金超过500万元；在浙江卫视“义行天下”专栏播出贝林集团董事长郑积勤《为有“耕读”清水来》的助推“五水共治”事迹。

【加强基层统战工作】 出台乡镇（街道）、部门统战工作考核办法，继续将统战工作列入市委对各乡镇（街道）、部门的考核，完善乡镇（街道）党委书记统战工作述职制度。着力强化村（社区）统战工作，将统战工作重点村、社区打造成为统战工作的“精品工程”。

【注重统战宣传信息工作】 继续办好江山统战网，发布信息650篇；不定期编印党外建议，为市委市政府决策提供参考，其中5篇获市委书记、市长批示，3篇获市委常委和副市长批示。开通“江山统战”微信公众平台，开拓统战宣传新方式。

（郑东晓）

·常山县委统战部·

【综述】 2014年，常山县统一战线工作在县委的正确领导和市委统战部的有力指导下，牢牢把握大团结大联合主题，紧紧围绕全县中心工作，凝聚人心、汇聚力量，在助推全县经济社会发展和统一战线自身建设等方面取得一定成效。县委统战部荣获2014年度全市统战工作创新奖，在县级综合部门民主测评中连续第10年被评为“满意单位”。

【党外干部队伍建设有新作为】 一是抓发现储备。发动民主党派、统战团体和乡镇街道、部门单位广泛推荐，通过组织部、统战部联席会议商定，及时调整吸纳年轻、优秀的新鲜血液充实党外后备干部队伍，新建了46人的党外后备干部数据库。二是抓教育培养。积极选送优秀党外干部参加各类学习培训。组建成立常山县社会主义学院，举办常山县第一期党外中青年干部培训班，对46名党外后备干部开展了为期4天的集中培训。选派9名党外干部到重点工程、重点项目、信访部门挂职锻炼。三是抓安排使用。加强与组织部门的对接沟通，1名党外干部转任唯一的市级经济强镇——辉埠镇镇长，新提拔2名党外干部，另有5名党外干部交流到县发改局等综合部门。四是抓跟踪管理。密切与党外干部任职单位党组织的联系，加强对党外干部的经常性教育和管理。组织召开全县党外干部从政履职座谈会。

【助推“两个健康”发展取得新成效】 一是着力引导非公有制企业转型升级。积极争取政府相关部门和金融机构的支持，着力探索服务小微企业融资新模式，在全省组建首家小微企业融资服务合作社。自小微企业融资合作社正式运行以来，全县已有22家企业获得贷款4500万元。举办“2014常山经济高峰论坛”，邀请浙江大学专家深入分析当前我国经济发展的趋势和应对策略，引导非公有制企业转型升级。组织钙类、纺织服装、餐饮企业赴江西、安徽等地学习考察，推动企业探索新经济常态下转型升级实现持续稳步发展。二是扎实推进新生代非公有制经济人士队伍建设。召开新生代企业家联谊会成立大会，选出联谊会班子。广泛走访新生代非公有制经济人士，深入了解新生代企业家创业情况和发展需求，鼓励引导新生代企业家重实干、善创新、勇担当，积极投身经济转型升级，自觉承担社会责任，加快成长为经济社会发展的脊梁。

【服务全县改革发展大局有新进展】 一是积极参与支持“五水共治”。大力引导统一战线参与支持“五水共治”，统一战线广大成员积极响应，共捐资捐物680万元。主动对接省委统战部“光彩事业山区行”活动，争取资金300万元。二是助力浙商回归引进工作。全面开展常山籍在外创业经商人士的调查工作，采集详细信息，建立在外创业人士数据库。切实加强与在外创业人士的联络沟通，主动做好联络员、服务员、招商员，宣传政策，推荐项目，引导其回乡投资创业，圆满完成招商引资工作任务。

【民族宗教工作迈上新台阶】 一是深入推进新一轮少数民族低收入群众增收帮扶行动。组织开展少数民族村经济收入和发展情况调查，帮助谋划包装实施发展项目。全县5个少数民族村今年新实施污水治理、村道硬化、饮用水工程、特色农产品种植等项目共11个，总投资498万。主动向上对接，争取省民宗委少数民族村发展项目补助资金50万元；加强部门帮扶工作协调，落实县级帮扶资金330万。二是依法推进宗教场所拆违工作。

【多党合作事业得到新发展】 一是引导鼓励民主党派建言献策。支持民主党派、工商联、无党派人士围绕“实力工业、休闲城市、美丽乡村”三大战略和“三改一拆”、“五水共治”等热点、难点工作深入开展调查研究，认真撰写调研文章，积极为县委、县政府科学决策、有效施策提供参考依据。全县统战成员共提交议案建议20件、提案121件。二是组织开展“助发展比贡献”活动。将全县民主党派和统战团体工作细化为31项指标，着力引导协助各民主党派、统战团体发挥各自优势，广泛开展社会服务活动，助推全县经济社会发展。各民主党派、统战团体开展送医送教助学等社会服务活动30余次，非公有制经济人士积极参与“光彩事业”扶贫助困，捐资捐物逾200万元，走访慰问困难群众80多户。

【港澳台海外统战工作打开新局面】 全面完成全省基本侨情调查工作，切实做好侨情调查成果转化，对调查获得的数据进行分析，对侨情的现状进行疏理，着力服务全县“引资引智”工作。据统计，常山县有常山籍海外华侨华人、港澳同胞637人，归侨侨眷、港澳眷属和海外留学人员家属816人，侨资侨属企业8家。认真做好台湾高雄市旗山区广福里、内门区内丰里参访团到青石镇砚瓦山村、马车村开展交流活动的接待工作。认真做好大陆新娘工作，开展涉台婚姻调查，对常山县的大陆新娘建立档案，将涉台婚姻列入日常规范化管理。

【统战系统队伍建设得到新加强】 进一步强化作风建设，完善制度，强化落实，狠抓统战系统的执行力建设，新建了统战系统本月工作完成情况和下月重点工作安排月报制度、重点工作分工抓落实制度、定期走访重点统战成员制度等一系列制度，认真组织实施目标管理，努力打造一支勇争先、敢担当的统战干部队伍，切实推进统战工作争优创先。扎实推进基层统战工作的规范化建设，在重点村（社区）设置联络员，健全统一战线网络，延伸统战工作触角。

（巫春英　付小明）

·开化县委统战部·

【综述】 2014年，开化县委统战部深入贯彻落实党的十八大三中、四中全会和习近平总书记系列重要讲话精神，在省、市统战部门的精心指导和县委的正确领导下，以助力实现“中国梦”、“开化梦”为方向，以转变作风、践行群众路线为基础，围绕中心、服务大局，按照“党政所想、社会所需、成员所求、统战所能”确立工作重点，充分发挥优势，创新载体，有力促进了全县经济社会又好又快发展。

【广泛凝聚共识，夯实统一战线共同思想政治基础】 组织全县统一战线各界人士深入学习贯彻党的十八届三中、四中全会精神，特别是习近平总书记关于统战工作一系列的新思想新观点，不断坚定“理论自信、道路自信、制度自信”，在各统战成员中深入开展各类实践活动。

【加强制度建设，促进多党合作事业持续发展】 一是完善交友谈心制度，推进多党合作和政治协商制度建设。完善特约监督员制度和民主党派、工商联与政府部门对口联系制度，组建8个监督小组，选派36名党外人士担任政府职能部门特约人员和民主监督员，奔赴8个部门开展民主监督活动。二是引导党外人士积极参政议政、履职尽责。组织各民主党派、工商联、无党派人士积极撰写提案。2014年，在“两会”期间共撰写县政协会议提案17个，撰写人大代表会议建议8条。三是切实抓好党外代表人士队伍建设。举办2014年开化县党外知识分子培训班，组织50位学员在县委党校参加培训。积极选派优秀党外干部参加挂职锻炼，共选派6名党外干部挂职锻炼。1月召开九三学社支社成立暨第一次会员大会，建立九三学社开化支社。

【立足和谐稳定，民族宗教事务管理进一步规范】 一是保障少数民族权益，多途径帮扶少数民族群众。2014年县财政支出6万多元，对贫困少数民族高中生进行学费补助；加强民族村干部和群众培训，市县民宗局多次牵头举办各类培训，为民族村发展和村民致富谋点子、找路子。联系省知联会、海亮集团、市工商联、县汽车行业协会、佛教界人士等捐款10多万元，走访慰问困难少数民族群众。二是以项目建设为抓手，不断推进少数民族村发展。借助“五水共治”之机，共争取到省、市各类资金384万元用于民族村建设、“五水共治”。中村乡树范村、池淮镇潭头村，借助国家公园建设和“3A”旅游村庄创建契机，积极打造畲族特色村寨，开发畲族特色文化旅游，发展畲族农家乐。三是扎实做好新形势下宗教工作，进一步规范宗教事务管理。举办基督教场所负责人法律培训班，不断提升场所科学化管理水平。着重做好“三改一拆”涉及宗教违法建筑相关工作。积极开展“和谐寺观教堂”、宗教活动场所“安全年”创建，验收通过省级四星级场所1处，省级达标场所12处。

【深化联络联谊，着力增强港澳台海外统战工作活力】 利用传统节日对海内外重点对象开展“四个一”活动，切实增强港澳同胞、海外侨胞及留学人员的联络联谊。组织城区部分侨眷和留学生家属到中村乡、池淮镇等地参观新农村建设，引导他们融入“五水共治”、“六城联创”等工作。争取舟山、宁波侨属企业捐赠95万元，助建苏庄初级中学综合楼和富户小学塑胶运动场。全面完成基本侨情调查，健全数据库。积极开展对台文化交流，举办台湾高雄与开化围棋爱好者交流；大力推动双方农业合作，开化龙顶名茶协会与台湾南投县冻顶茶业发展协会签订茶产业交流合作意向书。认真对接、策划与罗马尼亚胡内多拉市结为友好城市的各项工作，主动服务外事接待管理工作。

【着眼“两个健康”，推动非公有制经济领域统战工作深入开展】 一是夯实基础工作，为开化发展增强后劲。编印《招商引资重点项目推介》，做好项目推介。创建网站、短信、微信等平台，及时发布开化县重点招商项目信息。引进开化汽车城项目，列入全县重点建设项目。二是加强基层商会组织建设，拓展商会服务职能。2014年新成立县石文化商会和马金商会，全面构成了行业商会、乡镇商会、街道商会、异地商会的立体式、全覆盖组织网络体系。以“五有五好”商会规范化建设为抓手，健全商会各项议事、决策和执行制度。三是抓好思想政治工作，为开化发展凝心聚力。实施非公有制经济人士素质提升工程，举办赵丽华诗画讲座、“浙商好故事”主题宣讲活动等；引导广大非公有制企业和商会组织主动承担社会责任，参与国家公园建设，共有16家非公有制企业为开化县“五水共治”、“凤凰塔重建”募集捐款资金达300多万元。

【加强自身建设，不断提升统战工作科学化水平】 一是在全县统战系统深入开展党的群众路线教育实践活动，切实转变工作作风，不断提升政治素养和为人民群众服务的水平。二是建立健全各项机关内部管理制度，切实规范上下班制度、财务管理制度、用车登记制度等。三是加强统战信息调研宣传，提高统战理论研究水平。承办全市信息工作会议，制定下发了《关于印发2014年度乡镇和县级部门统一战线工作考核办法的通知》和《关于做好2014年度全县统战系统理论调研课题选题工作的通知》文件，进一步规范统战信息报送制度。（江旭珍　郑志芳）

舟　山　市

·舟山市委统战部·

【综述】 2014年，舟山统一战线工作在新区党工委、市委的正确领导下，以深入开展党的群众路线教育实践活动为契机，紧紧围绕加快浙江舟山群岛新区建设和服务“两美新区”的总目标，开拓创新、务实进取，努力完成各项工作任务，为新区发展贡献智慧和力量。

【政治统战工作基础进一步巩固】 一是组织统战成员深入学习党的十八大和十八届三中、四中全会精神，开展各类主题教育实践活动，增强三个自信。二是激发统战成员参政议政热情。年初，市委召开党外人士座谈会，围绕党的群众路线教育实践活动，听取舟山市各民主党派、工商联和党外知联会代表人士的意见建议。三是指导帮助各民主党派加强中国特色社会主义参政党建设。启动了下届各民主党派主委后备人选遴选等相关工作，建立了第三批“留在党外”优秀人才队伍，全面开展“五好”民主党派基层组织活动。全市已建立各级各类知联会45个，基本覆盖全市主要乡镇（街道）。四是积极搭建履职尽能平台。全年分别组织4家有关政府部门就全市重点工作和民众关心的工作向各民主党派、工商联和党外知联会进行通报，并安排提问互动环节，民主监督得到有效落实。

【经济统战工作领域进一步拓展】 一是以主人翁精神参与招商引资工作。发挥工商联渠道优势，引导舟商积极参与招商引资工作，全年仅市工商联招商引资到位资金就达6000多万。做好浙商企业杭州绿盛集团投资岱山潮汐能项目服务跟踪工作。做好新区上海顾问团服务新区建设的联络推进工作。二是巧借外力助力本土企业凤凰涅槃。借全国工商联党组书记全哲洙来舟山市调研，助推通发塑机、达人环保等科技型企业由正泰集团进行股权投资和帮扶。三是多方吸引政商界人士前来舟山考察。成功承办了全国工商联大成企业首脑沙龙、长三角工商联合作与交流机制会议、浙江省民营企业500强舟山群岛新区行。促成香港舟山同乡会会长杨詠曼女士向浙江海洋学院捐赠500万元人民币。邀请香港招商局集团李引泉副总裁率金融投资、港航物流等专家一行来舟山考察投资项目。

【文化统战工作内涵进一步丰富】 一是加快舟山市统战文化研究中心功能释放。于5月举行了市统战文化研究中心第一次工作会议，明确课题任务，颁发研究员聘书。于9月举行了统战文化理论课题研究推进会，探讨交流研究心得，切磋课题研究成果，增进对统战理论的把握和研究方向。二是整理发掘普陀山佛教文化、舟山商人文化等统战文化。指导普陀山佛协推进宝陀讲寺讲经堂等普陀山文化十大功能项目建设，推动由香火兴寺向文化兴教转型。举办了首届两岸四地佛教书画展。编辑出版了第一部普陀山法师著作集《普陀山僧伽文选》。成立全市非公有制企业文化促进会。三是运用文化的力量开展统战工作。积极参与并指导党派文化建设，搭建“开明书画院”、“逸仙书画社”、“农工之家”等文化统战平台，开展“同心”文化艺术团活动、“侨与新区同行”文化活动。

【和谐统战工作理念进一步深入】 一是深入开展民族团结进步创建活动。市委常委会及时听取了舟山市贯彻落实中央、省民族工作会议精神，并提出下步落实意见。扎实推进民族团结进步教育“进学校、进社区、进企业”工作。二是推进以“教风”建设为主题的和谐寺观教堂创建和星级宗教活动场所评选考核工作。在总结市佛协、普陀山佛协、市基督教两会开展宗教团体负责人述职及民主评议工作基础上，进一步推进市级宗教团体的述职评议制度，发挥星级宗教活动场所的示范引领作用，建立健全深化宗教事务管理的长效机制。三是促进民主党派、党外知联会服务社会常态化。深入指导民革的“农业实践基地”、民盟的“戒毒人员帮扶基地”、“烛光行动基地”，农工党的“渔农民流动医院第七分院”和九三学社“科技和平周”活动。四是积极开展网络界等新阶层人士统战工作。组建成立舟山市网络界党外人士联谊会。研究律师、注册会计师等新兴行业领域统战工作。五是依法处理宗教领域重点难点及突发性事件。继续深化全市民宗、公安和国安三部门宗教安全形势联动会商工作机制，确保了佘山朝圣的安全有序。六是加强联谊促进人心回归。市主要领导参加舟山市2014年香港乡亲迎春团拜会、港澳华侨委员座谈会、香港舟山同乡会春茗活动等。舟山海外联谊会顺利换届。全年共接待全国港区妇联代表团、香港招商局等港澳台海外来访客人20批计300余人次。指导普陀山佛协完成“南海观音慈应宝岛”对台佛教文化交流活动。9月初，推动成立了日本舟山人联谊会，进一步加强在日舟山籍华侨华人团结协作。

【切实完善多党合作配套制度】 代市委初拟了《中共舟山市委关于进一步完善政党协商机制的若干意见》，进一步明确了政党协商的总体要求、指导原则、重点内容、主要形式、基本程序及组织保障等问题，推进了协商民主建设。

【全市统一战线暑期读书会】 8月20日，副省长、舟山新区党工委书记、市委书记孙景淼应邀参加全市统一战线暑期读书会并作了重要讲话，与统一战线各领域代表人士交流探讨制约全市经济社会发展的难题。会后，孙书记对市委统战部整理上报的7份意见建议一一作出批示，要求相关部门办理，这在舟山市统战工作中尚属首次。

【支持科创型企业创业创新】 促成浙江达人环保科技公司成为全省渔农村污水治理示范点企业，为全省11个市各捐赠1套“介质复合型人工湿地污水生态处理系统”设备，在全省各地市建设一个农村污水治理示范点，并获得正泰集团1000万元的投资和帮扶，此举有效调动了非公有制企业参与“五水共治”的热情，更为浙江达人环保科技有限公司的抢占市场、发展壮大提供了双赢的机遇。

【观音文化园观音法界顺利奠基】 2013年7月起，指导普陀山佛协筹划建设以“观音文化”为主题，集朝圣、展示、弘法于一体的“观音法界”大型佛教项目，这一项目已经被列入省重点工程。为高起点、高标准建设好观音文化园，确定了上海华东建筑设计研究院为观音法界的规划设计团队，初步完成了观音法界的整体规划布局和主体建筑观音圣坛的建筑造型设计工作，先后赴日本、韩国和国内知名寺院学习考察，指导普陀山佛协完成了23万字的《观音文化研究》，开始启动规划区域内的拆迁安置、土地征用和周边配套规划等相关工作。指导普陀山佛协于2014年10月23日成功举办了普陀山观音法界奠基典礼，在国内外佛教界引起了强烈反响和积极评价，极大提高了观音法界项目的知名度和影响力。

【积极做好“三改一拆”涉及宗教违法建筑处置工作】 顺利完成“三改一拆”涉及宗教活动场所及民间信仰场所违法建筑处置工作。

【推动宗教界特别是佛教慈善工作走上规范化道路】 指导普陀山佛协和市佛协开展“五水共治”捐款活动，全年共捐赠1150万元和40万元用于省内少数民族村和舟山市的五水共治项目。指导提升普陀山佛协慈善工作规范化水平，2014年普陀山佛协捐款1290万元用于资助13个固定公益慈善项目。

【加强统战部门自身建设】 结合党的群众路线教育实践活动要求，认真查摆“四风”方面存在的突出问题，贯彻执行中央八项规定和省委28条办法和市委25条办法，舟山市委统战部“三公”经费比去年同期下降53.31%。全面梳理修订部机关现有规章制度，出台《市委统战部关于对县（区）、功能区统战工作指导考核实施意见》。举办全市乡镇（街道）统战委员培训班，提高基层统战干部的理论和业务水平。（王立伟）

·定海区委统战部·

【综述】 2014年，定海区统一战线工作在区委的正确领导和上级统战部门的指导下，坚持以邓小平理论、“三个代表”重要思想和科学发展观为指导，全面贯彻落实党的十八届三中、四中全会精神和习近平总书记系列重要讲话精神，坚持思想引领，完善工作机制，积极开拓创新，促进社会和谐，加强队伍建设，汇聚各方力量，统战工作取得了新的进展，为努力推进定海现代化建设迈上新台阶作出了积极贡献。

【举办区党外代表人士理论学习中心组学习会】 以学习贯彻党的十八届三中、四中全会精神和习近平总书记系列重要讲话精神为主线，举办了4期全区党外代表人士理论学习中心组学习会，真正使统一战线广大成员与中国共产党始终保持思想上同心同德、目标上同心同向、行动上同心同行。

【召开统一战线读书会】 举办了以“发挥统一战线优势、服务‘两美’定海建设”为主题的统一战线读书会，引导党外代表人士凝心聚力、圆梦兴区。各民主党派、工商联和有关统战团体提交建议意见19件，件件得到区委书记的批示，并交相关部门进行了落实。

【组织宗教界人士开展主题教育实践活动】 引导宗教界人士围绕“寻梦中国　正言正行”主题开展教育实践活动和以“发挥正能量、共筑中国梦”为主题的宗教政策法规学习月活动，举办了民族宗教知识专题培训会92场。

【开展非公有制经济人士理想信念教育实践活动】 以促进“两个健康”为目标，开展了以“信念、信任、信心、信誉”为主要内容的非公有制经济人士理想信念教育实践活动，举办了5期“企业经营管理者星期日课堂”和以“创业、管理、文化、责任”为主题的区新生代企业家传承班。

【统一战线工作机制进一步完善】 制定出台并进一步完善了向党外代表人士情况通报、党外代表人士参与重大决策协商和重大活动、区领导与党外代表人士联系交友等制度。组织党外代表人士参加全区重大活动通报会和协商会4次。

【举办党外代表人士专题培训班】 加大党外代表人士教育培养，组织50余名党外代表人士赴复旦大学参加为期5天的集中培训，促进党外干部健康成长。

【加大党外干部的推荐使用力度】 召开组统两部联席会议，组织民主党派领导班子后备干部到政府部门挂职锻炼。完善党外代表人士数据库，分层分类进行动态化管理。2014年，新提拔党外干部4名，交流党外干部7名，党外干部队伍结构更加合理。

【参政议政水平进一步提高】 充分发挥参政议政作用，在区政协五届三次会议上，各民主党派和无党派人士提交各类提案、议案、建议104件，占总数的61.90%，上交大会集体提案29件，占总数的100%。

【民主监督实效进一步增强】 组织党外代表人士围绕“两美”定海、“五水共治”等中心工作开展了联合调研和专项督查。各民主党派与24个区属部门建立了对口联系，11位民主党派人士被聘为特约人员，民主监督职能得到进一步发挥。

【民主党派自身建设不断加强】 制定出台《定海区各民主党派工作评议制度》，首次开展了五个民主党派评议赋分工作。民进定海支部被民进中央评为全国先进基层组织；九三定海支社则被评为市级先进支社；民进定海支部主委姚益海被民进中央评为全国基层组织先进个人；民革定海支部主委刘勇平被民革省委会评为2014年省民革骄傲人物，民革定海支部被评为市先进支部；农工党定海总支被评为省基层社会服务先进组织；民盟定海支部被评为市级先进支部。

【全区基层知联会实现全覆盖】 全面推进基层知联会建设，在全市率先实现了11个镇街道基层知联会全覆盖，在区教育界成立了知联会，形成了11+1的基层知联会组织网络。区知联会被评为省级优秀知联会，金塘镇知联会获2014年度全市党外知联会先进集体。

【加强知联会规范化建设】 按照思想政治好、工作机制好、建言献策好、社会服务好、联络联谊好和学习之星、建言之星、岗位之星、奉献之星的要求，在全区党外知联系统开展“创五好争四星”活动，进一步推进基层党外知联会规范化建设。

【深入开展社会服务活动】 引导各民主党派和知联系统广泛开展社会服务活动，通过送医送教送科技送文化、点亮“微心愿”、感恩“三老”慰问“两户”等活动服务社会民生。

【推进民间信仰活动场所规范化管理】 按照“属地管理、分级负责”的原则，进一步推进民间信仰活动场所规范化管理，制定了组织建设、活动管理、财务财产管理、安全管理等规章制度，将民间信仰事务管理工作纳入镇街道年度目标责任制考核，并实行“一票否决”制。

【持续推进宗教领域基层基础工作】 继续深化和谐寺观教堂创建和宗教活动场所星级评选活动，目前已有20处场所通过了市级以上和谐寺观教堂创建，5处被评为三星级以上宗教活动场所。组织开展“三教同行 五水共治”慈善捐款活动，共筹得善款84万元。

【积极推进宗教事务规范化管理】 完成了部门职权清理工作，保留了35项，清理率达30%。加强依法行政，共办理行政许可事项14件，非行政许可事项1件。完成了实行行政审批权限下放金塘管委会工作。

【深入开展民族团结进步创建活动】 以东管庙社区“少数民族之家”建设为载体，开展民族团结进步创建活动，回族和维吾尔族流动人口管理与服务工作受到了国家民委专项调研组的高度肯定。区民宗局被评为全省民族团结进步模范集体，东管庙社区书记郭睿获全国民族团结进步创建活动先进个人。

【开展中国特色社会主义事业建设者评选活动】 积极引导广大非公有制经济人士等新社会阶层人士创业创新，积极投身社会主义现代化建设，开展了第一届定海区优秀中国特色社会主义事业建设者评选活动，共评选出7名获奖者。

【开展非公有制经济人士综合评价工作】 对全区有政治安排、社会安排及重要荣誉安排的

74名非公有制经济人士从政治思想、企业经营管理、履行社会责任和个人形象四大方面16项具体内容进行了综合评价。深入开展“企业关爱职工，职工热爱企业”创评活动，共评选出10家“双爱”活动先进企业和10名优秀企业家。

【成立了光彩事业促进会】 在全市率先成立了定海区光彩事业促进会，募集光彩基金150余万元，深入开展“助困行、助残行、生态行”等主题系列活动，发放光彩资金58.2万余元。

【搭建平台服务会员企业】 与德商银行联合举行银企对接座谈会。继续办好区、镇街道转贷基金会，区本级累计转贷2.5亿元。成立了区总商会人民调解委员会，妥善化解会员企业间的各类矛盾纠纷。

【加强商会组织建设】 成立了区工商联环南街道分会、定海香港商会、城东街道商会；做好了北京商会、马岙街道商会、干览镇商会的换届选举工作。区工商联荣获全省五好县级工商联称号。

【做好港澳台和海外统战工作】 对来定投资考察、探亲访友等的港澳台同胞、海外侨胞及同乡社团做好热情接待和服务保障工作。全年共接待海外华人华侨、港澳台同胞、外国友人43批次410人次。成立了香港定海联谊会社会事务工作部，梳理完善香港定海籍人士乡情数据库。拓展海外工作新渠道。建立全市首个海外引才引智工作联络站，不断开拓海外引智新渠道。积极推进“千校结对”工作，促进舟嵊小学与香港拔萃男书院附属小学、东海中学与台湾基隆安乐中学结为友好学校。深化为侨服务工作。及时妥善处理涉侨涉台信访件，全年共处理涉及土地、环保、房屋纠纷的涉侨涉台信访案件56件，接待来访来电人数237人次。积极发挥侨智侨力作用。引导、鼓励港澳台同胞、海外侨胞积极参与社会慈善公益事业，全年共收到各类爱心捐款53.3万元。

【加强统战干部队伍建设】 紧扣“为民、务实、清廉”主题，聚焦“四风”问题，扎实开展党的群众路线教育实践活动，机关干部的精气神全面提升。6月，组织统战干部赴南京大学参加专题培训，着力打造一支基础扎实、业务精湛、作风优良的统战干部队伍。（吴永昌）

·普陀区委统战部·

【综述】 2014年，普陀区统战工作在区委、区政府的正确领导下，坚持以邓小平理论和“三个代表”重要思想为指导，深入学习贯彻党的十八大，十八届三中、四中全会和习近平总书记系列重要讲话精神，积极践行党的群众路线实践教育活动，紧紧围绕舟山群岛新区和“全景普陀”建设奋斗目标，牢牢把握大团结大联合的主题，扎实推进统一战线方针政策的贯彻落实，凝聚人心，汇聚力量，为开创普陀经济社会发展新局面作出了新的贡献。

【共同思想政治基础进一步夯实】 把学习贯彻党的十八大，十八届三中、四中全会精神作为统一战线团结奋斗的首要政治任务，深入学习习近平总书记系列讲话精神和关于统一战线的新思想新观点新要求。组织召开了以“坚持和发展中国特色社会主义，助推‘全景普陀’建设”为主题的统一战线读书会；在各界人士中组织开展了加强理想信念教育活动；组织了一期党外人士培训班，160余名民主党派、无党派人士参加培训；在宗教领域组织了一期全区佛教寺院监院培训班；在非公有制经济领域组织召开了非公有制企业代表人士中秋座谈会及2场主题讲座；到深圳组织召开由香港联谊会部分理事代表以及常务理事参加的座谈会，进一步夯实共同思想基础。

【党外代表人士队伍建设的力度不断加大】 根据中发〔2012〕4号文件精神，认真抓好党外代表人士队伍建设，切实贯彻落实《中共普陀区委关于进一步加强党外代表人士队伍建设的实施意见》，从党外代表人士队伍的组织结构、队伍梯次、教育管理等方面着手加强建设，建立了党外代表人士约谈制度；落实与区委组织部的联席会议制度，就党外干部的培养、选拔等工作进行专题研究，认真做好党外区管干部的选拔、培养等工作；构建党外人才数据库，切实加强与党外代表人士所在单位以及组织部门的联系，形成共同培养模式，切实加强对党外代表人士的评价考核。

【民主党派和无党派（党外知识分子）工作不断深化】 积极履行参政议政、民主监督职能，全区各民主党派、无党派人士向市区两级人大、政协提交各类议案、提案98件；引导党派、知联会人员积极助推“五水共治”，对全区10条垃圾河进行了实地暗访，并形成调研材料，反映有关情况；全年，各民主党派通过送医送教送戏等形式广泛开展社会服务活动；支持各民主党派加强领导班子建设，做好发展规划和后备干部队伍建设等相关工作，吸纳优势党外人士加入各民主党派，全年各民主党派共吸收新成员9名；区知联会于3月份进行了换届，并在教育、卫生系统成立了两个行业分会，8个镇（街道）均成立基层知联会。全区党外知识分子工作按照上级统战部门的要求，形成了“一个中心，两条线，七个点”的组织架构模式。

【民族宗教工作扎实推进】 继续做好和谐寺观教堂创建和评星工作，2014年向省里推荐沈家门真神堂为四星级宗教活动场所；加强三教团体的道风建设，进一步规范财务和人事制度，引导宗教与社会主义相适应；全面开展职权清理推行权力清单制度工作，共梳理行政权力和服务事项等内容36项；切实加强普陀区宗教活动监管，全年共审批行政许可项目26项，均确保活动合法安全有序；组织开展了宗教场所安全生产大排查大整治工作，对全区所有经批准依法登记的宗教活动场所的安全隐患进行了全面排查和整治，共整改到位11处；组织开展了宗教活动场所消防安全知识培训并观看消防知识光碟，受训达1000余人次；做好“三改一拆”涉及宗教活动场所违法建筑处置工作；认真落实党的少数民族政策，做好8人次符合条件的少数民族群众更改民族成份和考生的审核认定工作；组织人员参加了浙江省第五届少数民族传统体育项目运动会，其中女子双人蹴球获得省三等奖。

【非公有制经济领域统战工作得到积极拓展】 成立了舟山市首家总商会党委——普陀区总商会党委；制定印发《普陀区基层商会标准化建设实行细则》，指导基层商会建立健全管理制度，成功通过省工商联对普陀区商会标准化建设工作的验收考核；按照“领导班子、商会党建、治理结构、履职能力、社会治理、自身建设”六个内容加强基层商会规范化建设，目前，全区已有4个基层商会基本达到了规范化建设要求，其中1个商会通过了市民政局4A级商会标准；抓平台建设，成立了由10家公司入股，注册资金达2亿元的普商控股发展有限公司；积极搭建银企对接平台，与浙江稠州商业银行、稠州村镇银行、普陀担保公司、交通银行等建立合作关系帮助非公有制企业缓解融资难问题；开展“法律进民营企业”和“建筑行业法律实务”培训讲座等活动，促进企业健康发展；组织全区会员企业家参加年度体检；积极开展招商引资工作，全年共接待7批50多人次客商实地考察普陀招商环境，涉及招商项目7个，引进海晨房地产落户展茅；动员非公有制企业家主动参与区委、区政府“五水共治”、“全景普陀”等中心工作，开展“千企连百村，合力治污水”专项行动，全区7个基层商会的114家企业和65个社区（村）结对，帮助村社解决五水共治过程中遇到的困难和问题；广泛开展光彩行动，全年非公有制经济人士捐款达400多万元。

【港澳台海外联络联谊各项工作进一步深化】 认真组织开展与港澳乡亲的联谊活动，于2月份在深圳举办了香港乡亲迎春团拜会，7月份组织部分乡亲召开座谈会，9月份赴港对海外代表人士进行走访，全年接待海外乡亲32批190人次；海外乡亲社团建设不断推进，骨干队伍建设进一步加强，配备了专职秘书，组建了义工队伍，新生代培养工作稳步推进，青年力量不断充实到社团当中；做好港澳乡亲回乡投资的对接服务工作，协调做好香港舟山普陀联谊会会所联络处成立相关工作，积极做好招商引资工作，促成了深圳惠峰（中国）高科技控股集团在普陀注册“浙江舟山慧峰远洋船业现代装备科技服务公司”；对台贸易交流工作进一步加强，认真做好侨法的宣传工作，加强对侨眷的服务。

【统一战线自身建设得到进一步加强】 严格按照区委统一部署，扎实推进党的群众路线教育实践活动，把加强作风建设贯穿到全年各项工作，活动期间组织学习教育10次，梳理征求意见、建议27条，按规定完成整改落实，并修订完善6项内部管理制度；根据中央作风建设“八项规定”，省委“28条办法”和“六个禁令”要求，加强对“三公”经费的管理，与去年同期相比，“三公”经费减少30%，根据要求清理整改办公用房面积160平方米，减少行政审批事项23项，认真落实廉政建设责任制；完善三级统战网络体系，聘任了新一批社区（村）统战协管员，并明确工作职责；协调基层统战委员参加市委统战部组织的业务培训，进一步提升基层统战干部素质。（顾博盛）

·岱山县委统战部·

【综述】 2014年，岱山县统一战线工作认真贯彻落实中央、省市县委关于加强统一战线工作的一系列重要文件精神，自觉践行党的群众路线，高度重视发挥统一战线在服务经济社会发展中的法宝作用，突出凝心聚力，为推进“新区主战场建设”和“两美”岱山提供广泛力量支持，统一战线各领域工作取得显著成绩。

【巩固统一战线思想政治基础】 3月6日，县委组织党外人士对县级班子和领导干部贯彻执行中央八项规定以及开展好教育实践活动征求意见建议，积极为岱山经济社会发展出谋划策，推进决策的科学化和民主化。9月5日，县政协、县委统战部联合召开全县各界人士中秋茶话会，县四套班子领导参加会议，常务副县长胡国祥通报岱山县经济社会发展情况，副书记俞福达做重要讲话，张志加、李国平、贺师定、王胜利、毛卫民等同志围绕“建设美丽岱山　创造美好生活”，服务新区主战场建设等话题积极建言献策代表各界人士发言。“两会”期间，无党派人士中的人大代表和政协委员，积极为岱山县的经济社会发展参政议政、建言献策，共征得各种意见建议20条，无党派人士赵渊作了题为《关于加快推进我县休闲度假旅游发展的建议》的发言，金志广作了题为《加快科技创新平台建设　提升企业自主创新能力》发言。8月，召开党外知识分子联谊会第二届一次理事大会，选举产生县知联会第二届常务理事会理事。同时在县委领导高度重视下，率先在全市实现商会、知联会、侨台联合会基层统战组织全覆盖，其中基层知联会还扩展到教育界、医卫界等行业知联会，在全县范围内逐步形成了非公有制经济、党外知识分子、侨务三大模块的规范化管理模式，扩大统战工作层面。

【做好非公有制经济领域统战工作】 畅通与在外岱籍代表人联系渠道，向他们宣传家乡的发展，新区的政策，未来的前景等。组织岱籍企业家家乡行系列活动，积极参与和服务招商引资工作，推进“浙商回归”、“岱商回归”。3月3日，市政协副主席、岱山县委书记王伟专程赴宁波，与宁波岱山商会部分岱山籍企业家进行座谈，共话美好未来，共谋岱山发展大计。县领导沈兆幸、童信宇及县发改局、县工商联负责人参加座谈会。3月25日至26日，县委常委、统战部长沈兆幸、副县长童信宇带领县招商局、县工商联负责人到深圳看望岱山籍企业家，推介项目。4月20日至21日，深圳市中小企业家联谊会20多名企业家来岱考察。12月10日至11日，宁波市直属异地商会负责人到岱山考察。

【民族宗教工作进一步推进】 自全省统一战线开展“三改一拆”涉及宗教活动场所及民间信仰场所违法建筑处置工作以来，5月11日、6月23日连续两次召开全县性工作推进会。全县44家宗教场所中，3家存在违法建筑已全部拆除，总计面积430平方米。全县127家民间信仰场所中，计划备案登记97家；拆除7家（其中2家部分拆除后备案登记），总计面积2017平方米；改作他用25家，总计面积6706平方米，圆满通过省民宗委的考核，得到市委统战部（市民宗局）领导的高度肯定。巩固整治火灾隐患百日大会战成果，联合县消防大队举办消防安全知识培训及消防现场演练。排摸、掌握辖区内的宗教领域违法建筑情况、宗教领域重大活动情况、民族宗教领域不稳定因素，每月形成《全县民族宗教领域相关情况》报告，供县委领导参考。稳步推进民间信仰活动场所规范化管理工作。将民间信仰活动场所管理工作纳入基层社会事务管理，协助县委出台《关于进一步推进民间信仰活动场所规范化管理工作的实施意见》（岱党政办发〔2014〕226号），建立健全民间信仰活动场所长效管理机制，提高民间信仰活动场所自我管理水平。

【统一战线为经济社会发展服务】 组织非公有制经济代表人士和无党派人士就“五水共

治”、“招商引资”、“重点项目推进”等岱山县重点工作调查研究，组织无党派人士视察县委县政府即知即改事项，提出高质量的调研报告和有分量的意见建议。以统战成员为主的政协港澳侨台和宗教组获得2014年度县政协先进活动组。组织统战成员下基层服务群众活动，积极引导统战成员主动参与社会治理，为社会和谐作出贡献。5月，在东沙镇桥头社组织开展“践行群众路线　知联服务民生”基层行活动，提供医疗卫生、渔农科技、无违建县创建、公证等服务民生项目，共吸引1500余人接受服务。发挥宗教界人士社会效应，积极响应县“微爱认领，冬日暖阳”等社会公益事业活动。深化“无党派人士综合评价”工作，完善综合评价指标体系，运用相关各类评价考核成果，作为对无党派人士素质能力和各方面作用发挥情况的综合性判定。

【加强与港澳海外人士联情联谊】　召开县第五次归侨侨眷代表大会，选举产生侨联第五届委员会委员。1月12日，县委常委、统战部长沈兆幸等3人随同市委统战部在深圳参加在港舟山及乡亲迎春团拜会；8月4日，县委常委、统战部长沈兆幸带领有关同志在深圳与香港岱山同乡会开展联情联谊活动。12月13日至16日，县长毛江平带队赴香港开展联情联谊活动。

【统战部门自身建设得到进一步提高】　扎实开展党的群众路线教育实践活动，“静下心”学习思考、“敞开门”征求意见、“沉下去”贴近群众、“摆进去”抓好整改，进一步完善《县委统战部领导干部与党外人士联谊交友制度》，进一步深化“无党派人士服务进网格活动”，持之以恒抓好整改落实。加强基层统战干部能力素质，提高基层统战干部的理论和业务水平，在统战干部中牢固树立政治意识、大局意识、责任意识和法治意识。

（张建晖）

·嵊泗县委统战部·

【综述】　2014年，嵊泗县委统战部坚持以邓小平理论、“三个代表”重要思想、科学发展观为指导，以深入开展党的群众路线教育实践活动为契机，紧紧围绕全县中心工作，牢牢把握团结、民主的主题，努力创新，扎实工作，较好地完成了全年统战工作各项任务。

【举办嵊泗县统一战线读书会】　9月29日，嵊泗县举办全县统一战线读书会，来自不同界别的八位代表围绕“如何推进基层协商民主”的主题分别作了交流发言。

【成立嵊泗县慈善总会统一战线分会】　4月份，以加强统一战线“同心”工程品牌建设为载体，通过更广泛动员，积极筹备，建立了嵊泗县统一战线慈善分会，制定了《嵊泗县慈善总会统一战线分会慈善救助实施办法》和《嵊泗县慈善总会统一战线分会慈善资金募集、使用、管理办法》，严格按照章程实施募捐和救助。统一战线慈善分会为社会各界尤其是统一战线成员奉献爱心搭建了新平台，为救助困难群众提供了新渠道。慈善分会首期募得捐款十五万，现已救助13户困难家庭。

【举办舟山嵊泗（香港）联谊会周年庆活动】　6月22日，舟山嵊泗（香港）联谊会成立一周年庆典大会在香港金钟万豪隆重举办。在港嵊泗籍乡亲、学子、友好人士及兄弟社团负责人100余人欢聚一堂，参加庆典。中共舟山市委常委、嵊泗县委书记徐张艳，嵊泗县政协副主席、县委统战部部长陈忠祥，中联办机关工作部部长韩淑霞，浙江省部分县区同乡会负责人及部分在港中资企业的领导应邀出席庆典。

【开展“基层商会建设年”活动】　工商联秉承“着眼发展、着眼基层”工作方针，按照有利于活动开展、有利于工作开展的“就近、就便”工作原则，把基层商会组织设置、调整工作摆上重要议事日程，完成嵊山镇商会换届工作，新建洋山镇商会和枸杞乡商会，做好县直属商会、台州嵊泗商会的筹建工作。

【不断加强知联会组织建设】　努力做好知联会基层组织扩面工作，在符合条件的菜园镇、嵊山镇、洋山镇、黄龙乡、枸杞乡五个乡镇建立基层知联会组织。一年来，各级知联会组织开展访贫问苦、法律教育、送医下乡等系列社会活动，进一步提升知联会的社会影响力，获得广泛的社会好评。

【顺利完成党外知识分子联谊会换届工作】　5月12日，

嵊泗县召开党外知识分子联谊会二届一次理事大会。舟山市人大常委会副主任、舟山市知联会会长冯淑仙，舟山市委统战部副部长、舟山市侨联主席徐智忠出席会议并致辞。大会审议通过嵊泗县知联会一届理事会工作报告和《嵊泗县党外知识分子联谊会章程》修正案，选举产生11名县知联会二届常务理事会理事和二届理事会会长、副会长、秘书长。

【成立首个“农工之家”】 6月18日，中国农工民主党嵊泗县支部委员会举行“农工之家”成立暨揭牌仪式，成为舟山市成立的首个“农工之家”。中共舟山市委常委、市委宣传部部长、统战部部长忻海平，中共舟山市委常委、嵊泗县委书记徐张艳到场为“农工之家”揭牌；农工党舟山市委会主委、市政协副主席陈松菊等市、县领导，以及农工党嵊泗支部党员所在单位的领导出席揭牌仪式。6月25日，“农工之家”迎来首个开放日，农工党主委、党员及统战部相关领导参加了开放日活动。

【做好“三改一拆”涉及宗教违法建筑处置工作】 在全面调查摸底的基础上，制订了科学合理的违建处置工作方案。通过多方积极配合，努力协调，做好宗教活动场所违章建筑处置工作。

【做好宗教界后备人才培养工作】 引导各宗教团体、宗教活动场所加强对后备人才培养锻炼，把德才兼备、实绩突出、信众公认和有发展潜力的优秀人才推荐上来，为加强宗教团体和场所建设提供充足人才储备。首批建立了由20名宗教教职人员组成的人才库，把优秀后备人才作为各宗教活动场所负责人的重点培养对象。建立综合评价机制，加强对其综合情况跟踪掌握，定期进行考核和民主评议。现已从后备人才库中提拔3名人员为灵音寺、福善寺等寺院副监院。

【顺利完成宗教团体换届工作】 指导嵊泗县基督教“三自”爱国会和嵊泗县佛教协会顺利完成换届工作，围绕提高自养能力、增强管理职能和服务功能、改善领导班子素质结构等任务，确保宗教团体分别按照各自的章程召开代表会议，选举产生新一届领导班子，维护了宗教领域的安全稳定。

【完成行政权力事项梳理工作】 打造阳光政务，根据全县职权清理工作的统一安排，完成涉及民族宗教事务的61项行政权力事项梳理，保留36项。及时更新完善宗教信息管理系统数据库，加强对全县宗教信息的搜集、整理和分析。

【开展党的群众路线教育实践活动】 2月份，迅速启动党的群众教育实践活动，精心组织，周密安排，积极落实，认真抓好各环节工作，按时完成了各阶段的目标任务：做好学习教育，开展专题学习12次；广泛听取意见，召开座谈会3次，开展走访调研14次，共收到58条次意见和建议；积极查找“四风”问题，召开民主生活会，开展批评与自我批评，梳理整合需要整改的“四风”问题20条，并开展责任认领；建章立制，制定了“两方案一计划”，加强整改落实，确保实效。 （王高峰）

台　州　市

·台州市委统战部·

【综述】 2014年，全市统一战线继续扎实开展“同业对标，走在前列”活动，把市委“改革率先、工作争先、实干当先”的总体要求细化为67项对标项目，凝聚起全市统一战线最广泛的力量和智慧，为全面建成小康社会，建设“山海秀丽、富裕和谐”现代化台州献计出力。市委一以贯之地高度重视统一战线工作，市委常委会8次研究统战工作，市委书记吴蔚荣11次参加统一战线重大活动，多次听取统战工作情况汇报，并作出明确指示。市委副书记葛益平平均每月参加两次统一战线重要活动。

【开展统一战线系列主题教育实践活动】 加强对统一战线成员的思想政治引领，进一步增强中国特色社会主义道路自信、理论自信、制度自信，夯实统一战线的共同思想政治基础。举办2014年台州市统一战线读书会，市委书记吴蔚荣到会讲话，市委副书记葛益平作关于目前形势和任务及加强新时期统一战线工作、参政党建设的主题报告。组织开展“统一战线与群众路线”知识竞赛，主要面向统战成员发放“统一战线与群众路线”知识竞赛试题及答题卡2150张，收回答题卡2083张。路桥陈安宝纪念馆、三门亭旁起义纪念馆被省委统战部命名为首批浙江省统战系统廉政文化教育基地。实施“风云台商”精品宣传工程，与市广电集团联合在市电视台开辟每周一期“风云台商”栏目，2014年共首播18期、重播36期。开展“创一流商会、做优秀会长”考核评比活动，评选先进商会12家，优秀会长12名。民革、民进、农工党等民主党派市委会及市佛教协会、道教协会、基督教“两会”等统战社团顺利完成换届选举工作。台州市少数民族企业家秦旺仁增（藏族）被国务院授予“全国民族团结进步模范个人”荣誉称号。

【动员统一战线成员助力“五水共治”】 指导各民主党派市委会成功举办第九届台州市民主党派“同心同行，助推‘五水共治’”文化月活动，举行启动仪式暨“五水共治”专题报告会，发出“五水共治·民主党派在行动”倡议书，组织开展“民主党派林”植树造林活动。举行统一战线“助力‘五水共治’一日捐”活动，共募集捐款14.77万元。指导市统一战线艺术团成功创作并巡演全市首部小剧场话剧《钓鱼》，2014年巡演5场次，共有2000多名群众观看了演出。组织开展“五水共治·宗教界在行动”，开展“水与生命”为主题的讲经讲德活动，筹集专项资金130万用于民族村水源地改善。

【建设统一战线特色村】 为全市首批9个统一战线特色村筹集创建资金和争取政府财政配套或部门项目资金6500万元，金融授信信贷资金1亿元、已发放8800万元，引进或援建统战项目120个、投资总金额6000万元，开展统战惠民活动150次、受益群众达1.2万人次。此项工作被评为2014年度全省统战工作实践创新成果。7月份，在温岭召开践行群众路线推进全市统一战线特色村创建工作现场会。

【助推经济建设】 指导台州市家电商会制定《台州市空调室外机支架行业标准》，指导黄岩区商会、路桥区鞋业商会、天台县机电行业协会开展承接政府部门职能转移工作。深化“浙商回归”工作，新建长春、长沙、赤峰、奉贤等4家异地台州商会，指导合肥、沈阳、昆山、无锡、芜湖等地台州商会成功换届，全市异地商会达到166家，其中市本级74家。举办异地商会联谊会第九次大会、台州商人创业创新新春联谊会、台州商人家乡行等活动，异地商会作用进一步发挥，助推全市全年引进省外到位资金200.57亿元，增长32.2%，异地商会首期共认捐“五水共治”资金1.68亿元。

【深化两岸经济交流合作】 台州市被省政府列为“省小微企业金融服务改革创新实验区”。仙居台湾农民创业园建设累计完成投资6亿多元，流转土地6500亩，签约项目20多个，总投资10亿元的海亮有机农业科技示范园项目，已建成温室大棚7万多平方米，葡萄、水稻、蔬菜等基地1580亩。三门浙台农业技术合作实训基地初步建成并已开班，前期70亩培训基地已全面启动。

【建立系列民主协商机制模式】 组建18人台州市民主党派“五水共治”专家服务团和72人民主监督员队伍，推动组建29家镇（街道）知联会“治水监督团”，形成调研成果37项，提出意见建议280条，市委专门召开全市民主党派专题民主协商会。探索统一战线推进基层协商民主工作，在路桥、临海、天台、仙居等地试点探索基层协商民主平台和运行机制建设。

【巩固统战领域和谐稳定局面】 推广椒江区三甲街道民族团结宣传教育中心工作经验，全年共组织民族宗教知识宣讲160场次。市县联动共帮扶少数民族困难群众100户，帮扶资金10万元。大力推进城市民族工作，台州市经验在全省“四微”城市民族工作现场推进会上作经验介绍。台州市代表团获第五届省少数民族传统体育运动会优秀组织奖。强力推进依法管理民族宗教事务工作，编制完成《台州市民宗局权力事项清单》。积极推进佛、道教高等院校筹建工作，浙江佛学院（筹）天台宗佛学院以及路桥校区、浙江道教学院揭牌成立，一个市级区域内同时办有两所宗教高等院校，全国仅此一例。深化“和谐寺观教堂”创建活动，共申报省级“和谐寺观教堂”55处，推荐“五星级”宗教活动场所2处，完成20%宗教活动场所的财务审计任务。扎实推进宗教和民间信仰活动场所违法建筑专项整治行动，2014

年依法拆除宗教和民间信仰活动场所的违法建筑1508处。探索开展民间信仰事务规范化管理，试点形成“造册建档、予以备案、纳入管理”的工作模式。

【完善党外代表人士培育管理服务平台】 在中山大学、上海市社会主义学院等分别举办2014年新的社会阶层代表人士、无党派代表人士、民主党派骨干成员等培训班，共有200多名学员参加了培训。全市首个党外代表人士实践锻炼基地（路桥区）正式启动，选派首批7名党外干部赴路桥区相关镇（街道）、民主党派市委会机关挂职。出台《关于进一步做好台州市民主党派组织发展工作座谈会纪要》。探索完善知联会、新联会功能，丰富联谊交友、社会公益等活动。探索以社团为纽带的网络界人士统战工作，与市社科联、台州学院联合开展《台州网络界人士统战工作策略研究分析》课题调研；12月3日，成立台州市网络界人士联谊会。

【打造港澳台海外统战工作品牌】 组建市、县两级同乡会社会事务部，实现会员联络的网络化管理。实施“乡友联新友延伸乡情”和“老辈联小辈延续乡情”为主要内容的“双联”港澳海外统战工作法，乡情联谊对象实现翻番。邀请“香港台州同乡会2014台州寻根之旅”、香港入境事务处“业务交流之旅”等团组共8个210人次，组织赴港开展联络联谊活动11批次，全年来访人数、来访单团规模、赴港联谊团组数均创历史记录。台州海外联谊会、台州市留联会顺利换届。积极推进两岸交流往来，全年共组织赴台公务团组38个321人次，赴台经贸合作56批次133人次，赴台就读大学生30人。稳步打造“一县一品”对台工作品牌，完成大陈根祖堂施工设计图和预算编制，大麦屿港对台直航实现客货运并举，天台县成功获批国家级“海峡两岸交流基地”。成功举办2014中华济公文化节暨海峡两岸交流基地授牌仪式。省政府参事室、省文史研究馆批复同意设立浙江省东吴卫温船队远航台湾研究基金会，出港地主题公园、纪念馆等重点纪念设施已列入建设规划，主题纪念碑已完成方案设计。

【开展党的群众路线教育实践活动】 健全完善学习计划和学习考勤制度，开设每周一期统战干部自学自讲论坛、每月一期“统一战线与群众路线”大讲堂、读原著悟原理集中学习周、群众路线“短信”讲堂以及印发群众路线“口袋读本”、组织知识竞赛、观看红色影片、参观考察等，推动了学习教育常态化、大众化、务实化。建立健全领导班子成员“三联三问三解”深入基层服务群众机制，全面开展“统一战线大走访”活动，向32家统战系统各单位各社团、360名统战成员书面征求意见，部领导带队赴联系点蹲点调研9次，组织召开座谈会18次，征求到意见建议134条（462条次），其中反映“四风”方面问题69条（262条次），确定整改事项11大项24小项。强力开展“干部队伍‘庸懒散’问题”等正风肃纪专项整治，出台《中共台州市委统战部职权、业务、制度运行流程图》，建立完善领导班子工作规则、密切联系群众工作机制、党风廉政建设等作风建设长效机制28项。扎实推进统一战线贯彻党的群众路线“十大专项行动”，着力解决统一战线联系服务群众（统战成员）最后“一公里”问题。市委统战部被评为2014年中国统一战线宣传先进单位，连续13年保持全省统战信息工作先进集体一等奖，连续7年被市委、市政府授予市级单位年度工作目标责任考核优秀单位。（王　震）

·椒江区委统战部·

【综述】 2014年，在区委的正确领导和市委统战部的精心指导下，椒江区委统战部紧紧围绕区委中心工作，深入开展党的群众路线教育实践活动，不断巩固统一战线共同思想政治基础，发挥优势，整合资源，协调关系，推动统一战线为椒江区经济和社会发展作出新贡献。椒江区获2014年度全市对台工作先进集体，区委统战部获中国统一战线宣传先进单位、台州市统战工作创新奖，区工商联获全省工商联系统创新先进单位。

【深入开展党的群众路线教育实践活动】 严格按照“照镜子、正衣冠、洗洗澡、治治病”总要求，贯彻落实八项规定不打折扣，聚焦“四风”问题动真碰硬，厉行勤俭节约从小处抓起。坚持开门问诊，反复征求意见，收集到有效意见建议168条。坚持深挖细刨，认真对照检查，梳理出部领导班子“四风”突出问题12类，领导干部个人意见93

条。坚持对症下药，严格整改落实，明确了28条具体整改措施，建立了问题整改销号制度，组织开展了统一战线贯彻党的群众路线“八大专项行动”，以钉钉子的精神抓好整改。坚持建章立制，形成长效机制，做好现有制度的废、改、立，出台完善10项制度，努力实现作风建设制度化、规范化、常态化。

【不断夯实统一战线思想政治基础】 深入学习贯彻党的十八届三中、四中全会和习近平总书记系列重要讲话精神，引导民主党派和无党派人士开展坚持和发展中国特色社会主义学习实践活动，在民族宗教界开展马克思主义民族观和宗教观教育，在非公有制经济人士中开展理想信念教育，在港澳台海外人士中开展爱国主义和中华文化宣传教育。同心合力共建“统一战线特色村”，在下陈街道建立了“同心·文化公园”、“同心·科技馆”、“同心·农民书屋”、“同心·社情民意工作室”等，助推下陈村新农村建设。举办“统一战线与协商民主”培训会、“大陈垦荒精神和作风建设”报告会、“同心合力·践行使命”文艺宣讲、“中国梦·民族情”文艺汇演、“企业梦和中国梦、信念引领梦想、实干成就梦想”系列主题演讲赛、台海形势分析会等，统一战线共同思想政治基础更加夯实。

【主动融入全区中心工作】 引导党外代表人士积极建言献策。在区政协九届三次会议上，各民主党派、工商联、无党派代表人士提交团体和个人提案132件，占总数的71%。在党外代表人士中秋座谈会上，24名党外代表人士聚焦全区经济社会发展，提出了30余条意见、建议。积极稳妥做好“三改一拆”涉及宗教和民间信仰场所违法建筑拆改工作。大力推进椒江商会大厦建设。商会大厦占地面积21414平方米，总建筑面积160969.6平方米，确定建造50层、主体高度200米，总投资8亿元。目前，已确定参建企业，签订联建合同，完成土地购置、岩土工程勘探、方案设计、扩初和环境影响评估、试桩试压工作。现已进入施工图设计最后阶段，预计四年内建设完工。深化“同心·统战服务联盟”工作。连续第七年开展“同心·尚善”大型社会服务活动，组织20余名医卫专家分赴上大陈和下大陈送医送药，直接服务群众500人次。深化“同心·宣讲”活动，举办同心讲堂8期。精心组织开展“同心共建·美丽家园”主题宣讲晚会，受到省、市委统战部有关领导、区四套班子相关领导充分肯定。深化“同心·献策”活动，撰写上报社情民意90篇，形成调研课题35项。

【全面加强党外代表人士队伍建设】 指导民进区委会、区侨联、区少数民族联谊会、区留联会顺利换届，按照“五力”（学历、资历、能力、财力、给力）标准，选好配强领导班子。建立了120人的民主党派后备干部和35人的宗教界后备干部队伍。举办民主党派后备干部培训班、特约人员工作培训班、民主党派骨干成员培训班，共培训党外代表人士240人次。在区综治维稳中心、部分重点工程指挥部建立党外代表人士实践锻炼基地，选派了首批5名党外干部挂职锻炼。注重照顾同盟者利益，对党外人士反映的意见诉求实行登记销号制度。深化谈心交友制度，建立统战部班子成员与党外人士“谈心交友日”。

【促进多党合作事业发展】 推进多党合作和协商民主制度化，定期召开区委统战部与民主党派主委双月沟通联系会议，完善对口联系和特约人员工作，改进特约人员选派方式。协助民主党派深化基层组织规范化建设，建立6个活动基地。区知联会持续推进“暖心行动”，深入帮扶弱势群体。区知联会和新联会分别以“双月沙龙”为载体，提升理事综合素质。探索开展区知联会、新联会“共学习、共调研、共服务、共联谊”合作共建模式。

【促进民族宗教和谐】 完善民族团结宣教中心建设，通过组建“民族之花”艺术团、架设法律援助“微热线”、开展民族团结专题教育等方式拓宽交流途径、丰富活动内容。深化民族团结帮扶，建立“少数民族群众关爱基金”，帮助解决问题60余个，发放救助金额2余万元。民族团结宣教中心建设获省委统战部副部长、省民宗委主任冯志礼高度评价和副市长董贵波专题批示。成立少数民族法律援助中心，为维护少数民族合法权益搭建平台。积极推进“和谐寺观教堂”创建，全区有53家宗教场所达到创建标准，占总数的28%。

【加强港澳台和海外统战工作】 推进平台建设，协助成立高雄市浙江大陈同乡会和台湾椒江同乡联谊会（新北市椒江工商经贸交流协会），分别发展会员150和200人。大陈岛获评全省对台工作交流基地，并积极争创国家级海峡两岸交流基地。开展联络联谊，组团赴香港参加香港椒江同乡会成立八周年庆典活动，拜访在港椒江乡贤，开展招商推介。连续5年举办“卫温船队远航台湾座谈会”，卫温船队远航台湾纪念碑设计完成。加强交流交往，深化校际交流，组织全区39名中小学校长赴台学习培训。推进院际交流，组织台州市立医院赴台开展学术交流。“黄元及草书艺术展”在台湾举办，深受台湾各界好评。

（陈　益）

·黄岩区委统战部·

【综述】 2014年，全区统战工作在区委的正确领导下和市委统战部的精心指导下，以“同业对标，走在前列”活动为抓手，积极践行党的群众路线，全面夯实基层统战工作基础，为打造最佳“宜居城区”做出了贡献。区委统战部被评为全省统战信息工作二等奖，区新联会、区网联会分获全省优秀集体称号，区知联会院桥镇分会获优秀基层集体称号。区委统战部获全区2014年度综合目标责任制考核一等奖。

【开展党的群众路线教育实践活动】 创新开展“学先进、找差距”、“部长论坛”等活动。根据工作实际，提出“统战六问”。深入征求意见，及时掌握统战对象及基层群众的需求和期盼。认真召开专题民主生活会，及时出台“即知即改”方案。建立并完善21项规章制度，初步构建起以制度建设统领统战工作全局的长效体系。

【党外代表人士工作】 落实协商民主制度。出台了《关于建立区级民主党派组织、统战团体联系乡镇参与协商民主制度的通知》、《关于开展基层协商民主综合评价工作的通知》等文件，在院桥镇开展基层协商民主制度建设试点工作，邀请省委统战部副巡视员、研究室（宣传办）主任杨卫敏作《统一战线与基层协商民主》专题讲座并赴院桥指导。完善并落实党外人士协商会、情况通报会、谈心交友等制度。支持各民主党派积极参政议政，2014年初在区“两会”共提交发言材料7篇，团体提案88件，个人提案27件。在区政府、区政协领导协商确定的8件重点提案中，党派团体提案有5件，推动一系列民生问题的落实和解决。组织各民主党派、区知联会和新联会等对南城街道河道整治工作进行督查，助推“五水共治”工作。举办党外干部培训会。举办中国特色社会主义学习实践活动专题报告会，邀请国务院参事陈全生作《宏观经济形势与对策研究》专题报告。协调解决民主党派和统战团体集中办公场所问题。指导协助民建区总支、民进区总支的换届工作顺利进行。完善荐贤举能机制，农工党黄岩总支主委王志敏、区新联会常务副会长胡才谦荣获2014年浙江省劳动模范称号。深入推进区知联会“同心·知联服务团”建设，组织会员开展“送温暖、送健康、送科技”活动。选送知联会会员廉政书法作品赴省参展。协助区新联会顺利召开二届二次会员大会。成立了全市首家网络界人士联谊会。支持区黄埔军校同学会举行纪念建校90周年座谈会。

【民族宗教工作】 成功调处民族宗教领域矛盾纠纷7件。以宗教活动为载体宣讲伊斯兰教知识和宗教政策法规。在院桥广化寺建立反邪教警示宣传教育阵地。走访慰问35户少数民族贫困家庭；资助少数民族困难学生30人；帮扶宁溪镇少数民族群众的蔬菜种植项目。结对帮扶苍南县岱岭乡坑门村，提供帮扶资金10万元。大力培植民族团结典型工作，黄岩区少数民族优秀企业家秦旺仁增被评为“全国民族团结进步模范个人”。落实本年度5个和谐寺观教堂场所创建任务。审核批准大型或非通常宗教活动29起。开展宗教活动场所安全检查。开展“宗教政策法规学习月”活动。协同区级机关有关部门召开争创“无违建区”暨宗教违法建筑处置工作推进会和全区“三改一拆”行动工作会议；开展“宗教和民间信仰活动场所违法建筑整治月”活动，超额完成全年工作任务。组织黄岩区宗教团体向信教群众发出“五水共治”倡议，引导宗教界以实际行动助推“五水共治”，慈善活动共筹集资金5万元。做好行政权力上线运行各项工作，对民族宗教方面区级行政权力和服务事项进行逐个梳理。

【港澳台海外工作】 召开全区台办系统工作会议，传达贯彻上级对台工作会议精神。加强入岛宣传。在“黄岩统战网”上创建“对台工作”、“港澳海外”栏目，刊登黄岩区港澳台海外工作动态。在厦门大学台湾研究院举办全区涉台高级研修班。区台办4月接待黄岩籍重点台胞王敏先生返乡参访，6月与区政协共同庆祝原黄岩市政协副主席王友定回乡定居35周年，7月接待原台湾国民党少将、台湾国防部长办公室国会联络处参谋主任张骏维来黄岩考察投资妇幼医院项目。全年共办理10批次27人次赴台商务考察。区侨联共接待包括香港入境事务协会，美籍华人杨亦农、李峰，刚果（金）侨领徐恩标等知名侨胞10批次。深化侨界政协委员年度述职制度。组织开展台、侨界委员考察调研黄岩模具城、82省道复线，关注王林洋半岛开发、江北区块拆迁安置等工作。完善和落实《黄岩区台商权益保障工作联系会议制度》，发放《浙江省台资企业优惠政策指引》和《涉台法律法规、协会规章摘编》等资料。召开11次座谈会，对19个乡镇街道台联小组、台联会全体理事及台资、台属企业开展主动服务。重点对15个侨资侨属企业开展走访。及时妥善处理涉台人员的来信来访9批次，办结率100%；处理涉侨信访件5件。慰问海外高层次人才志愿团国内家属及困难患病归侨侨眷共计35余人。

【非公有制经济领域工作】 开展法律、税收、业务技能等方面的培训共29场，总计8100人次；组织创二代会员赴浙江大学参加创二代企业家传承与创新发展研修班，赴诸暨进行野外素质拓展训练；邀请区级机关有关部门为会员讲解税务、技术改造、创新项目申报、专利维权等相关知识。组织创二代会员考察万事利集团有限公司、福州仓山万达广场和万达武汉中央文化区，赴温州文成、苍南与兄弟协会进行交流组织；文化创意协会会员赴义乌考察参观第9届中国（义乌）文化产品交易会。为工商联会员安排体检。协助电动车塑件协会召开自律维权座谈会。与天津静海电动车塑件协会举行了维权合作签约。赴福州海峡国际会展中心参加授牌仪式，参观49届全国工艺品交易会；赴泉州工艺资源网（彩虹设计网），做好产业设计对接工作。积极协助塑料、模具两个协会成立模塑大厦联建公司。向会员企业和黄岩籍异地商人发出“五水共治”倡议书，据不完全统计，湖南浙江商会会长徐文忠出资240万元，区工商联5家异地商会初步认捐数额达1600万元。组织创二代联合会赴上郑、宁溪开展“爱心助学、尊教助困”活动，为93名贫困学生和21名困难教职工捐助12万元。 （陈　巍）

·路桥区委统战部·

【综述】 2014年，路桥区委统战部认真贯彻落实省委、市委统战工作会议精神，紧紧围绕区委区政府中心工作，凝心聚力，内修外化，虚功实做，全面提升了统一战线服务科学发展能力和统战工作科学化水平。统战工作综合考核继续位列全市优秀，统战部机关被评为区“实干论英雄”先进集体和“人民满意机关”，区工商联被评为全省“五好工商联”、区民宗局考核位居全市先进，区知联会、区新联会分别被评为省优秀知联会和省优秀新联会。党外代表人士“六化培优”工程被评为全省县级统战工作实践创新奖，信息工作被评为全省统战系统一等奖。统战整体工作实现了均衡发展的良好格局。

【党外代表人士队伍建设】 在全区统一战线开展坚持和发展中国特色社会主义教育实践活动，通过统一战线“八问路桥”大讨论等活动，征集党外代表人士意见建议50多条。先后选送党外代表人士近50人赴江西干部学院开展革命传统教育，近200人在陈安宝纪念馆开展法治专题教育。在区社校先后开展党外知识分子、民主党派人士、宗教界人士3期专题培训班，共有250多人参加。加强体制内党外干部挂职锻炼基地和体制外党外代表人士社会实践锻炼基地建设，建成全市首个市级党外干部挂职锻炼基地，协助市委组织部、统战部安排首批7人开展挂职工作；建成4个省级实践锻炼基地，其中陈安宝纪念馆被评为首批“省统战系统廉政教育示范基地”，知联会产学研基地、横街镇洋屿村基地、新联会小学基地被评为“省统战系统优秀同心知联服务基地”。

【助推五水共治】 开展为期3年的“五水共治·统战同行”五大系列活动。在活动启动仪式上，区四套班子主要领导全部参加；区委现场委托民主党派组成5个课题组，聘请百名“五水共治”党外特约监督员，并授旗组成14支治水志愿队；各统战社团认捐认建项目资金1009万元，浙江卫视对此进行专题报道。活动开展以来，统战各界人士通过百场宣讲入百村、千份倡议入千企、万份手册入万户“百千万”宣传行动，发放各类宣传册3万多份；各民主党派积极开展联合调研并向政府献策；区知联会积极开展治水“随手拍”、绘画比赛、捡垃圾等活动；各商会会员企业纳污纳管承诺书签订率100%，完成自拆40多处；各宗教场所积极争创治水示范场所，营造了“人人参与，从我做起”的良好氛围。

【助推经济发展】 区工商联先后走访本异地商会19家，会员企业500多家，采集重要路商信息2000多条。在此基础上，加强商会网络建设，全年新建上海、武汉、重庆三个异地商会，并依托异地商会建立10家异地投资促进中心。全年共组织昆明、北京、上海等3个异地商会考察团回乡考察，并协助区政府举办上海、北京异地商会两个项目推介会，签约10多个项目，合同金额200多亿元。同时，发挥知联会、新联会、商会组织人才渠道优势，服务转型升级，在工商联建立法律服务中心，在古街社区建成面积200多平方的非公有制经济服务中心，开展入企服务10多次，组织专题培训4次。区知联会产学研合作中心获政府拨款10万元，并牵线8家企业与高校达成总额近300万的科研合作意向。

【深化统战“一镇一品”】 继续开展“一镇一品”工作。在路桥街道试点统战社团参与基层民主协商工作，建立党外人士协商民主议事会，建立协商议事中心，创新7种协商模式，相关做法被市委统战部以文件形式向全市转发，并被评为全市基层统战工作实践创新奖。选择路南二手车市场协会、螺洋鞋帽行业商会试点承接政府职能转移工作，二手车行业协会先后承接了车辆过户、行业规划、资质初审等5项职能，螺洋鞋业商会先后承接消防审核、电力审批、定额定税协商等10项政府职能。探索新居民统战工作，以区两办名义制定出台联谊会工作《实施意见》，建立全市首个县级新居民代表人士联谊会，并争取经费20万元，在峰江街道建成新居民统战工作中心，并在峰江街道、路北街道、路桥街道古街社区建立分会及部分村居社区工作站，推进三级网络构建，市委统战部在路桥区召开工作研讨会。此外，还在路北街道探索社区商会建设，在桐屿街道探索城市民族“1+X”工作，在新桥镇建设“四型”商会，在横街镇开展“统一战线特色镇”建设。

【民族宗教工作】 开展“寻梦中国·正言正行”教育实践活动。启动首届“宗教文化周”系列活动，制作“反邪教”展板并在97处场所巡展，创立佛教慈善爱心驿站，举办文化周文艺汇演，四大宗教团体同台献艺，共塑和谐氛围。举办天台宗佛学院路桥校区揭牌仪式及“兴福祈福”音乐会，省市相关领导及全国各地佛教界人士700多人参加仪式。佛学院的启用，填补了路桥区宗教高等院校的空白。在金清镇试点宗教场所规范化管理和民间信仰点登记备案管理试点工作，相关做法得到省民宗委肯定，并被评为全市基层统战实践创新奖。

【侨务工作】 配合区侨办开展省基本侨情调查工作，全区共登记涉侨人士4593人并建立数据库。参与市侨联“万侨大联引，引才作贡献”等活动。依托区台侨法律维权服务中心为侨界人士提供免费法律服务。接待香港台州同乡会“2014台州寻根之旅”考察团，在深圳开展香港同胞乡情联谊活动，全年接待来路桥的华侨华人100余人次，进一步密切了海内外联系。

【慈善公益】 各统战团体募集50万元续推洋屿村“统一战线特色村”建设，相关做法在全市现场会上作经验介绍。区新联会筹资100万元分批投资建设全省首座面向民工子弟的纯公益“新联会小学”，被《中国统一战线》报道。一年来，各统战团体先后募集爱心资金500多万用于助学助困，开展社会服务100多次，服务群众1万多人次，赢得了社会各界的好评。

【自身建设】 深入开展党的群众路线教育实践活动，围绕学习教育、查摆问题、整改落实三大重点环节，设置“五学五解”、“走亲连心大走访”、“三联三问三解”等载体，先后组织部机关干部集中学习17天，走访各界人士250多人，征集意见建议86条、111条次，对其中10项群众反映较为集中的事项发文即知即改。同时，通过班子民主生活会、组织生活会、党员大会等方式，深入查摆“四风”突出问题，部班子先后查摆问题55条，提出互批意见24条。在此基础上，推进“统战十大专项行动”，推动活动成果落地。

（马民富）

·临海市委统战部·

【综述】 2014年，临海市统战工作在省委统战部和台州市委统战部的指导下，在市委的正确领导下，深入贯彻落实上级有关统战工作会议和《中共临海市委关于加强统一战线工作的意见》精神，紧紧围绕市委工作大局，以“同业对标，走在前列”活动为总抓手，扎实开展“同心驱动六大行动”，进一步巩固和发展最广泛的爱国统一战线，为实现临海“千年古城新崛起”凝聚人心、汇聚力量。在台州市对各县（市、区）年度统战工作考核中名列第一，被台州市委统战部评为2014年度全市统战工作先进单位，还被评为临海市级机关部门分线工作目标责任制考核优秀单位。

【开展“同心驱动中国梦”行动】 扎实开展统一战线党的群众路线教育实践活动，以问题为导向，贯通衔接“学习教育、听取意见，查摆问题、开展批评，整改落实、建章立制”各个环节，以“潜心学习思考、真心查摆问题、诚心对照反思、洗心改正不足、恒心确保长效”五大具体措施来正“四风”。深入开展“同筑中国梦”主题实践活动。在民主党派和无党派人士中精心组织开展坚持和发展中国特色社会主义学习实践活动，在宗教界开展以爱国主义为主题的“寻梦中国·正言正行”教育实践活动，在新的社会阶层人士中深入开展以“四信”为主要内容的理想信念教育，在港澳台和海外人士中开展爱国主义和中华文化宣传教育，巩固共同的思想政治基础。

【开展“同心驱动创新发展”行动】 引导和支持非公有制企业加快转型升级。在非公有制经济人士中开展“深化理想信念教育，合力助推五水共治”活动，切实增强非公有制经济人士对中国特色社会主义的信念、对党和政府的信任、对企业发展的信心和对社会的信誉。大力推进招商引资和招才引智工作。市工商联与四川广汉市工商联缔结为友好商会，新成立西安临海商会和乌鲁木齐临海商会，现临海市共有18家临海异地商会。还积极开展统一战线共推“五水共治”专项行动。据不完全统计，临海市共有575家企业参与“五水共治”工作，认捐金额5889万元，现实际到账2970多万元。

【开展“同心驱动基层协商民主”行动】 建立基层民主协商议事制度。选择在白水洋镇、括苍镇、沿江镇试点建立基层民主协商议事制度，开展基层协商民主工作。通过搭建基层民主协商议事会、圆桌会商和网络互动三大平台，设定提出协商议题、组织协商活动、落实协商结果、监督执行效果四个主要环节，建立健全民主提事、民主议事、民主理事、民主监事四项机制，推进基层协商民主制度化、程序化、规范化，充分发挥统一战线在协商民主中的重要作用，团结凝聚基层社会各阶层、各界别和各方面代表人士广泛参与基层事务的决策和管理。该项试点工作被有关媒体列为全国39项已启动的全面深化改革实践中发展基层民主的探索实例，得到上级部门和领导的充分肯定。在此基础上，协助市委起草《临海市建立基层民主协商议事制度的意见》，推广试点经验，全面推进全市基层协商民主。

【开展“同心驱动社会治理”行动】 引导宗教与社会主义社会相适应。对46个宗教场所进行财务检查审计，加强宗教场所安全检查，促进宗教场所规范管理。全力做好“三改一拆”涉及宗教和民间信仰场所违法建筑处置工作。起草并提请市委、市政府下发了《关于加强民间信仰事务规范化管理的意见》。积极开展网络界人士统战工作。2014年6月，指导成立了临海市网络界人士联谊会，并依托市网络界人士联谊会，加强会员的联络联谊、学习培训，围绕市委工作大局，团结和发挥网络“意见领袖”作用，在网络中形成正面积极的舆论导向，引导网络界人士坚守“七条底线”，大力传递网络正能量。

【开展“同心驱动党外人士培优”行动】 认真贯彻落实《中共中央关于加强新形势下党外代表人士队伍建设的意见》和省委、台州市委及临海市实施意见精神，准确把握党外代表人士队伍建设总体要求以及在人大、政府、政协安排党外代表人士的政策要求，协助市委配足配强党外领导干部。加强党对党外代表人士队伍建设的领导，全面推进临海市党外代表人士“六支队伍”建设。举办党外后备干部培训班，提升党外代表人士和党外干部的能力和水平。依托省统一战线教育培训实践教学基地，推进临海市党外代表人士实践锻炼，支持指导民进科经支部主委出版《民主党派基层工作者的思考与实践——我的开明之路》一书。完善党外代表人士综合数据库和专项数据库，进一步健全“知联之星”评选机制，抓好党外代表人士“六支队伍”后备干部队伍建设，深入实施党外后备干部“十百千工程”。

【开展“同心驱动固本强基”行动】 深入贯彻落实《中共临海市委关于加强统一战线工作的意见》精神，进一步形成党委统一领导、统战部门牵头协调、各有关部门和人民团体各负其责的大统战工作格局。推进统战工作贴近经济、贴近基层、贴近群众，深入开展统战工作进机关、进社区、进企业、进农村、进学校活动，巩固统战工作基层基础。加强基层统战社团工作，进一步加强知联会组织“六有”规范化建设和基层商会组织“五有”规范化建设，加强统战社团各基地建设，促进统战各社团之间交流，强化统战各社团作用发挥。（屈骏伟）

·温岭市委统战部·

【综述】 2014年，温岭市统战工作以党的十八届三中、四中全会精神和习近平总书记系列重要讲话精神为指导，以党的群众路线教育实践活动为总抓手，围绕中心服务发展，凝聚人心促进和谐，改革创新打响品牌，为建设现代化中等城市凝聚人心、汇聚力量，统战各领域工作有了新进展。市委常委、统战部长陈玲萍在全省统一战线推进基层协商民主现场会上作题为《温岭市坚持十五年改革创新推进协商民主广泛多层制度化发展》的典型发言。市委统战部被中央统战部宣传办评为宣传先进单位、被省委统战部评为统战信息工作二等奖、被台州市慈善总会评为慈善工作先进集体、被温岭市委市政府评为2014年度市直机关工作目标责任制考核优秀单位、市台办被中台办宣传局评为宣传工作先进单位、市民宗局被评为“浙江省国家安全人民防线建设优秀单位”，温岭市知联会被评为浙江省优秀知联会，市工商联被省工商联评为县级工商联先进单位、全省“五好”县级工商联，太平街道留联会被台州市侨联、留联会评为留联工作先进集体。

【党的群众路线教育实践活动】 紧扣“照镜子、正衣冠、洗洗澡、治治病”的总要求，认真开展学习教育、听取意见，查摆问题、开展批评，整改落实、建章立制三个环节工作，切实做到聚焦“四风”查摆问题，触及灵魂深刻剖析，开展批评有辣味，整改落实不走样。对于存在问题，班子成员制定个人整改清单，明确58项整改任务，立说立改、立改立行。对涉及宗教领域违法建筑处置、镇（街道）统战工作考核办法不科学、公车管理、超标准接待等10个突出问题即知即改。重点围绕理想信念、干群关系、效能管理、党风廉政等，出台加强统战部领导班子自身建设的意见、部务会议议事规则、机关管理制度，制定少数民族经济社会发展扶持实施细则，出台城南镇后塘村“强基惠民村村帮”工作实施意见。

【打造“五美”统一战线特色村】 整合统战资源，借好美丽乡村政策助力，帮助城南镇兰公岙村创建“科学发展生活美、幸福和谐社会美、生态宜居环境美、乡风文明身心美、统战风情特色美”的“五美”特色村。共投入资金1100多万元，其中统战部门直接支持110万元，为该村争取交通、水利、科技、慈善、银行等市级部门配套资金660多万元。7月30日，台州市委统战部在温岭市召开践行群众路线推进全市统一战线特色村创建工作现场会，市委统战部、城南镇和兰公岙村在会上作了经验介绍。10月11日，台州市副市长郑米良批示：“发挥统战力量参与扶贫和新农村建设，是条好途径、好做法。温岭的经验很好，转各地借鉴。”

【服务中心工作有新作为】 稳妥做好涉及宗教领域违法建筑整治工作。向全市广大统一战线成员发出“凝聚八方力量 同襄五水共治”倡议书，积极开展“百企联百村，合力治污水”、

"五水共治，五教同行"活动，发动统一战线成员捐款捐物，其中宗教界捐款20多万，工商界捐款120多万。

【搭建商会服务平台，助推浙商回归创业】 会同有关部门首次在温岭举办全国异地温岭商会第十二届联谊会暨回归项目推进会，13个项目在温岭市签约落户，签约项目资金100.47亿元，颁发了优秀异地温岭商会、慈善功勋奖、慈善贡献奖等奖项。以建立民营企业发展服务中心为载体主动承接政府部分职能转移，浙江股权交易中心设立温岭运营中心，48家企业挂牌创新板，为日后实现新三板以及在上交所与深交所上市做好准备。新河镇在台州首创11项政府职能转移给行业协会。召开温岭民营经济史陈列馆布展大纲评审会。新建了新疆生产建设兵团温岭商会、温州温岭商会，莫斯科（中国）温岭商会、济南温岭商会和市帽业、鞋革业商会顺利换届。由温岭市帽业商会组织制定的《编织帽国家行业标准》经工业和信息化部批准实施。

【多党合作事业和党外知识分子工作进一步推进】 进一步完善多党合作政治协商制度建设，民主党派和工商联围绕中心积极建言献策、参政议政。五个民主党派组织全部在政协大会上作专题发言和书面交流。工商联界撰写的《关于加快装备制造业发展的建议》被列为重点提案，《发挥社会组织作用，激发行业协会（商会）在社会治理中的活力》列为大会书面交流。指导各民主党派、无党派人士开展坚持和发展中国特色社会主义学习实践活动，举办一期党外干部培训班，二期"统战大讲堂"。协助民主党派加强自身建设，做好农工党温岭市总支换届工作。支持统一战线成员参与各种社会服务活动，举办民主党派社会服务月、组建同心·知联服务队、开展知联会"法律·财会·税务"服务团入企巡回"体检"等活动，"统战义工服务队"和"新联会义工服务队"参加温岭现代慈善11年"义工嘉年华"活动。切实发挥统一战线在基层协商民主建设中的重要作用，不断完善、深化、发展以民主恳谈为特色的基层协商民主。全市镇（街道）知联会组织实现全覆盖，为广大基层党外知识分子发挥作用搭建了新平台，开辟了新阵地，拓展了新领域。

【民族宗教领域和谐稳定态势进一步巩固】 认真贯彻《中共温岭市委办、市府办关于加大少数民族经济社会发展扶持力度的意见》等帮扶政策，落实市财政少数民族发展专项资金50万元，着力解决少数民族群众在生产生活中的突出困难与问题。新一轮少数民族低收入群众增收帮扶行动计划成效明显，会同司法局举行"关爱少数民族人员，义务提供法律服务"活动，协同城管部门解决了新疆穆斯林群众的3处经营摊位，城南镇"四位一体"打造少数民族温暖之家，结对温州苍南县桥墩镇后隆村，落实帮扶资金10万元。

【依法加强管理，深化教育引导，宗教领域和谐稳定进一步巩固】 开展"寻梦中国·正言正行"主题教育、"五水共治·五教同行"公益慈善和深化和谐寺观教堂创建等活动，引导宗教界人士和信教群众爱国爱教。

【港澳台海外统战工作进一步拓展】 做好香港台州同乡会"2014台州寻根之旅考察团"一行90人接待工作，邀请香港入境事务处协会来温岭市参观城市建设，交流入境相关事务。加强海外联谊会与香港温岭同乡会的联谊工作。

深化对台"民心工程"建设，《达共识，求双赢，续乡情，温岭市倾情打造对台"民心工程"》被台州市政府信息录用，得到台州市副市长董贵波批示肯定。拓展与台湾南部基层渔业公会的交流合作，台湾琉球区渔会、台湾琉球乡乡长蔡天裕一行、台湾宜兰县苏澳区渔会、分别来温参访交流。深化与台湾桃园大溪镇"双溪"同名结对交流、市第一人民医院与台湾童综合医院之间的交流合作，台湾鸿建裕医疗集团与台州市中西医结合医院初步达成合作意向。台北市温岭同乡会成功换届，组织111人第25次返乡参访，是有史以来人数最多的一次。协助商务局办好"2014海峡两岸名品展销会"。发挥市黄埔军校同学会、市台胞接待站等作用，加强对台宣传工作。

完成全市基本侨情调查工作，进一步摸清了侨情家底。深入推进"海外精英走温岭"活动，开展海外创业项目推介活动，市侨联牵线浙江睿洋农牧科技有限公司和温岭市农林局正式签订了高峰牛保种技术和开发利用投资合作协议书。（赵　健）

·玉环县委统战部·

【综述】 2014年，玉环县统战系统在县委的正确领导和市委统战部的精心指导下，深入开展“同业对标、走在前列”活动，围绕中心、服务大局、发挥优势，扎实提升统战工作水平，取得了积极的成效。玉环县获评全市对台工作先进单位，县工商联获评全省“五好”县级工商联，县新联会获评浙江省优秀新联会。

【党的群众路线教育实践活动】 通过开展“基层走亲 连心解忧”、“点亮微心愿”、统一战线大走访以及统一战线贯彻党的群众路线“六大重点专项行动”等各类活动，扎扎实实开展了统战系统党的群众路线教育实践活动。累计集中学习9.5日，征集各类意见建议49条、358条次，班子及领导干部个人整改项目基本落实到位。

【“五水共治·同心同行”专项行动】 专门发文号召全县统战成员争当“五水共治”的宣传者、实践者、志愿者、建言者和监督者，举办统一战线“五水共治·同心同行”宣传晚会，开展“百村联百企·合力治污水”、“五水共治·四教同行”等活动，全县基层商会累计为“五水共治”认捐2990万元，在外企业家回乡捐助“五水共治”资金310万元；各宗教团体共捐款33.5万元。

【党外代表人士队伍建设】 开展党外代表人士大走访活动，重点走访县管党外干部和统战团体班子成员，走访玉环县首届优秀中国特色社会主义建设者以及提名奖获得者20名。加强党外代表人士教育培训，在县社会主义学校举办了统一战线十八届三中全会精神学习会和践行群众路线理论培训班，在江西干部学院举办统战干部暨党外代表人士培训班。重视党外干部配备，新配政府部门正职党外干部1名，县管党外干部达33人，其中正科级6人。进一步发挥统战人士民主监督作用，组织安排70位民主党派、非公有制经济代表人士参加2014年度县级关键岗位集中述职测评活动。拓展党外代表人士活动平台，建立新联会“同心·创业”示范基地2个，党外知识分子实践基地1个；成立县知联会文艺分会，专业分会数量达到4个。2014年，县新联会获评全省优秀新联会，县知联会同心医疗服务队获评省优秀同心知联服务队。加强民主党派工作，民建玉环支部于2014年11月成立。

【经济领域统战工作】 着力推进“浙商回归工程”，2014年初召开了玉环在外创业人士新春联谊会，200多名在外创业企业家参会；助力招商引资，重点做好了北京、上海、南昌等地回归项目的联络服务工作，锦江百货购物中心、财富广场等一大批优质项目落户玉环，全年引进外来投资达27.5亿元。继续夯实招商引资联络联谊工作平台，根据“本地商会抓规范、异地商会抓组建”的思路，开展基层“五好”示范商会创建活动，沙门商会、清港商会和玉环上海商会完成换届。县工商联（县总商会）完成换届。

【民族宗教工作】 积极推进“和谐寺观教堂”创建活动，培育省级和谐寺观教堂重点创建对象6处。继续开展教职人员行为、宗教场所财务管理“双规范”活动，调整充实56处宗教场所管理组班子；完成31处宗教活动场所财务审计工作，并协调在中国银行开设联名帐户，解决乡镇（街道）保留点“开户难”问题；在《今日玉环》刊登佛道两教教职人员有关信息，“假僧假道”现象得到有效遏制；推进基督教传道员的认定备案工作，共备案传道员177人。紧抓场所消防安全管理，对全县宗教活动场所及乡镇（街道）保留点607名安全员进行上岗培训，全年组织开展宗教活动场所消防安全检查11批次，督促整改重点消防隐患场所18处。引导宗教界发挥正能量作用，指导佛教协会举办第三届放生活动，放生鱼苗45万尾；举办明海法师音乐分享会，大力弘扬佛教文化；积极巩固丧葬陋习整治成果，向全县宗教界发放《倡厚养薄葬，文明节俭办丧事》倡议书6000多份。积极抓好宗教团体建设，顺利完成县道教协会换届工作。开展少数民族基本情况调查排摸工作，建立全县少数民族基本情况数据库，登记造册固定少数民族居民1131人，暂住和流动少数民族人员29578人。落实各项民族优惠政策，做好少数民族考生的中、高考加分审核工作，审核并上报高考加分学生3人。深入落实“少数民族困难群众增收帮扶计划”，慰问全县少数民族困难户28户，发放帮扶资金2.78万元；做好与跨市民族村的结对帮扶工作，向温州市苍南县桥墩镇龙井村提供项目帮扶资金10万元，向平阳县青街畲族乡提供结对帮扶资金150万元。

【对台工作】 全年接待台胞、台商75人次，组织1批公务团赴台交流，企业赴台参展和商务合作洽谈6家24人次。强化对台服务，举办元宵台商酒会，开展“台商服务月”等活动，调查走访全县台资企业11家，走访慰问台胞台属台商65人次。配合做好对台经贸合作区建设，对台直航3月24日复航，全年共运行72个航次，运送旅客16608人次；对台货运获得新突破，对台直航客货滚装码头工程通过验收，11月29日，大麦屿港对台货运直航试运行顺利启动，两个价值10万美元的集装箱随“中远之星”轮成功发往台湾；大润发超市项目动工建设，预计2015年底正式开业；海峡两岸（玉环）商品交易物流中心（旅检大厅）建设进展顺利。推进两岸文化交流，相继举办“以琴会友、‘琴’系两地——玉台口琴交流”、“玉环台湾书画现场创作交流”、“书香玉环情牵两岸”涉台知识竞赛等活动，坎门灯塔鳌龙渔灯协会赴台参加第十届海峡两岸民间艺术节。加强对台合作，台湾新北市万里区渔会应邀来玉环参访交流，签订了《玉环县坎门渔会与新北市万里区渔会交流合作备忘录》。拓展对台小额贸易，全年实现对台小额贸易额318.7万美元。

【港澳及海外统战工作】 开展“侨眼看家乡”系列活动，共接待来自5个国家和地区到玉环交流访问的华人、华侨及港澳同胞8批次130人次，重点做好“香港玉环同乡会返乡行”考察团、香港入境处考察团和“香港台州同乡会2014寻根之旅”考察团的接待服务工作。以开展全省侨情普查为契机，重新梳理充实港澳乡情资料库，对已移民离港人员逐一分类核实。促进“海外高知志愿服务团”作用发挥，在玉环县交通治堵、龙溪镇新农村建设等方面进行了对接服务，服务团人数达到11名。

【统战基层基础建设】 完成台州市统一战线特色村创建工作。深化鸡山乡南山村“同心”思想教育实践示范基地建设，指导该村逐步完善多功能渔民会所、“同心”栈道、“同心”林、“同心”广场等“同心”基础设施，精心打造出具有海岛特色的“同心”品牌，南山村成功获评台州市首批统一战线特色村。同时，将龙溪镇山里村作为“争创村”，按统一战线特色村的要求进行创建，推进了“同心”书屋、“同心”科普活动中心、“艺术家工作室”等项目建设。实现村居（社区）统战工作服务站全覆盖和乡镇（街道）知联会分会、联络小组全覆盖，建成村级统战工作服务站317个，11个乡镇（街道）全部建立知联会分会或联络小组。开展新居民分众化统战工作创新。以新居民中的“知识精英”、“企业精英”、“社会活动精英”为切口，分别建立了县知联会非公有制企业外来高层次人才分会、坎门街道新玉环人联合商会、玉城街道新玉环人统战工作服务站等三个新居民统战团体，为新居民参与社会治理搭建了平台。坚持开门办统战，系统构建统战系统对外发声网络。依托县知联会会刊《和同》等载体，进一步畅通党外人士建言献策渠道，目前《和同》已刊出5期，共有26名党外代表人士在刊物上发表政研类建言献策文章35篇；建立统战部官方短信平台“凝心聚力·同心同行”，发送人群涵盖县领导、县管干部、统战干部及统战代表人士1000多人，全年共发送短信20余期，3万多条次；建立官方网站“玉环统一战线”和官方微博，立体式、全方位宣传体系初步构建。 （立影院）

·天台县委统战部·

【综述】 2014年，天台各级统战部门认真贯彻有关统一战线重要文件和会议精神，以党的群众路线教育实践活动为契机，推进基层协商民主建设。成功举办浙江佛学院天台宗学院揭牌奠基仪式、浙江道教学院揭牌奠基仪式，成功获批国家级海峡两岸交流基地，举办2014中华济公文化节暨海峡两岸交流基地授牌仪式，深入开展“十万天商助会战”活动，着力推进各领域统战工作。

【基层协商民主建设】 天台县委印发了《天台县基层协商民主制度》，乡镇（街道）层面协商民主由县委统战部牵头实施，在深入调研和征求意见的基础上，制定了《天台县乡镇（街道）民主协商“三环五步”工作法试行方案》，以天县委办

〔2014〕49号文件形式印发试行。文件下发后，由统战部指导15个乡镇（街道）建立议事员队伍，召开第一次民主议事大会，开展各类协商议事活动。该项工作得到市委统战部部长周五来批示肯定，工作信息被省委办录用并上报中办。9月25日，邀请省委统战部副部长、省社会主义学院副院长、党组书记蒋学基作题为《发挥统一战线在基层协商民主中的作用》的报告。

【两所宗教高等院校揭牌奠基】 5月27日，成功举办浙江省佛学院天台宗佛学院（筹）揭牌奠基仪式，该活动得到中国佛教协会、省市县有关领导的高度重视，来自全国各地的佛教界、学术界人士及广大信众700多人参加。中新社、新华社、浙江在线、佛教在线、凤凰网等知名媒体对此次活动进行了报道。12月30日，举办浙江道教学院（筹）揭牌仪式暨奠基典礼，全国各地高道、学者及信众800多人参加。

【民族宗教“和谐园”建设】 5月27日，县民宗社团联合办公场所“和谐园”正式揭牌启用。依托“和谐园”创办“和谐大讲堂”，举办传统文化讲座7期，参加人数2000余人次。该项工作得到了市委统战部长周五来的充分肯定，在“和谐园”召开了全市民宗团体联合办公工作现场会。

【获批国家级海峡两岸交流基地】 充分发挥济公故里文化资源优势，积极申报对台交流基地。7月24日，国台办正式批准天台为海峡两岸交流基地，这也是浙江省继象山县、富阳黄公望隐居地之后第三个海峡两岸交流基地。

【两岸济公文化交流活动】 10月28日至29日，成功举办2014’中华济公文化节，此次活动被国台办、省台办列入对台交流重点项目。举行了海峡两岸交流基地授牌仪式、济公成道805周年祈福活动、台湾画家王德亮《济公传奇故事》系列画展、济公故里海峡两岸交流基地建设座谈会、济公故里圣迹游等系列活动，指导授予台湾39家“济公文化交流友好单位”。来自台湾、香港、澳门及东南亚等地的150多名济公信众代表参加，香港中评社、中新社、浙江日报、当地电视台等近10家媒体的记者前来采访报道。全年组织开展4次赴台交流活动，共邀请和接待台湾团组20多个。

【十万天商助会战活动】 会同工商联开展了“回归投资兴家乡”、“捐款五水共治”、“创五好商会 做优秀会长”等活动。全县18个异地商会积极响应“五水共治”捐款，协议捐款4000多万元，2014年到位580万元。

【多党合作工作】 加强多党合作制度建设。进一步完善党外重点人士联系交友制度，推动教育局、卫生局建立党员领导联系党外代表人士制度。顺利完成县政协委员调整。县政协九届三次会议新增委员4名，减少委员6名。发挥参政议政作用。县政协九届三次会议期间，党外政协委员提交提案84件，民进支部提交团体提案1件。

【党外代表人士队伍建设】 加强党外干部培养。4月9日至10日，在省社会主义学院举办党外人士培训班一期。选送3名党外干部参加全市无党派人士培训班，推荐6名党外后备干部参加县第19期青干班培训。民主党派组织建设进一步加强。民进天台支部荣获全国民进基层组织先进，民盟天台支部筹建工作顺利开展。

【党外活动】 会同民进天台支部举办“生命五分钟、民进在行动”活动6场，3000余人接受培训。加强知联会工作，开展“健康你我他，知联进万家”活动；争取省知联会联系白鹤镇霞庄村，慰问该村困难群众20人，送上每人1000元的慰问金。

【民族宗教工作】 着力做好宗教项目建设工作。包括完成修禅寺实开工建设、护国寺大雄宝殿奠基、桐柏宫吕祖殿暨方丈楼奠基、轩辕宫（琼台观）大殿结顶、通玄寺通玄宝殿奠基。做好宗教文化传承工作。11月11日，举办首届天台山放生节活动，以“爱护自然、保护生命、合理放生”为主题，倡导生态和谐文化。出版书籍《万年钟声》。引导开展宗教慈善。开展“五水共治·宗教界在行动”活动，天台宗教界共捐款80余万元。募集宗教慈善捐款14万元，用于帮扶宗教场所周边困难群众。

【工商联（商会）工作】 推动中小微企业服务。举办了二期银企合作项目恳谈会，签约贷款授信意向3亿多元。促进光彩事业。评选表彰第五批总商会优秀教师奖，重奖30位优秀教师每人1万元。加强异地商会和基层商会建设。建立县四套班子领导联系异地商会制度。成立了天津市天台商会，召开天台上海商会换届大会和广东天台商会换届大会。成立县电动车行业商会。

【新的社会阶层工作】 加强学习培训。6月17日至19日组织新联会成员赴中山大学参加台州市新阶层代表人士培训班，7月14日至19日组织30名新生代企业家参加南京大学高级研修班。完善组织建设。11月17日成立新生代企业家联谊会。12月份县新联会顺利换届。着力服务社会。开展“新阶层·新形象·新贡献”主题活动，建立新联会基层服务队，深入社区、村居开展家电维修、免费理发和法律咨询等社会服务活动。组织新联会开展爱心助学活动，2014年资助贫困学生18人，发放善款5.4万元，并从2015年开始与石梁学校长期结对帮扶。积极参政议政。县新联谊会11名成员在市县“两会”上提案51件。

【港澳和海外统战工作】 按照省市要求，会同外侨办等有关单位圆满完成侨情调查工作。首创“留学咨询服务站”，并在浙江天台中学举行现场咨询活动。弘扬“爱乡楷模”王阿良精神，在全县统战系统深入开展学习宣传“爱乡楷模”王阿良活动，组织“手绘T恤义卖暨王阿良助学金募捐活动”，募得款项17804.49元；资助贫困学生16人，发放助学金1.6万元。召开香港天台同乡会2014年度理事会；举办“8.12海外亲人团聚节”；配合市委统战部做好旅港台州同乡寻根游活动。（齐　赟）

·仙居县委统战部·

【综述】 2014年，仙居县委统战部在县委的正确领导和市委统战部的精心指导下，在各乡镇（街道）和县有关部门的积极配合下，紧紧围绕市委提出的统战工作“同业对标，走在前列”的目标要求和县委“绿色发展、科学跨越”、“四大发展战略”的总体部署，充分整合统一战线的优势，引导全县各统战成员把走好“五化同步”转化为自觉行动，为全面建设“中国山水画城市”提供广泛的力量支持。

【服务经济社会发展】 加强与异地商会和港澳台及海外仙居籍知名人士的联系，协助县委县政府组织开展了“浙商回归仙乡行”活动，在新疆、杭州、温州等4个异地商会开展了“情系家乡、感恩回归”主题招商系列活动。做好台湾农民创业园的招商引资、宣传推荐、项目包装和政策争取等工作，全年邀请80余位台商到台创园参观考察。在全县统一战线系统深入开展了“同心同行共助五水共治”系列活动，全县统一战线广大成员积极参与共助行动，全年捐资达1700万元。积极引导非公有制经济人士主动承担社会责任，参与光彩事业、五水共治、新农村建设、扶贫开发、公益慈善、慈孝仙居等社会实践活动。在异地商会中开展了“情系老区献爱心”活动，组织义乌商会、温州商会、杭州商会新生代联谊会等与革命老区开展共助对接。组织引导温州商会捐资结对仙居中学22名贫困生，捐资6.6万余元。开展11场次的“民企招聘会”、“法律进企业”、“金融进企业”等活动，加强与省外工商界的交流合作，积极搭建银企合作交流平台，解决中小企业融资难等问题。2014年有5个异地商会为会员企业搭建了融资平台。

【加强对台交流合作】 不断夯实对台工作基础，协助做好无骨花灯赴台参加“马耀南投”2014台湾灯会和“花灯缘 两岸情”仙居观光旅游说明会。做好台湾南投县代理县长陈志清一行、知名爱国人士沈策之女沈国瑛女士等6个重点批次参访团的接待。协助做好“第三届海峡两岸儒学学术论坛”接待工作。以台联会为工作载体，深入推进对台民心工程和“乡情延续”工程，开展亲情大联络和台商服务月等活动。2014年上半年新一届台联会顺利换届，与在台一、二代亲友的联络更加密切。

【强化党外代表人士的组织引导】 以统战社团为载体吸纳党外人才，2014年顺利实现了县工商业联合会（总商会）、县新的社会阶层联谊会、县台胞台属联谊会的换届。3个团体中，新吸纳了38位代表人士进入新一届班子，其中有3位代表人士被推选为会长。完成了党外代表人士的年度培训计划，安排了1期主体培训班次，3期非主体培训班次，共培训党外代表人士379人。年度共选送4位代表人士赴省市组织的各类党外代表人士培训班。以“德、能、勤、绩、廉”为重点，对非公有制经济代表人士、宗教界代表人士、自由择业知识分子、党外干部、社会团体负责人等五类党外代表人士分类实施了“1+5”综合评价标准体系，并纳入信息数据库进行跟踪管理。健全了党外代表人士联系交友制度、约谈机制、重大事项报告机制和信息共享机制。

【深化民族宗教工作】 建立完善了“结对帮扶、全面行动、帮扶五年、全面脱贫”的少数民族立体式帮扶工作机制。以属地化管理为依托，通过联席会议制度，顺利破解佛协换届难题。做好涉及宗教领域违章建筑的“三改一拆”工作。全面推进行政权力规范化建设，规范宗教活动的审批程序。实施大型宗教活动“安全工作承诺书（安全工作预案）”制度，切实把防范、化解责任落实到人，维护全县宗教活动场所安全。巩固提高已通过省达标验收的44个和谐寺观教堂创建成果，完成23%宗教活动场所的年度财务审计工作。

【广泛开展联络联谊】 充分发挥统一战线的资源、人脉、组织优势，运用亲情、乡情、友情、商情开展工作，县党外知识分子联谊会、县新社会阶层人士联谊会、县少数民族联谊会、县留学生和家属联谊会、县黄埔军校同学会、县侨联、县台联、基层商会、异地商会等各统战团体积极开展活动，加强联络联谊。积极构建非公有制经济人士联谊交流平台，开展在外仙商大调查，并顺利召开仙居工商联第五届换届大会，吸收会员277人。新建了新疆仙居商会，截至目前已建异地商会9个、在外知名人士联谊会8个、基层商会10个。完成了全省基本侨情调查工作，调查录入3202人次。动态管理港澳及海外侨情资料库，全年做好3起涉侨权益保障服务。重点实施了香港仙居同乡会、海联会“倍增计划”，强化与在港澳仙居人的联络联谊，扩大了香港同乡会规模，提升了影响力。

【提升统战队伍素质】 以“提升学习力、激发创新力、凝聚助推力、增强行动力”为目标，以“四联三访”、“一宣二问三解”、“干部论坛”等活动为载体，有效开展党的群众路线教育实践活动，组织专题“干部论坛”15期，统战系统集中培训会6场次，培训统战干部、党外代表人士达835人，整改落实各类问题12个，建立并优化各类体制机制5项。探索性开展统战特色创新工作。抓社团统战工作。实施“提升、嫁接、孵化”三大行动，不断加强党对社团组织的政治领导和思想引领；抓统一战线参与基层协商民主建设。在全县四个试点乡镇实施了“乡镇党委重大决策党外代表人士咨询顾问团”制度，以组建咨询顾问团等形式开展镇务乡务大事民主协商，有效扩大党外人士在基层政治生活中的有序政治参与，密切党同党外人士的联系。

（张洪耀）

·三门县委统战部·

【综述】 2014年，三门县委统战部在县委的正确领导和市委统战部的精心指导下，践行党的群众路线，立足优势、打造平台、创新机制、服务发展，为开启全面深化改革新征程凝聚广泛力量，为实现经济持续健康发展和社会和谐稳定作出新的贡献。

【加强党外代表人士队伍建设】 一是加强党外代表人士信息收集整理。对乡镇（街道）和县级机关事业单位党外干部进行全面调查摸底，建立了由123人组成的党外代表人士信息库，同时，实行“一人一档”管理。二是加强对党外代表人士的教育培养。组织党外干部参加各类专题报告会、座谈会和学习会100余人次。继续选派2名部门科级党外领导干部到街道挂职，1名科级党外领导干部和7名党外后备干部到重点工程、企业挂职。同时，积极向县委推荐优秀党外干部。三是充分发挥党外代表人士作用。依托党外知识分子联谊会平台，多次组织党外代表人士开展专题调研，为县委县政府决策提供参考。通过举办党外代表人士座谈会，搭建参政议政平台。开展节日送温暖等系列主题活动，提升影响力。县党外知识分子联谊会荣获2014年度省优秀同心·服务团称号。

【促进非公有制经济人士工作进一步发展】 一是努力培养高素质非公有制经济代表人士队伍。组织县工商联（总商会）机关干部及执委以上会员集中开展专题学习，带动、引导广大非公有制经济人士深入开展理想信念教育活动。同时，以异地、乡镇商会换届和组建为契机，物色、培养新的非公有制有制经济代表人士。配合县委、县政府相继在北京、杭州、上海等组织举行委托异地商会招商引资授牌仪式。认真做好新的社会阶层人士联谊会各项换届筹备工作。二是加强异地、乡镇商会组织建设。3月份成功组建杭州三门商会。积极推进宁波三门商会换届各项筹备工作。4月份，将原珠岙商会和高枧商会合并为珠岙商会。同时，做好异地商会支部规范化管理工作，引导上海三门商会支部规范3个预备党员转正程序。三是提高商会服务品质。在县总商会大厦设立县工商联界政协委员社情民意工作站，专门负责收集会员意见建议。经县总商会二次常务副会长扩大会议和五届一次执委会商议，分批次组织129名会员赴台州医院体检，执委会委员18名赴台湾进行商贸考察。四是积极引导关爱奉献社会。积极组织非公有制经济人士参与各项扶贫帮困活动，全年慈善捐款额共计1003.25万元，其中县总商会18家会员企业向县慈善总会捐款378.25万元。北京三门商会会长周方洁出资6万多元，对全县10个乡镇街道72户贫困家庭进行走访慰问；县总商会在会费中提取5万元，资助10名左右的贫困学子；杭州三门商会组织会员募捐8万余元，目前已为患胃脑垂体肿瘤的湖州师范大学三门籍学生支付医药费3万余元。

【和谐稳定的社会局面进一步形成】 一是不断促进民族团结进步。确定15户少数民族困难户进行重点慰问跟踪帮扶工作。立足台州市唯一的少数民族自然村——海润街道涛头村小涛头自然村，积极搭建畲族文化传承平台。同时，做好少数民族传统体育训练场馆内运动器材的购置工作。努力培养少数民族运动员，三门县代表台州赴温州参赛省少数民族运动会，荣获省少数民族运动会优秀组织奖，7人参赛，6人获奖。对城区内的新疆维族和回族人员居住、经商比较集中的区域进行了重点排摸，建立相关台账，设立城区少数民族联络点。二是有序推进宗教事务管理。巩固宗教专项工作成果，推动宗教教职人员认定备案、社会保障和宗教活动场所财务监管工作进入常态化管理；按照稳妥、渐进原则，对上规模、影响大、信众多、管理好的场所逐步列入管理并探讨管理办法。做好“三改一拆”涉及宗教场所和民间信仰活动点违法建筑的工作。

【海内外同胞“同根”认同进一步增强】 一是全力以赴开展全省基本侨情调查。根据省委统一部署，发动全县所有机关、企事业单位，乡镇（街道）以及各行政村力量对侨情开展地毯式全方位交叉排摸，并对侨办、侨联掌握的侨情资料，以及统计部门第六次人口普查数据、公安出入境近十年出境人员进行信息比对，全面掌握涉侨对象。对海外侨情以及海外高层次人才情况进行重点登记，建立了专门的人才库、项目库，目前三门县海外华侨华人、出国留学生中硕士及以上学历160余人。同时，依托全省基本侨情调查有利时机，充分发挥牵头单位的职能作用，把侨情、台情调查两项工作结合在一起，在开展侨情调查的同时，对全县台情也进行了一次全面普查，建立健全了县对台工作资源库。二是突出重点，加强港澳海外统战工作。针对全省基本侨情调查中排摸的重点对象，组织人员赴50余户重点涉侨家庭开展中秋探访活动，送上夏日“清凉包”和涉侨家庭联系卡。同时，通过群众喜闻乐见的歌舞、小品、木偶戏等形式向归侨侨眷送上节日祝福。借助清明节等传统节日，邀请三门籍香港同胞回乡探亲联谊；接待香港台州同乡会“台州寻根之旅”100多人次来三门联谊考察；组织人员到香港三门同乡会开展春节慰问和中秋联谊等活动，组织举办《章氏家乡情纪念画册》首发仪式。三是创新手段加强对台工作。以县委县政府名义邀请了13名有一定影响力与知名度的三门籍台胞回乡探亲，回乡游活动为期4天，专门就同乡会组建事宜进行了面对面详细的商讨。同时，专门安排台胞回家探亲访友，为组建台北三门同乡会奠定了较好的感情和人脉基础。台北三门同乡会成立大会于8月23日在台北市水源会馆隆重举行，县委书记董服标亲临现场给予指导祝贺。同乡会配备了办公场所和工作人员，目前，同乡会运转正常，依托微信不定期以文字、图片、视频等形式发布各类动态信息，以“掌上同乡会”全方位、多角度、深层次地开展对台交流交往和联谊活动。同时，积极做好台湾各界人士接待工作，全年接待12批次80多人次。切实做好赴台人员行前教育，全县到台湾开展交流活动人员22人。

【群众路线教育实践活动成果进一步彰显】 一是认真开展

群众路线教育实践活动。自2月底党的群众路线教育实践活动启动以来，三门县委统战部紧扣县委活动部署，规定动作全部到位，深入搞调研，广泛听意见，深刻查问题，切实抓整改。同时，将开展教育实践活动与学习贯彻党的十八届三中全会精神相结合，与坚持和发展中国特色社会主义学习实践活动相结合，与做好统战工作相结合，切实把教育实践活动的成果转化为全县统一战线围绕中心、服务大局的具体成效。二是加强廉政文化建设。深入挖掘亭旁起义纪念馆红色旅游资源中蕴含的统战廉政文化题材，积极开展廉政文化教育活动。亭旁起义纪念馆被省委统战部确定为第一批“浙江省统战系统廉政文化教育基地”。三是加强统战组织班子建设。开展专题民主监督、廉政警示等活动，进一步加强统战团体领导班子的思想建设、制度建设和作风建设，重点引导他们树立和践行社会主义核心价值体系，把握正确政治方向。（王良飞）

丽水市

·丽水市委统战部·

【综述】 2014年，丽水市统战工作高举“大团结、大联合”旗帜，扎实推进各项工作，统战事业开创新局面。协助市委市政府召开党外人士情况通报会、协商会、座谈会，组织开展专题考察调研，搭建党外人士参政议政、民主协商、民主监督平台。指导民主党派、无党派人士开展中国特色社会主义学习实践活动，召开全市统一战线宣传思想工作座谈会，夯实共同思想政治基础。加强党外代表人士教育培训，举办针对党外中青年干部、党外知识分子、少数民族干部、少数民族青壮年、佛道教伊斯兰教界人士、天主教基督教界人士、非公有制经济人士、新生代企业家、华侨村官等有关培训班20余期。2014年，全市少数民族农村居民人均可支配收入12179元，比上年增长15.1%；集体经济收入10万元以上的民族村从上年的52个增加到81个。全市累计已建成“畲族特色村寨”21个，其中3个村被评为首批“中国少数民族特色村寨”。2名个人和2个集体分别被国务院授予民族团结进步模范个人、模范集体荣誉称号。全年浙商回归到位资金105.3亿元，同比增长50%。全市统一战线成员“五水共治”捐款8654万元。推动基层知联会、异地商会、县级同乡会等统战社团组织建设，截至2014年底，全市已建成基层知联会33家，异地商会109家，指导并成立香港丽水莲都同乡会、香港青田同乡会。开展网络统战工作，成立市网络界人士联合会。举办香港乡亲家乡行、“友好中华·侨联五洲”活动，承办“亲情中华·欢聚青田”慰问演出、“中华文化与华侨华人社会”国际学术研讨会等重要活动。

【多党合作事业进一步发展】 研究出台《关于进一步健全市政府有关部门与市级各民主党派、工商联对口联系制度的意见》，召开对口联系工作座谈会，健全党外人士意见建议反映、反馈机制。召开有关重要工作征求意见会、“扩大有效投资”等专题情况通报会，通过建立《统一战线专报》、组织党外人士参加每月“电视问政”活动、开展集中调研考察等，开通党外人士参政议政日常“直通车”。指导民主党派、无党派人士开展中国特色社会主义学习实践活动，召开全市统一战线宣传思想工作座谈会，夯实共同思想政治基础。加强民主党派组织发展工作，开展主委、副主委“一职两备”工作。召开党外干部从政心得座谈会，健全完善组织部统战部联席会议制度，党外干部队伍结构进一步优化。引导民主党派、工商联、无党派人士参与“五水共治”、服务转型升级等社会服务活动，连续第7年举办“三下乡”大型社会服务活动。指导县（市、区）委统战部积极牵头协调，推进基层协商民主进一步完善和提升。

【党外知识分子活力进一步迸发】 研究制定基层知联会建设指导意见，召开坚持和发展中国特色社会主义学习实践活动交流会暨基层知联会建设推进会。联合市司法局、市律师协会开展专题调研，出台律师行业统战工作实施意见，开展律师行业统战工作。建立健全鼓励引导党外知识分子发挥作用的服务机制，开展“同心送温暖”等形式多样、内容丰富的主题活动。开展“1+1”市县联动品牌活动，建立市知联会分会与县级知联会结对共创关系。

【民族地区全面小康建设进

一步推进】 深入学习贯彻中央和全省民族工作会议精神，开展民族工作“大走访、大调研”活动。贯彻落实省政府《关于进一步加快民族乡（镇）经济社会发展的意见》等帮扶政策，认真组织新一轮少数民族低收入群众增收帮扶行动计划等帮扶活动，联合市财政局修订出台少数民族专项资金管理办法。深化“畲族特色村寨”建设，莲都区利山村等3个村被评为首批中国少数民族特色村寨。举办“三月三”风情节、畲族服饰设计大赛等特色活动，首部畲族民俗电影《山哈女友》正式上映，展现畲族传统文化魅力。扎实推进城市民族工作，以缙云县为试点，开展以“微组织、微窗口、微热线、微平台”为主要内容的“四微”建设，妥善处置涉及民族因素的矛盾纠纷。

【宗教领域和谐稳定进一步巩固】 开展宗教团体负责人年度考核工作，试行宗教团体工作例会制度，促进宗教团体规范化建设。开展“寻梦中国·正言正行”主题教育、“五水共治·五教同行”公益慈善、佛道教专项治理、“文明敬香、创建生态寺观”、平安综治双月宣传、深化和谐寺观教堂创建等六大活动及星级场所评选工作，引导宗教界人士和信教群众爱国爱教、服务社会。精心做好重要节日和敏感时期的稳定工作，依法依规处置涉宗信访、矛盾纠纷和突发事件。依法制止非法传教，坚决抵御境外利用宗教进行的渗透。协调指导全市稳妥推进涉宗“三改一拆”工作，确保按期完成涉宗改拆任务和处置期间社会和谐稳定。

【非公有制经济“两个健康”进一步深化】 开展非公有制经济人士理想信念教育实践活动，引导非公有制经济人士适应新常态。协调、帮助解决非公有制企业连环担保贷款引发的有关问题，确保有关企业平稳过渡，维护社会稳定。主动协调市经合办、商务局、旅游局，积极搭建活动平台，开展招商引资工作。成立东阳、新疆异地商会，完成北京、杭州异地商会和合成革商会换届，筹备成立陕西、成都、兰州丽水商会和广东丽水商会换届工作。加快丽水商会大厦建设，已完成主体工程。协助开展“光彩事业山区行”活动，落实帮扶项目69个、帮扶资金1000多万元。组织摄制浙江卫视“义行天下”宣传片，弘扬新时代浙商精神。

【港澳台海外统战工作进一步拓展】 举办香港丽水乡亲家乡行、新中国成立65周年庆祝活动、“友好中华·侨联五洲”活动等，邀请柬埔寨诺罗敦·施里武亲王、香港九龙中扶轮社到丽水考察，增进与港澳同胞的联络联谊。支持台湾丽水市同乡联谊会及有关县级同乡会加强自身建设，发展台湾乡亲骨干，壮大岛内爱国力量。举办第二届浙台基层交流周丽水站活动，加大对台交流力度。举办“侨商回家”、“三胞”中秋座谈会、华侨华人子女夏令营等，加强联络联谊和教育引导。

【全国政协副主席、国家民委主任王正伟到丽水调研】 6月12日至14日，全国政协副主席、国家民委主任王正伟到丽水市考察调研民族工作。王正伟强调，要提升城市民族工作管理服务水平，促进少数民族和民族地区经济社会发展，积极推进民族事务治理体系和治理能力现代化、法治化。省政协副主席、省委统战部长孙文友，中国侨联副主席朱奕龙，省民宗委主任冯志礼陪同调研。市委书记王永康陪同调研并汇报丽水民族工作情况。

【健全对口联系制度】 市委统战部牵头研究并出台《关于进一步健全市政府有关部门与市级各民主党派、工商联对口联系制度的意见》，明确市委定期就对口联系制度落实情况组织专题督查，市委统战部作为对口联系工作统一归口管理部门，负责指导、协调、联络等工作。将政府对口联系部门由19个扩大为28个，对对口联系工作的形式、内容、范围等提出了具体要求。

【基层协商民主工作】 在莲都、云和、缙云、松阳等县（区）先行开展工作的基础上，在全市全面铺开、整体推进。建立了由党委领导，统战部门牵头，各相关部门共同参与的工作机制，发挥乡镇（街道）和村、社区在基层协商民主工作中的主体作用，有效整合有关部门和社会团体的工作力量、载体、平台。各县（市、区）挖掘提升了一批统一战线推进基层协商民主的范例，如云和县白龙山街道的“书记论坛”和“民情茶馆”；缙云县搭建的社区“协商议事会”，松阳县成立的“美丽乡村·田园松阳”共建参议会；遂昌县、缙云县搭建的“乡村文明促进会”等。

【成立市网络界人士联合会】 8月13日，丽水市网络界人士联合会成立大会召开。丽水市网络界人士联合会是具有知识性、联谊性的统一战线社团组织，是丽水市首家综合性网络界社团组织。市网联会一届理事会中有92名理事，分别来自网络新媒体从业人员、网络运营商、网络意见活跃人士、相关高院和科研院所从事网络信息技术教学和研究的专家学者。会议选举产生了市网联会一届理事会常务理事、会长、副会长、秘书长。市政协副主席、农工党市委会主委、丽水学院副院长李江波当选为会长，市农业投资发展有限公司董事长徐炳东当选为执行会长。市网联会成立以来，先后组织开展了创业讲座、政策解读、电商义务培训等活动。12月16日，在全国无党派人士优良传统座谈会、党外知识分子工作会议暨网络人士统战工作交流研讨会上，丽水市作为唯一地级市代表就网络界人士统战工作做交流发言。

【组团参加第八届中国民族商品交易会】 7月18日至7月22日，第八届中国民族商品交易会在内蒙古呼和浩特市举办，丽水市政府首次组团参加本届交易会。市委常委、统战部长廖思红代表市委市政府，专程赶往展馆现场看望慰问工作人员，对展馆工作提出了具体要求；廖思红出席交易会开幕仪式，并参观考察丽水在蒙企业。此次丽水市参展的畲族特色文化产品展示馆，占地面积达500平方米，以“秀山丽水、魅力畲乡”为主题，以江南畲族民居为主格调，组织了全市七家优秀的畲族产品生产企业参展，主要设有六个具有不同风格的畲族商品展区，特别设有浓郁畲族民俗特色的互动体验区。

【组团参加浙江省第五届少数民族传统体育运动会】 11月13日至17日，浙江省第五届少数民族传统体育运动会在温州举行。丽水市代表团参加了运动会的所有比赛项目，经过激烈角逐，共获得金牌23枚，银牌45枚，铜牌14枚，实现了“三个第一”（金牌总数第一，奖牌总数第一，总得分第一）的目标，并获得体育道德风尚奖、组织奖。景宁县单独组团，参加8个竞赛项目和3个表演项目，共取得了4金10银13铜的成绩，金牌总数超过上届。

【成立丽水学院民族学院】 6月13日，丽水学院民族学院揭牌成立，同年开始招收民族学专业本科生，填补了浙江省高校本科专业中民族学专业的空白。为提高民族学院办学特色和办学水平，明确由丽水市政府、丽水学院与浙江省民宗委三方合作共建丽水学院民族学院。

【开展“寻梦中国·正言正行”主题教育】 在全市宗教界开展“寻梦中国·正言正行”主题教育实践活动，以“中国梦”的宏伟目标引领宗教界人士，打造政治上靠得住、学识上有造诣、品德上能服众、关键时起作用的宗教教职人员队伍，发挥宗教界正能量，引导宗教界人士和信教群众爱国爱教、崇尚和谐、服务社会。

【成立香港莲都同乡会、香港青田同乡会】 8月31日，香港莲都同乡会、香港青田同乡会成立大会暨第一届理事会就职典礼在深圳举行，会议分别选举产生同乡会第一届理事会，叶美春、陈开朗当选两地同乡会会长，市委常委、统战部长廖思红出席就职典礼并讲话。

【邀请香港九龙中扶轮社来丽水考察】 应丽水市委统战部邀请，香港九龙中扶轮社志愿者一行7人在社长伍培坤先生带领下，来丽水市开展亲善活动。伍培坤一行先后走访慰问丽水市莲都郑榴娟敬老院、云和县敬老院、松阳东角垄村居家养老服务中心等3处养老服务机构，还走访考察了古堰画乡、云和梯田、缙云仙都等景区，扶轮社代表表示今后将会更多地关注丽水市的养生养老及生态建设，深化合作，相关资助项目将优先安排丽水作为试点。

【举办“友好中华·侨联五洲”活动】 通过“友好中华·侨联五洲”活动，以侨引外（一名华侨推荐一名国际友人访问浙江），邀请柬埔寨诺罗敦·施里武亲王、厄瓜多尔杰列尔莫将军等来自5个国家的国际友人和侨胞来丽水参观访问，提升丽水国际影响力。

【丽商服务中心探索承接政府职能转移】 加强丽商服务中

心建设，完善工作机制和服务体系，探索商会承接政府职能转移途径。联合市总商会、台办、外侨办、侨联和行政审批中心、经信委、招商局、商务局等8家单位，牵头研究建立招商引资和浙商侨商台商回丽创业项目审批“代办”协同联动工作机制，做好各项服务。

【承办“中华文化与华侨华人社会”国际学术研讨会】 10月9日至10日，由中华海外联谊会青委会、中华文化学院举办，浙江海外联谊会、浙江中华文化学院协办，中共丽水市委统战部和青田县委承办的“根·魂·梦”——中华文化和华侨华人社会国际学术研讨会在青田举行。中共中央委员、中华文化学院党组书记、第一副院长叶小文出席研讨会并作《民族复兴中国梦的文化根基和价值支撑》主题报告。会上，聘请了全国首批12位中华文化传播青年大使，成立了全国首个县级中华文化学院。

（钟卫锋）

·莲都区委统战部·

【综述】 截至2014年底，莲都区共有少数民族人口2.68万，有畲族、回族等38个少数民族；有佛教、伊斯兰教、天主教、基督教四大教，信教群众1.5万余人；现有港澳台同胞2000余人，海外华侨、华人5.9万余人，归侨侨眷1.8万余人，台属3000余人；现有民革、民盟、民建、民进、农工党、九三学社6个民主党派区委会，下属23个支部（支社），成员361人；基层商会4个，异地分会11个，异地商会2个，新生代企业家联合会1个，会员总数1237名；成立1个为侨服务中心，10个基层侨联组织，委员108名；知联会组织14个，理事499名；莲都区海外联谊会理事70名；香港丽水莲都同乡会理事109名；新的社会阶层人士联谊会理事67名；黄埔军校同学会同学3人。

2014年，全区统战工作以“统战工作提升年”为主线，全面推进各领域统战工作，取得了明显成效。区委统战部荣获全省统战系统信息工作三等奖，区民宗局被评为浙江省民族团结进步模范集体，区工商联被评为全省工商联系统先进单位，九三学社区委会荣获“全省社会服务工作先进集体”称号，区知联会荣获“浙江省优秀同心·知联服务团”称号，区侨办、侨联荣获全省基本侨情调查先进单位称号等。

【促进莲商回归和有效投资】 全年引进“浙商回归”项目12个，到位资金7.2亿元，完成年度目标任务计划的120%，合同利用外资为1200万美元，实际利用外资为1020万美元，完成年度任务的140%以上。通过统战部门直接牵线搭桥招商引资项目落地3个，合同投资额1.75亿元。

【开展多种形式的帮扶活动和社会服务】 倡议和引导统一战线各界为“五水共治”认捐资金达434.5万元。争取中央、省、市、区民族发展项目28个，资金353万元，协调落实老竹、丽新结对资金704.3万元。利山村被评为首批全国少数民族特色村寨。引导各民主党派、知联会、侨联等统战性社团开展了各类社会服务，全年统战系统共开展各类服务、活动57次，受惠群众达到6300多人，送出服务资金60余万元。

【推动多党合作事业】 建立完善政府有关部门与各民主党派、工商联对口联系制度以及党员干部与党外人士联系交友制度；牵头研究并制定印发《基层协商民主机制建设的指导意见（试行）》；重视党外代表人士教育培训，共推荐统战各领域成员31名参加省、市、区举办的教育培训班，举办36名党外干部参加的第一期党外人士培训班。

【依法管理宗教事务】 严把宗教活动审批关，进一步建立健全联系走访、隐患排查、应急预案等长效机制，做好“三改一拆”涉及宗教违法建筑处置工作。加强宗教队伍自身建设，深入开展“和谐寺观教堂”创建和星级宗教活动场所评选工作，抵御渗透，全力维护宗教和谐稳定。

【拓展非公有制经济领域统战工作】 加强商会组织建设，成立贵州分会，顺利完成广东分会换届工作，共新吸收会员（异地分会）185名，异地分会总数达到11个，年会员增长幅度超过18.5%。抓好非公有制经济代表人士队伍建设。提升为会员企业服务水平，协调落实10家会员企业工业用地150多亩。

【推进港澳台海外统战领域工作】 完成全区基本侨情调查

工作。全市唯一示范点国侨办“关爱工程－暖侨敬老行动”称号落户莲都区，成立第一家社区侨联，在全市成立首个侨联为侨服务中心。全年共接待港澳台海外同胞600多人次，组织200多名海外华人华侨、侨眷参加新春联谊会。培养壮大香港乡亲骨干力量，8月底成立香港丽水莲都同乡会。

【夯实统战基层基础工作】 在全市率先实现基层知联会全覆盖，基层商会组织普遍成立，率先成立新的社会阶层人士联谊会。建立和完善“六支队伍”数据库，积极推进基层“统情地图”和“统情台账”建设，初步建立起区、乡、村的三级统情资源网络。

【合力助推“五水共治”工作】 引导华侨开展“五水共治”现场认捐活动，认捐资金74.5万元人民币；在非公有制经济领域开展“商会联乡村、合力治污水”专项行动，10个异地分会和区新生代企业家联合会共联系结对11个村和2个重点河段，共为“五水共治”捐资及认捐331万余元；在宗教领域开展“五水共治 五教同行”活动，共引导宗教界人士捐助资金28万元，争取60万治水资金帮助3个民族村建设污水处理设施。

【助力搭建招商引资中心工作】 在上海、贵州、广州三地分别举办大型招商活动，吸引了区招商局、工业园区管委会、区农办、区农业局和区旅游局等多家单位共同参与，参与莲商达450多人，为全区外出招商、项目推介搭建了平台。同时，联合招商部门研究确定区党政领导联系重点浙商、异地商会工作方案，建立起联系莲商、服务莲商的有效平台。

【举办第一期党外人士培训班】 8月13日至15日，莲都区举办第一期党外人士培训班。参加这次培训班的共有36名学员，分别来自全区30多个行政事业单位担任股级以上或中级以上技术职称的党外人士。本期党外人士培训班，在学员选调、培训时间、课程设计等方面，都作了精心研究和安排，为学员提供了一个交流和展示才华的平台，达到了预期的培训效果。

【做好“古尔邦节”相关工作】 莲都区现有本地回族群众300余人，多数信仰伊斯兰教；有外来穆斯林人口600多人，2014年10月3日是伊斯兰教传统节日“古尔邦”节，又恰逢65年周年国庆。区民宗局主动与区伊斯兰爱国组组长和清真寺阿訇进行面对面沟通，详细了解节日活动规模和参加人数等情况，做好活动安排和应急预案，10日3日，区民宗局会同区公安分局、万象街道办事处到清真寺聚会点做好现场安全防范、周边交通疏导，确保了活动安全有序开展。

【建立基层统情地图】 在乡镇（街道）全面开展统情地图建设，每个乡镇、街道绘制“统情地图”和统情台账，在地图上标注统战代表人士、宗教场所、统战社团情况，每张地图都附乡镇（街道）统一战线情况汇总表，建立起纵向到村、横向到底，覆盖全区所有行政村的三级统战资源网络。

【为侨团体参与社会治理】 成立丽水市首家“侨联为侨服务中心”，开展免费咨询、信托、家政、帮带等服务，参与街道党委、政府“阳光志愿服务团”服务活动，组成矛盾纠纷调解组织。一年来帮助街道党委、政府协调处理矛盾纠纷7起，为侨胞侨眷及辖区居民提供广泛服务，惠及群众3000余人。

【新生代企业家“133”工作模式】 引导新生代企业家联合会建立“133”工作模式。“1”即一项机制，建立会长、副会长轮值制，每季度开展不少于一次的全员活动。“3”即三项工作抓手，一是教育引导及培训。加强对新生代企业家的政治引导、培训和学习交流。二是服务会员创新载体。建立官方微信公众号和微信聊天群，发展企业“微助力”和营销谋划。搭建院企合作桥梁，加强与丽水学院等高等院校交流和合作。三是服务社会热心公益。结对民族村助力“五水共治”10万元，开展地震救灾、救灾应急处理等志愿活动，累计救助资金达20多万。（邱　磊）

·龙泉市委统战部·

【综述】 2014年，龙泉市委统战部在龙泉市委的领导和上级统战部门的指导下，以党的群众路线教育实践活动为抓手，牢固树立群众观念，践行群众路线，围绕全省上下开展的“三改一拆”、“五水共治”中心工作，积极发挥统战工作优势，取得了一定的成绩，呈现了新的局面。

【构建平台，凝心聚力，统战五大领域工作和谐稳步推进】 一是加强统战队伍思想教育，筑牢统一战线共同思想政治基础。通过夜学、统战工作例会和集中学习等方式，强化统战干部和广大统战成员队伍政治思想建设。二是发挥民盟龙泉市基层委员会智力、人才优势，深入开展调查研究，积极反映社情民意，履行参政议政职能，为经济社会发展建言献策。2014 年龙泉市政协会议上提交提案 16 件（集体提案 5 件）、丽水市“两会”上提交建议、议案 12 件，在省人代会上提交建议 1 件。三是加强党外代表人士队伍建设。推荐 2 名党外干部参加丽水市党外干部培训班，推荐 6 名党外后备干部参加中青班培训，目前龙泉市党外后备干部所占比例达到 14%，共 27 名，政府机关、乡镇街道和司法机构班子配备了党外干部，总人数达到 28 人。四是指导龙泉市知联会紧紧围绕全市发展大局，强基础、促提升、增活力，凝聚力。2014 年 11 月底成立了首个行业知联会分会——龙泉市知联会青瓷分会，弘扬龙泉青瓷文化，为新一代青瓷艺人提供一个联络、交友、提高的平台。五是开展网络界人士摸底调查工作，初步掌握了网络界人士基本情况，全市登记电商 144 户，网络监管和媒体从业 14 人，网络活跃人员 33 人。五是按照省里统一部署，完成基本侨情调查工作。据统计，全市现有华侨华人、留学生约 1600 人，其中留学人员 100 多人，港澳同胞 95 人，侨资、侨眷企业 9 家，港资企业 1 家。

【大力加强民族宗教工作，“和谐统战”取得新成效】 一是按照浙政办函〔2013〕98 号文件精神，率先把 200 万元资金落实到位。二是持续推进特色村寨建设。在省民宗委、丽水市民宗局及龙泉市委统战部（民宗局）大力支持下，八都镇署网民族村先后建起了康庄大桥、畲民下山脱贫小区、活水进村、畲民健身休闲场所、生态公园、廊曲桥、特色文化中心大楼，少数民族特色村寨建设的成效显著，得到了上级部门的关注，并获得 2015 年省民宗委 100 万元的专项扶持资金。三是对少数民族实施精准扶持。创新扶贫方式，民族村科学“输血”与增强民族村的自我“造血”功能相结合，注重发挥民族村领头人（企业）“献血”作用。如竹垟乡宏坞村兰伟俊建设无公害生态农业基地 200 亩，种植各类蔬菜，在城区开设了无公害蔬菜专卖店，本人还被推荐为浙江省第五次民族团结进步表彰大会模范个人；小梅镇骆庄村借“国家级粮食高产示范点”东风，通过致公党省委会的扶持，已发展无公害优质米基地 250 亩；少数民族村民钟陈根种植葡萄基地 150 亩，采取游客采摘、品尝、游玩、购买的销售模式，亩产效益达 5 万元，带动大批农户种植葡萄。四是加强宣传教育，构建和谐宗教格局。结合省、市民宗部门平安综治双月宣传和法制宣传教育活动，组织开展了宣传教育活动，巩固“和谐寺观教堂”创建成果。开展安全大排查，加强场所安全管理。督促指导各乡镇（街道）签订宗教活动场所安全工作责任书，不定期到场所开展安全检查，抓好督促整改，确保安全，2014 年全市未发生一起宗教场所安全事故。

【搭建大平台，经济领域统战工作再现新亮点】 一是引导统战成员为经济社会发展献计献策。2014 年，民主党派、无党派、非公有制经济人士向各级人大、政协会议提交集体提案、个人提案、建议 60 多件，为党委政府科学决策、民主决策提供重要依据。二是着力发挥商会组织作用，参与经济社会建设。2014 年新成立了安徽和贵州两个异地商会，全市异地商会达到 18 个。建立了异地商会与乡镇（街道）结对帮扶机制，以商会联乡村，合力实施“五水共治”。开展“一个商会联系一个村”活动，建立一本工作台帐，实现了企业与乡村良性互动，有序推进。

【全力以赴完成重点中心工作】 做好“三改一拆”工作。今年以来，根据丽水市委、市政府统一部署，在龙泉市委、市政府高度重视，强力推进涉及宗教和民间信仰违法建筑专项治理工作，专项治理工作快速推进，取得了显著成效。做好“五水共治”工作。重点针对全市民族村开展了“五水共治”工作，举办“五水共治，宗教界在行动”系列活动，得到社会各界的积极响应。对全市民族村进行深入、细致的调查，针对民族村的各自实际，分类指导、分阶段落实任务。省民宗委“五水共治、五教同行”活动，浙江省基督教光盐基金会拿出50万元捐赠龙泉市八都镇署网村，做好该村的治污和部分村民供水工程；致公党省委会支持结对村骆庄村15万元做好村防洪堤建设；农工党省委会支持结对民族村龙泉市西街街道坛步村，并向其捐献10万元用以做好治污水项目；台盟省委会支持结对民族村查田镇小垄坑村“保供水、治污水”项目。做好“浙商回归”工作。一年来，通过北京龙泉商会年会、上海商会三届三次会员大会、安徽商会和贵州商会成立等活动，召开龙泉市招商旅游推荐会，邀请市旅游局、招商局做专题介绍，累计开展招商活动8次，参与人数达535人，由商会会员投资的正式签约项目4个，到位资金7亿元。

【举办第五届竹垟畲乡风情文化旅游节】 4月2日，龙泉市第五届竹垟“三月三”畲乡风情文化旅游节在竹垟畲族乡罗墩村拉开帷幕。节庆围绕以摇锅、操石磉、龙接凤等畲乡民间传统体育项目展示表演为主的民族体育一条街活动和雷氏祭祖仪式展开，充分展现了畲族祭祀文化特色和畲族丰富而久远的历史。期间，还举行了畲族民间音乐艺术论坛，畲族山歌研究学者聚首畅谈畲族山歌文化的挖掘、保护与传承。

【龙泉市建立统战工作例会制度】 4月24日，统战工作例会第一次会议召开，市领导蒋世懿、叶先长、雷丽亚参加会议。龙泉市委统战部经过多次商讨和酝酿，经龙泉市委同意，由龙泉市委统战部牵头组织，建立统战工作例会制度，成员单位由民主党派、工商联、民宗、侨联、侨办、台办、台联会、知联会、佛教协会、基督教三自会、基督教协会、天主教协会等单位组成，并视情况扩大。

【安徽包河区、龙泉市工商联（商会）缔结友好商会】 5月14日，安徽包河区工商联（商会）与龙泉市工商联（总商会）举行友好商会签约仪式。包河、龙泉两地工商联（商会）签定了《缔结友好商会协议书》。签定友好商会旨在加强合作、促进交流、相互支持、共谋发展的原则，建立全面、长期的友好合作关系，通过加强交流与合作，推动两地间经济建设和社会事业的和谐发展。

【成立龙泉市总商会安徽商会】 9月6日，龙泉市总商会安徽商会成立大会在合肥举行。市人大常委会副主任陶中亮，龙泉市市长助理熊树生，市政协副主席、统战部部长叶先长出席会议。据了解，目前在安徽有龙泉籍企业50余家，经营范围涉及绿化苗木、汽车配件、五金机电、建材化工、服装鞋帽、农副食品等领域。

【成立龙泉市知联会青瓷分会】 11月28日，龙泉市知联会一届七次理事大会暨青瓷分会成立大会召开，选举产生青瓷分会会长、副会长、秘书长和副秘书长，并进行授牌。龙泉市知识界人士联谊会青瓷分会多数理事属于青瓷行业的拔尖人才，具有一定的知名度。45名理事中，中国传统工艺大师4人、省级大师10人、丽水市级大师11人，拥有高级职称者24人。

【龙泉市宗教界积极参与“五水共治”行动】 3月2日，为积极响应“五水共治”号召，龙泉市佛教协会组织全市有修为的法师及广大信众约200多人，举行大型慈悲放生活动。本次活动共筹集了6万多善款，2000多斤鱼苗被放生到市区留槎洲码头、龙泉饮用水源保护地、“三江源头”、二级水源保护地等地。

（刘美玲）

·青田县委统战部·

【综述】 2014年，在县委的正确领导和省市统战部门的有力指导下，全县统战工作积极回应扩大政治参与的新要求、应对服务转型发展的新挑战、历经涉宗“三改一拆”的新考验，做到了在思想引领中增进共识，在服务大局中彰显作为，在自身建设中固本强基，各项工作取得新的进展。

2014年，县委统战部牵头完成课题《探索创新新时期海外青年统战工作的实践途径》荣获全省统战工作实践创新成果奖；县侨办被评为全省基本侨情调查工作先进单位；县侨联被评为全省侨联系统先进集体；统战系统各单位在全市年终考核评比中均名列前茅。

【增进共识，引领思想建设主旋律】 召开全县统一战线学习党的十八届三中、四中全会精神座谈会及坚持和发展中国特色社会主义学习实践活动动员部署会，引导广大统一战线成员使合作成为一种常态、和谐成为一种氛围。深入开展宗教界人士“寻梦中国·正言正行”教育实践活动、非公有制经济人士理想信念教育、港澳台和海外人士爱国主义和中华文化宣传教育，承办中国侨联、省侨联共同主办的“亲情中华·欢聚青田”文艺巡演活动，构建华文媒体合作、自媒体互动、侨务信息发布“三大平台”，积极做好华侨舆情应对，引导广大统一战线成员为全面深化改革凝聚共识、广开言路、理顺情绪。

【着力引导，凝聚服务发展正能量】 推进内外互动助改革。完成“改革20条”牵头任务，协助县委出台《关于推进内外青田人互动发展的意见》，建立县领导联系异地青田商会和海外侨团及港澳台地区社团工作制度，推动县内、县外、海外“三个青田”联动发展。协助推进华侨要素回流和青商回归工程，在上海、广东青田商会设立“青商回归和引进工作联络办公室”，引导在外青商（侨商）以企业抱团的方式投资青商回归创业园等项目，全年实现浙商回归到位资金15亿元。推动成立侨乡进口商品城和侨资管理服务中心。立足侨乡优势谋创新。实施“侨牵母亲河·百千万治水”行动。深化侨台新生代“培根”工程，与浙江人民出版社合作出版华文教育第二季教材《最青田》，举办各类华文教育夏令营、中文短期培训班6期；推进华侨史料征集，中央四台三次播出青田华侨史料新闻；开展台湾青田籍新生代寻根团“寻根之旅”及县台联会入岛交流团交流活动6次；编印《世界青田》4期。参与社会治理促和谐。围绕省委省政府“三改一拆”工作总体部署，积极开展政策指导、工作督导、舆论宣导和代表人士思想引导，切实抓好涉宗违建的集中整治。成立全国首个涉侨诉讼服务中心和全省首个涉侨调解中心，聘请13位华侨调解员参与涉侨矛盾化解。截至目前，涉侨调解中心成功调解涉侨矛盾15件，协助办结涉侨信访34件。

【固本强基，树立统战部门好形象】 加强党外代表人士队伍建设。加强党外代表人士的实职安排、政治安排和社会安排。全年新增党外科级干部2人、县政协常委1人、委员4人；完成基本侨情调查，建立由4224名侨企、侨团、侨校、侨媒负责人等重点人士组成的海外代表人士队伍数据库；通过第六届青田海联会换届，安排港澳台海外理事、常务理事、副会长263人。推荐21名青田籍侨领参加中央统战部、中华海外联谊会和浙江省委统战部举办的专题研修班。强化统战工作理论研讨。承办根·魂·梦——中华文化和华人华侨社会国际学术研讨会。加强海外统战工作理论青田研究基地建设，完成省统一战线理论研究会的5个研究课题。推进统战社团组织建设。召开相聚美丽青田·共创美好生活——青田海联会第六届理事大会，完成海联会换届，来自62个国家和地区的206名海内外青田人与会并参加专题活动。建立7家基层知联分会，在全市率先基本实现基层知联会组织全覆盖，全市知联会工作交流会暨基层知联会建设推进会在青田召开，推广青田的经验做法。制定《青田县异地商会建设三年规划（2014－2016年）》，成立广东青田商会，完成上海青田商会换届。成立香港青田同乡会和县留联会。加强统战部门自身建设。深入开展党的群众路线教育实践活动，引导统战干部使热情成为一种习惯、严谨成为一种要求。加强统战宣传和信息工作，《侨乡青田抓“浙商回归”的特色与成效》、《青田构建“三大平台”做好华侨舆情应对》、《青田县引导华侨参与“五水共治”工作综述》等三篇信息分别得到省委书记夏宝龙，省委常委、宣传部长葛慧君，省政协副主席吴晶，市委常委、统战部长廖思红等领导的批示。支持民革县委会开展“素质提升年”三创活动，民革中央3位副主席相继到青田调研指导工作并给予高度肯定。

【承办根·魂·梦——中华文化与华人华侨社会国际学术研讨会】 10月9日至10日，由中华海外联谊会青委会、中华文化学院举办，浙江海外联谊会、浙江中华文化学院协办，中共丽水市委统战部和青田县委承办的“根·魂·梦”——中华文化和华侨华人社会国际学术研讨会在青田举行。中共中央委员、中华文化学院党组书记、第一副院长叶小文出席研讨会并作《民族复兴中国梦的文化根基和价值支撑》主题报告。会上，聘请了全国首批12位中华文化传播青年大使，成立了全国首个县级中华文化学院。

【承办“亲情中华·欢聚青

田”文艺巡演活动】 2月11日，由中国侨联、浙江省侨联共同主办，中共青田县委、县人民政府、丽水市侨联协办的“亲情中华·欢聚青田”文艺巡演活动走进青田，80余名表演艺术家为1400多位华侨侨眷献上了一场文化盛宴。

【实施“侨牵母亲河·百千万治水”行动】 全县统一战线充分发挥参谋员、指导员、服务员、宣传员、监督员、信息员的作用，共募集治水捐款2000多万元，聘请159名华侨、侨眷担任河库长，促成30个侨团结对30条“母亲河”。

【完成第六届青田海外联谊会换届】 10月8日，召开青田海联会第六届理事大会，完成海联会换届，来自62个国家和地区的206名海内外青田人与会并参加专题活动。

【成立全国首个涉侨诉讼服务中心】 3月25日，青田县涉侨诉讼服务中心正式成立，这是全国法院系统首个成立的以“涉侨审判”、“涉侨诉讼服务”和“涉侨案件理论研究”为主要职能的专门机构。

【成立全省首个涉侨调解中心】 5月8日，青田县涉侨调解中心成立，13名华侨成为中心首批调解员，这是浙江省首个以涉侨调解为职能的专门机构。

【成立香港青田同乡会】 8月31日，香港青田同乡会成立大会暨第一届理事会就职典礼在深圳举行，会议选举产生第一届理事会，陈开朗当选香港青田同乡会会长。会上，香港青田同乡会还与美国青田同乡会、台北青田同乡会结为友好同乡会。

【成立青田县留学生人员和家属联谊会】 12月5日，青田县举行留学生人员和家属联谊会一届一次理事会暨成立大会，选举产生县留联会第一届理事会常务理事、会长、常务副会长、秘书长。美国、法国、德国、西班牙、意大利等7个国家的同乡会成为“青田留学生之家”，乌克兰浙江总商会成立“关心下一代工作委员会乌克兰工作站”。

（徐秉毅）

·云和县委统战部·

【综述】 2014年，云和县委统战部在上级统战部门的精心指导和县委的正确领导下，深入学习贯彻习近平总书记系列重要讲话精神，以党的群众路线教育实践活动为总抓手，紧紧围绕全县中心工作，整合资源，创新举措，打造亮点，乘势而上，全县统一战线各领域工作取得了积极成效。

【推进多党合作事业和党外知识分子工作】 不断加强与民主党派、无党派人士联系交友，积极开展与民主党派、无党派人士交流谈心，巩固合作共事基础。不断加强党外代表人士队伍建设，在全县无党派人士、党外知识分子中深入开展坚持和发展中国特色社会主义学习实践活动，举办了一期党外中青年干部培训班，培训党外中青年干部35人。不断加强统战团体组织建设，指导和帮助知联会成立了教育系统、卫生系统、农委系统、街道片区4个分会。协助民盟发展了4名盟员。积极探索开展基层协调民主工作，出台了实施意见，组织开展了议事活动，取得了初步经验。

【深化民族团结进步】 加快民族乡村经济社会发展，积极向上级争取民族发展项目和资金，争取到300万元的项目资金。认真贯彻落实《关于进一步加快民族乡（镇）经济社会发展的意见》（浙政办函〔2013〕98号）文件精神，积极与省级部门、发达县（市、区）对接民族乡联系帮扶资金的落实工作。同时，全力推进下武、黄处2个畲族特色村寨建设。继续推进民族文化繁荣和发展，指导协助崇头镇举办畲族“三月三”活动，完成了《民族村宣传图册》的编撰工作。主动关心少数民族群众民生，走访慰问少数民族困难群众和老党员，向136位少数民族困难群众发放8.6万元的补助款，向50位少数民族大学新生发放奖学金10万元。

【巩固宗教领域和谐稳定】 及时完成权力清单梳理工作，着手编制部门责任清单。积极开展“三改一拆”涉及宗教场所和民间信仰场所违建工作。积极开展宗教活动场所专项检查，加大对宗教活动场所的监管力度，积极开展宗教活动场所维稳安全专项检查，共开展了4次专项检查活动。

【促进非公有制经济“两个健康”】 注重发挥工商联的积

极作用，积极走访非公有制企业，帮助解决实际困难、调解矛盾纠纷，为企业排忧解难，同时，积极发挥工商联和商会在吸引浙商（云商）回归中的作用，有力地服务了全县浙商（云商）回归任务的完成。注重发挥新生代企业家联合会作用，继续实施非公有制经济“新生代”人士培育工程。2014 年，举办了 2 期针对新生代企业家的专题培训班，培训新生代企业家 60 余人次，促进了非公有制经济代表人士健康成长。注重发挥商会的作用，指导商会开展活动，加强会员间交流合作。同时，加强商会组织建设，成立了上海云和商会和陕西云和商会。

【拓展港澳台海外统战工作】 全力开展基本侨情调查工作，根据省市统一部署，完成了基本侨情调查各项任务，健全了基本侨情数据库，夯实了工作基础。热情接待海外华人华侨和台胞，坚持热情接待回乡的华人华侨和台胞，提供服务和便利，全年共接待回乡探亲、旅游、考察的华人华侨和台胞 92 人次，其中香港丽水同乡会会长、香港大学教授吴华生回云和，给云和中学师生上了一堂励志课，以亲身经历鼓励家乡学子树立理想、勤学刻苦、追逐梦想，在师生中产生强烈反响。积极探索开展海外统战功能区建设，开展了海外重点华人华侨调查摸底，加强了与海外重点华人华侨的联系，为下一步延伸海外统战工作触角奠定了基础。

【服务全县各项重点工作】 全力配合“五水共治”工作，派出了 1 名治水指导员参与农村治水工作；积极在宗教界开展“五水共治、五教同行”宗教公益慈善活动，做好项目对接，为三门、梅砻、下武 3 个村争取到“五水共治”项目资金共 60 万元；在全县非公有制企业中发动为“五水共治”捐款，共募集到 197 万元的专项款。积极配合城市管理“网格长负责制”落实工作，积极支持城市建设和城市管理，牵头相关单位，落实一个区块的巡查、管理任务。全力推进县重点项目建设，积极推进联系的重点项目，完成道路网浇筑总工程量目标，区块用水、用电也有序配套跟进。

【加强统战部门自身建设】 扎实开展党的群众路线教育实践活动，严格按照步骤要求，广泛征求意见，认真查摆问题，积极落实整改，达到了自我教育、自我提高、自我完善的目的。不断加强作风建设，及时制定出台实施意见，建立完善单位内部管理制度，改进工作作风。努力营造良好氛围，加强内部交流，丰富活动，营造了民主、互助、和谐的统战工作氛围。（张彦良）

·庆元县委统战部·

【综述】 2014 年，庆元县委统战部认真学习贯彻党的十八大和十八届三中、四中全会精神，围绕中心，服务大局，凝聚人心，团结合作，充分发挥统一战线优势，调动一切积极因素，把各方面的智慧和力量凝聚到全县的各项事业上来，更好地为谱写“中国梦”和“两美浙江”的庆元篇章，推动打造“寻梦菇乡、养生庆元”提供最广泛的力量支持。

【项目建设有保障，民族团结社会进步不断推进】 一是做好少数民族发展项目申报。加强同财政、农办等部门的协调，严把立项、申报关。2014 年共有 3 个一般项目得到省民宗委立项，下达项目资金 20 万元，1 个项目列入“五水共治·五教同行”项目，落实资金 20 万元。二是确保建成的项目发挥成效。对 2013 年争取的 3 个少数民族发展扶持项目，会同县财政、县农办和乡镇对项目进行跟踪指导，项目完工及时组织项目验收，3 个项目均建设完毕投入使用，45 万元帮扶资金已拨付到位。三是落实少数民族优惠政策。做好少数民族考生的身份审核工作，为 55 名（高考生 21 名，中考生 34 名）少数民族考生办理了加分。为 1788 位少数民族群众办理城乡居民医疗保险减免，减免总金额达 13.4 万元。为 385 名少数民族学生发放民族教育券 9.16 万元。九九重阳节，联合电信局为民族村 60 周岁以上民族老人送去手机，充值 100 元话费。四是全面落实“光彩事业山区行”项目。抓住“光彩事业山区行”结对帮扶活动，共结对 23 个项目，总投资额 849.1 万，其中，自筹 519.1 万，帮扶 330 万。项目实施围绕“五水共治”，涉及村级环境整治及污水处理，惠及 15 个乡镇（街道）23 个行政村，已拨付到位资金 210 万元。

【依法管理有突破，宗教与社会主义更加相适应】 一是开展“三改一拆”涉及宗教违法建筑处置工作。对全县19个乡镇（街道）的宗教活动场所和民间信仰场所进行调查摸底。有县级文保单位和“三普”登记文物点63处，对建筑年代悠久、具有一定历史文化价值的132处予以规范管理。二是开展全县廊桥民间信仰调查，牵头完成县委重点调研课题。首次对全县范围内廊桥中民间信仰进行了全面调查，全县供奉神灵的廊桥有43座，占总数比例近50%。

【教育引导有成绩，非公有制经济保持健康发展】 一是树立新生代企家良好风貌。引导新生代企业家联合会建立了“365基金”，积极参加社会公益活动。4月，举办了由31名新生代企业家参加的“庆元县新生代企业家培训班”。9月，全市新生代企业家联合会联谊活动在庆元县举行。二是积极搭建平台助推企业发展。与县信用联社签署了“共同支持在外庆商创业发展战略合作协议”，积极扶持在外庆商发展；与市中信银行、浦发银行等开展合作，为庆元县实体经济发展注入新活力。6月份，就庆元县经济发展趋势、企业发展瓶颈等进行探讨分析，形成了《关于进一步加大扶持我县实体经济力度的建议》，切实反映非公有制经济人士诉求；7月份，与县司法局联合出台《关于进一步加强商会人民调解工作的意见》，推进商会调解工作。三是引导异地商会组织投身项目建设及爱心事业。宁波庆元商会在后田六村开发集体留用地30亩，实施银泰二期工程；义乌等五家商会合力开发东门弄二期工程等，杭州商会名誉会长在庆元县创办私立学校（尉文中学），并于2014年9份正式招生。4月，庆元县与银康（上海）健康发展有限公司成功签约总投资20亿元的银康国际养生健康城投资意向书。异地商会积极为家乡“五水共治”出谋划策，义乌市庆元商会认领五大堡后广溪河段，捐助治水费用2万元；温州庆元商会向庆元二中捐助了3万元教育公益奖学基金；上海庆元商会发起“一起过暖冬”帮扶公益活动，县内非公有制经济人士捐资“五水共治”累计100多万元。

【平台搭建有提升，同党外人士的合作共事氛围浓烈】 一是全面完成知联分会组建工作。从2013年11月份起，着手开展基层知联分会的组建工作，确保领导重视、沟通宣传、会员安排、经费保障“四到位”。2014年4月底，成立县教育系统、人民医院、松源街道、濛洲社区、企业等5个知联分会，全面完成了第一期基层知联分会组建工作。二是促进无党派人士交心交流。坚持副县级以上党员领导干部与结对的党外代表人士开展1至2次交友谈心活动。10月，举办全县统一战线趣味运动会，其中知联会组织10支队伍参赛；11月，举办“同心共圆菇乡梦”全县党外人士书画作品展，组织知联会成员到遂昌、松阳开展学习交流活动。12月12日召开了全县党外代表人士通报会。三是重视党外干部安排与参政。会同组织部门认真做好党外人士的实职安排。目前，科级党外实职干部37名，23个政府组成部门配备了14名党外干部，新增部门党外实职“一把手”1人；20个乡镇配备12名党外干部，其中乡长1人。在2014年县“两会”期间，党外人士积极参政议政，共提交提案160多个，其中重点提案6个，有10名党外人士在政协大会上发言。四是加强党外人士的培养与储备。推荐3名党外干部参加了为期一个月的丽水市第四期党外中青干部培训班学习；推荐2名优秀的网络意见活跃人士为市网络界人士联合会会员。10月17日，县知联会邀请市网联会理事浙江旭铭信息技术有限公司专家为企业界知联分会理事企业开展“微信与微营销方法和技巧”讲座，全县20多个企业的46名人员参加了讲座培训。

【为侨服务有拓展，港澳台统战工作不断延伸】 一是全面完成侨情调查工作。全面、准确地掌握了庆元县侨情底数和侨情动态，列入调查的海外涉侨人员总计462户，1064人。其中，华侨845人，外籍华人161人，港澳同胞57人，其他涉侨人员1人，分布于亚洲、欧洲、北美洲、南美洲、非洲、大洋洲的30多个国家和地区。二是做好涉侨信访维稳工作。把维护归侨侨眷的合法权益作为侨务的一项重点工作，全年接待来电来访12人次，办理回国定居1人，三侨生加分1人。办理华侨子女身份确认2人，并积极与教育部门沟通，帮助他们办理入学，满足了华侨送子女回乡求学的愿望。意大利华侨陈志金因房屋纠纷前来寻求帮助，侨办认真了解情况，就该纠纷与两违办联系，得到妥善解决。三是为侨服务，构建和谐侨界。对2013年成立的7个侨联小组，利用全委会、工作座谈和调研等形式，加强对侨联工作重要性的宣传教育，不断增强基层侨联干部做好工作的信心；开展“送温暖”活动，对5户贫困侨眷、县侨联委员和侨务热心人士进行了走访慰问。8月25日，公羊会·北京总会到庆元县开展爱心助学，连续三年为24名贫困学生发放助学金9.6万元。四是深化港澳台交流合作。共接待台商、台湾著名学者教授、食用菌专家及菇民等交流考察团7批50多人次，办理赴台56人次，因公赴台1人次。接待香港来访人士4批次8人次，因公赴港交流6人次。8月9日至14日，庆元县成功举办两岸菇民共祭“香菇始祖－吴三公”活动；三山根艺与台湾“青蛙丫婆乀家”民宿结对，县旅游局邀请台湾辅仁大学叶美秀教授和建筑师林鑑澄到庆元县开展培训讲座，多次到贤良镇为旅游景点的选点、包装、规划设计给予指导；10月，县食用菌协会参访团赴台湾考察菇类产业发展和香菇文化交流。一系列活动使庆元县与香港、台湾加强了联系。

【两岸菇民共祭“香菇始祖－吴三公”】 8月9日至14日，海峡两岸菇民共祭“香菇始祖－吴三公”活动如期举行。来自两岸的食用菌界专家、学者、企业代表、菇民、群众3000多人齐聚一堂，按照传统习俗，敬献花篮、读祭文、进香祭拜吴三公，弘扬香菇文化，共祈两岸福祉，充分表达了两岸菇农渴望交流香菇文化、互促产业发展的殷切希望。

【全县统一战线趣味运动会举行】 10月18日，由县委统战部主办，县体育中心承办，浙江佳驰竹木有限公司和浙江大川竹木有限公司协办的全县统一战线运动会在县体育馆举行。来自县知联会、基层知联分会、县侨联、新生代企业家联合会、服务行业商会、非公有制经济企业等统战团体及赞助企业16支代表队，160多名运动员参加比赛，还邀请市知联会第五分会参加。

【“同心共圆菇乡梦”党外人士书画作品展举行】 11月13日，由县委统战部主办，县书法家协会、美术家协会承办的“同心共圆菇乡梦”全县党外人士书画作品展在廊桥博物馆举行。展览为期15天，近100幅书法绘画作品均出自庆元县党外人士之手，作品形式多样，题材新颖，贴近时代，雅俗共赏，充分展示出党外人士多样化的艺术追求和对菇乡的美好祝愿。

【组团到香港开展“走亲连心”活动】 10月23日至25日，县委副书记、县长叶青带团到香港开展“走亲连心”慰问活动。牵线搭桥引进香港丽水同乡会会长来庆元投资水资源开发项目，并三上百山祖，完成项目前期调研，意向投资600万美元。

【深圳市、福州市庆元商会成立】 10月26日，深圳市庆元商会成立；12月13日福州市庆元商会成立。6月29日，成功召开温州市庆元商会换届大会暨第二届一次会员代表大会。

（张金钰）

·缙云县委统战部·

【综述】 2014年，在县委县政府的正确领导下，在市委统战部的悉心指导下，缙云县统战各项工作扎实推进。

【统一战线在服务“好缙云”建设中实现新作为】 组织民主党派、工商联、无党派人士围绕“好缙云”建设的难点热点问题深入调研、建言献策，县“两会”上提交提案议案132件，多个提案被评为优秀和重点提案。发挥工商联和各类商会的桥梁纽带作用，在义乌、宁波、杭州、江苏等四个异地商会设立招商联络处，全年浙商回归到位资金15.98亿元。县工商联执委和异地商会为“五水共治”捐款1037万元，与17个村（自然村）结对治水。稳妥有序推进“三改一拆”涉及宗教违法建筑处置工作。

【统一战线在促进五大关系和谐中取得新成效】 一是广泛凝聚政治共识。积极引导广大统战成员学习党的十八大和十八届三中、四中全会和习近平总书记系列重要讲话精神，在民主党派、无党派人士中开展坚持和发展中国特色社会主义学习实践活动，在非公有制经济人士中开展以“四信”为主要内容的理想信念教育，在宗教界开展“寻梦中国·正言正行”教育实践活动。二是扎实推进多党合作和协商民主工作。细化和完善协商通报、对口联系、联系交友、参与重要内外事活动等制度。在五云街道、东方镇、三溪乡开展基层协商民主试点工作。建成党外股级干部数据库，举办全县党外人士培训班。指导民进缙云总支加强自身建设，协助民建丽水市委会、九三学社丽水市委会在缙云县发展会员。完成县知联会换届工作，成立5个乡镇（街道）知联分会。三是扎实做好民族宗教工作。以“民族团结一家亲”、团结进步宣传月等活动为载体，促进外来少数民族和谐融入，与有关部门建立新疆籍员工群体工作联系机制。帮助型坑村落实帮扶资金43万元，推进畲族文化活动中心、治水等项目建设。开展宗教活动场所普查，定期组织开展安全检查，维护宗教领域和谐稳定。举办佛教和基督教教职人员培训班，完成县佛教协会和基督教“两会”两个宗教团体换届工作。四是积极引导和促进“两个健康”。建立“天下缙商”微信群，创作《天下缙商》之歌，在《缙云报》上推出“缙商好故事”专栏。开展非公有制经济人士综合评价，组织30名新生代企业家赴中山大学培训。开展“银商合作·缙商创业贷款”，为7个异地商会1063户缙商贷款1.3亿元。成立重庆缙云商会、县职专校友企业家联合会、县家居建材商会等3家商会，完成广东、上海、温州、东方镇等4家商会换届工作，新成立商会党支部3个。五是进一步拓展港澳台海外统战工作。举办“侨领看缙云”、“侨商回乡·走进园区”、“侨领参加轩辕氏祭典”等活动，组织侨领（商）8批次百余人来缙投资考察，开展“智汇石城·才富缙云”系列活动。精心打造“祭祖情·赤子心”海外统战工作品牌，举办第二届浙台基层交流周缙云站活动，“2014友好中华·侨联五洲”活动走进缙云。协助县委出台《关于进一步加强和改进新时期侨联工作的意见》，开展纪念县侨联成立30周年系列活动，顺利完成侨情调查工作，在深圳举办旅港乡亲联谊活动。

【统战部门自身建设得到新加强】 认真开展党的群众路线教育实践活动，加强统战部门自身建设。围绕基层协商民主、民族团结一家亲活动、商会承接政府职能等加强实践创新，完成4个创新项目申报工作。确定全年20项重点工作，着力抓好落实，2014年，统战工作考核列全市第一，实践创新、信息宣传调研和侨联工作分别受到市委统战部、市侨联的表彰，缙云县委统战部同时获得县招商引资综合奖、内资单项奖、安全生产综合奖、县无违建创建（三改一拆）综合奖，县工商联被评为省工商联系统先进集体、全省“五好工商联”和县级综合先进集体，县侨办被评为全省侨情调查工作先进集体。

【县党外知识分子联谊会完成换届工作】 1月17日下午，缙云县党外知识分子联谊会第二届全体理事大会召开，选举产生新一届理事会和领导班子。县政协副主席钭旭彬当选为县党外知识分子联谊会新一届会长。

【县主要领导对话新生代企业家】 2月7日，缙云县召开青年企业家座谈会。市委常委、县委书记朱继坤与11名新生代企业家进行座谈。

【举办“侨商回乡·走进缙云”活动】 3月18日，意大利华侨华人妇女企业联合会会长郑秀琴带领意大利、西班牙、荷兰等3个国家的13名海外侨领到缙云考察。

【全县组织宣传统战工作会议召开】 3月24日下午，全县组织宣传和统战工作会议召开。市委常委、县委书记朱继坤出席会议并讲话。

【四个异地商会招商联络处挂牌成立】 5月30日至31日，缙云县设在江苏（昆山）、杭州、宁波、义乌四个异地商会的招商联络处正式挂牌成立。

【举办海外学子创新创业体验营】 7月23日，县侨办、侨联组织开展了创新创业体验营活动，12名来自美国、英国、韩国等国家和地区的缙云籍海外学子参与联谊交流、参观考察、创业引路等活动。

【举办新生代企业家素质提升专题研讨班】 8月10日至17日，县工商联在中山大学举办新生代企业家素质提升专题研讨班，30名新生代企业家接受为期7天的培训。

【县知联会大洋镇分会成立】 9月24日，县知联会大洋镇分会成立，选举产生了第一届理事会理事及会长、副会长、秘书长，大洋镇分会是该县知联会在乡镇（街道）成立的首个分会。

【2014“友好中华侨联五洲”访问团走进缙云】 11月26日上午，参加浙江省2014“友好中华·侨联五洲”活动的诺罗敦·施里武亲王和夫人等9名国际友人及海外侨领来到缙云，参观考察仙都黄帝祠宇。

【县佛教协会、基督教“两会”完成换届工作】 11月，县佛教协会、县基督教“两会”分别召开佛教协会第八次代表会议和基督教第五次代表大会，选举产生新一届佛教协会和基督教“两会”领导班子。

【浙台基层交流周活动走进缙云】 12月11日，“浙台基层交流周”活动走进缙云，11名台湾少数民族代表在缙云开展为期一天的考察交流。

【举办旅港缙云籍乡亲联谊活动】 12月20日至21日，旅港缙云籍乡亲联谊活动在深圳举行，40多名旅港乡亲参加联谊活动，县政协主席周保龙，县委常委、统战部长潜春红应邀出席活动。

【出台关于加强民间信仰事务规范化管理意见】 12月22日，县两办下发《关于加强民间信仰事务规范化管理的意见（试行）》，就加强全县民间信仰事务规范化管理提出指导性意见。

（刘海兵）

·遂昌县委统战部·

【综述】 2014年，遂昌县统一战线工作按照省、市统战部长会议要求，充分发挥统一战线的独特优势和功能作用，围绕县委县政府中心工作，选准切入点，找准结合点，攻坚克难，奋发有为，为加快推进“五美遂昌”和美丽幸福新丽水建设，凝聚最广泛的智慧和力量。

【深入开展党的群众路线教育实践活动】 一是发挥平台优势，服务“五水共治”。在全县干部大会暨五水共治动员大会上，全县18家非公有制企业和遂昌异地商会为“五水共治”活动捐款近600万元。深入开展“五水共治、五教同行”活动，落实资金110万元。县知联会组织理事赴龙洋乡开展“五水共治”调研活动。党外政协委员、人大代表围绕县委、县政府的工作部署，就“五水共治”、“三改一拆”、“城市更新”等主题积极建言献策，在两会上提交团体、个人提案60余件，议案22件，社情民意21件，为相关部门科学决策提供参考。二是发挥渠道优势，服务“城市更新”。3月份，县委统战部会同县政协，组织政协委员代表举办了“城市更新”主题论坛，得到县委、县政府主要领导的肯定。

【夯实多党合作事业基础】 一是引导党外代表人士增强同心同向同行信心。4月份，组织无党派、非公有制经济代表人士开展“重走红军路，缅怀革命先烈”活动。6月份，民进遂昌总支赴莲都民进区委会开展工作经验交流。二是积极组织同心·服务队开展社会服务活动。一年来，同心·服务队共组织送医下乡、送温暖等社会服务活动8次，服务群众1000余人，为困难群众送去慰问品和慰问金1万余元。三是做好党外干部和少数民族干部的培养推荐工作。通过落实组织部、统战部联席会议制度，在届中干部调整中，6名党外干部和5名少数民族干部列入组织考察，二年来共提拔9名党外干部和少数民族干部。

【拓展港澳台和海外统战工作】 一是做好招商引资服务侨企工作。一年来，县侨务部门共接待侨胞81人次，接待来缙云县考察的侨商6批50余人次。顺利引进葡萄牙侨商总投资1亿元的樱桃种植园项目。针对侨企在转型升级中存在的困难，县侨务部门积极组织相关人员开展调研，及时将调研成果转化为建议意见向相关部门和领导反映。二是深入开展“走基层、访侨声”、“侨胞、侨干心连心”、“为侨解忧”等主题活动。在传统节日，组织侨务干部开展侨胞、侨眷走访慰问活动，送去党和政府的关怀。三是做好侨情调查成果的利用转化工作。经过近一年的调查走访和数据录入，全县侨情调查工作已全部完成。下一步将与相关单位共享调查成果，为引进海外人才和侨资工作提供服务。四是进一步完善为侨服务网络。在妙高街道七大社区探索成立基层侨联组织、设立便侨服务点，设立便侨服务窗口，受到侨胞侨眷欢迎。五是做好信访接待，维护侨界人士合法权益。共接到侨胞、侨属来信来访案件2件，经及时沟通协调，都得到了较好的解决。

【加强非公有制经济领域统战工作】 一是引导非公有制经济人士积极参与光彩事业和公益事业。2月份，义乌遂昌商会、温州遂昌商会为遂昌中学1位患肾衰竭学生和4位贫困学生爱心捐款3.5万元。在6·27特大洪灾中，温州遂昌商会组织企业家为灾区群众送去了价值5万多元救灾物资。二是开展服务非公有制经济发展活动。先后组织人员到招商引资项目单位开展调研，了解项目进展情况和实施中的困难，推动项目进程。同时做好新引进项目——义乌市美仁手套厂建设项目落地及湖山大溪边村养老养生基地等项目的跟踪服务工作。三是加强异地商会党建工作，提升党在商会中的影响力。

【大力推进民族工作】 一是认真贯彻落实民族政策。通过开展便民服务活动，完成298名中、高考学生的少数民族身份审核工作。为12名少数民族优秀考生发放奖学金2.8万元。二是立足畲族特色培育繁荣民族文化。继续推进以坑口民族村为代表的“畲族特色村寨”建设，为三仁畲族乡好川民族村特色村寨省重点项目补助资金50万元。7月份，组织开展了“同心同行，共绘和谐”少数民族书画展。9月份，召开了遂昌县第三届畲族文化研究会会员大会。三仁畲族乡中心小学运动员在省第五届少数民族传统体育运动会上荣获《菱形操杆》项目二等奖、《竹竿舞》项目三等奖。三是加大少数民族人才队伍建设。依托成人技校等培训机构在民族村开展少数民族群众技能培训活动，培训少数民族群众千余人。联合县网店协会，组织80名少数民族群众进行电商培训，有力地推动了少数民族电商发展。加大少数民族公务员招录比例，定向招考5名少数民族公务员，占总招考人数的6.2%，比上年度增加0.3%。四是做好少数民族发展资金的争取、使用和管理工作。申报省级少数民族资金重点项目3个，少数民族特色村寨建设项目3个，争取资金90万元。五是加强新一轮少数民族帮扶行动项目实施工作。帮助7个民族村落实帮扶资金35万元，较好地改善了少数民族地区的生产生活和自我发展能力。

【切实做好宗教工作】 一是发挥职能优势，做好涉宗“三改一拆”工作。二是扎实开展“和谐寺观教堂”创建活动。着重加强教职人员教风建设和场所财务管理规范化建设，提高教职人员的思想素质和学识水平。三是发挥宗教界作用。积极引导宗教界开展公益慈善活动，在宗教界开展了“五水共治 五教同行”活动。四是重视解决宗教界的合理诉求，保护宗教界的合法权益。完成了宗教场所危旧房调查工作。妥善处理了云峰街道湖边基督教堂拆迁安置问题。

（项东军）

·松阳县委统战部·

【综述】 2014年，松阳县委统战部认真学习贯彻党的十八大和十八届三中、四中全会精神，认真贯彻落实中央、省、市统战工作会议精神，围绕“田园松阳”发展战略，坚持思想引领，服务深化改革，着力开拓创新，促进社会和谐，加强队伍建设，为加快建设生活富裕、家园秀美、人文和谐的田园松阳作出了新的贡献。

【服务中心工作进一步深入】 发挥优势献计出力。积极支持民主党派、无党派和工商联各界人士围绕全面深化改革、“田园松阳”、“五水共治”、“三改一拆”等重大战略课题建言献策，全年共提交人大议案61件、政协提案75件。全力服务经济发展。深入开展“进村入企”大走访活动，下发《关于建立领导干部联系基层分工安排的通知》，组织开展“制约非公有制经济发展问题”专题调研。加强商会组织建设，以建设“五好”工商联为契机，开展基层商会党支部群众路线教育实践活动，完善非公有制经济人士数据库，新成立商会1个、召开年会6个、开展换届5个。加大招商引资力度，2014年共引进项目6个，到位资金2.7亿元。深切关注社会民生。加大扶贫助困力度，开展“百名侨胞助百村”、“宗教慈善周”、非公有制经济人士“义行天下”、感恩“三老”慰问“两户”等活动，累计捐赠52.3万元。积极投身“五水共治”，通过“百企联百村·合力治污水”、“五水共治·五教同行”、侨界治水等活动，募集治水资金540万元。做好信访维稳工作，发挥统一战线基层组织的作用，协调处理统战、民族、宗教、涉侨的来信来访106批511人次，帮助涉访群众解决合理诉求。

【统一战线五大关系进一步和谐】 夯实统一战线共同思想政治基础。在全县民主党派和无党派人士中开展坚持和发展中国特色社会主义学习实践活动，在非公有制经济人士中开展以“四信”为主要内容的理想信念教育实践活动，在宗教界开展“寻梦中国·正言正行”教育实践活动，在港澳台和海外人士中开展爱国主义和中华文化宣传教育，积极教育引导统一战线成员坚定中国特色社会主义的道路自信、理论自信和制度自信。认真抓好民主党派、无党派人士和党外知识分子队伍建设。做好政协委员届中调整，向县委汇报党外干部配备情况并做好推荐工作。协助把好民盟盟员考察培养关。加强教育培训，共组织124名统一战线成员参加各级各类培训。加强知联会建设，新成立3个分会、1个知联小组、3支“同心·知联服务队”，编撰《知联文集》供领导参阅，与丽水学院知联会开展“1+1”市县联动共创品牌活动。扎实做好民族工作。全面贯彻落实党的民族政策，切实维护少数民族合法权益，加强民族地区经济社会发展。全年共争取各级少数民族地区发展资金1191万元。继续在民族地区发展茶叶、油茶、香榧等主导产业和山核桃、山腊梅、白枇杷等特色产业，引导板桥麒上、裕溪章山等少数民族村发展民宿。做好板桥金村、象溪上梅、裕溪内陈等3个村的民族特色村寨建设。桥竹柳新联合举办“三月三畲族歌会”，板桥麒上举办畲族文化风情体验节活动，挖掘弘扬畲族文化。依法加强宗教事务管理。继续开展“和谐寺观教堂”创建和星级场所评定工作，依法治理基督教私设聚会点，探索完善民间信仰事务规范化管理。协助做好“三改一拆”中涉及宗教违法违章建筑专项治理和“无违建县”创建工作。同时，进一步挖掘弘扬松阳道教文化，开展“松阳道教文化”调研活动，充分发挥宗教的正能量。拓展港澳台海外联络联谊。推动出台了《关于进一步加强和改进新形势下侨联工作的意见》，建立海外统战工作人才信息库，加强对海外统战资源的信息化管理。举办第七届海外学者论坛，修缮叶庆崇旧居，做好香港九龙中扶轮社来松阳县帮扶工作。成立古城社区侨联，完成旅欧中国松阳同乡会换届工作。与此同时，作为全市基层协商民主制度先行县，选取古市镇开展试点，县委、县政府出台了《关于推进基层协商民主议事工作的实施意见》，并于年底在全县全面铺开。

【统战部门自身建设进一步加强】 深入开展第二批党的群众路线教育实践活动。认真学习贯彻党的十八届三中、四中全会精神和习近平总书记系列重要讲话精神，深入查摆“四风”方面存在的突出问题，征求到意见建议96条，已全面抓好整改落实，同时建立健全了15项规章制度。注重加强统战部门机关文化建设，切实改进工作作风，不断提升履职能力和水平。2014年，民盟松阳基层委员会荣获“中国民主同盟基层组织建设先进基层组织”；县工商联被省工商联评为“五好”县级工商联，并荣获“丽水市工商联系统先进单位”荣誉称号；县侨联被评为全市侨联系统先进集体。

【松阳县举办2014年少数民族村干部培训班】 5月14日至15日，松阳县举办了2014年少数民族村干部培训班。培训班采取理论讲解和实地考察相结合的形式授课，来自全县25个少数民族村的50多名干部参加培训，学习专业理论知识和先进的工作经验。

【松阳县知联会召开二届一次理事大会】 5月30日下午，松阳县知识界人士联谊会召开二届一次理事大会，大会选举产生了新一届领导班子。县领导周劲松、蒋璟璟、蓝宁虹出席会议。大会审议通过了县知联会第一届理事会工作报告，部署开展“松阳县无党派人士、党外知识分子坚持和发展中国特色社会主义学习实践活动”。副县长蓝宁虹当选会长。会上，还成立了松阳县知联会电视台知联小组，“同心·知联”社会、文体、支教三个服务队。

【松阳县举办六月六畲族文化风情体验节】 7月3日，“田韵板桥·风情畲乡”六月六畲族文化风情体验节在松阳县板桥乡麒上村举办，县委副书记周劲松到场致辞。畲族文化风情体验节在动听的畲歌中拉开帷幕，畲族传统婚嫁表演是本次体验节中最为隆重的活动。期间，畲族传统武术、棍术、敬茶歌表演，畲族传统小吃制作等民俗活动轮番上演。

【松阳县举办中国特色社会主义学习实践活动专题读书会】 8月30日，松阳县委统战部举办中国特色社会主义学习实践活动专题读书会。县委常委、统战部长蒋璟璟出席读书会。读书会邀请了省委统战部副巡视员、研究室（宣传办）主任杨卫敏作《中国特色社会主义参政党的科学内涵和政治责任》专题讲座。离退休副处以上党外代表人士，民盟松阳县基层委员会总支委员、支部主委，县知联会、知联会分会常务理事，党外副科以上县管干部，省市人大代表、政协委员中党外代表人士，县人大、政协常委中党外代表人士，乡镇（街道）统战委员，县委统战部、县民宗局、县侨务办、县侨联、县工商联全体干部参加了会议。

【松阳县举行2014各界人士中秋茶话会】 9月4日，松阳县举行2014年各界人士中秋茶话会，县领导翁樟明、蒋璟璟、周显龙等出席。县政协主席翁樟明在会上致辞，县委常委、组织部长周显龙向与会人员通报了当前松阳县经济社会发展情况。

【松阳县基本实现基层知联组织全覆盖】 2014年1月13日，松阳县成立知联会乡镇（街道）分会；9月24日，知联会成立医院（人民医院、中医院、古市医院）分会；11月24日，又成立了西屏街道分会。现已成立7家分会，基本实现基层知联组织全覆盖。 （蓝丽芬）

·景宁畲族自治县委统战部·

【综述】 2014年，景宁县委统战部在县委的正确领导和上级统战部门的指导下，积极发挥统战工作优势，通过抓重点，求突破；抓特色，求创新；抓专项，求推进，统筹兼顾推进统一战线各领域工作，取得了一定的成绩。

【全力促进少数民族经济社会发展】 县委、县政府出台新的《关于进一步加强新形势下民族工作 深化少数民族经济社会发展扶持工作的若干意见》，为下一阶段民族工作提出了新目标和新举措。一年来，落实中央、省、市、县少数民族发展补助资金2088万元，涉及80个项目。其中县级少数民族发展资金1434万元，60个项目；省重点项目资金304万元，实施建设6个项目。宁波市奉化雪窦山资圣禅寺，舟山市佛协，普陀山佛协分别结对马坑、东弄、米岩山三个民族村，共获捐“五水共治·五教同行”专项资金90万元。同时，省基督教协会帮扶安亭村10万元；省佛教协会帮扶英川镇新村10万元；温州道教协会帮扶郑坑乡柳山村8万元；省传化集团帮扶澄照乡米岩山村5万元；中国花园集团帮扶东坑镇何村5万元，“全省少数民族低收入群众增收帮扶行动计划”扎实推进。为推进少数民族群众集聚发展，在鹤溪街道金山洋和澄照佃源规划建设两个纯畲族群众集聚点。并成立畲族群众异地搬迁集中安置领导小组，设立项目指挥部，抽调骨干专职办公。

【积极构建稳定团结社会环境】 继续有重点打造、提升民族特色村寨。深垟、李宝、马坑、东弄4个民族村列入全国少数民族特色村寨保护与发展名录。其中深垟村、李宝村被国家民委命名为首批中国少数民族特色村寨。中共景宁畲族自治县委、雷魏芬分别被评为全国民族团结进步模范集体和个人；马坑村被评为省民族团结进步模范集体；钟利海被评为省民族团结进步模范个人。在全县民族工作大会上表彰了10个民族团结进步模范集体和20个民族团结进步模范个人。出台《景宁畲族自治县进一步强化畲族服饰推广工作的实施方案》，推进畲族服饰的推广与普及。深入开展“和谐寺观教堂”创建活动，按时完成宗教场所服务业统计和宗教主要基础信息共享数据库建设资料收集、录入和审核工作；指导各宗教团体、活动场所健全宗教活动场所财务管理制度和账务监督等规章制度；完成一系列宗教活动行政许可工作。并为鹤溪基督教堂解决了过渡房问题，将宗教教职人员社保经费财政补助列入年度预算。“三改一拆”涉及宗教违法建筑处置工作成效明显。结合文化礼堂、老年活动室、应急避灾点建设等，完成改造点7个。

【扎实推进党外知识分子工作】 在全县统一战线中开展了“坚持和发展中国特色社会主义学习实践活动”，并出台一系列实施方案。全面贯彻落实全市党外干部座谈会精神，召开组统联系会议制度和党外、少数民族干部座谈会，倾听其心声，协商部署下一步工作；举办“统一战线党风廉政建设工作会议暨廉政党课”，增强统战成员廉政意识；积极推荐党外干部参加省市主体班次学习，并在浙大举办了一期研修班。出台《推进县知联会组织和分会组织建设工作实施方案》，明确发展方向和步骤。

【深入推进非公有制经济统战工作】 下发《浙江省工商业联合会关于商会建设标准及商会工作规程》给各商会组织学习；召开总商会四届二次会长联席会议，专题共商商会建设，有力推进商会规范化建设与发展。新成立上海景宁商会和山东景宁商会，指导四川浙江景宁商会、西安景宁商会成立党支部，推进商会网络建设和基层商会党建工作。举办关爱景商活动座谈会，发动各商会和会员企业参与“五水共治”捐款，共认捐249万元。积极引导景商开展捐资助学活动，仅西安、杭州、宁波景宁商会的班子成员捐资助学资金达24.5万元。出版发行《啊，岚头领——景商创业精英录》第一辑，再现景宁商界英才勤奋创业的拼搏精神。努力做好政治安排，新增选副主席5人，执委7人，总商会副会长13人。

【进一步加强港澳台及海外统战联络联谊工作】 圆满完成基本侨情普查工作。据统计，全县共有华侨、华人、留学人员、港澳同胞1002人，分布在59个国家和地区。全县有侨眷1912人，侨资企业11家。争取财政安排专项资金，启动在美景宁家乡发展促进会筹备工作。逐步推进侨联工作进乡镇街道、社区，在红星街道成立全县第一个基层侨联组织。着力做好捐资助学服务工作，“岂凡基金”创立人黄冰洁女士亲临景宁中学，发放助学金；荷兰国际商会爱心助学第三期5万元助学金到位；景宁欣和华侨大酒店股东会捐资10万元，资助高一贫困生。对台交流不断加强。4月，“台湾原住民发展协会”名誉理事长华加志先生率领参访团成员16人，莅景参加庆祝景宁畲族自治县成立30周年暨2014中国畲乡三月三活动。8月，应邀参加首届丽水·台湾生态精品农业合作洽谈会的台湾参访团莅景考察精品农业、民宿发展、乡村旅游。9月，景宁县政府组团赴台进行了为期一周的文化考察交流活动。12月，台湾摄影家“看丽水”和“浙台基层交流周”台湾参访团分别赴景考察交流。

【举行“2014第二届中国（浙江）畲族服饰设计大赛总决赛”】 4月3日，2014第二届中国（浙江）畲族服饰设计大赛总决赛在景宁影城隆重举行。本次大赛从2013年11月份启动征稿到2014年2月征稿结束，共收到参赛作品815组。大赛经过激烈角逐，最终来自左异服饰的兰金美以作品《畲风重生》获得金奖；来自浙江理工大学服装学院的高海兵、来自上海思硕动向服饰有限公司的应志杰分别获银奖；来自浙江婉甸服饰有限公司的方春雷、来自绍兴文理学院的曾真和来自浙江理工大学的章韬分别获得铜奖。

【举办“全国畲族精英人才畲乡行活动”】 12月10日至12日，景宁举办了“全国畲族精英人才畲乡行活动”。来自北京、福建等省外各领域畲族精英人才，以及来自宝岛台湾的蓝姓宗亲代表共 40 余位畲家儿女精英齐聚一堂，共话畲乡发展。期间，举办了全国畲族精英人才助力畲乡发展座谈会。

【举办首届中国畲族发展景宁论坛】 12 月 19 日至 21 日，由中国社会科学院民族学与人类学系研究所和景宁畲族自治县人民政府主办的首届中国畲族发展景宁论坛在景宁隆重举行。本次论坛围绕"'中国梦'语境中的畲族发展研究"为主题展开学术讨论和考察，国内外从事民族学研究及畲族发展的专家学者在论坛上集思广益，出谋划策。全体与会人员在论坛上宣读并通过了《中国畲族发展景宁论坛宣言》。

【景宁与中央民族大学附属中学签订合作办学协议】 2014 年 5 月，中央民族大学附属中学（以下简称民大附中）与景宁达成了合作办学协议。协议规定：民大附中不定期选派中层及以上干部、骨干教师到景宁挂职或到景宁指导薄弱学科的教学工作；不定期接受景宁中层及以上行政管理人员、中青年教师到民大附中挂职锻炼或学习培训；调剂照顾招收景宁籍畲族学生若干名到民大附中学习等。景宁则在民大附中奖励基金中设立畲族"山哈奖"，用于奖励优秀的畲族师生及其他师生；不定期组织校际间的师生交流互访活动等。

（雷朱华）

4. 高等院校统战工作机构

浙江大学党委统战部

【综述】 浙江大学党外人士集中，党外人士层次高，社会影响大。党派组织齐全，8个民主党派在本校都建有基层组织，其中有7个委员会、5个总支，75个支部（支社），党派成员2290余人。此外，还有众多的无党派知识分子、归国留学人员、归侨侨眷、台胞台属、少数民族师生等。党外人士中有院士6人、浙江省特级专家9人、长江学者特聘教授27人、国家杰出青年科学基金获得者39人；各级人大代表、政协委员73人，其中全国人大常委1人、全国政协委员4人（常委1人），浙江省人大常委会副主任1人、浙江省政协副主席2人，杭州市人大常委会副主任1人；民主党派中央常委4人，民主党派省委员会主委3人。

浙江大学党委统战部以邓小平理论、“三个代表”重要思想、科学发展观为指导，深入学习贯彻党的十八大，十八届三中、四中全会精神和习近平总书记系列重要讲话精神，以“深入基层、服务群众”主题活动为载体，围绕学校“六高强校”战略，充分发挥统一战线广大成员作用，为学校发展凝聚人心、增强合力。

【深入学习贯彻党的十八大，十八届三中、四中全会精神和习近平总书记系列重要讲话精神】 在民主党派和统战团体中组织开展中国特色社会主义学习实践活动，民盟、农工党、致公党等党派基层组织专题举办“人文社科论坛”、中国特色社会主义理论与实践主题学习报告会和基层组织创新发展系列论坛等活动。积极开展“深入基层、服务群众”主题活动。落实统战干部与党外代表人士谈心交友、分别联系民主党派和统战团体等工作制度，积极参加党派基层组织活动，定期联系党外人士，坚持每周一天的玉泉、西溪、华家池校区值班制度，做好服务，方便党外群众。引导各级党派基层组织及统战团体班子成员深入基层，加强与所在党派团体成员的联系。联合党派省委会和党派基层组织开展“五水共治”等主题宣传践行活动，支持党派组织及统战团体发挥优势，深入基层，开展社会服务。

【加强党外代表人士队伍建设】 深入贯彻落实中央、浙江省和学校有关加强新形势下党外代表人士队伍建设的意见精神，抓好党外代表人士的发现、培养、使用和管理工作。积极争取上级统战部门的支持，重视与民主党派省委会的联系和沟通，协助做好民主党派省委会班子等后备人选的考察工作。专项开展在党外人士中推荐校内挂职干部工作，18 位党外优秀青年教师走上挂职岗位。建立和完善党外后备干部队伍、浙江大学党外代表人士队伍库，实行动态管理。

【支持党派基层组织加强自身建设】 2014 年，浙江大学各民主党派共发展新成员 67 名。协助做好民主党派基层组织班子的换届或届中调整工作。九三学社浙大委员会、农工党浙大委员会、民革浙大委员会成功召开代表大会，总结过去，谋划未来，并选举产生了新一届校委会领导班子，通过换届，改善了班子结构，很好地实现了新老交替，一批优秀年轻党外代表人士进入校委会班子，增强了班子活力。部分党派校委会因工作需要进行了届中调整，新成立民革浙大委员会邵逸夫医院支部。

组织召开民主党派基层组织建设工作座谈会。举办浙江大学民主党派基层组织负责人培训班和党外知识分子培训班，90 余位党外人士参加培训，省委统战部、校党委领导及有关专家作辅导报告。

【做好无党派人士工作】 打造学习交流、参政议政、服务社会、宣传展示等四大工作平台，开辟浙大“统一战线·同心讲坛”，举办无党派知识分子培训班等，着力提升无党派人士理论水平和政治素养，推动无党派代表人士队伍建设，夯实无党派人士发挥作用的人才基础。1 人受聘为浙江省政府参事，1 人增补为省知联会副会长，1 人在杭州市西湖区知联会换届大会上被选为执行会长；3 人分别参加了由中央统战部和浙江省委统战部举办的无党派代表人士培训班。无党派人士积极参政议政建言献策，热心服务社会，浙江大学知联会充分利用与海盐县共建的“同心·知联农业技术服务基地”这一工作平台积极组织开展社会服务，相关专家完成了《海盐县现代农业科技示范园区发展规划》，深受当地群众好评。在全省党外知识分子坚持和发展中国特色社会主义学习实践活动先进集体和先进个人评选表彰活动中，浙江大学知联会荣获浙江省优秀知联会荣誉称号，1 人获浙江省“杰出知联之星”荣誉称号，3 人分别荣获浙江省知联会“行业之星”、“建言之星”、“奉献之星”荣誉称号。

【做好侨留联和民族宗教工作】 认真学习贯彻中央有关加强和改进新形势下侨联工作的意见精神，举办全省高校侨（留）联学习贯彻中央《意见》精神报告会，省侨联领导作专题报告，来自全省 11 所高校的统战部门领导、归国留学人员代表近 100 人参加了报告会。举办侨留联海华论坛之文化品鉴沙龙活动，组织浙江大学侨留联理事赴瑞安参加海外高层次留学归国人员志愿服务团。在 9 月召开的中国侨联第五届新侨创新成果交流表彰会上，3 人获中国侨界贡献奖。

开展党的民族宗教政策宣传教育活动，组织开展相关课题研究。召开少数民族师生学习中央民族工作会议精神座谈会，听取该校少数民族师生意见建议，关心少数民族师生的学习生活。加强与相关部门和院系的联系，贯彻落实党的民族宗教工作方针政策，切实维护少数民族师生权益。

【发挥统一战线广大成员作用】 民主党派各个基层组织围绕学校中心工作积极向学校建言献策，得到了学校领导及相关部门的重视。积极主动为党外各级人大代表、政协委员履职创造条件，做好服务。2014 年，浙江大学党外人大代表、政协委员围绕社会经济热点，深入开展调查研究，积极参政议政，建言献策。在省政协十一届二次会议上，该校政协委员共提交了 44 件提案，内容涉及环保、科教、文化、农林、卫生等多个领域，研究分析深入，反映情况真实，体现高校特色。10 位政协委员被评为“浙江省政协履职优秀委员”，3 件提案被评为优秀提案。

整合统一战线资源优势，拓展统一战线服务社会功能。统战部和民主党派基层组织开展的浙大·德清统一战线“同心服务企业·助推‘两美建设’”活动、“开明讲坛——送教下乡社会服务活动”、企业科技服务、义诊等，为促进产学研合作，加速科技成果转化，促进地方经济社会发展发挥了积极作用。

【加强统战理论研究与信息宣传工作】 创建“浙大统一战线”微信公众平台，运用新媒体构建统战宣传工作新平台。编印《统战理论学习参阅资料》8 期。

积极开展统战理论研究。2014 年统战理论研究课题列入

2014年学校党建研究课题，立项综合类重点课题1项，统战理论研究分类课题8项；编印《浙江大学统战理论研究论文集》；北京市高校统战理论研究会一行到该校调研交流统战理论研究工作经验。一年来，《浙江日报》、《情系中华》、《南方周末》、《浙江民革》、《联谊报》等校外媒体多次报道该校统一战线工作情况和优秀党外代表人士的先进事迹。（王一清）

中国美术学院党委统战部

【综述】　2014年，统一战线工作紧紧围绕学院中心工作，服从服务学院发展大局，以立德树人为根本，以学科建设为核心，以研创成果为要务，以综合管理为保障，塑造学科内涵高度，跬积美心育人深度，推进创新驱动强度，加强综合管理效度，深入践行“同心”思想，扎实推进“同心”思想实践活动，积极建言献策、建功立业，营造了团结、和谐、开拓、活跃的良好局面。

【党委重视】　1月8日，美院举行离退休老同志、统一战线迎春团拜会，院党委领、离退休老同志和各民主党派成员、留学归国人士、无党派知识分子、省文史馆员、各级人大代表、政协委员等近200人欢聚一堂。会上，院党委统战部印发了2013年度《国美统战》，总结一年来统一战线工作和各党派的工作。

【上级关心】　9月25日，受农工党中央委员会委托，农工党浙江省委会专职副主委陆国钦、组织部长舒愉、副部长张红一行到美院看望农工党美院支部党员常青老师，并与院党委副书记胡钟华交流。

12月15日，中共中央政治局常委、国务院副总理张高丽在杭州城市规划设计研究院调研，听取省政协委员、建筑艺术学院院长王澍介绍其建筑理念。

【组织建设】　2014年，国画系邓先仙老师加入中国民主促进会。

【思想建设】　4月1日至3日，农工党中国美院支部委员彭建波参加农工党全省宣传和理论研究骨干培训班。

4月25日至30日，农工党中国美院支部主委邓小鹏、委员彭建波赴中央社会主义学院参加2014年农工党浙江省基层组织骨干培训班。

12月1日至4日，版画系副教授于洪、继续教育学院高级工程师谢天参加首期全省高校党外中层后备干部培训。

【参政议政】　1月，省政协十一届二次会议召开，美院省政协委员、书法系党支部书记、主任沈浩，民进中国美院支部主委、中国画系教授卢勇，农工党中央委员、院长助理、上海设计学院院长吴小华，九三学社中国美院支部主委、书法系教授赵爱民，无党派人士、建筑艺术学院院长王澍参加会议，并积极参政议政。

3月，第十二届全国人民代表大会第二次会议和政协第十二届全国委员会第二次会议分别在京召开，全国人大代表、浙江省文联主席、美院院长许江，全国政协委员、学院设计艺术学院院长吴海燕参加了会议，并结合两会工作报告对教育发展、文化建设等问题提出意见和建议，得到了媒体的广泛关注。

【文化建设】　3月5日，民进中国美院支部承办“春暖花开·翰墨钱塘·庆‘三·八’女书画家作品邀请展”。

4月13日，农工党中国美院支部赴淳安商议艺术支教活动，就帮扶支教活动的方案进行了沟通和商议。

6月6日，农工党中国美院支部赴龙川小学，举行“淳安县农村中小学艺术支教助教”项目的启动仪式，支教项目包括龙川小学动漫特色支教、淳安县小学美术教师暑期培训、淳安县金峰摄影学校支教、淳安县艺术节支持项目等，项目计划为期五年。

6月8日，由民进中国美院支部与民进嘉兴市委会和嘉兴开明画院共同组织的“中国画高级研修班”开班，民进支部主任卢勇教授授课。

6月19日下午，“重返单纯——吴山明执教五十年从艺六十年中国画艺术展”在浙江美术馆开幕。开幕式上，吴山明先生向中国美院捐赠15幅作品，由学院美术馆收藏。

11月24日，院党委副书记胡钟华、省政协委员、民进美院支部主委卢勇及党委统战部相关人员赴嘉兴参加民进省委会艺术培训基地授牌仪式，开明画院副院长、中国美院教授章利国作讲座。

11月29日，民进会员吴山明父子的作品《欢聚》和民进支部主委卢勇教授的《清风新篁》在“世界因你而温暖”艺术慈善晚宴上拍出31万和22万的高价，助困贵州留守儿童。

12月2日，农工党党员、油画系副教授常青创作的大型油画作品《邓演达主持农工党一干会议》捐赠暨揭幕仪式在南京雨花台烈士纪念馆举行。

美院党外人士在十二届全国美展和浙江省第十三届美术作品展中再创佳绩，多幅作品获奖。农工党党员、油画系副教授常青创作的特邀作品《未名湖畔》在十二届全国美展上亮相。

【党派活动】 5月19日，民进中国美院支部组织“首夏清和，泛舟西湖”的主题支部活动。

5月31日，民盟美院支部组织盟员赴理安寺开展文化考察。

11月6日，民盟美院支部组织盟员赴四明山革命根据地考察。

11月14日，由中国美术学院统战部、学工部主办，中国美术学院留联会、毕业生就业指导服务中心承办的“中国美术学院学生海外留学咨询会”在象山校区开讲。

12月16日，民进中国美院支部组织会员参观潘天寿写生研究展暨召开2014年度总结会。

12月26日，美院侨联、留联代表赴浙江财经大学参加“情暖侨心·相约财大”——2014浙江归国留学人员迎新联欢会。

【统战风采】 中国美院侨（留）联主席、设计艺术学院王雪青教授荣膺“全国模范教师”、“杭州市侨界十大杰出人物”称号，无党派知识分子、建筑艺术学院院长王澍老师，无党派知识分子、设计艺术学院院长吴海燕教授获“杭州生活品质十周年人物奖”。吴海燕老师入选国务院学科评议组组成人员、浙江省宣传思想文化领域专家库。民盟中国美院支部主委、艺术人文学院副院长孔令伟老师的作品《观念的拟人化》入选第二届“中国美术奖·理论评论奖”。省政协委员、省侨联常委、书法系党支部书记、主任沈浩老师入选浙江省“151人才工程”第一层次，归国留学人员、建筑艺术学院教师阮昊入选“浙江省千人计划”。

（徐　元）

浙江工业大学党委统战部

【综述】 浙江工业大学是一所综合性的浙江省属重点大学，始建于1953年，2009年6月8日，浙江省人民政府和教育部签订共建协议，浙江工业大学进入省部共建高校行列。2013年5月，由学校牵头建设的长三角绿色制药协同创新中心入选国家2011计划，成为全国首批14家2011协同创新中心之一。

学校设朝晖、屏峰、之江三个校区，占地面积3000余亩，现有69个本科专业，设有24个学院，2个部、6个博士后流动站；有博士学位授权二级学科25个；硕士学位授权二级学科101个；图书馆面积6万余平方米，藏书887万余册，中外期刊35776种。

学校现有教职工3452人，其中专任教师2275人。拥有中国工程院院士2人、共享中国科学院和中国工程院院士3人、国家级有突出贡献中青年专家7人、国家级教学名师3人、国家杰出青年基金获得者4人、中央千人计划入选者4人、教育部长江学者特聘教授1人、教育部创新团队2个、国家级教学团队2个、各类国家级人才培养计划入选者26人次。现有普通全日制本科学生28651人；在读各类研究生9153人；成人教育学生2万余人；留学生866人。

浙江工业大学共有民主党派成员329名，有民革、民盟、民建、致公党、九三学社5个民主党派基层委员会，民进、农工党2个支部，侨留联、知联会2个统战团体。

2014年，学校统一战线工作以继续贯彻《中共中央关于加强新形势下党外人士队伍建设的意见》精神为主导，学习党的十八大，十八届三中、四中全会精神和习近平同志系列讲话重要精神，围绕学校中长期发展规划的实施，牢固树立大局意识，责任意识，使命意识，凝心聚力，发挥优势，创新工作思路，调动校内外一切有利因素，充分发挥党外人士的积极作用，着力提升学校统战工作的水平和影响力。

【组织建设】 11月29日，浙江工业大学民革总支换届，成立了浙江工业大学第一届民革基层委员会和朝晖、屏峰、之江支部委员会。计伟荣、王定安、刘咏波、李美超、林惠芬、赵明珠、韩玉萍7名同志当选为民革浙江工业大学基层委员会委员，计伟荣任主任委员，李美超、韩玉萍任副主任委员。

12月20日，浙江工业大学民建总支换届，成立了浙江工业大学第一届民建基层委员会。万跃华、计时鸣、李嘉、刘肖健、杨艳东、赵燕伟、覃亚丽7名同志当选为民建浙江工业大学基层委员会委员，计时鸣任主任委员，万跃华、赵燕伟任副主任委员。

至此，浙工大民主党派已经成立了民革、民盟、民建、致公党、九三学社五个民主党派基层委员会，民进、农工党两个民主党派基层支部，党派活力和凝聚力得到不断增强。

【队伍建设】 进一步加强民主党派和无党派人士、尤其是民主党派负责人和后备干部的培养工作。全年共发展8名党派成员。

组织留学归国人员和侨眷代表参加全省高校学习贯彻中共中央《关于加强和改进新形势下侨联工作的意见》报告会。

协助省教育工委举办首届全省高校党外后备干部培训班，组织全校党外后备干部参加培训班学习。

选送14名党派骨干到中央和省社会主义学院参加学习班。

推荐材料学院教授盛嘉伟挂职温州龙湾区副区长。

选派建工学院高工郑国平挂职嘉善县交通运输局副局长。

省政协委员、药学院教授级高工马凤森当选省知联会副会长。

校致公党党员、法学院教师黄伟锋被浙江省人民检察院聘请为第六届特约检察员。

【参政议政】 2014年，浙工大各级人大代表、政协委员共撰写、提交了27条建议和提案。学校党外人士的许多建议和调研报告，受到了各级党委和政府的重视。

民进浙工大支部提交民进省委会的省政协提案《实施大数据战略，推动创新强省建设》被省政协评为重点提案。

民建浙工大总支提交民建省委会的省政协提案《加快协同创新能力建设，着力推进产业转型升级》、民进支部提交民进省委会的省政协提案《治理我省交通拥堵问题的建议》和《实施大数据战略，推动创新强省建设》、致公党员林强提交致公党省委会的省政协提案的《提升科技创新能力，促进经济与科技紧密结合》被省政协评为十一届一次会议以来的优秀提案。

下城区人大代表、民进会员吴伟强教授关于城市交通问题的建议获得国务委员王勇、省长李强、杭州市市长张鸿铭等领导的批示。

下城区政协委员、无党派人士盛嘉伟教授《污泥不治，浊水难清》的建议获得省委书记夏宝龙批示。

省人大常委、致公党员杨杨教授《发挥透水性铺装在五水共治中的生态作用》的建议获得省委副书记王辉忠、省政协副主席孙文友批示。

省政协常委、致公党员林强教授报送的社情民意《关于重视耕地占补质量平衡的建议》获得副省长黄旭民的批示。

【校地联合】 九三学社浙工大委员会与九三学社义乌市基层委员会结对共建。

农工党浙工大支部与农工党柯桥区总支结对共建。

民盟浙工大委员会与民盟上虞区基层委员会进行科技合作洽谈。

民进浙工大支部和民进德清总支初步达成结对共建协议。

学校统战部继与下城区统战部结对共建后，与德清统战部初步达成合作协议。

【社会服务】 浙工大统战部与下城区统战部在屏峰校区联合举办下城区民营骨干企业招聘会。

民盟浙工大委员会赴上虞区开展科技创新服务活动。

统战部组织归国留学人员参加高层次留学回国人才为国服务志愿团活动。

九三学社浙工大委员会对口助学丽水市丽新、老竹两所小学，并捐资助学1.5万元。

农工党员潘海颖关于“两美”瑞安建设的调研报告得到瑞安市政府的肯定并被聘为顾问。

致公党员鲁建厦教授、校侨联秘书长俞斌积极参加第六届苏浙沪知联会论坛，撰写的论文被大会评为优秀论文并收入论文集。

致公党员朱敬东组织学校教师在奉化开展智慧农业的工作，被《中央电视台》、《浙江日报》报道。

民革党员、省文史馆员王福和教授组织师生拍摄的省文史馆专题片《清风瓷韵》，得到好评。

【建功立业】 民进浙工大支部荣获民进全国组织建设先进基层组织称号。

民革浙工大总支被评为2013年省直社会工作先进支部。

农工党浙工大党支部被评为2013年省级先进基层组织。

致公党浙工大委员会被评为省级社会服务先进集体。

九三学社浙工大委员会被评为2012－2013年度省级社会服务工作先进集体。

九三学社社员钱捷被评为九三学社中央先进组工干部。

归侨盛嘉伟当选全国侨界先进个人。

民盟盟员莫卫民当选2013－2014年度浙江省政协履职优秀委员。

【宣传调研】 在媒体上发表宣传学校统战工作的通讯和文章25篇。

《工大统战》增加网络版，向全校统一战线人士邮箱寄发。

各党派和侨留联都建立了QQ群和微信群，搭建了组织和宣传活动的新平台。

先后接待九三学社中央组织部部长杨玲，省政协副主席、省委统战部部长孙文友，省政协副主席、民建省委会主委陈小平，省委统战部常务副部长金长征到浙江工业大学调研考察。

【党派活动】 学校党派活动丰富多彩，将组织活动与议政建言、社会服务、联谊交流相结合，增强了活力和凝聚力。

民革总支赴安吉参观美丽乡村建设，与安吉县政府办、环保办等部门座谈。

民盟活动紧密结合盟员工作特色，先后两次组织盟员赴绍兴市柯桥区开展“五水共治”专题调研和基层盟组织建设交流活动，民盟省委会组织部部长俞逸敏参加活动。

民进支部组织全体会员传达浙江省推进“五水共治”建设美丽浙江的精神，号召会员结合各自专业特点，为建设美好浙江献计献力并赴武义寿仙谷药业公司参观、指导。

农工党支部赴嵊州天方科技有限公司科研生产基地调研。

九三学社一支社和三支社组织社员到绿城乌镇雅园参观交流；第二支社成员参观了垃圾分类推广中心，并针对经济和自然生态协调发展展开专题讨论，就环境可持续发展的工农业合作模式、科技转化为生产力的有效途径等问题提出建议；第三支社组织社员赴奉化有关单位进行调研，参观宁波绿之健药业有限公司和国家气动产品质量监督检查中心，听取管理、技术人员的介绍，对相关合作业务做了探讨。

校侨留联组织参加杭州钱江经济开发区人才合作交流会，为企业与高校之间搭建良好的沟通平台，让企业与高校进一步实现人才对接。

13名归国留学人员代表参加省侨联、省留联会在浙江财经大学召开的“情暖侨心，相约财大”联欢会。 （肖　阳）

浙江师范大学党委统战部

【综述】 浙江师范大学现有民革、民盟、民建、民进、农工党、致公党、九三学社7个民主党派基层组织，其中：基层委员会4个，总支2个，省直支1个，另有无党派知识分子联谊会、归国华侨联合会、留学人员联谊会、少数民族教职工联谊会等4个统战团体，共540余人。党外人士中有两院院士1人，国家“千人计划”入选者1人，国家外专千人计划入选者1人，入选教育部新世纪优秀人才支持计划者3人，国家杰出青年基金获得者2人，杰出教授1名，省千人计划专家3人，省突出贡献中青年专家1人，省“钱江高级人才”4人，省“新世纪151人才工程”第一层次5人。现有各级人大代表4人（不重复），各级政协委员22人（含特邀委员3人）；统战团体中，有省侨联常委1人，常务理事1人，顾问1人；有省知联会理事1名；省级无党派人士6名，校级无党派人士28名。在职处级党外干部30名，科级党外干部24名。

2014年，学校统战工作在省委统战部和学校党委的领导下，紧紧围绕学校中心工作，对照党委工作要点的有关要求，结合部门工作实际，在学校党委、行政的领导下，在广大统一战线成员的共同努力下，认真贯彻落实中央和省统战工作会议精神，深刻学习和领会党的十八届四中全会精神和习近平同志系列讲话重要精神，在工作中坚持凝心聚力、创新发展，推进该校统战工作稳步发展。

【加强领导，统战各项制度有序推进】 根据工作需要和校领导人事变动，先后于6月、10月对校领导联系各民主党派、统战团体分工进行调整，切实落实校领导联系、指导制度。

召开校情通报会。9月15日下午，学校召开民主党派、统战团体负责人校情通报会，校党委书记陈德喜、副书记张先亮参加会议。陈德喜通报了学校行知学院兰溪校区萧山校区建设情况、婺东校区土地出让、金罗公路征迁相关工作，并总结了学校上半年工作，通报了下半年学校党政工作要点。听取了与会人员对学校教师教育改革、地方社会服务、科研建设、校园文化建设等工作的意见和建议。

校党委专题研究统战、工会、团学工作。10月22日，校党委召开会议，专题听取统战部、工会、团委等部门工作汇报，并对学校统战、工会、团学等工作进行了研究部署。校党委书记陈德喜主持会议，校党委班子成员参加会议，部分校党代表、各二级党组织书记、学生会、研究生会主席等列席会议。会议充分肯定了近年来学校统战群团工作所取得的成绩，要求各级党组织要高度重视统战群众工作，做到在思想上增强做好统战群团工作的自觉性和主动性；在组织上进一步加强对统战群团工作的领导；在行动上抓好改进作风建设常态化、长效化。强调统战工作的重点是加强骨干队伍建设，统筹、引导、规划好党外干部培养和使用，建立健全工作体系，理顺部门与学院、单位之间的关系，进一步健全大统战工作格局。

进一步健全统战工作网络。根据中层干部换届、二级党组织换届实际，重新调整统战成员、统战联络员队伍，明确二级党组织书记担任统战委员，选拔熟悉统战政策、关心统战工作且具有丰富行政经验的老师担任统战联络员。同时协助校监察处，选拔7位统战成员担任校级特邀监察员，履行民主监督职责。

召开民主党派、统战团体负责人联席会议。12月30日下午，校各民主党派、统战团体负责人联席会议在行政中心第四会议室召开。党委统战部副部长金国峰出席会议并讲话，校7个民主党派、4个统战团体负责人和统战部人员参加会议。金国峰首先对2014年学校统战工作开展情况进行了简要回顾，通报了2015年统战部将重点推进的七项工作。各党派、团体负责人分别介绍了本组织一年来工作的好作法、好经验，并汇报了2015年的工作思路。大家围绕创新组织活动形式，搭建校地合作平台、规范使用活动经费等问题展开了积极讨论，还就举办趣味运动会、统战信息员培训班等工作进行了交流和沟通。

【围绕主题，学习实践活动有声有色】 启动学习实践活动。根据中央、省委统战部关于开展坚持和发展中国特色社会主义学习实践活动的精神要求，学校于5月正式制定并印发《浙江师范大学党外知识分子开展坚持和发展中国特色社会主义学习实践活动实施方案》，方案对学习实践活动的目的、内容、要求以及工作安排等作出了明确的规定，归纳起来即：贯彻三个阶段、落实四项重点工作、突出四个坚持、抓好组织实施。学习实践活动于5月30日正式启动。

开展知识竞赛活动。10月底，学校组织开展纪念新中国和人民政协成立65周年知识竞赛活动，校7位民主党派、4个统战团体，共478名统战成员参加了知识竞赛，参赛人数占统计基层组织总人数的90.4%。根据各党派、团体平均成绩，综合组织发动和参赛人数的情况，评定产生一等奖1名、二等奖2名、三等奖3个、纪念奖4个。

举办统一战线趣味运动会。12月28日，学校在校篮球馆举办“迎新年 聚合力 促发展”为主题的统战趣味运动会。校党委副书记张先亮致开幕辞，副校长李伟健出席开幕式并与280余名统战成员一同参与了本届趣味运动会。张先亮在致辞中希望此次运动会不仅带给大家健康、激情、快乐，更能为统战成员搭建增进交流、促进和谐、凝聚正能量的有效平台。运动会设集体项目和个人项目，突出“趣味”与“团队”的主题，集趣味性、娱乐性、协作性和竞争性于一体。场内参赛队员团体合作，努力拼搏，场外啦啦队呐喊助威，加油鼓劲，充分展现了学校统一战线积极向上的和谐氛围。举办统一战线迎新趣味运动会是学校统一战线深入开展深入开展坚持和发展中国特色社会主义学习实践活动的系列活动之一。

【依托换届，党外干部队伍

建设切实加强】 以市委会换届为契机，加大校党外干部举荐力度。在今年6月至9月民主党派金华市委会换届期间，加强与市委统战部、各民主党派市委会的协商联系，积极举荐政治素质较高、能力水平较强的本校民主党派骨干进入新一届市委班子，新晋升副主委3名（龚剑锋、陈玉兰、马永俊）、委员6名（吴瑛、林燕、马远军、邱江宁、张鑫、鲍嵘），共有15名党派成员当选为新一届民主党派金华市委会班子成员，为学校统一战线的可持续发展奠定了坚实的基础。

以学校中层干部换届为契机，加大选拔使用力度。充分发挥组统合署优势，通盘考虑，统筹规划，在今年换届中，实职安排党外干部31名，占中层干部的14.98%，其中新提任党外干部9名，占换届新提任干部总数的15%。

以党派、团体换届为契机，加大统战基层组织建设力度。先后协助民进浙师大总支、民盟浙师大委员会、知联会、侨联、留联完成换届工作，协助民革成功升格。在换届过程中，积极协助各党派、团体把好新一届领导班子的考察、选拔关，力求新一届民主党派的领导班子年龄更为优化、结构更为合理，工作更有实效。在民盟、民进、九三学社、知联会、侨联、留联新一届领导班子中，新提任主委（主席）4名，副主委、常务副主席（副会长）、委员、秘书长等9名。

【拓宽渠道，党外干部培养力度不断加大】 举办党外干部培训班。5月30日，学校党外干部培训班暨开展坚持和发展中国特色社会主义学习实践活动启动仪式在行政中心多功能会议室举行，学校现职中层党外干部、科级党外干部及各民主党派、统战团体主要负责人50多人参加本次培训。校党委副书记张先亮出席仪式并讲话，全国政协委员、民盟省委员会专职副主委徐向东应邀为培训班作了题为“加强自身建设，提高四种能力”的专题讲座，重点阐述了党外干部提高“四种能力”的必要性和重要性，并结合自身工作经验和体会，具体阐述了如何提高四种能力，加强自身建设。培训班还邀请校内专家围绕中国特色社会主义理论体系、“中国梦”科学内涵和精神实质等内容作了专题讲座。

学校举办统战信息宣传工作培训班。1月15日，校统战信息宣传工作培训班在行政中心多功能会议室举行。校党委副书记张先亮出席开班仪式并讲话，他希望大家把握学习机会，明确职责、强化意识、掌握方法，并在今后工作中充分发挥主观能动性，围绕中心，结合本职，善思考、勤动笔，在实践中不断提升能力，创造性地、实效性地开展统战信息宣传，推动本校统战信息宣传工作迈上新台阶。培训班邀请了省委统战部党外知识分子处副处长宋立、市委党校科研处处长朱正赐分别就如何做好统战信息宣传工作和新形势下的统战信息宣传工作等作了专题讲座。全校各二级党组织统战联络员、各民主党派、统战团体分管宣传负责人、秘书处成员40余人参加了培训。

加强外派培训。先后选派8名党派负责人、党外年轻后备干部赴北京、省教育厅培训、学习、考察，选派4名党外年轻骨干参加学校第二期中青年骨干教师理论研修班培训并结业。

加大统战骨干挂职锻炼选拔力度。选派致公党党员王方圆赴丽水参加“五水共治”专项整治工作；选派党外知识分子联谊会会员祝亚雄赴义乌挂职锻炼。

【搭建平台，统战工作对外影响力不断扩大】 省政协科教委主任鲁善增一行来校调研。9月25日，省政协常委、科教委主任鲁善增一行7人来校调研特殊教育专业发展情况。校党委书记陈德喜、副校长李伟健出席座谈会。与会人员就我省特殊教育提升计划、广义的特殊教育、随班就读等问题展开具体详实地讨论。座谈会前，鲁善增还专门看望了该校省政协委员，并就如何提升政协履职水平，征求各位委员的意见和建议。

4月28日，省政协社会科学界界别活动组组长、省社科联副主席费君清带领活动组一行9人来该校调研社科联的社会服务工作。

11月27日，1974级校友、省政协副主席陈加元来校视察，与校领导亲切座谈交流并参观校园，坚信学校定能实现发展梦想。作为学校发展委员会名誉主任，陈加元提议设立知名校友基金，用于奖励优秀师生。校长蒋国俊表示，学校会高度重视，积极谋划设计。

另外，先后承接婺城区政协文教史委代表、致公党省委会副主委范谊一行等来校交流座谈，洽谈服务合作意向；协助民进浙师大总支与衢州学院民进支部交流合作，以搭建沟通交流平台扩大影响力。

开展2013年校内统战调研课题中期检查，对2013年立项的11个校级统战调研课题进行督促检查，每个课题组按规定填写课题中期调研情况表，协助课题组解决研究过程中存在的困难和问题，推进调研工作有序有效开展。

继续开展暑期汤溪送教实践活动。联合市委统战部、校团委、协同知联会策划组织2014年“携爱汤溪，放飞梦想”汤溪暑期实践活动，送教乡村4个，受教学生达100余人。

配合省委统战部，组织学生参加“宁波大学生创业大赛”，申报项目20项，11支队伍进入答辩，4支队伍进入决赛，1个项目获资助，学校获优秀组织奖，以组织参赛评奖扩大影响力。

选派化学与生命科学学院副教授陈文荣参加浙江省暑期“为国服务团”，开展实地科技咨询、技术服务工作等，以开展社服活动扩大影响力。

组织参加中国侨界贡献奖申报评奖工作，朱绪鼎教授荣获“中国侨界贡献奖（创新人才）”。

（倪文珺）

宁波大学党委统战部

【综述】 2014年宁波大学党委统战部在校党委的领导下，凝聚同心增进思想共识，汇集力量推动学校发展，参政议政促进社会和谐，为学校内涵发展做出积极贡献。两篇文章分获省、市统战理论研究一等奖、三等奖。学校民主党派基层组织和党派成员本年度荣获多项省市级荣誉表彰。校党委统战部部长邹日强获颁浙江省统一战线工作20年荣誉奖章。

【加强与党外干部联系交友】 坚持执行学校党委委员与党外代表人士联系交友制度、学院主要党政领导与党外代表人士联系交友制度。继续贯彻民主党派和党外代表人士参与学校民主管理、民主决策、民主监督的工作制度。邀请部分党外代表人士列席学校党委理论中心组学习会、党委民主生活会、中层干部大会等。统战部定期走访各界代表，认真听取他们的意见和建议，及时向党委进行反馈。9月，召开第三次党代会报告民主党派、人大代表、政协委员座谈会。校党委书记郭华巍，党委副书记唐绍祥，党委委员、统战部部长邹日强和20位民主党派、人大代表、政协委员座谈交流。11月14－15日，中共宁波大学第三次代表大会隆重开幕。学校民主党派、统战团体基层组织主要负责人，部分非党代表的各级人大代表、政协委员列席会议。

【加强党外干部队伍建设】 积极联络省市统战部、各民主党派宁波市委会，进一步做好党外代表人士的实职安排和政治安排的推荐工作。全年完成20余人次各类推荐工作。7月，徐铁峰就任宁波大学副校长，这是学校第二位党外副校级领导。中国侨联“第五届新侨创新成果交流表彰会”在北京隆重举行，陈忠仁获“中国侨界贡献奖（创新人才）”。截至2014年12月，学校党外知识分子成员中，担任副校长2人，正处级干部6人，副处级干部22人。党外干部占校全体中层领导干部的比例为15.1%。

【支持民主党派统战团体加强组织建设】 积极协助各民主党派做好组织发展工作，推荐部分党外优秀知识分子作为发展对象，认真做好被发展成员所在单位党组织意见建议的征求工作。全年，各民主党派新发展和新转入的成员12人，退休2人，去世1人，调离民主党派成员3人。截至2014年12月，学校有民革党员28人，民盟盟员116人，民建会员29人，民进会员58人，农工党党员58人，致公党党员15人，九三学社社员80人，总计384人。学校建有三个统战团体，分别为宁波大学归国华侨联合会、宁波大学留学人员和家属联谊会，侨联和留联会联合办公，共有会员180余人。宁波大学无党派知识分子联谊会，共有会员55人。支持民主党派开展学术文化活动，并给予经费支持。民主党派、侨联、知联会基层组织开展了丰富多彩、结合各自特色的组织活动。各党派、团体浙江省委会、宁波市委会相继发文并召开大会，对学校相关先进基层组织、优秀成员予以表彰。

【支持党外干部服务社会】 积极推荐省市区政协委员换届人选，加强与在任的省、市、区政协委员和党外人大代表的联系，组织他们参加重要的政治学习、外出考察等，为他们参政议政创造条件。省政协委员郭华巍、陈厥祥转入学校。截至2014年底，学校教职工中有各级人大代表8人，各级政协委员28人。鼓励党外代表人士通过各种途径参政议政，向各级政府部门提交工作建议，受到中央到地方各级领导的重视。建立党外代表人士到地方挂职锻炼与开展科技服务相结合机制，直接为地方经济和社会发展提供服务。鼓励和支持民主党派成员积极参加教学科研，积极支持党外知识分子发挥自身优势服务社会。

【加强统战理论研究和宣传】 各级党组织和广大党员，特别是处级以上党员领导干部和教工党支部书记带头学习、宣传党的统战理论，把握统一战线的指导思想、主要任务、发展目标等基本理论。将统一战线与多党合作理论政策教育列入各级理论学习中心组的学习内容。积极参与统战各类课题申报，中标省台办预立项课题3项。本年度学校统战理论研究方面，形成了一批高质量的研究成果，对统一战线的前瞻性、战略性和基础性问题进行了深入细致的调查研究。其中，邹日强撰写的《城市化进程中浙江省少数民族流动人口研究》荣获全省统战理论研究优秀成果一等奖，王立衡撰写的《关于开展新媒体从业人员和网络意见人士统战工作的调查与思考》获市统战理论政策研究优秀成果三等奖。邹日强两篇理论文章《普通高校少数民族学生工作探析》、《高校统战助力协同创新》分别发表在《光明日报》理论版和《中国教育报》理论版。

【民盟宁波市（北高教园区）教授议事会成立大会举行】 5月23日，民盟宁波市（北高教园区）教授议事会成立大会在宁波大学举行。其成员由民盟宁波大学委员会、宁波工程学院支部、浙江纺织服装职业技术学院支部、中国科学院宁波材料所支部的教授或相当职称的盟员组成。作为在盟市委会直接领导下的民盟宁波市北高教园区各直属基层组织自发成立的联合体，教授议事会旨在加强各直属基层组织的沟通交流，汇聚更多盟内优秀人才，开展主题调研，从而提高调研质量，推进民盟组织参政议政工作的进一步发展。民盟宁波市委会副主委、宁波市文联副主席、宁波美术馆馆长韩利诚出席成立大会。宁波市委统战部巡视员杨志强、宁波大学党委委员邹日强应邀出席大会。会议选举成立了第一届领导机构，理事长由王钦文担任，副理事长由房江华、张文武、林建萍担任，秘书长为贺雪飞，副秘书长为王慧。

【深化党外代表人士挂职锻炼和科技服务机制】 学校省政协委员吴建依教授，市政协委员郑曙光教授受聘为第二届宁波市人民政府法律顾问，聘期为三年；市政协委员龚缨晏挂职市天一阁，开展国家社科基金重大招标课题古籍整理方面的研究；多位老师带各自技术项目参与省委统战部和省市侨联组织的企业技术接对服务；九三学社社员、海洋学院教授潘道东喜获浙江省人民政府颁发的2013年度浙江省农业科技成果转化推广奖，其研究成果在杭州新希望双峰乳业有限公司、宁波市牛奶集团有限公司等省市农业龙头企业推广应用，产生了显著的经济与社会效益。

（王立衡）

浙江理工大学党委统战部

【综述】 浙江理工大学是一所以工为主，特色鲜明，优势突出，理、工、文、经、管、法、艺术、教育等多学科协调发展的省属重点建设大学。学校八个民主党派齐全，成员数为183名，基层组织五个，分别为民盟总支、民建支部、民进支部、致公党支部、九三学社委员会；统战团体三个，分别为党外知识分子联谊会，归国华侨联合会，留学人员和家属联谊会。

2014年，浙江理工大学统一战线工作的指导思想和总体要求是：坚持以中国特色社会主义理论为指导，全面贯彻落实党的十八大、十八届三中全会和习近平总书记重要讲话精神以及省委十三届四次全会精神，紧紧围绕学校“十二五”规划和第二次党代会提出的奋斗目标，坚持思想引领，服务深化改革，加强队伍建设，着力提升统战工作科学化水平，全力促进学校事业的内涵式发展。

【坚持思想引领，进一步夯实统一战线共同思想基础】 通过举办专题研讨会、形势报告会、专题培训等形式，组织广大统一战线成员深入学习党的十八届三中全会精神和习近平总书记系列重要讲话精神，把思想和行动统一到中央和省委的决策部署要求上来，切实增强中国特色社会主义的道路自信、理论自信和制度自信，切实增强支持、参与全面深化改革的自觉性和坚定性。支持统战人士参加各类培训，2014 年共有 5 人次参加省委党校、省社会主义学院培训。积极动员、组织人员申报省委统战部、省社会主义学院等研究课题，继续做好学校统战课题的申报和结题工作。

【完善和落实多党合作与政治协商制度】 学校一贯重视统一战线工作，坚持完善和落实民主协商等各项制度，召开情况通报会、参政议政座谈会等，加强学校党委与各党派、团体的沟通与联系，听取党外人士意见，积极发挥统战人士在民主协商、民主管理、民主监督和民主办学等方面的力量。健全落实党委统一领导、相关单位分工协作的统一战线工作领导机制，进一步发挥基层统战工作的作用，努力形成上下联动、左右互动的“大统战”格局。

【支持民主党派、统战团体加强自身建设】 学校召开民主党派基层组织、统战团体负责人座谈会，带队开展与兄弟院校党派团体的交流，做好组织建设工作。2014 年共发展党派成员 12 人；校九三学社支社顺利换届并升格为基层委员会，召开校侨（留）联换届大会。在全校党外知识分子中开展坚持和发展中国特色社会主义学习实践活动，以开展双岗建功活动、“一组织一品牌”的特色基层组织建设活动为载体，认真组织党外知识分子学习上级精神。先后荣获农工党省委会“中国梦农工情”演讲比赛一等奖，农工党省委会中国特色社会主义学习实践活动征文比赛一等奖，1 名知联会成员被省知联会评为参政议政先进个人。

【全面加强党外代表人士队伍建设】 学校党委高度重视党外代表人士队伍建设，建立和健全党外后备干部和代表人士培养、考察和使用工作机制，将党外代表人士后备队伍建设工作纳入人才和干部队伍建设的总体规划，支持和推荐统一战线成员参加上级组织的调训。协助省委统战部、省委教育工委做好党外代表人士的推荐工作。现有省人大常委 1 人、省政协委员 4 人、杭州市人大代表 1 人，杭州市政协委员 1 人、区级人大代表 1 人；在职党外中层干部 21 人，占全校中层干部的 15.1%，中层后备干部中党外人士占 23.5%。

【2014 年民主党派基层组织、统战团体负责人联席会议】 3 月 20 日下午，校 2014 年民主党派基层组织、统战团体负责人联席会议召开。党委副书记金瑾如出席并主持会议，各民主党派基层组织、统战团体负责人和统战部全体人员参加了会议。会上，统战部副部长通报学校 2014 年重点统战工作，民盟总支、民建支部、民进支部、致公党支部、九三学社支部、知联会、侨（留）联会等负责人总结各组织 2013 年工作并汇报 2014 年工作计划，大家就创新组织活动形式、搭建校地合作平台、抱团服务社会、加强信息宣传等工作展开积极讨论。统战部部长通报上级部门的工作精神。最后，金瑾如作总结发言。

【九三学社浙江理工大学委员会成立】 5 月 21 日，九三学社浙江理工大学委员会成立大会举行。九三学社浙江省委会专职副主委叶烈窑、九三学社浙江省委会组织部部长李立飞、九三学社浙江省委会组织部副部长汤永明等有关负责同志出席会议，校党委副书记金瑾如、统战部部长姚珺、校九三学社全体社员参加了会议。九三学社浙江省委会直属基层领导工作小组成员、九三学社浙江工业大学委员会常务副主委钱捷、民盟浙江理工大学总支主委汪进前应邀参加了会议。会议由九三学社浙江理工大学委员会副主委周平主持。经过民主选举，产生了第一届九三学社浙江理工大学委员会，李立飞宣布委员会及各支社委员分工结果，主任委员喻擎苍，副主任委员周平、盛清，委员杨仁宅、庄红、陈海相、金子敏。委员会下设三个支社，第一支社主委杨仁宅，第二支社主委庄红，第三支社主委陈海相。

【浙江理工大学归国华侨联合会暨留学人员和家属联谊会第二届会员大会举行】 10 月 29 日下午，召开浙江理工大学侨联、留联会第二届会员大会。浙江省侨联副主席、浙江省留联会会长张维仁，校党委副书记金瑾如出席大会。大会听取了第一届侨留联工作报告，审议并通过《浙江理工大学归国华侨联合会章程》、《浙江理工大学留学人员和家属联谊会章程》以及第二届侨（留）联委员会（理事会）候选人员名单，选举产生新一届侨（留）联领导班子成员，李加林担任侨联主席，王兆青担任留联会会长，吴子婴、刘向东、李超荣、曹蓉蓉任副主席（副会长），林楠任秘书长。

【学校组织统一战线人士开展“同心毅行”活动】 11月8日，学校组织统一战线代表人士前往萧山湘湖开展“同心毅行”活动。校各民主党派和统战团体骨干成员，党外代表人士，党外中层干部，校领导，相关职能部门负责人，统战委员等30余人参加了活动。校党委书记吴锋民，党委副书记金瑾如，纪委书记李菲出席活动。通过活动的开展，校领导与党外人士之间进行了交心谈心，了解到统战人士的利益诉求、真实想法，达到沟通交流，增进感情，团结协助，凝聚人心的目的。

【省知联会第五届“服务理事、服务学生”人才洽谈会在学校举行】 11月28日，浙江省知识界人士联谊会理事企业单位组团来学校招聘毕业生，省委统战部常务副部长金长征莅临现场指导。校党委副书记金瑾如会见了金长征一行，金瑾如陪同来到招聘会现场，看望了用人单位代表和毕业生。省知联会副会长，该校知联会会长、副会长等也参加了本次活动。此次招聘会是该校承办的第四次省知联会专场招聘会。招聘会在浙江理工大学体育馆二楼举行，包括中汇会计师事务所、浙江天册律师事务所、浙江网泽科技有限公司、宝盛投资股份有限公司、浙江杭宝集团有限公司在内的30余家用人单位共提供400多个就业岗位，行业涵盖电子、机械、建筑、管理、营销等多方面，涉及学校大部分专业。本次招聘会旨在充分发挥知联会服务社会职能，满足理事企业对各类人才的需求，搭建用人单位与毕业生人才双向交流的平台，积极支持高校毕业生就业创业。（吴　静）

杭州电子科技大学
党委统战部

【综述】 杭州电子科技大学现有7个民主党派，164名民主党派成员，其中6个民主党派建有基层组织，分别为民革支部、民盟总支、民进支部、农工党支部、致公党支部和九三学社委员会。党派成员中，有省政协委员1人，民主党派省委会委员3人，江干区人大代表1人。此外，统战团体有党外知识分子联谊会和侨（留）联会，其中省政协委员1人、江干区政协委员1人。

【坚持思想引领，夯实统一战线共同思想政治基础】 根据学校党委的统一部署和要求，组织和指导各民主党派、统战团体开展形式多样、内容丰富的学习传达、宣传辅导和交流研讨等活动，认真学习贯彻党的十八届三中全会精神和习近平总书记系列讲话等精神，充分发挥统一战线的独特优势和作用，使广大统一战线成员的思想和行动统一到学校全面深化改革的主题主线上来，夯实统一战线共同思想政治基础。

【支持党派基层组织加强自身建设】 2014年协助各民主党派发展或培养新成员7名。民革杭电支部被民革浙江省委会授予“爱岗敬业先进支部”，民进杭电支部被民进浙江省委会授予“社会服务工作先进支部”，1项提案分别获得致公党中央和致公党浙江省委会参政议政优秀成果奖，4人被民主党派省委会评为先进个人，1人被评为首届浙江民革十大骄傲人物，协助做好各民主党派、统战团体与结对联系职能部门的结对交流工作。

【加强党外代表人士队伍建设】 通过培训会、形势报告会、专题研讨会、学习考察等形式，组织各民主党派、统战团体深入学习领会党的十八大和十八届三中、四中全会精神和习近平总书记系列重要讲话精神，切实增强中国特色社会主义的道路自信、理论自信和制度自信，切实增强支持、参与全面深化改革的自觉性和坚定性。3月召开了党外代表人士情况通报会暨全面深化改革座谈会，各民主党派、统战团体负责人以及党外高层次人才代表参加，就学校全面深化改革如何改、改什么和怎么改，提出了许多建设性的意见和建议。会同组织等部门开展了形式多样的学习培训活动，选派4人参加党外中层后备干部培训班等培训，派出十余名党外知识分子到各地挂职锻炼，充分发挥党外代表人士的专业特长和优势，为地方经济建设做大做强提供技术支持。

【统战团体工作】 协助校知联会加强组织建设，进一步推进知联会的科学化建设，以“学习之星、行业之星、建言之星、奉献之星”等系列“知联之星”为载体，不断提升无党派人士政治思想引领工作的有效性，1人被评为2014年度浙江省“知联行业之星”荣誉称号。11月，校知联会和安吉县知联会在杭州电子科技大学举行结对联系工作座谈会，进一步推进校地知联会对接服务工作，更好地服务安吉地方企业和经济的发展。5月，校留联会和安吉县留联会签订了结对共建合作协议，实现优势互补、资源共享、促进双方共同进步。10月，组织10余名会员参加全省高校侨（留）联学习贯彻中共中央《关于加强和改进新形势下侨联工作的意见》精神报告会；协助浙江省侨联做好“牵手侨企 相约高校”浙江省2015届高校毕业生就业招聘会侨商企业专场，3500多名应届毕业生参加招聘会，收取简历1300多份，达成初步意向300多个。2014年，学校留联会有1人荣获“中国侨界（创新人才）贡献奖”，1人荣获“中国侨界（创新团队）贡献奖”。

【学校举行统一战线新年茶话会】 1月14日下午，学校举行2014年统一战线新年茶话会，通报学校情况，表彰获奖先进个人和先进集体。校领导、统战部、宣传部负责人，各级人大代表、政协委员，各民主党派、统战团体、少数民族教师代表、党外特聘教授代表等80余人参加。

【学校召开党外代表人士情况通报会暨全面深化改革座谈会】 3月26日下午，学校召开党外代表人士情况通报会暨全面深化改革座谈会，各民主党派、统战团体负责人以及党外高层次人才代表参加。会议通报了学校全面深化改革的总体考虑和基本情况，介绍了学校今年的工作重点，与会代表围绕学校《关于全面深化改革的若干意见（草案）》畅所欲言，就学校全面深化改革如何改、改什么和怎么改，提出了许多建设性的意见和建议。

【校留联会和安吉县留联会结对共建搭建共促发展新平台】 5月23日，学校留联会和安吉县留联会签订了结对共建合作协议，这既是校地合作交流的新起点，也是实现优势互补、资源共享、促进双方共同进步的有效途径。双方将本着“融合互动、资源共享、优势互补、共同发展”的原则，共同开创互利双赢、共促发展的良好局面，为杭电和安吉的发展带来新的理念，注入新的活力。

【承办浙江省2015届高校毕业生就业招聘会侨商企业专场】 10月10日，“牵手侨企，相约高校”浙江省2015届高校毕业生就业招聘会侨商企业专场，在学校下沙校区文化活动中心举行，这是继去年省侨联首次举办侨资企业招聘会后，近80家侨资企业再次相约杭电。中国侨联副主席、浙江省政协副主席、省侨联主席吴晶，省侨联党组书记岑国荣，省委统战部副部长吴振宇，省侨联副主席张维仁等一行来到招聘会现场，了解侨资企业本次招聘情况。本次招聘会，共有来自浙江省内近80家侨资企业参加，提供市场营销、平台应用软件、电子工程设计等1600多个工作岗位。据统计，共有3500多名应届毕业生参加招聘会，收取简历1300多份，达成初步意向300多个。

【校知联会和安吉知联会进一步推进结对共建活动】 11月5日，校知联会和安吉县知联会举行结对联系工作座谈会。会议围绕环境温度控制、LED灯电源设计与散热、三维视觉的实时性、空调制造的外观设计、人机界面设计以及3D打印等技术上存在的难点和困惑进行了充分的交流和讨论，对今后的进一步合作进行了洽谈。会后，与会代表参观了计算机虚拟交互与仿真实验室、能量利用系统与自动化研究所以及生物医学工程及仪器研究所，对校知联会成员在研究领域所取得的成绩有了更深的了解。

【徐铭恩入选首届浙江民革十大骄傲人物】 4月15日，民革浙江省委会召开坚持和发展中国特色社会主义学习实践活动推进会，民革中央副主席修福金莅会并作辅导报告。会上向获得“浙江民革骄傲人物”称号的10位党员颁发了证书和奖杯，民革杭电支部主委徐铭恩荣获该项殊荣。

（阮玲霞）

浙江工商大学党委统战部

【综述】 浙江工商大学现有7个民主党派基层组织：九三

学社基层委员会，民盟总支部，民革、民建、民进、农工党、致公党支部，民主党派成员总计248人。学校无党派知识分子联谊会会员37人，学校归侨侨眷联合会和出国留学人员家属联谊会会员103人，在职归国留学人员169人。各级人大代表、政协委员8人，其中省政协委员3人，省政协常委3人，省政协专委会副主任3人；省人大代表1人；市人大代表1人；区人大代表1人，区政协委员1人；县政协委员1人。民主党派省委会副主委1人。

2014年，浙江工商大学统战工作根据省委统战部和省委教育工委的总体部署和工作要求，深入学习贯彻党的十八届三中、四中全会精神和习近平总书记系列重要讲话精神以及省委十三届五次、六次全会精神，继续按照构建大统战格局的工作思路，进一步开创统一战线工作新局面，团结学校统一战线广大成员在围绕中心、服务大局中彰显统战工作优势，为学校的改革、建设和发展做出积极贡献。

【加强统战理论政策学习】 组织党员领导干部、各级党外人大代表、政协委员以及民主党派和统战团体负责人学习贯彻党的十八届三中、四中全会精神和习近平总书记系列重要讲话精神，认真部署、广泛发动，引导各民主党派组织和统战团体结合各自实际，组织开展丰富多彩的学习教育实践活动。加强新时期统战理论、政策和方针的学习宣传教育，重点抓好学校统战网理论学习园地平台建设，及时更新内容、转刊理论文章、加强学习辅导，切实提高理论指导工作的实效，不断巩固共同思想政治基础。

【加强对学院分党委统战工作的指导】 利用公共短信平台加强对学院分党委统战工作的即时指导；划拨活动经费支持学院分党委开展统战工作；对于一些统战工作任务相对比较集中的学院，通过基层走访、工作谈心等方式加强联系与沟通，主动了解党外代表人物的思想工作情况，共同探讨新常态下加强基层党组织统战工作的方法和路径。

【加强党外代表人士队伍建设】 加强党外代表人士中层后备干部队伍建设，今年共有21人进入学校中层后备干部队伍考察名单。加强人才培训，安排和支持党派骨干人员参加有关党派中央、党派省委、省社会主义学院、省委统战部等组织的各类学习培训近20人次；推荐2名党派骨干参加全省首届高校党外中层后备干部培训班。

【协助民主党派加强自身建设】 以各民主党派中央3个座谈会纪要为指导，以制度化、规范化建设为主线，致力协助民主党派组织不断提升自身科学发展的能力与水平。为了落实盟中央和盟省委关于民盟基层组织建设年的工作任务及其指示精神，深入贯彻全盟“人才强盟”战略，规范民盟基层组织工作，增强盟员的凝聚力、激发基层组织活力，适应新形势的要求，民盟浙江工商大学总支制定了《民盟浙江工商大学总支基层组织工作守则》，每一项都对应具体的工作，操作性强。支持民主党派基层组织开展各类活动，支持九三学社委员会与余姚开展结对活动，协助民革支部做好换届筹备工作。民进浙江工商大学支部荣获民进省委会颁发的“2014年度参政议政工作先进支部”。重视党派组织发展，按照“注重质量、保持特色、规范程序、强化培训”的要求，认真帮助党派组织征求发展对象所在单位党委意见，积极协助各民主党派做好组织发展工作。一年来共发展民主党派成员6人，其中民建支部2人、农工党支部1人、九三学社委员会3人。

【认真做好无党派人士工作】 进一步加强对知联会工作的指导力度，积极为知联会成员搭建科研和社会服务平台，组织引导他们开展科技、文化社会服务活动，不断增强知联会的凝聚力和影响力。今年5月，知联会赴结对共建基地绍兴市上虞区开展相关业务指导培训，会长刘海生教授作“基于价值的企业财务管理”、常务副会长顾春梅教授作“互联网思维下的商业模式与营销创新”讲座，获得当地统一战线成员的一致好评。

【重视侨联、留联会的思想组织建设】 进一步加强对侨联、留联会工作的指导，积极开展各种形式的学习教育和联谊活动，并组织2位教师参加“2014暑期高层次留学归国人才为国服务志愿团”社会服务活动，收到良好成效。

【充分发挥统一战线成员参政议政作用】 支持学校各民主

党派积极组织力量开展参政议政社会调研及提案撰写；各级党外人大代表、政协委员认真履行职责，撰写提案议案，积极反应社情民意，尤其是3名党外省政协常委，在参政议政、建言献策等方面得到有关省领导的高度关注。重视发挥民主党派参与学校民主管理的重要作用，民盟总支、农工党支部、九三学社委员会等党派牵头，各党派共同参与，完成“浙江工商大学收入分配与绩效岗位方案改革研究”、“基于教育国际化背景的海外学生学费调研与相关政策研究”、“学术领地视阈下的党派合作科研创新”等3个专题调研课题，为学校决策提供参考。协助纪委完成学校第六批特邀监察员的推荐、考察和聘任工作，确定叶肖华（民革）、刘霞（民盟）、张云武（农工党）、钟玮（民建）、贾临宇（致公党）、徐元国（民进）、徐少丹（九三学社）等同志为学校第六批特邀监察员。

【民革支部副主委叶肖华应邀参加民革中央主席万鄂湘来浙调研座谈会】 5月2至4日，全国人大常委会副委员长、民革中央主席万鄂湘一行就基层组织建设和政党协商等主题来浙江调研。校民革支部副主委叶肖华应邀参加了座谈会，并就政党协商主题作了专题汇报发言。

【省委统战部来学校调研“五水共治”问题】 4月24日上午，省委统战部党外知识分子工作处处长林金德一行来校环境学院调研党外知识分子参与浙江省“五水共治”事宜。学校知联会副会长沈东升教授根据自己多年来在污水治理、固废处理及一线社会服务方面的经历，结合近期参与国家有关部门对浙江省“五水共治”工作的体会，深入分析了浙江省“五水共治”工作的渊源历史、现状进展、存在问题、改进措施等。学校党委副书记王兴杰、统战部部长丁一志等参加座谈。

【学校召开统战工作座谈会】 4月10日下午，学校召开统战工作座谈会，校党委副书记王兴杰主持会议。党委委员、组织部部长刘翔，党委委员、宣传部部长张建国，党委统战部、各民主党派和知联会负责人参加会议。王兴杰就当前和今后一个时期的学校统战工作提出六点要求：一是要认真学习贯彻党的十八大、十八届三中全会及习近平总书记系列重要讲话精神，统一思想，明确任务，夯实共同思想基础。二是要紧密结合浙江省区域经济发展及省委、省政府关心的重点难点问题，特别是围绕“五水共治”问题，依托学科优势，发挥民主党派参政议政的积极作用。三是要围绕学校立德树人工作，立足岗位，积极推动育人功能建设，促进学校和谐发展。四是要切实加强民主党派的自身建设，扩大对外交流，注重制度建设，创新活动载体。五是各民主党派、统战团体负责人要进一步严格要求自己，切实加强思想建设、作风建设，树立良好的形象。六是有关党委职能部门对统一战线存在的困难要认真研究，听取意见，构建平台，畅通渠道，重视党外后备干部和代表人士队伍建设。会上，校发展规划处负责人就大学章程建设的有关情况作了解析。各民主党派、知联会负责人分别总结了2013年工作，汇报了2014年工作计划。

【学校民盟总支喜获2014年度民盟中央“社会服务工作先进集体”称号】 11月18至19日，2014年民盟中央社会服务工作研讨会在北京召开。该校民盟总支部荣获民盟中央颁发的“民盟社会服务工作先进集体”荣誉称号，浙江省只有3个，且是唯一获奖的高校民盟组织。学校民盟总支依托与校后勤服务中心联合举办的华越文化社开展一系列社会服务活动：每年一度的社会服务月、面向后勤职工子女的爱心家教、趣味运动会、国学国艺普及推广等，逐渐形成民盟社会服务的特色品牌，吸引了远至上海、近至在杭高校的民盟组织前来参观学习。“盟友之家、学友之家、工友之家”的高校盟务社会服务创新模式，为工友提供文化服务，为学友提供社会实践与学习平台，为后勤员工子女提供爱心家教服务，获得了社会好评，受到了盟中央、盟省委的高度重视。（任　皓）

中国计量学院党委统战部

【综述】 2014年，根据上级和学校党委的统一部署，深入学习党的十八届三中、四中全会精神以及习近平总书记系列重要讲话精神，切实把握新常态下统一战线的基本要求，凝聚人心，汇聚力量，不断提升统一战线服务中心、服务大局的能力，不断开创学校统战工作新局面。

学校民主党派共有成员 130 人，其中 3 个民主党派建有基层组织（即民盟中国计量学院总支部、致公党中国计量学院支部，九三学社中国计量学院委员会）；在职党外校级干部 1 人、中层干部 20 人；党外人士担任省政协委员 2 人。民盟有 2 名成员担任该党派省委会委员，致公党有 1 名成员担任该党派省委会委员。成立两个群众性团体，中国计量学院无党派知识分子联谊会（61 人）和中国计量学院留学人员联谊会（88 人）。

【党外代表人士思想建设】 认真组织学习贯彻党的十八大和十八届三中、四中全会精神，切实加强党外代表人士思想建设。各民主党派、统战团体都能自觉主动加强理论学习，及时召开全国“两会”精神、十八届四中全会精神学习会等。同时，注重引导党外人士将理论学习与日常教学、科研、管理、服务工作相结合，激发民主党派、统战团体参与学校各项改革、发展工作的积极性主动性创造性，不断凝聚起共同团结奋斗的思想基础。

【统战工作制度建设】 继续贯彻执行统战部与民主党派、统战团体负责人联席会议制度，2014 年度召开联席会 3 次，充分听取各民主党派、统战团体成员的意见建议，向他们通报学校在发展过程中的成果以及共同商讨学校发展过程中的难题。继续坚持和完善学校重大事项征求党外人士意见建议制度，通报学校重点工作情况，征求党外代表人士意见建议。建立校领导与党外代表人士联系交友名单，了解党外人士的思想动态和要求，为他们排忧解难，与他们沟通思想，增进共识。

【党派自身建设】 2014 年，民盟发展盟员 3 名，致公党发展党员 1 人。民盟中国计量学院总支部主委夏哲雷教授参加省委统战部、省社会主义学院举办的民主党派特约人员研讨班。开展结对工作，推进与地方组织的协作交流：民盟中国计量学院总支部先后与民盟浙江工商大学、民盟浙江绍兴柯桥机关支部、江西省民盟吉安市委开展对接活动。九三学社中国计量学院委员会赴浙江省金华市浦江县开展社员活动，包括三个支社在内的在职社员共 20 余人参加了此次活动。九三学社绍兴市柯桥区基层委员会组织骨干社员赴该校开展结对共建活动，并与九三学社中国计量学院委员会联合召开了座谈会，学校党委书记胡建成出席会议并讲话。九三学社省委会精心组织社员赴桐庐与当地大中型企业开展技术需求对接活动，该校九三学社社员何金龙教授应邀参加，为当地企业号脉问诊，出谋划策。

【党外代表人士队伍建设】 春节期间做好离退休党外代表人士的看望慰问。学校副校长、民盟盟员蒋家新、致公党党员黄丽红 2 位民主党派成员担任省政协委员。截至 2014 年底，全校中层干部中，无党派 8 人，民主党派 12 人，比例为 14.29%。

【统战团体建设】 12 月 31 日，学校召开了党外知识分子联谊会换届大会，校党委副书记徐涌金，校党委委员、统战部部长杨政应邀出席大会。会议审议并通过了第一届知联会工作报告及财务工作报告、《中国计量学院党外知识分子联谊会章程》和新一届知联会选举办法。会议选举产生了学校第二届知联会理事，并举行了第二届理事会第一次全体会议。会议选举潘岚为会长，李海芬、沈为民、叶树亮为副会长，郑恩辉为秘书长。

【统战理论研究和宣传工作】 注重做好统战相关宣传工作，发挥好统战部网站传递信息、交流工作的作用。同时，鼓励各民主党派、统战团体积极做好外宣工作。全年，共有 6 篇新闻报道被省民盟网站采用，2 篇新闻在省致公党网站上报道，4 篇新闻在省九三学社网站上刊登。完善民主党派、统战团体参与学校改革发展的载体和途径，结合《统战部关于对统战活动实行项目化管理的通知》，探索统战项目自主选题与委托课题的双向模式，为民主党派、统战团体开展理论研究和为学校的改革、发展献言献策搭建平台。

【获奖情况】 民盟中国计量学院总支部在职支部荣获 2013 - 2014 年度民盟浙江省“先进盟组织”称号；刘家鹏荣获 2013 - 2014 年度民盟浙江省“先进盟员”称号；九三学社中国计量学院委员会荣获浙江省九三学社 2009 - 2013 年度先进基层组织荣誉称号。 （周　凯）

浙江中医药大学党委统战部

【综述】 浙江中医药大学现有6个民主党派基层组织（民革、民盟、民进、农工党、致公党、九三学社），其中基层委员会2个，总支1个，省直支部5个，民主党派成员共计370名。另有无党派知识分子联谊会、归国华侨联合会、留学人员联谊会等3个统战团体。在职党外校级干部1人、中层干部11人；党外人士担任省政协常委2人、省政协委员1人；党派成员中担任民盟省委会副主委1人、农工省委会副主委1人、民革省委会委员1人、农工省委会委员1人、致公党省委会委员1人、九三学社省委直属领导小组成员1人、省知联会常务理事2人。

2014年，浙江中医药大学统战工作在省委统战部和学校党委的领导下，认真学习贯彻党的十八大，十八届三中、四中全会和习近平总书记系列重要讲话精神以及省委十三届六次全会精神，以贯彻落实《中共中央关于加强新形势下党外代表人士队伍建设的意见》精神为主线，以加强各民主党派和统战团体基层组织建设为基础，着力巩固统一战线共同思想政治基础，着力健全完善统战工作机制，着力发挥统一战线优势作用，积极开展"同心"志愿服务活动，进一步加强党外代表人士队伍建设，团结全校统一战线广大成员围绕中心，服务大局，为学校推进内涵发展，实现"十二五"发展目标做出积极努力。

【重视学习培训，加强组织建设】 举办全校党外代表人士及统战工作干部培训班，校党委书记孙秋华作《学习领会习近平总书记系列讲话精神，切实做好新形势下学校统一战线工作》专题辅导讲座。省委统战部副巡视员、理论政策研究室主任杨卫敏作《中国特色社会主义参政党的科学内涵和政治责任》专题讲座。选派2位民主党派骨干参加全省本科高校党外中层后备干部培训班。

积极协助和支持各党派基层组织加强自身建设，做好组织发展和思想建设工作。2014年共发展新成员21名。11月27日农工党浙江中医药大学基层委员会召开党员大会，基层委员会主委蔡宛如作工作总结，省委会副主委郑勇军作专题讲座。学校附属第一医院（浙江省中医院）民进支部完成届中调整，由许茂盛担任支部主任，谢晓红、张娟担任支部副主任。九三学社浙江中医药大学委员会被授予"2009－2013年度九三学社浙江省先进基层组织"荣誉称号，主委吕立江被九三学社中央组织部授予"先进组工干部"荣誉称号。民盟浙江中医药大学总支校区支部被评为民盟省工委2014年度五星级支部，3位盟员被评为浙江省优秀盟员。

各民主党派十分注重加强理论学习。2014年派出多名骨干、新成员参加由省委会组织的学习培训或参加社会主义学院学习。7月3日，民盟浙江中医药大学总支召开社情民意信息撰写专题学习会。会议邀请民盟省委会调研室副主任张庆庆就如何撰写社情民意信息作专题讲座；民盟校区支部召开"加强盟史教育、继承民盟精神、助推盟务工作"学习会，近20名盟员参加了学习会。6月7日，农工党浙江中医药大学支部参加了在杭钢举行的"钢铁是怎样炼成的"主题活动。

【积极参政议政，参与民主管理】 省政协常委、农工党省委会副主委、农工浙江中医药大学基层委员会主委蔡宛如向省政协提交提案《加强卫生典型宣传共促社会和谐发展》和《为医院减负，为医改助力——关于解决公立医院负债经营问题的建议》，参与省政协重点课题《完善困难群众重特大疾病医疗救助制度》和《浙江省公立医院改革》的调研活动，并在省政协会议上两次作大会发言。省政协委员、学校附属第一医院（浙江省中医院）民进支部主委许茂盛提案《促进医疗机构中药制剂良性发展的几点建议》被民进中央科技医卫委员会采用。滨江区人大代表、民进学校支部主委叶新苗参与完成的并由民进中央提交全国政协十二届二次会议的党派提案《关于促进民营医院健康发展的提案》，被评为民进中央2014年度参政议政成果二等奖；向民进中央提交《中医药及其文化建设发展——以浙江省为例》的建议；在滨江区四届人大三次会议期间，向大会提交《关于加快钱塘江两岸过江交通建设》的建议案，引起滨江有关部门重视，并书面作复。农工党附属二院（浙江省新华医院）支部主委杜杭根参与农工省委会医卫委《加强政府主导，助推我省医疗保险城乡统筹早日实现》提案的调研及起草。各民主党派代表积极参与学校各项重大决策征求意见会，为学校的发展、教学质量的提高、工作作风的改进等方面建言献策。

【发挥专业优势，服务社会大众】 7月，学校组织统战人士“同心”志愿服务团医疗专家分赴遂昌县中医院、垵口乡卫生院开展送医下乡活动，涉及中医内科、妇科、骨伤等十多个专业科室。民革支部启动为期3年的“浙江省基层医疗机构中医体质健康管理培训项目”，旨在通过“培训＋考核”方式提高基层医务工作者中医“治未病”理念与中医体质辨识及干预的理论与实践能力，项目已在杭州多城区、绍兴、金华、宁波等地全面开展，2014年一年，累计完成专项培训18次，受众1176人次；支部副主委汤军主讲50余堂养生讲座，受众超过3000人。8月，民盟总支12位医学专家赴庆元县偏远山区水乡月山村开展义诊和医学科普知识宣传活动，庆元县统战部常务副部长沈光亮、民盟丽水市委会机关干部陪同参加此次义诊活动。10月，学校附属第一医院（浙江省中医院）民进支部13位医务人员，走进浙江省女子监狱，为服刑人员进行医疗检查治疗和心理健康辅导。民进支部向生命科学学院贫困学子开展捐资助学活动。农工党支部开展健康进社区特色支部系列活动，与米市街道下属社区签订“健康进社区协议”；3月6日，前往红石社区举办“践行群众路线、党员志愿在社区”义诊活动；7月10日，杜杭根主委在小河社区给社区居民作“脑卒中的防治”健康讲座并进行了现场咨询；9月25日，支部前往临安昌化“浙江浙能华光潭水利发电有限公司”举办大型义诊活动；10月3日，支部前往临安市龙岗镇龙井村举办大型义诊活动；开展远程会诊活动，分别对松阳、平阳、舟山的疑难危重病人进行了远程会诊，帮助解决治疗问题。九三学社附属第一医院（省中医院）支社对家庭贫困学生进行资助，为贫困生董辉专门成立救助基金。

【立足本职工作，取得显著成果】 2014年学校各民主党派人士在教学、科研、医疗等各方面均取得了较满意的成绩。民革附属第一医院（省中医院）支部副主委汤军主编学术著作《我的第一本私藏中药书——灵芝孢子》，被省科协立项为2014年度省级科普项目获专项资助，主讲的视频《药补不如食补》获中国教育科技协会中医药专业委员会视听教材三等奖、浙江省教育技术中心二等奖，并且当选浙江省中医药学会体质分会主任委员。

民盟主委方剑乔教授获国家自然科学基金面上项目1项，浙江省卫生厅平台项目1项，教育部高等学校科学研究优秀成果奖二等奖1项，申请专利5项，其中国家发明专利4项，实用新型专利1项；盟员林咸明教授申请实用新型专利1项；马睿杰副教授获浙江中医药大学骨干青年教师基金资助赴澳大利亚昆士兰大学进修6个月，申请实用新型专利1项；陈勤积极参加医疗资源双下沉工作，在磐安中医院下沉半年，帮扶当地完成中医药科技计划项目申报，并成功获得立项资助项目1项，受到磐安县卫生局的好评。

民进党员单乐天博士获得2014国家高技术研究发展计划（863计划）子课题、国家自然科学基金青年项目、高校博士点专项科研基金各1项；叶新苗教授获省部级课题3项，厅局级课题1项，国家级继教项目1项，作为副主编出版全国医药高等院校十二五规划教材《中医临床概论》。

农工党基层委员会主委蔡宛如牵头成立浙江省中医药学会呼吸病分会并担任主委；农工党员江劲担任浙江省中医药学会呼吸病分会副主委；窦丽萍担任浙江省中医药学会心脏病分会常务委员；杜杭根被浙江创伤学会神经创伤学组聘为委员；蔡宛如获浙江省中医药科技创新奖一等奖、获省科学技术进步三等奖；骆红飞带队获“桐君堂”杯中药材鉴别真伪全国大赛第六名；杨珺超的课题获得浙江省中医药科学技术二等奖；赵文胜获得了2014年度浙江省自然科学基金资助项目。

九三学社社员郭小文副主任医师获得浙江省卫生厅资助课题1项；尹利明助理研究员获得浙江省自然基金资助课题1项；高瑞兰研究员领导团队研发的中药5类新药派能达胶囊，获得国家药监局临床试验批件2项，她的团队项目《治疗难治性血细胞减少症中药新药派能达胶囊的基础和临床研究》获浙江省医药卫生科技成果二等奖。（杨春兰）

浙江海洋学院党委统战部

【综述】 2014年是我国全面深化改革关键之年，也是浙江海洋学院创建海洋大学的重要推进之年。一年来，党委统战部认真学习贯彻党的十八届三中、四中全会精神和习近平总书记系列重要讲话精神，紧紧围绕学校中心工作，着力突出党派工作和学生宗教观信仰观教育，汇聚力量、服务大局、发挥作用，各项工作取得了一定成绩。

2014年，浙江海洋学院有6个民主党派发展了成员（民革、民盟、民建、民进、农工党、九三学社），共142人，其中3个党派建有基层组织5个（民盟浙江海洋学院总支部、农工党浙江海洋学院支部、九三学社浙江海洋学院支社、民盟浙江省海洋水产研究所支部、九三学社浙江省海洋水产研究所支社）；无党派知识分子联谊会1个，会员47人。留学归国人员38人，少数民族教职工33人（其中11人为党外人士）。统战成员中，有省人大代表1名，省政协委员2名，舟山市政协委员8名（其中2人任常委），舟山市定海区和普陀区人大代表各1名。

【推进落实新形势下统一战线工作】 主动引导民主党派和无党派人士的政治观，协助指导各党派、统战团体组织发展和自身建设工作，配合各民主党派、统战团体组织做好新成员的发展培养和考察。全年，民主党派共发展成员4名，协助考察发展对象7名。有2位党外中层后备干部参加省委教育工委组织的全省本科高校党外中层后备干部培训班学习，1名同志参加2014年全市侨联干部培训。5月，在舟山市侨联举办的“侨与新区同行”演讲比赛中，浙江海洋学院的周敏、陶芳芝分别获得三等奖。8月，民盟总支派出王萍、杜振煌、李雪梅三位盟员组成海院总支代表队参加了盟市委举办的“学盟章、读盟史知识竞赛”，荣获二等奖。向市委统战部推荐4位同志为舟山市“留在党外”优秀人才。9月，浙江海洋学院民盟总支被民盟中央评为“中国民主同盟基层组织建设先进基层组织”，总支主委徐波于10月24日至26日赴安徽参加了浙皖鄂三省先进基层组织经验交流会，并在大会发言交流。

【重视加强统战工作校地联系合作】 做好市委统战部、盟市委会等领导来校对民主党派基层组织建设的调研相关工作和与舟山医院知联会工作交流。各民主党派积极开展各类活动及校地联系合作，如民盟总支部与嘉兴学院总支部开展交流活动；民盟一支部开展“看望老盟员、提前贺中秋”、“‘读盟章、学盟史’之听老盟员讲盟史”；民盟二支部的“‘五水共治’之虹桥水库周边环境考察活动”、“海洋生态文化调研”等活动。

【重视提高代表、委员参政议政水平】 目前，浙江海洋学院共有省十二届人大代表1人、省十一届政协委员3人、市六届人大代表1人、市六届政协委员9人、两区人大代表各1人、普陀区政协委员1人。统战部主动做好提案议案的服务工作，指导各级人大代表、政协委员积极做好提案议案征集交流工作，代表和委员的履职能力、参政议政水平有了新的提高。民盟总支提案《准确定位城市社区职能 推进社会管理创新》被盟市委录用为大会发言材料，后被市政协评为重点提案，得到了副省长、新区党工委书记、舟山市委书记孙景淼的批示并由他亲自领办。

【积极组织参与统战工作理论研究和实践服务】 组织开展了年度浙江省统一战线理论研究课题申报、全省政协理论研讨会论文征集。民盟总支根据盟员专业特长开展对接式社会服务——海洋科技与文化对接式社会服务，在一支部和二支部进行细化分工，2014年已完成舟山船舶科技咨询服务、黄丝带帮教之“计算机知识培训授课”、海洋文化资源调查等多方面社会服务工作。九三学社浙江海洋学院支社成员进行了大量调查研究，其中耿相魁教授主持省社会科学规划基金课题“浙江舟山群岛新区水资源及开发利用研究”等；付翠莲教授主持完成1项国家社科基金项目、3项省部级项目；郭宝英博士完成“东海区乌贼种质资源发掘利用技术联合研究”等2项项目；施叶丽副教授完成市社科联“依托海院外语人才打造涉外服务平台的可行性报告”项目等。

【重视高校干部人才服务地方经济建设和发展】 一年来，继续做好党外人士的省、市科技特派员联络、服务、指导、协调工作。2014年，浙江海洋学院继续派遣九三学社社员郭建平、农工党党员黄杰、无党派人士李智强等同志为省派科技特派员，分别入驻台州市黄岩区富山乡、丽水市云和县赤石乡、丽水市松阳县谢村乡开展科普宣传和实用技术培训活动，促进科技服务。派遣校知联会会员储张杰教授为舟山市科技特派员，并被省委、省政府评为第十批省优秀科技特派员。储张杰教授参与学校组织的“百名教授博士下基层”服务活动，带领团队在国内率先攻克了制约我国泥鳅产业发展的瓶颈——泥鳅幼苗人工培育技术难关，将泥鳅幼苗成活率从过去的10%提高到50%以上，为我国泥鳅产业的发展带来了新的途径，先后被《舟山日报》、《浙江日报》、《光明日报》、中国水产养殖网、中国日报网等跟踪报道，并担任中央人民广播电台“农博士在线”栏目专家，向渔农民传授养殖实用技术。科技特派员和农村工作指导员工作已成为学校扩大影响、服务地方的一个重要桥梁和纽带。

【召开提案议案征集情况交流座谈会】 12月31日，学校党委书记、省政协委员周克非主持召开浙江海洋学院省市区三级人大代表、政协委员提案议案征集情况交流座谈会，党委组织部副部长、统战部副部长吴高峰和省人大代表徐波、省政协委员王兴国，市政协委员刘定山、黄永良、游家胜，定海区人大代表杨光熙等参加了座谈会。参会的人大代表和政协委员简要回顾了近两年提案议案落实情况，重点围绕学校发展、新区建设、争取更多办学支持等方面提出了今年提案议案的想法。

【先进集体与荣誉】 多年来，学校党委高度重视统战工作，积极组织引导和支持各民主党派及统战成员充分发挥自身优势，不断加强自身建设，通过各种方式积极为学校建设、地方经济、社会发展建言献策，得到了省委、市委统战部和所在党派上级组织的普遍好评。2014年3月，中共舟山市委统战部发文表彰，浙江海洋学院获2013年度民主党派工作先进单位。2014年10月，民盟中央下发《关于表彰中国民主同盟基层组织建设先进省级组织和先进基层组织的决定》，民盟浙江海洋学院总支部荣获“中国民主同盟基层组织建设先进基层组织”荣誉称号。

（胡志钢）

浙江农林大学党委统战部

【综述】 学校现有7个民主党派（民革、民盟、民建、民进、农工党、致公党、九三学社），民主党派成员131人。其中成立基层组织的党派6个（民盟、民建、民进、农工党、致公党、九三学社）。学校现有党外中层干部15人，全国人大代表1名，省政协委员3名，杭州市人大代表1名、杭州市政协委员1名，临安市人大代表2名、临安市政协委员8名（含特邀），民进中央委员1人，九三学社中央科普工作委员会委员1人，各民主党派省委会委员5人。1个党外知识分子联谊会，会员共62人（其中，省知联会理事3人）。

2014年浙江农林大学统一战线工作紧密结合学校战略目标和推进两个转型的需要，不断完善校领导联系民主党派制度、联谊交友制度等，不断加强民主党派和统战团体的组织建设、队伍建设，主动引导各民主党派和统战团体紧密围绕学校农林学科专业优势与特色，积极开展涉农涉林方面的参政议政和社会服务。九三学社委员会以总分第一的成绩荣获省九三学社“2009－2013年度先进基层组织”称号，获2014年度省社会服务先进集体、参政议政先进集体；民盟支部获民盟省直工委2014年度“五星”支部；民进支部获民进省委会2014年度先进支部。各民主党派和统战团体获浙江省知联会“奉献之星”等省级以上荣誉20余项。

【思想建设】 高度重视民主党派及统战团体的思想建设，深入学习贯彻十八届四中全会精神和习近平总书记系列重要讲话精神。召开统一战线迎新座谈会，就深化与完善校内管理体制改革问题与大家进行了深入交流，提出广大党外人士要强化思想建设，以崭新的精神面貌继续与中国共产党同心同德、亲密合作，肝胆相照、荣辱与共；充分履行参政议政、民主监督职能，着力打造学校统战工作品牌；围绕《浙江农林大学章程》，在推进学校治理体系和治理能力的现代化方面发挥自己的优势与作用。

【组织建设与队伍建设】 积极支持和协助各民主党派及统战团体加强自身组织建设，不断完善校领导联系民主党派、统战团体制度，建立知联会活动小组制度等。各民主党派和统战团体全年开展组织生活近40次，新发展民主党派成员10人，推选杭州市人大代表1名。

【参政议政与服务水平】 发挥学科特色，打造统战品牌。加强校地合作，创新服务机制，提高各民主党派及统战团体的民主监督、建言献策和服务社会的能力与成效。九三学社与江山基层委员会结对共建；知联会与龙游县石佛乡结对共建“同心·知联服务基地”；民盟支部开展临安市农村电子商务产业发展调研；农工党支部参观考察了板桥乡花戏村“浙江斌翔生态农业观光开发有限公司”，对公司及当地乡镇的产业发展开展了讨论与建言，并初步完成了农业科技服务型支部建设的对接工作。学校14位各级人大代表、政协委员共提交各类提案议案20余个。

【校知联会赴龙游开展“五水共治”系列活动】 2014年6月19日至20日，该校知联会组织专家服务团赴龙游开展校地合作“五水共治”系列活动。校党委委员汪士华教授带队，校知联会专家服务团成员以及校社会合作处负责人参加了活动。龙游县委常委、统战部长汪军，该校校友龙游县副县长郑国华以及龙游县统战部、农业局、林业局、科技局、环保局、县知联会等部门领导参加了对接会。

本次活动内容多，需求急，专家齐，对接快，在许多项目上达成了进一步合作的意向。既是探索发挥党外知识分子面向“三农”、服务地方经济社会发展的新尝试，也是学校落实省委有关“两美”浙江、“五水共治”要求的具体行动，对学校更好地服务地方、进一步加深校地合作具有积极的推动作用。

【九三学社浙江农林大学委员会与江山市基层委员会结对共建】 4月12日，九三学社浙江农林大学委员会和江山市基层委员会开展结对共建活动。九三学社浙江农林大学委员会主委徐光辉，江山市政协副主席、基层委员会主委毛水芳参加活动，双方召开交流座谈会。经双方协商，就联合调研、实地考察、定点服务、合作项目等达成共识，在投身“五水共治”专项行动、开展生态领域的专项调研、组织专题培训讲座等方面形成了初步的对接意向。下一阶段将通过交流学习、融合互动，共同推进基层组织建设和履职能力建设，不断提升政治把握能力、参政议政能力、组织协调能力和合作共事能力。（侯　蕊）

温州医科大学党委统战部

【综述】 温州医科大学是全国首批硕士学位授予单位，具有博士学位授予权。2014年入围教育部、国家卫生计生委和浙江省政府共建高校。现有临床医学一级学科博士点，有临床医学、中药学、生物学、生物医学工程、基础医学、中西医结合、药学、护理学等8个一级学科硕士点。设有临床医学一级学科博士后科研流动站。拥有推荐优秀应届本科毕业生免试攻读硕士学位资格。现有1个国家工程技术研究中心、1个省部共建国家重点实验室培育基地、11个省部级重点实验室（研究中心），2个省“重中之重一级学科”、1个省“2011协同创新中心”和10个省重点学科。学校有32个本科专业和1个七年制本硕连读专业，涉及医学、理学、工学、管理学、文学、法学、教育学等七大学科门类。目前有全日制在校生15700余人（不含独立学院——温州医科大学仁济学院），其中博士研究生106人，硕士研究生2700余人，学历教育留学生660余人。学校已形成从本科生到硕士生、博士生及博士后，从全日制到成人教育、留学生和港澳台学生教育全方位、多层次的人才培养体系。

温州医科大学统一战线组织健全、基础扎实，统一战线成员具有高学历、高职称的特点。目前有7个民主党派、3个统战团体在学校建有基层组织，即民革总支、民盟委员会、民建支部、民进支部、农工党总支、致公党总支、九三学社基层委员会及党外知识分子联谊会、侨留联、台联，共计统战对象约910人，其中民主党派成员617人。民主党派成员中有中央委员2人；省委会常委4人、委员2人；市委会主委4人、副主委4人、常委6人、委员13人。学校现任各级人大代表、政协委员52人次，其中全国人大代表1人，省人大代表2人、省政协委员7人，市人大代表6人、市政协委员33人，区人大代表3人。

【围绕中心，凝聚共识，夯实统一战线思想政治基础】 通过联席会议、迎新茶话会、“两会”代表委员座谈会等形式向党外人士及时传达全国、省市有关会议精神，通报学校重点工作，听取党外代表人士对学校各项工作的意见与建议。组织民主党派和团体代表参加学校学习贯彻习近平总书记系列讲话精神集中轮训班、两级中心组理论学习扩大会、暑期中层干部培训班、十八届四中全会集中学习班等教育培训，提高党外干部的政治意识，凝聚思想共识。

根据中央、省市委统战部相关文件精神，结合学校实际情况，2014年4月启动为期三年的“坚持和发展中国特色社会主义”学习实践活动，制定并下发了具体方案。各民主党派和统战团体领导班子在思想上高度重视，把学习实践活动与日常工作相结合、与自身建设相结合、与医大特色相结合，立足本职建功立业，积极开展专题学习活动、“一党派团体一主题”调研活动、“一党派团体一品牌”社会服务活动等，积极投身学校内涵式发展和全面深化改革的实践。

【突出重点，层层推进，全面加强党外代表人士队伍建设】 深入贯彻落实《中共浙江省委关于加强新形势下党外代表人士队伍建设的实施意见》，大力支持与协助各民主党派加强自身建设。选调15名党外干部分别参加温州市党外代表人士统战理论高级研修班、无党派干部培训班等省市级学习培训。支持各民主党派认真做好组织发展工作，全年民主党派发展新成员20人(民革2人，民盟6人，民建1人，农工党5人，致公党3人，九三学社3人)。

进一步加强党外干部的培养、选拔、推荐和使用。2014年提任1名党外干部担任第一临床医学院执行院长（正处级）；2名党外科级干部完成为期一年的挂职锻炼；1名党外干部参与浙江省第八批对口援疆项目。目前，学校130名处级干部中，有31名是党外人士，占比23.7%；178名科级干部中，有33名是党外人士。

【拓展渠道，凝智聚力，参政议政质量进一步提升】 各级人大代表、政协委员认真履行职责，积极参政议政。在全国“两会”上，全国人大代表瞿佳校长聚焦民生，积极建言献策，所提交的建议和提案主要涉及教育、医疗等领域，其中，有关将医院列入公共场所管理、建立长期护理保险制度、探索“县管乡用”新机制缓解农民就医难题等方面的建议受到了人民日报、光明日报、人民网、健康报、浙江日报等各级媒体的关注和报道。

在省两会上，校省人大代表和省政协委员提交近30件建议和提案，在市两会上，校市人大代表和市政协委员提交36件建议和提案。其中，省人大代表王小同关于“对企业慎用财产保全措施”、“要依法从严从快打击医闹，维护正常的医疗秩序，保护医护人员人身安全”的建议被省两院采纳。省政协委员连庆泉提交的信息《二代残疾人证无法“自证”应尽快换发》被中央统战部采用。市人大代表金丽琴提交的《关于构建中心城区公共自行车惠民系统的建议》和连庆泉提交的《关于我市各级医院施行分片区纵向联合体管理模式的建议》被评为优秀代表建议；市政协委员董琳提交的《关于积极应对重污染天气的建议》被评为优秀提案。林巧爱、薛利霞、邵蓓、李建仁等4人获市“优秀政协委员”称号。

为进一步汇聚合力，共促学校改革发展，2014年12月在学校各民主党派、统战团体中开展了“我为学校建一言”活动，收到建议8篇，涉及法律援助工作站设立、实验室安全管理、校内景观大道修建、学院路校区车位管理、医学生沟通能力培养、留学生教育质量提升等具体问题，受到了学校党委的充分肯定和高度重视。

【搭建平台，深挖亮点，发挥统战优势服务学校发展和地方经济建设】 统战工作与医疗慈善相结合这一特色、亮点工程继续闪光，进一步发挥成熟品牌的社会引领作用。2014年，“明眸工程”走进湖南娄底、四川凉山等地，至今已走过13个省（市、自治区），爱心捐款累计逾2600万元，让6000多名贫困眼病患者重见光明，医疗项目从白内障手术扩展至眼科服务，作为该工程的主办单位民盟附属眼视光医院支部2014年荣获“全国民族团结进步模范集体”称号。6月1日，2014“水晶宝宝”公益救助行动在温州市青少年活动中心举行，收到爱心款14万元，救助了6名早产儿。11月3日，“微笑联盟”温州站大型公益医疗活动在学校附属口腔医院启动，今年为100名唇腭裂患儿提供全方面的医疗救助，六年来共惠及1700余名患儿，被中央统战部列入“同心民生惠民工程”，2014年9月获第二届中华慈善突出贡献奖。继续推广“生命相随”骨髓捐献行动，现有2730多人加入造血干细胞捐献队伍。

医大统战工作特色品牌新推进。由统战部牵头组织、推广的社区健康学校“1+1+1”模式取得新进展，已有5个民主党派或团体联合5个学院的学生志愿者队伍分别对接5个社区进行结对共建，成立5家社区健康学校，辐射鹿城、瓯海、龙湾三个区，已举办《失眠的自我调节》、《高血压的自我管理与控制》、《老年痴呆症的识别和预防》等25场健康讲座；开展义诊、体检、送医上门、暑期夏令营、院前急救知识演练、粉红心愿树等医疗服务活动40余次；直接受益群众已逾5000人，在温州日报、温州晚报、温州都市报、温州商报、温州电视台、浙江在线、温州网、温州统战网等新闻媒体发表报道40余篇；该校知联会在月湖社区建立的服务基地获评浙江省优秀同心·知联服务基地。

各民主党派与团体积极组织成员发挥专业优势，深入不同地区开展各类社会服务活动。民革总支赴瑞安枫林为村民带去义诊和健康咨询；民盟育英儿童医院支部走进温州市儿童福利院开展“关爱儿童健康成长活动”；民建支部走进永嘉石公田小学捐赠科研用品并提供科研指导；民进支部在母亲节赴安澜社区组织“关爱空巢老人”，开展健康教育嘉年华志愿服务行动；农工党总支赴永嘉碧莲开展送医送教活动；致公党编写《食品安全与人体健康》、《瓯越科普讲坛》等科普书籍，赠送给百姓，并多次受邀参加温州市电视台经济科教频道“瓯越科普讲坛”和“养生有道”节目；九三学社基层委开展“爱在育英、情系孤儿”慈善活动，今年与龙湾支社携手共建、共同服务社会。

【联络联谊，同心同向，扎实有效做好侨台、留学人员和民族宗教工作】 坚持依法管理与教育引导。配合学校相关部门，认真做好抵御境外利用宗教向高校渗透和防范校园传教工作，完善预警机制，做好民族宗教政策宣传，保障学校安全稳定。配合省委统战部统计上报少数民族干部的情况，统计少数民族师生基本情况，校本部现有少数民族教职工36人、处级以上干部2人，少数民族学生281人。

侨留联、台联工作新发展。积极为侨留联与港澳台海外的研究机构、大学开展研究合作、交流访问创造条件。在爱乡台胞瞿伯华先生资助下，与附属二院康复医学科合作成立“康复之家”，发挥青年共青团团员和育英志愿者的作用，定期为患者开办康复科普讲座、深入社区义诊及提供免费康复器材等。邀请台湾中山医学大学康复专家祝旭东、李勇璋主任来温临床指导，在附属第二医院康复新桥病区推出“康复联合门诊”，让温州百姓在家门口享受到高水平康复诊疗技术。侨留联坚持开展“医侨结合”活动，组织内科、外科、眼科、口腔科以及超声影像科等11位医疗专家，赴归国华侨及侨眷居住较多的杨府山社区开展公益医疗服务，为群众带去心电图、腹部B超、测血压等体检与义诊项目。

【强化自身，勤练内功，统战工作科学化水平得到新增强】 为加强二级学院和附属医院党委、党总支对本单位统战工作的指导与重视，统战部积极推出“四个一”工作：即召开一次党外人士座谈会、建立一项联谊交友制度、开展一次与党外人士谈心谈话、组织一项统战工作创新活动。重视与省委统战部和市委统战部的联系沟通，注重校地衔接、资源共享。部门成员认真学习贯彻十八大，十八届三中、四中全会，习近平总书记一系列重要讲话精神，认真落实群众路线教育实践活动整改措施，狠抓作风建设，落实八项规定，巩固教育活动成果。

加强统战理论研究与信息宣传工作。组织开展校级统战课题申报立项；梳理和完善统战成员基础信息，更新完善党外人才信息数据库，制定《温州医科大学统战工作手册（2014年版）》。积极向《情系中华》、《温州统战》等刊物和网站投稿，相关活动报道被温州统战网收录10余篇，温州市侨联网发表7篇，校园网发表10篇要闻；努力办好统战工作“一刊一网”，编印《温医统战》3期，全面改版统战部网站，提高统战工作信息化水平，拓宽统战宣传途径，进一步扩大学校统一战线影响力。

（于建峰）

浙江财经大学党委统战部

【综述】 2014年，浙江财经大学共有7个民主党派基层组织：分别是民革支部、民盟总支、民建支部、民进支部、农工党支部、致公党支部和九三学社支社。有统战团体有2个，分别是知联会和留联会。2014年，民主党派新生力量得到增加，全年共发展和接收民进、致公党、九三学社、民建新成员共8名，其中：民进2名，致公党1名，民建3名（其中1名为外校转入），九三学社2名（其中1名为外校转入）。8人中，7人具有博士学位；正高1人，副高4人。另外，留联会增补了1名理事以及41名新会员，目前已有会员130名。

2014年，学校统一战线工作以贯彻落实党的十八大和十八届四中全会精神，支持民主党派和统战团体加强自身建设，服务学校改革、发展和稳定大局为重点，以学校四十华诞为契机，开展了一系列凝聚人心、汇聚力量的工作，取得明显成效。

【上级领导关心，学校党委重视】 2014年9月，在第三十三个教师节来临之时，杭州市政协主席叶明、政协秘书长王叶林、政协办公厅主任孙跃等领导莅临学校看望杭州市政协委员姚红。12月初，省政协副主席，民建浙江省委会主委陈小平一行莅临指导工作，并走访看望了学校民建会员。12月底，浙江省委组织部副部长、省人才办主任姚志文，省政协副主席、省侨联主席吴晶，省侨联党组书记岑国荣等来校指导工作，并参加了在该校举办的2014浙江归国留学人员迎新联欢会相关活动。

2014年，学校继续贯彻校党委成员联系民主党派（团体），党外代表人士制度，积极支持学校民主党派组织（团体）开展活动，了解和掌握党外代表人士的思想状况。年底，召开了民主党派（团体）代表座谈会和新春团拜会，听取对学校发展和意见建议。

【注重自身建设，夯实工作基础】 注重民主党派人士培养工作，全年共3名民主党派教师参加了民主党派省委会干部及无党派人士挂职锻炼，分别在省商务厅、文化厅和科技厅挂职锻炼。3名民主党派教师受聘审计厅特约审计员。

【重视学习培训，增进政治共识】 该校各民主党派（团体）十分注重自身学习，加强自身建设，通过学习努力提高政治水平和参政议政能力。各党派（团体）在2014年能够认真学习贯彻党的十八大、十八届四中全会精神和习近平总书记系列讲话精神。民盟总支多次组织会议认真学习盟章盟史，积极组织盟员参加民盟省直工委“学盟章、读盟史”选拔赛；盟员刘建和参加了全省本科高校党外中层后备干部培训班。民进支部吴丽民老师和李墩杰老师参加了在省社会主义学院举办的省直民进支部骨干会员培训班。致公党支部益智老师参加“中国发展论坛2014－建设长江经济带”研讨活动，并在大会发言。农工党支部于永生主任参加农工党浙江省省直基层组织骨干培训班。九三学社支社全年召开11次支社社员组织会、生活会，贯彻学习中央会议精神和学校各种文件、制度；社员王建明参加了全省本科高校党外中层后备干部培训班。

【积极参政议政、参与民主管理】 2014年，学校统战部充分发挥高校人才优势，积极举荐并协助党外代表人士参政议政，进行相关课题调研。民革支部完成了省委会参政议政招标课题“深化文化体制改革，完善浙江文化产业监管模式研究”，成果被列为年度民革省委会重点调研课题。民盟总支成立了国土资源部土地整治浙江科研工作站和浙江省法学会城乡一体化法治研究中心，开展现实问题研究，提供决策咨询报告，多人撰写的政策建议得到省部领导批示，其中苏为华副校长撰写的“关于我省新型城镇化中加强耕地与生态保护的建议”和“关于加大力度扶持我省独立学院发展的建议”被作为省政协十二届二次会议提案。民进支部申报民进省委会课题，提供社情民意并被采纳4项，申报课题2项；张雷宝主委因参政议政工作突出，获“民进全省参政议政积极分子”荣誉称号。农工党支部在学校召开的民主党派会议上建言献策。致公党支部在2014全年致公党省委会16项重点调研课题中，2项课题入选。九三学社李占荣主委入选浙江省政府规范性文件审查专家，担任杭州江干区人大代表，并受聘为九三学社中央研究中心研究员，继续担任第六届政协行风监督员，其撰写的《浙江省社会救助条例》修改意见获九三学社省委会主委姒健敏批示；叶伟巍社员完成的研究报告获毛光烈副省长的批示。

【举办多彩活动，搭建服务平台】 民盟总支苏为华副校长全程参与了“中国·永康五金指数”的发布，并被聘请为中国·永康五金指数首届观察员。民进支部建立QQ群和微信群等多渠道的沟通方式，及时传达民进省委会的文件精神，征求会员的意见和建议，增强支部活力和凝聚力；承办了2014年民进浙江省直支部趣味运动会，并因此荣获民进浙江省直工会颁发的“组织生活好创意”活动优秀项目等。农工党支部调研考察楼市调控政策下房地产行业现状、问题及对策，为撰写建言报告奠定了基础；支部组织具有海外留学经验的党员为学生提供留学申请及国外学习生活等的咨询活动，受到学生好评。致公党支部吴迪冲主委参加致公党省委会新一轮少数民族低收入群众增收帮扶行动计划，奉献致公党的关爱；支部成员赴永嘉开展扶贫结对工作，为滨江江虹国际创意园提供视觉形象设计。九三学社李占荣主委为省人大及审计厅的相关条例修改提供专家论证；王建民社员参与住建部的“城市生活垃圾处理绩效评估与政府管制”的项目研究；杨爱萍社员为新华社提供翻译服务。

【知联会和留联会工作】 知联会和留联会工作有序、稳步推进。目前知联会中有5人担任学校中层领导，近两年有4人加入民主党派，多名成员同时为留联会成员，工作尽职尽责，为学校各方面发展发挥了积极作用。

留联会全年开展多项工作。召开一届四次理事会，增补了新理事和会员，留联会成员在全职教师中约占比15%。承办情暖侨心·相约财大——2014浙江归国留学人员迎新联欢会，取得圆满成功。举办第二届Go Abroad留学信息咨询会。通过多种方式服务地方经济建设。5月，经省侨联、省留联会协调，留联会成功牵线海归企业——杭州劳伦森教育科技有限公司落户下沙海创园；7月，鲍海君教授代表留联会参加浙江省“2014高层次留学回国人才暑期为国服务志愿团”赴瑞安献计治水活动，并担任规划旅游组组长；与浙江工业大学经贸管理学院、浙江理工大学艺术与设计学院合作，共同承担《瑞安市老城区休闲建设专题研究》项目。组建留联会合唱团，丰富会员业余生活。积极参加省侨联、省留联会组织的各项活动，努力开展外联工作。

（李　伟）

浙江科技学院党委统战部

【综述】 2014年，浙江科技学院统一战线工作在校党委的领导下，贯彻落实党的十八届四中全会精神和习近平同志系列讲话重要精神，支持民主党派和统战团体加强自身建设，服务学校改革、发展和稳定大局，开展系列凝聚人心、汇聚力量的工作，在民主党派工作、统战团体工作及统战宣传工作等方面取得一定成绩。

以座谈会、主题报告等多种形式组织广大统一战线成员和统战干部深刻领会党的十八大、十八届四中全会精神，切实把思想和行动统一到党的十八大精神上来，统一到围绕学校中心工作，深化综合改革，为学校加快建成特色鲜明的现代化应用型大学的奋斗目标上来，树立统一战线“同心、民主、包容、共赢”的统一战线核心理念。年内，学校共召开民主党派、统战团体负责人座谈会三次，开展工作交流，学习贯彻党的十八大精神。组织民主党派、统战团体负责人参加暑期干部读书会。选派2人参加省委教育工委首次举办的党外中层后备干部培训班。选派1人参加省社会主义学院培训。成功举办省内部分高校统战工作研讨会，研究探讨新形势下如何做好高校民主党派、知联会、侨留联会等各项工作。服务学校毕业生就业工作，积极配合就业办组织学生参加省知联会在浙江理工大学举办的第五届“服务理事、服务学生”的人才洽谈会。做好政协委员参政议政工作。今年两会期间，省政协委员王建华教授向大会提交了《关于强化高校分类指导，加强应用型人才培养的建议》、《关于增加我省高校财政收入，提高生均经费和学生收费标准的建议》、《关于解决小和山高教园区青年教师住房的提案》等三项议案；省政协委员阮世平教授向大会提交了《加强对高校的分类管理 增加生均投入 提高我省高等教育整体水平的建议》等议案。

【党派团体工作】 支持民主党派和统战团体加强自身建设始终是党委统战部门的工作重心。今年校党派组织建设有重点，有突破，党派活力和战斗力不断增强。

校民建支部建立健全各项工作制度和工作机制，使支部工作有序、规范地运行。年内新发展会员 2 人（其中 1 人为教授，1 人为副教授），1 人担任省直属工委委员，1 人担任校二级学院副院长，1 人被选为省 151 第二层次人选，3 人次参加民建省委会新会员学习班，1 人次参加民建省委会组织的省市领导学习班，支部集体参加省校两级各类统战会议 7 次，组织 4 次集体调研活动，与地方合作申报省科技厅项目 2 项，获批 1 项。5 月，为民建会员企业家出资在该校设立源培奖助学金牵线搭桥，首批共有 6 人获得总计 10000 元奖学金。

校民进支部积极组织成员参加省委会各项活动，通过个人自学、建立 QQ 群、微信等多种方式、学习十八届四中全会精神。组织 2 次专题学习，1 人参加 2014 年民进省直中青年骨干会员培训，1 人参加中共浙江省委教育工委首次举办全省高校党外中层后备干部培训班。年内，会员发表论文 2 篇，完成专著 2 本。

校民盟总支开展形式多样的组织活动来提高凝聚力，要求盟员首先做好一名教师的本职工作，同时要加强学习，为国家的发展“出主意，想办法，做实事，做好事”，努力为学校发展建言献策，并鼓励和参与民盟退休支部的活动和工作，使退休盟员感受到组织的温暖，丰富他们的退休生活。年内，开展各类形式民主生活会 9 次，提交议案 5 项，发展 2 名“70 后”新盟员，为民盟增加了年轻血液。

校致公党支部组织成员发挥优势，利用所学所长下企业进行科技帮扶，2 人参加浙江省侨联组织的“2014 浙江省高层次留学归国人才暑期专家志愿团服务瑞安活动”。积极参政议政，向浙江省政协提交提案 1 份，对加强我省高校分类管理、全面提升我省高等教育水平提出了建议，获得立案项。1 人参加省重点提案并接受浙江经视台就高考招生制度改革的采访、参加“优化留学归国人员创业创新环境”界别协商。1 人参加在省社会主义学院举办的 2014 年致公党中青年骨干培训班，1 人参加致公党省委会新党员培训。

校九三学社支社不断创新理论学习方式，认真过好每一次组织生活，做到每次活动有主题，将社中央、省委的有关文件、方针政策及时传达到每一位成员。积极参政议政，对教育界及社会热点问题，向有关部门提交提案 2 件。年内发展成员 1 人。12 月 29 日，校九三学社支社进行第六届换届选举，王蔚忻、朱吉梅、朱婉珍、陈媛媛、罗朝盛被选为九三学社浙江科技学院支社第六届委员会成员。在第六届支部委员会第一次会议上，罗朝盛当选为主任委员，朱吉梅当选为副主任委员。

支持校留联会参加暑期志愿服务团深入企业开展调查研究，促进海外人才与学校和地方经济发展的交流与合作；组织留联会理事参加贯彻中共中央《关于加强和改进新形势下侨联工作的意见》精神报告会等活动，促进留联会自身建设发展。支持校知联会与地方企业进行校企合作，为地方经济建设贡献智力。

【统战宣传工作】 借助校内外宣传媒介，向全校师生展示该校统一战线广大成员的成绩和风采。是年，在省侨联网站、校园网、校报、校统战部网站等各种媒介上积极推出了学校统战人士相关报道。通过《党代会报告统一战线成员积极献计献策》、《民建企业家在我校设立源培奖助学金》、《校民革成员洪波教授主讲文澜讲坛》等新闻报道，使广大师生对本校统一战线人士在各个领域里的成绩和贡献有了详细全面的了解，宣传了我党统一战线工作成效。（时晓歌）

浙江传媒学院党委统战部

【综述】 2014 年是深入贯彻学习十八大，十八届三中、四中全会精神和习近平总书记系列重要讲话精神的重要一年。浙江传媒学院统战工作紧紧围绕学校中心工作，对照党委工作要点的有关要求，结合部门工作实际，在广大统一战线成员的共同努力下，在工作中坚持创新发展，思想上坚持同心同德，目标上同心同向，行动上同心同行，较好地完成了全年的各项工作任务。

【组织建设】 党派组织建

设是党派做好各项工作的基础和保障，今年学校党派组织建设有重点，有突破，党派活力和战斗力不断增强。

现有民革、民盟、民建、民进、农工党、致公党、九三学社等7个民主党派的87位教职工。继民盟、民进、致公党、九三学社之后，民革和农工党也相继成立了支部。至此，这7个民主党派已有6个在学校成立支部。另有两个统战团体，分别是知联会和留联会。在学校党委和行政的领导下，统战各项工作有序开展，正向着良好的态势发展。出台了《关于调整院领导联系民主党派和统战团体的通知》，对校领导联系民主党派和统战团体，机关部门结对民主党派和统战团体进行了及时调整，使统战工作更完善、更有保障。

【品牌特色】 统战工作凝练特色，树立品牌，扩大学校统战工作的知名度和影响力。经过多年探索和发展，学校民盟、民进、致公党已形成了自身特色，如民盟的文化惠民，民进的非遗研究，致公党的高雅艺术发展，在全省高校和统战领域都有着较好的口碑。2014年，各支部继续发挥特色优势持续平稳开展各项工作，如民盟支部积极参与文化大省建设，协助省委会开展文化调研，校民盟支部副主委葛继宏老师被授予“2012－2013年度杭州市政协优秀政协委员”；民进支部继续开展非遗文化研究，被民进省委会评为2013年度省直社会服务工作先进支部；九三学社支社以社会服务为载体，推出九三讲坛，扶贫助教公益行等系列活动，校九三学社支部主委黄暑娟被九三学社省委会评为2012－2013年度全省社会服务工作先进个人；校致公党支委吴艳彧老师在杭州大剧院举办个人音乐会。

知联会在与媒介素养研究所合作，推广媒介素养研究和教育的基础上，挖掘会员专业优势，推出知联会品牌活动——知联会大讲堂。11月11日，大讲堂首讲——“魅力·形象”开讲，由校知联会副会长姚惠明老师主讲。其后，大讲堂陆续推出系列讲座。留联会努力为广大留学归国人员交流搭建平台，召开留联会会员大会，举办读书会，共同学习、交流。学校留联会积极加强与省侨联的联系和合作，参加省侨联学习报告会、协助完成高校侨情调查、参加省侨联新春团拜会并献上精彩文艺演出。加强统战宣传工作，积极借助校内宣传阵地及时报道统战活动，校报推出统战专题版块《凝心聚力 同心同德——在学校事业发展中发挥统战的力量》，全面介绍学校统战工作，展现民主党派和统战团体的特色和风采。

【学习合作】 加强学习，组织参加各级统战培训是统战常规工作，也是重要工作。2014年，为认真落实中共中央关于改进工作作风、密切联系群众的八项规定，并结合统战工作实地调研、参政议政，凝心聚力服务学校师生、服务社会的特点，学校对统战学习和考察作了精心计划和安排，厉行节俭，务实高效，丰富生动。

积极参与党派省委会来校调研，民盟支部参与民盟省委会桐乡调研，听取省委会关于文化支部建设的意见和建议，学习兄弟支部的宝贵经验；致公党支部参与致公党省委会来校调研，汇报致公党学校支部建设情况，听取省委会领导对支部建设的意见和建议；校党委统战部领导和留联会成员参加全省高校侨联、留联会学习贯彻中共中央《关于加强和改进新形势下侨联工作的意见》精神报告会；推荐校民进支部支委施建华和知联会副会长姚惠明参加全省本科高校党外中层后备干部培训班为期4天的学习；召开全校民主党派、统战团体负责人会议，学习全省统战部长会议和中央相关会议和文件精神，共同探讨学校统战工作的发展；申报的《以协同创新的大文化发展格局为视野深化我省文化体制改革》被民革省委会作为参政议政招标课题立项。

围绕学校中心工作，根据学校特色和统战人士特点，11月14日至15日，组织校民主党派、统战团体负责人对湖州文化产业进行了考察，重点考察了湖州吴兴区多媒体产业园、湖州历史文化街区、湖笔博物馆、太湖文化等湖州文化发展特色产业。党委委员、宣传（统战）部部长叶蒙荻代表学校与吴兴区签署了战略合作框架协议。双方决定通过基地合作、产业合作、人才培养合作和重大课题合作等，建立稳定有效的学生实践、学术研究、人才培训、成果转化等合作机制，为学校的人才培养、基地建设、科研拓展、技术转化和吴兴区文化产业全面发展搭建友好合作、互惠互利的优势平台。

（徐旻鹰）

嘉兴学院党委统战部

【综述】 嘉兴学院现有民革、民盟、民建、民进、农工党、致公党、九三学社等7个民主党派组织，成员208人（在职137人、退休71人）。其中，九三学社基层委员会下设3个支社；民盟总支下设3个支部；民革、民建、民进、农工党和致公党各设一个支部。统战团体有2个：侨（留）联和无党派知识分子联谊会，成员87人。党派成员中有省人大代表2人，省政协委员1人，市人大代表3人，南湖区人大代表1人，市政协委员15人；正高级职称35人。目前在学校中层干部队伍中，民主党派、无党派人士共15人，占12%。

2014年，嘉兴学院统一战线工作在上级统战部门和校党委的正确领导下，在广大统一战线成员的共同努力下，始终高举中国特色社会主义伟大旗帜，严格按照年初制定的工作要点，紧紧围绕学校工作中心，充分发挥统一战线的优势，积极开展工作。

【夯实统战思想基础】 党委统战部深入学习贯彻党的十八大和习近平总书记系列重要讲话精神，精心组织各民主党派、统战团体负责人进行了“学习贯彻习近平总书记系列讲话精神”的集中培训。各民主党派、统战团体围绕“十八大精神”纷纷开展深入的理论学习活动。结合今年该校百年校庆，民盟嘉兴学院总支号召盟员开展了“梅城寻根 共谋学校发展”、“感校庆 忆盟史”等活动；九三学社嘉兴学院基层委员会开展迎校庆活动；民革嘉兴学院主委袁献民举办了“皖南古民居”画展；侨（留）联开展“讲台系国运，秉烛铸民魂”等活动。统战部通过学校、部门网页、QQ群等多种渠道长期宣传、传达、贯彻、落实各种统战工作会议精神及学习各种政策文件，提高了民主党派和统战团体负责人的政治素质及领导能力，加强了思想建设，巩固多党合作的思想政治基础。

【加强统战成员自身建设】 2014年3月，党委统战部召开了嘉兴学院民主党派、统战团体2014年工作思路研讨会。并于5月建立了一支基层统战委员队伍，使各党总支对各部门的统战人士、统战工作可以清楚掌握、直接部署指导，充分发挥基层统战工作的作用。统战部还对基层统战委员进行了统一的培训，进一步提高了统战委员的政治素质、业务水平和工作能力。强化“同心家园”的建设和管理，确定了“同心家园”图标，进一步凝聚了人心、凝聚了力量。为更好地推动统战工作，发挥指导作用起到促进作用，构建起校院二级“大统战”格局。党委统战部非常注重党外人士的培训和队伍发展，2014年选派了校民革支部汪海东、朱培英参加了全省本科高校党外中层后备干部培训班。2014年全年共发展新成员6名，壮大了民主党派的队伍。

【推进统战工作制度建设】 完善“嘉兴学院机关职能部门与民主党派、统战团体对口联系制度”、“校党委班子成员联系民主党派、统战团体及党外代表人士制度”，促进机关职能部门决策科学化和民主化。民进嘉兴学院支部联合校学生工作部（处）连续多年开展支持大学生就业及资助活动。得到多家企业、团体的参与及支持，深受大家的好评。通过这些对接交流活动，进一步增强了民主党派、统战团体与职能部门之间的相互了解，相互信任，相互支持，进一步拓展了民主管理、民主监督渠道，有效保证了学校统战工作的正常开展和健康推进。

【深化统战服务工作】 党委统战部积极指导和协助校知联会做好换届工作，并按要求顺利完成换届。顺利做好了市知联会会员推荐；市侨联、留联会理事及代表推荐工作；完成侨情统计工作；协助校侨（留）联积极做好浙江省“2014年高层次留学回国人才暑期为国服务志愿团”的招募工作；推荐本校2位教师参加市台胞台属代表大会等。统战部积极帮助党外人士办实事、解难事、做好事，推动统战各项工作的深入开展，不断提高服务水平。

【鼓励多献良策服务社会】 党委统战部高度重视广大统一战线成员参政议政、建言献策，服务地方经济。党外代表人士、政协委员积极围绕社会、经济发展热点问题和学校的中心工作，向各级政府、各类组织提交提案。“提倡节约抑制餐饮粮食浪费”、“解决嘉兴学院财政经常性拨款差额”、“嘉兴军民合用机场项目跑道走向调整规划”等建议、提案得到了有关部门的高度重视和全校师生的广泛关注。市财政局、教育局等单位多次到该校答复政协提案。市政协主席专程来校看望政协委员，并召开座谈会充分肯定了大家作出的成绩与贡献。民建支部张玉才老师开发的“公证业务软件”在浙江省司法系统得到了推广与应用。统战部收集了大家的优秀提案 34 条汇编成《2013－2014 年度嘉兴学院民主党派提案集》。党委统战部鼓励和支持民主党派和无党派人士围绕学校中心工作，多做深入调研，多建睿智之言，多献务实之策。（洪　坚　蒋晓玲）

浙江广播电视大学党委统战部

【综述】　浙江广播电视大学于 1979 年 1 月建校，是一所以开放教育为主体、多元办学、多种教育类型协调发展的现代远程开放大学。由省电大校本级、10 所市级电大（宁波除外）、59 所县级电大、7 所直属学院（分校、教学点）构成的办学网络（人网），并建成了覆盖全省各市县的卫星电视网（天网）和基于互联网和宽带专用网现代远程教育系统（地网），三网相互结合、互为补充。学校还建成了“浙江电大在线学习平台”和数字图书馆、远程开放实验室“一主两辅”的三大学习支持服务平台。

办学 30 多年来，浙江广播电视大学坚持面向地方、面向基层、面向农村、面向山区海岛的办学方针，累计开设理、工、文、经、法、管、农等 10 大学科 82 个本专科专业，培养本专科毕业生 61 多万人，非学历教育结业近 570 万人次。现有各类学历教育在籍学生 19.6 万余人。为促进教育公平、缩小教育差距和加快浙江省高等教育大众化进程作出了重要贡献。

截至 2014 年底，省电大本级在职教职工 283 人，其中民主党派成员 29 人。学校民主党派组织是九三学社浙江电大支社，成立于 1989 年 10 月，系九三学社省委直属基层组织。学校成立了面向全省电大系统的党外知识分子联谊会，有理事 68 名。

学校历来十分重视统一战线工作。校党委认真贯彻落实《中共中央关于进一步加强中国共产党领导的多党合作和政治协商制度建设的意见》，密切党同广大知识分子特别是民主党派成员的联系，使其进一步了解政策、交流信息和联络感情，在教学、科研、管理和技术等第一线发挥了积极作用。全体党外人士在校党委的正确领导下，紧紧围绕学校中心工作，立足本职、爱岗敬业，刻苦钻研、勇于创新，团结进取、努力奋斗，为电大的改革和发展事业做出了重要贡献。

自 2014 年 12 月起，浙江广播电视大学党委统战部与党委组织部合署办公，建立起了由党委统一领导、党委统战部牵头负责、有关部门密切配合的统战工作协调机制。

【召开统战工作专题会】
学校党委每年召开一次专题会议，对统战工作进行研讨和全局部署；党委理论学习中心组安排统战工作专题学习，并邀请民主党派负责人参加学习讨论。

【九三学社浙江电大支社召开在职社员大会】　九三学社浙江电大支社召开在职社员大会，就参政议政方式创新、工作改革、组织活动形式和自身建设等问题进行主题研讨。

【浙江电大知联会召开一届五次会议暨首届知联论坛】　12 月 5 日，浙江广播电视大学党外知识分子联谊会第一届理事会第五次会议暨第一届知联论坛在杭州举行。会上，浙江电大知联会与义乌市知联会签订了校地知联会对接协议。双方经友好协商，本着优势互补、互惠互利的原则，达成了以电商产业促进联盟为载体建立长期战略合作关系的共识，推动校地联动的“同心·知联服务基地”建设。同时，本次会议还举办了以社会服务、教学改革、学校发展等为主要内容的“我的开放大学梦”第一届知联论坛。

【浙江电大知联会获得“浙江省优秀知联会”荣誉称号】
在全省无党派人士、党外知识分子坚持和发展中国特色社会主义学习实践活动先进集体和先进个人评选表彰活动中，浙江电大知联会获得“浙江省优秀知联会”荣誉称号，知联会会长、教学中心主任、教师教学发展中心主任齐幼菊教授获得浙江省知联会“学习之星”荣誉称号。据悉，在全省 982 个知联会中，共评出 42 个优秀知联会，其中高校系统 3 所。（相海珠）

浙江外国语学院党委统战部

【综述】 浙江外国语学院是一所以外国语言文学为优势学科，文学、经济学、管理学、教育学、理学、艺术学等多学科协调发展的公立省属普通本科高校。

学校共有4个民主党派建立了基层党组织，4个均为省直支部：民盟、民建、民进支部和九三学社支社。截至2014年末，学校共有58名民主党派成员分布在民革、民盟、民建、民进、农工民主党、九三学社等6个党派组织，其中民革党员3名、民盟盟员13名、民建会员8名、民进会员22名、农工民主党党员1人，九三学社社员11名。年内，新发展民盟盟员1名、民进会员1名，转入农工民主党党员1名。在职的44名民主党派成员中，有正高级专业技术人员14人、副高级专业技术人员17人，博士14人、硕士17人，35岁以下的3人。

学校设有统战团体——党外知识分子联谊会（暨“同心·知联”服务团），共有理事49人，其中正副会长3人、正副秘书长2人，常务理事9人。全部理事均为高级专业技术人员或具有博士学位的教师。

学校行政班子有1名民主党派校领导；85名中层领导干部（不含调研员）中有11名党外人士，占中层干部总数的12.94%。

【领导重视】 为深入落实《关于进一步加强统一战线工作的实施意见》，充分发挥统一战线在学校改革、发展、稳定中的作用，年内就学校年度工作、党的群众路线教育实践活动、干部选拔任用等邀请党外人士参加情况通报会、恳谈会、征求意见座谈会，认真听取党外人士的意见建议。

3月，学校召开各民主党派与知联会负责人座谈会。校党委副书记骆伯巍出席会议并讲话，党委委员、组织部、统战部部长章建生主持会议。会上通报了全省统战部长工作会议精神，交流和部署了2014年统战工作的基本思路，并就新形势下加强学校统一战线工作、进一步加强民主党派自身建设等问题进行交流。

5月，省政协副主席、民建省委会主委陈小平等来校调研指导工作。陈小平就学校党委对民建工作的重视、支持表示了感谢，并肯定了民建浙江外国语学院支部自成立以来在参政议政、民主监督和社会服务等工作中所取得的成绩。校党委书记姚成荣向调研团一行介绍了学校改革、发展情况和学校统一战线工作情况，肯定了民建支部自成立以来全体会员的辛勤工作及所取得的成绩，并表示学校党委将进一步认真贯彻党的统战工作方针和政策，积极帮助和支持民建浙江外国语学院支部开展工作。

【民主党派组织建设】 学校支持各民主党派组织加强自身建设，积极创造条件，提升民主党派的理论素养和履职能力。

3月，民盟支部主委李春玲参加中央社会主义学院第31期民主党派培训班，并旁听全国政协十二届二次会议。

5月，组织开展学校民建支部届中调整工作，选举林刚为民建浙江外国语学院支部主任，吴炜、唐俊为支部委员。

6月，民革党员金旸到省人力资源和社会保障厅进行为期半年的挂职锻炼。

8月至9月，副校长郑亚莉参加由中央社会主义学院举办的第31期民主党派干部培训班。

12月，民盟盟员马宏程、民建会员王春晖参加全省本科高校党外中层后备干部培训班。

【民主党派社会服务与参政议政】 年内，校民盟支部参与民盟浙江省委会主持的浙江省职业教育发展现状与对策、名优教师交流制度等调研课题，撰写了《浙江省中职师资队伍建设的现状与对策建议》、《完善我省教师交流制度的几点建议》等相关调查报告。

6月，校民进支部与省林科院支部、树人大学支部联合组成考察团，赴绍兴开展“五水共治、转型发展”专题调研活动。考察团听取了绍兴市水利局办公室副主任徐智麟先生的专题报告，进行了实地考察，对绍兴市五水共治、转型发展进行了调研。民进支部主任张跃西教授关于“系统推进‘五水共治’工作的几点认识”的建议意见被民进省委会调研处主编的《浙江民进信息》采纳。

年内，校民建支部会员广泛发挥联系经济界人士的优势，积极建言献策、参政议政。由副校长、民建省委会委员郑亚莉教授主持的民建省委会调研课题《促进我省科技型企业开拓拉美市场的若干建议》顺利完成，并转化成2015年省政协会议个人提案。

【民主党派交流与学习】 5月，为响应民盟省委“学盟章，读盟史”的号召，切实加强支部自身建设，民盟支部全体成员在主委李春玲教授的带领下，开展了“学盟章、读盟史”活动。活动中，李春玲主委介绍了参加中央社会主义学院民主党派干部培训和旁听全国政协十二届二次会议的心得体会，马宏程和陆忆松两位盟员分别交流了参加民盟省委参政议政等培训活动的收获。与会盟员一起认真学习了《中国民主同盟章程》，回顾了民盟的光辉历史，相互交流了学习盟章、盟史的方法和体会，并就如何进一步履行好建言献策职责等问题进行了探讨。11月，为提高盟员的文化修养，提升盟员发现美、欣赏美、创造美的能力，学校民盟支部举办了书画品鉴讲座。讲座由民盟盟员、学校艺术学院寿觉生教授主讲。寿觉生结合历代名家的书画作品，从中国书画的发展历史、书画的构图与用笔、欣赏书画的技巧等角度为全体盟员讲述了书画品鉴的相关知识。

11月，民建支部举行“基层组织考评工作”主题学习活动。民建省委会副主任委员、副校长郑亚莉，民建浙江省委会组织处处长高波及民建支部全体会员参加活动。学习活动中，支部主任林刚传达了《民建浙江省直属工委基层组织工作考评办法》的有关精神和要求，与会人员就基层组织考评工作中的相关问题进行了热烈讨论。大家一致表示要在做好本职工作的基础上，进一步加强支部自身建设，更好地发挥参政议政、社会服务等职能，争先创优，确保支部各项工作有效完成。12月，支部全体会员前往万事利集团参观学习，并对2015年的工作计划进行了讨论。

11月，民进支部开展了学习贯彻“十八届四中全会精神”主题活动。民进浙江省委会联络员卜康康，该校统战部负责人，及该校民进支部全体会员参加了活动。学习会上，支部主委张跃西教授对十八届四中全会提出的“依法治国”理念进行了解读。与会人员就“法治浙江”和“两美浙江”建设进行了热烈讨论。

【获奖情况】 校民革党员、教学月刊社金旸同志被评为首届十大“浙江民革骄傲人物”。

校民盟支部被民盟浙江省委会评为2014年度“三星级支部”，支部主委李春玲教授被评为2014年度优秀盟员。

校民进支部被民进浙江省直工委评为2013年度社会服务先进支部，支部主任张跃西教授被评为2013年度优秀基层组织负责人。

校民进支部“五水共治、转型发展”系列活动名被评为2014年民进浙江省直支部“组织生活好创意”活动优秀项目。支部主任张跃西教授被民进浙江省委会评为2014年度“参政议政积极分子”。（刘　涛）

浙江万里学院党委统战部

【综述】 浙江万里学院是在一所具有60余年办学历史的省属普通高校基础上进行管理模式和运行机制改革的新型高校。学校现有商学院、现代物流学院、法学院、文化与传播学院、外语学院、设计艺术与建筑学院、生物与环境学院、电子信息学院、计算机与信息学院、基础学院等10个二级学院，设有41个本科专业、有2个工程硕士授权领域，现有在校本科生、研究生、外国留学生2万余人。全校有教职工1234名，专任教师1058人，其中高级职称教师近400余人。截至2014年底，学校有民革、民盟、民进、农工党、致公党、九三学社等6个民主党派和无党派成员共82人，其中副高以上69人；无党派知识分子联谊会会员15人；教师队伍中党外知识分子435名，占41.1%。

学校党委重视统战工作，党委书记亲自抓统战工作，学校党委统战部与组织部合署办公，设有统战部部长一人、统战干事一人，各党总支（分党委）均设有统战委员，统战工作列入党委对党总支（分党委）学年度目标管理考核范围。在干部队伍建设中高度重视培养使用非中共骨干知识分子，重视党外知识分子任职安排工作。目前校级行政班子中安排了2名党外人士（2名副校长），全校中层干部中党外干部占中层干部的19.2%，10个二级学院中有6名院长和10名副院长是党外人士，机关和教辅队伍中有2名中层正职、2名中层副职是党外人士。学校各级后备干部选拔培养中考虑一定比例的党外干部，通过派任务、压担子提升后备干部队伍建设，并有计划地选派党外人士外出挂职锻炼。

【学校党委高度重视党派基层组织建设】 组织各党派基层组织负责人和无党派人士代表学习中央文件精神，进一步增强党派成员坚持和完善中国共产党领导的多党合作和政治协商制度的自觉性；支持民主党派基层组织发扬自我教育优良传统，在成员中积极开展思想政治工作；学校组织部、统战部和人事部统筹师资队伍建设、干部队伍建设，使得人尽其才、才尽其用，为党外知识分子成长成才创造条件。推荐、输送民主党派后备干部及无党派人士参加省、市有关方面组织的理论学习培训，努力培养一支政治上成熟、结构上合理、社会影响较大的党外代表人士队伍。积极推荐党外知识分子担任各级人大代表、政协委员。目前，学校党外代表人士中，共有5人担任各级人大代表、政协委员，其中1人担任宁波市人大常委，2人担任宁波市政协常委。目前有1人担任省知联会理事，1人担任市知联会副会长，有2人担任民主党派市委会副主委。2014年，新发展民主党派成员1人。

【浙江万里学院党委召开党外代表人士迎新茶话会】 2014年1月17日下午，浙江万里学院党委副书记、副校长蒋建军主持召开由各民主党派基层组织负责人、无党派人士代表参加的党外代表人士迎新茶话会。他通报了学校2013年的工作情况和2014年的工作要点，感谢党外代表人士对学校发展工作的参与和支持，向学校党外人士在服务地方经济发展、参政议政等方面取得的成绩表示祝贺，表示学校党委将一如既往支持民主党派按各自章程创造性地开展工作。

【民盟浙江万里学院支部在竞赛活动中获得一等奖】 民盟浙江万里学院支部在2014年民盟宁波市委举办的“学盟章、读盟史”竞赛活动中获得一等奖的优异成绩。

【民进浙江万里学院支部被评为考核优秀支部】 民进浙江万里学院支部在民进宁波市委2014年度基层组织年度考核中，被评为考核优秀支部。

民进浙江万里学院支部始终重视自身建设，认证履行职责，切实履行参政议政的职责。民进浙江万里学院支部成员立足于本职工作，爱岗敬业，均是学校的业务骨干，多人次获得省、市和区级各类先进和表彰。支部关注民生，热心会务，为宁波市的发展积极建言献策，及时撰写反映社情民意的信息。2014年9月王趁义老师在本年度参政党理论征文活动中，撰写了《薪火相传，同心协力，再铸辉煌——中国特色会主义参政党新论断新要求》。支部积极开展社会服务工作，发挥支部会员优势，2014年7月5日，民进浙江万里学院支部前往奉化大雷山绿康水产养殖专业合作社开展支农活动，并举行了“民进浙江万里学院支部结对服务企业”挂牌仪式。

【致公党浙江万里学院支部获参政议政先进集体荣誉称号】

致公党浙江万里学院支部获致公党宁波市委会评选的2014年参政议政先进集体荣誉称号。

【九三学社浙江万里学院支社获宣传工作先进集体荣誉称号】 九三学社浙江万里学院支社获九三学社宁波市委会评选的2014年度宣传工作先进集体荣誉称号。

【浙江万里学院知联会与余姚市知联会、网联会结对共建】

2014年7月，知联会成员在梁丰院长的促成下，与余姚市知联会、网联会结对共建，首次座谈会上，知联会成员逐一听取了余姚市知联会、网联会与会企业家面临的困难、问题及对结对共建工作的建议意见，并共同策划了首次专场招聘活动。同时，在此次座谈会上，双方就人才培养、技术支持、学生就业推荐等合作项目达成意向，并作为余姚市知联会、网联会人才培养、招聘的重要基地进行结对共建。通过结对共建，为电商企业有效解决人才、技术等难题提供了捷径，也为高校更好地服务社会搭建了平台。

【民革多位党员获得表彰】

2014年，民革党员袁葵芳老师被授予“全国模范教师”荣誉称号，荣获浙江省民革“十大骄傲人物”。民革党员田剑英老师积极履行参政党职责，为宁波实现“两个基本”、建好“四好示范区”作出重要贡献，获得民革宁波市委“先进党员”荣誉称号。

【民盟盟员郭晶获宁波市优秀盟员称号】 2014年，民盟盟员郭晶获得由民盟宁波市委评选的宁波市优秀盟员荣誉称号。

【致公党党员撰写提案被《零讯》采纳】 2014年，由致公党党员鞠芳辉老师撰写的《关注产业转移基层和配套设施落后问题》、《建议针对产业转移建立差别化考核指标体系》和王彩萍老师撰写的《改进文化输出内容丰富文化输出形式》社情民意信息得到中央统战部《零讯》采纳，体现了浙江万里学院民主党派发挥专业所长为国家发展献计献策的热情和水平。

【致公党党员潘铁军荣获2014年“省级优秀教师暨省高校优秀教师”称号】 2014年9月，浙江省教育厅、省人力资源和社会保障厅、省财政厅联合发文，表彰一批省级优秀教师，致公党党员潘铁军荣获2014年“省级优秀教师暨省高校优秀教师”称号。

潘铁军老师所教授课程20多门，大多课程都被评为精品课程和重点课程；主持完成了省财政厅“嵌入式实验室”、“智能家居实验室”，参与省级示范中心建设，建立了面向学生的“开发式创新创业实验室”，提出了将创新创业能力培养与CDIO现代工程教育模式相结合的IEC-CDIO先进教育理念，负责的专业被列为校重点专业，主持的浙江省重点教改项目获得宁波市教学成果二等奖。发表学术论文80多篇，其中权威检索40多篇，获得专利8项，软著28项。积极开展产学研合作，主持完成国家、省市级课题20多项。服务地方经济，产生了10多亿元经济效益和巨大的社会效益，连年获得浙江省科学技术奖、宁波市科技进步奖、宁波市教学成果奖等政府奖励。坚持以学科竞赛促进教学，通过长期不懈努力，指导学生学科竞赛获奖达几十项，国家、省级以上奖励25项，以优异成绩填补多项学校空白，并在“挑战杯”竞赛中获得国家最高奖金奖。同时，指导学生获得浙江省教育厅大学生科技活动“新苗”计划资助项目和创新创业项目7项，国家创新创业计划2项，发表论文20多篇，获得软件著作权20多项，创立企业多家。 （隗静秋）

浙江树人大学党委统战部

【综述】 浙江树人大学创办于1984年，是全国最早获教育部批准的四所全日制民办普通高校之一。经过近30年的发展，学校占地面积1300余亩（其中占地800亩的绍兴新校区正在建设中），藏书量200余万册，在校生1.6万余名，涵盖经济、管理、文学、工学、法学、艺术等学科。学校建有管理学院等10个二级学院，设有土木工程等37个本科专业；其中，国际经济与贸易专业为国家特色专业，环境工程、工商管理、计算机科学与技术、国际经济与贸易专业为浙江省重点专业。此外，学校还成立了中国民办高等教育研究院、中国服务经济研究中心、陶瓷研究所、超微量研究中心等26个研究机构。目前，学校拥有一支数量基本满足、结构比较合理、能适应本科教学的师资队伍。学校有专任教师800多名，其中42%的教师具有副高以上职称，70%以上的教师具有博士、硕士学历；现有全国杰出专业技术人才、国家级有突出贡献中青年专家、全国优秀教师、省中青年学科带头人等各类人才60余人。同时，学校拥有一支相对稳定、经验丰富的150余人的外聘教师队伍。

学校现有民盟支部和民进支部等两个基层民主党派组织，分别成立于2003年和2009年，另有民革、致公党、九三学社成员共计49人。民主党派成员中有博士7人，硕士13人；具有正高职称12人，副高职称28人。民主党派中有8人担任学校副处以上干部，无党派人士中，有3人担任副处以上干部，学校中层干部中现有11名民主党派和无党派人士，占中层干部总人数的16.18%。

2014年，学校党派基层组织发展新成员1人。

2014年，学校民进支部主任孟莉英被评为“全国先进基层组织负责人”，民进支部副主任夏晴被评为“民进全省参政议政积极分子”、“拱墅区优秀政协委员”；支部主题活动“五水共治、转型发展”被评为“民进省直支部组织生活好创意优秀项目”；高质量地完成了民进省委会调研课题“大力发展农村电子商务，减低农产品流通成本”，另有2项社情民意被《浙江民进信息》采用。校民盟支部在民盟省直工委一届三次会议上获得了“四星支部”称号，万国伟同志获得了“优秀盟员”的称号。民盟支部成员共获得3项省科技计划项目、省自然基金项目等省市级项目，申请到10个横向课题，经费110余万元；有5篇论文收录在SCI、EI及一级期刊。

【重视学习培训，增进政治共识】 学校党委针对在统一战线成员中深入开展学习宣传贯彻党的十八大精神活动，举办了专题理论辅导报告会和学习会，邀请并支持党外人士参加多党合作和政治协商方面的重要会议和活动，参加统战系统的重要会议、活动和学习培训。4月，民进浙江省委会副巡视员冯群、浙江省社会主义学院教务处处长沈慧虹等，陪同上海市杨浦区社会主义学院副院长杜舟平、办公室副主任蒋铮、区社院客座教授等一行七人来到该校，对该校民进支部进行考察交流。学校党委鼓励并支持党外人士参加多党合作和政治协商方面的重要会议和活动，参加统战系统的重要会议、活动和学习培训。同月，为提高政治素养和政治敏感性，更多关注社会热点话题，善于发现工作生活中的社会问题，民进支部举行了年度调研课题申报研讨会，会上根据支委会议的决定，要求每位会员每年至少提交一份社情民意信息。12月，民进浙江黄岩总支科技支部成员在支部王普彤主委的带领下，来到该校民进支部考察学习。6月，该校民盟支部与民盟省直工委联络员胡津峰同志一同前往中国美术学院进行交流学习活动。11月，该校民盟支部前往民盟桐乡总支“盟员之家”进行了参观学习。

【畅通建言渠道，增强献策成效】 学校积极发挥统战优势，建立健全各种监督机制，依靠民主党派“建有用之言，献务实之策”，积极参与校务、院务管理和教学、科研、人事、分配、后勤等制度的改革，职代会、民主生活会、发展规划等重大事项，均邀请民主党派和无党派人士列席或参加会议，主动听取他们的意见和建议，促使他们积极投身到学校建设和发展中去。1月，学校党委召开该校党外人士代表“迎新春”座谈会，与会的各民主党派、无党派人士纷纷就“加强对高级应用型人才培养的调研”、“如何更好发挥教职员工的主观能动性”、“增强职能部门服务意识”、“加强对外交流与合作”、“加强二级学院管理和运行机制”、“想方设法改善民生”等主题，围绕全面深化改革、建设教学服务型大学畅所欲言，结合各自关注和研究的重点问题，提出了许多很好的建议。4月，组织召开了校统战工作汇报会，校党委书记毛雪非出席，各民主党派、知联会参加，落实2014年度统战工作计划，并组织学习“十三届三中全会习主席讲话”。

【注重自身建设，夯实工作基础】 学校进一步完善了党政领导班子成员分工联系统战代表性人士制度和党政领导同党外人士联系交友制度，强化了吸收民主党派和无党派代表人士参与民主监督和民主管理制度和重大事项情况通报制度。学校党委将统战工作纳入二级学院党总支工作考核内容，进一步细化标准，严格考核。同时，学校积极引导各民主党派和知联会不断完善机制、创新载体，加强自身建设。民进支部会上根据支委会议的决定，要求每位会员每年至少提交一份社情民意信息。1月，民盟支部与城市学院支部举行年终联欢，两个支部交流支部建设经验。3月，全体民盟成员召开新年茶话会，讨论新年盟工作计划、发展等议题。6月，民盟树大支部举行五周年回顾暨换届工作准备会议。

【搭建服务平台，推动社会发展】 学校进一步加强了党外知识分子工作，团结并发挥了广大党外知识分子积极作用。校党委十分重视党外知识分子工作，积极探索新方法、新途径，通过创造条件、设计制度、搭建平台、优化环境，产学研结合，提供财力和人力保障，化党外知识分子个体优势为整体优势，为参与学校建设，服务地方发展献计献策，贡献力量。学校依托教授联谊会，开展学习、交流活动，使之成为党内外知识分子联谊交友、聚贤荐才、建言献策和服务社会的重要平台。学校每年召开博士和新晋副高以上职称人员座谈会，了解高层次人员的想法和困难，充分调动党外知识分子围绕中心、服务大局的积极性和主动性。学校努力为知识分子在工作、学习和生活上提供条件，营造一个宽松、和谐、舒畅的工作环境。学校将党外人士的物色、培养、选拔和安排使用纳入学校人才队伍建设和后备干部建设的总体规划，为他们积极发挥作用提供舞台。学校积极引导党外知识分子通过校情、社情调研，科技合作、科技下乡、扶贫帮困等发挥人才智力和联系广泛的优势。与浙江大学城市学院民盟支部分组讨论科研合作和杭州市科技局项目申报事宜；奔赴海盐、建德等地进行参政议政调研，为建言献策做准备工作；邀请省直属支部负责人指导，在临江园区调研，促进支部开展社会服务活动；并在临江支持下组织召开化工专业专场招聘会等。

（叶琛琰）

杭州师范大学党委统战部

【综述】 2014 年，学校统一战线学习贯彻党的十八大，十八届三中、四中全会和习近平总书记系列重要讲话精神，坚持与校党委同心同德、同心同向、同心同行，紧紧围绕学校转型发展创一流和中心工作，凝心聚力，不断提高工作水平，积极发挥自身优势和作用，为学校各项事业的发展做出了应有的贡献。

学校现有民革、民盟、民建、民进、农工党、致公党、九三学社 7 个民主党派基层组织，其中基层委员会 4 个、总支 1 个、支部 2 个，成立了党外知识分子联谊会、归国华侨联谊会、留学人员和家属联谊会，共 500 余人。副高、博士以上党外知识分子 628 名，占全校知识分子总数的 40.78%。共有全国政协委员 1 名、省人大代表 1 名、省政协委员 1 名、市人大代表 7 名、市政协委员 16 名、区人大代表 3 名、区政协委员 4 名，民主党派市委会副主委 2 名。

【统战工作机制建设】 坚持向党外代表人士通报情况、征求并受理意见建议，向党外代表人士传达有关文件和会议精神，邀请党外代表人士参加有关会议和重大活动；坚持同党外代表人士联系交友，校领导、职能部门与民主党派、统战团体联系结对；坚持民主党派、统战团体负责人例会制度，统一战线工作年终交流讲评制度等，不断提高学校统战工作的规范化和制度化水平。

【党外代表人士队伍建设】 校党委重视党外代表人士的发现培养和选拔使用，截至 2014 年 12 月底，将 26 名党外人士选拔到中层干部队伍中。全校 19 个学院（部）中有 12 个学院（部）领导班子配备了党外干部；174 名中层干部中，民主党派成员有 17 名、无党派人员有 9 名，党外干部占全校中层干部总数的 14.94%。组织召开 2014 年党外代表人士培训班一期；推荐 2 名骨干成员参加省高校党外中层后备干部培训班，增强政治引导，夯实思想基础。推选产生 2014 “杭州统一战线杰出人物” 2 人、第三届杭州市“侨界十大杰出人物” 1 人、“侨界优秀人物” 1 人、“杭州市侨联先进个人” 1 人。

【民主党派、统战团体建设】 指导做好各民主党派、统战团体加强自身建设，加强与各民主党派省、市委会联系，为各党派开展工作提供了支持与帮助。接访民盟省市委、市政协、九三学社市委会、杭州市侨联等部门领导 20 余人次来校调研、慰问。做好各民主党派、统战团体组织发展工作，全年发展成员近 10 名，推荐党派市委会专职副主委 1 名、余杭区侨联副主席 1 名。有多个党派和个人获得省市荣誉称号，民建杭师大支部获“2014 年度民建杭州市先进支部”荣誉称号、校知联会获 2014 “浙江省优秀同心·知联服务队”和“浙江省优秀知联会”荣誉称号、民革党员胡巍被授予中华经济文化发展促进会“荣誉理事”殊荣等。

【参政议政成效显著】 一年来，校各民主党派、统战团体和各级人大代表、政协委员认真履职，积极反映社情民意，建言献策，为杭州市经济社会发展作出了一定的贡献。民进杭师大一支部获“民进杭州市委会参政议政工作先进集体奖”，会员周根娣老师完成立项课题——全省地下水保护、钱塘江水保护和杭州地下水保护，获省级参政议政积极分子。致公党杭师大支部获“致公党杭州市委会参政议政工作先进集体”，党员王占明的《协调好法治与自由的关系——关于宗教治理的几点宏观思考》被评为 2014 年度全省统战理论政策研究创新成果一等奖。

【深入开展“七个一”同心活动】 2014 年，校统一战线各民主党派、统战团体结合自身优势，深入推进“七个一”同心活动，尤其在特色社会服务活动中获得较好反响。如：民盟积极组织盟员到台州市黄岩区等地开展送文化服务，对提升学校的教学水平，提高中学生素质教育有很好的促进作用。农工党组织党员积极参加各类义诊活动，走遍了浙江各地和部分省外地区，义务为患者看病及提供义诊手术。九三学社积极组织社员以服务发展、服务基层、服务民生为主要内容开展“同心”献智与帮扶行动，与临安龙川村、余杭径山等地结对，开展科技兴农咨询、指导及困难帮扶；与浙江省教育技术中心、市（区、县）教育局合作，开展名师名校长和所属教师微课慕课等系列培训。校知联会组织服务队成员利用学科专业所长，根据教育部关于全国中小学生加强艺术教育的文件精神进行专项调研，服务国家这一重大急需项目，做出了积极的贡献。

【召开民主党派、统战团体负责人会议】 4月28日下午，校民主党派、统战团体负责人会议在仓前校区召开。校党委副书记黎青平，校党委委员、组织部（统战部）部长方亮，各民主党派、统战团体负责人参加了会议。

黎青平在讲话中对各民主党派和统战团体提出要加强理论学习、加强建言献策、加强社会服务、加强自身建设等四点要求。会上，校统战部传达了省市统战部长工作的会议精神，部署了2014年学校统战工作重点工作，具体部署了“党委出题，党派调研”工作。各民主党派、统战团体负责人介绍了2014年工作计划。

【市政协副主席、九三学社市委会主委朱祖德一行来校调研】 7月1日下午，市政协副主席、九三学社市委会主委朱祖德、九三学社市委员会专职副主委杨金南一行来校调研。校党委书记陈新华、党委副书记黎青平、党委委员方亮等参加座谈会。九三学社市委会组织处相关负责人一同参加调研。

座谈中，朱祖德指出，近几年来杭师大取得了较快发展，与广大民主党派人士的作用分不开，希望学校进一步促进与市委会的联系合作，进一步发挥统战力量在学校发展中的重要作用。

陈新华对市政协、九三学社市委会一直以来对本校的大力支持表示感谢，并希望一如既往关心和支持学校统战等各方面工作，推动学校发展取得更大的成绩。

【民盟省、市委领导来校开展教师节慰问活动】 9月5日上午，民盟浙江省委会主委、省科技厅副厅长成岳冲，副主委徐向东和市人大常委会副主任、民盟杭州市委会主委陈振濂，副主委宦金元等来校看望慰问民盟盟员，并召开座谈会。

校长杜卫、校党委副书记黎青平等陪同慰问并参加座谈会。杜卫对民盟省、市委领导一行来校表示欢迎和感谢，并简要介绍了学校发展情况。他表示，学校将继续努力为民主党派组织和党派成员的发展创造良好的工作环境，也希望他们多出谋划策，在推进学校发展中发挥更为积极的作用。

成岳冲对盟员们爱岗敬业和无私奉献的精神表示敬意，同时希望全体盟员坚守良好的教育理念，发挥自己的特长和优势，在教育体制、内容和方法上改革创新，与时俱进。他还表示，民盟省、市委仍将一如既往地关心、支持杭师大的发展。

【召开2014年党外代表人士学习培训会】 9月18日，学校2014年党外代表人士学习培训会顺利召开。校党委副书记黎青平、校党委委员方亮等出席会议。

在会上，黎书记通报了最近学校情况，充分肯定了近两年来学校统一战线所取得的新进展和新成绩。他希望，各民主党派、统战团体要不断加强思想建设、组织建设和制度建设，增强整体功能；党外人士要增强政治意识，利用自身特点和优势，为学校转型发展建言献策；同时，立足本职，增强大局意识，共同营造和谐校园，在推进学校转型发展、“阳光校务”的过程中发挥更大的作用。

省委统战部副巡视员、理论政策研究室（宣传办）主任杨卫敏应邀作题为“中国特色社会主义参政党的科学内涵和政治责任”的专题报告，加深了党外人士代表对中国特色社会主义参政党科学内涵的深刻理解，进一步明确了中国特色社会主义参政党的政治责任和自身建设的目标要求。

【召开统战工作信息员座谈会】 11月25日下午，学校统战工作信息员座谈会在仓前校区召开。来自学校各民主党派、统战团体的信息员参加座谈。

座谈会上，党委统战部副部

长诸英就如何做好新形势下统战信息工作与信息员们进行了交流讨论，并做了近期工作部署。会议指出，统战信息工作是学校统一战线的一项基础性工作，是上情下达、下情上传和发挥党外人士建言献策和民主监督作用的重要渠道，是交流统战工作经验，促进统战工作创新和扩大统战工作影响的重要手段，同时又为学校提供决策参考依据。在今后的工作中，希望大家能够充分发挥主观能动性，结合统战工作特色做好信息工作。会议还就《关于进一步加强杭州师范大学统一战线信息工作的通知》征求了大家的意见。

【杭州市侨联主席章燕一行来校调研】 12月17日上午，杭州市侨联主席章燕、副主席倪成良等一行来校调研。校党委副书记黎青平、党委委员方亮等出席座谈会。统战部负责人及市侨联常委、委员等一同参加调研。

座谈会上，黎青平对市侨联一直以来对该校的大力支持表示感谢，他希望市侨联一如既往关心和支持学校侨联及其他各方面工作，推动学校发展取得更大的成绩。

章燕在讲话中充分肯定了学校侨联工作近年来取得了较快速的发展和明显的成效。希望杭师大与市侨联加强合作，增进联系，围绕杭州市新兴产业发展，在人才引进、项目对接、资源推广等方面发挥学校侨界人士在服务地方经济建设发展中的重要作用。

【召开“党委出题 党派调研”课题验收评审会】 1月15日下午，2014年度统战工作年终交流讲评暨“党委出题 党派调研”课题验收评审会在仓前校区召开。校党委副书记黎青平，相关职能部门负责人和有关专家、课题负责人等参加会议。

校致公党支部《“海归”教师工作生活现状调查分析》、民革总支《关于提升我校研究生教育质量的调研报告》等6项课题成果作了结题报告。与会专家和领导对课题进行了认真、细致的评审，对结题课题的成果给予了充分的肯定，就结题报告中有关内容的进一步深化细化和结合学校实际的可操作性等方面提出了中肯的意见和建议，并对课题涉及的很多具体问题进行了深入的探讨。

在年终交流讲评阶段，各民主党派、统战团体负责人分别就工作总结与计划、工作业绩、经验做法进行了交流和探讨。

黎青平在讲话中充分肯定了学校统一战线一年来所取得的成绩，尤其在岗位建功、参政议政和社会服务等方面取得了显著的成效。他指出，要进一步推动“党委出题，党派调研”工作，围绕学校发展中的热点难点问题，汇聚党外人士的智慧，提升调研质量，多出精品力作，为学校党政班子和有关职能部门决策提供参考。他希望2015年校统一战线要继续凝心聚力，积极献计献策，拓展有效载体，为学校改革发展作出更大的贡献。

【召开统一战线新春茶话会】 1月27日下午，学校统一战线新春茶话会在仓前校区举行。校党委副书记黎青平，市委统战部党派处处长徐军民，市委统战部党外知识分子处处长周铁峰，校党委委员、统战部部长方亮，各民主党派、统战团体负责人，各级人大代表、政协委员和各类受表彰人员参加了会议。与会人员欢聚一堂，清茶一杯，畅叙友情，共话发展。

校党委副书记黎青平在会上致辞。黎青平对学校统一战线一年来在岗位建功、参政议政和社会服务等方面做出的积极贡献给予了充分肯定并表示感谢。他指出，要认真深入学习党的十八届三中、四中全会和习近平总书记系列重要讲话精神，深入开展党的群众路线教育实践活动，积极培育和践行社会主义核心价值观，希望校统一战线能够始终如一地关心、支持学校的改革和发展，要充分发挥人才荟萃、智力密集的优势，围绕学校中心工作，解放思想，大胆创新，体现自身优势，积极融入到学校人才培养、科学研究、社会服务、民主管理的改革发展中，发挥更大的作用。 （许文东　谢琳洁）

温州大学党委统战部

【综述】 2014年，在温州大学党委的正确领导下，在省委统战部和省教工委统战部的具体指导下，学校统战部始终高举中国特色社会主义伟大旗帜，深入学习贯彻党的十八届三中和四中全会精神，以深化政治交接、增进政治共识为引领，紧紧围绕学校中心工作和发展大局，积极探索新时期统战工作的新思路，凝心聚力助推学校建设和发展。

【坚持思想引领，注重理论

学习】 组织各民主党派和团体负责人代表参加学校组织的十八届三中全会等学习报告会。通过理论学习，提高党外干部的政治意识、增进思想共识，不断增强对中国特色社会主义的道路自信、理论自信和制度自信。

为认真贯彻落实《中共浙江省委关于加强新形势下党外代表人士队伍建设的实施意见》，选派 10 名党外干部和政协委员分别参加了市党外知识分子骨干培训班及全国政协培训等，系统学习了习总书记系列讲话精神、我国的政党制度、新外交战略与主要大国关系以及多党合作和政治协商制度等内容。

各党派还积极参加温州市委会组织的报告会、座谈会、研讨会、培训班，定期开展各类有意义的组织生活活动。通过学习活动，更加坚定了他们的政治责任感和历史使命感，提高了履行职能的质量和水平，明确了今后工作奋斗目标。

【以活动为辅线，联谊交友交心】 一年来，各党派结合自身特色和国情市情，以丰富多彩的活动为依托，考察自然、走访企业，在活动中服务社会，凝心聚情。

致公党、农工党在文成绿道开展联谊活动；知联会考察美丽乡村建设，参观云河梯田，切身感受改革开放的成果；侨留联组织成员赴台州黄岩长潭水库和高新园区考察省五水共治和留学生创业情况，重点考察了千人计划专家胡如意领衔的竞成科技有限公司，对温州市的五水共治提出了对策和建议。

民盟温州大学委员会与民盟浙江师范大学委员会、民盟丽水学院总支、民盟金华职业技术学院支部开展盟务交流；民进总支赴永嘉开展扶贫对接活动，开展骨干培训，邀请市委会常务副主委叶育登、市政协研究室副处长叶繁就如何高效科学开展社情民意工作进行专题指导。

致公党赴长兴县开展生态文化考察活动，为本研究领域的成员提供了第一手科研材料，也为政协委员们写出切实可行的提案提供了可贵的素材。

九三学社把组织内容丰富多彩、形式灵活多样的活动常态化。每次活动坚持做到准备充分，有内容，有要求。三月组织参加新春茶话会；五月各支社分别组织学习活动；六月与九三学社苍南县委员会联合开展“网络经济活动日”活动；七月组织部分社员利用暑期时间进行调研；十月联合九三学社苍南县委会开展支教助教活动；十一月赴永康开展爱国主义主题活动暨新社员培训活动等。

各党派和统战团体通过开展这些活动，既寓学习教育于其中，又调动了统战成员的积极性，使他们在身心舒畅的同时开拓了视野，增进了感情，增强了组织的活力和凝聚力。

【关注社会热点，积极参政议政】 统战成员关心国际国内形势、民生经济，认真参加各党派市委会、市委统战部、学校党委统战部等组织的各种协商会、征求意见会、座谈会，并提出有益的意见和建议。特别是两会代表和委员，积极建言献策，一年来，共提交 17 个提案，6 条社情民意，3 篇发言稿。代表委员们围绕温州的社会经济发展、传统文化、技术产业化、学校教育、生活污水治理、卫生交通管理等问题建良言献好策。九三学社洪振杰、陈小碧的《温州近期 P2P 网贷集中倒闭敲响警钟，网贷监管“真空”亟待消除》被市政协采用；洪振杰向市政府提交的《构建“温州购”开发“温州码”》的调研报告，受到市政府的重视，市长陈金彪、副市长胡纲高分别作了批示。民进万升平、林俐提交了 7 份提案。其中《大力培养社会工作人才助推民改实验区》等提案受到有关部门的高度重视。

九三学社温大基委会荣获“2009 - 2013 年度九三学社浙江省先进基层组织”荣誉称号；吴一琦撰写的论文“关于政协委员主体作用的哲学思考”获得了温州市人民政协理论研究二等奖。民盟陈源源、胡新根获 2013 - 2014 年度盟省委先进个人；王晓佳获第四届浙江省大学生钢琴比赛“优秀指导教师”、第十届世界华人青少年艺术节“优秀老师”、长江钢琴第二届全国钢琴比赛“优秀教师指导奖”；木小燕获“学盟章、读盟史”征文比赛二等奖；陈源源、胡新根、张秀华、李瑞文、刘藏岩、木小燕、朱晓红等七位盟员获 2013 - 2014 年度民盟市委先进个人。民进温大总支获市委会先进支部；孔向东获温州市党外人士建业立功荣誉称号。知联会黄良荣获 2013 - 2014 学年度温州大学优秀教师称号。

【加强校地合作，拓展服务途径】 九三学社温大基层委员会与九三学社苍南县委员会开展结对合作两年来，双方建立了服务地方的长期机制，有效拓展了社会服务途径。在该县的桥墩小学开展了“结对助学”、“捐赠图书”、“听课评教”、“课题指导”等系列活动，社会反响良好。2014年又捐赠价值约3500元的少儿图书，社员资助贫困学生学习费用9600元。开展“网络经济活动日”，提升民主党派服务地方经济社会的能力。

致公党多名党员被聘为温州市审计局的特约审计员、温州市道路运输管理局行风监督员及学校的党风廉政监督员，积极参加“出租车服务质量暗访活动”，认真履行监督员的职责。朱永德承接多件民事案件及刑事案件，将自己的法律知识服务于社会，此外还担任温州大学、温州大学瓯江学院、温州大学后勤服务公司的法律总顾问。万荣根多次免费指导南浦小学教师科研、秀山小学课题研究及青田教师的论文。

利用高校统战人才的智力优势，为地方统战开展科研提供有力的支撑。知联会、民进等与瓯海区统战部在侨情利用、海西经济、琦君文化和新形势下统战工作等课题开展有效合作。

【做好党派和统战团体组织人才队伍建设】 圆满完成温州大学党外知识分子联谊会的换届工作。大会选举产生了新一届的理事会、会长、副会长、秘书长和副秘书长。新一届知联会为了更好的方便会员及时沟通与交流，建立温州大学党外知识分子联谊会微信群。在微信群里，会员们畅所欲言，畅谈党的改革开放取得的巨大成果，积极为学校和社会的发展建言献策。

鼓励党派组织良性建设，梳理党派人才资源，对内积极与组织部沟通，力求取得共识，党外干部从科级开始就纳入视野；对外积极推荐人才，让该校优秀的党外人才能进入各党派市委和市统战部的视野。年内九三学社社员黄少铭进入校级领导班子，校级领导班子有了党外副职。另外胡新根、林俐作为党派市委后备干部进入考察环节。派送李新德、吴之欧、肖磊等有潜力的党外后备干部参加全省本科高校党外中层后备干部培训班、温州市党外中青年干部培训班，受益匪浅，收获颇丰。

【搭建服务平台，履行服务职能】 日常工作中，统战部一直坚持服务的理念。党派和团体的活动安排他们一起出谋划策，活动经费上排忧解难。今年在部门经费紧缺的情况下精打细算，对人数少、活动开展丰富的党派力所能及地给予经费上的扶持；对活动组织丰富、内容创新、服务社会实在的党派给予增加经费奖励的方式，使他们有更高的积极性组织活动，增加的经费又良性循环的促进和保障活动的质量。

认真做好统战网站的改版和维护。收集统战成员在教学、科研、参政议政中的相关材料，丰富统战网站的内容，加大对党派和统战团体活动的宣传和报道。

（陈春霞）

衢州学院党委统战部

【综述】 衢州学院党委统战部与党委组织部合署办公，校党委副书记分管统战工作，配备了统战部长1名，统战科副科长1名，各党总支（直属党支部）配有兼职统战委员1名。学校现有民革、民盟、民建、民进、农工党和九三学社等6个民主党派，在职成员55人。目前民革、民盟、民进、农工党、九三学社5个民主党派成立了支部（支社）；另外，建有少数民族联谊会、“三胞眷属”联谊会和党外知识分子联谊会三个统战团体。目前在职的各民主党派成员和统战团体成员总数已达到102人，约占学校总人数的18%。统战成员中，专任教师93人，约占全校专任教师总数的24%；副高以上专业技术职称62人，占全校副高以上总人数的36%；中层以上党外干部13人，占中层以上干部的19%。民主党派成员中有1人担任省人大常委、民盟省委常委，2人担任市政协常委，2人分别担任民盟、民进市委的副主委；党外人士中有1人担任衢州市党外知识分子联谊会副会长。

【举行民主党派、统战团体迎新年联谊活动】 12月31日下午，衢州学院民主党派、统战团体迎新年联谊会召开。党委书记胡建新，党委副书记、纪委书记赵祖地，党委副书记、工会主席吴茶香，党委委员、统战部部长邱地海和全校各民主党派、统战团体负责人及成员参加了会议。会议由党委副书记、工会主席吴茶香主持。

胡建新在致辞中代表学校党委向在座各民主党派、统战团体致以诚挚的新年祝福和亲切的问候，通报了2013年学校党委和行政的工作，并希望在新的一年里，各民主党派、统战团体成员继续关心和支持学校的改革与发展，充分发挥参政议政、民主监督作用，为提升学校综合实力、实现学校又好又快发展作出新的贡献。

各民主党派、统战团体负责人分别在会上发言，交流了各自组织发展和工作开展情况。各民主党派、统战团体的成员们还纷纷为大家献上了精心准备的节目，表达对新年的美好祝愿。

【召开民主党派统战团体负责人座谈会】 4月24日下午，学校召开各民主党派、统战团体负责人座谈会，回顾总结2013年工作，部署2014年的重点工作。校党委副书记、工会主席吴茶香出席会议并讲话，党委委员、统战部长邱地海主持会议。

会议通报了2013年统一战线团体和成员的获奖情况，学习传达了上级文件精神和省、市统战部长会议精神，部署了无党派人士、党外知识分子开展中国特色社会主义学习实践活动等工作。

吴茶香肯定了2013年各民主党派、统战团体的工作，并对2014年的工作提出四点要求：一要紧扣主题。二要走出特色。三要带好队伍。四要发挥作用。另外，她还对坚持和发展中国特色社会主义学习实践活动，争做“学习之星”、“行业之星”、“建言之星”、“奉献之星”提出了具体要求。

【衢州学院民革小组调研后溪镇文化建设】 5月20日，衢州学院民革小组和衢州之声广播电台《hello夜衢州》栏目组共同调研了衢江区后溪镇的文化建设。后溪镇党委书记柴胜辉介绍了近年来后溪镇的发展情况，尤其是后溪镇在文化建设方面作出的努力，并带领调研组参观了后溪镇老街改造、名古木保护以及镇文化广播站建设等。在随后的座谈会上，学院民革小组与后溪镇主要领导就文化建设进行了座谈交流，并拟定了接下来文化建设的调研计划。

【九三学社柯城支社来校考察交流】 5月21日，由全国人大代表、柯城区人大常委会副主任郑玉红，市政协委员徐成旺、陈玮，市人大代表方炜金等16人组成的九三学社柯城支社代表团来校开展考察交流活动。校统战部人员、九三学社衢州学院支社社员与来访客人进行了座谈交流。

九三学社衢州学院支社主委吴以莉对九三学社柯城支社的领导莅临学校交流指导表示热烈欢迎，并向客人介绍了学校的历史沿革和学校升本以来的办学情况，重点就近年来校发展状况、学科建设、社会服务、育人工作等方面与来访客人进行了座谈交流。

郑玉红、徐成旺对学校办学所取得的成效表示赞赏，并介绍了九三学社柯城支社的现状。双方还交流了相关工作。

【民进衢州学院支部赴浙江师范大学交流学习】 为了进一步开阔视野、拓展发展思路，学习兄弟院校民主党派支部建设的先进经验，更好地为学校及地方发展建言献策，民进衢州学院支部于5月29日组织会员赴浙江师范大学交流学习。

在座谈交流会上，民进浙江师范大学总支主委林建军介绍了浙师大会员的整体情况、组织发展、工作条件等情况，民进浙师大总支在参政议政、社情民意、社会服务等方面所取得的成绩，分享了宝贵经验。随后，支部会员与浙师大总支会员们就民主党派基层建设、会员自身政治素养提高、专业建设和教学经验等诸多方面进行了交流。

【衢州市政协开化委员小组来校考察交流】 9月28日上午，衢州市政协开化委员小组一行32人来校考察，并与校市政协委员座谈。校党委委员、组织（统战）部长邱地海主持座谈会。

邱地海简要介绍了学校的基本概况和今年暑期学校大学生深入188个村开展“五水共治”专项调查活动。程海翔博士作了《农村生活污水处理技术及工艺》专题讲座，委员们围绕“推进‘五水共治’共建生态家园”主题展开了交流。当天，委员们还视察了环信安湖水系提升工程。

【华东师范大学欧美同学会来校考察交流】 10月19日，华东师范大学欧美同学会一行12人在会长何品刚带领下来校考察，并与该校归国人员代表进行座谈交流。副校长姚宏昌，党委委员、组织（统战）部长邱地海及三胞眷属联谊会负责人出席座谈会。

姚宏昌代表学校向华东师范大学欧美同学会一行的到访表示欢迎，并介绍了学校的办学历史、学科和专业设置以及办学特色等方面情况。何品刚介绍了华东师范大学欧美同学会的基本情况，他希望能够借此机会增进友谊、沟通信息、交流学术、进一步发挥归国人才的作用，为两校的发展作出积极贡献。

【市政协副主席马东泉一行来校约谈政协委员】 10月21日上午，衢州市政协副主席马东泉一行到该校约谈市政协学院委员小组委员。我校副校长、第十二届省人大常委、民盟省委会常委、第六届市政协常委潘海天，及市政协学院委员小组的委员们参加了约谈。

潘海天对马东泉一行的到来表示热烈的欢迎，并详细介绍了学校的基本情况、办学目标、重点工作和升本以来取得的成绩。他指出，2014年市政协工作围绕中心、服务大局，为助推衢州发展做了不少实事，希望市政协能够搭建平台，进一步提高学院小组委员们参政议政的水平，加强学校与企业之间的联系与合作，实现双赢。随后，学院小组的其他委员都对2014年市政协工作的完成情况，以及明年市政协履职重点提出了意见建议。

马东泉认为，衢州学院办学定位准确、发展思路清晰、干部精神状态良好、发展成果明显，升本后学校发展迅速，取得了令人满意的成绩。他表示，市政协将会更好地发挥桥梁纽带的作用，及时反馈委员们的意见建议，同时也希望委员们能够把意见建议进一步深化，为大会提案做好准备。

【市政协学院委员小组到柯城区开展跨区域调研视察】 10月24日上午，衢州市政协学院委员小组一行在省人大常委、市政协常委、副校长潘海天带领下，专程到柯城区七里乡开展跨区域调研视察活动。柯城区政协主席郑小瑛陪同视察。

此次调研重点实地考察了柯城区桃源七里旅游景区的建设，并就景区长远规划、景点布局完善、生态环保设施建设等提出意见建议。

在听取了郑小瑛对柯城区推进五水共治的总体情况和桃园七里旅游景区建设发展的介绍后，潘海天指出，柯城区在推进五水共治，共建生态家园方面做了富有成效的工作。尤其在推进制度建设、创新景区保洁、强推三河整治、构建分类模式、实现生猪禁养，重点开展农村生活垃圾和生活污水专项治理方面成效明显，切实做到了从源头上控制环境污染，这些工作对景区建设发展意义重大。他建议桃园七里旅游景区在发展旅游业的同时，要进一步推进垃圾和污水处理设施的建设，实现景区的可持续发展。潘海天希望衢州学院要发挥好高校学科专业和科研力量优势，进一步加强与柯城区在环境治理和旅游产业发展等方面的对接合作，积极为推进生态衢州、文明衢州建设贡献力量，实现校地互利共赢。

【多个民主党派统战团体联合开展“五水共治与旅游文化”专题调研】 为积极响应市委市政府“五水共治”号召，推进衢州旅游文化建设，为打造“绿色衢州、生态衢州”贡献力量，10月29日，校民盟、民建、农工党、少数民族联谊会等多个民主党派、统战团体联合开展“五水共治与旅游文化”专题调研活动。本次调研活动将形成专题调研报告，提交市政府相关部门。

活动期间，调研小组先后前往位于柯城区石室乡的围棋谷文化博览园、龙游县的年年红紫檀国学文化博览园和桐乡市的乌镇。调研小组通过察看围棋谷的整体布局，参观围棋谷的花海景观，就网络时代如何做深围棋文化、做精旅游景点、做强农村休闲旅游提出了建设性的意见；围绕龙游年年红紫檀国学文化博览园的建设，就“国学弘扬、企业与旅游结合”作了深入调研，为拓展衢州市旅游项目开发的新内涵、新思路提出了自己的看法；在桐乡乌镇，调研组就“五水共治”背景下水乡古镇的水系保护和旅游项目开发展开了调查，此项调查为更好地提出衢州市信安湖水利风景区建设意见提供了借鉴和参考。

【民革舟山市委来校调研】 11月7日，民革舟山市委副主委潘祖平带领舟山市民革调研组来校调研大学生实习期间的权益保护情况。校长办公室、校团委负责人和学校部分民革党员参加座谈。

调研组听取了学校关于大学生实习期间权益保护情况的汇报，并召开学生座谈会，与20多位学生交谈、深入了解情况。

潘祖平认为，衢州学院办学定位准确，在保护大学生实习期间权益方面思路清晰、措施到位。希望调研组能够把衢州学院的意见建议进一步深化，为保护大学生实习期间的权益的提案做好准备。

【民盟支部赴江山调研污水治理工作】 11月7日，民盟衢州学院支部一行十余人到江山市石门镇郎峰村、江山市四都镇上峰村，就本市农村污水治理进行专题调研。江山市“五水共治”办公室及石门镇、四都镇的相关领导陪同调研。

江山市“五水共治”办公室及石门镇、四都镇有关领导介绍了农村污水治理的现状、取得的成绩和面临的主要问题，并希望衢州学院对农村污水处理的建设给予关注和技术支持。调研组一行分别到上峰村、郎峰村现场实地察看污水治理情况。

【民革衢州学院支部成立】 11月25日下午，民革衢州学院支部成立大会召开，学校全体民革党员参加了大会。校党委书记胡建新，市政协副主席、市文联主席、民革市委会主委欧阳建华，市委统战部副部长曾越河等领导出席了会议并讲话。校党委委员、统战部部长邱地海、学校各民主党派及统战团体负责人、各二级学院党总支（直属党支部）书记到会祝贺。会议由民革市委会副主委张子云主持。

胡建新代表学校党委对民革衢州学院支部的成立表示祝贺，并向关心、支持该校统战工作的市委统战部、民革衢州市委会领导表示感谢。胡建新指出，民革衢州学院支部的成立，既是民革自身建设的需要，也是学校事业发展的需要。胡建新对民革支部提出了三点希望：一是希望加强理论学习；二是希望支部成员立足岗位，为学校各方面工作作出更大的贡献；三是希望支部切实加强自身建设，增强支部吸引力和凝聚力。最后他表示，学校党委、统战部将积极支持民革支部的工作，充分发挥民革支部在学校各项事业上的推动作用。

会议选举产生了第一届民革衢州学院支部委员，徐明当选为主委，毛玲灵当选为副主委。新当选的支部主委徐明作了表态发言。校农工党支部主委雷小青代表兄弟民主党派致辞祝贺。

（程　俊）

绍兴文理学院党委统战部

【综述】 绍兴文理学院是1996年经国家教委批准建立的一所普通全日制综合性本科院校，学校现开设62个本科专业，18个二级学院和1个独立学院，以及绍兴广播电视大学、绍兴文理学院附属第一医院、绍兴文理学院附属第二医院和绍兴文理学院附属医院。拥有本部（河东、河西、南山）、兰亭、上虞、镜湖等四个校区，校园占地面积1980亩，校舍总建筑面积75.6万平方米。

学校有中国语言文学、工商管理、化学等3个硕士学位授权一级学科和1个建筑与土木工程专业硕士学位点。有中国语言文学、计算数学、原子与分子物理、化学、岩土工程、纺织材料与纺织品设计、护理学、工商管理等8个浙江省“十二五”重点学科。精细化学品传统工艺替代技术研究、清洁染整技术研究等2个省重点实验室、越文化研究中心1个省哲学社会科学重点研究基地、中国语言文学与越文化研究1个省高校创新团队、功能化多孔材料与绿色替代技术创新团队1个合作共建省重点科技创新团队。

学校目前设有民革、民盟、民建、民进、农工党、九三学社等6个民主党派基层组织和无党派知识分子联谊会、侨（留）联会。在校内担任中层干部的党外干部有30人（其中正处级为11人，副处级为19人），占干部总数的18.1%。

2014年，党委统战部在校党委的正确领导下，高举中国特色社会主义伟大旗帜，以邓小平理论和“三个代表”重要思想为指导，深入贯彻落实科学发展观，认真学习贯彻十八大和十八届三中、四中全会精神，紧紧围绕学校创建绍兴大学的中心工作，以充分发挥党外知识分子积极作用为重点，以支持各党派加强自身建设为基础，继续解放思想，加强队伍建设，提高工作质量，探索统战工作的新思路，努力为建设教学研究型大学作出新贡献。

【加强政治引领】 组织党外代表人士认真学习领会十八届三中、四中全会精神，通过发放学习资料、日常工作例会等途径引导党外代表人士加深对党的十八届三中、四中全会精神的理解，深刻认识党的十八届三中、四中全会的重要意义。并借助风则江大讲堂的平台，组织广大党外人士听取专题讲座，如黄亚洲“解读《历史转折中的邓小平》重大历史题材创作”。

引导党外代表人士深刻领会学校第二次党代会提出的全面推

进内涵式发展，加快向教学研究型大学转型，建设高水平的地方综合性大学的战略目标，在思想上与党委保持一致，积极参与校内各项改革。

【创新工作方式】 校党委全面审视学校党外代表人士队伍建设工作，结合学校工作实际，颁发了《中共绍兴文理学院委员会关于开展加强和改进统一战线工作“双五个一”活动的实施意见》，进一步完善党外代表人士的工作机制，从制度上保障党外代表人士工作的全面推进。活动要求每位校领导联系一个民主党派和知联会组织；每年至少召开一次情况通报会；每年参加一次民主党派和知联会的集体活动；每年就分管工作听取党外代表人士意见建议一次以上；每位校领导联系一位以上党外代表人士。

各民主党派和知联会也针对文件要求，制定了相应的工作计划，积极为早日建成绍兴大学谋一计献一策；围绕中心服务大局开展调研，并撰写完成调研报告一份；围绕“三个同心”开展主题活动；服务地方牵线搭桥参与了（协助）一件实事（或一个项目）；认真开展学习研讨活动。

【成立校侨（留）会】 7月2日，绍兴文理学院归国华侨联合会暨留学人员和家属联谊会正式成立。校党委书记周达军在成立大会上指出，侨联、留联会必将有利于进一步发挥学校归侨侨眷、留学人员和家属的独特优势，为学校实现“绍大梦”起到积极作用。

【围绕中心 服务地方】 校少数民族学生代表绍兴市参加省第五届少数民族传统体育运动，并最终取得了奖项总数第三的好成绩，并再次获得优秀组织奖。

立足地方发展，积极参政议政。在绍兴市两会中，14位党外委员参加会议，共提出了30余项意见和建议。由绍兴市人大代表、校党委副书记钱水祥领衔提出的《关于加大政府支持力度合力共建绍兴大学的建议》获评绍兴市人民代表大会常务委员会2012－2013年度市人大代表优秀建议。

承接的5项2012年市科技局课题圆满结题。2012年，在党委统战部的牵头组织下，在市委统战部的大力支持下，校各民主党派和知联会共承接了5项市科技局课题，经费达24万。截至2014年年底，5项课题均已圆满完成。

【提高统战工作科学化水平】 支持民主党派加强自身建设。2014年民盟委员会和九三学社委员会完成了换届选举工作，产生了新一届领导班子。同时九三学社从基层委升格为委员会。

重视党外干部学习培训。共推荐2人参加绍兴市党外人士培训，2人参加省委教育工委中层后备干部培训。

加强统战部门自身建设。2014年完成了统战部网站改版工作，增加了知联会和侨（留）联会板块，进一步充实了网站内容。

（苗　欣）

湖州师范学院党委统战部

【综述】 2014年，学校统战部在校党委的领导下，深入学习贯彻落实党的十八大，十八届三中、四中全会和省市全会精神，大力培育和弘扬社会主义核心价值观，围绕凝聚思想共识、服务经济社会发展等工作重点，充分调动广大统战人士的积极性和创造性，努力提高统一战线工作的科学化水平。

学校现有教职工1250余人，有民革、民盟、民建、民进、农工党、九三学社等6个民主党派师院基层组织和1个党外知识分子联谊会，在职人员146人，其中高级职称116人，占全校高级职称人数的29.4%。学校现有省政协常委1人，市民主党派负责人1人，市政协委员11名。

【强化教育培训　夯实共同的思想政治基础】 坚持把党外干部培训工作纳入全校干部培训计划，各民主党派、知联会负责人与中层干部一起参加日常干部教育培训和每年暑期中层干部学习会，切实加强对党外人士的理论培训和思想教育。参加学习贯彻习近平总书记系列讲话精神集中轮训班，听取5场专题辅导报告；参加干部培训报告会，听取了中国人民大学原党委书记程天权等4位专家的辅导报告，有助于拓宽眼界和思路，更好地为学校改革发展出谋划策、贡献才智。

坚持自觉、自主、自为，激

发各民主党派、知联会成员的学习动力。组织民主党派和无党派人士开展坚持和发展中国特色社会主义学习实践活动，切实增强道路自信、理论自信和制度自信。农工党支部组织习近平总书记系列讲话精神专题学习活动，民革、民盟、民进和农工党支部对“十八届四中全会”精神进行了专题学习，民革、民建、民进支部分别组织开展坚持和发展中国特色社会主义学习实践活动学习调研活动。

【注重培养选拔　支持民主党派、知联会自身建设】　进一步完善校领导班子成员“七个一”联系制度，落实好对口联系、谈心交友等制度，每位校领导结对1名民主党派负责人，增进沟通和联系。协助校民主党派加强组织建设和领导班子建设。积极与民主党派市委会等沟通协调，分析民建、民进两个支部的人员结构、后备干部培养等问题，物色、培养、选拔党派负责人，为支部的换届奠定基础。及时研究解决民主党派组织发展中面临的问题，协助做好组织发展工作。2014年，各民主党派、知联会共发展新成员10人，民建转入1人。

认真贯彻落实上级有关文件精神，把党外代表人士队伍建设纳入基层党建工作责任制考核内容，纳入全校干部人才队伍建设规划。李庆峰、楮玉明被推荐为高校省管副职后备干部预备人选，协助做好相关考察工作。3位党外人士被提拔为学校中层正职、副职。推荐民建成员穆方平到市政协进行挂职锻炼。注重党外代表人士后备干部队伍建设，在学校中层后备干部推荐考察中，共有8位党外人士列为学校中层后备干部，选送2位党外人士参加了全省本科高校党外中层后备干部培训班，1位党外人士参加了嘉兴、湖州片区高校校际干部联合培训班。

【坚持围绕中心　推动学校改革发展】　民盟陈传峰教授作为党代会报告起草小组成员，积极参与分析学校面临的高等教育发展形势和省、市经济社会发展态势，研究学校办学定位和今后五年的发展目标、战略和举措，为党委决策提供参考。各民主党派、知联会负责人积极参加学校《章程》征求意见座谈会，对进一步完善学校内部治理结构提供宝贵意见和建议。7位党外代表人士担任校特邀监察员，深入调查研究，了解和掌握师生最关心、反映最强烈的问题，主动承担监督义务，在民主建设、党风廉政、纠风执纪等方面发挥积极作用，为学校事业健康发展作出积极贡献。

鼓励和支持统战成员立足本职岗位，在人才培养、学科建设、教学科研上作出贡献。知联会陈雪东、李敬芬两位教授，被授予“浙江省高校优秀教师”荣誉称号。刘方、陈雪东、李敬芬等3位教授荣获校首届“陆增镛教师奖”。九三学社马明奎教授潜心教学，育人工作成效突出，被评为省“三育人”先进个人。民革张桂锦、民建潘晓敏等指导编排的舞蹈获省群星奖创作、表演双银奖，省大学生艺术节一等奖。

【发挥统战优势　服务地方经济社会发展】　各民主党派、知联会发挥人才智力优势，积极服务湖州经济社会发展。围绕“五水共治”专项工作，民进崔学新教授参与市“五水共治”课题调研，农工党王珍博士赴安吉开展以“五水共治”为主题的“水与健康”讲座，民盟总支组织到长兴超威集团调研排放处理问题等，积极建言献策。发挥高校统战优势，提供智力支持。如：民革黄文华教授参加了市政协组织的湖州开发区科技创新与人才项目工作调研。民建、九三学社、知联会成员与久盛地板有限公司、华圣药业有限公司等多家企业建立合作关系，为企业提供智力和科技支持。深入基层联系群众，听取和反映社情民意。九三学社孙和平教授提交的“关于市委市政府机关公共场所禁止吸烟的建议”，已形成市委办文件。民盟龚景兴教授提交的“关于人性化管理燃放烟花爆竹的建议”，得到了相关部门的重视。民盟陈传锋、陈文庆以及九三学社李庆峰、陈剑锋参加市长与政协委员面对面活动，发言受到市领导高度重视。2014年，校各民主党派共提交社情民意和提案、金点子60多个，为地方经济社会发展建言献策。

扎实做好少数民族村中张村的结对帮扶工作。在市委统战部的统一安排下，学校统战部结对帮扶安吉少数民族村中张村。学校统战部与中张村进行多次对接，根据中张村工作计划需求，充分发挥高校人才智力优势，为中张村畲族文化特色凝练、民族文化活动指导等方面提供人才和智力支持。在艺术学院、图书馆等支持下，购置并捐赠书籍34

种177本、杂志291册、书架4个，支持中张村“文化书屋”和“市级民主法治村”建设，完成部分文化墙的设计和制作。在结对帮扶推进会上，受到市委常委、市委统战部部长崔凤军的肯定和好评。组建珍珠球队代表湖州市参加了浙江省第五届少数民族传统体育运动会，取得二等奖的好成绩。

【加强理论研究　推动统战工作自身建设】　积极组织发动各党派积极参与市统战课题招标活动，共有3项课题中标，均已顺利结题。在学校党建和思政研究会的课题和论文研究指南中，专门设立统战研究课题，鼓励申报课题和撰写理论文章。学校统战部在市统战理论研究会五届二次理事会暨统战理论研讨会上作题为《转变理念　发挥优势　服务湖州经济社会发展》的交流发言。九三学社孙和平教授在九三学社中央宣传部举行的“坚持和发展中国特色社会主义论坛”上作主题发言，发言引起与会者热烈讨论。民革黄文华教授完成民革浙江省2014年参政党理论研讨会理论文章《发挥民主党派优势，传扬网络正能量》。

（韩永兴）

台州学院党委统战部

【综述】　台州学院是一所经教育部批准，由省市共管共建、以市为主的综合性普通本科高校。学校有着百年办学历史，其源头可上溯到创建于1907年的三台中学堂简易师范科。台州学院拥有临海、椒江两大校区，总占地1500多亩，建筑面积39万平方米。下设人文学院、经贸管理学院、外国语学院、数学与信息工程学院、物理与电子工程学院、生命科学学院、医药化工学院、体育科学学院、艺术学院、教师教育学院、机械工程学院、建筑工程学院、医学院、思政部等14个二级学院。学校现有教职工1267人，其中高级职称教师416人、博士182人，有6人获国务院特殊津贴，30多人次被授予全国“五一”劳动奖章、全国模范教师、全国优秀教师、浙江省有突出贡献中青年专家等各类省部级以上荣誉称号，11人受聘担任国内名校的研究生导师。

截至2014年底，学校各民主党派成员共101人（含离退休19人），其中教授14人，分别隶属于民革、民盟、民建、民进、农工党、九三学社等6个民主党派组织，党外知识分子联谊会成员40人，其中教授2人。中层干部中，党外16人（民主党派12人，无党派4人），约占中层干部总数的16%。

【指导思想】　坚持以邓小平理论、“三个代表”重要思想、科学发展观为指导，深入贯彻落实党的十八大，十八届三中、四中全会和习近平总书记系列讲话精神，根据省委、市委统战部和学校党委的统一部署，以加强党外代表人士队伍建设为重点，以支持各党派和团体加强自身建设为基础，以健全完善制度为保障，凝心聚力、发挥优势、彰显特色、务实创新，致力于服务学校改革发展、内涵提升及和谐校园建设，统筹推进党的建设。

【理论学习】　认真学习贯彻党的十八大，十八届三中、四中全会和习近平总书记系列讲话精神，组织广大统战成员参加省、市各有关部门以及学校组织的各类学习会、座谈会，选派4人分别参加各民主党派市委会、台州市知联会组织的集中学习会，选派2人参加全省党外知识分子骨干培训班学习，组织各民主党派成员参加台州市统战系统“统一战线与群众路线”知识竞赛，1人获二等奖，统战部获优秀组织奖。

【队伍建设】　做好党外人士的举才荐才工作。推选台州市留学人员和家属联谊会副会长1人，全市统战系统网络评论员2人，第三届椒江区少数民族联谊会会员4人（其中1人为副会长），台州市网络界人士联谊会会员4人。

【党派建设】　协助民革台州市委会加强党派建设，承办台州民革高校支部工作交流研讨会。协助民革、民进市委会做好换届工作，严格按照规定做好新一届委员候选人和代表的推荐工作，并组织代表参加换届大会，2人分别成功当选新一届民革、民进市委会委员。协助民主党派严把纳新考察培养关，确保发展质量，本年度发展民主党派新成员6人，其中民革、民建、九三学社各1人，民进3人。

【参政议政】　根据“党委出题、党派调研、部门落实、统战部协调”的原则，召开两会代表提（议）案征集研讨会。2014

年，在省、市、县三级两会上，向大会提交提（议）案10余件，如：《关于要求将台州市列入开放大陆居民赴台个人游试点城市的建议》、《关于要求对台州学院等省市共建地方高校实行“以省为主”管理体制的建议》、《关于加快申报台州大学的建议》、《关于加快建立台州学院直属附属医院的建议》等，内容有围绕全市经济社会发展的热点、难点问题，关乎民生的焦点问题，也有关于加强本校基础建设、加快学校发展和教职工切身利益等问题，引起了各级领导及相关部门的高度重视，为学校乃至台州经济社会的发展献良计出良策。

【品牌创新】 一是培树德育基地品牌。自台州学院在温岭石塘镇民间海上平安救助站建立了首个道德教育基地以来，通过聘请德育导师、德育导师进校园、建立图书室、开展英雄探访、道德实践等多项举措，营造了良好的德育环境，成为了学校德育工作的新平台、新标杆。该项工作受到了各级领导的高度肯定和社会各界的广泛关注，统战部因此获全省统战工作创新奖，并成功入选2012－2013年“台州学院师生最满意十件事”。该基地同时也是台州学院民革支部德育基地，民革支部因此获全省基层支部组织生活创意奖。二是创新工作模式。积极探索以“建基地促发展”的新模式，通过“德育基地”品牌建设，努力拓宽统战工作新思路、创设新载体、新途径，鼓励、指导、推动校民主党派开展活动。2014年相继建立了2个党派活动基地：校民进支部在广文书苑建立“助学基地”；民革支部在玉环清港镇新民小学建立支教基地，开展支教服务、爱心捐赠等活动。此外，台州学院与玉环县正在稳步筹建“彩虹连心基地”，推进对台交流合作。

【社会服务】 组织部分民主党派成员开展“践行群众路线·服务古城崛起”2014年临海市统一战线服务周活动，为广大市民提供体成分测试、教育咨询、量血压等现场服务活动。助推天台佛、道学院创建。浙江佛学院天台宗学院、浙江道教学院经国家宗教局批准，在天台这样县级区域创办两所具有本科层次的宗教高等院校，这在全国尚属首例。台州市、天台县各级领导以及学校党委高度重视该项对接工作。7月初，接待市委统战部副部长、市民宗局局长朱建新一行来校洽谈天台佛、道学院筹建及教育资源共享合作事宜。7月17日，党委副书记金则新亲自率统战部、思政部、教务处等部门负责人赴天台佛、道学院调研，就合作协议、办学定位、课程设置、教学管理、中长期发展规划等方面与当地政府和学院负责人洽谈；7月22日，统战部长邵伟国、人文学院院长罗华、教务处副处长金凌虹应邀赴天台参加浙江道教学院专业人才培养方案专家研讨会，有效促进合作交流。积极投身“五水共治”。多人受聘为“五水共治”专家服务团和“五水共治”监督员，聘任期为三年。

【考察调研】 4月初，民革台州学院支部组队赴路桥区新桥镇调研美丽乡村建设及“五水共治”工作，撰写《校地合作 开辟“五水共治”新局面——民革台州学院支部赴新桥镇考察报告》，支部主委周瑶代表民革市委会在市委、市政府举办的“五水共治”专题民主协商会议上做典型发言。5月上旬，组织各党派负责人赴温州大学、丽水学院，就新时期高校基层党派建设、统战团体建设、党外干部队伍建设，地方高校统战工作、服务社会管理创新等方面开展考察调研。各党派均开展各类主题调研活动，如民革支部赴温岭、玉环等乡镇开展如何发挥基层人大代表作用的调研，民建支部赴天台南屏乡开展农村文化礼堂建设调研，民进支部赴河头镇开展新农村建设调研，九三学社赴头门港新区及台州市德力西长江环保有限公司开展环保建设项目调研，全面了解社情民意，服务地方经济、文化发展。

【民族宗教】 更新完善台州学院少数民族教职工数据库。广泛开展爱国主义、社会主义宣传教育，及时把握师生宗教活动动态。

【自身建设】 高度重视自身建设。根据中央、省、市委统一部署，积极参与党的群众路线宣传教育活动，做好自查自纠，自觉做到勤政廉洁，树立统战干部的良好形象。注重统战理论研究和宣传，充分利用校园网和统战部主题网站等平台，加强统一战线工作的宣传与报道，本年度共向校园网发布信息20余条。

【统战成果】 统战部在2013年度校各部门目标管理考

核中获优秀，1人获“2013年度优秀中层干部”，1人获“2013年度先进工作者”。统战部获台州市统战系统“统一战线与群众路线”知识竞赛优秀组织奖，1人获二等奖。民革支部支教基地创建活动受民革省委会表彰，获民革省委会“伸出博爱之手——全省基层组织牵手困难群众活动十佳先进集体”荣誉称号。

（朱晓弘）

丽水学院党委统战部

【综述】 2014年，丽水学院统一战线工作坚持以邓小平理论、“三个代表”重要思想、科学发展观为指导，全面贯彻落实党的十八大，十八届三中、四中全会精神和习近平总书记系列重要讲话精神，紧紧围绕学校中心工作，坚持思想引领，深化服务改革，着力开拓创新，促进学校和谐，为学校教育教学改革和发展做出新的贡献。

学校现有民革、民盟、民建、民进、农工党、致公党和九三学社等7个民主党派基层组织。2014年新发展民主党派成员5人，现共有成员167人，其中民革21人、民盟55人、民建15人、民进32人、农工党15人、致公党4人、九三学社25人。建有民革丽水学院支部、民盟丽水学院总支部、民建丽水学院支部、民进丽水学院支部、农工党丽水学院支部、九三学社丽水学院支社。民主党派成员中2人任丽水学院副院长、1人任院长助理、1人任农工党丽水市委员会主委、1人任民盟丽水市委员会副主委和民盟莲都区委员会主委。统战团体有无党派知识分子联谊会，现有成员46人。有省政协委员3名，市人大代表2名（其中常委1名），市政协委员12名，市政协副主席2名，莲都区政协副主席1名，莲都区人大代表1名。

丽水学院是多民族融汇的大家庭，有畲族、土家族、回族等28个少数民族成份的少数民族师生共979人，其中学生917人，教职工62人，少数民族中层干部7人，其中正职4人，副职3人。

加强党外代表人士队伍建设。统战部与组织部联合开展校级党外代表人士后备人选推荐工作，共有22人列为校级党外代表人士后备人选。其中民主党派12人，无党派8人，少数民族2人。选派了10人参加党外中青年干部培训班、党外知识分子研修班和全省本科高校党外中层后备干部培训班等各级各类培训，有力促进党外干部的成才成长和队伍建设。

注重发挥党外人士参政议政的作用，鼓励党外人士积极参政议政，进一步提高他们的政治认同感和参政意识。加强对民主党派工作的指导，进一步加强民主党派间的相互交流，促进民主党派之间的相互了解、相互学习，提升了各民主党派的工作水平。进一步加强了党外知识分子工作、民族宗教工作和海外统战工作。

【丽水学院民族学院揭牌成立】 6月13日，丽水学院民族学院揭牌成立。全国政协副主席、国家民委主任王正伟，省政协副主席、省委统战部长孙文友，丽水市委书记王永康，校党委书记肖建中为丽水学院民族学院揭牌。

【举办宗教工作专题讲座】 11月19日下午，召开校党委理论中心组学习（扩大）会议。丽水市市委常委、统战部部长廖思红应邀做《凝聚人心 汇聚力量 加强和改进新时期党的统一战线工作——宗教工作专题》的讲座。校党委理论学习中心组全体成员、全体中层干部、各民主党派负责人参加了会议。

【学校召开统一战线各界人士国庆茶话会】 9月28日下午，学校统一战线各界人士国庆茶话会召开，统一战线各界人士欢聚一堂，共叙友情，共话和谐，共谋发展。校党委副书记胡雄光代表学校向大家致以节日问候和良好祝愿，对统一战线各界人士长期以来关心、支持和参与学校的建设表示感谢。各民主党派市委会委员、各民主党派负责人，政协委员、无党派人士、少数民族、留学归国人员、港澳台侨代表等近30人参加了茶话会。

【召开统一战线实践活动动员暨工作部署会】 4月3日，召开全校统一战线开展坚持和发展中国特色社会主义学习实践活动动员会暨2014年统一战线工作部署会议。会上，党委统战部部长李振亮总结了2013年工作，部署了2014年统战工作的主要任务。党委委员、院长助理潘丽萍在会上就全校统一战线开展坚持和发展中国特色社会主义学习实践活动作了动员讲话。各党总支部、直属党支部统战委员和各民主党派学院基层组织主委、知联会负责人参加会议。

【民族体育健儿在浙江省第五届少数民族传统体育运动会上获佳绩】 11月16日下午，历时3天的浙江省第五届少数民族传统体育运动会在温州市体育中心落下帷幕。由该校119名民族体育运动健儿组成的代表队代表丽水市参加了珍珠球、蹴球、押加、高脚竞速、板鞋竞速、陀螺、武术、射弩等10个竞赛项目和5个表演项目。比赛中，运动员们勇于挑战、顽强拼搏，共获得24个项目一等奖、45个项目二等奖、14个项目三等奖，获奖总数83个，实现了市委、市政府提出一等奖总数第一，奖项总数第一，团体总分第一的目标。

【九三学社丽水学院支社被评为2014年度社市委会二星级先进示范基层组织】 12月18日，在九三学社丽水市委会召开全体社员大会上，表彰了2014年度“星级先进示范基层组织”和先进个人，九三学社学院支社通过全体社员的共同努力，继2013年后再次创星成功，成为了“二星级先进示范基层组织”。

【民进丽水学院支部一行到云和黄源小学调研】 3月25日，民进丽水学院支部一行4人在民进市委会委员、民进学院支部副主委刘美娟老师的带领下来到云和黄源小学开展走进乡村小学的调研活动，与黄源小学校长项宗义和老师们共同探讨开展支教活动事宜。

【校知联会与缙云县知联会共商共建工作】 6月17日，市委统战部党外知识分子工作处处长罗林和校党委统战部部长李振亮、校知联会会长金晓峰专程赴缙云，与缙云县知联会共商共建工作。缙云县委统战部常务副部长沈坚，缙云县知联会会长钭旭彬携班子成员热情接待，双方就共建事项进行了座谈交流，并初步达成多项共建意向。

【校知联会与缙云县松阳县知联会开展“1+1”同心知联活动】 12月18日上午，校知联会与缙云县知联会协同共建七里小学“协同创新实践基地”在七里小学举行签约与授牌仪式。中共缙云县委统战部副部长沈坚，缙云县教育局党委书记、局长杜新南，七里小学校长陈伟，校知联会会长金晓峰等参加了签约仪式。另外，校知联会还与松阳县知联会协同共建松阳县实验集团学校。

【承办2014年海外华裔青少年“中国寻根之旅”夏令营】 7月15日上午，由国务院侨办和浙江省侨办主办，丽水市人民政府外侨办和丽水学院共同承办的“2014年海外华裔青少年‘中国寻根之旅’夏令营浙江营-丽水分营”在丽水学院开营。丽水市政协副主席、丽水学院校长助理金爱武代表丽水市人民政府和丽水学院向全体营员致欢迎辞，市政府外侨办主任潘志强、市教育局局长叶伯军出席了开营仪式并讲话。参加本次华裔青少年“中国寻根之旅”夏令营活动的营员包括来自世界13个国家的62位祖籍地为丽水的海外华裔青少年和市教育局选拔的18位本市优秀中学生代表，为期15天。

【荣膺全国民族团结进步模范集体】 9月28至29日，在北京举行的中央民族工作会议暨国务院第六次全国民族团结进步表彰大会上，丽水学院教师教育学院被授予“全国民族团结进步模范集体”称号，该院常年致力于民族工作的研究，积极弘扬和传承民族传统文化，成为浙江省唯一获此荣誉的高校。

【学校教师获立全国民族教育研究课题等】 学校教师蓝希瑜博士申报的一般项目《东部发达地区地方高校民族团结教育的实效性研究——以丽水学院为中心的考察》喜获立项，资助经费10万。吴涤教师撰写的《凤凰大音——浙西南活态畲族礼俗音乐艺术研究》和《水墨畲影——浙江省畲族音乐元素钢琴作品集》在上海音乐出版社发行。

【民进会员书法作品入选第三届中国书坛兰亭双年展】 6月16日，由中国书法家协会指导，浙江省委宣传部、浙江省文联和绍兴市人民政府共同主办的第三届中国书坛兰亭双年展在绍兴展出。本校民进会员王泽玖老师所创作的行书条幅作品在“第三届中国书坛兰亭双年展·五体书大展”中展出，并被兰亭书法博物馆收藏。

【金晓峰荣获2014年度浙江省“知联行业之星”荣誉称号】 在全省无党派人士、党外知识分子坚持和发展中国特色社会主义学习实践活动先进集体和先进个人评选表彰活动中，校知联会会长金晓峰教授荣获浙江省知联会2014年度浙江省“知联行业之星”荣誉称号。（蓝昌裕）

宁波工程学院党委统战部

【综述】 宁波工程学院是由宁波市政府举办的全日制普通本科院校，1983年创建，2004年升格为本科院校。学院占地面积约1584亩，分为翠柏校区、风华校区和杭州湾校区。现有12个二级学院，39个本科专业；教职工1094人，其中专任教师769人，教授73人，副高级职称教师244人，具有博士学位的教师281人；在校全日制学生13296人；教学科研仪器设备总值超过2.2亿元，馆藏纸质图书133万余册。

学校以应用开发型高级技术人才为培养目标，积极探索“知行合一，双核协同”的人才培养模式。现有省级重点学科6个，市级重点学科5个，国家级工程实践教育中心2个，市级重点实验室和工程中心5个；国家级特色专业1个，省级重点建设专业4个，省级优势专业2个，省实验教学示范中心5个，市级重点建设专业4个，市品牌专业2个，市特色专业4个，市级服务型教育重点专业群2个。

宁波工程学院现有民盟、民建、民进、农工党、九三学社等5个民主党派的成员，其中民盟、民进、农工党、九三学社均设立了支部，民主党派成员共计84人。设有无党派知识分子联谊会、留学人员联谊会和少数民族联谊会3个统战团体，人数分别为52人、105人、17人。中层干部中党外人士19人，占干部总数的15.97%。各级人大代表、政协委员15人。各民主党派和统战团体成员积极发挥智力优势，为宁波经济社会发展和学院改革发展做出了积极贡献。

【搭建交流平台，提升党外人士参政议政能力】 3月19日，召开民主党派和党外代表人士座谈会，来自民盟、民建、民进、农工党、九三学社及无党派知识分子联谊会、留学人员联谊会、少数民族联谊会的26名代表参加座谈，各位代表就学校学科建设、人才引进、思想宣传、民主党派和统战团体自身建设等工作提出了宝贵的建议和意见。3月25日，宁波市海曙区政协主席王黎明赴宁波工程学院交流，亲切慰问了宁波市海曙区第四届政协常委、校社科部副主任陈洪波，对其参政议政能力给予了高度评价。4月15日，宁波市政协副主席、九三学社宁波市委会主委郑瑜看望慰问宁波工程学院市政协委员李旦伟、聂利亚、唐新贵和崔剑。委员们结合界别特色，围绕北高教园区治安、政协提案信息系统、教育国际交流试验区税收制度、政协民主监督机制、青少年课外科技教育等问题提出了意见和建议。

【加强对外合作，服务地方经济社会发展】 4月10日，宁波工程学院知联会与宁波市海曙区知联会举行结对共建仪式，双方就大学生专业实习基地建设、大学生进社区志愿服务项目等达成合作意向，签署了结对共建合作框架协议。宁波市海曙区知联会向该校捐赠5万元。该校知联会与奉化市知联会结对，进一步拓展合作内容，增加合作项目。5月17日，组织毕业生参加“新联会走进江东”人才专场招聘会，为毕业生就业提供平台，服务宁波经济社会发展。5月23日，该校民盟支部成为民盟宁波市（北高教园区）教授议事会成员单位之一，对外交流合作渠道进一步拓宽。11月28日，该校知联会16人赴杭州与桐庐县委统战部，就高校服务地方、新农村建设等方面进行了对接交流，为进一步合作共建打下坚实基础。12月24日，该校知联会在全市校地知联会合作共建推进会上作典型交流发言，主动对接、互动对接、联动对接模式受到大会一致认可。学校统战部指导支持各民主党派和统战团体开展调研活动，各民主党派和统战团体先后赴奉化、金华、宁海等地开展社会调研活动，为地方经济社会发展建言献策。

【扩大统战领域，加强民主党派和统战团体自身建设】 支持和帮助各民主党派和统战团体加强自身建设。9月26日，农工党宁波工程学院支部成立，聂利亚任支部主任，陈吉彦任支部委员。同时，该校民进支部被民进宁波市委会评为2014年度良好支部。该校积极充实和扩大民主党派和统战团体队伍，推荐高层次青年教师加入民主党派和统战团体，人文学院白金龙加入民盟，国交学院黄淮青、电信学院刘良旭加入农工党，机械学院易新华加入民建，材料学院郑强和蒋志强、人文学院陈远洋、机械学院樊红朝加入九三学社。统战团体发展迅速，知联会成员已逾50人，留联会成员已逾100人。

11月18日，宁波职业技术学院、浙江纺织职业技术学院和该校知联会开展交流活动，三方就知联会自身建设和服务学校科学发展等交流了经验和做法，为进一步加强自身建设提供了借鉴，为深化在甬高校知联会间的交流合作奠定了基础。

【加强培训研究，提高党外人士工作水平】 注重民主党派和统战人士培养工作，积极配合上级部门开展教育培训选送工作。5月，选派周军、徐雪波参加九三学社宁波市委会新社员培训班；12月，选送杨致、肖勋文参加省委教育工作高校党外后备干部培训，不断提升党外人士的素质和能力。充分发挥统战人士智力优势，积极组织开展理论调研，陈洪波的《统一战线助推“五水共治”工作的有效途径与对策研究》获2014年度宁波市统一战线理论政策研究招标课题立项并顺利结题，研究成果受到市委统战部认可。 （戴颖颖）

5. 科研院所、国有企业统战工作机构

浙江省农业科学院党群办公室

【综述】 浙江省农业科学院是省政府直属的全省最大的综合性农业科研机构，现有民革、民盟、民进、农工党、致公党、九三学社等6个民主党派组织和院知联会，其中农工党、九三学社在该院设有支部和支社。截至2014年底，共有民主党派成员137人，其中农工民主党党员45人、九三学社社员81人；有知联会理事45人，党外的省、市、区各级人大代表和政协委员5人。统战工作坚持围绕中心、服务大局，认真贯彻全国、全省统战工作会议精神，落实院统战工作八项制度，积极发挥好党外人士在推进院改革发展、科技创新和服务浙江“三农”、建言献策中的作用；关心党外干部、党外代表人士队伍建设，支持民主党派、知联会加强组织建设，加强归国留学人员的联络工作，团结凝聚全院党外知识分子的智慧和力量，为省农科院科技创新发展和浙江现代农业、“五水共治”及美丽乡村建设作出新贡献。

【加强思想政治建设】 形式多样组织党外知识分子学习党的十八届三中、四中全会和习近平总书记系列重要讲话精神，深入开展坚持和发展中国特色社会主义学习实践活动，加强以中国梦为主题的中国特色社会主义宣传教育；组织党外干部参加院党委中心组理论学习、所处级干部学习培训，支持党派成员参加上级民主党派组织举办的各类学习培训、工作交流、读书会等，提高党外人士的思想政治素质和履职能力。支持院民主党派组织和知联会积极开展以科技下乡、结对共建、扶贫帮困等为主题的同心实践活动，引导党外知识分子树立和践行“同心”思想，为党的“三农”事业服务。

【发挥党外专家在科技创新、科技兴农中的重要作用】 鼓励党外科技人员发挥专业优势，立足本职岗位创先争优，在科技创新、服务“三农”的事业中建功立业。2014年，由党外成员主持或主要完成的5项科技成果获得省科学技术奖励，其中省科学技术奖二等奖4项、三等奖1项；培育的绍兴麻鸭、“浙粳88”等一批品种被列为农业部、浙江省农业主导品种；易可可入选“国家百千万人才工程”和

"国家创新人才推进计划"，徐子伟荣获2014年度何梁何利基金"科学与技术创新奖"，郜海燕入选第四批"浙江省特级专家"，张小明获国务院特殊津贴。九三学社农科院支社积极服务"五水共治"，在苍南县设立了"浙江省农科院五水共治工程技术研究中心苍南分中心"，被九三学社省委确定为"省直基层和县级组织结对共建活动示范基地"；农工党党员吕晓男主持研发的瑞安马屿智慧农业系统在全省农业"两区"建设现场会上得到较高评价。

【支持党外人士参政议政、开展建言献策活动】 围绕"浙江需求、全国一流"目标和院改革发展、重点工作推进，广泛听取党外人士的意见建议，引导党外人士开展调查研究、民主监督和各类献计献策活动。支持党外人大代表、政协委员参与各种社情民意、专题考察调研和参政议政、协商座谈、科技下乡等活动，为浙江省"五水共治"、美丽乡村建设和"三农"事业发展建言献策。2014年，省农科院党外人大代表和政协委员共提交各类提案建议6件，省政协委员吕晓男被评为2013－2014年履职优秀政协委员；农工党党员戚行江、九三学社社员吕仲贤被聘为浙江省人民检察院第六届特约检察员；九三学社农科院支社与省医科院支社合作完成九三学社省委参政议政课题"省属公益类科研院所体制机制改革面临的问题与对策建议"。

【关心党外干部和党外人士队伍建设】 认真贯彻落实中发4号文件及省委实施意见精神，重视加强与党外干部的合作共事，全力支持党外干部履行职责、开展工作；落实党委成员联系党外人士制度，加强与党外人士的联系沟通，关心党外干部的成长和进步，有计划选送党外后备干部参加上级统战部门、社会主义学院举办的学习培训和实践锻炼活动，推进省农科院党外人士队伍建设。2014年，学院2名党外人士分别参加九三学社中央中青年社员培训班和省委党校中青年干部培训班。

【支持民主党派、知联会加强组织建设】 坚持一年一次听取民主党派、知联会工作制度，加强工作联系指导，支持他们积极开展组织活动、学习联谊、工作交流等，提高组织的凝聚力、战斗力；组织召开院知联会常务理事会议，增补1位党外专家担任院知联会副会长，吸收新理事8名，学院知联会组织建设得到加强；加强归国留学人员的联络工作，支持院欧美同学分会开展活动，不断创新服务载体，并为院各民主党派和知联会开展工作提供必要的经费保障，打造统战工作品牌。2014年，学院农工党支部荣获2013－2014年省直"先进支部"称号，九三学社支社被九三学社省委会授予"2009－2013年度先进基层组织"、"2012－2013年度全省社会服务工作先进集体"称号，院知联会荣获"浙江省优秀知联会"称号。

【该院九三学社支社积极服务"五水共治"】 该院九三学社支社发挥科技和人才智力优势，积极与九三学社学社苍南县委会开展基层组织结对共建活动，服务全省"五水共治"。2014年5月15日至16日，九三学社社员、学院环境资源与土壤肥料研究所副所长沈阿林研究员带领部分社员专家赴苍南县开展"五水共治"专题调研与科技服务，调研组一行实地走访了该县岱岭、马站、金乡、宜山等6个乡镇，重点就农村生活污水治理、小流域水环境保护、养殖废水和工业废水深度处理、河湖水体生态修复等进行了考察，深入了解水污染治理和水资源保护情况；在此基础上，调研组成员在苍南县行政中心报告厅举行了"五水共治、科学治水"专题报告会，为县四套班子领导和全县干部系统讲授了农村面源污染治理、饮用水源保护、河道水环境治理技术、农村生活污水处理技术等科学知识，并为苍南县"五水共治"提出了技术建议。8月18日，省农科院农村"五水共治"工程技术研究中心苍南分中心挂牌成立，该中心是省农科院九三学社支社与九三学社苍南县委结对共建活动示范基地，中心以专家平台决策、科技项目协同攻关、示范工程样板建设、"五水共治”队伍提升为主要内容，开展合作交流、加强技术创新和成果转化。另外，还组织专家社员编写了“五水共治”《科技成果汇编》，为全省治水各级管理部门、企业和群众提供先进实用的技术借鉴；1位社员下派到嘉兴市“五水共治”办挂职，依托全院的科技力量，为嘉兴“五水共治”、农村面源污染控制提供科技服务。（韩常灿）

杭州钢铁集团公司党委统战部

【综述】 2014年，杭钢集团的统战工作在集团公司党委的领导下，广泛开展政策形势任务宣传，并深入学习宣传贯彻党的十八届三中、四中全会和习近平总书记系列重要讲话精神，全面贯彻落实上级统战工作会议精神，紧扣集团公司的经济和发展目标，统一思想和行动。继续引导统战成员围绕深化改革创新、加快转型升级、提升经济效益，立足自身特点，潜心钻研业务，发挥专业优势，争创一流业绩。继续支持民主党派基层组织建设，重点支持民主党派发展优秀人才，为集团公司加快发展贡献智慧和力量。

【以主题教育为主线，夯实共同奋斗的思想政治基础】 把深入学习贯彻党的十八届三中、四中全会和习近平总书记系列重要讲话精神作为贯穿全年统战工作的重大政治任务，并结合集团公司以“强信心、尽责任、重实干、看绩效”为主题的形势任务教育，开展了“争当好员工、奉献中国梦”主题征文活动，继续加强社会主义核心价值观和杭钢核心价值体系的宣传践行。深化寻找身边“最美杭钢人”活动，组织各单位推荐各条战线上的最美人物，报纸开设“杭钢文化之最美故事”专栏，连载案例故事。营造热烈庆祝建国65周年的喜庆氛围，组织开展国庆祝福语征集活动，进一步深化“中国梦·强企梦”的宣传教育。通过发放《杭钢》杂志、《学习与宣传》小册子、《杭钢报》等学习资料，运用各种形式载体，引导广大统战成员增强道路自信、理论自信、制度自信，自觉将思想和行动统一到集团公司的决策部署、改革举措、目标任务上来，坚定全面深化改革的决心，进一步巩固应对挑战、团结奋斗的共同思想政治基础。

组织召开集团公司民主党派座谈会、党风廉政建设情况通报会，民主党派成员列席集团公司职代会，加强集团公司党委与民主党派之间的沟通，畅通信息渠道，增进共识。同时，积极支持民主党派成员参加上级组织举办的各类学习培训、研讨班、读书会等。如3月31日至4月3日，民盟杭钢支部的主委参加了省委会和省社会主义学院联合举办的“民盟省直基层盟务骨干专题研讨班”，并赴衢州江山参加全省盟员之家经验交流会；农工党杭钢支部的委员在省社会主义学院学习期间，不仅自己认真学、认真记，还将一系列内容通过微信和QQ传达给每个党员，统一思想，共同提高认识，增强政治责任感。

【以爱岗敬业为根本，积极服务企业的中心工作】 聚焦集团公司的中心工作，紧紧围绕深化改革创新、加快转型升级、提升经济效益，凝心聚力，多作贡献。各单位根据统战成员分布在生产、科研、经营和管理等不同岗位上的特点，将传统的QC攻关、“五小”、总结先进操作法、提合理化建议、技能比武、劳动竞赛等经济技术创新活动有机融合起来，借助高技能人才创新工作室平台，发挥团队创新优势，确立工艺改进、质量提升、新产品开发、技能提升等攻关项目。如钢铁业的转炉厂确立专题攻关项目31个，完成16个；提合理化建议和创新创效项目336条，党外知识分子、专业技术人员积极参与其中。维检中心努力把精益、经济理念转化为创新创造行动，不断拓展思路，通过组织技术攻关，经实践应用后研发的两项技术成果《电机模拟工况试车装置》、《一种带压或低压容器的补漏装置》都获得了国家实用新型专利。技术中心（质量处）党外知识分子积极参与集团公司十大攻关项目并取得理想的阶段性成果，参与钢铁业在研新产品项目147项，为新产品开发量产提前两个月完成年度任务做出贡献。

非钢产业的工业设计研究院，民主党派和党外知识分子人员分别从事建筑结构、电气自动化、给排水、暖通空调等专业，基本涵盖了整个设计院主要专业，在全院的一些重大设计工作中起到了主力军的作用，并在省部级优秀设计奖评选中获奖。富春紫光环保公司党外专业技术人员在推进瑞安 BT 项目工程建设、象山和孟州公司攻关工作、良渚彩虹河水体修复项目、三门除臭项目技术开发、永嘉污泥项目开发和建设等工作中都发挥了重要作用。冶金研究院在职党外知识分子约 50 人，中级以上党外知识分子 20 人，4 人担任部门负责人（或副职），有约 30 人承担着各级各类课题或研发项目，同时加强人才培养，已建立钎焊材料、新型催化材料、电真空材料等三个主要研究领域创新团队，优化了人才结构，提升了企业整体研发水平和创新能力。

农工党党员叶国良的“生化工艺改造与成效”合理化建议获焦化厂一等奖。农工党支部委员徐斌的《高压变频器在炼钢除尘风机上的应用》论文在《浙江冶金》杂志 2014 年第 4 期上发表。民盟支部委员、杭钢医院大内科主任、副主任医师李爱珍被授予“集团公司劳动模范”称号。

【以支部工作为抓手，在丰富多彩的组织生活中开阔视野】

杭钢集团党委重视发挥民主党派基层组织作用，支持民主党派各支部开展工作。坚持加强联络沟通，为各支部推荐发展对象，联合进行考察，帮助他们把好成员发展质量关，2014 年农工党组织吸收了 1 名新党员。民主党派各支部始终把加强思想政治工作作为工作的灵魂和向导，牢固树立思想政治工作的主导地位。如农工党杭钢支部的党员，不仅积极参加省直组织的各种形势报告会，及时了解农工党各个时期的工作要求和工作重点，而且以专题学习为重点，认真学习全国“两会”和省“两会”的主要内容、中共中央十八届四中全会精神等，紧密结合国家政治生活中发生的大事，组织党员学习讨论，在学习和发言中相互启发。

各支部丰富活动内容，创新活动形式，采取“走出去，请进来”的办法，先后多次与其他支部联合活动。每次活动主题鲜明，形成在活动中服务、在服务中调研、在调研中提升的良好氛围，党员、盟员、社员参与活动的积极性明显增强。如 6 月 7 日，由农工党杭钢支部发起，省直八个支部联合开展了杭钢工业游——“钢铁是怎样炼成的”体验活动，并相互切磋交流体会；11 月 7 日，又与省直五个支部一起参观考察了省农科院海宁杨渡科研创新基地，进行了工作交流及联谊活动。民盟杭钢支部的盟员年初参加了省直联三总支的迎新座谈会，会上各支部盟员相互交流，增进友谊。民盟一直以来就有着“尊老爱老”的优良传统，老年盟员们虽然退休了，但依然关心着民盟事业的发展。5 月 28 日，民盟支部专门为 65 周岁以上的老盟员组织了一次座谈会，认真听取他们对支部工作的意见和建议；6 月 6 日，又单独组织退休盟员到富阳“黄公望纪念馆”参观。

特色支部做好、做实、做久成为新常态。如农工党杭钢支部继续将“健康养生特色支部”的活动延续下去，继上年健康养生大课堂第六讲之后，又分别邀请了中国营养学会理事、浙江省营养学会副理事长兼秘书长、浙江大学医学部公共卫生学院华金中教授主讲“吃的学问”和省农科院种植专家程建微博士主讲“柑橘和葡萄的种类与选购方法”两场讲座。同时，在品牌打造上力求更大影响，分别邀请省直多个支部一同体验和分享“特色支部”的健康养生大课堂，精彩的演讲和现场健康答疑，博得了大家一致好评。

继续开展坚持和发展中国特色社会主义学习实践活动，进一步提升民主党派成员走向社会，服务社会。如农工党杭钢支部的多名党员多次参加由集团公司组织的到松阳、庆源、景宁等贫困地区进行医疗义诊咨询等送温暖活动。3 月 22 日和 23 日，民盟支部的部分盟员参加了赴开化县张湾乡开展美丽乡村建设、农村基层医疗卫生建设专题调研、送医下乡和社会服务活动等。

农工党杭钢支部副主委蔡国云被农工党省委会评为“2013 –

2014 年度省直优秀党务工作者”；民盟杭钢支部委员李爱珍被民盟省委会评为“2013－2014 年度省直先进盟员”。（缪　英）

巨化集团公司党委统战部

【综述】 2014 年，巨化集团公司统战系统认真学习贯彻党的十八届三中、四中全会、全省统战部长会议精神，以战略为导向，以发展为主线，以变革为动力，以“同心”聚智、聚才、聚力，发动全公司广大统战人士深入推进“爱企业、献良策、作贡献”主题实践活动，加强民主党派基层组织建设的指导，帮助统战群众团体开展工作，组织省市政协委员积极建言献策、开展民主监督，为公司的转型升级、创新发展作出了新的贡献。公司的统战课题“发挥统战协商民主作用 促进国有企业科学发展”被评为 2014 年度全省统战工作实践创新成果。

广大统战人士不仅是企业转型升级、创新发展的生力军，也是美丽和谐社会建设的重要力量，在服务大局、理论研究、工作特色、自身建设方面都取得明显成效。

【认真学习贯彻党的十八届三中、四中全会与全省统战部长会议精神 夯实统一战线的共同思想基础】 公司统战部组织各民主党派、统战团体负责人认真学习贯彻党的十八届三中、四中全会精神，学习习近平总书记系列讲话精神，进一步增强理论自信、道路自信与制度自信。同时指导巨化集团各民主党派、“三胞”眷属联谊会、少数民族联谊会、留学生和家属联谊会与党外知识分子联谊会贯彻公司理论中心组学习会议的精神，不断巩固“同心”理念，自觉将统一战线工作和统一战线人士的思想与行动统一到中央政策和部署上来，统一到公司新一轮整合创新、争创一流企业的目标上来。

【发挥政协委员参政议政职能】 2013 年年底，公司筹划组织巨化政协委员积极开展省市政协提案收集，并于 2014 年 1 月初召开省市政协提案准备会，就收集梳理后的提案进行分工布置落实。组织巨化集团政协委员小组成员参加市六届四次政协全会，全会期间，提交 2 个集体提案、34 个人提案，较好地履行了委员的职责。组织调研并提交《再造循环产业链模式 助力循环经济发展》报告，并在 19 次常委会上作大会发言交流。公司统战部对 21 名巨化政协委员 2014 年度的履职情况进行考核并奖励。组织政协委员赴衢江区跨区域视察。组织召开政协主席约谈会。做好市政协委员调整工作，协商产生新委员 1 名。

【开展“爱企业、献良策、作贡献”主题实践活动】 2014 年初公司统战部就对本年度的统战主题活动进行了认真部署，引导统战人士培养健康的职业情操和专业素养，建立起安全、可靠、持续、值得信赖的行为模式，练好内功、提升能力，为打造一流员工队伍而率先垂范。各单位按照公司的要求制订计划，组织细化落实。全年来公司广大统战人士立足岗位、积极奉献，发挥自身优势，通过提出合理化建议、科技攻关、课题调研、小改小革、劳动竞赛等形式，努力工作，取得了较好的成效，全年共为公司创造经济效益 4825.86 万元。

【关心、指导巨化各民主党派和统战团体开展工作】 帮助民主党派发展组织成员。公司党委统战部组织巨化各民主党派负责人学习上级会议精神，促进民主党派的思想建设与组织建设，并就具体工作进行沟通协商。参加留联会、少数民族联谊会、“三胞”眷属理事会，学习贯彻十八届四中全会、公司党委理论中心组会议精神，指导联谊会具体工作。指导帮助完成巨化民建总支的主委、副主委及其他骨干成员的届中调整。帮助完成省台联、市留联会换届理事代表的推荐工作。组织统战联谊团与市总工会广场联合演出，组织统战联谊团开展文艺进社区活动及统战联谊团会员活动。关心巨化职工参加穆斯林开斋节活动。向衢化街道推荐“同心联谊会”人选名单。为巨化民主党派基层负责人、政协委员、统战团体骨干征订《人民日报》、《联谊报》、《钱江侨音》等报刊，定期通报公司近期情况等，为他们建言献策提供基础。民进巨化总支负责人代表巨化民主党派基层组织在公司劳模先进团拜会上发言。积极推进落实巨化集团退休台籍同胞生活补贴政策。

【开展统战联络联谊　服务社会公益】 公司在开展“走进基层、助推发展”活动的同时鼓励委员个人利用自身优势，开展进基层参与服务社会公益活动。积极开展统战人士联络联谊活动。组织开展2014年统战人士中秋联谊活动，2014年全公司春节慰问重点统战人士224人。做好省台盟专职副主委、省政协副秘书长陈清林、公司领导元旦慰问巨化台胞工作，公司统战部对春节期间回巨化集团的统战人士进行重点走访慰问。进一步做好统战联络联谊、引资引智工作。邀请了法国毛博思博士、陈勇博士进行技术交流座谈、专题授课。

组织政协委员开展“三下乡”服务社会活动。为贯彻落实衢州市政协关于开展“走进基层助推发展”活动，公司积极组织市政协委员深入基层，收集社情民意，服务基层群众。2014年5月23日，公司组织60余名统战人士赴金村开展“送医疗、送书画、送文艺”活动，受到了村民群众的热烈欢迎。9月12日，公司组织统战人士赴已经结对13个年头的衢江区太真乡中心小学，开展结对助学活动。市衢州日报记者专门对巨化统战人士开展结对助学21年的坚持进行了专题报道。（王　芳）

浙江省各级党委分管统战工作负责人

·省级·

王辉忠　浙江省委副书记

·杭州市·

王金财*　杭州市委副书记、政法委书记，杭州市人大常委会党组书记（2014 年 4 月前）

杨戎标　杭州市委副书记（2014 年 4 月后）

袁建祥　杭州市上城区委副书记

杨国琴　杭州市下城区委副书记、政法委书记

蔡建云　杭州市江干区委副书记

周志辉　杭州市拱墅区委副书记、政法委书记

马杭军*　杭州市西湖区委副书记、政法委书记（2014 年 11 月免）

夏积亮　杭州市西湖区委副书记、政法委书记（2014 年 11 月任）

俞少平　杭州市高新（滨江）区委副书记

许岳荣*　杭州市萧山区委副书记（2014 年 12 月免）

裘　超　杭州市萧山区委副书记（2014 年 12 月任）

沈　昱　杭州市余杭区委副书记

吴玉凤*（女）桐庐县委副书记（2014 年 8 月免）

骆安全　桐庐县委副书记（2014 年 8 月任）

钱美仙*（女）淳安县委副书记（2014 年 8 月免）

余力行　淳安县委副书记（2014 年 8 月任）

沈　翔*　建德市委副书记（2014 年 12 月免）

周徐胤　建德市委副书记（2014 年 12 月任）

华德法*　富阳市委副书记（2014 年 7 月免）

吴玉凤（女）富阳市委副书记（2014 年 7 月任）

柴世民*　临安市委副书记（2014 年 1 月免）

李文钢　临安市委副书记（2014 年 3 月任）

·宁波市·

余红艺（女）宁波市委副书记
毕东华　　　宁波市海曙区委副书记
杨慧芳（女）宁波市江东区委副书记
郑进达　　　宁波市江北区委副书记
顾国芳　　　宁波市镇海区委副书记
邬志刚　　　宁波市北仑区委副书记
毛春阳　　　宁波市鄞州区委副书记
诸晓蓓（女）余姚市委副书记
孙百南　　　慈溪市委副书记
卓厚佳　　　奉化市委副书记
褚孟形　　　宁海县委副书记
林　坚　　　象山县委副书记

·温州市·

陈作荣*　　温州市委常委、市委统战部部长（常委负责制）（2014年1月前）
陈　浩　　　温州市委常委、副市长、市委统战部部长（常委负责制）（2014年1月后）
胡慧雷　　　温州市鹿城区委常委、区委统战部部长（常委负责制）
池晓荣　　　温州市龙湾区委常委、区委统战部部长（常委负责制）
叶　军　　　温州市瓯海区委常委、区委统战部部长（常委负责制）
杨茂富　　　乐清市委常委、市委统战部部长（常委负责制）
陈世尧　　　瑞安市委常委、市委统战部部长（常委负责制）
姜景峰*　　永嘉县委副书记
胡宝锋　　　永嘉县委常委、县委统战部部长（常委负责制）
林　琼（女）洞头县委副书记
谢逢越　　　文成县委副书记
陈永光　　　平阳县委副书记
胡晓东　　　泰顺县委副书记
胡长虹　　　苍南县委常委、县委统战部部长（常委负责制）

·湖州市·

崔凤军　　　湖州市委常委、市委统战部部长（常委负责制）
方　杰*　　湖州市吴兴区委副书记
陈　江　　　湖州市吴兴区委副书记
王琴英*（女）湖州市南浔区委副书记
许学锋　　　湖州市南浔区委副书记
杨明连　　　德清县委常委、县委统战部部长（常委负责制）
何文全　　　长兴县委常委、县委统战部部长（常委负责制）
陆为民　　　安吉县委副书记

·嘉兴市·

高玲慧*（女）嘉兴市委副书记
胡海峰　　　嘉兴市委副书记
赵建峰　　　嘉兴市南湖区委副书记
徐建役　　　嘉兴市秀洲区委副书记
滕根林　　　嘉善县委副书记
姚田宝（女）平湖市委常委、市委统战部部长（常委负责制）
蔡志昌*　　海盐县委副书记（2014年12月免）
黄江莺（女）海盐县委副书记（2014年12月任）
周红霞（女）海宁市委副书记
潘家春　　　桐乡市委常委、市委统战部部长（常委负责制）

·绍兴市·

尹永杰　　　绍兴市委副书记
金泉海　　　绍兴市越城区委副书记
马芳妹（女）绍兴市柯桥区委副书记
陈　坚　　　绍兴市上虞区委副书记
华　珺（女）诸暨市委常委、市委统战部部长（常委负责制）
陶关锋　　　嵊州市委副书记
王浩萍（女）新昌县委副书记

·金华市·

陶诚华　　　金华市委副书记

傅显明　　金华市婺城区委副书记
陈峰齐　　金华市金东区委副书记
蔡　艳（女）兰溪市委副书记
申屠福华　东阳市委副书记
斯建民　　义乌市委副书记
蒋金红　　永康市委副书记
丁　政　　浦江县委副书记
何俊有　　武义县委副书记
陈国标　　磐安县委副书记

·衢州市·

江汛波　　衢州市委副书记
张晓峰　　衢州市柯城区委副书记
秦财华　　衢州市衢江区委常委、区委统战部部长（常委负责制）
徐利水　　龙游县委副书记
王　旭　　江山市委常委、市委统战部部长（常委负责制）
方　法　　常山县委副书记
黄志平*　开化县委常委、县委统战部部长（常委负责制）

·舟山市·

忻海平　　舟山市委常委、市委统战部部长（常委负责制）
林伟康　　舟山市定海区委常委、区委统战部部长（常委负责制）
俞连军　　舟山市普陀区委副书记
沈兆幸　　岱山县委常委、县委统战部部长（常委负责制）
狄承勇　　嵊泗县委副书记

·台州市·

葛益平　　台州市委副书记
孙尚权　　台州市椒江区委常委、区委统战部部长（常委负责制）
卢良芳　　台州市黄岩区委常委、区委统战部部长（常委负责制）
潘建华　　台州市路桥区委副书记
陈　敏　　临海市委常委、市委统战部部长（常委负责制）
陈玲萍（女）温岭市委常委、市委统战部部长（常委负责制）
陈明迪　　玉环县委常委、县委统战部部长（常委负责制）
施亚东　　天台县委常委、县委统战部部长（常委负责制）
刘中华　　仙居县委副书记
潘崇敏　　三门县委副书记、政法委书记

·丽水市·

廖思红（女）丽水市委常委、市委统战部部长（常委负责制）
朱超模　　丽水市莲都区委常委、区委统战部部长（常委负责制）
蒋世懿　　龙泉市委副书记
吴飞飞（女）青田县委常委、县委统战部部长（常委负责制）
王新荣*　云和县委副书记、政法委书记
彭招平　　云和县委常委、县委统战部部长（常委负责制，2014年12月任）
吴灌红（女）庆元县委常委、县委统战部部长（常委负责制）
潜春红　　缙云县委常委、县委统战部部长（常委负责制）
上官国明　遂昌县委副书记、政法委书记
蒋璟璟*（女）松阳县委常委、县委统战部部长（常委负责制，2014年11月免）
留　洁（女）松阳县委常委、县委统战部部长（常委负责制，2014年12月任）
蓝小明*　景宁畲族自治县委常委、县委统战部部长（常委负责制，2014年12月免）

·高校、科研院所、有关企业统战部·

邹晓东　　浙江大学党委副书记
胡钟华　　中国美术学院党委副书记
何智蕴　　浙江工业大学党委副书记
张先亮　　浙江师范大学党委副书记

唐绍祥　宁波大学党委副书记
金瑾如（女）浙江理工大学党委副书记
陈畴镛　杭州电子科技大学党委副书记
王兴杰　浙江工商大学党委副书记
徐涌金　中国计量学院党委副书记
熊耀康*　浙江中医药大学党委副书记（2014年6月免）
陈　刚　浙江中医药大学党委副书记（2014年6月任）
黄建钢　浙江海洋学院党委副书记
方　伟　浙江农林大学党委副书记
陈肖鸣　温州医科大学党委副书记
朱永康　浙江财经大学党委副书记
陈根芳*　浙江科技学院党委副书记（2014年11月3日免）
王文科　浙江传媒学院党委副书记
吕延勤　嘉兴学院党委副书记
侯　宇　浙江广播电视大学党委副书记
骆伯巍　浙江外国语学院党委副书记
蒋建军　浙江万里学院党委副书记
毛雪非*（女）浙江树人大学党委书记（2014年7月免）
章　清　浙江树人大学党委书记（2014年8月任）
黎青平　杭州师范大学党委副书记
林娟娟（女）温州大学党委副书记
吴茶香（女）衢州学院党委副书记、工会主席（兼）
钱水祥　绍兴文理学院党委副书记
周家健*　湖州师范学院党委副书记（2014年2月免）
杨　柳　湖州师范学院党委副书记（2014年2月任）
金则新　台州学院党委副书记
潘丽萍*（女）丽水学院党委委员、院长助理（2014年8月免）
胡雄光　丽水学院党委副书记（2014年8月任）
陈方猛　宁波工程学院党委副书记
游霖雄　浙江省农业科学院党委委员、纪委书记
任海杭　杭州钢铁集团公司党委副书记
吴宪钢　巨化集团公司党委副书记

（名录收录截至2014年底，带*为2014年内不再担任该职务，下同。）

浙江省委统战部领导

孙文友　省政协副主席、省委统战部部长
金长征（女）省委统战部常务副部长
杨仁争*　省委统战部副部长
汤为平*（女）省委统战部副部长、省政协港澳台侨和外事委员会主任
蒋学基　省委统战部副部长，省社院常务副院长、党组书记，省委党校副校长
吴振宇　省委统战部副部长
冯志礼　省委统战部副部长，省民宗委主任、党组书记
楼炳文　省委统战部副部长
李剑飞　省委统战部副部长，省工商联常务副主席、党组书记，省委“两新”工委副书记

浙江省民族宗教事务委员会领导班子

冯志礼　省委统战部副部长，省民宗委主任、党组书记
吴彩星　省民宗委副主任、党组副书记
倪忠扬　省民宗委副主任、党组成员
陈振华　省民宗委副主任、党组成员
莫幸福　省民宗委副主任、党组成员
倪卫东　省民宗委党组成员，省委统战部民宗处处长

浙江省社会主义学院领导班子

姒健敏　省人大常委会副主任，省社会主义学院院长（兼），九三学社省委会主委
蒋学基　省委统战部副部长，省社会主义学院常务副院长、党组书记，省委党校副校长
赵光育　省社会主义学院副院长（兼）、民进省委会副主委
朱祖德　省社会主义学院副院长（兼）、九三学社省委会副主委
赵向前*　省社会主义学院副院长、党组成员
梁细弟　省社会主义学院副院长
张建明　省社会主义学院副院长、党组成员
张　清　省社会主义学院党组成员、人事处处长

浙江省、市、县（市、区）委统战部部长

·省级·

孙文友　省政协副主席、省委统战部部长

·杭州市·

董建平　杭州市政协副主席、市委统战部部长
金志强　杭州市委统战部常务副部长
杨志刚　杭州市委统战部副部长、市民宗局党组书记
邵根松　杭州市委统战部副部长、市工商联党组书记
徐祖德　杭州市委统战部副部长
袁巧玲（女）杭州市上城区政协副主席、区委统战部部长
周　钢　杭州市下城区政协副主席、区委统战部部长
黄国兴　杭州市江干区政协副主席、区委统战部部长
赵　红　杭州市拱墅区政协副主席、区委统战部部长
章岳定　杭州市西湖区政协副主席、区委统战部部长
余静漪（女）杭州市高新（滨江）区政协副主席、区委统战部部长
沃岳兴　杭州市萧山区委常委、区委统战部部长
沈旭微　杭州市余杭区委常委、区委统战部部长
盛春霞（女）桐庐县委常委、县委统战部部长

胡　敏　淳安县政协副主席、县委统战部部长
吕　勇　建德市政协副主席、市委统战部部长
夏　芬（女）富阳市政协副主席、市委统战部部长
李赛文（女）临安市委常委、市委统战部部长

·宁波市·

胡建岳　宁波市政协副主席、市委统战部部长
谢群华　宁波市委统战部常务副部长
叶剑辉　宁波市委统战部副部长
余海大　宁波市委统战部副部长、市工商联党组书记
张慧珍（女）宁波市委统战部副部长、市民族宗教事务局局长
胡学健　宁波市委统战部副部长
赵剑光　宁波市海曙区政协副主席、区委统战部部长
杨　勇*　宁波市江东区委常委、区委统战部部长（2014 年 12 月前）
徐培荣　宁波市江北区政协副主席、区委统战部部长
胡文安　宁波市镇海区政协副主席、区委统战部部长
袁　侠　宁波市北仑区政协副主席、区委统战部部长
陈国良　宁波市鄞州区政协副主席、区委统战部部长
李森苗　余姚市委常委、市委统战部部长
张建人　慈溪市委常委、市委统战部部长
何剑波　奉化市委常委、市委统战部部长
张水仙（女）宁海县政协副主席、县委统战部部长
黄敏求　象山县委常委、县委统战部部长

·温州市·

陈作荣*　温州市委常委、市委统战部部长（2014 年 1 月前）
陈　浩　温州市委常委、副市长、市委统战部部长（2014 年 1 月后）
许若真（女）温州市委统战部常务副部长
吴高宏*　温州市委统战部副部长
徐永敏　温州市委统战部副部长
童洪兴　温州市委统战部副部长
陈锋进　温州市委统战部副部长、市民宗局局长
陈芳铭　温州市委统战部副部长、市工商联党组书记、市工商联副主席
胡慧雷　温州市鹿城区委常委、区委统战部部长
池晓荣　温州市龙湾区委常委、区委统战部部长
叶　军　温州市瓯海区委常委、区委统战部部长
杨茂富　乐清市委常委、市委统战部部长
陈世尧　瑞安市委常委、市委统战部部长
周星柱*　永嘉县政协副主席、县委统战部部长
胡宝锋　永嘉县委常委、县委统战部部长
张释忠　洞头县政协副主席、县委统战部部长
吴育民　文成县政协副主席、县委统战部部长
姚宗纯　平阳县政协副主席、县委统战部部长
钱克忠　泰顺县政协副主席、县委统战部部长
胡长虹　苍南县委常委、县委统战部部长

·湖州市·

崔凤军　湖州市委常委、市委统战部部长
蒋晓勇　湖州市委统战部常务副部长
沈火江　湖州市委统战部副部长、市民宗局局长
任玉林　湖州市委统战部副部长、市民宗局副局长
孙虎林　湖州市委统战部副部长（兼）、市外侨办主任、党组书记、侨联主席
黄宝根　湖州市委统战部副部长（兼）、市台办主任
王　枫　湖州市委统战部副部长（兼）、市工商联党组书记
王正泉　湖州市吴兴区政协副主席、区委统战部部长

钱玉明　湖州市南浔区政协副主席、区委统战部部长
杨明连　德清县委常委、县委统战部部长
张加强*　长兴县政协副主席、县委统战部部长
何文全　长兴县委常委、县委统战部部长
侯献荣　安吉县政协副主席、县委统战部部长

·嘉兴市·

朱静绮（女）嘉兴市政协副主席、市委统战部部长
张颖杰　嘉兴市委统战部常务副部长
陈兴隆　嘉兴市委统战部副部长、市工商联党委书记
浦金英　嘉兴市委统战部副部长、市侨办主任、市侨联主席
陈国华　嘉兴市委统战部副部长、市民宗局长
冯琪珏　嘉兴市南湖区政协副主席、区委统战部部长
徐文祥　嘉兴市秀洲区政协副主席、区委统战部部长
阎靖华（女）嘉善县政协副主席、县委统战部部长
姚田宝（女）平湖市委常委、市委统战部部长
郑其良　海盐县政协副主席、县委统战部部长
史丹夫　海宁市政协副主席、市委统战部部长
潘家春　桐乡市委常委、市委统战部部长

·绍兴市·

倪善贵　绍兴市政协副主席、绍兴市委统战部部长
柴英龙　绍兴市委统战部副部长、市工商联党组书记
黄文刚　绍兴市委统战部副部长、市民宗局局长
何国梁　绍兴市委统战部副部长
王柏振　绍兴市越城区政协副主席、区委统战部部长
裘江新　绍兴市柯桥区委统战部部长
蒲伟明　绍兴市上虞区政协副主席、区委统战部部长

华　珺（女）诸暨市委常委、市委统战部部长
杨　军　嵊州市政协副主席、市委统战部部长
袁国飞　新昌县政协副主席、县委统战部部长

·金华市·

陶国兴　金华市政协党组成员、市委统战部部长
张志华　金华市委统战部常务副部长
范庆松　金华市委统战部副部长，市工商联党组书记、常务副主席
蓝跃军　金华市委统战部副部长、市侨联主席
樊国斌　金华市委统战部副部长、市民宗局局长
肖志光　金华市委统战部副部长
曹　斌　金华市婺城区政协副主席、区委统战部部长
胡则鸣　金华市金东区政协党组副书记、副主席，区委统战部部长
徐建祥　兰溪市委常委、市委统战部部长
施侍良　东阳市政协副主席、市委统战部部长
傅春明　义乌市委常委、市委统战部部长
王国人　永康市委常委、市委统战部部长
杨文铺　浦江县政协副主席、县委统战部部长
颜时拓　武义县政协副主席、县委统战部部长
杨文秀　磐安县政协副主席、县委统战部部长

·衢州市·

马东泉*　衢州市政协党组副书记、副主席，市委统战部部长
余广宇　衢州市政协副主席、市委统战部部长
曾越河　衢州市委统战部副部长
周建华　衢州市委统战部副部长，市工商联党组书记、副主席
詹兰荣　衢州市委统战部副部长
叶建明　衢州市委统战部副部长、市民宗局局长
郑河江*　衢州市柯城区委常委、区委统战部部长

柴文灯　　衢州市柯城区委常委、区委统战部部长
秦财华　　衢州市衢江区委常委、区委统战部部长
汪　军　　龙游县委常委、县委统战部部长
王　旭　　江山市委常委、市委统战部部长
甘土木　　常山县委常委、县委统战部部长
黄志平*　开化县委常委、县委统战部部长

·舟山市·

忻海平　　舟山市委常委、市委统战部部长
何　伟　　舟山市委统战部常务副部长
邱平海　　舟山市委统战部副部长、市民宗局局长
俞敏明　　舟山市委统战部副部长、市工商联党组书记
徐智忠　　舟山市委统战部副部长、市侨联主席
楼剑涛　　舟山市委统战部副部长（挂职）
林伟康　　舟山市定海区委常委、区委统战部部长
孙德明　　舟山市普陀区政协副主席、区委统战部部长
沈兆幸　　岱山县委常委、县委统战部部长
陈忠祥　　嵊泗县政协副主席、县委统战部部长

·台州市·

周五来*　台州市政协党组副书记、副主席，市委统战部部长（2014年12月免）
周先苗　　台州市政协党组成员、市委统战部部长（2014年12月任）
严灵章　　台州市委统战部常务副部长
卢建宇　　台州市委统战部副部长，市工商联党组书记
柯善辉　　台州市委统战部副部长、市台办主任
姚君明　　台州市委统战部副部长
朱建新　　台州市委统战部副部长、市民宗局局长
孙尚权　　台州市椒江区委常委、区委统战部部长
卢良芳　　台州市黄岩区委常委、区委统战部部长
朱明连（女）台州市路桥区委常委、区委统战部部长
陈　敏　　临海市委常委、市委统战部部长
陈玲萍（女）温岭市委常委、市委统战部部长
陈明迪　　玉环县委常委、县委统战部部长
施亚东　　天台县委常委、县委统战部部长
何善泽　　仙居县委常委、县委统战部部长
刘小中　　三门县政协副主席、县委统战部部长

·丽水市·

廖思红（女）丽水市委常委、市委统战部部长
周正春　　丽水市委统战部常务副部长
张亮明　　丽水市委统战部副部长、市民宗局局长
赵国新*　丽水市委统战部副部长，市工商联党组书记、副会长（2014年8月免）
孙乐明　　丽水市委统战部副部长，市工商联党组书记、副会长（2014年8月任）
朱超模　　丽水市莲都区委常委、区委统战部部长
叶先长　　龙泉市政协副主席、市委统战部部长
吴飞飞（女）青田县委常委、县委统战部部长
彭招平*　云和县政协副主席、县委统战部部长（2014年12月前）
彭招平　　云和县委常委、县委统战部部长（2014年12月后）
吴灌红（女）庆元县委常委、县委统战部部长
潜春红　　缙云县委常委、县委统战部部长
林成高　　遂昌县政协副主席、县委统战部部长
蒋璟璟*（女）松阳县委常委、县委统战部部长（2014年11月免）
留　洁（女）松阳县委常委、县委统战部部长（2014年12月任）
蓝小明*　景宁畲族自治县委常委、县委统战部部长（2014年12月免）

高校、科研院所、企业党委统战部部长

赵文波　浙江大学党委统战部部长
傅巧玲　中国美术学院党委统战部部长
胡　平　浙江工业大学党委统战部部长
邵国平　浙江师范大学党委委员、党委组织（统战）部部长
邹日强　宁波大学党委统战部部长
姚　珺（女）浙江理工大学党委统战部部长
余建森*　杭州电子科技大学党委委员、党委组织（统战）部部长（2014年6月免）
吕金海　杭州电子科技大学党委委员、党委组织（统战）部部长（2014年6月任）
丁一志　浙江工商大学党委统战部部长
陈希武*　中国计量学院党委统战部部长（2014年1月免）
杨　政　中国计量学院党委统战部部长（2014年1月任）
彭建华*　浙江中医药大学党委统战部部长（2014年6月免）
陈　刚　浙江中医药大学党委统战部部长（2014年6月任）
郑能波　浙江海洋学院党委委员、党委组织（统战）部部长
童晓晖　浙江农林大学党委统战部部长
陈肖沫*（女）温州医科大学党委统战部部长（2014年12月免）
陈　慧（女）温州医科大学党委统战部部长（2014年12月任）
钟　平　浙江财经大学党委组织（统战）部部长
李　明*　浙江科技学院党委统战部部长（2014年7月免）
楼少敏　浙江科技学院党委统战部部长（2014年7月任）
叶蒙荻　浙江传媒学院党委委员、党委宣传（统战）部部长
周亚新　嘉兴学院党委统战部部长
卢文辉　浙江广播电视大学党委统战部部长
章建生　浙江外国语学院党委统战部部长
万松钱　浙江万里学院党委统战部部长
张亚珍（女）浙江树人大学党委组织（统战）部部长
方　亮　杭州师范大学党委委员、党委组织（统战）部部长
周青萍（女）温州大学党委统战部部长
邱地海　衢州学院党委委员、党委组织（统战）部部长
胡保卫　绍兴文理学院党委统战部部长
沈建民　湖州师范学院党委委员、党委组织（统战）部部长
邵伟国　台州学院党委统战部部长
李振亮　丽水学院党委统战部部长
张玲玲*（女）宁波工程学院党委统战部部长（2014年8月免）
戴志伟　宁波工程学院党委组织（统战）部部长（2014年8月任）
褚田芬（女）浙江省农业科学院党群办公室主任
方霞蓓（女）杭州钢铁集团公司党委委员、党委宣传（统战）部部长
马立先　巨化集团公司党委统战部部长

浙江省各级人大、政协党外领导干部

·省级·

姒健敏　省人大常委会副主任、省社会主义学院院长、九三学社省委会主委

吴　晶（女）省政协副主席、民革省委会主委

陈小平　省政协副主席、民建省委会主委

蔡秀军　省政协副主席、民进省委会主委

姚　克　省政协副主席、农工党省委会主委

张泽熙　省政协副主席、台盟省委会主委

·杭州市·

叶鉴铭　杭州市政协副主席、民革杭州市委会主委

陈振濂　杭州市人大常委会副主任、民盟杭州市委会主委

赵光育　杭州市政协副主席、民进省委会副主委（兼）、民进杭州市委会主委

朱祖德　杭州市政协副主席、九三学社杭州市委会主委、市社会主义学院院长（兼）

张必来　杭州市政协副主席、市工商联主席（无党派）

韦　云（女）杭州市上城区人大常委会副主任（农工党）

陈小玲（女）杭州市上城区政协副主席（民盟）

鲁　奋（女）杭州市下城区人大常委会副主任、民进杭州市委会副主委（兼）

张红舞（女）杭州市下城区政协副主席（无党派）

洪　明　杭州市江干区人大常委会副主任、民建杭州市委会副主委（兼）

刘秋敏　杭州市江干区政协副主席、九三学社杭州市委会副主委（兼）

洪　嫦（女）杭州市拱墅区人大常委会副主任（无党派）

李玉美（女）杭州市拱墅区政协副主席（九三学社）

卢华英（女）杭州市西湖区人大常委会副主任（民革）

胡志荣　杭州市西湖区政协副主席（民进）

谭敏捷（女）杭州市高新开发（滨江）区人大常委会副主任（民进）

夏福志　杭州市高新开发（滨江）区政协副主席（无党派）

董华恩　杭州市萧山区人大常委会副主任（九三学社）

申屠敏（女）杭州市萧山区政协副主席、民盟萧山区委会主委

屠冬冬　杭州市余杭区人大常委会副主任（无党派）

戴桂香（女）杭州市余杭区政协副主席（无党派）

潘晓萍（女）桐庐县人大常委会副主任（无党派）

王志炎　桐庐县政协副主席（无党派）

何建法　淳安县人大常委会副主任（民盟）

徐月焕　淳安县政协副主席（无党派）

朱启鸿　建德市人大常委会副主任、民盟建德市委会主委

严凌云　建德市政协副主席、民革建德市委会主委

谢春凤（女）建德市政协副主席、民进建德市委会主委

徐松泉　富阳市人大常委会副主任（无党派）

祝一君（女）富阳市人大常委会副主任（无党派）

邵　良　富阳市政协副主席（无党派）

朱水根　富阳市政协副主席（农工党）

王建沂　富阳市政协副主席（农工党）

楼国富　临安市人大常委会副主任、民进临安市委会主委

张亚联（女）临安市政协副主席（无党派）

·宁波市·

王建康　宁波市人大常委会副主任、民革宁波市委会主委
李太武　宁波市政协副主席、民进宁波市委会主委
范　谊　宁波市政协副主席、致公党宁波市委会主委
郑　瑜　宁波市政协副主席、九三学社宁波市委会主委
崔秀玲（女）宁波市政协副主席、市工商联主席（无党派）
孙铭龙　宁波市海曙区人大常委会副主任（民盟）
徐德荣　宁波市海曙区政协副主席、区教育局长（民盟）
袁建树　宁波市江东区人大常委会副主任（民革）
石　兰（女）宁波市江东区政协副主席（民盟）
王伯宁　宁波市江北区人大常委会副主任（民建）
徐　锋　宁波市江北区政协副主席（民革）
吴国平　宁波市镇海区人大常委会副主任、镇海中学校长（民进）
石　勇　宁波市镇海区政协副主席（九三学社）
汤黎明　宁波市北仑区人大常委会副主任（民进）
郑　莉（女）宁波市北仑区政协副主席（民盟）
叶天奔　宁波市鄞州区人大常委会副主任（无党派）
黄碧英（女）宁波市鄞州区政协副主席、区交通局副局长（无党派）
魏利民　余姚市人大常委会副主任（农工党）
姚桂珍（女）余姚市人大常委会副主任（无党派）
吴　展　余姚市政协副主席（无党派）
陈洪逵　余姚市政协副主席（民进）
龚建长　慈溪市人大常委会副主任（无党派）
张　明　慈溪市政协副主席（无党派）
戴南璋　慈溪市政协副主席（民盟）
何月祥　慈溪市政协副主席（民盟）
葛素梅（女）奉化市人大常委会副主任、民革奉化市委会主委
周海飞（女）奉化市政协副主席（无党派）
赵秀萍（女）宁海县人大常委会副主任（民进）
王鸿飞　宁海县政协副主席（民建）
励茂平　象山县人大常委会副主任（无党派）
胡建萍（女）象山县政协副主席（民盟）

·温州市·

王小同　温州市人大常委会副主任、民革温州市委会主委
潘长旺　温州市政协副主席、民盟温州市委会主委
徐育斐（女）温州市政协副主席、民建温州市委会主委
夏克栋　温州市政协副主席、民进温州市委会主委
黄兆鸽　温州市政协副主席、九三学社温州市委会主委
王振滔　温州市政协副主席（无党派）
朱启龙　温州市鹿城区人大常委会副主任（无党派）
陈国琴（女）温州市鹿城区政协副主席（无党派）
邵豪哲　温州市鹿城区政协副主席（民建）
姜法宏　温州市龙湾区人大常委会副主任（无党派）
周筱云（女）温州市龙湾区政协副主席（民盟）
张积敏　温州市龙湾区政协副主席（民建）
王晓康（女）温州市瓯海区人大常委会副主任（无党派）
沈岩明　温州市瓯海区政协副主席（民革）
李　芍（女）温州市瓯海区政协副主席（民建）
张亨根　乐清市人大常委会副主任（民革）
陈亦殊（女）乐清市政协副主席（无党派）
万昌春　乐清市政协副主席（无党派）
林济晚　瑞安市人大常委会副主任、民进温州

市委会副主委

陈良明　瑞安市政协副主席、民盟温州市委会副主委

赵志雄　瑞安市政协副主席（民革、民建）

方小梅（女）瑞安市政协副主席（九三学社）

王国强　永嘉县人大常委会副主任（无党派）

傅朝宗　永嘉县政协副主席（农工党）

钱金波　永嘉县政协副主席（无党派）

林海珊（女）洞头县人大常委会副主任（无党派）

杨艾立（女）洞头县政协副主席（无党派）

陈成武　文成县人大常委会副主任（无党派）

余云初　文成县政协副主席（无党派）

周世好　平阳县人大常委会副主任（民进）

陈少越（女）平阳县政协副主席（无党派）

林大雪*　平阳县政协副主席（民建）

陈志清　泰顺县人大常委会副主任（无党派）

张　平　泰顺县政协副主席（无党派）

王宗泽　苍南县人大常委会副主任（九三学社）

高亚男（女）苍南县人大常委会副主任（民进）

冯兴钱　苍南县政协副主席（九三学社）

朱诗力　苍南县政协副主席（无党派）

·湖州市·

方新旗　湖州市人大常委会副主任（民建）

沈琪芳（女）湖州市政协副主席（民进）

夏　平　湖州市政协副主席（民盟）

魏　明　湖州市政协副主席（农工党）

曹德平　湖州市政协副主席（无党派）

高　东　湖州市政协副主席（九三学社）

褚玉明　湖州市吴兴区人大常委会副主任（农工党）

徐滟燕（女）湖州市吴兴区政协副主席（农工党）

吕建蓉（女）湖州市南浔区人大常委会副主任（无党派）

万子牛　湖州市南浔区政协副主席（无党派）

方　芳（女）德清县人大常委会副主任（无党派）

王法弟　德清县政协副主席（农工党）

张群英（女）长兴县人大常委会副主任（无党派）

章玉坤　长兴县政协副主席（民建）

王爱民（女）安吉县人大常委会副主任（无党派）

梁　霜（女）安吉县政协副主席（无党派）

·嘉兴市·

金成胜　嘉兴市人大常委会副主任、农工党嘉兴市委会主委

李水根　嘉兴市政协副主席、民革嘉兴市委会主委

王　淳（女）嘉兴市政协副主席、民进嘉兴市委会主委

马玉华　嘉兴市政协副主席、九三学社嘉兴市委会主委

薛佳平　嘉兴市政协副主席、市工商联主席（无党派）

邢海华　嘉兴市政协副主席、市科技局局长（无党派）

许　立　嘉兴市南湖区人大常委会副主任（农工党）

孔　俭　嘉兴市南湖区政协副主席（九三学社）

包雷耿　嘉兴市秀洲区人大常委会副主任（无党派）

金颖英（女）嘉兴市秀洲区政协副主席、民革嘉兴市委会副主委

孙　薇（女）嘉兴市秀洲区政协副主席、民进嘉兴市委会副主委

何慧琴（女）嘉善县人大常委会副主任（民建）

俞鹤祥　嘉善县政协副主席（民盟）

李　仁　平湖市人大常委会副主任（无党派）

柯卫明　平湖市政协副主席（无党派）

方晓烈　平湖市政协副主席（无党派）

马小平　海盐县人大常委会副主任（无党派）

董雪明　海盐县政协副主席（农工党）

孙浩彬　海宁市人大常委会副主任（九三学社）

田　耘　海宁市政协副主席（民盟）

吴娟芬（女）桐乡市人大常委会副主任（无党派）
陈炳荣　　桐乡市政协副主席（无党派）

·绍兴市·

车晓端（女）绍兴市人大常委会副主任、民建绍兴市委会主委
余利明（女）绍兴市政协副主席、民革绍兴市委会主委
徐青松　　绍兴市政协副主席、民盟绍兴市委会主委
何小玲（女）绍兴市政协副主席、市工商联（总商会）主席（会长）
胡少云（女）绍兴市政协副主席、农工党绍兴市委会主委
陈伯怀　　绍兴市政协副主席、民进绍兴市委会主委
周春雨（女）绍兴市越城区人大常委会副主任（民进）
王建利　　绍兴市越城区政协副主席（九三学社）
于庆国　　绍兴市柯桥区人大常委会副主任（民革）
骆学新　　绍兴市柯桥区政协副主席、农工党绍兴市委会副主委
蔡金标　　绍兴市柯桥区政协副主席（九三学社）
徐光华　　绍兴市上虞区人大常委会副主任（九三学社）
章颖芳（女）绍兴市上虞区政协副主席（民进）
陈　焕（女）诸暨市人大常委会副主任（民革）
袁岳军　　诸暨市政协副主席（农工党）
夏春燕（女）嵊州市人大常委会副主任（农工党）
沈颂理　　嵊州市人大常委会副主任（无党派）
袁辉尧　　嵊州市政协副主席（民建）
王敏慧　　新昌县人大常委会副主任（无党派）
徐剑平（女）新昌县政协副主席（民建）

·金华市·

丁国玉（女）金华市人大常委会副主任、市工商联主席（民建）
傅路红　　金华市政协副主席、广福医院常务副院长（农工党）
张跃进　　金华市政协副主席（九三学社）
刘净非（女）金华市政协副主席（民革）
胡锦全　　金华市政协副主席、市教育局副局长（民盟）
诸晓东　　金华市婺城区人大常委会副主任（民革）
吴月华（女）金华市婺城区政协副主席（无党派）
张琳鑫　　金华市婺城区政协副主席（民进）
金艳秀（女）金华市金东区人大常委会副主任（无党派）
傅丽花（女）金华市金东区政协副主席、区法院副院长（九三学社）
辛永良　　金华市金东区政协副主席、区工商联主席（民建）
胡向东　　兰溪市人大常委会副主任（农工党）
陈玉祥　　兰溪市政协副主席、市财政局局长（无党派）
姚　威　　兰溪市政协副主席、市交通局局长（无党派）
王玉才　　东阳市人大常委会副主任（民革）
楼伟龙　　东阳市政协副主席（农工党）
蔡捷飞　　东阳市政协副主席（民建）
骆　亘　　义乌市人大常委会副主任（无党派）
朱　斌　　义乌市政协副主席（无党派）
王荣山　　义乌市政协副主席（九三学社）
杨桂芳　　义乌市政协副主席（民建）
祝鸿熙　　永康市人大常委会副主任（无党派）
王　伟　　永康市政协副主席（农工党）
林广平　　永康市政协副主席（农工党）
张放远　　浦江县人大常委会副主任（民进）
杨　际　　浦江县政协副主席（无党派）
盛丹平　　浦江县政协副主席、县文广局副局长（民进）
钱建国　　武义县人大常委会副主任（民盟）
应慧英（女）武义县政协副主席（无党派）
潘丽霞（女）磐安县人大常委会副主任（无党派）

张卫芳（女）磐安县政协副主席、县统计局副局长（无党派）

·衢州市·

汪惠芳（女）衢州市人大常委会副主任（九三学社）
欧阳建华 衢州市政协副主席（民革）
刘炳炎 衢州市政协副主席（民盟）
金召卫 衢州市政协副主席（民进）
吕玉茹（女）衢州市政协副主席（农工党）
郑玉红（女）衢州市柯城区人大常委会副主任（九三学社）
蒋 琦（女）衢州市柯城区人大常委会副主任（民革）
钭跃铨 衢州市柯城区政协副主席（农工党）
范洁红（女）衢州市柯城区政协副主席（无党派）
赵瑞慈（女）衢州市衢江区人大常委会副主任（农工党）
金召卫 衢州市衢江区政协副主席(民进)
留渭良 衢州市衢江区政协副主席（无党派）
赖 云 龙游县人大常委会副主任(民盟)
蓝芝苇 龙游县政协副主席（民建，畲族）
毛赛春（女）江山市人大常委会副主任（民建）
姜 英（女）江山市政协副主席（民革）
毛水芳 江山市政协副主席（九三学社）
徐 柯 常山县人大常委会副主任（民盟）
谢雨生 常山县政协副主席（农工党）
罗诚剑 常山县政协副主席（民盟）
黄高松 开化县人大常委会副主任（农工党）
汪 涌（女）开化县政协副主席（农工党）
谷 声（女）开化县政协副主席（九三学社）

·舟山市·

陈松菊（女）舟山市政协副主席、农工党舟山市委会主委
冯淑仙（女）舟山市人大常委会副主任（无党派）
张永奎 舟山市政协副主席、舟山医院院长、民革舟山市委会主委
黄洁明 舟山市政协副主席、民进舟山市委会主委
张昌义 舟山市政协副主席、九三学社舟山市委会主委
道 慈 舟山市政协副主席（兼）（宗教界人士）
周 汉 舟山市人大常委会教科文卫侨工作委员会副主任（农工党）
余华安 舟山市人大常委会城乡建设环境资源保护工作委员会副主任、九三学社舟山市委会副主委
庞美蓉（女）舟山市政协经济科学技术委员会副主任（民盟）
林志刚 舟山市定海区政协副主席（民盟）
范国成 舟山市普陀区人大常委会副主任（兼）、普陀区人民医院副院长(民盟)
边艾光（女）舟山市普陀区政协副主席（民革）
沈 聪 舟山市普陀区政协副主席（农工党）
邬建芬（女）岱山县人大常委会副主任（兼）、岱山实验学校校长（无党派）
夏红艳（女）岱山县政协副主席（无党派）
虞曙红（女）嵊泗县人大常委会副主任（兼）、县工商联主席（无党派）
梁咪菊（女）嵊泗县政协副主席（兼）（无党派）
黄迎春（女）嵊泗县政协副主席（农工党）

·台州市·

陈海啸 台州市人大常委会副主任、农工党台州市委会主委
徐仁鹤 台州市政协副主席（无党派）
张正煜 台州市政协副主席、民盟台州市委会主委
徐林德 台州市政协副主席、民进台州市委会主委
张蕴华（女）台州市政协副主席、九三学社台州市委会主委
徐杏菲（女）台州市椒江区人大常委会副主任、农工党椒江区委会主委
刘碎雪（女）台州市椒江区政协副主席、民革台州市委会副主委

王志英　　台州市椒江区政协副主席、九三学社椒江区委会主委
胡齐乾　　台州市黄岩区人大常委会副主任、民建台州市委会副主委
章永良　　台州市黄岩区政协副主席（无党派）
张建均　　台州市黄岩区政协副主席（无党派）
张文荣　　台州市路桥区人大常委会副主任、民进台州市委会副主委
陈明炜　　台州市路桥区政协副主席（无党派）
邵韵清　　台州市路桥区政协副主席（无党派）
何林辉　　临海市人大常委会副主任、民革台州市委会副主委
王文君（女）临海市政协副主席（无党派）
方德助　　临海市政协副主席（民盟）
张国荣　　温岭市人大常委会副主任（无党派）
杨丽萍（女）温岭市政协副主席（农工党）
颜正荣　　温岭市政协副主席（民建）
张海舟　　玉环县人大常委会副主任（无党派）
陈茂荣　　玉环县政协副主席（九三学社）
吴玲芝（女）玉环县政协副主席（无党派）
褚夏芬（女）天台县人大常委会副主任（无党派）
齐显移　　天台县政协副主席（无党派）
张卫平　　天台县政协副主席（民进）
石爱萍（女）仙居县人大常委会副主任（无党派）
王小伟　　仙居县政协副主席（无党派）
郑　倩（女）仙居县政协副主席（无党派）
洪　燕（女）三门县人大常委会副主任（无党派）
陈　翔　　三门县政协副主席（无党派）
杨树军　　三门县政协副主席（无党派）

·丽水市·

刘国安　　丽水市人大常委会副主任、民盟丽水市委会主委
齐育华　　丽水市政协副主席、民建丽水市委会主委
庄志清　　丽水市政协副主席、民进丽水市委会主委
李江波　　丽水市政协副主席、农工党丽水市委会主委
韦铁民　　丽水市政协副主席、九三学社丽水市委会主委
金爱武　　丽水市政协副主席、致公党丽水支部主委
蓝丽华　　丽水市莲都区人大常委会副主任（民建）
谢林森　　丽水市莲都区政协副主席（民盟）
任文红（女）丽水市莲都区政协副主席（民建）
黄丽萍（女）龙泉市人大常委会副主任（无党派）
雷丽亚（女）龙泉市政协副主席（民盟，畲族）
徐新平　　青田县人大常委会副主任（无党派）
徐永丽（女）青田县政协副主席（无党派）
吕大德　　青田县政协副主席（民革）
柳春华　　云和县人大常委会副主任（无党派）
童少锋　　云和县政协副主席（民盟）
林李平　　云和县政协副主席（无党派）
吴建华　　庆元县人大常委会副主任（无党派）
林昌富　　庆元县政协副主席（无党派）
吴先武　　庆元县政协副主席（无党派）
李潘良　　缙云县人大常委会副主任（民进）
钭旭彬（女）缙云县政协副主席（无党派）
刘洁阳　　缙云县政协副主席（无党派）
高　峥（女）遂昌县人大常委会副主任（无党派）
马翔华　　遂昌县政协副主席（民进）
谢旭峰　　遂昌县政协副主席（无党派）
杨水文　　松阳县人大常委会副主任（无党派）
单国亮　　松阳县政协副主席（无党派）
叶向东　　松阳县政协副主席（民盟）
吴昌亮　　景宁畲族自治县人大常委会副主任（无党派）
尤建平　　景宁畲族自治县政协副主席（无党派）
尚建基　　景宁畲族自治县政协副主席（无党派）
沈秀慧（女）景宁畲族自治县政协副主席（无党派）

浙江省县级以上各级政府及政府部门和司法机关党外领导干部

·省级·

郑继伟　副省长、致公党省委会主委
高　杰（女）省高级人民法院副院长、巡视员（民盟）
张雪樵　省人民检察院副检察长、巡视员（民革）
成岳冲　省科技厅副厅长（民盟）
韩　平　省教育厅副厅长（民盟）
陈智慧（女）省食品药品监督管理局副局长（农工党）
王　坚　省监察厅副厅长（致公党）
吴　鸿　省林业厅副厅长（九三学社）
罗卫红（女）省民政厅副厅长（九三学社）
高鹰忠　省质量技术监督局局长（无党派）
蓝晓光　省林业厅总工程师（无党派）
陈焕昌　省审计厅副厅长（无党派）

·杭州市·

谢双成　杭州市副市长、民进省委会副主委（兼）
郭清晔　杭州市民宗局局长、民建杭州市委会主委
张　勤（女）杭州市规划局（市测绘与地理信息局）局长、民革杭州市委会副主委（兼）
胡　伟　杭州市环保局局长（无党派）
周智林　杭州市卫计委副主任、农工党杭州市委会主委
林　革　杭州市监察局副局长（无党派）
徐土松　杭州市经济和信息化委员会副主任、民建杭州市委会副主委（兼）
何明俊　杭州市规划局（市测绘与地理信息局）副局长（无党派）
肖　锋　杭州市教育局副局长、民进杭州市委会副主委（兼）
吴建华　杭州市司法局（市监狱劳教管理局）副局长（无党派）
吴锡根　杭州市商务委（粮食局）副局长、民革杭州市委会副主委（兼）
林　沛（女）杭州市人民法院副院长、巡视员（民进）
冯仁强　杭州市人民检察院副检察长、巡视员（无党派）
马　彦　杭州市上城区副区长（九三学社）
包晓东　杭州市下城区副区长（无党派）
楼玉宇（女）杭州市江干区副区长、九三学社杭州市委会副主委（兼）
方友青（女）杭州市拱墅区副区长（农工党）
张利群　杭州市西湖区副区长（民革）
万爱民（女）杭州市高新开发区管委会副主任、滨江区副区长（无党派）
黄晓燕（女）杭州市萧山区副区长（农工党）
许玲娣（女）杭州市余杭区副区长（民建）
周建英（女）桐庐县副县长（无党派）
江华平　淳安县副县长（无党派）
郑　冰（女）建德市副市长（民建）
孙　洁（女）富阳市副市长（无党派）
裘小民（女）临安市副市长、农工党杭州市委会副主委（兼）、农工党临安市委会主委

·宁波市·

张明华　宁波市副市长、民建宁波市委会主委
朱红霞（女）宁波市农业局副局长（民进）
牟志杰　宁波市司法局副局长（农工党）
陈文辉　宁波市教育局副局长、民盟宁波市委会副主委
姚蓓军（女）宁波市政府副秘书长兼市政府金融办主任、民建宁波市委会副主委
周建庆　宁波市卫生局副局长、市李惠利医院院长（无党派）

王丽萍（女）宁波市规划局局长（致公党）
汤柏生　　　宁波市统计局局长（无党派）
金　珊（女）宁波市人民检察院副检察长（民革）
刘立群　　　宁波市政府法制办副主任（无党派）
朱晓丽（女）宁波市水利局总工程师（无党派）
王水维　　　宁波市文广新闻出版局副局长（无党派）
国　宇　　　宁波市海曙区副区长（民建）
翁雪莲（女）宁波市江东区副区长（无党派）
刘文科　　　宁波市北仑区副区长（无党派）
夏素珍（女）宁波市鄞州区副区长（民盟）
陈为能　　　余姚市副市长（农工党）
张定伟　　　慈溪市副市长（民建）
陈彩凤（女）奉化市副市长（无党派）
尤永成　　　宁海县副县长（民盟）
王安静（女）象山县副县长（民进）
过世荣　　　宁波市海曙区司法局副局长（民盟）
胡国鹏　　　宁波市江东区司法局副局长（民盟）
王成勇　　　宁波市北仑区人民法院副院长（无党派）
戚国芳（女）余姚市司法局副局长（无党派）
张　雄　　　奉化市人民检察院检察委员会专职委员（无党派）
王宁芳（女）宁海县人民检察院副检察长（民盟）

·温州市·

郑朝阳（女）温州市副市长（无党派）
鲍小瓯　　　温州市政府秘书长（兼）、市场监督管理局局长、致公党温州市委会主委
王丽峰（女）温州市监察局副局长、民进温州市委会副主委
安　晋（女）温州市教育局副局长（无党派）
金传顺　　　温州市科技局副局长（九三学社）
程鸿伟　　　温州市司法局副局长（无党派）
张　静（女）温州市规划局副局长（九三学社）
吴文玲（女）温州市卫计委副主任（九三学社）
郑小小　　　温州市环保局副局长（无党派）
高　技　　　温州市统计局副局长（无党派）
杨星星*（女）温州市海洋渔业局总工程师（无党派）
陈秉辉　　　温州市旅游局副局长（无党派）
周怀中　　　温州市外事办副主任（民建）
许　捷（女）温州市侨办副主任（致公党）
顾　威　　　温州市金融办副主任、金管局副局长（无党派）
熊洪庆　　　温州市审管办（公共资源交易管委会办公室）副主任（无党派）
邱志丰　　　温州市人民法院副院长（无党派）
林越坚　　　温州市人民检察院副检察长（无党派）
章月影（女）温州市鹿城区副区长（无党派）
汤筱疏（女）温州市龙湾区副区长（无党派）
李　康　　　温州市瓯海区副区长（无党派）
方　青（女）乐清市副市长、民盟温州市委会副主委
钱定荣　　　瑞安市副市长（民建）
周俊武　　　永嘉县副县长（民建）
雷　宇　　　文成县副县长（无党派，畲族）
周　慧*　　平阳县副县长（无党派）（2014年8月前）
林大雪　　　平阳县副县长（民建）（2014年8月后）
郭素琴（女）泰顺县副县长（无党派）
林朝朝（女）苍南县副县长（无党派）

·湖州市·

闵　云（女）湖州市副市长（民革）
魏　明　　　湖州市卫生局副局长（农工党）
高　东　　　湖州市环境保护局副局长（九三学社）
钱　旻（女）湖州市教育局副局长（民革）
蒋小明　　　湖州市金融办副主任（民革）
虞利民　　　湖州市旅游局副局长（民盟）
陈荣平*　　湖州市政府驻深圳联络处主任(民盟)
吴建英（女）湖州市民政局副局长（民建）
李　节　　　湖州市经济技术开发区副主任、湖州市南太湖产业集聚区管委会副主任（九三学社）

王秀琴（女）湖州市科技局副局长（九三学社）
蒋育琴（女）湖州市政府法制办副主任（无党派）
潘宇文（女）湖州市政府外侨办副主任（九三学社）
李鲁勤（女）湖州市国资委副主任（无党派）
金顺明　　湖州市监察局副局长（无党派）
施　瑜（女）湖州市审计局总审计师（无党派）
孙倩如（女）湖州市财政局总会计师（无党派）
韩新梅（女）湖州市吴兴区副区长（无党派）
王　青（女）湖州市南浔区副区长（无党派）
余国勤　　湖州市南浔区副区长（民盟）
李　红（女）德清县副县长（民进）
何卫宏　　长兴县副县长（民革）
张云威　　安吉县副县长（无党派）

·嘉兴市·

柴永强　　嘉兴市副市长、民盟嘉兴市委会主委
孙旭阳　　嘉兴市南湖区副区长（无党派）
陆志芬（女）嘉兴市秀洲区副区长、民建嘉兴市委会副主委
许春红（女）嘉善县副县长、民进嘉善县委会主委
顾玉峰　　平湖市副市长、民进平湖市委会主委
高海华　　海盐县副县长（民盟）
朱海英（女）海宁市副市长（无党派）
费玉林　　桐乡市副市长（民盟）
朱　军　　嘉兴市环保局副局长（无党派）
赵如英（女）嘉兴市农经局副局长、致公党嘉兴市委会主委
黄伟明　　嘉兴市体育局副局长（无党派）
张永红（女）嘉兴市计生委主任（无党派）
俞红平（女）嘉兴市合作交流办副主任（无党派）
朱　海　　嘉兴市水利局副局长（无党派）
姜　东　　嘉兴市财政局副局长、民革嘉兴市委会副主委
严凤祥　　嘉兴市交通局总工程师（无党派）
邱锦月（女）嘉兴市外办副主任（民建）
任　军　　嘉兴市新居民事务局副局长、市委社工委办副主任（民盟）
柳国彪　　嘉兴市服务业发展局副局长（无党派）
徐静霞（女）嘉兴市中级人民法院副院长（无党派）

·绍兴市·

丁晓燕（女）绍兴市副市长、九三学社绍兴市委会主委
金一波　　绍兴市文联主席（民进）
王惠中　　绍兴市人民检察院副检察长、绍兴市知联会副会长
金如如（女）绍兴市科技局副局长、民革绍兴市委会副主委
许永明　　绍兴市发改委副主任（民革）
杨　健　　绍兴市档案局副局长、民盟绍兴市委会副主委
沈荣根　　绍兴市计生委副主任（农工党）
金龙彪　　绍兴市建设局副局长（无党派）
钱伟平　　绍兴市教育局副局长、民盟绍兴市委会副主委
徐　泳　　绍兴市监察局副局长、民盟绍兴市委会副主委
张宪疆　　绍兴市林业局局长、九三学社绍兴市委会副主委
沈荣根　　绍兴市交通运输局副局长、民进绍兴市委会副主委
葛波儿　　绍兴市文物局副局长（无党派）
凌　芳（女）绍兴市发改委副主任（民盟）
陈德洪　　绍兴市统计局局长（民建）
祝静芝（女）绍兴市柯桥区副区长（民盟）
俞　越（女）诸暨市副市长（无党派）
方　静（女）绍兴市上虞区副区长（民盟）
钱群飞（女）嵊州市副市长（无党派）
赵　立（女）新昌县副县长（民建）
汤枥钧　　绍兴市越城区副区长（民革）
唐国忠　　绍兴市滨海新城管委会副主任(民建)

·金华市·

邵国强　　金华市副市长（民进）
胡锦全　　金华市政协副主席、市教育局副局长

（民盟）
张少华　金华市质量技术监督局局长（民进）
董巧娟（女）金华市审计局局长（无党派）
李　影（女）金华市监察局副局长（无党派）
杜跃强　金华市林业局副局长（无党派）
袁月飞（女）金华市科技局副局长（九三学社）
吴彩霞（女）金华市卫计委副主任（九三学社）
金时刚　金华市水利局副局长（无党派）
蒋美华（女）金华市行政复议办专职副主任（无党派）
方锦瑞　金华市婺城区副区长（无党派）
朱茂丹（女）金华市金东区副区长（民建）
傅丽花（女）金华市金东区政协副主席、区人民法院副院长（九三学社）
虞乐生（女）东阳市副市长（民盟）
王　迎（女）义乌市副市长（无党派）
黄瑞燕（女）永康市副市长（无党派）
张卫东　浦江县副县长（无党派）
姚美芬（女）武义县副县长（民盟）
刘惠君（女）武义县副县长（九三学社）
应跃成　磐安县副县长（无党派）
张卫芳（女）磐安县政协副主席、县统计局副局长（无党派）

·衢州市·

马梅芝（女）衢州市副市长（民建）
田　俊（女）衢州市行政服务中心主任（无党派）
方孝琳（女）衢州市财政局总会计师、调研员（无党派）
陈　政　衢州市文化广电新闻出版局副局长（无党派）
张良军　衢州市统计局副局长（民革）
周　波　衢州市审计局副局长（无党派）
汪　晖　衢州市体育局副局长（民盟）
张克群　衢州市经信委副主任（民革）
袁立峰　衢州市交通运输局总工程师（无党派）
姜旻慧　衢州市人民政府法制办公室副主任（民盟）
周　庆　衢州市中级人民法院副院长（无党派）
吴云林　衢州市柯城区副区长（无党派）
袁亚平　衢州市衢江区副区长（无党派）
钟爱红（女）龙游县副县长（农工党，畲族）
毛正彩（女）江山市副市长（无党派）
郑金仙（女）常山县副县长（民革）
姜文军（女）开化县副县长（民革）

·舟山市·

徐燕峰（女）舟山市副市长、民盟舟山市委会主委
贺存康　舟山市住建局总工程师、市规划设计院院长（无党派）
方　维（女）舟山市外侨办主任（无党派）
刘晓国　舟山市审计局副局长（民建）
邵剑平　舟山市港航管理局副局长（无党派）
李敏霞（女）舟山市文广局副局长、民进舟山市委会副主委
杨亚儿（女）舟山市监察局副局长（无党派）
石兆文（女）舟山市科技局副局长（九三学社）
曹　泓（女）中国（舟山）市大宗商品交易中心副主任（无党派）
庄海波　舟山市外侨办副主任（无党派）
刘志刚　舟山市海洋与渔业局副局长（九三学社）
刘建伟　舟山市政府法制办公室副主任（无党派）
李善农　舟山市广电总台总工程师（无党派）
张伟平　舟山市档案局局长、民革舟山市委会副主委
陈建群　舟山市定海区人民法院副院长（无党派）
邱一虹（女）舟山市普陀区副区长（无党派）
唐洪涛　舟山市普陀区人民检察院副检察长（无党派）
俞赛飞（女）岱山县副县长（无党派）
毛　华　岱山县人民检察院副检察长（无党派）
傅雅芳（女）嵊泗县副县长（无党派）

陈建炳　舟山市民用航空管理局副局长(民盟)
夏亚红（女）舟山市二轻总公司总经理（无党派）
贝璐国　舟山港综合保税区管委会主任（无党派）
邵伟才　舟山市水务集团有限公司总工程师（无党派）
孙小晓（女）舟山市科学技术协会主席（无党派）
郑　斌　浙江省海洋开发研究院副院长(民盟)
陈伟丰　舟山市引航站站长（无党派）
潘祖平　舟山市定海区副区长、民革舟山市委会副主委
童薇霞（女）舟山市人民检察院检察委员会专职委员（无党派）
刘奋伟　新疆阿克苏地区旅游局副局长、舟山市旅游委副县（处）长级干部（农工党）

·台州市·

赵跃进　台州市副市长、民建台州市委会主委
徐林德　台州市体育局局长、民进台州市委会主委
朱沛夏　台州市教育局副局长（无党派）
陈理元　台州市科技局副局长（无党派）
潘佳佳（女）台州市民宗局副局长（无党派）
褚义军　台州市住建局副局长、市绿心委主任（无党派）
王敏霞（女）台州市商务局副局长、九三学社台州市委会副主委
陈　力　台州市旅游局副局长（无党派）
朱丹君（女）台州市外侨办副主任（无党派）
彭永军　台州市法制办副主任（无党派）
罗超英（女）台州市档案局副局长（无党派）
曹　羽　台州市政府决策咨询委员会秘书长、民盟台州市委会副主委
李　越（女）台州市椒江区副区长（无党派）
陈金华（女）台州市黄岩区副区长、民进台州市委会副主委
蒋斌芳（女）台州市路桥区副区长、九三学社台州市委会副主委
陈福清　临海市副市长（无党派）
马　健　温岭市副市长、民革台州市委会委员
郭燕飞（女）玉环县副县长（无党派）
叶玲君（女）天台县副县长（无党派）
朱志明　仙居县副县长（无党派）
颜惠珍（女）三门县副县长（民盟）

·丽水市·

戚永远　丽水市副市长（民革）
计勇强　丽水市行政审批中心主任、民建丽水市委会副主委
刘旭东　丽水市交通运输局副局长（九三学社）
颜小云　丽水市移民办主任（无党派）
徐兼明（女）丽水市旅游局副局长（农工党）
楼培忠　丽水市经信委副主任（无党派）
陈肇平　丽水市财政地税局副局长（民建）
麻卫平　丽水市经济协作办公室副主任(民建)
潘碧武（女）丽水市人民检察院副检察长（无党派）
徐　瑛　丽水市商务局副局长（无党派）
张建伟　丽水市商务局副局长（民盟）
卢彩柳（女）丽水市人口计生委主任、民进丽水市委会副主委
何为民　丽水市环境保护局总工（民革）
徐荣华　丽水市水利局总工（无党派）
蔡俊华　丽水市城乡规划局副局长（无党派）
胡其岳　丽水市城乡规划局副局长（无党派）
吕璞琪（女）丽水市食品药品监督管理局副局长（民进）
胡晓红（女）丽水市环境保护局副局长（民进）
朱国强　丽水市统计局总统计师（民革）
张映辉　丽水市水利局副局长（无党派）
蓝先芬（女）丽水市行政审批中心副主任（无党派，畲族）
丁岳清　丽水市行政审批中心副主任（农工党）
郭巧燕（女）丽水市莲都区副区长（农工党）
何登新　龙泉市副市长（无党派）

张如一（女）青田县副县长（无党派）
范庆伟　庆元县副县长（无党派）
张颖洁（女）缙云县副县长（九三学社）
赵文明　遂昌县副县长（无党派）
童巧隽　景宁畲族自治县副县长（无党派）

·高校、科研院所、国有企业·

罗卫东　浙江大学副校长（民盟）
罗建红　浙江大学副校长（农工党）
李伟健　浙江师范大学副校长（无党派）
邵千钧　宁波大学副校长（民盟）
徐铁峰　宁波大学副校长（民建）
胡　华　杭州电子科技大学副校长（无党派）
蒋家新　中国计量学院副院长（民盟）
方剑乔　浙江中医药大学副校长（民盟）
苏为华　浙江财经大学副校长（民盟）
盛颂恩　嘉兴学院院长（九三学社）
周　珊（女）嘉兴学院副院长（无党派）
郑亚莉（女）浙江外国语学院副院长（民建）
邹　冰　浙江水利水电学院副院长（无党派）
杜　卫　杭州师范大学校长（无党派）
黄少铭　温州大学副校长（九三学社）
杜时贵　绍兴文理学院副院长（致公党）
华小洋　绍兴文理学院副院长（民进）
鲍吉龙　宁波工程学院副院长（九三学社）
李江波　丽水学院副院长（农工党）
谢林森　丽水学院副院长（民盟）
潘海天　衢州学院副院长（民盟）
徐伟金　省发展规划研究院总规划师（无党派）
徐子伟　省农科院副院长（无党派）
鲁成银　中国农业科学院茶叶研究所（省茶叶研究院）副所长（副院长）（无党派）
郑玉龙　国家海洋局第二海洋研究所副所长（无党派）
张　波（女）省商业集团有限公司董事、总经理（农工党）
阮　琪　财通证券股份有限公司总经理（无党派）

浙江省省级人民团体党外领导干部

吴　晶（女）省政协副主席、省侨联主席、民革省委会主委
姚　克　省政协副主席、省科学技术协会主席、农工党省委会主委
张泽熙　省政协副主席、省台湾同胞联谊会会长、台盟省委会主委
隗斌贤　省科学技术协会副主席（民建）
张均林　省文学艺术界联合会书记处书记（无党派）
黄小杭　中国国际贸易促进委员会浙江省委员会副会长、民建省委会副主委
罗建红　省科学技术协会副主席、浙江大学副校长、农工党省委会副主委

浙江省各民主党派省、市、县委员会主委

（一）中国国民党革命委员会

民革浙江省委会主委：吴　晶（女）
民革杭州市委会主委：叶鉴铭
民革宁波市委会主委：王建康
民革温州市委会主委：王小同
民革湖州市委会主委：闵　云（女）
民革嘉兴市委会主委：李水根
民革绍兴市委会主委：余利明（女）
民革金华市委会主委：刘净非（女）（2014 年 11 月任）
民革衢州市委会主委：欧阳建华
民革舟山市委会主委：张永奎
民革台州市委会主委：吴翰桂
民革丽水市委会主委：戚永远
民革建德市委会主委：严凌云
民革奉化市委会主委：葛素梅（女）
民革江山市委会主委：姜　英（女）
民革台州市椒江区委会主委：张日初
民革青田县委会主委：刘新青

（二）中国民主同盟

民盟浙江省委会主委：成岳冲
民盟杭州市委会主委：陈振濂
民盟宁波市委会主委：许亚南（女）（2014 年 6 月任）
民盟温州市委会主委：潘长旺
民盟湖州市委会主委：夏　平
民盟嘉兴市委会主委：柴永强
民盟绍兴市委会主委：徐青松
民盟金华市委会主委：胡锦全
民盟衢州市委会主委：刘炳炎
民盟舟山市委会主委：徐燕峰（女）
民盟台州市委会主委：张正煜
民盟丽水市委会主委：刘国安
民盟杭州市萧山区委会主委：申屠敏（女）
民盟建德市委会主委：朱启鸿
民盟乐清市委会主委：方　青（女）
民盟瑞安市委会主委：陈良明
民盟兰溪市委会主委：陈兴兵
民盟台州市椒江区委会主委：金烨国
民盟丽水市莲都区委会主委：谢林森

（三）中国民主建国会

民建浙江省委会主委：陈小平
民建杭州市委会主委：郭清晔
民建宁波市委会主委：张明华
民建温州市委会主委：徐育斐（女）
民建湖州市委会主委：方新旗
民建嘉兴市委会主委：戴　铭
民建绍兴市委会主委：车晓端（女）
民建金华市委会主委：丁国玉（女）
民建衢州市委会主委：马梅芝（女）
民建台州市委会主委：赵跃进
民建丽水市委会主委：齐育华
民建建德市委会主委：郑　冰（女）
民建台州市椒江区委会主委：辛　涌
民建丽水市莲都区委会主委：任文红（女）

（四）中国民主促进会

民进浙江省委会主委：蔡秀军
民进杭州市委会主委：赵光育
民进宁波市委会主委：李太武
民进温州市委会主委：夏克栋
民进湖州市委会主委：沈琪芳（女）
民进嘉兴市委会主委：王　淳（女）
民进绍兴市委会主委：陈伯怀
民进金华市委会主委：张少华
民进衢州市委会主委：金召卫
民进舟山市委会主委：黄洁明

民进台州市委会主委：徐林德
民进丽水市委会主委：庄志清
民进杭州市萧山区委会主委：陈金良
民进建德市委会主委：谢春凤（女）
民进临安市委会主委：楼国富
民进嘉善县委会主委：许春红（女）
民进平湖市委会主委：顾玉峰
民进台州市椒江区委会主委：楼祖民
民进临海市委会主委：王如铎
民进丽水市莲都区委会主委：邱旭平

（五）中国农工民主党

农工党浙江省委会主委：姚　克
农工党杭州市委会主委：周智林
农工党宁波市委会主委：陈为能
农工党温州市委会主委：连庆泉
农工党湖州市委会主委：魏　明
农工党嘉兴市委会主委：金成胜
农工党绍兴市委会主委：胡少云（女）
农工党金华市委会主委：傅路红
农工党衢州市委会主委：吕玉茹（女）
农工党舟山市委会主委：陈松菊（女）
农工党台州市委会主委：陈海啸
农工党丽水市委会主委：李江波
农工党临安市委会主委：裘小民（女）
农工党永嘉县委会主委：傅朝宗
农工党平阳县委会主委：蔡萌芽
农工党诸暨市委会主委：袁岳军
农工党嵊州市委会主委：夏春燕（女）
农工党兰溪市委会主委：胡向东
农工党东阳市委会主委：楼伟龙
农工党台州市椒江区委会主委：徐杏菲（女）
农工党临海市委会主委：郭华方
农工党丽水市莲都区委会主委：郭巧燕（女）

（六）中国致公党

致公党浙江省委会主委：郑继伟
致公党杭州市委会主委：王　坚
致公党宁波市委会主委：范　谊
致公党温州市委会主委：鲍小瓯
致公党嘉兴市委会主委：赵如英（女）

（七）九三学社

九三学社浙江省委会主委：姒健敏
九三学社杭州市委会主委：朱祖德
九三学社宁波市委会主委：郑　瑜
九三学社温州市委会主委：黄兆鸽
九三学社湖州市委会主委：高　东
九三学社嘉兴市委会主委：马玉华
九三学社绍兴市委会主委：丁晓燕（女）
九三学社金华市委会主委：张跃进
九三学社衢州市委会主委：汪惠芳（女）
九三学社舟山市委会主委：张昌义
九三学社台州市委会主委：张蕴华（女）
九三学社丽水市委会主委：韦铁民
九三学社瑞安市委会主委：方小梅（女）
九三学社苍南县委会主委：王宗泽
九三学社兰溪市委会主委：陆献龙
九三学社义乌市委会主委：丁光海
九三学社台州市椒江区委会主委：王志英
九三学社临海市委会主委：冯彩银（女）
九三学社丽水市莲都区委会主委：林玉美（女）

（八）台湾民主自治同盟

台盟浙江省委会主委：张泽熙

浙江省省、市、县工商业联合会主席

浙江省工商联主席：南存辉
杭州市工商联主席：张必来
宁波市工商联主席：崔秀玲（女）
温州市工商联主席：王振滔
湖州市工商联主席：曹德平
嘉兴市工商联主席：薛佳平
绍兴市工商联主席：何小玲（女）
金华市工商联主席：丁国玉
衢州市工商联主席：蒋文标
舟山市工商联主席：王海斌
台州市工商联主席：王云友
丽水市工商联主席：张　敏
杭州市上城区工商联主席：薛鸿翔
杭州市下城区工商联主席：王绍庆*（2014年6月免）
杭州市下城区工商联主席：钱勇华（2014年6月任）
杭州市江干区工商联主席：李　红（女）
杭州市拱墅区工商联主席：许荣根
杭州市西湖区工商联主席：魏小平
杭州市高新（滨江）区工商联主席：施利君（女）
杭州市萧山区工商联主席：戚建尔
杭州市余杭区工商联主席：马　峰
桐庐县工商联主席：李玉标
淳安县工商联主席：钱尼万
建德市工商联主席：潘余明
富阳市工商联主席：王建沂
临安市工商联主席：张德生
宁波市海曙区工商联主席：张江平
宁波市江东区工商联主席：宋济隆
宁波市江北区工商联主席：王伯宁
宁波市镇海区工商联主席：沈国强
宁波市北仑区工商联主席：汤黎明
宁波市鄞州区工商联主席：李立新
余姚市工商联主席：戎伟军
慈溪市工商联主席：张建杰
奉化市工商联主席：袁丽华（女）
宁海县工商联主席：王朝衡
象山县工商联主席：励茂平
温州市鹿城区工商联主席：李跃胜
温州市龙湾区工商联主席：王忠芳
温州市瓯海区工商联主席：潘志坚
乐清市工商联主席：陈道荣
瑞安市工商联主席：项建忠
永嘉县工商联主席：钱金波
洞头县工商联主席：洪　玮
文成县工商联主席：张丽俊
平阳县工商联主席：蔡景烛
泰顺县工商联主席：翁学军
苍南县工商联主席：朱诗力
湖州市吴兴区工商联主席：朱新康
湖州市南浔区工商联主席：周志江
德清县工商联主席：吴建华*（2014年5月免）
德清县工商联主席：陈　杭（2014年5月任）
长兴县工商联主席：张天任
安吉县工商联主席：暂缺
嘉兴市南湖区工商联主席：沈锦坤
嘉兴市秀洲区工商联主席：沈金荣
嘉善县工商联主席：潘敏根
平湖市工商联主席：朱在龙
海盐县工商联主席：方光明
海宁市工商联主席：鲁　枫
桐乡市工商联主席：陈炳荣
绍兴市越城区工商联主席：李方正（女）
绍兴市柯桥区工商联主席：陈张球*（女）（2014年10月免）
绍兴市柯桥区工商联主席：谢　妍（女）（2014年10月任）
绍兴市上虞区工商联主席：陈荣力
诸暨市工商联主席：周国裕

嵊州市工商联主席：吕天嵘
新昌县工商联主席：石伟昕
金华市婺城区工商联主席：吴月华
金华市金东区工商联主席：辛永良
兰溪市工商联主席：曾永寿
东阳市工商联主席：蔡捷飞
义乌市工商联主席：楼瑞清
永康市工商联主席：林广平
浦江县工商联主席：赵　峰
武义县工商联主席：童三军
磐安县工商联主席：韦鸿飞
衢州市柯城区工商联主席：吴伟荣
衢州市衢江区工商联主席：王敏良
龙游县工商联主席：叶水清*（2014年6月免）
龙游县工商联主席：吴安春（2014年6月任）
江山市工商联主席：徐忠辉
常山县工商联主席：毛松林
开化县工商联主席：叶世莲*（2014年3月免）
开化县工商联主席：谷　声（2014年3月任）
舟山市定海区工商联主席：林坚定
舟山市普陀区工商联主席：张良华
岱山县工商联主席：张志加
嵊泗县工商联主席：虞曙红（女）
台州市椒江区工商联主席：王才高
台州市黄岩区工商联主席：李仙玉
台州市路桥区工商联主席：郭栋材
临海市工商联主席：章卡鹏
温岭市工商联主席：颜雄刚
玉环县工商联主席：朱晓初*（2014年12月免）
玉环县工商联主席：祁国伟（2014年12月任）
天台县工商联主席：徐小敏
仙居县工商联主席：金敬德*（2014年10月免）
仙居县工商联主席：胡锦生（2014年10月任）
三门县工商联主席：叶继跃
丽水市莲都区工商联主席：蓝丽华
龙泉市工商联主席：罗诗兰（女）
青田县工商联主席：单志敏
云和县工商联主席：叶　峰
庆元县工商联主席：林昌富
缙云县工商联主席：胡佩佳
遂昌县工商联主席：谢旭峰
松阳县工商联主席：李志荣
景宁畲族自治县工商联主席：尤建平

浙江省省级宗教团体负责人

浙江省佛教协会

名誉会长：道　慈
会　　长：怡　藏
副 会 长：惟　航　允　观　可　祥
光　泉　诚　信　智　明
信　光　月　真
秘 书 长：郑国元

浙江省道教协会

名誉会长：高信一
会　　长：董中基
副 会 长：施清纯　叶圣益　黄再强
王崇坤（女）　应维贤　张高澄
邱崇桂　王水江
秘 书 长：黄丽娜（女）

浙江省伊斯兰教协会

会　　长：马玉婷（女）
副 会 长：孙玉安　马杭清　唐相如
马生良　黄庆丽
秘 书 长：马杭清（兼）

浙江省天主教爱国会

主　　任：方法全
副 主 任：徐吉伟　胡龙建　郑山君

陈时雨　　黄斌盛　　秦志华
秘 书 长：郑山君（兼）
浙江省天主教教务委员会
主　　任：徐吉伟
副 主 任：方法全　　金仰科　　郑家茂
赵亚娜（女）　麻显士　　王江飞
秘 书 长：郑家茂
浙江省基督教“三自”爱国会
主　　席：潘兴旺
副 主 席：单渭祥　　张大鹏　　周再庆
孙彰道
秘 书 长：陈孝浪
浙江省基督教协会
会　　长：顾约瑟
副 会 长：高建伟　　陈　歆　　任洁芳（女）
朱礼斌
总 干 事：楼世波

浙江省市级宗教团体负责人

杭州市
杭州市佛教协会
会　　长：光　泉
副 会 长：定　本　　月　真　　智　圆（女）
妙　高　　戒　兴
秘 书 长：钱俭忠
杭州市道教协会
会　　长：董中基
副 会 长：王崇坤（女）　　刘崇明
秘 书 长：刘崇明
杭州市伊斯兰教协会
副 会 长：冶曼苏（主持工作）
副 会 长：魏志明　　王毓菁（女）　　刘日新
秘 书 长：回秋娥（女）
杭州市天主教爱国会
主　　任：方法全
副 主 任：郑家茂　　王　钊　　陈君梅（女）
秘 书 长：魏仕秀（女）
杭州市基督教“三自”爱国会
主　　席：孙彰道
常务副主席：张忠成
副 主 席：张耀法　　余志强　　贺晓卿（女）
胡泉源　　丁胜国
秘 书 长：胡泉源
杭州市基督教协会
会　　长：张耀法
常务副会长：缪大君
副 会 长：孙彰道　　徐发珍（女）　　章国永
黄明科
总 干 事：章国永
宁波市
宁波市佛教协会
名誉会长：释怡藏
会　　长：释诚信
副 会 长：释可祥　　释界源　　徐文芳（女）
秘 书 长：释可祥
宁波市伊斯兰教协会
会　　长：孙玉安
副 会 长：马富强　　马书荣　　路晓灵
秘 书 长：马富强
宁波市天主教爱国会
主　　任：胡贤德
副 主 任：金仰科　　黄斌盛　　徐文洲
潘梅腊（女）
秘 书 长：金仰科
宁波市基督教“三自”爱国会
主　　席：单渭祥
副 主 席：高建伟　　朱恩硕　　曹龙见
金　达
秘 书 长：朱恩硕

宁波市基督教协会
会　　长：高建伟
副 会 长：单渭祥　陈志华　朱恩硕　史奇妙
总 干 事：陈志华

温州市

温州市佛教协会
会　　长：释智明
副 会 长：释万如　释了证　释达照　释延慧　释悟智　释常德　释教度　释显宝（女）　释达慧　释芳振　释灵康（女）　释觉圆　释界空　释戒勤（女）　余大定
秘 书 长：释万如（女）

温州市道教协会
会　　长：叶圣益
常务副会长：应维贤　陈高乐　吴崇悦　邱崇桂
副 会 长：刘宗和　李尧芳　林　一　王祖成　王思明
秘 书 长：李延丰

温州市天主教爱国会
主　　任：朱维芳
副 主 任：林　斌　胡龙建　陈声度　朱圣光　刘文权　麻显士　陈时雨　钟金星　陈正武　陈卓人　金保禄　高新佑　吴锡荣
秘 书 长：林　斌

温州市基督教“三自”爱国会
荣誉主席：余建荣
主　　席：朱礼斌
常务副主席：欧阳后增　何金奎
副 主 席：元春根　陈同明　陈国光　薛　强　周爱平　黄乃碧
秘 书 长：元春根

温州市基督教协会
名誉会长：张大鹏
常务副会长：吴圣理　项德光
副 会 长：王增加　滕道恩　叶小莲（女）　陈金海　余荣弟　施梅松（女）　胡保护
总 干 事：王增加

湖州市

湖州市佛教协会
会　　长：慈　满
第一副会长：界　隆
副 会 长：忠　慧　智　根　莲　寺　常　进　印　可
秘 书 长：兴　达

湖州市道教协会
会　　长：王水江
副 会 长：陆立新　吴新芬（女）　陈金伟　吴雄白
秘 书 长：陆立新

湖州市天主教爱国会
主　　任：李富平
副 主 任：蔺焕强　赵会丰　费财林
秘 书 长：赵会丰

湖州市基督教“三自”爱国会
主　　席：徐方训
副 主 席：王金康　陈贤勤
秘 书 长：沈新民

湖州市基督教协会
会　　长：陈贤勤
副 会 长：徐方训　赵凤梅（女）　潘志明
总 干 事：程春梅（女）

嘉兴市

嘉兴市佛教协会
会　　长：贤　崇
副 会 长：峙　宇　本　义　广　旭　通　正　乘　明　乘　心　妙　悯　果　因
秘 书 长：本　义

嘉兴市天主教爱国会
主　　任：徐贵根
副 主 任：褚召辉　吴建新　沈方干
秘 书 长：周亮亮

嘉兴市基督教“三自”爱国会
主　　席：吴世春（女）
副 主 席：李成义　　龚玉英（女）　　杨得明
　　　　　朱敏慧（女）
秘 书 长：李佩珍（女）
嘉兴市基督教协会
会　　长：李成义
副 会 长：吴世春　　林冬娟　　王志良
总 干 事：姚张明
绍兴市
绍兴市佛教协会
会　　长：释净芳
副 会 长：释传实　　释了成　　释印海
　　　　　释法弘　　释合寿　　释月空
　　　　　释了德
秘 书 长：袁国辉
绍兴市天主教爱国会
主　　任：昝忠明
副 主 任：傅孝良
秘 书 长：贺家振
绍兴市基督教“三自”爱国会
主　　席：任洁芳（女）
副 主 席：夏　洁（女）　　叶建良　　陈永光
秘 书 长：叶建良
绍兴市基督教协会
会　　长：夏　洁（女）
副 会 长：任洁芳（女）　　全天荣　　张永信
总 干 事：陈伟民
金华市
金华市佛教协会
会　　长：释明修
副 会 长：释式广　　释智行（女）　　释昌乐
　　　　　释印觉
秘 书 长：王安来
金华市道教协会
会　　长：施清纯
副 会 长：余万耀　　陈德松　　陈志芳
秘 书 长：陈志芳
金华市天主教爱国会
主　　任：郭慕天
副 主 任：金永生
秘 书 长：唐一可（女）
金华市基督教“三自”爱国会
主　　席：胡贤清
副 主 席：徐耀进
秘 书 长：包国华
金华市基督教协会
会　　长：徐耀进
副 会 长：包国华
衢州市
衢州市佛教协会
会　　长：释戒成
副 会 长：释地开（女）　　龚水旺　　方建来
　　　　　释定照（常务）
秘 书 长：释定照
衢州市伊斯兰教协会
会　　长：马杭清
副 会 长：白双阶　　程飞南
秘 书 长：马杭清
衢州市天主教爱国会
主　　任：李　刚
副 主 任：汤文芳（女）　　叶萌芽
秘 书 长：汤文芳（女）
衢州市基督教“三自”爱国会
主　　席：吴　思（女）
副 主 席：周爱光（女）　王子林　练月英（女）
秘 书 长：李天兰（女）
衢州市基督教协会
会　　长：周爱光（女）
副 会 长：吴　思（女）　王子林　练月英（女）
总 干 事：袁文娟（女）
舟山市
舟山市佛教协会
会　　长：净　旻
副 会 长：门　肃　　印　忠　　常　宏
　　　　　照　慧　　定　明
秘 书 长：刘达忠
舟山市天主教爱国会

主　　任：王江飞
副 主 任：郑山君　白树平　张四林
　　　　　岑立勋　王中启
秘 书 长：郑山君

舟山市基督教“三自”爱国会

主　　席：许金祥
副 主 席：李忠芳　贺师定
秘 书 长：李赛芳（女）

舟山市基督教协会

会　　长：李忠芳
副 会 长：许金祥　贺师定　刘　声
总 干 事：毛奇峰

台州市

台州市佛教协会

名誉会长：释可明　释智敏　卢金龙
会　　长：释允观
副 会 长：释月净　释了文　释长佳
　　　　　释祇忠（女）　江建昌　释智才
　　　　　释能杰　释常君　释宗光
　　　　　释开法　释闻开　释定荣
秘 书 长：金立东

台州市道教协会

会　　长：黄再强
副 会 长：张高澄　周诚通　任诚栋
　　　　　魏兴慧（女）　金信福（女）
　　　　　洪明义　赵嗣一　赵祖叶
秘 书 长：黄再强

台州市天主教爱国会

主　　任：徐吉伟
副 主 任：梁学刚　张宏飞　王安娜（女）
秘 书 长：梁学刚

台州市基督教“三自”爱国会

主　　席：陈　歆
副 主 席：徐世福　陈灵保
秘 书 长：徐世福

台州市基督教协会

会　　长：吴恩平
副 会 长：周灵才　何信连
总 干 事：周灵才

丽水市

丽水市佛教协会

会　　长：释大愿
副 会 长：慧　舟　释妙德　曙　晏
　　　　　释镇念　寂　凡
秘 书 长：曙　晏

丽水市基督教三自爱国会

主　　席：陈志敏
副 主 席：陈建英　黄立鸿　林小平
秘 书 长：石美藏
会　　长：陈建英
副 会 长：陈志敏　鲍金水　叶岳娟
总 干 事：鲍金水

7. 评比奖励

2014年浙江省统一战线成员岗位建功（获国家级和省部级表彰被授予荣誉称号）人员名单

民革成员

李继承	中国科协授予“全国优秀科技工作者”称号（浙江大学）
徐铭恩	获第三届中国创新创业大赛先进制造行业全国总决赛企业组第三名（杭州电子科技大学）
苏为科	中华全国总工会授予全国五一劳动奖章（浙江工业大学）
苏卫琴（女）	全国妇联授予全国“三八红旗手”称号（长兴大洋生物技术有限公司）
钭海平（女）	教育部授予“全国优秀教师”称号（台州临海市中等职业技术学院）
楼江明	浙江省政府授予“浙江省特级教师”称号（金华东阳市技术学校）
邱亚芬（女）	被浙江省政府评为浙江省第一届“河姆渡杯”粮食生产先进工作者（舟山市农林与渔农村委员会）
袁优红（女）	被浙江省人民政府评为省第十一批特级教师（舟山市定海区东海小学）

民盟成员

曹飞燕（女）	文化部授予第十二届中国国际合唱节优秀伴奏奖（台州市椒江区三梅中学）
钟秀根	中华慈善总会授予“优秀慈善通讯员”称号（台州市黄岩区宁溪中学）
王勤美	民盟中央授予民盟社会服务工作先进个人荣誉（温州医科大学）
徐玲玲（女）	中华全国总工会授予全国五一劳动奖章（浙江新华建设有限公司）

成荣芬（女）	教育部授予“全国优秀教师”称号（浙江工贸职业技术学院）
肖龙海	获得全国教育专业学位研究生教育指导委员会颁发的“全国教育硕士优秀教师”称号（浙江大学）
韩慧琴（女）	获中华职业教育社、中国职业技术教育学会颁发的全国职业教育黄炎培杰出教师奖（云和县中等职业技术学校）
时连根	中国科协授予“全国优秀科技工作者”称号（浙江大学）
方剑乔	中国科协授予“全国优秀科技工作者”称号（浙江中医药大学）
刘志云	中国科协授予“基层科普行动计划”农村科普带头人荣誉（松阳县绿珍果业公司）
彭　燕（女）	获中国图书馆学会第十三次全国民族地区图书馆学术研讨会三等奖（绍兴市柯桥区文化发展中心）
施金裕（女）	获第八届中国曲艺“牡丹奖”新人奖、第三届巴黎中国曲艺节“卢浮金奖”（绍兴市柯桥区文化发展中心）
林海峰	获第18届香港－亚洲钢琴公开比赛优秀教师奖（衢州市黑白键琴行）
黄燕舞（女）	获第三届中国越剧艺术节“优秀表演奖”（温州市越剧演艺中心）
邵梦岚（女）	获第三届中国越剧艺术节“优秀青年演员表演奖”（温州市越剧团）
潘家富	获第三届巴黎中国曲艺节“卢浮金奖”（绍兴市柯桥区文化发展中心）
潘海良	获全国故事大赛三等奖（绍兴市柯桥区文化发展中心）
刘军武	获浙江省重大项目立功竞赛先进个人（浙江头门港投资开发有限公司）
黄才良	作品《十里红妆》系列（泥金彩漆）获得中国文联与中国民间文艺家协会颁发的2014中国（广州）民间工艺“山花”奖
丁小陆	获得国家测绘地理信息局、国家基础地理信息中心颁发的“第二届天地图应用开发大赛”三等奖（宁海县规划局）
李　刚	获农业部颁发的全国农林牧渔业丰收奖一等奖（温州科技职业学院）
李逸萱（女）	浙江省政府授予浙江省“劳动模范”荣誉称号（温州市鹿城区教师培训与科研中心）
李海鹰（女）	浙江省政府授予浙江省“劳动模范”荣誉称号（温州市工业科学研究院）

民建成员

周　圻	获浙江省政府颁发的“浙江省功勋科技特派员”称号（浙江农林大学）
盛　况	中国侨联授予第五届中国侨界（创新人才）贡献奖（浙江大学）
计时铭	中国科协授予“全国优秀科技工作者”称号（浙江工业大学）
蒋文标	中央统战部授予“第四届优秀社会主义事业建设者”称号（浙江普农家电有限公司）
柯　克	列入“国家千人计划”（海外高层次人才引进计划）（浙江超威电源有限公司）
杨文龙	被中国纺织工业联合会评为2014全国纺织行业人才建设工作先进人物（浙江盛发纺织印染有限公司）

民进成员

陈淑莹（女）	获民进中央颁发的民进全国组织建设先进个人荣誉（浙江大学）
赵秀萍（女）	民进中央授予2014年度先进个人称号（民进宁海支部）
孔向东（女）	获中央人才协调小组颁发的海外高层次人才创新类“千人计划”奖（温州大学瓯江学院）
金卓杏（女）	获中华全国总工会颁发的全国五一劳动奖章（丽水市中心医院）
林　俐（女）	获教育部颁发的国家级教学成果奖一等奖（温州大学）
王少莲（女）	获全国历史教学论文一等奖、全国历史课堂教学评比一等奖（温州十五中）

徐衍昌　　获全国优秀教育工作者称号（衢州市教育局）
施丽君（女）　　获2015香港国际声乐公开赛上海赛区一等奖（温州市文化馆）
汤有祥　　获全国第四届黄炎培杰出校长奖（湖州上墅私立高中）
应金飞　　获第12届全国美展银奖（中国美术学院）
金晓群（女）　　获评浙江省特级教师（温州市第八幼儿园）
陈林洪　　民进中央授予民进全国组织建设先进个人称号（江山市政协）
沈雄翔　　被民进中央评为民进全国先进基层组织负责人（民进湖州市南浔区总支部）
王旭烽　　中华全国总工会授予全国五一劳动奖章（浙江农林大学）
姚益海　　被民进中央评为民进全国先进基层组织负责人（定海二中集团）
张波涛　　中国报协授予中国报业年度先进个人荣誉（舟山日报社）

农工党成员

王志敏　　浙江省政府授予浙江省“劳动模范”称号（台州第一人民医院）
徐苗桑（女）　　获中华医学会医学工程学分会颁发的“优秀临床医学工程师”全国十佳荣誉（温州医科大学）
丁列明　　被授予“第五届全国杰出专业技术人才”荣誉称号、“2014年度中国商业领袖”荣誉称号、“全国杰出科技工作者”荣誉称号、“中国创新榜样”荣誉称号（贝达药业股份有限公司）
郜海燕（女）　　中共浙江省委、浙江省人民政府授予第四批“浙江省特级专家”荣誉称号（浙江省农科院）
韩天雍　　被世界文艺家联合会评为2014年“中英艺术交流形象大使”，获“世界文化名人”荣誉称号（中国美院）
欧阳宏伟　　中国骨科医师协会授予“全国十佳中青年骨科医师”称号（浙江大学）
俞　立　　著作《现代控制理论》入选首批国家级“十二五”规划教材和教育部国家精品资源共享课题立项，并获2014年国务院特殊津贴（浙江工业大学）
郑江平（女）　　《民主党派基层组织凝聚力的构建：模型及案例分析》主题报告获农工党中央理论研究优秀成果奖三等奖（浙江大学）
万晓萍（女）　　浙江省政府授予浙江省“师德楷模”称号（平阳中学）
褚玉明　　中国科协授予“全国优秀科技工作者”称号（湖州师范学院）
包丽霞（女）　　获中国教育发展学会颁发的全国教育课程改革先进个人（舟山市文化馆）

致公党成员

季振国　　获致公党中央颁发的参政议政优秀成果奖（杭州电子科技大学）
金丽琴（女）　　全国妇联授予全国“三八红旗手”称号（温州医科大学）
蔡晓秋（女）　　全国妇联授予全国“三八红旗手”称号（温州市瓯剧艺术研究院）
王贤俊　　全国科协授予“全国优秀科技工作者”称号、致公党中央授予“致公党优秀党员”称号（温州市维日康生物科技有限公司）
叶亚菊（女）　　获“全国优秀药师”荣誉称号（宁波市鄞州区人民医院）
徐易北　　获“全国‘六五’普法中期先进个人”荣誉称号（浙江省质量技术监督局）
杨叶军　　获“全国优秀科技教师”荣誉称号（嘉兴市三水湾小学）
林　强　　入选2014年国家百千万人才工程，获“浙江省有突出贡献中青年专家”荣誉称号（浙江工业大学）

九三学社成员

罗卫红（女）	九三学社中央授予“九三楷模”称号（浙江省民政厅）
过风祥	被九三学社中央评为2014年度优秀信息员（九三学社省委会）
潘伟民	中华全国总工会授予全国五一劳动奖章、浙江省政府授予浙江省“劳动模范”荣誉称号（宁波市第一医院）
郑户南	浙江省政府授予浙江省“劳动模范”荣誉称号（杭州廻龙农机专业合作社）
徐旭锋	浙江省政府授予浙江省“劳动模范”荣誉称号（宁波科鑫腐蚀控制工程有限公司）
王贤理	浙江省政府授予浙江省“劳动模范”荣誉称号（浙江伊利康生物技术有限公司）
陈　艳（女）	浙江省政府授予浙江省“劳动模范”荣誉称号（温州市经济建设规划院）
齐陈泽	浙江省政府授予浙江省“劳动模范”荣誉称号（绍兴文理学院）
李冬梅（女）	浙江省政府授予浙江省“劳动模范”荣誉称号（金华青年汽车制造有限公司）
郑青松	浙江省政府授予浙江省“劳动模范”荣誉称号（玉环县水产技术推广站）
周智修（女）	浙江省政府授予浙江省“劳动模范”荣誉称号（中国农业科学院茶叶研究所）
潘东浩	浙江省政府授予浙江省“劳动模范”荣誉称号（浙江运达风电股份有限公司）
钱　捷	被九三学社中央评为全国先进组工干部（浙江工业大学）
罗朝盛	“基于中德合作本科应用型人才培养二十年探索与实践”成果被教育部授予2014年国家级高等教育教学成果奖二等奖（浙江科技学院）
易可可	入选“国家百千万人才工程”，并被国家人力资源和社会保障部授予2014年“国家有突出贡献中青年专家”荣誉称号（浙江省农科院）
张小明	获2014年国务院政府特殊津贴（浙江省农科院）
董静波	被九三学社中央评为全国先进组织工作干部（九三学社慈溪市综合支社）
方胜浩	获2013－2014年度中国园林景观设计行业杰出贡献奖，获2014年全国人居经典方案竞赛环境金奖（温州市欣荣园林规划设计研究院有限公司）
单淮峰	浙江省政府授予“浙江省特级教师”称号（瓯海区职业中专集团学校）
赵丽华（女）	被九三学社中央评为先进组工干部（浙江农林大学）
杨莺莺（女）	被九三学社中央评为先进组工干部（九三学社舟山市委会）

台盟成员

张泽熙	获政协全国委员会办公厅年度优秀社情民意信息表彰（普天东方通信集团有限公司）

无党派人士

陈忠仁	获2014年第五届中国侨界（创新人才）贡献奖（宁波大学）
田　梅（女）	“神经损伤的分子影像研究”成果获中国侨联第五届中国侨界（创新人才）贡献奖（浙江大学）
徐子伟	获党中央、国务院颁发的2014年度何梁何利基金“科学与技术创新奖”（浙江省农科院）
胡才谦	浙江省人民政府授予浙江省“劳动模范”称号（台州市黄岩区桔都农资物流配送中心）
秦旺仁增（藏族）	国务院授予“全国民族团结进步模范个人”称号（台州市黄岩区润兰实验器材制造有限公司）
雷魏芬（女，畲族）	国务院授予“全国民族团结进步模范个人”称号（景宁畲族自治县大均乡政府）

侨（留）联会成员

赵红挺	获2014年第五届“中国侨界（创新人才）贡献奖”（杭州电子科技大学）

徐理勤	《基于中德合作本科应用型人才培养二十年探索与实践》成果被教育部授予2014年国家级高等教育教学成果奖二等奖（浙江科技学院）
王雪青	人力资源社会保障部、教育部授予“全国模范教师”称号（中国美术学院）
盛嘉伟	中华全国归国华侨联合会授予“全国归侨侨眷先进个人”称号（浙江工业大学）

2014年浙江省统一战线成员获得全国和省部级社会科学、自然科学奖励人员名单

民革成员

鲁翠涛（女）	参与项目“抗肿瘤药物超声介导靶向给药系统研究”获浙江省科学技术奖三等奖（温州医科大学）
刘婵娟（女）	获得中国体育教育学会颁发的全国体育教学课时计划一等奖（新桥小学教育集团）
王建华（女）	《尚德育人：追寻中职教育之魂——衢州市行知职业教育集团全人教育的探索与实践》荣获职业教育国家级教学成果二等奖（衢州市行知职业教育集团）
夏宏明	作品衢州黄玉《步步高》在国家文化部、商务部主办的第十届“中国（深圳）国际文化产业博览交易会”上获得金奖（衢州宏明文化传播有限公司）
项　捷（女）	《依托职教集团高职国际贸易实务特色专业建设研究与实践》在第十五届（2014年）全国职业教育优秀论文评选活动中获二等奖（嘉兴职业技术学院）
沈润溥	主持的项目“基于膦酸酯合成维生素A和β-胡萝卜素的新技术及产业化”获浙江省科学技术二等奖（绍兴文理学院）
柯　昕	主持的“高性能低功耗软磁复合材料研究和产业化”项目获得2014年浙江省科技进步一等奖（浙江柯达磁电有限公司）
诸葛启钏	获浙江省科技重大专项（温州医科大学附属第一医院）
陈伟建	获浙江公益性技术应用项目（温州医科大学附属第一医院）
胡笑奇	项目“基于压电材料剪切模式仿尾鳍摆动无阀药泵的研究”获2014年度国家自然基金项目立项（丽水学院）
陈光炬	项目“浙闽赣畲族山区生态文明建设路径研究”获得2014年国家社会科学基金项目（丽水学院）
朱泉涌	项目“几类随机非线性波方程的高性能数值算法及其应用研究”获国家自然科学基金应急管理项目立项（丽水学院）
李　康	项目“拓朴场论与共形场论的研究”获新疆自治区2014年科技进步二等奖（第二完成人）（杭州师范大学）
陈　凡（女）	参与项目“微孔增氧高效健康养殖技术师范推广”获农业部颁发的全国农牧渔业丰收奖农业技术推广合作奖（杭州水产技术推广总站）
陈林林	《公众意见在裁判结构中的地位》获浙江省第十七届哲学社会科学优秀成果（人文社会科学）一等奖（浙江大学）
朱新力	《行政审批制度“宁波模式”与政府自身改革研究》获浙江省第十七届哲学社会科学优秀成果（人文社会科学）一等奖（浙江大学）
马庆国	《基于神经科学与信息技术的作业过程管控的关键技术与应用》获浙江省科学技术奖二等奖（浙江大学）

民盟成员

滕元文	获教育部高等学校科学研究优秀成果奖（科学技术）技术发明一等奖（浙江大学）
张　红（女）	主持的“高职学生顶岗实习管理与质量监控研究与实践”项目获得国家教学成果二等奖（浙江经贸职业技术学院）
夏谷鸣	获基础教育国家级教学成果奖2项（杭州外国语学校）
张　丰	获基础教育国家级教学成果奖1项（浙江省教育厅）
张文军（女）	获基础教育国家级教学成果奖二等奖（浙江大学）
吴雪岚（女）	获第2届亚洲彩虹奖最佳编剧奖（杭州江南实验学校）
郑　斌	获中国轻工业联合会颁发的科学技术奖一等奖（浙江省海洋开发研究院）
刘紫丹（女）	获全国图书馆年会论文一等奖（温州市少年儿童图书馆）
倪礼豪	获全国大学生开源软件技术竞赛最佳指导老师奖（温州科技职业学院）
鲍　虹（女）	获第3届全国文秘·速录职业技能竞赛最佳指导教师奖（杭州市旅游职业学校）
董石麟	获浙江省科学技术奖重大贡献奖（浙江大学）
蒙　涛（女）	获浙江省科学技术奖一等奖（浙江大学）
曾燕如（女）	获浙江省科学技术奖一等奖（浙江农林大学）
史英标	获浙江省科学技术奖一等奖（浙江省水利河口研究院）
张　淼	获浙江省科学技术奖一等奖（温州大学）
章志勇	获浙江省科学技术奖二等奖（浙江工商大学）
于红卫	获浙江省科学技术奖二等奖（浙江农林大学）
姜志华	获浙江省科学技术奖二等奖（浙江科技学院）
郭潮潭	获浙江省科学技术奖二等奖（浙江省医学科学院生物工程研究所）
卜月华	获浙江省科学技术奖二等奖（浙江师范大学）
金泽民	获浙江省科学技术奖二等奖（浙江师范大学）
谢志坚	获浙江省科学技术奖三等奖（浙江大学医学院附属口腔医院）
陈　斌	获浙江省科学技术奖三等奖（浙江大学医学院附属第一医院）
何福明	获浙江省科学技术奖三等奖（浙江大学医学院附属口腔医院）
方剑乔	获浙江省科学技术奖三等奖（浙江中医药大学）
林咸明	获浙江省科学技术奖三等奖（浙江中医药大学第三临床医学院）
马睿杰（女）	获浙江省科学技术奖三等奖（浙江中医药大学附属第三医院）
徐爱俊	获浙江省科学技术奖三等奖（浙江农林大学）
陈贵才	获浙江省科学技术奖三等奖（杭州汇能生物技术有限公司）
宋海东	获浙江省科学技术奖三等奖（杭州第七人民医院）
刘　勇	获浙江省科学技术奖三等奖（温州医科大学）
易兴阳	获浙江省科学技术奖三等奖（瑞安人民医院）
周明明	获浙江省科学技术奖三等奖（浙江超威电源有限公司）
方一新	作品《东汉疑伪佛经的语言学考辨研究》获浙江省第十七届哲学社会科学优秀成果（人文社会科学）一等奖（浙江大学）
黄灵庚	获浙江省哲学社会科学优秀成果一等奖（浙江师范大学）
吴黛舒（女）	获浙江省哲学社会科学优秀成果二等奖（宁波大学）
张光陆	获浙江省哲学社会科学优秀成果二等奖（宁波大学）
朱旭红（女）	获浙江省哲学社会科学优秀成果二等奖（浙江省社会科学院）
郭　梅（女）	获浙江省哲学社会科学优秀成果三等奖（杭州师范大学）

陈文辉	获浙江省哲学社会科学优秀成果三等奖（宁波市教育局）
刘　方	获浙江省哲学社会科学优秀成果三等奖（湖州师院）
陈传锋	获浙江省哲学社会科学优秀成果三等奖（湖州师范学院）
吴积雷	作品《浙南木拱廊桥的民俗文化研究》获浙江省第十七届哲学社会科学优秀成果三等奖（民盟丽水市委会）
夏哲雷	项目“构建具有电子测量特色的电子信息类专业的教学改革与实践”获浙江省人民政府颁发的2014年浙江省省级教学成果奖二等奖（第一完成人）（中国计量学院）
万　健	参与的项目“智慧城市视频监控大数据平台关键技术及应用”获浙江省科学技术奖一等奖（杭州电子科技大学）
段显明	参与的项目“高耗能行业污染减排自愿协议制度研究”获中华人民共和国环境保护部颁发的科学技术奖二等奖（杭州电子科技大学）
刘时觉	著作《中国医籍续考》荣获浙江省第十七届哲学社会科学优秀成果奖基础理论研究类一等奖（温州医科大学附属二院）
王笃芳	作品《大风歌》获得2014中国原创百花杯中国工艺美术精品金奖（乐清市王家黄扬木雕研究所）
孔令伟	作品《观念的拟人化》获中宣部、文化部、中国文联、中国美协颁发的中国美术奖·理论评论奖（国家级）（中国美术学院）
郎友兴	作品《政治追求与政治吸纳：浙江先富群体参政议政研究》获浙江省第十七届哲学社会科学优秀成果（人文社会科学）二等奖（浙江大学）
钱弘道	作品《法治评估及其中国应用》获浙江省第十七届哲学社会科学优秀成果（人文社会科学）二等奖（浙江大学）
桂福坤	授权实用新型专利2项（浙江海洋学院）
张海虹（女）	水彩画《烂漫乡村》获“泰山之尊”全国山水画、水彩画大赛优秀奖（舟山市文化馆）
孙　忠	科研项目获浙江省科学技术二等奖（省海洋水产研究所）
谢永和	获海洋工程科学技术二等奖和浙江省高等教育教学成果二等奖，授权实用新型专利12项、发明专利3项（浙江海洋学院）

民建成员

胡税根	作品《扩权强镇与权力规制创新研究——以绍兴市为例》获浙江省第十七届哲学社会科学优秀成果（人文社会科学）三等奖（浙江大学）
余官胜	作品《贸易开放的劳动力效应：基于中国数据的实证研究》获浙江省第十七届哲学社会科学优秀成果三等奖（温州大学）
郑今欢	项目“气流雾化染色技术研究及装备研制”获得中国纺织工业联合会颁发的中国纺织工业联合会科学技术三等奖（浙江理工大学）

民进成员

刘楚辉	获全国大学生先进成图技术与产品信息建模创新大赛建模类和尺规类比赛二等奖（嘉兴学院）
张宏宇	参与项目“中国人体表慢性难愈合创面发生新特征与防治关键措施研究”获北京市科技进步一等奖（温州医科大学）
徐　丹（女）	参与项目“重症急性胰腺炎防治难点关键技术的研究”获浙江省科学技术奖一等奖（温州医科大学）
许国强	“EUS对消化道黏膜下病变的诊治价值研究”获浙江省科学技术奖二等奖（浙江大学）

张宏宇	获中华医学科技奖三等奖（温州医科大学）
蔡秀军	获浙江省科学技术奖重大贡献奖（浙江大学）
王　旭	获浙江省科技进步二等奖（浙江工业大学）
朱　岩	获浙江省科技进步二等奖（浙江大学）
张培敏（女）	获浙江省科技进步二等奖（浙江大学）
林　俐（女）	课题《面向中小企业的地方院校分层分类应用型人才培养模式创新与实践》获教育部颁发的国家级教学成果奖一等奖（温州大学）
王少莲（女）	课题《历史人物课堂教学的三维立体空间》获中国教育学会颁发的全国历史教学论文一等奖（温州十五中）
黄　英（女）	《Mutual Fund Governance and Performance：A Quantile Regression Analysis of Morningstar’s Stewardship Grade》获浙江省第十七届哲学社会科学优秀成果（人文社会科学）三等奖（浙江大学）

农工党成员

姚　克	主编的论著《微小切口白内障手术学》获得第四届新闻出版总署“三个一百”原创图书工程奖国家级图书大奖（浙江大学医学院附属第二医院）
朱建华	“血管发育与重构的分子机制研究及其在血管病变干预中的应用”获中华医学科技二等奖（浙江大学医学院附属第一医院）
张　辉	“一维纳米半导体材料的可控生长及其机理”获2013年度国家自然科学二等奖（浙江大学）
胡亚才	“节约型校园建筑节能监管体系示范项目及推广应用”获浙江省科学技术二等奖（浙江大学）
吕晓男	“浙江‘数字土壤’基础与耕地地力评价技术研究及其应用”获浙江省科学技术奖二等奖（第一完成人）（浙江省农科院）
钱文斌	“急性白血病靶向治疗的临床前研究”获浙江省科学技术奖二等奖（浙江大学）
邹晓庭	“蛋鸽健康养殖关键技术研究与示范”获浙江省科技进步二等奖（浙江大学）
梁月荣	“贵州省茶产业转型升级关键技术”获贵州省科技进步二等奖（浙江大学）
肖建富　叶庆富	“农科拔尖人才培养的‘五创新五提升’探索与实践”获高教类国家级教育成果二等奖（浙江大学）
胡锦平	“高性能种猪选育关键技术研发与应用”获浙江省科学技术二等奖（浙江省农科院）
蔡宛如（女）	获浙江省科学技术进步三等奖（浙江中医药大学附属第二医院）
马红珍（女）	“李学铭临床经验、学术思想传承”获浙江省科技进步三等奖（浙江省中医院）
张云武	“城市化度与生活结构”获浙江省第十七届哲学社会科学优秀成果奖二等奖（浙江工商大学）
陈宇峰	“国际油价波动的市场特征与中国需求”获浙江省第十七届哲学社会科学优秀成果奖三等奖（浙江工商大学）
郑勇军	“舟山群岛新区建设国际物流岛的思路及配套政策研究”获浙江省第十七届哲学社会科学优秀成果奖三等奖（浙江工商大学）
邱俏檬（女）	参与项目“百草枯急性中毒致病机制及干预研究”获浙江省科学技术奖二等奖（温州医科大学）
邓小鹏	“互联网时代系列海报设计”获中国包装联合会颁发的2014中国包装创意设计大赛一等奖（中国美术学院）
欧阳宏伟	“肌腱分化和再生的研究”获高等学校自然科学奖二等奖（浙江大学）

王瑜敏　课题《一个肺腺癌相关新 lncRNA LOC100132354 的生物学功能及其分子机制研究》获国家自然科学基金青年基金（温州医科大学附属第一医院）

陈莉丽（女）　“牙周炎性环境中牙槽骨再生调控的分子机制”获浙江省科学技术奖三等奖（浙江大学）

包丽霞（女）　摄影作品《母女》获第十六届全国艺术摄影大赛人像摄影类银奖，《早市》获中国百名摄影家走进花垣全国摄影大赛铜奖（舟山市文化馆）

致公党成员

乐孜纯（女）　获教育部颁发的高等学校科学研究优秀成果奖（科学技术）（浙江工业大学）

金爱武　获第五届梁希林业科学技术奖一等奖（丽水市农科院）

吴艳彧（女）　获文化部第二届歌剧节表演奖（浙江传媒学院）

陈建荣　获浙江省科学技术奖三等奖（浙江师范大学）

许国章　获浙江省科学技术奖三等奖（宁波市疾控中心）

蒋建中　“无序合金材料的原子结构、设计与力学性能研究”获浙江省科学技术奖二等奖（浙江大学）

九三学社成员

朱德峰　陈惠哲　科研项目“超级稻高产栽培关键技术及区域化集成应用”获 2014 年度国家科学技术进步奖二等奖，项目“水稻钵形毯状秧苗机插技术研发与应用”获浙江省技术发明奖二等奖（第一完成人、第二完成人）（中国水稻研究所）

王伟定　参与的科研项目“东海区重要渔业资源可持续利用关键技术研究与示范”获 2014 年度国家科学技术进步奖二等奖，并获浙江省科学技术二等奖（浙江省海洋水产研究所）

周文华　参与的科研项目“药物成瘾机制及综合干预模式研究与应用”获 2014 年度国家科学技术进步奖二等奖（宁波市微循环与莨菪类药研究所）

王远山　参与的科研项目“阿卡波糖原料和制剂生产关键技术及产业化”获 2014 年度国家科学技术进步奖二等奖（浙江工业大学）

吴大转　“用于瞬态工作过程的离心泵及其关键技术与应用”获高等学校技术发明奖二等奖（浙江大学）

金子敏　项目“无缝织物抗风阻关键技术研究及竞技功能运动服设计与开发”获得中国商业联合会颁发的科学技术奖二等奖（浙江理工大学）

潘道东　荣获浙江省人民政府颁发的 2013 年度浙江省农业科技成果转化推广奖（宁波大学）

方志梅（女）　主持的项目“基于学生自主选择的大类培养机制的改革实践”荣获教育部颁发的国家级教学成果奖二等奖（宁波大学）

童利民　项目“微纳光纤光子学及其应用基础研究”获浙江省自然科学奖一等奖（第一完成人）（浙江大学）

王建辉　项目“液相增黏熔体直纺涤纶工业长丝关键技术及产业化”获浙江省技术发明奖一等奖（第四完成人）（浙江古纤道新材料有限公司）

邵双喜　项目“皮塑废弃物粉体相容增强关键技术及其循环应用”获浙江省技术发明奖二等奖（第一完成人）（宁波工程学院）

周香琴（女）　项目“超宽门幅产业用布剑杆织机关键技术的研究及产业化”获浙江省技术发明奖三等奖（第一完成人）（浙江理工大学）

卢嘉华　项目“电力系统电压调节器的技术创新与应用”获浙江省技术发明奖三等奖（国网浙江省电力公司电力科学研究院）

杜立中　项目“危重新生儿综合救治技术的临床基础研究及推广应用”获浙江省科学技术进步奖一等奖（第一完成人）（浙江大学医学院附属儿童医院）

吴朝晖　项目“复杂电子服务系统关键技术研究与应用”获浙江省科学技术进步奖一等奖（第一完成人）（宁波市机电工业研究设计院）

沈雪亮（女）　项目“生物催化技术重组并强化茶深加工制品的功能及其产业化”获浙江省科学技术进步奖一等奖（第三完成人）（浙江工业大学）

吴　鸿　项目“浙江松林重大病虫害防控关键技术研究与应用”获浙江省科学技术进步奖一等奖（第六完成人）（浙江省林业厅）

杨仕贵　项目“国家数字卫生关键技术和区域示范应用研究”获浙江省科学技术进步奖一等奖（第六完成人）（浙江大学附属第一医院）

周晓梅（女）　项目“大功率船用齿轮箱关键技术研究及应用”获浙江省科学技术进步奖一等奖（第七完成人）（杭州前进齿轮箱集团有限公司）

杨亦文　项目“羊毛脂中甾醇同系物的高效分离及其副产物综合利用”获浙江省科学技术进步奖一等奖（第十完成人）（浙江大学）

宋其同　项目“重症急性胰腺炎诊治难点关键技术的研究”获浙江省科学技术进步奖一等奖（第十二完成人）（温州医学院附属第一医院）

石其贤　项目“男性生育及其相关疾病的研究与应用”获浙江省科学技术进步奖二等奖（第六完成人）（浙江医学科学院）

唐建军　项目“利用生物多样性修复土壤金属污染的技术与农产品安全”获浙江省科学技术进步奖三等奖（第四完成人）（浙江大学）

张　勤　项目“胃癌全胃切除非离断式 Roux－en－Y 远端空肠储袋代胃术的基础与临床”获浙江省科学技术进步奖三等奖（第四完成人）（浙江省人民医院）

陈海相　项目“应对欧盟 REAH 法规纺织品中有毒有害物质检测标准体系的研究与应用”获中国纺织工业联合会颁发的中国纺织工业联合会科学技术二等奖及浙江省科学技术进步奖三等奖（第三完成人）（浙江理工大学）

李国勤　项目“鸽高效生产关键技术创新及应用”获浙江省科学技术进步奖二等奖（第二完成人）（浙江省农科院）

钱　前　项目“水稻科学数据的集成及应用”获浙江省科学技术进步奖二等奖（第四完成人）（中国水稻研究所）

张小明　项目“晚粳稻特异种质的创制与功能鉴定”获浙江省科学技术进步奖二等奖（第一完成人）（浙江省农科院）

谢鑫友　项目“肿瘤标志物的遴选及应用”获浙江省科学技术进步奖三等奖（第一完成人）（浙江大学医学院附属邵逸夫医院）

陈爱君（女）　项目“男性生育及其相关疾病的研究与应用”浙江省科学技术进步奖二等奖（第五完成人）（浙江省医学科学院）

孙爱华（女）　项目“主要性病病原体感染和耐药的分子诊断新方法建立和应用”获浙江省科学技术进步奖三等奖（第一完成人）（浙江医学高等专科学校）

鲍一丹（女）　项目“智慧农业信息获取及云服务关键技术产业化推广应用”获浙江省科学技术进步奖二等奖（第六完成人）（浙江大学）

潘东浩　项目“大型并网风电机组控制技术的开发与应用”获浙江省科学技术进步奖二等奖（第五完成人）（浙江运达风电股份有限公司）

张　丰（女）　项目“浙江海岛资源环境遥感调查技术”获浙江省科学技术进步奖二等奖（第五完成人）（浙江大学）

唐丽华（女） 项目“林权管理新模式及其信息服务平台研究与应用”获浙江省科学技术进步奖三等奖（第三完成人）（浙江农林大学）

朱婉萍（女） 项目“中药有效部位高纯度活性物质提取纯化技术平台的建立及应用研究”获浙江省科学技术进步奖二等奖（第一完成人）（浙江省中药研究院临床医学研究所）

鄂志国 项目“水稻科学数据的集成及应用”获浙江省科学技术进步奖二等奖（第一完成人）（中国水稻研究所）

谭俊峰 项目“扁形名优绿茶连续化自动化加工技术与成套装备”获浙江省科学技术进步奖三等奖（第二完成人）（中国农业科学院茶叶研究所）

向　镜 项目“水稻科学数据的集成及应用”获浙江省科学技术进步奖二等奖（第五完成人）（中国水稻研究所）

杨　君 项目“浙江特色植物增香持水提取物筛选制备及应用”获浙江省科学技术进步奖三等奖（第二完成人）（浙江中烟工业有限责任公司）

祝小祥 项目“玉米矮缩病流行规律、监测预警与持续控制关键技术研究及其应用”获浙江省科学技术进步奖二等奖（第五完成人）（临安市农业技术推广中心）

宋海棠 项目“东海虾蟹类资源调查研究及其在渔业管理中的应用”获浙江省科学技术进步奖三等奖（第二完成人）（浙江省海洋水产研究所）

曹万荣 项目“水性超支化环氧绝缘浸渍漆研究开发及产业化”获浙江省科学技术进步奖二等奖（第一完成人）（浙江嘉兴雷帕司绝缘材料公司）

姚耀涛 项目“家蚕种质资源评价、创新与多元化品种选育”获浙江省科学技术进步奖二等奖（第五完成人）（湖州市农业科学研究院）

钱苏翔 项目“数字农业环境信息智能测控关键技术与云服务管理系统”获浙江省科学技术进步奖三等奖（第三完成人）（浙江嘉兴学院）

方修贵 项目“蓝莓全产业链支撑技术开发利用”获浙江省科学技术进步奖三等奖（第一完成人）（浙江省科学院柑桔研究所）

裘丹红（女） 项目“艾滋病防治若干创新研究及其应用”获浙江省科学技术进步奖三等奖（第三完成人）（台州市疾控中心）

林振浪 项目“储液囊植入与改良脑室外引流在儿童脑积水治疗中的应用价值”获浙江省科学技术进步奖三等奖（第三完成人）（浙江温州医学院附属第二医院）

俞慧忠 项目“ZFW41－126气体绝缘金属封闭开关设备（GIS）”获浙江省科学技术进步奖三等奖（第一完成人）（浙江衢州浙江开关厂）

杨加付 项目“松花莱小孢子培养高效育种技术创建及其应用”获浙江省科学技术进步奖三等奖（第三完成人）（温州大学）

胡廷尖 项目“泥鳅规模化繁育技术的研究”获浙江省科学技术进步奖三等奖（第一完成人）（浙江省淡水水产研究所）

李玉峰 项目“泥鳅规模化繁育技术的研究”获浙江省科学技术进步奖三等奖（第五完成人）（浙江省湖州市蚕桑科学研究所）

何登伟 项目“胸腰椎骨折微创内固定系统的研发和临床应用研究”获浙江省科学技术进步奖三等奖（第一完成人）（丽水市中心医院）

王世恒 项目“蔬菜花卉航天育种技术研究及其新品种选育”获浙江省科学技术进步奖三等奖（第一完成人）（杭州市农业科学研究院）

胡　欣 项目“融入城镇化进程的机组供热关键技术研究与应用”获浙江省科学技术进步奖三等奖（第四完成人）（镇海发电有限责任公司）

王　璞（女） 项目“Foxp3＋CD4＋CD25＋T细胞在狼疮性肾炎的发病机制研究”获浙江省科学技术进

步奖三等奖（第七完成人）（杭州市红十字会医院）

章学东　项目“优质鸡新配套系培育及健康养殖技术研究与示范”获浙江省科学技术进步奖二等奖（第二完成人）（杭州市农业科学研究院）

王胜鹏　项目“环保节能涂料印花新型助剂”获浙江省科学技术进步奖三等奖（第三完成人）（浙江传化股份有限公司）

华　锋　项目“脂联素基因多态性与非小细胞肺癌铂类化疗预后的关系”获浙江省科学技术进步奖三等奖（第四完成人）（湖州中心医院）

楼立峰　项目“优质鸡新配套系培育及健康养殖技术研究与示范”获浙江省科学技术进步奖二等奖（第五完成人）（杭州市农业科学研究院）

叶修梓　项目“复杂交通场景视频多目标跟踪与识别关键技术研究及应用”获浙江省科学技术进步奖三等奖（第一完成人）（温州大学）

吾建祥　项目“南方易腐果蔬微气调绿色贮运技术集成与产业化”获浙江省科学技术进步奖二等奖（第六完成人）（金华市农业科学研究院）

范柏乃　《网络众包模式下开放式创新机制与激励政策研究》获浙江省第十七届哲学社会科学优秀成果（人文社会科学）二等奖（浙江大学）

朱妙芬　参与的项目“多功能物流装备多领域优化设计及控制系统”获浙江省科学技术奖一等奖，参与的项目“大型散货船协同设计与建造工程控制系统平台”获浙江省科学技术奖三等奖（杭州电子科技大学）

黄　鸣　获文化部、中国文联、中国美协颁发的中国美术奖·创作奖（油画）银奖（杭州师范大学）

黄少铭　获国家自然科学基金重点国际合作研究项目立项，获教育部颁发的高等学校科学研究优秀成果奖（自然科学）二等奖（温州大学）

周健民　课题《学科整合视角下大学人才培养范式研究》获批国家社科基金教育学一般课题立项（温州医科大学）

李国斌　项目“减少钢材加工过程中所产生的废水中的重金属及氟含量的环保处理方法”获国家专利（浙江信得达特种管业有限公司）

潘　诚　获国家工程建设（勘察设计）优秀 QC 小组三等奖（浙江温州市工程勘察院）

郑万青　“传统文化资源的知识产权保护与经营 - 以浙江为对象”获浙江省第十七届哲学社会科学优秀成果奖三等奖（浙江工商大学）

孟岳成　江美都　“米饭制品速食生产关键技术及产业化示范”获浙江省科学技术奖三等奖（浙江工商大学）

孟岳成　获 2013 年度浙江省农业科技成果转化推广奖（浙江工商大学）

张恒木　“玉米矮缩病流行规律、检测预警与持续控制关键技术研究及应用”获浙江省科学技术奖二等奖（第三完成人）（浙江省农科院）

柴学军　获国家海洋局颁发的国家海洋技术二等奖（浙江省海洋水产研究所）

无党派人士

束景南　《阳明佚文辑考编年》获浙江省第十七届哲学社会科学优秀成果（人文社会科学）二等奖（浙江大学）

施　旭　《Understanding contemporary Chinese political communication A historico - intercultural analysis and assessment of its discourse of human rights》获浙江省第十七届哲学社会科学优秀成果（人文社会科学）二等奖（浙江大学）

刘　渊　《关于加强虚拟社会科学化治理和有效推进网络政民互动的建议》获浙江省第十七届哲

学社会科学优秀成果（人文社会科学）二等奖（浙江大学）

李卫明　参与的项目“地毯混色数码喷印系统”获中国轻工业联合会科学技术奖一等奖（杭州电子科技大学）

赖晓平　参与的项目“复杂系统控制理论与设计中若干科学问题的研究”获浙江省科学技术奖一等奖（杭州电子科技大学）

苏少辉　参与的项目“多功能物流装备多领域优化设计及控制系统”获浙江省科学技术奖一等奖（杭州电子科技大学）

陈佰平　参与的项目“印制电路板智能化光学检测设备的研究及产业化”获浙江省科学技术奖二等奖（杭州电子科技大学）

苏少辉　彭章明　主持的项目“大型散货船协同设计与建造工程控制系统平台”获浙江省科学技术奖三等奖（杭州电子科技大学）

李　芸　参与的项目“水质在线监测设备及污水处理关键技术研究与开发”获浙江省科学技术奖三等奖（杭州电子科技大学）

范捷平　《罗伯特·瓦尔泽与主体话语批评》获浙江省第十七届哲学社会科学优秀成果（人文社会科学）一等奖（浙江大学）

杨大春　《自然的神性、人性与物性》获浙江省第十七届哲学社会科学优秀成果（人文社会科学）三等奖（浙江大学）

钱　程　项目“创建‘溶瘤病毒－基因’肿瘤治疗的新理论”获浙江省自然科学奖二等奖（浙江理工大学）

韩　建　项目“水刺复合高性能纤维过滤材料关键技术及产业化”获浙江省科学技术进步奖三等奖（浙江理工大学）

知联会（留、少联会）成员

何大安　“产业规制的主体行为及其效应”获浙江省第十七届哲学社会科学优秀成果奖一等奖（浙江工商大学）

石敏敏（女）　《希腊化哲学主流》获浙江省第十七届哲学社会科学优秀成果奖二等奖（浙江工商大学）

沈东升　“典型有害固体废物水泥窑协同处置关键技术及应用示范”获浙江省科学技术奖二等奖（浙江工商大学）

俞燕宁（女）　“Rethinking China’s Market Economy Status in Trade Remedy Disputes after 2016：Concerns and Challenges”获安子介国际贸易研究奖二等奖（浙江工商大学）

李伟健　项目“中小学全员心理健康教育的师资培训：工作坊教学模式的十五年实践探索”获2014年国家级教学成果（基础教育类）二等奖（排名第一），项目“对接与重构：地方师大师范生培养体系探索”获2014年国家级教学成果（高等教育类）二等奖（排名第二）（浙江师范大学）

卢立志　“鸽高效生产关键技术创新及应用”获浙江省科学技术奖二等奖（第一完成人）（浙江省农科院）

袁秀芳（女）　“猪主要病毒快速诊断和猪 α－干扰素防治新技术研究”获浙江省科学技术奖三等奖（第二完成人）（浙江省农科院）

杨和平　专著《浙江近现代音乐教育家群体研究》获浙江省第十七届哲学社会科学优秀成果奖基础理论研究类三等奖（浙江师范大学）

2014年度浙江省获全国统战工作实践创新成果奖名单

单　位	申报主题
省级（1项）：	
浙江省委统战部	以网络界人士联谊会为载体，探索统一战线参与网络虚拟社会治理的新途径
市级（1项）：	
温州市委统战部	温州市探索行业协会商会承接政府职能转移工作
县（市、区）级（2项）：	
宁波市北仑区委统战部	制度化“协作共建”破解基层多党合作难题
江山市委统战部	同名同根·永结同心——江山市借助“同名”乡村关系实现基层对台交流合作新突破

浙江省获2014年度全国统战理论政策研究优秀成果表彰情况

一等奖（1篇）：

《新的社会阶层人士分众统战研究》（浙江省委统战部课题组）

二等奖（2篇）：

《关于商（协）会承接政府职能转移的实践与思考》（宁波市委统战部调研组）

《从“冷”“热”两条线谋划统战工作——习近平同志在浙江工作期间有关统战工作重要论述和思想研究》（浙江省统一战线理论研究会课题组）

三等奖（1篇）：

《新生代企业家的价值取向与政治引导》（浙江省社会主义学院课题组）

浙江省获2014年度全国统战信息工作先进单位和先进个人名单

一、省级党委统战部先进单位

一等奖　浙江省委统战部

二、信息直报点先进单位

一等奖　杭州市委统战部
　　　　宁波市委统战部

三、优秀信息员

浙江省委统战部　叶圣松
杭州市委统战部　翁洁明
宁波市委统战部　石雅洁

8. 统计表格

浙江省统一战线基本资料

项目 \ 单位		省级	杭州	宁波	温州	湖州	嘉兴	绍兴	金华	衢州	舟山	台州	丽水	全省
民主党派	委员会	8	15	9	19	6	9	8	11	7	5	15	16	140
	基层组织(总支或支部)	806	468	362	178	166	94	306	148	107	47	90	86	2532
	成员人数	11475	9778	9498	5756	3551	3129	5254	4016	1911	857	2523	2101	54964
党外人士担任实职	政府	1	14	20	12	7	8	7	11	7	0	10	8	105
	政府部门	9	132	148	120	82	84	69	100	59	0	94	134	1031
	群团及高校、科研院所、国有企业	24	36	33	29	9	24	17	8	11	0	32	39	262
	司法机关	2	12	11	7	5	7	6	6	8	0	6	16	86
召开党外人士民主协商会、座谈会、通报会次数		7	101	77	71	49	73	30	60	39	0	70	36	613
(其中党委一把手主持召开的次数)		5	33	16	29	16	22	18	11	13	8	20	8	199
聘请党外人士担任各级特约人员数量		185	375	647	805	141	436	217	276	224	0	707	186	4199

项目	单位	省级	杭州	宁波	温州	湖州	嘉兴	绍兴	金华	衢州	舟山	台州	丽水	全省
工商联	会员数	/	28851	24880	34826	11977	16897	9611	36734	9394	3569	11750	13208	215790
	基层商会（分会）数量	/	322	276	133	155	74	62	123	34	31	88	37	2975
	行业协会和同业公会数量	/	57	78	180	35	166	27	31	48	15	35	36	715
	异地商会数量	/	57	48	36	44	33	61	157	36	14	171	109	765
	非公经济人士担任主席人数	1	5	5	12	3	5	1	0	4	3	5	0	44
少数民族	成份	/	54	55	49	44	49	48	52	44	40	47	47	55
	人数（万人）	/	11.95	36	12.88	1.87	10.58	1.62	23.091	2.71	1.99	3.3	9.88	121.5
宗教	宗教团体（个）	7	31	28	50	14	25	20	32	24	19	42	26	348
	宗教教职人员（人）	/	1101	3267	4583	483	647	456	1116	358	2101	2099	960	2.5万
港澳台侨“三胞”数	台湾同胞	/	7569	19228	97611	590	3746	29524	49851	25886	12351	165036	42419	453811
	港澳同胞	/	18804	57180	9657	985	1613	13838	20700	1573	17693	2348	2444	30.93万
	海外侨胞	/	113345	98083	631433	6823	7709	43072	18456	9138	19797	53721	412348	171.11万
留学人员	海外留学生	/	18880	25552	7533	2984	4817	3569	3122	1602	1573	3026	1516	10万
	归国留学人员	/	21300	7717	3002	1648	1799	358	4571	1616	835	1259	372	5.67万
知识分子（人才）	总人数（万人）	/	26.3	166.34	42.33	19.99	21	60.84	41.49	14.56	8.75	42.03	13.45	457
	党外人士所占比例	/	66%	66%	55%	67%	60%	62.70%	60%	68%	64.43%	68%	62%	70%
	自由择业知识分子（万人）	/	66	83.08	5.75	0.47	0.5	2.26	13.428	0.77	0.51	10.65	0.84	270
举办各类培训班次数和参加人数		62	85	144	160	51	53	23	64	29	25	95	47	838
		3579	5638	12226	13025	4335	5395	1336	5845	1904	1570	7407	2262	64522
部长由同级党委常委担任人数		/	4	4	8	3	2	1	3	6	3	8	8	50

注：①本表由年鉴编辑部汇总。②有些数据因各地统计口径不一，仅供参考。

杭州市统一战线基本资料

项目	单位	市级	上城	下城	拱墅	江干	西湖	滨江	萧山	余杭	富阳	建德	桐庐	临安	淳安	总计
民主党派	委员会	7						0	2	/		4	0	2		15
民主党派	基层组织	131	46	2	7	2	3	7	5	7	4	31	2	13	2	468
民主党派	成员人数	9778														9778
党外人士担任实职	政府	1	1	1	1	1	1	1	1	1	1	1	1	1	1	14
党外人士担任实职	政府部门	12	6	9	9	15	8	5	8	12	8	10	11	10	9	132
党外人士担任实职	群团及高校、科研院所、国有企业	4	/	4		2		0	2	/		15	2	3	4	36
党外人士担任实职	司法机关	2	/	2		2	1	0	0	/		3	2			12
召开党外人士民主协商会、座谈会、通报会次数		6	9	8	3	2	9	6	12	12		12	8	6	8	101
(其中党委一把手主持召开的次数)		3	3	4	1	1	4	1	3	4		4	5			33
聘请党外人士担任各级特约人员数量				62	3	18	20	20	72	45	3	23	7	90	12	375
工商联	会员数	10065	1053	972	952	1075	1300	548	2963	2500	1663	1653	2493	1224	390	28851
工商联	基层商会（分会）数量	111	9	14	11	8	13	4	36	28	20	16	40	13	9	332
工商联	行业协会和同业公会数量	23	1		2	12	3	1	8	/	2	1		4		57
工商联	异地商会数量	24	/	1	0	0		0	3	7	2	4	8	2	6	57
工商联	非公经济人士担任主席人数		/		1				1		1	1		1		5
工商联	光彩事业 捐赠额（万元）		396		150		300	3000	8410.95			450	2087	235	48	15076.95
工商联	光彩事业 投资额（万元）						3000	10000				2500	15256			30756
少数民族	成份	54	34	35	39	45	45	44	35	39	34	22	38	26	32	54
少数民族	人数		5000	5701	9454	9650	8385	9978	6780	8325	32249	4902	7000	11091	1012	119527
宗教	宗教团体（个）	6	/			0	1	1	4	4	3	2	4	3	3	31
宗教	宗教教职人员（人）		27	9	40	0	24	17	105	139	91	49	54	117	13	1101

项目	单位	市级	上城	下城	拱墅	江干	西湖	滨江	萧山	余杭	富阳	建德	桐庐	临安	淳安	总计
港澳台侨“三胞”数	台湾同胞		75	730		88	230	41	201	268	2300	1126		2500	10	7569
	港澳同胞	7276	2031	2502	459	2317	1528	251	1143	567	120	156	79	171	204	18804
	海外侨胞	48534	11630	10584	3019	10080	12258	2156	4169	1314	4765	1760	876	937	1263	113345
留学人员	海外留学生	2452	2339	2631	1058	2387	2938	256	1704	746	940	491	218	478	242	18880
	归国留学人员	8122	1388	1234	695	2008	2149	1387	1526	1469	620	112	70	433	87	21300
知识分子（人才）	总人数（人）		310	9210		115	177	17000			90000	69000	26800	34500	15900	263012
	党外人士所占比例		81%	40%			91.50%	65%			75%	33%	79.50%	55%	72%	65.78%
	自由择业知识分子（人）		69100	3430		43	22.10%	11050				6%			910	66万
举办各类培训班次数和参加人数		7	5	2	2	1	14	4	12	5	3	12	4	8	6	85
		340	312	260	140	47	730	300	998	350	350	560	350	600	301	5638
部长由同级党委常委担任人数									1	1			1	1		4

注：本表由杭州市委统战部汇总。

宁波市统一战线基本资料

项目		单位	市级	余姚	慈溪	奉化	宁海	象山	鄞州	海曙	江东	江北	镇海	北仑	全市
民主党派	委员会		7			1				1	0	0			9
	总支或支部		283	4	2	2	3	3	7	6	23	7	7	15	362
	成员人数		6615	225	246	193	124	80	374	434	400	314	225	268	9498
党外人士担任实职	政府		1	1		1	1	1	10	1	1	1	1	1	20
	政府部门		11	14	16	8	16	9	17	9	12	8	14	14	148
	群团及高校、科研院所、国有企业		7	2	2	3	5	3	6		0	4	1		33
	司法机关		1	1	1	2	1	1	0		1	0	1	2	11
召开党外人士民主协商会、座谈会、通报会次数			5	11	8	8	6	1	12	4	6	5	6	5	77
(其中党委一把手主持召开的次数)			1	4	3	1	1		2	1	1	1	1		16
聘请党外人士担任各级特约人员数量			120	53	84	35	26	35	50	72	72	50	22	28	647
工商联	会员数		2050	4200	4891	2615	2038	1939	3117	610	842	777	1005	796	24880
	基层商会(分会)数量		23	112	20	13	18	18	25	8	7	9	14	9	276
	行业协会和同业公会数量		8	16	6	2	14	6	2	1	7	10	6		78
	异地商会数量		13	6	11	2	8	3	4	0	0	0		1	48
	非公经济人士担任主席人数		0	1	1	0	0	0	1	1	1	0	0	0	5
	光彩事业	捐赠额(万元)	441	6300	3124	1800	7521	1545	22882	582	200	0	3500	6000	53895
		投资额(万元)						840	0	25	0	0			865
少数民族	成份		54	44	45	32	35	31	41	32	35	29	27	46	55
	人数		40000	95700	103286	6466	2675	900	35194	6072	2560	1233	1049	29600	360000
宗教	宗教团体(个)		4	3	4	5	4	3	3	1	1	2	3	2	28
	宗教教职人员(人)			330	496	230	217	350	381	42	61	45	26	86	3267

项目	单位	市级	余姚	慈溪	奉化	宁海	象山	鄞州	海曙	江东	江北	镇海	北仑	全市
港澳台侨“三胞”数	台湾同胞		2295	120	2185	1645	9000	1822	110	21	419	1025	586	19228
	港澳同胞		2825	1830	2014	18961	3700	9758	2175	224	1855	12738	1100	57180
	海外侨胞		3857	3879	7178	19626	9100	19502	1737	1207	3766	13231	15000	98083
留学人员	海外留学生		3871	3286	2422	1886	2745	5823	2620	610	422	1307	560	25552
	归国留学人员		1077	833	385	465	704	1541	565	55	619	373	1100	7717
知识分子（人才）	总人数（人）	786000	143000	196000	10700	100000	74000	144000	3980	115000	42710	48000		1663390
	党外人士所占比例	79%	71%	87%	65%	37%	69%	19%	84%	20%	75%	65%		66%
	自由择业知识分子（人）	501000	105000	126000	6955	1000	28800	278	3460	20000	15300	23000		830793
举办各类培训班次数和参加人数		19	15	12	3	8	11	16	3	35	1	10	11	144
		1300	1950	1758	386	780	1241	2123	170	1050	50	700	718	12226
部长由同级党委常委担任人数			1	1	1		1							4

注：本表由宁波市委统战部汇总。

温州市统一战线基本资料

项目	单位	市级	鹿城	龙湾	瓯海	乐清	瑞安	永嘉	洞头	文成	平阳	泰顺	苍南	全市
民主党派	委员会	7		1	2	1	5	1		0	1	0	1	19
	总支或支部	13（130）	7	6	5	3	1	6		0	5	0	2	178
	成员人数	2669	552	255	29	498	841	124		0	519	0	269	5756
党外人士担任实职	政府	1	1	1	1	1	1	1	1	1	1	1	1	12
	政府部门	14	8	17	7	6	8	9	7	8	20	8	8	120
	群团及高校、科研院所、国有企业	6	2	0	2	3	5	3	1	2	2	1	2	29
	司法机关	2	0	0	1	1	0	0	0	1	0	1	1	7
召开党外人士民主协商会、座谈会、通报会次数(其中党委一把手主持召开的次数)		6	9	8	8	4	8	6	6	4	6	2	4	71
			3	5	5	1	1	0	6	2	4	1	1	29
聘请党外人士担任各级特约人员数量		242	188	27	27	17	92	56	22	30	62	5	37	805
工商联	会员数	4994	2700	2372	3820	3560	5835	2168	601	965	2318	860	4633	34826
	基层商会（分会）数量	0	8	6	12	21	15	20	6	9	12	9	15	133
	行业协会和同业公会数量	89	7	6	14	2	23	3	2	8	9	1	16	180
	异地商会数量	0	0	3	1	5	8	0	3	8	0	8	0	36
	非公经济人士担任主席人数	1	1	1	1	1	1	1	1	1	1	1	1	12
	光彩事业 捐赠额（万元）		137	14.2	1196.56	5600	3631	600	29.61	1614	2807.35	1200	5855	22684.72
	光彩事业 投资额（万元）		0							4000	123.1	800	0	4923.1
少数民族	成份	45	34	23	23	49	31	31	15	24	36	24	37	49
	人数		2826	21972	1573	3858	7622	1000	2765	17586	18000	20586	31000	128833
宗教	宗教团体（个）	6	4	4	4	5	4	4	4	3	4	3	5	50
	宗教教职人员（个）	384	203	79	170	394	277	689	58	513	383	26	1407	4583

项目	单位	市级	鹿城	龙湾	瓯海	乐清	瑞安	永嘉	洞头	文成	平阳	泰顺	苍南	全市
港澳台侨“三胞”数	台湾同胞		421	596	3000	12000	18000	12132	320	17500	18000	642	15000	97611
	港澳同胞		1983	403	181	3979	419	420	143	295	280	232	1322	9657
	海外侨胞		84631	10689	119576	21572	151297	30134	759	168000	5100	344	39331	631433
留学人员	海外留学生		1939	256	142	2134	788	432	69	73	310	111	1319	7573
	归国留学人员		597	118	105	1260	164	63	4	6	150	28	507	3002
知识分子（人才）	总人数（人）		87000	188	2280	114600	120000	71886	5676	7185	7950	6535	/	423300
	党外人士所占比例		65.60%	/	18%	51.00%	40%	80%	58%	48%	65%	65.68%	/	54.59%
	自由择业知识分子（人）		47000	133	149	6100	2000	/	68	310	1663	30	/	57453
举办各类培训班次数和参加人数		29	3	14	14	17	11	12	26	5	6	8	15	160
		2056	192	1010	1010	3350	1080	1354	715	563	847	43	805	13025
部长由同级党委常委担任人数		1	1	1	1	1	1	1	0	0	0	0	1	8

注：本表由温州市委统战部汇总。

湖州市统一战线基本资料

项目	单位	市级	德清	长兴	安吉	吴兴	南浔	全市
民主党派	委员会	6						6
	总支或支部	137	6	6	5	6	6	166
	成员人数	2417	251	254	148	268	213	3551
党外人士担任实职	政府	1	1	1	1	1	2	7
	政府部门	14	10	9	10	20	19	82
	群团及高校、科研院所、国有企业	4	3	0	1	1	0	9
	司法机关	0	2	1	0	2	0	5
召开党外人士民主协商会、座谈会、通报会次数（其中党委一把手主持召开的次数）		8	11	6	7	9	8	49
		3	3	1	2	4	3	16
聘请党外人士担任各级特约人员数量		47	11	36	9	11	27	141
工商联	会员数	3153	2830	3092	1133	1267	502	11977
	基层商会（分会）数量	/	12	20	13	7	10	155
	行业协会和同业公会数量	14	9	4	4	5	2	35
	异地商会数量	25	6	7	7	2	1	44
	非公经济人士担任主席人数	/	/	1	/	1	1	3
	光彩事业 捐赠额（万元）	18.2	1266	500	180	776	2700	5440.2
	光彩事业 投资额（万元）	/	620	15000	/	2490	/	18110
少数民族	成份		31	32	22	31	26	142
	人数		2858	4332	5100	5079	1312	18681
宗教	宗教团体（个）		2	4	2	3	3	14
	宗教教职人员（个）		51	91	90	203	48	483
港澳台侨"三胞"数	台湾同胞		43	291	45	68	143	590
	港澳同胞		202	56	82	573	72	985
	海外侨胞		967	423	277	5014	142	6823
留学人员	海外留学生		335	394	407	1593	255	2984
	归国留学人员		112	215	147	1033	141	1648
知识分子（人才）	总人数（人）	103000	48000	5500	2260	38980	2206	199946
	党外人士所占比例	71%	62%	70%	25.67%	63%	55%	66.60%
	自由择业知识分子（人）	1500	408	2000	137	290	380	4715
举办各类培训班次数和参加人数		5	24	3	4	9	6	51
		368	2445	200	202	590	530	4335
部长由同级党委常委担任人数		1	1	1				3

注：本表由湖州市委统战部汇总。

嘉兴市统一战线基本资料

项目		市本级	南湖	秀洲	嘉善	平湖	海盐	海宁	桐乡	全市合计
民主党派	委员会	7			1	1				9
	基层组织	59	7	7	4	2	4	5	6	94
	成员人数	1303	284	175	325	252	173	285	332	3129
党外人士担任实职	政府	1	1	1	1	1	1	1	1	8
	政府部门	11	8	12	9	13	10	9	12	84
	群团及高校、科研院所、国有企业	5	1	2	3	2	2	8	1	24
	司法机关	1	2	1			1	1	1	7
召开党外人士民主协商会、座谈会、通报会次数（其中党委一把手主持召开的次数）		10	6	6	12	13	10	6	10	73
		4	3	3	3	3	3	2	1	22
聘请党外人士担任各级特约人员数量		71	46	46	49	34	45	90	55	436
工商联	会员数	4998	1411	1226	1414	1310	950	2735	2853	16897
	基层商会（分会）数量	3	11	8	9	9	9	13	12	74
	行业协会和同业公会数量	70	18	6	12	24	5	8	23	166
	异地商会数量	16	3	1	3	1	1	3	5	33
	非公经济人士担任会长人数	0	1	1	0	1	1	1	0	5
	光彩事业 捐赠额（万元）	22000	1134	2371	4780	3760	2126	9680	14716	60567
	光彩事业 投资额（万元）	650	9800冠名基金	100	11200	1862	410	305万（冠名基金）	17000冠名基金	4.5427亿
少数民族	成份	49	37	44	25	28	38	27	43	49
	人数	20440	5240	23000	1316	13748	5733	2174	34187	105838
宗教	宗教团体（个）	4	3	3	3	4	1	4	3	25
	宗教教职人员（个）	83	71	46	102	99	58	104	84（备案）	647
港澳台侨“三胞数”	台湾同胞	245	87	158	2000	312	118	120	706	3746
	港澳同胞	387	300	87	101	94	256	269	119	1613
	海外侨胞	1893	1450	443	653	840	703	941	786	7709
留学人员	海外留学生	1316	1000	316	531	449	309	517	379	4817
	归国留学生	298	131	167	179	281	130	230	383	1799
知识分子（人才）	总人数					约5万	约4万	约6万	约6万	约21万
	党外人士所占比例						60%			60%
	自由择业知识分子（人）						5000			5000
举办各类培训班次数和参加人数		6	4	5	10	5	8	8	7	53
		500	392	420	850	383	950	800	1100	5395
部长由同级党委常委担任人数						1			1	2

注：本表由嘉兴市委统战部汇总。“港澳台侨”三胞数、留学人员两大项，市本级数据为南湖、秀洲相加，故不算入全市合计。

绍兴市统一战线基本资料

项目			市级	越城	柯桥	上虞	诸暨	嵊州	新昌	全市
民主党派	委员会		6	/	/	/	1	1	/	8
	总支或支部		208	6	34	15	23	13	7	306
	成员人数		3678	/	613	218	358	265	122	5254
党外人士担任实职	政府		1	1	1	1	1	1	1	7
	政府部门		13	6	8	14	11	9	8	69
	群团及高校、科研院所、国有企业		1	/	3	/	3	8	2	17
	司法机关		2	1	1	1	/	/	1	6
召开党外人士民主协商会、座谈会、通报会次数（其中党委一把手主持召开的次数）			4	1	7	6	4	5	3	30
			2	2	1	7	/	3	3	18
聘请党外人士担任各级特约人员数量			36	16	57	38	35	19	16	217
工商联	会员数		2146	614	3021	610	1699	945	576	9611
	基层商会（分会）数量		6	8	20	10	3	12	3	62
	行业协会和同业公会数量		5	/	2	3	1	15	1	27
	异地商会数量		14	2	21	5	14	2	3	61
	非公经济人士担任主席人数		/	1	/	/	/	/	/	1
	光彩事业	捐赠额（万元）	/	/	/	/	1320	/	/	1320
		投资额（万元）	/	/	/	/	8600	/	/	8600
少数民族	成份		48	27	32	34	34	25	31	48
	人数		5624	877	1054	2115	2750	2485	1298	16203
宗教	宗教团体（个）		4	1	3	3	3	3	3	20
	宗教教职人员（人）		96	14	128	65	86	14	53	456
港澳台侨“三胞数”	台湾同胞		15970	400	500	2062	4692	3500	2400	29524
	港澳同胞		22300	391	1599	2949	2896	2593	5400	13838
	海外侨胞		25290	402	1239	1300	13000	341	1500	43072
留学人员	海外留学生		1700	83	246	545	667	220	108	3569
	归国留学人员		67	173	/	/	3	67	58	358
知识分子（人才）	总人数（万人）		20	3.45	11.98	3.239	3.85	12.863	4.966	60.838
	党外人士所占比例		70%	/	42%	64%	72%	60%	68%	62.70%
	自由择业知识分子（人）		20000	/	880	/	730	260	700	22570
举办各类培训班次数和参加人数			4	1	4	3	6	3	2	23
			314	55	80	256	281	200	150	1336
部长由同级党委常委担任人数			/	/	/	/	1	/	/	1

注：本表由绍兴市委统战部汇总。

金华市统一战线基本资料

项目	单位	市级	婺城	金东	兰溪	东阳	义乌	永康	浦江	武义	磐安	全市合计
民主党派	委员会	6		0	3	1	1			-		11
	总支或支部	122	6	5	1	1	5	4	2	1		148
	成员人数	1752	421	228	430	425	370	241	60	89		4016
党外人士担任实职	政府	1	1	1	1	1	1	1	1	2	1	11
	政府部门	9	13	7	15	7	5	14	10	11	9	100
	群团及高校、科研院所、国有企业				1		3	1		1	2	8
	司法机关	1	1	2					1		1	6
召开党外人士民主协商会、座谈会、通报会次数（其中党委一把手主持召开的次数）		3	5	3	21	9	2	8	3	3	3	60
		2	2		2	3	2	1		1		11
聘请党外人士担任各级特约人员数量		85	36		19	32	55	14	18	10	7	276
工商联	会员数	2240	1226	1100	1800	1575	20751	2691	1578	2420	1353	36734
	基层商会（分会）数量	8	16	12	16	13	15	9	16	11	7	123
	行业协会和同业公会数量	10	3	1	2	1	2	2	1	7	2	31
	异地商会数量	4	2	1	11	8	55	42	11	11	12	157
	非公经济人士担任主席人数	0	0	0	0	0	0	0	0	0	0	0
	光彩事业 捐赠额（万元）	2500	210	668	430	3800	5294.9	2626.8	812	249	3380	17570.7
	光彩事业 投资额（万元）	30000			3600		0	16.6				33616.6
少数民族	成份	39	35	29	28	41	53	41	22	24	33	345
	人数（万人）	2.8	0.48	0.088	0.55	1.78	11.62	4.3	0.225	1.01	0.238	23.091
宗教	宗教团体（个）	5	3	3	3	3	3	3	3	3	3	32
	宗教教职人员（人）	21	83	109	92	127	108	268	129	154	25	1116
港澳台侨胞数	台湾台胞		1124	7	1306	25000	10000	5000	4800	2014	600	49851
	港澳同胞		243	37	96	15800	2000	1900	300	315	79	20700
	海外侨胞		503	248	1451	10000	1000	4000	480	436	338	18456

项目	单位	市级	婺城	金东	兰溪	东阳	义乌	永康	浦江	武义	磐安	全市合计
留学人员	海外学生		383	81	398	545	610	338	306	328	133	3122
	归国留学生		914	38	409	849	955	609	260	375	162	4571
知识分子（人才）	总人数（万人）		1.5	3.7	7.38	2.2	25	0.8	0.238	0.34	0.33	41.488
	党外人士所占比例		69%	67%	70%	85%	60%	70%	32%	78%	22.10%	61%
	自由择业知识分子（万人）		0.138		4.42	1.87	6	0.15		0.85		13.428
举办各类培训班次数和参加人数			1	2	9	19	10	6	6	5	6	64
			85	130	524	2100	1200	1725	430	280	371	5845
部长由同级党委常委担任			0	0	1	0	1	1	0	0	0	3

注：本表由金华市委统战部汇总。

衢州市统一战线基本资料

项目	单位	市本级	柯城	衢江	龙游	江山	常山	开化	全市
民主党派	委员会	6	0	0	0	1	0	0	7
	总支或支部	78	6	6	6	4	3	4	107
	成员人数	1089	166	115	211	199	71	60	1911
党外人士担任实职	政府	1	1	1	1	1	1	1	7
	政府部门	8	14	5	8	5	8	11	59
	群团及高校、科研院所、国有企业	5	0	1	0	4	0	1	11
	司法机关	1	3	1	1	1	1	0	8
召开党外人士民主协商会、座谈会、通报会次数（其中党委一把手主持召开的次数）		5	3	4	7	4	3	13	39
		3	0	0	2	2	1	5	13
聘请党外人士担任各级特约人员数量		67	/	38	42	21	20	36	224
工商联	会员数	3671	528	514	1673	1538	487	983	9394
	基层商会（分会）数量	5	6	6	1	7	5	4	34
	行业协会和同业公会数量	3	/	10	11	12	6	6	48
	异地商会数量	8	/	2	6	5	3	12	36
	非公经济人士担任主席人数	1	1	1	/	1	0	0	4
	光彩事业 捐赠额（万元）	1600	150	160	760	600	364.9	0	3634.9
	光彩事业 投资额（万元）	2900	/	/	450	8500	96	0	11946
少数民族	成份	44	24	32	25	29	19	29	44
	人数	246	4600	4016	11700	2370	2035	2177	27144
宗教	宗教团体（个）	5	3	3	3	3	4	3	24
	宗教教职人员（人）	8	60	33	23	25	115	94	358
港澳台侨“三胞”数	台湾同胞	2500	/	330	2430	20100	198	328	25886
	港澳同胞	160	210	320	203	357	177	146	1573
	海外侨胞	3990	370	342	1654	1699	413	670	9138
留学人员	海外留学生	810	105	67	89	328	47	156	1602
	归国留学人员	1354	/	7	17	159	32	47	1616
知识分子（人才）	总人数（万人）	4.97	/	/	4.7	3.4	1.3	0.19	14.56
	党外人士所占比例	74%	/	/	62%	68%	64%	67%	68%
	自由择业知识分子（人）	7200	/	/	247	/	192	35	7674
举办各类培训班次数和参加人数		8	/	1	4	5	7	4	29
		641	/	40	170	300	567	186	1904
部长由同级党委常委担任人数		0	1	1	1	1	1	1	6

注：本表由衢州市委统战部汇总。

舟山市统一战线基本资料

项目	单位	市级	定海	普陀	岱山	嵊泗	全市
民主党派	委员会	5					5
	总支或支部	31	7	8	0	1	47
	成员人数	584	113	136	0	24	857
党外人士担任实职	政府	1	1	1	1	1	5
	政府部门	12	13	11	12	6	54
	群团及高校、科研院所、国有企业	2	7	9	2	2	22
	司法机关	1	1	1	1	1	5
召开党外人士民主协商会、座谈会、通报会次数（其中党委一把手主持召开的次数）		7	12	6	6	2	33
		2	3	1	2	0	8
聘请党外人士担任各级特约人员数量		64	19	23	7	15	128
工商联	会员数	947	1495	425	409	293	3569
	基层商会（分会）数量	2	11	7	7	4	31
	行业协会和同业公会数量	4	8		1	2	15
	异地商会数量	7	4	2	1		14
	非公经济人士担任会长人数	1	1		1		3
	光彩事业 捐赠额（万元）		140.4	451	315.5	40	946.9
	光彩事业 投资额（万元）						
少数民族	成份		35	29	16	23	40
	人数		3845	1125	83	830	19929
宗教	宗教团体（个）	5	4	3	4	3	19
	宗教教职人员（人）	1175	289	291	181	165	2101
港澳台侨“三胞”数	台湾同胞						12351
	港澳同胞		14885	2212	498	98	17693
	海外侨胞		14396	3936	1101	364	19797
留学人员	海外留学生		1030	325	145	73	1573
	归国留学人员		480	232	95	28	835
知识分子（人才）	总人数（人）	31370	32306	19830	2632	1372	87510
	党外人士所占比例	69.50%	65.70%	62.80%	69.20%	54.94%	64.43%
	自由择业知识分子（人）	1957	1300	982	556	308	5103
举办各类培训班次数和参加人数		6	5	10	2	2	25
		380	286	683	135	86	1570
部长由同级党委常委担任人数		1	1	0	1	0	3

注：本表由舟山市委统战部汇总。

台州市统一战线基本资料

项目		市级	椒江	黄岩	路桥	临海	温岭	玉环	天台	仙居	三门	合计
民主党派	委员会	6	6	0	0	3	0	0	0	0	0	15
	总支或支部	27	43	6	5	1	5	2	1	0	0	90
	成员人数	662	784	355	130	331	157	70	32	2	0	2523
党外人士担任实职	政府	1	1	1	1	1	1	1	1	1	1	10
	政府部门	6	14	10	11	8	9	8	5	12	11	94
	群团及高校、科研院所、国有企业	6	2	2	2	2	3	5	4	4	2	32
	司法机关	0	0	2	0	1	1	1	0	1	0	6
召开党外人士民主协商会、座谈会、通报会次数（其中党委一把手主持召开的次数）		2	7	6	7	12	7	7	15	2	5	70
		1	2	2	2	3	4	2	2	0	2	20
聘请党外人士担任各级特约人员数量		60	99	84	61	70	71	178	33	20	31	707
工商联	会员数	412	767	174	1100	264	6500	1589	428	278	238	11750
	基层商会（分会）数量	4	8	9	14	13	16	9	4	10	1	88
	行业协会和同业公会数量	1	3	14	1	0	11	4	1	0	0	35
	异地商会数量	74	5	6	9	18	24	3	18	9	5	171
	非公经济人士担任主席人数	1	0	1	0	1	0	0	1	1	0	5
	光彩事业 捐赠额（万元）	0	343.69	1560.84	1090	3030	3000	2000	1600	1032	1256	14912
	光彩事业 投资额（万元）	0	125	0	0	0	5000	480	0	1256	0	6861
少数民族	成份		42	35	24	43	39	27	28	29	34	47
	人数		10560	1051	598	8963	2500	873	350	1922	6168	32985
宗教团体	宗教团体（个）	5	5	4	4	5	5	4	4	2	4	42
	宗教教职人员（人）	4	298	87	179	228	376	337	323	34	233	2099
港澳台侨“三胞”数	台湾同胞（人）		100000	20000	1140	5416	16830	11742	5270	2668	1970	165036
	港澳同胞（人）		220	496	352	450	360	127	81	108	154	2348
	海外侨胞（人）		35000	1419	1460	9500	3100	535	1148	642	917	53721

项目 \ 单位		市级	椒江	黄岩	路桥	临海	温岭	玉环	天台	仙居	三门	合计
留学人员	海外留学生（人）		260	223	230	615	680	306	311	297	104	3026
	归国留学人员（人）		35	289	85	105	26	342	90	228	59	1259
知识分子（人才）	总人数（人）	25000	37000	18120	18050	134450	125080	50590	27000	13800	11206	460296
	党外人士所占比例	80%	65%	70%	69%	72%	65%	60%	70%	56%	61.50%	68%
	自由择业知识分子（人）		18500	4460	4450	620	32680	37820	6000	1940	23	106493
举办各类培训班次数和参加人数		11	25	14	4	4	12	5	7	6	7	95
		630	1867	791	350	400	860	650	690	835	334	7407
部长由同级党委常委担任人数		0	1	1	1	1	1	1	1	1	0	8

注：本表由台州市委统战部汇总。

丽水市统一战线基本资料

项目	单位	市级	莲都	龙泉	青田	云和	庆元	缙云	遂昌	松阳	景宁	合计
民主党派	委员会	6	6	1	1	1	/	/	/	1	/	16
	基层组织	49	24	/	4	/	/	1	1	7	/	86
	成员人数	1217	347	88	114	57	/	88	89	101	/	2101
党外人士担任实职	政府	1	1	1	1	/	1	1	1	/	1	8
	政府部门	19	22	14	19	14	13	9	8	4	12	134
	群团及高校、科研院所、国有企业	22	2	3	1	5	/	3	/	3	/	39
	司法机关	1	4	/	1	1	2	1	2	3	1	16
召开党外人士民主协商会、座谈会、通报会次数（其中党委一把手主持召开的次数）		6	2	2	3	2	2	4	6	3	6	36
		2	/	/	1	/	/	1	/	1	3	8
聘请党外人士担任各级特约人员数量		35	15	/	50	8	21	18	2	22	15	186
工商联	会员数	268	1181	2300	1413	168	386	2534	1043	1760	2155	13208
	基层商会(分会)数量	/	4	1	3	/	2	6	6	13	2	37
	行业协会和同业公会数量	8	/	/	2	6	3	8	3	2	4	36
	异地商会数量	17	11	17	11	6	9	13	5	8	12	109
	非公经济人士担任主席人数	/	/	/	1	5	/	25	1	/	13	45
	光彩事业 捐赠额(万元)	802	304.6	180	1500	212	300	1037	24.1	246	85	4690.7
	光彩事业 投资额(万元)	/	/	/	75	/	/	387	25	1190	/	1677
少数民族	成份	/	38	28	19	26	17	32	30	29	29	47
	人数	/	25972	11050	2678	10803	2103	2272	16648	7752	19506	98784
宗教	宗教团体（个）	3	4	3	4	2	3	2	1	2	2	26
	宗教教职人员（人）	7	8	165	428	59	21	73	78	36	85	960
港澳台侨“三胞”数	台湾同胞	/	4	7	26000	462	28	10134	1407	4270	107	42419
	港澳同胞	/	1237	98	261	63	57	390	91	187	60	2444
	海外侨胞	/	59728	1600	330000	569	1064	7735	1095	8990	1567	412348
留学人员	海外留学生	/	280	92	322	45	32	521	96	85	43	1516
	归国留学人员	/	131	12	43	5	3	104	18	40	16	372
知识分子（人才）	总人数（万人）	43500	4600	14200	15939	4112	3800	10305	584	27510	9945	134495
	党外人士所占比例	65%	58%	37%	60%	56%	45%	22%	49%	65%	61%	62%
	自由择业知识分子(人)	/	/	28	1365	156	230	1298	/	5330	/	8407
举办各类培训班次数和参加人数		18	3	/	3	1	3	9	1	6	3	47
		825	207	/	136	34	116	582	70	172	120	2262
部长由同级党委常委担任人数		1	1	/	1	1	1	1	/	1	1	8

注：本表由丽水市委统战部汇总。

浙江省民主党派2014年基本情况统计表

组织机构及成员数量	省委会	市委会	县（市、区）委会	基层委员会	总支	支部(小组)	成员
	8	69	41	140	188	2344	54964
参政议政情况	向中共省委、省政府提交调研报告和意见、建议（条）					124	
	提交全国、省人大议案、建议（条）					213	
	提交全国、省政协提案（含团体提案和个人提案）（条）					538	
	反映社情民意（条）					2854	
	与哪几个部门建立对口联系制度					省人力资源和社会保障厅、省民政厅、省司法厅、省教育厅、省文化厅、省发改委、省经信委、省工商局、省商务厅、省建设厅、省农业厅、省卫计委、省环保厅、省食品药品监督管理局、省侨办、省科技厅、省环保厅、省林业厅、省台办	
民主监督情况	省级组织中被聘请各类特约人员（人数）					182	
社会服务情况	开展咨询、扶贫、医卫等社会活动次数和参加人数			次数		1267	
				参加人数		16011	
	引进或协助引进资金（人民币，万元）					2341.7	
自身建设情况	全年发展新成员					2860	
	举办各类培训班期数和受训人数			期数		95	
				受训人数(人次)		4524	

注：本表由浙江省委统战部汇总。

民革浙江省委会2014年基本情况统计表

组织机构及成员数量	省委会	市委会	县（市、区）委会	基层委员会	总支	支部	成员
	1	11	6	8	30	305	5470
参政议政情况	向中共省委、省政府提交调研报告和意见、建议（条）					13	
	提交全国、省人大议案、建议（条）					11	
	提交全国、省政协提案（含团体提案和个人提案）（条）					48	
	反映社情民意（条）					202	
	与哪几个部门建立对口联系制度					省台办、省人力资源和社会保障厅、省民政厅、省司法厅	
民主监督情况	省级组织中被聘请各类特约人员（人数）					23	
社会服务情况	开展咨询、扶贫、医卫等社会活动次数和参加人数			次数		270	
				参加人数		2221	
	引进或协助引进资金（人民币，万元）					27.763	
自身建设情况	全年发展新成员					332	
	举办各类培训班期数和受训人数			期数		42	
				受训人数		1469	

注：本表由民革省委会汇总，表中数据除有明确指向外，均为全省数据，下同。

民盟浙江省委会 2014 年基本情况统计表

组织机构及成员数量	省委会	市委会	县（市、区）委会	基层委员会	总支	支部	成员
	1	11	7	24	51	218	11365

项目	内容		数值
参政议政情况	向中共省委、省政府提交调研报告和意见、建议（条）		16
	提交全国、省人大议案、建议（条）		22
	提交全国、省政协提案（含团体提案和个人提案）（条）		83
	反映社情民意（条）		1157
	与哪几个部门建立对口联系制度		省教育厅、省文化厅、省发改委
民主监督情况	省级组织中被聘请各类特约人员（人数）		20
社会服务情况	开展咨询、扶贫、医卫等社会活动次数和参加人数	次数	25
		参加人数	1236
	引进或协助引进资金（人民币，万元）		700
自身建设情况	全年发展新成员		604
	举办各类培训班期数和受训人数（省级）	期数	3
		受训人数	180

注：本表由民盟省委会汇总。

民建浙江省委会 2014 年基本情况统计表

组织机构及成员数量	省委会	市委会	县（市、区）委会	基层委员会	总支	支部	成员
	1	10	3	27	29	404	7853

项目	内容		数值
参政议政情况	向中共省委、省政府提交调研报告和意见、建议（条）		10
	提交全国、省人大议案、建议（条）		22
	提交全国、省政协提案（含团体提案和个人提案）（条）		98
	反映社情民意（条）		148
	与哪几个部门建立对口联系制度		省发改委、省经信委、省工商局、省商务厅、省建设厅、省环保厅
民主监督情况	省级组织中被聘请各类特约人员（人数）		27
社会服务情况	开展咨询、扶贫、医卫等社会活动次数和参加人数	次数	64
		参加人数	1390（人次）
	引进或协助引进资金（人民币，万元）		1500
自身建设情况	全年发展新成员		446
	举办各类培训班期数和受训人数	期数	36
		受训人数	2155

注：本表由民建省委会汇总。

民进浙江省委会2014年基本情况统计表

<table>
<tr><td rowspan="2">组织机构及成员数量</td><td>省委会</td><td>市委会</td><td>县（市、区）委会</td><td>基层委员会</td><td>总支</td><td>支部（小组）</td><td>成员</td></tr>
<tr><td>1</td><td>11</td><td>8</td><td>12</td><td>31</td><td>474</td><td>9076</td></tr>
<tr><td rowspan="5">参政议政情况</td><td colspan="5">向中共省委、省政府提交调研报告和意见、建议（条）</td><td colspan="2">12</td></tr>
<tr><td colspan="5">提交全国、省人大议案、建议（条）</td><td colspan="2">39</td></tr>
<tr><td colspan="5">提交全国、省政协提案（含团体提案和个人提案）（条）</td><td colspan="2">94</td></tr>
<tr><td colspan="5">反映社情民意（条）</td><td colspan="2">380</td></tr>
<tr><td colspan="5">与哪几个部门建立对口联系制度</td><td colspan="2">省教育厅、省文化厅、省卫生和计划生育委员会、省人力资源和社会保障厅</td></tr>
<tr><td>民主监督情况</td><td colspan="5">省级组织中被聘请各类特约人员（人数）</td><td colspan="2">23</td></tr>
<tr><td rowspan="2">社会服务情况</td><td colspan="4" rowspan="2">开展咨询、扶贫、医卫等社会活动次数和参加人数</td><td>次数</td><td colspan="2">83</td></tr>
<tr><td>参加人数</td><td colspan="2">765</td></tr>
<tr><td rowspan="3">自身建设情况</td><td colspan="5">全年发展新成员（人）</td><td colspan="2">408</td></tr>
<tr><td colspan="4" rowspan="2">举办各类培训班期数和受训人数（省级）</td><td>期数</td><td colspan="2">4</td></tr>
<tr><td>受训人数</td><td colspan="2">243</td></tr>
</table>

注：本表由民进省委会汇总。

农工党浙江省委会2014年基本情况统计表

<table>
<tr><td rowspan="2">组织机构及成员数量</td><td>省委会</td><td>市委会</td><td>县（市、区）委会</td><td>基层委员会</td><td>总支</td><td>支部</td><td>成员</td></tr>
<tr><td>1</td><td>11</td><td>10</td><td>15</td><td>40</td><td>428</td><td>9154</td></tr>
<tr><td rowspan="5">参政议政情况</td><td colspan="5">向中共省委、省政府提交调研报告和意见、建议（条）</td><td colspan="2">2</td></tr>
<tr><td colspan="5">提交全国、省人大议案、建议（条）</td><td colspan="2">42</td></tr>
<tr><td colspan="5">提交全国、省政协提案（含团体提案和个人提案）（条）</td><td colspan="2">70</td></tr>
<tr><td colspan="5">反映社情民意（条）</td><td colspan="2">317</td></tr>
<tr><td colspan="5">与哪几个部门建立对口联系制度</td><td colspan="2">省农业厅、省卫生和计划生育委员会、省食品药品监督管理局、省环保厅</td></tr>
<tr><td>民主监督情况</td><td colspan="5">省级组织中被聘请各类特约人员（人数）</td><td colspan="2">12</td></tr>
<tr><td rowspan="3">社会服务情况</td><td colspan="4" rowspan="2">开展咨询、扶贫、医卫等社会活动次数和参加人数</td><td>次数</td><td colspan="2">685</td></tr>
<tr><td>参加人数</td><td colspan="2">1975</td></tr>
<tr><td colspan="5">引进或协助引进资金（人民币，万元）</td><td colspan="2">引进资金114万，农工党员王建沂与嘉善县签订投资总额为60亿的工业园区项目</td></tr>
<tr><td rowspan="3">自身建设情况</td><td colspan="5">全年发展新成员</td><td colspan="2">455</td></tr>
<tr><td colspan="4" rowspan="2">举办各类培训班期数和受训人数（省级）</td><td>期数</td><td colspan="2">2</td></tr>
<tr><td>受训人数</td><td colspan="2">108</td></tr>
</table>

注：本表由农工党省委会汇总。

致公党浙江省委会 2014 年基本情况统计表

组织机构及成员数量	省委会	市委会	县（市、区）委会	基层委员会	总支	支部	成员
	1	4	／	3	7	75	1553
参政议政情况	向中共省委、省政府提交调研报告和意见、建议（条）					19	
	提交全国、省人大议案、建议（条）					17	
	提交全国、省政协提案（含团体提案和个人提案）（条）					47	
	反映社情民意（条）					189	
	与哪几个部门建立对口联系制度					省政府外事侨务办公室	
民主监督情况	省级组织中被聘请各类特约人员（人数）					52	
社会服务情况	开展咨询、扶贫、医卫等社会活动次数和参加人数				次数	16	
					参加人数	210	
自身建设情况	全年发展新成员					119	
	举办各类培训班期数和受训人数（省级）				期数	2	
					受训人数	91	

注：本表由致公党浙江省委会汇总。

九三学社浙江省委会 2014 年基本情况统计表

组织机构及成员数量	省委会	市委会	县（市、区）委会	基层委员会	总支	支部	成员
	1	11	7	51	／	420	10394
参政议政情况	向中共省委、省政府提交调研报告和意见、建议（条）					11	
	提交全国、省人大议案、建议（条）					59	
	提交全国、省政协提案（含团体提案和个人提案）（条）					71	
	反映社情民意（条）					418	
	与哪几个部门建立对口联系制度					省科技厅、省教育厅、省卫生和计划生育委员会、省环保厅、省林业厅	
民主监督情况	省级组织中被聘请各类特约人员（人数）					16	
社会服务情况	开展咨询、扶贫、医卫等社会活动次数和参加人数				次数	116	
					参加人数	8193	
自身建设情况	全年发展新成员					496	
	举办各类培训班期数和受训人数（省级）				期数	5	
					受训人数	250	

注：本表由九三学社省委会汇总。

台盟浙江省委会2014年基本情况统计表

组织机构及成员数量	省委会	市委会	县（市、区）委会	基层委员会	总支	支部（小组）	成员
	1	/	/	/	/	8	99
参政议政情况	向中共省委、省政府提交调研报告和意见、建议（条）					41	
	提交全国、省人大议案、建议（条）					1	
	提交全国、省政协提案（含团体提案和个人提案）（条）					27	
	反映社情民意（条）					43期	
	与哪几个部门建立对口联系制度					省台办、省教育厅	
民主监督情况	省级组织中被聘请各类特约人员（人数）					9人（次）	
社会服务情况	开展咨询、扶贫、医卫等社会活动次数和参加人数				次数	8	
					参加人数	21	
	举办各类培训班期数和受训人数（省级）				期数	1	
					受训人数	28	

注：本表由台盟省委会汇总。

浙江省工商联2014年基本情况统计表

工商联（商会）组织机构及会员数量	省级	市级	县级	基层商会（分会）	行业商会、同业公会	异地商会	成员
	1	11	90	2975	715	765	215790
参政议政情况	向中共省委、省政府提交调研报告和意见、建议（条）					6	
	提交全国、省政协提案（含团体提案和个人提案）（条）					10	
	反映社情民意（条）					5	
	与哪几个部门建立对口联系制度					省经信委、省商务厅	
民主监督情况	省级组织中被聘请各类特约人员（人数）					3	
社会服务情况	举办讲座、咨询、经贸、科技服务				次数	121	
	组织开展融资活动				次数	68	
					参加企业数（家）	5200	
					协议资金（亿元）	60	
	组织开展对外交往				次数	81	
					参加企业数（家）	2066	
	组织开展法律服务				次数	15	
					参加企业数（家）	200	
	参与光彩事业和新农村建设以及社会公益慈善事业				参与企业数（家）	10265	
					投资金额（亿元）	22.55	
					慈善捐款（万元）	22.55	
自身建设情况	全年发展新成员					17610	
	举办各类培训班期数和受训人数（省级）				期数	1	
					受训人数	107	

注：本表由浙江省工商联汇总。

习近平同党外人士共迎新春

代表中共中央，向各民主党派、工商联和无党派人士，
向统一战线广大成员，致以新春的祝福
俞正声、张高丽出席

在春节即将到来之际，中共中央总书记、国家主席、中央军委主席习近平22日下午在人民大会堂同各民主党派中央、全国工商联负责人和无党派人士代表欢聚一堂，共迎新春。他代表中共中央，向各民主党派、工商联和无党派人士，向统一战线广大成员，致以诚挚的问候和新春的祝福。

中共中央政治局常委、全国政协主席俞正声，中共中央政治局常委、国务院副总理张高丽出席。

民革中央主席万鄂湘、民盟中央主席张宝文、民建中央主席陈昌智、民进中央主席严隽琪、农工党中央主席陈竺、致公党中央主席万钢、九三学社中央主席韩启德、台盟中央主席林文漪、全国工商联主席王钦敏和无党派人士代表林毅夫、邓中翰等应邀出席。

陈竺代表各民主党派中央、全国工商联和无党派人士致辞。他指出，2013年，以习近平同志为总书记的中共中央带领全国人民团结奋斗，谋局开篇大略已定，首战奏捷大势已成。中共十八届三中全会对全面深化改革作出了总体部署，作为中国特色社会主义参政党，我们一定要与中国共产党风雨同舟、肝胆相照，做挚友、做净友，讲真话、建净言，加强自身建设，旗帜鲜明支持改革，既要献良策，也要出大力，彰显中国共产党领导的多党合作和政治协商制度的旺盛活力。他还就加强党外人士民主监督工作等提出意见和建议。

在听取了陈竺同志致辞后，习近平发表重要讲话。他首先表示，再过几天，就是农历马年春节了。我念两副报纸上刊登的春联送给大家，一副是“骏马追风扬气魄，寒梅傲雪见精神”，另一副是“昂首扬鬃，骏马舞东风，追求梦想；斗寒傲雪，红梅开大地，实现复兴”。

习近平指出，2013 年，对我们国家来说，是很不平凡的一年。面对复杂多变的国际形势和艰巨繁重的国内改革发展稳定任务，中国共产党紧紧依靠包括各民主党派、工商联和无党派人士在内的全国各族人民，共同战胜了各种困难和挑战，取得了新的显著成就。在过去的一年里，各民主党派、工商联和无党派人士适应时代要求，充分发挥自身优势，主动奋发有为，同中国共产党一道，推动统一战线和多党合作事业向前发展，为全面建成小康社会作出了新的贡献。习近平代表中共中央，向各民主党派、工商联和无党派人士，向统一战线广大成员表示衷心的感谢。

习近平指出，做好今年各项工作，需要中国共产党同各民主党派、工商联和无党派人士加强团结合作，共同不懈努力。一个篱笆三个桩，一个好汉三个帮。实践证明，建立新中国，建设新中国，开拓改革路，实现中国梦，都需要各党派团体和各界人士齐心努力。越是处于改革攻坚期，越需要汇集众智、增强合力；越是处于发展关键期，越需要凝聚人心、众志成城。希望同志们积极引导所联系群众，凝聚广泛共识，积聚强大能量，深入考察调研，提出真知灼见，让党和政府看问题更全面，作决策更科学。

习近平强调，协商民主是我国社会主义民主政治的重要组成部分，是我国社会主义民主政治的特有形式和独特优势，也是中国共产党执政和决策的重要方式。希望同志们更加主动发展好协商民主，不断提高协商民主成效和水平。中国共产党各级组织特别是领导干部要以开阔的胸襟、平等的心态、民主的作风广纳群言、广集众智，丰富协商民主形式，增强民主协商实效，为民主党派、工商联和无党派人士发挥作用创造有利条件。

习近平指出，坚持和发展中国特色社会主义，要求中国共产党加强自身建设，也要求各参政党加强自身建设。希望同挚们准确把握建设中国特色社会主义参政党的基本要求，继承优良传统，把握时代要求，不断提高政治把握能力、参政议政能力、组织领导能力、合作共事能力，努力把中国特色社会主义参政党建设提高到一个新的水平。

最后，习近平以龙马精神、万马奔腾、快马加鞭、马到成功同与会者共勉。

栗战书，各民主党派中央、全国工商联有关负责人，中央有关部门负责同志参加活动。

（新华网北京 1 月 23 日电（记者霍小光））

共圆中华民族伟大复兴的中国梦

（2014 年 2 月 18 日）

习近平

尊敬的连战荣誉主席和夫人，
来自台湾各界的朋友们：

大家好！春节刚过，就见到连主席和各位老朋友、新朋友，很高兴。你们是我在马年见的第一批台湾客人，首先对你们的到来表示热烈的欢迎！给大家拜个晚年，祝大家马年吉祥、一马当先、马到成功！

我同连主席多次见面，是老朋友了。连主席有着深厚的民族情怀，长期积极推进两岸关系、追求民族振兴，我对此高度评价。

一年之计在于春。去年，连主席和朋友们也是在开春之时来访，为全年两岸关系发展开了个好头。两岸关系不断取得新进展，给两岸同胞带来了更多实惠，并且蕴含着新的发展契机。新的一年里，希望两岸双方秉持“两岸一家亲”的理念，顺势而为，齐心协力，推动两岸关系和平发展取得更多成果，造福两岸民众。

感谢连主席就两岸关系发表了很好的意见，对我很有启发。你们是台湾各界的代表性人士，借今天的场合，我想同大家谈谈心。

由于历史和现实的原因，两岸关系存在的很多问题一时不易解决，这也不要紧，我们共同努力解决，但不应让它们影响两岸同胞发展关系、合作交流。同时，两岸同胞是一家人，有着共同的血脉、共同的文化、共同的连结、共同的愿景，这是推动我们相互理解、携手同心、一起前进的重要力量。

第一，两岸同胞一家亲，谁也不能割断我们的血脉。台湾同胞崇敬祖先、爱土爱乡、淳朴率真、勤奋打拼，给我留下深刻印象。两岸同胞一家亲，根植于我们共同的血脉和精神，扎根于我们共同的历史和文化。我们大家都认为，两岸同胞同属中华民族，都传承中华文化。在台湾被侵占的50年间，台湾同胞保持着强烈的中华民族意识和牢固的中华文化情感，打心眼里认同自己属中华民族。这是与生俱来、浑然天成的，是不可磨灭的。

回顾台湾走过的历史，回顾两岸同胞一路走来的历程，我有一个深切体会，那就是不管台湾遭遇什么风雨，不管两岸关系历经什么沧桑，两岸同胞始终心心相印、守望相助。这告诉了世人一个朴素的道理，那就是两岸同胞血浓于水。不论是几百年前跨越“黑水沟”到台湾“讨生活”，还是几十年前迁徙到台湾，广大台湾同胞都是我们的骨肉天亲。大家同根同源、同文同宗，心之相系、情之相融，本是血脉相连的一家人。两岸走近、同胞团圆，是两岸同胞的共同心愿，没有什么力量能把我们割裂开来。

第二，两岸同胞命运与共，彼此没有解不开的心结。两岸同胞虽然隔着一道海峡，但命运从来都是紧紧连在一起的。民族强盛，是同胞共同之福；民族弱乱，是同胞共同之祸。经历了近代以来的这么多风风雨雨，我们对此都有很深刻的体会。

今年是甲午年。120年前的甲午，中华民族国力孱弱，导致台湾被外族侵占。这是中华民族历史上极为惨痛的一页，给两岸同胞留下了剜心之痛。在台湾被侵占的苦难岁月里，无数台湾同胞用鲜血和生命来证明自己是中国人，是中华民族大家庭中不可分离的成员。近60多年来，两岸虽然尚未统一，但我们同属一个国家、同属一个民族从来没有改变，也不可能改变。因为我们的血脉里流动的都是中华民族的血，我们的精神上坚守的都是中华民族的魂。

我知道，台湾同胞因自己的历史遭遇和社会环境，有着自己特定的心态，包括特殊的历史悲情心结，有着强烈的当家作主“出头天”的意识，珍视台湾现行的社会制度和生活方式，希望过上安宁幸福的生活。将心比心，推己及人，我们完全理解台湾同胞的心情。

对历史留给台湾同胞的伤痛，我们感同身受，因为这是中华儿女心头共同的创伤。把民族命运掌握在自己手中，做一个走到哪里都受到尊敬的堂堂中国人，是近代以来中华儿女为之奋斗的目标。我们有志一同。

熨平心里创伤需要亲情，解决现实问题需要真情，我们有耐心，更有信心。亲情不仅能疗伤止痛、化解心结，而且能实现心灵契合。我们尊重台湾同胞自己选择的社会制度和生活方式，也愿意首先同台湾同胞分享大陆发展的机遇。历史不能选择，但现在可以把握，未来可以开创。

第三，两岸同胞要齐心协力，持续推动两岸关系和平发展。5年多来，两岸同胞共同选择了两岸关系和平发展道路，开创了前所未有的新局面，两岸同胞都从中得利。事实证明，这是一条维护两岸和平、促进共同发展、走向民族复兴、造福两岸同胞的正确道路。两岸同胞要坚定信心，排除一切干扰，沿着这条道路一步一个脚印走下去。

两岸关系和平发展对两岸同胞都有利，大家都不希望目前的好局面逆转。为此，两岸双方要巩固坚持“九二共识”、反对“台独”的共同基础，深化维护一个中国框架的共同认知。这个基础是两岸关系之锚，锚定了，才能任凭风浪起、稳坐钓鱼台。只要这个基础得到坚持，两岸关系前景就会越来越光明。反之，如果这个基础被破坏，两岸关系就会重新回到动荡不安的老路上去。前不久，双方两岸事务主管部门负责人会面，达成积极共识，对推动两岸关系全面发展具有积极意义。

至于两岸之间长期存在的政治分歧问题，我们愿在一个中国框架内，同台湾方面进行平等协商，作出合情合理安排。有什么想法都可以交流。世界上的很多问题，解决起来都不可能毕其功于一役，但只要谈着就有希望。精诚所至，金石为开。我相信，两岸中国人有智慧找出解决问题的钥匙来。

众人拾柴火焰高。我们欢迎更多台湾同胞参与到推动两岸关系和平发展的行列中来，大家一起努力，出主意、想办法，凝聚更多智慧和力量，巩固和扩大两岸关系发展成果，使两岸关系和平发展成为不可阻挡的历史潮流，让广大台湾同胞特别是基层民众都能更多享受到两岸关系和平发展带来的好处。我们对台湾同胞一视同仁，无论是谁，不管他以前有过什么主张，只要现在愿意参与推动两岸关系和平发展，我们都欢迎。

第四，两岸同胞要携手同心，共圆中华民族伟大复兴的中国梦。实现中华民族伟大复兴，实现国家富强、民族振兴、人民幸福，是孙中山先生的夙愿，是中国共产党人的夙愿，也是近代以来中国人的夙愿。我们说的中国梦，就是这个民族夙愿的生动表述。

正如连主席所说，中国梦与台湾的前途是息息相关的。中国梦是两岸共同的梦，需要大家一起来圆梦。“兄弟同心，其利断金。”两岸同胞要相互扶持，不分党派，不分阶层，不分宗教，不分地域，都参与到民族复兴的进程中来，让我们共同的中国梦早日成真。

我们是真心诚意对待台湾同胞的，愿意认真听取各方意见。只要是有利于增进台湾同胞福祉的事，只要是有利于推动两岸关系和平发展的事，只要是有利于维护中华民族整体利益的事，我们会尽最大努力办好，使广大台湾同胞在两岸关系和平发展中更多受益，让我们所有中国人都过上更加美好的生活。

最后，祝连主席和朋友们在大陆之行圆满顺利。

（新华网北京2月18日电）

习近平会见宋楚瑜：制止“台独”意志不会动摇

中共中央总书记习近平7日上午在人民大会堂会见亲民党主席宋楚瑜一行。习近平强调，两岸关系和平发展是两岸同胞顺应历史潮流作出的共同选择。只要我们都从“两岸一家亲”的理念出发，将心比心，以诚相待，就没有什么心结不能化解，没有什么困难不能克服。

习近平指出，两岸关系和平发展大局稳定，经得起风浪考验。两岸关系风风雨雨几十年，总体趋势是向前发展的，这是历史的必然。和平发展是两岸同胞的共同追求，两岸共享其利、同受其惠。我们推动两岸关系和平发展的方针政策不会改变，促进两岸交流合作、互利共赢的务实举措不会放弃，团结台湾同胞共同奋斗的真诚热情不会减弱，制止“台独”分裂图谋的坚强意志不会动摇。我们真诚希望台湾社会安定、经济发展、民生改善，台湾同胞过上安宁幸福的生活。

习近平表示，两岸关系和平发展任重道远，需要加深两岸同胞相互信任。同胞有了互信，很多难题就容易找到解决办法。我们要积极创造条件，扩大两岸社会各界各阶层民众的接触面，面对面沟通，心与心交流，不断增进理解，拉近心理距离。

习近平强调，两岸关系和平

发展前景广阔，应该继续开拓进取。大陆全面深化改革和扩大对外开放，将为两岸经济合作带来强劲动力和有利条件。经济融合有利两岸互利双赢，任何时候都不应受到干扰。我们将深入了解台湾民众尤其是基层民众的现实需求，采取积极有效措施，照顾弱势群体，使更多台湾民众在两岸经济交流合作中受益。

习近平指出，两岸青少年身上寄托着两岸关系的未来。要多想些办法，多创造些条件，让他们多来往、多交流，感悟到两岸关系和平发展的潮流，感悟到中华民族伟大复兴的趋势，以后能够担当起开拓两岸关系前景、实现民族伟大复兴的重任。

会见中，习近平积极评价宋楚瑜和亲民党在推动两岸关系实现历史性转折中所发挥的重要作用。希望亲民党坚持一个中国立场，继续反对“台独”分裂图谋，同台湾各界人士一道，坚定维护两岸关系和平发展大局，不断增进中华民族整体利益。

宋楚瑜表示，亲民党坚守两岸一中、反对“台独”的基本信念从未动摇，将继续坚持两岸关系和平发展的正确方向，本着“两岸一家亲”的理念，加强两岸对话交流，增进政治互信，促进同胞心灵相通，为实现共圆中华梦的共同理想而努力。

中共中央政治局委员王沪宁、栗战书等参加会见。

（新华网北京5月7日电（记者陈键兴））

习近平会见世界华侨华人代表

中共中央总书记、国家主席习近平6日下午在北京会见第七届世界华侨华人社团联谊大会代表，并发表重要讲话。他强调，团结统一的中华民族是海内外中华儿女共同的根，博大精深的中华文化是海内外中华儿女共同的魂，实现中华民族伟大复兴是海内外中华儿女共同的梦。共同的根让我们情深意长，共同的魂让我们心心相印，共同的梦让我们同心同德，我们一定能够共同书写中华民族发展的时代新篇章。

下午3时，习近平等中央领导同志来到人民大会堂金色大厅，同代表们亲切握手，并合影留念。

在热烈的掌声中，习近平发表重要讲话。他表示，老乡见老乡，两眼泪汪汪，见到大家感到特别亲切。习近平代表中共中央、国务院，向第七届世界华侨华人社团联谊大会的召开表示衷心的祝贺，向与会的侨胞朋友们表示热烈的欢迎，向世界各地的华侨华人，表示诚挚的问候。

习近平指出，在世界各地有几千万海外侨胞，大家都是中华大家庭的成员。长期以来，一代又一代海外侨胞，秉承中华民族优秀传统，不忘祖国，不忘祖籍，不忘身上流淌的中华民族血液，热情支持中国革命、建设、改革事业，为中华民族发展壮大、促进祖国和平统一大业、增进中国人民同各国人民的友好合作作出了重要贡献。祖国人民将永远铭记广大海外侨胞的功绩。

习近平强调，当前，中国人民正在为实现“两个一百年”奋斗目标、实现中华民族伟大复兴的中国梦而奋斗。在这个伟大进程中，广大海外侨胞一定能够发挥不可替代的重要作用。中国梦是国家梦、民族梦，也是每个中华儿女的梦。广大海外侨胞有着赤忱的爱国情怀、雄厚的经济实力、丰富的智力资源、广泛的商业人脉，是实现中国梦的重要力量。只要海内外中华儿女紧密团结起来，有力出力，有智出智，团结一心奋斗，就一定能够汇聚起实现梦想的强大力量。

习近平指出，中华文明有着5000多年的悠久历史，是中华民族自强不息、发展壮大的强大精神力量。我们的同胞无论生活在哪里，身上都有鲜明的中华文化烙印，中华文化是中华儿女共同的精神基因。希望大家继续弘扬中华文化，不仅自己要从中汲取精神力量，而且要积极推动中外文明交流互鉴，讲述好中国故事、传播好中国声音，促进中外民众相互了解和理解，为实现中国梦营造良好环境。

习近平指出，中国梦既是中国人民追求幸福的梦，也同各国人民追求幸福的梦想相通。国家好、民族好，大家才会好。世界好，中国才会好。中国坚持走和平发展道路，是世界繁荣发展的正能量。广大海外侨胞要运用自身优势和条件，积极为住在国同中国各领域交流合作牵线搭桥，更好融入和回馈当地社会，为促进世界和平与发展不断作出新贡献。

中共中央政治局委员、中央书记处书记栗战书，全国政协副主席韩启德参加会见。

国务委员杨洁篪参加会见并在大会开幕式上讲话，勉励海外侨胞加强团结互助，传播中华文化，建设和谐侨社，树立和睦相融、合作共赢、团结互助、充满活力的侨社良好形象。

世界华侨华人社团联谊大会由国务院侨务办公室与中国海外交流协会共同举办。本届大会的主题是“服务社区、和谐发展”，来自119个国家和地区的500余名侨团负责人出席大会。

（新华社北京6月6日电）

就当前经济形势和下半年经济工作 中共中央召开党外人士座谈会

习近平主持并发表重要讲话 李克强通报有关情况 俞正声刘云山张高丽出席

中共中央7月29日上午在中南海召开党外人士座谈会，就当前经济形势和下半年经济工作听取各民主党派中央、全国工商联负责人和无党派人士代表的意见和建议。中共中央总书记习近平主持座谈会并发表重要讲话。

中共中央政治局常委李克强、俞正声、刘云山、张高丽出席座谈会。李克强通报了上半年经济工作有关情况，介绍了中共中央、国务院关于做好下半年经济工作的考虑。

座谈会上，民革中央主席万鄂湘、民盟中央主席张宝文、民建中央主席陈昌智、民进中央主席严隽琪、农工党中央主席陈竺、致公党中央主席万钢、九三学社中央主席韩启德、台盟中央主席林文漪、全国工商联主席王钦敏、无党派人士代表林毅夫先后发言。他们赞同中共中央、国务院对当前我国经济形势的分析和下半年经济工作的考虑，并就推进农村土地制度改革、支持企业技术创新、发展资本市场、规范和发展互联网金融、防范和化解金融风险、大力发展服务贸易、加大医保体制改革力度、推进城镇化健康发展、提高公共投资效益、重视引进外国高端人才、推进农民工市民化、支持大学生就业创业、强化水生态承载力等内容提出意见和建议。

在认真听取大家发言后，习近平总书记作了重要讲话。他表示，大家在发言中就正确认识当前经济形势、做好下半年经济工作提出了很多建设性的意见和建议，我们将认真研究、积极吸纳。

习近平指出，今年以来，各地区各部门坚持稳中求进工作总基调，以全面深化改革促进经济发展、结构调整、民生改善，经济运行保持在合理区间，全面深化改革扎实有序推进。在世界经济形势错综复杂、国内经济环境出现复杂变化的情况下，取得这样的成绩十分不易，必须充分肯定。

习近平指出，今年以来，各民主党派中央、全国工商联和无党派人士紧紧围绕党和国家中心工作，聚焦全面深化改革目标任务、经济社会发展重大问题、人民群众关注的重点难点问题，主要负责同志亲自带队，深入10余个省市200多家基层一线单位，就化解过剩产能、装备制造业结构调整、大数据技术运用、生态环境保护、大学生就业创业环境优化、中小微企业技术创新、医卫和司法体制改革等问题进行深入调研，为中共中央决策提供了重要依据。

习近平强调，在充分肯定我国经济发展成绩的同时，也要看到，我国经济运行正面临着一些困难，特别是出现了一些可能引发经济下行和风险增大的边际变化。我们必须审时度势，全面把握和准确判断国内国际经济形势变化，坚持底线思维，做好应对各种新挑战的准备。要把转方式、调结构放在更加突出的位置，针对突出问题，主动作为，勇闯难关，努力提高创新驱动发展能力、提高产业竞争力、提高经济增长质量和效益，实现我国社会生产力水平总体跃升。要发扬钉钉子精神，一步一个脚印扎实推进经济发展方式转变、经济结构调整，不断取得实实在在的成效。

习近平指出，实现“两个一百年”奋斗目标、实现中华民族伟大复兴的中国梦，必须坚持以经济建设为中心，坚定不移推动经济持续健康发展，同时发展必须是遵循经济规律的科学发展。要围绕稳增长、调结构、防风险、惠民生，加快推进改革，加大产权保护力度，加紧深化投资体制改革，增大简政放权的含金量，加快放宽民间投资准入，深化金融体制改革，加快服务业有序开放，完善对外开放体制机制。

习近平对民主党派、工商联和无党派人士提出4点希望。一是把思想和行动统一到中共中央决策部署上来，正确认识我国经济发展的阶段性特征，进一步增强信心，适应新常态，共同推动经济持续健康发展。二是紧紧围绕全面深化改革和下半年经济社会运行中的重大问题，深入调查研究，讲真话、献良策、出实招。三是开展富有成效的教育引导工作，把理解改革、投身改革、支持改革、参与改革的人搞得多多的，为深化改革凝聚广泛共识、汇聚强大力量。四是把一切可以团结的力量广泛团结起来，把一切可以调动的积极因素充分调动起来，为全面深化改革、全面建成小康社会、实现中华民族伟大复兴中国梦贡献更大力量。

马凯、王沪宁、刘延东、汪洋、栗战书、杨晶和周小川，中共中央、国务院有关部门负责人出席座谈会。

出席座谈会的党外人士还有罗富和、齐续春、陈晓光、马培华、刘晓峰和蒋作君、邵鸿、修福金、徐辉、辜胜阻、朱永新、何维、杨邦杰、赖明、黄志贤、黄荣、廖永林等。

（新华网北京7月29日电）

征求对中共中央关于全面推进依法治国若干重大问题的决定的意见 中共中央召开党外人士座谈会

习近平主持并发表重要讲话

中共中央8月19日在中南海召开党外人士座谈会，就中共中央关于全面推进依法治国若干重大问题的决定听取各民主党派中央、全国工商联领导人和无党派人士的意见和建议。中共中央总书记习近平主持座谈会并发表重要讲话。

中共中央政治局常委张德

江、俞正声、王岐山出席座谈会。

座谈会上，民革中央主席万鄂湘、民盟中央主席张宝文、民建中央主席陈昌智、民进中央主席严隽琪、农工党中央主席陈竺、致公党中央主席万钢、九三学社中央主席韩启德、台盟中央副主席黄志贤、全国工商联主席王钦敏、无党派人士郭雷先后发言。他们赞同中共中央关于全面推进依法治国若干重大问题的决定，并就维护宪法权威、保障宪法贯彻实施，完善立法制度、提高立法质量，坚持依法行政、规范执法行为，深化司法改革、维护社会公平正义，加强法治监督、推进廉政建设法制化，加强市场法治建设、创新社会治理体制、完善高层次人才引进中的法律法规体系、完善律师制度，发挥民主党派在立法和民主监督中的作用等方面提出意见和建议。

在认真听取了大家发言后，习近平作了重要讲话。他表示，大家提出了许多具有针对性和可操作性的好意见、好建议，对起草好文件很有帮助，我们将认真研究吸收。

习近平强调，全面推进依法治国是贯彻落实中共十八大和十八届三中全会精神的重要内容，是顺利完成各项目标任务、全面建成小康社会、加快推进社会主义现代化的重要保证。全面推进依法治国也是解决我们在发展中面临的一系列重大问题，解放和增强社会活力、促进社会公平正义、维护社会和谐稳定、确保国家长治久安的根本要求。要保持我国经济社会长期持续健康发展势头，不断开拓中国特色社会主义更加广阔的发展前景，就必须紧密结合全面深化改革工作部署，夯实党和国家长治久安的法治基础。改革开放以来，我们党一贯高度重视法治建设，把依法治国同中共自身建设、人民当家作主一道置于政治建设的首要地位加以强调。中共十八大提出，法治是治国理政的基本方式，要加快建设社会主义法治国家，全面推进依法治国。中共十八大以来，中共中央高度重视依法治国问题。中共十八届三中全会也对推进依法治国提出了新的更高的要求。全面贯彻落实这些部署和要求，对发展社会主义民主政治意义重大，关系中国特色社会主义事业长远发展。

习近平介绍了中共十八届四中全会决定起草过程，强调决定起草贯彻中共十八大和十八届三中全会精神，把握全面建成小康社会、全面深化改革开放、全面推进依法治国这“三个全面”的逻辑联系；围绕中国特色社会主义事业总体布局，体现推进各领域改革发展对提高法治水平的迫切要求；反映我国法治工作基本格局，从立法、执法、司法、守法四大方面作出工作部署；直面法治领域突出问题，回应人民群众迫切期待，提出对全面推进依法治国具有重要意义的改革举措。

习近平指出，我们面对的改革发展稳定任务之重前所未有，矛盾风险挑战之多前所未有，依法治国地位更加突出、作用更加重大。我们必须坚定不移贯彻依法治国基本方略和依法执政基本方式，坚定不移领导人民建设社会主义法治国家。全面建成小康社会、全面深化改革，都离不开全面推进依法治国。要旗帜鲜明坚持中国共产党的领导，坚定不移走中国特色社会主义法治道路，坚定不移推进改革，坚持依法治国、依法执政、依法行政共同推进，坚持法治国家、法治政府、法治社会一体建设，加快建设中国特色社会主义法治体系，建设社会主义法治国家。

习近平强调，统一战线人才集聚、智力密集、联系广泛，成员中有很多法律方面高层次的专家学者，有的直接从事立法、执法、司法和法律监督工作。希望大家围绕全面推进依法治国中的重大问题和人民群众普遍关心的现实问题、热点问题深入开展调研，及时向中共中央提出建设性、可操作性的意见和建议。希望大家深化对全面推进依法治国重要性和必要性的认识，带头遵守宪法和法律，带动广大成员成为法治的忠实崇尚者、自觉遵守者、坚定捍卫者。希望大家善于运用法治思维和法治方式想问题、作判断、出措施，努力以法治凝聚改革共识、规范发展行为、促进矛盾化解、保障社会和谐，为全面深化改革、实现“两个一百年”奋斗目标凝聚人心、汇聚力量。

王沪宁、许其亮、李建国、汪洋、孟建柱、栗战书、杜青林、郭声琨、周强、曹建明，中共中央、国务院有关部门负责人出席座谈会。

出席座谈会的党外人士还有罗富和、齐续春、陈晓光、马培华、刘晓峰和蒋作君、邵鸿、谢经荣、彭雪峰等。

（新华社北京10月24日电）

在庆祝中国人民政治协商会议成立65周年大会上的讲话

（2014年9月21日）

习近平

同志们，朋友们：

今天，我们在这里隆重集会，庆祝中国人民政治协商会议成立65周年。65年来，在中国共产党领导下，人民政协积极投身建立新中国、建设新中国、探索改革路、实现中国梦的伟大实践，走过了辉煌的历程，建立了历史的功勋！

首先，我代表中共中央，向中国人民政治协商会议成立65周年，表示热烈的祝贺！向共同致力于中国特色社会主义事业、为人民政协事业作出突出贡献的各民主党派、全国工商联和无党派人士，各人民团体和各族各界人士，致以崇高的敬意！向香港特别行政区同胞、澳门特别行政区同胞、台湾同胞和海外侨胞，表示诚挚的问候！

此时此刻，我们更加深切缅怀毛泽东同志、周恩来同志、邓小平同志、邓颖超同志、李先念同志等老一辈人民政协事业领导人。我们将永远铭记所有为人民政协事业作出贡献的人们，在新的时代条件下把人民政协事业继续推向前进。

同志们、朋友们！

1949年9月21日至30日，中国人民政治协商会议第一届全体会议召开。会议代表全国各族人民意志，代行全国人民代表大会职权，通过了具有临时宪法性质的《中国人民政治协商会议共同纲领》和《中国人民政治协商会议组织法》、《中华人民共和国中央人民政府组织法》，作出关于中华人民共和国国都、国旗、国歌、纪年4个重要决议，选举中国人民政治协商会议全国委员会和中华人民共和国中央人民政府委员会，宣告中华人民共和国的成立。

这标志着100多年来中国人民争取民族独立和人民解放运动取得了历史性的伟大胜利，标志着爱国统一战线和全国人民大团结在组织上完全形成，标志着中国共产党领导的多党合作和政治协商制度正式确立。人民政协为新中国的建立作出了重大贡献。

新中国成立后，人民政协为恢复和发展国民经济、巩固新生人民政权、推动各项社会改革、促进社会主义革命和建设作出了历史性贡献。1954年，全国人民代表大会召开后，人民政协作为多党合作和政治协商机构、作为统一战线组织继续发挥重要作用，在完成社会主义改造、推动各种社会力量为实现国家总任务而奋斗、活跃国家政治生活、调整统一战线内部关系、扩大国际交往等方面发挥了重要作用，为推进新中国各项建设贡献了力量。

中共十一届三中全会以后，邓小平同志说：“新时期统一战线和人民政协的任务，就是要调动一切积极因素，努力化消极因素为积极因素，团结一切可以团结的力量，同心同德，群策群力，维护和发展安定团结的政治局面，为把我国建设成为现代化的社会主义强国而奋斗。”以邓小平同志为核心的中国共产党第二代中央领导集体明确提出新时期人民政协的性质和任务，确立中国共产党同各民主党派长期共存、互相监督、肝胆相照、荣辱与共的方针，推动人民政协性质和作用载入宪法。以江泽民同志为核心的中国共产党第三代中央领导集体将中国共产党领导的多党合作和政治协商制度确立为中国的基本政治制度，通过修改宪法明确这一制度将长期存在和发展，进一步明确了人民政协的性质、主题、职能。以胡锦涛同志为总书记的中共中央颁发《关于加强人民政协工作的意见》等文件，为新世纪新阶段人民政协事业发展提供了理论基础、政策依据、制度保障。

中共十八大以来，中共中央高度重视人民政协工作，强调要进一步准确把握人民政协性质定位，充分发挥人民政协作为协商民主重要渠道作用，围绕团结和民主两大主题，推进政治协商、民主监督、参政议政制度建设。人民政协在继承中发展、在发展中创新，紧紧围绕中心、服务大局，聚焦全面深化改革凝聚共识、汇集力量、建言献策，作出了新的积极贡献。

回顾人民政协 65 年的发展历程，我们更加深刻地认识到，人民政协植根于中国历史文化，产生于近代以后中国人民革命的伟大斗争，发展于中国特色社会主义光辉实践，具有鲜明中国特色，是实现国家富强、民族振兴、人民幸福的重要力量。我们有充分的理由相信，人民政协创造了辉煌的历史，也必将创造更加辉煌的未来！

同志们、朋友们！

人民政协 65 年的丰富实践积累了宝贵经验，为我们做好人民政协工作确立了重要原则。

做好人民政协工作，必须坚持中国共产党的领导。中国共产党的领导是包括各民主党派、各团体、各民族、各阶层、各界人士在内的全体中国人民的共同选择，是中国特色社会主义最本质的特征，也是人民政协事业发展进步的根本保证。人民政协事业要沿着正确方向发展，就必须毫不动摇坚持中国共产党的领导。

做好人民政协工作，必须坚持人民政协的性质定位。人民政协是统一战线的组织，是多党合作和政治协商的机构，是人民民主的重要实现形式，体现了中国特色社会主义制度的鲜明特点。人民政协要在依照宪法法律和政协章程准确定位的基础上，大力推进自身各项工作和各项事业不断向前发展。

做好人民政协工作，必须坚持大团结大联合。大团结大联合是统一战线的本质要求，是人民政协组织的重要特征。人民政协要坚持在热爱中华人民共和国、拥护中国共产党的领导、拥护社会主义事业、共同致力于实现中华民族伟大复兴的政治基础上，最大限度调动一切积极因素，团结一切可以团结的人，汇聚起共襄伟业的强大力量。

做好人民政协工作，必须坚持发扬社会主义民主。人民民主是社会主义的生命。人民政协是人民民主的重要形式。人民政协要适应推进国家治理体系和治理能力现代化的要求，坚持改革创新精神，推进人民政协理论创新、制度创新、工作创新，丰富民主形式，畅通民主渠道，有效组织各党派、各团体、各民族、各阶层、各界人士共商国是，推动实现广泛有效的人民民主。

同志们、朋友们！

我们的目标越伟大，我们的愿景越光明，我们的使命越艰巨，我们的责任越重大，就越需要汇聚起全民族智慧和力量，就越需要广泛凝聚共识、不断增进团结。希望人民政协继承光荣传统，提高履职能力现代化水平，为实现“两个一百年”奋斗目标、实现中华民族伟大复兴的中国梦作出新的更大贡献。

第一，坚持中国特色社会主义制度优势和特点。“履不必同，期于适足；治不必同，期于利民。”中国特色社会主义制度的生命力，就在于这一制度是在中国的社会土壤中生长起来的，人民政协就是适合中国国情、具有鲜明中国特色的制度安排。

人民政协要始终把坚持和发展中国特色社会主义作为巩固共同思想政治基础的主轴。要坚持中国共产党的领导、人民当家作主、依法治国有机统一，自觉把中国共产党的决策部署贯彻到人民政协工作中去，准确把握人民政协性质、地位、职能和作用，坚定不移走中国特色社会主义政治发展道路，风雨如磐不动摇。

第二，坚持紧扣改革发展献计出力。中国仍然处于社会主义初级阶段，仍然是世界上最大的发展中国家，发展仍然是解决中国一切问题的关键。我们面临的中心任务就是紧紧抓住和用好重要战略机遇期，全面深化改革，不断解放和发展社会生产力，推动各项事业全面发展，更好改善和保障人民生活。

人民政协要充分发挥代表性强、联系面广、包容性大的优势，聚焦推动科学发展、全面深化改革中的重大问题和群众最为关切的问题，深入进行调查研究，努力为改革发展出实招、谋良策。要积极宣传改革发展的大政方针，引导所联系群众支持和参与改革发展，正确对待新形势下改革发展带来的利益格局调整，为改革发展添助力、增合力。要敢于讲真话、讲诤言，及时反映真实情况，勇于提出建议和批评，帮助查找不足、解决问题，推动各项改革发展举措落到实处。

第三，坚持发挥人民政协在发展协商民主中的重要作用。人民政协以宪法、政协章程和相关政策为依据，以中国共产党领导的多党合作和政治协商制度为保障，集协商、监督、参与、合作于一体，是社会主义协商民主的重要渠道。

人民政协要发挥作为专门协商机构的作用，把协商民主贯穿履行职能全过程，推进政治协商、民主监督、参政议政制度建设，不断提高人民政协协商民主制度化、规范化、程序化水平，更好协调关系、汇聚力量、建言献策、服务大局。要拓展协商内容、丰富协商形式，建立健全协商议题提出、活动组织、成果采纳落实和反馈机制，更加灵活、更为经常开展专题协商、对口协商、界别协商、提案办理协商，探索网络议政、远程协商等新形式，提高协商实效，努力营造既畅所欲言、各抒己见，又理性有度、合法依章的良好协商氛围。

第四，坚持广泛凝聚实现中华民族伟大复兴的正能量。人民政协是最广泛的爱国统一战线组织。统一战线是中国共产党夺取革命、建设、改革事业胜利的重要法宝，也是实现中华民族伟大复兴的重要法宝。

"大厦之成，非一木之材也；大海之阔，非一流之归也。"要坚持和完善中国共产党领导的多党合作和政治协商制度，完善工作机制，搭建更多平台，为民主党派和无党派人士在政协更好发挥作用创造条件。要全面贯彻党的民族政策和宗教政策，积极引导各族群众增强对伟大祖国的认同、对中华民族的认同、对中华文化的认同、对中国特色社会主义道路的认同，充分发挥宗教界人士和信教群众在推动经济社会发展中的积极作用，促进民族团结、宗教和睦。要坚定不移贯彻"一国两制"、"港人治港"、"澳人治澳"、高度自治的方针，推动全面准确落实基本法，推动内地同香港、澳门的交流合作，维护香港、澳门长期繁荣稳定。要坚持"两岸一家人"，拓展同台湾岛内有关党派团体、社会组织、各界人士的联系和沟通，推动两岸关系和平发展。要加强同海外侨胞、归侨侨眷的联系，维护他们的合法权益，支持他们积极参与和支持祖（籍）国现代化建设与和平统一大业，促进中国同世界各国的文化交流。要高举和平、发展、合作、共赢旗帜，按照国家对外工作总体部署，加强同各国人民、政治组织、媒体智库等友好往来，为促进人类和平与发展的崇高事业作出积极贡献。

第五，坚持推进履职能力建设。人民政协是国家治理体系的重要组成部分，要适应全面深化改革的要求，以改革思维、创新理念、务实举措大力推进履职能力建设，努力在推进国家治理体系和治理能力现代化中发挥更大作用。

人民政协要提高政治把握能力，坚定理想信念，增进政治认同，提高运用科学理论分析判断形势、研究解决问题的能力和水平。要提高调查研究能力，坚持问题导向，深入实际摸清真实情况，集合众智提出解决办法，努力使对策建议有的放矢、切中要害。要提高联系群众能力，创新群众工作方法，畅通和拓宽各界群众的利益诉求表达渠道，发挥好桥梁纽带作用。要提高合作共事能力，发扬求同存异、体谅包容的优良传统，贯彻民主协商、平等议事的工作原则，尊重和包容不同意见的存在和表达，以民主的作风团结人，不断增进思想共识、加强合作共事。

中国共产党各级党委要重视和支持人民政协事业发展，把人民政协政治协商作为重要环节纳入决策程序，会同政府、政协制定实施协商年度工作计划，对明确规定需要协商的事项必须经协商后提交决策实施。要加强人民政协民主监督，完善民主监督的组织领导、权益保障、知情反馈、沟通协调机制。要推进人民政协参政议政更加深入务实开展，委托政协开展重大课题调研，邀请政协委员参与重大项目研究论证，完善参政议政成果采纳落实机制，更好发挥人民政协建言资政作用。要高度重视政协领导班子建设，改进委员产生机制，真正把代表性强、议政水平高、群众认可、德才兼备的优秀人士吸收到委员队伍中来。要适应经济社会发展和统一战线内部结构变化，深入研究更好发挥政协界别作用的思路和办法，扩大团结面、增强包容性，拓展有序政治参与空间。

政协委员是政协工作的主体。要尊重和保障委员民主权利，完善委员联络制度，健全委员联络机构，为委员履职尽责创造良好条件。政协委员社会知名度大、关注度高，一言一行都具有影响力和示范性。希望广大政协委员珍惜自身荣誉，恪守宪法法律，自觉践行社会主义核心价值观，锤炼道德品行，改进工作作风，切实发挥在本职工作中的带头作用、界别群众中的代表作用，不负重托，不辱使命。

同志们、朋友们！

社会主义协商民主，是中国社会主义民主政治的特有形式和独特优势，是中国共产党的群众路线在政治领域的重要体现。中共十八大提出，在发展我国社会主义民主政治的进程中，要完善协商民主制度和工作机制，推进协商民主广泛多层制度化发展。中共十八届三中全会强调，在党的领导下，以经济社会发展重大问题和涉及群众切身利益的实际问题为内容，在全社会开展广泛协商，坚持协商于决策之前和决策实施之中。这些重要论述和部署，为中国社会主义协商民主发展指明了方向。

——我们要全面认识社会主义协商民主是中国社会主义民主政治的特有形式和独特优势这一重大判断。中国共产党领导人民实行人民民主，就是保证和支持人民当家作主。保证和支持人民当家作主不是一句口号、不是一句空话，必须落实到国家政治生活和社会生活之中，保证人民依法有效行使管理国家事务、管理经济和文化事业、管理社会事务的权力。

“名非天造，必从其实。”实现民主的形式是丰富多样的，不能拘泥于刻板的模式，更不能说只有一种放之四海而皆准的评判标准。人民是否享有民主权利，要看人民是否在选举时有投票的权利，也要看人民在日常政治生活中是否有持续参与的权利；要看人民有没有进行民主选举的权利，也要看人民有没有进行民主决策、民主管理、民主监督的权利。社会主义民主不仅需要完整的制度程序，而且需要完整的参与实践。人民当家作主必须具体地、现实地体现到中国共产党执政和国家治理上来，具体地、现实地体现到中国共产党和国家机关各个方面、各个层级的工作上来，具体地、现实地体现到人民对自身利益的实现和发展上来。

实行人民民主，保证人民当家作主，要求我们在治国理政时在人民内部各方面进行广泛商量。毛泽东同志说过：“国家各方面的关系都要协商。”“我们政府的性格，你们也都摸熟了，是跟人民商量办事的”，“可以叫它是个商量政府”。周恩来同志说过：“新民主主义的议事精神不在于最后的表决，主要是在于事前的协商和反复的讨论。”

在中国社会主义制度下，有事好商量，众人的事情由众人商量，找到全社会意愿和要求的最大公约数，是人民民主的真谛。涉及人民利益的事情，要在人民内部商量好怎么办，不商量或者商量不够，要想把事情办成办好是很难的。我们要坚持有事多商量，遇事多商量，做事多商量，商量得越多越深入越好。涉及全国各族人民利益的事情，要在全体人民和全社会中广泛商量；涉及一个地方人民群众利益的事情，要在这个地方的人民群众中广泛商量；涉及一部分群众利益、特定群众利益的事情，要在这部分群众中广泛商量；涉及基层群众利益的事情，要在基层群众中广泛商量。在人民内部各方面广泛商量的过程，就是发扬民主、集思广益的过程，就是统一思想、凝聚共识的过程，就是科学决策、民主决策的过程，就是实现人民当家作主的过程。这样做起来，国家治理和社会治理才能具有深厚基础，也才能凝聚起强大力量。

古今中外的实践都表明，保证和支持人民当家作主，通过依法选举、让人民的代表来参与国家生活和社会生活的管理是十分重要的，通过选举以外的制度和方式让人民参与国家生活和社会生活的管理也是十分重要的。人民只有投票的权利而没有广泛参与的权利，人民只有在投票时被唤醒、投票后就进入休眠期，这样的民主是形式主义的。

在总结新中国人民民主实践的基础上，我们明确提出，在我们这个人口众多、幅员辽阔的社会主义国家里，关系国计民生的重大问题，在中国共产党领导下进行广泛协商，体现了民主和集中的统一；人民通过选举、投票行使权利和人民内部各方面在重大决策之前进行充分协商，尽可能就共同性问题取得一致意见，是中国社会主义民主的两种重要形式。在中国，这两种民主形式不是相互替代、相互否定的，而是相互补充、相得益彰的，共同构成了中国社会主义民主政治的制度特点和优势。

协商民主是中国社会主义民主政治中独特的、独有的、独到的民主形式，它源自中华民族长期形成的天下为公、兼容并蓄、求同存异等优秀政治文化，源自近代以后中国政治发展的现实进程，源自中国共产党领导人民进行革命、建设、改革的长期实践，源自新中国成立后各党派、各团体、各民族、各阶层、各界人士在政治制度上共同实现的伟大创造，源自改革开放以来中国在政治体制上的不断创新，具有深厚的文化基础、理论基础、实践基础、制度基础。

协商民主深深嵌入了中国社会主义民主政治全过程。中国社会主义协商民主，既坚持了中国共产党的领导，又发挥了各方面的积极作用；既坚持了人民主体地位，又贯彻了民主集中制的领导制度和组织原则；既坚持了人民民主的原则，又贯彻了团结和谐的要求。所以说，中国社会主义协商民主丰富了民主的形式、拓展了民主的渠道、加深了民主的内涵。

——我们要深刻把握社会主义协商民主是中国共产党的群众路线在政治领域的重要体现这一基本定性。中国共产党来自人民、服务人民，这就决定了中国共产党领导人民建立的中华人民共和国必须紧紧依靠人民治国理政、管理社会。中国共产党在自己的工作中实行群众路线，坚持一切为了群众，一切依靠群众，从群众中来，到群众中去，把自己的正确主张变为群众的自觉行动。中华人民共和国宪法规定，国家的一切权力属于人民，一切国家机关和国家工作人员必须依靠人民的支持，经常保持同人民的密切联系，倾听人民的意见和建议，接受人民的监督，努力为人民服务。无论是中国共产党执政，还是国家机关施政，都必须坚持贯彻群众路线，紧紧依靠人民。

“政之所兴在顺民心，政之所废在逆民心。”一个政党，一个政权，其前途命运最终取决于人心向背。中国共产党、中华人民共和国的全部发展历程都告诉我们，中国共产党、中华人民共和国之所以能够取得事业的成功，靠的是始终保持同人民群众的血肉联系、代表最广大人民根本利益。如果脱离群众、失去人民拥护和支持，最终也会走向失败。我们必须把人民利益放在第一位，任何时候任何情况下，与人民群众同呼吸共命运的立场不能变，全心全意为人民服务的宗旨不能忘，坚信群众是真正英雄的历史唯物主义观点不能丢。

全心全意为人民服务，始终代表最广大人民根本利益，是我们能够实行和发展协商民主的重要前提和基础。中国共产党党章规定：中国共产党除了工人阶级和最广大人民群众的利益，没有自己特殊的利益。中国共产党及其领导的国家是代表最广大人民根本利益的，其一切理论和路线方针政策，其一切工作部署和工作安排，都应该来自人民，都应该为人民利益而制定和实施。在这个大政治前提下，我们应该也能够广泛听取人民内部各方面的意见和建议。在中国共产党统一领导下，通过多种形式的协商，广泛听取意见和建议，广泛接受批评和监督，可以广泛达成决策和工作的最大共识，有效克服党派和利益集团为自己的利益相互竞争甚至相互倾轧的弊端；可以广泛畅通各种利益要求和诉求进入决策程序的渠道，有效克服不同政治力量为了维护和争取自己的利益固执己见、排斥异己的弊端；可以广泛形成发现和改正失误和错误的机制，有效克服决策中情况不明、自以为是的弊端；可以广泛形成人民群众参与各层次管理和治理的机制，有效克服人民群众在国家政治生活和社会治理中无法表达、难以参与的弊端；可以广泛凝聚全社会推进改革发展的智慧和力量，有效克服各项政策和工作共识不高、无以落实的弊端。这就是中国社会主义协商民主的独特优势所在。

民主不是装饰品，不是用来做摆设的，而是要用来解决人民要解决的问题的。中国共产党的一切执政活动，中华人民共和国的一切治理活动，都要尊重人民主体地位，尊重人民首创精神，拜人民为师，把政治智慧的增长、治国理政本领的增强深深扎根于人民的创造性实践之中，使各方面提出的真知灼见都能运用于治国理政。

“天视自我民视，天听自我民听。”要坚持把实现好、维护好、发展好最广大人民根本利益作为一切工作的出发点和落脚点，我们的重大工作和重大决策必须识民情、接地气。要以人民群众利益为重、以人民群众期盼为念，真诚倾听群众呼声，真实反映群众愿望，真情关心群众疾苦。要坚持工作重心下移，深入实际、深入基层、深入群众，做到知民情、解民忧、纾民怨、暖民心，多干让人民满意的好事实事，充分调动人民群众的积极性、主动性、创造性。

——我们要切实落实推进协商民主广泛多层制度化发展这一战略任务。面向未来，发展好各项事业，巩固国家安定团结的政治局面，促进政党关系、民族关系、宗教关系、阶层关系、海内外同胞关系和谐发展，一个很重要的条件就是必须通过民主集中制的办法，广开言路，博采众谋，动员大家一起来想、一起来干。正所谓“以天下之目视，则无不见也；以天下之耳听，则无不闻也；以天下之心虑，则无不知也”。

社会主义协商民主，应该是实实在在的、而不是做样子的，应该是全方位的、而不是局限在某个方面的，应该是全国上上下下都要做的、而不是局限在某一级的。因此，必须构建程序合理、环节完整的社会主义协商民主体系，确保协商民主有制可依、有规可守、有章可循、有序可遵。

协商就要真协商，真协商就要协商于决策之前和决策之中，根据各方面的意见和建议来决定和调整我们的决策和工作，从制度上保障协商成果落地，使我们的决策和工作更好顺乎民意、合乎实际。要通过各种途径、各种渠道、各种方式就改革发展稳定重大问题特别是事关人民群众切身利益的问题进行广泛协商，既尊重多数人的意愿，又照顾少数人的合理要求，广纳群言、广集民智，增进共识、增强合力。要拓宽中国共产党、人民代表大会、人民政府、人民政协、民主党派、人民团体、基层组织、企事业单位、社会组织、各类智库等的协商渠道，深入开展政治协商、立法协商、行政协商、民主协商、社会协商、基层协商等多种协商，建立健全提案、会议、座谈、论证、听证、公示、评估、咨询、网络等多种协商方式，不断提高协商民主的科学性和实效性。

人民群众是社会主义协商民主的重点。涉及人民群众利益的大量决策和工作，主要发生在基层。要按照协商于民、协商为民的要求，大力发展基层协商民主，重点在基层群众中开展协商。凡是涉及群众切身利益的决策都要充分听取群众意见，通过各种方式、在各个层级、各个方面同群众进行协商。要完善基层组织联系群众制度，加强议事协商，做好上情下达、下情上传工作，保证人民依法管理好自己的事务。要推进权力运行公开化、规范化，完善党务公开、政务公开、司法公开和各领域办事公开制度，让人民监督权力，让权力在阳光下运行。

同志们、朋友们！

65 年前的今天，毛泽东同志在中国人民政治协商会议第一届全体会议上致开幕词时说：“我们有一个共同的感觉，这就是我们的工作将写在人类的历史上，它将表明：占人类总数四分之一的中国人从此站立起来了。”“我们的民族将从此列入爱好和平自由的世界各民族的大家庭，以勇敢而勤劳的姿态工作着，创造自己的文明和幸福，同时也促进世界的和平和自由。”今天，早已站起来的中华民族，正以自己的辛勤劳动和艰苦奋斗书写着更加辉煌的时代篇章。

“为者常成，行者常至。”人民政协65年的光辉历程已经载入史册，中华民族的美好未来需要全体中华儿女同心开创。让我们更加紧密地团结起来，高举中国特色社会主义伟大旗帜，团结奋进、开拓创新，不断谱写人民政协事业新篇章！

（新华社北京9月21日电）

习近平会见香港工商界专业界访京团

国家主席习近平22日下午在人民大会堂会见了以董建华为团长的香港工商界专业界访京团。

习近平认真听取了访京团部分成员的发言。习近平指出，再过几天，就是中华人民共和国65年华诞。65年来，在中国共产党领导下，我国发展取得了举世公认的巨大成就。在这一过程中，香港与祖国风雨同舟、命运相依，发挥了独特的重要作用。香港回归祖国以来，“一国两制”在香港的实践日益深入，香港保持了社会繁荣稳定。

习近平强调，“一国两制”是国家的一项基本国策。不断推进“一国两制”事业，是包括香港同胞在内的全体中华儿女的共同愿望，符合国家根本利益和香港长远利益，也符合外来投资者利益。办好香港的事情，关键是要全面准确理解和贯彻“一国两制”方针，维护基本法权威。中央对香港的基本方针政策没有变，也不会变。中央政府将坚定不移贯彻“一国两制”方针和基本法，坚定不移支持香港依法推进民主发展，坚定不移维护香港长期繁荣稳定。我们对祖国和香港的未来充满信心。

习近平充分肯定包括香港工商界、专业界人士在内的广大香港同胞为国家发展和香港繁荣稳定作出的贡献，希望香港社会各界齐心协力，在中央政府的大力支持以及行政长官和特区政府带领下，共同开创香港更加美好的未来，为国家的现代化建设和中华民族伟大复兴作出新的更大贡献。

张德江、李源潮、栗战书、杨洁篪等参加了会见。

（新华社北京9月22日电）

中央民族工作会议在京举行
习近平作重要讲话

中央民族工作会议暨国务院第六次全国民族团结进步表彰大会9月28日至29日在北京举行。

中共中央总书记、国家主席、中央军委主席习近平，中共中央政治局常委、国务院总理李克强，中共中央政治局常委、全国人大常委会委员长张德江，中共中央政治局常委、全国政协主席俞正声，中共中央政治局常委、中央书记处书记刘云山，中共中央政治局常委、中央纪委书记王岐山出席会议。

习近平在会上发表重要讲话，全面分析我国民族工作面临的国内外形势，深刻阐述当前和今后一个时期我国民族工作的大政方针。李克强就加快民族地区发展、促进全面建成小康社会作了讲话。俞正声在会议结束时作总结讲话。

这次会议的主要任务是：准确把握新形势下民族问题、民族工作的特点和规律，统一思想认识，明确目标任务，坚定信心决心，提高做好民族工作能力和水平。

会议指出，多民族是我国的一大特色，也是我国发展的一大有利因素。各民族共同开发了祖国的锦绣河山、广袤疆域，共同创造了悠久的中国历史、灿烂的中华文化。我国历史演进的这个特点，造就了我国各民族在分布上的交错杂居、文化上的兼收并蓄、经济上的相互依存、情感上的相互亲近，形成了你中有我、我中有你，谁也离不开谁的多元一体格局。中华民族和各民族的关系，是一个大家庭和家庭成员的关系，各民族的关系，是一个大家庭里不同成员的关系。处理好民族问题、做好民族工作，是关系祖国统一和边疆巩固的大事，是关系民族团结和社会稳定的大事，是关系国家长治久安和中华民族繁荣昌盛的大事。全党要牢记我国是统一的多民族国家这一基本国情，坚持把维护民族团结和国家统一作为各民族最高利益，把各族人民智慧和力量最大限度凝聚起来，同心同德为实现“两个一百年”奋斗目标、实现中华民族伟大复兴的中国梦而奋斗。

会议强调，新中国成立65年来，党的民族理论和方针政策是正确的，中国特色解决民族问题的道路是正确的，我国民族关系总体是和谐的，我国民族工作做的是成功的。同时，我们的民族工作也面临着一些新的阶段性特征。做好民族工作要坚定不移走中国特色解决民族问题的正确道路，开拓创新，从实际出发，顶层设计要缜密、政策统筹要到位、工作部署要稳妥，让各族人民增强对伟大祖国的认同、对中华民族的认同、对中华文化的认同、对中国特色社会主义道路的认同。民族区域自治制度是我国的一项基本政治制度，是中国特色解决民族问题的正确道路的重要内容。要坚持统一和自治相结合、民族因素和区域因素相结合，把宪法和民族区域自治法的规定落实好，关键是帮助自治地方发展经济、改善民生。

会议指出，民族团结是我国各族人民的生命线。做好民族工作，最关键的是搞好民族团结，最管用的是争取人心。要正确认识我国民族关系的主流，多看民族团结的光明面；善于团结群众、争取人心，全社会一起做交流、培养、融洽感情的工作；加强各民族交往交流交融，尊重差异、包容多样，让各民族在中华民族大家庭中手足相亲、守望相助；创新载体和方式，引导各族群众牢固树立正确的祖国观、历史观、民族观；用法律来保障民族团结，增强各族群众法律意识；坚决反对大汉族主义和狭隘民族主义，自觉维护国家最高利益和民族团结大局。

会议强调，新中国成立以来，少数民族和民族地区得到了很大发展，但一些民族地区群众困难多，困难群众多，同全国一道实现全面建设小康社会目标难度较大，必须加快发展，实现跨越式发展。要发挥好中央、发达地区、民族地区三个积极性，对边疆地区、贫困地区、生态保护区实行差别化的区域政策，优化转移支付和对口支援体制机制，把政策动力和内生潜力有机结合起来。要紧扣民生抓发展，重点抓好就业和教育；发挥资源优势，重点抓好惠及当地和保护生态；搞好扶贫开发，重点抓好特困地区和特困群体脱贫；加强边疆建设，重点抓好基础设施和对外开放。

会议指出，支持民族地区加快经济社会发展，是中央的一项基本方针。要紧紧围绕全面建成小康社会目标，顺应各族群众新期盼，深化改革开放，调动广大干部群众的积极性，激发市场活力和全社会创新创造热情；发挥民族地区特殊优势，加大各方面支持力度，提高自我发展能力，释放发展潜力；发展社会事业，更加注重改善民生，促进公平正义；大力传承和弘扬民族文化，为民族地区发展提供强大精神动力；加强生态环境保护，提高持续发展能力。

会议强调，要加强基础设施、扶贫开发、城镇化和生态建设，不断释放民族地区发展潜力。基础设施建设要重点解决路和水的问题。民族地区交通建设，既要打通对内对外联系的“大通道”，也要畅通与“大通道”联系的“静脉”、“毛细血管”。建设一批重大饮水调水工程、大型水库和骨干渠网，同时支持地方搞好水利设施建设，全部解决农村人口饮水安全问题。打好扶贫攻坚战，民族地区是主战场。要创新思路和机制，把整体推进与精准到户结合起来，加快推进集中连片特殊困难地区区域发展与扶贫攻坚，提高扶贫效能。民族地区推进城镇化，要与我国经济支撑带、重要交通干线规划建设紧密结合，与推进农业现代化紧密结合。还要重视利用独特地理风貌和文化特点，规划建设一批具有民族风情的特色村镇。把生态保护放在重要位置，继续在民族地区实施重大生态保护工程，中央和地方都要加大投入，落实好生态补偿机制。

会议指出，要大力发展特色优势产业，增强民族地区自我发展能力。把优势资源开发好、利用好，推动产业结构上水平，加快发展服务业，逐步把旅游业做成民族地区的支柱产业。充分考虑民族地区的特殊性，在土地使用、金融服务、资本市场建设等方面给予差别化支持。民族地区加快发展，最终还是要向改革要动力、要活力。民族地区与全国一样，都要深化投资体制改革，搞好和周边地区的互联互通，通过市场机制与沿海地区连接起来，实现优势互补、合作共赢、共同发展。

会议指出，要以推进基本公共服务均等化为重点，着力改善民生。发展经济的根本目的就是要让各族群众过上好日子。既要坚持不懈抓发展，不断扩大经济总量，为民生改善提供坚实基础，也要大力推进基本公共服务均等化，促进社会公平。教育投入要向民族地区、边疆地区倾斜，加快民族地区义务教育学校标准化和寄宿制学校建设，实行免费中等职业教育，办好民族地区高等教育，搞好双语教育。加快改善医疗卫生条件，加强基层医疗卫生人才队伍建设。进一步加强对口支援和帮扶，把改善民生放在首位，帮扶资金主要用于民生、用于基层。

会议强调，解决好民族问题，物质方面的问题要解决好，精神方面的问题也要解决好。要旗帜鲜明地反对各种错误思想观念，增强各族干部群众识别大是大非、抵御国内外敌对势力思想渗透的能力。加强中华民族大团结，长远和根本的是增强文化认同，建设各民族共有精神家园，积极培养中华民族共同体意识。要把建设各民族共有精神家园作为战略任务来抓，抓好爱国主义教育这一课，把爱我中华的种子埋在每个孩子的心灵深处，让社会主义核心价值观在祖国下一代的心田生根发芽。弘扬和保护各民族传统文化，要去粗取精、推陈出新，努力实现创造性转化和创新性发展。要积极做好双语教育、信教群众工作和少数民族代表人士和知识分子工作。

会议指出，改革开放以来，我国进入了各民族跨区域大流动的活跃期，做好城市民族工作越来越重要。对少数民族流动人口，不能采取“关门主义”的态度，也不能采取放任自流的态度，关键是要抓住流入地和流出地的两头对接。要把着力点放在社区，推动建立相互嵌入的社会结构和社区环境，注重保障各民族合法权益，坚决纠正和杜绝歧视或变相歧视少数民族群众、伤害民族感情的言行，引导流入城市的少数民族群众自觉遵守国家法律和城市管理规定，让城市更好接纳少数民族群众，让少数民族群众更好融入城市。

会议强调，做好民族工作关键在党、关键在人。只要我们牢牢坚持中国共产党的领导，就没有任何人任何政治势力可以挑拨我们的民族关系，我们的民族团结统一在政治上就是有充分保障的。各级党委和政府要把民族工作摆上重要议事日程，坚持从政治上把握民族关系、看待民族问题。民族地区的好干部要做到明辨大是大非的立场特别清醒、维护民族团结的行动特别坚定、热爱各族群众的感情特别真诚。要坚持德才兼备的原则，大力培养选拔少数民族干部，优秀的要放到重要领导岗位上来。无论是少数民族干部还是汉族干部，都要以党和国家的事业为重、以造福各族人民为念，齐心协力做好工作。民族地区要重视基层党组织建设，加强干部作风建设。要形成党委领导、政府负责、有关部门协同配合、全社会通力合作的民族工作格局，坚持好、健全好民委委员制度。

会议认为，习近平的重要讲话，站在全局和战略的高度，系统阐述了民族工作的方向和道路、理论和政策、制度和法律、工作和实践等重大问题，思想上的深刻性、政策上的鲜明性非常突出，是做好新形势下民族工作的纲领性文献。李克强的重要讲话，围绕实现全面建成小康社会的目标，明确提出了加快民族地区发展的一系列重大举措、重要部署、重点任务，具有很强的针对性和操作性。要把握会议精神实质，切实用中央关于民族工作的重大方针统一思想、认识和行动；突出重点领域，千方百计把促进各民族共同繁荣发展的决策部署落到实处；积极稳妥推进，力争使加强民族团结的各项举措取得实实在在的进展；顺应历史趋势，把推进民族事务治理法治化做深做实；汇聚各方力量，形成贯彻会议精神的良好体制机制。

会议要求，全党全国各族人民要紧密团结在以习近平同志为总书记的党中央周围，坚定不移走中国特色解决民族问题的正确道路，万众一心，不懈奋斗，把民族团结进步事业全面推向前进。

会议对1496个全国民族团结进步模范集体和模范个人进行了表彰，习近平等为受表彰的模范集体和模范个人代表颁奖，并在会前与大家合影留念。中共中央政治局委员、国务院副总理刘延东宣读了《国务院关于表彰全国民族团结进步模范集体和模范个人的决定》。会上，广东省、云南省、宁夏回族自治区、国家发展改革委负责同志作大会交流发言。

在京中共中央政治局委员、中央书记处书记，部分全国人大常委会副委员长，国务委员，最高人民法院院长，最高人民检察院检察长，部分全国政协副主席出席会议。

内蒙古、广西、西藏、宁夏、新疆5个自治区党政主要负责同志，各省区市、新疆生产建设兵团及副省级城市分管民族工作负责同志，中央和国家机关有关部门、有关人民团体主要负责人，军队及武警部队负责人，受表彰的模范集体和模范个人代表、港澳台特邀代表、民族工作荣誉代表等约1100人参加会议。开幕会以电视电话会议形式召开，各省区市和新疆生产建设兵团、副省级城市设分会场。

（新华社北京9月29日电）

征求对经济工作的意见和建议　中共中央召开党外人士座谈会

习近平主持会议并发表重要讲话
李克强通报有关情况　俞正声刘云山张高丽出席

中共中央12月1日在中南海召开党外人士座谈会，就今年经济形势和明年经济工作听取各民主党派中央、全国工商联负责人和无党派人士代表的意见和建议。中共中央总书记习近平主持座谈会并发表重要讲话。

中共中央政治局常委李克强、俞正声、刘云山、张高丽出席座谈会。李克强通报了今年经济工作有关情况，介绍了中共中央关于做好明年经济工作的考虑。

座谈会上，民革中央主席万鄂湘、民盟中央主席张宝文、民建中央主席陈昌智、民进中央主席严隽琪、农工党中央主席陈竺、致公党中央主席万钢、九三学社中央主席韩启德、台盟中央主席林文漪、全国工商联主席王钦敏、无党派人士代表林毅夫先后发言。他们赞同中共中央对当前我国经济形势的分析和明年经济工作的考虑，并就鼓励生态农牧业发展、寻找新的内需增长点、推动京津冀产业协同发展、加大对创新驱动发展的投入、完善金融市场发展、降低实体经济融资成本、加快公立医院改革、健全地质灾害防治体系以及引进聚集海外人才、营造良好法治环境、推动两岸经济合作、支持民营企业走出去等提出意见和建议。

在认真听取大家发言后，习近平作了重要讲话。他指出，今年以来，各民主党派中央、全国工商联和无党派人士围绕党和国家中心工作，适应我国经济发展新常态，发挥各自特点和优势，深入基层一线，就化解产能过剩、推进新型城镇化、确保粮食安全、加强水资源保护、深化司法体制改革、促进大学生就业创业、发展健康服务业等问题进行了调研，提出的很多意见和建议很有见地，为我们决策提供了重要依据。刚才，大家围绕正确认识当前经济形势、做好明年经济工作提出了很多有建设性的意见和建议，我们将认真研究、积极吸纳。

习近平强调，今年以来，我们牢牢把握发展大势，坚持稳中求进工作总基调，全面深化改革，保持宏观政策连续性和稳定性，坚持用改革的办法改善宏观调控，有针对性进行预调微调，扎实做好各项工作，实现了经济社会持续稳步发展。我国经济发展形势总体是好的，经济运行处在合理区间，农业发展态势良好，科技创新取得一些突破，化解过剩产能有序展开，深化改革开放取得重大进展，人民生活水平提高，社会托底工作得到强化。

习近平指出，我国已经进入了经济发展新常态，我们要继续坚持稳中求进工作总基调。稳的重点要放在稳住经济运行上，进的重点是深化改革开放和调整结构。稳和进有机统一、相互促进。经济社会平稳才能为深化改革开放和经济结构调整创造稳定的宏观环境。要继续推进改革开放，为经济社会发展创造良好预期和新的动力。实现经济发展目标，关键要保持稳增长和调结构平衡，坚持宏观政策要稳、微观政策要活、社会政策要托底的总体思路。

习近平强调，实现经济发展目标，要着力做好以下重点工作。一是要推进新型工业化、信息化、城镇化、农业现代化同步发展，逐步增强战略性新兴产业和服务业的支撑作用，着力推动传统产业向中高端迈进，通过发挥市场机制作用、更多依靠产业化创新来培育和形成新增长点。二是要优化经济发展空间格局，继续实施区域发展总体战略，推进“一带一路”、京津冀协同发展、长江经济带建设，积极稳妥推进城镇化，坚持不懈推进节能减排和生态环境保护，努力实现经济发展和环境保护共赢。三是要加强保障改善民生工作，重点解决突出问题，更加注重保障基本民生，特别要重视做好就业和扶贫工作。四是要坚定不移推进经济体制改革，大力弘扬调查研究之风，把握实际情况，制定好解决方案。

习近平指出，中共十八大提出全面建成小康社会的奋斗目标，中共十八届三中全会对全面深化改革作出顶层设计，中共十八届四中全会对全面推进依法治国作出部署，这三个“全面”具有内在逻辑关系，是有机统一的。全面深化改革为进一步解放和发展社会生产力提供动力，全面推进依法治国为全面深化改革提供法治保障，两者的目的都是为了推动更好完成全面建成小康社会奋斗目标。各民主党派、工商联和无党派人士要积极引导所联系的广大成员，把思想和行动统一到中共中央决策部署上来，既要理解改革、支持改革、参与改革，也要树立法治思维、运用法治方式、依法参政议政，共同为全面建成小康社会奋斗目标作出贡献。

马凯、王沪宁、刘延东、汪洋、栗战书、王勇、周小川，中共中央、国务院有关部门负责人出席座谈会。

出席座谈会的党外人士还有罗富和、齐续春、陈晓光、马培华、刘晓峰和蒋作君、邵鸿、郑建邦、徐辉、辜胜阻、朱永新、何维、杨邦杰、赖明、黄志贤、谢经荣、李稻葵等。

（新华网北京 12 月 5 日电）

在庆祝澳门回归祖国 15 周年大会暨澳门特别行政区第四届政府就职典礼上的讲话

（2014 年 12 月 20 日）

习近平

同胞们，朋友们：

大家好！今天，我们怀着喜悦的心情，在这里隆重集会，庆祝澳门回归祖国 15 周年，举行澳门特别行政区第四届政府就职典礼。

首先，我谨代表中央政府和全国各族人民，向全体澳门居民，致以诚挚的问候！向新就任的澳门特别行政区第四任行政长官崔世安先生，向第四届政府主要官员、行政会委员，表示热烈的祝贺！向所有关心澳门、为澳门繁荣稳定作出贡献的海内外同胞和国际友人，表示衷心的感谢！

此时此刻，让我们共同回忆 15 年前的今天。那一天，中国政府恢复对澳门行使主权，中华人民共和国澳门特别行政区成立。从此，澳门回到祖国怀抱，走上了同祖国内地优势互补、共同发展的宽广道路。这是中华民族发展进程中具有重大历史意义的事件，开辟了澳门发展新纪元。

15 年来，在中央政府和内地大力支持下，在特别行政区行政长官和政府带领下，澳门社会各界人士齐心协力、团结奋斗，积极推进“一国两制”实践，取得了丰硕成果。

——我们高兴地看到，“一国两制”、“澳人治澳”、高度自治方针和澳门特别行政区基本法在澳门社会广泛深入人心、得到切实贯彻落实，宪法和基本法规定的澳门特别行政区的宪制秩序得到尊重和维护，中央全面管治权有效行使，特别行政区享有的高度自治权受到充分保障。广大澳门同胞当家作主、依法享有广泛自由和民主权利，澳门民主政制有序发展，经济快速增长，居民生活持续改善，社会大局和谐稳定，各项事业全面进步，对外交往不断扩大。

——我们高兴地看到，澳门同祖国内地的交流合作日益密切，继续为祖国改革开放和现代化建设作出独特贡献，分享祖国发展带来的机遇和成果。澳门同胞对国家的认同感和向心力不断加强，血浓于水的民族感情不断升华，爱国爱澳成为社会主流价值观。

——我们高兴地看到，澳门作为中西文化荟萃的历史文化名城，传承岭南色彩的中华文化，融汇欧陆风情，蕴含独特魅力。生活在澳门的不同族群和谐相处，相互学习，守望相助，展示了澳门活力四射的形象。

澳门回归祖国 15 年取得的成就，值得澳门同胞和全国各族人民自豪和骄傲；探索积累的宝贵经验，值得澳门同胞和全国各族人民珍惜和铭记。

实践证明，只要坚持全面准确理解和贯彻“一国两制”方针、严格按照基本法办事，坚持集中精力发展经济、改善民生，坚持包容共济、促进爱国爱澳旗帜下的广泛团结，“一国两制”实践就能沿着正确方向走稳、走实、走远，澳门就能拥有更加美好的明天。

同胞们、朋友们！

15 年来，澳门社会各方面发生了深刻变化，外部环境也发生了深刻变化，在新的历史起点上，要把澳门经济社会发展的良好局面巩固好、发展好，必须再接再厉、开拓进取，为澳门长期繁荣稳定打下更为坚实的基础。在此，我提 4 点希望。

第一，继续奋发有为，不断提高特别行政区依法治理能力和水平。回归以来，澳门特别行政区治理体系和治理能力不断完善和提高。同时，我们也看到，形势发展和民众期待给特别行政区治理提出了更新更高的要求。

人类社会发展的事实证明，依法治理是最可靠、最稳定的治理。要善于运用法治思维和法治方式进行治理，要强化法治意识，特别是要完善与澳门特别行政区基本法实施相配套的制度和法律体系，夯实依法治澳的制度基础。要努力打造勤政、廉洁、高效、公正的法治政府，做到依法决策、依法施政，使特别行政区发展始终沿着法治轨道展开。要加强公职人员队伍建设和管理，提高依法履职能力。要在全社会弘扬法治精神，共同维护法治秩序，培养造就一大批熟悉澳门特别行政区基本法、具备深厚专业素养的法治人才，为依法治澳提供坚强人才保障。

第二，继续统筹谋划，积极推动澳门走经济适度多元可持续发展道路。这些年来，澳门经济社会快速发展，同时一些长期形成的深层次矛盾也随之显现，发展面临的风险有所积累。要放眼世界、放眼祖国、放眼未来、放眼长远，合理制定澳门发展的思路和蓝图，推动澳门经济社会健康发展。

要善于从长计议，抓住国家全面深化改革的重大机遇，围绕建设世界旅游休闲中心、中国与葡语国家商贸合作服务平台的发展定位，推动澳门经济适度多元可持续发展。这是关系澳门居民利益的大事，也是关系区域发展乃至国家发展的大事。要做好顶层设计，制定具体推进的步骤和措施。要坚持提升自身发展素质能力和加强区域合作“两条腿”走路。一方面，要以更大勇气和智慧破解发展难题，加强和完善对博彩业的监管，积极培育新的经济增长点，不断推动经济适度多元可持续发展取得实质性成果。另一方面，要用好中央支持澳门发展的政策措施，深化同祖国内地特别是同广东省和泛珠三角地区的合作。在区域合作中拓宽澳门发展空间，增强澳门发展动力，努力实现与内地共同发展、共同进步。

第三，继续筑牢根基，努力促进社会和谐稳定。和谐稳定是经济社会发展、市民安居乐业的根基。澳门特别行政区政府和各界人士都要倍加珍惜、全力维护和谐稳定的大局。

要坚持以人为本的施政理念，察民情、知民需、解民忧、纾民困，妥善处理社会多元诉求，平衡好各方利益，积极营造更加公平公正的社会环境。要让广大居民更好分享发展成果，改善生活质量，提高幸福指数。澳门各界人士要继续弘扬爱国爱澳的社会主流价值观，支持特别行政区行政长官和政府依法施政，增强社会凝聚力和正能量，共同致力于实现澳门长期繁荣稳定。同时，要防范和反对外部势力渗透和干扰，巩固澳门安定团结的良好局面。

第四，继续面向未来，加强青少年教育培养。十年树木，百年树人。澳门青少年是澳门的希望，也是国家的希望，关系到澳门和祖国的未来。要实现爱国爱澳光荣传统代代相传，保证“一国两制”事业后继有人，就要加强对青少年的教育培养。要高度重视和关心爱护青年一代，为他们成长、成才、成功创造良好条件。

泱泱中华，历史悠久，文明博大。中华民族在几千年历史中创造和延续的中华优秀传统文化，是中华民族的根和魂。要把我国历史文化和国情教育摆在青少年教育的突出位置，让青少年更多领略中华文明的博大精深，更多感悟近代以来中华民族救亡图存、发愤图强的光辉历程，更多认识新中国走过的不平凡道路和取得的巨大成就，更多理解“一国两制”与坚持和发展中国特色社会主义、实现中华民族伟大复兴中国梦的内在联系，从而牢牢把握澳门同祖国紧密相连的命运前程，加深民族自豪感和爱国爱澳情怀，增强投身“一国两制”事业的责任感和使命感。

同胞们、朋友们！

“一国两制”是国家的一项基本国策。牢牢坚持这项基本国策，是实现香港、澳门长期繁荣稳定的必然要求，也是实现中华民族伟大复兴中国梦的重要组成部分，符合国家和民族根本利益，符合香港、澳门整体和长远利益，符合外来投资者利益。

继续推进“一国两制”事业，必须牢牢把握“一国两制”的根本宗旨，共同维护国家主权、安全、发展利益，保持香港、澳门长期繁荣稳定；必须坚持依法治港、依法治澳，依法保障“一国两制”实践；必须把坚持一国原则和尊重两制差异、维护中央权力和保障特别行政区高度自治权、发挥祖国内地坚强后盾作用和提高港澳自身竞争力有机结合起来，任何时候都不能偏废。只有这样，才能把路走对了走稳了，否则就会左脚穿着右脚鞋——错打错处来。

继续推进“一国两制”事业，是中央政府、特别行政区政府和包括港澳同胞在内的全国各族人民的共同使命，无论遇到什么样的困难和挑战，我们对“一国两制”方针的信心和决心都绝不会动摇，我们推进“一国两制”实践的信心和决心都绝不会动摇！

当前，我们的祖国正处在全面建成小康社会、全面深化改革、全面推进依法治国的重要时期，在中国共产党领导下，全国各族人民正在为实现“两个一百年”奋斗目标、实现中华民族伟大复兴的中国梦而团结奋斗。祖国各个领域都发生了并正在发生前所未有的深刻变化。我国综合国力大幅跃升，人民生活不断改善，国际地位和国际影响力明显提高。现在，我们比历史上任何时期都更加接近中华民族伟大复兴的目标，比历史上任何时期都更有信心、更有能力实现这个目标。

今天，每一个中国人都能够更加自信、更加自豪地走在这个世界上，因为我们的背后是拥有960多万平方公里国土、13亿多人口、具有强大实力的伟大国家，这是我们所有中华儿女共同的祖国。

实现中华民族伟大复兴的中国梦，是时代的召唤，是民族的使命。身处在我们这个时代的中国人，不论在什么地方，都应该为此感到骄傲，都应该为此作出贡献，有一分热、发一分光。我坚信，祖国不断繁荣富强，必将为香港、澳门发展打开更加美好的前景。

“接天莲叶无穷碧，映日荷花别样红。”在中央政府、澳门特别行政区政府和社会各界人士共同努力下，在全国各族人民大力支持下，“一国两制”在澳门的实践必将谱写出新的精彩篇章，澳门这朵祖国的美丽莲花必将绽放出更加绚丽、更加迷人的色彩！

谢谢大家。

（新华社澳门12月20日电）

中共中央政治局召开会议　部署加强社会主义协商民主建设

中共中央政治局12月29日召开会议，听取中央纪律检查委员会2014年工作汇报，研究部署2015年党风廉政建设和反腐败工作；审议通过《关于加强社会主义协商民主建设的意见》、《关于加强和改进党的群团工作的意见》。中共中央总书记习近平主持会议。

会议指出，2014年，党中央根据对党风廉政建设和反腐败斗争严峻复杂形势的分析判断，站在党和国家前途命运的高度，坚持党要管党、从严治党，以猛药去疴、壮士断腕的决心，旗帜鲜明推进党风廉政建设和反腐败斗争，持之以恒纠正“四风”，坚定不移惩治腐败，取得新的成效，赢得党心民心。实践证明，反腐败是兴党兴国之举，得到了广大党员、干部和人民群众支持和拥护。中央纪委和各级纪检监察机关贯彻落实中央要求，态度坚决、行动有力，聚焦中心任务，强化监督执纪问责，深化党的纪律检查体制改革，推动落实党风廉政建设主体责任和监督责任。加强党的纪律建设，严肃查处违反政治纪律和组织纪律的行为；坚持不懈抓作风，坚持从具体问题抓起，抓得实、抓得准；加大查处严重违纪违法案件力度，坚决遏制腐败现象蔓延势头。纪律检查机关创造性开展工作，加强自我监督，强化队伍建设，很好完成了中央交给的各项任务。

会议强调，当前“四风”问题和腐败现象蔓延势头得到一定遏制，但全党要冷静清醒认识反腐败斗争依然严峻复杂的形势，把思想和行动统一到中央对形势的判断和任务部署上来，保持高压态势，持续遏制不正之风和腐败现象蔓延势头，坚定不移抓好明年的党风廉政建设和反腐败斗争各项工作。

会议指出，党风廉政建设和反腐败斗争要坚守阵地、巩固成果、深化拓展。把党的纪律建设摆在更加突出的位置，强化纪律刚性约束，严明政治纪律和政治规矩，党内决不容忍搞团团伙伙、结党营私、拉帮结派。要持之以恒落实中央八项规定精神，保持常抓的韧劲和长抓的耐心，常抓抓出习惯来，耐心抓抓出长效来。对顶风违纪搞“四风”的，既要查处本人，又要追究领导责任，决不让“四风”反弹、死灰复燃。要保持高压态势不放松，坚决把腐败现象蔓延势头遏制住。要深化党的纪律检查体制改革，落实党委的党风廉政建设主体责任，用好巡视这把利剑。各级纪检监察机关要聚焦党风廉政建设和反腐败斗争这个中心任务，敢于负责、敢于监督，努力建设一支忠诚、担当、干净的纪检监察干部队伍。

会议同意明年1月12日至14日召开十八届中央纪律检查委员会第五次全体会议。

会议指出，社会主义协商民主是中国共产党和中国人民的伟大创造，是中国社会主义民主政治的特有形式和独特优势，是党的群众路线在政治领域的重要体现，具有鲜明的中国特色。加强协商民主建设，有利于听群言、集民智、增共识、聚合力、促和谐，有利于促进科学决策、民主决策，有利于更好实现人民当家作主的权利，有利于增强中国特色社会主义道路自信、理论自信、制度自信。

会议强调，加强协商民主建设，要继续重点加强政党协商、政府协商、政协协商，积极开展人大协商、基层协商、人民团体协商，逐步探索社会组织协商。要坚持党的领导，通过推进协商民主改善党的领导、加强党的领导、巩固党的执政地位。要积极稳妥、循序渐进，把住大方向，稳扎稳打，有组织地开展，有步骤地实施，有计划地进行。各地区各部门要结合实际学习贯彻意见精神，加强工作指导、督促检查，确保协商民主建设沿着正确方向进行、真正取得实效。

会议指出，群团事业是党的

事业的重要组成部分，党的群团工作是党治国理政的一项经常性、基础性工作，是党广泛组织和动员广大人民群众为完成中心任务而奋斗的重要法宝。新形势下党的群团工作更为重要和紧迫，只能加强、不能削弱，只能改进提高、不能停滞不前。必须更好发挥群团组织作用，把广大人民群众更加紧密地团结在党的周围，汇聚起实现“两个一百年”奋斗目标、实现中华民族伟大复兴中国梦的强大正能量。

会议强调，要坚定不移走中国特色社会主义群团发展道路，把群团自觉接受党的领导、团结服务所联系群众、依法依章程开展工作高度统一起来，充分发挥群团组织联系人民群众的桥梁纽带作用，最广泛地把群众组织起来、动员起来、团结起来，奋力推进中国特色社会主义伟大事业。

会议要求，各级党委必须高度重视做好新形势下党的群团工作，加强对群团工作的领导，牢牢把握政治方向，给予有力支持保障，不断开创党的群团工作新局面。群团组织要奋发有为，勇于以改革创新增活力、促发展，带头贯彻党的群众路线，倾听群众呼声、反映群众意愿，维护和发展群众利益，把党的决策部署变成群众的自觉行动，引领广大人民群众坚定不移跟党走。

会议还研究了其他事项。

（新华社北京 12 月 29 日电）

李克强主持召开党外人士座谈会听取对政府工作报告意见和建议

2 月 10 日，国务院总理李克强在中南海主持召开座谈会，听取各民主党派中央、全国工商联负责人和无党派人士代表对《政府工作报告（征求意见稿）》的意见和建议。

李克强首先说，邀请党外人士座谈，是起草政府工作报告的固定程序，是我们党与各民主党派肝胆相照、风雨同舟的重要体现。希望大家直言不讳、畅所欲言。

在发言中，与会人员一致认为，去年面对错综复杂的国内外形势，全国上下共同努力、攻坚克难，经济社会发展实现预期目标，成绩来之不易。大家还对做好今年政府工作谈了想法和建议。

民革中央主席万鄂湘提出，深化行政体制改革需要法治思维和方式，尊重和保障市场主体平等权利。民盟中央主席张宝文建议，完善国家海洋经济战略，优先发展高端新兴海洋产业。民建中央主席陈昌智说，要充分发挥市场作用化解过剩产能，对政府性债务要分类施治、加强管理。民进中央主席严隽琪建议，推动机制创新，政府要把更多精力放在建设良好法治环境和公平竞争环境上。农工党中央常务副主席刘晓峰提出，加快医药卫生体制改革要更好“保基本、强基层、建机制”，特别要啃下公立医院改革的“硬骨头”。致公党中央常务副主席蒋作君说，要建立相应机制，在简政放权中充分发挥行业协会、商会等社会组织参与社会治理的作用。九三学社中央主席韩启德建议，要保障科技资源公平自由交易，发挥好资本在其中的工具和杠杆作用。台盟中央主席林文漪说，要创新解决水资源制约与水环境治理问题，实行水域纳污总量控制。全国工商联主席王钦敏提出，要采取措施，让民营企业进入符合产业导向、有投资预期、有利转型升级的项目。无党派人士代表陈章良建议，要制定政策确保耕地数量和质量不变，保住国家“粮袋子”、守住农民“钱袋子”。

座谈中，李克强就一些问题

与大家深入探讨交流。听完发言后，他对各民主党派、全国工商联和无党派人士长期以来对政府工作的帮助支持表示感谢。他说，大家发言大处着眼、细处思索，体现了集体智慧，国务院将认真研究采纳。破解发展难题要靠集思广益，推进改革攻坚更需凝聚共识，各方面要群策群力、共同奋斗。希望大家充分发挥参政议政作用，今后继续多提真知灼见。

国务院副总理张高丽、刘延东、汪洋、马凯，国务委员杨晶、常万全、郭声琨、王勇，全国政协副主席周小川、王正伟参加座谈会。

参加座谈会的党外人士还有罗富和、齐续春、陈晓光、马培华等。

（新华网北京2月10日电）

李克强会见萧万长
对台开放幅度更大一些

中共中央政治局常委、国务院总理李克强10日下午在海南省博鳌会见了前来出席博鳌亚洲论坛2014年年会的台湾两岸共同市场基金会荣誉董事长萧万长一行。李克强表示，当前两岸关系和平发展的良好局面来之不易，值得我们倍加珍惜。只要我们坚持在共同的政治基础上良性互动，共同努力，两岸关系和平发展的道路就会越走越宽广，两岸同胞就会越走越近，越走越亲。

李克强指出，当前深化两岸经济合作面临重要契机。大陆全面深化改革、扩大开放，推动经济升级，保持长期稳定增长，持续健康发展，必将为两岸经济合作注入强劲动力。两岸应从一家人的角度考虑，为了我们这个大家庭的共同利益，不断扩大和深化两岸经济合作，共同壮大中华民族经济，造福两岸同胞。我们愿意首先与台湾同胞分享大陆经济发展带来的机遇，在两岸经济合作中照顾台湾同胞的利益，在对外开放的时候先一步对台湾开放，或者对台湾开放的幅度更大一些，促进两岸经济融合与共同发展。当前经济全球化和区域经济整合的势头不减，两岸进一步扩大经济合作，促进经济融合，也有利于为台湾参与区域经济合作创造更好的条件。我们真诚希望台湾同胞能够把握住这些机遇。

萧万长表示，过去6年来是两岸关系60多年来最稳定、成就最大的时期。我们要倍加珍惜。双方应积极推动两岸经济战略对话及政策协调，逐步构建具有两岸特色的各种经济合作机制。两岸应本着相互谅解、相互扶持、相互信任的民族情感，携手合作，共同克服挑战，共创未来愿景。

（据新华社海南博鳌4月10日电）

全国统战部长会议在京召开
俞正声出席会议并讲话

全国统战部长会议5日在北京举行。中共中央政治局常委、全国政协主席俞正声出席会议并讲话，强调统一战线要全面贯彻落实党的十八大，十八届二中、三中全会和习近平总书记系列重要讲话精神，始终坚持中国特色社会主义道路，积极服务全面深化改革，大力推动理论政策创新，着力破解重点难点问题，不断提升统一战线工作成效和水平，为全面建成小康社会和实现中国梦凝聚力量、汇聚智慧。

俞正声对过去一年的统战工作给予充分肯定。他说，一年来，在以习近平同志为总书记的党中央领导下，统一战线认真贯彻中央决策部署，开展了一系列有特色有实效的活动，妥善处理了一些重点难点问题，各领域工作取得了新的进展，实现了良好开局。

俞正声强调，十八届三中全会对新一轮改革进行了总部署、总动员。统一战线要把学习贯彻十八届三中全会精神作为重大政治任务，充分发挥资源密集、联系广泛、协调关系等独特优势，增进共识、献计出力，最大限度地把人才智力都凝聚起来，经济实力都动员起来，创造活力都激发出来，为实现各项目标任务作出贡献。

俞正声指出，要着眼建设中国特色社会主义参政党，把加强民主党派组织建设特别是领导班子建设作为基础性战略性任务抓紧抓好。要协助民主党派健全制度，加强代表人士培养特别是后备人才培养，推荐更多党外人才在实职岗位经受锻炼，提高合作共事的能力和水平，进一步把多党合作制度坚持好、发展好。

俞正声强调，发展非公有制经济不是权宜之计，而是战略方针，是实现中国梦的强大动力。要毫不动摇鼓励、支持、引导非公有制经济发展，既营造有利于发展的良好氛围，增强非公有制经济人士发展信心；也要引导非公有制企业走科学发展之路，引导非公有制经济人士做合格的中国特色社会主义事业建设者。

在谈到宗教工作时，俞正声说，宗教问题具有长期性、复杂性和群众性，要认真贯彻党的宗教信仰自由政策，依法管理宗教事务，坚持独立自主自办的原则，积极引导宗教与社会主义社会相适应，充分发挥宗教界人士和信教群众在促进经济社会发展中的积极作用。

俞正声要求各级党委高度重视统战工作，切实增强统战意识，把统战工作纳入议事日程，健全党委统一领导、统战部牵头协调、各有关部门和人民团体各负其责的工作机制，推动统一战线事业实现新发展。

（新华网北京1月5日电）

俞正声出席2014年对台工作会议并作重要讲话

2014年对台工作会议24日在北京举行。

中共中央政治局常委俞正声出席会议并作重要讲话。俞正声指出，以习近平同志为总书记的新一届中央领导集体保持对台工作大政方针的连续性，同时面对新形势及其未来发展，提出新的起点上推动两岸关系和平发展的新理念、新主张，产生广泛积极影响。各地各部门认真领会中央对台工作精神，努力贯彻决策部署，扎实有效地开展各项工作，稳步推进两岸关系全面发展，取得很好的成绩。

俞正声强调，我们要从实现中华民族伟大复兴的高度思考和谋划对台工作。党的十八大提出，建设中国特色社会主义的总任务是实现社会主义现代化和中华民族伟大复兴。这一总任务决定了新形势下对台工作的总目标，就是在同心实现中华民族伟大复兴进程中完成祖国统一大业。因此，对台工作要围绕服务当前党和国家中心任务，努力保持两岸关系正确方向和前进势头，不断巩固深化两岸关系和平发展的政治、经济、文化、社会基础，为实现和平统一创造更加有利的条件。

会议要求，新的一年，各地各部门要更加奋发有为地推进对台工作，推动两岸关系稳步向前迈进。继续增进两岸政治互信和良性互动，坚决反对“台独”分裂图谋。全面深化两岸关系和平发展各项基础，促进两岸交往取得新进展。继续推进两岸协商谈判。加强两岸经济合作总体设计，争取完成两岸经济合作框架协议后续商谈，扩大两岸产业合作、创新合作及现代服务业合作，积极探索两岸经济功能区合作，切实加强台商权益保护工作。紧紧围绕团结广大台湾同胞这一主线，出台惠及台湾民众的政策措施，扩大深化文化、教育、科技等各领域交流。深化两岸共同打击犯罪和司法互助。继续支持和促进两岸民间政治对话。

会议强调，各地各部门要切实加强党的领导，注重统筹协调，完善各项机制，以坚定的信心、创新的精神和务实的作风，不断开拓进取，完成各项对台工作任务。

会议由国务委员杨洁篪主持。中共中央台办、国务院台办主任张志军作工作报告。中央党政军有关部门和各地有关负责同志出席会议。

（新华网北京1月24日电）

俞正声：加强宗教界自身建设　为全面深化改革发挥积极作用

中共中央政治局常委、全国政协主席俞正声26日下午邀请全国性宗教团体负责人座谈，共庆新春佳节，代表中共中央和习近平总书记向全国宗教界人士和广大信教群众表示新春祝福。

俞正声在听取各宗教团体负责人发言后说，过去的一年，各宗教团体带领广大信教群众紧密团结在党和政府周围，坚持走爱国爱教道路，在开展社会服务、维护和谐稳定、深化对外交往、加强自身建设方面做了很多工作，取得了很好成效。

俞正声指出，全面深化改革

是一场伟大的革命，需要把方方面面的积极性和创造性都调动起来。我国有上亿信教群众，是建设中国特色社会主义的积极力量，也应该成为推进新一轮改革的重要力量。希望各宗教团体团结广大信教群众，理解改革、支持改革、投身改革。

俞正声强调，要全面加强组织建设、思想建设、作风建设和人才建设，促进宗教团体、宗教院校和宗教活动场所管理的制度化、规范化。要抓好爱国爱教这个核心，下大力气培养中青年教职人员特别是后备人才。要加强教风建设，始终做到有所行、有所止，有所为、有所戒。广大宗教界人士要牢固树立国家意识、法律意识和公民意识，引导信教群众自觉在法律法规和政策范围内开展宗教活动。

俞正声要求各级党委、政府要全面贯彻党的宗教工作基本方针，充分发挥宗教界人士和信教群众在促进经济社会发展中的积极作用。春节在即，特别要注意关心宗教团体的困难和信教群众的生活，确保广大信教群众都过上欢乐、祥和的节日。

中共中央政治局委员、国务院副总理刘延东等出席座谈会。中国佛教协会会长传印、中国道教协会会长任法融、中国伊斯兰教协会会长陈广元、中国天主教主教团主席马英林、中国基督教三自爱国运动委员会主席傅先伟、中国基督教协会会长高峰等参加座谈会。中国佛教协会副会长班禅额尔德尼·确吉杰布参加座谈。

（新华网北京1月26日电）

俞正声出席两岸各界人士座谈会

中共中央政治局常委、全国政协主席俞正声今天下午同中国国民党荣誉主席连战一起出席两岸各界人士座谈会并发表讲话。

俞正声表示，昨天习近平总书记同大家亲切见面，阐述了两岸一家亲、共圆中国梦的理念和前景，充分表明了我们努力促进两岸同胞携手推动两岸关系和平发展，共同谋求中华民族复兴的真诚愿望。大陆和台湾是我们的共同家园，把这个美好家园维护好、建设好是我们的共同愿望。我们要努力促进中华民族伟大复兴的中国梦更加深入人心。

俞正声指出，两岸同胞推动两岸关系和平发展，就是在促进中华民族伟大复兴。增进政治互信，巩固共同基础，是确保两岸关系和平发展的关键。只要双方在反对“台独”、坚持“九二共识”基础上，维护和深化对一个中国框架的共同认知，两岸关系就会行稳致远。应继续深化两岸各领域的交流合作，推进相关议题的协商，发挥好双方两岸事务主管部门联系沟通机制的积极作用，让更多的两岸民众特别是基层民众参与到两岸交流合作中来，使两岸关系和平发展基础更牢固、势头更强劲。

连战表示，习总书记提出的中国梦与我们所提的振兴中华有许多契合之处，都是在谋求人民幸福美满的生活。双方可以在这些共同的思想基础上让两岸关系更上一个台阶。希望通过台湾各界人士的多元参与，让两岸之间能有更宽广的接触与交流，为两岸关系和平发展累积更多互信与合作基础。

此次座谈会主题为“深化交流、共同发展”。两岸各界别代表在发言中积极评价近年来两岸关系和平发展成果，表达了进一步加强两岸各领域的交流合作、保持两岸关系和平发展良好势头的共同期待和决心。

（新华网北京2月19日电）

俞正声会见欧美同学会·中国留学人员联谊会第七届理事会理事

中共中央政治局常委、全国政协主席俞正声21日在人民大会堂会见了出席欧美同学会·中国留学人员联谊会第七届理事会第一次会议的全体理事，并与新一届领导班子成员座谈，希望欧美同学会·中国留学人员联谊会认真学习贯彻习近平总书记在欧美同学会成立100周年庆祝大会上的重要讲话精神，进一步开创留学报国事业新局面。

俞正声指出，人才具有特殊的价值，需要引起特别的重视。广大留学人员具有专业优势、创新意识、国际视野，是我国人才队伍的重要组成部分，是推动改革开放和现代化建设的特殊资源和重要力量。全面深化改革的深刻性、全面性、艰巨性，决定了必须把包括留学人才在内的各方面人才都凝聚起来、使用起来，形成推动改革的强大合力。

俞正声强调，人才资源的价值全在于发挥作用。习近平总书记立足新的形势和任务，将“发挥作用”明确为新时期留学人员工作方针的重要内容，树立了以用为本的鲜明导向。欧美同学会·中国留学人员联谊会作为党和政府做好留学人员工作的助手，要帮助留学人员深入了解国情，使创新创造落地生根、开花结果。要在帮助留学人员解决工作、生活等方面实际困难的同时，更加重视加强帮助引导，增强道路自信、理论自信、制度自信。各级党委政府要全面落实党的留学人员工作方针政策，支持欧美同学会加强组织建设，健全工作机构，配强工作力量。

俞正声希望新一届领导班子充分认识欧美同学会作为党领导的人民团体的根本性质，注重发挥党组的领导核心作用，始终坚持正确的政治方向，切实发挥独特优势作用，把广大留学人员紧密团结在以习近平同志为总书记的党中央周围，为全面建成小康社会、实现中华民族伟大复兴中国梦共同奋斗。

全国人大常委会副委员长、欧美同学会·中国留学人员联谊会第七届理事会会长陈竺，全国政协副主席、欧美同学会·中国留学人员联谊会第六届理事会会长韩启德参加了会见。

欧美同学会·中国留学人员联谊会第七届理事会第一次会议20日至21日在北京举行，韩启德代表第六届理事会作工作报告。会议选举陈竺为第七届理事会会长。

（新华网北京2月21日电）

俞正声会见第四届两岸及香港《经济日报》财经高峰论坛代表

中共中央政治局常委、全国政协主席俞正声24日在北京会见了出席第四届两岸及香港《经济日报》财经高峰论坛的代表。

俞正声指出，香港同胞和台湾同胞都是中华民族子孙，保持香港的繁荣稳定，维护两岸关系和平发展，符合两岸及香港同胞的根本利益。两岸关系和平发展的基础是“九二共识”，内地与香港交流合作要在基本法和“一国两制”方针下进行。希望两岸及香港经济界人士共同维护好这些重要的政治基础，共同把经济政策研究好解读好，让民众了解到正确政策的执行将增进他们的福祉。真诚希望两岸和香港同胞进一步加强交流，增进互信，深化经济合作，携手实现中华民族的伟大复兴！

（新华网北京4月24日电）

俞正声主持召开党外人士专题调研座谈会

就司法体制改革、大学生就业创业、化解产能过剩、大数据技术应用等问题座谈交流

中央统战部9日在京召开党外人士专题调研座谈会，邀请民革中央、民盟中央、民建中央、九三学社中央交流专题调研情况。中共中央政治局常委、全国政协主席俞正声主持会议并讲话。

围绕经济社会发展中的重大问题开展专题调研，是各民主党派中央、全国工商联和无党派人士协商议政的重要方式。在专题座谈会上，民革中央主席万鄂湘提出，司法体制改革要紧紧围绕“内去行政化、外去地方化”两个核心问题，理顺省以下司法机关人财物统管体制，推进审判责任制和检察官办案责任制改革，完善我国专门法院制度。民盟中央主席张宝文说，解决当前大学生就业创业问题，需要全社会共同努力、优化环境，深化高等教育改革，调整高等教育结构，更加注重培养适应社会需求特别是产业发展急需的实用型人才，同时要落实好大学生创业优惠政策。民建中央主席陈昌智说，解决产能过剩，必须从加大改革力度着手，特别注意通过市场手段加强调节，从干部科学考核、落后产能企业退出、支持企业技术创新等方面，研究建立统筹兼顾、标本兼治的长效机制。九三学社中央副主席赖明建议，尽快将大数据等现代技术应用上升为国家战略，同时把数据主权纳入国家核心利益范畴，制定专项发展规划，引导大数据技术和产业快速发展，以提升政府治理能力现代化。

座谈会气氛活跃，俞正声就一些问题与大家深入交流研讨。他指出，开展专题调研，是党外人士参政议政的重要途径，也是推进政党协商的重要方法，要形成制度、坚持下去。当前，全面深化改革的新形势新任务，对发挥党外人士优势作用提出了新要求。要围绕经济社会发展的重大问题和涉及人民群众切身利益的实际问题，结合民主党派各自的特点和优势，开展专题调研，切口要小、视野要宽、对策要实，为中共中央决策提供参考。希望各部门注意搭建知情平台，定期通报情况、解读政策、回应问题，帮助党外人士提高选题的针对性和调研的实效性。

最高人民法院、最高人民检察院、国家发改委、教育部、科技部、工业和信息化部、人力资源和社会保障部、国家统计局有关负责人参加座谈会并与党外人士互动交流。

参加座谈会的党外人士还有齐续春、陈晓光、马培华、邵鸿等。

（新华网北京5月9日电）

俞正声：坚定信心深化改革　切实促进非公有制经济健康发展

中共中央政治局常委、全国政协主席俞正声近日在湖北调研时强调，要深入贯彻落实党的十八大和十八届三中全会精神，进一步深化对非公有制经济重要地位和作用的认识，紧紧抓住全面深化改革的机遇，毫不动摇鼓励、支持、引导非公有制经济发展，为促进经济持续健康发展和

社会和谐稳定提供有力支撑。

6日至9日，俞正声先后来到黄冈市、武汉市，深入企业、科技园区，与基层干部群众共商改革发展大计。调研期间，俞正声专程前往黄麻起义和鄂豫皖苏区纪念园，向革命烈士纪念碑敬献花篮，深切缅怀革命先烈。他还主持召开了部分民营企业家座谈会和五省统战部长座谈会，看望了湖北省政协机关干部。

俞正声对非公有制经济发展高度重视。在与民营企业家座谈时，他深入了解民营企业遇到的困难和问题，认真听取意见建议。俞正声指出，非公有制经济是社会主义市场经济的重要组成部分，是我国经济社会发展的重要基础。发展非公有制经济不是权宜之计，而是必须始终坚持的战略方针。我们要把促进非公有制经济发展摆在重要位置，着力破除体制机制障碍，加大对中小企业扶持力度，努力创造良好的市场环境、政策环境、法制环境和社会环境。

非公有制经济如何实现转型升级，俞正声高度关注。在武汉深蓝自动化设备股份有限公司、格林美（武汉）城市矿产循环产业园开发有限公司，他深入车间，与企业负责人和员工亲切交谈。俞正声强调，非公有制经济发展出路在转型升级，动力活力也在转型升级。要着力提升创新驱动能力，推进产学研深度融合，培养创新型人才，培育更多具有核心竞争力和发展后劲的自主品牌。要积极发展新能源、新材料、生物医药、节能环保等新兴产业，在产业结构调整中把握先机、赢得主动。俞正声还来到武汉东湖国家自主创新示范区，考察了国有企业武汉新芯集成电路制造有限公司。他指出，民营企业有活力，国有企业有优势，在产业优化升级中要相互配合、相互支持、相互促进。

非公有制经济人士健康成长是企业发展的关键。在湖北品上家居有限公司、阳光凯迪新能源集团有限公司，他嘱咐企业负责人担负起企业家的责任。俞正声指出，广大非公有制经济人士要克服困难、开拓进取，注重发展质量，不盲目追求规模，努力把企业办好。要更加坚定对中国特色社会主义的信念、对党和政府的信任、对企业发展的信心、对社会的信誉，遵守法律法规，履行社会责任，做合格的中国特色社会主义事业建设者。

（新华网武汉6月9日电）

第六届海峡论坛在厦门举行　俞正声出席并致辞

第六届海峡论坛15日在厦门海峡会议中心举行。中共中央政治局常委、全国政协主席俞正声出席论坛开幕式并致辞。

俞正声在致辞中受习近平总书记的委托，向参加论坛的两岸同胞特别是来自台湾的乡亲们致以诚挚问候。他说，本届论坛以“和谐发展、幸福两岸”为主题，讲出了两岸民众的心里话。这是两岸关系和平发展成果造福两岸民众的生动写照，也反映了两岸同胞共谋社会和谐、经济发展、生活幸福的热切期盼。

俞正声指出，对美好生活的向往是两岸同胞共同的追求。两岸关系和平发展是中华民族之幸，是两岸同胞之福。我们都要珍惜这一来之不易的良好局面，沿着这条道路坚定不移地走下去。

俞正声强调，两岸关系不断向前迈进，必然会触及到一些深层问题。只要我们巩固反对“台独”、坚持“九二共识”的共同基础，维护一个中国框架的共同认知，两岸关系就能行稳致远。我们欢迎更多的台湾同胞，不分党派，不分行业，不分地域，都参与到两岸大交流的进程中来，同大陆的兄弟姐妹一道，维护好两岸关系发展的良好局面，建设好我们共同的家园。

俞正声表示，以人为本、为民谋利是我们的执政理念，也是我们制订和实施各项对台政策的出发点和落脚点。我们将继续坚持两岸关系和平发展的方针政策，继续推动对台湾民众有利的务实举措，同时广泛听取台湾社会各界的意见建议，深入了解台湾民众的现实需求，不断扩大两岸交流合作的参与面和受益面，不断增强两岸关系和平发展的民意基础。

俞正声强调，只要两岸同胞都“手牵着手，肩并着肩”，“团结起来，相亲相爱”，就一定能在不断推动两岸关系和平发展的进程中实现过上更加美好幸福生活的愿望，共同促进中华民族伟大复兴的中国梦早日实现。

中国国民党副主席洪秀柱等在发言中表示，两岸齐心，其利断金，期盼两岸共同努力，让两岸交流的成果为更多基层民众所分享，让和平发展的理念深入人心。

开幕式之前，俞正声还会见了参加论坛的部分两岸嘉宾和主办单位代表，参观了两岸“同名村”活动图片展。林文漪、顾秀莲等参加会见并出席论坛开幕式。

（新华网厦门 6 月 15 日电）

俞正声在纪念黄埔军校建校 90 周年座谈会上强调
继承优良传统，弘扬黄埔精神　共同致力于祖国统一和民族复兴

由全国政协办公厅、中央统战部联合召开的纪念黄埔军校建校 90 周年座谈会 17 日在北京人民大会堂举行。

中共中央政治局常委、全国政协主席俞正声在座谈会上发表了讲话。他首先代表中共中央向座谈会的召开表示热烈祝贺，向到会的黄埔同学，并通过他们向海内外黄埔师生及亲属致以诚挚的问候。他希望海内外黄埔同学继承优良传统，弘扬黄埔精神，为深化两岸关系和平发展、促进祖国和平统一、实现中华民族伟大复兴中国梦作出新的更大贡献。

俞正声指出，黄埔精神是黄埔军校给后人留下的宝贵精神财富，其核心是为统一中国、振兴中华而矢志不渝、顽强奋斗的爱国主义。今天我们传承弘扬黄埔精神，最主要的就是致力于祖国统一和民族复兴。

俞正声表示，尽管当前两岸关系仍然面临一些困难和挑战，前进征程上还会有各种艰难险阻，但两岸关系和平发展的道路是正确的，是谁也阻挡不了的历史趋势。我们将继续坚持推动两岸关系和平发展的方针政策，巩固两岸双方坚持“九二共识”、反对“台独”的共同基础，全方位促进两岸交流合作，让更多的台湾同胞在交流中受益，推动“两岸一家亲”理念深入人心。希望海内外黄埔同学继承优良传统，为增进两岸互信、深化两岸交流、制止“台独”图谋多尽心力。

俞正声指出，今天我们讲振兴中华，最集中的体现就是为实现中国梦而努力奋斗。众人拾柴火焰高。希望包括黄埔同学在内的海内外中华儿女团结起来，把个人的梦想融入实现中国梦的历史进程，为实现“两个一百年”奋斗目标，为国家富强、民族振兴、人民幸福贡献更多的智慧和力量。

俞正声强调，在新形势下，黄埔军校同学会要始终坚持中央对台工作大政方针，认真学习贯彻习近平总书记系列重要讲话精神，牢牢把握两岸关系和平发展主题，进一步发挥联系、服务黄埔同学的功能和作用，深化两岸黄埔同学及各界民众的交往交流，促进两岸同胞共襄和平发展局面，共享和平发展成果。

中央书记处书记、全国政协

副主席杜青林出席会议。全国人大副委员长、民革中央主席万鄂湘致辞，黄埔军校同学会会长林上元、黄埔同学代表杜伯园发言。有关方面负责同志，海峡两岸、港澳和海外黄埔同学及亲属代表、有关黄埔组织代表近200人出席会议。

（新华网北京6月17日电）

俞正声主持召开党外人士专题调研座谈会

就区域经济、技术创新、卫生立法和司法体制改革等问题座谈交流

中央统战部20日在京召开党外人士专题调研座谈会，邀请民进中央、农工党中央、致公党中央、台盟中央、全国工商联、无党派人士代表交流专题调研情况。中共中央政治局常委、全国政协主席俞正声主持会议并讲话。

召开专题调研座谈会，是推动党外人士知情建言的积极探索，也是促进政党协商的有力举措。座谈会上，民进中央主席严隽琪建议，设立长江上游经济带经济体制和生态文明体制综合改革试验区，作为生态文明建设的优先地区，依托黄金水道加强长江上游与中下游的经济交流与产业互动。农工党中央主席陈竺说，卫生立法是医药卫生体制改革顶层设计的法制体现，建议制订《基本医疗卫生法》，探索一条符合中国特色社会主义本质特征的医药卫生体制改革道路。致公党中央主席万钢提出，解决装备制造业面临的突出问题，需要着力教育、培养和造就各类创新人才，落实好普惠、普适性创新政策，坚持自主创新，推动产业走向高端。台盟中央主席林文漪建议，落实好首都城市战略定位，要以首都社会治理现代化为抓手，注重处理好人口调控与水资源保障的关系，推进落实创新驱动战略，着力转变城市发展和管理方式。全国工商联主席王钦敏提出，激发中小微企业技术创新活力，必须从充分发挥市场配置创新资源的决定性作用和更好发挥政府的支持引导作用着手，营造鼓励技术创新的良好环境，实行普惠式税收政策。无党派人士代表徐济超建议，推动省以下地方法院、检察院人财物统一管理，以强化法官检察官的选任和管理为重点，建立符合法官检察官职业化、专业化、正规化特点的保障制度。

俞正声认真听取意见建议，与大家进行了深入交流研讨。他指出，党外人士要自觉承担起为党和政府分忧、为国家发展尽力的责任，关注全面深化改革的重点难点问题，深入调查研究，提出真知灼见，为中共中央决策提供参考。要认真总结经验，不断改进提高，使专题调研选题与党和国家中心工作结合得更紧密，意见建议更具有操作性，使专题调研座谈会更加富有成效。

中央政法委、国家发改委、科技部、工业和信息化部、环保部、住建部、水利部、国家卫生计生委有关负责人参加座谈会，介绍相关情况并与党外人士互动交流。

参加座谈会的党外人士还有罗富和、蒋作君等。

（新华网北京6月20日电）

俞正声会见台北市长郝龙斌一行

中共中央政治局常委、全国政协主席俞正声27日上午在人民大会堂会见了中国国民党副主席、台北市长郝龙斌一行。

俞正声表示，两岸关系和平发展是两岸同胞顺应历史潮流作出的共同选择，符合两岸同胞的共同利益和中华民族的长远利益。我们将继续同台湾同胞一道，巩固深化坚持一个中国，反对“台独”的共同政治基础，继续扩大两岸交流合作，努力推动两岸关系取得新进展，造福两岸民众，共同开创中华民族伟大复兴的光明前景。

俞正声积极评价郝龙斌及其团队为推动两岸交流合作作出的努力，希望他继续为增进国共两党政治互信，增进台北市与大陆各地交流合作，推动两岸关系和平发展发挥更大的积极作用。

郝龙斌表示，两岸和平绝不能因为困难而走回头路，双方都应秉持两岸人民出自于同一个中华民族、同一个中华文化的信念，持续推进交流合作，累积更深厚的互信。

（新华网北京6月27日电）

俞正声会见中国侨商投资企业协会第三次会员代表大会全体代表

中共中央政治局常委、全国政协主席俞正声27日在北京人民大会堂会见了出席中国侨商投资企业协会第三次会员代表大会的全体代表。他代表党中央、国务院，向出席大会的全体代表和广大华侨华人，致以亲切的问候和良好的祝愿。

俞正声说，侨商是中国建设和发展的一支重要力量。在中国革命、建设、改革的各个历史时期，广大侨商为中华民族的独立和解放，为中国的繁荣和发展，都作出了不可替代的重要贡献。特别是改革开放以来，广大侨商心系祖国，敢为人先，积极返乡投资兴业，不仅带来国内急需的资金、技术、人才和先进的管理经验，还坚定了外国投资者对中国的信心，促进了中国经济与世界经济的接轨融合。中国改革开放和现代化建设取得的伟大成功，广大侨商功不可没。

俞正声指出，当前，中国发展进入一个新的历史阶段。中共十八大描绘了全面建成小康社会、加快推进社会主义现代化的宏伟蓝图，开启了实现中华民族伟大复兴中国梦的新征程。中共十八届三中全会对未来中国改革开放作出了全面部署。中国的发展将对世界作出越来越大的贡献，也给包括侨商在内的广大侨胞提供更加难得的机遇和更加广阔的舞台。希望广大侨商把握时代机遇，踊跃参与中国现代化建设；推动两岸交流，坚定支持祖国和平统一大业；传播中华文化，积极促进中外文化交流互鉴；融入当地社会，努力树立海外侨胞良好形象。

俞正声强调，中国侨商投资企业协会作为联系和服务侨商的重要桥梁和纽带，要秉持“联谊、服务、合作、发展”的宗旨，认真倾听侨商呼声，提高服务侨商能力，维护侨商合法权益，促进侨商团结合作，为我国全面建成小康社会发挥更加重要的作用。

国务院侨办、全国政协港澳台侨委员会、中国侨联等有关方面负责人参加会见。

（新华网北京6月27日电）

俞正声会见台湾民意代表交流参访团

中共中央政治局常委、全国政协主席俞正声17日在北京会见了饶颖奇率领的台湾民意代表交流参访团一行。

俞正声指出，全国政协委员与台湾民意代表通过五轮互访和十次主题座谈，建立了坦诚友好的合作关系，对于促进两岸各方面的理解和互信，巩固和平发展的局面，维护一个中国框架的共同认知，汇聚两岸民意民智发挥了积极的作用。

俞正声强调，两岸关系和平发展的局面来之不易，需要倍加珍惜。两岸关系和平发展的道路曲折前行，需要用心对待。两岸关系和平发展的前景光明宽阔，需要倾注全力。两岸中国人有智慧、有能力克服困难，不断促进和平发展的进程。希望全国政协委员与台湾民意代表的机制化交流平台在两岸关系发展中继续发挥作用，团结更多两岸同胞尤其是台湾基层民众和青年一代，增加交流交往，增强理解互信，为实现中华民族伟大复兴的中国梦共同努力奋斗。

全国政协副主席兼秘书长张庆黎、全国政协副主席李海峰等参加会见。

（新华网北京7月17日电）

俞正声：加强民族工作　促进各民族共同繁荣发展

中共中央政治局常委、全国政协主席俞正声近日在内蒙古调研时强调，要全面贯彻落实党的民族政策，坚持和完善民族区域自治制度，坚持中国特色解决民族问题的正确道路，加强和改进民族工作，促进各民族共同团结奋斗、共同繁荣发展。

18日至21日，俞正声先后来到鄂尔多斯市、呼和浩特市，走进企业园区、高等院校、牧民新村，深入库布其沙漠防沙治沙一线，与各族干部群众共商改革发展大计。调研期间，俞正声还多次召开座谈会，并看望了内蒙古自治区政协机关干部。

俞正声对少数民族和民族地区发展十分关心。在神华鄂尔多斯煤制油分公司、鄂尔多斯羊绒集团现代羊绒产业园、伊利实业集团股份有限公司，他深入考察企业生产经营、技术创新、产业发展、节能减排以及转型升级情况。在库布其沙漠亿利生态治理区，他实地察看沙漠治理和沙产业发展带来的变化。在内蒙古博物院，他仔细了解我国北方民族历史文化及其保护发展情况。俞正声强调，要抓住全面深化改革的机遇，认真落实国家出台的稳增长、促改革、调结构、惠民生的各项政策，大力发展特色优势产业，促进产业结构优化升级，努力实现经济持续健康发展。要加大少数民族文化保护力度，强化政策支持。要正确处理经济发展和环境保护的关系，加强生态环境保护和建设，努力实现生态保护与生产发展的良性循环、经济效益和生态效益的有机统一。

各族群众生产生活如何，俞正声一直牵挂在心。他专程来到牧民新村，深入牧民家中，关切询问住房、收入和种植业、养殖业情况。在内蒙古大学，他详细了解蒙古学教学、科研以及学生就业情况。俞正声指出，保障和改善民生，是民族工作的根本出发点和落脚点。要坚持把改善民生作为衡量发展质量的重要标准，大力推进公共服务均等化，不断提高各族群众的生产生活水平，办好一些群众迫切需要的大事实事，使改革发展成果更多惠及各族群众。

如何加强和改进新形势下的民族工作，是俞正声非常重视的问题。在与自治区专家学者和有关部门负责同志座谈时，他认真听取意见建议，并与大家深入探讨交流。俞正声指出，我国是统一的多民族国家，民族工作关乎大局。要坚持和发展党的民族理论政策，坚持和完善民族区域自治制度，牢固树立“三个离不开”思想，强化“四个认同”，高度关注教育、医疗、就业、基础设施、生态环境等问题，进一步提高民族工作水平，更好地维护民族团结、社会稳定、国家统一。

全国政协副主席、国家民委主任王正伟一同调研。

（新华网呼和浩特7月21日电（记者顾瑞珍））

俞正声勉励广大非公有制经济人士 政治上自信 发展上自强 守法上自觉 为实现中华民族伟大复兴的中国梦多作贡献

第四届全国非公有制经济人士优秀中国特色社会主义事业建设者表彰大会25日在北京举行。中共中央政治局常委、全国政协主席俞正声出席大会并讲话。他指出，广大非公有制经济人士和其他新的社会阶层人士要深入学习贯彻党的十八届四中全会精神，在新的历史机遇下敢于担当、勇于作为，努力做到政治上自信、发展上自强、守法上自觉，不断增强对中国特色社会主义的信念、对党和政府的信任、对企业发展的信心、对社会的信誉，为全面建成小康社会、实现中华民族伟大复兴的中国梦作出更大贡献。

俞正声首先代表党中央、国务院，向受到表彰的优秀建设者表示热烈祝贺，对他们展现的爱国、敬业、创新、诚信、守法、贡献的“优秀建设者”精神给予充分肯定。他说，2009年第三届表彰大会以来，广大非公有制经济人士和其他新的社会阶层人士积极服务科学发展，自觉承担社会责任，为推动经济发展和经济结构调整、促进社会和谐稳定作出了重要贡献。

俞正声指出，党的十八届四中全会对全面推进依法治国作出重大战略部署，必将为非公有制经济发展提供更加坚实的制度保障、更加良好的法治环境。希望广大非公有制经济人士和其他新的社会阶层人士在各种思潮碰撞中，坚定不移走中国特色社会主义道路；在经济发展新常态中，加快转型升级、积极服务全面深化改革；在推进社会主义法治国家建设中，增强法治观念、切实履行社会责任。

俞正声强调，各级党委和政府要认真贯彻中央关于鼓励、支持和引导非公有制经济发展的各项方针政策，下大气力解决非公有制企业面临的实际问题。各级统战部门、工商联组织要加强联系，反映意见诉求，维护合法权益，为促进“两个健康”营造良好环境。

中共中央统战部副部长、全国工商联党组书记、常务副主席全哲洙主持大会。人力资源和社会保障部部长尹蔚民宣读表彰决定。优秀建设者代表崔根良、刘若鹏在大会上发言，张建宏宣读《扎根中华热土，担当复兴使命》倡议书。

中共中央政治局委员、国务院副总理马凯，全国人大常委会副委员长、民建中央主席陈昌智，全国政协副主席、全国工商联主席王钦敏等出席大会。

表彰大会由中共中央统战部、工业和信息化部、人力资源和社会保障部、国家工商总局和全国工商联共同举办。100名非公有制经济人士和其他新的社会阶层人士获得“优秀建设者”荣誉称号。

中央和国家机关有关部门负责同志，各省、自治区、直辖市和新疆生产建设兵团党委统战部、工商联负责同志，以及“优秀建设者”称号获得者参加大会。

（摘自《人民日报》）

刘延东：坚持依法管理宗教事务 在法治化轨道上推进宗教工作

中共中央政治局委员、国务院副总理刘延东26日出席《宗教事务条例》公布10周年座谈会，强调要认真贯彻中央全面推进依法治国若干重大问题的决定和习近平总书记系列讲话精神，全面落实党的宗教工作基本方针，牢固树立法治思维和法治观念，坚持在法治轨道上推进宗教工作，提高依法管理宗教事务的水平。

刘延东指出，《条例》公布十年来，宗教工作实现了由主要依政策办事向依法管理的转变，保障了公民的宗教信仰自由，得到了广大宗教界人士和信教群众的拥护，宗教工作干部和宗教界人士的法律意识明显增强，在全社会形成了关心支持宗教工作的良好氛围。

刘延东强调，要坚持党对宗教工作的领导，正确对待和处理宗教问题，保障公民宗教信仰自由，依法加强对宗教事务的管理，积极引导宗教与社会主义社会相适应。要坚持立法先行，提高立法质量，努力形成完备的宗教法律规范体系。要依法妥善处理涉及宗教因素的社会问题，促进宗教关系和谐。要依法解决宗教工作的重点难点问题，发挥宗教界人士和信教群众的积极作用，把他们的力量凝聚到实现中华民族伟大复兴中国梦的目标上来。

本次座谈会由中央统战部、国家宗教局、国务院法制办主办，中央和地方有关部门、全国性宗教团体负责人参加了座谈会。

（新华网北京12月26日电）

杜青林在宁夏云南调研强调：牢固树立中华民族共同体意识

6月10日至13日，中央书记处书记、全国政协副主席杜青林在宁夏、云南调研时指出，要坚定不移地贯彻党的民族工作理论和方针政策，把民族团结贯穿民族工作各方面，用社会主义核心价值体系构筑各民族共有精神家园。

调研期间，杜青林深入民族村寨、民族团结进步示范社区和居民家中，了解各族群众生产生活情况，并就做好民族工作、加强民族团结，与干部群众、专家学者、各界代表人士座谈访谈。

杜青林充分肯定宁夏、云南等地民族工作，强调要深入学习贯彻以习近平为总书记的党中央关于民族工作的新思想新要求，着眼推进国家治理体系和治理能力现代化，以实事求是、改革创新精神确保不折不扣落到实处。

在与当地干部和专家学者座谈时，杜青林指出，党的民族理论政策是做好民族工作的根本依据，实践证明符合国情、完全正确。要充分认识坚持完善民族区域自治制度的历史必然性和现实必要性，全面科学阐释其鲜明“中国特色”和独特优势，不断增强政治定力和制度自信。

在与基层群众和各界代表人士交谈时，杜青林希望他们牢固树立国家意识、公民意识、中华民族共同体意识，共同营造人人重团结、人人促团结的社会氛围，使各民族同呼吸、共命运、心连心的优良传统代代相传。

（新华网北京6月15日电）

夏宝龙与上海浙江商会企业家座谈时寄语天下浙商

浙商是浙江的魅力　浙江是浙商的根

5月7日下午，省委书记、省人大常委会主任夏宝龙在杭与上海市浙江商会回乡投资代表团座谈，他号召天下浙商怀着对家乡的深厚感情，担起对家乡发展那份沉甸甸的责任，同家乡的父老乡亲一道，为浙江更加美丽美好的明天而共同奋斗。

座谈会上，上海市浙江商会会长周成建介绍了在沪浙商回乡投资发展和参与治水的情况，郑永刚、梁信军、王均金、张幼才、张国标、陈建铭、马云等浙商代表先后发言。夏宝龙不时插话，与企业家们互动交流，充分肯定上海市浙江商会为家乡建设作出的积极贡献。

在听取各位浙商代表发言后，夏宝龙说，看到你们回来，我感到特别高兴，和大家聊天谈心，发现你们对省委、省政府工作思路的把握很精准，对企业发展方向的把握很精准，回报桑梓的路径措施很精准，大家对家乡的热爱让人钦佩。市场如战场，不屈不挠的浙商顽强拼搏、生生不息，一次又一次书写了商海传奇，形成了浙商独特的魅力，锻造了浙江企业家精神，也由此造就了浙江经济的辉煌。浙江经济也可以说是浙商经济，没有浙商就没有浙江经济，没有浙商经济就没有浙江的明天。对浙商，家乡人民始终高看一眼，始终怀有一种发自内心、永远无法割舍的深厚情感。

夏宝龙动情地说，浙江是浙商的根，叶落终究要归根，乡愁召唤你们，家乡需要你们。希望在省外、国外打拼出一片天地的浙商，都能够在家乡留下点痕迹，在父老乡亲的心目中树立一座推动家乡发展的丰碑。当前，浙江发展站在新起点上，呈现出新气象。我们狠抓“五水共治”、“三改一拆”等重点工作，不断突破长期制约我省发展的瓶颈，腾出了发展新空间，打造了美丽新环境。浙江现在是山好水美环境优，人齐气顺干劲足。创新创业的梧桐树已经栽好，就等引来浙商回归的金凤凰。希望广大浙商坚持错位投资、错位发展，积极回乡进军高端制造、生物医药、信息产业、休闲旅游等先进制造业和战略性新兴产业，更好地助推浙江经济转型升级，既为家乡发展多作贡献，也可在反哺家乡建设中实现自身的更好发展。

葛慧君、赵一德、熊建平等参加座谈。

（摘自《浙江日报》）

夏宝龙看望省统一战线暑期读书会代表时希望为建设中国特色社会主义贡献更大力量

王辉忠作形势报告

省统一战线暑期读书会7月9日下午起在杭州举行。

会前，省委书记夏宝龙看望了参加读书会的代表。省委副书记王辉忠一同看望并在读书会上作形势报告。

夏宝龙向全省统一战线各界人士致以诚挚问候。他说，党的十八大以来，习近平总书记发表了系列重要讲话，提出了许多新思想、新观点、新论断、新要求，为推进中国特色社会主义伟大事业提供了强大思想武器，特别是就统战工作提出的重要论述，为我们抓好新时期统战工作指明了方向、提供了遵循。我们一定要深入学习、深刻领会，真正学深、学懂、悟透。要结合实际学，坚持问题导向，通过学习了解问题的本来面目，正本清源，明辨是非，切实增强道路自信、理论自信、制度自信，坚定不移走中国特色社会主义道路。各民主党派、无党派人士是浙江建设社会主义事业的重要力量，希望大家更好地发挥统一战线建言献策、参政议政作用，把学习成果应用到推动浙江经济社会发展的生动实践之中，与我们共同奋斗、共同担当，共同书写好中国梦的浙江篇章。各级党委要切实增强统战意识，不断加强统战工作，努力推动我省统战工作再上新台阶。

王辉忠在通报我省经济社会发展形势后指出，各民主党派要切实担当起中国特色社会主义参政党的职责使命，把自身建设作为一项重大工程，进一步加强和改进政治引导。要大兴调查研究之风，紧紧围绕党委、政府中心工作深入分析问题，提出切实可行的意见和建议。要加强民主党派组织建设，切实做好代表人士培养工作。要不断把坚持和发展中国特色社会主义学习实践活动引向深入，加快提升领导班子成员综合素养和履职能力，推动多党合作事业可持续发展。

赵一德一同看望，孙文友一同看望并出席读书会。各民主党派省委会、省工商联负责人和无党派人士代表等参加读书会。

（摘自《浙江日报》）

夏宝龙在中秋前夕看望宗教界人士时强调推动宗教事业为“两美”建设作贡献

在中秋佳节即将来临之际，9月5日下午，省委书记、省人大常委会主任夏宝龙参加全省宗教界人士中秋座谈会，看望我省宗教界人士，与宗教界人士欢聚一堂，一同庆祝中秋佳节，畅叙“两美”浙江建设美好前景，并希望我省宗教事业健康发展，为建设美丽浙江、创造美好生活多作贡献。

王辉忠、袁家军、赵一德、冯明、孙文友等出席。会上，7位宗教界代表作了发言，省佛教协会负责人宣读了全省宗教界参与“两美”建设倡议书。

夏宝龙代表省委、省政府向全省宗教界人士和广大信教群众致以节日的问候和诚挚的祝福，祝大家中秋节快乐。在充分肯定广大宗教界人士为我省改革发展和现代化建设作出的积极贡献后，夏宝龙指出，党中央高度重视宗教工作，党的十八大以来，习近平总书记就宗教工作发表了许多重要讲话和论述，为我们进一步做好宗教工作提供了重要遵循。我们要深入学习贯彻习近平总书记关于宗教工作的重要讲话精神，不断探索宗教与社会主义相适应的新途径和新方法，推动宗教同国家发展相适应、同人民愿望相适应、同时代精神相适应。

夏宝龙强调，推动宗教事业更好发展、发挥宗教界积极作用，要始终坚持爱国与爱教相统一，把爱国爱教的优良传统不断传承下去、发扬光大，自觉维护国家统一，维护社会主义制度，维护民族团结。要落实好宗教信仰自由政策，依法开展宗教活动，通过依法依规办教来推动宗教事业健康发展。要进一步发挥宗教界在服务社会、造福世人方面的作用，继续多做善事好事，更好地承担社会责任，同时要切实加强爱国宗教团体自身建设，不断提高办教能力和水平，推动家庭和美、宗教和顺、民族和睦、社会和谐。要坚持独立自主自办原则，重视培养爱国爱教的教职人员队伍，在独立自主、平等友好、互相尊重的基础上，积极开展对外交流，增进同各国人民包括宗教界之间的了解和友谊，为维护国家主权、促进两岸统一、世界和平作出更大贡献。

（摘自《浙江日报》）

浙江旅外乡贤聚会杭州

夏宝龙看望代表　李强出席会议并讲话

主题为“相聚美丽浙江·共创美好生活”的第十八届浙江旅外乡贤聚会，10 月 28 日在杭州开幕。来自 63 个国家和地区的浙江省“爱乡楷模”、海外重点侨团负责人、海外浙商知名人士代表等 300 多位乡贤欢聚一堂，畅叙爱国爱乡之情，共商家乡发展大计。

会前，省委书记、省人大常委会主任夏宝龙，省长李强等先后看望了浙江省“爱乡楷模”、侨领代表以及出席活动的全体旅外乡贤代表。李强出席会议并讲话，为浙江省“爱乡楷模”颁奖。

夏宝龙代表省委、省政府向远道而来的各位旅外乡贤致以诚挚问候，向所有关心支持浙江改革发展的海外侨胞、港澳同胞以及各界人士表示感谢。他说，浙江是全国重点侨乡之一，浙江广大旅外乡贤素有爱国爱乡、造福桑梓的优良传统，“爱乡楷模”更是侨界正能量的传递者。广大华侨华人为浙江改革开放和现代化建设作出的卓越贡献，浙江人民永远不会忘记。当前，以习近平同志为总书记的党中央正团结带领全党全国各族人民努力实现中华民族伟大复兴的中国梦，浙江全省上下正深入实施“八八战略”，加快建设“两美”浙江，这为广大乡贤提供了回报祖国、建设家乡的大平台，发展事业、壮大事业的好机遇。希望广大旅外乡贤始终做热爱国家、热爱家乡、遵纪守法的侨商，为祖国的繁荣、为家乡的兴旺再添一把柴、再续一把火，为实现中华民族共同的中国梦而奋斗。

李强在讲话中对广大旅外乡贤的到来表示欢迎。他在介绍浙江经济社会发展情况后说，浙江的发展离不开你们，浙江经济的转型离不开你们，家乡的建设离不开你们。旅外乡贤对家乡的情感和支持，永远留在家乡人民的心里。当前，浙江正加快经济结构调整和转型升级，牢牢坚守百姓增收、生态良好、社会平安三条底线，通过抓改革、治环境、促转型、惠民生，努力打造效率更高的“政务生态系统”、更有活力的“产业生态系统”、更有魅力的“自然生态系统”，让浙江成为生活和创业的天堂。希望广大乡贤发挥人脉优势，帮助家乡拓宽产业、拓展市场，积极回乡投资兴业；发挥人才优势，帮助引进高层次人才和高新技术；发挥人文优势，更好地展示浙江形象和浙江文化，与全省人民携手开创“两美”浙江建设新局面。

国侨办副主任谭天星，省领导赵一德、冯明、孙文友等一同看望或参加会议。

全国政协委员、省政协常委、香港浙江省同乡会联合会会长李德麟，浙江省“爱乡楷模”、省政协常委、法国海外省圭亚那江浙沪华侨联合会主席郭胜华作了发言。

（摘自《浙江日报》）

做勇立时代潮头的改革者

中共浙江省委书记　夏宝龙

去年 11 月底，中共浙江省委召开十三届四次全会，全面贯彻党的十八届三中全会精神，深入研究和部署了我省全面深化改革各项工作，提出要坚定不移地续写习近平总书记在浙江工作时提出的“八八战略”这篇大文章，扎实推进中国特色社会主义在浙江的实践，努力在推进治理体系和治理能力现代化上走在前列，再创浙江体制机制新优势。为此，我们提出必须坚定不移地全面深化改革，大胆冲破思想观念的障碍，奋力突破利益固化的藩篱，以自我革新的气度和胸襟，努力实现改革红利最大化。

全面深化改革，首先要增强战略定力，也就是就要有“舍我其谁”的豪气，守土有责的志气，“我不入地狱谁入地狱”的勇气，“功成不必在我”的大气，要当敢于突破传统条条框框的勇士，当敢于同既得利益集团博弈的斗士，当敢于打破部门地方利益掣肘的战士。有了那么一股猛劲、狠劲、闯劲、干劲，有了那么一种战略定力，改革才有出路，浙江才更有希望。

勇于担当是浙江干部的一个鲜明特点和内在气质。在姓“公”还是姓“私”、姓“社”还是姓“资”、计划经济还是市场经济的争论年代中，浙江广大党员干部坚持不争论、允许看、鼓励试，顶住巨大压力，尊重群众首创精神，推进市场取向改革。全面深化改革，就要继承和发扬老一辈的担当精神，勇于承担新的历史重任。组织要为干部担当，干部要为群众担当，上级要为下级担当，推动各地各部门大胆去试、放手去干。

改革是需要创造力的，缺乏创造力的改革，必然陷入因循守旧、固步自封的死胡同。一事当前，是继续沿用现有做法，想法儿绕过障碍求得发展，还是从根本上研究出一个突破的办法，努力实现持续发展，这里就有一个创造力的问题。全面深化改革，就要积极开动脑筋，善于创新思维，不能干什么事情，一上来就是要人、要编、要钱，动不动就是成立机构、落实人员、加强考核，要能整合资源办大事、少花钱甚至不花钱办成事。

现实生活中有很多问题，不是没有制度或制度不完善，而是制度执行不到位。基层一线的党组织和广大党员干部，是浙江全面深化改革的基础力量。执行力强不强，基层反映最充分；执行效果好不好，基层干部最重要。全面深化改革，就要进一步加强执行力建设，努力把基层工作延伸到根，切实解决好“最后一公里”的问题。

改革是一项规模宏大的系统工程，需要动员全社会的力量参与。全面深化改革，就必须进一步发挥统一战线优势，把一切可以调动的积极因素都调动起来，围绕深化改革的热点难点问题积极建言献策，围绕经济社会发展重大问题和涉及群众切身利益的实际问题开展民主协商，围绕社会治理发挥“减压阀”、“润滑剂”的协调功能，促进社会各阶层各群体各方面思想上同心同德、目标上同心同向、行动上同心同行。

（摘自《中国统一战线》）

夏宝龙与农工民主党省委会负责人座谈

巩固发展多党合作　团结奋斗良好局面

辞旧迎新之际，中共浙江省委书记夏宝龙12月31日上午与农工民主党浙江省委会负责人座谈，交流思想，畅叙友情。

夏宝龙通报了2014年我省经济社会发展情况，认真听取农工民主党浙江省委会主委姚克所作的情况介绍。他说，一年来，我省各民主党派、工商联和无党派人士围绕全省的中心工作，发挥各自特点和优势，积极参政议政，认真开展民主监督，为全省经济社会发展作出了新的贡献。农工民主党浙江省委会围绕医疗、养老、环保等领域深入开展调研，积极提交提案议案，提出了许多很有见地的建议，为我们决策提供了重要依据。他代表中共浙江省委对全省广大农工民主党党员表示感谢。

夏宝龙指出，中国共产党领导的多党合作和政治协商制度是我国的一项基本政治制度。各民主党派、工商联和无党派人士要进一步增强政治责任感、历史使命感，增强中国特色社会主义道路自信、理论自信、制度自信，牢牢把握正确的政治方向，进一步继承和发扬优良传统，与中国共产党风雨同舟、肝胆相照。调查研究是民主党派的基本功，希望各党派团体充分发挥各自专长，围绕自己熟悉的领域和行业，深入基层调研，发表真知灼见，积极履行参政议政、民主监督职能，不断提高协商民主科学性和实效性。要切实加强自身建设，不断提高政治把握能力、参政议政能力、组织领导能力、合作共事能力，努力把中国特色社会主义参政党建设提高到一个新的水平。

赵一德、孙文友等参加座谈。

（摘自《浙江日报》）

李强与省级各民主党派、工商联负责人及无党派人士座谈 征求对政府工作报告意见

1月6日下午，省政府召开座谈会，征求省级各民主党派、工商联负责人及无党派人士对即将提请省十二届人大二次会议审议的《政府工作报告》的意见和建议。省委副书记、省长李强主持座谈会。

座谈会一开始，李强开门见山地说：“今年的《政府工作报

告》，要求短一点、实一点。希望大家畅所欲言，提出意见。”代表们围绕各自关注的重点纷纷发表意见。李强认真倾听发言，并就有关问题与大家进行探讨。

大家认为，报告通篇贯穿了全面深化改革的思想、为民惠民的理念，务实、扎实、平实。大家还就深化行政审批制度改革、加快区域均衡发展、全力打好“五水共治”攻坚战、城乡居民增收、创新生态环境保护机制、深化医改、加快发展高等教育等方面，对修改《政府工作报告》、改进政府工作提出了许多意见和建议。

李强对大家的意见和建议表示感谢。他说，大家对报告和政府工作提出了许多真知灼见，这对省政府推进全面深化改革、抓好经济社会发展各项工作具有重要价值。我们将把这些意见建议充分体现到报告中去，落实到今后的政府工作中去。希望大家一如既往地关心和支持政府工作，共同推进我省经济社会持续健康发展。

据了解，为切实做好报告起草工作，省政府早在去年 10 月就委托浙江大学等单位开展专题研究。起草组根据十八届三中全会和省委十三届四次全会精神起草报告后，先后听取了省咨询委、省人大常委会、省政协常委会、省人大代表、省政协常委和各市、县（市、区）政府、省级有关单位的意见。

民革、民盟、民建、民进、农工党、致公党、九三学社、台盟省委会负责人，省工商联负责人和无党派人士代表参加座谈会。

（摘自《浙江日报》）

李强在出席上海市浙江商会换届大会时强调
浙商的新使命是引领创新

省委副书记、省长李强 12 月 7 日赴上海出席上海市浙江商会换届大会暨“全球经济新常态与企业发展之道”高峰论坛。他殷切寄语广大浙商，要在经济新常态中担负起引领创新的新使命，在新一轮技术浪潮和产业变革中勇当弄潮儿，在中国经济升级版中形成最具活力、最能创新的浙江军团。

李强对上海市浙江商会第九次会员大会的召开表示祝贺，对上海市各级领导和各界朋友对在沪浙商的关心和帮助表示感谢，并简要介绍了我省经济社会发展情况。随后，他围绕企业家的工作、浙商的使命这两大问题，与广大浙商进行了交流。

李强首先通过引述几位经济学家的观点指出，企业家的工作一是应对不确定性，二是推动社会创新。当前，我国经济发展进入新常态，经济结构调整得怎么样、创新驱动力强不强，最重要的是企业家的工作干得怎么样。希望广大浙商求真务实、开拓创新，把工作干得更好，为打造中国经济升级版作出更大贡献。

李强强调，当下浙商的使命是科学应对不确定性、积极有为引领创新。谈及浙商如何引领创新，他与大家分享了互联网大咖的思想火花。李强说，阿里的马云说过“梦想还是要有的，万一实现了呢”，这是新常态下大家应该拥有的乐观心态。现在，无论面对怎么样的困难和挑战，只要浙商梦想还在、浙商精神还在，浙商发展的机会永远都在。小米的雷军曾说“站在台风口，猪也会飞”，说的是企业要顺势而为、借势发力。希望广大浙商站在新一轮科技革命、产业革命、能源革命的“台风口”，加快发展新经济、新产业，再创新优势。腾讯的马化腾说“互联网时代，更崇尚的是‘天空法则’”，传递的信息是每个企业都有成功的可能，关键是要找准自己的位置。希望每位浙商在市场培育上坚持内外兼修，跳出旧红海，寻找新蓝海，在市场细分领域形成新优势。他还借用股神巴菲特“只有潮水退去时，才知道谁在裸泳”的话，希望广大浙商秉承义利兼顾、德行兼备、务实守信的优良传统，切实担负起历史新使命，立志做引领创新的百年企业，在历史长河中留下浓墨重彩的一笔。

上海市领导沙海林、沈晓明、郑惠强、王志雄，省领导熊建平，国内知名经济学家、企业家代表，部分省市浙江商会会长及在沪浙商代表参加会议。

（摘自《浙江日报》）

王辉忠在省浙商创业创新领导小组会议强调
健全机制做优环境　量质并重再上台阶

杭州2月12日下午，省支持浙商创业创新促进浙江发展工作领导小组第三次会议在杭召开。省委副书记、领导小组组长王辉忠强调，要认真贯彻省委、省政府的决策部署，切实强化进取意识、机遇意识、责任意识，毫不动摇地把改革贯穿于今年深化浙商回归工作的全过程，不断创新工作机制、强化要素保障、优化创业环境，进一步做大回归资金总量、提高回归项目质量，确保今年浙商回归引进工作再上一个新台阶，为我省经济转型升级增添活力。熊建平、孙文友出席。

王辉忠在充分肯定浙商回归工作取得成绩后指出，浙商是浙江发展的重要战略资源和最可依赖的力量，也是最可挖掘的潜力。要着力引进一批高端产业的大项目，充分发挥龙头项目的带动作用，努力实现引进一个项目、带动一批企业、形成一个产业。着力创新工作机制，完善各级领导联系异地浙江商会的工作制度，更好地调动省外浙江商会的积极性和创造性。着力改进招商方式，积极走到浙商群体中去，点对点招商、专业招商，变“对接”式的一般性服务为“保姆”式的全程服务，确保资金早到位、项目早落地。着力探索浙商回归的各种方式，全面构筑项目、资本、人才科技、公益事业“四位一体”的浙商回归引进大格局。着力破解土地、资金、环境等瓶颈制约，节约集约利用资源，为浙商回归优质项目腾出发展空间。

王辉忠要求，各级各部门要把“四个够不够”作为镜子，经常照一照，持之以恒打造浙商回归的良好环境，努力做到浙商回归引进工作的优先地位不能变、持续改善投资环境的理念和力度不能变、真情感召浙商的浓厚氛围不能变、各地你追我赶的竞合局面不能变，为深化浙商回归引进工作、提高浙商回归引进贡献度提供有力保障。

会议审议通过了2014年浙江省支持浙商创业创新促进浙江发展目标责任制考核实施办法等。

王辉忠在全省统战部长会议上强调
发挥优势服务改革　凝心聚力共建和谐

全省统战部长会议2月20日在杭召开。省委副书记王辉忠在会上强调，要深入学习贯彻党的十八届三中全会、习近平总书记系列重要讲话精神和全国统战部长会议精神，深刻把握全面深化改革对统一战线的新要求，紧紧围绕我省“五水共治”、“五措并举”重大决策部署，充分发挥统一战线的法宝作用，最大限度地把各方面智慧和力量凝聚起来，为促进我省科学发展、维护社会和谐稳定作出更大贡献。省政协副主席、省委统战部长孙文友具体部署今年统战工作任务。

王辉忠在充分肯定去年我省统战工作取得的成绩后指出，全面深化改革的艰巨性复杂性，要求统一战线在统一思想、凝聚共识上发挥更大作用；全面深化经济体制改革的新思路新举措，要求统一战线在建言献策、动员引导上发挥更大作用；全面深化政治体制改革的新要求新部署，要求统一战线在完善社会主义协商民主中发挥更大作用；创新社会治理体制的新理念新目标，要求统一战线在协调关系、化解矛盾、整合力量上发挥更大作用；促进祖国统一、维护国家安全的新形势新任务，要求统一战线在加强联谊交流、争取广泛支持上发挥更大作用。

王辉忠强调，各级统战部门要着眼于提高多党合作和政治协商的制度化规范化水平，完善党外人才培养和使用机制，共同把多党合作事业推向前进。着眼于打造浙江经济“升级版”，切实做好非公经济人士团结教育引导工作，大力推进浙商创业创新。着眼于维护宗教关系和谐，着力提高宗教事务规范化法治化水平。

王辉忠要求，各级党委要切实加强对统战工作的领导，健全完善领导体制和工作机制。各级统战部门要以开展第二批群众路线教育实践活动为契机，狠抓自身建设，切实转变作风，不断提高统战工作科学化水平。

（摘自《浙江日报》）

王辉忠同志在全省支持浙商创业创新工作会议上的讲话摘要

2014年3月5日

实施浙商创业创新和回归引进工作，是省委、省政府着眼全局作出的一项重大决策，也是我省将一直坚持的发展大战略。自2012年全面启动以来，各级各部门高度重视，广大浙商积极响应，回归氛围日益浓厚，回归资金逐年增加，取得了明显的阶段性成果。去年，我省成功举办了第二届世界浙商大会，各地各部门抓住有利时机，积极开展各种类型的对接招引活动，“浙商回归”工作呈现高开高走、量增质升的良好态势，全年到位资金1752亿元，完成年度目标的117%，为干好“一三五”、实现“四翻番”作出了积极贡献。

今年是实施“浙商回归”工作的第三个年头。对一项工作来说，第三年是一个关键节点，是要出成绩、见成效的时候了。近段时间以来，省委书记夏宝龙、省长李强对“浙商回归”工作多次作出指示，要求加大力度，务求大见成效。在第一年开局、第二年提升的基础上，今年的“浙商回归”工作无论是在量上还是在质上，都要有一个明显提升，更上一层楼，这样才能给浙江经济转型升级注入动力，给广大浙商增添信心。围绕大见成效这一要求，今年“浙商回归”资金的目标定在2000亿元，而且要力争超额完成。在全省扩大有效投资的任务面前，设定这样一个目标是必要的；同时，有了前两年的工作基础，这个目标也是可行的，是能够实现的。现在，各地都领到了任务。对于任务的分解，省领导小组做了充分的考虑，不搞逐级摊派，不搞层层加码，但该下的指标还是要下，该完成的任务必须完成。对于“浙商回归”工作，各地各部门要不含糊、不动摇、不懈怠，进一步增强浙商大发展大投入的信心，掀起浙商大回归大引进的热潮，奋力开创“浙商回归”工作的新局面。

一、坚定信心、决心、恒心，始终把“浙商回归”工作放在心上、抓在手中

省委、省政府对“浙商回归”工作高度重视，一直将其作为关系浙江发展的战略性举措进行谋划和部署。但是，当前“浙商回归”的进度、热度和贡献度与天下浙商的巨大能量相比，与省委、省政府的初衷和期望相比，还有不小距离。特别是一些干部在情感上仍然投入不够，在认识上仍然重视不够，一些地方的工作还没有完全进入状态。各地各部门要深刻领会省委、省政府的战略意图，把“浙商回归”工作真正放在心中、牢牢抓在手上。一要切实增强对浙商的感情，进一步下定决心。从某种意义上说，“浙商回归”工作也是做人的工作，要带着感情去做这项工作。夏宝龙同志指出，感召浙商要思考“四个够不够”的问题，即对浙商在浙江发展中所处的地位和发挥的作用认识得够不够，对浙商成长发展的轨迹和规律研究得够不够，对浙商创业创新的实践支持得够不够，对浙商的温暖关爱给予得够不够。这四个方面都指向一个问题，就是对浙商的感情够不够。对浙江而言，浙商的贡献和作用是无可代替的；对浙商而言，浙江“家”的感觉也是无可代替的。应该说，乡土之恋、桑梓之情已经融入了浙江人的血液和基因，浙商对浙江这片土地有着无法割舍的感情。实践证明，浙商始终是浙江经济发展最为倚重的力量，始终是浙江最宝贵的财富，浙江发展归根到底还是要靠浙商这支“子弟兵”。俗话说得好，谈恋爱要两厢情愿、两情相悦。做浙商工作也要动真感情，这样招引浙商才能碰出火花，才能顺利牵手。各地各部门要把夏宝龙同志提出的四个“够不够”作为一面镜子，经常对着照一照，进一步坚定招引浙商的决心。二要充分认识当前的有利条件，进一步坚定信心。通过前两年的努力，“浙商回归”工作已经初步造出了声势、打开了局面，进一步深化“浙商回归”工作具有许多有利条件，基本形成了上下联动、左右协调的组织推动体系。各地各有关部门加强了对“浙商回归”工作的研究，制定了发展规划，建立了浙商信息库，出台了一系列优惠政策。现在，“浙商回归”工作已显现出了累积和叠加效应，广大浙商对浙商创业创新战略的认同感日益增强，回归发展的热情更加高涨，回归引进项目数量持续增加，项目资金投入持续扩大。只要再加一把劲、再添一把火，“浙商回归”的氛围将更加浓厚，“浙商回归”工作也将再上一个新台阶。三要充分认识“浙商回归”的潜力和空间，进一步树立恒心。在充分肯定成绩的同时，也要清醒地看到，当前“浙商回归”资金量对全省扩大有效投资的贡献度还不够高，回归项目对全省转型升级的推动作用还不够大。据统计，浙商在省外的投资额大约有4.5万亿元，每年的产值在3万亿元左右，回来的浙商还只是一小部分；特别是我省约6万亿元的贷款余额，其中有相当一部分都通过浙商对外投资的方式流到了省外，资金“抽血”现象比较突出，与流出去的资金相比，这两年引回来的资金仍然较小。“浙商回归”仍然具有较大的潜力、较大的空间。必须坚定实施“浙商回归”工作的恒心，做好打攻坚战、持久战的思想准备，努力做到“浙商回归”工作的优先地方不能变，持续改善投资环境的理念和力度不能变，真情感召浙商的浓厚氛围不能变，各地你追我赶的竞合局面不能变，进一步挖掘“浙商回归”潜力，扩大“浙商回归”引进贡献度。

二、牢牢抓住项目这个核心，不断创新招引浙商的方式方法

对于“浙商回归”工程来说，项目就是“粮草”。李克强总理在国家粮食局调研时指出，要做好“广积粮、积好粮、好积粮”三篇文章。引进“浙商回归”项目，也是这个道理，必须储备项目、找好项目、好好找项目。现在有的地方项目引进力度不大，储备得不够，出现了一些问题。有的地方“寅吃卯粮”、“空开粮票”，把明年的项目算到今年；有的地方“四处借粮”，或者挖其他地方的“墙角”。之所以会出现这些现象，关键还是抓项目的力度不够。“浙商回归”是一项实打实的工作，来不得半点虚假，更不能玩数字游戏，要确保项目的真实性、数字的真实性。各地各部门领导干部要走到招引浙商的第一线，牢牢盯住人、盯住企业，下决心引进一批具有战略意义的重大项目。一是项目设计要精心。不少浙商反映，现在一些地方编制的推介项目册过于粗线条，内容过于简单，只有寥寥几页纸、几张图，重要信息缺失，完全看不出名堂，难以激发投资欲望。浙商在市场经济中摸爬滚打多年，也见过不少世面，如果没有详细的可行性研究报告，是不可能“掏钱”的。这方面要学习江苏等地的经验，走专业化招商的道路，把项目设计好、推出去。要在进一步充实浙商创业创新信息库的基础上，针对省外浙商个体特点和需求，量身定制推介项目，提高项目推介成功率。对推荐项目的信息，要按照市场化运作的要求，提供尽可能详细的可行性研究报告，客观分析投资成本和预期收益，明确相关扶持政策和要素保障条件，为“浙商回归”提供详实可靠的决策依据，满足浙商对投资项目的信息需求，最大限度激发“浙商回归”投资的欲望。二是项目招引要精准。现在的招商形势与过去已经完全不同，不能再采用遍地撒网、大海捞针的粗放式招商模式，必须树立精准招商意识，实行点对点招商。要认真分析本地的发展优势和招引企业的发展方向，找准切入点、增强契合度，保证招引有的放矢、提高效率。各市要加强招商引资的区域协调，把好项目、大项目放在有承载能力的合适地方，不能“互拆墙角”、搞恶性竞争。要盯准招引对象，采取盯人盯企、“挂图作战”的办法，重点盯住省外海外浙江商会的1000位会长（副会长），盯住10000家省外海外浙商重点企业，组建专业招商团队，开展点对点招商、以商引商、专业招商。要拓宽招引视野，各地有关部门要积极走出去，把省外浙江商会作为招引浙商的前沿阵地，主动走到浙商群体中去，通过各种途径、各种机会、各种办法加强与浙商联络，获取投资信息，推荐招商项目。三是项目定位要明确。提升大项目特别是高端制造业大项目的比重，着力引进一批50亿元、100亿元以上的大项目，把浙江产业链“塔尖”的这一环补上，充分发挥好大项目的龙头带动作用，努力实现引进一个大项目、带动一批企业、形成一个产业的目的。要着力引进浙商中民营经济500强企业、行业龙头企业和关键核心技术、总部经济项目，积极动员省外浙商抱团回归。要按照引资、引技、引智相结合的要求，更多地挖掘浙商在技术、管理、人脉等方面的资源，更多地招引研发基地、营销网络、融资平台，更多地引进前沿技术、高端人才、优秀团队，注重筛选招引一批极具发展潜力的科技型中小微企业，从而有效地改善浙江经济的整体素质。四是项目落地要抓紧。引进项目，关键看能不能最终落地。各地要紧紧抓住合同履约率、资金到账率、项目开工率、建成投产率这“四率”不放，全面提升服务水平，变以往“对接”式的一般性服务为“保姆”式的全程服务，在谈项目抓签约，签约项目抓开工，开工项目抓进度，建成项目抓投产，对于大项目、好项目要全面实施领导负责制和代办制，由招商单位替企业跑腿，确保资金尽早到位、项目尽早落地，真正做到招一个成一个、成一个见效一个。

三、强化四大保障，为“浙商回归”提供强有力支撑

从这两年的情况来看，扶持政策、要素保障等已成为影响“浙商回归”工作的重要因素。在走访调研中，有的浙商提出，浙江没有特殊的优惠政策，要素制约的情况要比较突出，担心回来后会发展不好；一些干部也反映，部分地方出现了招来的项目落不了地的情况。浙商有顾虑，落地有困难，关键还是要素支撑不够、服务保障不够。对于这个问题，一方面，尽管我省在土地等要素条件上可能拼不过别人，但仍有改进的空间、回旋的余地；另一方面，我省的软环境是不错的，必须下大力气再造优势，继续保持吸引力。去年，省领导小组办公室、省委政研室联合开展了浙商创业创新政策评估工作，对比分析了我省与兄弟省在审批、规费、税收、土地等四个方面的差距，提出了深化、突破、创新浙商创业创新政策的10条意见和建议，省领导小组第三次会议已经审议通过了政策调整完善的落实意见，各地各部门要把这些政策措施不打折扣地落实到位。一是强化组织领导保障。各级浙商创业创新工作领导小组是这项工作的领导机构，必须充分发挥好组织领导、统筹协调、督查指导的作用，把各部门的积极性和创造性调动起来，努力形成全方位服务、立体化保障的有利局面。下一阶段，领导小组办公室要继续按照牵头不取代、抓总不包办的要求，负责好日常组织与协调工作；各成员单位要着力破除本位主义思想，从大局出发发挥集团作战优势，合心合力支持浙商创业创新工作，形成相互配合、整体推进的良好局面。各级领导干部要切实担负起责任，特别是要走到招引浙商的第一线、走到服务浙商的第一线，为“浙商回归”工作尽心尽力，为“浙商回归”项目保驾护航。二是强化平台载体保障。把创新平台作为提升“浙商回归”质量的重要一招，增强招商选资的吸引力、针对性和有效性，要研究制定总部企业动态评价、综合认定、激励培育扶持办法，建立总部经济发展的综合政策扶持体系，准确把握浙商企业设立区域总部等功能性机构的需求表现。要在建立“浙商回归”园区上有突破，坚持把省级产业集聚区、开发区和工业园区作为“浙商回归”的重要平台，积极推动以“园中园”形式建立“浙商回归”园区，鼓励有条件的地区结合低丘缓坡综合试点等创建“浙商回归”园区，形成多层次、立体式的“浙商回归”平台系统。三是强化要素资源保障。作为一个资源小省，我省的承载能力十分有限，一些地方要素状况还在不断趋紧，要想办法破解要素制约，确保好项目“落得下脚”。在土地保障方面，省级层面要继续落实好对“浙商回归”重大项目和优秀县市的奖励政策，同时借鉴兄弟省市的经验探索实施“点供”政策，对于20或30亿元以上的重大项目，可以考虑实施土地“直供”；在资金保障方面，要研究出台鼓励省外浙商投资民营银行、创办创投企业、建立私募基金、开设小额贷款公司等，探索以省政府设立母基金的形式，吸纳省外浙商的巨大资本，支持省内产业转型升级；在环境容量保障方面，要按照“全省一盘棋”的指导思想，对于“浙商回归”的重大产业项目，如果项目所在地环境容量指标不够，但当地环境质量又能够满足的，要予以调剂解决。四是强化政策服务保障。继续研究出台支持浙商创业创新的政策措施，各地各部门要根据自身情况，拿出一批有含金量的优惠政策来，拿出“压箱底”的优惠政策来，把最优惠的政策给自己人。要加大政策宣传力度，使浙商了解政策、理解政策、用足用好政策。要按照减政放权的要求，结合行政审批制度改革，为“浙商回归”项目提供最便捷、最高效的审批服务，真正做到变“企业跑审批”为“政府跑服务”。要以开展第二批党的群众路线教育实践活动为契机，着力建设一支沉得下心、俯得下身、干得了事、招得来商的干部队伍，拿出非同一般的工作状态、工作效率和工作举措，切实帮助浙商和企业解决实际问题，为浙商创业创新提供最优发展环境。

王辉忠出席“光彩事业山区行”活动强调
践行光彩理念　助力山区发展

3月20日，全省“光彩事业山区行”活动启动仪式在杭举行，省委副书记王辉忠出席活动并讲话。他希望，广大非公有制经济人士要紧紧围绕省委、省政府决策部署，自觉践行社会主义义利观，积极投身光彩事业，助力山区跨越发展，为干好“一三五”、实现“四翻番”作出新的贡献。省政协副主席、省委统战部部长孙文友主持。

王辉忠在充分肯定近年来我省光彩事业取得的成绩后指出，光彩事业是一项功在当代、泽被子孙的事业，既是经济行为，又是充满感情的道德行为。希望广大非公有制经济人士坚定信念信心，把推动欠发达地区跨越式发展作为职责所系，把服务民生改善作为重点所在，把促进共同富裕作为目标所向，坚持做扶贫开发事业的“推动者”。大力弘扬浙商文化，践行“富而思源、富而思进，扶贫济困、回馈社会，义利兼顾、德行并重”的光彩精神，为形成与社会主义市场经济体制相适应的思想观念和道德体系提供有益示范，为浙商形象添光彩。积极参与农村治水，通过投资、捐助、认建等途径，广泛参与农村生活污水治理项目建设和运行维护，在家乡和家乡人民心中建丰碑、留口碑，为美丽浙江添光彩。

王辉忠要求，各级党委、政府要一如既往地关心支持光彩事业的发展，积极创造更加有利的工作条件；各级统战部门和工商联组织要加强组织领导，满腔热情地为非公有制经济人士排忧解难；各级光彩事业促进会要强化自身建设，牢记职责使命，拓宽光彩领域，壮大光彩队伍，努力把光彩事业做得更出彩。

会议表彰了我省光彩事业先进集体和先进个人。

（摘自《浙江日报》）

王辉忠同志在浙商回归工作推进会上的讲话摘要

（2014年6月20日）

今年是浙商回归工作开展以来的第三年。通过两年多的工作，全省上下都有一个越来越强的认识：浙商确实是浙江发展最宝贵的战略资源，是浙江最值得珍惜的“金字招牌”。前不久，省委书记夏宝龙在与上海浙江商会企业家座谈时指出：“浙商是浙江的魅力，浙江是浙商的根。”浙商回归与“五水共治”、“三改一拆”、“四换三名”等工作一样，是省委、省政府时刻抓在手上的中心工作。这项工作只有下限、没有上限，必须常态化，必须经常抓、深入抓、持久抓，才能不断取得新成效。浙江要实现经济转型升级，必须打好浙商回归这一仗，用好这支召之即来、来之能战、战之必胜的“千万大军”。今年以来，面对复杂多变的经济形势，在各地各部门的共同努力下，浙商回归工作总体呈现良好态势。1－5月份，全省新引进浙商回归项目485个，累计到位省外资金882.07亿元，完成年度目标任务的44.10%，与时间进度基本同步，同比增长28.99%，浙商回归项目质量进一步提升。特别的引进了一批符合转型升级要求的重大项目，总部经济项目、重大产业项目、重大科技人才项目到位资金达645亿元，占比为73%。今年的工作有三个方面比较突出：

一是责任更加到位。省委、省政府在浙商回归第一年到位资金1200亿元、第二年到位资金1500亿元的基础上，明确今年到位资金目标2000亿元。这个目标是经过反复研究确定的。在责任主体上，我们更加强调了各个主体、各个层面的责任，各市、省直部门和省外浙江商会三个层面都有目标、有任务、有压力。特别是今年我们还将一些农村治水项目、重大产业项目直接落实到了商会。在任务分解上，我们更加注重量化、项目化，不仅将2000亿元的任务分解落实到各市，而且要求各市将任务量化为一个个具体项目，明确了重大项目的责任人，通过抓项目来抓任务落实，工作上更加有的放矢。为进一步推动工作落实，今年省里还专门建立了省领导与浙江商会的联系制度，有7位省领导与7家省外浙江商会建立了一对一的联系。

二是发力更加精准。今年我们采取了盯人盯企业、挂图作战的做法，进一步提高了招商引资工作的精确度。在省级层面，主攻优质项目，发挥示范效应，启动实施了“双盯双百计划”，即重点盯住100位会长和100家重点浙商企业，从中筛选了拟回归优质项目100个，由省、市、县三级100位领导分别盯紧盯牢。从3月份以来，重点盯引项目已正式签约32个，协议总投资额568亿元。在全省启动实施了“千万招引行动计划”，组织各市重点盯住省外海外浙江商会的1000位会长和10000家浙商重点企业。

三是举措更优针对性。根据省委、省政府主要领导同志意见，今年3月在宁波、嘉兴、台州三个市举行了一系列浙商回归项目的集中开工仪式，加快推进项目落地。有关省领导出席仪式，主要媒体配合播发新闻，大张旗鼓地加强宣传、扩大影响。4月份，我和熊建平同志组织有关单位专题研究建立健全浙商回归体制机制问题，确定了今年的重点改革任务和责任单位。5月份，省委督查室、省经合办、省统计局开展了浙商回归发展“四个够不够”问题的专项督查调研，进一步摸清了工作中存在的问题。目前正在开展的“浙商回归引进六月行动”中，“领导干部现场行”、“媒体记者一线行”等活动都很有特色，效果也很好。各市、县（市、区）采取了一系列针对性措施，进一步提高了浙商回归的成效。

总的来看，今年的浙商回归工作进展顺利。但工作中也存在一些薄弱环节和不利因素，值得我们高度关注：一是经济下行压力较大。当前，受国内外经济不稳定、不确定因素影响，我省经济下行压力依然较大，投资增速放缓。这难免会对浙商回归投资的意愿造成一定影响，需要我们未雨绸缪、积极应对。二是服务效率有待提高。对引进项目的后续服务还不够，项目审批难、推进慢的问题比较突出。三是政策缺乏比较优势。近年来，我省围绕浙商创业创新出台了一系列政策，但主要是共享性、普惠性政策，缺乏针对浙商回归项目的个性化“特惠”政策。

综合以上成绩和问题两方面情况来看，各地各部门必须要在现有基础上更优创造性、更有针对性、更有力度地推进浙商回归工作，使浙商回归像“污水共治”、“三改一拆”那样形成破竹之势，取得更大成绩。

第一，要锲而不舍，打好招商引资争夺战，千方百计引进一批大项目、好项目

浙商回归是针对在外浙商这一特殊群体的招商引资。招商引资历来就是争夺人心、争夺资源、争夺资本、争夺总部的争夺战，是一场没有硝烟的战争。浙商作为“香饽饽”的战略资源，好比战场上的战略要地，是兄弟省（区、市）必争之地。据不完全统计，目前浙商在省外的投资额大约有4.5万亿元，创造的经济总量超过6万亿元。相比来看，回乡投资的浙商还只是一小部分。此外，从金融机构贷款情况看，2013年末，我省金融机构本外币贷款余额6.53万亿元，比全省3.75万亿元的GDP高出2.87万亿元，贷款余额和GDP之比为1.74：1，如果按照1.34：1的全国平均水平测算，我省大约有1.5万亿元的贷款流到省外。如果这些资金回流了，那么去年我省GDP就可以达到5.2万亿元。这些足以说明，浙商回归还大有潜力可挖、大有空间可为、大有文章可做，实事求是地说，许多兄弟省份对引进浙商的重视程度比我们更高、推进力度比我们更大、办法手段也比我们更多。目前，上海自贸区等东部沿海省市实施的国家战略优惠政策分散了浙商回归的注意力，中西部省份更加优惠的招商政策形成了浙商回归的牵制力。各地各部门要切实增强推进浙商回归的责任感、危机感、紧迫感，发扬锲而不舍的拼劲和韧劲，打好打赢招商引资这场争夺战，千方百计引进一批大项目、好项目，确保浙商回归工作再上新台阶。

从当前情况看，一方面，各地还是以产业项目回归为主，制造业项目、城市综合体项目回归居多，现代农业项目、高端服务业项目偏少，总部回归、资本回归、人才科技回归、公益事业回归的形式还不够多，总量还不够大，省外浙商的巨大能量尚未充分发挥。另一方面，各地通过大力实施“三改一拆”、“五水共治”、“四换三名”，确实腾出了不少好地方，但引进的“好鸟”、“俊鸟”、“大鸟”还不多，“凤凰”更是少之又少。接下来，要在主攻“实、大、新、高”产业项目回归的同时，丰富浙商回归内涵，拓宽浙商回归通道，挖掘浙商群体潜力，启动实施以浙商总部基地建设为主要载体的总部回归，以基金运作、企业并购、银行吸纳为主要形式的金融资本回归，以高端要素为主要内容的人才科技回归，以农村治水为主要方向的公益事业回归，全面构筑项目、总部、资本、人才、科技、公益事业“六位一体”的大回归格局。

下半年，省里将重点研究总部回归和资本回归这两个课题，并出台有政策举措。这“两大回归”，既符合浙江实际，又符合浙商意愿，是深化浙商回归工作新的突破口和潜力所在。

关于总部回归。浙江人经济实际上就是“地瓜经济”，不管枝叶多么茂盛、伸得有多远，它的根系始终扎在浙江大地上。这是浙江的独特优势。我们说“浙江是浙商的根”，最能体现这个根的就是总部经济。接下来，要重点研究解决好三个问题：一是明确总部回归的重点。主要是锁定在外浙商大企业的研发中心、营销中心、展示中心等功能性机构，着力引进区域性总部、综合性总部。二是明确回归总部的空间布局。要锁定省外浙商，不能再省内拉来拉去。要发挥杭宁温三大中心城市的优势，相应建立三大区域性总部中心。三是明确总部回归的政策配套。要有针对性地研究制定促进浙商总部回归财政、税收和金融支持等系列政策措施，形成水到渠成、百川归海的吸纳效应。

关于资本回归。省外浙商群体普遍具有企业较多、个头不大、流动性强的特点，面对家乡的感召，不少省外浙商苦于没有项目。“手中有钱、脚下没路”，“想想激动、无法行动”。对此，各地要建载体、搭平台、给出路，把这些闲钱广泛集中起来，促进浙商小资本与政府大项目的有效对接，让浙商有稳定可预期的收益。要重点研究出台鼓励引导省外浙商投资民营银行、创办创投企业、建立私募基金、开设小额贷款公司等政策举措，吹响浙商资本回归的“集结号”。

针对“两大回归”，招商方式要更精准、更有效。要整合现有招商力量。加强专业招商队伍建设，注重以商引商、点对点招商、产业链招商和智慧型招商，切实提高招商引资的质量和成功率。要坚持招大引强选优，从源头上把好项目质量关，建好项目库，每年都要谋划生成一批、引进一批、报批一批、开工一批、投产建成一批，实现滚动式发展。要强化盯人盯企、精准发力，扎实开展“千万招引行动计划”和“双盯双百计划”。特别是对那些投资额达20亿元、30亿元、50亿元甚至上百亿元的重大产业项目和总部经济项目，看准了，就要集中优势兵力，坚决拿下阵地，实现引进一个企业、带动一个产业、打造一个产业集群的目标。

第二、要敢于担当，打好项

目推进攻坚战，确保项目早落地、早开工、早建成、早投产

对投资者而言，项目落地才是硬道理。项目不开工，一切皆是空；项目不落地，一切都没戏。项目只有落地了、开工了，才算成功引进。这环境，那环境，项目能够早落地、早开工、在建成、早投产就是最大的好环境。一切工作要向项目落地、项目开工聚焦，紧紧抓住合同履约率、资金到账率、项目开工率、建成投产率这“四率”不放，积极推进在谈项目早签约、签约项目早落地、落地项目早开工、开工项目早建成、建成项目早投产，真正做到招一个、成一个、引一串。省里将继续举行“2014天下浙商家乡行”活动，重点签订一批浙商回乡治水项目、重点盯引项目和银企合作项目。9月份，全省将继续开展重大项目集中开工活动，加快推进项目落地，为冲刺“全年红”加油鼓劲。围绕加快项目落地、开工和投产，重点抓好三件事：

一是深化行政审批制度改革。当前，我省正在加快推进以“三张清单一张网”为主要内容的政府自身改革。各地各部门要按照审批事项最少、办事效率最高、投资环境最优的要求，切实加大简政放权力度，下大决心、花大力气，该放就放，能减就减。省里放权快，市、县（市、区）也要审批得更快，特别是要规范中介服务、完善联合审批、实行重大项目审批服务全程代理制、探索建立限时办结和超时默许制度，让每一位浙商都能在家乡安心投资、顺心办事、舒心创业。

二是强化全方位保障。浙商回归，保障是关键。保障就是优势，就是生产力。我们不仅要以乡情感召浙商，也要以政策吸引浙商，以服务打动浙商。对在外浙商而言，乡愁的情结是根深蒂固的，乡愁的记忆是无法忘却的，乡愁的滋味是回味无穷的，乡愁的力量是最难抵挡的。每一位省外浙商都满怀“绿叶对根的情意”。现在，企业选址和投资，一般同时有几个候选地，最后时刻决定项目落实往往就是靠以情动人。各地各部门一定要以乡情、亲情、友情为纽带，使感召浙商工作常态化。对浙商的大事、小事、烦心事，我们要不厌其细、事事关心。要在细微之处见精神，在平常之中见精彩，在点滴之间见真情。只有这样，才能把工作真正做到广大浙商的心坎上。感情不能停留在口头上，更要体现在政策和服务上。各地各有关部门要认真落实2013年浙商创业创新政策评估调整意见，进一步开展与周边省份企业发展环境的比较研究，着力在税收优惠、土地保障、规费项目、平台建设等方面实现新提升。特别是特地保障方面，省级层面要继续落实好对浙商回归重大项目和优秀市的奖励政策，认真研究落实对投资20亿元或30亿元以上浙商回归重大产业项目实行用地指标全额事后奖励措施。

三是加强全过程服务。各地各部门要按照省、市、县（市、区）三级联动和一个项目、一名领导、一套班子、一抓到底的项目服务协调机制，对浙商回归项目实行“签约—落地—投产—达效”一条龙服务。这方面，要有台湾星云大师那种一笔写到底的精神，扎实开展全天候、保姆式、专家式服务，形成盯人、盯事、盯项目的良好局面。同时，服务要依法依规，既要招商引资，又要留商安商，不能“招来女婿，气走儿子”。

第三，要苦干实干，打好各方面联动大会战，确保圆满完成各项目标任务

浙商回归不是喊出来的，而是干出来的。浙商回归好比一场大会战，11个市和11个集团军。各地各部门要拧成一股绳，上下一条心，沉得下心、俯得下身、干得了事、招得来商。

一是明确会展目标。夏宝龙同志提出，力争5年（2013——2017年）内浙商回归引进项目到位资金累计达到1万亿元。各地要立足于大回归、大目标、大成效，科学提出本地浙商回归的目标任务，保持浙商回归到位资金高位增长，持续提高浙商回归引进对扩大有效投资的贡献度。具体到今年，2000亿元是硬指标，是必须完成的底线任务，同时必须实实在在、没有水分。

二是下定会战决心。浙商回归是“一号工程”，也是“一把手工程”。各级各部门主要领导同志和分管领导同志要带好头，亲自上阵、亲力亲为，冲到招商引资的“一线”，冲到项目推进的“前项”，冲到破解难题的“火线”，确保“一把手”抓“一号工程”的重视力度不减、一以贯之抓到底的推进力度不松。各级各部门要切实加强组织领导，进一步深化“四个够不够”认识，坚定实施浙商回归的决心、信心和恒心，做到“四个不变”：浙商回归引进工作的优先地位不能变，持续改善投资环境的理念和力度不能变，真情感召浙商的浓厚氛围不能变，各地你追我赶的良好局面不能变。

三是形成会战合力。各级领导小组及办公室要认真做好日常组织与协调工作，完善考核体系，加大督促检查力度，落实月度报告、季度点评、半年通报制度；各成员单位要各负其责、各履其责，合心合力、同心同向，加快转变职能，切实优化服务，加强政策联动，切实帮助浙商和企业解决实际问题，形成事业共谋、浙商共引、责任共担、成绩共享的工作格局。要抓住全面深化改革这一重大机遇，认真组织实施《2014 年建立健全浙商回归体制机制重点任务实施方案》，确保顺利推进、如期完成、取得实效。要充分调动省外浙江商会积极性和创造性，健全各级领导联系异地浙江商会制度，扩大党政领导联系省外海外浙江商会和浙商的范围，促进浙商抱团发展、抱团回归。要强化舆论宣传，定期开展重点项目宣传报道，广泛宣传浙商创业创新的重大成果、经验举措、典型案例、先进个人，营造全社会重视浙商回归、关心浙商回归、给力浙商回归的浓厚氛围。

浙台佛教界人士在杭举行研讨会

王辉忠出席并致辞

9 月 19 日，浙江和台湾两地佛教界人士“正本清源、匡正祛邪”研讨会在杭州举行。省委副书记王辉忠出席研讨会并致辞，台湾星云法师和浙江部分佛教界人士进行了交流发言。

王辉忠在致辞中说，浙台两地佛教界人士济济一堂，围绕“正本清源、匡正祛邪”的主题，交流佛学思想、弘扬社会正气，这既是两岸佛教界交往交流的难得机遇，也是激发两岸群众爱国热情、传播社会正能量的积极探索。

王辉忠指出，自上世纪 90 年代开始，由于国际政治格局的深刻调整和民族宗教问题的深刻演变，全球范围内邪教势力有所抬头。邪教已经成为国际社会的一大公害。广大宗教界人士要看清邪教的根本面目，深刻认识到“邪教”姓“邪”不姓“教”，弘扬正教、弘扬正道、弘扬正义，旗帜鲜明地反对邪教。

王辉忠希望，两地佛教界人士要充分挖掘佛教教义中慈悲为怀、关爱众生的善念，带动两岸各界有识之士共同参与，劝导信众从善如流、和平博爱、拥护政府、遵纪守法，特别是要号召广大信众远离邪教。全省各地和有关部门要积极弘扬祖国优秀文化传统，净化社会生态，筑牢思想防线，守好精神家园，维护社会和谐平安。

台湾佛光山开山宗长星云法师在发言中说，佛教界要坚持“祛邪显正”，坚持用佛教的智慧来正本清源，引导人们以正信的人生、和谐的家庭、幸福的生活、净美的心灵，积极报效国家和社会，朝着向上、向善、向美的目标迈进。我省部分佛教界人士代表在发言中表示，佛教界人士要爱国爱教，反对邪教危害社会。

省有关部门负责人以及省佛教界人士代表、部分专家学者和反邪教志愿者参加会议。

（摘自《浙江日报》）

我省统一战线召开庆祝新中国成立暨多党合作制度确立65周年座谈会

王辉忠出席作重要讲话

9月28日下午，我省统一战线庆祝新中国成立暨多党合作制度确立65周年座谈会在杭州举行。省委副书记王辉忠在会上强调，要深刻领会习近平总书记关于统一战线工作的一系列重要讲话精神，进一步继承和弘扬我省65年来多党合作的成功经验，坚定不移地走中国特色社会主义道路，始终不渝地坚持和完善中国共产党领导的多党合作和政治协商制度，为建设“两美”浙江，为谱写“中国梦”的浙江篇作出更大贡献。

各民主党派省委会、省工商联、无党派人士代表吴晶、成岳冲、陈小平、蔡秀军、姚克、郑继伟、姒健敏、张泽熙、南存辉、杜卫分别发言，各民主党派省委会、省工商联负责人，无党派人士和老同志代表参加座谈会。

王辉忠在充分肯定65年来我省多党合作事业取得的成就后指出，各民主党派、工商联和无党派人士要切实增强政治定力和责任担当，始终坚持中国特色社会主义道路自信、理论自信、制度自信，争做维护中国特色社会主义道路的积极参与者、自觉实践者；始终与中国共产党风雨同舟、密切合作，围绕省委重大决策部署出主意、想办法，不断提高参政议政水平；始终体现进步性和广泛性相统一，找准定位和坐标，明确目标、方向和职责，把各个阶层、各个群体、各个层面的力量凝聚起来。

王辉忠强调，各民主党派要切实负起中国特色社会主义参政党的政治责任，发挥“另一种角度”的作用，建立健全参与协商的制度机制，切实提高参与协商工作的科学化水平。要发挥“另一种智慧”的作用，紧扣“五水共治”、“转型升级”、“浙商回归”、“三改一拆”等中心工作发挥作用。要发挥“另一种力量”的作用，主动引导群众，协助党和政府做好沟通引导、协调关系、化解矛盾的工作，最大限度地增加和谐因素，增强社会发展活力。各民主党派、工商联要进一步加强自身建设，不断提升履职尽责的能力和水平。

王辉忠在学会承接政府转移职能座谈会强调
做好转字文章　服务创新发展

10月9日，推进学会有序承接政府转移职能、服务创新发展座谈会在杭州召开。省委副书记王辉忠在会上强调，要坚持正确方向，鼓励大胆探索，不断研究和解答好学会有序承接政府转移职能试点工作中“转什么”、“转给谁”、“怎么转”的问题，扎实稳妥、协同推进试点工作顺利进行。副省长毛光烈主持会议。

王辉忠指出，开展学会有序

承接政府转移职能、服务创新发展试点工作是推进政府职能转变、实施创新驱动发展和学会加强自身能力建设的需要。各级各有关部门要积极顺应我国行政体制改革和国家科技创新系统建设的需要，注重试点工作的系统性、整体性、协同性，强化顶层设计，强化工作合力，强化学会建设，为学会承接政府转移职能创造良好环境，力求提供可复制、可推广的经验。

王辉忠强调，要认真吃透中央精神，研究解决“转什么”的问题，把向相关学会转移职能与本部门行政审批、加大政府购买服务等工作统筹起来，做到条件成熟一个推出一个。要研究解决“转给谁”的问题，科学界定学会承接政府转移职能的有关边界和重点，确保转移职能转得出、接得好。要研究解决“怎么转”的问题，公开公共服务标准、程序、过程和结果，建立“能负责、能问责”的运行约束机制，以更高效率、更低成本为社会和群众提供更加优质的服务。

（摘自《浙江日报》）

王辉忠在省社会主义学院调研时强调
为多党合作事业培养高素质干部

10月31日上午，省委副书记王辉忠在省社会主义学院调研。他强调，社院要充分发挥党外代表人士教育培训主阵地作用，以推进社院正规化建设为主攻方向，努力造就一支高素质的党外干部队伍，为推动我省统一战线事业深入发展、加快建设“两美”浙江作更大贡献。

王辉忠先后观看了多党合作历史图片展和多功能情景模拟实验室，看望了党外县（处）级干部培训班学员，并与省社院班子成员和教职工代表座谈。

王辉忠指出，加强党外代表人士教育培训工作，培养更多与中国共产党亲密合作、共同致力于中国特色社会主义伟大事业的统一战线各类人才，是各级社会主义学院的职责所在。要坚持社会主义办学方向，通过政治共识教育把党外代表人士团结和凝聚在中国共产党的周围，不断巩固党外代表人士共同团结奋斗的思想政治基础。要突出统一战线特色，树立“分众培训”意识，增强培训和科研工作的针对性实效性。要加强教学培训创新，充分利用社会资源，积极探索具有浙江特色、统战特色、社院特色的独创性教学方法，不断提升培训质量和水平，着力推进社院正规化建设。

（摘自《浙江日报》）

全国无党派人士优良传统座谈会在杭召开

王辉忠出席并讲话

12月16日，全国无党派人士优良传统座谈会和全国党外知识分子工作会议暨网络人士统战工作交流研讨会在杭州召开。中央统战部副部长陈喜庆、省委副书记王辉忠出席并讲话。省政协副主席、省委统战部部长孙文友致辞。

王辉忠说，浙江无党派人士优良传统的主要内涵，既深深体现了社会主义核心价值观，又集中折射了“务实、守信、崇学、向善”的浙江人共同价值观。浙江无党派人士优良传统不断巩固和发展，既得到了中共浙江省委的高度重视，又得益于全省广大无党派人士的不懈努力。新起点上坚持和发展无党派人士优良传统，要坚持大处着眼，进一步强化无党派人士的政治担当、使命担当，自觉围绕中心、服务大局，充分发挥人才荟萃、智力密集、联系广泛、渠道畅通等优势，为全面深化改革和推进美丽浙江建设，多建睿智之言、多献务实之策、多尽助推之力。要坚持精准发力，准确认识和把握经济发展新常态，围绕打好转型升级组合拳，选择好角度、掌握好尺度、把握好力度，着重针对“三改一拆”、“五水共治”、“四换三名”、浙商回归、创新驱动等重点工作，深入开展调研和协商议政活动，发挥好“另一种角度”、“另一种力量”的作用，切实增强参政议政、民主监督的科学性、针对性和实效性。

会上，我省介绍了无党派人士“树立精神坐标、发扬优良传统”主题活动开展情况。

（摘自《浙江日报》）

王辉忠在省委统战部省民宗委调研时强调
为经济社会发展新常态凝心聚力

省委副书记王辉忠近日在省委统战部、省民宗委调研时强调，要认真贯彻落实中央和省委的有关决策部署，牢记政治责任，坚持法治理念，创新工作机制，努力在凝聚人心、汇聚力量上有新举措，在服务改革发展、助推法治建设上有新作为，为“两美”浙江建设作出更大贡献。

12月30日至31日，王辉忠先后来到省民宗委和省委统战部走访调研，看望机关干部职工，充分肯定全省民宗系统和统一战线为经济社会发展做出的积极贡献。

在省民宗委调研时，王辉忠指出，要深刻认识经济社会发展新常态对民族宗教工作提出的新课题新要求，强化大局观念、机遇意识和问题导向，努力提高民族宗教事务治理能力。要运用法治思维和法治方式，依法加强民族宗教事务管理，抓发展促融入，强管理保稳定，进一步发展平等、团结、互助、和睦的新型民族关系，进一步发挥宗教在经济社会建设中的积极作用。

在省委统战部调研时，王辉忠强调，要认真研究和准确把握经济社会发展新常态，紧扣党委、政府中心工作，充分发挥统一战线优势，加强内引外联工作，为全省经济平稳发展创新发展凝心聚力、献计出力。要精心做好第三届世界浙商大会的筹备工作，确保大会更有新意、更有成效、更有影响。要着眼长远和根本，持之以恒地抓好党外代表人士队伍建设。要更加注重统战部门自身建设，着力打造政治强、业务精、作风好的统战干部队伍。

（摘自《浙江日报》）

省政协副主席、省委统战部部长孙文友在嘉善调研时的讲话要点

（2014年2月18日）

我这次来嘉善调研，主要是了解全省统一战线助推嘉善县域科学发展示范点建设的基本情况，并且就今年的助推工作做好全省统战系统与嘉善县委县政府的对接。刚才，听了姚书记和阎部长的介绍，也看了一些材料，感觉很振奋、很受启发，也有一些想法，提出来供大家参考。

第一，嘉善县域科学发展示范点建设开局良好、成效显著、令人振奋。嘉善县域科学发展示范点建设方案自去年2月28日正式批复以来，在不到一年的时间里，在省委省政府的领导下，在各级党委、政府和各级部门的支持下，特别是在嘉善县委县政府的正确领导和全县干部群众的共同努力下，示范点建设成效显著。示范点建设方案批复以后，嘉善县委县政府全局谋划、全面动员、全力推进，思路清晰、举措有力，在推动经济转型升级、城乡统筹发展、开放合作、民生改善和党的建设等方面都取得了显著成绩。全省统一战线的助推工作也做得很好，令人振奋。

第二，助推嘉善县域科学发展示范点建设已成为全省统战系统服务科学发展的有效平台。自去年3月23日与嘉善县签约开展助推活动以来，省委统战部高度重视，汤黎路部长在任期间三次赴嘉善调研指导，并组织动员全省统战系统的力量助推嘉善科学发展。各民主党派省委会的负责人作为省人大、政府、政协的领导，也非常重视这项工作，都到嘉善来调研、对接，各党派运用各自的力量做了许多富有成效的工作。前不久，我去各民主党派省委会、省工商联和省民宗委调研，他们都把助推嘉善县域科学发展示范点建设作为2013年一项很出彩、很骄傲的工作，也想在2014年继续做好这项工作。总之，我觉得全省统战系统确实找到了一个好的载体，为全省统战系统学习科学发展、服务科学发展、实践科学发展提供了有声有色、大有可为的平台。正是因为有了这个平台和载体，才能把资源整合起来，把力量集中起来。一年来，全省统战系统助推嘉善县域科学发展示范点建取得了阶段性成效，比如，省知联会副会长钱峰的两岸文化创意园、民建省委会牵线引进的中以科技创新中心、海外侨领研习实践基地、统战系统的教育培训实践基地和党外代表人士教育实践基地以及一些医疗卫生方面的基地，在浙商回归、招商引资等方便也做了大量工作。总而言之，这是件非常好、非常有意义的事情。

第三，在新的一年里，全省统一战线在助推嘉善科学发展示范点建设方面要上演“连续剧”，打造“升级版”。助推嘉善县域科学发展示范点建设非常有意义，省委统战部和全省统战系统助推工作将一如既往，并要进一步加大力度、突出重点、探索创新、深化提升。关于新一年的助推工作，我有几点想法，供大家参考：

一是思想认识要进一步深化。嘉善县域科学发展示范点是全国唯一的县域科学发展示范点，既是习总书记联系的示范点，又是省委书记夏宝龙第二批群众路线教育实践活动的联系点，这是嘉善的大事，也是全省的大事，一定要在原有基础上，

在新的一年做得更好，再上一个新台阶。成为示范点，对嘉善来说既是机遇，但更是压力。科学发展就是在经济、政治、文化、社会和党的建设各个方面、协调、可持续的发展，要全面示范不容易。作为全省统战系统来讲，有责任、有义务共同参与、共同推动嘉善县域科学发展示范点建设。我个人理解，推动嘉善县域科学发展示范点建设和推动嘉善科学发展，概念有所不同。助推嘉善县域科学发展示范点建设不能仅仅满足于提供些人、财、物支持，更重要的是在体制、机制上做文章，使示范点建设可看、可学、可借鉴、可复制、可推广，而不是简单地扶持一个县的发展。因此，我们要在继续加大人、财、物、项目支持的基础上，在新的一年，按照三中全会深化改革的要求，进一步研究、探索一些体制、机制上的问题。

二是助推力度要进一步加大。去年，省委统战部与嘉善县签订了助推协议，要在七个方面开展助推工作：一是利用统战系统的资源优势帮助解决示范点建设过程中遇到的困难和问题；二是通过建言献策呼吁和反映问题；三是选派有关专家、干部、专业人员到嘉善挂职锻炼，支援和参与示范点建设；四是参与县域科学发展综合评价体系的研究；五是围绕“三区一园”建设提供智力支持，进行课题研究；六是帮助嘉善引资引智，推动嘉善成为浙商回归的重要平台；七是建立统战系统和嘉善长效合作机制。围绕这些内容，今年要进一步加大力度，助推工作要再研究、再细化、再深化、再落实。首先，要抓好去年项目的落地和推进，促使其早日见效、早出成果。其次，要整合更多的资源、组织更多的力量来投入到示范点建设中。比如，组织和动员各民主党派、工商联参与到浙商回归工作中去。通过高校统战部门组织发动高校的力量，围绕科学发展评价体系建设、浙商回归、招商引资这些重点工作，参与助推示范点建设。再次，要探索统一战线参与社会治理的有效途径。要将各方面各阶层的力量充分调动起来，为推进国家治理体系和治理能力现代化作出应有的贡献。

三是要实现统一战线助推嘉善科学发展和统战工作自身科学发展的互利双赢。助推工作与统战工作的改革创新要结合起来，互利双赢，争取既达到助推目的，又能打造统战工作的特色、亮点和品牌。统战系统要在助推发展的过程中，总结规律、积极探索完善新形势下统战工作的新方法。今年全省统战部长会议上提出九个方面的探索创新任务，全省统一战线可以结合实际选取其中的几项进行探索，既推动嘉善科学发展，又推动统战工作科学发展。

注重实效　创出特色　深入开展坚持和发展中国特色社会主义学习实践活动

——在省统一战线坚持和发展中国特色社会主义学习实践活动推进会暨浙江省社会主义学院2014年春季开学典礼上的讲话

（2014年3月17日）

孙文友

今天，我们举行省统一战线坚持和发展中国特色社会主义学习实践活动推进会暨省社会主义学院2014年春季开学典礼。首先，我代表省委统战部，向出席今天会议的同志们致以诚挚的问候，向参加学习的全体学员表示热烈的欢迎！

在统一战线开展坚持和发展中国特色社会主义学习实践活动，是深入贯彻党的十八大、十八届三中全会和习近平总书记一系列重要讲话精神的重要举措。去年8月，习近平总书记作出重要批示，从坚持和发展中国特色社会主义的战略高度，充分肯定党外人士提出要做坚持和发展中国特色社会主义的亲历者、实践者、维护者、捍卫者的思想认识，强调要进一步增强党外人士对中国特色社会主义的道路自信、理论自信和制度自信。俞正声、刘云山同志也作出重要批示，提出明确要求。经与各民主党派中央、全国工商联及无党派代表人士协商，经中央领导同志批准，中央统战部决定在各民主党派、工商联、无党派人士中开展坚持和发展中国特色社会主义学习实践活动。根据中央统战部和各党派中央的部署要求，我省各民主党派、工商联、无党派人士积极响应，迅速行动，全省统一战线坚持和发展中国特色社会主义学习实践活动已经全面展开。

为了进一步扎实有效的推进学习实践活动，借今天这个机会，我代表省委统战部讲三点意见，供大家参考。

一、认真学习习近平总书记系列重要讲话精神，深刻认识开展坚持和发展中国特色社会主义学习实践活动的重要意义

党的十八大以来，习近平总书记发表了一系列重要讲话，其中，坚持和发展中国特色社会主义，是贯穿系列重要讲话的鲜明主题，是我们理解和把握讲话精神的聚焦点、着力点。各民主党派、工商联和无党派人士，要把学习贯彻习总书记系列重要讲话精神作为当前首要政治任务，在全面领会、准确把握的基础上，深刻认识开展学习实践活动的重要意义。

1．开展学习实践活动是加强中国特色社会主义参政党建设的必然要求

习总书记在去年2月与党外人士共迎新春时明确指出，各民主党派是中国共产党通力合作的中国特色社会主义参政党，无党派人士是我国政治生活中的一支重要力量，中国共产党同各民主党派和无党派人士团结合作，是建立在中国特色社会主义这个共同思想政治基础之上的。这是首次将中国特色社会主义与参政党结合在一起，是多党合作制度的重大理论创新。在各民主党派、无党派人士以及非公有制经济人士中开展坚持和发展中国特色社会主义学习实践活动，既是推动民主党派、无党派人士和非公有制经济人士更好地适应建设中国特色社会主义新形势新任务的需要，也是加强中国特色社会主义参政党建设的需要。

首先，中国特色社会主义是参政党与执政党共同探索的结

果。回顾近代中国史，大家都知道，为了追求民族复兴、国家富强，一批又一批的仁人志士，实行过各种各样的救国主张：洋务运动，百日维新，辛亥革命，实业救国，教育救国，科学救国……各种尝试都进行过，但都以失败告终。历史最终选择了中国共产党，选择了社会主义。这种选择，是包括各民主党派和无党派人士在内的全体中国人民作出的正确抉择。回顾中国共产党的历史和多党合作的历程，我们也可以清晰地看到：在革命、建设和改革开放的各个时期，各民主党派、无党派人士始终与中国共产党风雨同舟、亲密合作，从坚信“没有共产党就没有新中国”，到“只有社会主义才能救中国”，从积极推进改革开放，探索怎样走社会主义道路，到共同致力中国特色社会主义事业。在长期的实践，反复的比较中，中国共产党和各民主党派、无党派人士形成的最大共识，就是只有始终坚持走中国特色社会主义道路，才是国家和民族繁荣富强唯一正确的选择，才是民主党派、无党派人士健康发展的唯一正确方向。特别是“中国特色社会主义参政党”这一科学论断的提出，既是对各民主党派、无党派人士参与探索实践的高度肯定，又是对各民主党派、无党派人士同中国共产党团结合作历史的高度肯定。

其次，发展中国特色社会主义是参政党与执政党共同参与的事业。建设中国特色社会主义是中国共产党带领中国人民共同为之奋斗的伟大事业。民主党派、无党派人士以及非公有制经济人士是中国特色社会主义事业的积极参与者。新中国成立以来特别是改革开放以来，我国社会主义现代化建设的各项成就，无不饱含着民主党派、无党派人士以及非公有制经济人士的心血和汗水，无不凝结着民主党派、无党派人士以及非公制经济人士的智慧和力量。“中国特色社会主义参政党”的论断，其核心要义是：“参政党”要高举“中国特色社会主义”这面旗帜，“中国特色社会主义”要依靠“参政党”这支重要力量。它进一步明确了民主党派、无党派人士是中国特色社会主义事业的参与者、当事人，而不是旁观者，更不是反对者。各民主党派、无党派人士无论是开展参政议政还是民主监督，无论是建言献策还是参与管理国家事务，都要着眼坚持和发展中国特色社会主义，着眼中国特色社会主义经济、政治、文化、社会和生态文明建设的全面推进。

再次，坚持和发展中国特色社会主义是执政党和参政党共同的政治方向。坚持和发展中国特色社会主义，是当代中国发展进步的鲜明主题，实现中华民族伟大复兴的中国梦，是全体儿女的共同愿望，也是中国各民主党派和无党派人士长期追求为之奋斗的目标。参政党的终极目标，是协助中国共产党全面推进中国特色社会主义事业，实现中华民族伟大复兴的中国梦。“中国特色社会主义参政党”理论，是对各民主党派、无党派人士未来政治发展走向的进一步明确和规范，为各民主党派、无党派人士围绕中心、服务大局、发挥作用指明了方向，为各民主党派、无党派人士加强自身建设指明了方向，也为我国多党合作指明了方针。各民主党派只有始终坚持走中国特色社会主义政治发展道路，才有光明的前途，才能真正成为中国特色社会主义的参政党。

2. 开展学习实践活动是深化民主党派新一轮政治交接的必然要求

民主党派的政治交接是关系到中国特色社会主义政治发展、多党合作和民主党派自身前途的重大战略任务，是一个长期的、动态的过程，必须常抓不懈、与时俱进。随着时间的推移，民主党派新一轮换届即将到来。最近，中央统战部下发了《关于协助民主党派做好 2014 - 2017 年省级组织领导班子后备干部队伍建设工作的意见》。面对新一轮的新老交替，面对时代的发展和形势的变化，民主党派政治交接的主题和内涵，既要有所继承，又要丰富发展。开展坚持和发展中国特色社会主义学习实践活动，一方面是对过去系列教育实践活动的一脉相承，另一方面，也是根据十八大以来我国民主政治建设的新形势、新任务所作出的新的拓展。深入开展学习实践活动，是促进参政党跟上时代步伐的关键之举，是夯实政治交接坚实基础的重要保证。各民主党派只有通过学习实践活动，不断强化中国特色社会主义这个共同的思想政治基础，努力把民主党派建设为理论上清醒、政治上坚定、组织上健全、机制上完善和充满活力的，致力于建设中国特色社会主义事业的参政党，才能稳步推进新老交替、政治交接。

3．开展学习实践活动是推动广大统一战线成员增进共识、投身中国特色社会主义事业、实现中华民族伟大复兴中国梦的必然要求

习近平总书记强调，实现我们的奋斗目标，需要全国上下共同努力，需要加强中国共产党同各民主党派和无党派人士的团结合作；建设中国特色社会主义，实现中华民族伟大复兴的中国梦，需要凝聚最广泛的力量。政治共识是凝聚最广泛力量的前提。没有共同的认知，改革开放就没有合力，中国梦也就难以实现。随着全面深化改革的推进，社会转型带来的利益多元和认识分歧不可避免，更需要凝聚共识、增进共识、巩固共识、深化共识。开展学习实践活动的根本目的，就是要把各民主党派、无党派人士的思想和认识统一到中国特色社会主义的旗帜下来，把智慧和力量凝聚到中国特色社会主义事业上来，自觉投身中国特色社会主义的伟大实践。改革是进一步坚持和发展中国特色社会主义的必由之路。当前，全面深化改革是一场攻坚战，改革的深刻性、复杂性、艰巨性前所未有，要充分发挥统一战线凝心聚力的作用，寻求最大公约数，汇聚改革正能量。要通过学习实践活动，引导统一战线成员把思想认识进一步统一到中央精神上来，努力形成理解改革、支持改革、参与改革的良好局面，共同为推进深化改革、加快科学发展，实现中华民族伟大复兴的中国梦贡献力量。

二、积极投身浙江新一轮改革发展实践，真正成为中国特色社会主义事业亲历者、实践者、维护者、捍卫者

开展坚持和发展中国特色社会主义学习实践活动，要做好学习、实践两篇文章，不仅要通过学习教育，进一步加深对中国特色社会主义的理论、道路和制度的理解，更重要的是要投身中国特色社会主义的伟大实践，在实践中增强三个自信。

1．加强学习教育和思想引领，不断增强道路自信、理论自信和制度自信

坚定中国特色社会主义的信念，是民主党派成员和无党派人士自觉投身中国特色社会主义伟大实践的前提和基础。搞好学习实践活动首先要做好学习教育和思想引领工作。

加强学习教育要注重系统性。要组织各民主党派和无党派人士系统学习中国特色社会主义理论，系统学习党的十八大、十八届三中全会、省第十三次党代会等重要会议精神，学习习近平总书记系列重要讲话精神。着重在把握精神实质、凝聚改革共识、明确基本遵循上下功夫，切实增强中国特色社会主义的道路自信、理论自信和制度自信，切实增强支持、参与全面深化改革的自觉性和坚定性。

加强学习教育要立足实践性。理论联系实际是中共一贯倡导的优良学风，也是党外人士学习领会中国特色社会主义理论的必由之路。要把认真学习习总书记系列重要讲话精神，与浙江改革开放和现代化建设的实际紧密联系起来，按照中共浙江省委的要求，从以下七个方面理解、把握和共同推动中国特色社会主义在浙江的实践：深刻领会习总书记关于坚持中国特色社会主义和实现中国梦的重要讲话精神，深入实施“八八战略”，干好“一三五”、实现“四翻番”，扎实推进“两富”现代化浙江建设；深刻领会习总书记关于经济建设方面的重要讲话精神，打好转型升级组合拳，着力提高浙江经济发展的质量和效益；深刻领会习总书记关于政治建设方面的重要讲话精神，切实强化法治理念，坚持不懈地推进法治浙江建设；深刻领会习总书记关于文化建设方面的重要讲话精神，加快建设文化强省，以文化支撑发展做强浙江；深刻领会习总书记关于社会建设方面的重要讲话精神，全面提升平安浙江建设水平；深刻领会习总书记关于生态文明建设方面的重要讲话精神，一以贯之推进生态省建设，加快建设美丽浙江；深刻领会习总书记关于保持良好精神状态和讲求工作方法的重要讲话精神，振奋精神、真抓

实干，全面推进各项工作。

加强学习教育要突出针对性。当前，西方敌对势力不断利用人权、民主、政党制度等问题对我实施“西化”、“分化”战略。我国国内正处于经济社会转型期，利益多样、思想多元，社会上、网络中各种正确与错误、先进与落后、积极与消极的思想交织涌动。在这样的国际国内大背景下，各民主党派和知联会等组织必须强化对各自成员思想教育和政治引导的针对性，引导他们保持清醒、增强定力，明辨是非，明确方向，进一步认识中国特色社会主义政治制度和政党制度的优越性。特别是要着眼新老交替、政治交接，重视对新一代代表人士的教育引导。调查表明，新一代代表人士大多数是改革开放后特别是中发〔1989〕14号文件颁发后加入民主党派的。他们相对比较年轻，思想活跃，受教育程度较高，但往往缺乏老一代长期与共产党风雨同舟、患难与共的亲身经历，对多党合作的历史和制度的认识都需要进一步提升。要让年轻成永远充分认识中国特色社会主义是符合中国国情的唯一正确道路，中国绝不搞议会政治、三权分立，教育和引导他们更加坚定地走中国特色社会主义政治发展道路。

加强学习教育要讲求实效性。要通过活动，把中国特色社会主义真正内化于心，外化于形、固化于制。内化于心，就是要把理论、文件学习好、领会好、理解好，入脑入心，转化为内在的理念、观点、价值，从而形成正确的世界观、价值观。外化于行，就是要把理论、道路、制度等思想体现到具体实践中去，在建设中国特色社会主义的实践中建功立业。只有把内化于心与外化于行统一起来，才能真正做到坚定理论自信，增强实践自觉。固化于制，就是要把思想教育、政治引领和参与实践中好的方法、成功的经验及时转化为固定的制度，建立起长效机制。在长期实践中，各民主党派在制度建设方面都形成了一系列好的做法，要结合这次活动，进一步进行梳理、总结和提高。

总之，要通过正确有效的学习教育和思想引领，使各民主党派、工商联和无党派人士，对中国特色社会主义的认识有新的提高，“三个自信”不断增强；对多党合作制度优越性的认识有新提高，坚持中国共产党领导的自觉性和坚定性不断增强；对中国特色社会主义参政党建设的认识有新的提高，民主党派的履职能力和组织凝聚力不断增强。

2. 积极投身实践，围绕全面深化改革和“无水共治”、“无措并举”献计出力

开展学习实践活动，要通过学习提高认识，通过实践加深理解，更重要的是要通过实践来检验成效。各民主党派、工商联和无党派人士，要充分发挥各自的优势，紧紧围绕全省改革发展大局履职尽责，献计出力，真正成为中国特色社会主义事业的亲历者、实践者、维护者、捍卫者。当前，特别要紧紧围绕省委省政府的重大决策部署，在以下几个方面下功夫、做文章：

一是主动投身深化改革。全面深化改革是今年的首要任务，需要调动各地方面力量共同参与。我们要充分发挥统一战线的独特优势和作用，努力形成推动改革的共同意志和共同行动。各民主党派和工商联、知联会等团体，要积极响应中央和省委的改革号令，主动投身改革、支持改革，既要献计，更要出力。要紧紧围绕进一步解放和增强社会活力，针对要素配置综合改革、城乡体制改革、地方金融体制改革、政府职能转变、社会组织承担政府职能转移、推进社会治理体系和治理能力社会组织承担政府职能转移、推进社会治理体系和治理能力现代化以及破解制约民营经济发展的“玻璃门”“弹簧门”“旋转门”、发展混合所有制经济等重大问题，深入调查研究，提出高质量的调研成果和有分量的意见建议。广大非公有制经济人士不仅要当我省经济发展的生力军，而且要做深化改革的排头兵，积极在投身改革在中实现企业转型升级和科学发展。要鼓励和支持党外知识分子积极投身改革和创新，为全面深化改革提供智力支持。海联会、知联会、欧美同学会、留联会、网联会等团体组织要充分发挥桥梁纽带作用，进一步扩大覆盖面，创新活动形式，提高活动实效，努力为我省改革发展作出新贡献。

二是积极参与“五水共治”。

“五水共治”是省委省政府作出的重大决策部署，也是推动我省经济转型升级的关键之举。省委省政府提出要举全省之力推进“五水共治”，我们各民主党派和工商联、知联会等团体，当然不能置身事外。目前，“五水共治”正在全省上下如火如荼的开展。省政协最近在全省政协委员中开展了“三级政协联、万名委员同行、全力助推‘五水共治’”的活动，省工商联在全省组织开展了“千企联千村，合力治污水”活动，宗教界发起了“五水共治，五教同行”的倡议。据了解，致公党省委会也已专门发出号召，要求全省各级组织和党员都要积极参与，做“五水共治”的推动者实践者参与者。我们各民主党派和无党派人士都要响应省委省政府的号召，积极投身“五水共治”。要深刻认识“污水共治”的重大意义，明确“五水共治”的目标任务，深入开展调查研究、建言献策和专题性民主监督。要充分发挥各民主党派和无党派人士在人才、智力、技术、资金等方面的优势，既要献计更要出力。要调动一切可以调动的力量，找准工作的着力点和切入点，组织开展形式多样的活动，努力为“五水共治”作出我们每一个党派、每一个成员应有的贡献。

三是努力为促进浙商回归多作贡献。促进浙商回归是省委省政府促进浙江经济持续健康发展的又一重大战略举措，也是我省统一战线服务中心工作当仁不让的重要使命。近些年，我们已协助省委省政府成功举办两届世界浙商大会，在促进浙商回归方面取得了较大的成效。希望全省各级工商联、侨联、知联会、海创会、新生代企业家联谊会等团体以及统战部门的同志，再接再厉，不断加大促进浙商回归力度，进一步打响“世界浙商大会”品牌，努力使浙商回归信心进一步增强，项目质量进一步优化。各民主党派也是促进浙商回归的一支重要力量，关于这一点过去我们讲得不多。事实上，我省八个民主党派中，不光民建由于界别原因企业家会员众多，其他民主党派中也不乏企业家成员。要针对他们，多做工作。与此同时，由于历史原因，我省各民主党派大多与浙籍港澳台同胞和海外侨胞有着天然的联系，而浙籍港澳台同胞、海外侨胞是浙商的重要力量。可以说，我省民主党派广泛联系着省内外、海内外浙商，完全可以为促进浙商回归作出贡献，而且在事实上也已经为促进浙商回归作出了贡献。各民主党派省委会以及各级组织和广大成员，都要自觉把加强与省内外浙商和港澳台同胞、海外侨胞的联系联谊作为履行职责、服务中心的重要内容，积极引进海内外资金、项目和科技、人才，进一步促进浙商回归。

四是继续助推嘉善科学发展示范点建设。去年，省委统战部组织开展了省统战系统助推嘉善科学发展示范点建设活动。一年来，在各民主党派、无党派人士、非公经济人士的共同努力下，全省统战系统助推嘉善县域科学发展示范点建设取得了阶段性成效。比如，民建省委会牵线引进的中以科技创新中心、省知联会副会长钱峰的两岸文化创意园、海外侨领研习实践基地、统战系统的教育培训实践基地和党外代表人士教育实践基地以及各党派帮助建立的一些医疗卫生方面的基地，如浙江省继续医学教育（嘉善）培训基地、民进浙江省委会医卫专家工作站、省肿瘤医院与嘉善县第一人民医院协作医院、嘉善县临床病理诊断中心，等等。今年全省统战系统要继续深入抓好这项工作，要“演好连续剧、打造升级版”。**首先，要进一步深化思想认识。**嘉善作为全国唯一的县域科学发展示范点，是习总书记联系的示范点，又是夏宝龙书记第二批群众路线教育实践活动的联系点，抓好示范点的工作在全省乃至全国都有着重要意义。全省统战系统有责任、有义务继续参与、共同推动。我个人理解，推动嘉善科学发展示范点建设和推动嘉善科学发展，概念有所不同。助推嘉善县域科学发展示范点建设不能仅仅满足于提供些人、财、物支持，更重要的是在体制、机制上做文章，使示范点建设可看、可学、可借鉴、可复制、可推广。因此，我们要在继续加大人、财、物、项目支持的基础上，在新的一年，按照三中全会深化改革的要求，进一步研究、探索一些体制、机制上的问题。**其次，**

要进一步加大助推力度。要抓好去年项目的落地和推进，促使其早日见效、早出成果。要整合更多的资源、组织更多的力量投入到示范点建设中。各民主党派、工商联、知联会以及各级统战部门，要围绕科学发展评价体系建设、浙商回归、招商引资这些重点工作，参与助推示范点建设。要按照十八届三中全会的精神，积极探索统一战线参与基层社会治理的有效途径，为推进国家治理体系和治理能力现代化作出应有的贡献。**再次，要通过助推嘉善实现互促共赢。**助推工作与履职工作的改革创新要结合起来，争取既达到助推目的，又能找到服务社会的结合点，打造各自工作的特色和品牌。各民主党派和工商联、知联会等组织以及省级统战部门，要在助推发展的过程中总结规律，积极探索完善新形势下开展工作的新方法新路径。

五是积极参与民生改善。聚焦热点问题，发挥资源优势，服务基层、服务群众、服务民生、服务成员，是我省统一战线的光荣传统。各民主党派、无党派人士和非公有制经济人士在做好本职工作的同时，要充分发挥业务和技术专长，积极参与“光彩事业山区行”、“专家志愿服务团”、“五下乡”、感恩“三老”、慰问“两户”以及新一轮少数民族低收入群众增收帮扶行动等一系列活动，努力促进民生改善。特别是广大新生代企业家，要继承好老一代浙商“义利兼顾、以义为先”的优良传统，勇于承担社会责任，积极参与公益慈善事业和各类社会实践活动，在服务群众、回报社会中实现人生价值、书写无悔青春。

六是努力促进社会和谐稳定。各民主党派和无党派人士要主动深入基层，了解情况，真实反映社情民意和需求诉求，协助党委政府做沟通思想、理顺情绪、协调关系、化解矛盾的工作，促进社会和谐稳定。要着眼促进国家治理体系和治理能力现代化，积极参与社会管理创新和协商民主建设。特别是在发挥统一战线作用推进基层协商民主方面，我省各地各民主党派、无党派和工商联创出了一些好做法、好经验，要及时总结和推广。

当前，互联网已成为各种社会思潮和各种利益诉求的集散地，成为各种意识形态交锋和较量的前沿阵地。民主党派和知联会等组织，要有意识地培养一批意见领袖和网络精英，在重要时期、关键时刻能够主动站出来，在主流媒体积极发声，讲道理、摆事实，传播社会正能量。特别是对网络上与统一战线领域相关的错误观点、不实言论和模糊认识，及时进行有针对性的舆论引导，共同为“让网络空间清朗起来”作出积极贡献。

3. 增强创新意识，不断提高履职能力和水平

创新是改革的本质要求。各民主党派要按照参政党建设的目标，适应新形势、新任务的要求，不断与时俱进、探索创新。要围绕提高履职能力，提高建言献策的质量，提高民主监督的实效，提高服务社会的水平，以及加强自身的思想建设、组织建设、制度建设等方面，积极探索创新。

当前，相对于参政议政和社会服务而言，参政党在民主监督方面普遍存在比较“弱”的现象。要改变这种局面，需要中共各级党组织和各民主党派的共同努力。作为参政党，各民主党派和无党派人士不仅要敢于监督，而且要善于监督，要敢于讲真话，真正做到知无不言、言无不尽。各级统战部门作为同级党委联系沟通党外人士的桥梁，要积极为党外人士知情出力、反映意见创造条件。要配合各级党委政府，进一步健全对口联系、谈心交友、重要内外事活动和多党合作系列联席会议等制度，积极支持民主党派成员和无党派人士参加党风廉政、作风建设等检查活动。要进一步完善特约监督员制度，积极发挥各类特约人员作用。要支持民主党派充分发挥党际监督的优势，探索集中力量围绕重大决策部署的实施开展专题性民主监督的路径，在增强协商的针对性中提升民主监督的有效性。

三、切实加强组织引导，努力推进学习实践活动深入开展

与以往主题教育活动相比，这次学习实践活动的最大特点是主要依靠各民主党派、工商联和无党派人士自我组织开展活动，充分发挥各民主党派、工商联和无党派人士的主观能动性，具体

开展活动的方式方法，由各民主党派、工商联和无党派人士各自确定，真正体现“自觉、自主、自为”。当然，各级统战部也要协助支持和加强指导。为此，提几点要求：

1. 高度重视，加强领导。要开展好这项活动，各民主党派、工商联、无党派人士、知联会领导班子成员，思想上一定要高度重视，要切实加强领导。首先，要认真做好学习实践活动的组织策划并抓好落实。要根据自身的特点和优势，制定切实可行的方案，设计有效的载体，抓好落实推进，从而确保活动不走过场，取得实实在在的成效。其次，各民主党派、工商联、无党派人士、知联会领导班子成员作为学习实践活动的重点对象，要发挥带头表率作用，积极主动参与活动，以自身的行动和形象来影响和带领全省广大民主党派成员、无党派人士、非公有制经济人士积极参与。再次，做好舆论宣传和营造氛围的工作。要运用各种媒体工具，加大宣传的力度，大力宣传各党派、各地一些好的做法、成功的经验。要及时发现和宣传在本职岗位上取得优异成绩的先进典型，树立身边的榜样，以舆论开道，以典型引路，推动广大成员形成人人争先、奋发有为的良好氛围，从而把学习实践活动不断引向深入。

2. 创新形式，丰富内容。丰富多彩的内容和生动活泼的形式是活动取得成效的基础。学习实践活动，在内容上要充分展示中国共产党领导的多党合作事业在浙江的生动实践，充分展示广大成员彰显优势、履职尽责、建功立业的良好形象，充分展示全省各民主党派、工商联、无党派人士传承政治薪火、加强自身建设的时代风貌。在形式上要避免简单说教，注重寓教于乐，尽量以广大成员喜闻乐见的形式，吸引更多的成员自觉参与到学习实践活动中来。要坚持自我教育和组织培训相结合，正面教育和及时引导相结合，理论教育和实践教育相结合，继承传统和创新发展相结合，不断创新活动的形式，丰富活动内容。要结合实际，组织开展专题培训、座谈会、报告会、读书会、学习宣讲活动和征文、展览、论坛、演讲、书画展、歌咏比赛等多种形式的主题学习活动；要积极探索服务转型升级、服务深化改革、服务民生改善、服务社会和谐、服务祖国统一和民族复兴等多种形式的主题实践活动。总之，学习实践活动要主题鲜明、重点突出、形式多样、特色明显，能够贴近中心、贴近基层、贴近成员、贴近矛盾，务求真正取得实效。

3. 形成亮点，打造品牌。在过去的历次主题教育活动中，我省各民主党派创造了很多好的做法，既达到了活动目的，又扩大了本组织的社会影响。这次活动中，各民主党派要善于总结发扬以前的好做法，充分发挥创造力、想象力，努力打造新的亮点。今年，省委统战部将在近年来开展“五大系列”活动的基础上（系列重点课题调研、系列专题协商、系列民主监督、系列社会宣传、系列社会服务），着重组织协调好服务大局、服务基层、服务群众、服务民生、服务成员的一系列主题活动，包括：统一战线庆祝建国65周年活动，新一轮少数民族低收入群众增收帮扶行动计划，省统一战线助推嘉善县域科学发展示范点建设活动，“同心·送温暖”惠民系列活动，等等。各民主党派、工商联和无党派人士要坚持量力而行、尽力而为、突出重点、精心谋划，立足自身资源和特色优势，努力创建一批能体现本党派、本界别特色、有一定影响的活动品牌。每个民主党派都要争取创出自己的特色亮点。

4. 抓住机遇，培养人才。学习实践活动既有理论研修，又有实践锻炼，要锻炼培养发现选拔优秀人才的大好时机。各民主党派要面向2017年换届，着眼保持本党派传统特色，着眼提高班子的四种能力（政治把握能力、参政议政能力、组织协调能力和合作共事能力）。进一步健全代表人士和后备干部发现、吸纳、培养机制。要积极引导本党派成员将学习教育与实践活动有机结合起来，鼓励支持他们到基层锻炼、在实践中成长。要主动配合有关部门推荐后备人选和其他优秀干部到“四大国家战略举措”实施地、重点工程以及对口联系厅局和信访部门挂职锻炼。要继续探索上挂、下派等党派机关干部交流挂职形式，使更多的人才更好地成长。要着眼长远，认真研究分析本党派在人才队伍建设方面存在的问题，有针对性地拓宽视野、加大力度，广泛吸纳特色人才，逐步形成一支年龄结构、界别结构、知识结构合理的后备干部队伍，确保党派事业后继有人，为长远发展打好坚实基础。

各级统战部门要大力支持各民主党派、工商联和无党派人士搞好这次学习实践活动，既要加强引导又要积极帮助创造条件。要重在做好“四个结合”上下功夫：一是发挥统战部门主导作用与统战成员主体作用相结合；二是健全统一战线思想建设长效机制与加强民主党派、工商联和无党派人士自身相结合；三是深化学习实践活动和参政党践行群众路线相结合；四是加强理论研究与实践探索相结合。要认真贯彻中央统战部《关于协助民主党派做好2014－2017年省级组织领导班子后备干部队伍建设工作的意见》，以及我省正在实施的党外后备干部“十百千万”工程，切实抓好党外代表人士实践锻炼基地建设，为学习实践活动的开展、为新一轮新老交替、政治交接提供坚强的组织保证。

同志们，学习实践活动给多党合作和统一战线带来新的机遇。我们要紧密团结在以习近平同志为总书记的党中央周围，在省委的坚强领导下，扎实推进学习实践活动，为干好“一三五”、实现“四翻番”，为建设物质富裕精神富有现代化浙江作出新的更大贡献。

演好“连续剧”　打造“升级版”
努力为助推嘉善县域科学发展示范点建设作出新贡献

——在2014年省统一战线助推嘉善县域科学发展示范点建设活动推进会上的讲话

（2014年4月25日）

孙文友

今天，我们在这里召开2014年省统一战线助推嘉善县域科学发展示范点建设活动推进会，总结一年来助推工作，研究部署今年的工作，继续动员省级统一战线各部门，为进一步助推示范点建设，演好“连续剧”、打造“升级版”。刚才，嘉善县领导介绍了经济社会发展情况和今后的工作思路，观看了统一战线助推工作专题片，各民主党派省委会、省工商联、省侨联、省知联会代表介绍了各自所做的助推工作以及下一步打算，相信大家与我一样，听了很受鼓舞和启发。

自去年3月23日省委统战部与嘉善县签约开展助推活动以来，全省统一战线高度重视，把助推嘉善科学发展作为一件大事来抓，省委统战部牵头成立了由各民主党派省委会、省工商联、省民宗委、省侨联、省社会主义学院等13家单位组成的全省统一战线助推嘉善县域科学发展示范点建设活动领导小组，汤黎路部长在任期间三次赴嘉善调研指导，各民主党派省委会、省工商联、省民宗委、省侨联、省社院、省知联会也非常重视这项工作，主要负责人都亲自到嘉善来调研、对接，发动各自的力量做了许多富有成效的工作。我到统战部工作后，去各民主党派省委会、省工商联和省民宗委调研，他们都把助推嘉善县域科学发展示范点建设作为2013年一项很出彩、很自豪的工作，也都表示要在2014年继续做好这项工作。

春节过后，我也专程来嘉善调研了解示范点建设和助推工作。总之，各方面工作都迈出了坚实有力的步伐。

一年来，省级统一战线有关部门紧紧围绕招商引资、引智工作，重点开展了浙商回归系列活动，先后组织嘉善积极参与世界浙商大会、海外浙商致公峰会、上海浙江商会，在嘉善举办携手浙商、菁英浙商嘉善行、民建企业家推介会等活动；紧紧围绕提升企业科技创新能力、加快实现创新驱动发展，组织省内高校专家学者与嘉善企业开展科技项目对接，邀请专家破解科技难题，扎实开展了科技创新系列活动；紧紧围绕改善社会民生各项事业，积极组织开展科技、教育、文化、卫生、法律“五下乡”活动；紧紧围绕提升经济社会发展科学化水平，牵线建立中国县域科学发展研究院，全面开展县域科学发展指标体系研究系列活动。就像刚才大家发言中谈到的，各党派在过去的一年，都做了大量工作。比如：民革省委会与嘉善县开展了“电子商务”和“财务管理”两个专业的“3+2”合作办学，针对性培养服务中小微企业转型升级的应用型人才。民盟省委会主动与嘉善多次召开座谈会深入对接发展需求，积极助推嘉善新世纪学校、张正根雕艺术馆等教育文化事业发展。民建省委会推动民建企业家协会2013年理事会议在嘉善召开，150多位企业家参加嘉善投资推介会，同时推动了中以高科技（嘉善）新中心揭牌。民进省委会在嘉善设立医卫专家工作站，每月派出骨干医生开展医疗服务，设立浙江开明画院嘉善文化创作基地，开展5-6次文化下乡活动。农工党省委会牵线建立了省医学教育（嘉善）基地，带领党员专家到嘉善助推“银加善”品牌建设，并指导尚品创意农业产业园建设。致公党省委会通过组织“海外浙商致公峰会”嘉宾嘉善行等活动开展产业对接，为助推活动发挥独特作用。九三学社省委会与嘉善县政府签定了为期三年的“九嘉合作协议”，组织科技专家进企业、医卫专家义诊，提出嘉善县康慈医院规划发展学科建设指导性意见。台盟省委会邀请台湾专家到嘉善，针对性开展休闲观光农业、农产品营销、食用菌生产、病死猪处理、垃圾分类处理等项目的现场培训和指导。省工商联积极开展金融服务，探索“金融机构+商会+企业”融资服务模式，开展了2013“携手浙商——走进嘉善、共谋发展”系列活动、“十万浙商进百区——浙商嘉善行”、世界浙商智汇嘉善等活动。省民宗委指导嘉善龙庄讲寺加强软硬件建设，高标准加强规范化管理，成功助推龙庄讲寺成为全省首批十大五星级宗教活动场所。省侨联在嘉善建立一个海外侨领研习实践基地，开展“送文化、送法律”两送活动，并引导侨商回归及华侨产业发展基金落户嘉善。省社会主义学院联合举办嘉善县党外人士培训班，并将嘉善县确定为全省统一战线教育培训实践教学基地，积极组织党外中青班学员赴嘉善县开展县域科学发展现场教学。省知联会积极开展高校企业对接活动，提供41位高校专家供嘉善18家企业选择对口联系，副会长钱峰在嘉善建立文创园，计划总投资达10亿元人民币。截至目前，我省统一战线，已累计实施助推项目40多个；通过支持“千人计划”项目嘉善转化中心建设，协助引进国家“千人计划”专家12名，牵线欧美同学会在嘉善建立海外高层次人才产业化促进基地；帮助嘉善中小企业破解科技难题近30个；构建医疗合作服务平台，组织10批次150多名医卫专家到嘉善三大医院开展义诊，问诊群众超万人。

以上成绩的取得离不开省委省政府的正确领导，离不开嘉兴市委市政府、嘉善县委县政府的大力支持，离不开全省统战系统各部门各单位的团结协作，离不开广大统一战线成员的辛勤付出。在此，我代表省委统战部表示衷心的感谢！

在新的一年里，全省统一战线助推示范点建设要继续深化、继续做好。年初，我到嘉善调研时提出，新的一年，我们要演好“连续剧”、打造“升级版”，要在巩固去年成绩的基础上，进一步加大力度、突出重点、扎实推进，务求取得更大的成效。

下面，我就做好今年的工作，讲四点意见。

一、进一步增强助推示范点建设的责任意识

嘉善县域科学发展示范点建设意义重大而深远。去年 2 月，国家批复实施《浙江嘉善县域科学发展示范点建设方案》，这是国家交给浙江、交给嘉善“先行先试、科学发展”的重任，也同时寄予推动县域科学发展积累经验、发挥示范引领的期望。其示范方向也十分明确，就是立足创新驱动，注重集聚集约，推动产业转型升级，为长江三角洲地区县域产业转型发展提供示范；统筹城乡建设，推进基本公共服务均等化，促进城乡一体化发展，为全国县域统筹城乡发展提供示范；发挥区位优势，创新合作模式，推进区域融合发展，为大都市毗邻县依托大都市加快发展提供示范。这三个明确的示范方向，恰恰是当前县域发展中急需解决的重大命题。而示范的最大意义还在于，要可借鉴、可复制、可推广。

嘉善县域科学发展示范点作为全国唯一的县域科学发展示范点，既是习总书记在学习实践科学发展观活动时的联系点，又是省委书记夏宝龙第二批群众路线教育实践活动的联系点，示范点建设既是嘉善的大事，也是全省的大事。对于我们全省统战系统来讲，不仅有责任、有义务共同参与、共同推动嘉善县域科学发展示范点建设，而且要发挥优势、彰显特色、力求实效。我们必须进一步统一思想，充分认识嘉善县域科学发展示范点建设的重大意义，结合统战工作实际，把助推工作做好。一是要把助推工作与民主党派和无党派人士中开展的坚持和发展中国特色社会主义学习实践等活动结合起来，进一步坚定广大统一战线成员对中国特色社会主义的道路自信、理论自信、制度自信；二是要把助推工作与参与我省全面深化改革、“五水共治”、“五措并举”、“三改一拆”等重点工作结合起来，发出统一战线围绕中心、服务大局的“好声音”；三是要把助推工作与统战工作的创新发展结合起来，实现互利双赢，争取既达到助推目的，又能打造统战工作的特点、亮点和品牌。今年全省统战部长会议上我们提出九个方面的探索创新任务，全省统一战线可以结合各自的实际和嘉善的实际选取其中的几项进行探索，既助推嘉善科学发展，又推动统战工作科学发展。

二、以真抓实干作风演好助推示范点建设的“连续剧”

助推示范点建设是一项系统工程，必须一年接一年的持续抓下去。去年省委统战部与嘉善县签订了助推协议，要在七个方面开展助推工作。今年要继续围绕这些内容，深入推进。要把工作做深、做细、做实，促使其早日见效、早出成果，努力演好助推工作的“连续剧”。

一要继续抓好重要项目的落地和对接。要认真搞好衔接，对原有项目要跟踪落实，尽早落地见成效。重点是：浙江长征职业技术学院与嘉善县信息技术工程学校“财务管理”和“电子商务”专业“3+2”合作项目、中以高科技（嘉善）创新中心项目、2013 年“海外浙商·致公峰会”相关洽谈项目、富通集团产业转型升级示范工业园项目、“浙江华侨产业基金”落地嘉善项目、浙江广厦住宅产业化项目、两岸文化创意产业园等项目。

二要继续抓好招商选资、招才引智工作。要发挥统一战线联系广泛的优势，积极牵线搭桥，整合更多的资源、组织更多的力量持续投入到示范点建设中来。比如：要组织和动员各民主党派、工商联参与到浙商回归工作中去；通过高校统战部门组织发动高校的力量，参与助推示范点建设；要开展新一轮“菁英浙商进嘉善”活动，组织 10 家与当地产业发展方向相符的省内上市或进入民企 500 强的新生代企业，与嘉善洽谈合作意向；组织 10 家有代表性的省新生代企业与嘉善当地新生代企业结对，助推嘉善新生代企业发展；要开展“同根海联·智汇嘉善”专题活动，组织浙江海联会常务理事及部分港澳台海外代表人士考察嘉善，探讨合作的途径；要以“浙台基层交流周”系列活动为载体，引导台湾文创企业特别是文化创意产业的领军人物到嘉善来入园。

三要继续抓好重要协议的落实。推动省工商联与平安银行杭州分行、嘉善县工商联与平安银行嘉兴支行支持中小企业框架合

作协议的落实；依托省工商联与有关银行的战略合作协议帮助嘉善县工商联执委以上优质企业建立个人信用100－500万的信用贷款机制等。

四要继续推进重要基地建设。比如：省统一战线教育培训实践教学基地、党外代表人士实践锻炼基地、浙江省继续医学教育（嘉善）基地、海外侨领研习实践基地的建设，等等。

在这里，我们要强调一点，我们所做的每一个项目、每一个活动、每一份协议都要建立责任制，一定要有专门的分管领导，有专门的人员切实负起责任来，所有的任务都要有目标、有计划、有衔接、有督查，做到事事有回音、件件有落实。

三、以改革创新精神打造助推示范点建设的"升级版"

党的十八届三中全会对全面深化改革作出新的战略部署。勇于解放思想、大胆改革探索，是嘉善县域科学发展示范点建设的突出特点和应有品质。助推嘉善县域科学发展示范点建设除了做好现有的支持以外，更重要的要在深化改革，创新体制、机制上做文章，使示范点可借鉴、可复制、可推广。我们要以开拓的勇气、创新的精神，理清新思路，明确新要求，进一步打造助推示范点建设的"升级版"。

一要着眼助推工作的科学性。要围绕当前制约示范点发展的突出问题，紧扣事关全局、影响长远的重大课题进行深入思考和战略谋划，比如要积极参与嘉善县域科学发展评价指标体系研究，组织不同领域党外代表人士、专家学者，帮助示范点明确发展方向，制定发展战略，走一条既符合自身特点又具有可看、可学、可示范的新路子。

二要突出建言献策的针对性。要进一步把智力密集优势与示范点的实际需要结合起来，多建睿智之言，多献务实之策，重点是在"审批制度"改革、"五水共治"体制机制创新、综合行政执法改革、行政权力清单制度改革等重点领域改革方面想办法、出高招，在加快"三区一园"建设，加快优化产业结构、实施"机器换人三年行动计划"等急需开展的重点工作上下功夫、花力气，力争提出更多切合实际的意见建议。

三要增强助推工作的前瞻性。要以超前的意识、战略的眼光思考助推工作，大胆探索，勇于实践。比如，要积极探索统一战线参与社会治理的有效途径，推进基层协商民主建设，将各方面各阶层的力量充分调动起来，充分激发社会活力。比如，要积极指导嘉善县工商联探索商会承接部分政府职能转移试点工作，以及如何提高依法管理宗教的水平等等，为推进国家治理体系和治理能力现代化作贡献。

四要注重助推工作的普惠性。要始终坚持把服务民生放在重要位置。比如，在科教文卫帮扶方面，要积极支持省重点长河中学与嘉善三所学校开展结对帮扶；帮助嘉善县第一人民医院创建急救中心及肿瘤中心、急救中心建设，支持嘉善县第二人民医院骨科、糖尿病科建设；动员浙江大学农业专家助推嘉善尚品创意农业文化产业园建设。要设立民革浙江省委会法律服务（援助）工作站嘉善站点，组织省知联会有关专家为群众开展法律服务，等等。比如，在助推生态改善方面，要落实全省"五水共治·五教同行"活动方案，推动10处有条件的宗教场所与周边河道开展结对共治活动，省工商联开展的"千企联千村，结对治污水"也可联系嘉善农村，进行结对共治。要支持"侨爱心基金"提供50万左右资金认领一条受污河流进行重点整治。省知联会也可组织一些污水处理专家协助嘉善做好污水治理工作。此外，我们在积极协助引进高、精、尖项目的同时，也要选择一些能够带动更多就业和惠及更多百姓的项目，并通过举办村民电子商务培训、校企对接等活动，积极开展知识培训，帮助群众增强发展能力，让群众共享发展改革成果。

四、切实加强对助推示范点建设的组织领导

助推示范点建设是一件实实在在的事，务求扎实推进、持之以恒、注重实效。统战系统各单位要切实把助推工作摆上议事日程，主要负责人要亲自过问，分管领导要身体力行，职能处室要担负起日常工作，确保本单位助推工作创出活力、成效和特色。与此同时，还要进一步研究、探索助推工作的规律，不断提升助推工作的科学化水平。着重要把握和处理好以下几对关系：

一是处理好“软”和“硬”的关系。助推活动涉及各个领域，内容丰富，形式多样，但从目标上看大体可分为两类。一类是具体的、直接的、有形的助推，比如项目、资金、医疗服务、结对捐赠等，属于硬助推；另一类是无形的，比如在体制机制创新方面的出谋划策以及科普、文化、培训、教育等，属于软助推。这两类助推相辅相成，缺一不可，目标都是为了发展。首先必须做实硬助推。要力戒形式主义、花架子和官样文章，围绕示范点建设最急需、最直接、最现实的问题下功夫、办实事。在此基础上同时要做深“软助推”。

二是处理好“点”和“面”的关系。助推活动是一个有机整体，既要坚持广泛发动，又要坚持典型引路，各党派省委会要集中资源和优势，抓一二件能够出彩的事，形成品牌，成为典型，以点带面；既要防止零打碎敲，又要避免眉毛胡子一把抓，始终做到有的放矢、对症下药。比如，要利用好统一战线在科教文卫方面的人才优势和智力优势，充分发挥科技教育文化在示范点建设中的支撑作用，为嘉善创新发展增加后劲。

三是处理好“长”和“短”的关系。要坚持科学谋划、统筹兼营，分清轻重缓急，抓好关键环节，将阶段性助推目标和长远效应有效结合起来。既要及时帮助解决眼前的问题和现实的困难，又要引导干部群众正确认识当前利益和长远利益的关系，把着眼点和侧重点放在可持续、可示范的创新发展上；既要重视每个阶段性目标的实现，又要注重将阶段性成果积累转化为长远目标的实现。

四是处理好“分”与“合”的关系。统一战线助推嘉善科学发展示范点建设，需要包括各民主党派、工商联在内的各方面整合力量、统筹协调。统战系统各单位，既要有统一的行动，又有各自的分工。因此，必须切实发挥示范点建设活动领导小组的作用，认真落实助推的阶段性工作计划，督促检查各成员单位工作落实，协调解决重点难点问题。各级统战部门要加强对各民主党派和工商联、知联会等团体的工作指导，加强与各有关部门、单位的联系沟通，努力实现各方优势资源的有力整合、合理配置、有效利用，共同推动示范点建设不断迈上新台阶。

我省召开统一战线推进基层协商民主现场会

5 月 15 日，全省统一战线推进基层协商民主现场会在余姚召开。会议总结交流了前一阶段我省一些地方统战部门在推进基层协商民主工作中的做法，并就统一战线如何进一步推进基层协商民主发展进行了探讨和部署。与会人员现场观摩了余姚市梁弄镇下山移民工程议事协商过程，参观了协商民主宣教基地——浙东敌后各界临时代表大会旧址。省政协副主席、省委统战部部长孙文友出席会议并作重要讲话。

孙文友强调，要充分认识统一战线推进基层协商民主发展的重要性和必要性。首先，推进协商民主发展是统一战线深入贯彻落实党的十八大和十八届三中全会精神的必然要求。党的十八大和党的十八届三中全会从制度层面确立了协商民主的重要地位，进一步规范了协商民主主体、内容、程序和形式，并明确提出发挥统一战线在协商民主中的重要作用。各级统战部门必须认真学习，深刻领会，自觉把推进协商民主特别是基层协商民主作为统一战线和统战部门当仁不让的职责，自觉承担起在协商民主建设中的政治责任。其次，推进基层协商民主发展是统一战线彰显优势、服务大局的必然要求。在参与和助推协商民主特别是基层协商民主建设方面，统一战线具有独特的资源优势、网络优势、制度优势和功能优势。再者，推进基层协商民主建设是统一战线开拓创新、实现自身科学发展的必然要求。当前，参与基层协商民主建设已经成为新形势下基层统一战线工作的重要抓手。参与基层协商民主建设，为统一战线参与社会治理拓展了新的途径和渠道，为发现、培养党外代表人士提供了崭新的平台，也为挖掘和传播统战文化培育了肥沃的土壤。

孙文友指出，要积极探索统一战线推进基层协商民主发展的渠道和方式。首先，争取支持，加强联动，形成工作大合唱。统一战线开展基层协商民主工作，既要积极争取各级党委政府的主导和支持，又要重视下好“联动”这步棋，避免出现各部门之间“打架”的情况。其次，要因地制宜、对症下药，创出工作新特色。要坚持正确的政治方向，要因地制宜，创出特色，要对症下药，因事制宜，也要量力而行，稳步推进。再者，要精心策划，严密组织，推进基层协商民主有序有效发展。要解答好发展协商民主的五个问题，即关于“协商什么”的问题，需进一步明晰协商内容；关于“与谁协商”的问题，需进一步扩大协商参与范围；关于“怎样协商”的问题，需进一步规范协商基本程序；关于“协商形式如何丰富”的问题，需进一步发展和创新基层协商民主的平台；关于“协商结果如何落实”的问题，需进一步强化协商保障。

会议由省委统战部常务副部长金长征主持。省委统战部副部长汤为平、蒋学基、吴振宇、冯志礼、楼炳文、李剑飞以及各处室负责人，各市、县（市、区）委统战部部长参加了会议。宁波市、余姚市、杭州市上城区、温州市鹿城区、温岭市等五个市、区（市）委统战部作了会议交流发言。

在2014年省统一战线暑期读书会上的小结讲话摘要

（2014年7月11日）

孙文友

这次读书会时间虽短，但内容丰富。省委高度重视，夏宝龙书记、王辉忠副书记亲自到会讲话；全国政协副主席罗富和、省委党校副校长徐明华就参政党建设和“两美”浙江建设分别作了辅导报告；十位同志围绕参政党建设与“两美”浙江建设进行了交流。通过全体与会同志的共同努力，圆满完成了读书会的各项议程，达到了预期的目的。这次会议不仅是一次统一思想、提高认识的学习会，也是一次认清形势、明确任务的动员会，更是一次交流经验、推动工作的推进会。特别是夏宝龙书记、王辉忠副书记的讲话，既肯定了我省统一战线的工作，又对当前经济社会发展和安全稳定形势作了全面深刻的分析，并对统一战线工作和参政党自身建设提出了明确的要求。我们要切实把思想和行动统一到夏宝龙书记、王辉忠副书记的讲话和前不久召开的省委常委扩大会议精神上来，进一步认清当前的形势和任务，进一步增强责任感和使命感，进一步改进工作方法，以“决战三季度、冲刺四季度”的工作精神，结合统一战线实际，努力为我省完成全年经济社会发展的目标任务和“两美”浙江建设作出新的更大的贡献。

对贯彻落实夏宝龙书记、王辉忠副书记的讲话精神，我再强调以下几点：

第一，要认真学习、深刻领会。

夏宝龙书记、王辉忠副书记的讲话内容非常丰富，会后，全省各民主党派、工商联、知联会和各级统战部门要认真抓好讲话精神的传达学习。要把学习夏宝龙书记、王辉忠副书记的讲话和学习习近平总书记的系列讲话精神结合起来，和学习省委十三届五次全会精神结合起来，和学习省委常委扩大会议精神结合起来。要通过学习，深刻领会讲话的精神实质，深刻理解当前的形势，进一步明确今后一个时期的目标任务，进一步明确统一战线各方面肩负的责任，把智慧和力量汇聚到落实省委全会确定的各项目标任务上来，动员全省统一战线各界人士为“两美”浙江建设，为社会安全稳定作出积极的贡献。

第二，要结合实际、贯彻落实。

重点要抓好以下几个方面：

(一）继续深入开展坚持和发展中国特色社会主义学习实践活动，切实加强思想引领，夯实共同思想政治基础

今年以来，全省统一战线在民主党派和无党派人士中深入开展了坚持和发展中国特色社会主义学习实践活动，在非公有制经济人士中开展了以“四信”为主要内容的理想信念教育实践活动，在宗教界开展了以爱国主义为主题“寻梦中国·正言正行”教育实践活动。

在活动过程中，各民主党派、工商联、知联会和宗教界结合自身实际设计了一系列主题鲜明、内容丰富、形式多样的活动载体，有效地提升了学习实践活动的时效性。特别是各民主党派、工商联、知联会和宗教界自觉把开展学习实践活动和参与省委省政府的中心工作紧密结合起来，在参与“五水共治”、“三改一拆”、“浙商回归”、助推嘉善县域科学发展示范点建设和新一轮“少数民族低收入群众增收帮扶行动计划”等方面作出了积极的贡献，很多工作都得到省委领导的充分肯定。比如一些党派参与“五水共治”的做法，民宗部门和宗教界助推“三改一拆”的表现，工商联推动“浙商回归”所做的工作等，都得到了夏宝龙书记、李强省长、王辉忠副书记的多次批示和肯定。

下一步，各民主党派、工商联、知联会和各级统战部门要在前一段的基础上，继续不断把活动推向深入。一是要继续组织深入学习习近平总书记系列重要讲话精神，进一步增强“三个自信”。二是要进一步细化明确阶段性的目标任务。由于这次学习实践活动实践跨度大，特别是各民主党派的学习实践活动一直要持续到各党派下届代表大会召开前，各民主党派、工商联等要在学习实践活动总体规划的基础上，进一步明确各阶段的活动主题、重点任务和工作载体。特别是要紧紧围绕省委省政府的重大决策部署，围绕中心工作、重点工作，适时开展一些针对性、时效性强的活动。比如，怎样丰富活动内容、创新活动形式参与“两美”浙江建设，怎样为“两美”浙江建设献计献策。要加强对学习实践活动的阶段性总结，不断总结经验、改进不足，确保活动持续而不停顿地往前推进。不能热一阵子冷一阵子。同时还要加强活动开展情况的信息交流和报送工作，及时掌握各党派各地活动开展情况。三是要高度重视做好思想教育和政治引领工作。浙江处于改革开放和意识形态斗争的前沿。当前各种社会思潮非常活跃，意识形态领域的斗争非常尖锐。前天，王辉忠副书记对我省安全稳定形势介绍了很多情况，对意识形态领域的工作，中办也专门发了文件，统一战线在这方面也有很多事情要做。特别是统一战线在开展学习实践活动中尤其要重视做好思想教育和政治引领。各民主党派、工商联和知联会等组织要按照王书记讲话要求，管好自己的人，做好自己的事，进一步强化对各自成员的教育引领，特别是要高度重视并做好高校、社科界和律师界中党外知识分子和网络意见领袖、网络作家等特殊统战群体的思想教育和政治引领工作。要加大工作力度，通过正确有效的政治引导，使他们明辨是非，增强定力，面对错误思潮要保持清醒头脑，保持政治警觉，在大是大非面前要站稳脚跟，防止被境外敌对势力利用。对涉及重大原则的错误言论，要敢于亮剑、敢于正面发声，绝不能麻木不仁，更不能鼓动群众与党和政府对立，甚至反对共产党、反对社会主义。我们要通过教育引领，使他们真正在思想上与党同心同德、行动上与党同心同行、目标上与党同心同向。这是我们统一

战线很重要的一项任务，一定要重视并做好。四是要加强制度建设，努力形成长效机制。要及时发现和总结学习实践活动过程中的一些好做法好经验，并把它们固化为制度规定，形成学习实践的长效机制。

（二）切实加强参政党自身建设和党外代表人士队伍建设，切实担当起中国特色社会主义的亲历者、实践者、维护者、捍卫者的职责使命

一是全省各民主党派要通过各种形式，认真组织学习习近平总书记关于中国特色社会主义参政党重要论述，牢牢把握中国特色社会主义参政党建设的内在要求。要围绕“什么是参政党”、“怎样建设高素质的参政党”、“参政党肩负的职责使命是什么”等问题，不断深化学习、加深理解，真正在搞清楚、弄明白，不断增强理论自觉、政治自觉和责任自觉。要按照建设高素质有作为的中国特色社会主义参政党的要求，全面加强思想建设、组织建设、作风建设、参政议政能力建设和制度建设。思想建设方面，当前主要是搞好学习实践活动。组织建设方面，当前和今后一个时期一项很重要的工作，就是要重视做好后备干部队伍建设。中央统战部今年下发了《关于协助民主党派做好2014－2017年省级领导班子后备干部队伍建设工作的意见》，前一段我们和省委组织部一起，配合各党派已经做了大量工作。后备干部队伍建设是长期的任务，关键是加大培养力度，创造条件，提供平台，让后备干部更快更好地成长。作风建设也很重要，前一段我们去各地调研，了解基层有很多好的做法和提法，我们部里也在借鉴，初步概括提炼了几句话，叫作：讲政治、同心同德，讲学习、增强素质，讲团结、凝心聚力，讲民主、和谐包容，讲责任、敢于担当，讲创新、求真务实，讲服务、乐于奉献，讲自律、争做表率。各个党派也要根据自身的特点，加强作风建设。党派建设中，还有很重要的一项工作，就是要重视参政议政能力建设。关键是加强学习，注重调研，掌握方法。特别是夏宝龙书记在省委常委扩大会议上专门强调了“工作十法”，这对我们做好参政党建设工作也具有很强的指导意义。要明确责任担当，充分发挥参政党的优势，围绕党委政府的中心工作，围绕“两美”浙江建设的大局，围绕社会安全稳定作出各自的贡献。同时，要进一步加强对参政党理论的研究和宣传，共同营造良好的氛围，努力把我省参政党建设提高到一个新的水平。

二是着眼“两个健康”，加强非公有制经济代表人士队伍建设。要进一步建立健全非公有制经济代表人士数据库和后备队伍名单，做好省级非公有制经济代表人士和后备队伍的综合评价工作，特别是要抓住今年中央统战部将开展第四届中国特色社会主义事业优秀建设者评选表彰的契机，发挥非公有制经济人士综合评价的导向作用，在全省范围内开展典型选树工作。当前特别要切实重视并加强新生代企业家队伍建设。各级统战部门和工商联要从我省民营经济发展后继有人的高度，通过抓教育抓培训、抓活的开展、抓机制建设、抓组织覆盖，真正把全省各级新生代企业家联谊会打造成“引领思想价值的平台，促进创业创新的平台，关爱奉献社会的平台，服务成长成才的平台”，引导新生代企业家做到政治上有方向、经营上有本事、责任上有担当、文化上有内涵。

三是高度重视无党派代表人士队伍建设。各级统战部门要依托知联会、新联会、海创会、网联会等统战社团，进一步抓好各领域无党派代表人士的梯队建设，建立涵盖体制内外各领域的无党派人士基本信息数据库；知联会、新联会、海创会、网联会等统战社团要发挥优势，密切与新经济新社会组织等统一战线新领域的联系，不断拓宽党外代表人士队伍建设的社会覆盖面和社会参与度。要以知联会、新联会、海创会、网联会等领导班子和已做政治安排的成员为重点，探索无党派代表人士输出机制，以科学有序的输出实现无党派代表人士与其他各领域党外代表人士队伍建设的共赢发展。

（三）围绕中心、服务大局，努力为建设“两美”浙江多作贡献

各民主党派、工商联、无党派人士和统一战线广大成员要按

照夏宝龙书记、王辉忠副书记讲话的要求，充分认清我省当前面临的形势，充分认识时代赋予的使命和责任，进一步提升履职尽责的能力和水平。要进一步发挥统一战线人才荟萃、智力密集的资源优势，内引外联、联系广泛的渠道优势，参政议政、民主监督的政治优势，协调关系、化解矛盾的功能优势，围绕中心、突出重点，为深化改革、为建设“两美”浙江，为社会和谐稳定作出应有的贡献。当前，尤其要把深化改革的难点、“两美”建设的重点作为建言献策的主方向，把“五水共治”、“三改一拆”、“转型升级”、“浙商回归”等作为发挥作用的主战场，立足自身优势，作出积极贡献，体现应有价值。

要按照夏宝龙书记、王辉忠副书记的要求，在已有的工作基础上进一步做好。一是继续合力参与“五水共治”，统一战线要充分发挥“五大员”的作用：一是宣传员，要为“五水共治”摇旗呐喊，营造声势；二是参谋员，要为“五水共治”献计献策；三是指导员，要依托统一战线人才、技术优势，指导具体治水节水；四是监督员，要围绕“五水共治”抓好民主监督；五是信息员，要及时将了解到的情况反映给党委政府。另外，在参与“五水共治”中，要集中力量，办一些看得见、摸得着、见实效的事情。二是全力助推“浙商回归”。协助党委、政府做好“浙商回归”工作，是全省统一战线围绕中心、服务大局的一项重要工作。各级统战部门和各民主党派、工商联以及各团体组织要充分发挥联系广泛的优势，积极开展内引外联活动，主动“走出去”，热情“请进来”，大力引进省外、海外浙商回乡投资兴业。各级统战部门和工商联要积极协助有关部门，探索建立项目落地服务机制、企业发展服务机制，切实增强浙商回乡发展的意愿和信心。三是继续做好“三改一拆”中涉及宗教违法建筑处置工作，要继续做好政策指导、工作督导、舆论宣导和代表人士思想引导。四是把助推嘉善县域科学发展示范点建设各项工作真正落实到位。今年我们提出全省统一战线助推示范点建设要演好“连续剧”、打造“升级版”，在巩固去年成绩的基础上取得更大的成效。4 月 25 日，省统一战线召开了助推活动推进会，正式出台了《2014 年深入开展省统一战线助推嘉善县域科学发展示范点建设活动实施方案》，明确了省级各民主党派、省工商联、省民宗委、省侨联、省知联会和省委统战部等 13 个方面在 2014 年助推嘉善县域科学发展示范点建设的具体任务。据统计，今年 1－6 月份，省统一战线在嘉善共开展各类活动 76 次，在农业、金融、科教、医卫、文化、生态建设、对外交流以及统一战线自身建设等方面取得了新的成果。一分部署，九分落实。《2014 年省统一战线助推嘉善县域科学发展示范点建设活动实施方案》既是任务书、也是军令状，省统战系统各单位要对照《实施方案》狠抓落实，现在时间已经过半，要认真检查任务有没有过半。确保各项任务能按计划进度圆满完成。

第三，要积极探索，大胆创新。

全省统一战线要紧紧围绕省委十三届五次全会和省委常委扩大会议的重大决策部署，认真学习掌握夏宝龙书记提出的“工作十法”，围绕推进国家治理体系和治理能力现代化，围绕五大关系和谐，积极探索，大胆创新。

一是继续做好统一战线推进基层协商民主工作。全省统一战线要按照余姚现场会上提出的要求，继续高度重视推进基层协商民主工作，要认真推广宁波余姚等地的好经验，充分利用统一战线的资源优势、网络优势、制度优势和功能优势，积极开拓创新。各民主党派、工商联、知联会的基层组织，要积极发挥创新精神，围绕“协商什么”、“与谁协商”、“怎样协商”、“协商形式如何丰富”以及“协商结果如何落实”等问题，精心谋划，严密组织，不断推进基层协商民主有序有效发展。

二是继续探索商会承接部分政府职能转移。当前，在统战部门、工商联的指导下，我省不少商会组织正积极探索承接部分政府职能转移，力争成为各级党委政府管理和服务非公有制经济发展、创新社会管理、提供公共服务、改善民生的重要助手。全省统一战线要在宁波、温州等地先行先试的基础上，继续探索创新，重点研究政府转型过程中政府转什么，商会接什么、怎么接，如何评价商会接的成效等方面，要将着眼点着力点放在积极参与行业管理好公共服务、积极探索企业与社会关系和谐发展、积极引领和帮助会员企业实现转型升级等方面。

三是继续探索做好对台和海外统战工作。要立足于打造浙江对台和海外统战工作特色，不断夯实对台和海外统战工作相关数据库建设，不断完善对台和海外统战工作相关基础资料的收集、更新、完善，要做到基础清、情况明，要加强日常走访、调研、召开座谈会、走出去、迎进来等传统的工作，同时不断开拓新的方法和途径，巩固老平台、建立新平台，不断深交老朋友、广交新朋友。这方面各地也探索了一些好的经验和做法，如江山市以“同姓、同名、同乡联谊活动”为载体，通过同姓文化的研究、同名村镇的交流、同乡感情的联络，打造对台工作的地方特色，值得学习借鉴。

四是继续探索网络统战工作。我省自去年开始，以网络界人士联谊会为重要载体，积极探索开展网络界人士统战工作。以温州为试点，率先成立网联会，明确性质、功能和工作机制，并按照积极谨慎、分步推进、先易后难的工作原则，在全省稳步推进，目前已建立了10家网联会，并探索开办了首期网络界人士理论研讨班，共有38名新媒体从业人员和网络界人士参加培训。下一步我们要继续推动网联会在全省组织拓展，实现在市级的全覆盖。要进一步研究如何加强与网络界人士的团结联系，加强教育培训，强化建设指导，努力培养一支政治坚定、有影响力的网络界代表人士队伍，强化对网络舆情的正面引导。各民主党派和工商联、知联会等组织也要有意识地培养一批自己的意见领袖和网络精英，让政治上靠得住、社会上有影响、参政上有水平的党外人士担当网络主角，在关键时候能站出来，及时发声，传递正能量。同时协助中央统战部做好全国网络界人士统战工作研讨会的相关筹备工作，力争通过研讨会，初步形成一套关于网络统战工作的有效模式。

当前，全国统战工作会议召开在即，中央即将出台《中国共产党统一战线工作条例》。习总书记提出要实现中华民族伟大复兴的中国梦，省委作出“两美”浙江建设的重大决策。这一切都为统一战线工作提供了大好机遇，统战工作大有可为但又事在人为，关键是看我们能不能抓住机遇，能不能有所作为。省委对全省各级党委重视和支持多党合作和统一战线工作，提出了明确要求。这次读书会以后，各民主党派、工商联要认真组织传达、学习和贯彻会议精神，各市委统战部要及时将本次会议精神特别是夏宝龙书记、王辉忠副书记重要讲话精神，向同级党委作一次汇报，积极争取党委的重视支持。全省统一战线要按照夏宝龙书记、王辉忠副书记的要求，结合自身实际，充分发挥优势，创造性地开展工作，不断推进我省多党合作和统一战线再上一个新的台阶，以优异的成绩迎接全国统战工作会议的召开。

孙文友寄语非公有制经济人士和工商联组织：认识新常态　适应新常态　勇做经济转型升级的积极参与者引领者

一、着眼适应经济发展新常态，进一步增强发展信心、转变发展方式

前不久召开的中央经济工作会议，习近平总书记对我国经济发展新常态作出系统阐述，提出要认识“新常态”，适应“新常态”，引领“新常态”。这表明以习近平同志为总书记的党中央对当前中国经济增长阶段变化规律的认识更加深刻，把握更加准确。什么是新常态？新常态之

"新"，意味着经济发展将不同以往；新常态之"常"，意味着这种发展状态将相对稳定、相对长期。新常态最基本的特征就是从过去的高速增长转为在较长时期内保持中高速增长。进入新常态，意味着我国经济发展的条件和环境已经或即将发生诸多重大转变，经济增长将与过去30多年10%左右的高速度基本告别，与传统的不平衡、不协调、不可持续的粗放增长模式基本告别。因此，认识新常态，适应新常态，引领新常态，是当前和今后一个时期我国经济发展的大逻辑，也是我们每一位企业家要认真思考，认真研究，认真面对的重要任务。面对我国经济发展新常态，作为企业家一定要深化理解，深刻领会，把思想和行动统一到中央对形势的分析和判断上来。

首先，我们要认识到在新常态下，继续高速增长已经做不到，资源环境受不了，也没有必要。所以，要摆脱速度情节，要从重速度转向重质量。经济运行要稳字当头、稳中有进，企业经营也要稳字当头，稳步求发展。其次，在新常态下，经济结构、产业结构都要转型升级，发展要从粗放转向集约，产业要从低端转向高端。当然，我们也要认识到经济发展进入新常态，没有改变我国发展仍处于可以大有作为的重要战略机遇期的判断，没有改变我国经济发展总体向好的基本面。在新常态下，中国经济增速虽然放缓，实际增量依然可观。经过30多年的高速增长，中国的经济体量已经今非昔比。2013年一年中国经济的增量就相当于1994年全年的经济总量，可以在全世界排到第17位。即使是7%左右的增长，无论是速度还是体量，在全球也是名列前茅的。第三，在新常态下，经济增长要从要素驱动向创新驱动转变，所以企业要更加重视创新。第四，在新常态下，政府调控要改进，进一步转变职能，改进服务。所以，我个人理解，新常态就是速度要放缓，结构要优化，企业要创新，政府要改革。所以在新常态下，对企业来说，机遇也是很多的，关键看你善不善于创新，能不能抓住机遇。

作为市场先发地区和开放前沿地区，我省较早出现经济新常态，也在主动适应经济新常态上先行一步。这几年来，省委省政府按照习近平总书记在浙江工作时作出的战略部署，坚持以改革统领全局，深入实施"八八战略"，坚持"绿水青山就是金山银山"的发展理念，转变发展方式，在促进经济转型升级上打出了一套"组合拳"。一是"五水共治"形成倒逼机制。二是"三改一拆"拓展发展空间。三是"四换三名"促进结构调整。特别是电商换市成效明显，今年电子商务交易额有望突破2万亿元，网络消费增长53.2%（"双十一"当天阿里巴巴网上交易额达到571亿元）。11月中旬，首届世界互联网大会在浙江乌镇召开，来自近100个国家和地区的1000多名全球政界、商界、学界精英代表参加会议。互联网经济电子商务已经并将继续极大地影响我们的生产、生活、流通、消费的方式。这一点必须要有充分的认识。四是全力推进浙商回归工作。2014年1至10月浙商回归到位资金1796.5亿元，同比增长28.5%（几年来累计浙商回归到位资金4846亿元）。五是城乡一体化发展。六是改革创新。稳步推进城乡体制改革、资源配置市场化改革、商事登记制度改革、国有企业改革、社会信用体系建设等各项改革。可以说，通过打好转型升级组合拳，精准发力、持续给力，进一步提升了我省经济增长的质量效益和稳定性。

当然，我们也要看到，2014年以来国际环境依然复杂多变，我国我省经济运行下行压力较大，企业生产经营困难增多，部分经济风险显现。但是，机遇和挑战并存，在复杂严峻的经济形势中也蕴藏着许多有利条件和发展机遇。2015年是十二五规划的收官之年，也是适应新常态制定十三五规划之年。省委省政府将在近期召开全省经济工作会议，对明年我省经济工作进行部署。这里我向在座的各位企业家提三点希望：

一是不断增强投资创业的信心。浙商从来都是"时代"的弄潮儿，浙商要科学认识新常态，积极应对新常态，主动适应新常态，正确认识和科学研判当前我省经济发展的总体形势。找准自己的定位，明确企业的方向。目前，新一轮的经济增长极正在浙江加速形成。与此同时，2014年以来，省委省政府大力推进"四张清单一张网"（政府权力清单、企业投资项目负面清单、政府部门专项资金管理清单、责任清单和政府服务网），目前已经取得实质性进展。前不久闭幕的省委十三届六中全会又作出了全面深化法治浙江建设的决定，相信随着法治浙江建设的全面深化，我省的政策环境、法制环境、投资环境会越来越好。因此，我们要对浙江经济发展的美好未来抱有充分的信心。希望各位企业家在纷繁复杂的变化中把握大势，在困难挑战中捕捉机遇，推动企业又好又快发展，努力为浙江改革发展、走在前列再立新功。

二是积极调整优化产业结构。目前“不计代价追速度求扩张”的粗放发展模式在浙江已成为过去式，“质量效益稳中有进、生态环境稳中趋好、民生保障稳中提升”已然成为浙江经济发展的主旋律。前不久，李强省长在出席上海市浙江商会换届大会时殷切寄语广大浙商，要在经济新常态中担负起引领创新的新使命，在新一轮技术浪潮和产业变革中勇当弄潮儿，在中国经济升级版中形成最具活力、最能创新的浙江军团。我省民营企业家们要借省委省政府大力推进“四换三名”“三改一拆”等工作的契机，增加创新投入，倒逼技术革新，加快产业结构调整，促进经济转型升级。要坚持发展、主动作为，更加注重满足人民群众需要，更加注重市场和消费心理分析，更加注重加强产权和知识产权保护，更加注重发挥企业家才能，更加注重加强教育和提升人力资本素质，更加注重建设生态文明，更加注重科技进步和全面创新，为打造浙江经济升级版作出新贡献。

三是主动配合支持省委省政府中心工作。近几年来，广大企业家响应省委省政府的号召，在参与浙商回归、“五水共治”、“三改一拆”等中心工作方面作出了积极贡献，涌现出一批先进典型，得到了省委省政府领导的肯定和社会的好评。我们必须要看到虽然这些工作可能会在短期内给少部分企业生产经营带来暂时困难；但是从长远来看，这些工作淘汰的是落后产能，换来的是蓝天碧水青山和更大的发展空间，是事关民生福祉、影响浙江未来发展蓝图的大好事，也符合广大民营企业的根本利益。我们必须要多些理解和配合，把眼光、声音、步调、节拍与省委、省政府保持在一个方向、一个频率，做到同频共振，和谐发展。

这里还要强调一下浙商回归工作。浙商回归作为省委省政府2012年的“一号工程”目前已实施三年，预计今年年底前回归投资金额可突破5000亿。虽然前期工作成效明显，但离五年完成一万亿目标尚有距离，意味着明后两年任务更重。促进浙商回归是统战部门和工商联的职责所在，也是各位企业家执委的应尽责任，明年省里将要举办第三届世界浙商大会，如何办得更有成效，这是一项重要任务，我们要协助省委省政府办好第三届世界浙商大会，切实做好以商引商的工作。要全面构筑项目、总部、资本、人才、科技、公益事业“六位一体”的浙商大回归格局。要引导回归浙商抓住宏观经济换挡调整的窗口期，实现自身的转型升级，“换”出有核心竞争力的企业，“换”出高附加值的产业，“换”出浙江经济的新天地。

二、着眼更好地促进“两个健康”，进一步明确工商联工作的方向

工商联是党和政府联系非公有制经济人士的桥梁纽带，政府管理非公有制经济的助手，兼有统战性、经济性和民间性等特点。当前，非公有制经济领域统战工作正处于新的历史起点和重要的发展机遇期，各级工商联要以促进非公有制经济健康发展和非公有制经济人士健康成长为出发点和落脚点，会同统战部门重点抓好以下三方面工作。

一是深化开展理想信念教育实践活动。在非公有制经济人士中开展“四信”教育事关“两个健康”，今年以来我省这项工作卓有成效，在全国产生了一定影响。比如，开展“浙商中国梦”大讨论、“政企面对面”活动、“最美浙江人·浙商好故事”主题宣传等，这些做法是被实践证明行之有效的，是做好非公有制经济人士思想政治工作的重要方式方法，一定要在今后的活动中坚持好、运用好，并结合新的实践不断探索创新，使之成为长效机制。下一步我们要不断深化教育内容，特别是要结合学习宣传十八届三中、四中和省委十三届六次全会以及中央和全省经济工作会议精神开展教育，要通过学习多问几个为什么——事业成功靠什么？人生出彩为什么？历史责任是什么？我为浙江干什么？要组织开展这四句话讨论活动，同时加大宣传力度，通过报纸、电视台、刊物、网站等平台和载体，力争在全省形成强大舆论氛围。要建立长效机制，丰富活动形式，改进方式方法，讲究工作成效。特别是要探索典型引路，以非公有制经济人士身边的人和事现身说法，力求形象生动，深入浅出，入脑入耳，真正使理想信念内化于心、外化于行。

二是进一步引导非公有制企业加快转变发展方式。要多做转变观念、凝聚共识的工作，通过加强培训宣传，加大教育引导，引导企业家正确预判市场变化和产业发展趋势，把握宏观政策走向和产业政策导向。要多做协调关系、落实政策的工作，加强企业联络和信息工作，及时掌握和反映企业转型升级中遇到的困难、问题和政策需求，主动配合和积极协调有关部门落实各项政策、解决实际问题。要多做选树典型、提供示范的工作，既加强理论指导、政策扶持，又进行典型个案的引导、鼓励和启发。

三是切实加强非公有制经济代表人士队伍建设。要坚持质量标准，选拔安排真正体现代表性和先进性的非公有制经济代表人士，促使其在所联系的群体中发挥示范引领作用。要注重抓好后备，注重从成长性好的高新技术产业、新一代创业者中发现后备人才，及早、主动加强联系和培养，把综合素质好的纳入代表人士后备队伍。努力把非公有制经济代表人士培养成为非公有制经济人士中举旗帜的人、作表率的人。同时要重视对新生代企业家队伍的培养，努力使他们成为政治上有方向、经营上有本事、文化上有内涵、责任上有担当的“四有”新人，促进非公有制经济和非公有制经济代表人士的可持续发展。

三、着眼促进全面深化改革和法治浙江建设，进一步加强工商联自身建设

要认真学习领会十八届三中、四中和省委十三届六次全会以及中央和全省经济工作会议精神，主动适应全面深化改革、法治浙江建设和经济新常态的要求。

一是进一步拓展组织网络。省工商联要加强对基层工商联组织建设的指导支持力度，不断推进基层商会、行业商会、同业公会、异地商会建设，在更高层次、更广范围、更大力度上适应和促进非公有制经济的发展。要大力推动“五好”县级工商联建设和商会协会规范化标准化建设，继续积极筹建浙商总会和浙商文化中心。

二是进一步提升能力水平。工商联组织要内强素质，外树形象，全面提升工商联自身的工作能力和服务水平，努力在教育培训、参政议政、经济服务、光彩事业等方面迈上新的台阶。工商联机关干部要加强学习，也要主动认识新常态，适应新常态，引领新常态。要重视发挥各位企业家执委的主体作用，充分调动其积极性和创造性，在工商联举办和组织的各项活动中进一步发扬主人翁精神。

三是进一步转变工作作风。工商联机关要巩固和深化群众路线教育活动的成果，做到作风建设永远在路上。要紧扣当前非公有制经济领域的重大现实问题深入开展调查研究，力求及时反映真实情况、提出务实建议。要牢固树立主动服务的精神，把工商联真正办成非公有制经济人士之家，特别是要按照省委夏宝龙书记提出的以“店小二”精神服务企业发展。前两届世界浙商大会的筹备和举办充分展示了工商联机关的良好形象，也充分证明了工商联干部特别能吃苦、特别能战斗。希望工商联把这种好的精神和作风传承好发扬好，积极筹办好明年第三届世界浙商大会。

四是进一步创新工作思路。要继续探索商会承接部分政府职能，积极参与社会治理和法治建设。要充分发挥工商联在协调劳动关系三方会议中的作用，参与做好劳动纠纷调解、仲裁工作，努力构建和谐劳动关系，促进企业内部和谐稳定。要以加强行业协会商会内部自我管理为重点，促进形成行业内正常有序的竞争协作关系。要以服务改善民生为重点，促进形成企业与社会和谐互动局面。要引导非公有制经济人士努力追求企业经济效益与社会效益的有机统一，更好地承担起社会责任，树立良好的社会形象。要围绕经济立法和执法开展参政议政、民主监督，教育引导非公有制经济人士知法守法、依法维权。（摘自省政协副主席、省委统战部部长孙文友2014年12月17日在省工商联十届四次执委会上的讲话）

10. 文件·文献

中共中央、国务院印发《关于加强和改进新形势下民族工作的意见》

新华社北京12月22日电 中共中央、国务院近日印发了《关于加强和改进新形势下民族工作的意见》，从坚定不移走中国特色解决民族问题的正确道路、围绕改善民生推进民族地区经济社会发展、促进各民族交往交流交融、构筑各民族共有精神家园、提高依法管理民族事务能力、加强党对民族工作的领导六个方面提出25条意见，旨在切实加强和改进新形势下民族工作，团结带领全国各族人民共同推进全面建成小康社会、努力实现中华民族伟大复兴的中国梦。

《意见》指出，要深刻认识我国统一多民族国家的基本国情，我国是全国各族人民共同缔造的国家，在长期历史进程中，各民族共同开发祖国的辽阔疆域，共同创造灿烂的中华文化，形成了共同团结奋斗、共同繁荣发展的中华民族多元一体格局。要全面理解中国特色解决民族问题正确道路的基本内涵，必须牢牢把握以下基本要求：坚持党的领导，坚持中国特色社会主义道路，坚持维护祖国统一，坚持各民族一律平等，坚持和完善民族区域自治制度，坚持各民族共同团结奋斗、共同繁荣发展，坚持打牢中华民族共同体的思想基础，坚持依法治国。要准确把握当前我国民族工作阶段性特征，包括改革开放和社会主义市场经济带来的机遇和挑战并存，少数民族和民族地区市场经济起步晚、竞争能力比较弱；民族地区经济加快发展势头和发展低水平并存，总体上与东部地区发展绝对差距拉大、民族地区之间发展差距拉大问题突出；国家对民族地区支持力度持续加大和民族地区基本公共服务能力建设仍然薄弱并存，历史欠账较多，一些群众生产生活条件比较落后；各民族交往交流交融趋势增强和涉及民族因素的矛盾纠纷上升并存，影响民族关系的因素更加复杂；反对民族分裂、宗教极端、暴力恐怖斗争成效显著和局部地区暴力恐怖活动活跃多发并存等。要进一步明确新形势下民族工作的指导思想，共同为实现中华民族伟大复兴的中国梦而努力奋斗。

《意见》指出，要明确民族地区经济社会发展基本思路，紧紧围绕全面建成小康社会目标，深入实施西部大开发战略，以提高基本公共服务水平、改善民生为首要任务，以扶贫攻坚为重点，以教育、就业、产业结构调整、基础设施建设和生态环境保护为着力点，以促进市场要素流动与加强各民族交往交流交融相贯通为途径，把发展落实到解决区域性共同问题、增进群众福祉、促进民族团结上，推动各民族和睦相处、和衷共济、和谐发展，走出一条具有中国特色、民族地区特点的科学发展路子。要完善差别化支持政策，进一步完善一般性财政转移支付增长机制，率先在民族地区实行资源有偿使用制度和生态补偿制度，充分发挥政策性金融作用，加大银行、证券、保险对民族地区的支持力度，支持民族地区以建设丝绸之路经济带和21世纪海上丝绸之路为契机，在口岸建设、基础设施互联互通等方面给予扶持，完善对口支援工作机制，重点向基层特别是农牧区倾斜，结合“十三五”规划制定，继续编制并实施国家扶持人口较少民族发展规划、兴边富民行动规划、少数民族事业规划。要支持教育事业优先发展，把义务教育和职业教育作为重中之重。要多措并举扩大就业，支持发展农牧业、农畜产品加工业，鼓励发展农牧民专业合作组织，促进农牧民就业和稳定持续增收。要加快产业结构调整，大力发展现代农牧业、民族手工业、旅游业等特色产业，努力提升民族品牌培育和企业质量管理水平。要推进基础设施建设和城镇化进程，加快建设交通、水利、信息、能源、科技、环保、防灾减灾等项目。要集中力量扶贫攻坚，坚持民族和区域相统筹，建立精准扶贫工作机制，积极发展特色优势产业，增强自我发展的“造血”能力。

《意见》强调，要推动建立相互嵌入式社会结构和社区环境，促进各民族群众相互了解、相互尊重、相互包容、相互欣赏、相互学习、相互帮助。要全面深入持久开展民族团结进步创建活动，坚持重在平时、重在交心、重在行动、重在基层，注重人文化、实体化、大众化，突出创建主题，丰富创建形式，扩大参与范围，加强全国民族团结进步教育基地建设，中央和地方主要新闻媒体要持续开展民族团结宣传，推广经验，树立典型，营造浓厚氛围。要坚定不移推行国家通用语言文字教育，全面开设国家通用语言文字课程，全面推广国家通用语言文字，确保少数民族学生基本掌握和使用国家通用语言文字，同时尊重和保障少数民族使用本民族语言文字接受教育的权利，不断提高少数民族语言文字教育水平，并在需要的民族地区加强学前双语教育，制定激励政策，加大师资对口支援力度，做好双语教师招录工作，对双语教学师资培养培训、教学研究、教材开发和出版给予支持，注重培养民汉双语兼通人才，提高少数民族干部掌握国家通用语言文字能力，在民族地区工作的汉族干部应学习掌握少数民族语言文字。

《意见》要求，要积极培育中华民族共同体意识，引导各族干部群众深刻认识中国是全国各族人民共同缔造的国家，中华文化是包括56个民族的文化，中华文明是各民族共同创造的文明，中华民族是各民族共有的大家庭，牢固树立各民族水乳交融、唇齿相依、休戚相关、荣辱与共的观念。要发展少数民族文化事业，坚持以社会主义先进文化为引领，促进各民族文化交融、创新，把尊重、继承和弘扬少数民族优秀传统文化，与传承、建设各民族共享的中华文化有机结合起来。

《意见》指出，要加强民族工作法律法规建设，认真贯彻落实民族区域自治法，修订完善有关民族工作的法规条例。要做好城市和散居地区民族工作，加强少数民族人口信息资源整合，构建服务管理信息化平台，完善工作机制，推进城市和散居地区民族工作制度化、规范化、精细化。要依法妥善处理涉及民族因素的问题，坚持在法律范围内、法治轨道上处理涉及民族因素的问题，不能把涉及少数民族群众的民事和刑事问题归结为民族问题，不能把发生在民族地区的一般矛盾纠纷简单归结为民族问题。

《意见》明确，要完善民族工作领导体制和工作机制。要加强干部队伍建设，大力培养、大胆选拔、充分信任、放手使用少数民族干部，培养长期在民族地区工作的汉族干部，保持干部队伍合理结构。要造就优秀知识分子队伍，重视民族地区知识分子特别是少数民族知识分子骨干培养。要加强基层组织和政权建设。要加强党风廉政建设。

（摘自《人民日报》，2014年12月23日01版）

《关于加强和改进新形势下侨联工作的意见》学习问答（一）

——加强和改进新形势下侨联工作的重要意义和总体要求

前言：近日，中共中央办公厅印发了《关于加强和改进新形势下侨联工作的意见》（以下简称“《意见》”）。《意见》围绕党的十八大精神，紧扣实现“两个一百年”奋斗目标、实现中华民族伟大复兴中国梦的时代主题，适应海内外侨情的发展变化，立足推进国家治理体系和治理能力现代化的全局和战略高度，对重视发挥广大归侨侨眷和海外侨胞的独特作用、加强和改进侨联工作进行了精辟阐述，提出了明确要求，为推动侨联事业创新发展奠定了坚实的基础。学习贯彻《意见》，对进一步凝聚侨心、汇集侨智、发挥侨力、维护侨益，团结引领广大归侨侨眷和海外侨胞为实现中国梦而努力奋斗具有重要意义。现以学习问答形式，对《意见》进行简要解读。

1.《意见》从哪两个方面对加强和改进新形势下侨联工作的重要意义进行了论述？

《意见》从党和国家工作大局需要和海内外侨情新变化两个方面论述了加强和改进新形势下侨联工作的重要意义。

从党和国家工作大局的需要来看，《意见》指出，“实现‘两个一百年’奋斗目标和中华民族伟大复兴中国梦，迫切要求加强和改进侨联工作，更好发挥广大归侨侨眷和海外侨胞的独特作用”。第一，随着我国加快转变经济发展方式、促进经济持续健康发展，需要更好汇聚侨资侨智侨力，吸引海外高层次侨界人才回国创新创业；第二，我国目前正全面提高开放型经济水平，加快走出去步伐，需要更好发挥全球华商网络的重要作用；第三，在积极推动两岸关系和平发展、促进祖国和平统一的过程中，需要更好发挥广大侨胞在融洽同胞感情、增强民族认同方面的积极作用；第四，在弘扬中华文化优秀传统、增强中华文化国际影响力中，需要更好发挥广大侨胞在传播中华文化中的特殊作用；第五，在高举和平、发展、合作、共赢的旗帜，营造有利于我国发展的良好国际环境中，需要广大侨胞更好为发展同世界各国人民的友好合作作贡献。

从海内外侨情变化来看，《意见》强调指出，“海内外侨情的新变化，迫切要求加强和改进侨联工作，更好团结服务广大归侨侨眷和海外侨胞”。一是随着经济全球化趋势不断发展和我国改革开放不断深入，出国留学和海外移民人数越来越多，海外侨胞分布的地域、行业更加广泛，受教育水平、职业层次、经济实力有很大提升，发展需求更加多样，必须开阔视野、创新思路，进一步拓展、提升联系服务海外侨胞工作；二是随着新侨中高层次人才数量迅速增加，大量新侨人才抓住祖（籍）国发展机遇回国或来华创新创业，必须更加重视做好新侨人才工作，创造良好环境，帮助他们实现创业报国梦想；三是随着侨眷数量大幅增加，有的工作生活面临实际困难，必须更好落实党的侨务政策，积极排忧解难，让他们切实感受到党和政府的温暖。

2．广大归侨侨眷和海外侨胞的独特优势和改革开放以来的重要贡献是什么？

《意见》指出，“归侨侨眷和海外侨胞是我国改革开放和现代化建设的宝贵资源和独特优势，是实现中华民族伟大复兴中国梦的重要力量。”改革开放以来，广大归侨侨眷和海外侨胞发挥资金、技术、智力、人才资源优势，成为我国改革开放和现代化建设事业的开拓者、参与者和贡献者。

他们敢为人先、眼光长远，率先在中国投资兴业，是外资进入中国的先锋、骨干和桥梁。据统计，华侨华人、港澳投资者在境内创办的企业约占外资企业的70%，投资额约占利用外资总额的60%以上；他们思想活跃、观念新颖，他们当中蕴藏着很多高层次人才，以多种形式为建设创新型国家贡献力量，已成为推动我国提高自主创新能力的生力军；他们熟悉中外、视野开阔，大批侨商企业家在推进中国改革开放深入发展以及中国更深层次参与国际分工和国际市场中发挥了独特作用；他们热心公益、扶贫济困，回馈社会、捐赠公益，据统计，改革开放30多年来，海外侨胞、港澳同胞捐赠国内公益事业的总额已超850亿人民币；他们心怀热土、情系桑梓，以民间使者的身份积极传播中华优秀文化，积极争取国际社会对中国和平统一大业的理解和支持，为增进中国人民同世界各国人民的友谊和友好交往作出了重要贡献。

3．侨联组织的性质和定位是什么？

《意见》指出，“中华全国归国华侨联合会是党领导的人民团体，是党和政府联系广大归侨侨眷和海外侨胞的桥梁和纽带，是团结服务归侨侨眷和海外侨胞的群众组织。”这句话界定了侨联的性质，明确了侨联的定位。

侨联是中国共产党领导的人民团体，这是侨联的政治属性，是侨联区别于其他一般性质的群众团体和社会组织的根本所在。侨联是党和政府联系归侨侨眷和海外侨胞的桥梁和纽带，这是由党和国家政治体制决定的。侨联组织要从广大归侨侨眷和海外侨胞的实际需要出发，开展适合其特点的活动，通过卓有成效的思想政治工作，教育引导他们拥护党的路线方针政策，把党的主张转化为他们的自觉行动。侨联是团结服务归侨侨眷和海外侨胞的群众组织，是侨联组织的本质属性。侨联组织必须把为侨服务、维护侨益作为立会之本和基本职责，努力建设归侨侨眷和海外侨胞之家。

4．为什么说侨联工作是党和国家事业的重要组成部分？

《意见》指出，“长期以来，我们党高度重视发挥侨联组织的独特作用，侨联工作已成为党和国家事业的重要组成部分。”

广大归侨侨眷和海外侨胞是中国革命、建设、改革事业的重要力量，从辛亥革命到抗日战争、从新中国成立到改革开放的各个历史时期，广大归侨侨眷和海外侨胞始终与祖国同呼吸、共命运、心连心，积极参与和支持国家建设，积极推进祖国和平统一大业，积极促进中国人民同世界各国人民的友好交往，为实现国家富强、民族振兴、人民幸福作出了突出贡献，发挥了独特作用。

在中国改革开放和社会主义现代化建设的伟大历史进程中，各级侨联围绕中心、服务大局，发挥优势、履行职责，在团结凝聚广大归侨侨眷和海外侨胞参与和支持社会主义建设、推动改革方面做了大量卓有成效的工作。在全面深化改革和实现“两个一百年”奋斗目标的新形势下，更加需要充分发挥广大归侨侨眷和海外侨胞的独特优势与作用，更加需要把侨联工作纳入到党和国家事业发展全局中谋划和部署，使侨联的各项工作与时代的发展相适应，与党和国家工作大局和事业发展相同步。

5．加强和改进新形势下侨联工作的总体要求是什么？

《意见》提出了加强和改进新形势下侨联工作的总体要求：

"以邓小平理论、'三个代表'重要思想、科学发展观为指导，深入学习贯彻党的十八大和十八届三中全会精神，深入学习贯彻习近平总书记系列重要讲话精神，高举爱国主义和中国特色社会主义伟大旗帜，紧紧围绕实现中华民族伟大复兴中国梦的时代主题，坚持解放思想、实事求是、与时俱进、求真务实，坚持以人为本、为侨服务，坚持群众性、民间性、涉外性、统战性，坚持国内海外工作并重、老侨新侨工作并重，积极拓展海外工作和新侨工作，充分发挥凝聚侨心、汇集侨智、发挥侨力、维护侨益的独特作用，最大限度把广大归侨侨眷和海外侨胞团结起来，最大限度把他们的积极性调动起来，最大限度把他们促进改革开放和现代化建设的独特优势发挥出来，形成海内外中华儿女为共圆中国梦团结奋斗的磅礴力量。"

6. 新形势下侨联创新发展的工作方针是什么？

《意见》提出，"坚持国内海外工作并重、老侨新侨工作并重，积极拓展海外工作和新侨工作"。这两个"并重"和两个"拓展"，是新形势下侨联创新发展的工作方针。

适应世情、国情、侨情的深刻变化，第八次全国归侨侨眷代表大会提出了"国内海外工作并重、老侨新侨工作并重"的总体思路。第九次全国归侨侨眷代表大会，李源潮同志代表党中央致祝词时指出，"当前侨联工作的一个重要变化和创新，就是要适应海内外侨情的新变化，积极拓展海外工作，积极拓展新侨工作"。侨联工作领域的拓展是侨联工作的改革创新，其目的是通过这两个拓展，汇聚起海内外中华儿女为实现中华民族伟大复兴的中国梦共同奋斗的合力。

（摘自《新华日报》，2014年7月16日05版）

《关于加强和改进新形势下侨联工作的意见》学习问答（二）

——充分发挥侨联组织的重要作用（上）

1. 如何充分发挥侨联组织服务经济发展的重要作用？

《意见》提出，"充分发挥侨联组织服务经济发展的重要作用"，对侨联组织吸引利用侨资侨智侨力，服务经济持续健康发展提出了要求。

一是围绕加快转变经济发展方式、提高经济发展质量和效益，进一步强化服务、搭建平台，引导广大归侨侨眷和海外侨胞积极参与和支持祖（籍）国经济建设。二是积极配合地方政府吸引利用侨资侨智，引进海外资金、先进技术和管理经验，注重提高引资质量和效益。三是发挥海外联系优势，为国内企业走出去搞好服务，帮助了解国外投资环境，建立国际商业网络，开展国际化经营。四是着眼于实施人才强国战略和创新驱动发展战略，更加突出做好海外引才工作，了解海外高层次侨界人才分布状况、回国或来华创新创业意愿，根据国家、地方、企业创新发展需要，积极引荐海外高层次侨界人才。

2. 侨联如何更加突出做好海外侨界人才工作？

《意见》提出，侨联要"着眼于实施人才强国战略和创新驱动发展战略，更加突出做好海外引才工作，了解海外高层次侨界人才分布状况、回国或来华创新创业意愿，根据国家、地方、企业创新发展需要，积极引荐海外高层次侨界人才"。

做好海外侨界人才工作，是侨联组织贯彻落实"两个拓展"的必然要求。一是要摸清侨情、加强联谊，将海外侨界人才团结凝聚在侨联组织周围，为国家人才引进做好服务工作。二是要持续深化开展"创业中华"行动，挖掘海外华侨华人高端人才资源，为他们回国创新创业、为国服务提供帮助，促进侨界资金、技术、人才有机结合，优化海外侨界人才回国创新创业环境。三是要拓展网络，加强联建，发挥驻外使领馆、国内知名学府校友会和特聘专家委员会的优势，力争与新侨聚集度较高的海外高校、科研机构、专业社团和工商组织建立联系。紧密配合“千人计划”和各地引进海外人才规划，通过各种渠道加强与海外人才的联系，为海外人才回国创新创业牵线搭桥、提供服务。

3．如何充分发挥侨联组织依法维护侨益的重要作用？

《意见》指出，要“充分发挥侨联组织依法维护侨益的重要作用”，对侨联组织坚持以人为本、为侨服务、维护侨益提出了要求。

一是要增强社会主义法治理念，重视保护归侨侨眷合法权益和海外侨胞在国内的正当权益。二是要推动涉侨法律法规和政策的制定修改，推动《归侨侨眷权益保护法》的贯彻落实，加强涉侨法律法规宣传教育。三是要推动建立困难归侨侨眷帮扶机制，帮助他们走上共同富裕道路，共享改革发展成果。四是要切实维护海外侨胞回国投资兴业权益，及时了解反映实际情况，协调配合有关部门处理好侵犯归侨侨眷和海外侨胞国内权益的突出问题。五是要鼓励海外侨胞发扬侨帮侨传统，帮助海外新华侨更好适应当地的学习、工作、生活。六是要关心海外华侨华人融入和发展问题，引导他们遵守住在国法律，尊重当地社会风俗和民族习惯，与当地人民和睦相处。

4．维护侨益的法律法规主要有哪些？

《意见》提出，侨联要“推动涉侨法律法规和政策的制定修改，推动《中华人民共和国归侨侨眷权益保护法》的贯彻落实，加强涉侨法律法规宣传教育”。

目前，我国已初步形成以《宪法》有关条文为基础，以《中华人民共和国归侨侨眷权益保护法》为主干的涉侨法律体系。《宪法》第五十条规定，“中华人民共和国保护华侨的正当权利和利益，保护归侨和侨眷的合法权利和利益”。全国人大常委会通过的《中华人民共和国归侨侨眷权益保护法》，是新中国成立以来第一部保护归侨侨眷合法权益的专门法律。其中明确规定，“中华全国归国华侨联合会和地方归国华侨联合会代表归侨、侨眷的利益，依法维护归侨、侨眷的合法权益”。《中华人民共和国归侨侨眷权益保护法实施办法》，推动了该法的贯彻实施。目前，中央和各省区市已经有100多部保护归侨侨眷和海外侨胞合法权益的法律法规和规范性文件。

5．如何充分发挥侨联组织参政议政的重要作用？

《意见》指出，“参政议政是广大归侨侨眷和海外侨胞参与国家政治生活的重要途径”，对充分发挥侨联组织参政议政的重要作用提出了要求。

一是按照发展社会主义民主政治的要求，充分发挥侨联在人民政协组织中的界别作用。二要参与协商和推荐人大归侨代表、提名侨联界政协委员人选工作，注意推选综合素质高、在侨界影响力强的代表人士特别是新归侨、优秀侨资企业家、重点侨乡代表人士，发挥侨界在人大中的代表性和政协中的特点与优势。三要协助归侨侨眷人大代表、侨联界政协委员深入了解社情民意，为他们协商议政、建言献策做好服务。四要引导归侨侨眷有序政治参与，依法参与管理国家和社会事务，充分发挥主人翁作用。

6．全国政协中侨联界的历史沿革是怎样发展变化的？

《意见》提出，“按照发展社会主义民主政治的要求，充分发挥侨联在人民政协组织中的界别作用。”

1949年9月，中国人民政治协商会议第一届全体会议正式召开，大会有国外华侨民主人士正式代表15名。大会选出政协第一届全国委员会委员180名，其中6名国外华侨民主人士代表当选为委员，陈嘉庚当选为常务委员，并与司徒美堂当选为中央人民政府委员。

1991年1月，政协第七届常委会第十二次会议决定，将“归国华侨界”改由“中华全国归国华侨联合会”作为全国政协组成单位。

（摘自《新华日报》，2014年7月17日05版）

《关于加强和改进新形势下侨联工作的意见》学习问答（三）

——充分发挥侨联组织的重要作用（下）

1. 如何充分发挥侨联组织拓展海外联谊的重要作用？

《意见》对充分发挥侨联组织拓展海外联谊的重要作用提出了要求。

一是要以血缘、地缘、语缘为基础，以亲情、乡情、友情为纽带，多渠道、多层次、多形式参与海外联谊工作，广交新朋友，深交老朋友。二是要促进和支持海外侨社团之间加强沟通合作，共同建设和谐侨社。三是要扩大同海外传统侨团的联系，巩固发展国际社会普遍承认一个中国的格局；要加强两岸侨界交流，巩固两岸关系和平发展的民意基础。四是要重视发挥侨联港澳委员、海外顾问、海外委员的骨干作用，宣传“一国两制”成功实践，维护香港、澳门长期繁荣稳定。五是要加大同海外少数民族侨胞的联系，增进民族共识，增强中华民族凝聚力、向心力，共同反对民族分裂势力。六是要配合国家总体外交，积极参与公共外交和人文交流，拓展民间外交，讲好中国故事、传播好中国声音、展示好中国形象，增进同各国人民的友谊。在开展与周边国家海外联谊中突出体现亲、诚、惠、容理念，巩固和扩大我国同周边国家关系长远发展的社会和民意基础。

2. 侨联开展海外联谊的基础和纽带是什么？

《意见》指出，“海内外同胞关系和谐是实现中华民族伟大复兴的重要保证。要以血缘、地缘、语缘为基础，以亲情、乡情、友情为纽带，多渠道、多层次、多形式参与海外联谊工作，广交新朋友，深交老朋友。”

侨联开展海外联谊工作，靠的是情，连的是心。血缘、地缘、语缘是亲情、乡情、友情的基础，亲情、乡情、友情是牢固血缘、地缘、语缘关系的纽带。侨联工作具有群众性、民间性、涉外性、统战性的特点，是开展好联络工作得天独厚的优势条件。群众组织的性质决定了联络工作可以在民间性的基础上充分发挥优势开展海外联谊工作。侨联海外顾问、委员、青年委员，以“三缘”、“三情”凝聚联系着众多海外侨胞和侨团，是侨联开展海外联谊的重要依托。侨联组织要巩固与各国各地区侨团侨社及其代表人士、重要侨领的感情联系，加强海外侨团、港澳台工商界与国内企业的联系交流，不断培育壮大对我友好力量，促进侨务工作可持续发展。要拓展与华裔新生代、新侨及其组织、留学人员和港澳台代表人士的沟通联系，全方位巩固和发展海内外中华儿女大团结。

3. 如何充分发挥侨联组织弘扬中华文化的重要作用？

《意见》指出，“广大归侨侨眷和海外侨胞是中华文化走向世界的重要使者”，对侨联充分发挥弘扬中华文化的重要作用提出了要求。

一是要顺应海外侨胞的文化情结，加强侨乡文化遗产保护，依照有关规定开展民俗文化交流、祖地文化交流、寻根之旅、重大历史事件纪念等活动，增进对中华文化的了解和认同。二是要深入开展“亲情中华”等主题活动，展示中华文化独特魅力。三是要积极支持海外华文教育事业发展，使中华文化在海外侨胞中代代相传。四是要倡导海外侨胞积极支持、参与举办中华文化年、中国文化节等活动，参与协助海外中国文化中心等文化交流机构建设，推进中国同住在国的文化交流，使中国梦同世界各国人民的梦想相通，增强中华文化在世界上的亲和力、影响力。

4. 侨联如何参与中外文化交流？

《意见》指出，“倡导海外侨胞积极支持、参与举办中华文化年、中国文化节等活动，参与协助海外中国文化中心等文化交流机构建设，推进中国同住在国的文化交流，使中国梦同世界各国人民的梦想相通，增强中华文化在世界上的亲和力、影响力。”

博大精深的中华文化是海内外中华儿女共同的“魂”，广大归侨侨眷和海外侨胞是中华文化走向世界的重要使者。侨联组织要鼓励海外侨胞积极参与中外文化交流，开展具有中华民族特色的文化活动，增强中华文化的国际影响力。侨联组织要倡导和支持海外侨胞在继承和弘扬中华文化的基础上，增进与住在国人民的文化交流，以开放自信的心态融入当地主流社会。

要不断拓展深化、创新发展“亲情中华”主题活动，努力使“亲情中华”主题活动成为传播中华优秀文化，彰显中国文化软实力和开展公共外交的舞台。要拓展侨联海外华文教育阵地，以华裔新生代为重点，继续举办各种华文教育活动。通过举办“世界华人学生作文大赛”暨夏令营、组派“海外华文教育讲师团”等活动，促进海外华文教育和侨界青少年交流，增进海外华裔青少年的文化认同。

5．如何充分发挥侨联组织参与社会建设的重要作用？

《意见》提出，“保障和改善侨界民生、为海外侨胞服务是促进社会和谐的重要任务”。这对充分发挥侨联组织参与社会建设的重要作用提出了要求。

一是各级侨联要强化在社会治理和服务中的职责，深入了解归侨侨眷工作生活状况，推动各项保障和改善民生政策的具体落实，特别要注意为特困归侨侨眷排忧解难，关心帮助侨界留守儿童、空巢老人。二是以心聚侨、以情聚侨，设身处地为海外侨胞着想，协调有关部门为他们回来探亲访友、就业创业搞好服务。三是组织归侨侨眷积极参与社会治理，开展平安创建活动，鼓励和支持他们以志愿者等多种形式为社会服务，动员他们参与做好维护社会稳定工作。四是加强法制宣传，引导归侨侨眷学法尊法守法用法，通过合法渠道理性表达诉求。五是鼓励海外侨胞积极支持家乡建设和社会事业发展。促进侨联公益事业健康发展，尊重归侨侨眷和海外侨胞意愿，用好捐赠财物，办好侨联基金会和“侨爱心工程”。

（摘自《新华日报》，2014年7月18日05版）

《关于加强和改进新形势下侨联工作的意见》学习问答（四）

——切实加强党对侨联工作的领导

1.《意见》对完善党委领导侨联工作体制机制提出了哪些要求？

《意见》提出，要“完善党委领导侨联工作体制机制”，从科学化、规范化的要求出发，把党委对侨联工作的领导上升、完善为体制机制。

一是各级党委要把侨联工作摆上重要议事日程，加强组织领导和统筹协调，定期听取侨联工作汇报，研究解决重大问题。二是各级侨联由同级党委领导，明确一名党委负责同志分管。三是对涉及归侨侨眷利益的重大决策，要认真听取侨联意见。四是侨联领导班子换届或班子成员调整时，应就人选的归侨侨眷身份听取上一级侨联党组的意见。

2.《意见》对加强侨联组织自身建设提出了哪些要求？

《意见》把以改革创新精神加强侨联组织自身建设，作为切实加强党对侨联工作领导的重要内容，提出了几方面具体要求。

一是加强思想政治建设，强化理论武装，牢牢把握侨联工作的时代主题，坚持正确政治方向。二是加强能力建设，熟悉掌握党的侨务政策，把握新形势下侨联工作特点和规律，不断提高政策水平和联络服务能力。三是加强作风建设，增强为侨服务意识，真正使侨联干部成为真诚贴心的归侨侨眷和海外侨胞之友，使侨联组织成为深受信赖的归侨侨眷和海外侨胞之家。四是做好侨界代表人士培养工作和骨干队伍建设。五是加强侨联基层组织建设，积极探索党建带侨建的有效途径，按照有组织、有队伍、有经费、有阵地、有活动的要求，在归侨侨眷比较集中的基层单位以及著名侨乡的镇、村，建立组织、开展活动，扩大侨联组织的吸引力、影响力。

3. 侨联组织如何成为深受信赖的归侨侨眷和海外侨胞之家？

《意见》指出，侨联组织要“加强作风建设，增强为侨服务意识，经常深入归侨侨眷，帮助排忧解难，真正使侨联干部成为真诚贴心的归侨侨眷和海外侨胞之友，使侨联组织成为深受信赖的归侨侨眷和海外侨胞之家”。

一是要做到服务侨胞有真情。真心倾听侨胞诉求，用心体察侨胞冷暖，诚心解决侨胞困难；建立直接联系侨界群众的制度，扎实开展服务型基层组织创建活动。二是要做到凝聚侨胞有载体。因地制宜地推进服务中心、活动场所、侨商会馆等实体及设施建设，做大做强侨商（华商）会、特聘专家委员会、青年委员会等社团组织，在新侨集中区域大力推动侨联组织进城市社区、科技园区、大学校区，支持有条件地区的侨联组织与海外侨社建立常态化沟通协作机制，积极推进海外和谐侨社建设。三是要做到团结侨胞有骨干。加强侨联队伍建设，不断增加基层、新侨和少数民族代表以及港澳台和海外顾问、委员、青年委员；加强干部选拔使用、岗位交流、实践锻炼，面向社会、面向侨界各阶层发现和培养侨界人才。四是要做到活跃组织有品牌。着眼扩大知名度、提升公信力、增强认同感，集中力量打造品牌，用“侨与中国梦”、“创业中华”、“亲情中华”等精品工程聚焦各项工作，吸引侨胞参与。五是要做到维护侨益有能力。加大依法维权力度，发展壮大法律顾问委员会，做深做细法律援助和信访工作，协助建立健全党和政府为主导的维护权益机制，推动有关政策出台、完善和落实。

4. 加强侨界代表人士培养工作和骨干队伍建设的要求是什么？

《意见》提出，侨联组织要“做好侨界代表人士培养工作和骨干队伍建设”。

要适应归侨侨眷和海外侨胞的不同需求和特点，支持侨商会、侨联青年委员会等侨联所属社会团体开展富有特色的活动。做好归侨人大代表推选工作，做好政协侨联界委员的提名工作，安排符合条件的侨联驻会负责人参加同级人大常委会、政协常委会。要做好在政治上有影响、社会上有地位、经济上有实力、专业上有造诣的海外侨胞的工作，努力建设侨联海外顾问、委员、青年委员、特聘专家、法律顾问委员会等队伍。要关注归侨侨眷中新的社会阶层代表人物，为他们的事业发展提供帮助。

5. 加强侨联基层组织建设的要求是什么？

《意见》提出，“加强侨联基层组织建设，积极探索党建带侨建的有效途径，按照有组织、有队伍、有经费、有阵地、有活动的要求，在归侨侨眷比较集中的基层单位以及著名侨乡的镇、村，建立组织、开展活动，扩大侨联组织的吸引力、影响力”。

一是坚持以党建带侨建，把侨联基层组织建设纳入党建工作大格局。二是在巩固传统基层组织的基础上，拓展基层组织建设新领域。三是以实现“五有”为目标，实现基层组织建设的规范化。对于地市县级侨联组织，尚未建立起来的，应采取“先搭架子、后探路子”的办法，争取先成立组织，挂上牌子。

6.《意见》对侨联工作条件保障有哪些规定？

《意见》对加强侨联工作条件保障作出了规定。一是各级政府要把侨联工作经费纳入同级财政预算，对重大专项活动予以经费支持。二是支持侨联开展海外联谊工作。三是支持侨联依法依规使用、管理所拥有的资产和海内外侨胞捐赠的财物，任何组织或个人不得侵占、挪用。四是支持高校、科研院所开展侨务理论研究。

目前，很多地方党委政府为侨联组织积极创造更好的环境和条件。如在财政上保障侨联工作的经费，做到逐年有所增加，加大对重大专项活动和外联专项活动的经费支持力度；根据工作需要配备必要的人员编制，帮助侨联组织改善办公条件；根据侨联职能和实际工作需要，在出入境方面，将侨联列入侨务主管部门管理范畴，支持侨联走出去拓展海外联谊；支持侨联依照章程兴办企业、事业，对国家拨给侨联的动产和不动产、海内外人士和单位捐赠的财物、侨联所属企事业拥有的资产，依法管理、使用、保护，确保任何组织或者个人不得侵占、挪用等。

（摘自《新华日报》，2014年7月21日07版）

中央统战部　工业和信息化部　人力资源社会保障部　国家工商行政管理总局　全国工商联关于印发《全国非公有制经济人士优秀中国特色社会主义事业建设者评选表彰管理办法》的通知

2014年7月2日

各省、自治区、直辖市和新疆生产建设兵团党委统战部、工业和信息化主管部门、人力资源社会保障厅（局）、工商局、工商联，新疆生产建设兵团发改委：

现将《全国非公有制经济人士优秀中国特色社会主义事业建设者评选表彰管理办法》印发给你们，请遵照执行。

全国非公有制经济人士优秀中国特色社会主义事业建设者评选表彰管理办法

第一章　总　　则

第一条　为规范全国非公有制经济人士优秀中国特色社会主义事业建设者（以下简称“全国优秀建设者”）评选表彰工作，根据党中央、国务院关于评选表彰工作的精神和部级荣誉称号管理的有关规定，制定本办法。

第二条　全国优秀建设者评选表彰活动一般每五年开展一次。

第三条　坚持公开、公平、公正的原则，注重事迹，社会公认，以精神奖励为主。

第四条　评选表彰活动由中央统战部、工业和信息化部、人力资源社会保障部、国家工商行政管理总局和全国工商联（以下简称“主办单位”）联合组织，成立全国优秀建设者评选委员会（以下简称“全国评选委员会”），负责评审确定全国优秀建设者人选名单。全国评选委员会下设办公室，负责评选表彰日常工作。

各地推荐评选工作可参照成立相应机构或由相关对口评选单位负责。

第二章　评选范围和人选条件

第五条　评选范围。私营企业出资人、个体工商户及自由择业知识分子。不含港、澳、台人士及外国国籍人士。已受过本项表彰的不再参与评选。

第六条　推荐条件。全国优秀建设者应坚决拥护中国共产党的领导，坚定走中国特色社会主义道路，认真践行社会主义核心价值观，模范遵守国家法律法规，模范遵守社会公德和职业道德，做到爱国、敬业、创新、诚信、守法、贡献，在本地区和同行业中起表率作用。

私营企业出资人和个体工商户，应依法纳税，生产经营良好、管理制度完善、资产质量较高，及时足额缴纳员工“五险一金”，企业党、工会和团组织健全并发挥较好作用。并至少具备下列条件之一者：

（一）在加快企业技术创新、产品创新、管理创新、商业模式创新，实现企业转型升级等方面作出优异成绩；

（二）在自觉承担社会责任，参与光彩事业、抗灾救灾、环境保护、吸纳就业、公益慈善等方面作出突出贡献；

（三）在企业文化建设、构建和谐劳动关系，积极参加理想信念教育实践活动以及在对中国特色社会主义的信念、对党和政府的信任、对企业发展的信心和对社会的信誉等方面表现优秀；

（四）在其他方面作出重要贡献。

对于自由择业知识分子，要侧重于在专业成就、社会影响、社会形象等方面的突出表现。

第三章　评选程序

第七条　评选工作程序。

（一）推荐申报。由所在地评选单位推荐，并在人选所在市（地）和单位进行为期7天的公示。公示无异议人选经同级党委审定，自下而上逐级审核。行业协会商会及个人可向企业所在地评选单位推荐申报。跨地区经营的人选在企业总部所在地或注册地推荐申报。全国工商联直属会员不单分名额，纳入地方通盘考虑。

（二）地方评审。省级评选单位对各地推荐人选进行评审，研究提出拟上报人选和后备人选名单，经全国评选委员会办公室初审通过后，在省级党委机关报进行为期7天的公示。公示内容包括人选基本信息、免冠照片和主要事迹。公示无异议人选和后备人选经省（自治区、直辖市）党委同意，有关领导签字后加盖省级党委公章，报全国评选委员会。

私营企业出资人和个体工商户人选要经过非公有制经济代表人士综合评价。对于自由择业知识分子中的评估师、注册会计师、注册税务师人选要按照本行业综合评价体系进行评价，其他方面人选由推荐单位按推荐条件进行考察，并征求所在行业协会及相关部门意见。跨县（区）、市（地）经营的企业在上一级开展综合评价；跨省（自治区、直辖市）经营的企业，推荐地和总部所在地不在一个地方的，需同时征求企业总部所在省（自治区、直辖市）意见。综合评价工作要留存相关指标的原始档案备查。各项指标的评价结果由评价单位有关领导签字后加盖公章确认。

上报全国评选委员会的材料包括：推荐报告、人选汇总表、申报审批表、综合评价材料和自由择业知识分子考察材料。

（三）审批确定。全国评选委员会对各地推荐的人选和后备人选进行审核，并进行为期7天的公示，综合有关情况最终确定表彰名单。

第四章　表彰奖励

第八条　人选经全国评选委员会确定后，由主办单位联合授予“优秀中国特色社会主义事业建设者”荣誉称号，发布表彰决定，颁发奖章和证书。

第九条　已故且在经济社会发展方面作出突出贡献并引起广泛社会影响，符合全国优秀建设者人选条件的非公有制经济人士或自由择业知识分子，可追授荣誉称号。

第五章　纪律监督

第十条　评选表彰工作全程接受各级评审单位纪检部门和社会公众监督，各级评审机构应设立监督电话及信箱，及时回应举报申诉。各单位严禁以评选名义收取任何费用，对于在人选推荐和评选过程中出现的暗箱操作、收受贿赂、以权谋私或其他违法违纪行为，全国评选委员会将严格按照有关规定予以处理。

第六章　日常管理

第十一条　全国优秀建设者日常管理工作由中央统战部牵头，主办单位共同管理。评选表彰工作结束后，各有关单位要积极吸纳优秀建设者参加培训、座谈及其他形式的重要活动，加强对他们先进事迹的宣传，充分发挥他们的模范带动作用。

第十二条　凡出现以下任一情形应撤销全国优秀建设者荣誉称号：

（一）以弄虚作假手段骗取全国优秀建设者荣誉称号；

（二）因违法犯罪受到刑事处罚，或被开除党籍；

（三）发生其它应撤销荣誉称号的严重问题。

撤销荣誉称号由中央统战部提出意见，各主办单位会签同意后撤销，通知原推荐省、自治区、直辖市评选单位，并收回奖章、证书。

第七章　附　　则

第十三条　本办法由主办单位负责解释。

第十四条　本办法自印发之日起执行。

中央统战部　中央网络安全和信息化领导小组办公室
关于印发《关于开展新媒体从业人员统战工作的意见》的通知

2014 年 2 月 19 日

各省、自治区、直辖市、副省级城市和新疆生产建设兵团党委统战部、网信办：

为贯彻落实以习近平同志为总书记的党中央关于扩大统一战线团结面的要求，推动新媒体从业人员统战工作的开展，经中央领导同志批准，现将《关于开展新媒体从业人员统战工作的意见》印发你们。请结合本地实际，制定实施意见，认真贯彻落实。贯彻落实中的有关情况请及时报告。

关于开展新媒体从业人员统战工作的意见

新媒体是指以信息网络技术为基础的传播媒介，是国家网络安全和信息化建设的重要载体，是意识形态领域的重要阵地。新媒体从业人员是指以新媒体为平台或对象，从事或代表特定机构从事投融资活动、技术研发、内容生产发布以及经营管理活动的人，是统一战线工作新的重要着力点。

一、新媒体从业人员是新的社会阶层统战工作的重要着力点

1．新媒体从业人员大都是新的社会阶层的重要成员。新媒体从业人员是伴随新媒体的迅猛发展而成长起来的，具有知识层次高、流动性强、思维活跃、影响面广等特点，其中党外人士占多数，已经成为一个规模较大、成长性较强的新的社会群体。他们同其他新的社会阶层人士一样，都是中国特色社会主义事业的建设者，是推动经济社会发展的重要力量。团结新媒体从业人员是统一战线一项新的重要任务。

2．新媒体从业人员在维护国家网络安全、促进信息化建设方面发挥着重要作用。新媒体以互联网信息科技为发展基础和源动力，具有传播速度快、受众面广、影响力大等特点，不仅是我国新兴产业的重要组成部分，为经济社会发展提供有力支撑，而且已经成为舆论斗争的主战场，直接关系我国意识形态安全和政治安全。新媒体从业人员作为新媒体产业发展的直接推动力量，对媒体行业健康发展发挥着重要作用；作为多元信息第一时间的接触者、编辑者和审读者，对信息传播有着重要导向作用和把关作用。

3．开展新媒体从业人员统战工作具有重要意义。将新媒体从业人员纳入统战工作范围，引导他们爱国、敬业、诚信、守法、贡献，自觉践行社会主义核心价值观，有利于树立责任意识，激发创造活力，推动新媒体行业健康发展和新媒体从业人员健康成长；引导他们成为党的方针政策的主动传播者、社情民意的重要采集者、科学民主决策的积极推动者，有利于提高党和政府的治理能力，牢牢掌握意识形态领域的话语权和主动权，巩固党的执政基础；引导他们立足本职建言献策，进行有序政治参与，有利于实现最广泛的团结和联合，巩固和壮大新形势下的爱国统一战线。

二、新媒体从业人员统战工作的指导思想、原则和范围

4．新媒体从业人员统战工作的指导思想。高举中国特色社会主义伟大旗帜，以邓小平理论、“三个代表”重要思想、科学发展观为指导，深入贯彻习近平总书记系列重要讲话精神，按照中央关于新的社会阶层人士统战工作方针政策，坚持以促进新媒体行业健康发展和新媒体从业人员健康成长为主题，以培养一支政治坚定、业绩突出、群众认同的新媒体行业代表人士队伍为重点，以引导新媒体从业人员自觉维护网络安全、促进信息化建设为目标，把新媒体从业人员紧密团结在党的周围，为建设网络强国、全面建成小康社会、实现中华民族伟大复兴的中国梦凝聚新的力量。

5．新媒体从业人员统战工作原则。广泛联系，加强团结；积极引导，增进共识；热情服务，排忧解难；突出重点，分类指导。

6．新媒体从业人员统战工作的范围。新媒体的出资人或出资人代表、经营管理人员、采编人员和技术研发人员中的党外人士，重点是非公有制新媒体的出资人（或其代表）何管理者。

三、新媒体从业人员统战工作的主要任务

7．引导新媒体从业人员积极发挥作用。统战部门、互联网信息管理部门、互联网行业组织要积极引导新媒体从业人员发挥专业技术优势，维护国家网络安全，促进信息化建设，为建设网络强国贡献力量。引导增强社会责任意识和舆论导向意识，运用网络传播规律，把握网上舆论引

导的时、度、效，弘扬主旋律、激发正能量，营造健康向上的舆论生态。引导及时反映网络舆情，就国家经济社会发展热点难点问题建言献策。引导诚实劳动、守法经营，积极参与公共慈善事业。引导在传播中国声音、树立良好国际形象方面发挥独特优势和作用。

8. 加强新媒体行业代表人士队伍建设。将新媒体从业人员纳入党外代表人士队伍建设总体规划，做好发现、培养、使用、管理工作。加强对新媒体从业人员情况的调查了解，建立人才库，实行动态管理。加强理论培训和实践锻炼，提高他们的政治素质和职业素养。积极做好向各级人大、政协及社会团体举荐工作，向政府部门、司法机关推荐特约人员，为他们有序政治参与创造条件。建立健全跟踪管理机制，将其政治表现、思想状况，特别是在重大原则问题上的立场、关键时刻的表现纳入评价和管理内容。

9. 有针对性地做好新媒体从业人员思想政治工作。了解分析新媒体从业人员的思想动态，做好言论分析研判。通过举办研讨班、座谈会、国情考察等活动，采取符合实际、易于接受的方式，加强思想政治引导。开展坚持和发展中国特色社会主义学习实践活动，不断增强中国特色社会主义道路自信、理论自信、制度自信。

10. 加强与新媒体从业人员联谊交友。把联谊交友工作贯穿于新媒体从业人员统战工作的各个环节，广泛联系、加强沟通、增进了解、建立友谊。突出交友重点，在新媒体行业代表人物和骨干中，深交一批关键时刻经得起考验、起得了作用的挚友、诤友。建立适应新媒体从业人员特点的联谊交友制度，保持联谊交友的个性化、常态化。

11. 帮助新媒体从业人员解决实际问题。将做好服务工作作为新媒体从业人员统战工作的重要内容，增强服务能力，创新服务方式，提高服务水平。制定相关政策时，广泛征集、积极反映新媒体从业人员的利益诉求和意见建议。经常了解关心他们的工作、学习和生活情况，注意协调新媒体从业人员与有关部门、单位和团体的关系，帮助排忧解难。引导新媒体行业代表人士构建和谐劳动关系。

12. 开展新媒体从业人员统战工作研究。深入开展调查研究，了解掌握新媒体从业人员统战工作中的普遍性问题，开拓工作思路，丰富工作内容，创新方式方法，探索建立载体。注重总结经验，完善政策机制，督促检查落实，推动工作深入开展。

四、切实加强对新媒体从业人员统战工作的领导

13. 高度重视新媒体从业人员统战工作。统战部门要把新媒体从业人员统战工作摆上重要议事日程，定期研究、检查和总结，及时解决突出问题。互联网信息管理部门、互联网行业组织要积极配合，为开展新媒体从业人员统战工作创造必要条件，在人力、物力、财力等方面给予支持。统战部门组织的考察培训和挂职锻炼等，要把新媒体从业人员纳入其中。

14. 建立工作机制，形成工作合力。新媒体从业人员统战工作涉及面广，要在党委统一领导下，建立统战部牵头，宣传、网信、工信等部门和行业组织参加的新媒体从业人员统战工作联席会议制度，加强沟通协调、情况交流，研究解决问题。把互联网行业组织纳入新的社会阶层人士统战工作联系会议，在新媒体企业建立工作联系点，推动新媒体行业、企业党组织积极开展统战工作。

15. 健全工作机构，配强工作力量。明确开展新媒体从业人员统战工作的机构，配备政治素质好、业务能力强、知识面宽、创新意识强的干部从事新媒体从业人员统战工作。加强统战干部政治理论和新媒体相关业务培训，提高干部能力素质。加强互联网行业组织相关工作人员统战理论政策培训，提高开展统战工作的能力水平。

中共浙江省委办公厅　浙江省人民政府办公厅 关于进一步加强省外浙江商会建设促进浙商创业创新的意见

2014 年 1 月 15 日

省外浙江商会是我省联系服务省外浙商的桥梁和纽带，是组织推动省外浙商创业创新的重要力量。为进一步加强省外浙江商会建设，促进浙商创业创新，经省委、省政府同意，现提出如下意见。

一、全面把握省外浙江商会建设的总体要求

（一）重要意义。改革开放以来，广大省外浙江商会坚持服务宗旨，切实履行职能，在凝聚浙商力量、打造浙商品牌，维护浙商权益、助推浙商发展，沟通政企联系、服务两地经济等方面发挥了重要作用。加强新形势下省外浙江商会建设，是贯彻落实省委、省政府关于支持浙商创业创新、促进浙江发展决策部署的重要举措，是推进浙江人经济与浙江经济融合发展的必然要求，对于组织引导省外浙商积极参与实施国家区域发展战略和我省“四大国家战略举措”，更好地服务国家和我省经济社会发展；有效整合省外浙商资源，推动省外浙商企业转型升级、提高综合竞争力；建立完善省外浙商自律机制、信用体系和服务体系，提升浙商品牌形象，具有重要意义。各地各部门要高度重视省外浙江商会建设，积极采取措施，认真加以推进，促进浙商创业创新。

（二）指导思想。认真贯彻落实省第十三次党代会和省委十三届四次全会精神，深入实施支持浙商创业创新、促进浙江发展的决策部署，推动建立制度健全、机制完善、管理民主、运作规范的省外浙江商会组织体系，充分发挥省外浙江商会作用，促进省外浙商创业创新、回归发展，为干好“一三五”、实现“四翻番”，加快建设物质富裕精神富有现代化浙江提供有力保障。

（三）主要目标。到 2020 年，形成以省级商会和商会协作区为主干、覆盖全国的省外浙江商会组织网络，全面提升商会凝聚力；打造一批优质省外浙江商会，获评 5A 级社会组织的省级浙江商会比例超过 80%，全面提升商会影响力；充分发挥省外浙江商会职能作用，高质量完成促进浙商创业创新、回归发展的目标任务，推动商会建设继续走在全国前列。

二、切实加强省外浙江商会建设

（四）加强网络体系建设。完善省外浙江商会组织建设，有序推进各地分支机构布点，形成覆盖广泛、布局合理、结构优化的网络体系。规范省外浙江商会组建工作。加强省外省级浙江商会与其他浙籍商会的交流合作，通过感情联络、关系联结、组织联盟、工作联动、品牌联塑，实现省外浙商互动合作、融合发展。

（五）加强领导班子建设。选好省外浙江商会领导班子，努力打造团结和谐、民主议事、注重学习、开拓创新的团队，引领商会科学发展。商会领导班子届满后应在两地有关部门的指导下依法依规进行换届，提倡以内部酝酿、民主协商、会议选举的方式推选商会领导班子。把具有较高政治素养、良好道德品质、较强企业实力、较大社会影响力和一定组织协调能力，乐于奉献、热心商会事业的优秀浙商选为会长。

（六）加强内部治理结构建设。省外浙江商会要严格遵守国家法律、法规，按照《社会团体登记管理条例》和商会章程，建立科学规范的法人治理结构。明确会员代表大会、理事会、监事会的职责，形成民主选举、民主决策、民主管理、民主监督、规范有序的运作机制。健全内部组织机构，完善内部管理制度，加强商会秘书处建设，秘书长原则上由专职人员担任。

（七）加强省外浙商党建工作。根据流动党员“一方隶属、多重管理”原则，积极创新省外浙商党建工作机制，进一步理顺省外浙江商会党组织隶属关系和党建工作指导关系。健全省外浙江商会党组织负责人日常工作联系和定期工作交流等制度，充分发挥商会党组织的战斗堡垒作用和省外浙商党员的先锋模范作用，不断增强省外浙商党建工作的影响力。

三、积极引导省外浙商参与“四大工程”建设

（八）实施外部空间拓展工程。指导省外浙江商会组织引导浙商参与实施新一轮西部大开发、振兴东北等老工业基地、促进中部崛起、东部率先发展等国家战略，拓展浙商经济发展新空间。引导浙商到具有政策和成本优势的地区设立生产基地、建立各类园区，到资源富集地区投资资源能源项目、建设省外战略资源供给基地，打造浙商经济发展新平台。引导浙商提升战略布局能力、产业延伸能力和要素集聚能力，不断优化浙商发展的空间结构、产业结构和市场结构，推动市场、资本、资源能源和人才科技优化配置，形成浙商经济发展新优势。

（九）实施回归引进提升工程。指导省外浙江商会建立健全浙商创业创新推进机制，加强计划制定、项目储备、信息采集等基础工作，着力提升浙商回归引进的组织水平。指导做好浙江投资环境、投资政策的宣传和招商活动的服务工作，加强商会内部资源整合，联合或牵线其他商会、境内外大企业及优质要素，抱团回归发展“实、大、新、高”项目，提升浙商回归引进绩效。

（十）实施营销网络建设工程。指导省外浙江商会积极拓展浙江产品市场，培育一批浙江产品营销中心和重点经销户，建设一批浙江产品展示展销中心。指导省外浙江商会积极参与全国浙商营销网（浙货网）建设，通过线上线下联动扩大销售浙江产品；积极参与全国浙商五金机电、农产品等营销联盟建设，组织省外浙商参加省内外重大展会，实现省内生产商和省外经销商有效对接。

（十一）实施浙商文化品牌工程。引导浙商弘扬以创业创新为核心的浙江精神，自觉践行务实、守信、崇学、向善的当代浙江人共同价值观，传承优秀商帮文化、融合现代企业文化，争做责任浙商、实业浙商、创新浙商、“最美”浙商。指导省外浙江商会牵头建设功能齐全、服务高效的“浙商大厦”，打造一批区域性浙商合作中心、文化总部和温馨家园。

四、强化省外浙江商会建设的保障措施

（十二）加强组织协调。省支持浙商创业创新促进浙江发展工作领导小组负责研究提出支持浙商创业创新、回归发展等政策措施，及时协调解决省外浙江商会和浙商发展中的重大问题。建立省领导联系省外浙江商会制度，加强对省外浙江商会工作的指导。建立省领导走访慰问省外浙江商会会长、优秀回乡投资浙商亲属制度，营造更加浓厚的乡情亲情感召氛围。

（十三）创新工作机制。各级各有关部门要充分发挥各自优势，切实做好对省外浙江商会的服务工作。省经合部门要不断强化服务省外浙江商会意识，创新服务手段，提升服务水平。各地要建立商会骨干会员和浙商重点企业、重点项目、重点领域信息库，进一步增强工作的针对性和有效性。建立省外浙江商会评价激励制度，对浙商回归引进工作和全国浙商营销网络建设工作进行考核。

（十四）优化平台载体。继续办好世界浙商大会、天下浙商家乡行等活动，推动省外浙商提升发展、回归发展。有效发挥省委党校、浙江大学等教育资源优势，组织省外浙江商会会长和浙商骨干参加学习培训。充分利用省外浙江商会会长年会、秘书长工作例会和相关行业机构组织，加强与省外浙江商会和浙商的沟通交流。各级党代表、人大代表、政协委员安排中，要充分考虑省外浙江商会会长和浙商代表人选。省委、省政府召开有关经济工作的大型会议、制定有关浙商发展的重大政策，要邀请省外浙江商会会长或浙商代表参与。

（十五）搞好典论宣传。各地各有关部门要加强对省外浙江商会工作的宣传报道和舆论引导，大力宣传商会建设的成功经验和浙商创业创新、回归发展的典型，努力营造支持浙商创业创新、促进浙江科学发展的良好氛围。

各地各有关部门要根据本意见，结合实际研究制定具体贯彻落实办法。

浙江省人民政府办公厅关于加强民间信仰事务管理的意见

2014年9月17日

各市、县（市、区）人民政府，省政府直属各单位：

民间信仰在我省具有悠久历史和广泛分布。为解决当前民间信仰事务管理中的突出问题，建立健全长效管理机制，经省政府同意，现就加强新形势下我省民间信仰事务管理工作提出如下意见：

一、指导思想

坚持以邓小平理论、“三个代表”重要思想、科学发展观为指导，深入贯彻落实党的十八届三中全会精神，按照“建设美丽浙江、创造美好生活”的要求，创新社会治理方式，依法规范民间信仰事务管理，弘扬优秀传统文化，发挥民间信仰积极作用，为促进我省经济社会持续健康发展创造良好的环境。

二、基本要求

（一）尊重信仰。民间信仰具有传承性、群众性、复杂性、区域性等特征，是中华传统文化传承的重要载体，是区域性地方文化的重要内容。各地要尊重历史和群众信仰需求，正确认识和对待民间信仰问题，积极探索民间信仰规律，发挥其积极作用，遏制其消极作用，努力促进民间信仰活动和谐有序。

（二）规范管理。民间信仰事务是指民间信仰与国家、社会、公民之间存在的涉及国家利益和社会公共利益的事务，是社会治理的重要组成部分。各地应将其纳入政府社会事务管理范畴，通过法律法规和政策管理民间信仰事务。全省建立民间信仰活动场所管理制度，进行分类管理，做到布局合理，管理规范，活动有序，安全稳定。各地要探索发挥民间组织作用，共同参与民间信仰事务管理。民间信仰事务不受国（境）外组织和个人支配。

（三）分级负责。民间信仰事务实行属地管理。各级政府负责领导本辖区民间信仰事务管理工作，县级以上政府宗教事务行政主管部门归口管理民间信仰事务，负责政策制定指导、场所登记编号、活动监督管理等工作；乡镇政府（街道办事处）负责民间信仰事务日常管理；村民（居民）委员会协助管理日常事务。国土资源、建设、规划、公安、消防、旅游、民政、文化、文物、林业、农业和农村工作等部门在各自职责范围内依法进行监督管理。

（四）注重引导。各地要切实加强对民间信仰的引导，以社会主义核心价值观为引领，有鉴别地加以对待，有扬弃地予以继承，赋予民间信仰时代发展的新元素。注重发挥民间信仰在道德教化、文化传承、民间交流等方面的积极作用，反对陋习，引导其与社会主义社会相适应。高度警惕宗教极端思想，坚决抑制邪教影响。

三、主要任务

（一）建立民间信仰活动场所登记编号管理制度，实施分类管理。本意见所指的民间信仰活动场所是指群众因崇拜神祇、祈福禳灾而建设的，进行民间信仰活动的各类庙庵，但不包括文庙、宗族祠堂。各地要对民间信仰活动场所进行全面普查，摸清数量分布、历史沿革、信仰特征、影响范围、建筑年代、建筑面积、占地面积、管理组织、资金财产以及民间信仰活动类型、规模、方式等情况，并汇总建档，实行信息化管理。组织开展民间信仰活动场所综合治理工作，按照"因地制宜、疏堵结合、分类指导、规范管理"的要求，通过保留、合并、改用、拆除等方式，甄别分类，综合施策，推进民间信仰活动场所合理布局。其中对历史文化底蕴深厚、代表性强、影响广泛的民间信仰活动场所，要重点进行整改提升；对已被公布为文物保护单位、文物保护点或文物普查登录以及承载非物质文化遗产保护项目的场所，要重点予以保护。

在对民间信仰活动场所进行全面普查和分类治理的基础上，由所在地村民（居民）委员会报乡镇政府（街道办事处）核实，经公示无异议后，报县（市、区）宗教事务行政主管部门汇总统计、登记造册、统一编号，予以确认，并针对民间信仰活动场所的不同情况，进行分类管理。《浙江省民间信仰活动场所登记编号管理办法》由省民宗委另行制订。

（二）建立民间信仰活动场所民主管理组织，健全管理制度。民间信仰活动场所实行民主管理。乡镇政府（街道办事处）或受乡镇政府（街道办事处）委托的村民（居民）委员会负责指导建立场所民主管理组织，明确场所管理负责人。规范民间信仰活动场所日常管理，根据需要建立人员、会计、治安、消防、档案、环保、文物保护、卫生防疫等管理制度。各地应参照宗教活动场所财务监督管理办法，建立民间信仰活动场所财务管理制度，做到账务公开、透明。县级以上政府财政部门应当加强对民间信仰活动场所财务状况的监督、检查，依法对违反国家会计制度的行为进行处罚，乡镇政府（街道办事处）应当加强有关协作配合工作，确保合理、规范使用，防止因财务问题影响场所团结，引发不稳定因素。

（三）规范民间信仰活动，落实安全责任。民间信仰活动场所管理组织和信众应遵守国家法律法规，维护国家统一、民族团结和社会稳定，不得妨碍社会公共秩序、生产和生活秩序，不得从事各类非法活动。民间信仰活动场所不得常住宗教教职人员。

民间信仰活动一般应当在民间信仰活动场所内进行，并按照属地管理和"谁举办、谁负责"的原则，严格落实安全责任。举办适用于国务院《大型群众性活动安全管理条例》监管规定的大型民间信仰活动，需报公安部门实施安全许可；举办其他大型以及涉台、涉侨、涉外等民间信仰活动，按照省市县有关规定执行。乡镇政府（街道办事处）和县级有关部门要定期开展安全培训和检查，指导民间信仰活动场所提高安全管理能力。

（四）严把民间信仰活动场所基建关，制止乱建滥建。民间信仰活动场所的建筑物应符合建设、规划等相关规范要求，与周边环境相协调。严格控制民间信仰活动场所新建、迁建、扩建、重建，禁止未经批准新建、迁建、扩建、重建以及改建、翻建民间信仰活动场所。因特殊情况确需新建、迁建、扩建、重建以及改建、翻建的，要依法办理相关用地、建设等审批手续，乡镇政府（街道办事处）负责予以指导，民宗、国土资源、建设、规划等部门要加强协作配合、严格审核把关。因房屋质量问题需要修缮的，由乡镇政府（街道办事处）出具修缮指导意见后实施，原则上不得超出原用地范围和原建筑规模。被公布为文物保护单位、文物保护点或者承载非物质文化遗产保护项目以及位于自然保护区、风景名胜区（旅游区）等范围内的民间信仰活动场所，其建设和管理按相关法律法规规定办理。乡镇政府（街道办事处）要加强巡查监管，相关职能部门要建立健全联合执法机制，对擅自新建、迁建、扩建、重建以及改建、翻建民间信仰活动场所的，应依法予以制止并拆除。

（五）发挥民间信仰积极作

用，维护社会和谐稳定。各地要深入挖掘民间信仰的当代文化价值，赋予新的时代内涵，并结合各种民间民俗活动，丰富群众的文化生活。发挥民间信仰崇德、慈悲、宽容等的道德教化作用，形成向上、向善的道德伦理力量，弘扬社会正气，融洽乡里关系，化解基层矛盾。鼓励民间信仰活动场所参与社会公益慈善事业，积极回报社会。倡导民间信仰和谐共生理念，引导不同信仰群众相互尊重、和睦相处，维护社会和谐稳定。

四、组织实施

（一）加强领导，明确责任。各级政府要充分认识做好民间信仰事务管理工作的重要性，切实纠正不愿管、不敢管、不会管等现象。建立健全政府主导、宗教事务行政主管部门归口管理、相关部门各司其职、民间组织参与、场所自我管理的齐抓共管机制，将民间信仰活动场所综合治理工作纳入“无违建县”创建活动，认真抓好工作落实。各类开发区（园区）、自然保护区和风景名胜区（旅游区）等管理机构应在上级政府领导下，负责做好辖区内民间信仰事务管理工作。各设区市政府要结合本地实际，制订民间信仰事务管理的具体实施意见。

（二）广泛宣传，深入发动。各地要加强有关法律法规和政策的宣传，广泛开展各种宣传活动，帮助广大基层干部群众充分认识民间信仰事务管理是社会治理的重要方面，加强民间信仰事务管理对于促进民间信仰规范有序发展具有十分重要的现实意义，进一步增强法治观念和公民意识，积极配合和支持民间信仰事务管理工作。认真研究解决民间信仰事务管理中暴露出来的新情况新问题，探索创新治理方式和管理手段，加强相关法规和制度建设，不断提高我省民间信仰事务管理的法治化水平。

（三）加强保障，稳步推进。各地要重点在工作机构、人员配备、工作经费、办公场所等方面，加强民间信仰事务管理工作保障力度。工作任务重的设区市、县（市、区）宗教事务行政主管部门应根据实际情况，进一步明确工作职责，落实工作力量。乡镇政府（街道办事处）要明确分管负责人，确定由社会事务管理办公室或其他相关机构具体承担此项工作，落实工作力量，责任到人；村民（居民）委员会要确定工作责任人，形成层层有人管、一级抓一级的工作局面。各类开发区（园区）、自然保护区和风景名胜区（旅游区）等管理机构也要相应落实工作力量，确保责任到人。各地要将民间信仰事务管理纳入基层网格化管理，建立民间信仰事务矛盾纠纷预防和处置机制，切实维护社会和谐稳定。

中共浙江省委统战部关于做好黄埔同学工作进社区的通知

2014 年 4 月 8 日

杭州市委统战部、上城区委统战部、下城区委统战部、江干区委统战部、拱墅区委统战部、西湖区委统战部：

近年来，党和政府出台了一系列解决黄埔同学生活困难的政策，黄埔同学生活状况有了一定的改善。目前，全省健在的黄埔同学约有 300 余人，平均年龄在 90 岁以上。由于他们都已步入耄耋之年，特别是部分黄埔同学生活困难、长期卧病在床，对他们日常关怀的问题越来越突出，如何关爱黄埔老人，照顾好这一特殊的统战群体，成为一个亟待解决的问题。

当前，全省上下都在开展党的群众路线教育实践活动，为人民群众办实事、解难事、做好事，培育打造“民心工程”成为党委和政府的工作重点。依托杭州市统战工作进社区的优势，浙江省黄埔军校同学会定于今年上半年率先与杭州市委统战部合作，实施黄埔同学工作进社区计划。按属地管理原则，将杭州市黄埔同学与所在社区结对，使黄埔同学得到更加贴心、周到的照顾及精神安慰，安享幸福晚年生活。

一、工作计划

黄埔同学进社区于5月份在上城区、下城区、江干区、拱墅区、西湖区五大主城区全面启动。之后，在总结工作经验的基础上，在其他有条件的地市选择社区建设成熟、社区服务完善的基层单位推开。

二、工作机制

为加强对黄埔同学工作进社区的统筹协调，省委统战部决定成立黄埔同学工作进社区领导小组（名单见附件），领导小组办公室设在省黄埔军校同学会。

三、责任分工

1. 省黄埔军校同学会负责业务指导及统筹。

2. 杭州市委统战部负责与五大城区统战部沟通协调。

3. 各区委统战部负责具体项目和工作的指导和推动。

4. 有关社区负责具体项目和工作的落实。

四、具体措施

1. 各街道、社区将此项工作纳入统战工作进社区范畴，将黄埔同学列入党外人士重要节日慰问大名单，定期上门慰问。

2. 确定社区统战工作联络员，填写《浙江省黄埔军校同学登记表》，上报给浙江省黄埔军校同学会，建立电子台账。

3. 省黄埔军校同学会定期对各社区相关人员组织培训，培训内容包括黄埔军校历史、老年人心理特点、老年保健、台海形势等。

4. 省黄埔军校同学会领导会同杭州市委统战部及各区委统战部领导，街道、社区负责人定期参与走访、检查工作的落实情况。

5. 每年以上门走访、问卷调查等方式对各社区开展工作情况进行总结、评比，对工作突出的单位和个人进行表彰。

请各相关单位于4月25日前，将具体负责处（科）室及联络人、社区统战工作联络员名单（包括姓名、单位、职务、联系电话等）报送至省黄埔军校同学会办公室。

联系人：曹锦玲、丁莹，联系电话：0571－87051519，传真：0571－87053987，电子邮箱：zhejianghp@126.com。

附件：黄埔同学工作进社区领导小组成员名单

附件

黄埔同学工作进社区领导小组成员名单

组　长：汤为平（省委统战部副部长）

副组长：王高瞻（省委统战部联络处处长）
高崇敏（省黄埔军校同学会办公室主任）
徐祖德（杭州市委统战部副部长）

成　员：曹锦玲（省黄埔军校同学会办公室副主任）
虞青海（杭州市委统战部经济联络处处长）
毛建儿（杭州市上城区委统战部副部长）

韦凤珠（杭州市下城区委统战部副部长）
王　弘（杭州市江干区委统战部常务副部长）
刘永昌（杭州市拱墅区委统战部副部长）
吴树华（杭州市西湖区委统战部副部长）

中共浙江省委统战部关于印发《2014年深入开展省统一战线助推嘉善县域科学发展示范点建设活动实施方案》的通知

2014年4月23日

省统一战线助推嘉善县域科学发展示范点建设活动领导小组成员单位：

自2013年3月省统一战线助推嘉善县域科学发展示范点建设活动启动以来，省统战系统各单位认真谋划、狠抓落实，积极助推嘉善县域科学发展示范点建设。助推工作受到嘉善县委、县政府和当地群众的普遍欢迎，也得到省领导的充分肯定。

今年全省统战部长会议继续把助推嘉善县域科学发展示范点建设作为重点工作，要求演好“连续剧”、打造“升级版”，助推工作要进一步加大力度、突出重点、探索创新、深化提升。

现将《2014年深入开展省统一战线助推嘉善县域科学发展示范点建设活动实施方案》印发给你们，请各牵头和参与单位（处室）认真做好各项工作。我部将在2014年底对完成情况进行检查和总结。

2014年深入开展省统一战线助推嘉善县域科学发展示范点建设活动实施方案

一、抓好前一阶段重要工作的落实和推进，演好“连续剧”

（一）继续做好重要项目的落地和对接

1. 浙江长征职业技术学院与嘉善县信息技术工程学校“财务管理”和“电子商务”专业“3+2”合作项目。

牵头单位（处室）：民革省委会

2. 中以高科技（嘉善）创新中心项目。

牵头单位（处室）：民建省委会

3. 2013年“海外浙商·致公峰会”有关洽谈项目。

牵头单位（处室）：致公党省委会

4. 富通集团产业转型升级示范工业园项目。

牵头单位（处室）：省工商联 农工党省委会

5. “浙江华侨产业基金”落地嘉善项目。

牵头单位（处室）：省侨联

6. 两岸文化创意产业园项目。

牵头单位（处室）：省知联会

7. 浙江广厦住宅产业化项目。

牵头单位（处室）：省委统战部（经济处）

（二）继续做好重要协议的落实

8．推动省工商联与中国银行、嘉善县工商联与光大证券股份有限公司杭州公司战略合作协议的落实。根据省工商联与有关银行的战略合作协议，帮助嘉善县工商联执委以上优质企业建立个人信用100－500万元的信用贷款机制。同时为非公企业提供新三板挂牌交易、再融资、发行企业证券、公司债等服务。

牵头单位（处室）：省工商联

9．推动九三学社省委会与嘉善县人民政府“九善合作”协议的落实，以九三学社人才和科技资源优势为依托、以服务嘉善县经济和社会发展为任务，开展系列助推活动。

牵头单位（处室）：九三学社省委会

（三）继续推进重要基地建设

10．省统一战线教育培训实践教学基地建设。

举办嘉善县新生代企业家培训班，免费培训嘉善新生代企业家。

牵头单位（处室）：省委统战部（干部处）

参与单位（处室）：省社会主义学院

11．党外代表人士实践锻炼基地建设。

根据嘉善县的需求和党外代表人士队伍建设的需要，继续选派党外代表人士赴嘉善挂职。

牵头单位（处室）：省委统战部（干部处）

12．浙江省继续医学教育（嘉善）基地建设。

助推省级有关高校、医院与嘉善县的医疗卫生合作，定期组织有关专家、教授对嘉善县医务人员进行培训、指导，重点围绕肿瘤、急诊麻醉学科进行重点扶持，通过“请进来、走下去”的助推方式，安排嘉善县基层医生赴浙二医院临床学习，并举办4期以上医学继续教育培训班。

牵头单位（处室）：农工党省委会

13．海外侨领研习实践基地建设。

组团带领侨联青年总会赴嘉善学习考察。

牵头单位（处室）：省侨联

二、着眼示范点建设可学、可借鉴、可复制、可推广，打造“升级版”

（一）进一步提升议政建言水平

14．围绕推进嘉善重点领域的各项改革建言献策。

围绕嘉善县域科学发展综合配套改革总体方案确定的推进要素配置市场化改革、核准目录外工业企业投资项目不再审批改革、综合行政执法改革、行政权力清单制度改革等重点领域，尤其是对今年要基本完成的工作任务建言献策，并积极协助嘉善县委县政府针对县域科学发展示范点建设过程中遇到的具体问题与省委省政府、国家部委沟通对接，并通过人大建议、政协提案等形式获取支持。

牵头单位（处室）：省委统战部（党派处　经济处　党外知识分子处）

参与单位（处室）：各民主党派省委会　省工商联　省知联会

15．参与嘉善县域科学发展评价指标体系研究。

根据《嘉善县域科学发展评价指标体系》（初稿）提出的县域科学发展评价指标体系，组织不同领域党外代表人士、专家学者召开系列座谈会、论证会，修订完善。

牵头单位（处室）：省委统战部（党派处　党外知识分子处）

参与单位（处室）：各民主党派省委会　省知联会

16．围绕嘉善“三区一园”建设开展课题研究。

组织各民主党派省委会、省工商联、省知联会围绕助推嘉善产业转型升级引领区、城乡统筹先行区、开放合作先导区和民生幸福新家园“三区一园”建设，各选取一个具体课题开展调研，形成调研报告供嘉善县委县政府参考。

牵头单位（处室）：省委统战部（党派处　经济处）

参与单位（处室）：各民主党派省委会　省工商联

（二）进一步提升助推嘉善招商选资、招才引智水平

17．助力嘉善接轨上海。

加强民盟省委会与民盟上海市委会的横向联系，借助民盟上海市委会的组织资源，为嘉善对

接上海自贸区、承接上海产业和科技资源转移提供支持。

牵头单位（处室）：民盟省委会

18．2014 年（台商）助推嘉善县域科学发展推介会。

组织在杭台商企业通过开展座谈交流，了解嘉善县经济发展和投资环境情况，助推嘉善县科学发展。

牵头单位（处室）：台盟省委会

19．助推嘉善改善中小微企业创业环境。

帮助嘉善县工商联做好有关科技型小微企业科技服务的对接、申报工作，特别是机械制造企业申报进入军工产品目录、科技企业申报项目等工作。

牵头单位（处室）：省工商联

20．开展“同根海联·智汇嘉善”专题活动。

举行浙江海联会五届一次常务理事会暨浙江海联会“同根海联 智汇嘉善”专题活动。组织浙江海联会常务理事及部分港澳台海外代表人士考察嘉善，发布海联嘉善宣言。

牵头单位（处室）：省委统战部（联络处）

21．加强对嘉善新生代企业家的创业创新指导。

组织 10 家有代表性的省内新生代企业，并帮助联系浙江大学管理学院 10 位青年教授、博士共同与嘉善当地新生代企业结对，在企业经营管理理念、市场开拓共享、转型升级等方面进行交流合作，通过开展座谈交流、企业间互访等活动，助推嘉善新生代企业发展。

牵头单位（处室）：省委统战部（经济处）

22．开展新一轮“菁英浙商进嘉善”活动。

组织 10 家与当地产业发展方向相符的省内上市或进入民企 500 强的新生代企业，参与嘉善县委县政府和有关部门洽谈合作意向，做好 10 家企业赴嘉善开展考察交流的联系服务工作。

牵头单位（处室）：省委统战部（经济处）

23．引导台湾文创企业入驻嘉善两岸文化创意产业园。

以“浙台基层交流周”系列活动为载体，邀请台湾文创领域专业人士赴嘉善实地考察、洽谈，引导台湾文创企业特别是文化创意产业的领军人物入园，促进两地在文化创意领域的交流与合作。

牵头单位（处室）：省黄埔军校同学会

（三）进一步助推嘉善民生改善

24．深化科教法律帮扶。

（1）实施“创意艺苗计划”，牵头推动全国知名少儿美术机构“中国少儿创意美术基地”与嘉善县幼儿园、中小学合作，开展创意美术教学。设立民革浙江省委会法律服务（援助）工作站嘉善点。

牵头单位（处室）：民革省委会

（2）结对帮扶嘉善第二高级中学、嘉善新世纪学校、柳州学校。依托杭州长河高中、慈溪育才中学的教学师资优势，分别结对帮扶嘉善二中、嘉善新世纪学校，通过学科专家指导、教学科研帮扶、教师结对多种形式，帮助提升嘉善二中、嘉善新世纪学校的教学质量和水平。把嘉善民工子弟学校——柳州学校作为民盟省委会的教育帮扶基地，在师资培训、教学设施设备添置、英语教师支持等方面予以重点帮扶。

牵头单位（处室）：民盟省委会

（3）开展“书法教育进课堂”活动。依托民盟浙江华夏书画学会的资源优势，通过中小学教师书法培训和课堂现场教学等形式，推动传统文化进校园，促进嘉善素质教育发展。

牵头单位（处室）：民盟省委会

（4）举办“开明讲堂”高考专题讲座、现代教育教学专题讲座、国学专题讲座。

牵头单位（处室）：民进省委会

（5）协助嘉善县教育、文化、卫生等部门做好与省级相关部门的联系沟通工作。通过“名师讲坛”等形式，开展教育、卫生、法律下乡活动。

牵头单位（处室）：致公党省委会

（6）做好九三学社社员自主研发的新产品、新技术与嘉善当地企业的对接。依托“科技大讲堂”、“院士专家进校园”等九三学社社会服务品牌活动，赴嘉善开展科普宣传和讲座。

牵头单位（处室）：九三学社省委会

（7）组织联系点村民接受电子商务培训，开辟致富途径，帮助农民提高创业技能。

牵头单位（处室）：台盟省委会

（8）深入开展校企对接活动，由嘉善县企业提出需求，联系有关高校专家对接，解决企业发展中遇到的技术难题。组织省知联会有关专家赴嘉善开展两次法律服务。

牵头单位（处室）：省知联会

25. 加强医疗合作。

（1）支持嘉善县第二人民医院骨科、糖尿病科建设。每月定期选派省级医院骨科、糖尿病科专家赴嘉善县第二人民医院门诊、查房、讲课、座谈；帮助选派嘉善县第二人民医院骨科医生赴邵逸夫医院进修，帮助选派嘉善县第二人民医院糖尿病科医生赴省中医院进修。

牵头单位（处室）：民进省委会

（2）支持嘉善县第一人民医院肿瘤中心、急救中心建设。协助嘉善县第一人民医院建立肿瘤中心，实现省肿瘤医院有关专家赴该院门诊、手术长期化、制度化，力争三年内将该院肿瘤学科建成浙江省县级龙头学科或达到三级甲等专科医院肿瘤科标准；帮助嘉善县第一人民医院创建急救中心，通过省级专家实地指导、培训讲课和外送该院急诊科医护人员赴省级医院进修等形式，逐步提升救护水平。

牵头单位（处室）：农工党省委会

（3）协助省卫生计生委做好对嘉善县康慈医院的管理、规划和技术帮扶工作。

牵头单位（处室）：九三学社省委会

26. 助力文化建设。

（1）依托浙江省逸仙书画院、吴镇纪念馆举办“笔境·嘉善”文化遗产进基层活动，指导嘉善碧云花园有限公司“嘉善春鹃盆景栽培造型技艺”项目申遗。

牵头单位（处室）：民革省委会

（2）支持民盟盟员张正建设根雕艺术馆。向艺术馆捐赠一批盟史文献资料，在艺术馆建立盟员之家，助推嘉善根雕艺术发展。

牵头单位（处室）：民盟省委会

（3）依托浙江开明画院，开展省市县书画家联合笔会、公益讲座、书法家进社区系列活动。

牵头单位（处室）：民进省委会

（4）助推嘉善尚品创意农业文化产业园建设。做好浙江大学农业专家对园区规划方案设计的协调落实工作。

牵头单位（处室）：农工党省委会

27. 助推生态改善。

（1）联系台湾专家与嘉善县住建局共同推进生活垃圾分类、餐厨垃圾处理、城市生活垃圾处理工作。

牵头单位（处室）：台盟省委会

（2）结合“千企联千村，合力治污水”专项行动，与嘉善县工商联合作，组织浙商选择一个村开展污水治理。

牵头单位（处室）：省工商联

（3）根据全省“五水共治五教同行”活动方案，结合嘉善宗教工作实际，计划募集资金推动1条河道整治，为“五水共治”贡献力量。

牵头单位（处室）：省民宗委

（4）用好“侨爱心基金”，提供50万元左右资金在嘉善县认领一条受污染河流作为重点整治对象，助理嘉善打好“五水共治”攻坚战。

牵头单位（处室）：省侨联

（5）联系省知联会污水处理专家协助嘉善做好污水治理工作。

牵头单位（处室）：省知联会

（四）进一步推动统一战线助推嘉善县域科学发展示范点建设与统战工作自身发展的互利双赢

28. 推动基层协商民主建设与助推工作的互利双赢。

指导和支持嘉善县委统战部引导统一战线成员参与基层民主协商，为发现培养党外代表人士和探索基层统一战线参与社会治理提供新平台。

牵头单位（处室）：省委统战部（研究室）

29．提高宗教事务管理法治化水平，积极引导宗教与社会主义相适应。

助推嘉善加强宗教场所依法管理。以嘉善龙庄讲寺为标杆，推动其他宗教场所努力达到星级评定标准。依托省社会主义学院培训平台，进一步提高嘉善宗教界代表人士综合素质。以募集资金援建慈善超市为抓手，共同探索宗教公益慈善新模式。

牵头单位（处室）：省委统战部（民宗处）　省民宗委

30．探索新居民统战工作与助推工作的互利双赢。

以加强新居民代表人士的培养为突破口，协助嘉善县开展新居民统战工作试点。配合嘉善县开展社区治理模式创新，探索发挥基层知联会在社区治理模式创新中的积极作用。

牵头单位（处室）：省委统战部（党外知识分子处）

31．探索商会承接部分政府职能转移与助推工作的互利双赢。

以嘉善县纽扣商会和嘉善县木业协会为试点单位，指导嘉善县工商联探索商会承接部分政府职能转移。

牵头单位（处室）：省工商联

32．推动海外统战工作与助推工作的互利双赢。

以浙江省基本侨情调查为契机，建立侨情信息数据库，发挥资源优势，与嘉善实现资源共享，帮助嘉善建立海外联络站，做好海外代表人士工作。

牵头单位（处室）：省侨联

中共浙江省委统战部关于印发《浙江省委统战部建立健全惩治和预防腐败体系 2013－2017 年实施细则》及《浙江省委统战部 2013－2017 年惩防体系建设工作任务分解意见》的通知

2014 年 6 月 20 日

各处室：

现将《浙江省委统战部建立健全惩治和预防腐败体系 2013－2017 年实施细则》和《浙江省委统战部 2013－2017 年惩防体系建设工作任务分解意见》印发你们，请结合实际认真贯彻落实。

浙江省委统战部建立健全惩治和预防腐败体系 2013－2017 年实施细则

为深入贯彻落实中央《建立健全惩治和预防腐败体系 2013－2017 年工作规划》和省委《建立健全惩治和预防腐败体系 2013－2017 年实施办法》，进一步推进我部及统战系统反腐倡廉建设，结合统战工作实际，制定本实施细则。

一、总体目标和要求

以邓小平理论、“三个代表”重要思想、科学发展观为指导，深入贯彻落实党的十八大和习近平总书记系列重要讲话精神，按照省十三次党代会的部署，坚持标本兼治、综合治理、惩防并举、注重预防，紧紧围绕统战工作的中心任务，以党的执政能力建设、先进性和纯洁性建设为主线，以建设廉洁机关为目标，从抓作风建设入手，在坚决有力惩治腐败的同时，更加科学有效地预防腐败，落实反腐败体制机制创新要求，加强制度保障，力争通过今后几年的努力，“四风”问题得到有效治理，党员干部廉洁从政意识和拒腐防变能力切实增强，反腐败体制机制制度更加健全，对权力运行的制约监督更加有效，具有我省统战系统特色的惩治和预防腐败体系进一步完善，为推进全省统一战线事业的健康发展提供有力保证。

二、深化作风建设

深入贯彻中央八项规定精神和省委“28 条办法”、“六个严禁”等关于作风建设的有关具体要求，建立健全相关配套制度，强化纪律约束和制度规范，坚决纠正“四风”问题，大力弘扬统一战线坚持群众路线的优良传统和作风，密切党同人民群众的血肉联系，做好党特殊的群众工作。

（一）严明党的纪律，狠抓作风建设

党组织要把管党治党作为主要职责和根本任务，落实抓作风建设的工作责任，一级管好一级，一级带动一级。带领和组织广大党员干部自觉学习党章、遵守党章、贯彻党章、维护党章，自觉反对特权思想和特权现象，自觉按照党的组织原则和党内政治生活准则办事。狠抓纪律建设，严格执行党的政治纪律、组织纪律、财经纪律、工作纪律和生活纪律等各项纪律，牢固树立党的纪律观念，坚决克服组织涣散、纪律松弛问题。把严明党的政治纪律放在首位，决不允许有令不行、有禁不止，决不允许各自为政、阳奉阴违，保证在思想上政治上行动上同以习近平同志为总书记的党中央保持高度一致，保证中央和省委重大决策部署的贯彻落实。对党员干部严格要求、严格教育、严格管理、严格监督，加强对党的纪律执行情况、中央和省委有关统战工作等重大决策部署落实情况的监督检查。

（二）持之以恒贯彻落实中央和省委规定精神，着力解决“四风”问题

持续深入地抓好中央八项规定精神和省委“28 条办法”、“六个严禁”的贯彻落实，巩固和深化党的群众路线教育实践活动成果，认真落实我部和系统关于改进工作作风、密切联系群众的具体措施或实施意见，扎实开展作风建设有关活动，坚持抓巩固、抓深化，一个时间节点一个时间节点地抓，切实解决“四风”方面的突出问题，坚决防止反弹。严格执行《党政机关厉行节约反对浪费条例》、《党政机关国内公务接待管理规定》，结合实际，规范并严格执行公务用车配备使用管理、办公用房、公务接待、因公临时出国（境）等方面制度。抓住节庆日等重要时间节点，围绕群众反映强烈的突出问题，加大正风肃纪力度，对违反中央八项规定精神和省委有关具体要求的行为，发现一起、查纠一起，对典型问题通报、曝光。

（三）深化作风建设，建立健全长效管理机制

认真落实省委《关于建立健全作风建设长效机制的意见》，大兴求真务实之风，为民务实清廉。结合统战工作的特点，有针对性地扎实开展各种主题实践活动，坚持每年突出一个主题，推动正风肃纪的长效化、常态化，持续推进作风建设。解决滋生“四风”的深层次问题，形成有利于改进作风的制度环境。健全领导干部带头改进作风、深入基层调查研究机制，完善党员干部直接联系和服务群众制度及畅通群众诉求反映渠道制度。认真贯彻《浙江省领导班子和领导干部作风状况评价办法（试行）》的要求，加强对系统领导班子和领导干部作风建设情况的检查考核，把作风建设情况纳入党风廉政建设责任制考核范围，开展年度专项检查，及时纠正存在的问题。

三、抓好案件查处

严肃党纪国法，既坚决查处违纪违法案件，又切实解决发生在群众身边的腐败问题，做到有

腐必惩、有贪必肃、有责必究。进一步提高信访案件的处理能力，有效发挥查处案件治本功能。

严肃查处信访案件。认真做好信访案件查办工作，做到有案必查，违纪违法必究，决不姑息迁就。严格审查和处置党员干部违反党纪政纪、涉嫌违法的行为；严肃查处党员领导干部滥用职权、贪污贿赂、腐化堕落、钱权交易、失职渎职等案件；严肃查处在物资采购等重要环节搞虚假招投标、违规操作、谋取私利的行为；严肃查处违反政治纪律、违反干部选拔任用程序以及其它不正之风等。

建立健全案件处理机制。注重从信访举报、专项检查、案件检查等工作中发现问题，坚持抓早抓小，对党员干部身上的问题早发现、早教育、早查处，防止小问题变成大问题，健全案件发现机制；对信访举报事项及时进行分析研判、调查核实、信访处理、反馈办理情况的处理过程中，采取约谈、函询等方式向本人和组织核实反映的问题线索，并加强诫勉谈话和预警提醒，健全信访举报调查及分析反馈机制；加强对系统内发生的重大典型案件及时通报和典型案例的剖析，研究发现原因、特点和规律，督促相关单位有针对性地建章立制，发挥以案促教的警示作用、办案治本功能，健全以查促防机制；发挥民主党派、无党派人士等的监督作用，支持和保证群众监督，重视和加强舆论监督，进一步完善民主监督机制。

四、注重预防腐败

加强党员干部廉洁从政教育，健全完善统战系统管理制度机制，强化对权力运行的监督制约和机制创新，着力构建决策科学、执行坚决、监督有力的权力运行体系，铲除腐败滋生的土壤和条件。

（一）深化廉政教育

加强党风廉政教育。着力抓好中国特色社会主义理论和中国梦教育、理想信念和宗旨教育、社会主义核心价值体系教育，坚定理想信念。着力抓好党纪国法、廉政法规、从政道德和岗位廉政风险教育，强化廉洁从政理念。加强党的作风和纪律教育，增强党员干部作风纪律观念。坚持正面教育鼓舞人、反面教育警示人，大力弘扬统一战线的优良传统，加大对先进典型的宣传力度，用先进的人和事激励人、鼓舞人，营造积极向上、廉政勤政的工作氛围；深化警示教育，运用典型案例以案释纪、以案施教，增强党员干部廉洁自律意识。

推进廉政文化建设。围绕社会主义核心价值体系，建设具有统战特色的廉政文化。强化党员干部用廉政文化来修身养性，常修为政之德，常思贪欲之害，常怀律己之心，常弃非分之想，不断提高思想境界，增强廉洁自律的自觉性。坚持每年突出一个主题，结合系统重要活动，推动廉政文化宣传教育常态化，坚持推进廉政文化建设。充分发挥统战系统的特色优势，联合举办统战系统廉政文化展示活动，开展廉政文化教育基地创建活动。通过党员干部勤政为民、廉洁从政的自觉行为，形成良好的廉政修养和生活方式，推动整个社会的廉政认知水平的提高，着力营造出以廉为荣、以贪为耻的社会风尚和人人思廉、人人憎贪的良好环境。

完善反腐倡廉宣传教育工作机制。将党风廉政宣传教育纳入系统年度宣传教育工作的总体部署，不断丰富教育的内容和形式，增强教育的针对性和实效性。坚持和完善部理论中心组学习制度，定期安排党风廉政建设理论学习。健全领导干部讲党课制度，部主要领导每年至少讲一次廉政党课。在部务会议统一领导下，建立完善由机关办公室、干部处、研究室、机关党委、监察室等部门共同参与的“大宣教”工作机制，形成反腐倡廉宣传合力。

（二）加强制度建设

1. 健全和完善科学决策机制和有关制度。严格执行《浙江省委统战部领导班子工作规则》和《浙江省委统战部重要情况通报和报告制度》，建立健全民主科学的决策机制，健全党内民主制度，进一步健全部务会议议事决策办法。坚持民主集中制，规范集体领导和分工负责制度，凡涉及重大决策、干部任免、重要工作安排、大额资金使用的，坚持“集体领导、民主集中、个别酝酿、会议决定”的原则进行决策。

2. 建立和完善党风廉政建设和作风建设等制度。严格执行《浙江省委统战部关于落实党风廉政建设责任制的实施意见》、《浙江省委统战部反腐倡廉和作风建设组织领导与责任分工》和《浙江省委统战部领导班子和党员领导干部民主生活会制度》，部务会议定期向上级报告履行党风廉政建设主体责任情况。严格落实《关于进一步加强和改进浙江省委统战部理论中心组学习的意见》，加强廉洁从政内容的学习。完善实施《浙江省委统战部关于改进工作作风，密切联系群众的具体措施》和《浙江省统战系统关于改进工作作风的实施意见》，强化作风建设。

3. 完善干部人事管理制度。认真执行党的干部路线方针政策，贯彻落实《党政领导干部选拔任用工作条例》和《中共中央关于加强新形势下党外代表人士队伍建设的意见》，完善领导干部考查考核、述职述廉和民主评议制度，加强对拟提拔干部的廉政考察。完善省统战系统监察工作联席会议机制，认真落实《关于党外人士监督暂行办法》，建立健全党外人士监督、党外领导干部廉政谈话制度，协助民主党派加强内部监督机制建设，支持民主党派省委会监督委员会开展工作，推动民主党派完善民主生活会、述职评议会和谈心会等制度。

4. 完善因公临时出国（境）、公务接待、财务、固定资产使用和车辆等管理制度。严格执行《浙江省统战系统因公临时出国（境）管理的若干规定（试行)》、《浙江省委统战部公务接待工作规定》、《浙江省委统战部财务管理办法》、《浙江省委统战部固定资产使用管理暂行规定》和《浙江省委统战部机关车辆管理制度》，规范因公临时出国（境）、公务接待、财政资金的使用、固定资产使用和车辆管理。

5. 进一步加强廉政风险防控机制建设。从部门职责、统战业务工作特点和工作实际出发，重点围绕重要岗位和关键环节，不断增强廉政风险防控工作的针对性、实效性。全面梳理部门职权、制定权力清单、规范工作流程，深入排查廉政风险点、完善防控措施，着力构建动态监控、实时预警的风险防控体系。

（三）强化制约监督

加强党内监督。加强对遵守党的政治纪律的监督，确保党的路线方针政策贯彻执行。加强对民主集中制执行情况的检查监督，重点对“重点决策、重要干部任免和大额资金使用由领导班子集体作出决定”的情况进行监督。严格执行党内监督条例和浙江省党内监督十项制度实施办法，落实集体领导和分工负责、重要情况通报和报告、述职述德述廉、民主生活会、信访处理、谈话和诫勉、询问等监督制度，建立健全集体会审制度。加强对落实领导干部廉洁自律、防止利益冲突等规定执行情况的监督，开展领导干部报告个人有关事项情况抽查，并按照干部管理权限建立健全干部廉政档案和防止利益冲突档案。干部人事部门要加强对系统干部经常性管理监督。

加强对干部人事权的监督，完善干部提名推荐、考核评价、选拔任用、管理监督等方面的办法。加强对财务管理和大额度资金使用情况的监督，严格执行财务管理有关制度、政府采购制度和专项资金管理等各项制度。

五、切实加强对反腐倡廉工作的领导

（一）加强组织领导

部务会议把建立健全惩治和预防腐败体系作为一项重要政治任务抓紧抓好，做到有错必究、有责必问。建立以部长为组长的惩防体系建设领导小组，坚持部务会议集体领导与个人分工负责相结合，谁主管、谁负责，一级抓一级、层层抓落实的领导体制。领导小组定期听取惩防体系建设工作汇报，研究解决重大问题，把党风廉政建设纳入到统战工作总体规划，摆上重要议事日程，与业务工作紧密结合，做到同部署、同落实、同检查、同考核。

（二）明确工作责任

部务会议负党风廉政建设和反腐败工作的主体责任，支持和保证纪检监察部门发挥监督执纪作用，部领导班子成员要树立不抓党风廉政建设就是严重失职的意识，部长担负起党风廉政建设和反腐败工作第一责任人的职责，做到重要工作亲自部署、重大问题亲自过问、重点环节亲自协调、重要案件亲自督办。领导班子其他成员要认真履行“一岗双责”，根据分工抓好职责范围内的党风廉政建设和反腐败工作。建立切实可行的党风廉政建设责任追究机制，实行“一案双查”制度，既要追究当事人责任，又要倒查相关人员的领导责任，确保惩治和预防腐败体系各项工作任务的落实。

（三）注重监督检查

部纪检监察部门要认真履行职责，转职能、转方式、转作风，集中精力抓好党风廉政建设和反腐败工作，对牵头负责的工作要认真组织实施，坚持抓本部和抓系统相结合，加强反腐倡廉工作的指导、监督和检查；要积极协助部务会议抓好惩治和预防腐败体系的任务落实，加强对《实施细则》落实情况的监督检查，每年对工作进展情况开展检查，通过督促自查、重点抽查、专项检查等形式，查找问题，认真整改，总结评估，推动工作落实。

浙江省委统战部2013－2017年惩防体系建设工作任务分解意见

（略）

中共浙江省委统战部关于印发《关于推进浙江省党外代表人士实践锻炼基地工作的实施办法（试行）》的通知

2014年7月21日

各市委统战部：

现将《关于推进浙江省党外代表人士实践锻炼基地工作的实施办法（试行）》印发你们。请结合本地工作实际，认真贯彻落实。

关于推进浙江省党外代表人士实践锻炼基地工作的实施办法（试行）

为了贯彻落实《中共中央关于加强新形势下党外代表人士队伍建设的意见》（中发〔2012〕4号）、《中共浙江省委关于加强新形势下党外代表人士队伍建设的实施意见》（浙委〔2012〕125号）和《关于加强党外代表人士队伍实践锻炼的意见》（统发〔2012〕16号）、《全国党外代表人士实践锻炼基地工作管理办法（试行）》（统办发〔2012〕24号）精神，在加强多种形式实践锻炼的基础上，进一步推进我省党外代表人士实践锻炼基地工作，加大党外代表人士挂职锻炼力度，不断丰富党外代表人士实际工作经验，切实强化政治意识和大局意识，增强科学决策和处理复杂问题的本领，提高组织协调能力和行政管理能力，提升参政议政和合作共事水平，结合我省实际，制定本实施办法。

一、建立党外代表人士实践锻炼基地

1．省委统战部在嘉善县试点建立党外代表人士实践锻炼基地的基础上，总结好的经验和做法，继续选择各方面条件成熟的市、县（市、区），有计划、有步骤地逐步推广建立党外代表人士实践锻炼基地（以下简称“基地”）。

2．选派优秀党外代表人士到基地挂职锻炼，挂职时间一般为1年，原则上挂职担任市政府工作部门副职，县（市、区）政府工作部门副职或乡镇街道行政副职。

3．省委统战部干部处在部务会议领导下，负责基地管理的具体工作，并做好与基地所在市、县（市、区），以及挂职单位、派出单位具体协调沟通。

二、选派人员条件和选派工作程序

4．选派人员条件：政治素质好，与中国共产党同心同德、同心同向、同心同行，坚持中国共产党领导的多党合作和政治协商制度。具有专业优势和有发展潜力的党外中青年骨干，突出对省管厅局级副职后备干部、民主党派省委会领导班子后备人选的选派。身体健康，科级干部年龄一般在40周岁以下，处级干部年龄一般在45周岁以下；党外专家学者一般要有副高以上职称，年龄一般在45周岁以下。

5．选派工作程序：省委统战部与基地所在市、县（市、区）党委沟通，共同提出岗位数量和用人需求计划，报省委组织部备案。省委统战部与各民主党派省委会、省工商联、省知联会和有关高校党委统战部等单位沟通，按要求推荐挂职干部人选。省委统战部根据岗位数量和用人需求计划择优遴选确定挂职干部名单，提请省委组织部审核同意后，由省委组织部书面通知基地所在市、县（市、区）党委组织部按程序办理任职手续。基地所在市、县（市、区）党委组织部办理完任职手续后，由省委统战部会同派出单位送挂职干部到实践锻炼基地任职。

三、管理和服务保障

6．下派干部的日常管理，参照《关于进一步做好省直单位下派干部管理工作的通知》（浙组通〔2013〕46号）精神执行。

7．挂职单位根据挂职干部的专业特长，明确工作分工。支持挂职干部参加本地、本单位有关重要活动，也可邀请列席中共的有关会议。

8．挂职干部应自觉增强合作共事意识，主动接受挂职单位党委（党组）的领导，积极发挥自身优势，认真履行岗位职责。挂职期间原则上不再承担派出单位的工作任务。

9．挂职干部应自觉遵守各项工作纪律，严格要求自己，保持廉洁自律，树立良好形象。请假（外出）5天以内的，由挂职单位批准；请假（外出）5天以上的，报基地所在市、县（市、区）党委统战部批准。

10．实行实践锻炼情况报告制度。每季度末，挂职干部向基地所在市、县（市、区）党委统战部书面报告实践锻炼情况。基地所在市、县（市、区）党委统战部及时向省委统战部报告有关情况。

11．挂职结束前，省委统战部会同或委托基地所在市、县（市、区）党委组织部、统战部，对挂职干部进行考核。基地所在市、县（市、区）党委组织部应按时将考核材料和挂职干部个人总结报送省委统战部。挂职干部年度考核，根据当地有关干部年度考核工作规定执行。

12．基地所在市、县（市、区）党委统战部要关心挂职干部的工作、生活情况，与挂职单位保持联系，协助省委统战部做好挂职干部的联系、服务和管理工作。

13．挂职干部享受挂职单位同职级干部待遇。干部下派期间伙食补助标准按《浙江省机关工作人员差旅费管理规定》（浙财行〔2014〕10号）有关精神执行。

14．挂职期间，挂职干部不转行政关系和工资关系；在原单位的职务予以保留，其行政职务升迁、专业技术职务评聘、工资福利待遇等不受影响。

15．基地所在地民主党派组织、知联会，应对口邀请挂职干部参加组织生活或有关活动。

四、培养

16．基地所在市、县（市、区）党委统战部要把挂职干部纳入本地党外代表人士培养锻炼总体规划，组织开展学习交流、调查研究，为挂职干部提高素质搭建平台。

17．实行实践锻炼带教制度。挂职单位行政主要领导担任挂职干部的带教老师，负责业务工作指导和思想引导，经常与挂职干部交心谈心，帮助挂职干部尽快熟悉工作，转变角色，发挥作用。

18．派出单位要主动与基地所在市、县（市、区）党委统战部和挂职单位联系，配合挂职单位做好挂职干部的培养工作。挂职结束后，派出单位领导要听取挂职干部工作和思想汇报。

19．挂职结束后，省委统战部将挂职干部实践锻炼表现向派出单位通报，作为培养、使用的参考。

五、附则

20．本办法由省委统战部干部处负责解释。

21．各市委统战部可参照省委统战部做法，制定当地的实施办法。

22．本实施办法自发布之日起试行。

中共浙江省委统战部　浙江省司法厅党委关于印发《关于加强律师行业统战工作的实施意见》的通知

2014 年 8 月 12 日

各市委统战部、各市司法局：

根据中央统战部、司法部党组《关于加强律师行业统战工作的意见》（统发〔2013〕81 号）精神，中共浙江省委统战部、省司法厅党委联合制定了《关于加强律师行业统战工作的实施意见》，现将实施意见印发你们。

请结合本地实际，认真贯彻落实，贯彻中的有关情况请及时报告。

关于加强律师行业统战工作的实施意见

根据中央统战部、司法部党组《关于加强律师行业统战工作的意见》（统发〔2013〕81 号）精神，结合我省实际，现就我省加强律师行业统战工作提出以下实施意见。

一、加强律师行业统战工作的重要意义

律师行业统战工作是党的统一战线工作的重要组成部分。目前，我省 13000 多名执业律师中，党外律师占了 63.1%。开展律师行业统战工作，有利于把我省广大律师紧紧团结在党的周围，巩固和发展最广泛的爱国统一战线，为实现中华民族伟大复兴的中国梦，为建设美丽浙江、创造美好生活贡献智慧力量。

1. 加强律师行业统战工作，是推进中国特色社会主义伟大事业、建设“两美”浙江的必然要求。律师工作与我国经济建设、政治建设、文化建设、社会建设和生态文明建设息息相关，律师在经济社会生活和民主法制建设中发挥着重要作用。加强律师行业统战工作，密切党与广大律师的联系，有利于充分调动广大律师的积极性、主动性和创造性，为推进中国特色社会主义伟大事业，为建设美丽浙江、创造美好生活贡献智慧力量。

2. 加强律师行业统战工作是巩固党的执政基础、扩大党的群众基础和建设和谐社会、“平安浙江”的必然要求。律师执业和各方面群众有着广泛接触，在联系群众、服务群众、引导群众方面具有独特优势和有利条件。加强律师行业统战工作，把广大律师紧密团结在党的周围，引导支持我省党外律师积极参与人民调解、行政调解、司法调解以及信访问题处理，积极发挥维护权益、疏导情绪、平衡心理的作用，协调解决我省群众最关心、最直接、最现实的利益问题，可以起到预防矛盾、化解矛盾、维护社会稳定的作用，有利于进一步密切党与人民群众的联系，不断巩固党的执政基础、扩大党的群众基础，促进社会和谐稳定。

3. 加强律师行业统战工作，是推进国家治理体系和治理能力现代化、建设“法治浙江”的必然要求。律师队伍是落实依法治国方略、建设社会主义法治国家的重要力量。党的十八届三中全会提出推进国家治理体系和治理能力现代化的目标。加强律师统战工作，鼓励和支持广大律师利用专业优势，充分发挥在加强和创新社会管理中的职能作用，有利于引导广大律师在健全“法治浙江”体制机制建设，提高依法治理能力，推进国家治理体系和治理能力现代化建设中发挥应有的作用。

4. 加强律师行业统战工作，是保障律师队伍和律师行业健康发展、巩固和壮大爱国统一战线的必然要求。律师是中国特色社会主义法治国家的重要力量，是民主法治建设和经济社会发展的专业人才。做好律师行业统战工作，将律师行业人才纳入统一战线人才发展规划，加强党外律师代表人士队伍建设，充分发挥党外律师代表人士的积极作用，不仅有利于促进我省律师队伍健康成长，为律师行业科学发展提供人才和智力支撑，而且有利于巩固和发展最广泛的爱国统一战线。

二、加强律师行业统战工作的指导思想、原则和范围

指导思想：以邓小平理论、“三个代表”重要思想和科学发展观为指导，全面贯彻党的十八大、十八届三中全会和省第十三次党代会精神，认真落实中央、省委关于统战工作和律师工作的方针政策，以促进律师队伍健康成长和律师行业健康发展为目标，着力加强党外律师代表人士队伍建设，充分发挥党外律师特别是党外律师代表人士在服务经济社会发展、服务人民群众、议政建言、推进法治建设等方面的重要作用，团结引导广大律师做合格的中国特色社会主义事业建设者、捍卫者，为加快建设社会主义法治国家，为建设美丽浙江、创造美好生活，为实现中华民族伟大复兴中国梦贡献力量。

工作原则：坚持党的领导与加强行业自律相结合；坚持广泛联系与重点培养相结合；坚持体谅包容与增进共识相结合；坚持热情帮助与发挥作用相结合。

工作范围：以党外律师为主体，重点是政治坚定、法律精通、恪守诚信、业绩突出、群众认同的党外律师代表人士。

三、加强律师行业统战工作的具体措施

1. 加强对党外律师的政治引导。各级统战部门、司法行政机关、律师协会、律师事务所党组织要及时了解掌握党外律师尤其是党外律师代表人士的思想状况，结合行业特点，多做释疑解惑、疏通情绪工作，提高思想政治工作的针对性、有效性。以在党外律师中开展坚持和发展中国特色社会主义实践活动为主线，以开展争做学习之星、行业之星、建言之星和奉献之星活动为载体，积极引导广大党外律师认

真学习中国特色社会主义理论体系，学习党的十八大和十八届三中全会精神，学习习近平总书记系列重要讲话精神，增强中国特色社会主义道路自信、理论自信、制度自信，坚决抵制不符合我国国情的西方政治法律制度和政治观念的不良影响。引导广大律师努力践行社会主义核心价值观，培育形成中国特色社会主义律师执业精神，自觉维护宪法法律尊严，依法、规范、诚信执业，自觉维护当事人合法权益，维护法律正确实施，维护社会公平正义。

2. 推进党外律师代表人士队伍建设。以提高党外律师代表人士的综合素质，增强政治把握能力、参政议政能力、组织协调能力、合作共事能力为目标，扎实推进党外律师代表人士队伍建设。统战部门、司法行政机关和律师协会、律师事务所党组织共同做好发现、培养、使用、管理工作，建设一支高素质的党外律师代表人士队伍。加强理论培训，将党情、国情、省情、省情教育和统一战线理论、方针、政策纳入各级司法行政部门、律师协会举办的各类培训班的教学内容，探索建立统战部门、司法行政部门联合办班机制。加强协调沟通，积极培养选拔优秀党外律师，加大向各级人大、政府、政协、司法机关及有关组织推荐提名工作力度。积极推动组织人事部门遴选政治坚定、业绩突出、淡泊名利、务实自律、品行良好的党外律师进入法官、检察官及政府公务员队伍。探索建立实践锻炼机制，选派优秀党外律师到政府有关部门、司法机关、国有企业及有关组织挂职锻炼。各级律师协会领导班子、常务理事会、理事会应有一定数量的党外律师。各级统战部门要建立党外律师代表人士及后备队伍信息库，加强人才梯队建设。

3. 密切与党外律师的联谊交友。建立统战部领导班子成员与党外律师代表人士联系制度，每个班子成员联系1至2名党外律师代表人士，宣传党的方针政策，鼓励帮助发展事业，协助解决工作生活中的实际困难，深交一批关键时刻经得起考验、起得了作用的挚友诤友。统战部门、司法行政机关和律师协会党组织每年要定期召开党外律师代表人士座谈会，及时向他们传达中央有关文件和会议精神，通报党和国家大政方针及社会生活重大事项，就社会主义民主法治建设、经济社会发展、行业发展等重大事项听取意见建议。

4. 发挥党外律师的积极作用。统战部门要积极拓展党外律师政治参与渠道，有效发挥党外律师政治参与渠道，有效发挥党外律师政治参与优势和作用，主动吸收优秀党外律师参加决策咨询、民主协商、考察调研等活动。司法行政机关、律师协会、律师事务所党组织要组织党外律师围绕党和政府中心工作开展调查研究，主动为党外律师了解情况、议政建言、发挥作用创造有利条件。建立党外律师建言献策工作机制，各级律师协会要组织党外律师就经济社会发展中的热点、难点问题积极建言献策，实现党外律师建言献策的组织化、常态化、制度化。各级统战部门要通过建立邮箱、QQ群、微信群等有效手段，建立党外律师信息直通车，实时收集党外律师的建言建议；要将党外律师的合理建议及时反映给各级党委政府，并及时反馈建议采纳情况；加强协调配合，不断拓展渠道，支持党外律师在促进科学立法、严格执法、公正司法、全民守法方面发挥积极作用。鼓励党外律师履行社会责任，积极参加法律援助和“律师进社区（村）”、“执业为民送温暖、法律服务献爱心”等公益活动。各级律师协会应建立以党外律师为主的“同心”律师服务团（队），进一步发挥党外律师在依法维护公民和法人合法权益方面的重要作用，积极传递正能量。

5. 做好党外律师管理与宣传工作。建立科学公正的党外律师综合评价体系，从政治表现、律师执业、诚信守法、社会影响等方面加强引导和管理。积极推荐优秀党外律师参与优秀中国特色社会主义事业建设者的评选。对取得突出成绩的党外律师进行表彰。通过报纸、刊物、网站、浙江卫视《义行天下》栏目等多种方式，加强对先进典型事迹的宣传。对有问题和不足的，进行个别约谈或集体约谈；对个别存在严重问题的，协同有关主管单位或职能部门加以教育引导；对违规违纪的，按照律师法和相关规章、行业规范给予处理。

四、加强对律师行业统战工作的领导

1. 高度重视，强化保障。各级统战部门要切实加强对律师行业统战工作的组织领导，司法行政机关和律师协会党组织要把统战工作纳入重要议事日程，认真谋划部署，定期研究、检查和总结。各级统战部门要把律师行业统战工作作为重要工作内容，纳入统战工作的整体规划，建立健全统战部门、司法行政机关、律师协会共同参加的律师行业统战工作联系会议制度，加强沟通和协作。司法行政机关和律师协会党组织要把统战工作作为律师行业党建工作的重要内容，纳入党建工作考核范围，定期召开会议，分析研究律师统战工作，加强督促检查。把律师行业统战工作经费纳入行业党建工作经费予以保障。

2. 明确责任，形成合力。各级统战部门要在党委统一领导下，加强与司法行政机关的沟通联系，统筹统战工作开展。司法行政机关要认真贯彻党的统战工作方针政策，指导、督促律师协会开展统战工作。律师协会要发挥团结联络、服务引导作用，真正成为团结凝聚党外律师的载体、培养输送党外律师代表人士的渠道、发挥党外律师作用的平台。律师事务所党组织要发挥了解情况、落实政策、联系培养等基础性作用，积极为党外律师成长成才、发挥作用创造条件。统战和司法行政部门要加强与法检两院的联系，充分保障党外律师的执业权利，帮助律师创造良好的执业环境。

3. 健全机构，充实队伍。统战部和司法行政机关应进一步加强工作机构建设，配齐配强工作力量，选拔政治素质高、工作能力强的干部，负责律师行业统战工作。各级律师协会党组织应设立统战委员或统战干事，负责律师行业党的统战工作。加强党外律师统战工作载体建设，在各级律师协会逐步成立知识分子联谊会（简称知联会），人数在 50 人以上的律师事务所可单独建立分会，50 人以下的律师事务所可建立联合分会或知联小组。各级律师事务所党组织要发挥政治核心作用和党员律师先锋模范作用，做好党外律师的团结、引导和服务工作。注重加强统战理论政策学习培训，不断提高开展律师行业统战工作能力和科学化水平。

中共浙江省委统战部　浙江省民政厅关于印发《浙江省开展社会组织统战工作试点方案》的通知

2014 年 8 月 22 日

杭州市委统战部，杭州市民政局、各有关全省性社会组织：

今年年初，中央统战部下发通知，在浙江等六省市开展社会组织统战工作试点。根据中央统战部的要求，结合我省实际，省委统战部、省民政厅联合制定了《浙江省开展社会组织统战工作试点方案》，现将方案印发你们，请参照执行。

浙江省开展社会组织统战工作试点方案

中共浙江省委统战部
浙江省民政厅

改革开放以来，我省社会组织发展较快，截至 2013 年底，我省依法登记的社会组织 3.6 万个，其中社会团体 1.8 万个，民办非企业单位 1.8 万个，基金会 327 家。党的十八大提出了引导社会组织健康有序发展的要求，十八届三中全会进一步提出激发社会组织活力、创新社会治理体制的改革思路。开展社会组织统战工作，将社会组织中的党外人士纳入统战视野，是落实中央精神，做好新的社会阶层人士统战工作的又一重要举措。近日，中央统战部下发通知，在浙江等六省市开展社会组织统战工作试点。根据中央统战部的要求，结合我省实际，制定以下试点工作实施方案。

一、工作目标

按照新的社会阶层人士统战工作要求，探索开展省级社会组织统战工作，建立完善社会组织统战工作的机制、载体，进一步扩大统战工作覆盖面，把社会组织及其专职管理人员中的党外人士逐步纳入我省统战工作的范围，建立一支社会组织党外代表人士队伍，加强团结服务、教育引导，密切与他们的联系，把他们紧密团结在党的周围，充分发挥他们在促进经济社会发展、提供公共服务、反映行业诉求、维护社会稳定及提升社会治理能力等方面的积极作用，为建设美丽浙江、创造美好生活贡献力量。

二、工作原则

坚持循序渐进和重点突破相结合，选准切入点和突破口，以点带面、逐步推开；坚持统筹兼顾和分类指导相结合，既着眼全局，探索长效机制，又结合实际，制定针对性政策；坚持发挥统战部、登记管理机关牵头协调作用和依靠行业主管部门相结合，形成工作合力；坚持原则性和灵活性相结合，既要坚持党管人才的基本原则，又要解放思想，实事求是，尊重各类社会组织的个性特色。

三、工作范围

我省试点工作以省民政厅登记的省级协会、学会、联合会等社会团体，科教文卫民办非企业单位、基金会为主，适当选择市级、县（市、区）级社会组织若干家，共 30 至 50 家社会组织为试点单位，着力做好这些社会组织中的专职管理人员和代表人士的工作。

四、工作任务

建立完善社会组织统战工作的机制和载体，有针对性地做好社会组织从业人员思想政治工作，加强社会组织代表人士队伍建设，将社会组织代表人士纳入党外代表人士队伍建设总体规划，引导社会组织代表人士积极发挥作用，指导社会组织中的党组织开展统战工作。

五、工作步骤

（一）第一阶段工作（2014 年全年）

1. 根据省民政厅提供的省级社会组织的分布、分类、数量情况以及业务主管单位了解的相关情况，分类筛选出 60 余家影响力大、专业化程度高、统战对象多的社会组织，建立重点调研名单。

2. 走访省发改委、经信委、教育厅、卫生计生委、科技厅、建设厅、银监局、证监局、保监局等主要行业主管（指导）单位，了解相关社会组织情况。

3. 与省委统战部的走访和集中调研相结合，了解杭州、宁波、温州、绍兴、衢州、台州等地开展社会组织统战工作情况。

4. 对重点调研名单上的社会组织逐一进行走访调研，了解这些社会组织的覆盖领域、组织建设、运行情况、领军人物等，并从中选取30至50家左右作为试点，并逐一走访试点单位的党外代表人士。

5．以省委统战部、省民政厅名义下发关于开展社会组织统战工作试点的意见，部署工作、明确分工。

6．在浙江省社会组织联合会的章程中体现统一战线工作内容。在对社会组织评估中，鼓励和支持开展统战工作。

（二）第二阶段工作（2015年全年）

1．在开展试点的社会组织中建立社会组织统战工作秘书长联席会议制度，定期召开会议，通报情况、沟通信息、反映意见、参与引导、协调工作。

2．筹建浙江省社会组织知识分子联谊会（作为省知识界人士联谊会的分会）。按照涵盖广泛、结构合理、素质优良、作用突出的要求，通过社会组织（秘书处）推荐、个人自荐等多种形式，经过省委统战部考察，确定规模100人左右的浙江省社会组织党外代表人士名单，纳入我省党外代表人士队伍建设总体规划，并对其中表现突出的代表人士，积极做好提名举荐工作，为他们的有序政治参与创造条件。

3．举办一期培训班或研讨班，组织代表人士开展考察调研、专业咨询、大型社会服务等活动，引导社会组织中的党外人士正确了解党情、国情、省情，不断增强道路自信、理论自信、制度自信。创办主题沙龙，定期举办各类主题活动，为代表人士之间搭建联谊交友、互相学习的平台。

4．对于党组织健全，从业人员中党外人士较多的社会组织，如律师协会、注册会计师协会、注册税务师协会、民办学校、民营医院、证券期货等，设立统战工作机构或统战干事，建立党外知识分子联谊组织。对未建立党组织的社会组织，设立统战工作联络员，专人负责社会组织内部统战工作，条件成熟的，可成立党外知识分子联谊组织。

六、工作要求

社会组织统战工作是一项探索性、创新性的工作，对我省来说是一项全新的工作，要将这项工作纳入全省统战工作总体布局，提供必要的人力、物力、财力等方面的保障。

1．加强工作领导。由省委统战部牵头，省民政厅配合，邀请省发改委、经信委、教育厅、卫生计生委、科技厅、建设厅、银监局、证监局、保监局等主要业务主管（指导）单位参加。协调机制的主要任务是沟通情况、分析研究问题、部署工作。

2．加强工作指导。加强对试点社会组织秘书长、工作人员的联系，加强对统战工作的业务指导，提高他们政治素质，业务能力，同时为各类社会组织秘书长、工作人员搭建互相交流的平台。

3．加强队伍管理。探索建立对社会组织党外代表人士综合评价办法，从政治表现、本职工作、诚信守法、社会影响等方面加强监管，对表现好的进行表扬，对有问题和不足的进行个别约谈或集体约谈，对个别存在严重问题的协同相关行业主管单位或职能部门加以教育引导。

4．加强工作保障。为开展工作提供办公场所等必要的工作条件。向财政申请专项资金，用于资助试点单位社会组织开展统战工作。